ST/ESA/STAT/SER.P/52

Department of Economic and Social Affairs, Statistics Division
Département des affaires économiques et sociales, Division de statistique

Industrial Commodity Statistics Yearbook 2012

Production Statistics (2003-2012)

Annuaire de statistiques industrielles par produit

Statistiques de production (2003-2012)

Volume I

Physical Quantity Data

Données sur les quantités physiques

United Nations • Nations Unies
New York, 2015

The Department of Economic and Social Affairs of the United Nations Secretariat is a vital interface between global policies in the economic, social and environmental spheres and national action. The Department works in three main interlinked areas: (i) it compiles, generates and analyses a wide range of economic, social and environmental data and information on which States Members of the United Nations draw to review common problems and to take stock of policy options; (ii) it facilitates the negotiations of Member States in many intergovernmental bodies on joint courses of action to address ongoing or emerging global challenges; and (iii) it advises interested Governments on the ways and means of translating policy frameworks developed in United Nations conferences and summits into programmes at the country level and, through technical assistance, helps build national capacities.

Le Département des affaires économiques et sociales du Secrétariat de l'Organisation des Nations Unies sert de relais entre les orientations arrêtées au niveau international dans les domaines économiques, sociaux et environnementaux et les politiques exécutées à l'échelon national. Il intervient dans trois grands domaines liés les uns aux autres : i) il compile, produit et analyse une vaste gamme de données et d'éléments d'information sur des questions économiques, sociales et environnementales dont les États Membres de l'Organisation se servent pour examiner des problèmes communs et évaluer les options qui s'offrent à eux; ii) il facilite les négociations entre les États Membres dans de nombreux organes intergouvernementaux sur les orientations à suivre de façon collective afin de faire face aux problèmes mondiaux existants ou en voie d'apparition; iii) il conseille les gouvernements intéressés sur la façon de transposer les orientations politiques arrêtées à l'occasion des conférences et sommets des Nations Unies en programmes exécutables au niveau national et aide à renforcer les capacités nationales au moyen de programmes d'assistance technique.

NOTE

Symbols of United Nations documents are composed of capital letters combined with figures.

General Disclaimer

The designations employed and the presentation of material in this publication do not imply the expression of any opinion whatsoever on the part of the Secretariat of the United Nations concerning the legal status of any country, territory, city or area, or of its authorities, or concerning the delimitation of its frontiers or boundaries.

Where the designation "country or area" appears in the headings of tables, it covers countries, territories, cities or areas. In prior issues of this publication, where the designation "country" appears in the headings of tables, it should be interpreted to cover countries, territories, cities or areas.

NOTE

Les codes des documents de l'Organisation des Nations Unies se composent de lettres majuscules et de chiffres.

Déni de responsabilité

Les appellations employées dans cette publication et la présentation des données qui y figurent n'impliquent de la part du Secrétariat de l'Organisation des Nations Unies aucune prise de position quant au statut juridique des pays, territoires, villes ou zones, ou de leurs autorités, ni quant au tracé de leurs frontières ou limites.

L'appellation "pays ou zone" figurant dans les titres des rubriques des tableaux désigne des pays, des territoires, des villes ou des zones. L'appellation "pays" figurant dans certaines rubriques des tableaux de numéros antérieurs de cette publication doit être interprétée comme désignant des pays, des territoires, des villes ou des zones.

ST/ESA/STAT/SER.P/52

UNITED NATIONS PUBLICATION
Sales number. B.15.XVII.7 H, vol. I

PUBLICATION DES NATIONS UNIES
Numéro de vente: B.15.XVII.7 H, vol. I

ISBN 978-92-1-061369-9
eISBN 978-92-1-057290-3

Printed by the United Nations Reproduction Section, New York
Imprimé par la Section de la reproduction des Nations Unies, New York

CONTENTS - TABLE DES MATIERES

CONTENTS (continued) - TABLE DE MATIERES (suite)

Annexes

Annexes

INTRODUCTION

This is the forty-sixth in a series of annual compilations of statistics on world industry designed to meet both the general demand for information of this kind and the special requirements of the United Nations and related international bodies.

The first seven editions in this series were published under the title *The Growth of World Industry* and the next eight editions under the title *Yearbook of Industrial Statistics*. From the 1981 edition until the 1991 edition, the publication was published as *Industrial Statistics Yearbook, Volume II, Commodity Production Statistics*. Beginning with the 1992 edition, the title of the publication was changed to *Industrial Commodity Statistics Yearbook* as the result of a decision made by the United Nations Statistical Commission at its twenty-seventh session to discontinue, effective 1994, publication of the *Industrial Statistics Yearbook, Volume I, General Industrial Statistics* by the Statistics Division of the United Nations. The United Nations Industrial Development Organization (UNIDO) has become responsible for the collection and dissemination of general industrial statistics while the Statistics Division of the United Nations continues to be responsible for industrial commodity production statistics.

Starting with the 2005 edition, this Yearbook publishes data based on the full set of commodities using the United Nations List of Industrial Products, which was established in 2005. This list replaces an older commodity list, developed in 1971, that was used for previous Yearbook editions up to and including the 2003 edition. Also beginning with the 2005 edition, the Yearbook has been expanded to publish data not only in physical quantities, but also in monetary value of production. It is therefore organized in two volumes, namely *Volume I: Physical Quantity Data* and *Volume II: Monetary Value Data*.

Ce recueil de statistiques industrielles mondiales est le quarante-sixième d'une série publiée annuellement. Ces publications sont faites pour répondre à la fois à la demande générale d'informations dans ce domaine et aux besoins particuliers de l'Organisation des Nations Unies et des organismes internationaux apparentés.

Les sept premières éditions de cet ouvrage avaient été publiées sous le titre *La croissance de l'industrie mondiale,* les huit suivantes sous le titre *Annuaire des statistiques industrielles*. De l'édition de 1981 à l'édition de 1991, cet ouvrage s'est intitulé *Annuaire des statistiques industrielles, Volume II: statistiques de production par produit*. A partir de l'édition de 1992, suite à la décision de la Commission de statistique des Nations unies, lors de sa 27ème session, d'interrompre dès 1994 la publication par la Division de statistique des Nations unies de l'*Annuaire des statistiques industrielles, Volume I: statistiques industrielles générales*, le titre de la publication a été changé en *Annuaire des statistiques industrielles par produit*. L'Organisation des Nations unies pour le développement industriel (ONUDI) s'est alors vue confier la responsabilité de collecter et de diffuser les statistiques industrielles générales, tandis que la Division de statistique des Nations unies reste responsable des statistiques de production par produit.

Depuis l'édition 2005, les données publiées dans l'Annuaire couvrent l'ensemble des produits industriels décrits dans la Liste des produits industriels établie par les Nations unies en 2005. Cette liste remplace la précédente liste établie en 1971 et utilisée jusqu'à l'édition de 2003. Par ailleurs, depuis 2005, les données publiées sont exprimées non seulement en quantités physiques, mais également en valeurs monétaires. L'Annuaire est donc organisé en deux volumes: *Volume I: Données sur les quantités physiques*; *Volume II: Données sur les valeurs monétaires.*

Scope of statistics presented

This edition of the Yearbook contains data on production of industrial commodities by countries or areas throughout the world, as available. The statistics refer to the ten-year period 2003-2012 for about 200 countries and areas, based on a list of about 600 commodities.

Data reported for the products in the Yearbook reflect value and volume of production sold during the survey period, which is defined as the production carried out at some time, which has been sold (invoiced) during the reference period.

The data cover products produced by mining, manufacturing and electricity and gas units, i.e. units classified in sections B, C, and D of the International Standard Industrial Classification of All Economic Activities (ISIC) Revision 4, whether as primary or secondary production. The data does not cover output of units classified outside ISIC sections B, C, and D. For example, beef produced on a farm is not included (this constitutes output of agriculture); while beef produced in a slaughterhouse is included in the scope (this constitutes output of manufacturing). This treatment reflects the continuation of the "industrial production" concept used in the previous editions of the Yearbook.

Portée des statistiques présentées

La présente édition de l'*Annuaire* contient des données sur la production de marchandises industrielles par pays ou zones du monde entier, comme étant disponibles. Les données sont celles de la période 2003-2012 (10 ans) pour 200 pays et territoires environ, et pour environ 600 produits industriels.

Les données publiées dans l'*Annuaire* sont celles de la production en valeur et en volume vendue pendant la période considérée, c'est-à-dire la production vendue (facturée) pendant la période de référence.

Les données couvrent les produits de l'industrie minière et manufacturière et la production d'électricité et de gaz, c'est-à-dire les produits classés dans les sections B, C, et D de la Classification internationale type, par industrie, de toutes les branches d'activité économique, Révision 4 (CITI), qu'il s'agisse de production primaire ou secondaire. Les données ne couvrent pas la production d'articles n'entrant pas dans les sections B, C, et D de la CITI. Par exemple, la production de bœuf d'une exploitation agricole n'y figure pas (elle relève de la production agricole), tandis que le bœuf produit dans un abattoir y figure (au titre de l'industrie manufacturière). Ce traitement s'explique par la conservation de la notion de « production industrielle » utilisée dans les éditions antérieures de l'*Annuaire*.

Selection and coding of commodities

The selection of industrial commodities is based on the United Nations List of Industrial Products, established in 2005.

The List is comprised of a selected set of products intended for data collection on industrial production. It is not intended to represent an exhaustive list of industrial or manufacturing products. Products have been selected on the basis of their overall importance and their importance as outputs of individual ISIC industries in the world economy. Moreover, a consolidated list on contract processing services for industrial products has been included.

Sélection et codage des produits industriels

La sélection des produits industriels provient de la Liste des produits industriels établie en 2005 par les Nations Unies.

Cette liste est composée d'un ensemble sélectionné de produits retenus pour la collecte de données statistiques sur la production industrielle. Elle ne représente donc pas une liste exhaustive des produits industriels ou manufacturiers. Les produits ont été sélectionnés sur la base de leur importance globale et de leur importance comme produits des branches d'activité industrielle dans l'économie mondiale. De plus, une liste de services de transformation et de produits industriels en sous-traitance a été incluse.

The definitions of the products in the List are, as far as possible, based on the Central Product Classification (CPC) Version 1.1, and the Harmonized Commodity Description and Coding System (HS) 2002.

The coding of this List is based on the CPC Version 1.1. The first five digits of the codes used in the List correspond to the CPC Version 1.1 subclass that includes the commodity in question. A dash (-) and sixth digit have been added to indicate whether the product corresponds to the complete CPC subclass (in which case this digit is "0") or whether the product represents only a portion of the CPC subclass (in which case this digit is a running number "1","2", etc.).

Complete definitions in all six UN languages (English, French, Spanish, Russian, Arabic, Chinese), as well as correspondences to other classifications are available on the UN Industry Statistics website at:
http://unstats.un.org/unsd/industry/commoditylist2.asp

A number of countries have been able to provide data only based on the "Prodcom list", used by the European Community for statistics on industrial products, rather than the CPC-based codes used in this publication. Whenever possible, the Prodcom-based data has been converted into the aggregations necessary for this publication, based on the correspondence table shown in Annex II. In some cases, the CPC-based product code uses only a part of a Prodcom code (or aggregation thereof) and no exact conversion is possible. In such cases the value representing the complete Prodcom code (as provided by the country) has been used in the conversion and a footnote has been added stating that "Inclusion of additional partial Prodcom codes may result in overstating actual production". In other cases information has not been available for all Prodcom codes required for the conversion, e.g. where data for some Prodcom codes was confidential, and the conversion has been carried out without this particular code, which is then indicated by a footnote specifying the missing part.

Les définitions des produits retenus dans la Liste sont autant que possible celles de la Classification centrale de produits (CPC), version 1.1, et celles du Système harmonisé de désignation et de codification des produits (SH) 2002.

La codification retenue dans la présente Liste est celle de la version 1.1 de la CPC. Les cinq premiers chiffres des codes utilisés dans la Liste correspondent à la sous-classe, dans la version 1.1 de la CPC, c'est-à-dire la sous-classe qui inclut le produit industriel en question. Un tiret (-) et un sixième chiffre ont été ajoutés pour indiquer si le produit correspond à la totalité de la sous-classe de la CPC (en pareil cas, ce chiffre est « 0 ») ou si le produit en question n'est qu'une fraction de la sous-classe de la CPC (en pareil cas, ce chiffre est « 1 », « 2 », etc.).

Les définitions complètes dans les six langues officieles de l'ONU (Anglais, Français, Espagnol, Russe, Arabe, Chinois), aussi bien que les correspondances à d'autres classifications sont disponible sur le site Web de statistiques industrielles de l'ONU à:
http://unstats.un.org/unsd/industry/commoditylist2.asp?Lg=2

Plusieurs pays ont été en mesure de fournir des données seulement sur la « liste Prodcom », utilisée par la Commission Européenne pour les statistiques sur les produits industriels, et non pas les codes de CPC utilisés dans cette publication. Les données basées sur « Prodcom » ont été converties autant que possible dans les agrégations nécessaires pour cette publication, sur la base de la table de correspondance figurant en Annexe II. Dans certains cas, le code de production basé sur CPC utilise seulement une partie d'un code Prodcom (ou une agrégation de celui-ci) et une conversion exacte n'est pas possible. Dans ce cas, la valeur qui représente le code Prodcom complet (fournie par le pays) a été utilisée pour la conversion et une note a été ajoutée, stipulant que « L'inclusion de codes Prodcom partiels supplémentaires peut entrainer une surestimation de la production réelle. » Dans d'autres cas, l'information n'était pas disponible pour tous les codes Prodcom nécessaires pour la conversion, par exemple où les données pour les codes Prodcom étaient confidentielles, et la conversion a été effectuée sans ce code particulier, ce qui est ensuite indiqué par une note précisant la partie manquante.

Presentation of data

Commodities presented in this Yearbook are shown in order of their CPC-based code. Each table in this publication covers data for one commodity code only.

Volume I of this publication shows data for the production of commodities in physical quantities, such as metric tons, cubic metres, square metres, kilowatts, etc.

The metric system of weights and measures has been used throughout this publication. As far as possible, data are shown using one common unit per table only. However, in a few cases, where a sufficiently large number of countries have provided data in a secondary unit, data are shown in more than one unit for a single table. Data shown in the secondary unit are identified by corresponding footnotes. In some other cases, where larger groups of countries have reported data for a single commodity in different units, the data for this commodity is shown in separate tables for each unit to facilitate the display of otherwise incomparable data. In these few cases, the tables use the same commodity code and description, but carry an additional letter identifier after the sixth digit to alert the user to this situation.

Volume II shows data for these commodities in terms of monetary value of production (as defined above).

While information has been collected from countries in terms of national currencies, the data have been converted to US dollars to facilitate comparison among countries. The data provided in national currencies have been converted by applying the corresponding exchange rates as reported by the IMF. These are annual period-averages of the exchange rates communicated to the IMF by the monetary authority of each member country. For countries not reported by the IMF, the exchange rates used are the annual average of United Nations operational rates of exchange which were established for accounting purposes and which are applied in official transactions of the United Nations with these countries. These exchange rates are based on official, commercial and/or tourist rates of exchange. In cases, where the exchange rates reported by the IMF or UN operational rates of exchange would cause unrealistic results, price-adjusted rates of exchange (PARE), developed by the United Nations Statistics Division, have been used as an alternative.

Présentation des données

Les produits industriels sont présentés sous l'ordre de leur code dans la Classification centrale de produits. Chaque tableau du présent *Annuaire* couvre des données pour un seul code de marchandise.

Le volume I donne les statistiques de la production de marchandises en quantités physiques: tonnes, mètres cubes, mètres carrés, kilowatts, etc.

Le système métrique est utilisé dans toutes les statistiques publiées ici. Autant que possible, les données sont présentées dans une seule unité par tableau. Cependant, dans quelques cas où un nombre assez grand de pays ont communiqué des données dans une autre unité, les données sont alors présentées, dans un même tableau, dans plusieurs unités. Cela est alors indiqué dans des notes en bas de page. Dans certains autres cas, pour une même marchandise, des tableaux distincts ont été dressés quand les données sont exprimées dans des unités différentes par un nombre assez grand de pays et ne seraient alors pas comparables dans un même tableau. Dans ces cas, assez rares, les tableaux utilisent le même code et la même description de marchandises, avec une lettre d'identification supplémentaire après le sixième chiffre pour aviser l'utilisateur du fait que les unités utilisées sont différentes.

Le volume II donne la production en valeur (comme définie plus haut).

Les informations sont collectées par les pays en monnaie nationale et ces statistiques sont converties en dollars pour faciliter les comparaisons entre pays. Les taux de change utilisés pour cela sont ceux du FMI. Il s'agit de moyennes annuelles des taux de change communiqués au FMI par l'autorité monétaire de chaque pays. Pour les pays qui ne transmettent pas ces données au FMI, les taux de change utilisés sont la moyenne annuelle des taux de change appliqués pour les opérations de l'ONU, utilisés à des fins comptables et appliqués dans les transactions officielles des Nations Unies avec ces pays. Ces taux de change reposent sur les taux de change officiel, commercial ou touristique. Dans certains cas, si les taux de change signalés par le FMI ou les taux de change utilisés pour les opérations de l'ONU donnent des résultats peu plausibles, des taux de change corrigés des prix, mis au point par la Division de statistique du Secrétariat de l'ONU, ont été utilisés.

At the end of each table, a commodity definition is given. Deviations from these definitions or the general measurement rules are indicated in the footnotes.

In addition, more general deviations applicable to all data for a given country or to data for a specific commodity are described in the "Country Notes" and "Commodity Notes" section of this publication.

Additional information

The publication includes three annexes.

Annex I is an index of all commodities in the UN List of Industrial Products in alphabetical order, which also indicates whether that particular commodity is included in volume I or II of the present publication.

Annex II shows a correspondence table between the commodities in the UN List of Industrial Products and the corresponding product or activity categories in the Central Product Classification (CPC) Versions 1.1 and 2, the Harmonized Commodity Description and Coding System (HS) 2002 and 2007, the International Standard Industrial Classification of All Economic Activities (ISIC) Revisions 3.1 and 4, the Products of the European Community (Prodcom 2002 and 2008), as well as the previously used 1971 UN List of Industrial products. The links to Prodcom are provided to facilitate data reporting by countries that are carrying out data collection programmes based on these classifications

Annex III provides information and references for all the classifications used in this publication.

Information on commodities not shown in this publication is still available in the Commodity Statistics Database. However, in these cases information is typically available only for a small number of countries. Information is also available online through the UNdata website at http://data.un.org.

A la fin de chaque tableau, une définition des produits est donnée. Des déviations de ces définitions ou des règles générales de mesure sont indiquées dans des notes en bas de page.

En outre, des déviations plus générales applicables à toutes les données au sujet d'un pays donné ou à des données au sujet d'un produit spécifique sont décrites dans les « Commentaires sur les pays » et les « Commentaires sur nom de produit » de la section de cette publication.

Information complémentaire

La publication comporte trois annexes.

L'annexe I est un index de toutes les marchandises figurant dans la Liste des produits industriels de l'ONU par ordre alphabétique, qui indique également si les marchandises concernées figurent dans le volume I ou dans le volume II de la publication.

L'annexe II est une table de correspondance entre les marchandises retenues de la Liste des produits industriels de l'ONU et le produit ou l'activité correspondante dans la Classification centrale de produits (CPC), version 1.1 et 2, le Système harmonisé de désignation et de codification des marchandises (SH) 2002 et 2007, la Classification internationale type, par industrie, de toutes les branches d'activité économique (CITI), Révision 3.1 et 4, la Liste des produits de la Communauté européenne (Prodcom 2002 et 2008), ainsi que l'ancienne Liste de 1971 des produits industriels de l'ONU. Les liens à Prodcom sont fournis pour faciliter la communication des statistiques par les pays qui utilisent ces diverses classifications pour collecter les données industrielles.

L'annexe III fournit des informations et des références pour toutes les classifications utilisées dans cette publication.

L'information sur les marchandises qui ne figurent pas dans la présente publication peut néanmoins être consultée dans la base de données statistiques sur les marchandises. Cependant, en pareil cas, l'information n'est ordinairement disponible que pour quelques pays seulement. L'information est également disponible en ligne à l'adresse suivante: http://data.un.org.

Sources

Like previous issues, the *Industrial Commodity Statistics Yearbook* has been prepared by the Statistics Division of the United Nations with the generous cooperation of national statistical authorities.

Acknowledgement is also due to the following specialized agencies and inter-governmental bodies whose publications have been utilized in updating our statistics: Afristat (Bamako), Arab Gulf Cooperation Council (Riyadh), Asian Development Bank (Manila), Fiber Economics Bureau (Arlington, United States of America), Food and Agriculture Organization of the United Nations (Rome), International Grains Council (London), World Steel Association (Brussels), International Rubber Study Group (London), International Sugar Organization (London), International Tea Committee (London), Organization of the Islamic Conference (Jeddah, Saudi Arabia) and the U.S. Geological Survey (Reston, United States of America).

Production data for energy commodities have been taken from the energy statistics database of the Statistics Division of the United Nations.

Sources

Comme les éditions précédentes, l'*Annuaire de statistiques industrielles (par produit)* a été établi par la Division de statistique de l'Organisation des Nations Unies, auquel les services statistiques nationaux ont largement prêté leur concours.

La Division de statistique se doit aussi de remercier les institutions spécialisées et les organes intergouvernementaux dont elle a utilisé les publications pour mettre à jour les statistiques, à savoir l'Afristat (Bamako), Conseil de coopération des Etats arabes du Golfe (Riyad), la Banque asiatique de développement (Manille), Fiber Economics Bureau (Arlington, États-Unis d'Amérique), l'Organisation des Nations Unies pour l'alimentation et l'agriculture (Rome), le Conseil international du blé (Londres), World Steel Association (Association mondiale de l'acier) (Bruxelles), le Groupe international d'étude du caoutchouc (Londres), l'Organisation internationale du sucre (Londres), Comité international du thé (Londres), l'Organisation de la Conférence islamique (Djeddah, Arabie saoudite) et Service géologique des Etats-Unis (Reston, États-Unis d'Amérique).

Les données (par produit) de la production énergétique proviennent de la banque de données des statistiques de l'énergie de la Division de statistique de l'ONU.

Country order and nomenclature

In the tables, the countries are arranged in regional order irrespective of their political status. The order followed for the regions is as follows: Africa; America, North; America, South; Asia; Europe; and Oceania.

For reasons of space or clarity, some country names in the tables have been abbreviated. These abbreviated country names convey no political implications whatsoever.

Classement par pays et nomenclature

Dans les tableaux, les pays sont classés par région, indépendamment de leur statut politique. Le classement adopté pour les régions est le suivant: Afrique; Amérique du Nord; Amérique du Sud; Asie; Europe; et Océanie.

Pour des raisons de place ou de clarté, certains noms de pays ont été abrégés dans les tableaux. Il est bien entendu que ces abréviations n'ont pas d'implications politiques.

Country notes

A number of countries and territories have informed UNSD that data in the required format could not be provided due to confidentiality restrictions, differing use of product definitions or because this information is not collected at the national level. The list of such countries for this edition of the Yearbook includes:

Anguilla, Bahrain, Bermuda, the Cayman Islands, Christmas Islands (Australia), Cook Islands, Costa Rica, French Polynesia, Ghana (SITC data only), Gibraltar, Greenland, Guam, Guinea-Bissau, Israel, Liechtenstein, Luxembourg, Malta, Marshall Islands, Micronesia (Federated States of), Nauru, Niue, Paraguay, Saint Vincent and the Grenadines, Samoa, South Africa, Swaziland, Tokelau, Tonga and Wake Island.

For the period covered in this edition the following changes and deviations should be noted:

Algeria: All production data are only for the public sector.

Bolivia (Plurinational State of): Most data unavailable after 1999, because the release of industrial production data was largely suspended in 2002.

Brazil: Data are collected for establishments with 30 or more employees. Physical quantity data refer to total production while monetary value data refer to production sold.

Bulgaria: Data includes production figures from industrial enterprises and from non-industrial enterprises whose sales receipts for their industrial activity exceed a specific threshold (in 2008 to 2012, greater or equal to 120,000 lev). For several industrial activities a lower threshold is used. Data excludes household production.

Chile: Data are collected for establishments with 10 or more employees.

Commentaires sur les pays

Plusieurs pays et territoires ont informé la Division de statistique de l'ONU que des données ne pouvaient pas être fournies dans le format exigé, pour cause de restrictions dues à la confidentialité, l'utilisation différente des définitions des produits, ou parce que l'information demandée n'est pas collectée au niveau national. La liste de ces pays inclut:

Afrique du Sud, Anguilla, Bahreïn, Bermudes, Costa Rica, Ghana (CTCI seulement), Gibraltar, Groenland, Guam, Guinée-Bissau, îles Caïmanes, Îles Christmas (Australie), Îles Cook, Îles Marshall, Île Wake, Israël, Liechtenstein, Luxembourg, , Malte, Micronésie (États fédérés de), Nauru, Nioué, Paraguay, Polynésie française, Saint-Vincent-et-les Grenadines, Samoa, Seychelles, Swaziland, Tokélaou et Tonga.

Pour la période couverte dans cette édition, on notera les modifications et différences suivantes:

Algérie: Toutes les données de production sont seulement pour le secteur public.

Bolivie (État plurinational de): Les données ne sont disponibles que jusqu'en 1999, car, en 2002, la publication de statistiques de la production industrielle a pratiquement été interrompue.

Brésil: Les données sont recueillies pour les établissements employant 30 ouvriers ou plus. Les données sur les quantités physiques se rapportent à la production totale tandis que les données les valeurs monétaires se réfèrent à la production vendue.

Bulgarie: Les données incluent des chiffres de la production des entreprises industrielles et des entreprises non-industrielles dont les recettes de vente de l'activité industrielle dépassent un seuil spécifique (en 2008 à 2012, supérieure ou égale à 120 000 lev). Pour plusieurs activités industrielles unseuil de base est utilisé. Les données excluent la production des ménages.

Chili: Les données sont recueillies pour les établissements employant 10 ouvriers ou plus.

China: The data published under the heading "China" exclude those for Taiwan Province. Prior to 2011, data are collected for establishments with annual revenue of more than 5 million yuan. Beginning in 2011, data are collected for establishments with annual revenue of more than 20 million yuan.

Chine: Les données qui sont présentées sous le terme « Chine » excluent celles relatives à la province de Taiwan. Avant 2011, les données sont recueillies pour les établissements ayant un revenu annuel de 5 millions de yuan ou plus. À partir de 2011, les données sont recueillies pour les établissements ayant un revenu annuel de 20 millions de yuan ou plus.

Colombia: Data are collected for establishments with 10 or more employees.

Colombie: Les données sont recueillies pour les établissements employant 10 ouvriers ou plus.

Croatia: Data are collected for establishments with 10 or more employees.

Croatie: Les données sont recueillies pour les établissements employant 10 ouvriers ou plus.

Czech Republic: Data are collected for establishments with 20 or more employees. Data refer to total production.

République tchèque: Les données sont recueillies pour les établissements employant 20 ouvriers ou plus. Les données se rapportent à la production totale.

Denmark: Data are collected for establishments with 10 or more employees. Data does not include the Faeroe Islands or Greenland.

Danemark: Les données sont recueillies pour les établissements employant 10 ouvriers ou plus. Les données n'incluent pas les îles Féroé ou Groenland.

Ecuador: Data are collected for establishments with 10 or more employees.

Équateur: Les données sont recueillies pour les établissements employant 30 ouvriers ou plus.

Estonia: Data are collected for establishments with 10 or more employees, or establishments with 5 or more employees if 90% of the national production would not be represented otherwise. All milk and ice cream producers are included.

Estonie: Les données sont recueillies pour les établissements employant 10 ouvriers ou plus, ou pour les établissements employant 5 ouvriers ou plus si 90% de la production nationale ne serait pas représentée autrement. Tous les producteurs de lait et de crème glacée sont inclus.

Finland: Data are collected for establishments with 10 or more employees. Manufacturing establishments with 10 to 20 employees are surveyed every second year.

Finlande: Les données sont recueillies pour les établissements employant 10 ouvriers ou plus. Les établissements de fabrication avec 10 à 20 employés sont enquêtes tous les deux ans.

France: Data for France includes French Guiana, Guadeloupe, Martinique and Reunion. Data for French Polynesia, Mayotte, New Caledonia, Saint Pierre and Miquelon and Wallis and Futuna Islands are not included and are reported separately where data are available.

France: Les données pour la France incluent celles de la Guyane Française, de la Guadeloupe, de la Martinique et de la Réunion. Les données pour la Polynésie française, Mayotte, la Nouvelle-Calédonie, Saint-Pierre-et-Miquelon et les Îles Wallis et Futuna ne sont pas incluses et sont rapportées séparément si disponibles.

Georgia: Data are collected from all large enterprises and from a sample of medium and small enterprises.

Géorgie: Les données sont collectées de toutes les grandes entreprises et d'un échantillon de petites et moyennes entreprises.

Germany: Data are collected for establishments with 20 or more employees, with the exception of 8 industries, characterized by particularly small-sized units, in which data are collected for establishments with 10 or more employees.

Allemagne: Les données sont recueillies pour les établissements employant 20 ouvriers ou plus, à l'exception de 8 industries caractérisées, en particulier, par des unités de petite taille dans lesquelles des données sont recueillies pour les établissements employant 10 ouvriers ou plus.

Greece: Data prior to 2005 was converted from Prodcom at UNSD.

Grèce: Les données antérieures à 2005 ont été converties à partir de Prodcom par la Division de statistique de l'ONU.

Hungary: Data are collected for establishments with 20 or more employees.

Hongrie: Les données sont recueillies pour les établissements employant 20 ouvriers ou plus.

Iceland: Data are collected for establishments with turnover of more than 35 million Icelandic kronur (which represents 95% of overall turnover for Icelandic companies).

Islande: Les données sont recueillies pour les établissements ayant un chiffre d'affaires de plus de 35 millions de couronnes islandaises (qui représente 95% du chiffre d'affaires total pour les entreprises islandaises).

Iraq: Updated exchange rates for 2004 to 2010 are being used beginning with the 2011 Yearbook. This has resulted in a significant downward revision of US dollar figures shown for these years.

Iraq: Taux de change mis à jour pour la période de 2004 à 2010 sont utilisées commençant par l'annuaire 2011. Cela entrainé une importante révision à la baisse du tableau représentant le dollar américan pour ces années.

Italy: Data are collected for establishments with 2 or more employees. Data for 2003-2004 converted from Prodcom at UNSD.

Italie: Les données sont recueillies pour les établissements employant 2 ouvriers ou plus. Les données de la période 2003-2004 ont été converties à partir de Prodcom par la Division de statistique de l'ONU.

Japan: Beginning in 2002, data obtained from the annual Census of Manufactures (which covers establishments with more than 4 employees).

Japon: À partir de 2002, les données proviennent du Recensement annuel des entreprises (couvrant les établissements ayant plus de quatre employés).

Latvia: Data are collected for establishments with 10 or more employees.

Lettonie: Les données sont recueillies pour les établissements employant 10 ouvriers ou plus.

Lesotho: Data are collected for establishments with 15 or more employees.

Lesotho: Les données sont recueillies pour les établissements employant 15 ouvriers ou plus.

Lithuania: Data are collected for establishments with incomes of more than 200,000 Lithuanian litai.

Lituanie: Les données sont recueillies pour les établissements ayant des revenus de plus de 200.000 litas lituanien.

Mauritius: Data are collected for establishments with 10 or more employees.

Maurice: Les données sont recueillies pour les établissements employant 10 ouvriers ou plus.

Mexico: Data are obtained from the Monthly Survey of Manufacturing (EMIM). They refer to surveyed establishments and are not grossed-up to the whole population. Starting in 2007, data are based on 2007 NAICS, covering approximately 11,000 establishments and an updated list of products. Prior to 2007, data were based on 2002 NAICS covering approximately 7,000 establishments.

Mexique: Les données sont celles du « Monthly Survey of Manufacturing ». Ils se réfèrent aux établissements enquêtés et ne sont pas majorés à l'ensemble de la population. À partir de 2007, les données proviennent du SCIAN 2007, couvrant approximativement 11,000 établissements et une liste à jour des produits. Avant 2007, les données provenaient du SCIAN 2002 couvrant approximativement 7,000 établissements.

Montenegro: Data prior to independence (2006) are historical data for the Montenegrin region as provided by the national statistics office. Data prior to 2006 are also included in data shown for Serbia and Montenegro.

Monténégro: Les données antérieures à l'indépendance (2006) sont des données historiques pour la région du Monténégro comme fournies par le bureau national des statistiques. Les données antérieures à 2006 sont également incluses dans les données présentées pour la Serbie et le Monténégro.

Myanmar: All production data are only for the public sector.

Myanmar: Toutes les données de production sont seulement pour le secteur public.

Namibia: Data are collected for major, well known producers.

Namibie: Les données sont recueillies pour les producteurs grands et bien connus.

Netherlands: Data are collected for establishments with 20 or more employees.

Pays-Bas: Les données sont recueillies pour les établissements employant 20 ouvriers ou plus.

Norway: Data are collected for establishments with 20 or more employees. Data converted from Prodcom at the national statistical office.

Norvège: Les données sont recueillies pour les établissements employant 20 ouvriers ou plus. Les données sont converties à partir de Prodcom par le bureau national de statistique.

Pakistan: Data are collected for establishments with 10 or more employees.

Pakistan: Les données sont recueillies pour les établissements employant 10 ouvriers ou plus.

Poland: Data are collected for establishments with 10 or more employees.

Pologne: Les données sont recueillies pour les établissements employant 10 ouvriers ou plus.

Republic of Korea: Data are collected for establishments with 20 or more employees.

République de Corée: Les données sont recueillies pour les établissements employant 20 ouvriers ou plus.

Republic of Moldova: Data does not include the Transnistria area.

République de Moldova: Les données n'incluent pas la Transnistrie.

Russian Federation: Data refer to total production. Since 2010, the former "Russian Classification of Products" has been replaced by the "Russian Classification of Products by Economic Activity" harmonized with CPA 2002, impacting the scope of some data.

Fédération de Russie: Les données se rapportent à la production totale. Depuis 2010, l'ancien « Classification russe des produits » a été remplacé par la « Classification russe des produits par activité économique » harmonisée avec la CPA 2002, impactant la portée de certaines données.

Rwanda: Data are collected for establishments with 10 or more employees.

Rwanda: Les données sont recueillies pour les établissements employant 10 ouvriers ou plus.

Serbia: Data are collected for establishments with 10 or more employees. Data prior to 2006 are also included in data shown for Serbia and Montenegro. Beginning with 1999, data for Kosovo are not included.

Serbie: Les données sont recueillies pour les établissements employant 10 ouvriers ou plus. Les données antérieures à 2006 sont également incluses dans les données présentées pour la Serbie et le Monténégro. A partir de 1999, les données pour le Kosovo ne sont pas incluses.

Serbia and Montenegro: Before 2003, Serbia and Montenegro was listed as the Federal Republic of Yugoslavia. In 2006, Serbia and Montenegro split into independent Serbia and independent Montenegro.

Serbie-et-Monténégro: Avant 2003, la Serbie et le Monténégro étaient répertoriés comme la République fédérale de Yougoslavie. En 2006, la Serbie et le Monténégro se sont divisés en la Serbie indépendante et au Montenegro indépendant.

Slovakia: Data are collected for establishments with 20 or more employees.

Slovaquie: Les données sont recueillies pour les établissements employant 20 ouvriers ou plus.

Slovenia: Data are collected for establishments with 20 or more employees.

Slovénie: Les données sont recueillies pour les établissements employant 20 ouvriers ou plus.

South Africa: Release of manufacturing data was suspended in 2004.

Afrique du Sud: Les données sur la production manufacturière ne sont plus publiées depuis 2004.

Spain: Data are collected for establishments with 10 or more employees.

Espagne: Les données sont recueillies pour les établissements employant 10 ouvriers ou plus.

Sri Lanka: Data are collected for establishments with 25 or more employees.

Sri Lanka: Les données sont recueillies pour les établissements employant 25 ouvriers ou plus.

Turkey: Data refer to total production. Beginning 2005, data are collected for establishments with 20 or more employees.

Turquie: Les données se rapportent à la production totale. À partir de 2005, les données sont recueillies pour les établissements employant 20 ouvriers ou plus.

Uganda: Data are collected for establishments with a value added of more than 900 million Ugandan shillings.

Ouganda: Les données sont recueillies pour les établissements ayant une valeur ajoutée de plus de 900 millions de shillings ougandais.

Ukraine: In 2003 the Nomenclature of Industrial Products (NPP), harmonized to CPA 2002, was introduced. In many cases data prior to 2003 is unavailable because it cannot be converted from the previous General State Classification of Products (ZKP). Data refer to total production instead of production sold. Production data include products manufactured by contractors from both domestic and imported raw material (i.e. no ownership distinctions are made for contractors). Included in the data is primary and secondary production from ISIC sections C, D and E.

Ukraine: La Nomenclature des produits industriels, harmonisée avec la Classification centrale de produits 2002 a été introduite en 2003. Dans de nombreux cas, les données antérieures à 2003 sont manquantes car elles ne peuvent être converties à partir de l'ancienne Classification générale de produits. Les données se réfèrent à la production totale au lieu de la production vendue. Les données de la production comprennent les produits fabriqués par des entrepreneurs de matières premières domestiques et importées (c.-à-d.: il n'a pas de distinction de type pour les entrepreneurs). Les données incluent la production primaire et secondaire à partir des sections C, D et E de la CITI.

United Kingdom of Great Britain and Northern Ireland: Data prior to 2005 converted from Prodcom at UNSD. Data includes only England, Northern Ireland, Scotland and Wales.

Royaume-Uni de Grande-Bretagne et d'Irlande du Nord: Les données antérieures à 2005 ont été converties à partir de Prodcom par la Division de statistique de l'ONU. Les données incluent seulement l'Angleterre, l'Irlande du Nord, l'Ecosse et le Pays de Galles.

United Republic of Tanzania: Data are collected for establishments with 50 or more employees, with the exception of industries producing "Other bread and other baker's wares" in which data are collected for establishments with 10 or more employees.

République-Unie de Tanzanie: Les données sont recueillies pour les établissements employant 50 ouvriers ou plus, à l'exception des industries productrices d' « Autre pain et d'autres produits de boulangerie » dans lesquelles les données sont recueillies pour les établissements employant 10 ouvriers ou plus.

Uruguay: Data are collected for establishments with 50 or more employees.

Uruguay: Les données sont recueillies pour les établissements employant 50 ouvriers ou plus.

Zimbabwe: For confidentiality purposes, data are only reported for products with data collected from three or more establishments.

Zimbabwe: Pour des raisons de confidentialité, les données ne sont présentées que pour les produits avec des données recueillies auprès de trois établissements ou plus.

Commodity notes

Publications from specialized agencies and intergovernmental bodies were utilized in the data collection. For some of the data gathered from these sources the product definitions and/or collection characteristics may differ from those recommended for this Yearbook. For the period covered in this edition the following deviations should be noted:

14100-0 Iron ores and concentrates: Data from the World Steel Association refer to total production.

21630-1 Oil, soya-bean, crude: Data from the Food and Agriculture Organization refer to total production and include refined soya-bean oil.

21630-2 Oil, cotton-seed, crude: Data from the Food and Agriculture Organization refer to total production and include refined cotton-seed oil.

21630-3 Oil, olive, virgin: Data from the Food and Agriculture Organization refer to total production and include refined olive oil.

21630-4 Oil, groundnut, crude: Data from the Food and Agriculture Organization refer to total production and include refined groundnut oil.

21660-0 Oil, corn, crude or refined: Data from the Food and Agriculture Organization refer to total production.

22910-0 Milk and cream in solid forms: Data from the Food and Agriculture Organization refer to total production and dried whole milk only.

23110-0 Wheat or meslin flour: Data from the International Grains Council refer to wheat flour only.

23510-0 Raw sugar: Data from the International Sugar Organization include refined sugar.

23913-0 Tea: Data from the International Tea Committee include packings exceeding 3 kg.

Commentaires sur nom de produit

Les publications des institutions spécialisées et des organes intergouvernementaux ont été utilisées dans la collecte de données. Pour certaines des données collectées de ces sources, les définitions de produits et/ou les caractéristiques de la collecte peuvent différer de ceux recommandé pour cet annuaire. Pour la période couverte dans cette édition, on notera les différences suivantes:

14100-0 Minerais de fer et leurs concentrés: Les données de l'Association mondiale de l'acier se rapportent à la production totale.

21630-1 Huile de soja brute: Les données de l'Organisation des Nations Unies pour l'alimentation et l'agriculture se rapportent à la production totale et comprennent l'huile de soja raffinée.

21630-2 Huile de coton brute: Les données de l'Organisation des Nations Unies pour l'alimentation et l'agriculture se rapportent à la production totale et comprennent l'huile de coton raffinée.

21630-3 Huile d'olive vierge: Les données de l'Organisation des Nations Unies pour l'alimentation et l'agriculture se rapportent à la production totale et comprennent l'huile d'olive raffinée.

21630-4 Huile d'arachide brute: Les données de l'Organisation des Nations Unies pour l'alimentation et l'agriculture se rapportent à la production totale et comprennent l'huile d'arachide raffinée.

21660-0 Huile de maïs brute ou raffinée: Les données de l'Organisation des Nations Unies pour l'alimentation et l'agriculture se rapportent à la production totale.

22910-0 Lait et crème de lait, sous formes solides: Les données de l'Organisation des Nations Unies pour l'alimentation et l'agriculture se rapportent à la production totale et lait entier sec seulement.

23110-0 Farines de froment (blé) ou de méteil: Les données du Conseil international des céréales se rapportent à la farine de blé seulement.

23510-0 Sucres bruts: Les données de l'Organisation Internationale du Sucre comprennent le sucre raffiné.

23913-0 Thé: Les données du Comité international du thé comprennent emballages excédant 3 kg.

24210-0 Wine and grape must: Data from the Food and Agriculture Organization refer to total production and exclude grape must.

24210-0 Vins et moûts de raisin: Les données de l'Organisation des Nations Unies pour l'alimentation et l'agriculture se rapportent à la production totale non compris moûts de raisin.

26110-0 Raw silk (not thrown): Data from the Food and Agriculture Organization refer to total production.

26110-0 Soie grège (non moulinée): Les données de l'Organisation des Nations Unies pour l'alimentation et l'agriculture se rapportent à la production totale.

31000-1 Sawnwood, non-coniferous: Data from the Food and Agriculture Organization refer to total production and exclude strips and friezes for parquet flooring, not assembled.

31000-1 Sciages, autres que résineux: Les données de l'Organisation des Nations Unies pour l'alimentation et l'agriculture se rapportent à la production totale non compris les lames et frises pour parquets, non assemblées.

31000-2 Sawnwood, coniferous: Data from the Food and Agriculture Organization refer to total production and exclude strips and friezes for parquet flooring, not assembled.

31000-2 Sciages résineux: Les données de l'Organisation des Nations Unies pour l'alimentation et l'agriculture se rapportent à la production totale non compris les lames et frises pour parquets, non assemblées.

31400-1 Plywood: Data from the Food and Agriculture Organization refer to total production.

31400-1 Bois contre plaqués: Les données de l'Organisation des Nations Unies pour l'alimentation et l'agriculture se rapportent à la production totale.

31430-0 Particle board and similar board of wood or other ligneous materials: Data from the Food and Agriculture Organization refer to total production.

31430-0 Panneaux de particules et panneaux similaires, en bois ou en d'autres matières ligneuses: Les données de l'Organisation des Nations Unies pour l'alimentation et l'agriculture se rapportent à la production totale.

31440-0 Fiber board of wood or other ligneous materials: Data from the Food and Agriculture Organization refer to total production.

31440-0 Panneaux de fibres de bois et d'autres matières ligneuses: Les données de l'Organisation des Nations Unies pour l'alimentation et l'agriculture se rapportent à la production totale.

32111-0 Chemical wood pulp, dissolving grades: Data from the Food and Agriculture Organization refer to total production on the basis of 90% dry substance.

32111-0 Pâtes chimiques de bois, à dissoudre: Les données de l'Organisation des Nations Unies pour l'alimentation et l'agriculture se rapportent à la production totale basé sur 90% de substance sèche.

32112-1 Chemical wood pulp, soda and sulphate, other than dissolving grades: Data from the Food and Agriculture Organization refer to total production on the basis of 90% dry substance.

32112-1 Pâtes chimiques de bois, à la soude ou au sulfate, autres que les pâtes à dissoudre: Les données de l'Organisation des Nations Unies pour l'alimentation et l'agriculture se rapportent à la production totale basé sur 90% de substance sèche.

32112-2 Chemical wood pulp, sulphite, other than dissolving grades: Data from the Food and Agriculture Organization refer to total production on the basis of 90% dry substance.

32112-2 Pâtes chimiques de bois, au bisulfite, autres que les pâtes à dissoudre: Les données de l'Organisation des Nations Unies pour l'alimentation et l'agriculture se rapportent à la production totale basé sur 90% de substance sèche.

32113-1 Semi-chemical wood pulp, pulp of fibers other than wood: Data from the Food and Agriculture Organization refer to total production on the basis of 90% dry substance.

32113-1 Pâtes mi chimiques de bois, pâtes de fibres autres que de bois: Les données de l'Organisation des Nations Unies pour l'alimentation et l'agriculture se rapportent à la production totale basé sur 90% de substance sèche.

32121-0 Newsprint: Data from the Food and Agriculture Organization refer to total production.

32121-0 Papier journal: Les données de l'Organisation des Nations Unies pour l'alimentation et l'agriculture se rapportent à la production totale.

32150-1 Sacks and bags of paper and other packing containers of paper or paper-board: Data from the Food and Agriculture Organization refer to total production and all wrapping and packaging paper and paperboard.

32150-1 Sacs et sachets en papier et autres emballages en papier ou carton: Les données de l'Organisation des Nations Unies pour l'alimentation et l'agriculture se rapportent à la production totale et à tout papier d'emballage et au carton.

32193-0 Household and sanitary paper: Data from the Food and Agriculture Organization refer to total production.

32193-0 Papier à usage domestique et sanitaire: Les données de l'Organisation des Nations Unies pour l'alimentation et l'agriculture se rapportent à la production totale.

41111-0 Pig iron and spiegeleisen: Data from the World Steel Association refer to total production and exclude spiegeleisen.

41111-0 Fontes brutes et fontes spiegel: Les données de l'Association mondiale de l'acier se rapportent à la production totale et Spiegel non compris.

41120-0 Crude steel and steel semi-finished products: Data from the World Steel Association refer to total production.

41120-0 Acier brut et demi-produits en acier: Les données de l'Association mondiale de l'acier se rapportent à la production totale.

41210-0 Flat-rolled products of iron or steel, not further worked than hot-rolled: Data from the World Steel Association refer to total production.

41210-0 Produits laminés plats en fer ou en aciers, simplement laminés à chaud: Les données de l'Association mondiale de l'acier se rapportent à la production totale.

41233-0 Flat-rolled products of silicon-electrical steel: Data from the World Steel Association refer to total production.

41233-0 Produits laminés plats en aciers au silicium dits « magnétiques »: Les données de l'Association mondiale de l'acier se rapportent à la production totale.

41240-0 Bars and rods of iron or steel, hot-rolled: Data from the World Steel Association refer to total production.

41240-0 Barres en fer ou en aciers, laminées à chaud: Les données de l'Association mondiale de l'acier se rapportent à la production totale.

41240-1 Wire rods: Data from the World Steel Association refer to total production.

41240-1 Fil machine: Les données de l'Association mondiale de l'acier se rapportent à la production totale.

41251-0 Angles, shapes and sections, of iron or non-alloy steel: Data from the World Steel Association refer to total production.

41251-0 Profilés en fer ou en aciers non alliés: Les données de l'Association mondiale de l'acier se rapportent à la production totale.

41253-0 Railway or tramway track construction material of iron or steel: Data from the World Steel Association refer to total production.

41253-0 Eléments de voies ferrées, en fonte, fer ou acier: Les données de l'Association mondiale de l'acier se rapportent à la production totale.

41278-0 Tube or pipe fittings, of iron or steel: Data from the World Steel Association refer to total production.

41278-0 Accessoires de tuyauterie en fonte, fer ou acier: Les données de l'Association mondiale de l'acier se rapportent à la production totale.

List of country and area abbreviations used in this yearbook

Abbreviated name	Full name
Bolivia (Plur. State of)	Bolivia (Plurinational State of)
Bosnia & Herzegovina	Bosnia and Herzegovina
British Virgin Is.	British Virgin Islands
Central African Rep.	Central African Republic
China, Hong KongSAR	China, Hong Kong Special Administrative Region
China, Macao SAR	China, Macao Special Administrative Region
Dem.P.R. of Korea	Democratic People's Republic of Korea
Dem. R. of the Congo	Democratic Republic of the Congo
Dominican Republic	Dominican Republic
Falkland Is. (Malvinas)	Falkland Islands (Malvinas)
Iran (Islamic Rep. of)	Iran (Islamic Republic of)
Lao PDR	Lao People's Democratic Republic
Micronesia (Fed. States)	Micronesia (Federated States of)
Papua New Guinea	Papua New Guinea
Rep. of Korea	Republic of Korea
Rep. of Moldova	Republic of Moldova
Saint Kitts & Nevis	Saint Kitts and Nevis
Saint Pierre & Miquelon	Saint Pierre and Miquelon
Saint Vincent & Gren.	Saint Vincent and the Grenadines
Sao Tome & Principe	Sao Tome and Principe
Serbia & Montenegro	Serbia and Montenegro
Syrian Arab Republic	Syrian Arab Republic
TFYR of Macedonia	The Former Yugoslav Republic of Macedonia
Turks & Caicos Islands	Turks and Caicos Islands
United Kingdom	United Kingdom of Great Britain and Northern Ireland
United R. of Tanzania	United Republic of Tanzania
United States	United States of America
US Virgin Islands	United States Virgin Islands
Venezuela (Bol. R. of)	Venezuela (Bolivarian Republic of)
Wallis and Futuna Is.	Wallis and Futuna Islands

Liste des abréviations des noms des pays et zones utilisées dans cet Annuaire

Nom abrégé	Nom complet
Bolivie (État plur. de)	Bolivie (État plurinational de)
Bosnie-Herzégovine	Bosnie-Herzégovine
Îles Vierges brit.	Îles Vierges britanniques
Rép. centrafricaine	République centrafricaine
Chine,Hong KongRAS	Chine, région administrative spéciale de Hong Kong
Chine, Macao RAS	Chine, région administrative spéciale de Macao
Rép.p.d. de Corée	République populaire démocratique de Corée
Rép. dém. du Congo	République démocratique du Congo
Rép. Dominicaine	République dominicaine
Îles Falkland(Malvinas)	Îles Falkland (Malvinas)
Iran (Rép. islam. d')	Iran (République islamique d')
Lao, RDP	République démocratique populaire lao
Micronésie (Etats féds.)	Micronésie (États fédérés de)
Papouasie-Nvl-Guinée	Papouasie-Nouvelle-Guinée
Rép. de Corée	République de Corée
Rép. de Moldova	République de Moldova
Saint-Kitts-et-Nevis	Saint-Kitts-et-Nevis
St.-Pierre-et-Miquelon	Saint-Pierre-et-Miquelon
Saint-Vincent-et-Gren.	Saint-Vincent-et-les Grenadines
Sao Tomé-et-Principe	Sao Tomé-et-Principe
Serbie-et-Monténégro	Serbie-et-Monténégro
Rép. arabe syrienne	République arabe syrienne
L'ex-RY de Macédoine	Ex-République yougoslave de Macédoine
Îles Turques et Caïques	Îles Turques et Caïques
Royaume-Uni	Royaume-Uni de Grande-Bretagne et d'Irlande du Nord
Rép.-U. de Tanzanie	République-Unie de Tanzanie
États-Unis	États-Unis d'Amérique
Îles Vierges amér.	Îles Vierges américaines
Venezuela (R.bol.du)	Venezuela (République bolivarienne du)
Îles Wallis et Futuna	Îles Wallis et Futuna

List of country and area aggregations used in this yearbook

Abbreviated name	Full name
France and Monaco	France including Monaco
Italy and San Marino	Italy including San Marino
Norway, Sv., J.May.	Norway including Svalbard and Jan Mayen Islands
Switz. & Liechtenstein	Switzerland and Liechtenstein

Liste des agrégations de pays et zones utilisées dans cet Annuaire

Nom abrégé	Nom complet
France et Monaco	France y compris Monaco
Italie et St-Marin	Italie y compris Saint-Marin
Norvège, Sv., J.May.	Norvège y compris Îles Svalbard et Jan Mayen
Suisse et Liechtenstein	Suisse et Liechtenstein

Explanation of symbols

The following symbols have been employed in making entries in the tables:

...	Data not available
C	Confidential data
0	Magnitude nil or less than half of the unit of measurement employed
*	Provisional or estimated figure
#	A marked break in the series; data prior to the sign not comparable

Decimal figures are always preceded by a period (.).

The following abbreviations have been used in the titles of some commodities:

n.e.c.	Not elsewhere classified
p.r.s.	Put up for retail sale
n.p.r.s.	Not put up for retail sale

Explication des symboles

Les symboles utilisés dans les tableaux sont les suivants:

...	Données non disponibles
C	Données confidentielles
0	Grandeur nulle ou inférieure à la moitié de l'unité de mesure utilisée
*	Chiffre provisoire ou estimatif
#	Marque une interruption dans la série et la non-comparabilité des données précédant le symbole

Les décimales sont toujours précédées d'un point (.).

Les abréviations suivantes ont été utilisées dans les titres:

n.c.a.	Non classées ailleurs
c.p.v.d.	Conditionnées pour la vente au détail
n.c.p.v.d.	Non conditionnées pour la vente au détail

Hard Coal
Houille

CPC-BASED CODE - CODE BASE CPC
11010-0

Unit: Thousand metric tons — Unité: Milliers de tonnes métriques

Country or area	2003	2004	2005	2006	2007	2008	2009	2010	2011	2012	Pays ou zone
Africa											**Afrique**
Botswana	823	911	985	962	828	910	738	988	788	1471	Botswana
Dem. R. of the Congo	105	108	120	123	127	131	135	139	143	...	Rép. dém. du Congo
Egypt[1]	37	33	25	25	25	25	69	38	9	21	Égypte[1]
Ethiopia	...	...	...	...	...	0	18	36	21	25	Éthiopie
Malawi	66	50	45	*55	*60	*52	*54	*54	*54	*54	Malawi
Mozambique	37	17	3	41	24	38	38	38	617	4530	Mozambique
Niger	189	237	182	176	171	183	225	247	246	235	Niger
Nigeria	23	3	8	8	23	32	34	38	32	48	Nigéria
South Africa	238751	242822	244986	244775	247666	250006	249489	254522	252757	258575	Afrique du Sud
Swaziland	449	488	451	*444	*462	*450	*400	*350	*300	*250	Swaziland
United R. of Tanzania	55	65	31	18	27	15	0	0	3	79	Rép.-U. de Tanzanie
Zambia	76	102	149	65	14	4	56	0	0	51	Zambie
Zimbabwe	3550	3241	3622	3497	3370	2539	2691	2935	3207	3357	Zimbabwe
America, North											**Amérique du Nord**
Canada	26609	29262	29086	29900	32812	33746	29663	33703	34621	35375	Canada
Mexico	1626	1735	1792	1914	2058	1841	1793	1587	2043	2125	Mexique
United States	491395	510019	519077	510216	492757	504007	456619	444023	477706	441262	États-Unis
America, South											**Amérique du Sud**
Argentina	89	51	25	141	110	161	82	65	90	95	Argentine
Brazil	4646	5406	6255	5881	5965	6611	5061	5415	5505	6617	Brésil
Chile	576	233	544	674	243	667	636	619	654	712	Chili
Colombia	50025	53693	59064	65596	65758	70155	72807	79531	85803	89024	Colombie
Peru	16	22	43	107	112	142	322	88	163	211	Pérou
Venezuela (Bol. R. of)	6807	6748	7195	7871	6097	4922	3282	2730	2100	1200	Venezuela (R.bol.du)
Asia											**Asie**
Afghanistan[2]	35	34	*33	35	243	347	500	725	1480	1240	Afghanistan[2]
Bangladesh[1]	22	65	87	303	361	840	888	770	900	835	Bangladesh[1]
Bhutan	66	30	85	98	105	124	49	88	109	99	Bhoutan
China	1834899	2122611	2349518	2528551	2691643	2802000	2973000	3235001	3516000	3645000	Chine
Dem.P.R. of Korea	23045	24371	26864	27160	23860	25098	25500	25500	25500	25800	Rép.p.d. de Corée
Georgia	8	8	5	11	19	58	169	268	353	422	Géorgie
India[3]	361246	382615	407039	430832	457082	492757	532062	532694	539950	557707	Inde[3]
Indonesia	97420	118248	143601	195789	223845	238000	253886	319190	346943	385899	Indonésie
Iran (Islamic Rep. of)[2]	1144	1223	1556	1528	1634	1591	1152	1089	1164	1044	Iran (Rép. islam. d')[2]
Kazakhstan	80807	83065	82119	91575	94014	106296	95770	103646	108082	112779	Kazakhstan
Kyrgyzstan	64	64	49	46	37	63	79	55	109	153	Kirghizistan
Lao PDR	199	299	*302	*329	80	105	101	212	167	331	Lao, RDP
Malaysia	153	382	789	902	1063	1167	2138	2397	2916	2951	Malaisie
Mongolia	924	1120	3176	3653	4665	5228	9594	19439	26816	23737	Mongolie
Myanmar[3]	170	230	202	352	310	245	235	240	351	471	Myanmar[3]
Nepal[1]	11	9	12	20	14	15	15	16	17	18	Népal[1]
Pakistan[4]	3275	4587	4871	3643	4124	3738	3481	3450	3613	*2829	Pakistan[4]
Rep. of Korea	3298	3191	2832	2824	2886	2773	2519	2084	2084	2094	Rép. de Corée
Tajikistan	47	78	84	82	155	166	144	141	176	318	Tadjikistan
Turkey	2059	1946	2170	2319	2462	2601	2864	2524	2528	2292	Turquie
Uzbekistan	0	85	73	109	160	198	101	65	60	60	Ouzbékistan
Viet Nam	19314	27349	34093	38778	42483	39777	43715	43940	44984	40512	Viet Nam
Europe											**Europe**
Bulgaria	87	33	9	27	35	41	38	26	18	15	Bulgarie
Czech Republic	13645	13303	13254	13385	12894	12663	11001	11435	11265	11440	République tchèque
France and Monaco	1730	160	...	...	...	...	...	...	...	...	France et Monaco
Germany	28752	29151	28018	23762	24185	19143	14971	14108	12960	11558	Allemagne
Italy and San Marino	250	98	95	21	158	117	72	101	92	80	Italie et St-Marin
Norway, Sv., J.May.	2944	2904	1471	2395	4073	3430	2641	1935	1386	1229	Norvège, Sv., J.May.
Poland	101659	100517	97110	94407	87406	83661	77478	76172	75668	79234	Pologne
Romania	10	...	...	...	...	...	...	...	...	...	Roumanie
Russian Federation	177435	189758	209213	210418	217878	222432	206980	245580	245311	278309	Fédération de Russie
Serbia & Montenegro	54	72	...	...	...	...	...	...	...	...	Serbie-et-Monténégro
Spain	9406	8911	8548	8353	7873	7314	6952	5986	4262	3910	Espagne
Ukraine	63742	59129	60040	61439	58752	59464	54977	54952	62684	65523	Ukraine
United Kingdom[5]	27759	24535	20008	18079	16540	17605	17374	17816	17892	16287	Royaume-Uni[5]

For general note and footnotes, see end of table — Voir la fin du tableau pour la remarque générale est les notes

Hard Coal (continued)
Houille (suite)

CPC-BASED CODE - CODE BASE CPC
11010-0

Unit: Thousand metric tons — Unité: Milliers de tonnes métriques

Country or area	2003	2004	2005	2006	2007	2008	2009	2010	2011	2012	Pays ou zone
Oceania											**Océanie**
Australia[1]	232225	238904	255275	256847	274149	276239	287301	308051	289493	317328	Australie[1]
New Zealand[3]	2351	2526	2544	2769	2019	2393	2086	2597	2331	2277	Nouvelle-Zélande[3]

General Note.

Coal that has a high degree of coalification with a gross calorific value above 23,865 KJ/kg (5,700 kcal/kg) on an ash-free but moist basis, and a mean random reflectance of vitrinite of at least 0.6. Slurries, middlings and other low-grade coal products, which cannot be classified according to the type of coal from which they are obtained, are included under hard coal. There are two sub-categories of hard coal: (i) coking coal and (ii) other bituminous coal and anthracite (also known as steam coal).

[1] Twelve months ending 30 June of year stated.
[2] Twelve months beginning 21 March of year stated.
[3] Twelve months beginning 1 April of year stated.
[4] Twelve months beginning 1 July of year stated.
[5] Including Jersey and Guernsey.

Remarque générale.

Charbon à forte carbonification, à pouvoir calorifique brut supérieur à 5 700 kcal/kg sans cendres mais sur échantillon humide, et à réflexion vitrinite moyenne aléatoire de 0,6 au minimum. Les boues, les mixtes et autres bas produits, qui ne peuvent être classés selon le type de charbon d'où ils sont dérivés, sont classés à cette rubrique. La houille comprend deux sous-catégories : i) le charbon à coke et ii) les autres charbons bitumineux et les anthracites (charbons vapeur).

[1] Période de douze mois finissant le 30 juin de l'année indiquée.
[2] Période de douze mois commençant le 21 mars de l'année indiquée.
[3] Période de douze mois commençant le 1er avril de l'année indiquée.
[4] Période de douze mois commençant le 1er juillet de l'année indiquée.
[5] Y compris Jersey et Guernesey.

Briquettes
Briquettes

CPC-BASED CODE - CODE BASE CPC
11020-0

Unit: Thousand metric tons | Unité: Milliers de tonnes métriques

Country or area	2003	2004	2005	2006	2007	2008	2009	2010	2011	2012	Pays ou zone
America, North											**Amérique du Nord**
United States	104770	114133	127251	99023	133319	0	0	0	0	0	États-Unis
Asia											**Asie**
Indonesia	...	...	...	...	...	323	470	*150	*155	*165	Indonésie
Kazakhstan	7	1	1	72	*27	0	0	0	...	...	Kazakhstan
Rep. of Korea	1174	1385	2010	2327	2091	2289	1941	1859	1822	1833	Rép. de Corée
Europe											**Europe**
Belgium	11	10	7	5	4	6	0	0	0	...	Belgique
France and Monaco	41	35	31	25	16	16	7	0	0	0	France et Monaco
Germany	114	102	92	96	89	0	0	0	0	...	Allemagne
Hungary	29	35	30	24	10	6	9	0	5	0	Hongrie
Russian Federation	...	...	...	...	...	...	0	3	0	0	Fédération de Russie
United Kingdom[1]	392	318	258	260	227	302	303	318	289	258	Royaume-Uni[1]

General Note.
A composition fuel manufactured from hard coal fines by shaping with the addition of a binding agent such as pitch.

[1] Including Jersey and Guernsey.

Remarque générale.
Combustible de composition fabriqué de fines de charbon aggloméré par un agent tel que le brai.

[1] Y compris Jersey et Guernesey.

Lignite
Lignite

CPC-BASED CODE - CODE BASE CPC
11030-1

Unit: Thousand metric tons — Unité: Milliers de tonnes métriques

Country or area	2003	2004	2005	2006	2007	2008	2009	2010	2011	2012	Pays ou zone
America, North											**Amérique du Nord**
Canada	35545	36735	36759	36593	36552	34908	34975	34186	32493	31121	Canada
Mexico	7973	8147	8963	9573	10456	9589	8755	11246	13718	13031	Mexique
United States	479887	497962	506769	543931	546406	557764	516097	538015	514735	479654	États-Unis
Asia											**Asie**
Dem.P.R. of Korea	7179	7340	7746	7946	6478	7235	6954	6662	4684	4488	Rép.p.d. de Corée
India[1]	27958	30337	30066	31285	33980	32421	34071	37733	42332	46598	Inde[1]
Indonesia	23370	24335	27110	30735	36723	38488	*42853	41274	*41550	*41550	Indonésie
Israel	437	439	429	452	429	427	444	432	416	...	Israël
Kazakhstan	4099	3810	4409	4655	4370	4777	5084	7283	8368	7748	Kazakhstan
Kyrgyzstan	352	397	286	276	358	422	528	520	722	1011	Kirghizistan
Lao PDR	250	300	320	319	682	379	466	502	512	510	Lao, RDP
Mongolia	4742	5745	4341	4421	4573	4844	4849	5723	5213	6190	Mongolie
Myanmar[1]	54	73	70	111	89	77	72	40	47	62	Myanmar[1]
Philippines	2029	2727	2828	2298	3401	3609	4687	6650	6882	7349	Philippines
Tajikistan	15	15	15	23	27	33	34	59	61	94	Tadjikistan
Thailand	18843	20060	20878	19001	18239	17982	17786	18344	21327	18066	Thaïlande
Turkey	46504	44431	56170	61936	72902	76801	76635	70875	73588	69169	Turquie
Uzbekistan	1913	2699	3003	3126	3282	3092	3553	3565	3784	3793	Ouzbékistan
Europe											**Europe**
Albania	81	81	64	64	64	85	14	14	*14	*14	Albanie
Austria	1152	235	0	0	0	0	0	0	...	...	Autriche
Bosnia & Herzegovina	8934	8884	9119	9965	9765	11244	11469	10985	12628	12195	Bosnie-Herzégovine
Bulgaria	27248	26452	24686	25651	28418	28748	27148	29379	37110	33412	Bulgarie
Czech Republic	50261	48497	48772	49518	49732	47537	45416	43774	46639	43533	République tchèque
Estonia	14892	13993	14591	14095	16544	16117	14939	17933	18734	...	Estonie
France and Monaco	9	0	...	...	...	...	...	...	...	...	France et Monaco
Germany	179085	181926	177907	176321	180409	175313	169857	169403	176502	185432	Allemagne
Greece	68299	70041	69398	64787	66308	65720	64893	56520	58666	62956	Grèce
Hungary	13301	11242	9570	9952	9818	9404	8986	9113	9555	9290	Hongrie
Montenegro	...	...	1297	1512	1203	1740	957	1938	1973	1786	Monténégro
Poland	60920	61198	61636	60844	57538	59668	57108	56510	62841	64280	Pologne
Romania	33053	31792	31106	34923	35780	35861	33961	31127	35512	33945	Roumanie
Russian Federation	79544	69186	73668	74148	71143	82530	69011	76121	76352	77299	Fédération de Russie
Serbia	...	...	35100	36780	37148	38709	38499	37976	41105	38234	Serbie
Serbia & Montenegro	40225	41085	...	...	...	...	...	...	...	...	Serbie-et-Monténégro
Slovakia	3097	2952	2511	2201	2111	2423	2573	2378	2376	2292	Slovaquie
Slovenia	4830	4809	4540	4522	4535	4520	4429	4430	4501	4278	Slovénie
Spain	11156	11576	10933	10094	9309	2873	2493	2444	2359	2275	Espagne
TFYR of Macedonia	7382	7245	6881	6639	6510	7630	7426	6724	8209	7310	L'ex-RY de Macédoine
Ukraine	490	460	354	232	C	C	C	C	C	...	Ukraine
Oceania											**Océanie**
Australia[2]	109436	111400	115315	117806	116890	116012	120597	116351	112744	113423	Australie[2]
New Zealand[1]	2828	2629	2723	2904	2815	2438	2478	2734	2614	2654	Nouvelle-Zélande[1]

General Note.

One of the two sub-categories of brown coal. Brown coal is coal with a low degree of coalification which retained the anatomical structure of the vegetable matter from which it was formed. Lignite covers non-agglomerating coals with a gross calorific value less than 17,435 KJ/kg (4,165 kcal/kg) and greater than 31 per cent volatile matter on a dry mineral matter free basis.

[1] Twelve months beginning 1 April of year stated.
[2] Twelve months ending 30 June of year stated.

Remarque générale.

Une des deux sous-catégories du charbon brun, qui est un charbon à carbonification faible, ayant conservé la structure anatomique des végétaux dont il est issu. Sont classés comme lignite les charbons non agglomérants de pouvoir calorifique brut inférieur à 4 165 kcal/kg et d'une teneur de plus de 31 % de matières volatiles (sur échantillon sec sans minéraux).

[1] Période de douze mois commençant le 1er avril de l'année indiquée.
[2] Période de douze mois finissant le 30 juin de l'année indiquée.

Lignite briquettes
Briquettes de lignite

CPC-BASED CODE - CODE BASE CPC
11030-2

Unit: Thousand metric tons — Unité: Milliers de tonnes métriques

Country or area	2003	2004	2005	2006	2007	2008	2009	2010	2011	2012	Pays ou zone
Asia											**Asie**
India[1]	675	456	595	462	509	486	511	575	745	669	Inde[1]
Turkey	47	159	120	155	62	47	0	0	0	0	Turquie
Europe											**Europe**
Belarus	1100	1149	1207	1246	1162	1183	1257	1317	1362	...	Bélarus
Bulgaria	1303	1078	1491	1905	2077	1991	1672	1356	856	995	Bulgarie
Czech Republic	314	317	301	345	247	156	170	145	0	0	République tchèque
Estonia	120	68	52	101	128	68	45	84	75	...	Estonie
Germany	4843	5256	5252	5624	5386	5933	5752	6253	6922	6786	Allemagne
Greece	209	189	183	129	97	24	0	0	0	...	Grèce
Ireland	279	206	215	222	214	209	243	238	192	...	Irlande
Lithuania	15	15	11	14	13	15	10	6	7	...	Lituanie
Russian Federation	91	76	49	57	23	45	53	39	42	...	Fédération de Russie
Serbia	...	...	642	604	592	602	435	557	568	519	Serbie
Serbia & Montenegro	770	788	...	...	...	...	...	...	...	...	Serbie-et-Monténégro
Oceania											**Océanie**
Australia[2]	480	168	320	384	308	273	241	190	213	228	Australie[2]

General Note.
A composition fuel manufactured from lignite. The lignite is crushed, dried and molded under high pressure into an even shaped briquette without the addition of binders.

[1] Twelve months beginning 1 April of year stated.
[2] Twelve months ending 30 June of year stated.

Remarque générale.
Combustible de composition fabriqué de lignite. Le lignite est broyé, séché et moulé sous haute pression en briquettes de forme régulière, sans agent d'agglomération.

[1] Période de douze mois commençant le 1er avril de l'année indiquée.
[2] Période de douze mois finissant le 30 juin de l'année indiquée.

Peat
Tourbe

CPC-BASED CODE - CODE BASE CPC
11040-0

Unit: Thousand metric tons — Unité: Milliers de tonnes métriques

Country or area	2003	2004	2005	2006	2007	2008	2009	2010	2011	2012	Pays ou zone
Africa											**Afrique**
Burundi	5	5	5	10	7	10	11	...	...	...	Burundi
America, North											**Amérique du Nord**
Canada	1180	1347	1304	1217	1282	1231	1214	1262	...	...	Canada
Mexico	[1]8502	[1]8963	[1]9940	[1]10883	11887	10403	9496	...	...	...	Mexique
United States[2]	634	696	685	551	635	615	609	628	...	...	États-Unis[2]
America, South											**Amérique du Sud**
Argentina	13	9	11	...	...	...	...	...	...	...	Argentine
Brazil	C	C	C	C	C	73	18	C	C	C	Brésil
Asia											**Asie**
Afghanistan	35	34	33	35	243	347	500	725	1480	1240	Afghanistan
Iran (Islamic Rep. of)	8	...	...	...	...	...	5	...	...	...	Iran (Rép. islam. d')
Turkey	...	...	0	0	0	C	3	3	10	10	Turquie
Europe											**Europe**
Belarus	1836	2044	2369	2305	2820	2756	2488	2593	3126	2948	Bélarus
Czech Republic	...	...	C	C	377	299	257	129	137	C	République tchèque
Denmark	322	517	382	325	349	241	86	103	91	85	Danemark
Estonia	...	992	831	807	1030	...	...	...	...	...	Estonie
Finland	9081	8578	6912	7938	9813	8456	6726	...	...	...	Finlande
Hungary	64	51	C	C	C	81	C	108	93	121	Hongrie
Latvia	1134	1007	810	846	1065	1165	1020	1129	1236	1241	Lettonie
Lithuania	418	448	494	493	509	433	484	540	542	509	Lituanie
Poland	428	513	633	575	635	621	577	662	...	...	Pologne
Romania	19	7	6	9	5	C	C	C	C	C	Roumanie
Russian Federation	1537	2036	1935	1722	1725	1201	1175	1346	1463	1162	Fédération de Russie
Sweden	...	...	1472	2541	2524	1913	1945	2112	2449	2432	Suède
Ukraine	[3]723	[3]707	[3]758	[3]622	[3]615	[3]607	[3]694	[3]603	735	656	Ukraine

General Note.
Peat (including peat litter), whether or not agglomerated.

[1] Source: U.S. Geological Survey (Reston, Virginia).
[2] Data refer to horticultural use only.
[3] Unagglomerated peat only (National product list code 10.30.10.100).

Remarque générale.
Tourbe (y compris la tourbe pour litière), même agglomérée.

[1] Source: Service géologique des Etats-Unis (Reston, Virginia).
[2] Les données correspondent uniquement à l'usage horticole.
[3] Tourbe non agglomérée seulement (Code de la liste nationale de produits 10.30.10.300).

Crude petroleum
Pétrole brut

CPC-BASED CODE - CODE BASE CPC
12010-0

Unit: Thousand metric tons — Unité: Milliers de tonnes métriques

Country or area	2003	2004	2005	2006	2007	2008	2009	2010	2011	2012	Pays ou zone
Africa											**Afrique**
Algeria	54869	59340	62545	63865	64085	61585	57112	55694	54538	51063	Algérie
Angola	43733	49443	62314	70494	84908	95302	90448	87880	80900	85433	Angola
Cameroon	4111	4939	4531	4618	4376	4302	3757	3304	2995	2496	Cameroun
Chad	1798	8505	8808	7874	7190	6331	5959	6111	5734	5211	Tchad
Congo	10705	11209	12268	13899	11374	12091	13829	15788	14995	13882	Congo
Côte d'Ivoire	1028	1126	1994	3135	2418	2282	2277	1972	1678	1459	Côte d'Ivoire
Dem. R. of the Congo	1286	1398	1269	1244	1218	1155	1108	1108	1172	1213	Rép. dém. du Congo
Egypt[1]	30549	29040	27044	25934	26354	28300	27600	28280	27634	32936	Égypte[1]
Equatorial Guinea	12989	17558	17915	17088	17457	17397	15406	13629	*13885	*14434	Guinée équatoriale
Gabon	13684	13664	13477	12062	12291	11977	12035	12734	12684	12235	Gabon
Ghana	10	23	12	23	27	31	25	195	3405	4134	Ghana
Libya	68950	76116	81533	84802	86253	84908	78166	81266	23562	70013	Libye
Mauritania	0	0	0	1526	750	603	561	414	386	330	Mauritanie
Morocco	10	11	7	10	14	9	8	9	8	7	Maroc
Mozambique	...	13	21	25	25	28	27	30	31	35	Mozambique
Niger	...	...	...	...	...	...	...	0	92	626	Niger
Nigeria	113914	122948	122488	115893	107067	102499	104046	119472	115499	113704	Nigéria
South Africa	570	...	...	...	...	...	...	298	298	53	Afrique du Sud
Sudan (former)	13250	15091	15274	17253	23800	23098	23738	23104	22632	5079	Soudan (anc.)
Tunisia	3170	3342	3404	3260	4568	4168	3914	3697	3236	3193	Tunisie
America, North											**Amérique du Nord**
Aruba*	120	120	120	120	125	122	123	120	100	80	Aruba*
Barbados	63	63	63	50	46	40	38	42	40	37	Barbade
Belize	...	...	...	113	150	175	199	220	*250	*138	Belize
Canada	99256	102572	104510	105379	99718	100585	94820	101680	108146	118619	Canada
Cuba	3680	3253	2935	2900	2905	3003	2731	3025	3012	2999	Cuba
Guatemala	1347	1102	1004	872	826	763	736	651	596	579	Guatemala
Mexico	176612	178280	175082	170604	160829	146000	135096	133632	132041	132183	Mexique
Trinidad and Tobago	6943	6336	7474	7375	6234	5875	5509	5047	4739	4225	Trinité-et-Tobago
United States[2]	280196	268014	255420	251657	249791	244840	264405	270234	279251	320925	États-Unis[2]
America, South											**Amérique du Sud**
Argentina	38125	35551	33934	33850	32945	32323	32002	31274	29861	28324	Argentine
Bolivia (Plur. State of)	1937	2275	2485	2389	2412	2299	1996	2097	2177	2534	Bolivie (État plur. de)
Brazil	64800	64208	72436	77531	78944	82954	89823	95043	97550	95652	Brésil
Chile	174	171	160	140	123	127	178	207	266	290	Chili
Colombia	27908	27310	27123	27345	27345	30360	34572	39584	46102	47686	Colombie
Ecuador	21908	27491	27746	27960	26675	26416	25400	25375	26115	26355	Équateur
Peru	4708	4130	3892	4001	4474	4957	5357	5501	5305	5180	Pérou
Suriname	588	612	637	656	656	656	662	792	815	832	Suriname
Venezuela (Bol. R. of)	146821	143303	149721	169447	147869	151278	152995	151417	151838	147824	Venezuela (R.bol.du)
Asia											**Asie**
Azerbaijan	15381	15549	22214	32268	*41342	*42190	*48354	48581	43445	41015	Azerbaïdjan
Bahrain	9408	9370	9303	9140	9189	9135	9086	9068	9488	8648	Bahreïn
Brunei Darussalam	9952	9695	9557	10221	9051	8852	7658	7616	7288	7280	Brunéi Darussalam
China	169600	175873	181353	184766	186318	190440	189490	203014	202876	207478	Chine
Georgia	140	98	67	64	64	52	53	50	49	44	Géorgie
India[3]	33373	33981	32190	33988	34118	33508	33690	37684	38090	37862	Inde[3]
Indonesia	53773	49492	46217	44040	47720	45422	47461	48175	44981	42987	Indonésie
Iran (Islamic Rep. of)[4]	208547	209806	201600	203400	238135	233719	227911	228782	226530	165436	Iran (Rép. islam. d')[4]
Iraq	76600	100400	91398	96429	93174	112509	115221	116307	130575	144902	Iraq
Israel	3	2	2	7	4	6	6	4	20	12	Israël
Japan	294	293	317	281	286	291	265	250	243	240	Japon
Jordan	2	1	1	1	1	2	2	1	1	1	Jordanie
Kazakhstan	45376	50672	50870	54339	55265	58646	64354	68084	67765	66475	Kazakhstan
Kuwait[5]	105093	114434	128316	131865	128376	133801	112772	115290	132571	148833	Koweït[5]
Kyrgyzstan	69	74	77	71	69	71	77	83	77	79	Kirghizistan
Malaysia	38318	36758	33787	32030	32788	33133	31642	30653	27370	28133	Malaisie
Mongolia	...	...	...	...	114	161	256	298	349	497	Mongolie
Myanmar[3]	967	981	1088	1046	1041	941	951	927	905	847	Myanmar[3]
Oman	40808	38934	38581	36732	35374	37756	40524	45428	44126	48290	Oman
Pakistan[6]	3035	3236	3211	3302	3435	3224	3180	3225	3297	*3731	Pakistan[6]
Philippines	20	19	29	24	25	132	399	418	318	224	Philippines

For general note and footnotes, see end of table

Voir la fin du tableau pour la remarque générale est les notes

Crude petroleum (continued)
Pétrole brut (suite)

CPC-BASED CODE - CODE BASE CPC
12010-0

Unit: Thousand metric tons — Unité: Milliers de tonnes métriques

Country or area	2003	2004	2005	2006	2007	2008	2009	2010	2011	2012	Pays ou zone
Qatar	34791	36859	37191	39690	38545	41127	35677	35683	35692	35797	Qatar
Rep. of Korea	0	0	54	45	31	21	42	53	39	36	Rép. de Corée
Saudi Arabia[5]	437294	444667	466194	458951	439406	459694	407930	406992	464088	487969	Arabie saoudite[5]
Syrian Arab Republic	31700	23355	22241	20823	18480	18647	18325	19785	18033	8253	Rép. arabe syrienne
Tajikistan	18	19	22	24	26	26	26	27	28	30	Tadjikistan
Thailand	4785	4297	5707	6436	7170	7320	7585	7641	6982	7430	Thaïlande
Timor-Leste	...	2589	4710	5033	3914	4988	4801	4379	4177	3965	Timor-Leste
Turkey	2351	2251	2258	2160	2134	2160	2402	2508	2370	2338	Turquie
Turkmenistan	10004	10051	9520	8320	9090	9837	9551	9780	10506	10942	Turkménistan
United Arab Emirates	108020	112922	114267	123397	121523	123937	107712	111672	123235	127806	Émirats arabes unis
Uzbekistan	4328	4080	4100	5400	4900	4800	4500	3770	3550	3165	Ouzbékistan
Viet Nam	17700	20051	18519	16800	15920	14904	16360	15014	15185	16739	Viet Nam
Yemen	20639	19356	19172	17497	15311	13665	13328	12669	9416	7396	Yémen
Europe											**Europe**
Albania	375	420	418	500	564	578	577	744	895	1031	Albanie
Austria	919	971	855	856	853	862	909	877	838	839	Autriche
Belarus	1820	1804	1785	1780	1760	1740	1720	1700	1682	1660	Bélarus
Bulgaria	30	30	30	28	26	24	25	23	22	24	Bulgarie
Croatia	959	890	830	807	768	717	667	616	580	549	Croatie
Czech Republic	317	306	313	265	246	242	222	176	165	156	République tchèque
Denmark	18143	19262	18517	16839	15169	14035	12903	12157	10941	9980	Danemark
France and Monaco	1219	1138	1079	1055	974	975	899	896	895	807	France et Monaco
Germany	3690	3463	3471	3383	3361	3024	2768	2486	2627	2602	Allemagne
Greece	120	118	89	83	74	59	80	115	98	94	Grèce
Hungary	1134	1077	948	886	839	811	791	734	659	649	Hongrie
Italy and San Marino	5570	5445	6111	5769	5860	5220	4551	5080	5284	5397	Italie et St-Marin
Lithuania	382	302	216	181	154	128	115	115	114	102	Lituanie
Netherlands	2304	2106	1492	1348	2068	1731	1312	1020	1081	1111	Pays-Bas
Norway, Sv., J.May.	147011	136733	124435	114725	110658	106036	100892	91322	85616	78453	Norvège, Sv., J.May.
Poland	765	886	848	796	721	755	687	687	617	681	Pologne
Rep. of Moldova	0	8	5	4	8	15	17	11	13	11	Rép. de Moldova
Romania	5651	5462	5215	4777	4542	4542	4386	4168	4075	3860	Roumanie
Russian Federation	404842	440086	449177	457756	468174	469470	476709	484687	491937	497425	Fédération de Russie
Serbia	...	...	649	646	641	639	663	866	1020	1125	Serbie
Serbia & Montenegro	773	652	...	...	...	...	...	...	...	...	Serbie-et-Monténégro
Slovakia	42	38	31	28	22	18	15	13	15	11	Slovaquie
Spain	322	255	166	139	142	127	105	123	100	142	Espagne
Ukraine	2814	3003	3149	3326	3310	3184	2904	2582	2438	2290	Ukraine
United Kingdom[7]	97835	87516	77179	69665	70357	65497	62820	58047	48571	42052	Royaume-Uni[7]
Oceania											**Océanie**
Australia[1]	27988	24544	21825	19432	22097	20466	21103	20444	19775	19785	Australie[1]
New Zealand[3]	1073	931	872	835	1891	2725	2574	2463	2111	1853	Nouvelle-Zélande[3]
Papua New Guinea	2427	2134	2462	2867	1940	2083	1994	347	0	0	Papouasie-Nvl-Guinée

General Note.

A mineral oil consisting of a mixture of hydrocarbons of natural origin, yellow to black in color, of variable density and viscosity. Data in this category also includes lease or field condensate (separator liquids) which is recovered from gaseous hydrocarbons in lease separation facilities, as well as synthetic crude oil, mineral oils extracted from bituminous minerals such as shales and bituminous sand, and oils from coal liquefaction.

1 Twelve months ending 30 June of year stated.
2 Including Puerto Rico, Guam, the U.S. Virgin Islands, American Samoa, Johnston Atoll, Midway Islands, Wake Island and the Northern Mariana Islands.
3 Twelve months beginning 1 April of year stated.
4 Twelve months beginning 21 March of year stated.
5 Includes 50% of the output of the Neutral Zone.
6 Twelve months beginning 1 July of year stated.
7 Including Jersey and Guernsey.

Remarque générale.

Huile minérale constituée d'un mélange d'hydrocarbures d'origine naturelle, de couleur variant du jaune au noir, de densité et de viscosité variables. Entrent également dans cette catégorie les condensats de concession ou obtenus sur le gisement (liquides de séparation), récupérés des hydrocarbures gazeux dans des séparateurs de concession, ainsi que le pétrole brut de synthèse, les huiles minérales extraites de minéraux bitumineux tels que les schistes et les sables bitumineux, et les huiles obtenues par liquéfaction du charbon.

1 Période de douze mois finissant le 30 juin de l'année indiquée.
2 Y compris Porto Rico, Guam, îles Vierges américaines, Samoas américaines, atoll de Johnston, îles Midway, île Wake et îles Mariannes septentrionales.
3 Période de douze mois commençant le 1er avril de l'année indiquée.
4 Période de douze mois commençant le 21 mars de l'année indiquée.
5 Comprend 50 % de la production de la zone neutre.
6 Période de douze mois commençant le 1er juillet de l'année indiquée.
7 Y compris Jersey et Guernesey.

Natural gas
Gaz naturel

CPC-BASED CODE - CODE BASE CPC
12020-1

Unit: Petajoules — Unité: Petajoules

Country or area	2003	2004	2005	2006	2007	2008	2009	2010	2011	2012	Pays ou zone
Africa											**Afrique**
Algeria	3248.4	3216.3	3586.3	3460.4	3424.7	3433.4	3299.2	3348.6	3238.2	3374.1	Algérie
Angola	24.7	29.3	25.4	26.5	32.4	25.8	26.2	27.9	28.6	28.9	Angola
Cameroon	0.0	0.0	0.0	0.0	14.0	14.5	12.0	12.1	12.6	13.1	Cameroun
Congo	0.7	0.8	0.9	0.9	0.8	1.0	2.1	3.9	5.7	6.0	Congo
Côte d'Ivoire	47.8	60.7	67.8	63.7	58.7	61.8	56.6	61.7	60.8	66.4	Côte d'Ivoire
Dem. R. of the Congo	...	0.0	0.0	0.2	0.3	0.3	0.3	0.3	0.3	0.3	Rép. dém. du Congo
Egypt[1]	1214.0	1311.4	1983.2	2132.8	2280.0	2366.1	2359.0	2158.9	2210.8	2124.4	Égypte[1]
Equatorial Guinea	18.8	25.0	45.0	55.0	65.3	232.0	244.5	255.0	*334.8	*268.3	Guinée équatoriale
Gabon	5.5	5.4	5.7	5.9	6.3	7.1	9.3	12.5	14.1	14.5	Gabon
Ghana	...	...	...	...	...	...	...	2.3	...	...	Ghana
Libya	243.2	306.3	429.4	562.4	625.5	650.9	604.2	638.8	298.7	463.6	Libye
Morocco	1.6	2.0	1.8	2.6	2.5	2.1	1.7	2.1	2.3	2.5	Maroc
Mozambique	0.1	52.3	88.0	105.4	104.5	116.6	114.0	124.8	130.9	146.8	Mozambique
Nigeria	742.3	873.6	851.2	1075.0	1345.0	1311.7	927.5	1236.5	1457.0	1565.6	Nigéria
Senegal	0.4	0.5	0.5	0.5	0.5	0.4	0.7	0.8	1.4	1.4	Sénégal
South Africa	50.2	77.2	83.0	72.3	67.7	60.2	46.9	58.6	51.7	44.5	Afrique du Sud
Tunisia	82.3	86.8	87.9	94.4	85.3	85.5	105.0	126.9	120.7	117.0	Tunisie
United R. of Tanzania	0.0	5.0	13.8	19.2	20.7	21.4	25.3	29.9	33.0	37.8	Rép.-U. de Tanzanie
America, North											**Amérique du Nord**
Barbados	0.9	1.0	1.0	1.0	0.9	1.0	0.7	0.6	0.6	0.7	Barbade
Belize	...	...	...	...	...	...	...	0.3	*0.3	*0.3	Belize
Canada	7032.2	7016.7	7170.8	7208.2	6931.6	6717.5	6302.2	6160.4	6159.0	6045.4	Canada
Cuba	25.7	27.5	29.0	42.3	47.5	45.3	45.1	41.9	39.8	40.4	Cuba
Mexico	1268.6	1305.3	1423.7	1606.5	1782.1	1774.7	1786.7	1949.7	1944.5	1877.4	Mexique
Trinidad and Tobago	971.8	1024.2	1067.2	1562.3	1643.2	1629.5	1602.1	1666.0	1587.6	1596.5	Trinité-et-Tobago
United States[2]	20794.8	20161.8	19610.9	20082.5	20929.6	21854.8	22317.0	23017.6	24704.8	26001.9	États-Unis[2]
America, South											**Amérique du Sud**
Argentina	1664.1	1901.7	1857.3	1879.1	1810.7	1821.0	1729.2	1645.5	1623.8	1589.4	Argentine
Bolivia (Plur. State of)	286.0	399.6	472.3	507.8	547.0	568.4	491.5	574.2	623.5	709.8	Bolivie (État plur. de)
Brazil	397.5	420.0	429.1	434.9	424.0	547.1	471.3	580.7	620.3	705.6	Brésil
Chile	64.5	63.9	74.7	72.1	69.4	67.6	72.0	71.9	57.9	47.9	Chili
Colombia	257.8	271.3	284.7	285.2	285.3	305.8	413.7	438.5	425.6	435.4	Colombie
Ecuador	18.9	23.1	18.2	15.5	18.1	15.8	17.8	19.7	17.4	22.8	Équateur
Peru	25.8	40.3	68.0	77.8	108.7	151.0	190.8	354.8	547.0	557.9	Pérou
Suriname	0.2	0.2	0.2	0.2	0.2	0.2	0.2	0.2	0.2	0.2	Suriname
Venezuela (Bol. R. of)	1053.5	1038.8	1057.8	1153.9	1174.7	1069.6	1023.4	1106.4	1114.4	1173.4	Venezuela (R.bol.du)
Asia											**Asie**
Afghanistan[3]	9.4	4.6	6.7	6.7	6.3	6.0	5.5	5.5	6.3	6.2	Afghanistan[3]
Azerbaijan	193.3	194.9	216.1	255.1	421.1	635.2	634.9	650.8	638.6	673.1	Azerbaïdjan
Bahrain	263.8	274.3	290.6	316.1	430.4	463.8	467.6	487.8	487.0	490.9	Bahreïn
Bangladesh[1]	434.8	469.4	502.6	574.4	613.1	655.3	713.0	773.6	779.2	817.8	Bangladesh[1]
Brunei Darussalam	482.5	477.3	468.6	492.6	503.9	525.3	486.5	477.7	497.8	488.7	Brunéi Darussalam
China	1304.7	1544.8	1837.7	2181.7	2579.9	2992.0	3178.3	3534.0	3826.2	4053.8	Chine
Georgia	0.7	0.4	0.5	0.8	0.7	0.5	0.5	0.3	0.2	0.2	Géorgie
India[4]	1016.1	1008.0	1025.4	1005.1	1071.2	1281.6	1853.3	2037.6	1857.4	1587.3	Inde[4]
Indonesia	2840.7	2840.7	2680.7	2704.2	2663.6	2731.5	2711.0	3140.8	3305.2	3130.1	Indonésie
Iran (Islamic Rep. of)[3]	3130.2	3544.4	4051.7	4482.6	4786.6	4988.1	5364.9	5615.7	5870.5	6102.4	Iran (Rép. islam. d')[3]
Iraq	59.3	38.0	252.9	243.1	244.5	310.0	339.5	301.2	232.9	229.2	Iraq
Israel	0.3	45.5	62.6	88.8	98.4	130.3	100.8	124.3	163.9	95.5	Israël
Japan	120.8	125.4	134.6	148.5	166.4	165.7	159.4	149.3	149.2	142.1	Japon
Jordan	9.9	10.1	8.3	8.6	7.7	7.1	7.5	6.3	6.2	5.6	Jordanie
Kazakhstan	647.7	862.5	974.5	1029.5	1153.5	1283.4	1402.5	1459.6	1542.5	1572.5	Kazakhstan
Kuwait	430.0	462.8	518.9	533.3	519.2	541.1	456.0	466.2	536.4	605.3	Koweït
Kyrgyzstan	1.1	1.1	1.0	0.8	0.6	0.7	0.6	0.9	1.0	1.1	Kirghizistan
Malaysia	2080.0	2180.9	2402.2	2336.5	2152.4	2281.9	2155.8	2128.0	2197.1	2145.1	Malaisie
Myanmar[4]	306.9	400.5	483.4	508.5	526.6	447.8	485.5	497.4	513.4	512.0	Myanmar[4]
Oman	696.6	705.7	793.7	938.2	942.8	927.8	957.5	1048.8	1109.7	1159.4	Oman
Pakistan[5]	1116.5	1235.8	1290.8	1296.2	1320.4	1336.8	1361.9	1355.5	1416.1	*1421.2	Pakistan[5]
Philippines	101.1	96.7	128.1	105.9	143.9	151.5	152.5	143.7	155.1	152.3	Philippines
Qatar	1284.7	1689.7	1860.5	2134.4	2561.7	3241.9	3700.7	4991.5	6259.6	6572.4	Qatar
Rep. of Korea	0.0	0.0	20.5	18.3	14.8	9.1	20.9	22.6	18.9	18.2	Rép. de Corée
Saudi Arabia	1990.2	2424.0	2586.9	2744.3	2306.8	2544.1	2431.2	2786.7	2838.3	3081.6	Arabie saoudite

For general note and footnotes, see end of table

Voir la fin du tableau pour la remarque générale est les notes

Natural gas (continued)
Gaz naturel (suite)

CPC-BASED CODE - CODE BASE CPC
12020-1

Unit: Petajoules — Unité: Petajoules

Country or area	2003	2004	2005	2006	2007	2008	2009	2010	2011	2012	Pays ou zone
Syrian Arab Republic	258.2	267.7	230.0	237.5	233.7	222.4	233.4	337.0	296.7	216.8	Rép. arabe syrienne
Tajikistan	1.3	1.3	1.0	0.7	0.6	0.6	0.8	0.9	0.7	0.4	Tadjikistan
Thailand	707.3	701.2	753.7	761.6	802.6	879.7	1064.6	1169.5	*1193.2	*1333.0	Thaïlande
Turkey	21.4	26.4	34.4	34.7	34.2	39.0	26.2	26.1	29.1	24.2	Turquie
Turkmenistan	2241.5	2219.2	2387.0	2396.5	2609.8	2671.2	1445.5	1716.4	2508.6	2616.2	Turkménistan
United Arab Emirates	1746.8	1805.3	1815.5	1901.3	1895.3	1891.5	1838.7	1932.9	1970.6	2046.0	Émirats arabes unis
Uzbekistan	2194.1	2236.4	2278.7	2370.9	2463.5	2554.5	2320.6	2271.5	2382.2	2377.3	Ouzbékistan
Viet Nam	105.8	244.6	251.3	273.1	276.3	292.6	312.6	366.9	330.9	365.0	Viet Nam
Yemen	...	...	...	...	...	...	32.5	259.7	391.2	315.9	Yémen
Europe											**Europe**
Albania	0.5	0.6	0.4	0.4	0.7	0.3	0.3	0.5	0.6	0.6	Albanie
Austria	82.6	78.2	65.3	72.8	73.9	61.3	66.8	69.1	67.8	72.8	Autriche
Belarus	9.8	9.5	8.8	8.5	7.8	7.8	7.9	8.2	8.6	8.4	Bélarus
Bulgaria	0.6	12.4	17.9	17.4	11.0	7.3	0.6	2.7	16.3	14.3	Bulgarie
Croatia	83.2	83.5	86.8	103.1	109.9	102.1	102.2	103.0	93.4	76.1	Croatie
Czech Republic	6.1	7.6	7.2	6.9	7.6	7.5	8.5	9.4	8.8	10.0	République tchèque
Denmark	335.1	395.0	436.5	433.7	384.6	419.4	349.9	341.6	274.3	241.7	Danemark
France and Monaco	59.6	51.5	42.3	49.2	42.6	37.7	35.5	30.0	23.5	21.0	France et Monaco
Germany	740.7	676.7	666.8	693.9	691.2	612.8	605.5	517.0	506.7	445.1	Allemagne
Greece	1.4	1.3	0.9	1.2	1.0	0.7	0.5	0.4	0.3	0.3	Grèce
Hungary	106.3	110.1	108.4	110.8	93.3	93.3	106.4	104.0	98.4	82.3	Hongrie
Ireland	25.3	32.0	21.4	19.1	14.4	16.4	11.8	10.9	7.9	8.5	Irlande
Italy and San Marino	529.0	493.8	459.9	418.3	369.8	352.6	305.3	320.3	321.9	327.9	Italie et St-Marin
Netherlands	2428.9	2864.9	2617.5	2576.9	2532.7	2786.2	2624.2	2950.9	2686.1	2673.6	Pays-Bas
Norway, Sv., J.May.	3094.9	3249.1	3490.9	3559.3	3632.6	4053.0	4218.7	4257.3	4014.1	4520.2	Norvège, Sv., J.May.
Poland	168.0	182.7	180.7	180.5	181.3	171.7	171.1	171.8	179.1	178.1	Pologne
Romania	485.1	482.8	451.3	444.7	429.5	418.3	415.8	400.9	403.2	403.9	Roumanie
Russian Federation	23252.1	23693.3	23997.0	24463.7	24283.3	24878.8	22270.6	25128.1	25720.2	25157.7	Fédération de Russie
Serbia	...	...	10.6	11.0	9.2	10.0	9.7	14.3	18.8	19.8	Serbie
Serbia & Montenegro	13.7	12.0	...	...	...	...	...	...	...	...	Serbie-et-Monténégro
Slovakia	7.7	6.6	5.9	8.2	5.1	4.1	4.1	4.1	4.8	5.9	Slovaquie
Slovenia	0.2	0.2	0.2	0.2	0.1	0.1	0.1	0.3	0.1	0.1	Slovénie
Spain	9.1	14.4	6.7	2.9	0.7	0.7	0.6	2.1	2.1	2.4	Espagne
Ukraine	748.8	799.1	727.5	738.1	738.2	750.1	752.3	718.1	722.4	716.8	Ukraine
United Kingdom[6]	4309.3	4036.5	3693.6	3349.8	3019.7	2916.8	2500.3	2394.3	1896.1	1630.1	Royaume-Uni[6]
Oceania											**Océanie**
Australia[1]	1377.5	1385.9	1458.6	1526.1	1610.3	1655.9	1722.2	1965.7	2081.9	2200.5	Australie[1]
New Zealand[4]	179.5	161.3	150.2	154.0	169.6	160.0	167.2	179.3	161.9	176.7	Nouvelle-Zélande[4]
Papua New Guinea	5.6	5.1	6.0	5.7	5.3	5.9	6.1	5.9	6.2	*6.2	Papouasie-Nvl-Guinée

General Note.

Gases consisting mainly of methane occurring naturally in underground deposits. It includes both non-associated gas (originating from fields producing only hydrocarbons in gaseous form) and associated gas (originating from fields producing both liquid and gaseous hydrocarbons), as well as methane recovered from coal mines and sewage gas. Production of natural gas refers to dry marketable production, measured after purification and extraction of natural gas liquids and sulphur. Extraction losses and the amounts that have been reinjected, flared, and vented are excluded from the data on production.

Remarque générale.

Gaz constitués essentiellement de méthane existant dans des réservoirs souterrains naturels. Ce peut être soit du gaz naturel non associé (en gisements ne produisant que des hydrocarbures sous forme gazeuse), soit du gaz naturel associé (en gisements produisant à la fois des hydrocarbures liquides et des hydrocarbures gazeux), soit encore du méthane de récupération (mines de charbon, gaz d'épuration). La production de gaz naturel désigne la production marchande sèche, mesurée après purification et extraction des liquides du gaz naturel et du soufre. Ne sont pas comprises dans la production les freintes d'extraction, ni les quantités réinjectées, brûlées aux torches ou éventées.

[1] Twelve months ending 30 June of year stated.
[2] Including Puerto Rico, Guam, the U.S. Virgin Islands, American Samoa, Johnston Atoll, Midway Islands, Wake Island and the Northern Mariana Islands.
[3] Twelve months beginning 21 March of year stated.
[4] Twelve months beginning 1 April of year stated.
[5] Twelve months beginning 1 July of year stated.
[6] Including Jersey and Guernsey.

[1] Période de douze mois finissant le 30 juin de l'année indiquée.
[2] Y compris Porto Rico, Guam, îles Vierges américaines, Samoas américaines, atoll de Johnston, îles Midway, île Wake et îles Mariannes septentrionales.
[3] Période de douze mois commençant le 21 mars de l'année indiquée.
[4] Période de douze mois commençant le 1er avril de l'année indiquée.
[5] Période de douze mois commençant le 1er juillet de l'année indiquée.
[6] Y compris Jersey et Guernesey.

Uranium ores and concentrates
Minerais et concentrés d'uranium

CPC-BASED CODE - CODE BASE CPC
13000-1

Unit: Metric tons | Unité: Tonnes métriques

Country or area	2003	2004	2005	2006	2007	2008	2009	2010	2011	2012	Pays ou zone
Africa											**Afrique**
Malawi	...	...	0	0	0	0	90	681	842	1103	Malawi
Namibia	*2037	3038	3146	3076	2832	4365	4626	4503	3954	5026	Namibie
Niger	3143	3273	3093	3434	3153	2993	3241	4198	4160	4821	Niger
South Africa	763	747	673	534	540	566	563	582	556	467	Afrique du Sud
America, North											**Amérique du Nord**
Canada	10455	11597	11628	9862	9476	9000	10174	9775	9145	8998	Canada
United States	769	943	1171	1805	1747	1492	1594	1630	1582	1667	États-Unis
America, South											**Amérique du Sud**
Argentina	0	1	0	0	0	0	0	0	0	0	Argentine
Brazil	271	352	129	231	357	390	338	174	415	383	Brésil
Asia											**Asie**
China	*730	*730	750	750	710	770	1200	1350	1400	1450	Chine
India	*230	*230	230	230	250	250	290	400	400	...	Inde
Iran (Islamic Rep. of)	0	0	0	6	5	6	8	7	12	15	Iran (Rép. islam. d')
Kazakhstan	3327	3719	4346	5281	6633	8512	14020	17803	19450	21240	Kazakhstan
Pakistan	40	38	40	40	40	45	50	45	45	45	Pakistan
Uzbekistan	1603	2087	2300	2260	2270	2283	2657	2874	2500	2400	Ouzbékistan
Europe											**Europe**
Bulgaria	...	...	...	...	...	1	1	1	0	0	Bulgarie
Czech Republic	452	412	409	375	307	275	258	254	229	228	République tchèque
France and Monaco	9	6	4	3	2	5	8	9	6	3	France et Monaco
Germany	150	77	94	65	41	0	0	8	51	50	Allemagne
Hungary	4	2	3	2	1	1	1	6	2	1	Hongrie
Romania	*90	90	90	90	80	80	80	80	80	80	Roumanie
Russian Federation	3073	3290	3285	3190	3413	3521	3565	3562	2993	2862	Fédération de Russie
Ukraine	*800	855	830	810	800	830	815	837	873	1012	Ukraine
Oceania											**Océanie**
Australia	7573	8982	9512	7593	8602	8433	7934	5900	5967	7009	Australie

General Note.
Comprises the U content of uranium ores and concentrates intended for treatment for uranium recovery.

Remarque générale.
Teneur en U des minerais et concentrés d'uranium destinés à être traités en vue de l'extraction de l'uranium.

Iron ores and concentrates
Minerais de fer et leurs concentrés

CPC-BASED CODE - CODE BASE CPC
14100-0

Unit: Thousand metric tons — Unité: Milliers de tonnes métriques

Country or area	2003	2004	2005	2006	2007	2008	2009	2010	2011	2012	Pays ou zone
Africa											**Afrique**
Algeria[1]	1426	1415	1603	416	328	363	367	268	287	299	Algérie[1]
Egypt	2237	3417	508	665	773	1780	2314	1393	3930	[2]3000	Égypte
Liberia[2]	0	0	0	0	0	0	0	0	1300	3300	Libéria[2]
Mauritania[2]	10100	10719	10700	11127	11917	11200	11400	11300	11490	11500	Mauritanie[2]
Morocco	6	12	36	5	48	23	31	[3]39	...	...	Maroc
South Africa[2]	38086	39274	39542	41326	41559	49000	55400	56900	52930	56800	Afrique du Sud[2]
Tunisia[2]	160	256	206	190	170	200	200	200	200	200	Tunisie[2]
Zimbabwe	411	88	329	[2]86	[2]90	...	...	0	0	0	Zimbabwe
America, North											**Amérique du Nord**
Canada	[2,4]33322	[2,4]28596	30387	33543	32774	32102	31728	37001	[2,4]37100	[2,4]39400	Canada
Cuba[5]	18	20	19	8	3	0	0	0	0	0	Cuba[5]
Dominican Republic	20	...	...	...	...	...	...	...	...	...	Rép. dominicaine
Guatemala[6]	15	15	...	...	...	...	...	...	...	...	Guatemala[6]
Mexico	6747	6887	7012	6590	7323	7726	7073	7931	7763	8047	Mexique
United States	[7]30600	[7]34500	[7]34200	[7]33300	[7]33100	[7]33800	[7]16600	[7]31300	[2]54700	[2]53200	États-Unis
America, South											**Amérique du Sud**
Argentina	...	...	...	...	56	...	...	...	...	...	Argentine
Brazil	[2]245600	279745	357130	473567	526750	454352	343146	435243	469333	483804	Brésil
Chile	8011	8004	7862	8628	8818	[2]8400	[2]8500	[2]10500	[2]12000	[2]12100	Chili
Colombia[2]	686	626	600	600	600	500	300	100	200	200	Colombie[2]
Peru	3541	4315	4638	4861	5185	5243	4490	6139	7123	6792	Pérou
Venezuela (Bol. R. of)[2]	19195	20021	21179	22100	20650	21500	14900	14000	20000	16000	Venezuela (R.bol.du)[2]
Asia											**Asie**
Afghanistan	...	...	...	...	...	...	...	...	...	25	Afghanistan
Azerbaijan	3	19	7	9	14	6	0	49	227	204	Azerbaïdjan
China[2,8]	207700	215600	284500	356100	399700	321100	231200	343900	321800	280800	Chine[2,8]
Dem.P.R. of Korea[2]	4400	4600	5000	5000	5100	5300	5300	5300	5300	5100	Rép.p.d. de Corée[2]
India	122838	142711	154436	[2]180917	[2]206939	[2]223000	[2]218600	[2]212000	[2]169700	[2]155000	Inde
Indonesia[2]	245	90	22	100	100	100	100	3000	11300	10300	Indonésie[2]
Iran (Islamic Rep. of)	[2]11385	[2]12746	[2]14828	14071	[2]22000	[2]32000	[2]33000	[2]33000	[2]35500	[2]37500	Iran (Rép. islam. d')
Kazakhstan	[2]17311	[2]18726	26901	32045	34844	[2]17295	[2]17785	[2]17921	[2]17636	[2]16722	Kazakhstan
Malaysia	[2]597	[2]664	[2]900	667	802	982	1470	3558	8078	10886	Malaisie
Mongolia	...	...	[2]200	180	265	1387	1379	3203	5678	7561	Mongolie
Pakistan[9]	12	85	104	131	151	286	320	448	329	385	Pakistan[9]
Philippines	5	3	0	...	...	...	...	...	293	216	Philippines
Rep. of Korea[2]	200	200	200	200	300	400	500	400	500	500	Rép. de Corée[2]
Saudi Arabia	370	495	500	...	...	...	...	...	...	...	Arabie saoudite
State of Palestine[10]	48	...	...	...	...	...	...	...	...	...	État de Palestine[10]
Thailand	10	136	231	264	1555	1710	616	970	[2]1000	[2]1000	Thaïlande
Turkey	3429	3857	#8020	4802	C	C	C	8749	C	C	Turquie
Viet Nam	712	1205	772	1341	1120	1372	1905	1972	2371	1506	Viet Nam
Europe											**Europe**
Austria[2,11]	2125	1889	2048	2088	2149	2000	1400	2000	2100	2100	Autriche[2,11]
Bosnia & Herzegovina[2]	127	280	600	900	1300	1200	1100	1400	1900	2100	Bosnie-Herzégovine[2]
Bulgaria	[2]259	[2]460	C	C	C	C	0	0	0	0	Bulgarie
Germany	[2,11]429	[2,11]412	[2,11]360	[2,11]416	[2,11]418	[2,11]500	[2,11]400	[2,11]400	400	400	Allemagne
Greece[6]	575	575	...	...	...	...	...	...	...	...	Grèce[6]
Norway	[2]385	[2]572	620	C	[2]609	[2]800	[2]1100	[2]2700	[2]2700	[2]3200	Norvège
Poland	0	9	0	0	0	0	0	C	C	C	Pologne
Portugal	[6]5	[6]4	...	...	0	0	0	0	...	...	Portugal
Romania[2]	217	74	64	55	...	...	...	...	...	...	Roumanie[2]
Russian Federation	92605	97052	95099	102167	104807	100146	91940	95909	103551	104000	Fédération de Russie
Serbia & Montenegro[2]	127	280	...	...	...	...	...	...	...	...	Serbie-et-Monténégro[2]
Slovakia	[2]302	[2]290	[2]259	320	297	C	C	C	C	C	Slovaquie
Spain	[2]1	C	C	C	0	0	0	0	0	0	Espagne
Sweden	[2]21498	[2]22272	[12]23447	[12]23346	[12]25079	[12]22702	[12]18751	[12]26011	[12]27518	[12]27783	Suède
TFYR of Macedonia	9	9	...	...	...	...	...	...	...	...	L'ex-RY de Macédoine
Ukraine[13]	47552	50486	53227	57076	60922	56912	54818	64284	66486	67149	Ukraine[13]
Oceania											**Océanie**
Australia[2]	211997	234697	257525	275091	299061	349800	394100	432800	477300	520000	Australie[2]
New Zealand[2]	1947	2300	2250	2100	1700	2000	2100	2100	2300	2400	Nouvelle-Zélande[2]

Iron ores and concentrates (continued)
Minerais de fer et leurs concentrés (suite)

CPC-BASED CODE - CODE BASE CPC
14100-0

General Note.
Iron ores and concentrates, other than roasted iron pyrites. Please see commodity notes for more information.

[1] Excluding concentrates.
[2] Source: World Steel Association (Brussels).
[3] Source: Bulletin of Industrial Statistics for the Arab Countries, United Nations Economic and Social Commission for Western Asia (Beirut).
[4] Data refer to production sold.
[5] Excluding pyrites.
[6] Source: U.S. Geological Survey (Reston, Virginia).
[7] Excluding Puerto Rico.
[8] Converted to correspond with world average Fe content; original source: UNCTAD.
[9] Twelve months ending 30 June of year stated.
[10] Source: Organisation of the Islamic Conference (Jeddah, Saudi Arabia).
[11] Low iron content.
[12] Gross weight.
[13] Unagglomerated iron ore only.

Remarque générale.
Minerais de fer et leurs concentrés, autres que les pyrites de fer grillées. Voir les commentaires sur nom de produit pour de plus amples informations.

[1] Non compris les concentrés.
[2] Source : World Steel Association (Association mondiale de l'acier) (Bruxelles).
[3] Source: Bulletin de statistiques industrielles pour les pays arabes, Commission économique et sociale pour l'Asie occidentale des Nations Unies (Beyrouth).
[4] Les données se rapportent à la production vendue.
[5] Non compris les pyrites.
[6] Source: Service géologique des Etats-Unis (Reston, Virginia).
[7] Non compris le Puerto Rico.
[8] Converti afin de correspondre à la teneur moyenne mondiale de Fe; source d'origine: CNUCED.
[9] Période de douze mois finissant le 30 juin de l'année indiquée.
[10] Source: Organisation de la Conférence islamique (Djeddah, Arabie saoudite).
[11] Faible teneur en fer.
[12] Poids brut.
[13] Minerai de fer non aggloméré seulement.

Copper ores and concentrates
Minerais de cuivre et leurs concentrés

CPC-BASED CODE - CODE BASE CPC
14210-0

Unit: Thousand metric tons — Unité: Milliers de tonnes métriques

Country or area	2003	2004	2005	2006	2007	2008	2009	2010	2011	2012	Pays ou zone
Africa											**Afrique**
Botswana	24.3	[1]21.2	26.7	24.3	20.0	23.1	23.1	22.8	...	...	Botswana
Dem. R. of the Congo[1]	63.9	75.8	...	...	...	...	...	...	...	...	Rép. dém. du Congo[1]
Egypt	0.1	2.6	1.8	0.9	...	2.0	1.3	...	1.6	...	Égypte
Morocco	17.5	10.3	12.7	17.8	19.9	27.6	42.1	[2]38.0	...	...	Maroc
Namibia	51.2	59.6	44.9	24.0	31.0	40.2	0.0	2.8	10.7	26.0	Namibie
South Africa	120.9	[1]87.0	...	...	...	...	...	...	...	...	Afrique du Sud
United R. of Tanzania	[1]3.3	[1]3.4	[3]3.3	[3]3.3	[3]2.9	[3]2.5	...	...	...	...	Rép.-U. de Tanzanie
Zambia	[1]349.0	[1]426.9	465.0	515.6	560.7	575.0	661.2	...	...	...	Zambie
Zimbabwe	1.4	3.2	2.2	...	...	...	4.6	4.6	6.6	6.7	Zimbabwe
America, North											**Amérique du Nord**
Canada	541.0	544.6	577.3	586.5	577.5	584.0	470.3	498.4	...	...	Canada
Mexico	323.7	368.6	390.9	312.1	337.5	246.6	240.6	270.1	443.6	500.3	Mexique
United States	1120.0	1160.0	1140.0	1200.0	1170.0	1310.0	1180.0	1110.0	...	...	États-Unis
America, South											**Amérique du Sud**
Argentina	[1]199.0	[1]177.1	187.3	180.1	180.2	[4]156.9	...	...	...	...	Argentine
Bolivia (Plur. State of)	0.3	0.6	0.0	[4]0.2	[4]0.6	[4]0.6	...	...	...	...	Bolivie (État plur. de)
Brazil	C	C	465.8	498.3	717.5	686.3	718.6	770.7	792.8	767.1	Brésil
Chile[5]	4909.2	5418.8	5330.4	5384.5	5601.7	5363.6	5417.9	...	...	...	Chili[5]
Colombia[4]	1.6	1.7	1.9	0.6	1.2	2.4	...	...	...	...	Colombie[4]
Ecuador	*[1]0.1	0.0	0.0	0.0	0.0	...	...	...	...	...	Équateur
Peru	842.6	1035.6	1009.9	1049.9	1190.3	1267.9	1276.2	1247.2	1235.3	1298.8	Pérou
Asia											**Asie**
Armenia	66.8	64.6	62.8	68.2	67.0	71.3	88.3	118.1	127.7	155.5	Arménie
Azerbaijan	0.1	0.1	0.0	0.0	0.0	0.0	0.0	0.2	0.1	0.3	Azerbaïdjan
China	579.0	[1]620.0	...	...	...	...	...	...	...	...	Chine
Cyprus	[1]2.6	[1]1.2	0.0	1.0	3.0	3.0	2.5	2.6	3.7	...	Chypre
Dem.P.R. of Korea[1]	12.0	12.0	...	...	...	...	...	...	...	...	Rép.p.d. de Corée[1]
Georgia[1]	12.0	C	C	C	C	C	C	C	C	C	Géorgie[1]
India	143.0	146.0	123.0	150.0	159.0	...	...	...	...	...	Inde
Indonesia	3238.3	2810.3	4617.7	3755.8	[6]2420.0	2340.1	3484.1	3463.8	2700.8	2385.1	Indonésie
Iran (Islamic Rep. of)	461.5	[1]190.0	548.5	783.7	...	...	[7,8]1031.4	...	...	...	Iran (Rép. islam. d')
Japan[1]	1.3	0.8	...	...	...	...	...	...	...	...	Japon[1]
Kazakhstan	[1]485.0	462.2	418.5	410.2	373.5	...	...	...	...	...	Kazakhstan
Mongolia	372.2	371.4	361.6	370.5	371.9	362.3	370.9	357.1	347.4	347.6	Mongolie
Myanmar[9]	0.0	0.1	0.0	0.0	0.0	0.0	0.0	...	...	...	Myanmar[9]
Philippines	80.9	70.6	75.3	71.8	88.1	92.8	203.4	236.8	254.0	268.0	Philippines
Saudi Arabia	0.6	0.7	0.7	...	...	...	...	...	...	...	Arabie saoudite
Turkey	2622.6	2356.1	C	C	C	C	C	C	C	6787.4	Turquie
Uzbekistan[1]	*80.0	80.0	...	...	...	...	...	...	...	...	Ouzbékistan[1]
Viet Nam	5.2	5.3	8.0	27.6	47.5	46.1	51.7	49.0	47.6	50.9	Viet Nam
Europe											**Europe**
Bulgaria[10]	900.6	1011.6	375.8	457.7	441.8	376.5	395.9	389.5	491.0	429.3	Bulgarie[10]
Finland	50.9	52.9	53.5	46.6	47.8	47.1	49.7	51.2	47.8	68.9	Finlande
Poland	...	...	1.1	12.0	1.3	1.1	1.4	C	C	C	Pologne
Portugal	324.6	380.7	381.6	323.5	395.3	378.6	350.8	303.1	...	...	Portugal
Romania	22.7	20.6	16.2	12.0	2.5	0.4	C	C	C	C	Roumanie
Serbia[10]	...	...	...	5775.0	6867.0	8680.0	10014.0	10665.0	...	...	Serbie[10]
Serbia & Montenegro[1]	26.4	30.0	...	...	...	...	...	...	...	...	Serbie-et-Monténégro[1]
Sweden[10]	309.3	300.3	355.0	316.9	235.2	210.0	203.5	298.8	341.3	333.5	Suède[10]
TFYR of Macedonia[10]	362.6	0.0	2536.0	4166.0	4143.0	4278.0	3802.0	4237.0	4154.0	4480.3	L'ex-RY de Macédoine[10]
Oceania											**Océanie**
Australia[11]	883.0	800.0	...	...	...	...	...	...	...	...	Australie[11]
Papua New Guinea	0.2	0.2	[6]0.2	[6]0.2	[6]0.2	...	...	...	...	...	Papouasie-Nvl-Guinée

General Note.
Copper ores and concentrates.

1 Source: U.S. Geological Survey (Reston, Virginia).
2 Source: Bulletin of Industrial Statistics for the Arab Countries, United Nations Economic and Social Commission for Western Asia (Beirut).
3 Tanganyika only.
4 Source: United Nations Economic Commission for Latin America and the Caribbean (Santiago).
5 Includes unrefined and refined copper.

Remarque générale.
Minerais de cuivre et leurs concentrés.

1 Source: Service géologique des Etats-Unis (Reston, Virginia).
2 Source: Bulletin de statistiques industrielles pour les pays arabes, Commission économique et sociale pour l'Asie occidentale des Nations Unies (Beyrouth).
3 Tanganyika seulement.
4 Source: Commission économique pour l'Amérique Latine et les Caraïbes des Nations Unies (Santiago).
5 Comprend cuivre non affiné et raffiné.

[6] Source: Country Economic Review, Asian Development Bank (Manila).

[7] Data refer to total production.

[8] Data refer to copper and molybdenum ores.

[9] Twelve months ending 31 March of year stated.

[10] Gross weight.

[11] Twelve months ending 30 June of year stated.

[6] Source: Revue Economique du Pays, La Banque Asiatique de développement (Manille).

[7] Les données se rapportent à la production totale.

[8] Les données se rapportent aux minerais de cuivre et de molybdène.

[9] Période de douze mois finissant le 31 mars de l'année indiquée.

[10] Poids brut.

[11] Période de douze mois finissant le 30 juin de l'année indiquée.

Nickel ores and concentrates
Minerais de nickel et leurs concentrés

CPC-BASED CODE - CODE BASE CPC
14220-0

Unit: Metric tons | Unité: Tonnes métriques

Country or area	2003	2004	2005	2006	2007	2008	2009	2010	2011	2012	Pays ou zone
Africa											**Afrique**
Botswana	27400	22292	28212	26762	22844	28940	27905	25009	...	...	Botswana
Morocco[1]	126	126	...	...	...	...	...	...	...	...	Maroc[1]
South Africa	40842	[1]39850	...	...	...	...	...	...	...	...	Afrique du Sud
Zimbabwe	5737	1694	2803	...	...	...	4858	6134	7992	7899	Zimbabwe
America, North											**Amérique du Nord**
Canada	155475	177281	192885	224565	244539	246197	132471	149030	...	...	Canada
Cuba[2]	70948	75913	75641	71708	72968	70428	70017	69694	72530	...	Cuba[2]
Dominican Republic	26	29	29	30	29	19	...	...	...	...	Rép. dominicaine
America, South											**Amérique du Sud**
Brazil	C	41124	C	C	C	C	60969	145881	184264	159684	Brésil
Colombia[1]	70844	75032	...	...	...	...	...	...	...	...	Colombie[1]
Venezuela (Bol. R. of)[1]	20700	20468	...	...	...	...	...	...	...	...	Venezuela (R.bol.du)[1]
Asia											**Asie**
China[1]	61000	64000	...	...	...	...	...	...	...	...	Chine[1]
Indonesia[3]	4395400	2106000	3790900	3869900	7112900	6571800	5806900	5972800	6336600	8571400	Indonésie[3]
Kazakhstan	...	61000	25000	...	120300	...	...	...	...	...	Kazakhstan
Myanmar[4]	7	12	41	47	33	13	19	...	...	...	Myanmar[4]
Philippines[5]	962480	874190	1114110	3591080	7398230	5477590	8313440	13797270	20721930	25175390	Philippines[5]
Turkey	[1]640	0	C	#0	0	0	0	C	C	C	Turquie
Europe											**Europe**
Finland	39375	44496	40897	39582	49406	43343	10304	29448	63209	46755	Finlande
Greece[1]	21410	21700	...	...	...	...	...	...	...	...	Grèce[1]
TFYR of Macedonia[1]	5555	5300	...	...	...	...	...	...	...	...	L'ex-RY de Macédoine[1]
Oceania											**Océanie**
Australia[6]	183000	185000	...	...	...	...	...	...	...	...	Australie[6]
New Caledonia	112013	119199	111939	102986	125364	102583	97860	131309	128113	131693	Nouvelle-Calédonie

General Note.
Nickel ores and concentrates.

[1] Source: U.S. Geological Survey (Reston, Virginia).
[2] Data refer to the production of nickel and cobalt (Ni + Co).
[3] Gross weight.
[4] Twelve months ending 31 March of year stated.
[5] Gross weight of concentrates.
[6] Twelve months ending 30 June of year stated.

Remarque générale.
Minerais de nickel et leurs concentrés.

[1] Source: Service géologique des Etats-Unis (Reston, Virginia).
[2] Les données se rapportent à la production de nickel et de cobalt (Ni + Co).
[3] Poids brut.
[4] Période de douze mois finissant le 31 mars de l'année indiquée.
[5] Poids brut de concentrés.
[6] Période de douze mois finissant le 30 juin de l'année indiquée.

Aluminium ores and concentrates (Bauxite)
Minerais d'aluminium et leurs concentrés (Bauxite)

CPC-BASED CODE - CODE BASE CPC
14230-0

Unit: Thousand metric tons — Unité: Milliers de tonnes métriques

Country or area	2003	2004	2005	2006	2007	2008	2009	2010	2011	2012	Pays ou zone
Africa											**Afrique**
Egypt	...	...	...	...	...	9532	6248	...	...	...	Égypte
Ghana[1]	495	498	...	...	...	...	...	...	...	...	Ghana[1]
Guinea[1]	16000	16000	...	...	...	...	...	...	...	...	Guinée[1]
Mozambique	12	9	10	...	...	...	...	...	...	...	Mozambique
Sierra Leone	...	...	...	971	...	954	680	...	...	...	Sierra Leone
America, North											**Amérique du Nord**
Jamaica	13443	13351	14117	14851	14588	14697	...	...	...	...	Jamaïque
America, South											**Amérique du Sud**
Brazil	18895	23300	26632	26720	28732	28178	31651	34032	34078	33323	Brésil
Guyana	1716	1479	1676	1479	2243	2092	1485	...	...	...	Guyana
Venezuela (Bol. R. of)	[1]5446	[1]5500	[2]5815	[2]5928	[2]5323	[2]5800	...	...	...	...	Venezuela (R.bol.du)
Asia											**Asie**
China[1]	13000	15000	...	...	...	...	...	...	...	...	Chine[1]
India	10925	11697	12336	15400	23500	15600	...	...	...	...	Inde
Indonesia	1263	1332	1442	7270	11663	16791	14720	27410	40644	31443	Indonésie
Iran (Islamic Rep. of)	*[1]500	[1]500	438	624	...	...	522	...	...	...	Iran (Rép. islam. d')
Kazakhstan	4737	4705	4815	4884	4963	5160	...	...	...	...	Kazakhstan
Malaysia	...	...	[3]95	92	157	275	263	124	183	122	Malaisie
Pakistan[4]	4	5	7	8	18	36	14	9	9	30	Pakistan[4]
Turkey	365	[1]366	C	C	C	C	C	C	C	C	Turquie
Europe											**Europe**
Bosnia & Herzegovina	#229	[1]115	...	...	...	...	...	...	...	...	Bosnie-Herzégovine
Denmark	1	0	0	0	0	0	0	0	1	0	Danemark
Greece[1]	2418	2444	...	...	...	...	...	...	...	...	Grèce[1]
Hungary	...	628	C	C	C	C	C	C	C	C	Hongrie
Montenegro	540	610	672	659	667	672	46	61	159	0	Monténégro
Poland	0	0	1	2	2	1	0	0	0	0	Pologne
Serbia & Montenegro	540	...	...	...	...	...	...	...	...	...	Serbie-et-Monténégro
Oceania											**Océanie**
Australia[4]	54472	56316	...	...	...	...	...	...	...	...	Australie[4]

General Note.
Aluminium ores and concentrates.

[1] Source: U.S. Geological Survey (Reston, Virginia).
[2] Source: United Nations Economic Commission for Latin America and the Caribbean (Santiago).
[3] Source: Country Economic Review, Asian Development Bank (Manila).
[4] Twelve months ending 30 June of year stated.

Remarque générale.
Minerais d'aluminium et leurs concentrés.

[1] Source: Service géologique des Etats-Unis (Reston, Virginia).
[2] Source: Commission économique pour l'Amérique Latine et les Caraïbes des Nations Unies (Santiago).
[3] Source: Revue Economique du Pays, La Banque Asiatique de développement (Manille).
[4] Période de douze mois finissant le 30 juin de l'année indiquée.

Gold ores and concentrates
Minerais d'or et leurs concentrés

CPC-BASED CODE - CODE BASE CPC
14240-1

Unit: Metric tons

Unité: Tonnes métriques

Country or area	2003	2004	2005	2006	2007	2008	2009	2010	2011	2012	Pays ou zone
Africa											**Afrique**
Algeria	0.4	0.6	...	...	...	...	...	...	...	...	Algérie
Botswana	0.0	0.2	2.7	3.0	2.7	3.2	1.6	1.8	...	...	Botswana
Burkina Faso	[1]0.4	[2]1.1	...	...	...	...	...	...	...	...	Burkina Faso
Burundi	[1]0.5	[2]2.9	...	...	...	...	...	...	...	...	Burundi
Cameroon	[1]1.0	[2]1.5	...	...	...	...	...	...	...	...	Cameroun
Congo	*[3]0.0	[2]0.1	...	...	...	...	...	...	...	...	Congo
Côte d'Ivoire[2]	2.0	2.0	...	...	...	...	...	...	...	...	Côte d'Ivoire[2]
Dem. R. of the Congo[2]	0.1	0.4	...	...	...	...	...	...	...	...	Rép. dém. du Congo[2]
Egypt	...	...	...	...	...	...	...	...	3.0	...	Égypte
Equatorial Guinea[2]	*0.5	0.5	...	...	...	...	...	...	...	...	Guinée équatoriale[2]
Ethiopia[2]	3.9	4.5	...	...	...	...	...	...	...	...	Éthiopie[2]
Gabon[2]	*0.1	0.1	...	...	...	...	...	...	...	...	Gabon[2]
Ghana[2]	69.6	63.1	...	...	...	...	...	...	...	...	Ghana[2]
Guinea[2]	16.2	16.0	...	...	...	...	...	...	...	...	Guinée[2]
Kenya	1.5	0.6	0.6	0.4	3.0	0.3	1.1	2.4	1.6	3.6	Kenya
Madagascar	[2]0.0	[2]0.2	0.2	0.2	...	...	...	...	...	...	Madagascar
Mali	53.6	44.3	52.1	58.4	52.8	49.0	49.7	...	...	...	Mali
Morocco[2]	1.9	1.9	...	...	...	...	...	...	...	...	Maroc[2]
Mozambique	0.1	0.1	0.1	0.1	0.1	...	...	...	...	...	Mozambique
Namibia	2.5	2.2	2.6	2.8	3.2	3.3	2.1	2.2	2.1	2.3	Namibie
Senegal[2]	0.6	0.6	...	...	...	...	...	...	...	...	Sénégal[2]
Sierra Leone	...	...	0.0	0.1	0.2	0.2	0.2	...	...	...	Sierra Leone
South Africa	375.8	[2]341.5	...	...	...	...	...	...	...	...	Afrique du Sud
Sudan (former)	5.1	4.3	5.0	3.2	2.7	2.3	1.9	3.4	...	...	Soudan (anc.)
Uganda	[2]0.0	[2]0.2	...	0.0	...	...	...	...	...	...	Ouganda
United R. of Tanzania	[2]48.0	[2]50.0	[4]47.3	[4]39.8	[4]40.2	[4]32.3	[4]36.6	...	...	...	Rép.-U. de Tanzanie
Zimbabwe	11.6	19.1	11.2	...	...	...	5.0	9.6	12.9	14.7	Zimbabwe
America, North											**Amérique du Nord**
Canada	140.9	129.5	119.5	103.5	102.2	94.9	96.6	97.1	...	...	Canada
Costa Rica[2]	*0.1	0.2	...	...	...	...	...	...	...	...	Costa Rica[2]
Cuba[2]	0.5	0.5	...	...	...	...	...	...	...	...	Cuba[2]
Dominican Republic	...	...	...	0.5	...	...	...	...	...	...	Rép. dominicaine
Guatemala[2]	*4.6	5.0	...	...	...	...	...	...	...	...	Guatemala[2]
Honduras[2]	*5.0	5.5	...	...	...	...	...	...	...	...	Honduras[2]
Jamaica[2]	0.1	0.0	...	...	...	...	...	...	...	...	Jamaïque[2]
Mexico	20.4	21.8	30.4	39.0	43.7	50.8	62.4	79.4	88.6	102.8	Mexique
Nicaragua	3.9	[2]3.5	...	...	...	...	...	...	...	...	Nicaragua
Panama[2]	...	0.2	...	...	...	...	...	...	...	...	Panama[2]
United States	277.0	258.0	256.0	252.0	238.0	233.0	223.0	231.0	...	...	États-Unis
America, South											**Amérique du Sud**
Argentina	29.7	28.5	27.9	...	...	...	...	...	...	...	Argentine
Bolivia (Plur. State of)[2]	9.4	7.0	...	...	...	...	...	...	...	...	Bolivie (État plur. de)[2]
Chile	39.0	40.0	40.4	42.1	41.5	...	...	...	...	...	Chili
Colombia[2]	46.5	35.0	...	...	...	...	...	...	...	...	Colombie[2]
Ecuador	[2]3.0	0.0	0.0	0.0	0.0	...	...	...	...	...	Équateur
French Guiana[2]	3.0	3.0	...	...	...	...	...	...	...	...	Guyane française[2]
Guyana	[2]12.2	10.4	7.6	6.4	7.4	8.1	...	...	...	...	Guyana
Peru	172.6	173.2	207.8	202.8	170.2	179.9	184.0	164.1	166.2	161.5	Pérou
Uruguay[2]	1.7	2.0	...	...	...	...	...	...	...	...	Uruguay[2]
Venezuela (Bol. R. of)[2]	7.9	9.7	...	...	...	...	...	...	...	...	Venezuela (R.bol.du)[2]
Asia											**Asie**
Armenia[2]	*1.8	2.1	C	C	...	...	...	...	...	...	Arménie[2]
Azerbaijan	...	...	...	...	...	...	0.4	2.9	2.6	1.8	Azerbaïdjan
China[2]	205.0	215.0	...	...	...	...	...	...	...	...	Chine[2]
Dem.P.R. of Korea[2]	6.3	6.0	...	...	...	...	...	...	...	...	Rép.p.d. de Corée[2]
Georgia[2]	*2.0	2.0	C	C	C	C	C	C	...	...	Géorgie[2]
India	3.5	3.5	2.9	...	...	...	...	...	...	...	Inde
Indonesia	141.0	86.9	142.9	139.0	117.9	64.4	127.0	106.3	77.7	69.3	Indonésie
Iran (Islamic Rep. of)	[2]0.5	[2]0.8	0.6	0.7	...	...	...	...	...	...	Iran (Rép. islam. d')
Japan	8.1	8.0	8.3	8.9	8.9	6.9	7.7	8.2	8.7	7.2	Japon
Malaysia	[2]4.7	[2]4.8	...	3.5	2.9	2.5	2.8	3.8	4.2	4.6	Malaisie
Mongolia	11.1	19.4	24.1	22.6	17.5	15.2	9.8	6.0	5.7	6.0	Mongolie
Myanmar[5,6]	0.1	0.1	0.1	0.1	0.1	0.0	0.1	0.3	0.2	1.0	Myanmar[5,6]

For general note and footnotes, see end of table

Voir la fin du tableau pour la remarque générale est les notes

Gold ores and concentrates (continued)
Minerais d'or et leurs concentrés (suite)

CPC-BASED CODE - CODE BASE CPC

14240-1

Unit: Metric tons — Unité: Tonnes métriques

Country or area	2003	2004	2005	2006	2007	2008	2009	2010	2011	2012	Pays ou zone
Oman	0.0	0.2	0.4	...	...	...	...	...	...	...	Oman
Philippines	37.8	35.5	37.5	36.1	38.8	35.7	37.0	40.8	31.1	15.8	Philippines
Rep. of Korea[2]	0.7	0.7	...	...	...	...	...	...	...	...	Rép. de Corée[2]
Saudi Arabia	8.8	8.3	7.5	...	...	...	...	...	...	...	Arabie saoudite
Tajikistan[2]	2.7	3.0	...	...	...	...	...	...	...	...	Tadjikistan[2]
Thailand	4.3	4.5	4.2	3.5	3.4	2.7	4.9	4.0	...	...	Thaïlande
Turkey[2]	6.5	4.5	C	C	C	C	C	C	...	...	Turquie[2]
Uzbekistan[2]	90.0	93.0	...	...	...	...	...	...	...	...	Ouzbékistan[2]
Viet Nam[2]	2.0	2.0	...	...	...	...	...	...	...	...	Viet Nam[2]
Europe											**Europe**
France[2]	C	1.5	...	...	...	...	...	...	...	...	France[2]
Italy[2]	0.1	...	...	...	...	...	...	...	...	...	Italie[2]
Romania[2]	*3.0	3.0	...	...	...	...	...	...	...	...	Roumanie[2]
Serbia & Montenegro[2]	1.1	1.0	...	...	...	...	...	...	...	...	Serbie-et-Monténégro[2]
Slovakia[2]	...	0.1	...	...	...	...	...	...	...	...	Slovaquie[2]
Spain[2]	5.4	5.6	...	...	...	...	...	...	...	...	Espagne[2]
Sweden[7]	...	...	...	1704.0	636.9	759.0	1575.0	2858.0	3000.0	2416.6	Suède[7]
Oceania											**Océanie**
Australia[8]	277.8	262.0	...	...	...	...	...	...	...	...	Australie[8]
Fiji	3.5	4.0	2.8	1.4	0.0	0.7	1.1	...	...	...	Fidji
New Zealand	9.3	10.2	10.6	9.7	8.8	13.4	13.4	13.5	11.8	10.2	Nouvelle-Zélande
Papua New Guinea	68.4	67.3	[9]70.5	[9]56.7	[9]57.5	...	...	...	...	...	Papouasie-Nvl-Guinée
Solomon Islands[2]	0.1	...	...	...	...	...	...	...	...	...	Îles Salomon[2]

General Note.
Gold ores and concentrates.

1 Source: African Statistical Yearbook, Economic Commission for Africa (Addis Ababa).
2 Source: U.S. Geological Survey (Reston, Virginia).
3 Source: Afristat: Sub-Saharan African Observatory of Economics and Statistics (Bamako).
4 Tanganyika only.
5 Twelve months ending 31 March of year stated.
6 In terms of 99.5% pure gold.
7 Gross weight.
8 Twelve months ending 30 June of year stated.
9 Source: Country Economic Review, Asian Development Bank (Manila).

Remarque générale.
Minerais d'or et leurs concentrés.

1 Source: Annuaire statistique pour l'Afrique, Commission économique pour l'Afrique des Nations Unies (Addis-Abeba).
2 Source: Service géologique des Etats-Unis (Reston, Virginia).
3 Source: Afristat: Observatoire Economique et Statistique d'Afrique Subsaharienne (Bamako).
4 Tanganyika seulement.
5 Période de douze mois finissant le 31 mars de l'année indiquée.
6 En termes d'or pur à 99.5 %.
7 Poids brut.
8 Période de douze mois finissant le 30 juin de l'année indiquée.
9 Source: Revue Economique du Pays, La Banque Asiatique de développement (Manille).

Silver ores and concentrates
Minerais d'argent et leurs concentrés

CPC-BASED CODE - CODE BASE CPC
14240-2

Unit: Metric tons

Unité: Tonnes métriques

Country or area	2003	2004	2005	2006	2007	2008	2009	2010	2011	2012	Pays ou zone
Africa											**Afrique**
Algeria[1]	*2	2	...	...	...	...	...	...	...	...	Algérie[1]
Ethiopia[1]	1	1	...	...	...	...	...	...	...	...	Éthiopie[1]
Ghana[1]	2	2	...	...	...	...	...	...	...	...	Ghana[1]
Mali[1]	3	3	...	...	...	...	...	...	...	...	Mali[1]
Morocco	[1]201	181	186	224	177	201	210	[2]243	...	...	Maroc
Namibia	2	27	34	31	8	7	...	...	...	...	Namibie
South Africa[1]	80	72	...	...	...	...	...	...	...	...	Afrique du Sud[1]
Sudan (former)	3	2	4	2	2	1	0	1	...	...	Soudan (anc.)
Tunisia[1]	*3	2	...	...	...	...	...	...	...	...	Tunisie[1]
United R. of Tanzania[3]	...	13	12	15	12	10	8	12	10	11	Rép.-U. de Tanzanie[3]
Zimbabwe	2	19	2	...	...	...	0	0	0	0	Zimbabwe
America, North											**Amérique du Nord**
Canada	1282	1295	1063	970	829	709	608	543	...	...	Canada
Honduras[1]	48	48	...	...	...	...	...	...	...	...	Honduras[1]
Mexico	2569	2569	2894	2970	3135	3236	3554	4411	4778	5358	Mexique
Nicaragua[1]	2	2	...	...	...	...	...	...	...	...	Nicaragua[1]
United States	1240	1250	1230	1160	1280	1250	1250	1280	...	...	États-Unis
America, South											**Amérique du Sud**
Argentina	134	172	264	245	256	...	...	...	...	...	Argentine
Bolivia (Plur. State of)	466	413	420	...	...	...	...	...	...	...	Bolivie (État plur. de)
Brazil[1]	31	C	C	C	C	...	C	C	C	C	Brésil[1]
Chile	1313	1360	1400	1607	1936	...	...	...	...	...	Chili
Colombia[1]	10	8	...	...	...	...	...	...	...	...	Colombie[1]
Peru	2924	3060	3193	3471	3502	3686	3923	3641	3419	3481	Pérou
Asia											**Asie**
Armenia[1]	4	4	C	C	...	...	...	...	...	...	Arménie[1]
China[1]	2400	2450	...	...	...	...	...	...	...	...	Chine[1]
Dem.P.R. of Korea[1]	20	20	...	...	...	...	...	...	...	...	Rép.p.d. de Corée[1]
India	38	11	28	...	...	...	...	...	...	...	Inde
Indonesia	279	255	327	271	269	226	321	289	227	248	Indonésie
Iran (Islamic Rep. of)	*[1]23	[1]23	...	...	...	...	0	...	...	...	Iran (Rép. islam. d')
Japan	79	[1]79	54	19	C	C	...	...	...	...	Japon
Kazakhstan[1]	827	733	...	...	...	...	...	...	...	...	Kazakhstan[1]
Malaysia	...	...	...	0	0	0	0	0	0	2	Malaisie
Mongolia	86	0	120	108	127	20	758	499	306	420	Mongolie
Myanmar[4]	1	1	1	1	1	2	0	0	...	...	Myanmar[4]
Oman	9	...	...	...	...	...	...	...	...	...	Oman
Philippines	10	9	19	24	28	14	34	41	46	67	Philippines
Rep. of Korea[1]	948	...	...	...	...	...	...	...	...	...	Rép. de Corée[1]
Saudi Arabia	17	14	14	...	...	...	...	...	...	...	Arabie saoudite
Tajikistan[1]	5	5	...	...	...	...	...	...	...	...	Tadjikistan[1]
Thailand	12	11	13	11	8	5	16	18	...	...	Thaïlande
Turkey	159	122	C	C	C	C	C	C	C	C	Turquie
Uzbekistan[1]	*80	80	...	...	...	...	...	...	...	...	Ouzbékistan[1]
Europe											**Europe**
Finland[1]	31	37	...	...	...	...	...	...	...	...	Finlande[1]
France[1]	1	1	...	...	...	...	...	...	...	...	France[1]
Greece[1]	79	79	...	...	...	...	...	...	...	...	Grèce[1]
Ireland[1]	20	...	C	...	...	...	...	...	...	...	Irlande[1]
Italy[1]	4	3	...	...	...	...	...	...	...	...	Italie[1]
Romania[1]	18	20	...	...	...	...	...	...	...	...	Roumanie[1]
Serbia & Montenegro[1]	1	2	...	...	...	...	...	...	...	...	Serbie-et-Monténégro[1]
Spain[1]	3	2	...	...	...	...	...	...	...	...	Espagne[1]
TFYR of Macedonia[1]	10	10	...	...	...	...	...	...	...	...	L'ex-RY de Macédoine[1]
Oceania											**Océanie**
Australia[5]	1905	2056	...	...	...	...	...	...	...	...	Australie[5]
Fiji	1	2	1	0	0	0	0	...	...	...	Fidji
New Zealand	30	30	43	25	9	18	14	17	14	6	Nouvelle-Zélande
Papua New Guinea	62	[1]74	...	...	...	...	...	...	...	...	Papouasie-Nvl-Guinée

General Note.
Silver ores and concentrates.

[1] Source: U.S. Geological Survey (Reston, Virginia).

Remarque générale.
Minerais d'argent et leurs concentrés.

[1] Source: Service géologique des Etats-Unis (Reston, Virginia).

Silver ores and concentrates (continued)
Minerais d'argent et leurs concentrés (suite)

CPC-BASED CODE - CODE BASE CPC
14240-2

[2] Source: Bulletin of Industrial Statistics for the Arab Countries, United Nations Economic and Social Commission for Western Asia (Beirut).

[3] Tanganyika only.

[4] Twelve months ending 31 March of year stated.

[5] Twelve months ending 30 June of year stated.

[2] Source: Bulletin de statistiques industrielles pour les pays arabes, Commission économique et sociale pour l'Asie occidentale des Nations Unies (Beyrouth).

[3] Tanganyika seulement.

[4] Période de douze mois finissant le 31 mars de l'année indiquée.

[5] Période de douze mois finissant le 30 juin de l'année indiquée.

Platinum ores and concentrates
Minerais de platine et leurs concentrés

CPC-BASED CODE - CODE BASE CPC
14240-3

Unit: Metric tons — Unité: Tonnes métriques

Country or area	2003	2004	2005	2006	2007	2008	2009	2010	2011	2012	Pays ou zone
Africa											**Afrique**
South Africa[1]	151.0	160.0	...	...	...	...	...	...	...	...	Afrique du Sud[1]
Zimbabwe	2.3	4.1	4.3	...	...	...	6.8	8.6	10.8	10.5	Zimbabwe
America, North											**Amérique du Nord**
Canada	21.5	26.2	22.7	23.2	21.9	22.8	10.9	9.6	...	...	Canada
Dominican Republic	...	...	...	0.5	...	...	...	...	...	...	Rép. dominicaine
United States	4.2	4.0	3.9	4.3	3.9	3.6	3.8	3.5	...	...	États-Unis
America, South											**Amérique du Sud**
Colombia[1]	1.4	1.4	...	...	...	...	...	...	...	...	Colombie[1]
Asia											**Asie**
Japan[1]	0.8	0.8	...	...	...	...	...	...	...	...	Japon[1]
Europe											**Europe**
Finland[1]	0.5	0.5	...	...	...	...	...	...	...	...	Finlande[1]
Oceania											**Océanie**
Australia[1]	0.2	0.2	...	...	...	...	...	...	...	...	Australie[1]

General Note.
Platinum ores and concentrates.

[1] Source: U.S. Geological Survey (Reston, Virginia).

Remarque générale.
Minerais de platine et leurs concentrés.

[1] Source: Service géologique des Etats-Unis (Reston, Virginia).

Tin ores and concentrates
Minerais d'étain et leurs concentrés

CPC-BASED CODE - CODE BASE CPC
14290-1

Unit: Metric tons | Unité: Tonnes métriques

Country or area	2003	2004	2005	2006	2007	2008	2009	2010	2011	2012	Pays ou zone
Africa											**Afrique**
Burundi[1]	7	10	...	...	...	...	...	...	...	...	Burundi[1]
Dem. R. of the Congo[1]	*40	80	...	...	...	...	...	...	...	...	Rép. dém. du Congo[1]
Niger	[1]5	[1]4	14	13	...	...	...	...	...	...	Niger
Nigeria[1]	3700	3000	...	...	...	...	...	...	...	...	Nigéria[1]
Rwanda[1]	192	300	...	...	...	...	...	...	...	...	Rwanda[1]
Uganda[1]	1	1	...	...	...	...	...	...	...	...	Ouganda[1]
America, North											**Amérique du Nord**
Mexico	[1]21	[1]24	17	25	19	15	0	0	0	0	Mexique
America, South											**Amérique du Sud**
Bolivia (Plur. State of)	16386	18115	18639	[2]17700	[2]16000	[2]18100	...	...	...	...	Bolivie (État plur. de)
Brazil	12217	C	C	C	9231	19345	9632	3388	7062	8800	Brésil
Peru	40202	41613	42145	38470	39019	39037	37503	33848	28882	26105	Pérou
Asia											**Asie**
China[1]	102000	110000	...	...	...	...	...	...	...	...	Chine[1]
Indonesia	71695	70800	78404	79100	64127	79210	44942	40188	40199	44202	Indonésie
Kyrgyzstan	...	...	...	[3]113	[3]145	122	0	0	0	0	Kirghizistan
Lao PDR[1]	*360	340	...	...	...	...	...	...	...	...	Lao, RDP[1]
Malaysia	[1]3359	[1]3000	[4]3000	[4]2000	2300	2600	2400	2700	3300	3700	Malaisie
Myanmar[5]	465	616	493	737	786	809	729	730	653	800	Myanmar[5]
Thailand	980	724	188	225	149	235	167	292	...	...	Thaïlande
Viet Nam	7205	415	851	982	816	...	...	...	...	...	Viet Nam
Europe											**Europe**
Finland[6]	...	...	...	...	...	51900	56415	86160	94763	72847	Finlande[6]
Portugal	374	404	396	25	50	54	46	38	...	...	Portugal
Oceania											**Océanie**
Australia[7]	6222	1435	...	...	...	...	...	...	...	...	Australie[7]

General Note.
Tin ores and concentrates.

1 Source: U.S. Geological Survey (Reston, Virginia).
2 Source: United Nations Economic Commission for Latin America and the Caribbean (Santiago).
3 Concentrates only.
4 Source: Country Economic Review, Asian Development Bank (Manila).
5 Twelve months ending 31 March of year stated.
6 Including lead and zinc ores and concentrates.
7 Twelve months ending 30 June of year stated.

Remarque générale.
Minerais d'étain et leurs concentrés.

1 Source: Service géologique des Etats-Unis (Reston, Virginia).
2 Source: Commission économique pour l'Amérique Latine et les Caraïbes des Nations Unies (Santiago).
3 Concentrés seulement.
4 Source: Revue Economique du Pays, La Banque Asiatique de développement (Manille).
5 Période de douze mois finissant le 31 mars de l'année indiquée.
6 Y compris le minerais de plomb et de zinc et leurs concentrés.
7 Période de douze mois finissant le 30 juin de l'année indiquée.

Lead ores and concentrates
Minerais de plomb et leurs concentrés

CPC-BASED CODE - CODE BASE CPC
14290-2

Unit: Thousand metric tons — Unité: Milliers de tonnes métriques

Country or area	2003	2004	2005	2006	2007	2008	2009	2010	2011	2012	Pays ou zone
Africa											**Afrique**
Morocco	54.8	58.8	59.9	59.1	60.0	*47.8	49.0	[1]46.0	...	...	Maroc
Namibia	30.8	27.8	30.9	22.8	32.3	40.8	24.0	18.4	15.5	27.1	Namibie
South Africa	39.9	[2]37.5	...	...	...	...	...	...	...	...	Afrique du Sud
Tunisia	5.1	[1]9.0	[1]14.0	...	...	...	...	...	...	...	Tunisie
America, North											**Amérique du Nord**
Canada	92.9	72.8	72.8	79.2	69.9	87.1	71.4	58.2	...	...	Canada
Honduras[2]	8.0	8.0	...	...	...	...	...	...	...	...	Honduras[2]
Mexico	139.3	118.5	134.4	135.0	137.1	141.2	143.8	192.1	223.7	238.1	Mexique
United States[3]	460.0	445.0	437.0	429.0	444.0	410.0	406.0	369.0	...	...	États-Unis[3]
America, South											**Amérique du Sud**
Argentina	12.1	9.6	10.7	12.1	17.0	...	...	...	...	...	Argentine
Bolivia (Plur. State of)	9.4	10.3	11.2	...	...	...	...	...	...	...	Bolivie (État plur. de)
Brazil	[2]10.7	C	0.0	...	...	...	...	...	C	C	Brésil
Chile	1.7	2.3	0.9	0.2	1.3	...	...	...	...	...	Chili
Colombia[2]	0.2	0.2	...	...	...	...	...	...	...	...	Colombie[2]
Ecuador	*[2,3]0.2	0.0	0.0	0.0	0.0	...	...	...	...	...	Équateur
Peru	309.2	306.2	319.3	313.3	329.2	345.1	302.5	262.0	230.2	249.2	Pérou
Asia											**Asie**
China	634.6	...	...	...	...	...	...	...	...	...	Chine
Dem.P.R. of Korea*[2,3]	60.0	60.0	...	...	...	...	...	...	...	...	Rép.p.d. de Corée*[2,3]
Georgia	*[2,3]0.4	[2]0.4	0.0	0.0	0.0	0.0	0.0	0.0	...	...	Géorgie
India	73.1	81.6	97.6	107.0	126.0	133.8	133.9	145.0	...	...	Inde
Japan	5.7	[2]5.5	3.8	1.7	...	...	...	...	...	...	Japon
Kazakhstan[4]	6483.6	6427.8	6720.6	7977.0	8695.2	...	...	...	...	...	Kazakhstan[4]
Myanmar[5]	0.4	0.5	0.8	0.6	0.5	0.2	0.2	...	...	...	Myanmar[5]
Saudi Arabia[2]	*[3]0.1	0.0	...	...	...	...	...	...	...	...	Arabie saoudite[2]
Tajikistan[2]	[3]0.8	0.8	...	...	...	...	...	...	...	...	Tadjikistan[2]
Turkey	18.7	[2]12.0	C	C	C	#34.1	C	C	63.1	C	Turquie
Viet Nam	13.8	9.6	8.8	11.2	10.1	...	...	...	...	...	Viet Nam
Europe											**Europe**
Bosnia & Herzegovina[2]	*[3]0.2	0.2	...	...	...	...	...	...	...	...	Bosnie-Herzégovine[2]
Bulgaria	32.4	29.0	25.3	[6]129.5	[6]399.0	...	...	...	...	...	Bulgarie
Greece[2]	2.0	...	...	...	...	...	...	...	...	...	Grèce[2]
Ireland	C	105.9	...	...	...	...	...	...	...	...	Irlande
Italy[2]	5.0	6.0	...	...	...	...	...	...	...	...	Italie[2]
Poland	98.4	133.7	97.8	82.5	81.5	79.9	70.3	C	C	C	Pologne
Romania	15.6	19.0	10.2	6.1	1.2	C	...	...	...	...	Roumanie
Serbia[3]	...	...	...	5.9	...	...	...	...	...	...	Serbie[3]
Sweden[6]	...	85.5	100.0	76.2	97.4	117.0	127.8	124.9	85.7	110.0	Suède[6]
TFYR of Macedonia	...	...	...	15.6	48.7	67.4	63.2	55.8	50.4	53.0	L'ex-RY de Macédoine
Oceania											**Océanie**
Australia[7]	695.0	677.0	...	...	...	...	...	...	...	...	Australie[7]

General Note.
Lead ores and concentrates.

[1] Source: Bulletin of Industrial Statistics for the Arab Countries, United Nations Economic and Social Commission for Western Asia (Beirut).
[2] Source: U.S. Geological Survey (Reston, Virginia).
[3] Concentrates only.
[4] Gross weight of concentrates.
[5] Twelve months ending 31 March of year stated.
[6] Gross weight.
[7] Twelve months ending 30 June of year stated.

Remarque générale.
Minerais de plomb et leurs concentrés.

[1] Source: Bulletin de statistiques industrielles pour les pays arabes, Commission économique et sociale pour l'Asie occidentale des Nations Unies (Beyrouth).
[2] Source: Service géologique des Etats-Unis (Reston, Virginia).
[3] Concentrés seulement.
[4] Poids brut de concentrés.
[5] Période de douze mois finissant le 31 mars de l'année indiquée.
[6] Poids brut.
[7] Période de douze mois finissant le 30 juin de l'année indiquée.

Zinc ores and concentrates
Minerais de zinc et leurs concentrés

CPC-BASED CODE - CODE BASE CPC
14290-3

Unit: Metric tons | Unité: Tonnes métriques

Country or area	2003	2004	2005	2006	2007	2008	2009	2010	2011	2012	Pays ou zone
Africa											**Afrique**
Dem. R. of the Congo[*,1,2]	1000	...	...	...	...	...	...	...	...	...	Rép. dém. du Congo[*,1,2]
Morocco	136433	139309	151273	148690	*111081	*161493	88398	[3]83000	...	...	Maroc
Namibia	107175	110178	158286	112225	141109	120543	96895	93829	89488	144564	Namibie
South Africa	41239	[2]32001	...	...	...	...	...	...	...	...	Afrique du Sud
Tunisia	36248	[3]53000	[3]29000	...	...	...	...	...	...	...	Tunisie
America, North											**Amérique du Nord**
Canada	757307	734035	618844	601481	594113	704780	669879	598701	...	...	Canada
Dominican Republic	20	...	...	...	...	0	...	...	...	...	Rép. dominicaine
Honduras[4]	43800	41400	42700	37600	29200	28500	...	...	...	...	Honduras[4]
Mexico	413991	426361	476307	479379	452012	453588	489766	570004	631859	660349	Mexique
United States[1]	768000	739000	748000	727000	803000	778000	736000	748000	...	...	États-Unis[1]
America, South											**Amérique du Sud**
Argentina	29839	27220	30200	29808	27025	[4]30900	...	...	...	...	Argentine
Bolivia (Plur. State of)	145490	147430	159502	[4]172700	[4]211900	[4]383600	...	...	...	...	Bolivie (État plur. de)
Brazil	330251	C	C	C	C	[4]189600	C	7198	11989	10358	Brésil
Chile	33051	27635	28845	32246	32991	[4]33100	...	...	...	...	Chili
Ecuador	[*,1,2]100	0	0	0	0	...	...	...	...	...	Équateur
Peru	1373800	1209000	1201700	1201800	1444400	1602600	1512900	1470500	1256400	1281300	Pérou
Asia											**Asie**
Armenia	3666	3641	6110	4454	4924	7467	6989	14361	15588	16215	Arménie
China	1680400	[2]2260000	...	...	...	...	...	...	...	...	Chine
Dem.P.R. of Korea[*,2]	100000	...	...	...	...	...	...	...	...	...	Rép.p.d. de Corée[*,2]
Georgia	[*,1,2]400	[2]400	0	0	0	0	0	0	...	...	Géorgie
India	590276	666972	893287	947000	1036000	1224077	1279880	1420105	...	...	Inde
Iran (Islamic Rep. of)	38342	...	59832	81187	...	...	...	...	...	...	Iran (Rép. islam. d')
Japan	44574	[2]47781	40869	9699	C	C	...	...	...	...	Japon
Kazakhstan	1158500	1061600	1097000	1218200	1602000	...	...	...	...	...	Kazakhstan
Lao PDR[2]	850	...	...	...	...	...	...	...	...	...	Lao, RDP[2]
Mongolia	...	...	22841	109900	154700	143600	141500	112600	104700	119100	Mongolie
Myanmar[5]	461	673	400	280	39	34	199	20	...	...	Myanmar[5]
Philippines	...	...	...	...	15925	3584	21676	19819	37354	40205	Philippines
Saudi Arabia	1797	0	0	...	...	...	...	...	...	...	Arabie saoudite
Thailand	148297	199477	283810	214023	176042	118739	183288	146470	...	...	Thaïlande
Turkey	...	...	#195509	403684	454412	491797	116934	147429	234546	339538	Turquie
Viet Nam	77848	85253	58132	51998	57285	...	...	...	...	...	Viet Nam
Europe											**Europe**
Bosnia & Herzegovina[2]	[*,1]300	300	...	...	...	...	...	...	...	...	Bosnie-Herzégovine[2]
Bulgaria	C	30734	22707	15171	9745	...	...	...	...	...	Bulgarie
Finland	70652	69333	72474	66109	72118	...	...	...	...	...	Finlande
Greece[2]	3000	...	...	...	...	...	...	...	...	...	Grèce[2]
Ireland	772546	814958	...	...	...	...	...	...	...	...	Irlande
Poland	131902	108798	89918	76801	78299	93895	73592	C	C	C	Pologne
Portugal	...	...	...	12602	52508	84725	0	15040	...	...	Portugal
Romania	22891	23849	11476	7714	1195	C	C	...	...	...	Roumanie
Serbia[1]	...	...	...	9190	...	...	...	...	...	...	Serbie[1]
Sweden[6]	...	365339	391233	393099	395795	353362	367648	368004	364150	367405	Suède[6]
TFYR of Macedonia	614	...	...	21672	61913	77473	77296	65743	56264	56074	L'ex-RY de Macédoine
Oceania											**Océanie**
Australia[7]	1529000	1355000	...	...	...	...	...	...	...	...	Australie[7]

General Note.
Zinc ores and concentrates.

[1] Concentrates only.
[2] Source: U.S. Geological Survey (Reston, Virginia).
[3] Source: Bulletin of Industrial Statistics for the Arab Countries, United Nations Economic and Social Commission for Western Asia (Beirut).
[4] Source: United Nations Economic Commission for Latin America and the Caribbean (Santiago).
[5] Twelve months ending 31 March of year stated.
[6] Gross weight.
[7] Twelve months ending 30 June of year stated.

Remarque générale.
Minerais de zinc et leurs concentrés.

[1] Concentrés seulement.
[2] Source: Service géologique des Etats-Unis (Reston, Virginia).
[3] Source: Bulletin de statistiques industrielles pour les pays arabes, Commission économique et sociale pour l'Asie occidentale des Nations Unies (Beyrouth).
[4] Source: Commission économique pour l'Amérique Latine et les Caraïbes des Nations Unies (Santiago).
[5] Période de douze mois finissant le 31 mars de l'année indiquée.
[6] Poids brut.
[7] Période de douze mois finissant le 30 juin de l'année indiquée.

Chromium ores and concentrates
Minerais de chrome et leurs concentrés

CPC-BASED CODE - CODE BASE CPC
14290-4

Unit: Thousand metric tons | Unité: Milliers de tonnes métriques

Country or area	2003	2004	2005	2006	2007	2008	2009	2010	2011	2012	Pays ou zone
Africa											**Afrique**
Madagascar	[1]40	46	39	42	...	...	...	...	...	...	Madagascar
South Africa	7405	...	...	...	...	...	...	...	...	...	Afrique du Sud
Sudan (former)	...	11	31	...	58	27	14	...	...	...	Soudan (anc.)
Zimbabwe	568	831	731	...	...	...	...	...	...	...	Zimbabwe
America, North											**Amérique du Nord**
Cuba	[2]33	[2]40	[2]34	[2]28	[2]0	[2]0	0	0	0	0	Cuba
America, South											**Amérique du Sud**
Brazil	694	486	553	943	886	574	390	594	324	568	Brésil
Asia											**Asie**
Afghanistan[1]	2	2	...	...	...	...	...	...	...	...	Afghanistan[1]
China[1]	200	200	...	...	...	...	...	...	...	...	Chine[1]
India	#2905	3640	3423	...	...	...	...	...	...	...	Inde
Indonesia[1]	2	...	...	...	...	...	...	...	...	...	Indonésie[1]
Iran (Islamic Rep. of)	150	...	234	268	...	...	[3]275	...	...	...	Iran (Rép. islam. d')
Kazakhstan	2928	3287	3581	3366	3687	...	...	...	...	...	Kazakhstan
Oman	[1]9	[1]9	34	276	408	...	...	...	...	...	Oman
Pakistan[4]	31	29	46	65	104	115	90	257	148	179	Pakistan[4]
Philippines	34	42	38	47	32	15	14	15	25	37	Philippines
Turkey	104	161	#1003	1265	1553	C	2227	3316	C	4657	Turquie
United Arab Emirates[1]	18	9	...	...	...	...	...	...	...	...	Émirats arabes unis[1]
Viet Nam	91	82	6	3	0	...	...	...	...	...	Viet Nam
Europe											**Europe**
Finland	[1]189	[1]189	...	...	...	[5]5	[5]3	[5]6	[5]7	[5]4	Finlande
Greece[1]	4	...	...	...	...	...	...	...	...	...	Grèce[1]
Italy	7	9	...	...	...	...	...	...	...	...	Italie
Russian Federation	0	0	1	1	1	1	0	C	C	C	Fédération de Russie
Sweden[6]	...	...	2	2	2	2	1	2	2	2	Suède[6]
TFYR of Macedonia[1]	2	...	...	...	...	...	...	...	...	...	L'ex-RY de Macédoine[1]
Oceania											**Océanie**
Australia[1]	72	77	...	...	...	...	...	...	...	...	Australie[1]

General Note.
Chromium ores and concentrates.

[1] Source: U.S. Geological Survey (Reston, Virginia).
[2] Data refer to the production of refractory chromite (33%).
[3] Data refer to total production.
[4] Twelve months ending 30 June of year stated.
[5] Including molybdenum ores and concentrates.
[6] Gross weight.

Remarque générale.
Minerais de chrome et leurs concentrés.

[1] Source: Service géologique des Etats-Unis (Reston, Virginia).
[2] Les données se rapportent à la production de chromite réfractaire à 33 %.
[3] Les données se rapportent à la production totale.
[4] Période de douze mois finissant le 30 juin de l'année indiquée.
[5] Y compris le minerais de molybdène et leurs concentrés.
[6] Poids brut.

Molybdenum ores and concentrates
Minerais de molybdène et leurs concentrés

CPC-BASED CODE - CODE BASE CPC
14290-5

Unit: Metric tons — Unité: Tonnes métriques

Country or area	2003	2004	2005	2006	2007	2008	2009	2010	2011	2012	Pays ou zone
America, North											**Amérique du Nord**
Canada	8887	9946	7667	7117	6819	8229	9116	8261	...	...	Canada
Mexico	3524	3731	4245	2520	6491	7812	10167	10849	10787	11366	Mexique
United States[1]	33500	41500	58000	59800	57000	55900	47800	59400	...	...	États-Unis[1]
America, South											**Amérique du Sud**
Chile	33375	41883	47887	43076	44775	...	...	...	...	...	Chili
Peru	9590	14246	17325	17209	16787	16721	12297	16963	19141	16790	Pérou
Asia											**Asie**
Armenia	5418	5784	5942	8016	8422	8769	8559	8583	9455	10677	Arménie
Iran (Islamic Rep. of)	4084	...	4603	6644	...	...	...	...	...	...	Iran (Rép. islam. d')
Japan	...	...	...	...	1172	1217	695	1154	...	...	Japon
Kyrgyzstan[2]	250	250	...	...	...	...	...	...	...	...	Kirghizistan[2]
Mongolia	3519	2346	2528	2987	4209	4042	5125	4677	4163	4050	Mongolie
Uzbekistan[2]	500	500	...	...	...	...	...	...	...	...	Ouzbékistan[2]
Europe											**Europe**
Italy	6506	8679	...	...	...	...	...	...	...	...	Italie

General Note.
Molybdenum ores and concentrates.

[1] Concentrates only.
[2] Source: U.S. Geological Survey (Reston, Virginia).

Remarque générale.
Minerais de molybdène et leurs concentrés.

[1] Concentrés seulement.
[2] Source: Service géologique des Etats-Unis (Reston, Virginia).

Slate
Ardoise

CPC-BASED CODE - CODE BASE CPC
15110-0

Unit: Thousand metric tons — Unité: Milliers de tonnes métriques

Country or area	2003	2004	2005	2006	2007	2008	2009	2010	2011	2012	Pays ou zone
Africa											**Afrique**
Egypt	...	...	...	...	...	...	37	...	74	...	Égypte
Zimbabwe	6	1	0	...	...	...	...	0	0	0	Zimbabwe
America, North											**Amérique du Nord**
United States	19	20	18	18	28	27	22	23	...	...	États-Unis
America, South											**Amérique du Sud**
Brazil	66	112	...	...	...	...	...	...	...	...	Brésil
Peru	14	12	20	30	11	42	16	0	...	...	Pérou
Asia											**Asie**
Afghanistan	5	12	46	70	95	102	111	111	112	113	Afghanistan
India	11	6	2	...	...	...	...	...	...	...	Inde
Japan	...	...	...	8162	7591	6113	4892	5364	5149	5592	Japon
Kyrgyzstan	...	...	3	39	179	151	204	153	208	165	Kirghizistan
Pakistan[1]	245	253	299	48	137	104	121	190	79	203	Pakistan[1]
Turkey	...	...	C	C	C	71	33	C	45	C	Turquie
Viet Nam	251	650	923	1136	1526	...	...	...	...	...	Viet Nam
Europe											**Europe**
Bosnia & Herzegovina	1	...	...	...	...	...	...	...	...	...	Bosnie-Herzégovine
Bulgaria	C	C	C	C	4	C	0	0	0	0	Bulgarie
Denmark	75	130	0	0	0	...	...	...	...	...	Danemark
Germany	C	...	C	C	C	91	C	C	C	C	Allemagne
Italy	113	115	...	...	...	...	...	...	...	...	Italie
Norway	46	49	64	82	...	...	...	...	...	...	Norvège
Poland	471	707	264	...	...	...	...	C	C	C	Pologne
Portugal	21	25	22	26	34	21	19	14	...	...	Portugal
Russian Federation	1236	1231	246	...	578	660	209	17	0	0	Fédération de Russie
Spain	790	815	752	775	792	633	493	582	642	650	Espagne
Sweden	18	15	15	15	21	16	13	15	17	18	Suède
United Kingdom	...	...	798	805	...	1014	641	667	C	C	Royaume-Uni

General Note.
Slate, whether or not roughly trimmed or merely cut, by sawing or otherwise, into blocks or slabs of a rectangular (including square) shape.

[1] Twelve months ending 30 June of year stated.

Remarque générale.
Ardoise, même dégrossie ou simplement débitée, par sciage ou autrement, en blocs ou en plaques de forme carrée ou rectangulaire.

[1] Période de douze mois finissant le 30 juin de l'année indiquée.

Marble, travertines, etc.
Marbres, travertins, etc.

CPC-BASED CODE - CODE BASE CPC
15120-0 A

Unit: Metric tons | Unité: Tonnes métriques

Country or area	2003	2004	2005	2006	2007	2008	2009	2010	2011	2012	Pays ou zone
Africa											**Afrique**
Cameroon	364	...	...	...	...	...	...	...	...	...	Cameroun
Madagascar	[1]5000	...	4203	4568	...	...	...	...	...	...	Madagascar
Namibia	2178	8251	7766	17934	10634	15168	11008	12420	17683	34801	Namibie
America, North											**Amérique du Nord**
Dominican Republic	[2]64	...	0	...	...	...	...	...	...	...	Rép. dominicaine
United States	60500	98700	72300	46400	47600	42600	35300	31100	...	...	États-Unis
America, South											**Amérique du Sud**
Argentina	44411	49739	148192	160535	164021	...	...	...	...	...	Argentine
Bolivia (Plur. State of)	281	327	...	...	...	...	...	...	...	...	Bolivie (État plur. de)
Chile	[2]828	[2]845	[2]31	[2]169	204	...	...	...	...	...	Chili
Ecuador	12276	2233	15610	5000	3680	3180	...	...	...	...	Équateur
Peru	25792	28246	106273	138647	309268	232520	98275	105392	...	...	Pérou
Asia											**Asie**
Armenia	...	...	...	...	...	...	18000	21825	26685	28738	Arménie
Azerbaijan	772000	697700	715689	796541	877503	700836	581558	459767	414556	427249	Azerbaïdjan
Cyprus	5000	...	...	...	...	...	...	...	...	...	Chypre
Iran (Islamic Rep. of)	...	...	4014000	5016000	...	...	8351000	...	...	...	Iran (Rép. islam. d')
Kyrgyzstan	...	13860	40704	4537	2194	631	10336	23371	22632	38374	Kirghizistan
Oman	146600	163800	220900	270800	964100	...	...	...	...	...	Oman
Saudi Arabia	815000	763000	835000	...	...	...	...	...	...	...	Arabie saoudite
Thailand	...	...	...	...	...	...	40	37	...	...	Thaïlande
Europe											**Europe**
Austria	301358	...	...	...	...	...	...	...	...	...	Autriche
Bulgaria	...	...	...	...	...	139278	78311	50385	61579	55233	Bulgarie
Croatia	...	207184	202443	197351	393118	530525	414639	191135	146726	141351	Croatie
Germany	291668	288884	C	C	C	C	247186	C	313678	356124	Allemagne
Hungary	108280	114622	163613	...	202142	213429	157023	172708	72141	207869	Hongrie
Italy	15035292	15501405	...	...	...	...	...	...	...	...	Italie
Poland	1718	2391	3864	4572	2781	7540	1196	C	C	C	Pologne
Portugal	845088	873444	834043	913250	851045	788371	649844	919598	...	...	Portugal
Rep. of Moldova	...	...	...	...	...	...	...	...	350400	315300	Rép. de Moldova
Romania	...	...	...	...	...	3097000	1872436	1970542	2907157	3211268	Roumanie
Serbia[3]	...	...	...	5194	3515	1951	873	514	...	...	Serbie[3]
Slovenia	C	C	C	9268	C	C	C	C	C	C	Slovénie
Spain	3887000	4585018	4772500	4948500	5134000	4133000	4487000	3912170	4431673	2404649	Espagne
Sweden	214	13	29	304	6	83	5	1	12	14	Suède
United Kingdom	208029	225995	...	...	...	1087041	C	C	...	...	Royaume-Uni

General Note.

Marble, travertine, ecaussine and other calcareous monumental or building stone of an apparent specific gravity of 2.5 or more, and alabaster, whether or not roughly trimmed or merely cut, by sawing or otherwise, into blocks or slabs of a rectangular (including square) shape.

[1] Source: U.S. Geological Survey (Reston, Virginia).
[2] Marble only.
[3] Data refer to formed marble and granite blocks.

Remarque générale.

Marbres, travertins, écaussines et autres pierres calcaires de taille ou de construction d'une densité apparente égale ou supérieure à 2,5, et albâtre, même dégrossis ou simplement débités, par sciage ou autrement, en blocs ou en plaques de forme carrée ou rectangulaire.

[1] Source: Service géologique des Etats-Unis (Reston, Virginia).
[2] Marbre seulement.
[3] Les données se rapportent aux blocs de marbre et de granit formés.

Marble, travertines, etc.
Marbres, travertins, etc.

CPC-BASED CODE - CODE BASE CPC
15120-0 B

Unit: Thousand cubic metres — Unité: Milliers de mètres cubes

Country or area	2003	2004	2005	2006	2007	2008	2009	2010	2011	2012	Pays ou zone
Africa											**Afrique**
Algeria	[1,2]180	[1,2]99	[3]22	[3]16	[3]11	[3]11	[3]9	[1,2]53	[1,2]55	[1,2]61	Algérie
Cameroon	...	...	...	...	264	94	109	...	...	...	Cameroun
Egypt	54	10	4	4	...	35	596	...	...	...	Égypte
Mozambique	0	1	1	0	1	...	...	...	...	...	Mozambique
Sudan (former)[1]	0	5	0	11	20	2	0	...	...	...	Soudan (anc.)[1]
America, North											**Amérique du Nord**
Cuba	3	4	5	6	4	4	5	5	7	8	Cuba
America, South											**Amérique du Sud**
Brazil	73	131	139	253	587	189	278	701	390	299	Brésil
Asia											**Asie**
Afghanistan	0	0	69	87	91	94	98	101	100	103	Afghanistan
Armenia[1]	84	154	191	217	222	215	291	...	...	...	Arménie[1]
Iraq	...	1	...	...	...	...	...	...	...	...	Iraq
Kazakhstan	16	27	28	252	375	...	...	...	...	...	Kazakhstan
Kyrgyzstan	4	...	...	...	...	...	...	...	...	...	Kirghizistan
Pakistan[4]	1158	994	1280	1836	1980	1537	1145	1065	1133	1751	Pakistan[4]
Philippines	49	5	4	3	5	5	6	6	8	11	Philippines
Syrian Arab Republic[1]	411	350	328	325	318	283	301	...	...	...	Rép. arabe syrienne[1]
Thailand	24	19	27	15	14	11	11	10	...	...	Thaïlande
Turkey	545	669	#363	...	...	...	...	...	...	...	Turquie
Yemen[1]	100	...	...	...	...	...	...	...	...	...	Yémen[1]
Europe											**Europe**
Bulgaria	20	19	20	24	35	...	...	...	...	...	Bulgarie
Croatia	43	...	...	...	...	...	...	...	...	...	Croatie
Montenegro[5]	3	1	2	4	5	5	2	3	2	2	Monténégro[5]
Rep. of Moldova	...	...	272	294	324	300	227	196	...	...	Rép. de Moldova
Romania	743	1016	1125	1094	2122	...	...	...	...	...	Roumanie
TFYR of Macedonia	22	24	18	20	20	24	24	27	83	68	L'ex-RY de Macédoine
Ukraine	692	894	887	915	1079	1015	697	513	440	362	Ukraine

General Note.

Marble, travertine, ecaussine and other calcareous monumental or building stone of an apparent specific gravity of 2.5 or more, and alabaster, whether or not roughly trimmed or merely cut, by sawing or otherwise, into blocks or slabs of a rectangular (including square) shape.

[1] In thousand square metres.
[2] Marble only.
[3] Source: Bulletin of Industrial Statistics for the Arab Countries, United Nations Economic and Social Commission for Western Asia (Beirut).
[4] Twelve months ending 30 June of year stated.
[5] Data refer to formed marble and granite blocks.

Remarque générale.

Marbres, travertins, écaussines et autres pierres calcaires de taille ou de construction d'une densité apparente égale ou supérieure à 2,5, et albâtre, même dégrossis ou simplement débités, par sciage ou autrement, en blocs ou en plaques de forme carrée ou rectangulaire.

[1] En milliers de mètres carrés.
[2] Marbre seulement.
[3] Source: Bulletin de statistiques industrielles pour les pays arabes, Commission économique et sociale pour l'Asie occidentale des Nations Unies (Beyrouth).
[4] Période de douze mois finissant le 30 juin de l'année indiquée.
[5] Les données se rapportent aux blocs de marbre et de granit formés.

Granite, sandstone and other monumental or building stone
Granit, grès et autres pierres de taille ou de construction

CPC-BASED CODE - CODE BASE CPC
15130-1

Unit: Thousand metric tons | Unité: Milliers de tonnes métriques

Country or area	2003	2004	2005	2006	2007	2008	2009	2010	2011	2012	Pays ou zone
Africa											**Afrique**
Egypt[1]	15.0	4.0	1.0	4.0	...	...	...	...	...	...	Égypte[1]
Ethiopia[2]	0.2	...	...	...	...	...	...	...	...	...	Éthiopie[2]
Mozambique[1]	0.5	0.5	0.0	0.0	0.0	...	...	...	...	...	Mozambique[1]
Namibia	30.0	43.7	44.7	78.0	74.3	47.3	34.9	22.6	30.5	31.0	Namibie
Zimbabwe	190.4	59.4	...	...	...	...	...	0.0	0.0	0.0	Zimbabwe
America, North											**Amérique du Nord**
United States	639.0	637.0	608.0	623.0	868.0	815.0	717.0	...	...	...	États-Unis
America, South											**Amérique du Sud**
Argentina	51.8	80.9	131.2	93.8	115.5	...	...	...	...	...	Argentine
Brazil[1]	1997.0	2552.4	1854.5	3073.3	1481.0	2389.5	2177.4	3139.3	3901.6	4335.6	Brésil[1]
Asia											**Asie**
Azerbaijan	62.5	88.3	81.8	102.2	92.5	117.2	87.3	85.9	94.1	119.5	Azerbaïdjan
Cyprus	179.0	103.0	99.0	92.0	38.0	71.0	87.0	129.0	84.0	...	Chypre
Georgia[1]	...	C	C	27.3	34.8	45.8	16.1	31.2	30.0	34.6	Géorgie[1]
India[3]	502.8	2538.0	1167.0	...	...	...	...	...	...	...	Inde[3]
Iran (Islamic Rep. of)	679.0	...	1129.0	3099.0	...	...	5328.0	...	...	...	Iran (Rép. islam. d')
Japan	...	...	...	6624.0	6914.0	6523.0	6585.0	7055.0	6712.0	7583.0	Japon
Kazakhstan[1]	...	1621.9	1851.1	1925.4	4065.2	...	...	...	...	...	Kazakhstan[1]
Kyrgyzstan	[1]79.2	1.0	0.6	65.6	69.9	94.0	134.3	196.3	101.7	179.6	Kirghizistan
Pakistan[4]	6.0	23.0	21.0	9.0	6.0	4.0	10.0	12.0	10.0	19.0	Pakistan[4]
Philippines	2.6	0.0	0.0	16.1	15.1	18.4	22.3	23.2	27.5	28.3	Philippines
Rep. of Korea	649.0	744.0	832.0	...	...	...	...	...	...	...	Rép. de Corée
Saudi Arabia	1503.0	1422.0	1593.0	...	...	...	...	...	...	...	Arabie saoudite
Thailand	3107.0	4155.0	4496.0	4463.0	5229.0	5189.8	5210.3	5259.0	...	...	Thaïlande
Turkey	57.0	C	#628.0	383.0	C	C	C	1268.9	1864.5	C	Turquie
Viet Nam	37467.8	39135.0	37115.9	38703.0	46224.0	...	...	...	...	...	Viet Nam
Europe											**Europe**
Austria	413.0	...	...	...	...	...	...	...	...	...	Autriche
Belarus	[3]34.0	[3]46.7	[3]22.3	[3]53.9	[3]65.5	[3]93.9	[3]68.9	[3]96.4	850.0	983.0	Bélarus
Belgium[5]	13.2	...	...	...	...	...	...	...	...	...	Belgique[5]
Bosnia & Herzegovina	17.4	...	...	...	...	...	...	...	...	...	Bosnie-Herzégovine
Bulgaria	C	C	C	C	C	C	C	C	717.0	854.0	Bulgarie
Croatia	...	1371.0	1380.0	1716.0	1761.0	1850.0	1052.0	38.0	155.0	38.0	Croatie
Czech Republic	278.0	232.0	243.0	C	304.0	607.0	873.0	C	C	C	République tchèque
Denmark	...	17.0	17.0	17.0	15.3	26.0	26.3	...	...	...	Danemark
Estonia	...	...	...	...	...	...	...	0.0	0.2	0.1	Estonie
Finland	271.0	234.0	276.0	236.0	303.0	260.0	182.0	...	328.0	481.0	Finlande
Germany	1121.9	1118.9	1178.4	1327.9	1155.6	C	C	128.9	138.7	C	Allemagne
Hungary	243.0	546.0	393.0	1568.0	1108.0	2556.0	2276.0	1519.0	1696.0	1512.0	Hongrie
Italy	5838.4	6165.8	...	...	...	...	...	...	...	...	Italie
Lithuania	3.5	1.6	2.9	0.7	0.5	0.5	0.3	0.2	0.1	0.1	Lituanie
Montenegro[1,6]	2.9	1.4	2.4	3.9	4.6	5.2	2.1	2.9	2.4	2.0	Monténégro[1,6]
Norway	246.0	278.0	...	...	...	...	...	...	...	...	Norvège
Poland	1982.0	2480.0	3161.0	3724.0	2658.0	3115.0	3546.0	4425.0	5897.0	3828.0	Pologne
Portugal	1557.1	1642.8	1756.2	1784.7	1975.9	1687.4	1785.8	1381.2	...	...	Portugal
Rep. of Moldova	...	...	307.6	307.6	279.3	276.4	260.4	329.1	440.7	449.9	Rép. de Moldova
Romania	501.0	569.0	404.0	781.0	1032.0	1709.0	1173.0	1697.0	1750.0	3315.0	Roumanie
Russian Federation	...	...	...	...	...	...	...	2536.0	3197.0	5272.0	Fédération de Russie
Serbia[6]	...	...	...	5.2	3.5	2.0	0.9	0.5	...	...	Serbie[6]
Spain	3989.0	4027.0	4091.0	5489.0	5665.0	...	...	...	...	...	Espagne
Sweden	178.0	148.0	142.0	135.0	177.1	248.5	242.1	226.1	158.6	132.7	Suède
Ukraine	1337.0	1645.0	1382.0	1790.0	2043.0	3192.0	2922.0	2290.0	3204.0	10942.0	Ukraine
United Kingdom	539.0	628.0	...	...	...	851.6	C	C	C	C	Royaume-Uni

General Note.

Granite, porphyry, basalt, sandstone and other monumental or building stone, whether or not roughly trimmed or merely cut, by sawing or otherwise, into blocks or slabs of a rectangular (including square) shape.

Remarque générale.

Granit, porphyre, basalte, grès et autres pierres de taille ou de construction, même dégrossis ou simplement débités, par sciage ou autrement, en blocs ou en plaques de forme carrée ou rectangulaire.

1 In thousand cubic metres.
2 Source: U.S. Geological Survey (Reston, Virginia).
3 In thousand square metres.
4 Twelve months ending 30 June of year stated.
5 Incomplete coverage.
6 Data refer to formed marble and granite blocks.

1 En milliers de mètres cubes.
2 Source: Service géologique des Etats-Unis (Reston, Virginia).
3 En milliers de mètres carrés.
4 Période de douze mois finissant le 30 juin de l'année indiquée.
5 Couverture incomplète.
6 Les données se rapportent aux blocs de marbre et de granit formés.

Gypsum; anhydrite; limestone and other calcareous stone
Gypse; anhydrite; pierres à chaux ou à ciment

CPC-BASED CODE - CODE BASE CPC
15200-0

Unit: Thousand metric tons — Unité: Milliers de tonnes métriques

Country or area	2003	2004	2005	2006	2007	2008	2009	2010	2011	2012	Pays ou zone
Africa											**Afrique**
Algeria[1]	34.5	0.0	25.9	108.6	100.1	86.8	37.5	0.0	127.0	164.7	Algérie[1]
Egypt	279.6	...	308.1	826.9	177.6	456.0	735.0	941.8	966.3	...	Égypte
Niger	[1]18.8	34.9	17.4	13.0	...	...	...	...	...	...	Niger
Sudan (former)[1]	13.3	7.3	16.8	7.0	8.0	12.7	30.0	31.0	...	...	Soudan (anc.)[1]
Tunisia[1,2]	110.0	...	...	...	...	...	...	...	...	...	Tunisie[1,2]
Uganda	...	...	...	0.1	0.1	...	...	...	...	...	Ouganda
United R. of Tanzania	[1,2]0.1	[3]0.1	[3]0.0	[3]0.0	0.1	0.1	[3]0.0	[3]0.0	[3]0.0	[3]0.1	Rép.-U. de Tanzanie
Zimbabwe	[4]17816.4	[4]5025.4	[4]356.5	...	...	...	...	0.0	0.0	0.0	Zimbabwe
America, North											**Amérique du Nord**
Canada	8378.0	9205.0	8570.0	9036.0	7562.0	5819.0	3568.0	2717.0	...	...	Canada
Cuba	0.1	0.1	0.1	0.1	0.1	0.1	0.1	0.1	0.1	0.1	Cuba
Dominican Republic	100.1	202.3	180.9	161.0	146.3	178.0	...	...	...	...	Rép. dominicaine
Jamaica	249.0	283.0	302.0	375.0	235.0	238.0	...	...	...	...	Jamaïque
Mexico	3779.7	4840.1	5087.8	5950.8	5963.7	5135.2	5756.9	3559.6	3838.3	4692.5	Mexique
United States[5]	3250.0	3160.0	2750.0	3820.0	2980.0	1500.0	992.0	901.0	...	...	États-Unis[5]
America, South											**Amérique du Sud**
Argentina	0.5	0.8	1.1	1.2	1.2	...	...	...	...	...	Argentine
Brazil	13316.8	*22238.9	16309.6	22679.8	28866.8	20093.1	24234.4	26074.8	32628.4	44127.9	Brésil
Ecuador	...	8.0	1.9	9.8	15.8	...	...	...	...	...	Équateur
Asia											**Asie**
Armenia	58.0	51.0	44.0	44.0	55.0	46.0	40.0	39.0	34.0	30.0	Arménie
Azerbaijan	1249.7	1277.5	1275.8	1425.1	1415.7	1393.5	1231.9	1217.0	1357.1	1749.7	Azerbaïdjan
Bangladesh[6]	30.4	20.0	30.1	18.0	...	...	...	...	...	...	Bangladesh[6]
Cyprus	185.1	143.6	94.5	149.4	203.3	283.1	240.4	240.3	227.7	...	Chypre
Georgia	122.5	376.4	193.7	150.4	194.1	337.2	551.9	583.6	622.3	743.7	Géorgie
Iran (Islamic Rep. of)	58434.0	...	46505.0	55900.0	...	...	60494.0	...	...	...	Iran (Rép. islam. d')
Iraq	...	28.2	...	...	...	...	...	...	...	...	Iraq
Kazakhstan	8054.6	6775.8	8966.6	11006.4	9766.1	...	...	...	...	...	Kazakhstan
Kyrgyzstan	...	795.3	932.0	1002.7	894.1	856.1	903.0	953.3	1167.3	312.7	Kirghizistan
Myanmar[7]	133.3	118.0	104.4	89.8	94.0	93.7	108.8	96.8	78.6	230.1	Myanmar[7]
Nepal	...	...	...	...	0.2	...	...	...	...	...	Népal
Oman	2.0	3.0	3.0	3.0	3.3	...	...	...	...	...	Oman
Pakistan[6]	12328.0	13617.0	15410.0	18992.0	26136.0	32450.0	33986.0	37990.0	32906.0	36276.0	Pakistan[6]
Saudi Arabia	34023.0	33991.0	36450.0	...	...	...	...	...	...	...	Arabie saoudite
Tajikistan	50.1	57.2	57.3	53.3	51.0	45.0	26.4	14.6	11.3	13.7	Tadjikistan
Thailand	7291.2	7619.2	7169.4	8354.9	8643.4	8500.4	8694.8	8631.8	...	...	Thaïlande
Turkey	...	...	44146.1	56071.3	68821.0	71149.9	59640.4	73146.6	82021.7	85519.2	Turquie
Yemen[8]	...	60.0	72.0	81.0	92.0	104.0	100.0	...	...	...	Yémen[8]
Europe											**Europe**
Belarus	43.8	51.5	61.1	68.0	73.9	73.5	68.9	68.2	65.8	68.7	Bélarus
Bulgaria	3916.6	4608.9	5459.3	5238.8	4939.9	4440.2	2422.4	4063.3	3457.3	4556.7	Bulgarie
Croatia	...	2475.5	2148.1	2372.1	3533.6	3285.8	2802.7	2630.9	2436.2	2607.2	Croatie
Czech Republic	6735.7	7001.2	7253.2	5975.2	6521.0	6451.6	6301.4	6880.3	7575.9	6471.5	République tchèque
Denmark	611.0	544.2	685.2	797.5	845.5	659.4	510.1	369.2	384.1	590.3	Danemark
Estonia	...	C	C	527.5	1058.7	3826.4	1065.6	504.2	534.4	545.6	Estonie
Finland	2568.0	2648.0	2706.7	3002.7	3074.2	3160.2	2241.3	2665.6	2574.1	2479.7	Finlande
Germany	17742.5	16660.1	16336.6	18129.6	17280.9	17438.5	15322.1	15387.0	17501.4	17177.9	Allemagne
Hungary	885.8	852.7	1523.2	1748.4	1330.2	1049.3	1018.2	1483.6	1478.3	1187.7	Hongrie
Ireland	5302.9	3803.0	...	...	...	...	...	...	...	...	Irlande
Italy	24732.8	25367.6	...	...	...	...	...	...	...	...	Italie
Lithuania	873.5	1309.6	1140.0	1672.8	1661.0	1510.9	858.4	882.3	1132.8	1314.2	Lituanie
Norway	4295.2	4486.7	4782.4	5097.9	...	...	...	...	...	...	Norvège
Poland	12137.3	12883.7	11434.6	12730.1	13951.8	14026.0	13291.6	15797.5	20823.5	19915.5	Pologne
Portugal	1666.0	2120.4	1954.0	2305.6	2860.5	2167.6	3088.7	3109.2	...	...	Portugal
Rep. of Moldova	...	583.0	693.2	866.1	1013.3	790.8	203.9	357.0	...	...	Rép. de Moldova
Romania	3579.6	4731.8	4491.1	4928.5	5476.5	5359.4	3128.6	3136.6	3072.5	2834.8	Roumanie
Russian Federation	[1]1766.6	[1]1932.6	[1]2270.5	[1]2988.3	[1]3637.8	[1]3671.9	[1]2857.7	[9]9298.1	[9]11183.5	[9]12364.0	Fédération de Russie
Serbia[4]	...	...	...	4141.1	...	...	...	...	...	...	Serbie[4]
Slovakia	2680.8	3347.6	4948.1	5420.6	5173.5	4360.6	2805.9	2508.7	3085.8	2793.5	Slovaquie
Slovenia	1000.9	C	577.0	916.5	C	C	C	C	270.8	268.4	Slovénie
Spain	...	12161.3	13407.8	15225.5	15530.0	14085.2	8750.0	6990.2	7825.7	6700.0	Espagne
Sweden	3630.6	3357.3	3798.9	3554.6	3002.7	3019.3	2989.1	3100.7	5548.4	4489.9	Suède
TFYR of Macedonia	801.0	630.0	*848.0	891.0	1104.0	1069.5	849.5	1096.3	1114.0	997.4	L'ex-RY de Macédoine
Ukraine	21158.7	24309.8	26499.1	29312.5	32251.5	29215.2	19950.7	22735.8	25064.9	22806.6	Ukraine

For general note and footnotes, see end of table

Voir la fin du tableau pour la remarque générale est les notes

Gypsum; anhydrite; limestone and other calcareous stone (continued)
Gypse; anhydrite; pierres à chaux ou à ciment (suite)

CPC-BASED CODE - CODE BASE CPC
15200-0

Unit: Thousand metric tons

Unité: Milliers de tonnes métriques

Country or area	2003	2004	2005	2006	2007	2008	2009	2010	2011	2012	Pays ou zone
United Kingdom	18986.0	20096.4	C	C	...	C	C	C	391.8	713.9	Royaume-Uni

General Note.
Gypsum; anhydrite; limestone flux; limestone and other calcareous stone, of a kind used for the manufacture of lime or cement.

Remarque générale.
Gypse; anhydrite; castines; pierres à chaux ou à ciment.

[1] Gypsum only.
[2] Source: African Statistical Yearbook, Economic Commission for Africa (Addis Ababa).
[3] Tanganyika only.
[4] Limestone only.
[5] Uncalcined gypsum used for manufacturing cement.
[6] Twelve months ending 30 June of year stated.
[7] Twelve months ending 31 March of year stated.
[8] Source: Bulletin of Industrial Statistics for the Arab Countries, United Nations Economic and Social Commission for Western Asia (Beirut).
[9] Data refer to gypsum and anhydride.

[1] Gypse seulement.
[2] Source: Annuaire statistique pour l'Afrique, Commission économique pour l'Afrique des Nations Unies (Addis-Abeba).
[3] Tanganyika seulement.
[4] Calcaire seulement.
[5] Gypse non calciné utilisé pour la fabrication de ciment.
[6] Période de douze mois finissant le 30 juin de l'année indiquée.
[7] Période de douze mois finissant le 31 mars de l'année indiquée.
[8] Source: Bulletin de statistiques industrielles pour les pays arabes, Commission économique et sociale pour l'Asie occidentale des Nations Unies (Beyrouth).
[9] Les données se rapportent aux gypse et anhydrite.

Natural sands
Sables naturels

CPC-BASED CODE - CODE BASE CPC
15310-0 A

Unit: Thousand metric tons — Unité: Milliers de tonnes métriques

Country or area	2003	2004	2005	2006	2007	2008	2009	2010	2011	2012	Pays ou zone
Africa											**Afrique**
Egypt	25	...	467	187	327	384	410	401	389	...	Égypte
America, North											**Amérique du Nord**
Canada	244532	250067	243440	238515	243096	241591	201678	205804	...	...	Canada
Dominican Republic	14108	159773	111193	36001	11445	9600	...	...	...	...	Rép. dominicaine
United States[1,2]	27500	29700	30600	28900	30100	30400	24600	29900	...	...	États-Unis[1,2]
America, South											**Amérique du Sud**
Argentina	301	845	461	446	456	...	...	...	...	...	Argentine
Ecuador	...	21	24	162	25	...	...	...	...	...	Équateur
Peru	894	884	1278	2042	2248	2892	2908	1909	...	...	Pérou
Asia											**Asie**
Armenia	...	...	...	...	...	...	280	294	334	224	Arménie
Azerbaijan	517	684	675	953	804	1305	930	1116	1345	634	Azerbaïdjan
India	76	2585	102	...	...	...	...	...	...	...	Inde
Iraq	...	...	...	80000	...	...	...	...	...	...	Iraq
Japan	...	...	...	56159	57183	56467	49729	42073	...	...	Japon
Kazakhstan	2600	...	...	...	...	...	...	...	...	...	Kazakhstan
Kyrgyzstan	...	421	410	535	497	508	483	552	530	680	Kirghizistan
Oman	...	16	18	...	...	...	...	...	...	...	Oman
Saudi Arabia	27525	33592	30600	...	...	...	...	...	...	...	Arabie saoudite
Turkey	...	...	17303	17422	12705	9622	8091	26250	28612	31130	Turquie
Viet Nam	50096	54889	63114	62029	64163	61043	67004	60161	55051	45241	Viet Nam
Europe											**Europe**
Bulgaria	4473	5872	7886	9028	10556	11522	8018	5914	6187	5882	Bulgarie
Croatia	...	1220	1565	1728	2199	1842	1468	962	1012	663	Croatie
Czech Republic	10610	12970	13886	14416	12873	13745	11473	C	13499	11888	République tchèque
Denmark	5376	6303	5207	7271	7965	5671	2951	3134	2134	2204	Danemark
Estonia	...	1960	2334	3551	4312	2937	1459	1381	2250	2333	Estonie
Finland	681	681	958	2034	2910	2585	2880	2131	2274	2733	Finlande
Germany	88671	85187	78330	81048	78029	78350	72463	71196	80164	75350	Allemagne
Hungary	4648	6117	6827	3902	12797	2622	1622	1371	2317	1831	Hongrie
Ireland	3806	3941	...	...	...	...	...	...	...	...	Irlande
Italy	97007	96516	...	...	...	...	...	...	...	...	Italie
Latvia	C	C	3040	1980	3646	2180	1318	1318	1620	2094	Lettonie
Lithuania	2018	2807	3080	4059	5038	4521	2429	2616	3419	2960	Lituanie
Netherlands	...	...	...	...	...	...	...	...	15540	13691	Pays-Bas
Norway	...	...	1382	...	...	...	...	...	...	...	Norvège
Poland	29195	32047	34889	41485	49926	51600	51227	60134	72746	56857	Pologne
Portugal	6874	8512	7955	7796	11381	11690	10271	8958	...	...	Portugal
Rep. of Moldova	...	1099	1052	941	1483	1511	1071	1211	1287	1319	Rép. de Moldova
Romania	2706	3710	3923	5795	6415	6844	3937	4593	5312	4745	Roumanie
Slovakia	742	652	1013	1328	492	509	367	514	416	453	Slovaquie
Slovenia	514	472	399	562	686	367	294	376	535	509	Slovénie
Spain	...	133948	141771	150487	153420	111100	82050	77206	64804	55743	Espagne
Sweden	896	1243	1067	953	1370	1285	798	759	778	740	Suède
TFYR of Macedonia	300	348	332	281	187	224	161	180	143	203	L'ex-RY de Macédoine
Ukraine	10999	12467	16546	20034	23655	24040	11806	13642	17202	16249	Ukraine
United Kingdom	[3]4286	[3]5258	49150	C	...	43075	C	C	C	C	Royaume-Uni

General Note.
Natural sands of all kinds, whether or not coloured, other than metalbearing sands.

Remarque générale.
Sables naturels de toute espèce, même colorés, à l'exclusion des sables métallifères.

1 Industrial sand and gravel only.
2 Excluding Puerto Rico.
3 Excluding Prodcom 2002 code 14.21.11.90.

1 Sable et gravier industriels seulement.
2 Non compris le Puerto Rico.
3 2002 code Prodcom 14.21.11.90 non compris.

Natural sands
Sables naturels

CPC-BASED CODE - CODE BASE CPC
15310-0 B

Unit: Thousand cubic metres — Unité: Milliers de mètres cubes

Country or area	2003	2004	2005	2006	2007	2008	2009	2010	2011	2012	Pays ou zone
Africa											**Afrique**
Mozambique	...	2	3	1	1	...	...	...	...	...	Mozambique
America, North											**Amérique du Nord**
Cuba[1]	1629	1643	1651	1977	2730	1827	1693	1686	1785	1811	Cuba[1]
America, South											**Amérique du Sud**
Ecuador	...	123	75	23	39	...	...	...	...	...	Équateur
Asia											**Asie**
Armenia	151	163	110	202	267	212	176	0	0	0	Arménie
Georgia	177	270	436	[2]2004	[2]2796	[2]1633	[2]4219	3901	5728	8121	Géorgie
Iran (Islamic Rep. of)	66170	...	56484	76102	...	...	71321	...	...	...	Iran (Rép. islam. d')
Kazakhstan	...	3937	5615	6966	7480	5765	5030	5956	...	...	Kazakhstan
Kyrgyzstan	372	...	...	...	...	...	...	...	...	...	Kirghizistan
Lao PDR	535	800	850	700	...	680	...	...	...	...	Lao, RDP
Philippines	36359	36133	36791	38455	40076	46659	46602	49009	58815	66664	Philippines
Rep. of Korea	60937	39180	35457	28197	22238	26218	32633	25873	28913	28797	Rép. de Corée
Tajikistan	203	96	75	73	178	194	175	199	117	162	Tadjikistan
Europe											**Europe**
Belarus	7333	8264	8934	10343	11137	11256	12720	15835	18618	15788	Bélarus
Bulgaria	3144	3979	5381	6157	7208	...	...	...	...	...	Bulgarie
Russian Federation	59057	69564	90928	116817	146653	165541	94775	123460	142913	157714	Fédération de Russie
Serbia	...	...	...	690	872	949	579	1023	...	...	Serbie

General Note.
Natural sands of all kinds, whether or not coloured, other than metalbearing sands.

[1] Calcareous sand of coral origin.
[2] Data includes non-metallic materials.

Remarque générale.
Sables naturels de toute espèce, même colorés, à l'exclusion des sables métallifères.

[1] Sable calcaire d'origine corallienne.
[2] Les données comprennent les matériaux non-métalliques.

Gravel and crushed stone
Graviers et pierres concassées

CPC-BASED CODE - CODE BASE CPC
15320-0 A

Unit: Thousand metric tons — Unité: Milliers de tonnes métriques

Country or area	2003	2004	2005	2006	2007	2008	2009	2010	2011	2012	Pays ou zone
Africa											**Afrique**
Gambia	160	...	...	...	...	...	...	...	...	...	Gambie
America, North											**Amérique du Nord**
Canada	124528	135988	141275	153897	149982	153556	145519	147643	...	...	Canada
United States[1]	2690000	2870000	2980000	3120000	2900000	2520000	1990000	1960000	...	...	États-Unis[1]
America, South											**Amérique du Sud**
Argentina	4463	5254	9616	...	...	...	...	...	...	...	Argentine
Asia											**Asie**
Armenia	...	...	...	...	...	...	641	695	651	592	Arménie
Azerbaijan	689	542	568	1152	1745	4090	3074	3595	3398	3399	Azerbaïdjan
Cyprus	11290	12360	12800	12980	14070	15245	12300	13650	12525	...	Chypre
Iran (Islamic Rep. of)	...	...	...	...	...	...	21520	...	...	...	Iran (Rép. islam. d')
Iraq	...	...	...	160	...	...	...	...	...	...	Iraq
Japan	...	...	...	57	57	52	40	38	...	...	Japon
Kyrgyzstan	...	372	583	384	395	790	830	821	923	613	Kirghizistan
Pakistan[2]	21	5	10	0	12	45	2	38	38	590	Pakistan[2]
Saudi Arabia	133000	156000	160000	...	...	...	...	...	...	...	Arabie saoudite
Turkey	...	...	93263	141399	138591	134801	124007	161924	232504	274049	Turquie
Viet Nam	18646	19572	36843	43717	47984	...	...	...	...	...	Viet Nam
Europe											**Europe**
Austria	51565	...	...	...	...	...	...	...	...	...	Autriche
Belgium[3]	38328	...	...	...	...	...	...	...	...	...	Belgique[3]
Bosnia & Herzegovina	3383	...	...	...	...	...	...	...	...	...	Bosnie-Herzégovine
Bulgaria	7403	10449	14455	16687	20719	24744	19608	18591	23225	23056	Bulgarie
Croatia	17475	23446	23191	27545	27018	34954	27290	19096	18906	16752	Croatie
Czech Republic	32837	33920	34978	40625	41481	43510	38559	35710	36531	34254	République tchèque
Denmark	15729	18213	20818	...	25461	23664	17851	16565	19345	18015	Danemark
Estonia	1657	5422	7652	8887	9771	7658	7907	6348	6670	6761	Estonie
Finland	67953	65933	62055	66113	71719	71538	58998	63764	67085	61190	Finlande
France	150400	...	...	...	...	...	...	...	...	...	France
Germany	255996	244275	238937	257607	245029	244121	249455	239351	266385	248716	Allemagne
Hungary	22355	25031	33204	29318	23795	29109	23861	23086	17907	18137	Hongrie
Iceland	...	1430	1440	...	...	2563	...	...	...	...	Islande
Ireland	39819	44277	...	...	...	...	...	...	...	...	Irlande
Italy	148398	148018	...	...	...	...	...	...	...	...	Italie
Latvia	2719	3167	3137	3697	6022	5878	2763	4741	6252	6125	Lettonie
Lithuania	5319	6638	7891	8304	9677	9441	3985	5514	6053	5350	Lituanie
Netherlands	5412	5538	5095	5698	5590	...	...	...	7398	5537	Pays-Bas
Poland	58731	59816	68936	78164	86429	84741	95038	105809	138917	96516	Pologne
Portugal	61888	62368	62495	55432	53842	52799	50071	43870	...	...	Portugal
Rep. of Moldova	...	1688	2501	2973	2989	3123	2294	2507	3020	3031	Rép. de Moldova
Romania	12120	14055	15973	20047	26550	29891	24521	21722	26671	24268	Roumanie
Serbia	...	...	...	531	...	...	...	...	...	...	Serbie
Slovakia	7208	7295	10829	14362	13779	22114	17347	17023	15632	11997	Slovaquie
Slovenia	8970	10590	10987	15533	19470	17386	14125	11854	9512	7076	Slovénie
Spain	305250	321333	341249	372634	380087	245147	164700	211453	169648	144066	Espagne
Sweden	53093	76875	69743	67844	79274	96227	89428	103495	109813	112184	Suède
Switzerland	27049	22851	32149	34901	39531	...	...	...	...	...	Suisse
TFYR of Macedonia	218	182	*186	168	105	59	62	108	216	112	L'ex-RY de Macédoine
Ukraine	[4]50460	[4]57331	52863	63630	83567	86884	57296	66928	78253	82066	Ukraine
United Kingdom	[5]145553	165010	C	C	...	158038	C	113694	C	C	Royaume-Uni
Oceania											**Océanie**
Australia[2]	78237	132554	...	...	...	...	...	...	...	...	Australie[2]

General Note.

Pebbles, gravel, broken or crushed stone, of a kind commonly used for concrete aggregates, for road metalling or for railway or other ballast, shingle and flint, whether or not heat-treated; macadam of slag, dross or similar industrial waste, whether or not incorporating the materials cited in the first part of the heading; tarred macadam; granules, chippings and powder of stones whether or not heat-treated.

1 Construction sand and gravel and crushed stone.
2 Twelve months ending 30 June of year stated.
3 Incomplete coverage.
4 Including slag for road covering (National product list code 14.21.13.500).
5 Excluding Prodcom 2002 code 14.21.12.90.

Remarque générale.

Cailloux, graviers, pierres concassées, des types généralement utilisés pour le bétonnage ou pour l'empierrement des routes, des voies ferrées ou autres ballasts, galets et silex, même traités thermiquement; macadam de laitier, de scories ou de déchets industriels similaires, même comprenant des matières reprises dans la première partie du libellé; tarmacadam; granules, éclats et poudres de pierres, même traités thermiquement.

1 Sable et gravier de construction et pierre ecrasée.
2 Période de douze mois finissant le 30 juin de l'année indiquée.
3 Couverture incomplète.
4 Y compris laitier pour la construction de chaussées (Code de la liste nationale de produits 14.21.13.500).
5 2002 code Prodcom 14.21.12.90 non compris.

Gravel and crushed stone
Graviers et pierres concassées

CPC-BASED CODE - CODE BASE CPC
15320-0 B

Unit: Thousand cubic metres — Unité: Milliers de mètres cubes

Country or area	2003	2004	2005	2006	2007	2008	2009	2010	2011	2012	Pays ou zone
Africa											**Afrique**
Algeria[1]	6611	7274	7906	8977	10250	12385	13685	13095	11468	10636	Algérie[1]
Botswana[2]	2545	3548	2933	5945	4484	3995	4590	...	...	...	Botswana[2]
Egypt	31	...	...	288	245	261	86	364	62	...	Égypte
Swaziland	202	...	...	...	...	...	...	...	...	...	Swaziland
Togo	...	...	...	...	...	...	...	...	148	66	Togo
America, North											**Amérique du Nord**
Cuba[3]	2430	2400	2437	3044	3815	3568	3416	3234	3542	3943	Cuba[3]
Mexico[4,5]	138391	...	...	...	...	...	...	...	...	...	Mexique[4,5]
America, South											**Amérique du Sud**
Ecuador	...	663	1299	853	1070	1558	...	...	...	...	Équateur
Asia											**Asie**
Armenia	151	246	203	283	317	370	427	0	...	...	Arménie
Georgia	389	364	721	...	...	...	...	...	...	...	Géorgie
India	5358	5577	7899	...	...	...	...	...	...	...	Inde
Iraq	...	3	...	...	...	...	...	...	...	...	Iraq
Kazakhstan	13749	17377	18884	28539	41068	26053	...	...	...	...	Kazakhstan
Kyrgyzstan	291	...	...	...	...	...	...	...	...	...	Kirghizistan
Lao PDR	690	850	900	900	...	360	...	...	...	...	Lao, RDP
Philippines	99	115	96	87	87	102	101	106	145	182	Philippines
Rep. of Korea[1]	5917	1679	6507	5825	5965	4692	17014	16561	26790	18350	Rép. de Corée[1]
Syrian Arab Republic	151	158	166	99	584	126	154	...	...	...	Rép. arabe syrienne
Tajikistan	6	8	5	3	3	3	8	4	6	27	Tadjikistan
Europe											**Europe**
Belarus	7643	8520	9201	10273	11169	12201	12748	10388	17209	16663	Bélarus
Denmark	13719	...	...	...	...	...	...	...	...	...	Danemark
Montenegro	127	85	140	181	245	326	139	215	105	68	Monténégro
Rep. of Moldova	770	...	2431	2351	2350	2413	1771	1974	...	...	Rép. de Moldova
Romania	#12614	...	...	...	...	20236	22315	13987	17428	15715	Roumanie
Russian Federation	117350	123941	139371	155403	184654	199702	137683	177130	208292	235467	Fédération de Russie
Serbia	...	...	...	7943	7862	7718	5210	5928	...	...	Serbie
TFYR of Macedonia	98	*121	*125	112	75	35	36	70	133	75	L'ex-RY de Macédoine
Ukraine	[6]35613	[6]40622	37851	45770	60541	62931	40987	48135	56379	59047	Ukraine

General Note.

Pebbles, gravel, broken or crushed stone, of a kind commonly used for concrete aggregates, for road metalling or for railway or other ballast, shingle and flint, whether or not heat-treated; macadam of slag, dross or similar industrial waste, whether or not incorporating the materials cited in the first part of the heading; tarred macadam; granules, chippings and powder of stones whether or not heat-treated.

1 Gravel only.
2 Including clay and sand.
3 Crushed stone.
4 Sand and gravel.
5 Source: U.S. Geological Survey (Reston, Virginia).
6 Including slag for road covering (National product list code 14.21.13.500).

Remarque générale.

Cailloux, graviers, pierres concassées, des types généralement utilisés pour le bétonnage ou pour l'empierrement des routes, des voies ferrées ou autres ballasts, galets et silex, même traités thermiquement; macadam de laitier, de scories ou de déchets industriels similaires, même comprenant des matières reprises dans la première partie du libellé; tarmacadam; granules, éclats et poudres de pierres, même traités thermiquement.

1 Graviers seulement.
2 Y compris argile et sable.
3 Pierres concassées.
4 Sable et gravier.
5 Source: Service géologique des Etats-Unis (Reston, Virginia).
6 Y compris laitier pour la construction de chaussées (Code de la liste nationale de produits 14.21.13.500).

Clays
Argiles

CPC-BASED CODE - CODE BASE CPC
15400-0

Unit: Thousand metric tons — Unité: Milliers de tonnes métriques

Country or area	2003	2004	2005	2006	2007	2008	2009	2010	2011	2012	Pays ou zone
Africa											**Afrique**
Algeria	*[1]50	60	[2,3]29	[2,3]27	[2,3]33	[2,3]30	[2,3]32	[2,3]32	...	...	Algérie
Egypt	5	8	9	114	36	47	38	...	1	...	Égypte
Ethiopia[4]	242	...	...	...	...	...	...	...	...	...	Éthiopie[4]
Gambia	9	...	...	...	...	...	...	...	...	...	Gambie
Kenya	*1	[4]1	...	...	...	...	...	...	...	...	Kenya
Morocco	15	29	29	...	*97	*141	132	...	...	...	Maroc
Mozambique	*1	[4]3	...	...	...	...	...	...	...	...	Mozambique
Senegal	*177	[4]195	...	...	...	...	...	...	...	...	Sénégal
South Africa	217	[4]158	...	...	...	...	...	...	...	...	Afrique du Sud
Zimbabwe	1	...	1	...	...	...	...	0	0	0	Zimbabwe
America, North											**Amérique du Nord**
Cuba	5	4	6	4	0	0	0	0	0	0	Cuba
Dominican Republic	15	18	18	16	18	34	...	...	...	...	Rép. dominicaine
Guatemala[4]	8	8	...	...	...	...	...	...	...	...	Guatemala[4]
Mexico	14611	...	...	...	...	...	...	...	...	...	Mexique
Panama[4]	68	...	...	...	...	...	...	...	...	...	Panama[4]
United States	40000	41200	41200	41200	36700	32700	24500	25400	...	...	États-Unis
America, South											**Amérique du Sud**
Argentina	1682	2349	6374	6832	8430	...	...	...	...	...	Argentine
Brazil	[4,5]2280	5246	5586	8175	7064	6274	4669	7767	7601	5624	Brésil
Chile[6]	52	50	54	85	74	...	...	...	...	...	Chili[6]
Colombia	*8500	[4]8500	...	...	...	...	...	...	...	...	Colombie
Paraguay	*7	[4]7	...	...	...	...	...	...	...	...	Paraguay
Peru	298	639	1176	949	2184	1721	2048	1120	...	...	Pérou
Venezuela (Bol. R. of)	*10	[4]10	...	...	...	...	...	...	...	...	Venezuela (R.bol.du)
Asia											**Asie**
Armenia	*1	[4]1	...	...	...	...	...	...	...	...	Arménie
Azerbaijan	238	281	255	268	295	278	220	259	274	293	Azerbaïdjan
Bangladesh	[7]12	[4]8	...	...	...	...	...	...	...	...	Bangladesh
Cyprus	517	668	673	659	679	695	414	210	160	...	Chypre
India	3088	...	...	...	...	...	...	...	...	...	Inde
Indonesia*	1920	...	...	...	...	...	...	...	...	...	Indonésie*
Iran (Islamic Rep. of)	*880	[4]930	...	...	...	...	1519	...	...	...	Iran (Rép. islam. d')
Japan	438	[4]442	...	...	...	...	...	...	...	...	Japon
Jordan[4]	179	217	...	...	...	...	...	...	...	...	Jordanie[4]
Kazakhstan	1499	1563	1640	...	...	...	...	...	...	...	Kazakhstan
Kyrgyzstan	508	236	267	231	99	46	57	94	109	125	Kirghizistan
Malaysia	*377	[4]380	...	263	499	419	464	473	406	425	Malaisie
Myanmar[4]	...	1	...	...	...	...	...	...	...	...	Myanmar[4]
Pakistan[7]	1620	2152	1844	2278	3426	3192	3484	3202	3215	3626	Pakistan[7]
Philippines	40	32	20	18	20	23	23	23	31	36	Philippines
Rep. of Korea[4]	3103	2780	...	...	...	...	...	...	...	...	Rép. de Corée[4]
Saudi Arabia	3000	4000	5000	...	...	...	...	...	...	...	Arabie saoudite
Sri Lanka	9	[4]9	...	...	...	...	...	...	...	...	Sri Lanka
Thailand	559	631	747	834	679	639	870	...	...	...	Thaïlande
Turkey	4034	4458	#3978	6827	6276	9809	10822	13060	13629	13054	Turquie
Uzbekistan	*5500	[4]5500	...	...	...	...	...	...	...	...	Ouzbékistan
Viet Nam	*650	[4]650	...	...	...	...	...	...	...	...	Viet Nam
Europe											**Europe**
Austria	442	...	...	...	...	...	...	...	...	...	Autriche
Belgium	[8]430	[4]300	...	...	...	...	...	...	...	...	Belgique
Bosnia & Herzegovina#	71	...	...	...	...	...	...	...	...	...	Bosnie-Herzégovine#
Bulgaria	724	622	613	671	609	850	531	631	644	764	Bulgarie
Croatia	14	15	17	16	19	292	120	207	184	108	Croatie
Czech Republic	1822	1993	2009	C	2670	2855	1827	2138	2463	2216	République tchèque
Denmark	16	18	19	19	20	22	24	24	38	30	Danemark
Estonia	7	6	9	231	222	259	28	13	2	1	Estonie
Finland	24	22	27	23	52	30	15	20	27	6	Finlande
France	*300	[4]300	...	...	...	...	...	...	...	...	France
Germany	5533	5716	5827	5795	5773	C	C	C	C	C	Allemagne
Greece	*1010	[4]1010	...	...	...	...	...	...	...	...	Grèce
Hungary	130	100	163	60	83	148	199	127	74	650	Hongrie

For general note and footnotes, see end of table — Voir la fin du tableau pour la remarque générale est les notes

CPC-BASED CODE - CODE BASE CPC
15400-0

Unit: Thousand metric tons | Unité: Milliers de tonnes métriques

Country or area	2003	2004	2005	2006	2007	2008	2009	2010	2011	2012	Pays ou zone
Italy	1318	...	...	...	...	...	...	...	...	...	Italie
Latvia	8	6	C	C	C	C	C	...	...	...	Lettonie
Lithuania	241	260	291	387	421	333	247	251	283	301	Lituanie
Poland	629	887	900	1261	1386	1375	947	1011	1664	1042	Pologne
Portugal	942	979	1101	1047	1179	1233	1292	1262	...	...	Portugal
Rep. of Moldova	...	100	115	228	165	50	87	141	...	...	Rép. de Moldova
Romania	174	339	231	213	222	172	54	111	99	101	Roumanie
Russian Federation	[9]927	[9]1137	[9]1380	[9]1536	[9]2168	[9]2159	[9]1318	8179	13283	14327	Fédération de Russie
Serbia	...	...	...	209	92	393	161	152	...	...	Serbie
Serbia & Montenegro	10	[4]10	...	...	...	...	...	...	...	...	Serbie-et-Monténégro
Slovakia	131	138	137	164	155	156	117	138	120	159	Slovaquie
Slovenia	C	C	C	C	C	C	C	C	C	1	Slovénie
Spain	30884	33255	31529	28598	29439	21393	18337	12943	11472	10888	Espagne
Sweden	141	143	154	140	171	159	139	161	163	150	Suède
TFYR of Macedonia	13	25	26	33	35	23	15	15	14	8	L'ex-RY de Macédoine
Ukraine	8465	9707	12083	13072	15142	13062	6224	8560	12007	11863	Ukraine
United Kingdom	[10]14226	[11]14170	C	C	C	C	C	C	C	C	Royaume-Uni
Oceania											**Océanie**
Australia	[4]367	[4]436	...	...	...	...	...	...	...	...	Australie
New Zealand	71	73	57	62	70	47	50	138	32	83	Nouvelle-Zélande

General Note.
Kaolin and other kaolinic clays, whether or not calcined; bentonite, decolourising earths and fuller's earth, fire-clay and other clays, Andalusite, kyanite and sillimanite, whether or not calcined, mullite, chamotte or dinas earths.

[1] Source: African Statistical Yearbook, Economic Commission for Africa (Addis Ababa).
[2] Bentonite only.
[3] Source: Bulletin of Industrial Statistics for the Arab Countries, United Nations Economic and Social Commission for Western Asia (Beirut).
[4] Source: U.S. Geological Survey (Reston, Virginia).
[5] Kaolin and bentonite only.
[6] Plastic clays only.
[7] Twelve months ending 30 June of year stated.
[8] Incomplete coverage.
[9] Refractory clays only.
[10] Excluding Prodcom 2002 codes 14.22.11.60 and 14.22.12.10.
[11] Excluding Prodcom 2002 code 14.22.11.60.

Remarque générale.
Kaolin et autres argiles kaoliniques, même calcinés; bentonite, terres décolorantes et terres à foulon, argiles réfractaires et autres argiles, andalousite, cyanite et sillimanite, même calcinées, mullite; terres de chamotte ou de dinas.

[1] Source: Annuaire statistique pour l'Afrique, Commission économique pour l'Afrique des Nations Unies (Addis-Abeba).
[2] Bentonite seulement.
[3] Source: Bulletin de statistiques industrielles pour les pays arabes, Commission économique et sociale pour l'Asie occidentale des Nations Unies (Beyrouth).
[4] Source: Service géologique des Etats-Unis (Reston, Virginia).
[5] Kaolin et bentonite seulement.
[6] Argiles plastiques seulement.
[7] Période de douze mois finissant le 30 juin de l'année indiquée.
[8] Couverture incomplète.
[9] Argiles réfractaires seulement.
[10] 2002 codes Prodcom 14.22.11.60 et 14.22.12.10 non compris.
[11] 2002 code Prodcom 14.22.11.60 non compris.

Natural phosphates, P2O5 content
Phosphates naturels, teneur en P2O5

CPC-BASED CODE - CODE BASE CPC
16110-1

Unit: Thousand metric tons — Unité: Milliers de tonnes métriques

Country or area	2003	2004	2005	2006	2007	2008	2009	2010	2011	2012	Pays ou zone
Africa											**Afrique**
Algeria	905	784	1004	1493	1791	1805	1067	1525	1287	1250	Algérie
Burkina Faso[1]	1	1	1	...	...	...	...	...	...	...	Burkina Faso[1]
Egypt	[1]630	205	276	2290	2357	6227	3021	1393	2563	...	Égypte
Morocco[2]	21997	25568	28119	*27244	27589	*27156	19243	...	...	...	Maroc[2]
Senegal	1500	1576	1451	584	691	645	948	1079	...	...	Sénégal
South Africa[1]	1030	1067	1000	...	...	...	...	...	...	...	Afrique du Sud[1]
Togo	1471	1115	1021	1171	750	842	726	695	866	1159	Togo
Tunisia	2288	[2,3]8051	[2,3]8220	[2,3]7801	[2,3]8002	[2,3]7692	[2,3]7409	...	...	...	Tunisie
United R. of Tanzania	[1]1	[1]2	[1]2	[4]3	8	29	[4]1	[4]17	[4]849	[4]571	Rép.-U. de Tanzanie
Zimbabwe	[1]31	[1]27	[1]16	...	...	...	0	57	46	17	Zimbabwe
America, North											**Amérique du Nord**
Canada[1]	380	380	C	C	C	C	...	...	...	...	Canada[1]
Mexico	6	0	0	0	42	969	1422	1507	1691	1725	Mexique
United States	10300	10400	10300	8680	8480	8590	7640	7400	...	...	États-Unis
America, South											**Amérique du Sud**
Brazil	3205	4216	4331	4855	4992	5636	5377	4977	6799	7852	Brésil
Chile[1]	5	5	5	...	...	...	...	...	...	...	Chili[1]
Colombia[1]	8	8	8	...	...	...	...	...	...	...	Colombie[1]
Peru	12	46	0	0	0	0	0	1134	...	...	Pérou
Venezuela (Bol. R. of)[1]	75	70	67	...	...	...	...	...	...	...	Venezuela (R.bol.du)[1]
Asia											**Asie**
China[1]	7550	7650	9130	...	...	...	...	...	...	...	Chine[1]
Dem.P.R. of Korea[1]	95	95	95	...	...	...	...	...	...	...	Rép.p.d. de Corée[1]
India	333	[1]349	[1]355	...	...	...	...	...	...	...	Inde
Iran (Islamic Rep. of)	202	...	284	0	...	...	61	...	...	...	Iran (Rép. islam. d')
Iraq[1]	10	1	1	...	...	...	...	...	...	...	Iraq[1]
Israel[1]	1020	900	880	...	...	...	...	...	...	...	Israël[1]
Jordan	[1]2230	[2,3]6223	[2,3]6375	[2,3]5871	[2,3]5541	[2,3]6266	[2,3]5153	*[2,3]6529	...	...	Jordanie
Kazakhstan	288	380	338	277	230	361	...	...	...	...	Kazakhstan
Pakistan[5]	2	5	3	1	3	7	0	47	31	69	Pakistan[5]
Philippines	1	2	2	2	2	2	2	2	3	3	Philippines
Sri Lanka[1]	14	14	15	...	...	...	...	...	...	...	Sri Lanka[1]
Syrian Arab Republic	2401	2882	2925	2904	2900	2629	2128	...	...	...	Rép. arabe syrienne
Thailand	14	3	...	...	...	...	...	...	...	...	Thaïlande
Uzbekistan[1]	102	102	102	...	...	...	...	...	...	...	Ouzbékistan[1]
Europe											**Europe**
Finland	26	40	29	24	24	59	11	0	...	0	Finlande
Russian Federation	4245	4290	4302	4136	4208	3796	3687	4194	3976	3978	Fédération de Russie
Sweden	0	0	0	0	2	6	4	6	0	0	Suède
TFYR of Macedonia	2	5	3	2	3	5	4	4	0	0	L'ex-RY de Macédoine
Oceania											**Océanie**
Australia[1]	545	490	550	...	...	...	...	...	...	...	Australie[1]
Christmas Is.(Aust)[1]	167	210	220	...	...	...	...	...	...	...	Ile Christmas (Aust)[1]
Nauru[1]	26	7	3	...	...	...	...	...	...	...	Nauru[1]

General Note.

Natural calcium phosphates, natural aluminium calcium phosphates and phosphatic chalk, unground or ground.

[1] Source: U.S. Geological Survey (Reston, Virginia).
[2] Gross weight.
[3] Source: Bulletin of Industrial Statistics for the Arab Countries, United Nations Economic and Social Commission for Western Asia (Beirut).
[4] Tanganyika only.
[5] Twelve months ending 30 June of year stated.

Remarque générale.

Phosphates de calcium naturels, phosphates alumino-calciques naturels et craies phosphatées, non moulus ou moulus.

[1] Source: Service géologique des Etats-Unis (Reston, Virginia).
[2] Poids brut.
[3] Source: Bulletin de statistiques industrielles pour les pays arabes, Commission économique et sociale pour l'Asie occidentale des Nations Unies (Beyrouth).
[4] Tanganyika seulement.
[5] Période de douze mois finissant le 30 juin de l'année indiquée.

Crude potash salts, K2O content
Sels de potassium bruts, teneur en K2O

CPC-BASED CODE - CODE BASE CPC
16110-2

Unit: Thousand metric tons — Unité: Milliers de tonnes métriques

Country or area	2003	2004	2005	2006	2007	2008	2009	2010	2011	2012	Pays ou zone
America, North											**Amérique du Nord**
Cuba	15	14	14	16	17	15	16	15	15	18	Cuba
Dominican Republic	12	4	...	14	11	11	...	...	...	...	Rép. dominicaine
United States	1100	1200	1200	1100	1100	1100	720	930	...	...	États-Unis
America, South											**Amérique du Sud**
Brazil	1151	2322	1418	798	592	516	188	196	262	298	Brésil
Chile[1]	370	370	370	...	...	...	...	...	...	...	Chili[1]
Asia											**Asie**
China[1]	500	551	600	...	...	...	...	...	...	...	Chine[1]
Israel[1]	1960	2060	2060	...	...	...	...	...	...	...	Israël[1]
Jordan	[1]1230	[2]1929	[2]1829	[2]1699	[2]1794	[2]2005	[2]1123	[2]1934	...	...	Jordanie
Europe											**Europe**
Belarus[1]	4230	4600	4844	...	...	...	...	...	...	...	Bélarus[1]
Germany[1]	3563	3626	3600	C	C	...	...	...	...	...	Allemagne[1]
Russian Federation	696	699	686	562	455	448	339	352	324	322	Fédération de Russie
Spain[1]	510	500	C	C	...	...	...	...	...	...	Espagne[1]
United Kingdom	[1]620	[1]600	[1]600	...	C	C	C	12	...	C	Royaume-Uni

General Note.
Carnallite; sylvite and other crude natural potassium salts as mineral or chemical fertilizers. Data refer to K2O content.

Remarque générale.
Carnallite, sylvinite et autres sels de potassium naturels bruts, sous forme de minéraux ou d'engrais chimiques. Les chiffres correspondent à la teneur en K2O.

[1] Source: U.S. Geological Survey (Reston, Virginia).
[2] Source: Bulletin of Industrial Statistics for the Arab Countries, United Nations Economic and Social Commission for Western Asia (Beirut).

[1] Source: Service géologique des Etats-Unis (Reston, Virginia).
[2] Source: Bulletin de statistiques industrielles pour les pays arabes, Commission économique et sociale pour l'Asie occidentale des Nations Unies (Beyrouth).

Fluorspar
Spath fluor

CPC-BASED CODE - CODE BASE CPC
16190-1

Unit: Thousand metric tons — Unité: Milliers de tonnes métriques

Country or area	2003	2004	2005	2006	2007	2008	2009	2010	2011	2012	Pays ou zone
Africa											**Afrique**
Egypt	[1]10.5	[1]10.5	...	...	...	4.3	6.0	...	...	...	Égypte
Kenya	80.2	118.0	109.6	132.0	85.1	130.1	5.5	40.8	95.1	91.0	Kenya
Morocco	[1]81.2	107.2	114.7	94.3	78.9	56.7	72.1	[2]90.0	...	...	Maroc
Namibia	44.2	77.9	114.9	132.2	118.8	118.3	60.2	84.3	84.1	65.1	Namibie
South Africa[1]	235.0	275.0	...	...	...	...	...	...	...	...	Afrique du Sud[1]
Tunisia[2]	...	53.0	29.0	...	...	...	...	...	...	...	Tunisie[2]
America, North											**Amérique du Nord**
Mexico	756.3	842.7	875.5	936.4	933.4	1057.6	1045.9	1067.4	1206.9	1237.1	Mexique
America, South											**Amérique du Sud**
Argentina	5.4	6.4	7.5	8.3	9.7	...	...	...	...	...	Argentine
Brazil	52.4	C	26.2	21.2	23.0	22.7	20.5	C	C	16.4	Brésil
Asia											**Asie**
China[1]	2650.0	2700.0	...	...	...	...	...	...	...	...	Chine[1]
Dem.P.R. of Korea[1]	25.0	25.0	...	...	...	...	...	...	...	...	Rép.p.d. de Corée[1]
India	9.0	[1]10.7	...	...	...	...	...	...	...	...	Inde
Iran (Islamic Rep. of)	41.1	[1]32.0	64.6	58.9	...	...	71.4	...	...	...	Iran (Rép. islam. d')
Kyrgyzstan	3.3	3.4	3.1	2.8	0.9	1.2	0.0	0.0	0.0	0.0	Kirghizistan
Mongolia	488.2	468.2	507.9	521.9	637.9	545.8	628.8	727.0	658.7	484.4	Mongolie
Pakistan[3]	30.8	30.4	25.0	9.0	26.1	18.7	37.9	54.2	23.3	53.2	Pakistan[3]
Tajikistan[1]	9.0	9.0	...	...	...	...	...	...	...	...	Tadjikistan[1]
Thailand	2.4	2.4	0.3	3.2	1.8	29.5	120.3	2.2	...	...	Thaïlande
Turkey	C	0.9	C	C	#0.0	0.0	C	C	C	C	Turquie
Europe											**Europe**
Estonia	...	...	...	...	...	...	C	0.3	0.2	0.4	Estonie
Finland[4]	...	...	...	...	...	88.3	57.2	414.5	539.1	433.6	Finlande[4]
Germany	[1]33.3	45.3	C	C	C	C	C	C	C	C	Allemagne
Italy[1]	45.0	45.0	...	...	...	...	...	...	...	...	Italie[1]
Romania[1]	15.0	15.0	...	...	...	...	...	...	...	...	Roumanie[1]
Spain[1]	139.7	C	C	C	C	...	...	...	...	...	Espagne[1]
Sweden	6.1	6.8	17.1	15.5	14.5	17.1	10.8	13.3	18.6	99.1	Suède
United Kingdom	0.0	0.0	...	...	...	26.2	32.8	27.9	...	...	Royaume-Uni

General Note.
Fluorspar

[1] Source: U.S. Geological Survey (Reston, Virginia).
[2] Source: Bulletin of Industrial Statistics for the Arab Countries, United Nations Economic and Social Commission for Western Asia (Beirut).
[3] Twelve months ending 30 June of year stated.
[4] Including barytes, whether or not calcined.

Remarque générale.
Spath fluor

[1] Source: Service géologique des Etats-Unis (Reston, Virginia).
[2] Source: Bulletin de statistiques industrielles pour les pays arabes, Commission économique et sociale pour l'Asie occidentale des Nations Unies (Beyrouth).
[3] Période de douze mois finissant le 30 juin de l'année indiquée.
[4] Y compris la barytine, même calcinée.

Barytes, whether or not calcined
Barytine, même calcinée

CPC-BASED CODE - CODE BASE CPC
16190-2

Unit: Thousand metric tons | Unité: Milliers de tonnes métriques

Country or area	2003	2004	2005	2006	2007	2008	2009	2010	2011	2012	Pays ou zone
Africa											**Afrique**
Algeria	47.3	47.8	52.4	51.5	59.5	56.0	35.9	40.2	30.2	30.6	Algérie
Egypt[1]	0.5	1.0	...	...	...	...	...	...	...	...	Égypte[1]
Morocco	358.5	511.8	475.6	612.8	*664.7	*725.1	586.9	[2]702.6	...	...	Maroc
Nigeria	63.6	69.0	...	...	...	...	...	...	...	...	Nigéria
Tunisia	3.0	[2]2.0	...	...	...	...	...	...	...	...	Tunisie
Zimbabwe	4.7	1.2	...	...	...	...	...	0.0	0.0	0.0	Zimbabwe
America, North											**Amérique du Nord**
Canada	27.0	21.0	23.0	20.0	9.0	9.0	16.0	22.0	...	...	Canada
Guatemala[*,1]	0.1	0.1	...	...	...	...	...	...	...	...	Guatemala[*,1]
Mexico	287.5	306.7	268.7	199.6	185.9	140.1	151.8	143.2	134.7	140.0	Mexique
United States[3]	468.0	532.0	489.0	589.0	455.0	648.0	396.0	662.0	...	...	États-Unis[3]
America, South											**Amérique du Sud**
Argentina	6.9	2.8	3.4	6.3	38.0	...	...	...	...	...	Argentine
Bolivia (Plur. State of)	1.9	5.8	...	...	...	...	...	...	...	...	Bolivie (État plur. de)
Brazil	C	*392.2	588.4	680.0	75.0	89.2	50.2	54.8	48.2	C	Brésil
Chile	0.2	0.0	0.1	0.4	0.1	...	...	...	...	...	Chili
Colombia[1]	*0.6	0.6	...	...	...	...	...	...	...	...	Colombie[1]
Peru	2.9	3.6	5.6	1.5	27.4	45.2	27.9	52.3	...	...	Pérou
Asia											**Asie**
Afghanistan[1]	*[4]2.0	2.0	...	...	...	...	...	...	...	...	Afghanistan[1]
Azerbaijan	...	...	...	...	...	...	...	7.4	21.3	34.3	Azerbaïdjan
China[1]	*3500.0	3900.0	...	...	...	...	...	...	...	...	Chine[1]
Dem.P.R. of Korea[1]	*70.0	70.0	...	...	...	...	...	...	...	...	Rép.p.d. de Corée[1]
India	723.1	1161.3	1189.8	1681.0	1076.0	1686.0	2153.0	2334.0	...	...	Inde
Iran (Islamic Rep. of)	196.2	[1]204.0	231.0	226.0	...	...	361.0	...	...	...	Iran (Rép. islam. d')
Kazakhstan	214.0	311.0	269.0	261.0	280.0	...	...	...	...	...	Kazakhstan
Lao PDR[1]	2.0	...	...	...	...	...	...	...	...	...	Lao, RDP[1]
Malaysia	[1]0.3	...	...	1.0	0.3	4.4	6.4	1.0	0.0	0.0	Malaisie
Myanmar[1]	20.0	1.0	...	...	...	...	...	...	...	...	Myanmar[1]
Pakistan[5]	40.7	44.2	42.1	49.2	46.8	49.9	63.0	47.0	31.8	48.5	Pakistan[5]
Saudi Arabia	15.0	15.0	15.0	...	...	...	...	...	...	...	Arabie saoudite
Thailand	110.3	206.2	4.0	...	4.3	6.7	49.9	29.6	...	...	Thaïlande
Turkey	120.0	134.0	#71.0	...	...	...	...	...	...	...	Turquie
Europe											**Europe**
Belgium[*,1]	30.0	...	...	...	...	...	...	...	...	...	Belgique[*,1]
Bosnia & Herzegovina#	0.4	...	...	...	...	...	...	...	...	...	Bosnie-Herzégovine#
Croatia	...	...	...	...	...	1534.8	1300.2	587.6	2019.4	1988.7	Croatie
Estonia	...	...	...	...	...	...	C	0.3	0.2	0.4	Estonie
France[1]	C	82.0	...	...	...	...	...	...	...	...	France[1]
Germany[*,1]	120.0	C	C	C	C	C	C	C	C	C	Allemagne[*,1]
Greece[*,1,6]	0.8	0.8	...	...	...	...	...	...	...	...	Grèce[*,1,6]
Italy[7]	20.7	18.4	...	...	...	...	...	...	...	...	Italie[7]
Poland	2.7	2.1	2.1	2.7	0.0	0.0	0.0	...	C	C	Pologne
Romania	0.2	0.0	0.0	0.0	0.0	...	...	...	...	...	Roumanie
United Kingdom	0.0	0.0	...	...	0.0	26.2	32.8	27.9	...	...	Royaume-Uni
Oceania											**Océanie**
Australia[1]	*20.0	20.0	...	...	...	...	...	...	...	...	Australie[1]

General Note.
Natural barium sulphate (barytes); natural barium carbonate (witherite), whether or not calcined.

[1] Source: U.S. Geological Survey (Reston, Virginia).
[2] Source: Bulletin of Industrial Statistics for the Arab Countries, United Nations Economic and Social Commission for Western Asia (Beirut).
[3] Data refer to barium sulphate only.
[4] Twelve months beginning 21 March of year stated.
[5] Twelve months ending 30 June of year stated.
[6] Crude ore.
[7] Excluding Prodcom 2002 code 14.30.13.15.

Remarque générale.
Sulfate de baryum naturel (barytine); carbonate de baryum naturel (withérite), même calciné.

[1] Source: Service géologique des Etats-Unis (Reston, Virginia).
[2] Source: Bulletin de statistiques industrielles pour les pays arabes, Commission économique et sociale pour l'Asie occidentale des Nations Unies (Beyrouth).
[3] Les données se réfèrent à du sulfate de baryum seulement.
[4] Période de douze mois commençant le 21 mars de l'année indiquée.
[5] Période de douze mois finissant le 30 juin de l'année indiquée.
[6] Le minéral brut.
[7] 2002 code Prodcom 14.30.13.15 non compris.

Salt and pure sodium chloride
Sel et chlorure de sodium pur

CPC-BASED CODE - CODE BASE CPC
16200-1

Unit: Thousand metric tons — Unité: Milliers de tonnes métriques

Country or area	2003	2004	2005	2006	2007	2008	2009	2010	2011	2012	Pays ou zone
Africa											**Afrique**
Algeria	191	141	131	157	124	99	109	107	170	105	Algérie
Angola[1]	*30	30	...	...	...	...	...	...	...	...	Angola[1]
Benin[*,1]	15	...	...	...	...	...	...	...	...	...	Bénin[*,1]
Botswana	229	[1]208	244	151	166	171	214	365	...	...	Botswana
Burkina Faso[1]	5	5	...	...	...	...	...	...	...	...	Burkina Faso[1]
Cabo Verde[1]	2	2	...	...	...	...	...	...	...	...	Cabo Verde[1]
Djibouti[1]	128	30	...	...	...	...	...	...	...	...	Djibouti[1]
Egypt	[1]1678	1562	670	1081	1879	2931	2665	2460	2809	...	Égypte
Eritrea[1,2]	52	53	...	...	...	...	...	...	...	...	Érythrée[1,2]
Ethiopia[1]	*61	61	...	...	...	...	...	...	...	...	Éthiopie[1]
Ghana[1]	250	250	...	...	...	...	...	...	...	...	Ghana[1]
Guinea[*,1]	15	15	...	...	...	...	...	...	...	...	Guinée[*,1]
Kenya	236	247	228	234	266	265	186	242	258	249	Kenya
Libya[*,1]	40	40	...	...	...	...	...	...	...	...	Libye[*,1]
Madagascar	[1]23	[1]23	20	21	...	...	...	...	...	...	Madagascar
Mali[1]	6	...	...	...	...	...	...	...	...	...	Mali[1]
Mauritania[*,1]	6	6	...	...	...	...	...	...	...	...	Mauritanie[*,1]
Mauritius	7	7	7	7	7	5	2	3	...	...	Maurice
Morocco	237	278	320	320	216	219	310	[3]430	...	...	Maroc
Mozambique[*,1]	80	80	...	...	...	...	...	...	...	...	Mozambique[*,1]
Namibia	536	614	702	641	813	736	795	676	525	699	Namibie
Niger[1]	2	2	...	...	...	...	...	...	...	...	Niger[1]
Senegal	[2]235	[2]168	[2]134	[2]199	[2]212	241	222	232	...	...	Sénégal
Sierra Leone	1	8	...	...	...	...	...	...	...	...	Sierra Leone
Somalia[1]	1	1	...	...	...	...	...	...	...	...	Somalie[1]
South Africa	438	[1]336	...	...	...	...	...	...	...	...	Afrique du Sud
Sudan (former)	61	56	49	12	23	11	36	141	...	...	Soudan (anc.)
Tunisia	1213	[3]1117	[3]1132	[3]1127	[3]933	[3]1064	[3]1260	...	...	...	Tunisie
Uganda[*,1]	5	5	...	...	...	...	...	...	...	...	Ouganda[*,1]
United R. of Tanzania	[1]59	[1]60	[4]51	[4]35	35	26	[4]27	[4]34	[4]32	[4]34	Rép.-U. de Tanzanie
America, North											**Amérique du Nord**
Bahamas[1]	*900	900	...	...	...	...	...	...	...	...	Bahamas[1]
Canada	13718	14096	13463	14460	11970	14224	14676	10820	...	...	Canada
Costa Rica[1,2]	*37	37	...	...	...	...	...	...	...	...	Costa Rica[1,2]
Cuba	176	206	173	198	180	152	162	150	163	135	Cuba
Dominican Republic	19	44	217	778	56	58	...	...	...	...	Rép. dominicaine
El Salvador[1,2]	31	31	...	...	...	...	...	...	...	...	El Salvador[1,2]
Guadeloupe[*,1]	49	49	...	...	...	...	...	...	...	...	Guadeloupe[*,1]
Guatemala[*,1]	50	50	...	...	...	...	...	...	...	...	Guatemala[*,1]
Honduras[*,1]	25	25	...	...	...	...	...	...	...	...	Honduras[*,1]
Jamaica[1]	19	19	...	...	...	...	...	...	...	...	Jamaïque[1]
Martinique[*,1]	200	200	...	...	...	...	...	...	...	...	Martinique[*,1]
Mexico	7547	8566	9508	7987	8032	8809	7445	8431	8769	8730	Mexique
Netherlands Antilles[*,1]	500	...	...	...	...	...	...	...	...	...	Antilles néerlandaises[*,1]
Nicaragua[1]	31	31	...	...	...	...	...	...	...	...	Nicaragua[1]
Panama	13	18	18	19	21	21	20	24	19	17	Panama
United States[5]	43700	46500	45100	44400	44500	48000	46000	43300	...	...	États-Unis[5]
America, South											**Amérique du Sud**
Argentina	1668	1278	1846	1918	2358	...	...	...	...	...	Argentine
Bolivia (Plur. State of)	2	1	...	...	...	...	...	...	...	...	Bolivie (État plur. de)
Brazil	4379	5610	5161	5216	5827	5834	5251	6336	5892	6563	Brésil
Chile	6213	4939	6068	4581	4404	...	...	...	...	...	Chili
Colombia[1]	447	540	...	...	...	...	...	...	...	...	Colombie[1]
Ecuador	*[1]90	82	41	74	102	115	...	...	...	...	Équateur
Peru	152	146	151	...	...	...	...	...	...	...	Pérou
Venezuela (Bol. R. of)[*,1]	350	350	...	...	...	...	...	...	...	...	Venezuela (R.bol.du)[*,1]
Asia											**Asie**
Afghanistan	19	[1]13	...	...	...	...	...	...	...	...	Afghanistan
Armenia	32	32	35	37	35	37	29	29	36	38	Arménie
Azerbaijan	8	9	11	12	7	7	6	13	24	30	Azerbaïdjan
Bangladesh[1]	*[6]350	350	...	...	...	...	...	...	...	...	Bangladesh[1]
Cambodia[1]	*40	40	...	...	...	...	...	...	...	...	Cambodge[1]
China	34377	40434	46611	56631	61670	66644	66628	70378	67422	69118	Chine

For general note and footnotes, see end of table — Voir la fin du tableau pour la remarque générale est les notes

Salt and pure sodium chloride (continued)
Sel et chlorure de sodium pur (suite)

CPC-BASED CODE - CODE BASE CPC
16200-1

Unit: Thousand metric tons | Unité: Milliers de tonnes métriques

Country or area	2003	2004	2005	2006	2007	2008	2009	2010	2011	2012	Pays ou zone
Dem.P.R. of Korea[*,1]	500	...	...	...	...	...	...	...	...	...	Rép.p.d. de Corée[*,1]
Georgia	*[1]30	0	0	...	...	...	...	...	...	...	Géorgie
India	[7]2	3	2	2	1	2	2	1	...	...	Inde
Indonesia[*,1]	680	680	...	...	...	...	...	...	...	...	Indonésie[*,1]
Iran (Islamic Rep. of)	1551	[1]2000	2009	2613	...	...	2816	...	...	...	Iran (Rép. islam. d')
Iraq	...	433	...	225	...	112	149	128	390	363	Iraq
Israel[*,1]	800	800	...	...	...	...	...	...	...	...	Israël[*,1]
Japan	[1]1273	[1]1251	1227	1166	1138	1132	1095	1122	978	925	Japon
Jordan[1]	410	410	...	...	...	...	...	...	...	...	Jordanie[1]
Kazakhstan	287	348	178	417	228	504	...	...	...	...	Kazakhstan
Kuwait	47	57	43	13	10	9	15	11	13	12	Koweït
Kyrgyzstan	1	1	1	1	1	3	5	4	3	5	Kirghizistan
Lao PDR	22	25	19	...	...	...	...	...	...	...	Lao, RDP
Lebanon[*,1]	4	4	...	...	...	...	...	...	...	...	Liban[*,1]
Mongolia	2	2	2	1	1	1	0	...	...	...	Mongolie
Myanmar[8]	[9]60	[9]78	[9]78	[9]84	[9]473	[9]387	[9]424	[9]659	367	342	Myanmar[8]
Nepal[*,1]	5	4	...	...	...	...	...	...	...	...	Népal[*,1]
Oman	12	12	11	26	10	[3]10	[3]31	[3]12	...	...	Oman
Pakistan[6]	1426	1639	1648	1859	1873	1849	1917	1944	1954	2136	Pakistan[6]
Philippines	429	428	421	418	438	510	516	558	720	775	Philippines
Rep. of Korea	155	341	379	286	296	384	382	223	372	309	Rép. de Corée
Saudi Arabia	1399	1430	1500	...	...	...	...	...	...	...	Arabie saoudite
Sri Lanka	60	[1]79	...	...	...	...	...	...	...	...	Sri Lanka
Syrian Arab Republic	128	141	110	137	81	89	78	[3,10]81	...	...	Rép. arabe syrienne
Tajikistan	60	60	66	52	48	47	50	50	27	28	Tadjikistan
Thailand	892	1031	1074	1008	1135	1212	...	...	...	...	Thaïlande
Turkey	2243	2158	#1166	2972	2789	3716	3156	3837	5357	4999	Turquie
Turkmenistan[1]	*215	215	...	...	...	...	...	...	...	...	Turkménistan[1]
Viet Nam	909	906	898	843	857	718	679	975	862	776	Viet Nam
Yemen	86	[3]39	[3]47	[3]53	[3]61	[3]69	[3]65	...	...	...	Yémen
Europe											**Europe**
Albania	*[1]10	25	47	19	C	...	...	...	...	...	Albanie
Belarus	1570	1883	1836	2076	1665	1867	2089	2412	2618	2177	Bélarus
Bosnia & Herzegovina[#]	179	...	...	...	...	...	...	...	...	...	Bosnie-Herzégovine[#]
Croatia	31	33	37	30	32	55	61	67	54	46	Croatie
Finland	3	2	2	2	2	2	2	2	3	3	Finlande
France[1]	*3000	3000	...	...	...	...	...	...	...	...	France[1]
Germany	13969	15454	16713	17470	13394	13841	16379	19593	18002	15376	Allemagne
Greece[*,1]	150	150	...	...	...	...	...	...	...	...	Grèce[*,1]
Hungary	...	C	C	C	C	...	48	C	26	9	Hongrie
Iceland[*,1]	5	5	...	...	...	...	...	...	...	...	Islande[*,1]
Italy	1849	1903	...	...	...	...	...	...	...	...	Italie
Montenegro[2]	33	20	15	5	20	25	17	11	10	16	Monténégro[2]
Netherlands	*[1]5000	*[1]5000	...	...	...	...	...	...	5087	4952	Pays-Bas
Poland	4550	4809	4725	4680	4278	4072	4292	4468	4471	4221	Pologne
Portugal	104	89	66	94	84	105	127	114	...	...	Portugal
Romania	2416	2403	2445	2601	2457	C	C	C	C	C	Roumanie
Russian Federation	2704	2883	2737	2762	2215	1830	1646	1164	930	1073	Fédération de Russie
Serbia	...	...	...	25	...	...	...	...	...	...	Serbie
Serbia & Montenegro	78	[1]65	...	...	...	...	...	...	...	...	Serbie-et-Monténégro
Spain	3592	4187	3720	4422	4555	C	C	4500	4555	4371	Espagne
Sweden	1	1	1	1	1	0	0	1	1	1	Suède
Switzerland[*,1]	300	300	...	...	...	...	...	...	...	...	Suisse[*,1]
Ukraine	3870	4432	4854	6006	5563	4441	5405	4929	5948	6181	Ukraine
United Kingdom	[1]5800	6038	C	C	C	C	C	C	C	C	Royaume-Uni
Oceania											**Océanie**
Australia[6]	10698	10438	...	...	...	...	...	...	...	...	Australie[6]
New Zealand[1]	70	70	...	...	...	...	...	...	...	...	Nouvelle-Zélande[1]

General Note.
Salt (including table salt and denatured salt) and pure sodium chloride, whether or not in aqueous solution or containing added anti-caking or free-flowing agents.

[1] Source: U.S. Geological Survey (Reston, Virginia).
[2] Sea salt.
[3] Source: Bulletin of Industrial Statistics for the Arab Countries, United Nations Economic and Social Commission for Western Asia (Beirut).
[4] Tanganyika only.

Remarque générale.
Sel (y compris le sel préparé pour la table et le sel dénaturé) et chlorure de sodium pur, même en solution aqueuse ou additionnés d'agents antiagglomérants ou d'agents assurant une bonne fluidité.

[1] Source: Service géologique des Etats-Unis (Reston, Virginia).
[2] Sel de marin.
[3] Source: Bulletin de statistiques industrielles pour les pays arabes, Commission économique et sociale pour l'Asie occidentale des Nations Unies (Beyrouth).
[4] Tanganyika seulement.

Salt and pure sodium chloride (continued)
Sel et chlorure de sodium pur (suite)

CPC-BASED CODE - CODE BASE CPC
16200-1

[5] Excluding Puerto Rico.
[6] Twelve months ending 30 June of year stated.
[7] Excluding sea salt.
[8] Twelve months ending 31 March of year stated.
[9] Data are for both private and public sectors.
[10] Government production only.

[5] Non compris le Puerto Rico.
[6] Période de douze mois finissant le 30 juin de l'année indiquée.
[7] Non compris le sel marin.
[8] Période de douze mois finissant le 31 mars de l'année indiquée.
[9] Les données sont pour les secteurs privés et publics.
[10] Production de l'Etat seulement.

Diamonds and other precious stones, unworked
Diamants et autres pierres gemmes (précieuses), bruts

CPC-BASED CODE - CODE BASE CPC
16310-0

Unit: Thousand carats | Unité: Milliers de carats

Country or area	2003	2004	2005	2006	2007	2008	2009	2010	2011	2012	Pays ou zone
Africa											**Afrique**
Botswana[1,2]	22800	...	...	...	...	...	...	...	...	...	Botswana[1,2]
Central African Rep.[1]	300	...	...	...	...	...	...	...	...	...	Rép. centrafricaine[1]
Côte d'Ivoire[1,2]	205	...	...	...	...	...	...	...	...	...	Côte d'Ivoire[1,2]
Ghana[1,2]	800	...	...	...	...	...	...	...	...	...	Ghana[1,2]
Guinea[1,2]	368	...	...	...	...	...	...	...	...	...	Guinée[1,2]
Liberia[1,2]	36	...	...	...	...	...	...	...	...	...	Libéria[1,2]
Madagascar	...	2	...	...	...	...	...	...	...	...	Madagascar
Namibia	1471	2043	1902	2356	2349	2225	940	1476	1345	1666	Namibie
Sierra Leone	507	692	669	582	604	371	401	...	...	...	Sierra Leone
South Africa[1,2]	5070	...	...	...	...	...	...	...	...	...	Afrique du Sud[1,2]
United R. of Tanzania	[1,2]237	[3]304	[3]220	[3]272	[3]283	[3]221	[3]182	[3]80	[3]28	[3]127	Rép.-U. de Tanzanie
Zimbabwe	...	43	...	...	...	...	...	0	0	0	Zimbabwe
America, South											**Amérique du Sud**
Brazil	1364	1443	1973	2835	408	118	...	...	...	...	Brésil

General Note.
Precious stones (including diamonds, but not industrial diamonds) and semi-precious stones, unworked or simply sawn or roughly shaped.

Remarque générale.
Pierres gemmes (précieuses ou fines) et similaires (y compris les diamants autres que les diamants industriels), brutes ou simplement sciées ou dégrossies

[1] Source: African Statistical Yearbook, Economic Commission for Africa (Addis Ababa).
[2] Gem diamonds only.
[3] Tanganyika only.

[1] Source: Annuaire statistique pour l'Afrique, Commission économique pour l'Afrique des Nations Unies (Addis-Abeba).
[2] Diamants gemmes seulement.
[3] Tanganyika seulement.

Diamonds, industrial
Diamants industriels

CPC-BASED CODE - CODE BASE CPC
16320-1

Unit: Thousand carats — Unité: Milliers de carats

Country or area	2003	2004	2005	2006	2007	2008	2009	2010	2011	2012	Pays ou zone
Africa											**Afrique**
Angola[1]	500	600	...	...	...	...	...	...	...	...	Angola[1]
Botswana	30412	31125	31890	34293	33639	32595	17734	22018	...	...	Botswana
Central African Rep.	[2]100	[1]83	...	...	...	...	...	...	...	...	Rép. centrafricaine
Côte d'Ivoire	[2]102	[1]78	...	...	...	...	...	...	...	...	Côte d'Ivoire
Dem. R. of the Congo[1]	21600	22000	...	...	...	...	...	...	...	...	Rép. dém. du Congo[1]
Ghana[1]	190	200	...	...	...	...	...	...	...	...	Ghana[1]
Guinea[1]	161	157	...	...	...	...	...	...	...	...	Guinée[1]
Liberia[1]	24	12	...	...	...	...	...	...	...	...	Libéria[1]
Namibia	1471	2043	1902	2356	2349	2225	940	1476	1345	1666	Namibie
Sierra Leone	260	325	275	224	233	159	144	...	...	...	Sierra Leone
South Africa	12684	[1]8670	...	...	...	...	...	...	...	...	Afrique du Sud
United R. of Tanzania[1]	36	55	...	...	...	...	...	...	...	...	Rép.-U. de Tanzanie[1]
Zimbabwe	...	[1]31	...	...	...	...	...	0	0	0	Zimbabwe
America, North											**Amérique du Nord**
Canada	...	12680	12314	13278	17144	14523	10946	11773	...	...	Canada
United States[3]	236000	252000	126000	128000	130000	131000	91000	93000	...	...	États-Unis[3]
America, South											**Amérique du Sud**
Guyana	[4]413	[4]455	[4]357	341	269	169	144	...	...	...	Guyana
Venezuela (Bol. R. of)[1]	24	60	...	...	...	...	...	...	...	...	Venezuela (R.bol.du)[1]
Asia											**Asie**
Armenia	290	263	222	184	123	101	50	68	65	67	Arménie
China[1]	955	960	...	...	...	...	...	...	...	...	Chine[1]
India	71	78	44	2	1	1	17	17	...	...	Inde
Europe											**Europe**
Romania	9	...	...	...	...	...	...	...	...	...	Roumanie
Oceania											**Océanie**
Australia	[5]32006	[4]24310	...	...	...	...	...	...	...	...	Australie

General Note.
Industrial diamonds, unworked or simply sawn, cleaved or bruted.

1. Source: U.S. Geological Survey (Reston, Virginia).
2. Source: African Statistical Yearbook, Economic Commission for Africa (Addis Ababa).
3. Natural and synthetic.
4. Including gem diamonds.
5. Twelve months ending 30 June of year stated.

Remarque générale.
Diamants industriels, bruts ou simplement sciés, clivés ou débrutés.

1. Source: Service géologique des Etats-Unis (Reston, Virginia).
2. Source: Annuaire statistique pour l'Afrique, Commission économique pour l'Afrique des Nations Unies (Addis-Abeba).
3. Naturel et synthétique.
4. Y compris les diamants de joaillerie.
5. Période de douze mois finissant le 30 juin de l'année indiquée.

Abrasives, natural
Abrasifs naturels

CPC-BASED CODE - CODE BASE CPC
16320-2

Unit: Thousand metric tons — Unité: Milliers de tonnes métriques

Country or area	2003	2004	2005	2006	2007	2008	2009	2010	2011	2012	Pays ou zone
Africa											**Afrique**
Algeria	0.2	0.2	0.1	0.1	0.1	0.1	0.1	0.1	0.1	0.1	Algérie
Burkina Faso[1]	*10.0	*10.0	10.0	...	...	...	...	...	...	...	Burkina Faso[1]
Cabo Verde[*,2,3]	1.0	...	...	...	...	...	...	...	...	...	Cabo Verde[*,2,3]
Eritrea[1,4]	0.2	0.2	0.4	...	...	...	...	...	...	...	Érythrée[1,4]
Ethiopia[1]	218.7	271.0	350.0	...	...	...	...	...	...	...	Éthiopie[1]
Uganda[1,2]	65.6	134.6	140.0	...	...	...	...	...	...	...	Ouganda[1,2]
United R. of Tanzania[1]	105.9	152.7	160.0	...	...	...	...	...	...	...	Rép.-U. de Tanzanie[1]
America, North											**Amérique du Nord**
Costa Rica[*,1]	8.0	8.0	8.0	...	...	...	...	...	...	...	Costa Rica[*,1]
Dominica[1]	*100.0	*100.0	100.0	...	...	...	...	...	...	...	Dominique[1]
El Salvador[1]	294.9	222.8	220.0	...	...	...	...	...	...	...	El Salvador[1]
Guadeloupe[*,1,4]	210.0	210.0	210.0	...	...	...	...	...	...	...	Guadeloupe[*,1,4]
Guatemala[1]	[4]273.9	226.5	230.0	...	...	...	...	...	...	...	Guatemala[1]
Honduras[*,1,2]	190.0	190.0	190.0	...	...	...	...	...	...	...	Honduras[*,1,2]
Martinique[*,1,4]	130.0	130.0	130.0	...	...	...	...	...	...	...	Martinique[*,1,4]
United States	29.2	28.4	40.1	34.1	61.4	62.9	45.6	52.6	...	...	États-Unis
America, South											**Amérique du Sud**
Argentina	12.2	23.6	30.5	...	...	...	...	...	...	...	Argentine
Chile	825.1	[1]750.0	[1]750.0	...	...	...	...	...	...	...	Chili
Ecuador	[1]271.0	0.0	0.0	0.0	0.0	...	...	...	...	...	Équateur
Asia											**Asie**
India	489.3	...	...	...	...	...	...	...	...	...	Inde
Iran (Islamic Rep. of)	[1]1200.0	[1]1200.0	[1]1200.0	...	...	...	0.0	...	...	...	Iran (Rép. islam. d')
Kazakhstan	...	0.3	0.0	0.0	0.0	...	...	...	...	...	Kazakhstan
Saudi Arabia[*,1,2]	160.0	160.0	160.0	...	...	...	...	...	...	...	Arabie saoudite[*,1,2]
Syrian Arab Republic[1,5]	0.6	0.6	...	...	...	...	...	...	...	...	Rép. arabe syrienne[1,5]
Turkey	...	...	281.6	743.5	C	C	1230.7	823.5	1336.3	1347.3	Turquie
Europe											**Europe**
Austria[1]	5.0	5.0	5.0	...	...	...	...	...	...	...	Autriche[1]
France[*,1]	450.0	450.0	...	...	...	...	...	...	...	...	France[*,1]
Greece[1]	850.0	850.0	850.0	...	...	...	...	...	...	...	Grèce[1]
Iceland	51.2	37.0	106.5	...	123.4	42.8	36.7	...	...	...	Islande
Italy	25.0	2.7	...	...	...	...	...	...	...	...	Italie
Poland	31.1	45.8	50.2	47.7	52.8	52.3	41.4	C	C	C	Pologne
Serbia & Montenegro[1]	100.0	100.0	100.0	...	...	...	...	...	...	...	Serbie-et-Monténégro[1]
Spain	715.6	752.0	872.0	984.0	984.0	...	...	...	...	...	Espagne
TFYR of Macedonia[1]	50.0	50.0	50.0	...	...	...	...	...	...	...	L'ex-RY de Macédoine[1]
United Kingdom	0.0	0.0	...	...	...	0.3	C	0.0	0.0	0.0	Royaume-Uni
Oceania											**Océanie**
New Zealand[1]	204.0	200.0	200.0	...	...	...	...	...	...	...	Nouvelle-Zélande[1]

General Note.
Pumice stone, emery, natural corundum, natural garnet and other natural abrasives, whether or not heat-treated.

1 Source: U.S. Geological Survey (Reston, Virginia).
2 Pozzolan only.
3 Source: African Statistical Yearbook, Economic Commission for Africa (Addis Ababa).
4 Pumice only.
5 Pumice and pumicite.

Remarque générale.
Pierre ponce, émeri, corindon naturel, grenat naturel et autres abrasifs naturels, même traités thermiquement.

1 Source: Service géologique des Etats-Unis (Reston, Virginia).
2 Pouzzolane seulement.
3 Source: Annuaire statistique pour l'Afrique, Commission économique pour l'Afrique des Nations Unies (Addis-Abeba).
4 Pierre ponce seulement.
5 Pierre ponce et lapilli.

Chalk and dolomite
Craie et dolomite

CPC-BASED CODE - CODE BASE CPC
16330-0

Unit: Thousand metric tons — Unité: Milliers de tonnes métriques

Country or area	2003	2004	2005	2006	2007	2008	2009	2010	2011	2012	Pays ou zone
America, North											**Amérique du Nord**
Mexico[1]	566	1159	1309	1283	1123	1234	983	1500	2785	2111	Mexique[1]
America, South											**Amérique du Sud**
Argentina	8467	10901	12890	...	...	...	...	...	...	...	Argentine
Brazil	2195	3410	1789	1082	2345	1451	2341	3564	4847	3189	Brésil
Peru	6022	6325	7385	8425	9610	10365	10304	11528	...	...	Pérou
Asia											**Asie**
Afghanistan	9	...	...	...	...	...	...	...	...	...	Afghanistan
Azerbaijan	1	2	5	8	7	5	0	0	0	0	Azerbaïdjan
India	122	...	...	...	...	...	...	...	...	...	Inde
Iran (Islamic Rep. of)	...	...	10097	11452	...	...	1132	...	...	...	Iran (Rép. islam. d')
Kazakhstan	863	994	1017	1026	1177	...	...	...	...	...	Kazakhstan
Kyrgyzstan	2	5	13	17	26	22	5	4	7	0	Kirghizistan
Pakistan[2]	348	305	208	188	344	362	258	133	241	201	Pakistan[2]
Philippines	1313	1409	1054	1083	1093	1150	1177	1259	1431	1627	Philippines
Saudi Arabia	...	532	550	...	...	...	...	...	...	...	Arabie saoudite
Turkey	1158	2109	#361	894	843	993	C	2502	2147	2326	Turquie
Europe											**Europe**
Belarus	2185	2339	2599	2355	2171	1960	2023	2022	1784	1736	Bélarus
Bulgaria	C	C	86	112	92	39	C	40	C	C	Bulgarie
Croatia	37	290	329	414	477	567	422	339	589	485	Croatie
Denmark	387	466	461	736	796	601	447	396	406	459	Danemark
Finland	217	199	189	205	176	203	163	136	104	83	Finlande
Germany	1833	1925	2060	C	2237	C	C	C	C	C	Allemagne
Hungary	2138	3262	4415	4604	3173	2338	3900	2016	2349	2115	Hongrie
Italy	2409	2478	...	...	...	...	...	...	...	...	Italie
Latvia	798	821	1259	1391	1480	C	C	C	C	C	Lettonie
Lithuania	15	12	8	9	3	3	1	2	4	2	Lituanie
Poland	1797	2070	1882	2036	*2399	2462	1942	1862	2038	2054	Pologne
Romania	611	606	587	293	1020	1178	688	552	642	C	Roumanie
Russian Federation	3860	12496	11844	12357	13025	11482	11293	21495	21624	21856	Fédération de Russie
Slovakia	1250	1056	1041	1005	1020	1177	823	830	905	894	Slovaquie
Spain	[3]890	14257	15040	19273	19825	22550	18450	C	C	C	Espagne
Sweden	258	254	261	328	291	337	307	274	338	309	Suède
TFYR of Macedonia	...	...	70	120	97	77	79	117	136	136	L'ex-RY de Macédoine
Ukraine	1327	1632	4363	5045	5616	5628	335	571	1955	393	Ukraine
United Kingdom	...	7998	...	...	...	C	C	C	C	C	Royaume-Uni

General Note.
Chalk and dolomite (crude, roughly trimmed or merely cut into rectangular or square blocks or slabs); excluding calcined, sintered and agglomerated dolomite.

[1] Dolomite only.
[2] Twelve months ending 30 June of year stated.
[3] Excluding Prodcom 2002 code 14.12.20.30.

Remarque générale.
Craie et dolomite (brutes, dégrossies ou simplement coupées en blocs rectangulaires ou carrés ou en plaques); à l'exclusion de la dolomite calcinée, frittée et agglomérée.

[1] Dolomite seulement.
[2] Période de douze mois finissant le 30 juin de l'année indiquée.
[3] 2002 code Prodcom 14.12.20.30 non compris.

Magnesite
Magnésite

CPC-BASED CODE - CODE BASE CPC
16390-1

Unit: Thousand metric tons — Unité: Milliers de tonnes métriques

Country or area	2003	2004	2005	2006	2007	2008	2009	2010	2011	2012	Pays ou zone
Africa											**Afrique**
Zimbabwe	0.7	1.3	1.5	...	...	...	...	0.0	0.0	0.0	Zimbabwe
America, South											**Amérique du Sud**
Brazil	358.6	429.4	436.2	462.1	510.1	515.3	477.7	546.8	514.9	683.3	Brésil
Asia											**Asie**
India	324.0	381.3	351.5	239.0	248.0	252.9	301.1	229.7	...	...	Inde
Iran (Islamic Rep. of)	87.8	...	94.9	187.8	...	...	130.7	...	...	...	Iran (Rép. islam. d')
Pakistan[1]	2.6	6.1	3.0	1.2	3.4	3.9	2.6	5.2	4.9	5.4	Pakistan[1]
Philippines	3.8	3.2	4.6	3.6	3.6	4.0	3.9	4.2	4.8	4.8	Philippines
Turkey	3224.3	3733.0	C	#2315.3	2727.7	C	2028.3	C	1840.3	1846.7	Turquie
Europe											**Europe**
Denmark	0.0	0.0	0.0	44.7	55.1	25.6	...	...	...	...	Danemark
Italy	...	0.3	...	...	...	...	...	...	...	...	Italie
Poland	105.7	158.3	149.3	119.8	124.5	105.6	85.3	C	C	C	Pologne
Serbia	...	...	...	7.9	...	...	...	...	...	...	Serbie
Serbia & Montenegro	24.0	...	...	...	...	...	...	...	...	...	Serbie-et-Monténégro
Slovakia	...	...	447.7	554.7	119.2	...	...	...	...	...	Slovaquie
United Kingdom	...	...	...	...	...	12.7	34.6	...	...	...	Royaume-Uni
Oceania											**Océanie**
Australia[1]	448.1	615.0	...	...	...	...	...	...	...	...	Australie[1]

General Note.
Natural magnesium carbonate (magnesite).

[1] Twelve months ending 30 June of year stated.

Remarque générale.
Carbonate de magnésium naturel (magnésite).

[1] Période de douze mois finissant le 30 juin de l'année indiquée.

Graphite, natural
Graphite, naturel

CPC-BASED CODE - CODE BASE CPC
16390-2

Unit: Thousand metric tons — Unité: Milliers de tonnes métriques

Country or area	2003	2004	2005	2006	2007	2008	2009	2010	2011	2012	Pays ou zone
Africa											**Afrique**
Zimbabwe	6.3	3.5	...	...	...	...	...	0.7	7.3	7.0	Zimbabwe
America, North											**Amérique du Nord**
Canada[1]	25.0	25.0	C	C	C	C	...	...	...	...	Canada[1]
Mexico	8.7	14.8	12.4	11.8	9.9	7.2	5.1	6.6	7.3	7.5	Mexique
America, South											**Amérique du Sud**
Brazil	528.5	362.5	525.4	166.5	134.2	152.5	111.0	171.8	196.1	209.0	Brésil
Asia											**Asie**
China[1]	710.0	700.0	...	...	...	...	...	...	...	...	Chine[1]
Dem.P.R. of Korea[1]	25.0	30.0	...	...	...	...	...	...	...	...	Rép.p.d. de Corée[1]
India	87.2	108.2	120.3	...	...	...	...	...	...	...	Inde
Rep. of Korea[1]	0.1	0.1	...	...	...	...	...	...	...	...	Rép. de Corée[1]
Sri Lanka	[1]3.4	[1]3.4	[2]5.0	[2]6.0	...	...	...	...	...	...	Sri Lanka
Uzbekistan[1]	0.1	0.1	...	...	...	...	...	...	...	...	Ouzbékistan[1]
Europe											**Europe**
Czech Republic[1]	9.0	10.0	C	C	C	...	...	...	...	...	République tchèque[1]
Germany	C	59.5	62.6	C	C	C	C	C	C	C	Allemagne
Italy	...	111.8	...	...	...	...	...	...	...	...	Italie
Romania	0.7	0.5	0.4	0.0	0.0	...	C	C	...	...	Roumanie
Russian Federation	12.8	13.6	14.0	11.1	10.9	7.1	8.2	7.7	20.7	14.3	Fédération de Russie
United Kingdom	...	...	...	...	...	12.7	34.6	...	...	...	Royaume-Uni

General Note.
Natural graphite, in powder, flakes or other forms.

[1] Source: U.S. Geological Survey (Reston, Virginia).
[2] Source: Country Economic Review, Asian Development Bank (Manila).

Remarque générale.
Graphite naturel, en poudre, paillettes ou autres.

[1] Source: Service géologique des Etats-Unis (Reston, Virginia).
[2] Source: Revue Economique du Pays, La Banque Asiatique de développement (Manille).

Asbestos
Amiante

CPC-BASED CODE - CODE BASE CPC
16390-3

Unit: Thousand metric tons — Unité: Milliers de tonnes métriques

Country or area	2003	2004	2005	2006	2007	2008	2009	2010	2011	2012	Pays ou zone
Africa											**Afrique**
South Africa	10.0	...	...	...	...	...	...	...	...	...	Afrique du Sud
Zimbabwe	143.1	89.6	16.0	...	...	...	...	...	0.0	29.5	Zimbabwe
America, North											**Amérique du Nord**
Canada[1]	201.0	200.0	C	C	C	C	...	...	...	...	Canada[1]
America, South											**Amérique du Sud**
Argentina	0.2	0.3	0.3	0.3	0.3	...	...	...	...	...	Argentine
Colombia[1]	60.0	60.0	...	...	...	...	...	...	...	...	Colombie[1]
Asia											**Asie**
China	350.0	[1]355.0	...	...	...	...	...	...	...	...	Chine
India	10.1	6.4	2.4	0.0	0.0	0.0	0.0	0.0	...	...	Inde
Iran (Islamic Rep. of)	1.5	[1]1.5	1.3	0.0	...	...	0.0	...	...	...	Iran (Rép. islam. d')
Japan[1]	18.0	18.0	...	...	...	...	...	...	...	...	Japon[1]
Kazakhstan	354.0	346.0	306.0	315.0	293.0	230.0	...	...	...	...	Kazakhstan
Europe											**Europe**
Romania	...	...	1.5	0.8	0.0	...	...	...	...	...	Roumanie
Russian Federation	876.0	922.8	997.3	1045.8	1025.7	1019.1	863.8	999.3	1033.1	1036.9	Fédération de Russie
United Kingdom	0.0	0.0	...	...	...	12.7	34.6	...	...	...	Royaume-Uni

General Note.
Asbestos

[1] Source: U.S. Geological Survey (Reston, Virginia).

Remarque générale.
Amiante (asbeste)

[1] Source: Service géologique des Etats-Unis (Reston, Virginia).

Quartz crystal, natural
Quartz naturel

CPC-BASED CODE - CODE BASE CPC
16390-4

Unit: Thousand metric tons — Unité: Milliers de tonnes métriques

Country or area	2003	2004	2005	2006	2007	2008	2009	2010	2011	2012	Pays ou zone
Africa											**Afrique**
Mozambique	0.0	0.2	0.3	0.2	0.2	...	...	...	...	...	Mozambique
America, North											**Amérique du Nord**
Canada	1581.0	1466.0	1807.0	2146.0	1987.0	1938.0	1192.0	1171.0	...	...	Canada
America, South											**Amérique du Sud**
Argentina	99.1	88.3	170.7	206.3	287.1	...	...	...	...	...	Argentine
Chile	764.7	1085.4	1151.4	1081.4	1233.5	...	...	...	...	...	Chili
Asia											**Asie**
Iran (Islamic Rep. of)	96.4	...	114.0	42.0	...	...	...	...	...	...	Iran (Rép. islam. d')
Kazakhstan	461.5	508.2	431.6	499.6	689.3	...	...	...	...	...	Kazakhstan
Pakistan[1]	8.6	13.3	16.9	32.3	35.7	51.8	39.6	50.9	56.0	41.4	Pakistan[1]
Philippines	0.5	...	...	...	...	...	...	...	...	...	Philippines
Thailand	6.6	19.2	2.6	2.9	4.9	3.3	...	...	...	...	Thaïlande
Turkey	2908.6	2961.9	#481.6	4040.1	3399.2	4358.5	3716.6	4775.2	6766.6	5590.3	Turquie
Europe											**Europe**
Croatia	...	129.2	130.9	139.7	147.9	1844.8	1183.0	138.6	256.9	130.2	Croatie
Finland	182.2	200.0	190.6	161.6	249.5	...	...	...	...	612.7	Finlande
Hungary	...	...	...	...	...	2823.6	2272.3	1418.2	1907.4	1592.8	Hongrie
Norway	851.5	1005.8	909.4	713.1	...	...	...	...	...	...	Norvège
Poland	162.7	153.0	85.8	33.3	57.6	62.7	22.9	41.1	50.3	60.0	Pologne
Portugal	16.3	5.3	4.9	...	6.8	8.6	35.0	31.4	...	...	Portugal
Romania	73.7	107.8	82.2	33.6	29.5	C	C	25.5	C	C	Roumanie
Spain	...	4920.9	5068.5	3628.0	3773.1	...	...	...	...	...	Espagne
Sweden	...	25.9	18.3	3.1	0.0	0.0	0.0	0.0	0.0	0.0	Suède
TFYR of Macedonia	8.5	1.5	12.6	22.2	15.3	21.0	57.3	46.9	67.0	64.5	L'ex-RY de Macédoine

General Note.

Quartz (other than natural sands); quartzite, whether or not roughly trimmed or merely cut, by sawing or otherwise, into blocks or slabs of a rectangular (including square) shape.

[1] Twelve months ending 30 June of year stated.

Remarque générale.

Quartz (autres que les sables naturels); quartzites, même dégrossies ou simplement débitées, par sciage ou autrement, en blocs ou en plaques de forme carrée ou rectangulaire.

[1] Période de douze mois finissant le 30 juin de l'année indiquée.

Talc and steatite
Talc et stéatite

CPC-BASED CODE - CODE BASE CPC
16390-5

Unit: Thousand metric tons — Unité: Milliers de tonnes métriques

Country or area	2003	2004	2005	2006	2007	2008	2009	2010	2011	2012	Pays ou zone
Africa											**Afrique**
Egypt	50	49	55	67	...	72	35	...	22	...	Égypte
Madagascar	...	78	67	72	...	...	...	...	...	...	Madagascar
Morocco	2	[1]2	...	...	...	...	...	...	...	...	Maroc
South Africa	4	[1]12	...	...	...	...	...	...	...	...	Afrique du Sud
Sudan (former)	...	...	...	...	3	5	1	...	...	...	Soudan (anc.)
America, North											**Amérique du Nord**
Canada	95	...	0	0	0	0	...	...	...	...	Canada
United States	840	833	856	895	769	706	511	604	...	...	États-Unis
America, South											**Amérique du Sud**
Argentina	2	8	13	14	15	...	...	...	...	...	Argentine
Brazil	181	252	319	281	239	398	467	410	294	298	Brésil
Chile	4	3	...	...	...	...	...	...	...	...	Chili
Colombia[1]	15	15	...	...	...	...	...	...	...	...	Colombie[1]
Peru	11	24	30	21	23	18	13	20	...	...	Pérou
Uruguay[1]	2	2	...	...	...	...	...	...	...	...	Uruguay[1]
Asia											**Asie**
Bhutan[1]	4	2	...	...	...	...	...	...	...	...	Bhoutan[1]
China[1]	3000	3000	...	...	...	...	...	...	...	...	Chine[1]
Dem.P.R. of Korea[1]	110	110	...	...	...	...	...	...	...	...	Rép.p.d. de Corée[1]
India	726	750	627	740	923	888	840	866	...	...	Inde
Iran (Islamic Rep. of)	57	[1,2]30	71	69	...	...	67	...	...	...	Iran (Rép. islam. d')
Japan[1,2]	40	35	...	...	...	...	...	...	...	...	Japon[1,2]
Nepal[1,2]	3	2	...	...	...	...	...	...	...	...	Népal[1,2]
Pakistan[1]	55	55	...	...	...	...	...	...	...	...	Pakistan[1]
Rep. of Korea[1]	960	958	...	...	...	...	...	...	...	...	Rép. de Corée[1]
Thailand[3]	82	121	188	136	419	110	125	3	...	...	Thaïlande[3]
Turkey[#]	C	C	C	C	C	C	C	5	C	C	Turquie[#]
Europe											**Europe**
Austria	[4]185	[1]135	...	...	...	...	...	...	...	...	Autriche
Finland	460	482	532	552	522	...	...	...	...	...	Finlande
Germany	4	C	C	C	C	C	C	C	C	C	Allemagne
Hungary[1]	1	...	...	...	...	...	...	...	C	C	Hongrie[1]
Italy	82	81	...	...	...	...	...	...	...	...	Italie
Portugal	6	5	4	3	8	7	9	11	...	...	Portugal
Romania	10	10	6	3	2	C	C	C	...	...	Roumanie
Russian Federation	[5]130	[5]154	[5]143	[5]152	[5]132	[5]90	[5]9	0	0	1	Fédération de Russie
Sweden	8	12	7	6	6	7	5	6	5	2	Suède
TFYR of Macedonia	6	9	4	2	3	2	1	3	1	1	L'ex-RY de Macédoine
United Kingdom	...	...	...	...	...	13	35	...	...	...	Royaume-Uni
Oceania											**Océanie**
Australia	[6]166	[1]173	...	...	...	...	...	...	...	...	Australie

General Note.
Natural steatite, whether or not crushed or powdered, whether or not roughly trimmed or merely cut, by sawing or otherwise, into blocks or slabs of a rectangular (including square) shape; talc, whether or not crushed or powdered.

1 Source: U.S. Geological Survey (Reston, Virginia).
2 Talc only.
3 Talc and pyrophyllite only.
4 Steatite only.
5 Ground talc only.
6 Twelve months ending 30 June of year stated.

Remarque générale.
Stéatite naturelle, même broyés ou pulverisés, même dégrossie ou simplement débitée par sciage ou autrement, en blocs ou en plaques de forme carrée ou rectangulaire; talc, même broyés ou pulverisés.

1 Source: Service géologique des Etats-Unis (Reston, Virginia).
2 Talc seulement.
3 Talc et pyrophyllite seulement.
4 Steatite seulement.
5 Poudre de talc seulement.
6 Période de douze mois finissant le 30 juin de l'année indiquée.

Electrical energy
Énergie électrique

CPC-BASED CODE - CODE BASE CPC
17100-0

Unit: Million kWh — Unité: Millions de kWh

Country or area	2003	2004	2005	2006	2007	2008	2009	2010	2011	2012	Pays ou zone
Africa											**Afrique**
Algeria	29571	31250	32875	35226	37196	40236	38501	45734	51224	57397	Algérie
Angola	1995	2240	2632	3306	3217	4156	4735	5449	5651	5613	Angola
Benin	80	81	107	154	220	229	128	150	155	163	Bénin
Botswana	936	823	942	977	822	697	621	532	437	250	Botswana
Burkina Faso	445	473	516	548	612	619	700	565	530	626	Burkina Faso
Burundi	104	94	102	95	119	114	123	144	143	144	Burundi
Cabo Verde	200	220	237	252	270	287	296	347	362	371	Cabo Verde
Cameroon	3684	4110	4004	5106	5243	5681	5783	5899	6079	6238	Cameroun
Central African Rep.	110	150	160	167	161	161	160	160	174	177	Rép. centrafricaine
Chad	115	122	129	130	129	150	183	200	218	205	Tchad
Comoros	35	44	48	51	47	45	43	43	43	43	Comores
Congo	399	397	433	453	416	495	539	785	1293	1342	Congo
Côte d'Ivoire	5093	5403	5566	5644	5631	5800	5871	5965	6099	7016	Côte d'Ivoire
Dem. R. of the Congo	6167	7086	7397	7544	7860	7529	7835	7888	7882	7966	Rép. dém. du Congo
Djibouti	200	215	298	306	323	339	349	379	387	393	Djibouti
Egypt[1]	98133	104249	111690	118407	128129	134566	142690	150486	161162	164628	Égypte[1]
Equatorial Guinea	80	85	90	95	100	100	100	100	97	97	Guinée équatoriale
Eritrea	277	283	288	269	288	287	295	311	337	359	Érythrée
Ethiopia	2296	2539	2845	3269	3547	3777	3992	4980	6307	6700	Éthiopie
Gabon	1520	1539	1567	1662	1745	1844	1865	1979	2070	2197	Gabon
Gambia	168	185	203	216	229	242	242	245	256	266	Gambie
Ghana	5905	6044	6793	8435	6984	8366	8964	10167	11366	12204	Ghana
Guinea	899	973	911	873	973	1000	996	952	878	878	Guinée
Guinea-Bissau	22	28	26	28	30	30	31	32	33	34	Guinée-Bissau
Kenya	5506	6442	6737	7323	6773	7055	6450	6867	7849	8290	Kenya
Lesotho	330	300	451	502	513	517	532	567	549	461	Lesotho
Liberia	200	200	200	200	250	250	250	250	300	300	Libéria
Libya	18943	20202	22317	24754	26234	30721	31045	32753	27614	33980	Libye
Madagascar	1024	1135	1149	1174	1222	1274	1274	1360	1438	1520	Madagascar
Malawi	1335	1475	1544	1582	1617	1797	1944	2024	1979	1666	Malawi
Maldives	141	165	185	212	245	280	298	256	274	297	Maldives
Mali	1223	1243	1271	1333	1409	1481	1575	1691	1702	1718	Mali
Mauritania	461	505	479	569	587	659	658	727	744	824	Mauritanie
Mauritius	2082	2165	2271	2350	2465	2557	2577	2690	2731	2797	Maurice
Morocco	16358	17496	19243	19862	19670	20347	20935	22853	24364	26495	Maroc
Mozambique	10907	11714	13285	14737	16076	15127	16963	16666	16830	15166	Mozambique
Namibia	1567	1588	1585	1491	1694	2097	1742	1488	1607	1538	Namibie
Niger	192	201	233	219	222	226	254	291	295	421	Niger
Nigeria	20183	20224	23539	23110	22978	21110	19777	26121	27034	28706	Nigéria
Réunion	2079	2191	2271	2365	2463	2546	2618	2700	2750	2812	Réunion
Rwanda	120	144	118	171	165	195	248	281	346	393	Rwanda
Saint Helena	8	8	8	8	9	9	9	9	10	10	Sainte-Hélène
Sao Tome & Principe	35	37	41	43	45	48	52	57	60	67	Sao Tomé-et-Principe
Senegal	1820	2061	1908	1962	2124	2402	2489	2618	2560	2917	Sénégal
Seychelles	224	226	230	253	271	269	276	301	324	336	Seychelles
Sierra Leone	144	120	84	41	60	139	132	171	176	179	Sierra Leone
Somalia	280	280	290	300	311	324	327	327	330	333	Somalie
South Africa	234229	244607	244922	253798	263479	258291	249557	259601	262538	257919	Afrique du Sud
Sudan (former)	3354	3467	3826	4521	5021	5506	6491	7499	8455	9436	Soudan (anc.)
Swaziland	394	355	408	437	454	432	518	560	654	622	Swaziland
Togo	176	186	189	221	196	123	152	179	128	111	Togo
Tunisia	11829	12455	13007	14122	14521	15073	15428	16369	16497	18059	Tunisie
Uganda	1802	1942	1881	1616	1953	2088	2186	2456	2588	2640	Ouganda
United R. of Tanzania	2658	2894	3613	3447	4182	4386	4736	5187	5244	5795	Rép.-U. de Tanzanie
Zambia	8308	8507	8936	9901	9832	9701	10414	11308	11482	11856	Zambie
Zimbabwe	8799	9719	9374	7974	7609	7625	7291	8636	9142	9088	Zimbabwe
America, North											**Amérique du Nord**
Anguilla	58	62	72	80	89	90	91	99	95	90	Anguilla
Antigua and Barbuda	211	221	243	258	285	296	327	326	325	327	Antigua-et-Barbuda
Aruba	842	866	911	910	936	914	924	940	931	915	Aruba
Bahamas	1995	1980	2085	2121	2246	1960	1769	1823	1766	2037	Bahamas
Barbados	871	895	930	948	973	1054	1068	1028	1049	1129	Barbade
Belize	166	148	156	212	218	218	257	415	384	399	Belize
Bermuda	664	667	617	631	735	727	746	742	726	692	Bermudes
British Virgin Is.	93	97	98	105	110	121	125	128	131	130	Îles Vierges brit.

For general note and footnotes, see end of table

Voir la fin du tableau pour la remarque générale est les notes

CPC-BASED CODE - CODE BASE CPC
17100-0

Unit: Million kWh — Unité: Millions de kWh

Country or area	2003	2004	2005	2006	2007	2008	2009	2010	2011	2012	Pays ou zone
Canada	589653	599976	625036	610743	631616	635441	612203	602824	639347	634449	Canada
Cayman Islands	506	451	482	555	604	615	626	624	626	607	Îles Caïmanes
Costa Rica	7566	8209	8260	8697	9050	9474	9311	9583	9831	10174	Costa Rica
Cuba	15811	15633	15341	16469	17622	17681	17727	17387	17759	18432	Cuba
Dominica	79	79	84	85	86	88	93	99	100	102	Dominique
Dominican Republic	13265	11795	12623	13780	14349	14749	14381	15332	15894	16893	Rép. dominicaine
El Salvador	4370	4505	4830	5657	5812	5968	5793	5985	5837	5972	El Salvador
Greenland	280	337	355	383	389	388	406	401	412	405	Groenland
Grenada	159	136	147	167	176	189	203	209	204	200	Grenade
Guadeloupe	1420	1473	1573	1605	1691	1694	1709	1809	1767	1805	Guadeloupe
Guatemala	6561	7456	7822	8163	8756	8718	9047	8893	9181	9412	Guatemala
Haiti	535	547	556	570	468	486	721	587	943	1150	Haïti
Honduras	4530	4877	5579	5990	6335	6549	6625	6777	7183	7593	Honduras
Jamaica	7146	7249	7422	7473	5996	4499	4208	4217	4171	4156	Jamaïque
Martinique	1397	1442	1510	1553	1632	1682	1732	1808	1764	1780	Martinique
Mexico	213728	232644	243823	249504	257293	261918	261045	271050	295837	293862	Mexique
Montserrat	21	21	22	22	23	23	23	23	23	23	Montserrat
Netherlands Antilles	1181	1210	1248	1218	1256	1242	1298	1323	1325	1333	Antilles néerlandaises
Nicaragua	2708	2822	2866	3134	3208	3361	3453	3659	3824	4031	Nicaragua
Panama	5582	5761	5827	5989	6457	6428	6909	7419	7857	8606	Panama
Puerto Rico	23937	24135	24962	24947	24636	23117	22949	23247	22257	22306	Porto Rico
Saint Kitts & Nevis	127	130	145	160	168	178	184	190	196	204	Saint-Kitts-et-Nevis
Saint Lucia	299	309	324	331	346	352	363	381	385	385	Sainte-Lucie
Saint Pierre & Miquelon	43	43	42	42	45	44	45	45	45	43	St.-Pierre-et-Miquelon
Saint Vincent & Gren.	108	121	132	134	141	139	140	142	142	144	Saint-Vincent-et-Gren.
Trinidad and Tobago	6437	6430	7058	6901	7683	7683	7843	8485	8772	9132	Trinité-et-Tobago
Turks & Caicos Islands	110	116	132	158	182	197	208	214	214	227	Îles Turques et Caïques
United States	4081764	4174856	4294368	4300831	4349840	4368260	4188214	4378422	4349571	4290547	États-Unis
US Virgin Islands	1040	1050	968	974	980	972	921	958	951	872	Îles Vierges amér.
America, South											**Amérique du Sud**
Argentina	92609	100260	107053	115197	107711	121927	122348	125594	129892	135207	Argentine
Bolivia (Plur. State of)	4340	4542	4896	5300	5734	5817	6121	6947	7219	7661	Bolivie (État plur. de)
Brazil	364339	387451	402938	419336	445094	463120	466158	515798	531759	552498	Brésil
Chile	46829	51208	52484	55320	58509	59704	60722	60434	65713	69751	Chili
Colombia	47682	50228	50412	53852	55314	56024	57265	60111	59653	60805	Colombie
Ecuador	11546	12873	12717	14148	16361	18826	18588	19551	20562	22847	Équateur
Falkland Is. (Malvinas)	16	16	17	17	17	18	18	18	18	18	Îles Falkland(Malvinas)
French Guiana	641	665	691	716	744	773	794	823	836	853	Guyane française
Guyana	820	854	644	664	699	709	723	868	910	942	Guyana
Paraguay	51762	51921	51156	53774	53715	55454	54950	54066	57625	60235	Paraguay
Peru	23128	24415	25660	27358	29931	32430	32929	35890	39223	39909	Pérou
Suriname	1496	1509	1571	1618	1618	1618	1618	1724	1951	1972	Suriname
Uruguay	8578	5899	7683	5618	9424	8769	8838	10727	10342	10596	Uruguay
Venezuela (Bol. R. of)	90235	98552	105990	112381	114563	119297	119580	118370	122059	126516	Venezuela (R.bol.du)
Asia											**Asie**
Afghanistan[2]	976	780	906	913	950	788	889	892	1005	1022	Afghanistan[2]
Armenia	5501	6030	6317	5941	5898	6114	5672	6491	7433	8036	Arménie
Azerbaijan	21286	21743	22872	24543	21847	21643	18868	18710	20294	22988	Azerbaïdjan
Bahrain	7768	8448	8867	9745	21722	22819	22555	23441	23767	24770	Bahreïn
Bangladesh[1]	19712	24684	26506	29879	31011	34319	37225	41813	44163	49039	Bangladesh[1]
Bhutan[1]	2529	2355	2648	4521	6562	6961	6998	7329	7068	6827	Bhoutan[1]
Brunei Darussalam	3169	3236	3264	3298	3395	3423	3612	3792	3725	3930	Brunéi Darussalam
Cambodia	635	765	964	1176	1489	1479	1256	994	1053	1434	Cambodge
China	1910575	2203310	2500260	2865726	3281553	3456738	3714650	4207160	4713019	4987553	Chine
China, Hong KongSAR	35506	37129	38448	38613	38948	37990	38728	38292	39026	38752	Chine,Hong KongRAS
China, Macao SAR	1796	1973	2027	1669	1520	1211	1466	1077	837	489	Chine, Macao RAS
Cyprus	4052	4201	4377	4652	4871	5078	5215	5322	4929	4717	Chypre
Dem.P.R. of Korea	20999	21974	22913	22436	21523	23206	21129	21665	19227	19236	Rép.p.d. de Corée
Georgia	7160	6924	7267	7599	8570	8440	8165	9992	10747	10137	Géorgie
India[3]	633372	665986	697470	752454	813102	842531	899389	954539	973006	1035264	Inde[3]
Indonesia	112944	120160	127369	133108	142236	149437	157516	186594	182384	197328	Indonésie
Iran (Islamic Rep. of)[2]	153879	166023	178088	192682	203986	214530	221370	232955	240030	254253	Iran (Rép. islam. d')[2]
Iraq	28340	32295	29297	30703	32104	36780	46065	48909	54240	61704	Iraq
Israel	47041	47279	48602	50558	53792	57002	55008	58591	59679	63038	Israël
Japan	1047942	1077431	1099790	1104589	1135718	1082549	1050326	1117123	1051261	1034305	Japon
Jordan	8044	8970	9651	11120	12838	14160	14272	14777	14647	16596	Jordanie

For general note and footnotes, see end of table — Voir la fin du tableau pour la remarque générale est les notes

Electrical energy (continued)
Énergie électrique (suite)

CPC-BASED CODE - CODE BASE CPC
17100-0

Unit: Million kWh | Unité: Millions de kWh

Country or area	2003	2004	2005	2006	2007	2008	2009	2010	2011	2012	Pays ou zone
Kazakhstan	63866	66942	67916	71653	76621	80326	78710	82646	86586	91207	Kazakhstan
Kuwait	39802	41256	43734	47607	48753	51749	53216	57029	57457	62655	Koweït
Kyrgyzstan	15576	16312	16415	17082	14830	11789	11083	12100	15158	15168	Kirghizistan
Lao PDR	3689	3859	4018	4134	3863	4172	3874	3755	3802	3802	Lao, RDP
Lebanon	12673	12478	12433	11610	12072	13356	13771	15712	16365	14826	Liban
Malaysia	78427	94836	100898	106702	104950	106927	107116	116808	124893	134373	Malaisie
Mongolia	3138	3303	3419	3545	3702	4001	4039	4313	4536	4816	Mongolie
Myanmar[3]	5426	5608	6064	6164	6398	6622	6964	8625	10424	10965	Myanmar[3]
Nepal[1]	2267	2418	2533	2748	2792	2812	3115	3208	3492	3552	Népal[1]
Oman	10714	11499	12648	13287	14167	15829	17823	19819	21354	25017	Oman
Pakistan[4]	80826	85628	93629	98213	95661	91616	95358	94383	95090	96126	Pakistan[4]
Philippines	52897	55957	56604	56819	59646	60855	61968	67777	69210	72956	Philippines
Qatar	12012	13233	14396	17080	19462	21616	24158	28144	30730	34787	Qatar
Rep. of Korea	345192	368162	389390	404021	427316	446428	454504	499508	523286	534618	Rép. de Corée
Saudi Arabia	153000	159875	176124	181434	190535	204200	217082	240067	250077	271680	Arabie saoudite
Singapore	35331	36810	38213	39442	41134	41717	41800	45366	45994	46915	Singapour
Sri Lanka	8124	8743	8851	9500	9901	10003	9987	10801	11600	11897	Sri Lanka
State of Palestine	342	396	501	345	417	427	501	473	569	461	État de Palestine
Syrian Arab Republic	30366	32137	36048	37453	38642	41023	43308	46413	42025	31188	Rép. arabe syrienne
Tajikistan	16509	16491	17090	16935	17494	16205	16166	16436	16234	16998	Tadjikistan
Thailand	116983	125727	132197	138742	143378	147427	148390	159518	151595	166471	Thaïlande
Timor-Leste	83	97	112	72	92	111	132	137	140	126	Timor-Leste
Turkey	140581	150698	161956	176299	191558	198418	194812	211208	229393	239496	Turquie
Turkmenistan	10803	11923	12823	13653	14883	15043	15983	16663	17220	17750	Turkménistan
United Arab Emirates	49450	52417	60698	66768	76106	86260	90573	97728	99137	100927	Émirats arabes unis
Uzbekistan	49400	50000	49200	50920	48950	49400	49950	51700	52400	52500	Ouzbékistan
Viet Nam	40925	46209	53656	60493	67008	73396	83175	94835	105219	118937	Viet Nam
Yemen	4096	4365	4768	5387	6027	6546	6746	7755	6206	6579	Yémen
Europe											**Europe**
Albania	5230	5559	5443	5524	2946	3850	5236	7728	3947	4288	Albanie
Andorra	80	94	85	74	76	79	81	113	91	91	Andorre
Austria	60174	64151	66409	64499	64757	66877	69088	71128	65811	72616	Autriche
Belarus	26627	31210	30961	31811	31829	35048	30376	34895	32192	30799	Bélarus
Belgium	84630	85643	87025	85617	88820	84930	91225	95120	90235	83071	Belgique
Bosnia & Herzegovina	11266	12728	12602	13309	11784	14823	15668	17124	15280	14082	Bosnie-Herzégovine
Bulgaria	42600	41621	44365	45843	43297	45037	42964	46653	50797	47329	Bulgarie
Croatia	12620	13272	12459	12430	12245	12326	12776	14105	10831	10557	Croatie
Czech Republic	83227	84333	82578	84361	88198	83518	82250	85910	87561	87573	République tchèque
Denmark	46186	40436	36246	45611	39316	36616	36383	38862	35232	30727	Danemark
Estonia	10159	10304	10205	9732	12190	10581	8779	12964	12893	11967	Estonie
Faeroe Islands	249	249	245	260	269	276	276	280	274	292	Îles Féroé
Finland	84312	85831	70572	82301	81247	77435	72062	80668	73481	70399	Finlande
France and Monaco	566924	574275	576210	574581	569784	573908	535472	569166	560343	564275	France et Monaco
Germany	608779	617469	622579	639492	640578	640406	595617	632983	613068	629812	Allemagne
Gibraltar	134	136	145	151	155	166	174	177	171	176	Gibraltar
Greece	58471	59346	60020	60789	63496	63749	61365	57392	59436	60959	Grèce
Hungary	34145	33708	35756	35859	39960	40025	35908	37371	35983	34590	Hongrie
Iceland	8500	8623	8686	9930	11977	16467	16834	17059	[3]17211	17549	Islande
Ireland	25219	25569	25970	27480	28198	30239	28313	28602	27472	27592	Irlande
Italy and San Marino	293885	303347	303699	314121	313888	319130	292641	302064	302584	299277	Italie et St-Marin
Latvia	3975	4689	4905	4891	4771	5274	5569	6627	6095	6168	Lettonie
Liechtenstein	...	...	...	...	72	71	71	79	72	86	Liechtenstein
Lithuania	19488	19274	14784	12482	14007	13913	15358	5749	4822	5043	Lituanie
Luxembourg	3621	4132	4131	4334	4003	3559	3879	4590	3718	3814	Luxembourg
Malta	2236	2216	2240	2261	2296	2312	2168	2115	2194	2290	Malte
Montenegro	...	...	2864	2952	2144	2828	2760	4022	2656	2844	Monténégro
Netherlands	96829	102440	100219	98393	105162	107645	113502	118140	112968	102505	Pays-Bas
Norway, Sv., J.May.	107273	110617	138009	121582	137192	142134	131773	123640	127632	147845	Norvège, Sv., J.May.
Poland	151631	154159	156936	161742	159348	155305	151720	157657	163548	162139	Pologne
Portugal	46852	45105	46575	49041	47253	45969	50207	54090	52463	46614	Portugal
Rep. of Moldova	1046	1022	1229	1192	1100	1096	1033	1064	1016	932	Rép. de Moldova
Romania	55140	56499	59413	62697	61673	64956	58014	60979	62217	59045	Roumanie
Russian Federation	916286	931865	953086	995794	1015333	1040379	991980	1038030	1054765	1070734	Fédération de Russie
Serbia	...	...	36474	36481	36550	37376	38322	38103	38600	36799	Serbie
Serbia & Montenegro	35366	37686	...	...	...	...	...	...	...	...	Serbie-et-Monténégro
Slovakia	31178	30567	31455	31418	28056	28962	26155	27858	28656	28664	Slovaquie
Slovenia	13820	15271	15117	15115	15043	16399	16401	16433	16057	15729	Slovénie

For general note and footnotes, see end of table

Voir la fin du tableau pour la remarque générale est les notes

Electrical energy (continued)
Énergie électrique (suite)

CPC-BASED CODE - CODE BASE CPC
17100-0

Unit: Million kWh — Unité: Millions de kWh

Country or area	2003	2004	2005	2006	2007	2008	2009	2010	2011	2012	Pays ou zone
Spain	260727	280007	294077	299454	305052	313758	294620	301527	293848	297559	Espagne
Sweden	135437	151728	158436	143419	148926	150036	136729	148563	150376	166562	Suède
Switz. & Liechtenstein	67444	65583	59647	64059	67924	68932	68453	67815	64626	69866	Suisse et Liechtenstein
TFYR of Macedonia	6738	6667	6945	7006	6498	6311	6828	7260	6759	6262	L'ex-RY de Macédoine
Ukraine	180360	182165	186055	193381	196251	192586	173619	188584	194947	198878	Ukraine
United Kingdom	398207	393936	398355	397282	396830	388874	376755	381760	367455	363837	Royaume-Uni
Oceania											**Océanie**
American Samoa	188	188	189	189	185	188	178	159	155	157	Samoas américaines
Australia[1]	222121	229784	228650	232829	243156	243220	248753	252155	252623	248941	Australie[1]
Cook Islands	29	30	30	32	34	34	33	34	34	33	Îles Cook
Fiji	812	816	823	840	836	799	809	869	835	837	Fidji
French Polynesia	602	643	631	657	687	720	736	818	761	766	Polynésie française
Guam	1777	1878	1897	1891	1879	1878	1868	1882	1858	1799	Guam
Kiribati	18	21	22	24	24	23	22	24	24	24	Kiribati
Marshall Islands	96	101	101	100	106	109	111	114	114	114	Îles Marshall
Micronesia (Fed. States)	102	97	76	71	70	66	70	70	66	67	Micronésie (Etats féds.)
Nauru	31	32	28	16	20	19	21	23	23	24	Nauru
New Caledonia	1758	1678	1883	1872	1926	1875	1939	2131	2256	2264	Nouvelle-Calédonie
New Zealand[3]	40777	42505	42968	43602	43749	43838	43453	44876	44465	44295	Nouvelle-Zélande[3]
Niue	3	3	3	3	3	3	3	3	3	3	Nioué
Palau	128	128	134	151	118	109	101	98	96	96	Palaos
Papua New Guinea	3178	3468	3002	3012	3112	3131	3341	3425	3525	3525	Papouasie-Nvl-Guinée
Samoa	115	106	111	116	131	121	113	116	114	117	Samoa
Solomon Islands	63	63	74	75	85	86	84	87	83	83	Îles Salomon
Tonga	45	47	48	49	51	53	55	52	53	52	Tonga
Tuvalu	4	4	4	4	4	4	5	5	5	5	Tuvalu
Vanuatu	48	49	50	51	52	69	69	69	68	67	Vanuatu
Wallis and Futuna Is.	19	19	20	20	20	20	20	20	20	19	Îles Wallis et Futuna

General Note.

Refers to gross electricity production, which includes the consumption by station auxiliaries and any losses in the transformers that are considered integral parts of the station. Included also is total electric energy produced by pumping installations without deduction of electric energy absorbed by pumping. Production data includes Solar, Tide, Wave, Wind, Wastes, Wood and Fuel cell production when reported.

Remarque générale.

Les quantités visent la production brute d'électricité, qui comprend la consommation des dispositifs auxiliaires de centrale et les éventuelles pertes de transformateur considérés comme partie intégrante de la centrale. Les chiffres comprennent également l'énergie électrique totale produite par les pompes, sans déduction de l'énergie électrique consommée par les pompes. Les chiffres de production comprennent la production des centrales solaires, marémotrices, utilisant l'énergie des vagues, fonctionnant aux déchets, au bois, et aux piles à combustible lorsqu'il est fait état de ces différents modes de production.

1 Twelve months ending 30 June of year stated.
2 Twelve months beginning 21 March of year stated.
3 Twelve months beginning 1 April of year stated.
4 Twelve months beginning 1 July of year stated.

1 Période de douze mois finissant le 30 juin de l'année indiquée.
2 Période de douze mois commençant le 21 mars de l'année indiquée.
3 Période de douze mois commençant le 1er avril de l'année indiquée.
4 Période de douze mois commençant le 1er juillet de l'année indiquée.

Coke-oven gas
Gaz de cokerie

CPC-BASED CODE - CODE BASE CPC
17200-1

Unit: Terajoules | Unité: Terajoules

Country or area	2003	2004	2005	2006	2007	2008	2009	2010	2011	2012	Pays ou zone
Africa											**Afrique**
Algeria	1047	960	886	842	825	825	398	0	0	0	Algérie
South Africa	10014	9121	9115	9330	8735	7939	7185	26237	22238	22225	Afrique du Sud
Zimbabwe	2483	2265	2135	2061	1986	945	1002	1098	1198	1254	Zimbabwe
America, North											**Amérique du Nord**
Canada	28859	30076	30465	30165	25290	20200	20200	22266	24062	23354	Canada
Mexico	7940	7841	7964	8147	8187	8251	7013	8788	8442	6163	Mexique
United States	94098	97720	92833	92671	88055	82783	53816	77632	86581	90261	États-Unis
America, South											**Amérique du Sud**
Argentina	8085	9009	9446	10703	10418	10716	7761	9937	10852	6048	Argentine
Brazil	61550	65335	64249	62190	70983	70738	67010	76092	78743	75987	Brésil
Chile	4447	5668	5438	5481	5059	4687	4056	3652	4466	3945	Chili
Colombia	2254	2191	2178	1951	1951	2412	2190	871	2013	2224	Colombie
Asia											**Asie**
China	524851	636281	914990	946190	1029857	1131336	1118220	1335339	1485202	1464312	Chine
Iran (Islamic Rep. of)[1]	8821	8992	7370	7282	6895	5224	6491	5119	4257	3131	Iran (Rép. islam. d')[1]
Japan	375587	369702	374214	377074	380185	355226	328697	360590	334647	337064	Japon
Kazakhstan	...	...	21685	30671	28084	18246	17238	15612	16565	15540	Kazakhstan
Rep. of Korea	84688	83860	80666	79759	83987	93135	78035	108214	125092	126679	Rép. de Corée
Turkey	20921	21807	21829	22165	23184	31101	26337	27898	26643	29158	Turquie
Europe											**Europe**
Austria	10722	10911	9871	9682	9524	9903	9072	10233	10647	10606	Autriche
Belgium	21094	22393	21868	21259	21482	16926	10318	15670	15622	14021	Belgique
Bosnia & Herzegovina	0	1779	3523	3743	3999	4213	4921	7295	7212	5778	Bosnie-Herzégovine
Bulgaria	6577	6222	5501	4760	3866	2151	0	0	0	0	Bulgarie
Czech Republic	25235	24997	24502	24842	23700	26227	18606	20144	20602	19843	République tchèque
Finland	8940	8559	8249	8098	8377	7966	7064	7769	9321	8927	Finlande
France and Monaco	35169	32831	32288	32932	34227	34021	24878	24117	21552	22366	France et Monaco
Germany	60878	65035	64406	67729	70504	68808	57926	68614	66551	66735	Allemagne
Hungary	4416	4337	4563	8200	9155	8997	6486	9220	9575	9375	Hongrie
Italy and San Marino	15263	14347	14147	15752	16480	17106	12897	16088	19198	30354	Italie et St-Marin
Netherlands	19054	19379	19141	18515	19582	19469	15421	18328	18093	17477	Pays-Bas
Poland	83434	81052	68830	79680	85500	82150	59307	81120	77156	72579	Pologne
Romania	10161	11323	12589	12503	10966	6916	2341	14	0	0	Roumanie
Russian Federation	79065	82316	104753	235971	236088	226573	240914	272945	287171	269890	Fédération de Russie
Slovakia	15025	14883	14717	14842	14521	13575	12311	13544	13263	12976	Slovaquie
Spain	22368	21857	21110	21675	21475	20742	14395	17867	17329	14366	Espagne
Sweden	8414	9745	9340	10079	9702	9319	7436	8516	9376	8460	Suède
Ukraine	126137	130295	152371	157466	169602	161904	142221	152083	155034	150008	Ukraine
United Kingdom[2]	34430	32672	33443	35380	34744	33875	28640	31760	31849	29759	Royaume-Uni[2]
Oceania											**Océanie**
Australia[3]	22642	25951	27624	26652	27347	27332	20011	22691	24265	21322	Australie[3]
New Zealand[4]	4825	5013	4791	4623	4944	4669	4238	4846	4079	4102	Nouvelle-Zélande[4]

General Note.
By-product of the carbonization process in the production of coke at coke ovens.

Remarque générale.
Sous-produit du processus de carbonisation dans la production du coke dans les fours à coke.

1 Twelve months beginning 21 March of year stated.
2 Including Jersey and Guernsey.
3 Twelve months ending 30 June of year stated.
4 Twelve months beginning 1 April of year stated.

1 Période de douze mois commençant le 21 mars de l'année indiquée.
2 Y compris Jersey et Guernesey.
3 Période de douze mois finissant le 30 juin de l'année indiquée.
4 Période de douze mois commençant le 1er avril de l'année indiquée.

Gasworks gas
Gaz d'usine à gaz

CPC-BASED CODE - CODE BASE CPC
17200-2

Unit: Terajoules — Unité: Terajoules

Country or area	2003	2004	2005	2006	2007	2008	2009	2010	2011	2012	Pays ou zone
Africa											**Afrique**
Egypt[1]	399	408	399	399	362	325	288	214	214	195	Égypte[1]
South Africa	48844	50671	86912	105686	99039	90141	81720	83204	82488	75982	Afrique du Sud
America, North											**Amérique du Nord**
Cuba	3395	3448	3324	3500	3324	3518	3518	3694	3852	4063	Cuba
United States	54437	48520	52638	55232	52299	52092	54747	56096	52720	54104	États-Unis
America, South											**Amérique du Sud**
Uruguay	452	239	...	...	...	...	...	...	...	...	Uruguay
Asia											**Asie**
China	159418	169509	182354	181706	199116	135243	128547	294675	388989	399882	Chine
China, Hong KongSAR	27002	27137	27261	27034	27041	27583	27274	27578	28146	*28146	Chine,Hong KongRAS
India[2]	630	593	621	649	677	714	751	788	825	862	Inde[2]
Indonesia	3373	*3400	*3400	*3350	*3300	*3300	*3300	*3300	*3300	*3300	Indonésie
Singapore	4936	4853	4946	5034	5134	5240	5261	*5261	*5261	*5261	Singapour
Europe											**Europe**
Croatia	591	473	556	597	462	228	220	197	144	109	Croatie
Czech Republic	14555	14007	14765	15022	14473	17133	16588	17724	17962	16917	République tchèque
Estonia	5898	4471	4456	5053	5526	5642	6360	7127	7204	7422	Estonie
Switz. & Liechtenstein	100	120	120	136	96	61	0	0	0	0	Suisse et Liechtenstein
Ukraine	4469	3705	3064	3507	3810	1301	1181	1532	1057	887	Ukraine

General Note.
Gas produced by carbonization or total gasification with or without enrichment with petroleum products. It covers all types of gas produced to undertakings of one legal form or another whose main purpose is the production of manufactured gas. It includes gas produced by cracking of natural gas, and by reforming and simple mixing of gases.

[1] Twelve months ending 30 June of year stated.
[2] Twelve months beginning 1 April of year stated.

Remarque générale.
Gaz produit par carbonisation ou par gazéification totale avec ou sans enrichissement au moyen de produits pétroliers. Il englobe tous les types de gaz produits par des entreprises d'une forme juridique ou une autre ayant pour principale activité la production de gaz manufacturé, par craquage de gaz naturel et par reformage ou simple mélange de différents gaz.

[1] Période de douze mois finissant le 30 juin de l'année indiquée.
[2] Période de douze mois commençant le 1er avril de l'année indiquée.

Beef and veal
Viandes de bœuf et de veau

CPC-BASED CODE - CODE BASE CPC
21110-1

Unit: Thousand metric tons — Unité: Milliers de tonnes métriques

Country or area	2003	2004	2005	2006	2007	2008	2009	2010	2011	2012	Pays ou zone
Africa											**Afrique**
Botswana	18	16	16	...	20	17	21	27	...	...	Botswana
Egypt	...	1141	908	1051	...	2579	87	...	...	...	Égypte
Kenya	250	246	268	287	314	271	309	289	316	329	Kenya
Lesotho[1]	420	...	...	...	...	...	...	...	...	...	Lesotho[1]
Mauritius	3	3	3	2	2	2	2	2	2	2	Maurice
Morocco	...	...	...	...	143	148	149	...	...	...	Maroc
Sudan (former)	1663	1672	...	...	...	1808	1841	1860	...	...	Soudan (anc.)
Togo	...	3	10	4	3	3	3	4	3	1	Togo
United R. of Tanzania[2]	...	...	...	...	...	116	670	...	...	...	Rép.-U. de Tanzanie[2]
America, North											**Amérique du Nord**
Cuba	26	25	27	26	27	31	32	34	36	35	Cuba
Dominican Republic	...	71	72	84	101	99	...	...	...	...	Rép. dominicaine
Mexico	81	77	86	93	119	123	123	115	115	117	Mexique
Nicaragua[*]	66	...	...	...	...	...	...	...	...	...	Nicaragua[*]
United States	12039	11260	11318	11980	12097	12163	11891	12046	...	...	États-Unis
America, South											**Amérique du Sud**
Argentina	10242	12030	...	...	...	...	...	...	...	...	Argentine
Brazil	2979	3807	4832	5359	5359	5626	5629	5778	6800	7724	Brésil
Chile	...	...	113	93	106	127	75	69	91	...	Chili
Ecuador	...	7	3	4	1	6	...	...	...	...	Équateur
Peru	145	152	153	163	163	163	165	172	179	187	Pérou
Asia											**Asie**
Armenia	24	26	28	34	36	41	40	37	42	43	Arménie
Azerbaijan	0	1	1	0	1	0	0	1	1	2	Azerbaïdjan
Cyprus	3	4	4	5	4	5	4	4	4	...	Chypre
Japan[1]	496	514	499	497	504	520	517	515	500	519	Japon[1]
Kazakhstan	19	18	20	18	20	...	...	...	...	...	Kazakhstan
Kyrgyzstan	3	3	3	3	3	3	5	5	6	6	Kirghizistan
Turkey	53	35	#49	C	C	102	C	C	122	179	Turquie
Europe											**Europe**
Austria	65	...	...	...	...	...	...	...	...	...	Autriche
Belarus	153	164	176	190	195	197	232	233	226	228	Bélarus
Belgium[3]	59	...	...	...	...	...	...	...	...	...	Belgique[3]
Bosnia & Herzegovina[#]	6	...	...	...	...	...	...	...	...	...	Bosnie-Herzégovine[#]
Bulgaria	9	8	5	9	8	8	9	8	6	7	Bulgarie
Croatia	17	20	16	22	27	28	30	31	32	29	Croatie
Czech Republic	80	71	63	66	56	59	57	62	62	57	République tchèque
Denmark	153	154	140	133	132	131	143	162	168	165	Danemark
Estonia	10	2	2	2	2	1	1	2	1	2	Estonie
Finland	70	58	54	52	56	57	59	64	62	65	Finlande
France	1469	1459	1427	...	...	...	...	...	...	...	France
Germany	930	1041	938	964	944	1015	1040	1100	1053	1071	Allemagne
Greece[4]	5	5	...	...	...	...	...	...	...	...	Grèce[4]
Hungary	18	18	15	8	11	11	8	7	9	11	Hongrie
Iceland	4	[4]3	3	...	2	2	2	2	2	2	Islande
Ireland	566	520	...	...	...	...	...	...	...	...	Irlande
Italy	790	813	...	...	...	...	...	...	...	...	Italie
Latvia	10	11	11	13	14	17	14	15	18	15	Lettonie
Lithuania	25	27	38	36	48	41	40	41	40	46	Lituanie
Luxembourg	15	...	...	...	...	...	...	...	...	...	Luxembourg
Netherlands	327	346	358	346	389	...	...	...	367	380	Pays-Bas
Norway	103	117	115	106	...	...	...	...	...	...	Norvège
Poland	186	192	208	262	280	284	263	304	316	348	Pologne
Portugal	30	34	30	26	24	29	29	31	...	...	Portugal
Rep. of Moldova	10	5	3	2	5	3	3	5	6	6	Rép. de Moldova
Romania	9	15	15	23	39	41	27	28	26	30	Roumanie
Russian Federation	440	398	329	305	287	280	242	263	229	214	Fédération de Russie
Serbia	...	...	...	20	...	...	...	...	...	...	Serbie
Slovakia	9	13	11	9	7	8	7	4	3	4	Slovaquie
Slovenia	15	15	18	18	20	25	20	19	19	17	Slovénie
Spain	675	754	773	639	676	674	693	669	628	635	Espagne
Sweden	153	156	146	157	155	154	166	159	164	162	Suède

For general note and footnotes, see end of table — Voir la fin du tableau pour la remarque générale est les notes

Beef and veal (continued)
Viandes de bœuf et de veau (suite)

CPC-BASED CODE - CODE BASE CPC
21110-1

Unit: Thousand metric tons — Unité: Milliers de tonnes métriques

Country or area	2003	2004	2005	2006	2007	2008	2009	2010	2011	2012	Pays ou zone
TFYR of Macedonia	1	1	1	1	1	1	1	1	1	1	L'ex-RY de Macédoine
Ukraine	284	198	193	199	221	167	121	111	82	78	Ukraine
United Kingdom	572	611	646	671	676	659	624	674	644	639	Royaume-Uni
Oceania											**Océanie**
Australia[5]	2073	2033	...	...	...	...	...	...	...	...	Australie[5]

General Note.
Meat of bovine animals, fresh, chilled or frozen.

[1] In terms of carcass weight.
[2] Tanganyika only.
[3] Incomplete coverage.
[4] Excluding Prodcom 2002 code 15.11.12.00.
[5] Twelve months ending 30 June of year stated.

Remarque générale.
Viandes des animaux de l'espèce bovine, fraîches, réfrigérées ou congelées.

[1] En termes de poids carcasse.
[2] Tanganyika seulement.
[3] Couverture incomplète.
[4] 2002 code Prodcom 15.11.12.00 non compris.
[5] Période de douze mois finissant le 30 juin de l'année indiquée.

Pork
Viandes de porc

CPC-BASED CODE - CODE BASE CPC
21110-2

Unit: Thousand metric tons — Unité: Milliers de tonnes métriques

Country or area	2003	2004	2005	2006	2007	2008	2009	2010	2011	2012	Pays ou zone
Africa											**Afrique**
Egypt	19	23	137	35	...	75	...	...	...	...	Égypte
Kenya	1	1	2	1	1	1	1	2	2	2	Kenya
Mauritius	1	1	1	1	1	0	0	1	1	1	Maurice
Mozambique	0	1	1	1	1	...	...	...	...	...	Mozambique
Niger	25	14	13	26	...	...	...	...	...	...	Niger
America, North											**Amérique du Nord**
Cuba	28	27	29	45	75	81	72	68	77	80	Cuba
Mexico	219	210	206	196	205	240	237	249	277	247	Mexique
United States	9057	9313	9392	9559	9962	10599	10442	10186	...	...	États-Unis
America, South											**Amérique du Sud**
Brazil	1106	1062	1110	1403	1645	1587	1756	1805	2068	2170	Brésil
Chile	...	...	343	389	365	395	341	636	447	...	Chili
Ecuador	...	19	...	21	25	26	...	...	...	...	Équateur
Peru	86	88	103	109	115	115	115	116	117	126	Pérou
Asia											**Asie**
Armenia	7	8	7	9	11	6	6	5	6	8	Arménie
Cyprus	46	55	55	54	57	61	61	61	61	...	Chypre
Japan[1]	1260	1272	1245	1247	1251	1249	1310	1292	1267	1297	Japon[1]
Kazakhstan	6	7	6	5	6	...	...	...	...	...	Kazakhstan
Europe											**Europe**
Albania	...	0	0	0	0	...	1	1	...	...	Albanie
Austria	262	...	...	...	...	...	...	...	...	...	Autriche
Belarus	120	138	166	191	206	217	230	235	250	272	Bélarus
Belgium[2]	431	...	...	...	...	...	...	...	...	...	Belgique[2]
Bosnia & Herzegovina#	1	...	...	...	...	...	...	...	...	...	Bosnie-Herzégovine#
Bulgaria	52	45	39	47	61	80	79	84	96	92	Bulgarie
Croatia	44	45	33	47	54	61	58	64	64	63	Croatie
Czech Republic	320	306	288	315	256	242	233	239	229	212	République tchèque
Denmark	1216	1274	1240	1280	1278	1281	1192	1236	1302	1205	Danemark
Estonia	30	10	9	9	8	11	7	8	7	9	Estonie
Finland	103	117	117	126	124	140	126	119	120	95	Finlande
France	2245	2244	2175	...	...	...	...	...	...	...	France
Germany	3378	3806	4005	4374	4625	C	C	6091	C	6552	Allemagne
Greece[2]	37	...	...	...	...	...	...	...	...	...	Grèce[2]
Hungary	193	236	223	178	187	204	202	255	285	302	Hongrie
Iceland	3	[3]1	1	...	1	1	1	1	1	1	Islande
Ireland	193	116	...	...	...	...	...	...	...	...	Irlande
Italy	2220	[3]2237	...	...	...	...	...	...	...	...	Italie
Latvia	C	C	19	25	25	25	20	22	22	25	Lettonie
Lithuania	34	38	65	69	79	81	83	95	102	106	Lituanie
Luxembourg	12	...	...	...	...	...	...	...	...	...	Luxembourg
Netherlands	1110	1112	1191	1203	1132	...	...	...	1011	1012	Pays-Bas
Norway	...	...	134	144	...	...	...	...	...	...	Norvège
Poland	1055	1012	1071	1283	1392	1289	1085	1148	1176	1163	Pologne
Portugal	227	210	229	225	231	252	247	277	...	...	Portugal
Rep. of Moldova	2	1	1	1	3	1	1	4	5	4	Rép. de Moldova
Romania	65	64	69	91	137	148	189	201	226	266	Roumanie
Russian Federation	406	366	337	405	502	502	647	812	877	1000	Fédération de Russie
Serbia	...	...	...	48	...	...	...	...	...	...	Serbie
Slovakia	50	62	60	59	48	59	41	45	51	57	Slovaquie
Slovenia	17	18	28	34	36	36	29	34	34	31	Slovénie
Spain	3106	3142	3742	4072	3474	3972	3819	3724	3689	3860	Espagne
Sweden	339	387	382	364	335	339	352	343	361	332	Suède
TFYR of Macedonia	6	6	7	5	8	8	7	7	9	8	L'ex-RY de Macédoine
Ukraine	99	88	99	156	203	171	135	171	211	203	Ukraine
United Kingdom	610	[3]644	743	646	533	508	456	450	413	499	Royaume-Uni
Oceania											**Océanie**
Australia[4]	420	406	...	...	...	...	...	...	...	...	Australie[4]

General Note.
Meat of swine, fresh, chilled or frozen.

[1] In terms of carcass weight.
[2] Incomplete coverage.
[3] Excluding Prodcom 2002 code 15.11.14.30.
[4] Twelve months ending 30 June of year stated.

Remarque générale.
Viandes des animaux de l'espèce porcine, fraîches, réfrigérées ou congelées.

[1] En termes de poids carcasse.
[2] Couverture incomplète.
[3] 2002 code Prodcom 15.11.14.30 non compris.
[4] Période de douze mois finissant le 30 juin de l'année indiquée.

Mutton and lamb
Viandes de mouton et d'agneau

CPC-BASED CODE - CODE BASE CPC
21110-3

Unit: Thousand metric tons | Unité: Milliers de tonnes métriques

Country or area	2003	2004	2005	2006	2007	2008	2009	2010	2011	2012	Pays ou zone
Africa											**Afrique**
Kenya	...	58	84	96	100	108	114	123	117	118	Kenya
Lesotho[1]	1516	...	...	...	...	...	...	...	...	...	Lesotho[1]
Morocco	...	...	...	...	41	42	36	...	...	...	Maroc
Togo	...	0	0	0	0	1	1	1	1	0	Togo
America, North											**Amérique du Nord**
United States	92	90	87	86	86	82	80	76	...	...	États-Unis
America, South											**Amérique du Sud**
Brazil	C	0	1	1	2	3	4	3	4	5	Brésil
Chile	...	...	7	5	5	5	2	3	6	...	Chili
Peru	39	40	40	41	41	40	40	40	41	44	Pérou
Asia											**Asie**
Armenia	6	6	6	7	6	6	7	7	8	8	Arménie
Cyprus	7	7	7	7	7	7	6	6	6	...	Chypre
India	34	39	...	...	...	...	...	...	...	...	Inde
Kazakhstan	12	12	13	14	16	...	...	...	...	...	Kazakhstan
Kyrgyzstan	0	0	0	0	0	0	0	1	0	0	Kirghizistan
Pakistan	...	720	...	...	...	...	...	...	...	...	Pakistan
Tajikistan	2	...	...	...	...	...	...	...	...	...	Tadjikistan
Turkey	7	5	C	#15	C	C	C	C	C	10	Turquie
Europe											**Europe**
Belgium[2]	1	...	...	...	...	...	...	...	...	...	Belgique[2]
Bulgaria	9	9	9	8	8	7	6	4	3	2	Bulgarie
Croatia	0	0	0	0	0	1	1	1	1	1	Croatie
France	135	137	137	...	...	...	...	...	...	...	France
Germany	2	C	2	3	3	C	6	6	6	C	Allemagne
Greece[2]	7	...	...	...	...	...	...	...	...	...	Grèce[2]
Hungary	...	...	...	...	C	0	0	0	0	1	Hongrie
Iceland	9	7	7	...	6	5	8	7	8	7	Islande
Ireland	50	56	...	...	...	...	...	...	...	...	Irlande
Italy	35	35	...	...	...	...	...	...	...	...	Italie
Norway	32	34	36	30	...	...	...	...	...	...	Norvège
Poland	0	1	0	0	C	C	C	C	1	1	Pologne
Portugal	5	5	5	2	3	3	3	3	...	...	Portugal
Rep. of Moldova	0	0	0	0	1	0	1	1	2	2	Rép. de Moldova
Romania	1	1	2	2	1	1	1	3	2	2	Roumanie
Russian Federation	5	6	5	4	5	5	6	7	7	6	Fédération de Russie
Spain	139	146	136	148	158	172	150	173	144	122	Espagne
Sweden	4	4	4	4	5	6	7	7	8	8	Suède
TFYR of Macedonia	2	1	1	1	1	1	1	2	2	2	L'ex-RY de Macédoine
Ukraine	1	1	1	1	1	1	0	0	0	0	Ukraine
United Kingdom	226	224	267	276	274	270	257	C	211	205	Royaume-Uni
Oceania											**Océanie**
Australia[3]	613	577	...	...	...	...	...	...	...	...	Australie[3]

General Note.
Meat of sheep or goats, fresh, chilled or frozen.

[1] In terms of carcass weight.
[2] Incomplete coverage.
[3] Twelve months ending 30 June of year stated.

Remarque générale.
Viandes des animaux de l'espèce caprine, fraîches, réfrigérées ou congelées.

[1] En termes de poids carcasse.
[2] Couverture incomplète.
[3] Période de douze mois finissant le 30 juin de l'année indiquée.

Poultry, dressed
Volailles, parées

CPC-BASED CODE - CODE BASE CPC
21120-1

Unit: Thousand metric tons | Unité: Milliers de tonnes métriques

Country or area	2003	2004	2005	2006	2007	2008	2009	2010	2011	2012	Pays ou zone
Africa											**Afrique**
Kenya	3	3	3	4	5	5	5	6	7	8	Kenya
Mauritius	30	33	33	36	40	42	44	47	47	47	Maurice
Sudan (former)	...	...	...	...	...	27	28	30	...	...	Soudan (anc.)
America, North											**Amérique du Nord**
Cuba	7	7	9	5	7	6	7	7	8	7	Cuba
Dominican Republic	...	239	298	314	330	849	...	...	...	...	Rép. dominicaine
Mexico	819	834	856	856	1104	1130	1133	1139	1239	1187	Mexique
Nicaragua*	60	...	...	...	...	...	...	...	...	...	Nicaragua*
United States	17703	18214	18835	18971	19387	19882	...	...	...	...	États-Unis
America, South											**Amérique du Sud**
Argentina	277	338	394	450	488	540	573	...	...	...	Argentine
Brazil	4977	5127	6312	6470	7834	7727	8272	8529	10205	9712	Brésil
Chile	...	...	526	377	498	408	310	595	654	...	Chili
Ecuador	...	41	140	145	147	151	...	...	...	...	Équateur
Guyana	24	24	23	21	25	23	23	25	...	...	Guyana
Peru	636	643	733	710	770	877	964	1020	1085	1171	Pérou
Asia											**Asie**
Armenia	4	4	5	4	5	7	5	5	6	7	Arménie
Brunei Darussalam	15	18	15	18	...	...	...	...	...	...	Brunéi Darussalam
Cyprus	20	19	20	20	17	19	18	20	20	...	Chypre
Iran (Islamic Rep. of)	...	...	...	192	266	382	...	...	...	...	Iran (Rép. islam. d')
Japan	982	992	1005	1054	1053	1094	...	...	...	...	Japon
Kazakhstan	27	29	43	50	64	...	...	...	...	...	Kazakhstan
Kyrgyzstan	1	1	0	0	0	0	0	0	0	1	Kirghizistan
Turkey	589	689	#970	881	1023	1108	1182	1428	1660	1747	Turquie
Europe											**Europe**
Albania	...	1	1	0	0	...	2	1	...	...	Albanie
Belarus	73	88	113	144	161	187	216	253	290	344	Bélarus
Belgium[1]	531	...	...	...	...	...	...	...	...	...	Belgique[1]
Bosnia & Herzegovina	4	...	...	...	...	...	...	...	...	...	Bosnie-Herzégovine
Bulgaria	55	67	75	92	103	100	130	136	125	116	Bulgarie
Croatia	55	56	56	55	52	55	59	56	59	59	Croatie
Czech Republic	196	200	214	196	196	179	172	162	164	158	République tchèque
Denmark	199	192	173	167	163	145	140	148	166	162	Danemark
Estonia	5	C	C	C	C	2	C	5	6	6	Estonie
Finland	28	28	19	19	29	30	32	27	33	38	Finlande
France	1739	1541	1523	...	...	...	...	...	...	...	France
Germany	1025	C	1148	1217	1378	1463	1533	1660	1688	1759	Allemagne
Greece[1]	97	...	...	...	...	...	...	...	...	...	Grèce[1]
Hungary	269	268	228	261	253	264	293	291	330	367	Hongrie
Iceland	...	C	[2]4	...	[2]7	4	7	7	7	8	Islande
Ireland	194	153	...	...	...	...	...	...	...	...	Irlande
Italy[3]	1128	...	...	...	...	...	...	...	...	...	Italie[3]
Latvia	C	C	C	19	17	20	19	19	19	21	Lettonie
Lithuania	22	31	45	33	52	53	58	65	74	82	Lituanie
Netherlands	694	734	935	893	1003	...	...	...	1253	1301	Pays-Bas
Norway	...	...	89	102	...	...	...	...	...	...	Norvège
Poland	878	916	1085	1164	1204	1285	1298	1450	1604	1771	Pologne
Portugal	213	242	244	230	211	238	256	262	...	...	Portugal
Rep. of Moldova	2	2	2	5	6	8	11	13	15	18	Rép. de Moldova
Romania	124	141	165	202	232	253	305	305	323	336	Roumanie
Russian Federation	772	954	1141	1424	1718	2065	2413	2730	3017	3390	Fédération de Russie
Slovakia	67	76	72	77	53	69	59	57	69	66	Slovaquie
Spain	1244	1275	1497	1278	1487	1475	1420	1483	1607	1572	Espagne
Sweden	100	107	115	138	149	156	162	169	170	169	Suède
TFYR of Macedonia	*102	*105	97	561	268	378	442	1452	1074	983	L'ex-RY de Macédoine
Ukraine	169	241	332	417	548	655	739	784	827	856	Ukraine
United Kingdom	1393	[4]1405	1286	1319	1405	1563	1395	1286	1572	C	Royaume-Uni
Oceania											**Océanie**
New Zealand	C	158	161	152	C	C	C	C	C	C	Nouvelle-Zélande

General Note.
Meat and edible offal of poultry, fresh, chilled or frozen.

Remarque générale.
Viandes et abats comestibles des volailles, frais, réfrigérés ou congelés.

[1] Incomplete coverage.

[1] Couverture incomplète.

[2] Excluding Prodcom 2002 code 15.12.12.13.
[3] Excluding Prodcom 2002 code 15.12.12.15.
[4] Excluding Prodcom 2002 code 15.12.12.17.

[2] 2002 code Prodcom 15.12.12.13 non compris.
[3] 2002 code Prodcom 15.12.12.15 non compris.
[4] 2002 code Prodcom 15.12.12.17 non compris.

Bacon, ham and other dried, salted or smoked pig meat
Bacon, jambon et autres viandes de l'espèce porcine séchées, salées ou fumées

CPC-BASED CODE - CODE BASE CPC
21131-1

Unit: Thousand metric tons — Unité: Milliers de tonnes métriques

Country or area	2003	2004	2005	2006	2007	2008	2009	2010	2011	2012	Pays ou zone
Africa											**Afrique**
Egypt	84.0	...	...	...	...	...	...	...	...	...	Égypte
Kenya	0.6	0.7	0.8	1.0	1.0	0.9	1.6	1.0	1.1	1.1	Kenya
Mozambique	...	1.0	1.0	...	...	...	...	...	...	...	Mozambique
South Africa	14.0	...	...	...	...	...	...	...	...	...	Afrique du Sud
America, North											**Amérique du Nord**
Jamaica	0.6	0.7	0.6	0.6	...	...	...	...	...	...	Jamaïque
Mexico	219.6	221.9	241.4	258.1	206.8	213.9	207.8	214.8	223.6	229.7	Mexique
America, South											**Amérique du Sud**
Brazil	82.1	79.3	85.0	80.4	107.4	91.0	133.0	139.9	157.7	153.9	Brésil
Chile	...	...	14.2	14.3	15.3	34.8	36.8	37.9	16.5	...	Chili
Ecuador	...	1.6	1.9	1.0	4.2	1.9	...	...	...	...	Équateur
Peru	3.2	3.4	3.7	4.0	4.4	4.8	4.9	5.5	6.1	6.5	Pérou
Asia											**Asie**
Armenia	0.2	0.2	0.2	0.2	0.3	0.5	0.8	0.7	0.7	0.9	Arménie
China, Hong KongSAR	20.0	4.0	3.0	5.0	...	...	...	...	...	...	Chine,Hong KongRAS
Cyprus	4.0	6.0	6.0	6.0	7.0	7.0	6.8	6.5	5.8	...	Chypre
Georgia	...	...	...	...	...	...	0.8	0.7	1.0	1.4	Géorgie
Japan	208.0	216.0	216.0	215.0	212.0	208.0	213.0	211.0	217.0	218.0	Japon
Kazakhstan	0.2	0.2	0.5	1.1	0.8	...	...	...	...	...	Kazakhstan
Rep. of Korea	86.0	86.6	85.0	85.3	89.2	95.3	89.2	101.8	105.3	111.4	Rép. de Corée
Viet Nam	17.6	27.6	18.4	23.1	33.4	36.6	30.9	31.0	...	...	Viet Nam
Europe											**Europe**
Albania	...	0.1	0.1	0.8	0.1	...	1.0	1.0	...	...	Albanie
Austria	29.0	...	...	...	...	...	...	...	...	...	Autriche
Belgium[1]	44.0	...	...	...	...	...	...	...	...	...	Belgique[1]
Bulgaria	4.0	4.0	5.0	7.0	8.0	9.0	11.0	12.0	12.0	16.0	Bulgarie
Croatia	8.0	10.0	10.0	10.0	12.0	12.0	12.0	14.0	14.0	13.0	Croatie
Czech Republic	36.0	34.0	29.0	27.0	25.0	24.0	31.0	31.0	32.6	32.4	République tchèque
Denmark	127.0	103.0	112.0	105.0	90.5	96.8	...	100.3	102.1	97.0	Danemark
Estonia	6.0	6.3	6.9	6.9	7.4	7.8	7.3	6.9	8.1	7.7	Estonie
Finland	6.0	6.0	8.0	7.0	7.0	9.0	11.0	12.0	14.0	15.0	Finlande
France	150.0	159.0	167.0	...	...	...	...	...	...	...	France
Germany	499.4	551.2	905.7	1070.5	1305.7	844.5	853.8	811.3	812.3	764.1	Allemagne
Greece[2]	7.1	8.2	...	...	...	...	...	...	...	...	Grèce[2]
Hungary	16.0	13.0	15.0	13.0	20.0	16.0	19.0	23.0	24.0	23.0	Hongrie
Iceland	1.0	1.0	1.0	...	2.2	1.4	1.3	1.1	0.9	1.0	Islande
Ireland	35.6	53.6	...	...	...	...	...	...	...	...	Irlande
Italy	548.8	559.4	...	...	...	...	...	...	...	...	Italie
Latvia	12.1	11.1	13.0	16.7	20.2	15.6	12.7	12.1	12.8	12.7	Lettonie
Lithuania	8.1	11.2	10.4	13.1	12.1	15.9	12.1	10.2	10.9	11.1	Lituanie
Montenegro	0.2	0.3	0.7	0.9	1.1	3.1	2.3	2.4	2.5	2.6	Monténégro
Netherlands	121.0	209.0	170.0	126.0	130.0	...	...	...	...	...	Pays-Bas
Norway	27.0	31.0	26.0	26.0	...	...	...	...	...	...	Norvège
Poland	74.7	88.4	106.7	123.3	119.1	129.5	134.2	142.6	163.8	203.3	Pologne
Portugal	14.0	15.0	15.5	15.6	16.3	17.8	17.3	21.1	...	...	Portugal
Rep. of Moldova	...	0.6	0.7	1.1	1.5	1.9	1.3	1.2	1.1	1.3	Rép. de Moldova
Romania	23.0	38.0	54.0	61.0	59.0	66.0	75.0	87.0	66.0	57.0	Roumanie
Russian Federation	...	...	...	...	...	...	...	77.4	81.1	94.4	Fédération de Russie
Serbia	...	...	...	9.8	...	...	...	...	...	...	Serbie
Slovakia	10.0	9.0	9.3	8.9	15.5	19.7	17.5	16.2	14.4	16.3	Slovaquie
Slovenia	7.0	6.0	5.0	6.0	5.0	6.0	5.0	4.5	5.1	4.7	Slovénie
Spain	289.0	340.0	307.0	329.0	332.0	314.0	318.0	306.0	343.0	310.0	Espagne
Sweden	43.0	42.0	37.0	36.9	35.5	43.6	37.2	38.5	35.0	40.2	Suède
TFYR of Macedonia	1.0	2.0	2.5	2.4	2.5	3.1	3.5	3.5	3.4	5.0	L'ex-RY de Macédoine
Ukraine	8.0	10.0	12.0	14.0	17.0	22.0	16.0	17.0	16.0	17.0	Ukraine
United Kingdom	296.0	309.0	326.7	345.7	397.2	384.2	519.9	563.0	531.2	427.6	Royaume-Uni
Oceania											**Océanie**
Australia[3]	140.3	129.8	...	...	...	...	...	...	...	...	Australie[3]

General Note.

Meat and edible meat offal of swine, salted, in brine, dried or smoked.

Remarque générale.

Viandes et abats comestibles de l'espèce porcine, salés ou en saumure, séchés ou fumés.

[1] Incomplete coverage.
[2] Excluding Prodcom 2002 code 15.13.11.50.
[3] Twelve months ending 30 June of year stated.

[1] Couverture incomplète.
[2] 2002 code Prodcom 15.13.11.50 non compris.
[3] Période de douze mois finissant le 30 juin de l'année indiquée.

Sausages and similar products of meat
Saucisses, saucissons et produits de viande similaires

CPC-BASED CODE - CODE BASE CPC
21132-1

Unit: Thousand metric tons — Unité: Milliers de tonnes métriques

Country or area	2003	2004	2005	2006	2007	2008	2009	2010	2011	2012	Pays ou zone
Africa											**Afrique**
Egypt	2	0	0	0	...	0	0	...	0	...	Égypte
Kenya	4	4	5	5	6	6	5	5	9	7	Kenya
America, North											**Amérique du Nord**
Cuba	74	82	97	89	93	98	100	102	108	111	Cuba
Jamaica	4	4	4	4	...	...	...	...	...	...	Jamaïque
Mexico	276	289	303	322	457	453	461	482	541	559	Mexique
America, South											**Amérique du Sud**
Brazil	1146	1542	1574	1555	2195	2386	2314	2508	2610	2165	Brésil
Chile	...	...	193	206	180	202	225	223	201	...	Chili
Ecuador	...	20	22	22	27	32	...	...	...	...	Équateur
Peru	24	25	26	30	34	39	39	41	43	43	Pérou
Asia											**Asie**
Armenia	1	1	1	2	2	3	3	3	4	4	Arménie
Azerbaijan	1	1	1	2	2	2	2	2	2	4	Azerbaïdjan
China, Hong KongSAR	3	4	3	4	...	2	...	...	...	...	Chine,Hong KongRAS
Cyprus	2	2	2	2	2	2	2	2	2	...	Chypre
Georgia	1	2	2	3	5	7	5	9	14	18	Géorgie
Iran (Islamic Rep. of)	...	...	...	93	88	74	93	...	...	...	Iran (Rép. islam. d')
Japan	282	288	279	276	269	282	294	293	296	301	Japon
Kazakhstan	23	24	25	31	38	40	...	...	...	...	Kazakhstan
Kyrgyzstan	0	0	0	1	1	1	2	2	3	3	Kirghizistan
Mongolia	1	1	1	1	1	2	2	2	2	2	Mongolie
Rep. of Korea	54	56	59	62	66	60	57	63	63	70	Rép. de Corée
Tajikistan	0	0	0	1	1	1	1	1	2	2	Tadjikistan
Turkey	13	...	#77	88	92	110	107	115	134	126	Turquie
Europe											**Europe**
Albania	...	7	9	9	10	...	11	18	...	...	Albanie
Austria	151	...	...	...	...	...	...	...	...	...	Autriche
Belarus	196	220	257	278	273	306	295	317	290	299	Bélarus
Belgium[1]	75	...	...	...	...	...	...	...	...	...	Belgique[1]
Bosnia & Herzegovina	1	...	...	...	...	...	...	...	...	...	Bosnie-Herzégovine
Bulgaria	53	62	71	89	106	110	104	106	108	106	Bulgarie
Croatia	45	47	49	52	45	59	57	57	58	59	Croatie
Czech Republic	213	230	225	266	194	206	244	238	248	250	République tchèque
Denmark	85	74	67	65	64	60	59	58	55	54	Danemark
Estonia	39	37	35	35	32	33	35	36	36	34	Estonie
Finland	127	126	125	126	125	112	123	117	89	111	Finlande
France	372	373	385	...	...	...	...	...	...	...	France
Germany	1423	1453	1429	1415	1430	1465	1459	1484	1503	1474	Allemagne
Greece[2]	46	54	...	...	...	...	...	...	...	...	Grèce[2]
Hungary	181	188	178	163	148	168	153	157	145	159	Hongrie
Iceland	2	1	2	...	2	1	1	1	2	2	Islande
Ireland	26	24	...	...	...	...	...	...	...	...	Irlande
Italy	201	206	...	...	...	...	...	...	...	...	Italie
Latvia	34	41	44	44	42	43	37	34	33	35	Lettonie
Lithuania	46	56	58	57	57	61	55	50	51	54	Lituanie
Montenegro	0	0	1	2	2	4	4	4	3	3	Monténégro
Netherlands	154	...	...	...	...	...	...	...	150	156	Pays-Bas
Norway	60	71	66	46	...	...	...	...	...	...	Norvège
Poland	540	562	521	505	545	525	528	577	585	578	Pologne
Portugal	30	29	32	33	40	60	68	68	...	...	Portugal
Rep. of Moldova	1	13	14	15	17	19	14	13	15	16	Rép. de Moldova
Romania	152	183	194	221	224	244	246	231	225	213	Roumanie
Russian Federation	1700	1865	2014	2198	2411	2454	2238	2439	2486	2521	Fédération de Russie
Serbia	...	...	...	56	64	62	55	57	...	...	Serbie
Serbia & Montenegro	36	...	...	...	...	...	...	...	...	...	Serbie-et-Monténégro
Slovakia	63	63	72	72	70	83	75	68	72	63	Slovaquie
Slovenia	35	34	36	39	43	45	43	41	39	39	Slovénie
Spain	409	500	467	484	429	449	419	379	393	419	Espagne
Sweden	121	126	123	133	128	129	131	128	124	119	Suède
TFYR of Macedonia	2	6	6	6	6	6	7	7	9	12	L'ex-RY de Macédoine
Ukraine	271	332	309	301	330	335	272	281	292	294	Ukraine

For general note and footnotes, see end of table

Voir la fin du tableau pour la remarque générale est les notes

Sausages and similar products of meat (continued)
Saucisses, saucissons et produits de viande similaires (suite)

CPC-BASED CODE - CODE BASE CPC
21132-1

Unit: Thousand metric tons — Unité: Milliers de tonnes métriques

Country or area	2003	2004	2005	2006	2007	2008	2009	2010	2011	2012	Pays ou zone
United Kingdom	438	408	420	478	470	C	396	C	419	381	Royaume-Uni

General Note.
Sausages and similar products, of meat, meat offal or blood; food preparations based on these products.

[1] Incomplete coverage.
[2] Excluding Prodcom 2002 code 15.13.12.13.

Remarque générale.
Saucisses, saucissons et produits similaires, de viande, d'abats ou de sang; préparations alimentaires à base de ces produits.

[1] Couverture incomplète.
[2] 2002 code Prodcom 15.13.12.13 non compris.

Fish, fish fillets, other fish meat and fish livers and roes, frozen
Poisson, filets de poisson, foie, autres chairs, et oeufs et laitances de poisson, congelés

CPC-BASED CODE - CODE BASE CPC

21220-0

Unit: Thousand metric tons | Unité: Milliers de tonnes métriques

Country or area	2003	2004	2005	2006	2007	2008	2009	2010	2011	2012	Pays ou zone
Africa											**Afrique**
Angola[1]	36.2	...	...	...	...	...	...	...	...	...	Angola[1]
Cabo Verde[*,1]	0.9	...	...	...	...	...	...	...	...	...	Cabo Verde[*,1]
Cameroon[*,1]	9.8	...	...	...	...	...	...	...	...	...	Cameroun[*,1]
Egypt	4.3	3.0	0.6	2.0	...	3.3	1.6	...	1.6	...	Égypte
Gambia[*,1]	0.1	...	...	...	...	...	...	...	...	...	Gambie[*,1]
Ghana[*,1]	41.3	...	...	...	...	...	...	...	...	...	Ghana[*,1]
Kenya[1]	34.1	...	...	...	...	...	...	...	...	...	Kenya[1]
Liberia[*,1]	2.0	...	...	...	...	...	...	...	...	...	Libéria[*,1]
Madagascar	[1]0.1	...	0.1	0.2	...	...	...	...	...	...	Madagascar
Maldives	47.6	51.5	55.4	86.1	46.3	49.4	26.3	22.4	...	...	Maldives
Mauritania[*,1]	23.4	...	...	...	...	...	...	...	...	...	Mauritanie[*,1]
Mauritius	6.3	6.1	6.0	5.4	3.8	3.0	3.6	2.5	2.0	1.7	Maurice
Morocco	31.4	28.6	47.6	41.3	33.7	59.8	55.0	...	...	...	Maroc
Namibia[*,1]	60.9	...	...	...	...	...	...	...	...	...	Namibie[*,1]
Sao Tome & Principe[1]	0.2	...	...	...	...	...	...	...	...	...	Sao Tomé-et-Principe[1]
Senegal[1]	38.7	...	...	...	...	...	...	...	...	...	Sénégal[1]
Seychelles	2.3	0.6	0.3	0.2	0.3	...	...	...	...	...	Seychelles
Sierra Leone	82.9	120.6	132.4	124.3	142.4	133.2	135.3	...	...	...	Sierra Leone
South Africa	62.2	...	...	...	...	...	...	...	...	...	Afrique du Sud
Sudan (former)	68.0	70.0	...	...	...	70.0	70.0	72.0	...	...	Soudan (anc.)
Togo[1]	1.0	...	...	...	...	...	...	...	...	...	Togo[1]
Tunisia	13.5	...	...	...	...	...	...	...	...	...	Tunisie
Uganda[*,1]	16.0	...	...	...	...	...	...	...	...	...	Ouganda[*,1]
United R. of Tanzania[2]	40.4	44.2	44.7	42.4	44.0	42.9	34.9	33.0	30.8	34.9	Rép.-U. de Tanzanie[2]
Zimbabwe[*,1]	1.3	...	...	...	...	...	...	...	...	...	Zimbabwe[*,1]
America, North											**Amérique du Nord**
Bermuda[1]	0.3	...	...	...	...	...	...	...	...	...	Bermudes[1]
Canada[1]	98.0	...	...	...	...	...	...	...	...	...	Canada[1]
Costa Rica[*,1]	0.5	...	...	...	...	...	...	...	...	...	Costa Rica[*,1]
Cuba	4.1	4.6	4.7	7.4	4.7	9.3	8.1	4.4	8.4	9.1	Cuba
El Salvador[1]	12.3	...	...	...	...	...	...	...	...	...	El Salvador[1]
Greenland[1]	25.0	...	...	...	...	...	...	...	...	...	Groenland[1]
Guatemala[*,1]	0.1	...	...	...	...	...	...	...	...	...	Guatemala[*,1]
Mexico	2.5	2.5	2.1	1.7	2.7	2.8	2.8	2.8	5.2	6.1	Mexique
Montserrat[3]	0.0	0.0	0.1	0.1	0.0	0.0	0.0	0.0	0.0	0.1	Montserrat[3]
Nicaragua[*]	5.0	...	...	...	...	...	...	...	...	...	Nicaragua[*]
Panama[*,1]	36.1	...	...	...	...	...	...	...	...	...	Panama[*,1]
Saint Pierre & Miquelon[1]	0.5	...	...	...	...	...	...	...	...	...	St.-Pierre-et-Miquelon[1]
Saint Vincent & Gren.	0.8	...	...	...	...	...	...	...	...	...	Saint-Vincent-et-Gren.
United States	1274.1	1187.0	1404.4	...	...	...	...	...	...	...	États-Unis
America, South											**Amérique du Sud**
Argentina[1]	276.5	...	...	...	...	...	...	...	...	...	Argentine[1]
Brazil	48.4	63.0	103.2	78.8	48.0	52.2	63.4	73.6	80.6	87.3	Brésil
Chile	[1]444.8	...	385.8	353.2	298.3	287.1	251.1	207.0	190.8	...	Chili
Colombia[*,1]	39.5	...	...	...	...	...	...	...	...	...	Colombie[*,1]
Ecuador	27.1	...	...	...	12.4	9.2	...	...	...	...	Équateur
Falkland Is. (Malvinas)[1]	38.4	...	...	...	...	...	...	...	...	...	Îles Falkland(Malvinas)[1]
Guyana[1]	7.0	...	...	...	...	...	...	...	...	...	Guyana[1]
Peru	99.8	144.1	145.6	228.4	269.9	313.3	255.6	223.6	379.2	383.8	Pérou
Uruguay[1]	69.7	...	...	...	...	...	...	...	...	...	Uruguay[1]
Venezuela (Bol. R. of)[*,1]	33.8	...	...	...	...	...	...	...	...	...	Venezuela (R.bol.du)[*,1]
Asia											**Asie**
Azerbaijan	1.2	2.7	3.3	0.9	1.5	1.2	1.2	0.7	1.0	0.2	Azerbaïdjan
Bahrain[1]	0.7	...	...	...	...	...	...	...	...	...	Bahreïn[1]
Bangladesh[1]	14.2	...	...	...	...	...	...	...	...	...	Bangladesh[1]
Brunei Darussalam	2.2	...	...	...	...	...	...	...	...	...	Brunéi Darussalam
Cambodia	0.4	0.4	0.4	...	...	...	...	...	...	...	Cambodge
China[1]	5675.7	...	...	...	...	...	...	...	...	...	Chine[1]
China, Hong KongSAR[*,1]	0.4	...	...	...	...	...	...	...	...	...	Chine,Hong KongRAS[*,1]
India	99.3	123.5	161.1	...	...	...	...	...	...	...	Inde
Indonesia[1]	555.1	...	...	...	...	...	...	...	...	...	Indonésie[1]
Japan[4]	1548.2	1629.0	1625.2	1679.2	1657.2	1655.4	1616.0	1539.6	1250.6	1257.1	Japon[4]
Kazakhstan	15.5	14.7	17.4	18.2	24.5	...	...	...	...	...	Kazakhstan

For general note and footnotes, see end of table

Voir la fin du tableau pour la remarque générale est les notes

Fish, fish fillets, other fish meat and fish livers and roes, frozen (continued)
Poisson, filets de poisson, foie, autres chairs, et oeufs et laitances de poisson, congelés (suite)

CPC-BASED CODE - CODE BASE CPC
21220-0

Unit: Thousand metric tons | Unité: Milliers de tonnes métriques

Country or area	2003	2004	2005	2006	2007	2008	2009	2010	2011	2012	Pays ou zone
Kuwait	6.6	3.9	5.2	5.7	7.9	7.4	9.9	7.4	5.8	4.5	Koweït
Kyrgyzstan	0.0	0.0	0.0	0.0	0.0	0.0	0.0	0.0	0.0	0.4	Kirghizistan
Malaysia[1]	1.0	...	...	...	...	...	...	...	...	...	Malaisie[1]
Mongolia[*,1]	0.1	...	...	...	...	...	...	...	...	...	Mongolie[*,1]
Oman[*,1]	28.1	...	...	...	...	...	...	...	...	...	Oman[*,1]
Pakistan[1]	33.9	...	...	...	...	...	...	...	...	...	Pakistan[1]
Philippines[1]	47.8	...	...	...	...	...	...	...	...	...	Philippines[1]
Rep. of Korea	57.2	...	...	...	...	...	...	...	...	...	Rép. de Corée
Saudi Arabia[1]	3.5	...	...	...	...	...	...	...	...	...	Arabie saoudite[1]
Singapore[1]	22.7	...	...	...	...	...	...	...	...	...	Singapour[1]
Sri Lanka[1]	7.6	...	...	...	...	...	...	...	...	...	Sri Lanka[1]
Tajikistan	0.2	0.1	0.2	0.2	0.2	0.3	0.3	0.4	...	...	Tadjikistan
Thailand[1]	517.0	...	...	...	...	...	...	...	...	...	Thaïlande[1]
Turkey	1.2	1.1	[#]10.7	16.5	24.7	41.0	45.1	64.4	53.1	51.4	Turquie
Uzbekistan[*,1]	0.3	...	...	...	...	...	...	...	...	...	Ouzbékistan[*,1]
Viet Nam	361.6	485.6	681.7	801.0	815.6	1103.9	1177.8	1278.3	1362.9	1372.1	Viet Nam
Yemen[*,1]	2.0	...	...	...	...	...	...	...	...	...	Yémen[*,1]
Europe											**Europe**
Belarus	0.1	0.0	0.0	0.0	0.4	0.3	0.2	0.6	0.7	0.7	Bélarus
Belgium[5]	5.9	...	...	...	...	...	...	...	...	...	Belgique[5]
Bulgaria	2.0	3.3	4.0	2.9	4.1	5.0	4.8	5.0	4.6	4.2	Bulgarie
Croatia	1.8	2.9	4.3	5.0	5.6	4.9	4.1	4.5	10.8	10.9	Croatie
Czech Republic	[*,1]1.0	...	C	C	3.3	0.8	C	6.4	5.9	6.5	République tchèque
Denmark	30.8	27.9	25.4	21.5	9.7	33.8	14.6	14.0	12.0	8.0	Danemark
Estonia	41.6	27.7	39.1	39.7	35.9	31.5	33.7	35.8	33.6	44.7	Estonie
Faeroe Islands[1]	67.3	...	...	...	...	...	...	...	...	...	Îles Féroé[1]
Finland	0.8	1.1	8.1	9.1	12.7	8.1	8.3	7.8	8.8	14.9	Finlande
France[5]	C	42.3	35.0	...	...	...	...	...	...	...	France[5]
Germany	C	52.2	63.0	65.6	62.1	C	58.9	49.9	49.3	45.9	Allemagne
Greece[5]	0.7	...	...	...	...	...	...	...	...	...	Grèce[5]
Iceland	226.9	280.7	306.2	...	269.0	272.4	255.2	328.1	368.0	406.2	Islande
Ireland	107.1	119.7	...	...	...	...	...	...	...	...	Irlande
Italy[1]	40.1	...	...	...	...	...	...	...	...	...	Italie[1]
Latvia	21.4	22.9	31.1	30.6	29.1	36.4	37.4	28.1	26.0	24.7	Lettonie
Lithuania	11.1	15.1	16.5	13.3	12.2	8.4	10.9	13.9	11.0	11.7	Lituanie
Netherlands	36.8	35.2	37.0	35.4	36.1	...	...	...	27.0	34.3	Pays-Bas
Norway	[1]962.1	960.3	1021.4	918.2	...	...	...	...	...	...	Norvège
Poland	52.8	62.5	77.5	44.6	39.2	39.3	42.2	40.2	C	69.5	Pologne
Portugal	37.2	37.1	42.6	47.4	47.2	66.4	64.8	78.8	...	...	Portugal
Romania	1.6	3.1	6.0	8.1	6.6	5.5	5.5	5.4	3.6	2.0	Roumanie
Russian Federation[6]	2786.1	2701.1	3084.7	3192.3	3499.7	3401.3	3632.3	...	...	...	Fédération de Russie[6]
Slovakia	1.6	...	...	...	...	0.7	0.4	C	C	C	Slovaquie
Spain	117.4	110.4	124.8	C	C	C	C	157.5	153.5	159.2	Espagne
Sweden	21.4	16.7	6.4	4.2	4.7	18.2	22.8	15.8	14.3	24.3	Suède
Switzerland[1]	0.9	0.9	...	...	...	...	...	...	...	...	Suisse[1]
Ukraine	89.4	79.5	44.8	44.1	33.0	33.7	66.8	44.5	38.3	36.1	Ukraine
United Kingdom	...	...	...	...	...	C	C	C	173.5	178.3	Royaume-Uni
Oceania											**Océanie**
Australia[1]	17.3	...	...	...	...	...	...	...	...	...	Australie[1]
Fiji[1]	3.4	...	...	...	...	...	...	...	...	...	Fidji[1]
New Zealand[1]	177.4	...	...	...	...	...	...	...	...	...	Nouvelle-Zélande[1]
Solomon Islands[*,1]	10.3	...	...	...	...	...	...	...	...	...	Îles Salomon[*,1]
Tuvalu[1]	0.1	...	...	...	...	...	...	...	...	...	Tuvalu[1]

General Note.
Fish, fish fillets, other fish meat and fish livers and roes, frozen.

Remarque générale.
Poisson, filets de poisson, foie et autre chair de poisson, oeufs et laitances de poissons, congelés.

[1] Source: Food and Agriculture Organization of the United Nations (Rome).
[2] Tanganyika only.
[3] Agricultural production data.
[4] Including ground fish meat.
[5] Incomplete coverage.
[6] Excluding canned fish.

[1] Source: Organisation des Nations Unies pour l'alimentation et l'agriculture (Rome).
[2] Tanganyika seulement.
[3] Données de production agricole.
[4] Y compris chair de poisson hachée.
[5] Couverture incomplète.
[6] Non compris poisson en conserve.

Fish, dried, salted or in brine; smoked fish; edible fish meal
Poissons séchés, salés ou en saumure; poissons fumés; farines de poisson comestibles

CPC-BASED CODE - CODE BASE CPC
21230-0

Unit: Thousand metric tons — Unité: Milliers de tonnes métriques

Country or area	2003	2004	2005	2006	2007	2008	2009	2010	2011	2012	Pays ou zone
Africa											**Afrique**
Angola[1]	12.2	...	...	...	...	...	...	...	...	...	Angola[1]
Benin[1]	2.4	...	...	...	...	...	...	...	...	...	Bénin[1]
Chad[1]	15.0	...	...	...	...	...	...	...	...	...	Tchad[1]
Congo	7.3	8.1	...	...	...	...	...	...	...	...	Congo
Côte d'Ivoire[1,2]	14.0	...	...	...	...	...	...	...	...	...	Côte d'Ivoire[1,2]
Egypt	1.2	3.1	0.5	0.7	...	2.5	1.7	...	1.4	...	Égypte
Gabon[1,2]	3.2	...	...	...	...	...	...	...	...	...	Gabon[1,2]
Gambia[1,2]	0.2	...	...	...	...	...	...	...	...	...	Gambie[1,2]
Ghana[1,2]	51.5	...	...	...	...	...	...	...	...	...	Ghana[1,2]
Guinea[1,2]	11.0	...	...	...	...	...	...	...	...	...	Guinée[1,2]
Kenya	9.0	10.2	10.8	9.2	14.9	12.6	7.7	7.9	10.7	10.6	Kenya
Liberia[1,2]	4.0	...	...	...	...	...	...	...	...	...	Libéria[1,2]
Maldives	9.2	8.8	9.2	8.6	7.5	6.0	6.5	6.3	...	...	Maldives
Mali	13.4	13.7	14.2	5.7	8.8	...	...	...	...	...	Mali
Mauritius	0.7	0.7	0.8	0.7	0.7	0.7	0.7	0.9	0.7	0.6	Maurice
Morocco	2.8	1.3	1.4	1.5	2.5	9.3	9.3	...	...	...	Maroc
Mozambique[1,2]	1.1	...	...	...	...	...	...	...	...	...	Mozambique[1,2]
Niger[1,2]	0.1	...	...	...	...	...	...	...	...	...	Niger[1,2]
Nigeria[1,2]	67.6	...	...	...	...	...	...	...	...	...	Nigéria[1,2]
Senegal[1,2]	45.8	...	...	...	...	...	...	...	...	...	Sénégal[1,2]
Sierra Leone[1,2]	32.0	...	...	...	...	...	...	...	...	...	Sierra Leone[1,2]
South Africa[1,2]	2.0	...	...	...	...	...	...	...	...	...	Afrique du Sud[1,2]
Sudan (former)[1,2]	7.5	...	...	...	...	...	...	...	...	...	Soudan (anc.)[1,2]
Togo[1,2]	13.5	...	...	...	...	...	...	...	...	...	Togo[1,2]
United R. of Tanzania[1,2]	67.4	...	...	...	...	...	...	...	...	...	Rép.-U. de Tanzanie[1,2]
Zambia[1,2]	20.0	...	...	...	...	...	...	...	...	...	Zambie[1,2]
America, North											**Amérique du Nord**
Cuba	0.0	0.0	0.0	0.0	0.0	0.0	0.0	0.0	0.3	0.1	Cuba
United States	13.7	14.1	14.3	...	...	...	...	...	...	...	États-Unis
America, South											**Amérique du Sud**
Brazil	8.2	3.7	9.3	5.9	4.5	4.3	11.9	16.7	11.7	5.8	Brésil
Chile	...	...	1058.4	855.2	512.2	800.1	692.8	465.5	546.3	...	Chili
Ecuador	...	43.3	45.6	29.6	29.2	17.6	...	...	...	...	Équateur
Peru	22.7	23.5	22.1	21.0	19.2	19.7	17.1	16.1	17.1	16.6	Pérou
Asia											**Asie**
Azerbaijan	0.2	0.1	0.2	0.3	0.1	0.1	0.0	0.0	0.0	0.0	Azerbaïdjan
Georgia	0.0	0.1	0.3	0.2	0.5	0.3	0.9	1.0	2.1	1.4	Géorgie
Iran (Islamic Rep. of)	...	...	...	4.4	5.3	5.0	...	...	...	...	Iran (Rép. islam. d')
Japan	679.2	674.1	665.4	635.5	612.6	614.4	628.8	600.0	559.8	553.5	Japon
Kazakhstan	4.6	5.6	5.3	4.8	5.3	...	...	...	...	...	Kazakhstan
Kyrgyzstan	0.2	0.2	0.2	0.2	0.5	0.4	0.5	0.9	1.0	0.2	Kirghizistan
Turkey	...	...	2.0	4.0	C	3.9	5.6	C	C	C	Turquie
Viet Nam	46.2	51.1	58.8	79.8	77.8	...	...	...	...	...	Viet Nam
Europe											**Europe**
Albania	...	...	...	0.0	0.0	...	0.4	0.3	...	...	Albanie
Belarus	9.3	9.7	10.7	11.9	11.9	15.0	15.3	17.5	17.2	18.0	Bélarus
Bulgaria	0.2	0.4	0.7	0.6	0.7	0.6	0.7	0.6	0.6	0.5	Bulgarie
Croatia	...	0.4	2.8	4.7	4.4	4.0	7.4	5.7	7.0	4.5	Croatie
Czech Republic	2.8	2.7	C	C	C	C	C	C	2.4	C	République tchèque
Denmark	27.3	29.4	23.5	26.4	24.7	28.6	25.4	23.7	27.9	25.6	Danemark
Estonia	...	14.4	19.7	19.8	18.4	16.5	19.3	15.4	9.8	10.0	Estonie
Finland	3.7	4.1	4.7	4.9	4.2	4.5	4.6	4.6	5.5	5.5	Finlande
France	C	[3]38.4	42.2	...	...	...	...	...	...	...	France
Germany	28.2	26.3	21.1	21.3	18.4	16.5	16.4	16.6	17.8	22.0	Allemagne
Iceland	...	70.6	64.8	...	61.3	63.6	74.4	69.9	59.7	18.2	Islande
Ireland	3.8	3.4	...	...	...	...	...	...	...	...	Irlande
Latvia	10.1	10.8	10.1	10.1	8.0	9.9	7.8	5.0	3.6	4.2	Lettonie
Lithuania	11.3	10.8	13.4	12.8	12.8	13.5	17.9	21.0	18.4	23.5	Lituanie
Netherlands	...	...	...	...	...	...	...	...	13.3	...	Pays-Bas
Poland	39.5	48.8	73.2	81.3	81.6	95.7	92.7	90.3	C	C	Pologne
Portugal	40.7	40.5	41.0	42.2	42.8	39.2	44.1	45.0	...	...	Portugal
Rep. of Moldova	...	2.7	3.0	2.5	2.3	4.6	4.8	4.7	5.5	5.6	Rép. de Moldova

For general note and footnotes, see end of table — Voir la fin du tableau pour la remarque générale est les notes

Fish, dried, salted or in brine; smoked fish; edible fish meal (continued)
Poissons séchés, salés ou en saumure; poissons fumés; farines de poisson comestibles (suite)

CPC-BASED CODE - CODE BASE CPC
21230-0

Unit: Thousand metric tons

Unité: Milliers de tonnes métriques

Country or area	2003	2004	2005	2006	2007	2008	2009	2010	2011	2012	Pays ou zone
Romania	0.6	0.8	0.7	1.1	1.5	1.4	1.3	1.4	1.6	1.2	Roumanie
Russian Federation[4]	67.4	61.8	62.7	66.5	69.4	75.3	75.9	...	...	...	Fédération de Russie[4]
Slovakia	...	...	...	...	...	0.3	0.2	0.1	0.4	0.1	Slovaquie
Spain	...	39.0	40.8	43.6	44.0	39.7	37.6	39.6	37.1	35.9	Espagne
Sweden	4.3	4.8	3.9	6.0	6.6	7.8	9.1	9.5	10.6	10.1	Suède
Ukraine	36.2	31.4	33.6	30.2	34.7	40.0	33.3	33.3	32.6	28.2	Ukraine
United Kingdom	...	...	...	...	...	C	C	30.0	C	...	Royaume-Uni

General Note.

Fish, dried, salted or in brine; smoked fish, whether or not cooked before or during the smoking process; flours, meals and pellets of fish, fit for human consumption.

[1] Source: African Statistical Yearbook, Economic Commission for Africa (Addis Ababa).

[2] Excluding edible fish meal.

[3] Incomplete coverage.

[4] Edible meal of fish, whales and seafood.

Remarque générale.

Poissons séchés, salés ou en saumure; poissons fumés, même cuits avant ou pendant le fumage; farines, poudres et agglomérés sous forme de pellets de poisson, propres à l'alimentation humaine.

[1] Source: Annuaire statistique pour l'Afrique, Commission économique pour l'Afrique des Nations Unies (Addis-Abeba).

[2] Farine de poisson comestible non compris.

[3] Couverture incomplète.

[4] Farine comestible de poisson, baleine et fruits de mer.

Fish, otherwise prepared or preserved; caviar
Autres préparations et conserves de poissons; caviar

CPC-BASED CODE - CODE BASE CPC

21240-0

Unit: Thousand metric tons — Unité: Milliers de tonnes métriques

Country or area	2003	2004	2005	2006	2007	2008	2009	2010	2011	2012	Pays ou zone
Africa											**Afrique**
Algeria[*,1]	4.2	...	...	...	...	...	...	...	...	...	Algérie[*,1]
Cabo Verde[*,1]	0.2	...	...	...	...	...	...	...	...	...	Cabo Verde[*,1]
Côte d'Ivoire[1]	47.8	...	...	...	...	...	...	...	...	...	Côte d'Ivoire[1]
Egypt	...	...	...	...	...	0.8	2.5	...	3.4	...	Égypte
Ghana[*,1]	31.5	...	...	...	...	...	...	...	...	...	Ghana[*,1]
Libya[1]	2.0	...	...	...	...	...	...	...	...	...	Libye[1]
Madagascar	[1]23.0	1.4	1.9	2.0	...	...	...	...	...	...	Madagascar
Maldives	7.1	7.4	7.2	4.7	3.7	1.9	1.8	1.4	...	...	Maldives
Mauritania[1]	0.1	...	...	...	...	...	...	...	...	...	Mauritanie[1]
Mauritius	30.5	34.2	35.1	49.0	44.3	50.6	61.7	59.8	58.7	55.2	Maurice
Morocco	174.3	143.0	132.4	158.3	137.4	122.7	109.1	...	...	...	Maroc
Mozambique[1]	0.1	...	...	...	...	...	...	...	...	...	Mozambique[1]
Namibia[1]	42.0	...	...	...	...	...	...	...	...	...	Namibie[1]
Senegal[1]	9.5	...	...	...	...	...	...	...	...	...	Sénégal[1]
Seychelles	36.4	36.1	40.6	40.2	31.6	...	...	...	...	...	Seychelles
South Africa	49.0	...	...	...	...	...	...	...	...	...	Afrique du Sud
Tunisia	9.7	...	...	...	...	...	...	...	...	...	Tunisie
America, North											**Amérique du Nord**
Canada[1]	34.0	...	...	...	...	...	...	...	...	...	Canada[1]
Costa Rica[*,1]	14.1	...	...	...	...	...	...	...	...	...	Costa Rica[*,1]
Cuba	0.2	0.3	0.3	1.2	0.6	0.7	0.3	0.4	...	...	Cuba
Mexico	117.9	115.8	118.0	110.1	158.8	172.7	178.3	161.9	197.2	194.3	Mexique
United States	389.2	345.4	363.9	...	...	...	...	...	...	...	États-Unis
America, South											**Amérique du Sud**
Argentina[1]	10.7	...	...	...	...	...	...	...	...	...	Argentine[1]
Brazil	129.0	140.0	79.9	97.4	117.9	89.3	122.2	102.7	106.4	101.9	Brésil
Chile	[1]107.1	...	119.3	114.0	54.5	118.5	80.2	26.1	63.3	...	Chili
Colombia[1]	11.3	...	...	...	...	...	...	...	...	...	Colombie[1]
Ecuador	4.0	0.0	0.0	0.0	0.0	...	...	...	...	...	Équateur
Peru	91.6	45.4	55.5	107.4	84.1	105.2	89.2	77.8	126.7	70.5	Pérou
Uruguay[1]	1.9	...	...	...	...	...	...	...	...	...	Uruguay[1]
Venezuela (Bol. R. of)[1]	31.4	...	...	...	...	...	...	...	...	...	Venezuela (R.bol.du)[1]
Asia											**Asie**
Armenia[*,1]	0.1	...	...	...	...	...	...	...	...	...	Arménie[*,1]
Azerbaijan	0.3	0.0	0.0	0.0	0.0	0.0	0.0	0.0	0.0	0.0	Azerbaïdjan
Cambodia[1]	27.4	...	...	...	...	...	...	...	...	...	Cambodge[1]
China[*,1]	211.1	...	...	...	...	...	...	...	...	...	Chine[*,1]
China, Hong KongSAR[1]	0.4	...	...	...	...	...	...	...	...	...	Chine,Hong KongRAS[1]
India	73.6	53.9	53.9	...	...	...	...	...	...	...	Inde
Indonesia	[1]169.2	...	...	...	284.8	322.6	...	...	...	...	Indonésie
Iran (Islamic Rep. of)	[1]52.1	...	...	29.0	29.5	21.5	22.9	...	...	...	Iran (Rép. islam. d')
Israel[1]	2.1	...	...	...	...	...	...	...	...	...	Israël[1]
Japan	472.0	491.9	484.2	453.4	428.5	429.0	393.4	391.7	378.2	372.9	Japon
Kazakhstan	1.2	2.1	2.9	2.4	3.0	...	...	...	...	...	Kazakhstan
Malaysia	23.3	26.0	25.6	20.5	21.4	24.9	24.8	18.3	18.2	19.2	Malaisie
Myanmar[1]	247.5	...	...	...	...	...	...	...	...	...	Myanmar[1]
Philippines[1]	88.4	...	...	...	...	...	...	...	...	...	Philippines[1]
Rep. of Korea[1]	70.4	...	...	...	...	...	...	...	...	...	Rép. de Corée[1]
Saudi Arabia[1]	5.4	...	...	...	...	...	...	...	...	...	Arabie saoudite[1]
Singapore[1]	20.7	...	...	...	...	...	...	...	...	...	Singapour[1]
Thailand[1]	994.0	...	...	...	...	...	...	...	...	...	Thaïlande[1]
Turkey	7.1	11.5	[#]16.8	27.0	C	C	C	C	C	11.5	Turquie
Uzbekistan[*,1]	0.6	...	...	...	...	...	...	...	...	...	Ouzbékistan[*,1]
Viet Nam	13.6	...	...	...	...	...	...	...	...	...	Viet Nam
Yemen[*,1]	2.0	...	...	...	...	...	...	...	...	...	Yémen[*,1]
Europe											**Europe**
Albania	1.8	1.9	2.3	1.5	3.4	...	3.0	2.2	...	...	Albanie
Belarus	22.8	27.5	13.3	15.2	18.1	18.4	16.3	16.6	11.6	11.9	Bélarus
Belgium[2]	21.5	...	...	...	...	...	...	...	...	...	Belgique[2]
Bulgaria	2.2	2.9	2.9	3.3	3.5	3.6	3.8	4.6	3.9	3.8	Bulgarie
Croatia	11.8	11.1	11.7	10.5	12.2	12.2	13.3	10.3	10.2	8.7	Croatie
Czech Republic	[*,1]13.6	...	C	C	C	C	C	C	11.3	6.0	République tchèque

For general note and footnotes, see end of table

Voir la fin du tableau pour la remarque générale est les notes

Fish, otherwise prepared or preserved; caviar (continued)
Autres préparations et conserves de poissons; caviar (suite)

CPC-BASED CODE - CODE BASE CPC
21240-0

Unit: Thousand metric tons — Unité: Milliers de tonnes métriques

Country or area	2003	2004	2005	2006	2007	2008	2009	2010	2011	2012	Pays ou zone
Denmark	89.5	95.9	103.3	107.8	104.7	111.3	106.3	...	...	80.5	Danemark
Estonia	20.5	29.4	22.3	19.0	18.1	16.0	15.3	14.2	13.4	17.3	Estonie
Faeroe Islands[1]	1.6	...	...	...	...	...	...	...	...	...	Îles Féroé[1]
Finland	6.5	7.0	5.9	7.2	9.6	10.0	5.5	4.8	5.2	5.6	Finlande
France[2]	258.4	247.5	242.4	...	...	...	...	...	...	...	France[2]
Germany	[1]144.9	C	C	344.8	373.8	399.8	373.4	371.6	364.8	356.4	Allemagne
Greece[2]	5.0	...	...	...	...	...	...	...	...	...	Grèce[2]
Hungary	0.3	0.3	0.2	C	0.1	C	C	C	C	...	Hongrie
Iceland	3.3	3.9	3.2	...	2.5	2.8	3.1	3.4	4.1	4.9	Islande
Ireland	22.3	21.4	...	...	...	...	...	...	...	...	Irlande
Italy[1]	107.2	...	...	...	...	...	...	...	...	...	Italie[1]
Latvia	70.1	62.2	76.4	72.2	64.6	63.9	39.9	46.4	52.1	59.1	Lettonie
Lithuania	33.2	36.5	41.4	38.0	37.6	38.9	34.3	39.5	37.0	38.9	Lituanie
Netherlands	*[1]21.6	...	...	...	...	...	...	...	10.6	11.2	Pays-Bas
Norway	[1]28.4	...	81.2	...	...	...	...	...	...	...	Norvège
Poland	126.9	145.7	224.3	207.0	204.8	191.7	184.1	183.3	195.6	198.2	Pologne
Portugal	43.3	48.8	46.8	47.5	48.8	49.3	45.2	47.7	...	...	Portugal
Rep. of Moldova	...	0.0	0.0	0.0	0.0	0.0	0.1	0.2	0.2	0.2	Rép. de Moldova
Romania	4.1	8.1	8.2	9.3	10.1	8.9	8.1	8.1	8.3	7.7	Roumanie
Russian Federation[3]	246.8	261.7	293.0	272.2	289.3	318.0	264.7	267.0	274.6	256.6	Fédération de Russie[3]
Serbia & Montenegro[1]	0.6	...	...	...	...	...	...	...	...	...	Serbie-et-Monténégro[1]
Slovakia	8.6	...	...	...	...	7.8	7.3	7.7	7.4	7.8	Slovaquie
Spain	[1]371.0	398.7	384.1	389.0	C	C	C	C	C	347.6	Espagne
Sweden	78.8	78.7	81.6	86.3	83.4	75.9	80.0	80.7	80.1	79.7	Suède
Ukraine	56.4	84.8	94.5	86.8	106.6	108.5	80.9	85.2	75.1	80.0	Ukraine
United Kingdom	...	...	...	...	...	160.3	139.4	139.0	141.3	143.6	Royaume-Uni
Oceania											**Océanie**
Australia[1]	0.3	...	...	...	...	...	...	...	...	...	Australie[1]
Fiji	17.6	...	...	...	...	...	...	...	...	...	Fidji
New Zealand[1]	7.1	...	...	...	...	...	...	...	...	...	Nouvelle-Zélande[1]
Solomon Islands*,[1]	1.3	...	...	...	...	...	...	...	...	...	Îles Salomon*,[1]

General Note.
Prepared or preserved fish; caviar and caviar substitutes prepared from fish eggs.

[1] Source: Food and Agriculture Organization of the United Nations (Rome).

[2] Incomplete coverage.

[3] Canned and preserved fish and seafood.

Remarque générale.
Préparations et conserves de poissons; caviar et ses succédanés préparés à partir d'oeufs de poisson.

[1] Source: Organisation des Nations Unies pour l'alimentation et l'agriculture (Rome).

[2] Couverture incomplète.

[3] Conserves de poissons et fruits de mer.

Vegetables, frozen
Légumes congelés

CPC-BASED CODE - CODE BASE CPC
21310-0

Unit: Thousand metric tons | Unité: Milliers de tonnes métriques

Country or area	2003	2004	2005	2006	2007	2008	2009	2010	2011	2012	Pays ou zone
Africa											**Afrique**
Egypt	34.5	21.3	47.7	48.5	...	52.3	57.0	...	77.8	...	Égypte
Kenya	0.3	0.6	1.6	1.3	1.4	0.9	[#]19.3	24.1	24.8	20.8	Kenya
America, North											**Amérique du Nord**
Mexico	134.3	155.0	168.5	172.2	266.3	270.1	267.4	275.5	324.2	324.6	Mexique
America, South											**Amérique du Sud**
Brazil	6.8	8.5	10.3	12.5	15.7	31.4	25.8	40.0	41.8	57.1	Brésil
Chile	...	...	73.5	69.2	98.7	55.7	53.6	42.8	42.1	...	Chili
Ecuador	...	33.9	41.2	47.3	64.1	54.5	...	...	...	...	Équateur
Peru	7.7	6.8	6.6	8.5	9.4	11.9	8.7	10.6	12.6	14.0	Pérou
Asia											**Asie**
Brunei Darussalam	10.4	11.2	10.7	9.5	...	...	...	...	...	...	Brunéi Darussalam
Cambodia	0.1	0.2	0.2	...	...	...	...	...	...	...	Cambodge
China, Hong KongSAR	1.9	...	...	...	...	...	...	...	...	...	Chine,Hong KongRAS
Cyprus	0.1	0.0	0.1	0.1	0.0	0.1	0.1	0.2	0.2	...	Chypre
Japan	97.9	89.9	92.3	97.4	98.0	104.8	99.1	95.8	98.2	95.8	Japon
Thailand	12.4	14.0	15.9	15.9	16.6	18.6	...	...	...	...	Thaïlande
Turkey	45.1	62.0	[#]71.3	C	C	C	C	C	C	C	Turquie
Europe											**Europe**
Albania	...	...	0.1	0.1	0.0	...	...	...	...	...	Albanie
Belarus	0.0	0.2	1.7	2.4	2.2	2.5	2.7	2.7	1.4	2.9	Bélarus
Belgium[1]	945.9	...	...	...	...	...	...	...	...	...	Belgique[1]
Bosnia & Herzegovina[1,2]	0.5	...	...	...	...	...	...	...	...	...	Bosnie-Herzégovine[1,2]
Bulgaria	9.3	13.5	15.0	14.3	13.6	24.9	22.5	20.3	19.7	13.9	Bulgarie
Czech Republic	[3]16.0	[3]22.5	[3]18.3	[3]17.0	[3]28.4	63.4	105.6	108.3	72.9	C	République tchèque
Denmark	43.3	41.6	43.8	41.0	28.3	29.1	25.6	25.3	21.4	19.2	Danemark
Estonia	...	...	...	...	...	C	0.3	0.2	0.3	1.2	Estonie
Finland	11.8	12.8	12.4	11.3	12.0	11.3	24.7	29.8	32.2	27.9	Finlande
France	C	314.7	[1]302.0	...	...	...	...	...	...	...	France
Germany	363.4	388.5	433.9	454.7	427.8	457.2	336.0	328.8	C	293.9	Allemagne
Greece[4]	12.6	11.6	...	...	...	...	...	...	...	...	Grèce[4]
Hungary	145.4	106.6	127.1	125.0	129.8	137.4	115.5	114.7	104.0	139.1	Hongrie
Ireland	0.4	0.4	...	...	...	...	...	...	...	...	Irlande
Italy[4]	52.4	51.6	...	...	...	...	...	...	...	...	Italie[4]
Lithuania	0.0	0.0	0.0	0.1	0.0	0.3	0.2	0.0	0.0	0.1	Lituanie
Netherlands	185.5	156.4	140.5	153.0	162.4	...	...	...	181.6	...	Pays-Bas
Norway	46.4	42.8	27.6	30.5	...	...	...	...	...	...	Norvège
Poland	138.2	220.3	399.6	411.9	426.3	461.7	444.8	484.6	C	C	Pologne
Romania	1.1	0.8	1.9	1.9	4.1	C	C	C	C	0.3	Roumanie
Russian Federation	4.7	12.8	11.6	8.7	18.6	14.0	20.3	25.2	39.7	41.4	Fédération de Russie
Serbia	...	...	...	36.3	...	...	...	...	...	...	Serbie
Slovakia	4.2	...	...	...	...	C	C	C	C	C	Slovaquie
Spain	424.5	431.3	401.9	521.0	510.0	499.0	672.0	673.0	591.0	747.0	Espagne
Sweden	71.6	64.9	132.6	126.6	111.4	104.8	143.2	60.3	54.0	45.9	Suède
Ukraine	0.0	0.0	C	C	1.1	1.1	0.8	1.4	0.8	2.3	Ukraine
United Kingdom	[5]474.5	622.5	C	594.7	C	C	289.5	289.9	C	C	Royaume-Uni
Oceania											**Océanie**
New Zealand	C	C	C	232.9	C	254.8	C	C	C	C	Nouvelle-Zélande

General Note.
Vegetables (uncooked or cooked by steaming or boiling in water), frozen.

Remarque générale.
Légumes (non cuits ou cuits à l'eau ou à la vapeur) congelés.

[1] Incomplete coverage.
[2] Excluding the Federation of Bosnia and Herzegovina.
[3] All frozen potatoes uncooked or cooked by any means except by vinegar or acetic acid.
[4] Excluding Prodcom 2002 code 15.31.12.50.
[5] Excluding Prodcom 2002 code 15.31.11.00.

[1] Couverture incomplète.
[2] Non compris la Fédération de Bosnie-Herzégovine.
[3] Toutes les pommes de terre surgelées non cuites ou cuites par tout moyen sauf au vinaigre ou à l'acide acétique.
[4] 2002 code Prodcom 15.31.12.50 non compris.
[5] 2002 code Prodcom 15.31.11.00 non compris.

Fruit and vegetable juices, concentrated, frozen or not
Jus de fruits et jus de légumes, concentrés, même congelés

CPC-BASED CODE - CODE BASE CPC
21400-1 A

Unit: Thousand metric tons | Unité: Milliers de tonnes métriques

Country or area	2003	2004	2005	2006	2007	2008	2009	2010	2011	2012	Pays ou zone
Africa											**Afrique**
Egypt	...	...	...	...	...	...	187.7	...	333.0	...	Égypte
Ethiopia	0.1	...	...	...	...	...	...	...	...	...	Éthiopie
Kenya	0.1	...	...	...	...	...	...	...	...	...	Kenya
America, South											**Amérique du Sud**
Brazil	1602.8	1511.7	1456.9	2013.5	1886.7	1889.3	...	...	...	...	Brésil
Ecuador	...	29.6	26.8	21.2	26.7	57.5	...	...	...	...	Équateur
Peru	33.6	40.6	63.3	107.3	217.2	300.5	287.3	310.3	338.0	363.8	Pérou
Asia											**Asie**
Azerbaijan	1.3	1.5	2.6	1.5	1.3	6.8	8.5	...	...	...	Azerbaïdjan
Cyprus	1.5	1.3	1.9	2.3	3.8	3.3	3.1	4.7	8.6	...	Chypre
Georgia	C	C	C	C	C	C	C	0.7	5.3	3.9	Géorgie
Japan	32.5	29.5	30.8	25.6	32.5	33.6	27.9	22.7	22.3	26.0	Japon
Thailand	142.1	123.5	147.3	178.1	151.3	137.0	...	...	...	...	Thaïlande
Turkey	26.1	15.5	#28.6	...	...	...	...	...	...	...	Turquie
Europe											**Europe**
Albania	...	2.4	...	...	...	...	...	...	...	...	Albanie
Belarus	2.7	8.4	6.4	2.6	1.1	6.0	5.7	3.3	#11.1	12.6	Bélarus
Bosnia & Herzegovina[1,2]	2.0	...	...	...	...	...	...	...	...	...	Bosnie-Herzégovine[1,2]
Czech Republic	127.9	...	...	...	...	...	...	...	...	...	République tchèque
Denmark	40.6	...	...	...	...	...	...	...	...	...	Danemark
Estonia	0.3	C	C	C	...	...	...	...	0.0	0.0	Estonie
Germany	329.2	...	...	...	...	...	...	...	...	...	Allemagne
Hungary	41.2	...	...	...	...	...	...	...	...	...	Hongrie
Poland	189.6	233.0	246.0	256.8	217.0	229.9	280.5	273.5	257.4	360.8	Pologne
Rep. of Moldova	...	20.7	18.5	11.5	25.9	20.8	16.0	12.7	...	...	Rép. de Moldova
Romania	20.8	11.6	16.5	9.7	12.9	10.9	C	9.0	10.6	13.5	Roumanie
Russian Federation	80.6	58.6	80.8	55.0	104.6	64.5	77.6	...	...	...	Fédération de Russie
TFYR of Macedonia	13.1	*1.9	4.9	3.6	*3.7	4.2	3.2	3.2	2.3	2.7	L'ex-RY de Macédoine
Ukraine	85.2	55.1	74.1	57.8	100.4	52.4	72.4	67.3	...	...	Ukraine

General Note.

Fruit juices (including grape must) and vegetable juices, unfermented and not containing added spirit, whether or not containing added sugar or other sweetening matter, concentrated, frozen or not.

[1] Concentrated and unconcentrated fruit juices only.

[2] Excluding the Federation of Bosnia and Herzegovina.

Remarque générale.

Jus de fruits (y compris les moûts de raisin) et jus de légumes, non fermentés, sans addition d'alcool, avec ou sans addition de sucre ou d'autres édulcorants, concentrés, même congelés.

[1] Jus de fruits concentrés et non concentrés seulement.

[2] Non compris la Fédération de Bosnie-Herzégovine.

Fruit and vegetable juices, concentrated, frozen or not
Jus de fruits et jus de légumes, concentrés, même congelés

CPC-BASED CODE - CODE BASE CPC
21400-1 B

Unit: Thousand hectolitres — Unité: Milliers de hectolitres

Country or area	2003	2004	2005	2006	2007	2008	2009	2010	2011	2012	Pays ou zone
Africa											**Afrique**
Madagascar	...	7	9	9	...	...	...	...	...	...	Madagascar
Mozambique	...	51	58	52	52	...	...	...	...	...	Mozambique
South Africa	2342	...	...	...	...	...	...	...	...	...	Afrique du Sud
America, South											**Amérique du Sud**
Brazil	...	...	...	...	...	13373	12322	13501	16288	20630	Brésil
Chile[1]	...	...	1998	2143	...	...	...	...	...	...	Chili[1]
Asia											**Asie**
Armenia	42	46	43	48	57	67	75	117	146	167	Arménie
China, Hong KongSAR	119	...	...	...	...	...	...	...	...	...	Chine,Hong KongRAS
China, Macao SAR	19	...	...	...	...	...	...	...	...	...	Chine, Macao RAS
Kyrgyzstan	3	24	0	4	6	2	0	0	0	...	Kirghizistan
Oman	36	...	...	...	...	...	...	...	...	...	Oman
Rep. of Korea	7013	7146	6571	6228	6535	7263	6280	7088	7399	7854	Rép. de Corée
Europe											**Europe**
Albania	...	...	...	189	609	...	569	103	...	...	Albanie
Austria	897	...	...	...	...	...	...	...	...	...	Autriche
Bulgaria	37	26	48	119	121	...	...	...	...	...	Bulgarie
Croatia	323	951	367	373	373	...	...	...	...	...	Croatie
Denmark	...	...	...	...	87	...	...	...	...	...	Danemark
Estonia[2]	...	C	C	C	...	171	...	...	...	...	Estonie[2]
Finland	179	164	170	49	48	...	...	...	...	...	Finlande
Germany	3292	3283	2869	3003	3027	2393	C	C	C	C	Allemagne
Greece	358	327	...	...	...	...	...	...	...	...	Grèce
Hungary	...	487	398	212	250	885	1440	1166	926	1265	Hongrie
Italy	2702	2530	...	...	...	...	...	...	...	...	Italie
Lithuania	56	25	55	34	39	...	...	...	...	...	Lituanie
Poland	1427	1825	1912	1992	1709	1829	2346	2278	2189	2897	Pologne
Portugal	858	916	906	889	956	1179	1124	1165	...	...	Portugal
Rep. of Moldova	...	187	146	93	211	152	117	97	75	105	Rép. de Moldova
Romania	...	...	...	...	...	72	C	133	177	137	Roumanie
Slovakia	C	C	176	169	45	56	C	C	C	C	Slovaquie
Slovenia	51	38	44	35	37	266	246	C	233	208	Slovénie
Spain	2037	2049	1897	2161	2509	...	...	...	...	...	Espagne
Sweden	795	751	649	585	539	...	...	...	...	...	Suède
United Kingdom	812	795	575	573	...	...	...	...	...	...	Royaume-Uni

General Note.

Fruit juices (including grape must) and vegetable juices, unfermented and not containing added spirit, whether or not containing added sugar or other sweetening matter, concentrated, frozen or not.

[1] Including unconcentrated fruit and vegetable juices.

[2] Concentrated and unconcentrated fruit juices only.

Remarque générale.

Jus de fruits (y compris les moûts de raisin) et jus de légumes, non fermentés, sans addition d'alcool, avec ou sans addition de sucre ou d'autres édulcorants, concentrés, même congelés.

[1] Y compris les jus non concentrés de fruits et de légumes.

[2] Jus de fruits concentrés et non concentrés seulement.

Fruit and vegetable juices, unconcentrated, frozen or not
Jus de fruits et jus de légumes, non concentrés, même congelés

CPC-BASED CODE - CODE BASE CPC
21400-2 A

Unit: Thousand hectolitres — Unité: Milliers de hectolitres

Country or area	2003	2004	2005	2006	2007	2008	2009	2010	2011	2012	Pays ou zone
Africa											**Afrique**
Egypt	...	...	...	...	...	2	...	...	...	...	Égypte
Mozambique	...	1	2	2	2	...	...	...	...	...	Mozambique
Seychelles	39	41	21	31	33	25	...	...	...	...	Seychelles
South Africa	418	...	...	...	...	...	...	...	...	...	Afrique du Sud
America, South											**Amérique du Sud**
Brazil	334	294	1467	2722	2960	2680	3833	4990	4398	3067	Brésil
Chile	...	...	2025	2167	2443	2815	2384	2465	...	...	Chili
Asia											**Asie**
Kazakhstan	421	633	792	1058	1409	...	...	...	...	...	Kazakhstan
Kyrgyzstan	10	12	36	35	48	57	69	64	100	...	Kirghizistan
Syrian Arab Republic	83	87	125	197	210	307	...	...	...	...	Rép. arabe syrienne
Europe											**Europe**
Albania[1]	...	...	18	...	...	...	...	...	...	...	Albanie[1]
Belgium[2]	1974	...	...	...	...	...	...	...	...	...	Belgique[2]
Bulgaria	430	510	630	650	736	...	...	...	...	...	Bulgarie
Croatia	...	172	195	...	...	...	...	...	...	...	Croatie
Denmark	1404	...	...	...	10930	...	...	...	...	...	Danemark
Estonia	...	80	83	190	...	...	222	...	...	...	Estonie
Finland	1361	1294	1240	1006	831	...	...	...	...	...	Finlande
France	C	6452	[2]5730	...	...	...	...	...	...	...	France
Greece[2]	3840	...	...	...	...	...	...	...	...	...	Grèce[2]
Hungary	1480	1220	630	710	680	430	440	380	360	380	Hongrie
Iceland	80	C	C	C	C	C	C	C	C	C	Islande
Italy[3]	8154	7682	...	...	...	...	...	...	...	...	Italie[3]
Latvia	C	C	C	C	C	240	160	150	129	130	Lettonie
Lithuania	74	74	91	109	112	141	107	101	106	117	Lituanie
Norway	1202	1222	1131	1205	...	...	...	...	...	...	Norvège
Poland	4327	3790	3780	2730	2380	2370	4596	4746	2349	2132	Pologne
Portugal	291	220	238	309	308	277	286	299	...	...	Portugal
Rep. of Moldova	...	108	72	118	269	170	115	175	168	211	Rép. de Moldova
Romania	...	...	...	...	...	466	C	C	C	C	Roumanie
Slovakia	212	223	305	329	C	101	102	102	141	88	Slovaquie
Spain	11658	9911	...	C	...	...	...	...	...	...	Espagne
Sweden	917	862	690	1004	1247	...	...	...	...	...	Suède
United Kingdom	...	...	12425	13605	...	...	...	...	...	...	Royaume-Uni

General Note.

Fruit juices (including grape must) and vegetable juices, unfermented and not containing added spirit, whether or not containing added sugar or other sweetening matter, unconcentrated, frozen or not.

[1] Source: Organisation of the Islamic Conference (Jeddah, Saudi Arabia).
[2] Incomplete coverage.
[3] Excluding Prodcom 2002 code 15.32.10.13.

Remarque générale.

Jus de fruits (y compris les moûts de raisin) et jus de légumes, non fermentés, sans addition d'alcool, avec ou sans addition de sucre ou d'autres édulcorants, non concentrés, même congelés.

[1] Source: Organisation de la Conférence islamique (Djeddah, Arabie saoudite).
[2] Couverture incomplète.
[3] 2002 code Prodcom 15.32.10.13 non compris.

Fruit and vegetable juices, unconcentrated, frozen or not
Jus de fruits et jus de légumes, non concentrés, même congelés

CPC-BASED CODE - CODE BASE CPC
21400-2 B

Unit: Thousand metric tons | Unité: Milliers de tonnes métriques

Country or area	2003	2004	2005	2006	2007	2008	2009	2010	2011	2012	Pays ou zone
Africa											**Afrique**
Algeria[1]	38.1	41.4	36.0	29.4	9.2	0.7	0.8	0.3	0.3	0.0	Algérie[1]
Egypt	136.5	136.4	105.5	109.4	...	208.3	...	...	...	...	Égypte
America, South											**Amérique du Sud**
Brazil	25.4	73.3	...	...	...	...	...	...	...	...	Brésil
Ecuador	39.8	0.0	0.0	0.0	0.0	...	...	...	...	...	Équateur
Asia											**Asie**
Azerbaijan	7.2	9.5	5.4	3.4	3.8	8.1	26.2	21.8	10.0	10.6	Azerbaïdjan
Cyprus	36.2	34.2	30.9	27.5	27.0	31.9	31.9	35.3	42.1	...	Chypre
Georgia	...	C	C	...	...	...	1.5	2.9	3.7	4.0	Géorgie
Iran (Islamic Rep. of)	...	...	...	294.7	331.9	346.4	...	...	...	...	Iran (Rép. islam. d')
Turkey	366.2	377.4	#281.1	...	...	...	...	...	...	...	Turquie
Europe											**Europe**
Belarus	27.4	31.5	36.0	39.5	45.1	66.2	67.6	90.9	91.9	90.2	Bélarus
Croatia	57.9	60.0	59.6	66.0	80.6	...	...	...	...	...	Croatie
Denmark	...	...	...	...	0.6	...	...	...	...	...	Danemark
Estonia	13.1	...	...	...	...	...	...	...	0.0	0.0	Estonie
Hungary	148.7	122.0	...	...	...	...	...	...	...	...	Hongrie
Poland	456.3	397.6	392.8	292.3	248.7	248.3	511.1	526.6	246.5	223.6	Pologne
Portugal	0.2	0.4	0.2	0.3	0.2	0.3	0.1	C	...	...	Portugal
Rep. of Moldova	12.7	11.2	7.5	12.3	27.9	17.7	12.0	17.8	...	...	Rép. de Moldova
Romania	18.2	15.3	27.7	33.6	44.7	47.5	C	C	C	C	Roumanie
Russian Federation	1592.4	1959.9	2173.0	2666.6	3631.2	3430.4	2938.3	3408.9	3192.6	3340.0	Fédération de Russie
TFYR of Macedonia	14.5	*8.4	8.4	8.2	22.0	22.2	13.1	19.1	27.5	26.2	L'ex-RY de Macédoine
Ukraine	236.8	244.5	288.5	318.9	446.6	421.4	291.6	308.7	...	...	Ukraine

General Note.

Fruit juices (including grape must) and vegetable juices, unfermented and not containing added spirit, whether or not containing added sugar or other sweetening matter, unconcentrated, frozen or not.

[1] Data refer to fruit juices and nectar.

Remarque générale.

Jus de fruits (y compris les moûts de raisin) et jus de légumes, non fermentés, sans addition d'alcool, avec ou sans addition de sucre ou d'autres édulcorants, non concentrés, même congelés.

[1] Les données se rapportent aux jus de fruits et nectar.

Fruits, frozen
Fruits congelés

CPC-BASED CODE - CODE BASE CPC
21510-0

Unit: Metric tons — Unité: Tonnes métriques

Country or area	2003	2004	2005	2006	2007	2008	2009	2010	2011	2012	Pays ou zone
Africa											**Afrique**
Egypt	...	7921	2455	98110	...	41425	52888	...	11530	...	Égypte
Kenya	251263	265848	222989	239083	234047	232857	208605	217432	232361	212139	Kenya
South Africa	187057	...	...	...	...	...	...	...	...	...	Afrique du Sud
America, North											**Amérique du Nord**
Mexico	19117	21985	21265	20117	37109	32919	30369	34784	39877	42337	Mexique
America, South											**Amérique du Sud**
Brazil	0	C	6608	C	16105	18402	21285	25623	27892	41982	Brésil
Chile	...	...	38645	32026	40857	43011	38436	44230	36787	...	Chili
Asia											**Asie**
Azerbaijan	...	...	...	...	...	...	3606	2371	3315	5069	Azerbaïdjan
Brunei Darussalam	4654	4516	4793	3765	...	...	...	...	...	...	Brunéi Darussalam
China, Macao SAR	167	...	...	...	...	...	...	...	...	...	Chine, Macao RAS
Japan	2212	2789	2564	2153	2694	1845	2909	2420	1903	1436	Japon
Kazakhstan	...	12	0	0	0	...	...	...	...	...	Kazakhstan
Kyrgyzstan	0	0	0	1	0	0	0	...	0	0	Kirghizistan
Turkey	18349	10811	#25509	19323	31380	21738	22310	37558	47157	61395	Turquie
Europe											**Europe**
Belarus	1824	2188	3004	5222	7132	8290	11193	7989	12026	14162	Bélarus
Belgium	[1]23906	24467	23714	24457	...	...	...	...	...	...	Belgique
Bosnia & Herzegovina[2]	975	...	...	...	...	...	...	...	...	...	Bosnie-Herzégovine[2]
Bulgaria	8202	8367	9710	10443	11166	11996	7708	11899	11629	11191	Bulgarie
Denmark	9044	6238	4467	7087	6172	4729	5124	6357	6111	4656	Danemark
Estonia	...	2099	C	C	C	C	2498	5037	3788	4780	Estonie
Finland	6012	6247	11091	12159	7846	6514	4512	6485	4980	1596	Finlande
France	9808	11264	12362	...	...	...	...	...	...	...	France
Germany	5859	8553	7916	9448	10511	11281	11947	11940	13501	15120	Allemagne
Greece[1]	9729	...	...	...	...	...	...	...	...	...	Grèce[1]
Hungary	11537	12855	11965	11893	6457	13616	8090	12148	14178	15763	Hongrie
Ireland	1231	716	C	...	...	...	...	...	...	...	Irlande
Italy	283836	287729	...	...	...	...	...	...	...	...	Italie
Lithuania	351	1426	1465	2839	3403	2460	2132	2174	3092	3390	Lituanie
Norway	3049	10484	3567	3961	...	...	...	...	...	...	Norvège
Poland	242427	261621	286037	301480	297409	258594	245515	290439	255885	296919	Pologne
Portugal	5901	5961	2772	4992	3216	2093	2317	2317	...	...	Portugal
Rep. of Moldova	250	196	107	20	0	...	...	...	...	...	Rép. de Moldova
Romania	26	14	49	21	1023	1386	2954	1963	1808	2427	Roumanie
Russian Federation	1326	742	1555	4473	5446	5272	2727	1124	1710	1787	Fédération de Russie
Serbia	...	...	...	18375	...	...	...	...	...	...	Serbie
Spain	5944	3627	11252	5360	8942	10294	8325	8234	7995	11848	Espagne
Sweden	5352	5368	6865	5615	5661	19996	14657	21506	16858	18389	Suède
Ukraine	7610	6191	5898	5597	5723	5513	6002	7454	7006	5478	Ukraine
United Kingdom	1181	851	1270	C	C	C	C	C	C	0	Royaume-Uni

General Note.
Fruit and nuts, uncooked or cooked by steaming or boiling in water, frozen, whether or not containing added sugar or other sweetening matter.

Remarque générale.
Fruits, non cuits ou cuits à l'eau ou à la vapeur, congelés, même additionnés de sucre ou d'autres édulcorants.

[1] Incomplete coverage.
[2] Excluding the Federation of Bosnia and Herzegovina.

[1] Couverture incomplète.
[2] Non compris la Fédération de Bosnie-Herzégovine.

Jams, fruit jellies and fruit or nut puree and pastes
Confitures, gelées, purées et pâtes de fruits

CPC-BASED CODE - CODE BASE CPC

21520-0

Unit: Metric tons

Unité: Tonnes métriques

Country or area	2003	2004	2005	2006	2007	2008	2009	2010	2011	2012	Pays ou zone
Africa											**Afrique**
Algeria[1]	11254	8534	6514	7401	5940	563	525	500	759	582	Algérie[1]
Egypt	45912	19125	29540	17611	...	...	66272	...	61045	...	Égypte
Ethiopia	144	...	...	...	...	...	...	...	...	...	Éthiopie
Kenya	681	...	...	...	...	...	...	...	...	...	Kenya
Madagascar	...	14	18	19	...	...	...	...	...	...	Madagascar
South Africa	35442	...	...	...	...	...	...	...	...	...	Afrique du Sud
Sudan (former)	...	...	...	...	...	10000	9500	8000	...	...	Soudan (anc.)
America, North											**Amérique du Nord**
Cuba	8900	12800	9500	8200	8900	8900	7100	7100	9400	9200	Cuba
Mexico	83307	92128	100819	90515	108203	104994	101202	108322	108263	84074	Mexique
America, South											**Amérique du Sud**
Brazil	219125	317962	219568	228736	193519	133252	183653	222195	199483	174714	Brésil
Chile	...	...	68166	53668	141803	154057	71145	152199	700922	...	Chili
Ecuador	1006	81903	39755	63712	71780	58313	...	...	...	...	Équateur
Peru	2216	2047	2119	...	...	...	...	...	...	...	Pérou
Asia											**Asie**
Armenia	531	260	3171	2348	1771	4717	1368	1134	2284	2737	Arménie
Azerbaijan	519	342	548	313	777	2953	2958	2799	3645	3279	Azerbaïdjan
China, Macao SAR	47	...	...	...	...	...	...	...	...	...	Chine, Macao RAS
Cyprus	845	691	635	880	970	1010	792	534	455	...	Chypre
Georgia	C	C	C	440	1023	853	549	616	1084	1273	Géorgie
India	8703	11267	...	...	...	...	...	...	...	...	Inde
Iran (Islamic Rep. of)	...	...	...	17478	18484	20375	25934	...	...	...	Iran (Rép. islam. d')
Iraq	...	84	...	9	...	48	30	39	...	65	Iraq
Japan	42674	41631	38170	37371	36127	36071	35392	35499	37406	37572	Japon
Kazakhstan	500	2103	788	935	1200	...	...	...	...	...	Kazakhstan
Kyrgyzstan	130	519	69	49	53	110	6	131	177	118	Kirghizistan
Turkey	13957	...	#68575	59102	60782	59901	65633	80370	101200	112204	Turquie
Europe											**Europe**
Albania	...	344	307	881	306	...	453	482	...	...	Albanie
Austria	48901	...	...	...	...	...	...	...	...	...	Autriche
Belarus	14483	7234	5880	12498	12235	7201	8800	6760	10081	13978	Bélarus
Belgium[2]	81252	...	...	...	...	...	...	...	...	...	Belgique[2]
Bulgaria	10814	9035	9397	9254	10546	9925	9087	9248	8596	8376	Bulgarie
Croatia	4608	4378	7162	9693	9869	11070	8796	9126	12452	12204	Croatie
Czech Republic	27125	28608	29113	31696	31926	29798	34582	C	C	C	République tchèque
Denmark	64221	56440	61505	65879	61282	59630	57919	57088	52016	54872	Danemark
Estonia	...	999	933	909	877	764	1439	920	1673	1593	Estonie
Finland	16847	16261	14249	13583	13293	13046	13670	14270	10409	12640	Finlande
France	C	C	342369	...	...	...	...	...	...	...	France
Germany	309912	303895	244105	236611	244457	239761	242922	248550	232508	234690	Allemagne
Greece	43961	64656	...	...	...	...	...	...	...	...	Grèce
Hungary	15651	15692	16819	16288	14945	17220	14949	20564	30287	30124	Hongrie
Ireland	7611	C	C	...	...	...	...	...	...	...	Irlande
Italy	212568	220040	...	...	...	...	...	...	...	...	Italie
Latvia	4257	5155	C	6616	C	C	C	C	C	C	Lettonie
Lithuania	3501	3802	4181	4457	4481	3554	4458	3903	3846	3694	Lituanie
Netherlands	97580	98181	126210	116315	104937	...	...	...	124599	99348	Pays-Bas
Norway	...	13958	23392	23581	...	...	...	...	...	...	Norvège
Poland	99058	120695	146306	143355	160625	106539	118232	125106	C	C	Pologne
Portugal	4977	4906	4927	4899	5213	5142	5390	5894	...	...	Portugal
Rep. of Moldova	...	18596	18332	17276	16524	17781	3738	7985	6758	4724	Rép. de Moldova
Romania	9735	12340	13710	10693	8456	6359	5521	6581	6551	7453	Roumanie
Russian Federation	26674	31008	30900	35549	46910	58643	42668	110911	115263	121000	Fédération de Russie
Serbia	...	...	...	4000	3637	4945	4349	4799	...	...	Serbie
Slovakia	6193	5320	3093	3982	3792	C	C	2683	2127	2403	Slovaquie
Slovenia	2413	2493	C	C	C	C	C	C	C	C	Slovénie
Spain	132390	129028	133034	120308	125392	129376	113724	125920	117395	122083	Espagne
Sweden	55294	50004	49434	58953	49978	57590	62019	67376	66914	64824	Suède
TFYR of Macedonia	139	134	152	108	108	71	42	85	148	115	L'ex-RY de Macédoine
Ukraine	70537	61201	93867	80684	84688	92244	62230	56856	59436	65135	Ukraine
United Kingdom	179894	198675	179308	160866	182049	169948	171586	181437	112719	60283	Royaume-Uni

Jams, fruit jellies and fruit or nut puree and pastes (continued)
Confitures, gelées, purées et pâtes de fruits (suite)

CPC-BASED CODE - CODE BASE CPC
21520-0

General Note.
Jams, fruit jellies, marmalades, fruit or nut purée, and fruit or nut pastes, obtained by cooking, whether or not containing added sugar or other sweetening matter.

[1] Jams only.
[2] Incomplete coverage.

Remarque générale.
Confitures, gelées, marmelades, purées et pâtes de fruits, obtenues par cuisson, avec ou sans addition de sucre ou d'autres édulcorants.

[1] Confitures seulement.
[2] Couverture incomplète.

Fats of bovine animals, sheep, goats, pigs and poultry; wool grease
Graisses des animaux des espèces bovine, ovine ou caprine, de porc et de volailles; graisse de suint

CPC-BASED CODE - CODE BASE CPC
21610-0

Unit: Thousand metric tons | Unité: Milliers de tonnes métriques

Country or area	2003	2004	2005	2006	2007	2008	2009	2010	2011	2012	Pays ou zone
Africa											**Afrique**
Egypt	...	...	...	...	...	665.0	222.0	...	...	...	Égypte
America, South											**Amérique du Sud**
Brazil	311.0	283.1	387.2	297.6	389.6	418.4	396.0	443.5	567.1	823.9	Brésil
Chile	...	...	7.2	4.6	3.2	9.8	0.7	0.5	5.9	...	Chili
Asia											**Asie**
Iran (Islamic Rep. of)	...	...	...	...	...	...	0.1	...	...	...	Iran (Rép. islam. d')
Kazakhstan	0.0	0.0	0.1	0.0	0.1	...	...	...	...	...	Kazakhstan
Turkey	...	...	7.0	C	11.0	7.0	C	7.4	5.0	8.8	Turquie
Europe											**Europe**
Belarus	9.0	10.0	11.0	12.0	13.0	15.0	15.0	15.0	24.0	26.0	Bélarus
Bulgaria	2.0	2.0	2.0	2.0	4.0	3.5	2.6	2.4	2.4	2.3	Bulgarie
Croatia	...	1.0	1.0	1.0	1.0	3.0	3.0	4.0	4.0	4.0	Croatie
Czech Republic	13.0	24.0	22.0	25.0	21.0	20.0	20.0	C	21.0	20.0	République tchèque
Denmark	204.0	201.0	196.0	174.0	180.0	176.3	161.2	164.2	173.3	171.3	Danemark
Estonia	...	0.6	0.7	0.7	1.1	0.4	0.3	0.4	0.2	0.2	Estonie
Finland	13.0	10.0	14.0	12.0	12.0	9.0	9.0	9.0	9.0	8.0	Finlande
France	446.0	502.0	483.0	...	...	...	...	...	...	...	France
Germany	...	...	...	...	...	...	384.6	454.4	C	412.9	Allemagne
Hungary	47.0	47.0	47.0	34.0	37.0	29.0	27.0	28.0	25.0	16.0	Hongrie
Latvia	C	C	C	0.2	0.1	0.2	0.5	0.7	1.5	2.0	Lettonie
Lithuania	0.5	0.5	0.9	1.1	3.9	3.9	3.6	3.5	2.9	3.6	Lituanie
Netherlands	...	...	...	...	...	...	...	...	246.4	260.3	Pays-Bas
Poland	156.4	150.0	160.9	138.2	150.2	144.5	161.6	171.4	189.8	203.4	Pologne
Portugal	26.0	21.0	33.0	33.9	33.0	70.3	48.7	56.7	...	...	Portugal
Rep. of Moldova	...	0.1	0.0	0.0	0.1	0.0	0.0	0.0	0.0	0.0	Rép. de Moldova
Romania	1.0	1.0	...	1.0	...	1.0	1.0	1.0	1.0	1.0	Roumanie
Russian Federation	22.7	17.9	14.0	16.4	15.5	11.7	10.0	[1]24.4	[1]26.6	[1]27.0	Fédération de Russie
Serbia	...	...	...	12.1	...	...	...	...	...	...	Serbie
Slovakia	11.6	9.8	7.2	8.3	6.6	11.3	5.0	8.0	9.0	8.0	Slovaquie
Slovenia	11.0	8.0	5.0	5.0	13.0	13.0	10.0	10.6	9.1	6.5	Slovénie
Spain	...	C	C	C	C	C	C	C	C	506.0	Espagne
Sweden	C	28.0	28.0	24.8	49.7	45.0	50.3	46.6	50.4	54.4	Suède
TFYR of Macedonia	*489.0	*600.0	411.0	468.0	542.0	566.0	625.0	583.0	605.0	557.0	L'ex-RY de Macédoine
Ukraine	11.0	9.0	10.0	12.0	15.0	12.0	9.0	11.0	14.0	15.0	Ukraine
United Kingdom	[2]122.0	[2]171.0	C	...	139.9	126.6	137.9	129.9	162.2	164.0	Royaume-Uni

General Note.

Fats of bovine animals, sheep, goats, pigs and poultry, raw or rendered (including pig and poultry fat, frozen, salted, in brine, dried or smoked and including lard); wool grease.

[1] Including other animal oils and fats.

[2] Excluding Prodcom 2002 code 17.10.10.00.

Remarque générale.

Graisses des animaux des espèces bovine, ovine ou caprine, graisses de porc et graisses de volailles, brutes ou fondues (y compris les graisses de porc et graisses de volailles congelées, salées ou en saumure, séchées ou fumées, ainsi que le lard); graisse de suint.

[1] Y compris d'autres huiles et graisses animales.

[2] 2002 code Prodcom 17.10.10.00 non compris.

Other animal oils and fats
Autres huiles et graisses animales

CPC-BASED CODE - CODE BASE CPC
21620-0

Unit: Thousand metric tons — Unité: Milliers de tonnes métriques

Country or area	2003	2004	2005	2006	2007	2008	2009	2010	2011	2012	Pays ou zone
Africa											**Afrique**
Egypt	...	28.5	5.6	7.7	...	7.9	1.9	...	8.3	...	Égypte
America, North											**Amérique du Nord**
Cuba	...	...	109.0	...	...	243.0	226.0	194.0	275.0	354.0	Cuba
Mexico	...	...	...	...	13.6	13.8	15.4	20.2	23.8	35.6	Mexique
Panama[1,2]	8.4	5.0	3.7	7.0	6.9	6.3	9.9	2.6	4.0	6.0	Panama[1,2]
America, South											**Amérique du Sud**
Brazil	10.1	28.0	63.6	129.8	64.5	97.2	86.2	50.3	65.7	75.7	Brésil
Chile	...	...	183.7	177.1	150.1	185.8	138.4	138.1	151.3	...	Chili
Asia											**Asie**
Azerbaijan	0.0	0.1	0.1	0.1	0.1	0.0	0.0	0.0	0.0	0.0	Azerbaïdjan
Kazakhstan	68.0	74.0	70.0	92.0	110.0	...	...	...	...	...	Kazakhstan
Turkey	...	...	3.0	C	C	32.0	C	C	C	9.0	Turquie
Europe											**Europe**
Croatia	...	6.0	7.0	8.0	10.0	10.0	9.0	10.0	10.0	10.0	Croatie
Czech Republic	16.0	11.9	C	C	C	C	11.0	C	C	C	République tchèque
Denmark	118.0	100.0	82.0	107.0	119.9	89.0	85.6	...	...	89.2	Danemark
Finland	...	...	0.0	0.0	0.0	0.0	8.0	8.0	6.0	10.0	Finlande
France[3]	C	86.0	108.0	...	...	...	...	...	...	...	France[3]
Germany	C	C	97.0	C	123.3	C	C	C	147.9	150.4	Allemagne
Hungary	...	1.0	C	...	...	...	C	C	C	C	Hongrie
Ireland	4.2	5.4	...	...	...	...	...	...	...	...	Irlande
Lithuania	0.5	0.5	0.5	0.7	0.2	0.1	0.0	0.8	0.7	0.3	Lituanie
Norway	129.0	...	...	...	...	...	...	...	...	...	Norvège
Poland	#56.0	32.0	49.9	50.1	49.1	40.3	39.4	36.8	30.6	28.3	Pologne
Portugal	28.0	35.0	17.6	18.2	36.5	20.0	4.6	4.0	...	...	Portugal
Romania	1.0	2.0	1.0	0.0	0.0	...	...	...	...	...	Roumanie
Russian Federation[4]	8.6	7.5	6.1	7.9	11.9	13.6	15.7	...	...	...	Fédération de Russie[4]
Serbia	...	...	...	2.2	...	...	...	...	...	...	Serbie
Spain	...	34.0	35.0	C	35.0	38.0	C	49.0	42.0	45.0	Espagne
Sweden	27.0	29.0	C	26.0	0.0	0.0	0.1	0.9	1.4	1.1	Suède
United Kingdom[5]	93.0	120.0	...	C	C	C	C	C	C	C	Royaume-Uni[5]

General Note.
Animal oils and fats, crude and refined, except fats of bovine animals, sheep, goats, pigs and poultry.

[1] Data refer to total production.
[2] Fish oil only.
[3] Incomplete coverage.
[4] Rendered animal fats, technical and feed.
[5] Excluding Prodcom 2002 code 15.41.11.90.

Remarque générale.
Huiles et graisses animales, brutes et raffinées, à l'exclusion des graisses desanimaux des espèces bovine, ovine ou caprine, des graisses de porc et des graissesde volailles.

[1] Les données se rapportent à la production totale.
[2] L'huile de poisson seulement.
[3] Couverture incomplète.
[4] Graisses fondues d'animaux, technique et alimentation.
[5] 2002 code Prodcom 15.41.11.90 non compris.

Oil, soya-bean, crude
Huile de soja brute

CPC-BASED CODE - CODE BASE CPC
21630-1

Unit: Thousand metric tons — Unité: Milliers de tonnes métriques

Country or area	2003	2004	2005	2006	2007	2008	2009	2010	2011	2012	Pays ou zone
Africa											**Afrique**
Benin[1,2]	1.8	1.1	1.7	0.7	2.7	1.1	1.7	3.4	2.2	2.6	Bénin[1,2]
Egypt	[1,2]60.8	23.1	18.0	17.5	17.1	15.7	11.6	27.5	...	...	Égypte
Gabon[1,2]	0.5	0.3	0.5	0.6	0.6	0.5	0.6	0.7	0.8	0.8	Gabon[1,2]
Libya[1,2]	3.5	19.0	0.0	0.0	0.0	0.0	0.0	0.0	0.0	0.0	Libye[1,2]
Morocco[1,2]	72.7	73.8	79.9	76.0	77.2	55.9	54.0	37.9	5.5	11.1	Maroc[1,2]
Nigeria[1,2]	2.5	2.5	2.5	2.5	2.5	1.8	1.8	3.6	3.6	3.6	Nigéria[1,2]
South Africa[1,2]	20.5	21.1	30.5	54.6	23.0	23.9	20.1	32.1	43.2	71.9	Afrique du Sud[1,2]
Togo[1,2]	...	...	...	...	...	...	...	0.6	0.1	0.1	Togo[1,2]
Tunisia[1,2]	...	...	...	...	...	3.0	36.1	68.2	64.2	74.9	Tunisie[1,2]
Uganda[1,2]	23.8	24.6	21.7	22.9	21.3	23.6	25.4	25.2	25.0	25.6	Ouganda[1,2]
Zambia[1,2]	1.4	1.4	1.4	1.4	1.1	1.4	1.4	3.6	3.6	3.6	Zambie[1,2]
Zimbabwe[1,2]	18.7	15.5	19.3	11.6	16.0	16.9	15.5	12.5	13.0	15.2	Zimbabwe[1,2]
America, North											**Amérique du Nord**
Barbados[1,2]	3.9	3.8	3.0	4.4	4.1	4.8	3.8	3.9	4.3	4.3	Barbade[1,2]
Canada[1,2]	305.8	252.9	296.6	275.3	266.9	235.5	231.7	241.3	240.5	266.3	Canada[1,2]
Costa Rica[1,2]	34.5	34.1	40.5	37.7	44.3	35.8	36.2	42.6	36.5	43.6	Costa Rica[1,2]
Cuba	14.0	22.5	26.1	26.6	21.0	19.0	17.0	14.0	19.0	18.0	Cuba
Dominican Republic[1,2]	0.0	0.0	0.0	1.6	0.0	0.0	0.0	0.1	1.4	1.4	Rép. dominicaine[1,2]
Guatemala[1,2]	7.4	6.3	7.4	8.9	7.7	7.9	7.2	7.6	8.4	10.2	Guatemala[1,2]
Honduras[1,2]	0.5	0.3	0.5	0.3	0.3	0.3	0.3	0.3	1.1	1.1	Honduras[1,2]
Jamaica[1,2]	0.0	0.0	0.0	0.1	0.0	0.0	0.0	0.0	0.1	0.1	Jamaïque[1,2]
Mexico	[1,2]315.0	[1,2]300.0	[1,2]359.1	[1,2]360.0	185.5	162.7	163.4	179.9	103.9	98.6	Mexique
Nicaragua[1,2]	1.5	1.8	1.0	0.4	0.4	0.5	0.2	0.7	0.8	1.0	Nicaragua[1,2]
Trinidad and Tobago[1,2]	11.7	11.8	10.9	4.4	4.7	1.9	0.4	2.0	0.2	0.2	Trinité-et-Tobago[1,2]
United States	8285.0	7878.0	8860.0	9258.0	9397.0	9054.8	8793.8	8768.6	[1]8567.3	[1,2]9195.9	États-Unis
America, South											**Amérique du Sud**
Argentina[1]	[2]4558.8	[2]4569.7	[2]5395.7	[2]6161.3	[2]6962.2	6024.1	5772.0	7000.1	[2]7113.7	[2]6349.4	Argentine[1]
Bolivia (Plur. State of)[1]	[2]307.1	[2]317.7	[2]295.6	204.2	151.4	167.1	175.6	[2]291.6	[2]316.8	[2]385.2	Bolivie (État plur. de)[1]
Brazil	4237.2	4356.7	4800.6	4821.2	[1,2]6046.0	4463.4	4431.4	5145.5	5333.2	5816.2	Brésil
Chile[1,2]	24.0	24.9	24.6	23.7	23.0	23.2	2.9	8.3	23.0	23.0	Chili[1,2]
Colombia[1,2]	93.8	85.3	68.0	70.1	56.9	53.4	60.3	66.7	60.8	55.4	Colombie[1,2]
Ecuador	[1,2]10.4	0.0	0.0	0.0	0.0	[1,2]9.5	[1,2]11.4	[1,2]12.1	[1,2]12.5	[1,2]13.8	Équateur
Paraguay[1,2]	251.2	263.1	231.9	245.7	260.0	267.4	300.8	335.7	374.4	208.3	Paraguay[1,2]
Peru[1,2]	0.5	0.5	0.6	0.5	0.5	0.5	0.9	0.6	0.6	0.4	Pérou[1,2]
Uruguay[1,2]	0.3	1.5	0.2	0.2	0.3	1.3	0.4	0.0	...	...	Uruguay[1,2]
Venezuela (Bol. R. of)[1,2]	1.1	3.7	2.9	11.4	9.6	11.4	18.0	27.2	37.7	36.9	Venezuela (R.bol.du)[1,2]
Asia											**Asie**
Azerbaijan	...	...	...	...	...	0.0	0.5	0.3	0.1	1.1	Azerbaïdjan
Cambodia[1,2]	5.6	7.2	7.7	7.4	7.6	8.6	8.6	8.6	8.6	8.6	Cambodge[1,2]
China[1,2]	4923.6	5181.7	5893.8	6345.0	6623.9	7087.7	7919.0	9174.0	10051.1	10656.9	Chine[1,2]
Dem.P.R. of Korea[1,2]	46.2	51.1	45.9	46.8	45.1	46.8	47.8	46.4	46.4	46.6	Rép.p.d. de Corée[1,2]
India	1331.6	1570.1	1708.2	[1]1416.0	[1]1755.0	[1]1585.0	[1]1594.0	[1]2038.0	[1]1965.0	[1,2]1601.9	Inde
Indonesia[1,2]	274.3	270.5	278.6	275.5	420.9	286.5	336.6	394.1	439.7	450.0	Indonésie[1,2]
Iran (Islamic Rep. of)	1285.0	1238.0	...	...	...	737.0	...	...	...	...	Iran (Rép. islam. d')
Iraq[1,2]	2.2	0.1	0.3	0.3	0.1	0.0	0.2	0.2	1.5	1.5	Iraq[1,2]
Israel[1,2]	95.6	101.5	97.6	79.8	77.5	82.3	44.4	66.4	68.0	51.4	Israël[1,2]
Japan[3]	760.0	639.0	575.0	576.0	576.0	542.0	477.0	468.0	401.0	376.0	Japon[3]
Kazakhstan	[1,2]0.7	0.2	8.8	16.7	25.7	[1]20.8	[1]9.0	[1]4.5	[1]5.7	[1]8.8	Kazakhstan
Kuwait[1,2]	0.0	0.0	0.1	0.4	0.4	0.2	0.0	0.0	0.0	...	Koweït[1,2]
Lao PDR[1,2]	0.6	0.3	0.9	0.9	0.8	0.8	1.6	0.9	1.1	0.5	Lao, RDP[1,2]
Lebanon[1,2]	17.9	10.1	7.2	0.0	0.1	0.0	0.0	0.5	0.0	0.0	Liban[1,2]
Malaysia[1,2]	112.2	205.6	159.6	74.1	95.7	86.3	82.8	110.7	109.0	109.0	Malaisie[1,2]
Myanmar[1,2]	17.3	21.0	24.0	27.2	29.4	31.1	35.9	38.1	34.8	29.7	Myanmar[1,2]
Nepal[1,2]	2.6	2.8	2.8	3.0	3.0	3.1	3.2	6.7	14.9	14.9	Népal[1,2]
Pakistan[1,2]	19.8	10.1	0.4	7.4	0.0	0.0	0.0	0.0	0.0	0.0	Pakistan[1,2]
Philippines[1,2]	46.0	45.3	23.6	17.3	26.6	6.6	5.6	17.6	8.3	8.3	Philippines[1,2]
Rep. of Korea[1,2]	194.0	178.0	163.3	176.0	173.9	170.4	165.1	167.0	162.1	151.6	Rép. de Corée[1,2]
Singapore[1,2]	3.1	3.5	3.4	3.4	3.1	3.2	3.1	3.4	3.2	3.2	Singapour[1,2]
Sri Lanka[1,2]	0.7	0.5	1.0	0.8	0.7	0.8	0.8	1.4	0.6	0.2	Sri Lanka[1,2]
Syrian Arab Republic[1,2]	26.0	23.5	31.3	52.3	55.6	75.0	91.3	91.4	55.9	18.5	Rép. arabe syrienne[1,2]
Thailand	231.0	218.0	226.0	215.0	201.0	187.0	[1,2]215.3	[1,2]227.8	[1,2]296.3	[1,2]274.0	Thaïlande
Turkey	33.0	9.0	[#]29.0	22.0	67.0	55.0	44.0	119.1	149.3	106.0	Turquie
United Arab Emirates[1,2]	26.8	45.0	67.1	55.2	95.4	37.8	39.2	2.2	0.0	27.0	Émirats arabes unis[1,2]
Uzbekistan[1,2]	4.2	2.1	2.2	2.2	2.4	0.9	0.8	4.5	0.8	1.0	Ouzbékistan[1,2]

For general note and footnotes, see end of table — Voir la fin du tableau pour la remarque générale est les notes

Oil, soya-bean, crude (continued)
Huile de soja brute (suite)

CPC-BASED CODE - CODE BASE CPC
21630-1

Unit: Thousand metric tons | Unité: Milliers de tonnes métriques

Country or area	2003	2004	2005	2006	2007	2008	2009	2010	2011	2012	Pays ou zone
Europe											**Europe**
Austria[1]	[2]3.7	[2]3.3	[2]5.5	[2]8.0	[2]11.1	[2]14.3	[2]1.6	[2]3.1	6.2	[2]6.5	Autriche[1]
Belgium[1,2]	201.5	109.9	87.5	130.6	179.1	21.6	41.7	14.0	5.5	16.3	Belgique[1,2]
Bosnia & Herzegovina	2.7	[1,2]2.5	[1,2]3.7	[1,2]5.4	[1,2]2.8	[1]5.9	[1]5.1	[1]6.5	[1]7.8	[1]3.3	Bosnie-Herzégovine
Bulgaria	[1,2]0.1	0.0	0.0	0.0	0.0	0.0	0.0	0.0	0.0	0.0	Bulgarie
Croatia	29.0	19.0	36.0	32.0	13.0	15.0	8.0	12.0	15.0	1.0	Croatie
Czech Republic[1]	2.5	4.8	[2]7.4	[2]8.0	[2]7.8	C	C	[2]5.8	C	C	République tchèque[1]
Denmark	16.0	0.0	0.0	3.7	1.1	0.5	[1,2]12.4	3.5	5.5	12.2	Danemark
Finland	9.0	7.0	7.0	6.0	2.0	1.0	1.0	1.0	1.0	1.0	Finlande
France[1,2]	C	C	C	48.9	61.2	53.5	102.0	91.3	117.2	116.6	France[1,2]
Germany	332.7	271.7	312.0	210.0	156.7	C	C	217.7	C	C	Allemagne
Greece	22.1	20.0	[1,2]63.4	[1,2]62.7	[1,2]65.7	[1,2]62.9	[1,2]55.6	[1,2]50.2	[1,2]48.3	[1,2]48.3	Grèce
Hungary	0.0	[1,2]8.1	[1,2]9.4	[1,2]11.2	[1,2]12.1	[1,2]10.2	[1,2]11.0	[1,2]10.1	[1,2]10.8	[1,2]10.0	Hongrie
Ireland[1,2]	7.3	2.2	0.8	0.8	0.8	0.8	0.8	0.8	0.8	0.8	Irlande[1,2]
Italy	140.0	145.8	[1,2]337.6	[1,2]327.8	[1,2]323.2	[1,2]323.9	[1,2]289.9	[1,2]306.9	[1,2]259.4	[1,2]277.4	Italie
Latvia[1,2]	C	C	C	C	C	4.5	3.4	2.5	2.2	1.8	Lettonie[1,2]
Luxembourg[1,2]	0.7	0.1	0.0	0.0	0.0	0.0	0.1	0.0	0.0	0.0	Luxembourg[1,2]
Netherlands[1]	[2]689.7	[2]591.5	[2]637.0	[2]626.8	562.5	[2]571.7	[2]469.8	[2]462.3	[2]435.2	[2]407.8	Pays-Bas[1]
Norway[1,2]	77.7	68.9	69.2	67.6	68.8	74.0	70.5	73.3	72.5	71.9	Norvège[1,2]
Portugal	127.0	74.0	83.5	139.0	165.4	115.1	122.9	128.2	[1,2]99.5	[1,2]90.8	Portugal
Rep. of Moldova	2.0	1.0	4.5	5.3	6.2	7.7	3.9	7.2	7.3	7.8	Rép. de Moldova
Romania	25.0	33.0	40.0	43.0	[1]48.1	[1]29.7	[1]6.4	3.0	7.0	8.0	Roumanie
Russian Federation	41.0	31.5	40.9	49.2	62.9	155.0	232.0	264.0	222.3	327.3	Fédération de Russie
Serbia	...	...	...	53.1	[1]52.4	[1]47.6	[1]54.3	[1]54.4	[1]56.0	[1]66.9	Serbie
Serbia & Montenegro[1]	[2]41.7	[2]44.0	46.3	...	...	...	...	...	...	...	Serbie-et-Monténégro[1]
Slovakia[1,2]	2.2	4.9	5.3	4.9	2.7	4.8	2.7	2.8	6.7	7.5	Slovaquie[1,2]
Spain	343.0	353.0	328.0	285.0	388.0	483.0	506.0	C	446.0	537.0	Espagne
Sweden	0.2	0.7	2.1	11.0	6.4	15.2	1.1	0.0	0.0	0.0	Suède
Switzerland[1,2]	7.5	9.9	9.0	8.9	6.8	5.7	4.9	5.1	4.4	3.9	Suisse[1,2]
Ukraine	6.0	29.0	25.0	18.0	30.0	39.0	82.0	69.0	61.0	93.0	Ukraine
United Kingdom	[1,2]143.2	[1,2]112.7	C	127.7	127.7	108.6	63.0	42.3	24.0	6.4	Royaume-Uni
Oceania											**Océanie**
Australia[1,2]	13.1	10.0	8.0	8.6	6.5	5.3	11.9	9.3	4.5	13.7	Australie[1,2]

General Note.

Soya-bean oil and its fractions, crude, whether or not degummed. Please see commodity notes for more information.

1 Source: Food and Agriculture Organization of the United Nations (Rome).

2 FAO estimate.

3 Including refined soya-bean oil.

Remarque générale.

Huile de soja et ses fractions, brutes, même dégommées. Voir les commentaires sur nom de produit pour de plus amples informations.

1 Source: Organisation des Nations Unies pour l'alimentation et l'agriculture (Rome).

2 Estimation de la FAO.

3 Y compris l'huile de soja raffinée.

Oil, cotton-seed, crude
Huile de coton brute

CPC-BASED CODE - CODE BASE CPC
21630-2

Unit: Thousand metric tons — Unité: Milliers de tonnes métriques

Country or area	2003	2004	2005	2006	2007	2008	2009	2010	2011	2012	Pays ou zone
Africa											**Afrique**
Angola[1,2]	0	0	0	0	0	0	0	0	1	1	Angola[1,2]
Benin[1,2]	27	26	26	20	22	19	16	13	14	18	Bénin[1,2]
Burkina Faso[1,2]	36	50	42	61	49	54	45	57	48	78	Burkina Faso[1,2]
Cameroon[1,2]	22	20	16	21	14	11	13	13	15	18	Cameroun[1,2]
Chad[1,2]	12	16	13	8	8	9	5	3	4	6	Tchad[1,2]
Côte d'Ivoire[1,2]	25	8	22	19	30	5	13	9	24	19	Côte d'Ivoire[1,2]
Dem. R. of the Congo[1]	[2]3	[2]2	[2]2	[2]2	[2]2	[2]3	[2]2	0	0	[2]3	Rép. dém. du Congo[1]
Egypt	9	6	5	67	...	...	37	...	2	...	Égypte
Ethiopia[1,2]	5	5	4	4	4	4	4	3	4	4	Éthiopie[1,2]
Kenya[1,2]	1	2	1	2	2	1	1	1	2	1	Kenya[1,2]
Madagascar[1,2]	1	1	1	1	1	1	1	1	1	1	Madagascar[1,2]
Malawi[1,2]	2	3	1	3	0	7	7	4	6	26	Malawi[1,2]
Mali[1]	43	53	54	[2]48	[2]37	[2]22	[2]18	[2]20	[2]25	[2]38	Mali[1]
Mozambique[1,2]	6	11	9	12	11	14	14	2	8	7	Mozambique[1,2]
Namibia[1,2]	0	1	0	1	1	...	...	...	...	...	Namibie[1,2]
Niger[1]	[2]1	[2]1	[2]1	[2]1	1	[2]1	[2]1	[2]0	[2]1	[2]1	Niger[1]
Nigeria[1]	16	20	[2]21	[2]19	[2]17	[2]20	[2]13	[2]9	[2]12	[2]15	Nigéria[1]
Senegal[1,2]	5	3	4	3	4	4	3	2	2	3	Sénégal[1,2]
Somalia[1,2]	0	0	1	0	1	1	1	1	1	1	Somalie[1,2]
South Africa[1,2]	11	16	19	16	12	10	11	9	9	12	Afrique du Sud[1,2]
Sudan (former)[1,2]	25	25	30	24	21	11	15	4	6	12	Soudan (anc.)[1,2]
Swaziland[1,2]	0	0	1	0	0	0	0	0	0	0	Swaziland[1,2]
Togo	[1,2]10	2	6	9	6	5	1	1	[1,2]5	[1,2]7	Togo
Uganda[1,2]	6	8	5	8	3	7	6	5	8	11	Ouganda[1,2]
Zambia[1,2]	6	7	3	3	5	11	12	6	10	25	Zambie[1,2]
Zimbabwe[1,2]	26	15	14	16	25	17	16	19	24	24	Zimbabwe[1,2]
America, North											**Amérique du Nord**
Mexico[1,2]	33	37	50	53	51	41	24	28	36	44	Mexique[1,2]
United States	343	399	446	411	387	369	288	308	[1]379	[1,2]341	États-Unis
America, South											**Amérique du Sud**
Argentina[1]	[2]7	[2]10	[2]20	[2]7	[2]12	4	6	20	[2]23	[2]17	Argentine[1]
Bolivia (Plur. State of)[1,2]	10	9	10	10	10	9	10	10	10	10	Bolivie (État plur. de)[1,2]
Brazil	65	63	73	46	77	42	82	83	100	188	Brésil
Chile[1,2]	0	1	1	1	1	1	1	1	1	1	Chili[1,2]
Colombia[1,2]	7	9	13	11	10	9	8	8	9	7	Colombie[1,2]
Paraguay[1,2]	11	19	15	14	9	8	6	2	4	8	Paraguay[1,2]
Uruguay[1,2]	0	1	...	0	0	0	0	0	...	...	Uruguay[1,2]
Venezuela (Bol. R. of)[1]	1	2	[2]2	[2]1	[2]1	[2]1	[2]1	[2]1	[2]0	[2]1	Venezuela (R.bol.du)[1]
Asia											**Asie**
Afghanistan	[1,2]4	[1,2]3	[1,2]4	8	8	9	10	10	10	10	Afghanistan
Azerbaijan	5	5	5	4	[1]3	[1]4	[1]2	0	0	0	Azerbaïdjan
Bangladesh[1,2]	4	4	5	5	4	3	4	4	5	6	Bangladesh[1,2]
China[1,2]	1293	1345	1547	1605	1776	1833	1729	1500	1499	1636	Chine[1,2]
Dem.P.R. of Korea[1,2]	4	4	4	4	4	4	4	3	3	4	Rép.p.d. de Corée[1,2]
India	33	40	29	28	...	...	...	...	...	...	Inde
Iran (Islamic Rep. of)	...	...	...	...	...	14	...	...	...	...	Iran (Rép. islam. d')
Iraq[1,2]	5	4	3	3	3	1	3	5	4	4	Iraq[1,2]
Israel[1,2]	4	5	5	4	5	4	2	2	2	2	Israël[1,2]
Japan[3]	6	6	6	6	6	5	4	4	5	4	Japon[3]
Kazakhstan	2	2	2	1	0	...	...	...	...	...	Kazakhstan
Kyrgyzstan	4	4	6	7	7	7	10	7	6	7	Kirghizistan
Lao PDR[1,2]	1	1	1	1	1	1	1	1	1	1	Lao, RDP[1,2]
Myanmar[1,2]	15	20	17	18	18	19	25	39	53	40	Myanmar[1,2]
Pakistan[1,2]	365	404	500	466	434	400	417	426	420	464	Pakistan[1,2]
Philippines[1,2]	0	0	1	0	0	0	0	0	0	0	Philippines[1,2]
Rep. of Korea[1,2]	20	18	21	22	23	16	16	19	22	24	Rép. de Corée[1,2]
Saudi Arabia[1,2]	6	6	10	6	7	12	4	9	12	12	Arabie saoudite[1,2]
Syrian Arab Republic[1,2]	56	64	71	77	54	49	49	47	42	44	Rép. arabe syrienne[1,2]
Tajikistan	[1]30	[1]33	[1]28	[1]20	[1]24	[1]17	13	14	15	19	Tadjikistan
Thailand[1,2]	1	1	1	1	1	1	1	1	1	1	Thaïlande[1,2]
Turkey	65	62	#239	195	132	93	100	112	156	393	Turquie
Turkmenistan[1,2]	25	26	34	51	61	64	73	79	89	83	Turkménistan[1,2]
Uzbekistan[1,2]	267	271	306	318	308	326	295	278	280	281	Ouzbékistan[1,2]

For general note and footnotes, see end of table

Voir la fin du tableau pour la remarque générale est les notes

Oil, cotton-seed, crude (continued)
Huile de coton brute (suite)

CPC-BASED CODE - CODE BASE CPC
21630-2

Unit: Thousand metric tons — Unité: Milliers de tonnes métriques

Country or area	2003	2004	2005	2006	2007	2008	2009	2010	2011	2012	Pays ou zone
Viet Nam[1,2]	2	1	2	1	1	0	1	1	1	1	Viet Nam[1,2]
Yemen[1,2]	3	2	2	2	3	3	3	3	3	2	Yémen[1,2]
Europe											**Europe**
France[1,2]	0	0	0	1	0	0	0	0	0	0	France[1,2]
Greece	3	[1,2]36	[1,2]36	[1,2]32	[1,2]27	[1,2]22	[1,2]17	[1,2]16	[1,2]15	[1,2]21	Grèce
Hungary[1,2]	1	0	0	...	1	1	0	0	0	0	Hongrie[1,2]
Italy[1,2]	25	23	29	27	21	19	23	24	22	24	Italie[1,2]
Portugal	[1,2]2	[1,2]3	0	0	0	0	0	0	[1,2]0	[1,2]0	Portugal
Spain	[1,2]41	[1]21	[1]21	[1]9	[1]8	[1]3	0	0	0	0	Espagne
Oceania											**Océanie**
Australia[1,2]	65	53	112	115	59	28	62	67	118	155	Australie[1,2]

General Note.
Cotton-seed oil and its fractions, crude, whether or not gossypol has been removed. Please see commodity notes for more information.

[1] Source: Food and Agriculture Organization of the United Nations (Rome).

[2] FAO estimate.

[3] Including refined cotton-seed oil.

Remarque générale.
Huile de coton et ses fractions, brutes, même dépourvues de gossypol. Voir les commentaires sur nom de produit pour de plus amples informations.

[1] Source: Organisation des Nations Unies pour l'alimentation et l'agriculture (Rome).

[2] Estimation de la FAO.

[3] Y compris l'huile de coton raffinée.

Oil, olive, virgin
Huile d'olive vierge

CPC-BASED CODE - CODE BASE CPC
21630-3

Unit: Thousand metric tons | Unité: Milliers de tonnes métriques

Country or area	2003	2004	2005	2006	2007	2008	2009	2010	2011	2012	Pays ou zone
Africa											**Afrique**
Algeria[1]	[2]24.3	[2]57.6	34.7	32.0	21.8	[2]36.4	[2]50.0	[2]39.9	[2]62.9	[2]55.2	Algérie[1]
Egypt	[1,2]11.4	[1,2]8.0	[1,2]6.2	[1,2]6.0	[1,2]9.5	150.0	[1,2]4.3	[1,2]3.3	[1,2]6.0	[1,2]8.8	Égypte
Libya[1,2]	13.0	15.8	7.9	9.7	11.7	13.7	15.0	15.0	15.0	15.0	Libye[1,2]
Morocco	45.0	100.0	50.0	75.0	75.0	*95.0	*85.0	[1,2]146.7	[1,2]133.5	[1,2]120.1	Maroc
Tunisia[1]	280.0	130.0	210.0	180.0	200.0	160.0	150.0	174.6	112.4	192.6	Tunisie[1]
America, North											**Amérique du Nord**
El Salvador[1,2]	1.2	1.1	1.2	1.2	1.4	1.5	1.5	1.4	1.4	1.5	El Salvador[1,2]
Mexico	[1,2]0.2	[1,2]0.2	[1,2]0.2	[1,2]0.2	0.0	0.0	0.0	0.0	0.0	0.0	Mexique
United States[1]	[2]1.0	[2]1.6	[2]1.9	1.3	[2]1.0	[2]2.5	[2]3.0	[2]3.3	[2]4.7	[2]8.0	États-Unis[1]
America, South											**Amérique du Sud**
Argentina[1,2]	11.0	19.4	20.0	20.9	20.0	25.7	21.0	18.0	21.6	29.4	Argentine[1,2]
Brazil	[3]5.0	2.0	...	...	...	...	...	...	...	...	Brésil
Chile[1,2]	1.7	2.0	2.0	2.3	2.7	2.9	4.1	4.4	6.9	8.9	Chili[1,2]
Peru	[3]38.0	[3]42.5	[3]54.6	...	...	...	...	...	[1]0.3	[1]0.4	Pérou
Asia											**Asie**
Afghanistan	0.1	0.1	[1,2]0.2	[1,2]0.1	[1,2]0.1	[1,2]0.5	[1,2]0.7	[1,2]0.6	[1,2]0.5	[1,2]0.5	Afghanistan
Azerbaijan	[1,2]0.1	[1,2]0.1	[1]0.1	[1]0.1	[1]0.1	0.0	[1]0.1	0.0	[1]0.3	[1]0.6	Azerbaïdjan
Cyprus	2.0	5.0	4.0	4.0	2.0	2.3	2.1	2.4	2.3	[1,2]2.6	Chypre
Iran (Islamic Rep. of)[1,2]	0.8	0.8	0.8	0.9	0.9	0.8	0.8	0.8	0.8	0.8	Iran (Rép. islam. d')[1,2]
Israel[1]	6.4	2.7	7.2	4.0	[2]7.0	[2]5.7	[2]7.2	[2]6.5	[2]12.3	[2]12.3	Israël[1]
Jordan[1]	18.0	24.1	17.5	23.5	18.4	11.3	16.8	21.4	19.4	[2]19.4	Jordanie[1]
Lebanon[1,2]	6.5	7.5	6.8	5.7	7.5	11.0	11.0	10.3	13.3	14.7	Liban[1,2]
State of Palestine[1]	22.1	6.8	34.0	8.9	8.9	17.6	4.8	23.8	20.8	23.0	État de Palestine[1]
Syrian Arab Republic	103.9	202.0	123.1	252.4	98.3	156.3	[1]168.2	[1]195.0	[1]208.3	[1,2]200.0	Rép. arabe syrienne
Turkey	[1,2]80.0	[1,2]145.0	30.0	24.0	C	C	24.0	C	C	C	Turquie
Europe											**Europe**
Albania[1,2]	1.3	0.9	0.8	0.8	0.8	0.8	0.8	0.8	0.8	0.8	Albanie[1,2]
Croatia	[1]1.3	1.0	1.0	1.0	1.0	2.0	1.0	2.0	1.0	1.0	Croatie
France	0.0	0.0	0.0	[1,2]4.1	[1,2]3.7	[1,2]5.5	[1,2]6.6	[1,2]5.8	[1,2]5.2	[1,2]3.6	France
Germany	0.1	0.1	C	C	C	C	C	C	C	C	Allemagne
Greece	12.4	13.2	...	...	...	...	...	...	...	...	Grèce
Ireland	0.0	0.1	C	...	...	...	...	...	...	...	Irlande
Italy	343.5	362.5	[1]671.3	[1]603.3	[1]574.3	[1,2]563.9	[1]517.5	[1]526.8	[1,2]543.0	[1,2]572.0	Italie
Montenegro	...	...	...	[1]0.3	[1]0.2	[1,2]0.4	[1,2]0.2	0.0	0.0	0.0	Monténégro
Portugal	[1]36.5	[1]50.1	16.3	35.4	43.7	45.2	48.2	54.0	[1]83.2	[1,2]79.6	Portugal
Serbia & Montenegro[1,2]	0.1	0.2	0.2	...	...	...	...	...	...	...	Serbie-et-Monténégro[1,2]
Slovenia[1,2]	0.1	0.4	0.5	0.4	0.3	C	C	C	C	C	Slovénie[1,2]
Spain	[1]1449.1	1334.0	1169.0	1092.0	1353.0	1423.0	1378.0	1813.0	1852.0	1774.0	Espagne
Sweden	0.0	0.0	0.0	0.0	0.1	0.0	0.1	0.1	0.2	0.2	Suède
TFYR of Macedonia	2.4	2.0	[1,2]2.0	[1,2]1.7	[1,2]1.7	0.0	0.0	0.0	0.0	0.0	L'ex-RY de Macédoine
United Kingdom	0.0	0.0	C	C	C	C	C	C	0.5	0.5	Royaume-Uni
Oceania											**Océanie**
Australia[1,2]	0.3	0.6	2.1	1.9	2.6	5.4	5.6	7.2	8.2	6.8	Australie[1,2]

General Note.
Olive oil and its fractions, virgin. Please see commodity notes for more information.

[1] Source: Food and Agriculture Organization of the United Nations (Rome).

[2] FAO estimate.

[3] Including refined olive oil.

Remarque générale.
Huile d'olive et ses fractions, vierges. Voir les commentaires sur nom de produit pour de plus amples informations.

[1] Source: Organisation des Nations Unies pour l'alimentation et l'agriculture (Rome).

[2] Estimation de la FAO.

[3] Y compris l'huile d'olive raffinée.

Oil, soya-bean, refined
Huile de soja raffinée

CPC-BASED CODE - CODE BASE CPC
21650-1

Unit: Thousand metric tons | Unité: Milliers de tonnes métriques

Country or area	2003	2004	2005	2006	2007	2008	2009	2010	2011	2012	Pays ou zone
Africa											**Afrique**
Egypt	...	23.1	18.0	17.5	17.1	15.7	11.6	27.5	27.1	...	Égypte
Mozambique	...	469.5	434.7	448.0	474.0	...	...	...	...	...	Mozambique
America, North											**Amérique du Nord**
Cuba	43.0	43.0	50.0	29.0	38.0	43.0	47.0	28.0	30.0	25.0	Cuba
Mexico	236.1	207.1	120.3	92.7	146.8	129.5	123.3	162.7	226.3	225.7	Mexique
United States	7066.0	6886.0	7077.0	7207.0	7462.0	7932.0	6693.0	6466.0	...	...	États-Unis
America, South											**Amérique du Sud**
Argentina	4558.8	4569.7	5395.5	6161.3	...	...	...	...	...	...	Argentine
Brazil	2616.1	2658.3	2674.7	3548.6	4037.1	3898.3	2737.7	2630.4	2808.2	2810.4	Brésil
Chile	...	...	[1]13.8	[1]12.4	21.9	19.9	...	12.9	...	...	Chili
Ecuador	...	2.7	0.3	...	0.7	14.5	...	...	...	...	Équateur
Asia											**Asie**
Armenia	...	...	...	...	...	0.0	0.3	0.3	0.2	0.3	Arménie
Azerbaijan	11.5	4.5	7.0	5.2	1.9	9.2	0.3	0.0	0.6	0.0	Azerbaïdjan
India	518.8	643.5	434.5	...	...	...	...	...	...	...	Inde
Iran (Islamic Rep. of)	...	...	...	...	...	...	398.9	...	...	...	Iran (Rép. islam. d')
Kazakhstan	...	0.3	0.7	0.8	0.0	...	...	...	...	...	Kazakhstan
Turkey	22.0	6.0	#61.0	72.0	41.0	34.0	19.0	33.4	35.8	C	Turquie
Viet Nam	314.3	360.9	397.2	415.6	535.0	592.4	626.2	565.9	568.7	631.6	Viet Nam
Europe											**Europe**
Albania	...	26.6	20.2	21.4	14.8	...	14.6	15.0	...	...	Albanie
Belarus	0.0	0.0	0.0	0.1	0.0	0.1	0.2	0.1	...	...	Bélarus
Croatia	7.0	4.0	4.0	3.0	3.0	3.0	2.0	1.0	2.0	1.0	Croatie
Denmark	3.0	5.0	5.0	7.8	14.0	11.3	3.7	5.0	1.9	0.0	Danemark
Finland	0.0	1.0	1.0	1.0	0.0	0.0	0.0	...	...	...	Finlande
Germany	445.9	390.6	370.4	480.9	510.6	482.6	C	377.1	C	C	Allemagne
Greece	53.6	53.4	...	...	...	...	...	...	...	...	Grèce
Italy	149.8	156.8	...	...	...	...	...	...	...	...	Italie
Netherlands	457.0	401.0	438.0	448.0	464.0	423.0	307.0	331.0	...	...	Pays-Bas
Norway	37.0	18.0	C	C	...	...	...	...	...	...	Norvège
Poland	21.7	8.6	4.4	4.2	3.5	1.6	4.7	C	0.7	C	Pologne
Portugal	65.0	72.0	79.4	72.1	74.9	95.2	65.8	87.3	...	...	Portugal
Romania	3.0	2.0	5.0	9.0	5.0	3.0	C	C	C	C	Roumanie
Russian Federation[2]	488.0	671.0	858.0	1136.0	1368.0	1382.0	1671.0	...	...	...	Fédération de Russie[2]
Spain	323.0	156.0	142.0	143.0	154.0	209.0	105.0	120.0	173.0	134.0	Espagne
Sweden	2.0	6.0	25.0	15.7	12.1	11.7	25.0	20.6	22.3	25.3	Suède
United Kingdom	...	...	C	C	C	C	C	83.9	114.5	115.1	Royaume-Uni

General Note.
Soya-bean oil and its fractions, other than crude.

[1] Including refined cotton-seed and olive oil.
[2] All refined vegetable oils.

Remarque générale.
Huile de soja et ses fractions, autres que brutes.

[1] Y Compris l'huile de coton et l'huile d'olive raffinées.
[2] Huiles végétales raffinées de toutes catégories.

Oil, cotton-seed, refined
Huile de coton raffinée

CPC-BASED CODE - CODE BASE CPC
21650-2

Unit: Thousand metric tons | Unité: Milliers de tonnes métriques

Country or area	2003	2004	2005	2006	2007	2008	2009	2010	2011	2012	Pays ou zone
Africa											**Afrique**
Cameroon	18	18	20	16	...	...	...	...	...	...	Cameroun
Egypt	77	44	39	67	86	60	68	98	136	...	Égypte
Kenya	1	1	1	0	0	0	...	0	...	...	Kenya
Mali	30	31	30	12	15	0	2	...	...	...	Mali
Togo	...	7	8	11	6	4	3	3	2	1	Togo
United R. of Tanzania[1]	89	77	94	112	130	125	143	...	...	...	Rép.-U. de Tanzanie[1]
America, North											**Amérique du Nord**
United States	281	316	364	336	306	364	253	C	...	...	États-Unis
America, South											**Amérique du Sud**
Argentina	7	10	9	7	...	...	...	...	...	...	Argentine
Brazil	6	41	16	46	67	102	86	82	64	80	Brésil
Peru	188	185	186	202	205	188	190	234	224	249	Pérou
Asia											**Asie**
Azerbaijan	4	4	6	4	3	2	3	1	1	2	Azerbaïdjan
Iran (Islamic Rep. of)	...	...	...	406	494	475	...	...	...	...	Iran (Rép. islam. d')
Kazakhstan	25	27	37	37	28	...	...	...	...	...	Kazakhstan
Kyrgyzstan	0	0	2	2	1	2	0	2	2	1	Kirghizistan
Tajikistan	30	33	23	20	24	17	13	14	15	19	Tadjikistan
Turkey	14	31	#55	34	23	27	24	39	50	68	Turquie
Europe											**Europe**
Greece	18	25	...	...	...	...	...	...	...	...	Grèce

General Note.
Cotton-seed oil and its fractions, other than crude.

[1] Tanganyika only.

Remarque générale.
Huile de coton et ses fractions, autres que brutes.

[1] Tanganyika seulement.

Oil, olive, refined
Huile d'olive raffinée

CPC-BASED CODE - CODE BASE CPC
21650-3

Unit: Metric tons — Unité: Tonnes métriques

Country or area	2003	2004	2005	2006	2007	2008	2009	2010	2011	2012	Pays ou zone
Africa											**Afrique**
Egypt	...	30	440	273	1169	2185	4114	1506	888	...	Égypte
America, South											**Amérique du Sud**
Brazil	...	...	13747	13584	26008	41868	31571	14753	14547	7361	Brésil
Ecuador	...	48	68	80	47	59	...	...	...	...	Équateur
Asia											**Asie**
Azerbaijan	...	0	0	0	0	5	105	343	318	627	Azerbaïdjan
Cyprus	2	1	1	1	1	C	C	C	C	...	Chypre
Iraq	...	...	...	...	...	196	...	...	...	...	Iraq
Turkey	40003	44888	#113744	C	C	C	C	C	C	100899	Turquie
Europe											**Europe**
Albania	...	316	2800	8984	3879	...	1600	9621	...	...	Albanie
Denmark	1	1	...	...	...	...	...	...	...	...	Danemark
Finland	16	16	16	6	7	0	7	7	8	...	Finlande
Greece	25972	20115	...	...	...	...	...	...	...	...	Grèce
Italy	135744	142002	...	...	...	...	...	...	...	...	Italie
Portugal	27759	24981	24747	C	C	C	C	C	...	...	Portugal
Spain	...	431533	405989	341781	451746	547787	415388	370808	428108	409204	Espagne
Sweden	23	39	72	63	54	48	0	0	106	170	Suède
United Kingdom	...	16038	15647	C	1377	1508	C	621	671	C	Royaume-Uni

General Note.
Olive oil and its fractions, other than virgin.

Remarque générale.
Huile d'olive et ses fractions, autres que vierges.

Oil, corn, crude or refined
Huile de maïs brute ou raffinée

CPC-BASED CODE - CODE BASE CPC
21660-0

Unit: Metric tons — Unité: Tonnes métriques

Country or area	2003	2004	2005	2006	2007	2008	2009	2010	2011	2012	Pays ou zone
Africa											**Afrique**
Cameroon	106224	125177	102199	142264	131248	...	...	...	...	...	Cameroun
Egypt	11336	20726	7455	39733	24854	15601	6320	19549	5608	...	Égypte
Kenya	...	...	...	...	121092	113094	135054	136974	164283	159054	Kenya
Morocco[1,2]	675	675	675	675	675	675	675	675	675	675	Maroc[1,2]
Mozambique[1,2]	20442	19637	20011	21554	21533	22080	22440	25291	25407	19622	Mozambique[1,2]
South Africa[1,2]	68800	70000	71400	73200	74600	75600	76700	77400	78300	76800	Afrique du Sud[1,2]
United R. of Tanzania	[1,2]20700	[1,2]20700	[1,2]20700	[1,2]20700	[1,2]20700	[1,2]20700	[1,2]20700	[1,2]22500	[3]22650	[3]22700	Rép.-U. de Tanzanie
Zimbabwe[1,2]	15300	15300	15300	15300	15300	15300	15300	15300	15300	15300	Zimbabwe[1,2]
America, North											**Amérique du Nord**
Canada[1,2]	42500	44400	46200	48500	50500	52300	53300	54300	55300	55300	Canada[1,2]
Honduras[1,2]	1858	1809	1666	1610	1702	1751	1994	2009	2066	2122	Honduras[1,2]
Mexico	[1,2]17200	[1,2]18200	[1,2]19200	[1,2]20200	52034	52852	56739	57826	55734	54794	Mexique
Saint Lucia[1,2]	1	1	2	1	2	1	0	0	2	2	Sainte-Lucie[1,2]
United States	C	C	C	1840100	C	1824100	1797600	1785100	[1]1140785	[1,2]1140785	États-Unis
America, South											**Amérique du Sud**
Argentina[1,2]	34700	35700	35500	34000	35600	37500	37800	38200	38900	38900	Argentine[1,2]
Brazil	175103	130345	142184	132333	192838	104998	111665	108312	85415	114634	Brésil
Colombia[1,2]	29317	30036	29320	28421	26961	26205	24003	22319	23400	27568	Colombie[1,2]
Venezuela (Bol. R. of)[1]	41062	43039	42683	44846	[2]34200	[2]35300	[2]36200	[2]34900	[2]35000	[2]35000	Venezuela (R.bol.du)[1]
Asia											**Asie**
Azerbaijan	2926	5469	8978	3504	9463	14879	13532	15805	17998	28600	Azerbaïdjan
China[1,2]	48250	47185	141143	177905	210180	258656	237102	230312	245914	245664	Chine[1,2]
China, Hong KongSAR[1,2]	540	540	563	504	504	515	522	532	743	743	Chine,Hong KongRAS[1,2]
Dem.P.R. of Korea[1,2]	21600	21938	22781	23625	22781	23625	25313	26494	26156	26156	Rép.p.d. de Corée[1,2]
Georgia	99	106	105	C	1972	2654	7451	...	11883	5368	Géorgie
India	13717	17150	19841	[1,2]23310	[1,2]35775	[1,2]4950	[1,2]4950	[1,2]4950	[1,2]4950	[1,2]4950	Inde
Indonesia[1,2]	4418	4322	4181	4715	4625	5366	5571	6102	6887	8133	Indonésie[1,2]
Iraq	...	544	...	554	...	...	...	2765	4437	...	Iraq
Israel[1,2]	1200	5300	860	864	624	624	864	864	960	960	Israël[1,2]
Japan	100371	95243	95982	101734	97852	95818	85962	84389	87735	85758	Japon
Kazakhstan	880	697	500	786	1167	[1]705	[1]559	[1]290	[1,2]300	[1,2]300	Kazakhstan
Kuwait	17127	20531	20100	18350	16615	22238	27593	30663	39159	34922	Koweït
Kyrgyzstan	104	14	0	0	0	0	...	0	0	0	Kirghizistan
Nepal	...	...	...	...	5033	...	...	...	...	...	Népal
Philippines[1,2]	4800	4800	4800	4200	4000	4000	6000	6000	6000	6000	Philippines[1,2]
Rep. of Korea[1,2]	4050	3713	3097	2250	2543	2253	1921	1868	1792	1792	Rép. de Corée[1,2]
Singapore[1,2]	196	107	108	47	55	47	83	87	111	111	Singapour[1,2]
Turkey	[1,2]43039	[1,2]36356	152591	155670	149006	130417	147339	115798	132766	101128	Turquie
Uzbekistan[1,2]	4320	4860	4140	4320	4320	4680	4860	4860	4860	4860	Ouzbékistan[1,2]
Europe											**Europe**
Belgium[1,2]	36000	45200	56800	56100	57200	58400	59200	60300	60300	60300	Belgique[1,2]
Bulgaria	[1,2]5400	[1,2]6100	[1,2]5700	[1,2]5600	[1,2]5800	C	C	0	0	0	Bulgarie
Denmark	868	728	1165	1500	1428	5	...	...	...	...	Danemark
Estonia[1,2]	180	288	288	288	297	300	288	288	288	288	Estonie[1,2]
France[1,2]	40600	41800	43300	45100	46800	48900	51000	51200	52200	53100	France[1,2]
Germany[1]	14000	[2]13800	[2]15500	[2]15200	[2]14300	C	C	C	C	C	Allemagne[1]
Greece[4]	17251	22272	...	...	...	...	...	...	...	...	Grèce[4]
Hungary[1,2]	14715	14805	15300	15300	15300	15300	5400	C	12000	36000	Hongrie[1,2]
Italy	171918	160750	[1,2]55900	[1,2]58000	[1,2]59500	[1,2]61600	[1,2]63200	[1,2]63300	[1,2]63500	[1,2]63900	Italie
Netherlands[1,2]	0	0	0	...	...	9000	9750	9750	9750	9750	Pays-Bas[1,2]
Poland	0	14	9	13	C	0	0	0	0	0	Pologne
Portugal	C	45	39	0	0	0	0	0	[1,2]4000	[1,2]4000	Portugal
Rep. of Moldova[1,2]	9800	4400	4800	5200	5300	5900	6300	6600	6900	7100	Rép. de Moldova[1,2]
Romania[1,2]	500	500	500	500	500	1000	1000	1000	1000	1000	Roumanie[1,2]
Russian Federation	5885	4154	11777	10952	9759	11703	8885	9587	12821	13678	Fédération de Russie
Serbia[1]	...	...	...	177	210	466	260	40	...	[2]0	Serbie[1]
Serbia & Montenegro[1,2]	2100	2352	2520	...	...	...	...	...	...	...	Serbie-et-Monténégro[1,2]
Slovakia[1,2]	2304	2297	2293	1290	5967	1612	533	...	...	...	Slovaquie[1,2]
Spain	[1,2]16700	C	18822	C	C	C	C	C	C	125181	Espagne
Sweden	77	77	80	102	212	1523	1823	1888	1322	940	Suède
Switzerland[1,2]	1850	1270	767	698	827	756	652	573	447	447	Suisse[1,2]
Ukraine	C	C	C	C	C	9167	C	8806	12256	11757	Ukraine
United Kingdom	[1,2]19400	[1,2]19800	[1,2]20400	[1,2]20800	...	...	C	C	0	0	Royaume-Uni
Oceania											**Océanie**
Australia[1,2]	1264	1288	1325	1366	1399	1431	1434	1436	1435	1435	Australie[1,2]
New Zealand[1,2]	522	540	540	540	540	540	1098	1116	1116	1116	Nouvelle-Zélande[1,2]

Oil, corn, crude or refined (continued)
Huile de maïs brute ou raffinée (suite)

CPC-BASED CODE - CODE BASE CPC
21660-0

General Note.
Maize (corn) oil and its fractions, not chemically modified, crude and other. Please see commodity notes for more information.

[1] Source: Food and Agriculture Organization of the United Nations (Rome).

[2] FAO estimate.

[3] Tanganyika only.

[4] Excluding Prodcom 2002 code 15.62.10.30.

Remarque générale.
Huile de maïs et ses fractions, non chimiquement modifiées, brutes et autres. Voir les commentaires sur nom de produit pour de plus amples informations.

[1] Source: Organisation des Nations Unies pour l'alimentation et l'agriculture (Rome).

[2] Estimation de la FAO.

[3] Tanganyika seulement.

[4] 2002 code Prodcom 15.62.10.30 non compris.

Margarine and similar preparations
Margarine et préparations similaires

CPC-BASED CODE - CODE BASE CPC
21680-1

Unit: Thousand metric tons — Unité: Milliers de tonnes métriques

Country or area	2003	2004	2005	2006	2007	2008	2009	2010	2011	2012	Pays ou zone
Africa											**Afrique**
Algeria	5.6	3.0	1.1	1.7	0.0	0.0	0.0	0.0	0.0	0.0	Algérie
Egypt	535.2	570.6	428.7	303.5	...	535.7	448.1	...	626.7	...	Égypte
Kenya	7.9	13.0	17.2	19.9	28.3	24.6	17.3	20.7	25.5	24.8	Kenya
South Africa	168.9	...	...	...	...	...	...	...	...	...	Afrique du Sud
Tunisia[1]	42.3	...	...	...	...	...	...	...	...	...	Tunisie[1]
America, North											**Amérique du Nord**
Barbados	4.0	3.9	4.0	4.4	4.6	4.8	4.5	...	...	...	Barbade
Mexico	18.9	18.2	17.7	17.6	#89.8	112.4	116.5	107.8	113.3	129.8	Mexique
Panama[2,3]	4.5	2.6	2.9	3.1	4.0	5.1	4.5	4.2	5.2	5.4	Panama[2,3]
Trinidad and Tobago	...	...	...	...	...	...	5.7	...	...	...	Trinité-et-Tobago
America, South											**Amérique du Sud**
Argentina	20.7	20.4	...	...	...	...	...	...	...	...	Argentine
Brazil	573.7	647.0	688.0	685.8	743.6	763.9	832.9	878.6	883.4	875.8	Brésil
Chile	47.3	...	71.8	42.8	40.6	38.9	29.3	35.5	35.3	...	Chili
Ecuador	...	21.4	24.7	27.2	25.0	27.5	...	...	...	...	Équateur
Guyana	1.9	2.1	1.9	2.3	2.3	1.7	2.0	2.1	...	...	Guyana
Peru	12.6	11.4	16.2	16.4	16.4	16.7	18.1	21.9	19.8	19.5	Pérou
Asia											**Asie**
Afghanistan	0.2	1.9	7.8	8.1	9.3	9.5	9.6	9.7	9.7	9.6	Afghanistan
Armenia	...	...	...	0.0	0.0	0.4	0.2	0.2	0.1	0.0	Arménie
Azerbaijan	8.8	8.8	17.8	7.9	16.1	15.2	15.5	20.2	21.8	0.0	Azerbaïdjan
India	...	0.4	0.5	...	...	...	...	...	...	...	Inde
Iran (Islamic Rep. of)	...	...	...	10.7	6.4	3.0	22.6	...	...	...	Iran (Rép. islam. d')
Iraq	...	...	...	...	...	0.0	...	0.1	0.1	0.1	Iraq
Japan	247.4	248.2	246.9	241.6	242.5	239.4	233.8	230.2	231.4	229.9	Japon
Kazakhstan	22.7	25.2	26.9	25.8	29.0	...	...	...	...	...	Kazakhstan
Malaysia	20.1	18.6	19.6	36.5	32.1	29.9	32.7	35.4	47.0	41.6	Malaisie
Rep. of Korea	40.9	42.1	38.9	37.3	38.9	36.7	36.1	39.7	...	...	Rép. de Corée
Syrian Arab Republic	1.1	0.9	0.7	1.1	0.7	0.6	...	...	...	...	Rép. arabe syrienne
Turkey	569.8	560.6	C	C	C	C	C	C	C	C	Turquie
Europe											**Europe**
Belarus	16.4	16.1	17.1	14.0	14.0	14.6	17.0	19.5	22.4	16.7	Bélarus
Belgium[4]	232.8	...	...	...	...	...	...	...	...	...	Belgique[4]
Bulgaria	14.7	C	20.7	21.1	16.7	C	12.7	14.1	13.7	9.7	Bulgarie
Croatia	12.7	18.1	18.5	17.5	16.2	4.7	17.3	16.1	17.5	16.2	Croatie
Czech Republic	91.4	...	C	C	C	C	C	C	C	C	République tchèque
Denmark	66.7	69.5	68.1	68.3	70.2	66.7	62.6	62.8	67.7	63.1	Danemark
Finland	36.0	42.0	36.7	30.7	32.7	33.2	27.4	20.0	18.0	17.6	Finlande
Germany	505.1	500.2	433.0	424.3	429.5	403.4	405.0	407.1	409.1	395.0	Allemagne
Greece	45.0	45.6	...	...	...	...	...	...	...	...	Grèce
Hungary	...	64.6	C	32.0	C	C	C	21.9	C	C	Hongrie
Italy	117.7	111.9	...	...	...	...	...	...	...	...	Italie
Lithuania	7.4	11.2	10.5	10.2	10.7	11.3	11.4	14.1	14.3	14.2	Lituanie
Netherlands	307.3	295.7	283.5	272.6	288.9	302.3	303.8	307.6	281.1	246.7	Pays-Bas
Norway	43.2	43.6	42.4	42.5	...	...	...	...	...	...	Norvège
Poland	368.8	358.5	360.5	343.5	336.8	309.5	225.2	218.3	220.4	241.2	Pologne
Portugal	39.4	34.0	33.7	32.3	34.4	32.7	32.8	32.2	...	...	Portugal
Rep. of Moldova	3.3	3.5	3.4	2.6	2.2	1.9	1.7	1.3	0.5	0.4	Rép. de Moldova
Romania	67.0	61.3	65.8	59.9	60.2	60.3	56.6	69.8	67.0	66.7	Roumanie
Russian Federation	542.0	560.0	642.0	664.3	752.0	761.5	692.8	437.5	432.6	472.9	Fédération de Russie
Serbia	...	...	...	42.6	43.5	43.5	40.7	43.6	...	...	Serbie
Slovakia	19.7	19.7	16.9	15.5	12.3	10.4	8.3	9.3	8.3	7.9	Slovaquie
Spain	98.3	82.9	84.0	86.2	83.7	64.0	65.0	62.5	48.7	45.3	Espagne
Sweden	C	C	77.9	81.7	78.6	81.5	73.4	14.3	14.3	12.7	Suède
TFYR of Macedonia	2.0	2.0	1.7	1.9	1.9	1.9	2.0	2.0	2.0	2.0	L'ex-RY de Macédoine
Ukraine	123.1	123.2	117.2	172.0	171.1	161.8	179.7	188.4	175.4	177.7	Ukraine
United Kingdom	331.0	293.6	296.7	282.6	247.3	255.0	C	210.9	252.9	203.3	Royaume-Uni

General Note.
Margarine, excluding liquid margarine.

Remarque générale.
Margarine, à l'exclusion de la margarine liquide.

1 Source: African Statistical Yearbook, Economic Commission for Africa (Addis Ababa).
2 Including butter.
3 Data refer to total production.
4 Incomplete coverage.

1 Source: Annuaire statistique pour l'Afrique, Commission économique pour l'Afrique des Nations Unies (Addis-Abeba).
2 Y compris le beurre.
3 Les données se rapportent à la production totale.
4 Couverture incomplète.

Processed liquid milk
Lait liquide traité

CPC-BASED CODE - CODE BASE CPC
22110-0 A

Unit: Thousand hectolitres | Unité: Milliers de hectolitres

Country or area	2003	2004	2005	2006	2007	2008	2009	2010	2011	2012	Pays ou zone
Africa											**Afrique**
Algeria	5780	5106	4754	4383	5848	6872	6192	6722	8799	8581	Algérie
Kenya	1666	1928	2167	2283	2821	2607	3225	3596	3758	3254	Kenya
Lesotho	18	18	20	24	20	14	19	27	...	...	Lesotho
Morocco[1]	...	13750	14100	15710	15000	18000	19600	...	...	...	Maroc[1]
Mozambique	...	24	24	21	24	...	...	...	...	...	Mozambique
Niger	4629	4738	...	...	...	...	...	...	...	...	Niger
Rwanda	...	7	16	16	18	16	15	16	26	63	Rwanda
Seychelles	23	19	18	16	15	14	...	...	...	...	Seychelles
Uganda	149	196	185	...	...	...	...	...	...	...	Ouganda
United R. of Tanzania[2]	94	110	127	124	149	275	244	294	346	357	Rép.-U. de Tanzanie[2]
America, North											**Amérique du Nord**
Dominican Republic	1	4	5	5	5	6	...	...	...	...	Rép. dominicaine
Mexico	38960	40071	41887	42551	42083	43748	43757	41763	39822	36609	Mexique
Panama[3]	576	577	634	643	680	621	662	709	767	807	Panama[3]
United States	52329	52477	54351	55841	57030	56953	57489	58034	...	...	États-Unis
America, South											**Amérique du Sud**
Argentina	80	92	95	102	95	100	...	...	...	...	Argentine
Brazil	66281	64145	82528	84509	90343	83955	101689	92415	100338	103643	Brésil
Chile	...	...	3552	3597	3585	3305	3765	4097	3698	...	Chili
Ecuador	...	1753	1766	1969	2249	2567	...	...	...	...	Équateur
Uruguay	2694	2928	2809	2447	2827	2244	...	2346	...	2684	Uruguay
Asia											**Asie**
Armenia	2180	2790	3000	3122	3510	3123	2869	2999	3157	3198	Arménie
Azerbaijan	20	18	23	18	20	22	39	61	...	...	Azerbaïdjan
Brunei Darussalam	1	1	1	0	...	...	...	...	...	...	Brunéi Darussalam
Cyprus	674	686	682	746	727	838	749	754	763	...	Chypre
Japan	[4]43621	44542	42896	41504	40386	39506	38045	37469	36531	35859	Japon
Kuwait	230	261	264	278	292	339	314	497	477	494	Koweït
Malaysia	1056	1140	1256	1429	1638	1368	1244	1272	1412	1690	Malaisie
Rep. of Korea	17582	17713	17113	17021	16640	16589	16756	17261	16801	17452	Rép. de Corée
Turkey	...	...	3917	7123	9180	10617	9827	11495	...	...	Turquie
Viet Nam	1383	1707	2157	2574	3080	3410	4493	5206	6453	6981	Viet Nam
Europe											**Europe**
Albania	...	25	71	61	59	...	68	100	...	...	Albanie
Bulgaria[5]	324	331	432	461	457	536	552	596	653	700	Bulgarie[5]
Croatia	...	3600	...	...	...	...	...	...	...	...	Croatie
Czech Republic	4968	5354	6359	6833	7008	...	...	...	...	...	République tchèque
Denmark	5105	4788	5017	5100	5412	5559	5235	5089	5164	4851	Danemark
Finland	7454	7583	6598	7113	7956	6470	7629	7431	7131	7366	Finlande
Germany	89491	91085	90278	86765	84839	85412	88076	88089	87902	86485	Allemagne
Greece	4583	4414	...	...	...	...	...	...	...	...	Grèce
Hungary	5590	5518	5472	4817	4648	...	4198	4292	3991	3824	Hongrie
Iceland	...	...	330	...	318	331	386	329	308	295	Islande
Ireland	9479	8349	...	...	...	...	...	...	...	...	Irlande
Italy	26742	26140	...	...	...	...	...	...	...	...	Italie
Latvia	845	923	...	...	...	...	...	...	...	...	Lettonie
Lithuania	766	749	758	803	947	1202	993	938	1024	1011	Lituanie
Montenegro	73	49	36	29	27	29	28	24	21	20	Monténégro
Norway	4853	4939	...	...	...	...	...	...	...	...	Norvège
Poland	18734	19796	22270	22550	23285	22346	25578	25087	25528	25335	Pologne
Portugal	8363	8728	...	...	...	...	...	...	...	...	Portugal
Rep. of Moldova	...	142	205	490	538	647	596	631	...	...	Rép. de Moldova
Romania	1400	1434	1467	1621	1779	1931	2043	2051	2036	1953	Roumanie
Serbia	...	...	...	3948	...	...	...	...	...	...	Serbie
Slovakia	3018	2395	2840	2578	2396	2631	...	...	...	...	Slovaquie
Spain	...	37918	...	C	...	...	...	...	...	...	Espagne
Sweden	10263	10247	9819	10522	10475	10127	10025	9921	9543	9242	Suède
TFYR of Macedonia	375	350	406	365	294	260	272	306	317	275	L'ex-RY de Macédoine
United Kingdom	69341	73525	...	...	...	...	...	...	...	...	Royaume-Uni

General Note.

Liquid milk, not concentrated nor containing added sugar or other sweetening matter.

Remarque générale.

Lait liquide, non concentré ni additionné de sucre ou d'autres édulcorants.

[1] Source: Bulletin of Industrial Statistics for the Arab Countries, United Nations Economic and Social Commission for Western Asia (Beirut).

[2] Tanganyika only.

[1] Source: Bulletin de statistiques industrielles pour les pays arabes, Commission économique et sociale pour l'Asie occidentale des Nations Unies (Beyrouth).

[2] Tanganyika seulement.

CPC-BASED CODE - CODE BASE CPC
22110-0 A

[3] Data refer to total production.
[4] Excluding processed liquid milk for production of confectionary and beverage.
[5] Including sales of dairy products.

[3] Les données se rapportent à la production totale.
[4] A l'exclusion de lait liquide traité pour la production de confiseries et de boissons.
[5] Y compris les ventes des produits laitiers.

Processed liquid milk
Lait liquide traité

CPC-BASED CODE - CODE BASE CPC
22110-0 B

Unit: Thousand metric tons | Unité: Milliers de tonnes métriques

Country or area	2003	2004	2005	2006	2007	2008	2009	2010	2011	2012	Pays ou zone
Africa											**Afrique**
Egypt	...	...	...	...	...	163.3	215.4	...	226.2	...	Égypte
Madagascar	...	0.5	0.7	0.7	...	...	...	...	...	...	Madagascar
America, North											**Amérique du Nord**
Cuba	253.5	218.4	120.9	127.8	123.9	86.3	98.1	105.1	92.6	108.6	Cuba
America, South											**Amérique du Sud**
Argentina	2.0	2.3	...	...	...	...	...	...	...	...	Argentine
Peru	270.0	311.9	327.4	364.2	384.0	397.8	363.6	409.5	418.9	425.5	Pérou
Asia											**Asie**
Azerbaijan	...	...	...	...	...	...	...	...	7.2	19.3	Azerbaïdjan
Georgia	...	...	...	...	...	...	2.7	3.1	4.9	5.5	Géorgie
Iran (Islamic Rep. of)	...	...	...	1777.8	1656.1	1892.2	2061.8	...	...	...	Iran (Rép. islam. d')
Iraq	...	0.1	...	...	...	0.1	...	...	0.1	0.4	Iraq
Kazakhstan	147.1	154.0	179.2	224.8	257.7	...	...	...	...	...	Kazakhstan
Kyrgyzstan	5.4	7.7	9.9	12.6	16.7	14.6	22.1	27.0	19.6	23.0	Kirghizistan
Syrian Arab Republic	16.2	14.9	10.6	14.9	11.1	11.5	...	...	...	...	Rép. arabe syrienne
Tajikistan	4.7	5.0	4.7	3.9	5.1	3.9	4.0	4.1	4.4	4.8	Tadjikistan
Thailand	160.6	167.9	225.6	198.8	181.3	175.0	...	...	...	...	Thaïlande
Turkey	...	...	...	...	...	...	...	1149.5	1261.2	1357.9	Turquie
Europe											**Europe**
Belarus	291.7	290.5	368.2	449.2	418.8	438.3	451.2	584.4	699.0	783.0	Bélarus
Bulgaria[1]	33.4	34.1	44.5	50.4	47.2	55.2	56.8	61.4	67.3	72.1	Bulgarie[1]
Croatia	...	...	408.9	350.4	374.7	376.1	338.8	347.5	338.6	326.5	Croatie
Czech Republic	...	...	...	701.2	721.7	775.0	802.4	763.0	819.6	803.1	République tchèque
Estonia	...	73.4	78.6	82.9	88.0	87.4	112.2	92.1	89.3	86.0	Estonie
Finland	...	...	...	...	...	667.8	786.9	766.8	739.5	743.4	Finlande
Hungary	...	...	...	...	...	...	430.9	435.4	402.9	393.2	Hongrie
Latvia	...	...	131.2	128.3	119.7	112.1	87.5	86.1	78.6	80.0	Lettonie
Netherlands	...	...	...	...	...	...	...	...	160.3	272.7	Pays-Bas
Poland	...	...	...	...	2377.2	2287.2	2618.6	2572.0	2635.2	2592.8	Pologne
Portugal	...	...	840.8	925.4	895.3	850.5	825.7	824.9	...	...	Portugal
Rep. of Moldova	...	16.0	20.8	50.3	55.3	66.6	61.4	65.0	62.9	62.4	Rép. de Moldova
Romania	144.2	147.8	156.9	167.7	183.3	196.0	198.1	199.8	206.9	205.0	Roumanie
Russian Federation	[2]3538.0	[2]3861.0	[2]4188.0	[2]4105.8	[2]4187.9	[2]4217.6	[2]4388.6	4943.8	4926.4	5267.3	Fédération de Russie
Slovakia	...	...	285.5	258.4	249.5	277.5	298.9	359.8	334.8	345.2	Slovaquie
Slovenia	...	...	C	C	180.6	C	C	176.1	166.3	165.2	Slovénie
Spain	...	C	3568.0	C	3292.1	3609.0	2991.9	3528.4	3632.3	3403.4	Espagne
Ukraine	[3]645.2	[3]716.0	[3]863.6	[3]819.6	[3]863.3	[3]808.1	[3]769.6	[3]801.4	890.1	909.5	Ukraine
United Kingdom	...	...	...	...	6188.2	6862.7	7111.5	7167.5	7233.1	7074.6	Royaume-Uni

General Note.
Liquid milk, not concentrated nor containing added sugar or other sweetening matter.

Remarque générale.
Lait liquide, non concentré ni additionné de sucre ou d'autres édulcorants.

[1] Including sales of dairy products.
[2] Drinkable (whole) milk.
[3] Including other processed milk (National product list code 15.51.11.900).

[1] Y compris les ventes des produits laitiers.
[2] Lait potable (entier).
[3] Y compris autres laits transformés (Code de la liste nationale de produits 15.51.11.900).

Cream
Crème

CPC-BASED CODE - CODE BASE CPC
22120-0 A

Unit: Thousand hectolitres | Unité: Milliers de hectolitres

Country or area	2003	2004	2005	2006	2007	2008	2009	2010	2011	2012	Pays ou zone
Africa											**Afrique**
Kenya	1	1	2	2	4	5	6	6	7	5	Kenya
America, North											**Amérique du Nord**
United States	1920	1926	1989	2061	2099	2058	2054	2059	...	...	États-Unis
America, South											**Amérique du Sud**
Ecuador	...	13	20	27	34	27	...	...	...	...	Équateur
Asia											**Asie**
Azerbaijan	7	5	5	7	6	5	4	3	...	...	Azerbaïdjan
Cyprus	12	15	...	...	...	...	...	...	...	...	Chypre
Europe											**Europe**
Bulgaria[1]	5	8	9	9	12	12	14	13	13	9	Bulgarie[1]
Croatia	...	9	...	...	...	...	...	...	...	...	Croatie
Czech Republic	271	352	444	266	257	...	...	...	...	...	République tchèque
Denmark	589	548	1250	727	646	559	541	548	524	775	Danemark
Finland	481	556	432	394	446	396	380	388	437	459	Finlande
France	7331	7407	[2]7032	...	...	...	...	...	...	...	France
Germany	9352	9431	9799	9676	10126	10037	10193	10163	10278	10336	Allemagne
Greece	74	72	...	...	...	...	...	...	...	...	Grèce
Hungary	112	81	69	74	62	95	52	45	40	43	Hongrie
Iceland	...	...	20	...	21	22	22	21	22	22	Islande
Ireland	214	200	...	...	...	...	...	...	...	...	Irlande
Italy	1419	1406	...	...	...	...	...	...	...	...	Italie
Latvia	27	34	...	...	...	...	...	...	...	...	Lettonie
Lithuania	117	252	389	372	580	531	505	447	734	735	Lituanie
Norway	280	347	...	...	...	...	...	...	...	...	Norvège
Poland	2320	2702	3125	3395	3473	3685	3517	3313	3259	3451	Pologne
Portugal	253	256	...	...	...	...	...	...	...	...	Portugal
Rep. of Moldova	...	3	3	3	3	2	2	2	...	...	Rép. de Moldova
Romania	280	339	437	479	527	...	...	...	...	...	Roumanie
Slovakia	228	270	364	346	343	...	...	...	...	...	Slovaquie
Slovenia	131	158	...	...	...	...	...	...	...	...	Slovénie
Spain	...	990	C	C	...	...	...	...	...	...	Espagne
Sweden	1205	1085	782	938	1063	1081	969	949	938	883	Suède
United Kingdom	3962	3971	...	...	...	...	...	...	...	...	Royaume-Uni

General Note.
Milk and cream, not concentrated nor containing added sugar or other sweetening matter, of a fat content, by weight, exceeding 6 %.

[1] Including sales of dairy products.
[2] Incomplete coverage.

Remarque générale.
Lait et crème de lait, non concentrés ni additionnés de sucre ou d'autres édulcorants, d'une teneur en poids de matières grasses excédant 6 %.

[1] Y compris les ventes des produits laitiers.
[2] Couverture incomplète.

Cream
Crème

CPC-BASED CODE - CODE BASE CPC
22120-0 B

Unit: Thousand metric tons | Unité: Milliers de tonnes métriques

Country or area	2003	2004	2005	2006	2007	2008	2009	2010	2011	2012	Pays ou zone
Africa											**Afrique**
Egypt	2.8	0.0	0.0	0.1	...	0.0	0.1	...	0.1	...	Égypte
America, North											**Amérique du Nord**
Mexico	117.3	140.1	155.4	199.1	205.3	125.4	119.0	123.2	127.1	164.7	Mexique
America, South											**Amérique du Sud**
Brazil	102.4	69.9	141.1	232.6	305.2	279.8	312.9	213.6	229.6	321.6	Brésil
Chile	...	...	19.5	16.0	16.7	17.8	19.7	18.8	23.5	...	Chili
Ecuador	...	0.2	0.1	0.0	0.3	2.2	...	...	...	...	Équateur
Asia											**Asie**
Azerbaijan	...	...	...	...	...	...	...	...	0.3	0.4	Azerbaïdjan
Cyprus	1.2	1.5	1.5	...	...	...	...	...	...	...	Chypre
Iran (Islamic Rep. of)	...	...	...	70.9	77.6	78.0	83.7	...	...	...	Iran (Rép. islam. d')
Iraq	...	3.4	...	14.7	...	2.3	1.3	2.0	1.8	...	Iraq
Japan	93.2	91.5	91.0	95.6	103.1	107.5	104.9	107.4	111.7	113.0	Japon
Kazakhstan	0.9	0.4	0.5	0.8	1.0	...	...	...	...	...	Kazakhstan
Kyrgyzstan	0.4	0.4	0.2	0.2	0.0	0.0	0.1	0.1	0.0	0.0	Kirghizistan
Turkey	...	...	26.2	7.8	8.8	11.0	10.7	15.4	30.3	65.3	Turquie
Europe											**Europe**
Albania	...	...	...	0.1	0.0	...	0.0	0.0	...	...	Albanie
Belarus	7.5	7.7	8.1	8.5	8.9	9.2	7.3	12.1	14.6	22.6	Bélarus
Bulgaria[1]	...	...	0.9	0.9	1.2	1.2	1.3	1.2	1.3	0.9	Bulgarie[1]
Croatia	...	...	4.9	6.2	6.7	10.9	9.7	10.5	12.9	12.0	Croatie
Czech Republic	...	...	...	36.8	26.0	36.1	37.1	C	C	C	République tchèque
Estonia	...	11.0	12.6	9.6	15.1	13.9	11.6	14.8	10.3	13.0	Estonie
Finland	...	...	43.5	39.7	45.8	39.9	38.3	39.0	44.0	45.9	Finlande
Hungary	...	...	...	...	...	...	5.4	4.6	4.0	4.4	Hongrie
Latvia	...	...	4.5	6.1	6.0	5.1	9.1	8.7	10.5	14.5	Lettonie
Lithuania	11.7	25.2	...	...	...	...	...	...	...	...	Lituanie
Poland	...	...	...	...	348.2	369.3	353.5	332.7	327.6	346.8	Pologne
Portugal	...	...	18.2	18.1	17.9	15.6	16.2	16.6	...	...	Portugal
Rep. of Moldova	...	0.3	0.3	0.3	0.3	0.2	0.2	0.2	0.2	0.2	Rép. de Moldova
Romania	28.8	35.0	54.9	49.7	54.3	43.4	51.6	43.2	44.0	45.6	Roumanie
Russian Federation	54.4	56.1	63.1	75.1	80.4	69.5	77.1	80.6	83.4	95.1	Fédération de Russie
Slovakia	...	...	...	33.5	34.3	38.3	39.3	29.7	38.3	37.0	Slovaquie
Slovenia	...	...	13.5	11.2	13.2	13.1	12.3	12.1	12.1	11.1	Slovénie
Spain	...	C	C	C	120.7	140.4	116.4	142.2	130.2	122.0	Espagne
TFYR of Macedonia	0.4	0.7	0.6	0.6	0.9	0.7	0.7	0.8	1.0	1.2	L'ex-RY de Macédoine
Ukraine	9.9	23.6	21.2	14.0	14.6	18.4	16.0	19.8	31.4	36.1	Ukraine
United Kingdom	...	...	...	...	411.1	338.7	315.4	360.5	375.6	351.5	Royaume-Uni

General Note.
Milk and cream, not concentrated nor containing added sugar or other sweetening matter, of a fat content, by weight, exceeding 6 %.

[1] Including sales of dairy products.

Remarque générale.
Lait et crème de lait, non concentrés ni additionnés de sucre ou d'autres édulcorants, d'une teneur en poids de matières grasses excédant 6 %.

[1] Y compris les ventes des produits laitiers.

Milk and cream in solid forms
Lait et crème de lait, sous formes solides

CPC-BASED CODE - CODE BASE CPC
22910-0

Unit: Metric tons | Unité: Tonnes métriques

Country or area	2003	2004	2005	2006	2007	2008	2009	2010	2011	2012	Pays ou zone
Africa											**Afrique**
Egypt	147587	147587	174273	130572	...	...	166251	...	149974	...	Égypte
Kenya	[1,2]3500	745	3282	4092	3401	2753	1776	3530	7585	1591	Kenya
Madagascar	...	49700	64471	69145	...	...	...	...	...	...	Madagascar
South Africa[1]	24745	28410	[2]30500	[2]30500	[2]30500	[2]30500	[2]29900	[2]29900	[2]29900	[2]29900	Afrique du Sud[1]
Uganda[1,2]	...	...	...	...	...	2200	2200	2200	2200	2200	Ouganda[1,2]
Zimbabwe[1,2]	6917	6917	6917	6917	6916	6918	6970	7006	6991	6991	Zimbabwe[1,2]
America, North											**Amérique du Nord**
Canada[1,2]	94319	89841	74118	75180	79460	90860	84720	83120	77220	77220	Canada[1,2]
Costa Rica[1,2]	7875	7875	7875	9125	9750	7350	10475	17450	21825	21825	Costa Rica[1,2]
Cuba	7000	7000	12000	16000	18000	20000	15000	20000	23000	23000	Cuba
El Salvador[1,2]	469	465	471	541	701	938	738	638	629	629	El Salvador[1,2]
Guatemala[1,2]	1484	1562	1567	1563	1729	1807	1879	1818	1845	1845	Guatemala[1,2]
Honduras[1,2]	370	375	385	390	395	413	395	395	413	413	Honduras[1,2]
Mexico	147584	160178	168162	182601	271437	267104	255997	274451	283083	295601	Mexique
Nicaragua[1,2]	1250	1250	1250	1250	1250	8625	9375	10250	7875	7875	Nicaragua[1,2]
Panama[1,2]	10045	10173	9239	9157	11293	11475	11817	13209	12219	12219	Panama[1,2]
United States	764522	686825	742773	733596	731310	918034	851276	937298	[1,2]814840	[1,2]814840	États-Unis
America, South											**Amérique du Sud**
Argentina	20967	33343	42326	53604	...	...	...	...	...	...	Argentine
Bolivia (Plur. State of)[1,2]	11000	11500	11700	12100	12100	12100	12100	13580	13580	13580	Bolivie (État plur. de)[1,2]
Brazil	362736	528731	537110	556071	623289	649923	688824	610889	694175	700624	Brésil
Chile	61867	63633	72571	67409	80835	73871	71640	85399	69702	[1,2]106700	Chili
Colombia[1,2]	39500	40000	40250	40250	40250	40250	40250	41250	41250	41250	Colombie[1,2]
Ecuador	4399	[1,2]25000	[1,2]30000	[1,2]32000	[1,2]35000	[1,2]37000	[1,2]40000	[1,2]42000	[1,2]45000	[1,2]45000	Équateur
Uruguay	[1,2]39100	[1,2]39700	[1,2]55500	[1,2]64000	[1,2]51200	[1,2]57100	[1,2]82000	61103	[1,2]58500	95069	Uruguay
Venezuela (Bol. R. of)[1]	27000	20620	[2]23770	[2]28460	[2]27430	[2]26330	[2]25730	[2]25730	[2]25730	[2]25730	Venezuela (R.bol.du)[1]
Asia											**Asie**
Armenia	153	138	182	201	181	13	90	377	250	475	Arménie
Azerbaijan	...	...	...	...	...	...	260	43	96	9	Azerbaïdjan
Georgia[1,2]	132	132	132	132	132	132	132	132	132	132	Géorgie[1,2]
India	147372	146952	148064	150785	[1,2]164801	[1,2]171499	[1,2]143310	[1,2]140450	[1,2]132636	[1,2]132636	Inde
Iran (Islamic Rep. of)	...	...	...	13883	19132	19110	29611	...	...	...	Iran (Rép. islam. d')
Israel[1,2]	4000	5200	5450	5450	5450	5450	5450	5450	5450	5450	Israël[1,2]
Japan	236000	232000	233000	226000	217000	202000	215000	202000	179000	175000	Japon
Kazakhstan	2138	2604	4277	4444	3847	[1,2]17274	[1,2]17582	[1,2]17143	[1,2]17411	[1,2]17411	Kazakhstan
Kyrgyzstan	743	1025	1337	1292	2244	1551	1338	3189	2998	2182	Kirghizistan
Malaysia	43342	34573	36935	34253	33477	46875	19789	14092	...	...	Malaisie
Nepal	...	...	...	...	890	...	...	...	...	...	Népal
Rep. of Korea[1,2]	42518	44938	48260	41534	47490	47055	38107	35484	33129	33129	Rép. de Corée[1,2]
Turkey	...	...	11000	43000	37000	37000	38000	54483	57415	84852	Turquie
Uzbekistan[1,2]	1620	1800	1800	1800	1800	1800	1800	1800	1800	1800	Ouzbékistan[1,2]
Europe											**Europe**
Albania	...	...	...	...	200	...	...	...	...	...	Albanie
Austria[1]	9365	6955	8865	5229	3903	3848	6600	[2]6600	[2]6600	[2]6600	Autriche[1]
Belarus	62000	90000	111000	125000	138000	178000	192000	207000	101000	122000	Bélarus
Belgium[1]	168860	158070	[2]145400	[2]138000	[2]120000	165820	161420	...	...	...	Belgique[1]
Bosnia & Herzegovina	[#]137	[1,2]539	[1,2]249	[1]241	[1]197	[1]112	[1]300	[1]120	[1]150	[1,2]150	Bosnie-Herzégovine
Bulgaria[3]	0	1000	C	C	C	C	0	0	0	0	Bulgarie[3]
Croatia	423	1000	1063	1003	1528	2725	1648	464	750	583	Croatie
Czech Republic	63000	59000	50000	35000	39000	38000	26000	26000	C	31887	République tchèque
Denmark	114000	144000	204829	160075	91321	85175	111898	141631	130327	134867	Danemark
Estonia	4951	33100	29100	12582	14848	14016	10174	6038	5692	1401	Estonie
Finland	26000	32000	25000	23000	17000	9000	18000	20000	18000	23000	Finlande
France	401000	344000	[4]381000	[1]424160	[1]397050	[1,2]400000	[1,2]450000	[1,2]478944	[1,2]464146	[1,2]464146	France
Germany	511045	449075	462745	408987	456149	C	442551	451428	505492	456394	Allemagne
Hungary	14000	3432	3181	1840	2459	2081	492	300	243	381	Hongrie
Iceland	630	[1,2]790	671	[1,2]800	675	646	777	703	680	716	Islande
Ireland	162681	149776	[1,2]111600	[1,2]142500	[1,2]138300	[1,2]106600	[1,2]123400	[1,2]118300	[1,2]124500	[1,2]124500	Irlande
Italy	23014	21800	...	...	...	...	...	...	...	...	Italie
Lithuania	14900	16100	11400	12600	23100	15800	30672	15684	16221	22132	Lituanie
Netherlands	510730	502938	582977	548691	715905	[1,2]173000	[1,2]186000	[1,2]186000	19790	33063	Pays-Bas
Norway	11000	11000	[1,2]7000	[1,2]7000	[1,2]7000	[1,2]7000	[1,2]7000	[1,2]7000	[1,2]7000	[1,2]7000	Norvège

For general note and footnotes, see end of table | Voir la fin du tableau pour la remarque générale est les notes

Milk and cream in solid forms (continued)
Lait et crème de lait, sous formes solides (suite)

CPC-BASED CODE - CODE BASE CPC
22910-0

Unit: Metric tons | Unité: Tonnes métriques

Country or area	2003	2004	2005	2006	2007	2008	2009	2010	2011	2012	Pays ou zone
Poland	167000	175000	187426	163653	152591	157687	146752	122300	137317	148885	Pologne
Portugal	18000	11511	13246	12897	14113	8133	12814	8344	[1]16687	[1,2]16687	Portugal
Rep. of Moldova	[1,2]4188	5100	4565	3806	2676	2693	1821	1106	625	536	Rép. de Moldova
Romania	9000	11000	12000	9000	9000	6000	4000	4000	2000	2000	Roumanie
Russian Federation	[5]95100	[5]91400	[5]79700	[5]75320	[5]78826	[5]83179	[5]48681	109516	134357	127831	Fédération de Russie
Serbia	...	...	...	4511	5780	5136	2162	2145	[1,2]1095	[1,2]1095	Serbie
Serbia & Montenegro[1,2]	2500	2500	2500	...	...	...	...	...	...	...	Serbie-et-Monténégro[1,2]
Slovakia	14000	10000	11800	10988	11994	10076	4258	1825	4428	5469	Slovaquie
Spain	[1,2]26300	16626	16460	17632	18900	22800	18902	C	13154	12325	Espagne
Sweden	31000	37000	37000	48461	47133	50429	59099	54789	50584	67115	Suède
Switzerland[1]	48939	46512	46062	43835	45936	49983	56905	53308	[2]53308	[2]53308	Suisse[1]
Ukraine	88523	106159	112724	105799	124707	94782	66729	68848	53590	63095	Ukraine
United Kingdom	223000	191000	[1]121000	[1,2]114000	C	115532	C	C	C	66931	Royaume-Uni
Oceania											**Océanie**
Australia[1]	380000	376000	394500	349000	299000	308000	[2]315000	[2]294000	[2]303000	[2]303000	Australie[1]
New Zealand[1,2]	908000	922000	810000	871000	923000	997000	1183000	1307000	1296000	1296000	Nouvelle-Zélande[1,2]

General Note.
Milk and cream, concentrated or containing added sugar or other sweetening matter, in powder, granules or other solid forms. Please see commodity notes for more information.

[1] Source: Food and Agriculture Organization of the United Nations (Rome).
[2] FAO estimate.
[3] Including sales of dairy products.
[4] Incomplete coverage.
[5] Dried cows' milk (whole), dried cream and dried mixes for ice cream.

Remarque générale.
Lait et crème de lait, concentrés ou additionnés de sucre ou d'autres édulcorants, en poudre, en granulés ou sous d'autres formes solides. Voir les commentaires sur nom de produit pour de plus amples informations.

[1] Source: Organisation des Nations Unies pour l'alimentation et l'agriculture (Rome).
[2] Estimation de la FAO.
[3] Y compris les ventes des produits laitiers.
[4] Couverture incomplète.
[5] Lait de vache, entier, en poudre; crème et mélanges pour crèmes glacées, en poudre.

Milk and cream, condensed (industrial production)
Lait et crème de lait, concentrés (production industrielle)

CPC-BASED CODE - CODE BASE CPC
22920-0

Unit: Thousand metric tons — Unité: Milliers de tonnes métriques

Country or area	2003	2004	2005	2006	2007	2008	2009	2010	2011	2012	Pays ou zone
Africa											**Afrique**
Cameroon	1.0	...	...	...	[1]10.6	[1]0.3	[1]1.1	...	...	...	Cameroun
South Africa	13.0	...	...	...	...	...	...	...	...	...	Afrique du Sud
America, North											**Amérique du Nord**
Cuba	12.0	17.0	21.0	22.0	21.0	22.0	21.0	0.0	1.0	1.0	Cuba
United States	790.0	760.0	826.0	877.0	1074.0	796.0	777.0	835.0	...	...	États-Unis
America, South											**Amérique du Sud**
Argentina	106.5	114.5	115.5	123.8	...	...	...	...	...	...	Argentine
Brazil[1]	547.0	376.1	419.6	481.7	531.9	562.3	948.0	1061.0	917.0	836.0	Brésil[1]
Chile	...	...	44.7	37.4	46.9	45.9	38.6	49.8	41.7	...	Chili
Ecuador	...	...	4.5	...	3.2	3.9	...	...	...	...	Équateur
Asia											**Asie**
Armenia	0.1	0.1	0.1	0.1	0.0	0.0	0.0	0.0	...	...	Arménie
Azerbaijan	0.0	0.0	0.0	0.0	0.0	0.1	0.4	0.1	0.0	0.0	Azerbaïdjan
Georgia	1.0	C	...	...	...	...	...	...	...	...	Géorgie
Japan	42.0	42.0	42.0	41.0	45.0	44.0	45.0	42.0	42.0	43.0	Japon
Kazakhstan	4.1	7.5	9.8	11.0	11.9	...	...	...	...	...	Kazakhstan
Kyrgyzstan	0.2	0.2	0.3	0.3	0.1	0.0	0.1	0.0	0.1	0.3	Kirghizistan
Malaysia	143.6	123.2	141.8	154.9	170.1	173.2	233.9	233.7	203.3	275.4	Malaisie
Myanmar[2]	1.6	0.9	1.0	1.2	1.5	2.5	1.5	3.5	3.8	...	Myanmar[2]
Turkey	...	...	[#]5.0	C	C	C	C	C	21.0	20.7	Turquie
Europe											**Europe**
Albania	...	...	...	...	0.2	...	...	...	...	...	Albanie
Austria	34.0	...	...	...	...	...	...	...	...	...	Autriche
Belarus	46.0	44.0	56.0	88.0	86.0	101.0	88.0	114.0	124.0	124.0	Bélarus
Bosnia & Herzegovina[1]	81.7	...	...	...	...	...	...	...	...	...	Bosnie-Herzégovine[1]
Croatia	3.0	0.0	0.0	0.0	0.0	1.0	1.0	1.0	1.0	1.0	Croatie
Czech Republic	...	...	C	C	11.0	14.0	19.0	C	C	C	République tchèque
Denmark	3.0	2.0	1.0	1.0	0.6	0.6	0.4	3.1	14.3	0.8	Danemark
Estonia	0.0	...	C	C	C	1.9	C	1.5	1.3	1.3	Estonie
Finland	0.0	0.0	3.0	5.0	3.0	3.0	0.0	0.0	0.0	1.0	Finlande
France[3]	C	205.0	194.0	...	...	...	...	...	...	...	France[3]
Germany	734.0	727.5	758.1	740.6	773.8	C	818.1	770.2	822.7	900.7	Allemagne
Greece[3]	33.7	...	...	...	...	...	...	...	...	...	Grèce[3]
Ireland	C	2.9	...	...	...	...	...	...	...	...	Irlande
Italy	4.1	4.1	...	...	...	...	...	...	...	...	Italie
Lithuania	11.7	10.2	12.2	14.9	20.7	25.2	23.0	24.9	20.0	24.5	Lituanie
Netherlands	375.0	417.0	421.0	468.0	C	...	...	...	22.3	0.0	Pays-Bas
Norway	13.0	10.0	9.0	8.0	...	...	...	...	...	...	Norvège
Poland	...	...	...	49.8	51.6	54.6	56.4	C	C	C	Pologne
Rep. of Moldova	...	0.3	0.3	0.1	0.0	0.1	0.0	0.0	...	...	Rép. de Moldova
Romania	...	1.0	2.0	1.0	10.0	C	C	C	C	C	Roumanie
Russian Federation	[4]304.0	[4]328.0	[4]359.0	[4]333.0	[4]304.0	[4]345.0	[4]332.0	[5]353.0	[5]342.0	[5]349.0	Fédération de Russie
Slovakia	0.3	...	C	C	C	C	C	...	...	...	Slovaquie
Spain	...	62.0	48.0	71.0	80.0	C	C	C	C	C	Espagne
Sweden	6.0	12.0	6.0	5.9	3.7	3.8	3.3	7.3	9.1	5.1	Suède
TFYR of Macedonia	38.0	...	...	...	...	...	...	...	...	...	L'ex-RY de Macédoine
Ukraine	80.6	104.1	107.1	97.8	106.2	99.3	81.9	72.7	62.7	66.1	Ukraine
United Kingdom	160.0	98.0	C	C	C	C	C	C	11.3	C	Royaume-Uni

General Note.
Milk and cream, concentrated or containing added sugar or other sweetening matter, other than in solid forms.

Remarque générale.
Lait et crème de lait, concentrés ou additionnés de sucre ou d'autres édulcorants, autres que sous forme solide.

1 In thousand kilolitres.
2 Twelve months ending 31 March of year stated.
3 Incomplete coverage.
4 Canned milk.
5 Data refer to condensed milk products.

1 En milliers de kilolitres.
2 Période de douze mois finissant le 31 mars de l'année indiquée.
3 Couverture incomplète.
4 Lait en boîte.
5 Les données se rapportent aux produits laitiers concentrés.

Yoghurt and other fermented or acidified milk and cream
Yoghourt et autres laits et crèmes fermentés ou acidifiés

CPC-BASED CODE - CODE BASE CPC
22930-0

Unit: Metric tons | Unité: Tonnes métriques

Country or area	2003	2004	2005	2006	2007	2008	2009	2010	2011	2012	Pays ou zone
Africa											**Afrique**
Cameroon	2261	2208	...	2272	[1]8	[1]1	[1]30	...	...	...	Cameroun
Congo	497	547	...	...	...	...	...	...	...	...	Congo
Egypt	...	8202	27133	57949	...	882	458	...	...	...	Égypte
Kenya[1]	10	10	23	21	24	29	87	90	87	140	Kenya[1]
Mozambique	...	1	0	0	0	...	...	...	...	...	Mozambique
Seychelles[1]	1	1	1	1	2	1	...	...	...	...	Seychelles[1]
South Africa	70124	...	...	...	...	...	...	...	...	...	Afrique du Sud
Togo[1]	...	73	71	116	154	130	132	179	93	62	Togo[1]
United R. of Tanzania[2]	...	...	...	...	...	...	777	...	...	...	Rép.-U. de Tanzanie[2]
America, North											**Amérique du Nord**
Cuba	141800	147000	168000	190800	192500	210800	184940	176434	183545	181508	Cuba
Mexico	471898	523250	553048	570458	703784	681671	695156	745177	766395	791849	Mexique
Panama[3]	2065	2474	2605	2803	3425	3954	3993	4462	5484	5551	Panama[3]
United States	1579917	1698132	1891439	2048597	2125222	2141453	2283202	2453316	...	...	États-Unis
America, South											**Amérique du Sud**
Argentina	271463	357140	405241	473892	511443	519111	515352	...	...	...	Argentine
Chile[1]	1393	1598	1485	1433	1634	1834	1980	1905	2077	...	Chili[1]
Ecuador	...	23966	36343	35328	35613	33154	...	...	...	...	Équateur
Peru	32971	44380	51151	58803	73137	100444	116025	135352	143968	158138	Pérou
Asia											**Asie**
Armenia	...	...	...	...	...	152	232	307	554	374	Arménie
Azerbaijan	539	778	852	1627	2501	2908	3289	5064	7396	7476	Azerbaïdjan
Cyprus	6265	6830	7964	8715	8970	10353	10610	9284	9710	...	Chypre
Georgia	...	C	C	1502	3035	4457	8445	12034	15007	17079	Géorgie
Iran (Islamic Rep. of)	...	...	...	180554	497793	498813	454472	...	...	...	Iran (Rép. islam. d')
Iraq	...	6010	...	3293	...	7877	3546	18711	19567	14295	Iraq
Japan[1]	21397	21410	21768	22474	23292	22336	21997	22348	22997	24783	Japon[1]
Kazakhstan	69599	78618	86944	100902	107299	...	...	...	...	...	Kazakhstan
Kyrgyzstan	1104	971	849	792	758	660	546	418	369	395	Kirghizistan
Rep. of Korea[1]	5664	5635	5521	5763	5492	5115	5114	5125	5149	5269	Rép. de Corée[1]
Turkey	...	...	568687	757791	851277	910215	904576	1043924	1236272	1368431	Turquie
Europe											**Europe**
Albania	...	14937	11858	16121	16386	...	7883	11085	...	...	Albanie
Belarus	126977	126983	137039	148989	171927	170146	168341	188885	#319393	315595	Bélarus
Bulgaria[4]	135453	147410	154173	148025	136542	135330	147582	150734	132716	140183	Bulgarie[4]
Croatia	...	13909	13050	13610	16610	16617	87079	87193	90914	91927	Croatie
Czech Republic	131677	150850	169218	199414	221400	219660	247834	235106	C	C	République tchèque
Denmark	131229	131844	146445	142010	145802	144746	145573	142703	145256	105476	Danemark
Estonia	...	50725	50920	55460	55513	52912	56070	59565	59547	55231	Estonie
Finland	227773	228174	217526	244790	234838	199497	254088	235337	236275	233130	Finlande
France	1556754	C	1602792	...	...	...	...	...	...	...	France
Germany	2430230	2510537	2624115	2522278	2545700	2606491	2575486	2624242	C	C	Allemagne
Hungary	145376	148932	144201	157928	157145	150003	154654	157520	159459	157964	Hongrie
Iceland	...	6594	9726	...	11688	11118	11539	10746	10618	10554	Islande
Ireland	124666	115941	...	...	...	...	...	...	...	...	Irlande
Latvia	59779	62264	68107	72647	73126	69294	65870	66703	63581	65145	Lettonie
Lithuania	68325	74610	69876	80434	86319	72916	75454	75139	73708	78293	Lituanie
Montenegro	...	...	...	...	...	...	8228	6379	6218	8044	Monténégro
Netherlands	...	...	...	...	...	...	...	...	119916	183206	Pays-Bas
Norway	...	...	50710	55804	...	...	...	...	...	...	Norvège
Poland	[1]4468	477070	527647	574837	603694	613454	665011	726951	738136	704869	Pologne
Portugal	90601	94302	99102	104419	105731	104406	106350	117272	...	...	Portugal
Rep. of Moldova	...	17258	21032	21378	23851	23934	26412	27487	28690	30308	Rép. de Moldova
Romania	70529	83189	59358	112293	137887	140688	122974	145427	131993	145929	Roumanie
Russian Federation[5]	472000	530000	604000	679158	789229	794294	775159	769260	709785	729848	Fédération de Russie[5]
Serbia	...	...	...	155725	...	...	...	...	...	...	Serbie
Slovakia	28651	39415	42949	36701	32993	58718	57323	67516	71370	74744	Slovaquie
Slovenia	C	37495	36366	36919	35146	35809	34261	33709	36636	36187	Slovénie
Spain	...	848971	C	832795	C	804612	667023	792842	819878	768226	Espagne
Sweden	327322	318919	273515	328489	306792	318507	318013	296156	296973	302692	Suède
TFYR of Macedonia	13604	13832	14645	16416	19465	21559	25468	28880	29458	32335	L'ex-RY de Macédoine
Ukraine	427073	467450	498789	523513	531969	532349	491581	478797	474241	488631	Ukraine

For general note and footnotes, see end of table | Voir la fin du tableau pour la remarque générale est les notes

Yoghurt and other fermented or acidified milk and cream (continued)
Yoghourt et autres laits et crèmes fermentés ou acidifiés (suite)

CPC-BASED CODE - CODE BASE CPC
22930-0

Unit: Metric tons | Unité: Tonnes métriques

Country or area	2003	2004	2005	2006	2007	2008	2009	2010	2011	2012	Pays ou zone
United Kingdom	...	...	...	...	C	611466	476451	C	C	C	Royaume-Uni

General Note.
Buttermilk, curdled milk and cream, yogurt, kephir and other fermented or acidified milk and cream, whether or not concentrated or containing added sugar or other sweetening matter or flavoured or containing added fruit, nuts or cocoa.

[1] In thousand hectolitres.
[2] Tanganyika only.
[3] Data refer to total production.
[4] Including sales of dairy products.
[5] Yoghurt only.

Remarque générale.
Babeurre, lait et crème caillés, yoghourt, képhir et autres laits et crèmes fermentés ou acidifiés, même concentrés ou additionnés de sucre ou d'autres édulcorants ou aromatisés ou additionnés de fruits ou de cacao.

[1] En milliers de hectolitres.
[2] Tanganyika seulement.
[3] Les données se rapportent à la production totale.
[4] Y compris les ventes des produits laitiers.
[5] Yaourt seulement.

Butter and other fats and oils derived from milk
Beurre et autres matières grasses du lait

CPC-BASED CODE - CODE BASE CPC

22940-0

Unit: Thousand metric tons — Unité: Milliers de tonnes métriques

Country or area	2003	2004	2005	2006	2007	2008	2009	2010	2011	2012	Pays ou zone
Africa											**Afrique**
Algeria	1.1	1.2	1.1	0.7	0.4	0.5	1.0	0.9	1.9	1.2	Algérie
Egypt	0.6	8.3	19.0	3.3	...	0.3	0.3	...	10.9	...	Égypte
Ethiopia	0.2	...	...	...	...	...	...	...	...	...	Éthiopie
Kenya	0.2	0.2	1.1	1.3	1.4	1.0	1.1	2.0	2.2	1.3	Kenya
Morocco	8.6	8.8	8.6	8.0	8.2	8.5	8.8	...	...	...	Maroc
South Africa	13.0	...	...	...	...	...	...	...	...	...	Afrique du Sud
America, North											**Amérique du Nord**
Cuba	1.0	1.0	1.0	1.0	1.0	1.0	1.0	1.0	1.0	1.0	Cuba
Mexico	15.7	19.5	17.5	16.0	14.3	13.2	12.5	14.1	14.9	19.1	Mexique
United States	563.5	565.5	611.2	657.0	695.2	745.7	713.3	709.4	...	...	États-Unis
America, South											**Amérique du Sud**
Argentina	35.5	40.9	40.0	46.9	47.4	50.8	50.6	...	...	...	Argentine
Brazil	38.7	77.5	59.6	68.3	72.8	63.8	78.5	88.6	107.5	129.3	Brésil
Chile	...	...	31.0	50.4	27.6	26.6	33.8	35.1	105.0	...	Chili
Ecuador	3.4	0.9	2.2	2.7	4.0	1.3	...	...	...	...	Équateur
Peru	1.4	1.4	1.3	1.4	1.3	2.0	2.6	2.4	2.9	2.9	Pérou
Asia											**Asie**
Armenia	0.1	0.0	0.4	0.6	0.6	1.3	1.0	1.0	0.8	0.6	Arménie
Azerbaijan	0.2	0.2	0.1	0.2	0.2	0.3	0.5	0.4	0.4	0.5	Azerbaïdjan
Cyprus	0.5	0.4	0.8	0.7	0.5	0.3	0.1	0.1	0.1	...	Chypre
Georgia	0.3	0.7	1.2	1.5	1.5	1.3	1.1	1.8	3.8	4.9	Géorgie
India	82.9	...	71.8	...	...	...	...	...	...	...	Inde
Iran (Islamic Rep. of)	...	...	...	22.6	28.5	46.8	46.0	...	...	...	Iran (Rép. islam. d')
Iraq	...	16.0	...	...	...	...	...	...	...	...	Iraq
Japan	80.1	80.1	84.1	80.5	75.1	71.7	81.0	73.6	62.8	69.0	Japon
Kazakhstan	10.6	13.0	19.7	18.6	19.7	16.6	...	...	...	...	Kazakhstan
Kuwait	0.8	0.8	0.7	0.8	0.7	0.6	0.5	0.7	1.4	2.1	Koweït
Kyrgyzstan	1.8	2.0	4.0	12.2	12.3	14.4	11.0	4.2	2.0	2.2	Kirghizistan
Tajikistan	0.1	0.1	0.1	0.0	0.0	0.0	0.0	0.0	0.0	0.0	Tadjikistan
Turkey	10.9	...	[#]18.6	24.8	26.2	32.2	33.7	38.1	45.1	52.0	Turquie
Europe											**Europe**
Albania	...	0.7	0.6	0.7	0.6	...	0.5	0.7	...	...	Albanie
Austria	34.7	...	...	...	...	...	...	...	...	...	Autriche
Belarus	64.0	82.0	85.0	88.0	82.0	98.0	116.0	99.0	104.0	113.0	Bélarus
Bosnia & Herzegovina[#]	0.3	...	...	...	...	...	...	...	...	...	Bosnie-Herzégovine[#]
Bulgaria[1]	1.3	1.0	3.6	2.2	2.1	1.0	1.2	1.1	1.1	1.1	Bulgarie[1]
Croatia	2.2	6.0	8.6	9.4	10.1	10.1	9.7	9.2	9.7	9.4	Croatie
Czech Republic	58.0	61.0	56.0	52.0	53.0	44.0	42.0	38.0	40.2	36.0	République tchèque
Denmark	93.0	93.0	87.6	53.2	112.2	103.6	66.4	48.2	47.8	42.4	Danemark
Estonia	9.4	17.4	9.1	8.4	8.6	8.0	7.4	5.5	5.6	3.8	Estonie
Finland	66.0	50.0	47.0	48.0	47.0	40.0	50.1	44.3	42.5	37.8	Finlande
France[2]	C	403.0	404.0	...	...	...	...	...	...	...	France[2]
Germany	457.8	429.7	428.1	408.5	437.5	474.9	461.7	454.2	458.5	447.2	Allemagne
Greece[3]	1.2	1.3	...	...	...	...	...	...	...	...	Grèce[3]
Hungary	10.0	8.3	8.8	7.4	8.6	9.1	9.5	9.5	8.7	8.0	Hongrie
Iceland	1.4	1.5	1.5	...	1.8	1.8	2.0	1.9	1.9	1.9	Islande
Ireland	163.0	164.7	...	...	...	...	...	...	...	...	Irlande
Italy	147.4	148.3	...	...	...	...	...	...	...	...	Italie
Latvia	6.7	7.1	7.8	7.6	7.6	5.6	6.1	6.7	5.5	5.4	Lettonie
Lithuania	15.3	15.8	15.3	11.3	13.5	10.7	14.1	8.4	8.4	10.4	Lituanie
Netherlands	189.9	174.7	171.9	207.5	178.5	...	...	...	...	...	Pays-Bas
Norway	13.0	...	...	12.0	...	...	...	...	...	...	Norvège
Poland	163.0	172.0	176.3	168.4	174.3	179.9	175.0	168.9	160.5	164.3	Pologne
Portugal	27.0	24.7	27.3	28.2	27.8	28.8	30.7	27.4	...	...	Portugal
Rep. of Moldova	2.8	3.6	3.4	3.3	3.4	4.3	3.8	4.2	3.9	3.8	Rép. de Moldova
Romania	5.0	6.0	8.0	8.0	8.0	7.0	8.0	8.0	9.0	9.0	Roumanie
Russian Federation	[4]284.8	[4]276.2	[4]253.9	[4]267.8	[4]272.4	[4]269.5	[4]229.8	212.0	218.9	216.0	Fédération de Russie
Serbia	...	...	...	5.5	...	...	...	...	...	...	Serbie
Slovakia	15.0	13.0	9.9	9.2	10.1	9.8	8.7	9.1	11.2	11.9	Slovaquie
Slovenia	C	C	C	C	C	C	C	2.9	2.9	2.8	Slovénie
Spain	...	C	C	C	C	C	C	37.0	41.0	38.0	Espagne
Sweden	75.0	84.0	77.0	67.2	67.2	71.7	76.8	74.4	71.9	72.8	Suède

For general note and footnotes, see end of table

Voir la fin du tableau pour la remarque générale est les notes

Butter and other fats and oils derived from milk (continued)
Beurre et autres matières grasses du lait (suite)

CPC-BASED CODE - CODE BASE CPC

22940-0

Unit: Thousand metric tons — Unité: Milliers de tonnes métriques

Country or area	2003	2004	2005	2006	2007	2008	2009	2010	2011	2012	Pays ou zone
TFYR of Macedonia	...	...	...	...	...	...	*0.2	0.4	0.3	0.2	L'ex-RY de Macédoine
Ukraine	136.3	115.8	119.9	103.8	100.4	84.8	74.7	79.5	76.7	88.7	Ukraine
United Kingdom	[3]146.0	[3]138.0	C	239.1	C	C	C	C	C	C	Royaume-Uni
Oceania											**Océanie**
Australia[5]	137.4	[6]104.3	...	...	...	...	...	...	...	...	Australie[5]
Fiji	1.8	1.4	1.8	1.9	1.9	1.8	1.8	...	...	...	Fidji

General Note.

Butter and other fats and oils derived from milk; dairy spreads.

[1] Including sales of dairy products.
[2] Incomplete coverage.
[3] Excluding Prodcom 2002 code 15.51.30.70.
[4] Butter only.
[5] Twelve months ending 30 June of year stated.
[6] Beginning 2nd Quarter of 2004, series discontinued.

Remarque générale.

Beurre et autres matières grasses du lait; pâtes à tartiner laitières.

[1] Y compris les ventes des produits laitiers.
[2] Couverture incomplète.
[3] 2002 code Prodcom 15.51.30.70 non compris.
[4] Beurre seulement.
[5] Période de douze mois finissant le 30 juin de l'année indiquée.
[6] À partir de 2e trimestre de 2004, série abandonnée.

Cheese and curd
Fromages et caillebotte

CPC-BASED CODE - CODE BASE CPC
22950-0

Unit: Thousand metric tons — Unité: Milliers de tonnes métriques

Country or area	2003	2004	2005	2006	2007	2008	2009	2010	2011	2012	Pays ou zone
Africa											**Afrique**
Algeria	3.6	3.7	3.3	2.7	2.4	1.5	1.4	2.4	3.8	7.0	Algérie
Egypt	...	...	...	...	...	119.3	...	...	...	...	Égypte
Ethiopia	0.1	...	...	...	...	...	...	...	...	...	Éthiopie
Kenya	0.3	0.3	0.3	0.3	0.2	0.2	0.2	0.3	0.3	0.4	Kenya
South Africa	51.0	...	...	...	...	...	...	...	...	...	Afrique du Sud
Sudan (former)[1]	0.2	...	...	...	...	...	...	...	...	...	Soudan (anc.)[1]
Tunisia	15.1	[2]15.0	[2]17.0	[2]19.0	...	...	...	...	...	...	Tunisie
United R. of Tanzania	[1]3.0	...	...	...	...	[3]103.0	[3]43.0	...	...	...	Rép.-U. de Tanzanie
Zambia[1]	1.0	...	...	...	...	...	...	...	...	...	Zambie[1]
America, North											**Amérique du Nord**
Cuba	9.0	9.0	10.0	13.0	14.0	16.0	19.0	16.0	16.0	18.0	Cuba
Mexico	135.1	141.6	149.9	154.6	226.7	236.9	264.5	271.2	278.7	293.8	Mexique
Panama[4]	9.7	10.0	10.2	11.5	11.8	11.4	10.7	11.6	12.9	13.1	Panama[4]
United States	3882.0	4025.0	4150.0	4320.0	4435.0	4496.0	4570.0	4737.0	...	...	États-Unis
America, South											**Amérique du Sud**
Argentina	332.3	378.3	414.4	466.5	486.7	490.6	508.1	...	...	...	Argentine
Brazil	198.9	329.9	422.4	487.0	548.4	589.0	711.3	909.1	924.8	1057.2	Brésil
Chile	53.0	58.8	75.4	153.3	73.4	65.9	61.2	76.1	85.8	...	Chili
Ecuador	5.9	9.0	10.0	9.0	11.8	6.1	...	...	...	...	Équateur
Peru	5.2	5.8	6.2	7.3	7.3	7.2	5.9	6.4	6.7	6.3	Pérou
Asia											**Asie**
Armenia	14.0	14.0	14.0	15.0	17.0	17.0	18.0	17.0	18.0	18.0	Arménie
Azerbaijan	0.2	0.3	0.5	0.4	0.6	1.0	0.9	1.0	0.4	1.3	Azerbaïdjan
Cyprus	11.0	10.0	12.0	11.0	11.0	12.7	13.2	14.8	16.8	...	Chypre
Georgia	0.3	0.4	0.6	0.7	1.3	1.6	1.5	2.0	3.0	3.2	Géorgie
Indonesia	0.9	...	...	...	...	...	...	...	...	...	Indonésie
Iran (Islamic Rep. of)	...	...	...	146.2	184.4	186.2	161.6	...	...	...	Iran (Rép. islam. d')
Iraq	...	0.1	...	0.1	...	0.2	0.9	0.7	1.7	0.6	Iraq
Japan	119.0	120.0	123.0	125.0	125.0	118.0	122.0	125.0	131.0	135.0	Japon
Kazakhstan	6.4	7.0	15.0	17.0	17.2	15.5	...	...	...	...	Kazakhstan
Kyrgyzstan	4.1	4.3	5.1	5.5	5.4	5.5	5.2	5.3	4.8	4.4	Kirghizistan
Rep. of Korea	19.2	26.0	34.9	36.9	45.1	49.2	44.6	43.4	40.0	43.2	Rép. de Corée
Tajikistan	0.2	0.2	0.1	0.1	0.1	0.0	0.0	0.0	0.0	0.0	Tadjikistan
Turkey	71.1	...	#191.4	241.1	270.6	311.1	296.0	383.3	446.2	508.4	Turquie
Europe											**Europe**
Albania	...	13.8	13.8	12.9	13.7	...	13.2	15.1	...	...	Albanie
Austria	149.6	...	...	...	...	...	...	...	...	...	Autriche
Belarus	82.0	113.0	142.0	170.0	187.0	207.0	219.0	242.0	239.0	248.0	Bélarus
Bosnia & Herzegovina#	1.7	...	...	...	...	...	...	...	...	...	Bosnie-Herzégovine#
Bulgaria[5]	77.0	81.0	84.0	82.0	77.0	69.0	75.0	69.0	69.6	69.9	Bulgarie[5]
Croatia	21.8	21.0	38.1	25.8	28.6	30.8	30.3	30.3	31.7	33.4	Croatie
Czech Republic	149.0	152.0	148.0	145.0	136.0	125.0	123.0	134.0	142.9	145.6	République tchèque
Denmark	328.0	376.0	384.0	275.4	336.8	285.8	331.4	315.0	317.2	253.0	Danemark
Estonia	14.1	25.3	31.6	38.1	34.5	36.5	39.0	42.7	43.7	46.0	Estonie
Finland	118.0	115.0	101.0	110.0	105.0	109.9	109.3	112.3	111.3	102.5	Finlande
France	1838.0	1838.0	1821.0	...	...	...	...	...	...	...	France
Germany	2051.1	2103.4	2184.4	2293.0	2324.0	2301.3	C	C	C	C	Allemagne
Greece[6]	84.8	88.5	...	...	...	...	...	...	...	...	Grèce[6]
Hungary	101.0	102.6	101.8	97.6	90.6	91.3	88.8	85.8	80.3	84.0	Hongrie
Iceland	4.2	4.3	4.0	...	5.1	5.1	5.2	5.3	5.4	5.5	Islande
Ireland	147.8	149.4	...	...	...	...	...	...	...	...	Irlande
Italy	1570.6	1873.5	...	...	...	...	...	...	...	...	Italie
Latvia	29.0	32.1	33.6	36.2	38.0	35.4	29.8	32.4	29.5	34.0	Lettonie
Lithuania	68.0	88.4	88.9	100.0	101.4	106.1	107.0	96.1	100.3	116.2	Lituanie
Netherlands	731.9	751.4	766.4	798.9	813.7	...	...	...	17.1	78.4	Pays-Bas
Norway	88.0	91.0	87.0	91.0	...	...	...	...	...	...	Norvège
Poland	528.0	569.1	588.4	634.7	661.2	690.6	706.2	724.5	739.4	775.8	Pologne
Portugal	61.0	59.6	60.6	58.0	61.0	60.2	64.2	65.2	...	...	Portugal
Rep. of Moldova	1.8	4.4	5.3	5.5	6.1	6.8	6.3	7.4	8.4	9.1	Rép. de Moldova
Romania	44.0	48.0	56.0	65.0	78.0	77.0	65.0	65.0	62.0	65.0	Roumanie
Russian Federation	655.0	641.0	695.0	789.1	817.8	799.1	837.1	1119.6	1127.5	1182.7	Fédération de Russie
Serbia	...	...	...	17.4	18.3	21.2	21.9	20.7	...	...	Serbie

For general note and footnotes, see end of table — Voir la fin du tableau pour la remarque générale est les notes

Cheese and curd (continued)
Fromages et caillebotte (suite)

CPC-BASED CODE - CODE BASE CPC
22950-0

Unit: Thousand metric tons — Unité: Milliers de tonnes métriques

Country or area	2003	2004	2005	2006	2007	2008	2009	2010	2011	2012	Pays ou zone
Slovakia	52.0	44.0	53.8	60.0	59.0	46.5	44.3	34.9	32.5	34.1	Slovaquie
Slovenia	24.9	23.2	22.1	20.2	19.0	18.7	18.7	18.8	18.8	18.0	Slovénie
Spain	...	367.0	392.7	400.3	392.5	379.8	314.9	360.8	368.2	345.0	Espagne
Sweden	118.0	117.0	122.0	123.4	110.3	107.4	105.5	104.9	107.0	109.2	Suède
TFYR of Macedonia	3.8	6.0	6.1	6.7	6.8	9.6	7.4	8.6	11.7	14.1	L'ex-RY de Macédoine
Ukraine	230.6	295.2	357.2	310.6	338.3	328.1	308.5	285.5	254.4	247.1	Ukraine
United Kingdom	512.0	522.0	593.6	543.4	586.5	528.9	496.1	C	C	532.5	Royaume-Uni
Oceania											**Océanie**
Australia[7]	367.8	[8]310.3	...	...	...	...	...	...	...	...	Australie[7]

General Note.

Cheese and curd: fresh (unripened or uncured) cheese including whey cheese and curd, grated or powdered cheese of all kinds, processed cheese not grated or powdered, blue-veined cheese and other cheese.

Remarque générale.

Fromages et caillebotte: fromages frais (non affinés), y compris le fromage de lactosérum, et caillebotte, fromages râpés ou en poudre, de tous types, fromages fondus, autres que râpés ou en poudre, fromages à pâte persillée et autres fromages.

[1] Source: African Statistical Yearbook, Economic Commission for Africa (Addis Ababa).
[2] Source: Bulletin of Industrial Statistics for the Arab Countries, United Nations Economic and Social Commission for Western Asia (Beirut).
[3] Tanganyika only.
[4] Data refer to total production.
[5] Including sales of dairy products.
[6] Excluding Prodcom 2002 code 15.51.40.70.
[7] Twelve months ending 30 June of year stated.
[8] Beginning 2nd Quarter of 2004, series discontinued.

[1] Source: Annuaire statistique pour l'Afrique, Commission économique pour l'Afrique des Nations Unies (Addis-Abeba).
[2] Source: Bulletin de statistiques industrielles pour les pays arabes, Commission économique et sociale pour l'Asie occidentale des Nations Unies (Beyrouth).
[3] Tanganyika seulement.
[4] Les données se rapportent à la production totale.
[5] Y compris les ventes des produits laitiers.
[6] 2002 code Prodcom 15.51.40.70 non compris.
[7] Période de douze mois finissant le 30 juin de l'année indiquée.
[8] À partir de 2e trimestre de 2004, série abandonnée.

Ice cream and other edible ice
Glaces de consommation

CPC-BASED CODE - CODE BASE CPC
22970-0 A

Unit: Thousand hectolitres — Unité: Milliers de hectolitres

Country or area	2003	2004	2005	2006	2007	2008	2009	2010	2011	2012	Pays ou zone
Africa											**Afrique**
Egypt	252	...	...	...	...	304	...	...	...	...	Égypte
Kenya	5	5	6	4	5	5	24	26	40	32	Kenya
Madagascar	...	7	9	10	...	...	...	...	...	...	Madagascar
Seychelles	...	...	...	4	...	...	...	...	...	...	Seychelles
South Africa	947	...	...	...	...	...	...	...	...	...	Afrique du Sud
America, North											**Amérique du Nord**
Cuba	0	0	0	0	0	1	1	1	0	0	Cuba
Panama[1]	128	145	147	163	164	155	163	173	173	182	Panama[1]
United States	60709	57581	58128	59660	59304	58285	57136	58030	...	...	États-Unis
America, South											**Amérique du Sud**
Brazil	1336	...	...	...	...	...	...	...	...	...	Brésil
Chile	599	...	888	853	864	810	756	818	...	...	Chili
Asia											**Asie**
Armenia	...	...	...	...	...	37	29	33	35	36	Arménie
China, Hong KongSAR	119	180	97	...	...	...	...	...	...	...	Chine,Hong KongRAS
Japan[2]	1034	1126	1163	1286	1340	1262	1286	1306	1371	1380	Japon[2]
Turkey	...	...	1126	1421	1666	2122	1411	3236	2581	2598	Turquie
Viet Nam	85	81	158	182	160	...	...	...	...	...	Viet Nam
Europe											**Europe**
Austria	19	...	...	...	...	...	...	...	...	...	Autriche
Belgium[3]	1488	...	...	...	...	...	...	...	...	...	Belgique[3]
Bulgaria	164	187	218	244	273	234	213	197	238	248	Bulgarie
Croatia	...	...	...	...	...	2707	2422	2340	2476	2630	Croatie
Czech Republic	439	488	355	382	287	260	375	333	331	299	République tchèque
Denmark	287	267	267	216	265	248	116	...	200	161	Danemark
Estonia	143	185	198	219	217	196	196	219	204	189	Estonie
Finland	543	513	471	481	471	483	428	408	386	340	Finlande
France	4222	3998	4254	...	...	...	...	...	...	...	France
Germany	6359	5552	5875	5842	5805	5880	5956	5841	5895	5811	Allemagne
Greece	305	300	...	...	...	...	...	...	...	...	Grèce
Hungary	472	480	491	572	236	170	149	114	135	153	Hongrie
Iceland	30	31	33	...	37	36	41	32	30	31	Islande
Ireland	274	C	C	...	...	...	...	...	...	...	Irlande
Italy	5130	4708	...	...	...	...	...	...	...	...	Italie
Latvia	148	131	139	143	124	101	83	102	104	98	Lettonie
Lithuania	280	251	275	260	264	265	210	243	181	233	Lituanie
Netherlands	691	622	820	850	614	...	...	...	727	803	Pays-Bas
Norway	625	581	636	600	...	...	...	...	...	...	Norvège
Poland	1741	1929	2016	2159	2235	2033	1876	1766	1833	1972	Pologne
Portugal	223	199	206	210	227	163	155	173	...	...	Portugal
Rep. of Moldova	...	109	122	133	126	115	107	125	124	141	Rép. de Moldova
Romania	211	179	241	305	367	493	519	505	390	416	Roumanie
Slovakia	56	50	50	69	81	76	83	C	C	C	Slovaquie
Slovenia	85	66	67	64	64	C	C	C	C	C	Slovénie
Spain	...	3092	3802	3464	3527	3215	2964	2948	3509	3201	Espagne
Sweden	1118	1575	1029	936	689	823	839	406	390	430	Suède
TFYR of Macedonia	5	5	10	11	17	20	29	28	28	28	L'ex-RY de Macédoine
United Kingdom	...	...	...	...	...	C	4317	4427	4310	4230	Royaume-Uni
Oceania											**Océanie**
Fiji	33	23	25	32	33	30	24	...	...	...	Fidji

General Note.
Ice cream and other edible ice, whether or not containing cocoa.

[1] Data refer to total production.
[2] Milk fat content, 8%.
[3] Incomplete coverage.

Remarque générale.
Glaces de consommation, même contenant du cacao.

[1] Les données se rapportent à la production totale.
[2] Teneur en matières grasses lactiques, 8 %.
[3] Couverture incomplète.

Ice cream and other edible ice
Glaces de consommation

CPC-BASED CODE - CODE BASE CPC
22970-0 B

Unit: Thousand metric tons — Unité: Milliers de tonnes métriques

Country or area	2003	2004	2005	2006	2007	2008	2009	2010	2011	2012	Pays ou zone
Africa											**Afrique**
Egypt	...	34	18	5	...	...	22	...	3	...	Égypte
America, South											**Amérique du Sud**
Brazil	170	176	234	207	249	290	369	396	418	423	Brésil
Ecuador	...	...	...	...	...	23	...	...	...	...	Équateur
Asia											**Asie**
Azerbaijan	0	1	0	0	0	1	0	0	1	1	Azerbaïdjan
Cyprus	7	7	6	4	4	5	5	6	6	...	Chypre
Georgia	3	C	C	4	4	3	4	6	7	9	Géorgie
Iran (Islamic Rep. of)	...	...	...	97	152	298	...	...	...	...	Iran (Rép. islam. d')
Iraq	...	...	...	0	...	0	0	2	3	0	Iraq
Kazakhstan	9	10	12	13	14	...	...	...	...	...	Kazakhstan
Kuwait	10	8	10	8	8	8	8	7	9	7	Koweït
Kyrgyzstan	4	4	4	5	4	4	4	4	5	5	Kirghizistan
Oman	2	...	...	...	...	...	...	...	...	...	Oman
Rep. of Korea	354	380	367	...	...	...	...	...	...	...	Rép. de Corée
Tajikistan	1	1	1	1	1	1	1	1	1	1	Tadjikistan
Thailand	46	48	48	57	56	64	...	...	...	...	Thaïlande
Turkey	65	74	#85	...	...	...	...	...	...	...	Turquie
Europe											**Europe**
Albania	...	1	1	1	2	...	5	1	...	...	Albanie
Belarus	25	25	27	29	31	29	28	33	32	32	Bélarus
Bosnia & Herzegovina	1	...	...	...	...	...	...	...	...	...	Bosnie-Herzégovine
Bulgaria	8	9	12	12	14	...	...	...	...	...	Bulgarie
Croatia	13	11	12	13	16	...	...	...	...	...	Croatie
Lithuania	15	...	...	...	...	...	...	...	...	...	Lituanie
Rep. of Moldova	8	...	8	9	8	8	7	8	...	...	Rép. de Moldova
Russian Federation	387	396	407	389	383	365	354	398	344	365	Fédération de Russie
Serbia	...	...	...	8	...	...	...	...	...	...	Serbie
Ukraine	112	117	125	121	131	125	108	115	102	109	Ukraine

General Note.
Ice cream and other edible ice, whether or not containing cocoa.

Remarque générale.
Glaces de consommation, même contenant du cacao.

Wheat or meslin flour
Farines de froment (blé) ou de méteil

CPC-BASED CODE - CODE BASE CPC
23110-0

Unit: Thousand metric tons — Unité: Milliers de tonnes métriques

Country or area	2003	2004	2005	2006	2007	2008	2009	2010	2011	2012	Pays ou zone
Africa											**Afrique**
Algeria	405	414	215	200	306	445	388	379	421	405	Algérie
Angola[1]	38	...	...	...	...	...	...	...	...	...	Angola[1]
Botswana[1]	106	...	...	...	...	...	...	...	...	...	Botswana[1]
Cameroon	[1]73	63	64	62	67	[1]67	[1]69	...	...	...	Cameroun
Congo	38	43	50	43	40	41	45	...	...	...	Congo
Egypt	5932	5633	6204	5173	5849	7454	7140	6051	6477	[1]5913	Égypte
Ethiopia[1,2]	137	...	...	...	...	...	...	...	...	...	Éthiopie[1,2]
Gabon[1]	52	...	...	...	...	...	...	...	...	...	Gabon[1]
Kenya	249	338	363	393	370	311	497	514	515	607	Kenya
Lesotho	58	75	72	64	77	74	64	68	...	...	Lesotho
Mali	31	57	62	72	56	39	52	...	...	...	Mali
Mauritius	121	83	109	114	112	87	123	128	98	122	Maurice
Mozambique	163	160	204	193	182	...	...	...	...	...	Mozambique
Senegal	[3]207	[3]208	[3]232	[3]224	[3]238	[1]299	[1]298	306	[1]351	[1]334	Sénégal
Sierra Leone	...	...	11	14	14	14	11	...	...	...	Sierra Leone
South Africa[1]	[4]1884	2031	2096	2151	2200	2237	2263	2396	2358	2454	Afrique du Sud[1]
Sudan (former)	[1]890	[1]870	[1]1300	[1]1200	[1]1245	[1]1360	1470	1661	...	...	Soudan (anc.)
Togo	...	52	73	61	57	40	41	50	58	72	Togo
Tunisia	[1]785	[5]807	[5]875	[5]747	[5]774	[1]847	[1]818	[1]822	[1,6]860	[1,6]860	Tunisie
Uganda	42	26	20	...	...	[1]293	...	...	...	...	Ouganda
United R. of Tanzania	[7]21	[7]17	...	[8]320	[8]322	[8]302	[8]369	...	...	...	Rép.-U. de Tanzanie
America, North											**Amérique du Nord**
Barbados	20	20	19	18	18	18	16	...	...	...	Barbade
Belize[1]	12	13	12	13	14	13	14	14	15	15	Belize[1]
Canada	2099	2430	2435	2424	[1]2390	[1]2223	[1]2280	[1]2312	[1]2233	[1]2200	Canada
Cuba	272	369	403	353	391	440	453	505	532	565	Cuba
Dominican Republic	230	252	254	303	308	301	241	371	[1]475	[1]354	Rép. dominicaine
Guatemala[1]	...	...	268	256	254	262	...	...	...	...	Guatemala[1]
Honduras[1]	...	...	...	...	...	...	...	327	332	362	Honduras[1]
Jamaica	123	128	132	130	125	133	...	...	...	...	Jamaïque
Mexico	2616	2573	2600	2646	2899	2834	2919	3054	3211	3224	Mexique
Saint Vincent & Gren.	17	...	...	...	...	...	...	...	...	...	Saint-Vincent-et-Gren.
United States	17978	17874	17922	18304	19004	[1]18883	[1]18809	[1]18933	[1]18676	[1]19067	États-Unis
America, South											**Amérique du Sud**
Argentina	3743	3801	3826	3882	4398	4781	4704	[1]4733	[1]4791	[1]4527	Argentine
Bolivia (Plur. State of)[1]	...	...	...	...	...	...	...	...	...	61	Bolivie (État plur. de)[1]
Brazil	[1]7350	5191	5133	5500	5710	5305	5478	5635	6041	6144	Brésil
Chile	1266	1286	1665	1516	1784	1798	1440	1556	1519	[1]1401	Chili
Colombia[1]	771	...	...	...	...	...	...	...	...	...	Colombie[1]
Ecuador	[1]321	264	245	331	280	194	...	...	...	...	Équateur
Guyana	35	36	37	37	34	35	36	40	...	...	Guyana
Paraguay	33	...	...	...	...	...	...	...	...	...	Paraguay
Peru	986	1003	1034	1103	1056	1044	1079	1214	1251	1248	Pérou
Asia											**Asie**
Armenia	[1]132	[1]147	140	152	145	128	136	156	128	131	Arménie
Azerbaijan	[1]1083	[1]1363	1374	1402	1421	1313	1315	1313	432	904	Azerbaïdjan
Bangladesh[1]	82	89	105	114	123	128	133	157	154	176	Bangladesh[1]
China[1]	[9]63900	...	...	...	65272	[9]79371	...	...	...	...	Chine[1]
China, Hong KongSAR	...	37	...	...	...	...	...	...	...	...	Chine,Hong KongRAS
Cyprus	71	73	71	72	75	100	74	67	69	[1,6]65	Chypre
Georgia	72	141	196	308	361	218	383	402	479	489	Géorgie
India	2879	2796	2374	2153	[1,10]2171	[1,10]2143	[1,10]2341	[1,10]2550	...	...	Inde
Indonesia[1]	2845	3008	2925	3261	3384	2989	3325	3628	4041	5053	Indonésie[1]
Iran (Islamic Rep. of)	...	...	...	8221	7572	11088	2026	...	...	...	Iran (Rép. islam. d')
Iraq	...	...	...	225	...	1725	2008	1811	2139	2534	Iraq
Israel[1]	615	627	604	624	595	698	691	...	...	...	Israël[1]
Japan	[1]4692	[1]4686	[1]4617	[1]4618	4671	4638	4559	4674	4724	4668	Japon
Jordan[1]	469	...	...	...	*330	356	329	296	287	...	Jordanie[1]
Kazakhstan	[1,6]2123	[1,6]2127	2371	2495	2695	[1,6]2904	[1,6]3725	[1]3754	[1,6]3846	[1,6]4009	Kazakhstan
Kuwait	[1]194	220	245	240	270	268	273	269	283	292	Koweït
Kyrgyzstan	421	436	467	485	583	490	513	479	440	447	Kirghizistan
Lebanon[1]	361	360	341	252	379	...	...	...	...	...	Liban[1]
Malaysia	[1]701	[1]725	[1]837	[1]839	[1]885	[1]919	[1]889	960	998	976	Malaisie
Mongolia	[1]54	58	[1]58	[1]64	71	62	105	144	105	115	Mongolie

For general note and footnotes, see end of table — Voir la fin du tableau pour la remarque générale est les notes

Wheat or meslin flour (continued)
Farines de froment (blé) ou de méteil (suite)

CPC-BASED CODE - CODE BASE CPC
23110-0

Unit: Thousand metric tons — Unité: Milliers de tonnes métriques

Country or area	2003	2004	2005	2006	2007	2008	2009	2010	2011	2012	Pays ou zone
Oman	281	...	...	...	...	...	...	...	...	...	Oman
Qatar	[1]26	[1]26	[1]34	[5,11]57	...	...	...	...	...	...	Qatar
Rep. of Korea	1792	1891	1837	1850	1760	1681	1808	1916	1918	1942	Rép. de Corée
Sri Lanka[1]	645	631	...	...	...	...	...	...	...	...	Sri Lanka[1]
Syrian Arab Republic	1716	1753	1807	1832	1897	2062	[1]2020	[1]2073	[1]2285	...	Rép. arabe syrienne
Tajikistan	[1]400	[1]469	466	457	471	477	785	[1]1011	[1]1068	[1]1203	Tadjikistan
Turkey	1917	2121	#5259	5051	5085	5720	5693	7106	7815	7697	Turquie
Turkmenistan[1]	503	...	...	...	...	...	...	...	...	...	Turkménistan[1]
Uzbekistan[1]	...	...	1320	1358	1441	1426	...	...	...	...	Ouzbékistan[1]
Viet Nam	463	644	751	735	761	528	737	582	...	...	Viet Nam
Yemen[1]	491	...	...	...	...	...	...	...	...	...	Yémen[1]
Europe											**Europe**
Albania	38	82	123	388	191	...	129	145	[1]464	...	Albanie
Austria[1]	283	289	326	338	342	573	573	593	593	[6]615	Autriche[1]
Belarus	[1]637	[1]677	606	576	649	672	675	643	477	512	Bélarus
Belgium[1]	1312	1318	1309	...	...	1195	1185	1161	1161	[6]1125	Belgique[1]
Bosnia & Herzegovina[1]	104	107	101	107	123	130	133	138	127	131	Bosnie-Herzégovine[1]
Bulgaria	458	406	400	414	424	424	412	444	446	445	Bulgarie
Croatia	[1]298	317	323	362	346	357	354	357	368	358	Croatie
Czech Republic	761	829	856	822	764	720	710	745	756	755	République tchèque
Denmark	[1]252	[1]260	236	233	247	254	255	300	264	243	Danemark
Estonia	[1]36	[1]46	[1]41	[1]46	[1]52	47	48	51	52	62	Estonie
Finland	[1]230	[1]237	247	231	239	231	221	212	229	222	Finlande
France	4277	4316	4331	[1]4410	[1]4513	[1]4423	[1]4537	[1]4375	[1]4492	[1,6]4445	France
Germany	[1,10]5201	[1,10]5162	4346	4426	4484	4574	4509	4887	4932	5040	Allemagne
Greece	760	708	[1]765	[1]941	[1]622	...	...	[1]910	[1]900	[1,6]837	Grèce
Hungary	[1]1040	768	797	725	721	725	747	793	762	814	Hongrie
Italy	5578	5652	[1]4286	[1]4250	[1]3930	[1]3860	[1]3850	[1]3800	...	[1,6]3884	Italie
Latvia	[1]62	...	...	99	98	99	85	C	C	C	Lettonie
Lithuania	157	181	170	168	150	124	122	124	129	136	Lituanie
Luxembourg[1]	...	...	...	...	35	35	35	35	...	...	Luxembourg[1]
Montenegro[3]	16	35	11	17	21	34	38	31	34	40	Monténégro[3]
Netherlands	[1]1458	[1]1600	[1]1580	[1]1500	[1]1400	[1]1000	[1]1000	[1]1180	799	648	Pays-Bas
Norway[1]	259	258	308	318	...	...	...	...	...	...	Norvège[1]
Poland	[1]2417	[1]2900	[1]3000	2149	2141	2059	2218	2180	2167	2156	Pologne
Portugal	[1]692	645	664	662	656	644	656	649	[1]680	[1,6]680	Portugal
Rep. of Moldova	[1]108	106	124	118	106	115	107	101	114	97	Rép. de Moldova
Romania	[1]1848	...	[1]1750	[1]1620	[1]1600	1071	1001	1055	977	844	Roumanie
Russian Federation	10062	9784	9357	9464	9454	9506	9415	9020	9199	9348	Fédération de Russie
Serbia	[1]475	[1]502	[1]530	524	561	526	537	527	[1]548	[1]530	Serbie
Slovakia	263	243	325	308	315	369	282	266	230	211	Slovaquie
Slovenia	103	100	95	102	88	82	95	108	123	126	Slovénie
Spain	[1]2950	[1]2965	3073	3036	3144	3131	3068	2942	3085	3053	Espagne
Sweden	[1]538	...	573	585	584	491	465	457	442	450	Suède
Switzerland[1]	395	395	367	370	368	368	373	359	368	[6]375	Suisse[1]
TFYR of Macedonia	98	95	79	72	64	85	77	73	92	85	L'ex-RY de Macédoine
Ukraine	2546	2695	2680	2448	2699	2822	2537	2422	2397	2422	Ukraine
United Kingdom	4101	4337	3958	4046	4294	4314	3965	4097	4001	4222	Royaume-Uni
Oceania											**Océanie**
Australia[2]	2043	2153	2078	2081	2016	2052	...	...	...	...	Australie[2]
Fiji	64	88	88	68	53	53	89	[1]100	[1]98	...	Fidji
New Zealand[1,2]	262	261	263	250	246	254	240	239	239	256	Nouvelle-Zélande[1,2]

General Note.
Wheat or meslin flour. Please see commodity notes for more information.

Remarque générale.
Farines de froment (blé) ou de méteil. Voir les commentaires sur nom de produit pour de plus amples informations.

[1] Source: International Grains Council (London).
[2] Twelve months ending 30 June of year stated.
[3] Wheat flour only.
[4] Twelve months ending 30 September of year stated.
[5] Source: Bulletin of Industrial Statistics for the Arab Countries, United Nations Economic and Social Commission for Western Asia (Beirut).
[6] Including flour produced from other grains.
[7] Zanzibar only.
[8] Tanganyika only.
[9] Twelve months ending 31 May of year stated.
[10] Small local mills excluded.
[11] Including bran.

[1] Source: Conseil international des céréales (Londres).
[2] Période de douze mois finissant le 30 juin de l'année indiquée.
[3] Farine de blé seulement.
[4] Période de douze mois finissant le 30 septembre de l'année indiquée.
[5] Source: Bulletin de statistiques industrielles pour les pays arabes, Commission économique et sociale pour l'Asie occidentale des Nations Unies (Beyrouth).
[6] Y compris les farines d'autres grains.
[7] Zanzibar seulement.
[8] Tanganyika seulement.
[9] Période de douze mois finissant le 31 mai de l'année indiquée.
[10] Petites usines locales exclus.
[11] Y compris le son.

Cereal flours other than of wheat or meslin
Farines de céréales autres que de froment (blé) ou de méteil

CPC-BASED CODE - CODE BASE CPC
23120-0

Unit: Thousand metric tons — Unité: Milliers de tonnes métriques

Country or area	2003	2004	2005	2006	2007	2008	2009	2010	2011	2012	Pays ou zone
Africa											**Afrique**
Cameroon	...	...	...	...	63	67	70	...	...	...	Cameroun
Ethiopia	1	...	...	...	...	...	...	...	...	...	Éthiopie
America, North											**Amérique du Nord**
Mexico[1]	1551	1567	1594	1664	2138	2208	2304	2272	2416	2377	Mexique[1]
America, South											**Amérique du Sud**
Brazil	582	471	605	530	518	581	750	688	732	680	Brésil
Chile	...	...	15	25	22	13	12	16	18	...	Chili
Asia											**Asie**
Cyprus	5	...	...	...	...	...	...	...	...	...	Chypre
Iran (Islamic Rep. of)	...	...	...	1	1	...	...	...	...	...	Iran (Rép. islam. d')
Japan[2]	107	115	101	103	115	110	84	...	...	...	Japon[2]
Kazakhstan	7	8	6	7	9	...	...	...	...	...	Kazakhstan
Europe											**Europe**
Albania	...	...	4	6	1	...	2	2	...	...	Albanie
Austria	55	...	...	...	...	...	...	...	...	...	Autriche
Belarus	303	331	250	231	261	255	227	226	257	255	Bélarus
Belgium[3]	23	...	...	...	...	...	...	...	...	...	Belgique[3]
Bosnia & Herzegovina[4]	25	...	...	...	...	...	...	...	...	...	Bosnie-Herzégovine[4]
Bulgaria	2	3	5	6	4	4	2	2	3	2	Bulgarie
Croatia	4	4	12	5	4	4	4	4	4	4	Croatie
Czech Republic	84	80	79	72	76	73	70	66	50	61	République tchèque
Denmark	50	52	46	47	44	37	35	5	26	48	Danemark
Estonia	24	C	C	9	10	9	7	9	9	10	Estonie
Finland	73	83	83	86	84	81	79	92	79	80	Finlande
France	101	122	102	...	...	...	...	...	...	...	France
Germany	222	225	239	234	229	235	238	239	238	245	Allemagne
Greece	118	126	...	...	...	...	...	...	...	...	Grèce
Hungary	15	13	9	36	11	9	10	12	12	9	Hongrie
Italy	676	695	...	...	...	...	...	...	...	...	Italie
Latvia	20	12	C	C	C	31	C	C	C	C	Lettonie
Lithuania	47	48	45	45	25	18	19	30	29	26	Lituanie
Norway	25	25	C	C	...	...	...	...	...	...	Norvège
Poland	257	252	246	246	233	220	223	205	222	227	Pologne
Portugal	60	47	47	41	70	70	66	69	...	...	Portugal
Rep. of Moldova	...	12	20	9	8	8	9	7	4	4	Rép. de Moldova
Romania	47	64	65	86	131	124	107	141	179	156	Roumanie
Russian Federation	1116	1091	999	899	822	748	750	834	770	818	Fédération de Russie
Slovakia	31	24	24	11	12	11	11	12	5	5	Slovaquie
Slovenia	5	5	5	C	4	C	C	C	4	5	Slovénie
Spain	119	132	...	...	...	...	...	...	...	...	Espagne
Sweden	76	74	76	84	81	106	112	103	107	99	Suède
Ukraine	280	254	264	247	208	208	197	208	198	180	Ukraine
United Kingdom	71	79	67	59	48	50	50	54	57	57	Royaume-Uni

General Note.
Cereal flours other than of wheat or meslin: rye flour, maize (corn) flour, rice flour and other.

[1] Maize (corn) flour only.
[2] Production of rice powder only.
[3] Incomplete coverage.
[4] Excluding the Federation of Bosnia and Herzegovina.

Remarque générale.
Farines de céréales autres que de froment (blé) ou de méteil: farine de seigle, farine de maïs, farine de riz et autres.

[1] Farine de maïs seulement.
[2] Production de poudre de riz seulement.
[3] Couverture incomplète.
[4] Non compris la Fédération de Bosnie-Herzégovine.

Maize (corn) flour
Farine de maïs

CPC-BASED CODE - CODE BASE CPC
23120-1

Unit: Thousand metric tons — Unité: Milliers de tonnes métriques

Country or area	2003	2004	2005	2006	2007	2008	2009	2010	2011	2012	Pays ou zone
Africa											**Afrique**
Cameroon	7	6	3	14	5	...	...	...	...	...	Cameroun
Egypt	...	...	...	65	...	550	...	...	...	...	Égypte
Kenya	193	208	283	323	288	351	384	355	375	401	Kenya
Lesotho	115	115	94	93	104	143	139	131	...	...	Lesotho
Mozambique	...	48	45	43	45	...	...	...	...	...	Mozambique
United R. of Tanzania[1]	18	11	25	12	7	19	16	14	14	16	Rép.-U. de Tanzanie[1]
America, North											**Amérique du Nord**
Belize[2]	34	...	...	...	...	...	...	...	...	...	Belize[2]
Costa Rica[2]	12	...	...	...	...	...	...	...	...	...	Costa Rica[2]
Cuba	16	24	21	9	9	12	18	19	15	18	Cuba
Dominican Republic[2]	39	...	...	...	...	...	...	...	...	...	Rép. dominicaine[2]
Guatemala[2]	1054	...	...	...	...	...	...	...	...	...	Guatemala[2]
Haiti[2]	198	...	...	...	...	...	...	...	...	...	Haïti[2]
Honduras[2]	502	...	...	...	...	...	...	...	...	...	Honduras[2]
Jamaica[2]	1	...	...	...	...	...	...	...	...	...	Jamaïque[2]
Mexico	1551	1567	1594	1664	2138	2208	2304	2272	2416	2377	Mexique
Saint Vincent & Gren.[2]	1	...	...	...	...	...	...	...	...	...	Saint-Vincent-et-Gren.[2]
Trinidad and Tobago[2]	3	...	...	...	...	...	...	...	...	...	Trinité-et-Tobago[2]
America, South											**Amérique du Sud**
Brazil	480	365	487	405	403	462	622	552	578	593	Brésil
Chile[2]	1190	...	...	...	...	...	...	...	...	...	Chili[2]
Ecuador	...	1	1	5	1	2	...	...	...	...	Équateur
Guyana[2]	4	...	...	...	...	...	...	...	...	...	Guyana[2]
Paraguay[2]	870	...	...	...	...	...	...	...	...	...	Paraguay[2]
Peru[2]	1471	...	...	...	...	...	...	...	...	...	Pérou[2]
Venezuela (Bol. R. of)[2]	1505	...	...	...	...	...	...	...	...	...	Venezuela (R.bol.du)[2]
Asia											**Asie**
Georgia	...	C	C	C	0	0	1	1	0	0	Géorgie
India	1	15	33	...	...	...	...	...	...	...	Inde
Japan	13	11	10	7	7	8	8	7	8	7	Japon
Thailand	4	4	4	4	4	4	...	...	...	...	Thaïlande
Europe											**Europe**
Bulgaria	2	1	2	3	1	...	...	...	...	...	Bulgarie
Croatia	...	2	2	2	2	0	0	0	0	0	Croatie
Denmark	1	...	...	...	...	...	...	...	...	...	Danemark
Estonia	...	C	C	C	C	9	7	9	9	10	Estonie
Germany	222	225	239	234	229	235	238	239	238	245	Allemagne
Greece	118	126	...	...	...	...	...	...	...	...	Grèce
Hungary	9	6	6	32	7	9	10	12	12	9	Hongrie
Italy	676	695	...	...	...	...	...	...	...	...	Italie
Poland	0	0	0	2	C	C	0	0	0	0	Pologne
Portugal	21	25	24	21	25	23	24	21	...	...	Portugal
Rep. of Moldova	...	7	7	7	4	3	5	5	3	3	Rép. de Moldova
Romania	47	64	65	86	131	124	106	140	178	155	Roumanie
Russian Federation	1	3	2	4	2	1	1	9	19	13	Fédération de Russie
Serbia	...	...	...	3	...	...	...	...	...	...	Serbie
Slovenia	5	5	5	C	5	4	4	C	4	5	Slovénie
Ukraine	5	7	8	13	14	15	12	18	15	16	Ukraine

General Note.
Maize (corn) flour.

[1] Tanganyika only.
[2] Source: United Nations Economic Commission for Latin America and the Caribbean (Santiago).

Remarque générale.
Farine de maïs.

[1] Tanganyika seulement.
[2] Source: Commission économique pour l'Amérique Latine et les Caraïbes des Nations Unies (Santiago).

Groats, meal and pellets of wheat and other cereals
Gruaux, semoules et agglomérés sous formes de pellets de froment (blé) et d'autres céréales

CPC-BASED CODE - CODE BASE CPC

23130-0

Unit: Thousand metric tons | Unité: Milliers de tonnes métriques

Country or area	2003	2004	2005	2006	2007	2008	2009	2010	2011	2012	Pays ou zone
Africa											**Afrique**
Egypt	70	225	17	95	...	...	225	...	124	...	Égypte
Tunisia	630	...	...	...	...	...	...	...	...	...	Tunisie
America, North											**Amérique du Nord**
Mexico	1102	1050	1108	1095	1294	1284	1322	1357	1314	1378	Mexique
America, South											**Amérique du Sud**
Brazil	78	130	139	130	151	174	203	190	237	250	Brésil
Chile	...	...	61	64	69	65	8	77	4	...	Chili
Ecuador	...	2	2	0	2	4	...	...	...	...	Équateur
Peru*	9	...	...	...	...	...	...	...	...	...	Pérou*
Asia											**Asie**
Armenia	0	0	1	0	0	0	0	1	0	0	Arménie
Azerbaijan	1	1	1	0	2	2	1	1	0	1	Azerbaïdjan
Cyprus	2	2	2	...	...	...	...	...	...	...	Chypre
Georgia	0	C	C	C	C	C	C	1	0	1	Géorgie
Japan[1]	78	82	73	66	69	67	52	50	49	42	Japon[1]
Kazakhstan	29	29	26	36	40	43	...	...	...	...	Kazakhstan
Kuwait	[2]53	62	73	69	75	69	67	67	72	78	Koweït
Kyrgyzstan	0	0	0	0	0	0	1	1	0	0	Kirghizistan
Turkey	...	...	268	198	186	294	299	295	358	356	Turquie
Europe											**Europe**
Belarus	28	33	33	28	29	36	38	42	13	11	Bélarus
Belgium[3]	31	...	...	...	...	...	...	...	...	...	Belgique[3]
Bulgaria	6	5	5	7	8	10	11	11	11	9	Bulgarie
Croatia	55	42	51	51	46	56	48	44	54	46	Croatie
Czech Republic	8	10	8	7	C	7	9	24	14	12	République tchèque
Denmark	24	30	29	29	30	35	32	32	28	19	Danemark
Estonia	2	12	12	12	12	18	21	21	20	19	Estonie
Finland	10	11	9	8	10	5	4	3	2	1	Finlande
France[3]	577	796	837	...	...	...	...	...	...	...	France[3]
Germany	C	C	C	C	C	C	C	C	383	343	Allemagne
Greece[3]	133	...	...	...	...	...	...	...	...	...	Grèce[3]
Hungary	86	75	63	55	53	54	59	74	56	51	Hongrie
Italy[4]	1999	2014	...	...	...	...	...	...	...	...	Italie[4]
Latvia	12	17	18	14	8	11	11	11	14	8	Lettonie
Lithuania	15	21	31	22	19	22	22	19	14	18	Lituanie
Norway	...	65	36	72	...	...	...	...	...	...	Norvège
Poland	57	58	68	89	80	137	196	153	169	C	Pologne
Portugal	45	34	59	52	76	79	66	27	...	...	Portugal
Rep. of Moldova	4	4	3	4	5	6	7	6	5	4	Rép. de Moldova
Romania	1	2	2	1	1	2	3	4	6	4	Roumanie
Russian Federation	870	890	960	1030	1113	1136	1258	1279	1177	1411	Fédération de Russie
Serbia	...	...	...	50	...	...	...	...	...	...	Serbie
Slovakia	1	2	2	C	C	C	C	C	C	C	Slovaquie
Slovenia	C	C	C	C	C	C	C	3	3	3	Slovénie
Spain	318	336	399	301	294	334	394	390	365	368	Espagne
Sweden	10	10	10	11	18	6	5	1	7	3	Suède
Ukraine	209	247	252	228	221	282	306	253	276	268	Ukraine
United Kingdom	...	...	...	...	117	C	142	155	C	C	Royaume-Uni

General Note.

Groats, meal and pellets of wheat, maize (corn) and of other cereals.

Remarque générale.

Gruaux, semoules et agglomérés sous formes de pellets de froment (blé), de maïs et d'autres céréales.

[1] Corn products only.
[2] Bran only.
[3] Incomplete coverage.
[4] Excluding Prodcom 2002 code 15.61.31.50.

[1] Produits de maïs seulement.
[2] Son seulement.
[3] Couverture incomplète.
[4] 2002 code Prodcom 15.61.31.50 non compris.

Other cereal grain products (including corn flakes)
Produits à base de grains de céréales autrement travaillés ("corn flakes", par exemple)

CPC-BASED CODE - CODE BASE CPC
23150-0

Unit: Thousand metric tons — Unité: Milliers de tonnes métriques

Country or area	2003	2004	2005	2006	2007	2008	2009	2010	2011	2012	Pays ou zone
Africa											**Afrique**
Mozambique	0	1	0	0	0	...	...	...	...	...	Mozambique
United R. of Tanzania[1]	356	338	368	...	...	1	1	...	...	...	Rép.-U. de Tanzanie[1]
America, North											**Amérique du Nord**
Dominican Republic	...	44	37	32	30	29	...	...	...	...	Rép. dominicaine
Mexico	56	66	66	60	#1388	1400	1386	1448	1472	1505	Mexique
America, South											**Amérique du Sud**
Brazil	1502	1148	1261	1416	1485	1184	877	905	1222	1742	Brésil
Chile	...	...	205	220	245	212	156	163	307	...	Chili
Ecuador	...	13	11	7	21	7	...	...	...	...	Équateur
Asia											**Asie**
Armenia	50	56	52	...	...	...	...	...	...	...	Arménie
Azerbaijan	...	...	...	0	0	1	1	1	0	1	Azerbaïdjan
Georgia	...	47	68	99	111	73	95	137	164	151	Géorgie
India	18	28	14	...	...	...	...	...	...	...	Inde
Iran (Islamic Rep. of)	...	...	...	33	79	231	311	...	...	...	Iran (Rép. islam. d')
Japan[2]	41	49	51	46	49	54	45	46	46	51	Japon[2]
Kazakhstan	3	3	2	3	3	...	...	...	...	...	Kazakhstan
Rep. of Korea	25	20	19	...	...	...	...	...	...	...	Rép. de Corée
Turkey	...	...	101	120	82	116	175	250	312	443	Turquie
Europe											**Europe**
Belarus	3	4	4	4	5	5	5	6	11	10	Bélarus
Bulgaria	2	4	3	4	4	4	5	8	8	11	Bulgarie
Croatia	...	1	1	1	1	2	1	1	1	1	Croatie
Czech Republic	51	67	92	99	73	63	55	60	64	C	République tchèque
Denmark	65	59	64	70	72	83	76	81	73	77	Danemark
Estonia	...	3	2	2	2	4	3	8	4	3	Estonie
Finland	37	37	37	35	32	40	41	39	37	41	Finlande
France[3]	C	190	189	...	...	...	...	...	...	...	France[3]
Germany	482	496	504	555	599	603	584	600	625	614	Allemagne
Hungary	11	9	13	16	15	11	9	14	10	7	Hongrie
Ireland	78	90	...	...	...	...	...	...	...	...	Irlande
Italy	1193	1150	...	...	...	...	...	...	...	...	Italie
Latvia	C	C	8	8	3	4	6	C	C	C	Lettonie
Lithuania	5	8	12	9	10	12	14	16	18	18	Lituanie
Netherlands	...	...	...	...	...	...	...	...	173	180	Pays-Bas
Poland	95	102	116	124	138	138	163	159	C	C	Pologne
Portugal	61	68	56	65	74	58	71	57	...	...	Portugal
Rep. of Moldova	...	1	1	1	0	2	2	2	2	2	Rép. de Moldova
Romania	14	8	7	7	12	15	8	7	7	9	Roumanie
Russian Federation	55	53	68	77	71	71	72	313	308	341	Fédération de Russie
Serbia	...	...	...	23	...	...	...	...	...	...	Serbie
Slovakia	3	3	3	3	3	2	2	2	4	5	Slovaquie
Slovenia	3	3	C	C	C	3	C	2	C	C	Slovénie
Spain	...	193	C	210	237	182	224	238	256	237	Espagne
Sweden	74	119	127	155	157	105	102	95	86	83	Suède
Ukraine	57	58	54	41	43	44	46	49	39	40	Ukraine
United Kingdom	[4]871	1138	897	1085	1093	1067	969	911	945	989	Royaume-Uni

General Note.

Cereal grains hulled, rolled, flaked, pearled, sliced or kibbled, germ of cereals, whole, rolled, flaked or ground; preparations of cereals, flour, starch or milk; pastrycooks' products. Prepared foods obtained by the swelling or roasting of cereals or cereal products (for example, corn flakes); cereals (other than maize (corn)) in grain form or in the form of flakes or other worked grains (except flour, groats and meal), pre-cooked, or otherwise prepared, not elsewhere specified or included.

[1] Tanganyika only.
[2] Corn products only.
[3] Incomplete coverage.
[4] Excluding Prodcom 2002 code 15.61.33.35.

Remarque générale.

Grains de céréales mondés, aplatis, en flocons, perlés, tranchés ou concassés, germes de céréales, entiers, aplatis, en flocons ou moulus; préparations à base de céréales, de farines, d'amidons, de fécules ou de lait; pâtisseries. Produits à base de céréales obtenus par soufflage ou grillage ("corn flakes", par exemple); céréales (autres que le maïs) en grains ou sous forme de flocons ou d'autres grains travaillés (à l'exception de la farine, des gruaux et de la semoule), précuites ou autrement préparées, non dénommées ni comprises ailleurs.

[1] Tanganyika seulement.
[2] Produits de maïs seulement.
[3] Couverture incomplète.
[4] 2002 code Prodcom 15.61.33.35 non compris.

Rice, semi- or wholly milled
Riz semi-blanchi ou blanchi

CPC-BASED CODE - CODE BASE CPC
23160-0

Unit: Thousand metric tons — Unité: Milliers de tonnes métriques

Country or area	2003	2004	2005	2006	2007	2008	2009	2010	2011	2012	Pays ou zone
Africa											**Afrique**
Cameroon	0.3	0.6	0.4	0.0	0.0	0.0	0.0	...	...	...	Cameroun
Egypt	...	228.2	350.0	256.4	442.9	515.0	419.0	266.2	297.1	...	Égypte
Mali	15.4	16.3	15.9	15.9	...	...	...	...	...	...	Mali
Mauritius	...	...	...	...	...	...	...	...	0.2	0.8	Maurice
Mozambique	228.0	913.2	1640.0	1423.0	1554.0	...	...	...	...	...	Mozambique
Niger	660.0	396.0	...	...	...	...	...	...	...	...	Niger
Rwanda	...	...	...	3.2	3.1	2.9	4.6	12.2	11.9	12.1	Rwanda
United R. of Tanzania[1]	193.0	282.0	803.0	671.0	645.0	173.0	31.0	22.0	42.0	78.0	Rép.-U. de Tanzanie[1]
America, North											**Amérique du Nord**
Belize[2]	13.0	...	...	...	...	...	...	...	...	...	Belize[2]
Costa Rica[2]	180.0	...	...	...	...	...	...	...	...	...	Costa Rica[2]
Cuba	121.0	78.0	42.0	113.0	82.0	74.0	135.0	135.0	155.0	185.0	Cuba
Dominican Republic	609.0	374.8	419.0	464.0	486.0	506.0	...	...	...	...	Rép. dominicaine
Guatemala[2]	32.0	...	...	...	...	...	...	...	...	...	Guatemala[2]
Haiti[2]	105.0	...	...	...	...	...	...	...	...	...	Haïti[2]
Honduras[2]	9.0	...	...	...	...	...	...	...	...	...	Honduras[2]
Mexico	194.5	231.0	238.4	249.5	346.8	358.1	324.0	346.5	248.9	248.8	Mexique
Panama[2]	250.0	...	...	...	...	...	...	...	...	...	Panama[2]
Trinidad and Tobago[2]	3.0	...	...	...	...	...	...	...	...	...	Trinité-et-Tobago[2]
America, South											**Amérique du Sud**
Argentina[2]	718.0	...	...	...	...	...	...	...	...	...	Argentine[2]
Brazil	2752.2	3471.2	3966.1	3568.3	3959.7	4521.7	4689.1	4640.6	4936.2	5074.4	Brésil
Chile	[2]141.0	...	121.2	115.3	96.1	88.6	85.0	100.2	75.0	...	Chili
Colombia[2]	2500.0	...	...	...	...	...	...	...	...	...	Colombie[2]
Ecuador	...	59.5	106.9	78.8	122.6	176.3	...	...	...	...	Équateur
Guyana	355.0	325.6	273.2	307.0	298.1	329.6	359.8	...	...	...	Guyana
Paraguay[2]	105.0	...	...	...	...	...	...	...	...	...	Paraguay[2]
Peru	1492.7	1291.4	1727.8	1431.5	1719.1	1955.8	2093.8	1983.0	1836.8	2130.3	Pérou
Suriname[2]	195.0	...	...	...	...	...	...	...	...	...	Suriname[2]
Uruguay	428.5	524.3	571.3	513.4	516.4	645.0	...	...	...	655.9	Uruguay
Venezuela (Bol. R. of)[2]	701.0	...	...	...	...	...	...	...	...	...	Venezuela (R.bol.du)[2]
Asia											**Asie**
Azerbaijan	0.2	1.1	0.3	2.0	0.0	0.0	0.0	0.0	0.0	0.0	Azerbaïdjan
Brunei Darussalam	0.5	0.6	0.9	0.9	...	...	...	...	...	...	Brunéi Darussalam
China	29832.8	24771.8	17662.6	24094.2	33812.8	*46770.4	*63053.1	*82442.0	88395.0	107775.0	Chine
India	4815.8	5638.6	7219.6	...	...	...	...	...	...	...	Inde
Iran (Islamic Rep. of)	...	...	...	...	...	...	3.1	...	...	...	Iran (Rép. islam. d')
Iraq	...	...	...	3.4	...	...	...	4.1	5.9	9.6	Iraq
Kazakhstan	62.5	88.2	75.5	72.6	92.9	...	...	...	...	...	Kazakhstan
Malaysia	398.0	308.0	305.0	341.0	438.0	471.0	734.0	732.0	728.0	769.0	Malaisie
Tajikistan	0.2	0.1	...	...	...	...	...	...	...	...	Tadjikistan
Turkey	...	...	99.0	88.0	94.0	122.0	123.0	162.0	197.4	160.1	Turquie
Viet Nam	27093.5	28459.0	28429.0	29655.0	30791.0	...	...	...	...	...	Viet Nam
Europe											**Europe**
Bulgaria	C	2.0	2.0	2.0	4.5	11.0	11.6	11.0	11.0	16.0	Bulgarie
Czech Republic	...	...	C	C	153.0	C	C	C	C	C	République tchèque
Denmark	...	...	0.0	0.0	0.0	...	...	...	0.6	0.7	Danemark
Finland	8.0	5.0	1.0	1.0	1.0	1.0	1.0	2.0	1.0	1.0	Finlande
France	133.0	153.0	167.0	...	...	...	...	...	...	...	France
Greece	52.4	62.8	...	...	...	...	...	...	...	...	Grèce
Hungary	...	12.0	C	C	C	C	14.0	C	C	C	Hongrie
Italy	1183.2	1206.2	...	...	...	...	...	...	...	...	Italie
Latvia	0.1	0.1	C	C	C	C	C	C	C	C	Lettonie
Lithuania	0.1	0.1	0.2	0.1	0.2	0.2	0.2	0.2	0.2	0.2	Lituanie
Poland	33.2	35.3	27.2	25.7	C	C	C	C	C	C	Pologne
Portugal	170.0	187.0	186.6	160.8	173.1	168.6	164.1	181.8	...	...	Portugal
Russian Federation	204.0	198.0	185.0	201.0	295.0	288.0	319.0	387.0	351.3	459.0	Fédération de Russie
Spain	...	731.0	746.0	709.0	896.0	842.0	763.0	860.0	903.0	906.0	Espagne
Sweden	0.0	0.0	0.1	0.1	0.1	0.1	0.2	0.2	0.1	0.1	Suède
Ukraine	16.0	9.0	5.0	12.0	30.0	30.0	24.0	36.0	33.0	44.0	Ukraine
United Kingdom	243.0	316.0	324.1	297.9	C	C	C	C	C	C	Royaume-Uni

Rice, semi- or wholly milled (continued)
Riz semi-blanchi ou blanchi (suite)

CPC-BASED CODE - CODE BASE CPC
23160-0

General Note.
Semi-milled or wholly milled rice, whether or not polished or glazed and broken rice.

[1] Tanganyika only.
[2] Source: United Nations Economic Commission for Latin America and the Caribbean (Santiago).

Remarque générale.
Riz semi-blanchi ou blanchi, même poli ou glacé et riz en brisures.

[1] Tanganyika seulement.
[2] Source: Commission économique pour l'Amérique Latine et les Caraïbes des Nations Unies (Santiago).

Preparations used in animal feeding
Préparations utilisées pour l'alimentation des animaux

CPC-BASED CODE - CODE BASE CPC
23310-0

Unit: Thousand metric tons — Unité: Milliers de tonnes métriques

Country or area	2003	2004	2005	2006	2007	2008	2009	2010	2011	2012	Pays ou zone
Africa											**Afrique**
Algeria	810	823	623	445	358	242	211	265	320	356	Algérie
Cameroon	14	14	4	17	21	...	...	...	...	...	Cameroun
Ethiopia	7	...	...	...	...	...	...	...	...	...	Éthiopie
Kenya	115	114	142	148	199	242	339	481	351	251	Kenya
Mali	90	42	46	57	51	10	24	...	...	...	Mali
Mauritius	148	152	159	155	165	166	173	175	...	...	Maurice
Nigeria	85	85	85	...	...	...	...	...	...	...	Nigéria
Seychelles	19	19	15	15	14	...	...	...	...	...	Seychelles
South Africa	3375	...	...	...	...	...	...	...	...	...	Afrique du Sud
United R. of Tanzania	4	2	[1]5	[1]5	[1]2	[1]2	[1]1	...	...	...	Rép.-U. de Tanzanie
America, North											**Amérique du Nord**
Barbados	60	61	67	68	69	68	68	...	...	...	Barbade
Cuba	639	679	754	871	977	932	920	970	948	961	Cuba
Mexico	7430	7054	7370	7611	10479	10566	10060	9757	10514	10771	Mexique
America, South											**Amérique du Sud**
Brazil	16025	17710	19701	18442	22816	18855	22394	26824	30373	30225	Brésil
Chile	266	...	2153	2155	2386	1581	1352	1478	1446	...	Chili
Ecuador	...	823	737	690	1026	773	...	...	...	...	Équateur
Guyana	38	39	39	41	47	45	47	50	...	...	Guyana
Peru	1738	1747	1735	1866	2003	2257	2365	2493	2603	2794	Pérou
Asia											**Asie**
Armenia	50	56	52	57	55	49	54	60	49	52	Arménie
Georgia	1	C	C	16	48	10	8	3	3	6	Géorgie
India	2247	2191	2268	...	...	...	...	...	...	...	Inde
Iran (Islamic Rep. of)	...	...	...	493	975	1117	...	...	...	...	Iran (Rép. islam. d')
Iraq	...	...	...	18	...	...	...	...	71	96	Iraq
Japan[2]	24602	23916	24109	24381	24489	24499	24803	24479	24175	24070	Japon[2]
Kazakhstan	366	373	354	421	459	353	...	...	...	...	Kazakhstan
Kuwait	9	9	9	8	8	10	9	8	6	10	Koweït
Kyrgyzstan	31	31	32	25	22	18	30	30	30	30	Kirghizistan
Malaysia	2382	2304	2214	2271	2190	2253	2299	2213	2343	2457	Malaisie
Nepal	...	...	...	...	79	...	...	...	...	...	Népal
Oman	208	...	...	...	...	...	...	...	...	...	Oman
Rep. of Korea	12529	12174	12532	...	...	...	...	...	...	...	Rép. de Corée
Tajikistan	1	0	0	0	0	0	0	0	...	...	Tadjikistan
Turkey	2905	3136	C	C	C	C	#6437	8566	9735	11194	Turquie
Viet Nam	3292	4070	5501	5935	8593	9683	10724	10805	9743	11076	Viet Nam
Europe											**Europe**
Albania	...	...	6	22	0	...	...	...	...	...	Albanie
Austria	1187	...	...	...	...	...	...	...	...	...	Autriche
Belarus	2451	2539	3146	3609	3681	3751	4214	4757	5861	6285	Bélarus
Belgium[3]	6475	...	...	...	...	...	...	...	...	...	Belgique[3]
Bosnia & Herzegovina[4]	55	...	...	...	...	...	...	...	...	...	Bosnie-Herzégovine[4]
Bulgaria	309	330	321	398	507	513	551	551	586	663	Bulgarie
Croatia	537	759	575	590	644	637	602	600	654	657	Croatie
Czech Republic	2558	2454	2186	2233	2399	2253	2129	2141	2212	2158	République tchèque
Denmark	5708	5516	5559	5465	5715	...	...	...	...	...	Danemark
Estonia	114	135	134	120	139	151	116	124	127	125	Estonie
Finland	1901	1963	1737	1925	1889	1805	1544	1611	1779	1789	Finlande
France	C	23857	23919	...	...	...	...	...	...	...	France
Germany	15951	16228	16203	16461	17159	17537	16890	18154	18895	19183	Allemagne
Greece[5]	787	807	...	...	...	...	...	...	...	...	Grèce[5]
Hungary	2011	1855	1722	1715	1629	1734	1688	1844	1911	1968	Hongrie
Iceland	90	[6]70	[6]77	...	[6]93	...	...	...	74	82	Islande
Italy	14495	15522	...	...	...	...	...	...	...	...	Italie
Latvia	161	166	203	200	259	226	202	246	251	236	Lettonie
Lithuania	373	445	483	583	661	507	421	476	498	560	Lituanie
Montenegro	5	8	12	15	14	15	11	8	7	4	Monténégro
Netherlands	12482	13553	12990	13631	14674	...	...	...	613	746	Pays-Bas
Norway	80	178	398	95	...	...	...	...	...	...	Norvège
Poland	5729	5718	5449	5530	7110	7206	7169	7919	7909	C	Pologne
Portugal	3942	4134	3908	4006	3876	3807	3479	3542	...	...	Portugal

For general note and footnotes, see end of table — Voir la fin du tableau pour la remarque générale est les notes

Preparations used in animal feeding (continued)
Préparations utilisées pour l'alimentation des animaux (suite)

CPC-BASED CODE - CODE BASE CPC
23310-0

Unit: Thousand metric tons | Unité: Milliers de tonnes métriques

Country or area	2003	2004	2005	2006	2007	2008	2009	2010	2011	2012	Pays ou zone
Rep. of Moldova	26	44	49	62	45	49	57	72	73	90	Rép. de Moldova
Romania	565	448	507	498	622	590	740	898	877	823	Roumanie
Russian Federation[7]	284	296	381	399	449	482	518	225	209	230	Fédération de Russie[7]
Serbia	...	...	...	616	595	821	819	835	...	...	Serbie
Serbia & Montenegro	472	...	...	...	...	...	...	...	...	...	Serbie-et-Monténégro
Slovakia	613	509	480	462	385	293	228	194	165	253	Slovaquie
Slovenia	430	451	452	442	470	489	385	C	C	C	Slovénie
Spain	21957	22357	22088	22873	24191	23279	23056	22149	22238	22430	Espagne
Sweden	2727	2351	2145	2511	2462	2451	2267	2298	2182	2182	Suède
TFYR of Macedonia	74	60	53	52	59	55	49	51	42	32	L'ex-RY de Macédoine
Ukraine	#3342	3292	4163	4822	4957	5137	5881	6107	6219	6415	Ukraine
United Kingdom	15442	...	2407	2433	1391	17512	14540	16056	17059	15194	Royaume-Uni
Oceania											**Océanie**
Fiji	41	40	40	45	38	44	42	...	...	...	Fidji

General Note.
Preparations of a kind used in animal feeding.

[1] Tanganyika only.
[2] Twelve months beginning 1 April of year stated.
[3] Incomplete coverage.
[4] Excluding the Federation of Bosnia and Herzegovina.
[5] Excluding Prodcom 2002 code 15.71.10.10.
[6] Excluding Prodcom 2002 code 15.72.10.30.
[7] Dry animal feeds (before 2010 meat and bone only; from 2010 also including bone meal and blood meal).

Remarque générale.
Préparations des types utilisés pour l'alimentation des animaux.

[1] Tanganyika seulement.
[2] Période de douze mois commençant le 1er avril de l'année indiquée.
[3] Couverture incomplète.
[4] Non compris la Fédération de Bosnie-Herzégovine.
[5] 2002 code Prodcom 15.71.10.10 non compris.
[6] 2002 code Prodcom 15.72.10.30 non compris.
[7] Aliments à sec pour animaux (avant 2010 viande et os seulement; à partir de 2010 y compris également de la farine d'os et de la farine de sang).

Crispbread; rusks, toasted bread and similar toasted products
Pain croustillant; biscottes, pain grillé et produits similaires grillés

CPC-BASED CODE - CODE BASE CPC
23410-0

Unit: Thousand metric tons | Unité: Milliers de tonnes métriques

Country or area	2003	2004	2005	2006	2007	2008	2009	2010	2011	2012	Pays ou zone
Africa											**Afrique**
Cameroon	...	...	...	...	5	5	5	...	...	...	Cameroun
Egypt	...	...	...	...	...	1865	2942	...	4821	...	Égypte
Kenya	101	84	91	90	95	78	78	84	91	85	Kenya
Mozambique	...	1	1	1	2	...	...	...	...	...	Mozambique
America, North											**Amérique du Nord**
Cuba	518	533	548	555	560	563	554	547	548	528	Cuba
Mexico	141	120	116	116	114	125	117	117	144	129	Mexique
America, South											**Amérique du Sud**
Brazil	106	190	276	261	361	285	300	348	412	494	Brésil
Chile	...	...	68	50	81	90	42	90	47	...	Chili
Ecuador	...	0	0	0	0	1	...	...	...	...	Équateur
Asia											**Asie**
Azerbaijan	0	0	0	0	0	0	0	1	1	1	Azerbaïdjan
Cyprus	2	2	2	2	2	3	2	2	2	...	Chypre
India	428	558	453	...	...	...	...	...	...	...	Inde
Iran (Islamic Rep. of)	...	...	...	160	68	82	94	...	...	...	Iran (Rép. islam. d')
Iraq	...	...	...	5	...	...	...	6	3	0	Iraq
Kazakhstan	1	2	3	4	4	...	...	...	...	...	Kazakhstan
Kuwait	198	211	195	217	224	193	202	180	183	179	Koweït
Turkey	...	...	C	C	C	C	C	5	8	13	Turquie
Europe											**Europe**
Belarus	3	3	3	3	3	4	5	6	6	6	Bélarus
Bulgaria	C	C	9	9	10	11	12	14	13	15	Bulgarie
Croatia	...	1	1	1	1	1	1	1	1	1	Croatie
Czech Republic	5	7	10	10	16	5	3	3	3	3	République tchèque
Denmark	4	6	6	6	6	5	4	2	2	2	Danemark
Estonia	...	1	1	1	1	1	1	1	1	1	Estonie
Finland	21	22	22	22	25	25	23	22	21	21	Finlande
France	106	102	102	...	...	...	...	...	...	...	France
Germany	52	53	56	61	61	62	62	63	63	61	Allemagne
Greece[1]	32	25	...	...	...	...	...	...	...	...	Grèce[1]
Hungary	17	17	13	10	11	10	9	9	9	9	Hongrie
Ireland	9	9	...	...	...	...	...	...	...	...	Irlande
Italy	185	189	...	...	...	...	...	...	...	...	Italie
Latvia	2	1	1	1	1	2	2	2	2	2	Lettonie
Lithuania	4	3	3	3	3	5	5	6	7	8	Lituanie
Netherlands	...	...	...	...	...	...	...	...	69	109	Pays-Bas
Poland	21	21	24	25	27	15	10	10	12	C	Pologne
Portugal	5	8	9	10	10	11	11	12	...	...	Portugal
Rep. of Moldova	...	1	1	1	1	1	1	1	1	1	Rép. de Moldova
Romania	...	...	...	...	...	...	...	C	C	3	Roumanie
Russian Federation	136	149	158	144	127	111	106	106	109	114	Fédération de Russie
Serbia	...	...	...	12	...	...	...	...	...	...	Serbie
Slovakia	3	3	4	3	3	3	3	2	3	3	Slovaquie
Slovenia	2	C	C	C	C	C	C	2	2	C	Slovénie
Spain	...	92	96	101	150	161	160	164	175	168	Espagne
Sweden	49	51	51	49	52	52	52	53	55	50	Suède
Ukraine	12	20	28	32	32	33	28	29	#53	53	Ukraine
United Kingdom[1]	145	145	C	C	C	C	C	C	C	C	Royaume-Uni[1]

General Note.
Crispbread; rusks, toasted bread and similar toasted products.

[1] Excluding Prodcom 2002 code 15.82.11.30.

Remarque générale.
Pain croustillant; biscottes, pain grillé et produits similaires grillés.

[1] 2002 code Prodcom 15.82.11.30 non compris.

Gingerbread and the like; sweet biscuits; waffles and wafers
Pain d'épices; biscuits additionnés d'édulcorants; gaufres et gaufrettes

CPC-BASED CODE - CODE BASE CPC
23420-0

Unit: Thousand metric tons — Unité: Milliers de tonnes métriques

Country or area	2003	2004	2005	2006	2007	2008	2009	2010	2011	2012	Pays ou zone
Africa											**Afrique**
Egypt	66	89	91	88	...	190	70	...	133	...	Égypte
Mozambique	...	3	4	6	5	...	...	...	...	...	Mozambique
Nigeria[1]	24	24	24	...	...	...	...	...	...	...	Nigéria[1]
United R. of Tanzania[2]	10	11	...	...	11	15	8	...	...	...	Rép.-U. de Tanzanie[2]
America, North											**Amérique du Nord**
Cuba	5	6	7	8	9	10	8	10	10	11	Cuba
Mexico	893	998	987	965	1046	1038	1039	1085	1099	1151	Mexique
America, South											**Amérique du Sud**
Brazil	1191	1298	1501	1675	1531	1724	1862	1772	1863	1894	Brésil
Ecuador	...	25	46	53	47	15	...	...	...	...	Équateur
Guyana[1]	1	1	1	1	1	1	1	1	...	...	Guyana[1]
Asia											**Asie**
Armenia	1	2	2	3	3	3	4	6	0	0	Arménie
Azerbaijan	1	1	1	1	3	4	2	3	2	2	Azerbaïdjan
Cyprus	2	2	2	2	2	2	2	2	2	...	Chypre
Georgia	...	0	0	1	1	2	2	3	8	7	Géorgie
India	724	2726	789	...	...	...	...	...	...	...	Inde
Iran (Islamic Rep. of)	...	...	...	251	223	319	271	...	...	...	Iran (Rép. islam. d')
Iraq	...	...	...	...	...	52	2	1	...	5	Iraq
Japan[3]	585	589	585	585	608	598	600	616	634	631	Japon[3]
Kazakhstan	43	45	48	53	57	...	...	...	...	...	Kazakhstan
Kuwait	10	10	13	12	11	15	13	12	11	10	Koweït
Kyrgyzstan	3	4	5	6	6	5	5	6	5	5	Kirghizistan
Syrian Arab Republic	...	...	20	24	27	36	...	...	...	...	Rép. arabe syrienne
Turkey	...	...	443	470	533	675	620	607	654	673	Turquie
Viet Nam	33	35	60	52	54	100	83	92	...	...	Viet Nam
Europe											**Europe**
Albania	...	1	1	1	2	...	1	1	...	...	Albanie
Belarus	40	41	40	38	41	48	54	58	65	64	Bélarus
Bulgaria	44	52	59	70	78	85	84	87	77	79	Bulgarie
Croatia	...	26	27	26	26	27	28	28	28	27	Croatie
Czech Republic	...	...	C	C	63	66	65	84	90	92	République tchèque
Denmark	73	70	62	62	60	52	47	45	48	44	Danemark
Estonia	...	3	3	3	3	3	2	3	2	2	Estonie
Finland	16	15	13	14	13	12	12	11	11	12	Finlande
France	316	309	304	...	...	...	...	...	...	...	France
Germany	610	626	639	655	668	688	692	697	682	634	Allemagne
Hungary	27	24	23	25	24	24	28	29	33	34	Hongrie
Iceland	...	[4]1	[4]1	...	[4]1	0	1	1	0	0	Islande
Ireland	27	19	...	...	...	...	...	...	...	...	Irlande
Italy	434	441	...	...	...	...	...	...	...	...	Italie
Latvia	14	18	19	22	22	18	17	20	20	18	Lettonie
Lithuania	14	16	16	17	15	14	13	14	12	11	Lituanie
Netherlands	...	...	...	...	...	...	...	...	275	288	Pays-Bas
Poland	193	243	243	292	316	293	312	273	285	288	Pologne
Portugal	34	44	42	43	42	41	36	46	...	...	Portugal
Rep. of Moldova	...	10	12	12	13	14	14	17	18	20	Rép. de Moldova
Romania	41	42	42	44	42	40	35	35	29	26	Roumanie
Russian Federation	801	812	856	879	936	975	921	1097	1133	1186	Fédération de Russie
Serbia	...	...	...	66	...	...	...	...	...	...	Serbie
Slovakia	28	25	26	28	30	30	29	30	33	35	Slovaquie
Slovenia	3	3	3	3	3	4	3	2	2	2	Slovénie
Spain	...	347	354	367	381	393	400	406	419	445	Espagne
Sweden	47	46	47	49	51	48	47	50	47	41	Suède
Switzerland	...	47	46	46	47	...	...	...	...	...	Suisse
Ukraine	308	330	366	394	419	441	402	429	436	450	Ukraine
United Kingdom	[4]631	[4]654	684	645	C	631	686	C	C	C	Royaume-Uni

General Note.
Gingerbread and the like; sweet biscuits; waffles and wafers.

1. Biscuits only.
2. Tanganyika only.
3. Sweetbuns (production based on amount of flour used) and biscuit production only.
4. Excluding Prodcom 2002 code 15.82.12.30.

Remarque générale.
Pain d'épices; biscuits additionnés d'édulcorants; gaufres et gaufrettes.

1. Biscuits seulement.
2. Tanganyika seulement.
3. Production de petits pains au lait (basée sur la quantité de farine utilisée) et biscuits seulement.
4. 2002 code Prodcom 15.82.12.30 non compris.

Other bread and other bakers' wares
Autres produits de la boulangerie, de la pâtisserie ou de la biscuiterie

CPC-BASED CODE - CODE BASE CPC
23430-0

Unit: Thousand metric tons — Unité: Milliers de tonnes métriques

Country or area	2003	2004	2005	2006	2007	2008	2009	2010	2011	2012	Pays ou zone
Africa											**Afrique**
Congo	105	114	...	...	...	...	...	...	...	...	Congo
Egypt	...	...	...	...	...	...	235	...	...	...	Égypte
Madagascar	...	44	57	61	...	...	...	...	...	...	Madagascar
Mozambique	9	12	12	14	15	...	...	...	...	...	Mozambique
Niger	1421	1348	...	...	...	...	...	...	...	...	Niger
United R. of Tanzania	[1]8	[1]9	[1]10	[1]11	[1]12	21	23	...	...	...	Rép.-U. de Tanzanie
America, North											**Amérique du Nord**
Mexico	453	361	384	386	447	428	408	437	458	464	Mexique
America, South											**Amérique du Sud**
Brazil	528	425	302	361	531	406	528	505	558	596	Brésil
Chile	...	...	262	264	224	289	252	322	570	...	Chili
Ecuador	...	15	18	25	40	147	...	...	...	...	Équateur
Asia											**Asie**
Afghanistan	0	0	5	5	5	5	5	5	5	5	Afghanistan
Azerbaijan	687	691	947	736	736	745	737	732	732	765	Azerbaïdjan
Bangladesh[2]	31	36	40	46	...	...	...	...	...	...	Bangladesh[2]
Cyprus	49	48	50	46	51	54	51	48	48	...	Chypre
Georgia	...	100	93	...	...	...	...	127	149	141	Géorgie
Iraq	...	...	...	...	...	544	37	114	241	766	Iraq
Japan[3]	881	868	860	851	827	823	821	821	823	827	Japon[3]
Kazakhstan	535	554	586	613	642	655	...	...	...	...	Kazakhstan
Kuwait	36	20	20	22	30	29	34	39	43	35	Koweït
Kyrgyzstan	117	118	126	135	118	108	111	114	111	112	Kirghizistan
Mongolia	29	31	31	31	34	39	37	35	37	40	Mongolie
Syrian Arab Republic	...	...	3373	3467	3547	3750	...	...	...	...	Rép. arabe syrienne
Turkey	...	...	C	915	930	1135	940	1100	1201	1328	Turquie
Europe											**Europe**
Albania	...	88	92	85	101	...	94	99	...	...	Albanie
Belarus	697	700	623	652	625	619	606	588	579	563	Bélarus
Bulgaria	377	408	399	424	459	424	415	416	438	413	Bulgarie
Croatia	...	161	159	160	237	242	236	240	237	236	Croatie
Czech Republic	630	712	730	721	688	713	705	731	584	590	République tchèque
Denmark	326	344	347	351	326	322	332	315	272	296	Danemark
Estonia	...	76	77	80	84	81	77	77	79	79	Estonie
Finland	277	292	263	269	271	272	231	230	223	225	Finlande
France[4]	2293	2444	2555	...	...	...	...	...	...	...	France[4]
Germany	C	C	C	...	...	...	4729	4786	4737	5118	Allemagne
Hungary	503	510	496	471	441	460	465	460	484	482	Hongrie
Ireland	391	385	...	...	...	...	...	...	...	...	Irlande
Italy[5]	3097	3123	...	...	...	...	...	...	...	...	Italie[5]
Latvia	143	144	142	130	125	119	109	105	106	108	Lettonie
Lithuania	177	184	193	184	175	171	159	159	157	152	Lituanie
Montenegro	19	21	23	24	25	25	23	21	18	17	Monténégro
Netherlands	...	...	...	...	...	...	...	...	1228	1248	Pays-Bas
Norway	...	358	...	...	...	...	...	...	...	...	Norvège
Poland	1738	1758	1770	1776	1764	2055	1900	1928	1873	C	Pologne
Portugal	386	398	411	398	394	354	347	345	...	...	Portugal
Rep. of Moldova	...	116	116	119	131	145	139	138	139	139	Rép. de Moldova
Romania	858	931	930	969	1009	945	983	982	1005	997	Roumanie
Russian Federation	8395	8219	7967	7815	7759	7483	7213	7255	7066	6960	Fédération de Russie
Serbia	...	...	...	217	...	...	...	...	...	...	Serbie
Slovakia	215	206	212	195	192	197	191	185	183	178	Slovaquie
Slovenia	106	104	105	95	114	104	96	97	99	85	Slovénie
Spain	...	2085	2151	2469	2697	2568	2461	2360	2369	2433	Espagne
Sweden	529	551	571	596	597	631	681	681	656	648	Suède
TFYR of Macedonia	51	50	*51	51	64	60	65	60	74	75	L'ex-RY de Macédoine
Ukraine	2461	2444	2429	2335	2219	2156	1987	1985	1947	1860	Ukraine
United Kingdom	[6]1855	...	...	...	C	C	4158	4452	4170	C	Royaume-Uni

General Note.
All other bread and other bakers' wares.

Remarque générale.
Tous les autres produits de la boulangerie, de la pâtisserie ou de la biscuiterie.

1 Zanzibar only.
2 Twelve months ending 30 June of year stated.
3 Total of breads, other breads and school lunch breads (production based on amount of flour used).

1 Zanzibar seulement.
2 Période de douze mois finissant le 30 juin de l'année indiquée.
3 Pains, autres pains et pains de restauration scolaire (production basée sur la quantité de farine utilisée).

[4] Incomplete coverage.
[5] Excluding Prodcom 2002 code 15.82.13.20.
[6] Excluding Prodcom 2002 code 15.82.13.10.

[4] Couverture incomplète.
[5] 2002 code Prodcom 15.82.13.20 non compris.
[6] 2002 code Prodcom 15.82.13.10 non compris.

Refined sugar
Sucres raffinés

CPC-BASED CODE - CODE BASE CPC
23500-1

Unit: Thousand metric tons | Unité: Milliers de tonnes métriques

Country or area	2003	2004	2005	2006	2007	2008	2009	2010	2011	2012	Pays ou zone
Africa											**Afrique**
Algeria	150	135	126	161	89	51	32	4	...	...	Algérie
Benin[1]	5	...	...	...	...	...	...	...	...	...	Bénin[1]
Botswana	65	...	...	...	...	...	...	...	...	...	Botswana
Burundi	20	20	19	18	20	18	14	...	...	...	Burundi
Cameroon	129	130	154	141	119	115	138	...	...	...	Cameroun
Congo	30	31	...	...	...	...	...	...	...	...	Congo
Egypt	1566	1536	2080	1611	1636	1523	1604	2113	1806	...	Égypte
Gabon	25	...	...	...	...	...	...	...	...	...	Gabon
Kenya	448	...	...	...	...	...	...	...	...	...	Kenya
Mali	31	23	30	31	32	44	22	...	...	...	Mali
Mauritius	1	0	2	0	0	3	9	0	0	0	Maurice
Morocco	1028	1080	1058	1058	1120	*1128	1125	...	...	...	Maroc
Rwanda	4	8	10	10	16	11	14	10	8	11	Rwanda
Senegal	23	29	26	23	21	13	13	18	...	...	Sénégal
South Africa	1232	...	...	...	...	...	...	...	...	...	Afrique du Sud
Swaziland	202	...	...	...	...	...	...	...	...	...	Swaziland
Togo	...	8	7	6	6	1	7	3	7	3	Togo
Tunisia	131	...	...	...	...	...	...	...	...	...	Tunisie
Uganda	176	194	192	187	193	233	308	...	...	...	Ouganda
United R. of Tanzania[2]	213	210	269	...	...	...	...	...	...	...	Rép.-U. de Tanzanie[2]
Zambia	318	...	...	...	...	...	...	...	...	...	Zambie
America, North											**Amérique du Nord**
Cuba	172	247	159	160	110	247	303	322	318	...	Cuba
Dominican Republic	128	124	140	152	145	144	...	...	...	...	Rép. dominicaine
Jamaica[1]	181	...	...	...	...	...	...	...	...	...	Jamaïque[1]
Mexico	1926	1932	1932	1955	1695	2003	1707	1668	1852	1577	Mexique
Panama[3]	35	46	35	37	47	43	39	40	50	44	Panama[3]
Trinidad and Tobago	18	42	56	...	...	...	...	...	...	...	Trinité-et-Tobago
America, South											**Amérique du Sud**
Argentina[4]	1814	1717	2031	2312	2048	2287	2122	...	...	...	Argentine[4]
Bolivia (Plur. State of)	398	461	403	...	...	...	...	...	...	...	Bolivie (État plur. de)
Brazil	10663	3589	1483	2801	2797	2606	2755	2942	2752	2278	Brésil
Chile	337	...	C	C	C	C	C	C	259	...	Chili
Ecuador	...	479	509	554	527	374	...	...	...	...	Équateur
Paraguay	108	...	...	...	...	...	...	...	...	...	Paraguay
Peru	959	746	696	805	909	1007	1065	1039	1076	1106	Pérou
Uruguay	85	...	...	...	...	...	...	...	...	...	Uruguay
Asia											**Asie**
Armenia	0	1	2	2	3	4	1	33	72	69	Arménie
Azerbaijan	1	3	4	135	376	273	315	336	324	365	Azerbaïdjan
Bangladesh[5]	177	119	107	133	[6]162	...	...	...	...	...	Bangladesh[5]
China	...	...	...	...	...	14326	13384	11176	11874	14095	Chine
China, Hong KongSAR	...	4	...	...	...	...	...	...	...	...	Chine,Hong KongRAS
Georgia	C	C	C	122	134	C	C	C	C	C	Géorgie
India	19493	15022	14889	...	...	...	...	...	...	...	Inde
Iran (Islamic Rep. of)	1274	1210	1311	1319	1087	1444	...	...	...	...	Iran (Rép. islam. d')
Iraq	...	3	...	...	...	...	...	...	...	...	Iraq
Japan[7]	2215	2148	2193	2127	2157	2132	2095	2023	2027	1977	Japon[7]
Kazakhstan	5	7	7	6	7	...	...	...	...	...	Kazakhstan
Malaysia	1424	1448	1412	1460	1598	1519	1489	1662	1689	1595	Malaisie
Myanmar[8]	74	54	58	41	38	28	31	21	23	70	Myanmar[8]
Nepal	...	...	...	...	104	...	...	...	...	...	Népal
Pakistan[5]	3686	4021	3116	2960	3527	4733	3189	3132	4169	4634	Pakistan[5]
Rep. of Korea	1266	1303	1322	[6]1317	...	...	...	...	...	...	Rép. de Corée
Syrian Arab Republic	123	231	148	198	197	236	...	...	...	...	Rép. arabe syrienne
Thailand	7766	7100	5028	5719	7344	8194	...	...	...	...	Thaïlande
Turkey	1882	1806	#2119	2193	1761	2167	2491	2439	2361	C	Turquie
Viet Nam	1073	1191	1102	1099	1312	1369	1103	1142	1307	1634	Viet Nam
Europe											**Europe**
Belarus	711	768	864	814	657	708	759	816	986	863	Bélarus
Belgium[9]	1016	...	...	...	...	...	...	...	...	...	Belgique[9]
Bulgaria	141	154	225	207	155	225	141	120	97	45	Bulgarie
Croatia	147	214	245	320	328	316	256	262	329	297	Croatie

For general note and footnotes, see end of table | Voir la fin du tableau pour la remarque générale est les notes

Refined sugar (continued)
Sucres raffinés (suite)

CPC-BASED CODE - CODE BASE CPC
23500-1

Unit: Thousand metric tons

Unité: Milliers de tonnes métriques

Country or area	2003	2004	2005	2006	2007	2008	2009	2010	2011	2012	Pays ou zone
Czech Republic	521	557	573	492	383	418	444	C	C	C	République tchèque
Denmark	511	452	506	458	357	466	395	262	218	262	Danemark
Finland	209	205	206	194	204	188	165	153	154	187	Finlande
France[9]	4428	4137	4485	...	...	...	...	...	...	...	France[9]
Germany	C	C	4033	3594	C	C	C	C	C	C	Allemagne
Greece[9]	296	...	...	...	...	...	...	...	...	...	Grèce[9]
Hungary	285	319	523	493	346	188	140	133	130	145	Hongrie
Ireland	196	221	...	...	...	...	...	...	...	...	Irlande
Italy	1984	2082	...	...	...	...	...	...	...	...	Italie
Lithuania	99	156	180	105	101	125	96	148	100	144	Lituanie
Poland	774	403	460	386	483	427	C	C	C	C	Pologne
Portugal	375	394	387	403	432	465	492	499	...	...	Portugal
Rep. of Moldova	...	111	134	149	74	134	38	103	89	84	Rép. de Moldova
Romania	458	532	501	598	395	464	443	313	362	389	Roumanie
Russian Federation	70	53	43	36	57	64	64	...	...	...	Fédération de Russie
Serbia	...	...	...	430	427	445	433	469	...	...	Serbie
Serbia & Montenegro	223	...	...	...	...	...	...	...	...	...	Serbie-et-Monténégro
Slovakia	27	74	88	274	151	C	C	C	C	C	Slovaquie
Spain	925	1137	C	1075	C	C	C	C	C	C	Espagne
Sweden	258	292	310	221	197	231	221	259	198	411	Suède
TFYR of Macedonia	33	28	37	19	36	44	23	38	33	32	L'ex-RY de Macédoine
Ukraine	#2493	2152	2140	2593	1868	1573	1277	1805	2587	2144	Ukraine
Oceania											**Océanie**
Papua New Guinea	68	...	...	...	...	...	...	...	...	...	Papouasie-Nvl-Guinée

General Note.

Refined cane or beet sugar and chemically pure sucrose, in solid form, containing or not added flavouring or colouring matter.

[1] Source: Food and Agriculture Organization of the United Nations (Rome).

[2] Tanganyika only.

[3] Data refer to total production.

[4] Including raw sugar.

[5] Twelve months ending 30 June of year stated.

[6] Source: Country Economic Review, Asian Development Bank (Manila).

[7] Twelve months beginning 1 April of year stated.

[8] Twelve months ending 31 March of year stated.

[9] Incomplete coverage.

Remarque générale.

Sucres raffinés de canne ou de betterave et saccharose chimiquement pur, à l'état solide,même additionnés d'aromatisants ou de colorants.

[1] Source: Organisation des Nations Unies pour l'alimentation et l'agriculture (Rome).

[2] Tanganyika seulement.

[3] Les données se rapportent à la production totale.

[4] Y compris le sucre brut.

[5] Période de douze mois finissant le 30 juin de l'année indiquée.

[6] Source: Revue Economique du Pays, La Banque Asiatique de développement (Manille).

[7] Période de douze mois commençant le 1er avril de l'année indiquée.

[8] Période de douze mois finissant le 31 mars de l'année indiquée.

[9] Couverture incomplète.

Raw sugar
Sucres bruts

CPC-BASED CODE - CODE BASE CPC
23510-0

Unit: Thousand metric tons — Unité: Milliers de tonnes métriques

Country or area	2003	2004	2005	2006	2007	2008	2009	2010	2011	2012	Pays ou zone
Africa											**Afrique**
Benin[1]	4	4	5	10	10	10	10	10	10	10	Bénin[1]
Burkina Faso[1]	40	40	40	40	40	40	40	40	40	40	Burkina Faso[1]
Burundi[1]	...	...	23	25	24	20	22	22	24	24	Burundi[1]
Cameroon[1]	120	125	119	126	100	100	110	106	105	105	Cameroun[1]
Central African Rep.[1]	...	...	0	0	0	0	0	0	11	10	Rép. centrafricaine[1]
Chad[1]	33	30	35	35	35	36	40	38	32	35	Tchad[1]
Congo	[1]45	65	[1]63	[1]65	[1]56	[1]67	[1]70	[1]70	[1]60	[1]50	Congo
Côte d'Ivoire[1]	145	120	145	145	145	150	150	150	199	200	Côte d'Ivoire[1]
Dem. R. of the Congo[1]	65	60	60	65	65	70	70	70	70	70	Rép. dém. du Congo[1]
Egypt	194	517	357	129	...	155	167	...	4	...	Égypte
Ethiopia[1]	295	325	345	360	340	340	320	320	350	300	Éthiopie[1]
Gabon[1]	25	19	21	21	21	21	24	24	26	25	Gabon[1]
Guinea[1]	26	26	25	25	25	20	25	25	25	25	Guinée[1]
Kenya	448	523	392	417	520	512	548	524	490	494	Kenya
Madagascar[1]	35	26	27	20	20	16	60	80	70	75	Madagascar[1]
Malawi[1]	257	255	265	230	280	310	300	279	305	320	Malawi[1]
Mali[1]	34	35	35	34	34	35	35	35	35	35	Mali[1]
Mauritius	537	572	520	505	436	449	458	452	435	409	Maurice
Morocco	487	508	475	401	424	468	...	...	...	...	Maroc
Mozambique	[1]26	199	164	172	183	[1]250	[1]252	[1]282	[1]389	[1]397	Mozambique
Niger[1]	15	10	10	10	10	10	10	10	10	10	Niger[1]
Nigeria[1]	...	...	0	30	55	21	38	30	30	45	Nigéria[1]
Rwanda[1]	...	...	5	10	10	10	10	7	10	10	Rwanda[1]
Senegal[1]	90	90	90	95	95	100	105	105	105	110	Sénégal[1]
Sierra Leone	[1]5	[1]6	[1]6	7	[1]6	4	6	[1]8	[1]8	[1]8	Sierra Leone
Somalia[1]	20	20	15	20	20	20	20	20	25	25	Somalie[1]
South Africa[1]	2418	2234	2507	2338	2433	2415	2330	2069	1981	2119	Afrique du Sud[1]
Sudan (former)	[1]686	[1]789	[1]728	730	757	766	739	773	...	...	Soudan (anc.)
Swaziland[1]	616	594	653	623	631	664	628	613	645	623	Swaziland[1]
Tunisia[2]	...	141	120	136	136	143	98	...	...	...	Tunisie[2]
Uganda[1]	180	190	211	208	197	259	312	297	282	315	Ouganda[1]
United R. of Tanzania	[3]218	[1]211	[1]278	[4]173	[4]303	[4]287	[4]292	[1]289	[1]284	[1]320	Rép.-U. de Tanzanie
Zambia[1]	155	245	248	250	237	207	323	409	381	430	Zambie[1]
Zimbabwe[1]	208	456	430	446	349	291	261	335	372	501	Zimbabwe[1]
America, North											**Amérique du Nord**
Barbados	[1]36	34	38	34	35	32	33	[1]25	[1]30	[1]30	Barbade
Belize[1]	111	125	102	120	100	86	88	97	114	127	Belize[1]
Canada[1]	85	115	105	135	130	70	70	85	125	130	Canada[1]
Costa Rica[1]	358	405	398	348	373	351	363	361	354	420	Costa Rica[1]
Cuba	2278	2530	1349	1239	1193	1446	1379	1185	1219	[1]1450	Cuba
Dominica[5]	4	...	...	...	...	...	...	...	...	...	Dominique[5]
Dominican Republic	496	547	470	486	488	498	[1]540	[1]549	[1]538	[1]561	Rép. dominicaine
El Salvador[1]	530	555	633	542	560	597	518	690	607	758	El Salvador[1]
Guatemala[1]	1801	2092	2015	1961	2364	2145	2382	2495	2346	2713	Guatemala[1]
Honduras[1]	300	357	360	391	391	384	392	429	415	433	Honduras[1]
Jamaica	[1]154	[1]181	127	144	163	140	[1]131	[1]121	[1]143	[1]137	Jamaïque
Mexico	2904	2920	2924	3198	4565	5041	4470	4185	4557	5093	Mexique
Nicaragua[1]	333	440	470	435	505	480	520	528	509	619	Nicaragua[1]
Panama[6]	112	110	123	131	117	108	105	106	120	129	Panama[6]
Saint Kitts & Nevis	16	14	11	...	...	...	...	...	...	...	Saint-Kitts-et-Nevis
Trinidad and Tobago	66	43	33	[1]25	[1]30	[1]0	[1]0	[1]0	[1]0	[1]0	Trinité-et-Tobago
United States[1]	7964	7647	6784	7034	7678	6956	6855	7635	6888	8167	États-Unis[1]
America, South											**Amérique du Sud**
Argentina	[7]1814	[7]1717	[7]2031	[1]2470	[7]2048	[1]2448	[1]2256	[1]2038	[1]2094	[1]2212	Argentine
Bolivia (Plur. State of)[1]	400	464	400	370	375	340	355	400	345	475	Bolivie (État plur. de)[1]
Brazil	[1]25956	25284	25735	28820	28899	30014	30616	35810	34003	36525	Brésil
Chile[1]	374	401	386	372	370	280	220	330	330	330	Chili[1]
Colombia[1]	2646	2740	2683	2415	2277	2036	2598	2078	2340	2197	Colombie[1]
Ecuador	[1]505	0	8	0	22	11	[1]510	[1]500	[1]576	[1]588	Équateur
Guyana	302	325	246	[1]255	266	226	234	[1]220	[1]235	[1]215	Guyana
Paraguay[1]	116	115	117	120	120	120	120	120	120	120	Paraguay[1]
Peru	[3]970	[1]813	[1]695	[1]805	[1]905	[1]1005	[1]1075	[1]1019	[1]1075	[1]1095	Pérou
Suriname[1]	5	5	5	7	7	7	7	7	7	7	Suriname[1]
Venezuela (Bol. R. of)[1]	510	694	690	700	700	690	650	550	560	560	Venezuela (R.bol.du)[1]

For general note and footnotes, see end of table — Voir la fin du tableau pour la remarque générale est les notes

Raw sugar (continued)
Sucres bruts (suite)

CPC-BASED CODE - CODE BASE CPC
23510-0

Unit: Thousand metric tons — Unité: Milliers de tonnes métriques

Country or area	2003	2004	2005	2006	2007	2008	2009	2010	2011	2012	Pays ou zone
Asia											**Asie**
Armenia	...	...	[1]2	[1]2	[1]3	[1]4	[1]1	[1]33	[7]72	[7]69	Arménie
Bangladesh[1]	166	125	120	145	170	110	80	95	110	95	Bangladesh[1]
Cambodia[1]	...	...	...	0	0	0	0	0	0	25	Cambodge[1]
China	[1]11433	10337	[1]9785	[1]10682	[1]13895	[1]15465	[1]13629	[1]11600	[1]11432	[1]12990	Chine
India[1]	21702	14432	15216	22351	29055	28096	15855	20845	28066	29194	Inde[1]
Indonesia	[1]1780	[1]2225	[1]2435	[1]2510	[1]2814	3263	[1]2740	[1]2450	[1]2500	[1]2800	Indonésie
Iran (Islamic Rep. of)[1]	1270	1310	1300	1425	1250	...	890	975	995	1325	Iran (Rép. islam. d')[1]
Japan[8]	156	131	141	147	168	193	180	175	109	127	Japon[8]
Kazakhstan	480	542	529	490	392	508	...	...	...	...	Kazakhstan
Kyrgyzstan[9]	75	88	45	58	37	11	6	14	17	13	Kirghizistan[9]
Lao PDR[1]	...	...	0	0	0	10	15	50	55	55	Lao, RDP[1]
Lebanon[1]	...	...	4	5	5	5	5	5	5	5	Liban[1]
Malaysia[1]	...	...	...	...	...	...	...	...	25	25	Malaisie[1]
Myanmar[1]	...	...	150	155	160	180	220	225	275	275	Myanmar[1]
Nepal[1]	125	140	130	135	140	140	130	130	140	140	Népal[1]
Pakistan[1]	4063	4481	2839	3263	4355	4997	3500	3860	4715	5150	Pakistan[1]
Philippines[1]	2245	2423	2184	2413	2147	2415	2294	1791	2711	2620	Philippines[1]
Sri Lanka[1]	21	60	60	70	75	75	41	40	40	39	Sri Lanka[1]
Syrian Arab Republic[1]	120	105	110	148	160	155	80	160	180	180	Rép. arabe syrienne[1]
Thailand	2437	2317	1400	1800	2537	2917	[1]7945	[1]6770	...	...	Thaïlande
Turkey[1]	2136	2053	2171	2091	1919	2148	2610	2574	2493	2384	Turquie[1]
Turkmenistan[1]	1	2	3	3	4	4	4	10	10	10	Turkménistan[1]
Viet Nam	290	244	72	366	246	229	316	227	...	...	Viet Nam
Europe											**Europe**
Albania[1]	3	3	3	5	4	4	4	4	4	4	Albanie[1]
Belarus	[1]255	[1]340	[1]435	[1]480	[1]495	[1]541	[1]570	[1]458	458	271	Bélarus
Croatia	[1]116	[1]173	[1]221	320	302	[1]228	[1]230	[1]255	[1]260	[1]219	Croatie
Czech Republic	[1]522	...	0	0	0	0	0	0	0	0	République tchèque
Denmark	1	1	2	0	...	...	...	...	...	...	Danemark
Finland	14	34	35	47	14	0	2	1	1	1	Finlande
France	324	345	382	...	...	...	...	...	...	...	France
Germany	239	263	243	207	C	C	C	C	C	C	Allemagne
Hungary[1]	257	...	...	...	...	...	...	...	...	...	Hongrie[1]
Italy	3	...	3	1	3	1	2	...	...	...	Italie
Latvia[1]	75	...	...	...	...	...	...	...	...	...	Lettonie[1]
Lithuania[1]	143	...	...	...	...	...	...	...	...	...	Lituanie[1]
Poland	1007	953	1498	1441	1230	1366	1276	1605	1457	1654	Pologne
Rep. of Moldova	[1]107	[1]111	[1]133	[1]161	[1]75	[1]134	42	[1]104	[1]88	[1]92	Rép. de Moldova
Russian Federation[9]	5841	4828	5600	5833	6112	5873	5023	4750	7124	5322	Fédération de Russie[9]
Serbia[1]	...	...	415	505	490	325	450	525	480	445	Serbie[1]
Serbia & Montenegro[1]	270	...	...	...	...	...	...	...	...	...	Serbie-et-Monténégro[1]
Slovakia	123	C	C	...	...	...	...	C	C	C	Slovaquie
Slovenia	[1]55	...	...	...	...	...	...	...	0	0	Slovénie
Sweden	18	7	64	40	3	26	68	57	4	0	Suède
Switzerland	[1]185	[1]225	[1]221	[1]198	230	[1]273	[1]303	[1]218	[1]320	[1]278	Suisse
TFYR of Macedonia	33	[1]16	[1]16	[1]19	[1]36	0	0	0	[1]35	[1]23	L'ex-RY de Macédoine
United Kingdom	8	...	C	C	C	C	C	C	C	C	Royaume-Uni
Oceania											**Océanie**
Australia	[10]5461	[10]4994	[10]5234	[10]5063	[10]5026	[10]4763	[10]4634	[1]3634	[1]3759	[1]3869	Australie
Fiji	[7]308	[7]311	[7]292	307	261	257	162	[1]153	[1]187	[1]160	Fidji
Papua New Guinea[1]	50	46	44	35	35	35	35	40	40	45	Papouasie-Nvl-Guinée[1]
Samoa[1]	2	2	2	...	...	...	...	...	...	...	Samoa[1]

General Note.
Raw cane or beet sugar not containing added flavouring or colouring matter. Please see commodity notes for more information.

Remarque générale.
Sucres bruts de canne ou de betterave sans addition d'aromatisants ou de colorants. Voir les commentaires sur nom de produit pour de plus amples informations.

[1] Source: International Sugar Organization (London).
[2] Source: Bulletin of Industrial Statistics for the Arab Countries, United Nations Economic and Social Commission for Western Asia (Beirut).
[3] Source: Food and Agriculture Organization of the United Nations (Rome).
[4] Tanganyika only.
[5] Source: United Nations Economic Commission for Latin America and the Caribbean (Santiago).
[6] Data refer to total production.
[7] Including refined sugar.

[1] Source: Organisation Internationale du Sucre (Londres).
[2] Source: Bulletin de statistiques industrielles pour les pays arabes, Commission économique et sociale pour l'Asie occidentale des Nations Unies (Beyrouth).
[3] Source: Organisation des Nations Unies pour l'alimentation et l'agriculture (Rome).
[4] Tanganyika seulement.
[5] Source: Commission économique pour l'Amérique Latine et les Caraïbes des Nations Unies (Santiago).
[6] Les données se rapportent à la production totale.
[7] Y compris le sucre raffiné.

Raw sugar (continued)
Sucres bruts (suite)

CPC-BASED CODE - CODE BASE CPC
23510-0

[8] Twelve months beginning 1 April of year stated.
[9] Granulated sugar
[10] Twelve months ending 30 June of year stated.

[8] Période de douze mois commençant le 1er avril de l'année indiquée.
[9] Sucre granulé.
[10] Période de douze mois finissant le 30 juin de l'année indiquée.

Chocolate and chocolate products
Chocolat et produits à base de chocolat

CPC-BASED CODE - CODE BASE CPC

23600-1

Unit: Thousand metric tons — Unité: Milliers de tonnes métriques

Country or area	2003	2004	2005	2006	2007	2008	2009	2010	2011	2012	Pays ou zone
Africa											**Afrique**
Cameroon	2.0	1.8	1.6	...	...	...	...	...	...	...	Cameroun
Egypt	...	19.6	28.1	24.4	...	...	...	...	...	...	Égypte
Kenya	0.4	0.4	0.4	0.5	0.5	0.5	1.4	1.4	1.5	...	Kenya
South Africa	43.4	...	...	...	...	...	...	...	...	...	Afrique du Sud
Tunisia	8.2	...	...	...	...	...	...	...	...	...	Tunisie
America, North											**Amérique du Nord**
Mexico	103.5	103.1	117.0	125.2	180.6	179.1	172.8	182.6	173.7	138.1	Mexique
America, South											**Amérique du Sud**
Brazil	408.9	564.9	570.5	673.3	648.7	507.7	692.2	730.1	822.4	859.9	Brésil
Chile	39.3	...	33.3	38.3	50.5	16.8	15.0	45.0	13.6	...	Chili
Ecuador	...	9.8	15.6	11.3	16.2	11.8	...	...	...	...	Équateur
Peru	8.9	9.0	9.0	10.8	13.7	12.0	11.4	15.4	15.2	21.5	Pérou
Asia											**Asie**
Afghanistan	0.2	0.2	1.0	1.1	1.1	1.2	1.2	1.2	1.2	1.2	Afghanistan
Armenia	1.0	0.9	1.2	2.2	3.0	2.7	2.6	2.7	2.8	3.6	Arménie
Azerbaijan	0.5	1.4	2.6	3.6	5.2	5.5	4.0	4.3	4.3	4.9	Azerbaïdjan
Cyprus	0.8	0.7	0.4	0.4	0.3	0.2	0.2	0.1	0.2	...	Chypre
Georgia	0.0	C	C	C	C	C	0.0	1.3	2.2	2.5	Géorgie
India	39.7	38.2	19.1	...	...	...	...	...	...	...	Inde
Iran (Islamic Rep. of)	33.3	24.7	34.8	43.3	42.1	51.3	...	...	...	...	Iran (Rép. islam. d')
Iraq	...	...	...	2.1	...	0.0	3.8	1.0	...	2.3	Iraq
Japan	291.6	298.3	303.9	307.7	302.5	300.5	301.6	292.1	297.9	295.6	Japon
Kazakhstan	48.3	51.9	69.8	74.7	77.6	77.1	...	...	...	...	Kazakhstan
Kuwait	1.0	0.9	0.8	1.7	2.3	3.2	2.0	2.5	3.2	2.2	Koweït
Kyrgyzstan	0.0	0.1	0.1	0.1	0.1	0.0	0.0	0.0	0.0	0.0	Kirghizistan
Nepal	...	...	...	...	15.5	...	...	...	...	...	Népal
Syrian Arab Republic	8.0	8.0	8.6	12.7	14.9	16.0	...	...	...	...	Rép. arabe syrienne
Turkey	111.3	124.2	#249.2	269.6	288.5	363.9	364.2	415.2	459.1	500.6	Turquie
Europe											**Europe**
Albania	...	0.0	0.1	0.2	0.3	...	0.3	0.4	...	...	Albanie
Belarus	18.0	17.7	19.1	18.7	21.4	23.8	22.8	22.4	30.9	32.4	Bélarus
Belgium[1]	174.1	...	...	...	...	...	...	...	...	...	Belgique[1]
Bosnia & Herzegovina[2]	0.4	...	...	...	...	...	...	...	...	...	Bosnie-Herzégovine[2]
Bulgaria	18.4	20.8	24.6	25.4	24.1	23.4	19.8	27.1	26.1	28.2	Bulgarie
Croatia	13.0	16.7	18.4	17.2	20.1	21.6	21.0	20.2	19.2	19.5	Croatie
Czech Republic	...	...	C	C	61.6	65.0	57.4	54.2	53.2	55.4	République tchèque
Denmark	35.1	37.5	36.8	36.6	37.3	...	34.3	32.0	32.5	29.1	Danemark
Estonia	4.0	4.6	4.1	4.6	4.5	4.6	3.6	2.9	3.6	4.2	Estonie
Finland	41.0	39.4	38.5	38.5	38.2	33.5	34.2	33.9	33.9	36.9	Finlande
France[1]	425.7	460.2	453.5	...	...	...	...	...	...	...	France[1]
Germany	1247.4	1341.7	1350.5	1460.0	1510.4	1519.3	C	C	C	C	Allemagne
Greece[1]	30.6	...	...	...	...	...	...	...	...	...	Grèce[1]
Hungary	48.6	43.6	34.7	32.1	35.7	45.0	34.9	38.4	39.4	35.0	Hongrie
Iceland	2.0	[3]2.0	[4]1.5	...	[4]2.4	2.7	3.2	3.0	2.4	2.7	Islande
Ireland	102.8	96.1	...	...	...	...	...	...	...	...	Irlande
Italy[5]	416.8	...	...	...	...	...	...	...	...	...	Italie[5]
Lithuania	17.1	18.7	26.6	117.1	24.9	53.7	33.4	23.5	60.4	23.7	Lituanie
Norway	36.5	34.4	36.9	...	...	...	...	...	...	...	Norvège
Poland	238.2	275.2	275.6	293.4	316.7	324.8	330.6	298.7	358.2	367.7	Pologne
Portugal	3.8	4.2	3.8	4.1	4.0	4.5	4.6	5.1	...	...	Portugal
Rep. of Moldova	...	5.6	6.5	6.9	7.7	8.3	15.5	7.9	8.2	7.5	Rép. de Moldova
Romania	25.0	31.8	40.2	41.6	44.8	46.9	47.6	40.7	39.3	34.4	Roumanie
Russian Federation	158.0	176.0	183.0	203.6	236.0	232.7	229.4	917.8	1040.9	1049.5	Fédération de Russie
Serbia	...	...	...	39.1	37.8	41.2	39.7	39.3	...	...	Serbie
Slovakia	25.5	32.7	33.3	31.9	36.1	27.9	28.5	29.4	35.9	28.7	Slovaquie
Slovenia	4.9	C	C	C	C	C	C	6.4	C	C	Slovénie
Spain	223.5	241.5	248.9	251.9	C	255.7	243.0	C	C	C	Espagne
Sweden	82.4	80.8	83.8	85.5	85.5	100.4	91.5	56.3	50.9	51.4	Suède
Switzerland	139.7	148.2	160.3	168.3	181.3	...	...	...	...	...	Suisse
TFYR of Macedonia	3.2	3.4	3.3	2.1	3.8	4.2	3.9	5.5	6.2	6.5	L'ex-RY de Macédoine
Ukraine	215.3	253.3	295.1	316.2	344.8	364.8	348.6	372.4	361.7	359.9	Ukraine
United Kingdom	[6]623.3	...	614.5	726.0	715.6	C	653.2	666.0	452.7	451.1	Royaume-Uni

CPC-BASED CODE - CODE BASE CPC
23600-1

General Note.

Cocoa powder, containing added sugar or other sweetening matter, other preparations of cocoa in blocks, slabs or bars or in liquid, paste, powder, granular or other bulk form in containers or immediate packings.

[1] Incomplete coverage.
[2] Excluding the Federation of Bosnia and Herzegovina.
[3] Excluding Prodcom 2002 codes 15.84.22.80, 15.84.22.90.
[4] Excluding Prodcom 2002 codes 15.84.22.39, 15.84.22.53, 15.84.22.80, 15.84.22.90.
[5] Excluding Prodcom 2002 code 15.84.21.50.
[6] Excluding Prodcom 2002 code 15.84.22.70.

Remarque générale.

Poudre de cacao, avec addition de sucre ou d'autres édulcorants, autres préparations présentées soit en blocs ou en barres, soit à l'état liquide ou pâteux ou en poudres, granulés ou formes similaires, en récipients ou en emballages immédiats.

[1] Couverture incomplète.
[2] Non compris la Fédération de Bosnie-Herzégovine.
[3] 2002 codes Prodcom 15.84.22.80, 15.84.22.90 non compris.
[4] 2002 codes Prodcom 15.84.22.39, 15.84.22.53, 15.84.22.80, 15.84.22.90 non compris.
[5] 2002 code Prodcom 15.84.21.50 non compris.
[6] 2002 code Prodcom 15.84.22.70 non compris.

Cocoa butter
Beurre de cacao

CPC-BASED CODE - CODE BASE CPC
23620-0

Unit: Metric tons — Unité: Tonnes métriques

Country or area	2003	2004	2005	2006	2007	2008	2009	2010	2011	2012	Pays ou zone
Africa											**Afrique**
Cameroon	757	561	384	1022	2644	3255	7786	...	...	...	Cameroun
Egypt	...	...	...	...	...	20645	37781	...	37472	...	Égypte
America, North											**Amérique du Nord**
Cuba	232	312	135	89	353	387	167	294	253	258	Cuba
America, South											**Amérique du Sud**
Brazil	48300	56838	60160	63777	67776	60724	53214	60984	56829	67615	Brésil
Chile	...	...	32	28	55	35	...	...	...	...	Chili
Ecuador	...	3115	4446	1266	1100	2445	...	...	...	...	Équateur
Peru	5797	5551	5166	5254	5292	6209	7063	6762	5758	7268	Pérou
Asia											**Asie**
Azerbaijan	...	...	...	...	...	...	...	0	0	485	Azerbaïdjan
Japan	5300	6310	4866	4653	3319	2753	3691	3670	3677	3291	Japon
Kazakhstan	5	6	5	8	7	...	...	...	...	...	Kazakhstan
Europe											**Europe**
Denmark	7	2	14	12	37	25	58	24	0	21	Danemark
France	78997	73593	88539	...	...	...	...	...	...	...	France
Germany	15234	20690	20417	31338	39602	57081	63339	68464	83162	83933	Allemagne
Greece[1]	629	...	...	...	...	...	...	...	...	...	Grèce[1]
Italy	6203	5621	...	...	...	...	...	...	...	...	Italie
Lithuania	...	1	0	0	0	0	0	0	0	0	Lituanie
Netherlands	192932	198115	182512	205170	239942	229068	222863	231127	...	...	Pays-Bas
Poland	639	616	84	773	0	C	C	C	C	C	Pologne
Portugal	2	1	1	1	1	0	0	0	...	...	Portugal
Russian Federation	0	0	0	0	0	0	0	8	0	0	Fédération de Russie
Spain	16378	18028	19749	17086	20412	20156	15896	15330	16289	18526	Espagne
Sweden	3	6	4	14	11	12	8	6	11	6	Suède
United Kingdom	37092	33233	24581	22868	57591	49746	31960	29066	27638	C	Royaume-Uni

General Note.
Cocoa butter, fat and oil.

[1] Incomplete coverage.

Remarque générale.
Beurre, graisse et huile de cacao.

[1] Couverture incomplète.

Cocoa powder, not sweetened
Poudre de cacao, sans addition d'édulcorants

CPC-BASED CODE - CODE BASE CPC
23630-0

Unit: Metric tons — Unité: Tonnes métriques

Country or area	2003	2004	2005	2006	2007	2008	2009	2010	2011	2012	Pays ou zone
Africa											**Afrique**
Cameroon	21460	16649	16769	17951	2990	...	...	...	...	...	Cameroun
Egypt	243	980	751	128	...	719	1142	...	624	...	Égypte
Kenya	1900	1103	1097	1264	1300	1300	499	519	502	422	Kenya
Sierra Leone	...	...	...	...	...	17890	...	...	...	...	Sierra Leone
America, North											**Amérique du Nord**
Cuba	...	...	...	...	301	240	285	246	312	188	Cuba
Trinidad and Tobago	912	1321	896	569	...	...	...	...	...	...	Trinité-et-Tobago
America, South											**Amérique du Sud**
Brazil	59129	79164	85286	109211	99358	101739	85007	78320	77341	77734	Brésil
Chile	...	...	...	...	...	...	86	...	...	...	Chili
Ecuador	1065	1264	4842	1996	1471	1522	...	...	...	...	Équateur
Asia											**Asie**
Armenia	...	5	11	13	0	0	0	0	0	0	Arménie
Cyprus	25	...	...	...	...	11	3	9	7	...	Chypre
Japan	2552	3786	3006	2517	2615	2680	2695	3119	3041	3038	Japon
Kazakhstan	186	229	210	286	361	...	...	...	...	...	Kazakhstan
Malaysia	30102	37112	64943	82207	97606	108154	121281	131869	147860	143885	Malaisie
Turkey	10458	35394	C	C	C	C	C	C	C	C	Turquie
Europe											**Europe**
Belarus	11	166	195	205	225	277	273	292	400	699	Bélarus
Croatia	426	526	635	566	262	411	309	482	761	451	Croatie
Denmark	...	...	0	1	23	18	...	...	...	...	Danemark
Estonia	...	C	C	C	C	0	59	105	29	30	Estonie
Finland	...	...	0	0	43	44	42	48	72	82	Finlande
Germany	33925	47200	52653	65995	69919	68445	76929	102023	111846	104683	Allemagne
Greece[1]	698	...	...	...	...	...	...	...	...	...	Grèce[1]
Hungary	485	535	564	533	C	540	696	1398	357	C	Hongrie
Italy	9695	9235	...	...	...	...	...	...	...	...	Italie
Lithuania	90	1	0	20	0	0	0	0	0	0	Lituanie
Netherlands	179241	182386	108050	113650	150681	223086	221364	217386	...	186949	Pays-Bas
Poland	8229	8370	8422	11164	8614	5615	5127	3839	3323	2998	Pologne
Portugal	11	19	49	56	53	C	C	C	...	...	Portugal
Romania	163	0	33	0	0	...	...	...	...	...	Roumanie
Russian Federation	1055	1320	2216	2879	2193	1108	896	1521	3460	3868	Fédération de Russie
Spain	52713	48855	49763	58503	65556	71737	72679	69077	71283	67921	Espagne
Sweden	575	459	475	447	415	651	480	519	1158	1315	Suède
TFYR of Macedonia	30	*43	38	61	80	79	82	73	65	59	L'ex-RY de Macédoine
United Kingdom	...	16935	C	C	C	C	C	C	C	C	Royaume-Uni

General Note.
Cocoa powder, not containing added sugar or other sweetening matter.

[1] Incomplete coverage.

Remarque générale.
Poudre de cacao, sans addition de sucre ou d'autres édulcorants.

[1] Couverture incomplète.

Sugar confectionery not containing cocoa
Sucreries sans cacao

CPC-BASED CODE - CODE BASE CPC
23670-1

Unit: Thousand metric tons — Unité: Milliers de tonnes métriques

Country or area	2003	2004	2005	2006	2007	2008	2009	2010	2011	2012	Pays ou zone
Africa											**Afrique**
Cameroon	6.0	6.3	4.2	3.6	4.2	...	...	...	...	...	Cameroun
Ethiopia[1]	1.0	...	...	...	...	...	...	...	...	...	Éthiopie[1]
Kenya	22.4	22.8	22.3	25.8	18.3	15.7	24.1	21.8	24.3	25.6	Kenya
Madagascar	...	0.4	0.5	0.5	...	...	...	...	...	...	Madagascar
Mozambique	...	55.0	77.0	47.7	50.4	...	...	...	...	...	Mozambique
Nigeria	22.8	23.0	23.0	...	...	...	...	...	...	...	Nigéria
Sierra Leone	...	1.2	0.9	1.1	1.4	1.3	1.4	...	...	...	Sierra Leone
Uganda	6.4	12.4	15.1	...	...	...	...	...	...	...	Ouganda
America, North											**Amérique du Nord**
Mexico	95.1	115.6	129.5	124.4	#1235.0	1181.7	1274.0	1394.6	747.1	756.5	Mexique
America, South											**Amérique du Sud**
Brazil	464.9	482.4	562.1	553.0	514.0	540.3	532.2	518.1	523.6	543.7	Brésil
Chile	...	...	48.5	27.9	56.0	78.2	58.4	58.4	24.7	...	Chili
Ecuador	...	22.6	29.5	31.4	28.7	30.6	...	...	...	...	Équateur
Peru	9.9	10.8	11.7	12.1	12.7	12.1	9.8	11.4	11.0	10.8	Pérou
Asia											**Asie**
Armenia	1.7	1.4	1.5	2.5	3.1	2.6	2.8	3.3	3.3	3.3	Arménie
Azerbaijan	0.4	0.4	0.7	0.7	0.4	0.5	0.5	0.4	2.3	0.9	Azerbaïdjan
China, Macao SAR	0.0	0.0	C	C	C	0.1	0.0	...	...	...	Chine, Macao RAS
Georgia	0.0	0.0	0.0	[2]0.1	[2]0.1	[2]0.1	[2]0.1	[2]2.1	[2]3.2	[2]2.4	Géorgie
India	76.5	81.6	81.5	...	...	...	...	...	...	...	Inde
Iran (Islamic Rep. of)	19.6	34.1	37.2	24.7	33.8	29.3	45.4	...	...	...	Iran (Rép. islam. d')
Japan	207.8	207.1	209.3	209.9	211.9	213.9	212.7	212.3	210.9	203.1	Japon
Kazakhstan	28.2	29.7	42.8	46.0	46.9	...	...	...	...	...	Kazakhstan
Kuwait	2.2	1.7	2.0	2.1	3.0	3.6	3.8	4.9	4.6	5.2	Koweït
Kyrgyzstan	1.7	2.5	2.7	2.2	1.8	1.7	1.5	2.0	2.2	2.1	Kirghizistan
Malaysia	21.9	29.8	23.6	41.9	42.4	35.5	13.2	24.0	32.3	21.5	Malaisie
Myanmar[3]	0.5	0.4	0.4	0.3	0.3	0.3	0.1	0.1	...	...	Myanmar[3]
Nepal	...	...	...	...	0.2	...	...	...	...	...	Népal
Rep. of Korea	118.5	123.8	141.3	138.8	133.1	119.3	103.9	120.3	132.9	125.2	Rép. de Corée
Tajikistan	1.1	1.7	2.5	2.7	3.2	2.9	2.7	3.9	4.3	4.5	Tadjikistan
Turkey	37.6	36.7	#188.0	C	217.0	245.0	240.0	229.2	277.0	305.3	Turquie
Viet Nam	62.2	79.8	87.5	100.7	106.5	...	...	...	...	...	Viet Nam
Europe											**Europe**
Albania	...	1.6	1.3	1.9	1.5	...	2.3	1.9	...	...	Albanie
Austria	26.7	...	...	...	...	...	...	...	...	...	Autriche
Belarus	56.9	59.1	56.6	55.3	47.1	47.0	48.0	50.8	71.5	69.4	Bélarus
Belgium[4]	156.0	...	...	...	...	...	...	...	...	...	Belgique[4]
Bosnia & Herzegovina#	2.5	...	...	...	...	...	...	...	...	...	Bosnie-Herzégovine#
Bulgaria	12.4	12.8	10.8	10.7	10.9	8.8	9.3	9.2	9.6	9.4	Bulgarie
Croatia	5.2	2.3	5.9	5.5	5.5	5.2	6.3	5.8	5.7	5.1	Croatie
Czech Republic	...	...	C	C	48.3	48.8	45.6	46.3	57.0	54.5	République tchèque
Denmark	63.5	74.5	76.7	76.0	67.3	63.0	...	...	...	...	Danemark
Estonia	3.0	2.8	2.6	2.0	2.0	2.7	1.6	1.5	1.5	2.5	Estonie
Finland	35.1	35.2	36.0	37.1	35.3	33.8	32.8	35.5	33.2	34.2	Finlande
France[4]	C	198.5	197.3	...	...	...	...	...	...	...	France[4]
Germany	C	C	C	609.8	591.8	591.8	583.8	C	C	606.6	Allemagne
Greece[4]	17.4	...	...	...	...	...	...	...	...	...	Grèce[4]
Hungary	15.9	18.3	18.1	18.6	20.9	18.1	20.2	22.2	23.6	22.6	Hongrie
Iceland	0.8	[5]0.7	[6]0.4	...	[6]0.6	0.9	0.9	0.8	0.8	0.9	Islande
Ireland	30.5	31.6	...	...	...	...	...	...	...	...	Irlande
Italy	136.1	143.7	...	...	...	...	...	...	...	...	Italie
Latvia	3.4	3.6	3.9	3.9	4.6	3.7	3.1	3.8	3.7	3.6	Lettonie
Lithuania	7.9	8.0	10.6	9.2	8.0	7.3	7.1	7.9	8.2	6.9	Lituanie
Netherlands	...	...	...	...	...	...	...	...	182.4	191.2	Pays-Bas
Norway	17.5	12.6	17.4	17.0	...	...	...	...	...	...	Norvège
Poland	121.9	135.9	131.8	97.4	147.9	147.8	146.9	163.2	177.5	175.5	Pologne
Portugal	8.7	8.4	8.2	8.6	8.7	8.3	7.9	8.6	...	...	Portugal
Rep. of Moldova	11.9	5.5	5.9	5.3	5.5	5.6	4.9	5.0	4.9	4.8	Rép. de Moldova
Romania	56.5	62.6	60.1	53.5	49.4	49.8	30.1	27.2	36.1	23.3	Roumanie
Russian Federation	759.0	833.0	904.0	966.7	1015.0	1077.3	1085.1	543.1	524.1	526.4	Fédération de Russie
Serbia	...	...	...	8.7	...	...	...	...	...	...	Serbie

For general note and footnotes, see end of table — Voir la fin du tableau pour la remarque générale est les notes

Sugar confectionery not containing cocoa (continued)
Sucreries sans cacao (suite)

CPC-BASED CODE - CODE BASE CPC
23670-1

Unit: Thousand metric tons — Unité: Milliers de tonnes métriques

Country or area	2003	2004	2005	2006	2007	2008	2009	2010	2011	2012	Pays ou zone
Slovakia	4.7	4.0	3.3	3.4	9.1	10.4	9.8	10.5	12.8	18.0	Slovaquie
Slovenia	C	C	C	C	C	C	C	6.5	C	C	Slovénie
Spain	...	381.5	359.2	391.8	383.5	385.7	232.3	C	248.5	245.2	Espagne
Sweden	50.8	42.0	45.1	48.4	49.7	61.5	44.7	54.6	52.0	52.5	Suède
Switzerland	23.4	24.8	26.0	26.1	28.7	...	...	...	...	...	Suisse
TFYR of Macedonia	3.1	2.8	2.6	2.8	3.5	4.0	3.8	3.2	3.4	3.3	L'ex-RY de Macédoine
Ukraine	292.7	310.2	285.4	241.2	256.0	250.5	266.3	252.2	230.0	214.8	Ukraine
United Kingdom	[7]308.5	...	329.0	315.4	319.8	308.6	302.3	317.9	257.8	265.2	Royaume-Uni

General Note.
Sugar confectionery (including white chocolate), not containing cocoa.

[1] Twelve months ending 7 July of the year stated.
[2] Including confectionery containing cocoa.
[3] Twelve months ending 31 March of year stated.
[4] Incomplete coverage.
[5] Excluding Prodcom 2002 codes 15.84.23.55, 15.84.23.63, 15.84.23.73.
[6] Excluding Prodcom 2002 codes 15.84.23.20, 15.84.23.55, 15.84.23.63, 15.84.23.73.
[7] Excluding Prodcom 2002 code 15.84.23.75.

Remarque générale.
Sucreries sans cacao (y compris le chocolat blanc).

[1] Période de douze mois finissant le 7 juillet de l'année indiquée.
[2] Y compris sucreries contenant du cacao.
[3] Période de douze mois finissant le 31 mars de l'année indiquée.
[4] Couverture incomplète.
[5] 2002 codes Prodcom 15.84.23.55, 15.84.23.63, 15.84.23.73 non compris.
[6] 2002 codes Prodcom 15.84.23.20, 15.84.23.55, 15.84.23.63, 15.84.23.73 non compris.
[7] 2002 code Prodcom 15.84.23.75 non compris.

Uncooked pasta
Pâtes alimentaires non cuites

CPC-BASED CODE - CODE BASE CPC
23710-0

Unit: Thousand metric tons — Unité: Milliers de tonnes métriques

Country or area	2003	2004	2005	2006	2007	2008	2009	2010	2011	2012	Pays ou zone
Africa											**Afrique**
Algeria	15	...	...	...	...	...	...	...	...	...	Algérie
Cameroon	7	7	1	8	10	...	...	...	...	...	Cameroun
Egypt	309	259	203	252	...	...	...	...	...	...	Égypte
Ethiopia[1]	30	...	...	...	...	...	...	...	...	...	Éthiopie[1]
Madagascar	...	103	134	143	...	...	...	...	...	...	Madagascar
Mozambique	...	306	295	...	...	...	...	...	...	...	Mozambique
Tunisia	169	...	...	...	...	...	...	...	...	...	Tunisie
America, North											**Amérique du Nord**
Cuba	31	33	28	22	39	50	47	47	45	48	Cuba
Mexico	2093	1944	1943	1825	2322	2334	2322	2428	2508	2611	Mexique
America, South											**Amérique du Sud**
Brazil	816	1071	1103	1141	1072	1149	1116	1286	1226	1326	Brésil
Chile	...	...	130	63	140	153	16	149	77	...	Chili
Ecuador	...	35	44	49	40	29	...	...	...	...	Équateur
Peru	239	252	278	285	291	286	298	395	414	412	Pérou
Asia											**Asie**
Armenia	1	...	...	...	...	...	...	...	...	...	Arménie
Azerbaijan	1	1	3	4	3	2	3	5	4	4	Azerbaïdjan
China, Macao SAR	4	...	...	...	...	...	...	...	...	...	Chine, Macao RAS
Cyprus	5	6	4	4	5	4	4	4	3	...	Chypre
Georgia	1	1	1	1	1	1	8	6	7	5	Géorgie
Iran (Islamic Rep. of)	...	260	189	602	179	178	132	...	...	...	Iran (Rép. islam. d')
Japan[2]	1059	1046	1012	974	965	954	919	914	916	899	Japon[2]
Kazakhstan	69	74	78	93	110	...	...	...	...	...	Kazakhstan
Kuwait	8	0	0	0	...	...	...	...	...	...	Koweït
Kyrgyzstan	2	2	6	6	9	4	7	12	12	10	Kirghizistan
Syrian Arab Republic	8	12	14	20	16	15	...	...	...	...	Rép. arabe syrienne
Turkey	336	356	[#]581	559	571	641	595	732	864	977	Turquie
Viet Nam	15	19	12	14	14	...	...	...	...	...	Viet Nam
Europe											**Europe**
Austria	33	...	...	...	...	...	...	...	...	...	Autriche
Belarus	18	16	14	12	14	20	22	26	38	41	Bélarus
Belgium[3]	10	...	...	...	...	...	...	...	...	...	Belgique[3]
Bosnia & Herzegovina[4]	2	...	...	...	...	...	...	...	...	...	Bosnie-Herzégovine[4]
Bulgaria	6	5	5	5	5	6	8	12	8	11	Bulgarie
Croatia	9	9	8	9	10	13	18	17	17	19	Croatie
Czech Republic	51	51	52	48	55	59	66	84	C	C	République tchèque
Denmark	...	...	0	3	3	...	...	4	3	2	Danemark
Estonia	0	0	1	0	0	0	...	...	...	...	Estonie
Finland	15	15	15	14	13	13	15	12	14	14	Finlande
France	267	267	263	...	...	...	...	...	...	...	France
Germany	252	240	230	235	253	267	272	282	283	274	Allemagne
Greece	147	151	...	...	...	...	...	...	...	...	Grèce
Hungary	47	56	59	60	58	69	61	68	62	77	Hongrie
Ireland	C	3	...	...	...	...	...	...	...	...	Irlande
Italy	2318	2333	...	...	...	...	...	...	...	...	Italie
Latvia	2	1	C	C	C	...	...	...	...	C	Lettonie
Lithuania	3	3	6	7	8	9	10	11	11	11	Lituanie
Netherlands	...	...	...	...	...	...	...	...	20	...	Pays-Bas
Poland	107	110	139	146	153	148	178	176	C	C	Pologne
Portugal	45	48	42	43	49	50	49	48	...	...	Portugal
Rep. of Moldova	8	9	8	7	7	6	6	6	7	6	Rép. de Moldova
Romania	51	50	51	49	48	41	43	53	41	45	Roumanie
Russian Federation	[5]874	[5]958	[5]993	[5]1036	[5]1014	[5]1027	[5]1048	1063	1035	994	Fédération de Russie
Serbia	...	...	...	17	...	...	...	...	...	...	Serbie
Slovakia	24	13	27	23	15	16	14	13	11	10	Slovaquie
Slovenia	13	13	12	C	C	C	C	12	11	11	Slovénie
Spain	213	274	245	236	245	249	260	280	272	335	Espagne
Sweden	20	20	22	23	12	21	24	25	22	18	Suède
TFYR of Macedonia	619	924	534	26	168	173	103	118	112	124	L'ex-RY de Macédoine
Ukraine	110	100	104	108	107	113	108	116	134	106	Ukraine
United Kingdom	...	...	...	...	...	11	7	6	C	C	Royaume-Uni

General Note.
Uncooked pasta, not stuffed or otherwise prepared, containing eggs or not.

Remarque générale.
Pâtes alimentaires non cuites ni farcies ni autrement préparées, contenant des œufs ou non.

[1] Twelve months ending 7 July of the year stated.
[2] Total of fresh noodles, dried noodles, macaronis and spaghetti (production based on amount of flour used).
[3] Incomplete coverage.
[4] Excluding the Federation of Bosnia and Herzegovina.
[5] All pasta.

[1] Période de douze mois finissant le 7 juillet de l'année indiquée.
[2] Nouilles fraîches, nouilles sèches, macaronis et spaghetti (production basée sur la quantité de farine consommée).
[3] Couverture incomplète.
[4] Non compris la Fédération de Bosnie-Herzégovine.
[5] Pâtes de toutes catégories.

Pasta, prepared; couscous
Pâtes alimentaires préparées; couscous

CPC-BASED CODE - CODE BASE CPC
23720-0

Unit: Metric tons — Unité: Tonnes métriques

Country or area	2003	2004	2005	2006	2007	2008	2009	2010	2011	2012	Pays ou zone
Africa											**Afrique**
Algeria	14630	5800	5010	2850	1640	2240	1100	150	190	870	Algérie
Egypt	...	259483	203086	252062	372230	393436	387940	262212	333207	...	Égypte
Madagascar	...	28	37	39	...	...	...	...	...	...	Madagascar
America, North											**Amérique du Nord**
Mexico	...	...	...	...	13610	12572	12081	10540	10581	11210	Mexique
America, South											**Amérique du Sud**
Brazil	128495	144239	161725	182339	151982	171814	204425	191478	223354	343825	Brésil
Chile	...	...	13	26	22	1198	963	1128	1137	...	Chili
Ecuador	...	152	125	124	124	...	...	...	...	...	Équateur
Asia											**Asie**
Armenia	1196	2334	2429	3006	2400	2172	2474	2704	3274	3393	Arménie
Azerbaijan	0	9	33	18	1408	5332	2602	2916	2427	6998	Azerbaïdjan
Georgia	325	...	...	...	...	...	944	1868	2847	2803	Géorgie
Japan[1]	365000	368000	356000	350000	354000	323000	346000	332000	361000	364000	Japon[1]
Kazakhstan	2802	4837	6716	9953	14256	...	...	...	...	...	Kazakhstan
Kuwait	8185	8647	8521	9639	11522	15759	13673	15871	16365	16289	Koweït
Kyrgyzstan	507	304	1218	1711	2365	2993	3200	3829	4780	4934	Kirghizistan
Nepal	...	...	...	...	22217	...	...	...	...	...	Népal
Tajikistan	1642	1576	1669	1854	2520	2256	2003	2535	2315	3817	Tadjikistan
Turkey	...	...	C	2317	2599	5220	3433	10405	12666	14934	Turquie
Viet Nam	261174	290487	390172	350706	432332	...	...	...	...	...	Viet Nam
Europe											**Europe**
Albania	...	...	...	16	4243	...	40873	30030	...	...	Albanie
Austria	8886	...	...	...	...	...	...	...	...	...	Autriche
Belarus	13561	14219	15630	18636	19406	21269	19383	22751	24304	24922	Bélarus
Belgium[2]	65826	...	...	...	...	...	...	...	...	...	Belgique[2]
Bosnia & Herzegovina[3]	18	...	...	...	...	...	...	...	...	...	Bosnie-Herzégovine[3]
Bulgaria	69	53	118	74	C	192	149	103	73	C	Bulgarie
Croatia	680	1299	1627	2365	3888	1632	577	428	494	495	Croatie
Czech Republic	C	C	C	23556	35725	17462	15643	18744	16894	19045	République tchèque
Denmark	5455	4417	13026	14989	13706	12790	10790	11649	9737	9896	Danemark
Estonia	...	2182	1785	3196	3302	3018	6225	3470	5920	3601	Estonie
Finland	3134	3784	4406	4892	5660	1697	1954	1673	1654	1933	Finlande
France	280463	307410	306164	...	...	...	...	...	...	...	France
Germany	178133	183108	197507	211940	231008	239459	200297	213274	219287	225199	Allemagne
Hungary	22089	15228	17345	39866	16249	13667	27430	13764	12551	16266	Hongrie
Italy[4]	1100196	1138411	...	...	...	...	...	...	...	...	Italie[4]
Latvia	5725	6429	7765	7991	7577	8312	7438	7569	7704	7489	Lettonie
Lithuania	4624	6338	8899	10847	11555	11187	9175	8652	8640	8774	Lituanie
Netherlands	...	...	...	...	...	...	...	...	6336	4407	Pays-Bas
Norway	...	...	3156	1625	...	...	...	...	...	...	Norvège
Poland	36045	40632	32203	37626	44204	47513	52831	47919	C	C	Pologne
Portugal	30402	33478	29439	28244	29251	55012	56631	58062	...	...	Portugal
Rep. of Moldova	476	609	674	807	1012	1572	1362	1132	1047	1437	Rép. de Moldova
Romania	1557	2986	1788	1189	3500	4995	3467	2354	1996	2089	Roumanie
Russian Federation	...	...	...	...	...	...	...	51719	60844	50818	Fédération de Russie
Serbia	...	...	...	3812	...	...	...	...	...	...	Serbie
Slovakia	1402	887	948	477	C	C	644	1946	2445	5107	Slovaquie
Spain	C	C	C	C	36779	36284	C	C	C	C	Espagne
Sweden	6369	6706	6171	8313	13771	10813	11041	11438	15655	15054	Suède
Ukraine	62141	66765	102000	108061	109680	93661	76982	68378	69570	92576	Ukraine
United Kingdom	...	...	...	...	...	226046	240912	257836	230910	251369	Royaume-Uni

General Note.

Stuffed pasta, whether or not cooked or otherwise prepared and other prepared pasta; couscous.

Remarque générale.

Pâtes alimentaires farcies, même cuites ou autrement préparées et autres pâtes alimentaires; couscous.

[1] Instant noodles only (production based on amount of flour used).

[2] Incomplete coverage.

[3] Excluding the Federation of Bosnia and Herzegovina.

[4] Excluding Prodcom 2002 code 15.85.12.50.

[1] Nouilles instantanées seulement (production basée sur la quantité de farine utilisée).

[2] Couverture incomplète.

[3] Non compris la Fédération de Bosnie-Herzégovine.

[4] 2002 code Prodcom 15.85.12.50 non compris.

Coffee, decaffeinated or roasted
Café, décaféiné ou torréfié

CPC-BASED CODE - CODE BASE CPC
23911-0

Unit: Metric tons | Unité: Tonnes métriques

Country or area	2003	2004	2005	2006	2007	2008	2009	2010	2011	2012	Pays ou zone
Africa											**Afrique**
Burundi	5673	38274	5883	29955	8039	24863	6493	...	...	...	Burundi
Cameroon	...	...	...	...	183	171	201	...	...	...	Cameroun
Egypt	...	3362	6219	5203	...	9722	10609	...	8652	...	Égypte
Kenya	704	532	348	393	469	432	453	431	...	...	Kenya
Rwanda	14175	28762	18551	26685	14683	19794	14254	18182	16371	20171	Rwanda
South Africa	32296	...	...	...	...	...	...	...	...	...	Afrique du Sud
Uganda	150876	170081	158100	136963	175246	206932	196130	...	...	...	Ouganda
United R. of Tanzania[1]	23099	51190	18673	19587	24603	29633	47640	43849	47893	71114	Rép.-U. de Tanzanie[1]
America, North											**Amérique du Nord**
Cuba	20900	21200	20800	18400	18500	19400	19466	17212	18552	18838	Cuba
Mexico	20165	24012	22060	22762	20895	21727	21401	30429	32346	34246	Mexique
America, South											**Amérique du Sud**
Brazil	361662	420887	478219	545218	572661	529479	600570	583137	587374	591760	Brésil
Chile	...	...	8265	8159	6506	6755	3716	4725	12291	...	Chili
Ecuador	...	941	878	824	733	1856	...	...	...	...	Équateur
Peru	1098	584	672	...	...	...	...	...	...	...	Pérou
Asia											**Asie**
Georgia	418	483	758	1204	796	466	1073	1889	2207	2401	Géorgie
India	257014	296017	262163	254328	265000	...	...	...	...	...	Inde
Kuwait	301	272	485	411	423	858	855	848	944	1298	Koweït
Lao PDR	228	245	250	520	...	525	...	...	...	...	Lao, RDP
Myanmar[2]	91	64	56	38	48	52	44	40	5	...	Myanmar[2]
Nepal	...	...	...	...	26515	...	...	...	...	...	Népal
Rep. of Korea	35249	34723	33420	32398	31286	30131	28567	28482	27256	22802	Rép. de Corée
Turkey	...	...	6627	5504	17063	8980	8491	9731	20238	24665	Turquie
Viet Nam	5815	5419	17159	20145	29789	88035	99188	117897	...	...	Viet Nam
Europe											**Europe**
Belarus	145	154	351	361	439	495	456	416	359	340	Bélarus
Bulgaria	11342	12361	12395	12750	12694	12838	15024	16039	13448	12263	Bulgarie
Croatia	...	10545	9697	13040	13549	12842	13934	13010	14203	12129	Croatie
Czech Republic	...	...	21835	C	C	C	C	C	C	C	République tchèque
Denmark	23551	25296	18030	18449	19596	29675	29253	30550	25403	18352	Danemark
Estonia	...	...	0	0	...	0	...	343	361	309	Estonie
Finland	48020	54155	53257	53676	55817	57089	57740	55578	53928	49701	Finlande
France[3]	C	C	191270	...	...	...	...	...	...	...	France[3]
Germany	750218	711548	716539	741337	764988	819637	755077	741883	757008	763083	Allemagne
Hungary	27166	22953	12805	C	C	C	C	C	C	C	Hongrie
Iceland	...	C	[4]645	...	[4]728	715	876	1031	904	895	Islande
Ireland	3805	3413	...	...	...	...	...	...	...	...	Irlande
Italy	326767	330478	...	...	...	...	...	...	...	...	Italie
Latvia	C	C	C	1569	C	C	C	C	C	C	Lettonie
Lithuania	...	52	68	65	77	94	92	86	148	159	Lituanie
Montenegro[5]	223	250	290	330	464	484	498	423	313	272	Monténégro[5]
Norway	31141	32679	30818	31329	...	...	...	...	...	...	Norvège
Poland	85985	85757	81558	68136	49887	49108	48789	48256	C	52884	Pologne
Portugal	33758	32563	33785	35381	40375	35622	38011	39050	...	...	Portugal
Romania	21033	30066	29431	26238	57949	28896	28866	20877	21755	20422	Roumanie
Russian Federation	5097	4990	21951	32543	44389	35394	50743	20285	20423	37505	Fédération de Russie
Slovakia	3843	3675	3848	C	3605	3226	2690	2882	C	2361	Slovaquie
Spain	...	131633	138718	131026	139584	154356	153727	165602	136128	150034	Espagne
Sweden	63734	72435	69736	69980	80250	98179	88085	68254	65854	71829	Suède
TFYR of Macedonia	2136	*1885	1701	2397	2773	2734	4185	4364	4185	4214	L'ex-RY de Macédoine
Ukraine	823	1255	1279	1295	1673	1726	2055	2711	2958	3231	Ukraine
United Kingdom	15816	17667	20716	20713	C	C	26065	27135	25459	25884	Royaume-Uni

General Note.
Decaffeinated not roasted coffee and roasted coffee whether decaffeinated or not.

Remarque générale.
Café non torréfié décaféiné et café torréfié même décaféiné.

[1] Tanganyika only.
[2] Twelve months ending 31 March of year stated.
[3] Incomplete coverage.
[4] Excluding Prodcom 2002 code 15.86.11.70.
[5] Roasted coffee only.

[1] Tanganyika seulement.
[2] Période de douze mois finissant le 31 mars de l'année indiquée.
[3] Couverture incomplète.
[4] 2002 code Prodcom 15.86.11.70 non compris.
[5] Café torréfié seulement.

Coffee extracts, essences and concentrates and their preparations
Extraits, essences et concentrés de café et préparations à base de ces produits

CPC-BASED CODE - CODE BASE CPC
23912-1

Unit: Metric tons — Unité: Tonnes métriques

Country or area	2003	2004	2005	2006	2007	2008	2009	2010	2011	2012	Pays ou zone
Africa											**Afrique**
Cameroon	261	260	263	184	172	...	...	...	...	...	Cameroun
Egypt	...	819	548	7367	...	...	14146	...	9757	...	Égypte
Kenya	53415	...	...	...	...	...	...	...	...	...	Kenya
Sierra Leone	...	...	...	...	...	1960	...	...	...	...	Sierra Leone
United R. of Tanzania[1]	680	348	410	...	392	1330	746	307	249	440	Rép.-U. de Tanzanie[1]
America, North											**Amérique du Nord**
Mexico	33530	32428	36338	31858	#129292	123447	110042	112839	111081	120051	Mexique
Trinidad and Tobago	586	109	1579	139	...	...	...	...	...	...	Trinité-et-Tobago
America, South											**Amérique du Sud**
Brazil	84239	106731	98832	95768	102039	70709	90495	106825	126428	108817	Brésil
Chile	322	270	285	241	252	4508	6190	7649	...	...	Chili
Ecuador	...	10318	14200	16111	23341	2497	...	...	...	...	Équateur
Peru*	1098	...	...	...	...	...	...	...	...	...	Pérou*
Asia											**Asie**
Cyprus	1456	1526	1376	1339	1400	1367	1350	1328	1282	...	Chypre
India	...	792	...	...	...	...	...	...	...	...	Inde
Indonesia	...	...	...	...	139206	166554	...	...	...	...	Indonésie
Japan	36593	35794	35189	36668	34239	37127	35847	38315	36209	36134	Japon
Oman	207	...	...	...	...	...	...	...	...	...	Oman
Rep. of Korea	35249	...	...	...	...	...	...	...	...	...	Rép. de Corée
Thailand	54	62	60	47	56	50	...	...	...	...	Thaïlande
Viet Nam	8364	10597	24303	23560	30126	59447	51261	68108	80547	91980	Viet Nam
Europe											**Europe**
Belarus	725	540	825	1060	961	914	788	746	892	1269	Bélarus
Belgium[2]	87172	...	...	...	...	...	...	...	...	...	Belgique[2]
Bulgaria	C	0	C	0	C	0	C	385	883	236	Bulgarie
Croatia	...	608	741	880	1140	1585	1754	936	894	1780	Croatie
Denmark	214	300	275	262	270	254	332	...	...	...	Danemark
Finland	11	11	17	9	5	6	3	2	...	...	Finlande
Greece[2]	18281	...	...	...	...	...	...	...	...	...	Grèce[2]
Hungary	8890	14821	16334	18222	22487	23169	19816	19059	19664	22906	Hongrie
Italy	2425	2661	...	...	...	...	...	...	...	...	Italie
Poland	11958	5717	6680	9123	9515	8790	8224	12760	27310	33548	Pologne
Portugal	2785	2693	1543	2812	3149	2944	2993	2762	...	...	Portugal
Romania	7173	2648	2771	4092	3934	5882	6077	3625	2923	3218	Roumanie
Russian Federation	[3]1757	[3]1991	[3]4952	[3]14142	[3]15744	[3]13901	[3]10261	53593	55997	61666	Fédération de Russie
Serbia	...	...	...	24813	...	...	...	...	...	...	Serbie
Spain	...	C	37290	40698	C	47256	44007	40465	36648	43745	Espagne
Sweden	...	...	0	0	0	0	0	0	79	1	Suède
TFYR of Macedonia	143	41	30	52	49	60	59	91	52	59	L'ex-RY de Macédoine
Ukraine	1426	1824	2422	2253	1966	1914	4191	8438	11232	19354	Ukraine
United Kingdom	[4]48588	[4]50119	53235	C	59332	C	50825	C	54263	C	Royaume-Uni

General Note.

Extracts, essences and concentrates, of coffee, and preparations with a basis of these extracts, essences or concentrates or with a basis of coffee; coffee husks and skins; coffee substitutes containing coffee in any proportion.

Remarque générale.

Extraits, essences et concentrés de café et préparations à base de ces extraits, essences ou concentrés ou à base de café; coques et pellicules de café; succédanés du café contenant du café, quelles que soient les proportions du mélange.

[1] Tanganyika only.
[2] Incomplete coverage.
[3] Coffee beverages and dried chicory.
[4] Excluding Prodcom 2002 code 15.86.12.50.

[1] Tanganyika seulement.
[2] Couverture incomplète.
[3] Boissons de café et chicorée sèche.
[4] 2002 code Prodcom 15.86.12.50 non compris.

Tea
Thé

CPC-BASED CODE - CODE BASE CPC
23913-0

Unit: Metric tons | Unité: Tonnes métriques

Country or area	2003	2004	2005	2006	2007	2008	2009	2010	2011	2012	Pays ou zone
Africa											**Afrique**
Burundi	7251	7504	8094	6246	7042	6728	6730	...	...	...	Burundi
Cameroon[1]	4300	4500	4600	4000	4200	4300	...	...	...	...	Cameroun[1]
Dem. R. of the Congo[1]	2800	3000	3000	3100	3200	3300	...	...	...	...	Rép. dém. du Congo[1]
Egypt	59214	32082	22285	43072	...	32093	49159	...	32228	...	Égypte
Ethiopia[1]	4800	4700	4900	5000	5200	5400	...	...	...	...	Éthiopie[1]
Kenya	293670	324608	328498	310578	369605	345816	304198	399006	377912	369400	Kenya
Malawi[1]	41693	50090	37978	45010	48141	41639	...	...	...	...	Malawi[1]
Mali	0	0	68	23	...	...	...	...	...	...	Mali
Mauritius	1436	1482	1387	1567	1563	1668	1481	1467	1787	1577	Maurice
Mozambique	[1]6794	885	1226	[1]3421	[1]6247	[1]6400	...	...	...	...	Mozambique
Rwanda	[1]15484	[1]14181	[1]16457	[1]16973	20395	19965	20507	22163	24169	22503	Rwanda
South Africa	28196	...	...	...	...	...	...	...	...	...	Afrique du Sud
Uganda	36895	35706	36532	30584	44016	43374	35312	47854	39909	51817	Ouganda
United R. of Tanzania[2]	30183	31782	48481	73493	70102	107880	120495	102871	85387	88582	Rép.-U. de Tanzanie[2]
Zambia[3]	1000	1000	1000	...	...	...	...	...	...	...	Zambie[3]
Zimbabwe[1]	21973	18734	14884	15737	13463	8300	...	...	...	...	Zimbabwe[1]
America, South											**Amérique du Sud**
Argentina[1]	67278	64871	80000	88000	87000	72000	...	...	...	...	Argentine[1]
Brazil	12814	24803	66752	41488	23981	20674	26096	25861	31064	12126	Brésil
Chile	...	...	6632	6353	7495	8286	2395	2450	5709	...	Chili
Ecuador	[1]11800	1052	1167	442	690	123	...	...	...	...	Équateur
Peru	265	264	265	272	286	425	459	548	539	391	Pérou
Asia											**Asie**
Azerbaijan	4975	8624	7477	7829	8007	6970	7719	8173	10936	10496	Azerbaïdjan
Bangladesh	[4]55455	[4]55761	[4]56735	[4]54857	[1]57955	[1]58818	...	...	...	...	Bangladesh
China	355300	425700	524000	642600	873300	*984600	*1193200	*1430000	*1765000	*1930000	Chine
Cyprus	...	...	...	...	...	38	33	41	26	...	Chypre
Georgia	4351	[1]3374	C	[5]3500	1900	1500	2000	1700	2800	2100	Géorgie
India	851000	831000	893000	949000	947940	968050	991190	966730	...	...	Inde
Indonesia[1]	169819	164817	156273	...	...	...	...	...	...	...	Indonésie[1]
Iran (Islamic Rep. of)	[1]58051	37584	36490	35087	29782	45150	40039	...	...	...	Iran (Rép. islam. d')
Japan[6,7]	91900	100700	100000	91800	94100	95500	86000	85000	82100	85900	Japon[6,7]
Kazakhstan	11592	17021	18381	19405	18498	...	...	...	...	...	Kazakhstan
Kyrgyzstan	3367	3511	3425	3161	3200	3275	2925	2884	3044	3182	Kirghizistan
Lao PDR	67	261	300	600	...	...	...	...	...	...	Lao, RDP
Malaysia[1]	3911	3821	2783	2727	2450	2350	...	...	...	...	Malaisie[1]
Myanmar[6]	733	967	853	784	848	846	838	854	849	...	Myanmar[6]
Nepal	[1]12600	[1]13000	[1]13300	[5]11600	[5]12200	[1]16127	...	...	...	...	Népal
Rep. of Korea[1]	2053	2703	3100	3524	4080	4100	...	...	...	...	Rép. de Corée[1]
Sri Lanka[1]	303254	308089	317196	310822	304613	318697	...	...	...	...	Sri Lanka[1]
Turkey	[1]155000	[1]165000	212059	228843	209882	288042	186839	218283	236770	233167	Turquie
Viet Nam	85171	122341	127236	124191	181952	208369	206587	211013	207399	193346	Viet Nam
Europe											**Europe**
Belarus	98	122	94	125	85	96	70	141	229	152	Bélarus
Croatia	...	62	49	62	39	54	54	65	96	121	Croatie
Czech Republic	...	...	C	C	633	591	C	578	539	531	République tchèque
Denmark	...	...	...	243	225	224	90	132	257	246	Danemark
Estonia	...	...	0	0	...	0	...	...	1	...	Estonie
France	4318	4701	[9]4129	...	...	...	...	...	...	...	France
Germany	27982	29088	27973	27853	26196	28670	28321	28450	26705	25446	Allemagne
Hungary	2555	2230	2544	2860	1433	1497	1113	1067	608	305	Hongrie
Ireland	9546	5144	C	...	...	...	...	...	...	...	Irlande
Italy	153680	104672	...	...	...	...	...	...	...	...	Italie
Lithuania	0	87	120	157	173	244	245	253	323	254	Lituanie
Poland	23931	27490	27660	28579	26714	24337	13095	13353	16983	19943	Pologne
Portugal	34	33	36	38	38	40	42	37	...	...	Portugal
Romania	1402	1032	852	656	894	1039	1288	1879	1508	1722	Roumanie
Russian Federation	83260	89071	108677	129005	136983	120429	93675	105015	105373	108556	Fédération de Russie
Serbia	...	...	...	229	...	...	...	...	...	...	Serbie
Slovakia	941	920	966	874	1034	1032	937	951	894	956	Slovaquie
Spain	...	557	731	772	725	740	279	251	322	339	Espagne
Sweden	...	...	...	76	111	90	120	135	145	149	Suède
TFYR of Macedonia	674	284	218	172	250	258	189	158	170	151	L'ex-RY de Macédoine

For general note and footnotes, see end of table

Voir la fin du tableau pour la remarque générale est les notes

Tea (continued)
Thé (suite)

CPC-BASED CODE - CODE BASE CPC
23913-0

Unit: Metric tons — Unité: Tonnes métriques

Country or area	2003	2004	2005	2006	2007	2008	2009	2010	2011	2012	Pays ou zone
Ukraine	10112	11046	10548	10458	13057	12729	14989	17338	16498	16059	Ukraine
United Kingdom	174179	173688	167386	186028	171368	140398	134122	131737	135453	136321	Royaume-Uni
Oceania											**Océanie**
Australia[1]	1500	1550	1600	1600	1630	1640	...	...	...	...	Australie[1]
Papua New Guinea[1]	6400	6500	6600	6700	6730	6750	...	...	...	...	Papouasie-Nvl-Guinée[1]

General Note.

Green tea (not fermented), black tea (fermented) and partly fermented tea, in immediate packings of a content not exceeding 3 kg. Please see commodity notes for more information.

1 Source: International Tea Committee (London).
2 Tanganyika only.
3 Source: African Statistical Yearbook, Economic Commission for Africa (Addis Ababa).
4 Twelve months ending 30 June of year stated.
5 Source: Country Economic Review, Asian Development Bank (Manila).
6 Twelve months beginning 1 April of year stated.
7 Production of temporary processed tea.
8 Twelve months ending 31 March of year stated.
9 Incomplete coverage.

Remarque générale.

Thé vert (non fermenté), thé noir (fermenté) et thé partiellement fermenté, présentés en emballages immédiats d'un contenu n'excédant pas 3 kilos. Voir les commentaires sur nom de produit pour de plus amples informations.

1 Source : Comité international du thé (Londres).
2 Tanganyika seulement.
3 Source: Annuaire statistique pour l'Afrique, Commission économique pour l'Afrique des Nations Unies (Addis-Abeba).
4 Période de douze mois finissant le 30 juin de l'année indiquée.
5 Source: Revue Economique du Pays, La Banque Asiatique de développement (Manille).
6 Période de douze mois commençant le 1er avril de l'année indiquée.
7 Production de thé transformé temporairement.
8 Période de douze mois finissant le 31 mars de l'année indiquée.
9 Couverture incomplète.

Homogenised composite food preparations
Préparations alimentaires composites homogénéisées

CPC-BASED CODE - CODE BASE CPC
23991-1

Unit: Metric tons | Unité: Tonnes métriques

Country or area	2003	2004	2005	2006	2007	2008	2009	2010	2011	2012	Pays ou zone
Africa											**Afrique**
Egypt	...	126	4743	7504	...	...	...	...	...	...	Égypte
America, North											**Amérique du Nord**
Mexico	50774	39219	46633	35082	#1257014	1241411	1273315	1292043	888664	858872	Mexique
America, South											**Amérique du Sud**
Brazil	7567	7933	8594	5161	11365	17206	3672	3386	11653	1994	Brésil
Chile	...	...	10373	12491	13917	15750	14119	8779	6673	...	Chili
Asia											**Asie**
Iran (Islamic Rep. of)	...	511	1595	501	...	4561	4506	...	...	...	Iran (Rép. islam. d')
Kazakhstan	43	45	189	167	132	...	...	...	...	...	Kazakhstan
Rep. of Korea	198854	206622	202315	183061	182975	170845	185056	209363	217215	218987	Rép. de Corée
Turkey	...	...	C	C	19164	18071	C	C	C	C	Turquie
Europe											**Europe**
Bulgaria	668	C	C	C	C	181	246	C	C	277	Bulgarie
Croatia	...	27	53	64	65	0	0	0	0	0	Croatie
Czech Republic	...	...	C	C	1695	2189	2142	2629	6300	7228	République tchèque
Denmark	...	...	0	0	0	660	312	2322	69	...	Danemark
Estonia	...	C	C	C	C	C	C	233	160	109	Estonie
Finland	2789	2664	2650	1642	2761	6041	6021	C	C	...	Finlande
France	81230	84786	86714	...	...	...	...	...	...	...	France
Germany	158458	176382	179688	123304	125957	125780	108707	90437	91863	86495	Allemagne
Hungary	...	2598	C	C	C	C	4562	5300	6069	5158	Hongrie
Italy	10293	19500	...	...	...	...	...	...	...	...	Italie
Poland	4478	4369	5375	21634	24943	25182	25348	26360	C	26978	Pologne
Portugal	175	288	302	301	351	482	469	474	...	...	Portugal
Romania	...	...	...	...	...	4252	C	C	C	C	Roumanie
Russian Federation	[1]60128	[1]61163	[1]71196	[1]79045	[1]71158	[1]89970	[1]122631	218726	262520	279283	Fédération de Russie
Spain	...	40523	44257	52178	50115	40177	42796	49144	59707	62979	Espagne
Sweden	6486	6110	7120	7882	6016	6854	7721	7126	6904	63	Suède
TFYR of Macedonia	85	90	92	113	128	102	122	177	0	0	L'ex-RY de Macédoine

General Note.
Homogenised composite food preparations.

[1] Food concentrates and dried products for children and cereal-based dietetic products.

Remarque générale.
Préparations alimentaires composites homogénéisées.

[1] Concentrés alimentaires et produits séchés pour les enfants et produits diététiques à base de céréales.

Vinegar
Vinaigre

CPC-BASED CODE - CODE BASE CPC
23994-0

Unit: Thousand hectolitres | Unité: Milliers de hectolitres

Country or area	2003	2004	2005	2006	2007	2008	2009	2010	2011	2012	Pays ou zone
Africa											**Afrique**
Egypt[1]	16095	3353	2339	18825	...	16455	15287	...	15184	...	Égypte[1]
Mali	6	9	5	1	7	3	3	...	...	...	Mali
Mauritius	2	2	2	2	1	2	2	2	2	2	Maurice
America, North											**Amérique du Nord**
Cuba	95	93	75	82	89	89	57	52	60	92	Cuba
America, South											**Amérique du Sud**
Brazil	3853	2076	1424	3260	2344	2647	2632	2728	2837	2665	Brésil
Chile	...	...	24	32	125	163	103	136	236	...	Chili
Ecuador	...	0	0	0	0	1	...	...	...	...	Équateur
Asia											**Asie**
Azerbaijan	...	...	...	...	19	16	31	0	0	0	Azerbaïdjan
Cyprus	14	15	16	18	19	22	24	19	17	...	Chypre
India	33	52	16	...	...	...	...	...	...	...	Inde
Iran (Islamic Rep. of)	...	330	350	354	450	380	...	...	...	...	Iran (Rép. islam. d')
Iraq[1]	...	...	...	1502	...	...	4719	5697	7614	3679	Iraq[1]
Japan	[2]4266	[2]4319	[2]4329	4347	4173	4043	4111	4119	4037	3944	Japon
Kazakhstan[1]	103	12	20	14	17	...	...	...	...	...	Kazakhstan[1]
Turkey	...	...	308	320	256	531	510	465	432	430	Turquie
Europe											**Europe**
Albania[1]	...	212	122	157	366	...	26	207	...	...	Albanie[1]
Austria	182	...	...	...	...	...	...	...	...	...	Autriche
Belarus	51	55	31	25	30	34	47	69	84	83	Bélarus
Belgium[3]	236	...	...	...	...	...	...	...	...	...	Belgique[3]
Bosnia & Herzegovina[1,4]	556	...	...	...	...	...	...	...	...	...	Bosnie-Herzégovine[1,4]
Bulgaria	75	61	65	70	83	85	119	115	122	123	Bulgarie
Croatia	95	89	108	130	100	88	81	64	68	61	Croatie
Czech Republic	118	152	C	C	40	34	33	C	C	C	République tchèque
Denmark	132	127	0	0	0	C	C	C	C	C	Danemark
Estonia	...	...	...	3	3	3	3	3	2	2	Estonie
Finland	33	32	31	32	27	34	34	28	3	2	Finlande
France	1089	992	876	...	...	...	...	...	...	...	France
Germany	2111	2144	2183	1863	1687	1726	1881	1844	1807	1750	Allemagne
Greece[5]	70	86	...	...	...	...	...	...	...	...	Grèce[5]
Hungary	167	71	C	C	C	C	C	C	C	C	Hongrie
Ireland	3	...	C	...	...	...	...	...	...	...	Irlande
Italy	1313	1254	...	...	...	...	...	...	...	...	Italie
Latvia	3	C	9	6	7	8	C	6	7	C	Lettonie
Lithuania	28	27	32	25	19	26	30	40	35	45	Lituanie
Poland	495	411	408	486	441	413	409	495	485	C	Pologne
Portugal	150	141	143	140	132	123	180	C	...	...	Portugal
Rep. of Moldova	10	7	10	12	11	15	21	23	28	27	Rép. de Moldova
Romania	390	289	284	277	254	218	245	222	223	180	Roumanie
Russian Federation	96	118	108	159	178	173	146	168	249	253	Fédération de Russie
Serbia	...	...	...	81	...	...	...	...	...	...	Serbie
Slovakia	118	82	71	65	66	42	46	44	33	23	Slovaquie
Slovenia	C	C	C	C	C	C	C	C	5	C	Slovénie
Spain	934	910	1002	1034	1037	1154	1088	1203	1129	1116	Espagne
Sweden	63	76	78	77	69	63	64	59	61	46	Suède
TFYR of Macedonia	15	16	12	8	11	11	14	12	10	10	L'ex-RY de Macédoine
Ukraine[1]	35162	23765	24280	27398	25014	22493	20365	18149	17914	19685	Ukraine[1]
United Kingdom	...	...	...	...	...	674	749	885	C	C	Royaume-Uni

General Note.
Vinegar and substitutes for vinegar obtained from acetic acid.

Remarque générale.
Vinaigres comestibles et succédanés de vinaigre comestibles obtenus à partir d'acide acétique.

1 In metric tons.
2 Vinegar for food only.
3 Incomplete coverage.
4 Excluding the Federation of Bosnia and Herzegovina.
5 Excluding Prodcom 2002 code 15.87.11.90.

1 En tonnes métriques.
2 Vinaigre alimentaire seulement.
3 Couverture incomplète.
4 Non compris la Fédération de Bosnie-Herzégovine.
5 2002 code Prodcom 15.87.11.90 non compris.

Ethyl alcohol denatured or not and other spirits denatured of any strength
Alcool éthylique, même dénaturé, et autres eaux-de-vie dénaturées de tous titres

CPC-BASED CODE - CODE BASE CPC
24100-1

Unit: Thousand hectolitres — Unité: Milliers de hectolitres

Country or area	2003	2004	2005	2006	2007	2008	2009	2010	2011	2012	Pays ou zone
Africa											**Afrique**
Cameroon	24	23	35	...	31	7	10	...	...	...	Cameroun
Egypt	...	89	182	313	...	...	...	...	...	...	Égypte
Madagascar	...	4	4	5	...	...	...	...	...	...	Madagascar
America, North											**Amérique du Nord**
Cuba	2543	2675	1870	1820	1920	2087	2018	2107	2443	2937	Cuba
America, South											**Amérique du Sud**
Brazil	138895	*142758	163822	178176	215623	258042	250285	267177	225660	225433	Brésil
Chile	...	...	61	26	8	10	15	56	13	...	Chili
Ecuador	...	217	207	216	430	327	...	...	...	...	Équateur
Peru	304	222	162	164	205	255	231	201	205	265	Pérou
Asia											**Asie**
Armenia	11	13	11	16	17	30	39	30	29	37	Arménie
Azerbaijan	5	5	4	1	2	3	3	3	5	7	Azerbaïdjan
Cyprus	1	0	0	0	0	2	1	1	1	...	Chypre
Georgia	11	C	C	37	26	C	C	14	20	C	Géorgie
India	3833	6851	6237	...	...	...	...	...	...	...	Inde
Iran (Islamic Rep. of)	...	95	25	32	37	7	...	...	...	...	Iran (Rép. islam. d')
Kazakhstan	184	182	284	275	264	...	...	...	...	...	Kazakhstan
Kyrgyzstan	108	104	86	60	65	58	62	84	70	77	Kirghizistan
Myanmar[1]	236	198	70	67	60	75	76	87	117	181	Myanmar[1]
Nepal	...	...	...	...	42	...	...	...	...	...	Népal
Rep. of Korea	2913	3037	3010	3000	3166	3150	3144	2990	3049	2973	Rép. de Corée
Tajikistan	13	15	15	9	10	6	6	5	4	6	Tadjikistan
Turkey	0	0	C	C	C	C	C	#483	C	323	Turquie
Viet Nam	1534	1552	2211	2901	3642	3435	3751	3494	3371	3309	Viet Nam
Europe											**Europe**
Albania	...	...	4	...	4	...	5	1	...	...	Albanie
Belarus	867	764	742	741	860	956	863	843	1124	1192	Bélarus
Bulgaria	72	87	65	47	119	133	192	439	481	589	Bulgarie
Croatia	99	86	151	71	136	134	123	153	123	136	Croatie
Czech Republic	596	604	577	562	665	908	1639	1774	C	1489	République tchèque
Denmark	181	177	208	203	157	220	...	138	148	105	Danemark
Estonia	38	C	C	71	74	18	C	0	14	3	Estonie
Finland	242	153	211	143	177	168	182	344	333	348	Finlande
France	7850	7310	7995	...	...	...	...	...	...	...	France
Germany	1816	1585	2786	2461	2400	2377	2572	2765	3040	2562	Allemagne
Greece	159	191	...	...	...	...	...	...	...	...	Grèce
Hungary	501	475	479	870	1022	...	2017	2046	2250	2181	Hongrie
Ireland	122	125	...	...	...	...	...	...	...	...	Irlande
Italy	1417	1445	...	...	...	...	...	...	...	...	Italie
Lithuania	38	49	119	70	217	232	298	418	260	372	Lituanie
Norway	...	...	...	32	...	...	...	...	...	...	Norvège
Poland	2460	2190	3288	4278	4093	3276	4095	4394	4014	4635	Pologne
Portugal	57	62	74	55	54	33	22	19	...	...	Portugal
Rep. of Moldova	87	107	118	90	58	55	51	37	29	37	Rép. de Moldova
Romania	761	683	839	642	466	400	338	305	123	97	Roumanie
Russian Federation	9695	10192	6627	6074	6107	5552	5003	6270	5153	6282	Fédération de Russie
Serbia	...	...	...	165	...	...	...	...	...	...	Serbie
Serbia & Montenegro	12018	...	...	...	...	...	...	...	...	...	Serbie-et-Monténégro
Slovakia	67	64	133	92	158	C	C	1504	1550	1580	Slovaquie
Spain	3936	4297	4815	4341	4474	5416	3712	5389	3734	3656	Espagne
Sweden	892	1420	C	C	3185	2133	3083	3392	2854	2558	Suède
TFYR of Macedonia	283	41	191	238	221	91	122	112	83	60	L'ex-RY de Macédoine
Ukraine	2546	2376	3039	3524	3360	2874	2755	2607	2234	2149	Ukraine
United Kingdom	...	...	...	...	...	2832	C	C	C	C	Royaume-Uni

General Note.
Undenatured ethyl alcohol of an alcoholic strength by volume of 80 % vol or higher; ethyl alcohol and other spirits, denatured, of any strength.

Remarque générale.
Alcool éthylique non dénaturé d'un titre alcoométrique volumique de 80 % vol ou plus; alcool éthylique et eaux-de-vie dénaturés de tous titres.

[1] Twelve months ending 31 March of year stated.

[1] Période de douze mois finissant le 31 mars de l'année indiquée.

Spirits, liqueurs and other spirituous beverages
Eaux-de-vie, liqueurs et autres boissons spiritueuses

CPC-BASED CODE - CODE BASE CPC

24130-0

Unit: Thousand hectolitres — Unité: Milliers de hectolitres

Country or area	2003	2004	2005	2006	2007	2008	2009	2010	2011	2012	Pays ou zone
Africa											**Afrique**
Ethiopia[1]	42	...	...	...	...	...	...	...	...	...	Éthiopie[1]
Kenya	80	156	266	270	253	287	198	398	167	167	Kenya
Mauritius	45	...	...	...	...	...	...	...	...	...	Maurice
Nigeria[2]	5239	5277	5279	...	...	...	...	...	...	...	Nigéria[2]
Seychelles	...	...	...	7	...	...	...	...	...	...	Seychelles
South Africa	258	...	...	...	...	...	...	...	...	...	Afrique du Sud
United R. of Tanzania[3]	37	41	45	54	76	56	102	132	112	168	Rép.-U. de Tanzanie[3]
Zimbabwe	57	...	...	...	...	...	...	...	...	...	Zimbabwe
America, North											**Amérique du Nord**
Barbados	111	120	132	102	127	147	115	...	...	...	Barbade
Cuba	771	798	826	859	951	1100	990	1103	1118	1147	Cuba
Dominican Republic	[4]493	[4]547	[4]499	486	561	581	...	...	...	...	Rép. dominicaine
Jamaica	[4]259	251	250	247	239	265	...	...	...	...	Jamaïque
Mexico	1245	1265	1411	1578	1655	1884	1752	1936	1846	1891	Mexique
Panama[5]	132	123	127	112	115	127	126	128	143	155	Panama[5]
Saint Vincent & Gren.[4]	9	...	...	...	...	...	...	...	...	...	Saint-Vincent-et-Gren.[4]
America, South											**Amérique du Sud**
Argentina	475	544	602	619	826	843	820	...	...	...	Argentine
Brazil	9585	12613	11478	19493	19217	14140	17295	19239	20813	21170	Brésil
Chile	...	...	202	289	348	529	428	708	383	...	Chili
Ecuador	...	355	331	338	316	322	...	...	...	...	Équateur
Guyana[4]	120	117	117	244	621	142	27	33	...	...	Guyana[4]
Peru[*]	98	...	...	...	...	...	...	...	...	...	Pérou[*]
Asia											**Asie**
Afghanistan	0	0	15	19	27	28	29	44	46	50	Afghanistan
Armenia	101	129	139	128	127	122	133	119	92	101	Arménie
Azerbaijan	119	170	126	184	226	146	139	145	141	127	Azerbaïdjan
Cyprus	43	35	23	20	15	...	...	...	...	...	Chypre
Georgia	26	75	105	93	75	98	125	139	166	190	Géorgie
India	1899	1454	2231	...	...	...	...	...	...	...	Inde
Iran (Islamic Rep. of)	...	108	135	122	164	35	...	...	...	...	Iran (Rép. islam. d')
Japan[6]	15214	16512	18341	18908	19143	21280	23634	27393	29910	31256	Japon[6]
Kazakhstan	373	411	715	711	701	...	...	...	...	...	Kazakhstan
Kyrgyzstan	246	221	166	151	150	158	147	137	169	168	Kirghizistan
Lao PDR	3	3	4	...	...	7	...	...	...	...	Lao, RDP
Mongolia	9	9	8	11	13	15	17	20	26	27	Mongolie
Nepal	...	...	...	...	105	...	...	...	...	...	Népal
Tajikistan	26	28	24	16	16	12	10	5	5	6	Tadjikistan
Turkey	671	482	#673	604	571	727	780	956	925	1069	Turquie
Europe											**Europe**
Albania	...	32	28	21	21	...	17	12	...	...	Albanie
Austria	53	...	...	...	...	...	...	...	...	...	Autriche
Belarus	815	749	884	1082	1275	1466	1652	1766	1808	1936	Bélarus
Belgium[7]	65	...	...	...	...	...	...	...	...	...	Belgique[7]
Bosnia & Herzegovina	2	...	...	...	...	...	...	...	...	...	Bosnie-Herzégovine
Bulgaria	326	[8]209	[8]132	[8]49	[8]84	[8]107	[8]74	[8]129	[8]147	[8]154	Bulgarie
Croatia	144	133	132	133	136	53	49	56	51	42	Croatie
Czech Republic	576	418	493	565	586	...	...	...	...	...	République tchèque
Denmark	...	...	55	50	42	[8]30	27	...	...	...	Danemark
Estonia	284	346	406	494	561	221	196	149	183	197	Estonie
Finland	291	538	683	750	835	1001	862	862	850	952	Finlande
France	6765	[8]1722	[8]1741	...	...	...	...	...	...	...	France
Germany	4084	4151	4056	4005	C	3732	3630	3541	3538	3646	Allemagne
Greece[7]	238	...	...	...	...	...	...	...	...	...	Grèce[7]
Hungary	442	485	421	468	344	566	334	293	295	321	Hongrie
Iceland	4	C	C	C	C	C	C	C	C	C	Islande
Ireland	597	570	...	...	...	...	...	...	...	...	Irlande
Italy	1269	1322	...	...	...	...	...	...	...	...	Italie
Lithuania[8]	94	104	123	147	193	154	103	90	91	95	Lituanie[8]
Luxembourg	1	...	...	...	...	...	...	...	...	...	Luxembourg
Montenegro[9]	99	107	108	130	116	118	111	111	109	106	Monténégro[9]
Poland	940	1041	943	987	1101	1278	1319	1365	1265	1256	Pologne

For general note and footnotes, see end of table

Voir la fin du tableau pour la remarque générale est les notes

Spirits, liqueurs and other spirituous beverages (continued)
Eaux-de-vie, liqueurs et autres boissons spiritueuses (suite)

CPC-BASED CODE - CODE BASE CPC
24130-0

Unit: Thousand hectolitres | Unité: Milliers de hectolitres

Country or area	2003	2004	2005	2006	2007	2008	2009	2010	2011	2012	Pays ou zone
Portugal	[8]297	[8]249	[8]259	[8]217	[8]193	173	124	144	...	...	Portugal
Rep. of Moldova	128	353	365	248	206	181	138	93	97	140	Rép. de Moldova
Romania[8]	521	384	298	316	282	275	248	232	147	135	Roumanie[8]
Russian Federation[10]	13495	13544	13236	11969	13149	12157	11317	10583	9392	10671	Fédération de Russie[10]
Serbia	...	...	...	120	...	...	...	...	...	...	Serbie
Slovakia	97	112	141	117	138	178	160	141	134	130	Slovaquie
Slovenia[8]	6	C	C	C	6	C	C	5	5	4	Slovénie[8]
Spain	1676	1634	1757	1571	1589	1376	1361	1344	1741	1618	Espagne
Sweden	808	845	917	972	1047	1027	928	1041	992	1048	Suède
TFYR of Macedonia	8	12	11	12	14	10	11	12	14	12	L'ex-RY de Macédoine
Ukraine	3504	5016	6114	6215	6651	6590	5897	5800	5041	5034	Ukraine
United Kingdom	[11]637	...	C	C	7585	7485	5763	6471	C	8278	Royaume-Uni
Oceania											**Océanie**
New Zealand	319	333	376	450	522	560	564	...	...	...	Nouvelle-Zélande

General Note.

Spirits obtained by distilling grape wine or grape marc, whiskies, rum and tafia, gin and geneva, vodka, liqueurs, cordials and other.

1 Twelve months ending 7 July of the year stated.
2 Data refer to all wine and spirits.
3 Tanganyika only.
4 Rum only.
5 Gin and rum only.
6 Twelve months ending 31 March of year stated.
7 Incomplete coverage.
8 In terms of 100% alcohol.
9 Grape brandy and natural brandy only.
10 Vodka and liqueurs.
11 Excluding Prodcom 2002 code 15.91.10.70.

Remarque générale.

Eaux-de-vie de vin ou de marc de raisin, whiskies, rhum et tafia, gin et genièvre, vodka, liqueurs et autres.

1 Période de douze mois finissant le 7 juillet de l'année indiquée.
2 Les données se rapportent à tous les vins et eaux-de-vie.
3 Tanganyika seulement.
4 Rhum seulement.
5 Gin et le rhum seulement.
6 Période de douze mois finissant le 31 mars de l'année indiquée.
7 Couverture incomplète.
8 Sur la base de 100 % d'alcool.
9 Cognac et eaux-de-vie naturelles seulement.
10 Vodka et liqueurs.
11 2002 code Prodcom 15.91.10.70 non compris.

Wine and grape must
Vins et moûts de raisin

CPC-BASED CODE - CODE BASE CPC
24210-0 A

Unit: Thousand hectolitres | Unité: Milliers de hectolitres

Country or area	2003	2004	2005	2006	2007	2008	2009	2010	2011	2012	Pays ou zone
Africa											**Afrique**
Cameroon	...	...	...	...	40	87	102	...	...	...	Cameroun
Ethiopia[1]	32	...	...	...	...	...	...	...	...	...	Éthiopie[1]
Kenya	...	6	4	13	17	11	8	12	21	26	Kenya
Mali	24	14	19	22	18	25	23	...	...	...	Mali
Mauritius	49	53	53	51	50	61	53	49	52	44	Maurice
Mozambique	...	4	3	3	3	...	...	...	...	...	Mozambique
Nigeria[2]	5239	5277	5279	...	...	...	...	...	...	...	Nigéria[2]
Tunisia	246	[3]376	[3]300	[3]350	[3]180	[3]200	[3]250	...	...	...	Tunisie
Zimbabwe	13	...	...	...	...	...	...	...	...	...	Zimbabwe
America, North											**Amérique du Nord**
Cuba	110	99	95	94	102	107	104	108	114	124	Cuba
Mexico	319	323	334	341	403	370	362	373	387	433	Mexique
Panama[4]	1	2	1	1	1	1	1	2	1	1	Panama[4]
America, South											**Amérique du Sud**
Argentina	12338	11113	10973	11104	11166	10677	10342	...	...	...	Argentine
Brazil	2869	2612	2534	2911	2703	2971	2709	2811	3553	4154	Brésil
Chile	...	...	6024	5849	5951	6148	7734	9689	5467	...	Chili
Ecuador	...	46	43	47	81	67	...	...	...	...	Équateur
Paraguay	33	...	...	...	...	...	...	...	...	...	Paraguay
Peru	46	48	59	60	68	85	77	98	96	100	Pérou
Asia											**Asie**
Armenia	21	62	68	38	37	33	43	59	62	58	Arménie
Azerbaijan	49	38	46	53	64	86	59	77	80	81	Azerbaïdjan
Cyprus	355	317	298	265	202	159	124	111	142	...	Chypre
Georgia	247	278	410	226	160	183	152	259	304	462	Géorgie
India	7	31	57	...	...	...	...	...	...	...	Inde
Japan[5,6]	2706	2466	2339	2468	2383	2393	2373	2482	2710	2981	Japon[5,6]
Kazakhstan	200	167	229	163	91	...	...	...	...	...	Kazakhstan
Kyrgyzstan	21	36	15	21	17	13	14	16	14	5	Kirghizistan
Rep. of Korea	62	62	59	...	...	...	...	...	...	...	Rép. de Corée
Syrian Arab Republic	3	3	2	2	2	2	...	...	...	...	Rép. arabe syrienne
Tajikistan	25	15	5	4	2	2	3	2	2	2	Tadjikistan
Turkey	237	261	[#]311	215	263	396	344	453	551	395	Turquie
Viet Nam	91	152	80	73	35	43	34	50	...	...	Viet Nam
Europe											**Europe**
Albania	9	11	15	15	15	...	25	21	...	...	Albanie
Austria	324	...	...	...	...	...	...	...	...	...	Autriche
Belarus	118	161	158	124	200	257	209	251	268	272	Bélarus
Bosnia & Herzegovina[#]	76	...	...	...	...	...	...	...	...	...	Bosnie-Herzégovine[#]
Bulgaria	1230	1362	1980	1930	2063	1817	1367	1291	1113	1115	Bulgarie
Croatia	475	633	505	533	658	509	556	463	489	442	Croatie
Czech Republic	897	801	754	661	710	606	573	...	...	...	République tchèque
Denmark	6	6	12	11	11	16	18	21	20	42	Danemark
Estonia	...	C	C	9	0	0	0	...	...	...	Estonie
Finland	20	7	5	5	5	9	8	7	7	2	Finlande
France	54102	55329	...	...	...	...	...	...	...	...	France
Germany	5425	5140	5558	5621	6224	7085	6869	6640	7038	6420	Allemagne
Greece[7]	1598	...	...	...	...	...	...	...	...	...	Grèce[7]
Hungary	2137	1870	2123	2137	1620	1896	2151	1937	1568	1932	Hongrie
Ireland	1	4	...	...	...	...	...	...	...	...	Irlande
Italy[8]	37646	37114	...	...	...	...	...	...	...	...	Italie[8]
Lithuania	36	53	77	77	82	73	60	70	66	59	Lituanie
Luxembourg	123	...	...	...	...	...	...	...	...	...	Luxembourg
Norway	71	...	...	78	...	...	...	...	...	...	Norvège
Poland	298	285	275	250	C	C	C	51	83	65	Pologne
Portugal	5496	5207	5136	4961	5562	4851	4659	5306	...	...	Portugal
Rep. of Moldova	1905	4421	4586	2530	1729	2002	1685	1775	2116	1941	Rép. de Moldova
Romania	5399	7213	2887	4998	5404	1545	1442	1439	1479	1283	Roumanie
Russian Federation	3653	3912	3174	4738	5131	5035	5010	[9]7907	[9]7363	[9]6468	Fédération de Russie
Serbia	...	...	...	493	...	...	...	...	...	...	Serbie
Serbia & Montenegro	912	...	...	...	...	...	...	...	...	...	Serbie-et-Monténégro
Slovakia	340	299	350	319	271	343	284	151	238	319	Slovaquie

For general note and footnotes, see end of table | Voir la fin du tableau pour la remarque générale est les notes

Wine and grape must (continued)
Vins et moûts de raisin (suite)

CPC-BASED CODE - CODE BASE CPC
24210-0 A

Unit: Thousand hectolitres | Unité: Milliers de hectolitres

Country or area	2003	2004	2005	2006	2007	2008	2009	2010	2011	2012	Pays ou zone
Slovenia	329	318	312	295	281	280	272	259	228	217	Slovénie
Spain	29569	36228	40302	36118	35756	36749	35979	36459	38897	37994	Espagne
Sweden	107	73	78	90	92	57	56	59	73	64	Suède
TFYR of Macedonia	872	708	811	703	911	924	1134	912	1004	781	L'ex-RY de Macédoine
Ukraine	3807	2944	3208	3247	3911	3788	3984	4433	3304	2927	Ukraine
Oceania											**Océanie**
Australia[9,10,11]	1086	1471	1434	1430	962	1245	1178	1134	...	...	Australie[9,10,11]
New Zealand	592	612	669	696	655	686	752	...	...	...	Nouvelle-Zélande

General Note.

Wine of fresh grapes, whether sparkling or not, grape must, vermouth and other wine of fresh grapes flavoured with plants or aromatic substances. Please see commodity notes for more information.

[1] Twelve months ending 7 July of the year stated.
[2] Data refer to all wine and spirits.
[3] Source: Bulletin of Industrial Statistics for the Arab Countries, United Nations Economic and Social Commission for Western Asia (Beirut).
[4] Data refer to total production.
[5] Including liqueurs of apples and other fruits.
[6] Twelve months ending 31 March of year stated.
[7] Incomplete coverage.
[8] Excluding Prodcom 2002 code 15.93.11.30.
[9] Excluding grape must.
[10] Twelve months ending 30 June of year stated.
[11] Production by wineries that crush more than 400 tonnes of grapes annually.

Remarque générale.

Vins de raisins frais, même mousseux, moûts de raisin, vermouths et autres vins de raisins frais préparés à l'aide de plantes ou de substances aromatiques. Voir les commentaires sur nom de produit pour de plus amples informations.

[1] Période de douze mois finissant le 7 juillet de l'année indiquée.
[2] Les données se rapportent à tous les vins et eaux-de-vie.
[3] Source: Bulletin de statistiques industrielles pour les pays arabes, Commission économique et sociale pour l'Asie occidentale des Nations Unies (Beyrouth).
[4] Les données se rapportent à la production totale.
[5] Y compris les liqueurs de pomme et d'autres fruits.
[6] Période de douze mois finissant le 31 mars de l'année indiquée.
[7] Couverture incomplète.
[8] 2002 code Prodcom 15.93.11.30 non compris.
[9] Non compris moûts de raisin.
[10] Période de douze mois finissant le 30 juin de l'année indiquée.
[11] Production par les établissements vinicoles qui écrasent de plus de 400 tonnes de raisins par an.

Wine and grape must
Vins et moûts de raisin

CPC-BASED CODE - CODE BASE CPC
24210-0 B

Unit: Thousand metric tons — Unité: Milliers de tonnes métriques

Country or area	2003	2004	2005	2006	2007	2008	2009	2010	2011	2012	Pays ou zone
Africa											**Afrique**
Algeria[1,2]	60	85	90	105	52	50	59	48	48	49	Algérie[1,2]
Egypt[1]	[2]6	[2]7	[2]7	[2]7	[2]11	14	12	4	[2]4	[2]4	Égypte[1]
Ethiopia[1,2]	3	3	3	3	3	1	2	1	1	1	Éthiopie[1,2]
Madagascar[1,2]	6	6	7	7	7	7	8	8	8	9	Madagascar[1,2]
Morocco[1]	34	35	38	36	[2]37	[2]35	[2]29	[2]33	[2]34	[2]35	Maroc[1]
South Africa	2209	[1]928	[1]841	[1]940	[1]978	[1]1016	[1]999	[1]922	[1,2]966	[1,2]1010	Afrique du Sud
Tunisia[1]	23	36	29	35	22	29	25	22	23	[2]24	Tunisie[1]
Zimbabwe[1,2]	2	2	2	2	3	3	3	3	3	3	Zimbabwe[1,2]
America, North											**Amérique du Nord**
Canada[1,2]	36	52	29	50	51	52	53	55	57	57	Canada[1,2]
Cuba	[1]11	[1]10	[1]10	[1]9	[1]10	[1]11	17	[1]11	[1]11	[1]12	Cuba
Mexico[1]	[2]110	[2]73	[2]41	[2]57	[2]63	[2]56	[2]45	34	38	39	Mexique[1]
United States[1]	2415	2466	2888	[2]2360	[2]2488	[2]2530	[2]2730	[2]2650	[2]2780	[2]2820	États-Unis[1]
America, South											**Amérique du Sud**
Argentina[1]	1323	1546	1522	1540	1505	1468	1214	1625	1547	[2]1178	Argentine[1]
Bolivia (Plur. State of)[1]	4	7	7	7	[2]7	[2]8	[2]7	[2]8	[2]8	[2]8	Bolivie (État plur. de)[1]
Brazil[1]	262	[2]393	[2]320	[2]237	[2]350	[2]368	[2]340	[2]338	[2]345	[2]350	Brésil[1]
Chile[1]	668	630	...	...	...	...	...	...	...	[2]1087	Chili[1]
Paraguay[1,2]	2	2	2	2	2	1	1	1	1	1	Paraguay[1,2]
Uruguay	[1]82	[1]113	[1]89	[1]94	[1]94	[1]80	[1]62	75	[1,2]67	84	Uruguay
Asia											**Asie**
Armenia[1]	3	7	7	4	4	4	5	6	6	6	Arménie[1]
Azerbaijan[1]	4	3	4	5	6	8	7	9	7	8	Azerbaïdjan[1]
China[1,2]	1200	1300	1350	1400	1450	1500	1550	1600	1600	1650	Chine[1,2]
Cyprus[1,2]	...	...	...	...	...	...	...	...	12	13	Chypre[1,2]
Georgia	[1,2]65	[1,2]53	[1,2]87	[1]85	[1,2]107	[1,2]90	[1,2]104	[1,2]103	123	[1,2]113	Géorgie
Israel[1,2]	6	6	6	5	5	5	5	5	5	5	Israël[1,2]
Japan[1]	94	94	96	90	63	66	73	[2]75	[2]79	[2]80	Japon[1]
Jordan[1]	1	1	1	1	3	1	1	0	[2]1	[2]1	Jordanie[1]
Kazakhstan[1]	22	18	25	20	11	13	17	17	19	[2]20	Kazakhstan[1]
Kyrgyzstan	[1]2	[1]2	[1]1	[1]2	[1]1	[1]1	[1]1	[1]2	1	1	Kirghizistan
Lebanon[1,2]	15	15	15	15	11	15	13	14	15	15	Liban[1,2]
Tajikistan	[1]2	[1]2	[1]1	[1]0	[1]0	[1]0	0	0	[1]0	[1,2]0	Tadjikistan
Turkey[1]	23	27	26	25	21	25	23	28	[2]29	[2]30	Turquie[1]
Turkmenistan[1,2]	24	24	24	22	19	19	17	17	17	18	Turkménistan[1,2]
Uzbekistan[1]	46	[2]35	24	23	25	24	21	21	[2]21	[2]22	Ouzbékistan[1]
Europe											**Europe**
Albania[1]	9	14	17	[2]17	[2]18	[2]16	[2]18	[2]18	[2]18	[2]19	Albanie[1]
Austria[1]	253	273	226	226	263	299	235	174	281	215	Autriche[1]
Belarus[1]	12	16	16	12	20	26	21	25	27	27	Bélarus[1]
Belgium[1,2]	...	...	...	...	...	3	3	3	5	3	Belgique[1,2]
Bosnia & Herzegovina[1]	9	6	5	3	5	5	4	5	3	3	Bosnie-Herzégovine[1]
Bulgaria[1]	144	195	169	174	137	230	165	150	123	[2]104	Bulgarie[1]
Croatia	[1]177	[1,2]198	[1]177	[1,2]70	[1,2]65	[1]51	[1]56	[1]46	49	44	Croatie
Czech Republic[1]	74	56	55	66	60	50	48	46	[2]47	[2]47	République tchèque[1]
France[1]	4749	5911	5344	5349	4712	4269	4679	4532	5107	5286	France[1]
Germany[1]	811	1001	945	892	1026	999	923	691	913	529	Allemagne[1]
Greece[1]	387	443	377	454	350	400	[2]387	[2]337	[2]295	[2]295	Grèce[1]
Hungary[1]	388	527	310	314	322	345	334	181	165	[2]187	Hongrie[1]
Italy[1]	4409	5314	5057	4963	4251	4610	4625	4580	4673	[2]4089	Italie[1]
Latvia[1]	[2]0	[2]0	8	[2]5	3	[2]3	[2]2	[2]2	[2]2	[2]2	Lettonie[1]
Lithuania[1]	4	5	8	7	9	8	5	7	6	6	Lituanie[1]
Luxembourg[1]	12	16	14	12	14	13	13	11	13	9	Luxembourg[1]
Malta[1,2]	2	2	2	2	2	2	2	2	2	2	Malte[1,2]
Montenegro	...	...	...	[1]17	[1]13	[1]17	[1]17	[1]18	5	4	Monténégro
Portugal[1]	715	726	706	734	587	548	571	695	547	[2]586	Portugal[1]
Rep. of Moldova[1]	198	340	373	194	128	160	125	127	125	121	Rép. de Moldova[1]
Romania[1]	546	707	260	501	536	554	496	329	406	123	Roumanie[1]
Russian Federation[1]	365	391	317	474	513	503	501	761	696	[2]700	Fédération de Russie[1]
Serbia[1]	...	...	...	129	146	154	202	238	224	218	Serbie[1]
Serbia & Montenegro[1]	173	175	107	...	...	...	...	...	...	...	Serbie-et-Monténégro[1]
Slovakia[1]	46	40	41	33	27	29	31	28	31	[2]33	Slovaquie[1]

For general note and footnotes, see end of table — Voir la fin du tableau pour la remarque générale est les notes

Wine and grape must (continued)
Vins et moûts de raisin (suite)

CPC-BASED CODE - CODE BASE CPC
24210-0 B

Unit: Thousand metric tons — Unité: Milliers de tonnes métriques

Country or area	2003	2004	2005	2006	2007	2008	2009	2010	2011	2012	Pays ou zone
Slovenia[1]	32	36	29	26	31	26	26	23	[2]24	[2]25	Slovénie[1]
Spain[1]	4246	4280	3644	3891	3521	3737	[2]3251	3610	3340	[2]3150	Espagne[1]
Switzerland[1]	108	116	100	101	104	107	111	103	102	100	Suisse[1]
TFYR of Macedonia[1]	93	106	84	62	107	92	96	77	67	78	L'ex-RY de Macédoine[1]
Ukraine[1]	238	201	213	216	240	250	273	300	175	186	Ukraine[1]
United Kingdom[1]	1	1	1	1	1	1	[2]1	[2]1	[2]1	[2]2	Royaume-Uni[1]
Oceania											**Océanie**
Australia[1]	1086	1471	1434	1430	962	1245	1142	1134	[2]1109	[2]1155	Australie[1]
New Zealand[1]	55	119	102	133	148	205	205	190	235	[2]240	Nouvelle-Zélande[1]

General Note.

Wine of fresh grapes, whether sparkling or not, grape must, vermouth and other wine of fresh grapes flavoured with plants or aromatic substances. Please see commodity notes for more information.

[1] Source: Food and Agriculture Organization of the United Nations (Rome).

[2] FAO estimate.

Remarque générale.

Vins de raisins frais, même mousseux, moûts de raisin, vermouths et autres vins de raisins frais préparés à l'aide de plantes ou de substances aromatiques. Voir les commentaires sur nom de produit pour de plus amples informations.

[1] Source: Organisation des Nations Unies pour l'alimentation et l'agriculture (Rome).

[2] Estimation de la FAO.

Beer
Bière

CPC-BASED CODE - CODE BASE CPC
24310-0

Unit: Thousand hectolitres | Unité: Milliers de hectolitres

Country or area	2003	2004	2005	2006	2007	2008	2009	2010	2011	2012	Pays ou zone
Africa											**Afrique**
Algeria	166	124	124	73	78	67	37	14	9	4	Algérie
Botswana	1198	...	...	...	...	...	...	...	...	...	Botswana
Burundi	876	973	1013	1220	1289	1369	1366	...	...	...	Burundi
Cameroon	4597	4287	4439	4035	4488	4192	5016	...	...	...	Cameroun
Congo	658	674	...	...	...	...	...	...	...	...	Congo
Egypt	...	...	...	...	...	5980	5980	...	6261	...	Égypte
Ethiopia[1]	2123	...	...	...	...	...	...	...	...	...	Éthiopie[1]
Gabon	754	...	...	...	...	...	...	...	...	...	Gabon
Kenya	2223	2447	2663	3116	3934	4249	3968	3986	4538	4996	Kenya
Lesotho	358	325	285	295	317	236	283	353	...	...	Lesotho
Madagascar	...	92	93	103	...	...	...	...	...	...	Madagascar
Mali	78	78	149	101	108	74	41	...	...	...	Mali
Mauritius	378	364	389	359	338	361	352	368	374	346	Maurice
Mozambique	1044	1025	1412	...	...	...	...	...	...	...	Mozambique
Namibia	1208	1256	1188	1316	1369	1423	1576	1578	1601	1788	Namibie
Nigeria	4011	4067	4073	...	...	...	...	...	...	...	Nigéria
Rwanda	412	438	541	702	731	855	869	1008	1185	1293	Rwanda
Seychelles	65	63	63	67	75	61	...	...	...	...	Seychelles
Togo	...	313	325	345	414	361	522	506	577	606	Togo
Tunisia	997	...	...	...	...	...	...	...	...	...	Tunisie
Uganda	826	1149	1359	1616	1734	1880	1928	1823	1823	2545	Ouganda
United R. of Tanzania[2]	1941	2026	2166	2990	3102	2935	2869	2423	2697	3387	Rép.-U. de Tanzanie[2]
America, North											**Amérique du Nord**
Barbados	69	80	87	89	85	71	71	...	...	...	Barbade
Canada	19299	...	...	...	...	...	...	...	...	...	Canada
Cuba	2313	2221	2255	2298	2459	2508	2474	2586	2589	2533	Cuba
Dominican Republic	4026	3898	4679	4892	4317	4520	...	...	...	...	Rép. dominicaine
Jamaica	585	590	633	669	660	666	...	...	...	...	Jamaïque
Mexico	65512	68133	72665	78456	80540	81611	82236	79916	84708	86237	Mexique
Panama	1479	1632	1658	1778	1926	2142	2290	2356	2477	2611	Panama
Saint Kitts & Nevis	19	21	29	35	38	40	39	37	...	...	Saint-Kitts-et-Nevis
Trinidad and Tobago	...	...	...	...	...	...	504	...	...	...	Trinité-et-Tobago
America, South											**Amérique du Sud**
Argentina	12950	13410	13960	14825	15850	18190	18640	...	...	...	Argentine
Brazil	76921	86633	92164	100176	100203	110521	125763	132432	137435	142200	Brésil
Chile	3490	...	4754	4518	5501	7091	6678	5583	6539	...	Chili
Ecuador	...	8224	9343	4446	4687	4459	...	...	...	...	Équateur
Guyana	105	121	90	90	87	82	86	...	...	...	Guyana
Peru	6483	6733	7970	9634	10371	11798	11697	12303	13054	13643	Pérou
Uruguay	415	...	...	...	...	...	...	1052	...	1026	Uruguay
Asia											**Asie**
Armenia	73	88	108	126	116	105	108	154	147	137	Arménie
Azerbaijan	133	184	249	309	328	325	344	377	375	484	Azerbaïdjan
China	254048	294859	312605	354358	395407	415691	416218	449016	483450	477858	Chine
Cyprus	367	371	377	374	398	427	357	343	322	...	Chypre
Georgia	284	476	586	734	709	625	685	828	787	990	Géorgie
India	3609	2704	2955	3722	...	...	...	...	...	...	Inde
Iran (Islamic Rep. of)	...	352	518	663	1017	1546	...	...	...	...	Iran (Rép. islam. d')
Japan[3]	41323	37833	36169	34079	33048	32147	29859	28437	27645	26904	Japon[3]
Kazakhstan	2348	2780	3235	3638	4110	3607	...	...	...	...	Kazakhstan
Kyrgyzstan	77	116	123	110	140	154	152	180	212	219	Kirghizistan
Lao PDR	702	827	927	1059	...	1363	...	...	...	...	Lao, RDP
Mongolia	3	8	8	7	18	20	32	45	57	65	Mongolie
Myanmar[3]	86	84	11	74	63	70	72	776	905	950	Myanmar[3]
Nepal[4]	242	250	260	...	...	...	...	...	...	...	Népal[4]
Rep. of Korea	17863	18033	17489	17400	18200	19073	18831	19401	...	...	Rép. de Corée
Syrian Arab Republic	100	109	111	107	99	79	...	...	...	...	Rép. arabe syrienne
Tajikistan	9	11	13	16	19	18	16	11	10	10	Tadjikistan
Thailand	16020	16320	16950	20110	21612	21600	...	...	...	...	Thaïlande
Turkey	8363	8812	C	C	C	C	C	C	C	C	Turquie
Viet Nam	11189	13428	14606	15472	16553	18472	20075	24202	26257	29787	Viet Nam
Europe											**Europe**
Albania	144	296	285	348	366	...	249	327	...	...	Albanie

For general note and footnotes, see end of table | Voir la fin du tableau pour la remarque générale est les notes

Beer (continued)
Bière (suite)

CPC-BASED CODE - CODE BASE CPC
24310-0

Unit: Thousand hectolitres — Unité: Milliers de hectolitres

Country or area	2003	2004	2005	2006	2007	2008	2009	2010	2011	2012	Pays ou zone
Austria	8980	...	...	...	...	...	...	...	...	...	Autriche
Belarus	2056	2272	2715	3322	3556	3544	3370	3989	4724	4323	Bélarus
Belgium[5]	15924	...	...	...	...	...	...	...	...	...	Belgique[5]
Bosnia & Herzegovina#	1316	...	...	...	...	...	...	...	...	...	Bosnie-Herzégovine#
Bulgaria	4355	3997	4287	4778	5284	5409	4953	4893	4913	5156	Bulgarie
Croatia	3679	3606	3496	3689	3810	3880	3674	3439	3738	3625	Croatie
Czech Republic	18216	18596	18885	20134	18627	19213	18053	16896	17127	18024	République tchèque
Denmark	8352	8550	8493	7915	8016	6474	6038	6335	6590	6080	Danemark
Estonia	1040	1189	1346	1411	1388	1275	1221	1258	1347	1428	Estonie
Finland	4606	4948	4527	4557	4499	4412	4448	4138	4368	4154	Finlande
France	17989	17477	17199	...	...	...	...	...	...	...	France
Germany	98933	97748	94806	96937	94781	91123	88005	86738	87084	86083	Allemagne
Greece	4090	3890	...	...	...	...	...	...	...	...	Grèce
Hungary	7255	6467	6770	7157	7186	7027	6285	5944	6260	6118	Hongrie
Iceland	108	C	C	C	C	C	C	C	C	C	Islande
Italy	13994	13692	...	...	...	...	...	...	...	...	Italie
Latvia	1364	1313	1285	1408	1402	1339	1283	1475	1472	1373	Lettonie
Lithuania	2520	2782	2916	2958	2878	2983	2818	2971	3127	2936	Lituanie
Luxembourg	391	...	...	...	...	...	...	...	...	...	Luxembourg
Montenegro	553	491	515	517	534	557	457	424	404	434	Monténégro
Netherlands	25699	24546	24543	25726	25982	26991	25640	24493	24449	24959	Pays-Bas
Norway	...	2352	2442	2410	...	...	...	...	...	...	Norvège
Poland	28412	29794	31343	33531	36351	37095	35842	36363	37897	39702	Pologne
Portugal	7110	7712	7702	8333	8189	7738	7396	7659	...	...	Portugal
Rep. of Moldova	566	653	724	C	C	C	C	C	C	C	Rép. de Moldova
Romania	13087	14159	14713	17554	18865	19518	17891	16458	16967	18014	Roumanie
Russian Federation	[6]75540	[6]83787	[6]90986	[6]100051	[6]114722	[6]113969	[6]109106	98381	99372	[7]97550	Fédération de Russie
Serbia	...	...	...	6451	6547	6470	5436	5289	...	...	Serbie
Serbia & Montenegro	6049	...	...	...	...	...	...	...	...	...	Serbie-et-Monténégro
Slovakia	4684	3877	3810	3987	3557	3375	2950	2591	3002	2864	Slovaquie
Spain	31028	31467	31156	34032	33502	32555	33649	31591	29593	31796	Espagne
Sweden	4255	3870	3952	4381	4447	4337	4563	4617	4591	4471	Suède
TFYR of Macedonia	680	716	695	670	695	718	636	631	612	634	L'ex-RY de Macédoine
Ukraine	17012	19373	23805	26750	31579	32039	30005	30956	#30297	29674	Ukraine
United Kingdom	64253	73622	126656	130607	62511	60175	52232	52331	54551	43583	Royaume-Uni
Oceania											**Océanie**
Australia[8]	[9]17270	[9]17360	[9]16850	17141	17067	16772	...	...	...	...	Australie[8]
Fiji	150	200	220	220	190	190	200	...	...	...	Fidji
New Zealand	3127	3060	3036	2909	2862	2966	2815	...	...	...	Nouvelle-Zélande

General Note.
Beer made from malt.

1 Twelve months ending 7 July of the year stated.
2 Tanganyika only.
3 Twelve months ending 31 March of year stated.
4 Twelve months beginning 16 July of year stated.
5 Incomplete coverage.
6 Including dregs from brewing.
7 Including beverages made from beer.
8 Twelve months ending 30 June of year stated.
9 Excluding light beer containing less than 1.15% by volume of alcohol.

Remarque générale.
Bières de malt.

1 Période de douze mois finissant le 7 juillet de l'année indiquée.
2 Tanganyika seulement.
3 Période de douze mois finissant le 31 mars de l'année indiquée.
4 Période de douze mois commençant le 16 juillet de l'année indiquée.
5 Couverture incomplète.
6 Y compris des drêches de brasserie.
7 Y compris boisson faite à base de bière.
8 Période de douze mois finissant le 30 juin de l'année indiquée.
9 Non compris la bière légère contenant moins de 1.15 % en volume d'alcool.

Malt, whether or not roasted
Malt, même torréfié

CPC-BASED CODE - CODE BASE CPC
24320-0

Unit: Thousand metric tons — Unité: Milliers de tonnes métriques

Country or area	2003	2004	2005	2006	2007	2008	2009	2010	2011	2012	Pays ou zone
Africa											**Afrique**
Ethiopia[1]	15	...	...	...	...	...	...	...	...	...	Éthiopie[1]
United R. of Tanzania[2]	1	...	...	...	...	...	...	...	...	...	Rép.-U. de Tanzanie[2]
America, North											**Amérique du Nord**
Cuba[3]	108	116	135	129	111	115	145	135	134	142	Cuba[3]
Dominica[3]	215	...	...	...	...	...	...	...	...	...	Dominique[3]
Mexico	386	380	387	384	460	452	413	397	442	452	Mexique
Panama[3]	91	88	89	112	127	155	194	203	192	213	Panama[3]
America, South											**Amérique du Sud**
Brazil	235	C	289	255	198	200	337	C	C	317	Brésil
Chile[3]	...	...	...	...	...	...	...	25	...	...	Chili[3]
Guyana[3]	11	10	9	11	8	8	7	7	...	...	Guyana[3]
Uruguay	...	...	...	...	...	...	...	36	...	13	Uruguay
Asia											**Asie**
India	1016	494	576	...	...	...	...	...	...	...	Inde
Japan[4,5]	39	34	27	22	21	32	33	30	26	30	Japon[4,5]
Kazakhstan	27	39	48	48	67	...	...	...	...	...	Kazakhstan
Rep. of Korea	103	66	66	...	...	...	...	...	...	...	Rép. de Corée
Turkey	123	128	C	C	C	C	C	C	C	C	Turquie
Europe											**Europe**
Belarus	100	84	94	74	75	110	79	114	149	152	Bélarus
Belgium[6]	692	...	...	...	...	...	...	...	...	...	Belgique[6]
Bulgaria	2	C	4	C	C	14	9	8	24	40	Bulgarie
Croatia	45	52	52	55	52	60	51	47	55	62	Croatie
Czech Republic	463	...	C	C	492	505	499	C	503	C	République tchèque
Denmark	247	254	253	278	268	271	213	230	248	242	Danemark
Estonia	1	C	C	C	C	C	C	1	1	...	Estonie
Finland	179	182	166	179	192	170	131	118	129	150	Finlande
France	1452	1490	1588	...	...	...	...	...	...	...	France
Germany	1947	1970	1841	1693	1815	1895	C	C	C	C	Allemagne
Greece[6]	47	...	...	...	...	...	...	...	...	...	Grèce[6]
Hungary	...	119	C	C	C	C	C	C	C	C	Hongrie
Iceland[3]	21	...	...	...	...	...	...	...	...	...	Islande[3]
Ireland	156	166	...	...	...	...	...	...	...	...	Irlande
Italy[7]	57	56	...	...	...	...	...	...	...	...	Italie[7]
Lithuania	16	29	60	72	91	80	68	78	81	81	Lituanie
Poland	235	281	301	321	327	304	325	325	363	368	Pologne
Romania	28	45	40	51	30	24	C	C	C	C	Roumanie
Russian Federation	[8]569	[8]683	[8]1035	[8]1271	[8]1500	[8]1394	[8]1134	[9]1000	[9]864	[9]1006	Fédération de Russie
Serbia	...	...	...	71	...	...	...	...	...	...	Serbie
Slovakia	215	182	238	257	231	207	192	183	171	194	Slovaquie
Sweden	149	183	197	208	219	196	167	152	158	166	Suède
Ukraine	219	270	357	395	422	544	375	416	392	408	Ukraine
United Kingdom	1303	1286	1269	1240	1199	1224	1250	1214	1257	1427	Royaume-Uni
Oceania											**Océanie**
Australia[10]	701	681	713	666	772	...	...	...	...	...	Australie[10]

General Note.
Malt, whether or not roasted.

[1] Twelve months ending 7 July of the year stated.
[2] Tanganyika only.
[3] In thousand hectolitres.
[4] Twelve months beginning 1 April of year stated.
[5] For use in alcoholic liquors only.
[6] Incomplete coverage.
[7] Excluding Prodcom 2002 code 15.97.10.50.
[8] Barley malt for beer-making.
[9] Barley malt, pale and dark.
[10] Twelve months ending 30 June of year stated.

Remarque générale.
Malt, même torréfié.

[1] Période de douze mois finissant le 7 juillet de l'année indiquée.
[2] Tanganyika seulement.
[3] En milliers de hectolitres.
[4] Période de douze mois commençant le 1er avril de l'année indiquée.
[5] Pour emploi dans les boissons alcooliques seulement.
[6] Couverture incomplète.
[7] 2002 code Prodcom 15.97.10.50 non compris.
[8] Malt d'orge pour la fabrication de bière.
[9] Malt d'orge, pâle et foncé.
[10] Période de douze mois finissant le 30 juin de l'année indiquée.

Mineral waters and aerated waters
Eaux minérales et eaux gazeuses

CPC-BASED CODE - CODE BASE CPC
24410-0

Unit: Thousand hectolitres — Unité: Milliers de hectolitres

Country or area	2003	2004	2005	2006	2007	2008	2009	2010	2011	2012	Pays ou zone
Africa											**Afrique**
Algeria	509	509	247	205	252	189	82	29	29	29	Algérie
Burundi	...	...	...	...	389	377	...	...	...	...	Burundi
Cameroon	486	479	481	462	450	...	...	...	...	...	Cameroun
Congo	116	131	...	...	...	...	...	...	...	...	Congo
Egypt	3367	2072	2169	6164	...	2064	1547	...	1713	...	Égypte
Ethiopia[1]	433	...	...	...	...	...	...	...	...	...	Éthiopie[1]
Kenya	2010	...	...	...	...	...	...	...	...	...	Kenya
Madagascar	...	2	2	2	...	...	...	...	...	...	Madagascar
Mozambique	68	73	71	79	73	...	...	...	...	...	Mozambique
Seychelles	47	44	44	60	48	49	...	...	...	...	Seychelles
Sudan (former)	...	...	...	...	...	9500	9400	...	...	...	Soudan (anc.)
Togo	...	...	...	...	...	...	...	...	80	22	Togo
Tunisia	3510	...	...	...	...	...	...	...	...	...	Tunisie
United R. of Tanzania	[2]16	[2]31	[2]36	[2]50	[2]51	176	231	[2]97	...	...	Rép.-U. de Tanzanie
America, North											**Amérique du Nord**
Cuba	357	270	344	347	332	419	403	339	396	480	Cuba
Dominica	8	...	...	...	...	...	...	...	...	...	Dominique
Mexico	3727	3641	3132	3168	C	...	...	...	...	...	Mexique
America, South											**Amérique du Sud**
Brazil	28940	16434	22466	26219	30373	41015	33163	30204	38598	42497	Brésil
Chile	...	...	4705	5149	5530	2464	2514	2643	3317	...	Chili
Ecuador	...	6265	3795	3467	5654	3296	...	...	...	...	Équateur
Peru	1193	1355	1484	1810	2018	2579	2967	3546	4335	5528	Pérou
Uruguay	...	...	...	...	...	...	...	1559	...	1896	Uruguay
Asia											**Asie**
Armenia	195	199	241	272	322	359	255	300	297	330	Arménie
Azerbaijan	564	905	1093	539	1122	765	839	857	776	2331	Azerbaïdjan
Cyprus	556	614	578	648	670	711	797	990	1151	...	Chypre
Georgia	691	818	1130	782	C	1132	1046	1429	1550	1803	Géorgie
India	3687	3586	3828	...	...	...	...	...	...	...	Inde
Iran (Islamic Rep. of)	...	356	1033	751	1208	1905	...	...	...	...	Iran (Rép. islam. d')
Iraq	...	...	...	...	...	2	17	216	74	27	Iraq
Japan	11330	12960	14280	18020	19240	20157	20892	20990	25826	27880	Japon
Kazakhstan	2615	3269	3102	3374	4634	4435	...	...	...	...	Kazakhstan
Kuwait	1598	1849	3044	2542	3400	4971	6726	7830	7773	8651	Koweït
Kyrgyzstan	108	118	125	158	189	224	207	196	223	266	Kirghizistan
Lebanon	2280	2306	2517	2610	4965	5318	...	...	...	...	Liban
Myanmar[3]	21	36	60	47	63	78	65	37	56	...	Myanmar[3]
Oman	897	...	...	...	...	...	...	...	...	...	Oman
Rep. of Korea	16305	16905	18186	18997	19641	21882	23184	18920	20007	20173	Rép. de Corée
Syrian Arab Republic	...	...	...	...	...	1187	...	...	...	...	Rép. arabe syrienne
Tajikistan	78	24	22	18	19	99	99	100	106	122	Tadjikistan
Turkey	996	1357	C	#34071	46630	54192	57119	68091	C	89867	Turquie
Viet Nam	1948	2138	2472	2572	2733	2656	3369	4585	5280	5664	Viet Nam
Yemen	1430	[4]1900	[4]2300	[4]2870	[4]3400	[4]4010	...	...	...	...	Yémen
Europe											**Europe**
Albania	...	795	553	423	707	...	712	766	...	...	Albanie
Austria	7909	...	...	...	...	...	...	...	...	...	Autriche
Belarus	1873	1761	1835	1935	2014	1916	1748	1953	3253	4268	Bélarus
Bosnia & Herzegovina[5]	319	...	...	...	...	...	...	...	...	...	Bosnie-Herzégovine[5]
Bulgaria	2263	2659	3257	3336	4349	4249	3762	3750	3556	3600	Bulgarie
Croatia	2729	3034	3320	3381	3719	3765	3681	3499	3465	3862	Croatie
Czech Republic	8467	8189	8130	7995	7556	8129	7957	8000	6787	6244	République tchèque
Denmark	758	718	890	1150	1348	1338	1166	1050	1135	1115	Danemark
Estonia	367	383	438	505	621	618	497	524	491	468	Estonie
Finland	626	760	735	616	610	741	609	695	741	698	Finlande
France	116470	115389	121588	...	...	...	...	...	...	...	France
Germany	C	C	C	C	113739	116452	114393	116595	123040	124260	Allemagne
Greece	6419	6465	...	...	...	...	...	...	...	...	Grèce
Hungary	4665	4290	5026	5660	4867	7643	10632	9090	9823	11071	Hongrie
Iceland	52	60	98	...	190	167	123	171	189	189	Islande
Ireland	1354	1507	...	...	...	...	...	...	...	...	Irlande

For general note and footnotes, see end of table — Voir la fin du tableau pour la remarque générale est les notes

Mineral waters and aerated waters (continued)
Eaux minérales et eaux gazeuses (suite)

CPC-BASED CODE - CODE BASE CPC

24410-0

Unit: Thousand hectolitres — Unité: Milliers de hectolitres

Country or area	2003	2004	2005	2006	2007	2008	2009	2010	2011	2012	Pays ou zone
Italy	140324	131174	...	...	...	...	...	...	...	...	Italie
Latvia	911	1089	1082	1258	1152	994	792	841	1036	1010	Lettonie
Lithuania	658	907	1254	1627	1832	1871	1653	1795	1770	1762	Lituanie
Montenegro	...	...	...	...	...	...	...	39	45	10	Monténégro
Netherlands	1732	2444	3206	2696	2380	...	...	...	2963	2922	Pays-Bas
Norway	...	821	1168	891	...	...	...	...	...	...	Norvège
Poland	21113	19890	27190	27759	26711	27644	30035	34089	34352	35353	Pologne
Portugal	8351	8424	9045	10723	11024	10773	11162	12067	...	...	Portugal
Rep. of Moldova	620	748	960	1049	1294	1229	1112	1159	1075	1066	Rép. de Moldova
Romania	12937	11447	11157	12071	15441	13138	13740	14693	14034	15092	Roumanie
Russian Federation	20329	22319	26597	29859	36318	41269	39869	44565	48042	53087	Fédération de Russie
Serbia	...	...	...	11094	...	...	...	...	...	...	Serbie
Slovakia	2536	2090	3001	3441	3869	3887	2997	2958	3156	3523	Slovaquie
Slovenia	1730	1428	1391	C	C	1510	1302	1257	1022	1388	Slovénie
Spain	46646	55120	59089	61993	67656	66392	65996	65575	65192	69718	Espagne
Sweden	2170	3234	2511	1557	1614	1501	1168	1172	1403	1446	Suède
Switzerland	5336	4781	4675	4771	4901	...	...	...	...	...	Suisse
TFYR of Macedonia	489	361	435	418	464	474	733	691	662	801	L'ex-RY de Macédoine
Ukraine	8570	10645	13909	14738	18854	19030	16522	18534	19827	21240	Ukraine
United Kingdom	[6]862	[6]1036	11585	10299	10977	9794	8652	7807	...	C	Royaume-Uni

General Note.

Waters (including mineral waters and aerated waters), not sweetened nor flavoured. Natural water, ice and snow are excluded.

1 Twelve months ending 7 July of the year stated.
2 Zanzibar only.
3 Twelve months ending 31 March of year stated.
4 Source: Bulletin of Industrial Statistics for the Arab Countries, United Nations Economic and Social Commission for Western Asia (Beirut).
5 Excluding the Federation of Bosnia and Herzegovina.
6 Excluding Prodcom 2002 code 15.98.11.50.

Remarque générale.

Eaux (y compris minérales et gazeuses), ni édulcorées ni aromatisées. L'eau naturelle, la glace et la neige sont exclues.

1 Période de douze mois finissant le 7 juillet de l'année indiquée.
2 Zanzibar seulement.
3 Période de douze mois finissant le 31 mars de l'année indiquée.
4 Source: Bulletin de statistiques industrielles pour les pays arabes, Commission économique et sociale pour l'Asie occidentale des Nations Unies (Beyrouth).
5 Non compris la Fédération de Bosnie-Herzégovine.
6 2002 code Prodcom 15.98.11.50 non compris.

Soft drinks, excluding water and fruit juices
Boissons sans alcool, à l'exclusion de l'eau et des jus de fruit

CPC-BASED CODE - CODE BASE CPC

24490-0

Unit: Thousand hectolitres | Unité: Milliers de hectolitres

Country or area	2003	2004	2005	2006	2007	2008	2009	2010	2011	2012	Pays ou zone
Africa											**Afrique**
Algeria	189	...	...	...	...	...	...	...	...	...	Algérie
Botswana	405	...	...	...	...	...	...	...	...	...	Botswana
Burundi	121	120	144	258	285	285	287	...	...	...	Burundi
Cameroon	1932	1877	1582	1443	1595	1546	1652	...	...	...	Cameroun
Congo	438	436	...	...	...	...	...	...	...	...	Congo
Ethiopia[1]	845	...	...	...	...	...	...	...	...	...	Éthiopie[1]
Gabon	568	...	...	...	...	...	...	...	...	...	Gabon
Kenya	1521	2075	2566	2801	3416	3400	3591	3659	3714	3706	Kenya
Lesotho	98	96	98	100	120	87	88	78	...	...	Lesotho
Madagascar	...	51	52	58	...	...	...	...	...	...	Madagascar
Mali	190	210	419	333	274	226	143	...	...	...	Mali
Mozambique	1194	1224	1149	1170	1170	...	...	...	...	...	Mozambique
Nigeria	5239	5277	5279	...	...	...	...	...	...	...	Nigéria
Rwanda	193	217	287	352	360	410	370	395	449	489	Rwanda
Seychelles	81	68	73	92	86	62	...	...	...	...	Seychelles
South Africa[2]	24130	...	...	...	...	...	...	...	...	...	Afrique du Sud[2]
Sudan (former)	2430	2640	4160	4220	4240	4710	4840	5280	...	...	Soudan (anc.)
Togo	...	228	254	283	341	317	455	485	614	482	Togo
United R. of Tanzania	2125	2641	2929	3826	4494	3253	3962	4442	[3]5237	[3]5856	Rép.-U. de Tanzanie
America, North											**Amérique du Nord**
Cuba	2973	3232	3187	3442	3506	3713	3748	3670	3781	3773	Cuba
Mexico	131685	137229	140262	143764	171584	167511	172930	173392	193151	195020	Mexique
Saint Kitts & Nevis	29	35	41	38	32	52	44	48	...	...	Saint-Kitts-et-Nevis
America, South											**Amérique du Sud**
Argentina	25910	28859	31265	33702	38066	39729	36891	...	...	...	Argentine
Brazil	86618	94092	106965	119189	130518	146877	145684	169821	169797	180382	Brésil
Chile	41	42	44	107	16870	19744	19314	20402	21073	...	Chili
Ecuador	...	...	3988	3986	2930	4105	...	...	...	...	Équateur
Guyana	429	438	431	395	383	394	417	...	...	...	Guyana
Peru	12532	13266	12950	13579	13926	15777	16777	17941	18608	18570	Pérou
Uruguay	...	...	...	...	...	...	...	3308	...	3483	Uruguay
Asia											**Asie**
Afghanistan	500	1200	4000	19000	26600	27800	29000	44000	46000	50000	Afghanistan
Armenia	341	362	324	357	374	442	376	382	457	452	Arménie
Azerbaijan	705	1010	1336	1899	2182	2235	1877	2026	2136	2563	Azerbaïdjan
China	23744	...	...	...	...	...	...	...	...	...	Chine
China, Hong KongSAR	1407	1415	1532	...	...	...	...	...	...	...	Chine,Hong KongRAS
Cyprus	621	605	666	583	625	629	594	579	546	...	Chypre
Georgia	678	918	1250	1644	1828	1462	1247	1541	1374	1920	Géorgie
India	6599	8741	10806	...	...	...	...	...	...	...	Inde
Iran (Islamic Rep. of)	...	14	13	14	14	14	...	...	...	...	Iran (Rép. islam. d')
Iraq	...	880	...	...	...	...	...	...	...	...	Iraq
Japan	142690	150650	154690	151100	155580	152690	148826	155282	154500	156959	Japon
Kazakhstan	2886	3457	4675	5670	6488	...	...	...	...	...	Kazakhstan
Kyrgyzstan	228	380	416	349	407	395	487	544	790	851	Kirghizistan
Lao PDR	164	187	194	...	...	270	...	...	...	...	Lao, RDP
Malaysia[2]	5247	5193	5636	...	...	...	...	...	...	...	Malaisie[2]
Mongolia	24561	34033	42261	38813	69732	85976	86968	135372	163136	177145	Mongolie
Pakistan[4]	2289	2691	3424	4620	6205	7351	7569	6125	...	...	Pakistan[4]
Rep. of Korea	19410	20157	20430	19508	19067	20116	19396	21284	22116	25132	Rép. de Corée
Tajikistan	146	184	259	286	299	302	331	348	388	482	Tadjikistan
Thailand	19330	20500	22720	22650	20944	21927	...	...	...	...	Thaïlande
Turkey	19441	23426	#22025	29781	30555	31493	31343	34368	35926	36605	Turquie
Viet Nam	3467	3855	7259	5431	6671	...	...	...	...	...	Viet Nam
Yemen	1050	[5]1270	[5]1540	[5]1920	[5]2290	[5]2700	...	...	...	...	Yémen
Europe											**Europe**
Albania	...	619	586	723	693	...	502	534	...	...	Albanie
Austria	17307	...	...	...	...	...	...	...	...	...	Autriche
Belarus	2479	2534	2916	3381	3638	3543	3225	3904	4614	4713	Bélarus
Belgium[6]	12205	...	...	...	...	...	...	...	...	...	Belgique[6]
Bosnia & Herzegovina[7]	107	...	...	...	...	...	...	...	...	...	Bosnie-Herzégovine[7]
Bulgaria	3030	3149	3559	3559	4493	5299	5183	4852	4832	5196	Bulgarie

For general note and footnotes, see end of table

Voir la fin du tableau pour la remarque générale est les notes

Soft drinks, excluding water and fruit juices (continued)
Boissons sans alcool, à l'exclusion de l'eau et des jus de fruit (suite)

CPC-BASED CODE - CODE BASE CPC
24490-0

Unit: Thousand hectolitres | Unité: Milliers de hectolitres

Country or area	2003	2004	2005	2006	2007	2008	2009	2010	2011	2012	Pays ou zone
Croatia	2238	2409	2416	2655	2803	3880	3055	3172	2965	2878	Croatie
Czech Republic	16196	15513	17016	20010	13545	18067	18397	C	C	C	République tchèque
Denmark	5248	4944	5911	8814	6672	7372	6440	6605	6938	6984	Danemark
Estonia	830	810	1103	1351	1240	1139	658	559	344	493	Estonie
Finland	3397	3464	3826	4115	4173	4172	4095	4131	4087	4083	Finlande
France	45365	47559	47768	...	...	...	...	...	...	...	France
Germany	111728	111051	111185	115363	114656	116320	C	C	C	122317	Allemagne
Greece[6]	10822	...	...	...	...	...	...	...	...	...	Grèce[6]
Hungary	11600	10935	10900	10239	12339	12195	9592	8990	9450	9464	Hongrie
Iceland	450	C	462	...	469	459	474	450	454	440	Islande
Ireland	3774	2935	...	...	...	...	...	...	...	...	Irlande
Italy	40737	37663	...	...	...	...	...	...	...	...	Italie
Latvia	690	812	994	1147	1375	1297	875	847	823	775	Lettonie
Lithuania	1680	1545	1724	1616	1621	1454	1234	1422	1723	1942	Lituanie
Montenegro	...	...	...	0	0	0	0	0	1	3	Monténégro
Netherlands	15823	15529	15895	18494	19802	...	...	...	22567	23749	Pays-Bas
Norway	5532	6171	6906	7168	...	...	...	...	...	...	Norvège
Poland	29368	30020	30663	36352	38691	40589	38772	40606	42410	40299	Pologne
Portugal	6485	6494	6251	6287	6162	5869	6700	6226	...	...	Portugal
Rep. of Moldova	597	653	639	757	944	768	598	655	724	715	Rép. de Moldova
Romania	12279	12961	14815	17812	17551	19920	17973	17084	15416	14736	Roumanie
Russian Federation	35961	41548	48362	54911	59820	57088	54780	64656	59444	57981	Fédération de Russie
Serbia & Montenegro	2946	...	...	...	...	...	...	...	...	...	Serbie-et-Monténégro
Slovakia	3507	3757	4719	5095	4453	5270	4620	4697	5175	5641	Slovaquie
Slovenia	2138	1870	1926	2563	2380	2031	1800	1461	238	321	Slovénie
Spain	49502	71090	59889	58672	58880	59070	59182	64914	62993	58295	Espagne
Sweden	7970	7201	6856	7633	7940	7786	8424	8818	8039	7719	Suède
Switzerland	7130	6419	6387	5627	5673	...	...	...	...	...	Suisse
TFYR of Macedonia	1149	1094	1174	1311	1480	1637	1717	1597	1248	1263	L'ex-RY de Macédoine
Ukraine	12475	14036	16910	17627	19553	17252	14736	14806	14728	14752	Ukraine
United Kingdom	[8]7181	[8]7223	C	70644	C	C	C	69379	65982	71471	Royaume-Uni
Oceania											**Océanie**
Fiji	794	943	1474	1681	3009	...	...	...	...	...	Fidji

General Note.
Soft drinks, excluding water and fruit juices.

1 Twelve months ending 7 July of the year stated.
2 Including mineral waters.
3 Tanganyika only.
4 Twelve months ending 30 June of year stated.
5 Source: Bulletin of Industrial Statistics for the Arab Countries, United Nations Economic and Social Commission for Western Asia (Beirut).
6 Incomplete coverage.
7 Excluding the Federation of Bosnia and Herzegovina.
8 Excluding Prodcom 2002 code 15.98.12.50.

Remarque générale.
Boissons sans alcool, à l'exclusion de l'eau et des jus de fruit.

1 Période de douze mois finissant le 7 juillet de l'année indiquée.
2 Y compris les eaux minérales.
3 Tanganyika seulement.
4 Période de douze mois finissant le 30 juin de l'année indiquée.
5 Source: Bulletin de statistiques industrielles pour les pays arabes, Commission économique et sociale pour l'Asie occidentale des Nations Unies (Beyrouth).
6 Couverture incomplète.
7 Non compris la Fédération de Bosnie-Herzégovine.
8 2002 code Prodcom 15.98.12.50 non compris.

Cigarettes containing tobacco
Cigarettes contenant du tabac

CPC-BASED CODE - CODE BASE CPC
25010-1

Unit: Million units | Unité: Millions d'unités

Country or area	2003	2004	2005	2006	2007	2008	2009	2010	2011	2012	Pays ou zone
Africa											**Afrique**
Algeria[1]	21019	19655	20957	19630	18204	18526	17670	17810	16550	15216	Algérie[1]
Burundi	354	376	419	410	472	437	514	...	...	...	Burundi
Cameroon[1]	1903	1966	1755	1597	665	247	201	...	...	...	Cameroun[1]
Congo	748	750	...	...	...	...	...	...	...	...	Congo
Egypt	63396	63395	55468	55123	64419	61697	59849	51897	52485	...	Égypte
Ethiopia[2]	1511	...	...	...	...	...	...	...	...	...	Éthiopie[2]
Kenya	4753	5351	7324	10262	12204	12169	11013	11444	12801	14788	Kenya
Madagascar	...	8	8	8	...	...	...	...	...	...	Madagascar
Mali	198	328	330	626	547	276	976	...	...	...	Mali
Mauritius	938	918	764	726	620	6	0	0	0	0	Maurice
Mozambique	1390	[1]1332	[1]1735	[1]2543	[1]2571	...	...	...	...	...	Mozambique
Nigeria	1776	1809	1813	...	...	...	...	...	...	...	Nigéria
Seychelles	50	22	30	19	33	31	...	...	...	...	Seychelles
Sudan (former)[1]	2300	2250	2100	2200	5500	5000	[3]3800	...	...	...	Soudan (anc.)[1]
Tunisia	13227	...	...	...	...	...	...	...	...	...	Tunisie
United R. of Tanzania	3920	4308	[4]4445	[4]5095	[4]5821	[4]6101	[4]5831	[4]1317	[4]1703	[4]1711	Rép.-U. de Tanzanie
Zimbabwe[1]	1604	...	...	...	...	...	...	...	...	...	Zimbabwe[1]
America, North											**Amérique du Nord**
Cuba	14316	12766	14022	13151	13766	14169	13443	13061	12978	13039	Cuba
Dominican Republic	3	3	3	3	2	3	...	...	...	...	Rép. dominicaine
Jamaica	889	979	889	0	0	0	...	...	...	...	Jamaïque
Mexico	43804	41285	39914	42762	43299	45907	45059	44090	31274	36161	Mexique
America, South											**Amérique du Sud**
Argentina	1990	1890	1862	1993	2057	2173	2120	...	...	...	Argentine
Brazil	21099	96828	120167	120574	114805	116114	105363	100265	96805	90592	Brésil
Chile	13776	...	C	C	C	C	C	C	20142	...	Chili
Ecuador	2975	2731	2876	2890	3175	202	...	...	...	...	Équateur
Peru	2707	2168	1460	...	...	...	...	...	...	...	Pérou
Uruguay	5718	...	...	...	...	...	...	...	...	...	Uruguay
Asia											**Asie**
Armenia	3222	2720	3020	2825	2911	3117	3310	4127	3361	6155	Arménie
Azerbaijan	6611	3671	5008	6224	3789	2773	2316	2217	1901	1825	Azerbaïdjan
Bangladesh[5]	22499	...	...	...	...	24180	23641	23677	...	...	Bangladesh[5]
China	36	...	...	...	...	...	...	...	...	...	Chine
Cyprus	2661	3845	...	...	...	C	C	C	C	...	Chypre
Georgia	2972	2808	1820	3791	4874	5156	5218	5002	4429	3847	Géorgie
India	49769	54748	75711	85747	86964	...	...	...	...	...	Inde
Iran (Islamic Rep. of)	12200	13930	14270	14200	17387	22436	26898	...	...	...	Iran (Rép. islam. d')
Iraq	...	236	...	68	...	...	...	...	...	...	Iraq
Kazakhstan	25715	28038	30008	30834	31507	28483	...	...	...	...	Kazakhstan
Kyrgyzstan	3102	3170	3179	3086	3053	3024	3586	3649	2447	1688	Kirghizistan
Lao PDR	68	84	105	...	...	136	...	...	...	...	Lao, RDP
Malaysia[1]	23971	24669	23340	22798	23723	23004	20892	20935	23604	26099	Malaisie[1]
Myanmar[6]	2835	2807	3199	2822	2755	3038	2352	3955	4330	5604	Myanmar[6]
Nepal[7]	6812	7268	...	...	6081	...	...	...	...	...	Népal[7]
Pakistan[5]	49365	55399	61097	64137	65980	67446	75609	65292	65403	61954	Pakistan[5]
Rep. of Korea	123166	133206	107247	119966	124570	129543	129070	124633	...	...	Rép. de Corée
Sri Lanka[8]	4765	5003	...	...	...	...	...	...	...	...	Sri Lanka[8]
Tajikistan	468	508	714	497	616	720	766	921	440	329	Tadjikistan
Thailand	31908	34761	32978	28588	30748	30474	...	...	...	...	Thaïlande
Turkey	111881	103371	#113745	129534	187402	139095	C	C	C	C	Turquie
Viet Nam	3871	4192	4485	3941	4549	4355	4834	5074	5316	5463	Viet Nam
Yemen	5960	[3]90	[3]109	[3]146	[3]177	[3]215	...	...	...	...	Yémen
Europe											**Europe**
Albania	15	[1]17	[1]4	...	...	...	...	...	...	...	Albanie
Andorra	2	2	3	1	...	...	...	...	...	...	Andorre
Belarus	10442	12627	12008	15650	18699	19499	21099	25098	29631	33196	Bélarus
Bosnia & Herzegovina	5062	...	...	...	...	...	...	...	...	...	Bosnie-Herzégovine
Bulgaria	25914	24462	23318	17353	20763	17766	17690	18220	22103	26602	Bulgarie
Croatia	15613	14256	14578	14457	14415	15586	11382	13365	11828	11202	Croatie
Denmark	12898	13458	14867	14553	15274	15473	13102	11407	0	0	Danemark
Finland	3946	868	0	0	0	0	0	...	...	...	Finlande

For general note and footnotes, see end of table | Voir la fin du tableau pour la remarque générale est les notes

Cigarettes containing tobacco (continued)
Cigarettes contenant du tabac (suite)

CPC-BASED CODE - CODE BASE CPC
25010-1

Unit: Million units — Unité: Millions d'unités

Country or area	2003	2004	2005	2006	2007	2008	2009	2010	2011	2012	Pays ou zone
France	42700	48163	46500	...	...	...	...	...	...	...	France
Germany	205237	208347	212428	216042	214458	223633	212834	217593	220060	206175	Allemagne
Greece	26249	28048	...	...	...	...	...	...	...	...	Grèce
Hungary	20181	12119	C	C	C	C	C	C	C	C	Hongrie
Italy	40350	...	...	...	...	...	...	...	...	...	Italie
Montenegro	793	2000	1282	433	463	171	153	108	142	535	Monténégro
Poland	78792	83376	95531	106641	112300	88936	90004	77445	79377	84712	Pologne
Portugal	24950	26415	26639	25805	26489	25100	24466	23992	...	...	Portugal
Rep. of Moldova	7126	7050	6195	5031	...	C	C	C	C	C	Rép. de Moldova
Romania	37808	28677	34541	31881	37831	47848	47912	40887	54065	57645	Roumanie
Russian Federation	376000	377000	402000	409697	397498	409835	412890	401744	392923	410542	Fédération de Russie
Serbia	...	...	...	18267	21304	20873	20482	21906	...	...	Serbie
Spain	...	48651	47506	39798	41906	43567	43081	C	26938	C	Espagne
Switzerland	38140	39059	42190	48937	54348	...	...	...	...	...	Suisse
TFYR of Macedonia	5120	5654	5763	5123	5485	5919	5973	6751	7721	6573	L'ex-RY de Macédoine
Ukraine	96776	108946	120218	120333	128535	129809	114391	102833	95527	93943	Ukraine
United Kingdom	89639	85691	81410	73266	64143	C	C	45710	41354	40976	Royaume-Uni
Oceania											**Océanie**
Fiji	416	454	420	457	456	437	367	...	...	...	Fidji
New Zealand	2176	2122	2211	1253	343	459	360	C	C	C	Nouvelle-Zélande

General Note.
Cigarettes containing tobacco.

[1] In metric tons.
[2] Twelve months ending 7 July of the year stated.
[3] Source: Bulletin of Industrial Statistics for the Arab Countries, United Nations Economic and Social Commission for Western Asia (Beirut).
[4] Tanganyika only.
[5] Twelve months ending 30 June of year stated.
[6] Twelve months ending 31 March of year stated.
[7] Twelve months beginning 16 July of year stated.
[8] Source: Country Economic Review, Asian Development Bank (Manila).

Remarque générale.
Cigarettes contenant du tabac.

[1] En tonnes métriques.
[2] Période de douze mois finissant le 7 juillet de l'année indiquée.
[3] Source: Bulletin de statistiques industrielles pour les pays arabes, Commission économique et sociale pour l'Asie occidentale des Nations Unies (Beyrouth).
[4] Tanganyika seulement.
[5] Période de douze mois finissant le 30 juin de l'année indiquée.
[6] Période de douze mois finissant le 31 mars de l'année indiquée.
[7] Période de douze mois commençant le 16 juillet de l'année indiquée.
[8] Source: Revue Economique du Pays, La Banque Asiatique de développement (Manille).

Tobacco, manufactured (smoking tobacco, chewing tobacco, snuff)
Tabac, fabriqué (tabac à fumer, tabac à mâcher, snuff)

CPC-BASED CODE - CODE BASE CPC
25090-0

Unit: Metric tons — Unité: Tonnes métriques

Country or area	2003	2004	2005	2006	2007	2008	2009	2010	2011	2012	Pays ou zone
Africa											**Afrique**
Algeria	28173	26631	27942	27576	25938	25629	25738	26083	25162	23346	Algérie
Egypt	20188	56553	75290	63397	...	59138	63144	...	...	...	Égypte
Madagascar	...	3	3	4	...	...	...	...	...	...	Madagascar
Morocco	5	5	5	5	7	...	...	...	...	...	Maroc
Tunisia	335	[1]14467	[1]14383	[1]15328	[1]10447	...	...	...	...	...	Tunisie
United R. of Tanzania[2]	21898	42080	68599	54685	57886	56193	75096	51548	54012	94420	Rép.-U. de Tanzanie[2]
America, North											**Amérique du Nord**
Canada	5317	...	...	...	...	...	...	...	...	...	Canada
Cuba	2	1	1	0	0	0	0	0	0	0	Cuba
America, South											**Amérique du Sud**
Brazil	47120	62888	40312	67136	72033	82844	77647	81640	90833	92905	Brésil
Ecuador	...	0	0	0	2322	1805	...	...	...	...	Équateur
Asia											**Asie**
Azerbaijan	2293	2548	2584	2311	1039	1479	1543	2027	2559	1964	Azerbaïdjan
Bangladesh[3]	37000	39000	38000	...	...	...	...	...	...	...	Bangladesh[3]
Cambodia	8	3	14	14	...	...	...	...	...	...	Cambodge
Cyprus	350	254	334	0	0	...	...	...	...	...	Chypre
India	1530	...	5184	...	...	...	...	...	...	...	Inde
Iran (Islamic Rep. of)	...	8766	12601	1073	900	4947	1827	...	...	...	Iran (Rép. islam. d')
Kazakhstan	3948	5075	6297	4808	4247	...	...	...	...	...	Kazakhstan
Kyrgyzstan	13313	8599	8589	...	8184	8578	7848	8612	7756	4372	Kirghizistan
Lebanon	2024	1803	655	744	577	...	...	...	...	...	Liban
Mongolia	735	0	772	716	1552	1144	6673	6866	8515	7024	Mongolie
Nepal	...	...	...	...	277	...	...	...	...	...	Népal
Syrian Arab Republic	13412	13144	11832	13056	13245	12652	[1,4]15494	[1,4]15811	...	...	Rép. arabe syrienne
Thailand	66	63	70	71	...	...	...	...	...	...	Thaïlande
Turkey	117	93	C	C	C	C	C	C	C	C	Turquie
Viet Nam	8817	12060	12150	...	...	...	...	...	...	...	Viet Nam
Europe											**Europe**
Albania	...	1182	1466	546	...	...	...	...	...	...	Albanie
Belgium[5]	5181	...	...	...	...	...	...	...	...	...	Belgique[5]
Bulgaria	32257	47667	42097	48157	42987	39829	47615	38640	38773	39908	Bulgarie
Croatia	...	12689	11843	16812	12296	12822	12982	12529	8748	9452	Croatie
Denmark	3988	3698	3431	3225	3363	3998	4610	4200	5385	5473	Danemark
Finland	109	24	0	0	0	0	0	...	...	...	Finlande
France	3509	3548	3400	...	...	...	...	...	...	...	France
Germany	30292	33961	38017	34285	31719	30277	C	C	C	C	Allemagne
Greece[6]	1494	400	...	...	...	...	...	...	...	...	Grèce[6]
Hungary	1465	1450	C	C	C	7895	7434	9274	8982	3092	Hongrie
Ireland	9513	9306	...	...	...	...	...	...	...	...	Irlande
Italy[6]	71966	59941	...	...	...	...	...	...	...	...	Italie[6]
Montenegro	293	300	448	554	332	...	...	...	...	...	Monténégro
Netherlands	...	...	...	...	...	...	...	...	56456	107623	Pays-Bas
Norway	2059	...	C	C	...	...	...	...	...	...	Norvège
Poland	2204	3276	5218	20511	41621	33384	30029	27998	22404	25027	Pologne
Portugal	7	8	10	7	3	9373	13604	13662	...	...	Portugal
Rep. of Moldova	8224	7562	8207	5191	4338	6259	4901	7287	6759	5694	Rép. de Moldova
Romania	12668	6927	534	0	3100	C	C	C	C	C	Roumanie
Russian Federation	0	0	0	0	0	4	6	4	9	19	Fédération de Russie
Serbia	...	...	...	8627	3822	4769	4197	4952	...	...	Serbie
Sweden	7942	7895	8071	8919	8026	7545	8041	8228	8332	8014	Suède
Switzerland	[7]78	68	80	49	7	...	...	...	...	...	Suisse
TFYR of Macedonia	25873	15720	15904	20634	18237	16737	14858	19944	25107	20103	L'ex-RY de Macédoine
Ukraine	8812	7217	7771	9858	7053	4372	2444	3150	2471	2677	Ukraine
United Kingdom[6]	...	5186	C	C	C	C	C	C	C	C	Royaume-Uni[6]
Oceania											**Océanie**
New Zealand	701	788	819	396	118	144	148	...	...	...	Nouvelle-Zélande

General Note.
Smoking tobacco, whether or not containing tobacco substitutes in any proportion, homogenised or "reconstituted" tobacco and other manufactured tobacco or tobacco substitutes except cigars, cheroots, cigarillos and cigarettes.

Remarque générale.
Tabac à fumer, même contenant des succédanés de tabac en toute proportion, tabacs «homogénéisés» ou «reconstitués» et autres tabacs ou succédanés de tabac fabriqués à l'exception des cigares (y compris ceux à bouts coupés), cigarillos et cigarettes.

Tobacco, manufactured (smoking tobacco, chewing tobacco, snuff) (continued)
Tabac, fabriqué (tabac à fumer, tabac à mâcher, snuff) (suite)

CPC-BASED CODE - CODE BASE CPC
25090-0

[1] Source: Bulletin of Industrial Statistics for the Arab Countries, United Nations Economic and Social Commission for Western Asia (Beirut).

[2] Tanganyika only.

[3] Source: Country Economic Review, Asian Development Bank (Manila).

[4] Government production only.

[5] Incomplete coverage.

[6] Excluding Prodcom 2002 code 16.00.12.90.

[7] Smoking tobacco only.

[1] Source: Bulletin de statistiques industrielles pour les pays arabes, Commission économique et sociale pour l'Asie occidentale des Nations Unies (Beyrouth).

[2] Tanganyika seulement.

[3] Source: Revue Economique du Pays, La Banque Asiatique de développement (Manille).

[4] Production de l'Etat seulement.

[5] Couverture incomplète.

[6] 2002 code Prodcom 16.00.12.90 non compris.

[7] Tabac à fumer seulement.

Raw silk (not thrown)
Soie grège (non moulinée)

CPC-BASED CODE - CODE BASE CPC
26110-0

Unit: Metric tons — Unité: Tonnes métriques

Country or area	2003	2004	2005	2006	2007	2008	2009	2010	2011	2012	Pays ou zone
Africa											**Afrique**
Egypt[1]	[2]3	3	[2]3	[2]3	[2]3	[2]3	[2]3	[2]3	[2]3	[2]3	Égypte[1]
America, South											**Amérique du Sud**
Brazil	[1,2]1700	[1,2]1750	[1,2]1200	[1,2]1250	[1,2]1300	[1,2]1000	112	C	C	C	Brésil
Asia											**Asie**
Afghanistan[1,2]	50	50	50	50	50	50	50	50	50	50	Afghanistan[1,2]
Azerbaijan	28	73	58	41	10	11	10	14	12	0	Azerbaïdjan
Cambodia[1,2]	25	25	25	25	25	25	30	30	30	30	Cambodge[1,2]
China	111047	151600	132500	135600	197200	205200	166500	162000	[1,2]126001	[1,2]126001	Chine
Dem.P.R. of Korea[1,2]	320	350	350	350	350	350	400	400	400	400	Rép.p.d. de Corée[1,2]
India[1]	16319	15742	16500	17305	18475	18320	18370	19690	20410	[2]20410	Inde[1]
Indonesia[1,2]	120	120	120	120	120	120	120	120	120	120	Indonésie[1,2]
Iran (Islamic Rep. of)	16297	19856	...	...	...	...	...	...	...	...	Iran (Rép. islam. d')
Japan	287	229	116	166	88	98	83	59	C	44	Japon
Kyrgyzstan	6	2	4	16	0	0	0	0	0	0	Kirghizistan
Lebanon[1,2]	10	10	10	10	10	10	10	10	10	10	Liban[1,2]
Rep. of Korea[1]	3	[2]3	[2]3	[2]3	[2]3	[2]3	[2]3	[2]3	[2]3	[2]3	Rép. de Corée[1]
Tajikistan	118	129	158	78	82	42	27	19	23	21	Tadjikistan
Thailand[1,2]	1550	1600	1600	1600	1600	1600	1600	1600	1600	1600	Thaïlande[1,2]
Turkey	[1,2]50	[1,2]50	0	C	0	C	0	[1,2]50	[1,2]50	[1,2]50	Turquie
Turkmenistan[1,2]	4500	4500	4500	4500	4500	4500	4500	4500	200	200	Turkménistan[1,2]
Uzbekistan[1,2]	1200	1200	1200	1200	1200	1200	1200	1200	1200	1200	Ouzbékistan[1,2]
Viet Nam[1]	11582	12323	11475	10413	10110	7746	7367	7107	7057	7517	Viet Nam[1]
Europe											**Europe**
Bulgaria	[1,2]5	[1,2]5	[1,2]5	0	0	0	0	0	0	0	Bulgarie
Greece[1]	25	[2]5	[2]5	[2]5	[2]5	[2]5	[2]5	[2]5	[2]5	[2]5	Grèce[1]
Italy	1732	1777	...	...	...	...	...	...	...	...	Italie
Romania[1]	220	2070	2100	[2]2100	[2]2100	[2]2100	[2]2100	[2]2100	[2]2100	[2]2100	Roumanie[1]
Spain	[1,2]15	[1,2]15	[1,2]15	[1,2]15	[1,2]15	[1,2]15	0	0	0	0	Espagne

General Note.
Raw silk (not thrown). Please see commodity notes for more information.

Remarque générale.
Soie grège (non moulinée). Voir les commentaires sur nom de produit pour de plus amples informations.

[1] Source: Food and Agriculture Organization of the United Nations (Rome).

[2] FAO estimate.

[1] Source: Organisation des Nations Unies pour l'alimentation et l'agriculture (Rome).

[2] Estimation de la FAO.

Wool, degreased not carbonized, not carded or combed
Laines, dégraissées non carbonisées, ni cardées ni peignées

CPC-BASED CODE - CODE BASE CPC
26130-0

Unit: Metric tons | Unité: Tonnes métriques

Country or area	2003	2004	2005	2006	2007	2008	2009	2010	2011	2012	Pays ou zone
Africa											**Afrique**
South Africa	21375	...	...	...	...	...	...	...	...	...	Afrique du Sud
America, South											**Amérique du Sud**
Chile	...	...	77	17	...	282	27	17	1	...	Chili
Asia											**Asie**
Azerbaijan	172	12	2	26	6	3	1	0	0	4	Azerbaïdjan
Iran (Islamic Rep. of)	34935	33716	...	...	...	...	...	...	...	...	Iran (Rép. islam. d')
Kazakhstan	...	3195	1227	2668	2880	...	...	...	...	...	Kazakhstan
Kyrgyzstan	1041	881	666	459	882	523	725	917	199	631	Kirghizistan
Turkey	...	...	C	C	C	C	C	C	C	13260	Turquie
Europe											**Europe**
Belarus	1838	2149	1056	1375	805	0	1343	1085	...	...	Bélarus
Bulgaria	54	296	102	C	0	0	C	C	C	C	Bulgarie
Denmark	2	10	20	3	...	...	7	...	2	3	Danemark
Hungary	...	150	C	C	C	C	...	...	C	C	Hongrie
Ireland	485	577	...	...	...	...	...	...	...	...	Irlande
Italy	42385	42584	...	...	...	...	...	...	...	...	Italie
Poland	74	0	14	5	C	C	C	C	C	C	Pologne
Rep. of Moldova	...	741	527	622	797	731	525	247	382	203	Rép. de Moldova
Romania	939	1560	1056	581	150	C	C	...	C	...	Roumanie
Serbia	...	...	...	116	...	...	...	...	...	...	Serbie
Slovakia	28	C	C	C	...	...	...	...	...	...	Slovaquie
Spain	...	3714	3189	6080	4494	3539	3676	4807	5024	7249	Espagne
Ukraine	C	C	C	606	C	916	403	C	C	C	Ukraine
United Kingdom	9518	3300	C	2028	3894	C	C	7678	294	527	Royaume-Uni
Oceania											**Océanie**
Australia[1]	88663	79213	70901	53253	...	...	...	...	...	...	Australie[1]

General Note.
Wool, degreased or carbonized, not carded or combed.

[1] Twelve months ending 30 June of year stated.

Remarque générale.
Laines, dégraissées non carbonisées, ni cardées ni peignées.

[1] Période de douze mois finissant le 30 juin de l'année indiquée.

Wool, carded or combed
Laine, cardée ou peignée

CPC-BASED CODE - CODE BASE CPC
26150-0

Unit: Metric tons | Unité: Tonnes métriques

Country or area	2003	2004	2005	2006	2007	2008	2009	2010	2011	2012	Pays ou zone
Africa											**Afrique**
Mozambique	3039	...	...	...	...	...	...	...	...	...	Mozambique
America, South											**Amérique du Sud**
Brazil	4442	3276	2772	3655	4049	3481	3203	3110	5205	3001	Brésil
Chile	...	...	92	55	...	262	321	2278	2193	...	Chili
Asia											**Asie**
India	22	52	445	...	...	...	...	...	...	...	Inde
Iraq	...	...	...	...	...	...	1	...	22	128	Iraq
Kazakhstan	...	...	42	108	89	...	...	...	...	...	Kazakhstan
Kyrgyzstan	0	0	64	25	0	0	0	0	0	0	Kirghizistan
Turkey	...	...	C	0	0	0	0	C	C	140	Turquie
Europe											**Europe**
Bulgaria	3257	3753	3317	4662	5311	5662	2039	C	C	C	Bulgarie
Hungary	...	1991	C	C	C	C	...	...	...	...	Hongrie
Italy	47762	47581	...	...	...	...	...	...	...	...	Italie
Lithuania	0	0	0	0	257	264	227	49	0	0	Lituanie
Poland	463	C	218	243	197	282	191	174	110	93	Pologne
Rep. of Moldova	...	9	10	6	23	9	8	2	C	C	Rép. de Moldova
Romania	63	0	0	0	0	...	...	...	...	...	Roumanie
Spain	...	13259	10901	8098	7351	5452	2429	1952	1555	1025	Espagne
Sweden	308	428	193	43	C	C	37	165	C	C	Suède
TFYR of Macedonia	98	53	83	114	135	142	158	48	4	64	L'ex-RY de Macédoine
Ukraine	C	126	513	736	622	597	C	C	C	0	Ukraine
United Kingdom	3408	...	C	C	C	C	C	C	C	C	Royaume-Uni

General Note.
Wool and fine or coarse animal hair, carded or combed (including combed wool in fragments).

Remarque générale.
Laine et poils fins ou grossiers, cardés ou peignés (y compris la laine peignée en fragments).

Yarn of wool
Fils de laine

CPC-BASED CODE - CODE BASE CPC
26300-1

Unit: Metric tons — Unité: Tonnes métriques

Country or area	2003	2004	2005	2006	2007	2008	2009	2010	2011	2012	Pays ou zone
Africa											**Afrique**
Algeria	782	566	418	...	...	...	...	...	...	...	Algérie
Egypt	7947	1433	3719	4041	...	1799	2077	...	1554	...	Égypte
America, North											**Amérique du Nord**
United States	[1]13788	[1]15672	[1]10714	[1]8446	[2]8506	[2]8583	[2]5480	[2]6149	...	...	États-Unis
America, South											**Amérique du Sud**
Brazil	25737	35095	18588	17197	15195	11665	3806	1416	1168	11583	Brésil
Chile	...	...	2476	2069	2141	701	146	186	153	...	Chili
Ecuador	...	149	170	106	...	118	...	...	...	...	Équateur
Peru	918	1114	946	1061	...	...	...	...	...	...	Pérou
Asia											**Asie**
Armenia	99	58	57	42	39	16	3	0	0	5	Arménie
Azerbaijan	1	3	16	3	3	1	0	0	0	0	Azerbaïdjan
China, Macao SAR	397	C	C	C	C	C	C	...	...	...	Chine, Macao RAS
Georgia	11	C	C	C	C	C	C	C	...	...	Géorgie
India	29567	45062	52270	...	...	...	...	...	...	...	Inde
Japan	...	...	...	...	...	13899	8226	10193	11536	11888	Japon
Kazakhstan	367	269	350	195	148	...	...	...	...	...	Kazakhstan
Kyrgyzstan	139	171	347	802	766	415	273	412	386	468	Kirghizistan
Syrian Arab Republic	2353	3261	3478	3521	3354	3472	...	...	...	...	Rép. arabe syrienne
Tajikistan	588	500	470	377	343	100	74	101	126	15	Tadjikistan
Turkey	37100	...	#78925	67039	64897	70167	53078	75776	70946	75871	Turquie
Viet Nam	2846	4456	2983	2421	4828	6011	5905	3536	...	...	Viet Nam
Europe											**Europe**
Belarus	[3]9386	[3]8002	3156	3074	3393	2744	2453	2192	1741	1339	Bélarus
Bulgaria	346	1336	4331	1881	1307	C	1299	C	C	C	Bulgarie
Croatia	...	78	95	69	63	42	28	16	18	13	Croatie
Czech Republic	6983	7552	6065	5705	6213	5843	4412	5164	5286	5364	République tchèque
Denmark	2446	2720	2354	2420	2003	1791	3758	4645	4756	4191	Danemark
Estonia	...	1039	1057	1040	982	773	611	101	38	40	Estonie
Finland	1899	2054	2050	2044	1633	552	646	741	697	754	Finlande
Germany	7390	6290	4932	4251	4396	3192	2177	3688	3931	2439	Allemagne
Hungary	633	817	937	973	C	10	C	560	C	C	Hongrie
Italy	180022	178463	...	...	...	...	...	...	...	...	Italie
Lithuania	2628	4549	4190	4872	6090	4106	6027	7115	7514	6641	Lituanie
Montenegro	6	0	0	6	2	...	...	...	...	...	Monténégro
Norway	859	884	1097	930	...	...	...	...	...	...	Norvège
Poland[4]	19654	13175	12553	11436	C	C	C	C	C	C	Pologne[4]
Portugal	3096	3097	4800	3812	3467	3239	2332	2962	...	...	Portugal
Rep. of Moldova	...	919	1121	1394	1682	1671	1094	928	C	C	Rép. de Moldova
Romania	8804	7613	8115	6731	8006	8738	C	C	C	C	Roumanie
Russian Federation	23945	21560	17265	16904	16256	12440	9232	9650	7914	8562	Fédération de Russie
Serbia	...	...	...	477	300	212	265	33	...	...	Serbie
Spain	...	11177	C	C	C	C	C	3592	C	C	Espagne
TFYR of Macedonia	192	138	158	135	170	143	158	0	0	0	L'ex-RY de Macédoine
Ukraine	794	871	1069	969	920	993	549	1322	1650	1812	Ukraine
United Kingdom	...	...	...	...	33674	31595	22119	17013	C	17990	Royaume-Uni
Oceania											**Océanie**
Australia[5]	14546	12925	12019	8091	7738	...	...	...	...	...	Australie[5]
New Zealand	C	22078	21727	...	...	...	...	...	...	...	Nouvelle-Zélande

General Note.

Yarn of carded or combed wool or of fine animal hair, yarn of coarse animal hair or of horsehair (including gimped horsehair yarn).

[1] Spun yarn only. Additionally, man-made spun yarn includes yarn of silk and other natural fibres of HS 2002 codes 5004-5006. Data excludes finishing only.

[2] Spun yarn only. Additionally, man-made spun yarn includes yarn of silk and other natural fibres of HS 2007 codes 5004-5006. Data excludes finishing only.

[3] Includes yarn of 20% wool or less.

[4] Data calculated from components (no aggregations).

[5] Twelve months ending 30 June of year stated.

Remarque générale.

Fils de laine cardés ou peignés ou de poils fins, fils de poils grossiers ou decrin (y compris les fils de crin guipés).

[1] Filé seulement. En outre, le filé synthétique inclut le filé de soie et d'autres fibres naturels de 2002 SH codes 5004-5006. Les données excluent apprêtage seulement.

[2] Filé seulement. En plus, le filé synthétique inclut le filé de soie et d'autres fibres naturels de 2007 SH codes 5004-5006. Les données excluent apprêtage seulement.

[3] Comprend un fil de 20 pour cent de laine ou moins.

[4] Données calculées à partir de composants (pas d'agrégation).

[5] Période de douze mois finissant le 30 juin de l'année indiquée.

Cotton yarn (other than sewing thread)
Fils de coton (autres que les fils à coudre)

CPC-BASED CODE - CODE BASE CPC
26300-2

Unit: Thousand metric tons | Unité: Milliers de tonnes métriques

Country or area	2003	2004	2005	2006	2007	2008	2009	2010	2011	2012	Pays ou zone
Africa											**Afrique**
Algeria	8	7	8	8	6	6	5	5	4	4	Algérie
Egypt	185	180	159	186	[1]289	150	137	[1]321	97	...	Égypte
Kenya	0	1	1	1	1	1	1	2	2	2	Kenya
Madagascar	...	1	1	1	...	...	...	...	...	...	Madagascar
South Africa[2]	70	...	...	...	...	...	...	...	...	...	Afrique du Sud[2]
United R. of Tanzania[3]	...	...	...	5	5	5	6	...	...	...	Rép.-U. de Tanzanie[3]
America, North											**Amérique du Nord**
Cuba	1	1	0	0	1	1	1	0	1	1	Cuba
Mexico	55	48	44	43	73	58	71	82	50	65	Mexique
United States	[4]1351	[4]1345	[4]1186	[4]1067	[5]877	[5]879	C	C	...	...	États-Unis
America, South											**Amérique du Sud**
Argentina	1	1	...	...	...	...	...	...	...	...	Argentine
Brazil	398	454	511	507	554	594	569	629	524	500	Brésil
Chile	...	...	3	2	2	1	1	1	1	...	Chili
Ecuador	...	2	1	1	2	1	...	...	...	...	Équateur
Peru	40	42	42	42	45	42	34	41	38	36	Pérou
Asia											**Asie**
Azerbaijan	2	11	18	4	4	4	5	8	9	13	Azerbaïdjan
Bangladesh	[6]70	[6]85	[6]104	[6]121	[7]156	[6]171	[6]176	[6]181	...	...	Bangladesh
China, Hong KongSAR	75	59	62	71	40	...	...	...	...	...	Chine,Hong KongRAS
India	2121	2271	2451	2824	2948	...	...	...	...	...	Inde
Iran (Islamic Rep. of)	18	16	...	...	62	68	...	...	...	...	Iran (Rép. islam. d')
Japan	...	...	...	...	...	95	67	65	45	72	Japon
Kazakhstan	[8]4	[8]5	9	13	12	13	...	...	...	...	Kazakhstan
Kyrgyzstan	0	1	1	2	1	1	0	1	1	0	Kirghizistan
Malaysia	73	31	40	64	67	69	54	50	54	52	Malaisie
Myanmar[9]	4	3	4	4	7	8	6	7	...	...	Myanmar[9]
Pakistan[6]	1915	1929	2281	2547	2845	2915	2913	2787	2939	2955	Pakistan[6]
Rep. of Korea	279	264	253	217	216	206	210	221	227	245	Rép. de Corée
Syrian Arab Republic	98	136	146	146	138	137	[1,10]150	[1,10]107	...	...	Rép. arabe syrienne
Tajikistan	[8]17	16	15	15	13	10	8	6	7	9	Tadjikistan
Turkey	612	588	[#]1088	1199	1224	967	932	1078	1069	1200	Turquie
Viet Nam	54	71	68	106	131	158	138	184	...	...	Viet Nam
Europe											**Europe**
Belarus	10	11	11	11	11	11	12	8	11	12	Bélarus
Bulgaria	4	6	4	4	3	1	2	2	2	1	Bulgarie
Czech Republic	61	59	53	45	34	30	14	C	C	6	République tchèque
Estonia	...	2	1	1	0	0	0	0	0	0	Estonie
Germany	59	53	40	39	36	30	19	21	19	13	Allemagne
Greece[11]	94	76	...	...	...	...	...	...	...	...	Grèce[11]
Hungary	5	3	1	0	C	1	3	C	C	C	Hongrie
Italy	243	234	...	...	...	...	...	...	...	...	Italie
Latvia	4	3	C	C	C	1	C	C	...	...	Lettonie
Lithuania	2	1	0	0	0	0	0	0	0	0	Lituanie
Poland	32	30	25	16	12	6	2	1	1	1	Pologne
Portugal	71	62	51	59	45	35	29	32	...	...	Portugal
Romania	10	8	4	3	2	1	0	0	1	1	Roumanie
Russian Federation	275	260	251	249	230	185	132	132	88	87	Fédération de Russie
Serbia	...	...	...	1	1	2	1	1	...	...	Serbie
Slovakia	1	0	0	C	...	...	...	...	...	...	Slovaquie
Slovenia	3	C	C	C	1	C	C	...	0	0	Slovénie
Spain	...	154	123	C	98	73	58	65	62	56	Espagne
Sweden	1	2	0	0	0	0	0	0	0	0	Suède
TFYR of Macedonia	2	2	2	4	3	3	2	0	0	0	L'ex-RY de Macédoine
Ukraine	9	11	11	10	13	10	7	5	2	3	Ukraine
Oceania											**Océanie**
Australia[6]	18	11	5	C	...	...	...	...	...	...	Australie[6]

General Note.
Cotton yarn (other than sewing thread).

Remarque générale.
Fils de coton (autres que les fils à coudre).

[1] Source: Bulletin of Industrial Statistics for the Arab Countries, United Nations Economic and Social Commission for Western Asia (Beirut).

[2] Source: African Statistical Yearbook, Economic Commission for Africa (Addis Ababa).

[1] Source: Bulletin de statistiques industrielles pour les pays arabes, Commission économique et sociale pour l'Asie occidentale des Nations Unies (Beyrouth).

[2] Source: Annuaire statistique pour l'Afrique, Commission économique pour l'Afrique des Nations Unies (Addis-Abeba).

[3] Tanganyika only.

[4] Spun yarn only. Additionally, man-made spun yarn includes yarn of silk and other natural fibres of HS 2002 codes 5004-5006. Data excludes finishing only.

[5] Spun yarn only. Additionally, man-made spun yarn includes yarn of silk and other natural fibres of HS 2007 codes 5004-5006. Data excludes finishing only.

[6] Twelve months ending 30 June of year stated.

[7] Source: Country Economic Review, Asian Development Bank (Manila).

[8] Source: Organisation of the Islamic Conference (Jeddah, Saudi Arabia).

[9] Twelve months ending 31 March of year stated.

[10] Government production only.

[11] Excluding Prodcom 2002 code 17.10.45.57.

[3] Tanganyika seulement.

[4] Filé seulement. En outre, le filé synthétique inclut le filé de soie et d'autres fibres naturels de 2002 SH codes 5004-5006. Les données excluent apprêtage seulement.

[5] Filé seulement. En plus, le filé synthétique inclut le filé de soie et d'autres fibres naturels de 2007 SH codes 5004-5006. Les données excluent apprêtage seulement.

[6] Période de douze mois finissant le 30 juin de l'année indiquée.

[7] Source: Revue Economique du Pays, La Banque Asiatique de développement (Manille).

[8] Source: Organisation de la Conférence islamique (Djeddah, Arabie saoudite).

[9] Période de douze mois finissant le 31 mars de l'année indiquée.

[10] Production de l'Etat seulement.

[11] 2002 code Prodcom 17.10.45.57 non compris.

Silk yarn and yarn spun from silk waste; silk-worm gut
Fils de soie et de déchets de soie; poil de Messine (crin de Florence)

CPC-BASED CODE - CODE BASE CPC
26310-0

Unit: Metric tons | Unité: Tonnes métriques

Country or area	2003	2004	2005	2006	2007	2008	2009	2010	2011	2012	Pays ou zone
Africa											**Afrique**
Algeria[1]	8900	7700	...	...	...	...	...	...	...	...	Algérie[1]
Egypt	26	250	2409	76	...	660	...	...	...	...	Égypte
America, South											**Amérique du Sud**
Brazil	1574	1660	1795	1828	1535	1504	1112	C	C	438	Brésil
Asia											**Asie**
Azerbaijan	0	23	15	0	0	...	1	0	0	3	Azerbaïdjan
India	40	68	19	...	...	...	...	...	...	...	Inde
Iran (Islamic Rep. of)	61	6	30	36	59	235	14	...	...	...	Iran (Rép. islam. d')
Japan	508	181	518	149	485	290	176	103	75	76	Japon
Nepal	...	...	...	...	101	...	...	...	...	...	Népal
Viet Nam	8254	1893	3163	2825	3081	5072	8024	9339	...	...	Viet Nam
Europe											**Europe**
Bulgaria	0	0	C	C	0	C	C	C	C	160	Bulgarie
Germany	16	C	C	C	C	C	C	C	C	C	Allemagne
Italy	11632	11379	...	...	...	...	...	...	...	...	Italie
Poland	409	572	317	334	C	C	C	C	C	C	Pologne
Romania	...	388	852	986	1101	4198	1510	C	C	C	Roumanie
United Kingdom	...	...	C	C	C	C	0	2	C	C	Royaume-Uni

General Note.
Silk yarn and yarn spun from silk waste; silk-worm gut.

[1] Data refer to yarn of cotton, of wool and of silk.

Remarque générale.
Fils de soie et de déchets de soie; poil de Messine (crin de Florence).

[1] Les données se rapportent aux fils de coton, de laine et de soie.

Cotton sewing thread
Fils à coudre de coton

CPC-BASED CODE - CODE BASE CPC
26350-0

Unit: Metric tons — Unité: Tonnes métriques

Country or area	2003	2004	2005	2006	2007	2008	2009	2010	2011	2012	Pays ou zone
Africa											**Afrique**
Algeria	482	508	390	366	272	284	264	228	202	173	Algérie
Egypt	10379	14907	6803	4047	...	7214	11149	...	2576	...	Égypte
Mali	518	883	873	284	444	703	590	...	...	...	Mali
America, North											**Amérique du Nord**
Mexico	3797	4065	4176	4206	...	...	...	...	...	...	Mexique
America, South											**Amérique du Sud**
Brazil	14394	14931	9671	12216	21571	9920	8405	7748	2942	7385	Brésil
Chile	...	...	...	...	...	...	304	...	...	...	Chili
Ecuador	...	1319	1022	1272	1533	1892	...	...	...	...	Équateur
Asia											**Asie**
China, Hong KongSAR	1341	5085	...	...	...	...	...	...	...	...	Chine,Hong KongRAS
Iraq	...	31	...	3	...	0	99	59	23	0	Iraq
Japan	2642	1667	2044	1897	2339	2505	1834	2786	4187	2186	Japon
Turkey	...	...	11475	7410	C	C	6686	14982	19280	C	Turquie
Viet Nam	9738	9041	15011	12695	19376	18208	20083	23950	...	...	Viet Nam
Europe											**Europe**
Belarus[1,2]	5740	2390	4108	2095	4708	4313	5202	2779	4159	3458	Bélarus[1,2]
Bulgaria	C	C	123	C	19	C	C	C	C	C	Bulgarie
Croatia	...	306	320	381	218	23	0	215	206	209	Croatie
Estonia	...	...	...	...	...	2000	...	...	...	...	Estonie
Germany	44	72	68	38	35	91	118	38	C	C	Allemagne
Hungary	...	1263	C	C	C	C	C	C	C	C	Hongrie
Ireland	7	...	...	...	...	...	...	...	...	...	Irlande
Italy	855	828	...	...	...	...	...	...	...	...	Italie
Poland	79	90	13	12	C	C	C	C	C	C	Pologne
Portugal	189	133	101	98	89	56	18	22	...	...	Portugal
Romania	634	2160	379	321	274	C	182	149	C	C	Roumanie
Russian Federation[1]	202197	183046	159338	186519	227869	182371	114686	132986	126457	114617	Fédération de Russie[1]
Spain	...	233	274	273	259	164	140	171	215	198	Espagne
TFYR of Macedonia	287	259	210	168	224	226	246	269	247	252	L'ex-RY de Macédoine
Ukraine	C	C	C	C	25	C	C	C	C	0	Ukraine
United Kingdom	[3]0	[3]0	C	C	C	4	C	4	9	7	Royaume-Uni

General Note.
Cotton sewing thread.

[1] In thousand units.
[2] "Units" refers to coils of 200 metres.
[3] Excluding Prodcom 2002 code 17.10.45.53.

Remarque générale.
Fils à coudre de coton.

[1] En milliers d'unités.
[2] «Unité» désigne les bobines de 200 mètres.
[3] 2002 code Prodcom 17.10.45.53 non compris.

Yarn (other than sewing thread) of synthetic or artificial staple fibres
Fils de fibres synthétiques ou artificielles discontinues (autres que les fils à coudre)

CPC-BASED CODE - CODE BASE CPC
26400-1

Unit: Thousand metric tons — Unité: Milliers de tonnes métriques

Country or area	2003	2004	2005	2006	2007	2008	2009	2010	2011	2012	Pays ou zone
Africa											**Afrique**
Egypt	12.3	1.5	3.2	9.0	...	4.4	7.2	...	15.7	...	Égypte
Kenya	...	0.6	0.7	0.2	0.3	0.3	0.5	0.3	...	...	Kenya
South Africa	156.7	...	...	...	...	...	...	...	...	...	Afrique du Sud
America, North											**Amérique du Nord**
Mexico	24.6	24.6	24.0	23.6	40.7	33.6	29.8	32.0	31.3	26.8	Mexique
United States	[1]994.6	[1]901.3	[1]875.8	[1]736.3	[2]615.1	[2]585.2	C	C	...	...	États-Unis
America, South											**Amérique du Sud**
Argentina	17.1	23.5	...	...	...	...	...	...	...	...	Argentine
Brazil	51.0	62.5	75.0	73.8	86.6	94.7	88.9	71.9	89.2	79.4	Brésil
Chile	6.3	...	7.3	6.3	4.2	3.9	3.6	3.1	2.4	...	Chili
Ecuador	...	8.3	9.6	8.5	12.1	4.6	...	...	...	...	Équateur
Asia											**Asie**
Azerbaijan	0.1	0.0	0.0	0.0	0.0	...	...	...	...	...	Azerbaïdjan
China, Hong KongSAR	...	...	...	...	...	0.3	...	...	...	...	Chine,Hong KongRAS
Kazakhstan	0.0	0.4	...	...	...	...	...	...	...	...	Kazakhstan
Syrian Arab Republic	[3]0.3	11.1	12.5	13.9	14.4	14.4	...	...	...	...	Rép. arabe syrienne
Turkey	33.8	42.7	#504.3	502.8	520.2	422.1	382.4	499.4	499.8	494.5	Turquie
Viet Nam	203.4	165.7	185.7	157.7	229.0	223.9	386.5	325.0	...	...	Viet Nam
Europe											**Europe**
Belarus	[4]4.5	[4]5.0	12.0	13.5	11.4	12.5	10.8	11.7	13.2	12.3	Bélarus
Belgium[5]	25.3	...	...	...	...	...	...	...	...	...	Belgique[5]
Bulgaria	8.3	12.2	12.7	19.9	19.1	17.9	14.8	14.7	15.3	13.8	Bulgarie
Croatia	0.1	0.0	0.0	0.0	0.0	0.0	0.0	0.0	0.0	0.0	Croatie
Czech Republic	25.8	21.9	7.6	6.3	5.8	3.8	2.0	2.1	1.9	1.0	République tchèque
Denmark	3.4	3.6	...	...	4.7	...	...	...	...	0.1	Danemark
Estonia	...	...	0.8	0.1	0.1	0.0	0.0	0.0	...	...	Estonie
Finland	0.1	0.1	0.1	0.1	0.2	0.1	0.1	0.0	0.1	0.1	Finlande
France	42.9	...	...	...	...	...	...	...	...	...	France
Germany	87.1	87.8	76.4	76.9	80.1	68.3	C	62.3	C	57.3	Allemagne
Greece[5]	7.9	...	...	...	...	...	...	...	...	...	Grèce[5]
Hungary	4.4	3.8	1.6	0.6	0.5	0.2	0.6	0.4	1.7	0.5	Hongrie
Latvia	0.4	0.3	C	C	C	C	C	C	C	C	Lettonie
Lithuania	3.7	3.7	3.5	4.8	4.9	7.2	2.6	2.9	2.8	3.0	Lituanie
Poland	9.2	8.8	8.2	6.7	9.0	8.6	7.3	3.3	2.9	3.2	Pologne
Portugal	28.0	23.2	18.8	18.6	17.1	15.1	13.9	17.3	...	...	Portugal
Romania	20.7	26.8	26.8	31.7	30.4	26.8	34.1	40.2	42.8	37.7	Roumanie
Russian Federation	[6]11.8	[6]9.6	[6]8.3	[6]9.4	[6]8.4	[6]5.6	[6]2.9	5.1	3.7	7.4	Fédération de Russie
Serbia	...	...	...	0.1	...	...	...	...	...	...	Serbie
Slovakia	0.2	C	C	...	...	C	C	C	C	C	Slovaquie
Spain	98.3	95.5	80.1	79.4	C	53.1	43.5	42.6	42.0	37.3	Espagne
Sweden	0.1	0.1	0.0	0.0	0.0	0.0	0.0	0.0	0.0	0.0	Suède
TFYR of Macedonia	0.9	0.5	0.5	0.4	0.1	0.4	0.3	0.3	0.1	0.3	L'ex-RY de Macédoine
Ukraine	1.1	2.3	2.0	1.8	1.4	1.1	0.7	0.5	C	C	Ukraine
Oceania											**Océanie**
Australia[7]	7.2	5.4	C	C	...	...	...	...	...	...	Australie[7]

General Note.
Yarn (other than sewing thread) of synthetic staple fibres.

1. Spun yarn only. Additionally, man-made spun yarn includes yarn of silk and other natural fibres of HS 2002 codes 5004-5006. Data excludes finishing only.
2. Spun yarn only. Additionally, man-made spun yarn includes yarn of silk and other natural fibres of HS 2007 codes 5004-5006. Data excludes finishing only.
3. Government production only.
4. Excludes yarn of synthetic and artificial stape fibres with 20% wool or less.
5. Incomplete coverage.
6. Staple yarn.
7. Twelve months ending 30 June of year stated.

Remarque générale.
Fils de fibres synthétiques discontinues (autres que les fils à coudre).

1. Filé seulement. En outre, le filé synthétique inclut le filé de soie et d'autres fibres naturels de 2002 SH codes 5004-5006. Les données excluent apprêtage seulement.
2. Filé seulement. En plus, le filé synthétique inclut le filé de soie et d'autres fibres naturels de 2007 SH codes 5004-5006. Les données excluent apprêtage seulement.
3. Production de l'Etat seulement.
4. Exclut les fils de fibres synthétiques stape et artificiels avec 20 pour cent de laine ou moins.
5. Couverture incomplète.
6. Corde filée.
7. Période de douze mois finissant le 30 juin de l'année indiquée.

Sewing thread of man-made filaments or staple fibers
Fils à coudre de filaments ou de fibres discontinues synthétiques ou artificielles

CPC-BASED CODE - CODE BASE CPC
26410-0

Unit: Metric tons — Unité: Tonnes métriques

Country or area	2003	2004	2005	2006	2007	2008	2009	2010	2011	2012	Pays ou zone
Africa											**Afrique**
Egypt	...	...	...	...	...	3825	396	...	6765	...	Égypte
South Africa[1]	1018	...	...	...	...	...	...	...	...	...	Afrique du Sud[1]
America, North											**Amérique du Nord**
Mexico	29024	29188	25054	24792	12113	10977	10201	11296	11082	9478	Mexique
America, South											**Amérique du Sud**
Brazil	13785	57339	51730	47180	30686	33716	29555	36365	42244	43385	Brésil
Chile	...	...	244	491	433	471	502	321	116	...	Chili
Ecuador	...	6949	6500	10607	8523	15156	...	...	...	...	Équateur
Asia											**Asie**
Iran (Islamic Rep. of)	...	58	1373	4330	1037	1652	522	...	...	...	Iran (Rép. islam. d')
Turkey	...	...	27274	18843	15430	26024	22516	30517	34727	35259	Turquie
Europe											**Europe**
Belarus[2,3]	7120	5811	6446	5862	4461	5658	5323	5655	7953	8742	Bélarus[2,3]
Bulgaria	C	C	154	66	C	C	C	C	C	C	Bulgarie
Croatia	...	2	5	0	0	0	0	0	0	0	Croatie
Denmark	...	...	...	166	144	48	53	...	...	...	Danemark
Germany	C	C	C	C	C	C	C	4661	4374	4192	Allemagne
Hungary	3571	3129	C	C	C	C	C	C	C	C	Hongrie
Ireland	24840	26600	...	...	...	...	...	...	...	...	Irlande
Italy	9370	8944	...	...	...	...	...	...	...	...	Italie
Lithuania	0	0	0	0	9	3	0	0	0	0	Lituanie
Poland	1581	1779	1501	1465	C	C	758	608	603	628	Pologne
Portugal	827	588	582	596	708	717	650	668	...	...	Portugal
Romania	131	166	2649	2671	2753	C	3041	4016	3945	3922	Roumanie
Russian Federation[2]	[4]114511	[4]148407	[4]142053	[4]155144	[4]147733	[4]129469	[4]96208	127943	121401	108491	Fédération de Russie[2]
Spain	...	2501	C	C	C	1531	1136	1046	989	1058	Espagne
United Kingdom	[5]9719	[5]3632	C	C	2259	C	C	1642	C	1586	Royaume-Uni

General Note.
Sewing thread of man-made filaments or staple fibers.

[1] Sewing thread, all kinds.
[2] In thousand units.
[3] "Units" refers to coils of 200 metres.
[4] Silk sewing thread.
[5] Excluding Prodcom 2002 code 17.10.55.55.

Remarque générale.
Fils à coudre de filaments ou de fibres discontinues synthétiques ou artificielles.

[1] Fil à coudre, toutes les sortes.
[2] En milliers d'unités.
[3] «Unité» désigne les bobines de 200 mètres.
[4] Fil à coudre en soie.
[5] 2002 code Prodcom 17.10.55.55 non compris.

Other man-made filament yarn (except single, high tenacity or textured yarn)
Autres fils de filaments synthétiques ou artificiels (excl. les fils simples, à haute ténacité ou texturés)

CPC-BASED CODE - CODE BASE CPC

26420-0

Unit: Metric tons — Unité: Tonnes métriques

Country or area	2003	2004	2005	2006	2007	2008	2009	2010	2011	2012	Pays ou zone
Africa											**Afrique**
South Africa[1]	2992	...	...	...	...	...	...	...	...	...	Afrique du Sud[1]
America, North											**Amérique du Nord**
Mexico	...	...	...	...	14217	14601	13238	10981	8505	6912	Mexique
America, South											**Amérique du Sud**
Brazil	59377	45924	49032	44692	41403	21424	21131	15956	29249	35493	Brésil
Chile	...	...	5	4	6	4	324	345	3	...	Chili
Ecuador	...	0	0	0	29	...	...	...	...	...	Équateur
Asia											**Asie**
Turkey	...	...	499213	574746	555241	549774	469167	578926	617733	703103	Turquie
Europe											**Europe**
Bulgaria	C	C	4901	5744	C	C	C	6637	6287	5931	Bulgarie
Croatia	...	1268	1302	2402	2189	4225	4864	6310	6998	6767	Croatie
Czech Republic	...	...	C	C	C	4634	3001	C	C	C	République tchèque
Denmark	58	29	63	90	74	125	42	68	14	...	Danemark
Germany	C	12114	13688	14651	14351	16730	C	C	12213	C	Allemagne
Hungary	794	849	831	333	C	2627	1366	C	2175	2609	Hongrie
Italy	202336	202987	...	...	...	...	...	...	...	...	Italie
Lithuania	5	17	31	29	29	37	19	25	41	42	Lituanie
Poland	370	1692	2221	3025	C	C	C	C	C	C	Pologne
Portugal	6318	6351	6376	6844	6798	6132	5768	3791	...	...	Portugal
Russian Federation	[2]7526	[2]6652	[2]5721	[2]5633	[2]3710	[2]4505	[2]4237	[3]2538	[3]1298	[3]139	Fédération de Russie
Serbia	...	...	...	967	...	...	...	...	...	...	Serbie
Spain	...	C	31775	29813	28067	24359	14519	21211	22643	16472	Espagne
TFYR of Macedonia	472	412	504	491	337	338	335	451	0	0	L'ex-RY de Macédoine
Ukraine	48	41	117	186	299	256	237	296	628	655	Ukraine
United Kingdom	...	...	C	4680	C	C	C	C	C	C	Royaume-Uni
Oceania											**Océanie**
Australia[4]	C	273	230	C	...	...	...	...	...	...	Australie[4]

General Note.

Yarn of man-made filaments, multiple or cabled (other than sewing thread, high tenacity yarn of polyamides, polyesters or viscose rayon, or textured yarn), not put up for retail sale; man-made filament yarn (other than sewing thread), put up for retail sale.

1 Woven cloth of worsted spun yarn.

2 High-bulk yarn.

3 Spun yarn composed of at least 85% acrylic or modified acrylic fibers, not put up for retail sale.

4 Twelve months ending 30 June of year stated.

Remarque générale.

Fils de filaments synthétiques ou artificiels, retors ou câblés (autres que les fils à coudre, les fils à haute ténacité de polyamides, de polyesters ou de rayonne viscose ou les fils texturés), non conditionnés pour la vente au détail; fils de filaments synthétiques ou artificiels (autres que les fils à coudre), conditionnés pour la vente au détail.

1 Toile tissée de filés de laine peignée.

2 Fil à grande voluminosité.

3 Filé composé d'au moins 85 % acrylique ou fibres acryliques modifiés, non conditionnés pour la vente au détail.

4 Période de douze mois finissant le 30 juin de l'année indiquée.

Woven woolen fabrics
Tissages de laine

CPC-BASED CODE - CODE BASE CPC
26500-1 A

Unit: Thousand square metres — Unité: Milliers de mètres carrés

Country or area	2003	2004	2005	2006	2007	2008	2009	2010	2011	2012	Pays ou zone
Africa											**Afrique**
Algeria[1]	...	1161	...	...	...	...	...	...	...	...	Algérie[1]
South Africa[2]	7726	...	...	...	...	...	...	...	...	...	Afrique du Sud[2]
America, North											**Amérique du Nord**
United States[3]	19205	15910	21844	22398	18008	C	12859	12323	...	...	États-Unis[3]
America, South											**Amérique du Sud**
Chile[1]	...	...	4876	5263	1586	3153	2591	10	...	...	Chili[1]
Ecuador[1]	...	2116	2515	2214	1265	1514	...	...	...	...	Équateur[1]
Asia											**Asie**
Afghanistan	11	12	20	24	28	28	26	80	82	75	Afghanistan
Azerbaijan	0	0	18	0	0	0	0	0	0	0	Azerbaïdjan
Iran (Islamic Rep. of)[1]	...	17706	23889	18819	25000	16000	...	...	...	...	Iran (Rép. islam. d')[1]
Iraq	...	245	...	...	...	...	[1]96	...	...	...	Iraq
Kyrgyzstan	302	591	634	284	201	217	168	72	52	22	Kirghizistan
Rep. of Korea	7040	5449	4732	...	...	...	...	...	...	...	Rép. de Corée
Turkey	[1,4]53500	...	255059	296592	293334	302070	2180952	1220481	1633871	1554751	Turquie
Europe											**Europe**
Belarus	4675	5001	5475	5610	6714	6092	4562	3999	3198	3141	Bélarus
Bulgaria	6080	7959	9701	14922	6407	5140	3321	3187	2831	2384	Bulgarie
Croatia	...	1145	701	599	688	633	278	245	97	29	Croatie
Czech Republic	16073	16107	16913	20853	16851	14013	C	C	C	C	République tchèque
Denmark	1372	1352	1711	1656	1698	1667	1253	...	1292	836	Danemark
Estonia	...	...	...	...	...	...	...	...	3	5	Estonie
Finland	19	18	9	11	13	10	9	7	9	9	Finlande
Germany	35321	35435	28591	22746	21665	18647	12591	C	9770	11224	Allemagne
Latvia	24	17	C	C	C	...	...	C	C	C	Lettonie
Lithuania	23261	23028	20961	22631	19035	8287	1952	2433	2364	2336	Lituanie
Montenegro	104	67	55	60	23	2	...	...	...	...	Monténégro
Poland	3602	3500	2988	2570	2030	1714	1106	1064	1045	960	Pologne
Portugal	4813	2976	2515	2894	2567	2127	1769	2323	...	...	Portugal
Romania	4401	4308	3732	2828	1865	1239	1180	1851	1917	1560	Roumanie
Russian Federation	44600	36000	30300	29000	28700	23900	18100	20700	19300	14100	Fédération de Russie
Serbia	...	...	...	41	11	2	4	7	...	...	Serbie
Spain	...	15636	14052	11661	11060	8831	4189	4255	4580	3579	Espagne
Sweden	...	...	...	...	570	640	413	577	438	435	Suède
TFYR of Macedonia	182	270	149	119	95	105	75	56	68	39	L'ex-RY de Macédoine
Ukraine	4800	8240	8287	8110	7043	6611	3965	5778	5604	6119	Ukraine
United Kingdom	...	...	...	...	14518	13101	10761	10531	...	...	Royaume-Uni
Oceania											**Océanie**
Australia[5]	3082	2105	1894	1362	...	...	...	...	...	...	Australie[5]

General Note.
Woven fabrics of carded or combed wool or of carded or combed fine animal hair for clothing, home furnishing textiles, household linens or for technical or industrial uses.

1 In thousand metres.
2 Source: African Statistical Yearbook, Economic Commission for Africa (Addis Ababa).
3 Production of gray broadwoven fabrics; fabric blends are based upon chief weight of fibre.
4 Source: Statistical Yearbook for Asia and the Pacific, United Nations Economic and Social Commission for Asia and the Pacific (Bangkok).
5 Twelve months ending 30 June of year stated.

Remarque générale.
Tissages de laine cardée ou peignée, ou de poils fins cardés ou peignés, destinés à l'habillement, aux textiles d'ameublement, au linge de maison ou à des usages techniques ou industriels.

1 En milliers de mètres.
2 Source: Annuaire statistique pour l'Afrique, Commission économique pour l'Afrique des Nations Unies (Addis-Abeba).
3 Production de tissus à armure large; les tissus mélanges sont basés sur le poids principal des fibres.
4 Source: Annuaire des statistiques pour l'Asie et le Pacifique, Commission économique et sociale pour l'Asie et le Pacifique des Nations Unies (Bangkok).
5 Période de douze mois finissant le 30 juin de l'année indiquée.

Woven woolen fabrics
Tissages de laine

CPC-BASED CODE - CODE BASE CPC
26500-1 B

Unit: Metric tons | Unité: Tonnes métriques

Country or area	2003	2004	2005	2006	2007	2008	2009	2010	2011	2012	Pays ou zone
Africa											**Afrique**
Egypt	...	...	...	...	...	...	17	...	...	...	Égypte
America, North											**Amérique du Nord**
Mexico	4390	4009	4164	4316	3610	4170	4213	5409	4912	4833	Mexique
America, South											**Amérique du Sud**
Brazil	2321	1009	1164	827	859	2236	1650	3315	2807	2111	Brésil
Asia											**Asie**
Iraq	...	120	...	...	...	...	...	...	...	...	Iraq
Syrian Arab Republic	8535	10061	13878	14947	15201	16111	[1,2]15614	...	...	...	Rép. arabe syrienne
Europe											**Europe**
Bulgaria	1768	2315	...	C	1766	1005	653	...	...	...	Bulgarie
Croatia	...	212	124	105	121	...	...	...	...	...	Croatie
Czech Republic	4322	3712	3543	3949	3571	...	...	...	...	...	République tchèque
Finland	5	...	...	0	0	...	...	1	...	...	Finlande
Germany	10218	10330	8197	6770	6775	5913	4059	C	2779	C	Allemagne
Italy	115244	114112	...	...	...	...	...	...	...	...	Italie
Latvia	16	9	C	C	C	...	...	...	...	...	Lettonie
Poland	1134	1150	1038	893	658	647	420	395	365	338	Pologne
Romania	1372	1421	...	...	...	...	...	...	...	...	Roumanie
Slovenia	244	68	C	...	...	...	...	...	0	0	Slovénie
Spain	...	4551	...	...	...	...	...	...	...	...	Espagne
Sweden	211	170	241	229	...	...	...	...	...	...	Suède

General Note.
Woven fabrics of carded or combed wool or of carded or combed fine animal hair for clothing, home furnishing textiles, household linens or for technical or industrial uses.

[1] Government production only.
[2] Source: Bulletin of Industrial Statistics for the Arab Countries, United Nations Economic and Social Commission for Western Asia (Beirut).

Remarque générale.
Tissages de laine cardée ou peignée, ou de poils fins cardés ou peignés, destinés à l'habillement, aux textiles d'ameublement, au linge de maison ou à des usages techniques ou industriels.

[1] Production de l'Etat seulement.
[2] Source: Bulletin de statistiques industrielles pour les pays arabes, Commission économique et sociale pour l'Asie occidentale des Nations Unies (Beyrouth).

Woven fabrics of silk or of silk waste
Tissus de soie ou de déchets de soie

CPC-BASED CODE - CODE BASE CPC
26510-0

Unit: Thousand square metres — Unité: Milliers de mètres carrés

Country or area	2003	2004	2005	2006	2007	2008	2009	2010	2011	2012	Pays ou zone
Africa											**Afrique**
Algeria[1]	5982	4035	3957	3212	3446	3813	3744	3237	2469	2100	Algérie[1]
America, South											**Amérique du Sud**
Brazil[2]	2290	C	3467	6747	8012	2017	1686	1423	963	808	Brésil[2]
Asia											**Asie**
Azerbaijan	104	584	437	296	425	497	544	736	3	31	Azerbaïdjan
China[1]	6327558	...	...	...	...	...	...	...	...	...	Chine[1]
Japan	38910	53208	20686	17061	13924	14222	11490	10697	11345	11780	Japon
Kazakhstan	351	110	176	110	77	...	...	...	...	...	Kazakhstan
Kyrgyzstan	43	0	0	0	0	0	0	0	0	0	Kirghizistan
Syrian Arab Republic[2,3,4]	...	40	55	32	32	27	25	...	...	...	Rép. arabe syrienne[2,3,4]
Tajikistan	45	7	4	20	28	60	60	66	66	72	Tadjikistan
Turkey	[1]1	[1]1	#8551	C	C	C	126	C	C	C	Turquie
Viet Nam	34300	42100	23100	61205	63770	31047	43724	40632	...	...	Viet Nam
Europe											**Europe**
Belarus	39764	44388	40298	38628	43362	49207	44632	52744	...	...	Bélarus
Bosnia & Herzegovina	460	...	...	...	...	...	...	...	...	...	Bosnie-Herzégovine
France[2]	306	...	...	...	...	...	...	...	...	...	France[2]
Germany	703	826	649	450	441	425	252	250	291	219	Allemagne
Greece[5]	85	...	...	...	...	...	...	...	...	...	Grèce[5]
Italy[2]	10408	10631	...	...	...	...	...	...	...	...	Italie[2]
Poland	18	10	12	9	C	C	C	C	C	C	Pologne
Romania	26410	22637	19413	18604	18115	15154	8709	9972	8699	9919	Roumanie
Russian Federation[6]	145000	139000	126000	136375	141157	114116	91273	114763	100556	143720	Fédération de Russie[6]
Serbia	...	...	...	683	...	...	...	...	...	...	Serbie
Spain	...	C	C	C	C	C	195	C	C	44	Espagne
United Kingdom	1906	1011	...	...	1234	781	C	551	C	542	Royaume-Uni

General Note.
Woven fabrics of silk or of silk waste.

[1] In thousand metres.
[2] In metric tons.
[3] Government production only.
[4] Source: Bulletin of Industrial Statistics for the Arab Countries, United Nations Economic and Social Commission for Western Asia (Beirut).
[5] Incomplete coverage.
[6] From natural, artificial and synthetic fibres and yarns.

Remarque générale.
Tissus de soie ou de déchets de soie.

[1] En milliers de mètres.
[2] En tonnes métriques.
[3] Production de l'Etat seulement.
[4] Source: Bulletin de statistiques industrielles pour les pays arabes, Commission économique et sociale pour l'Asie occidentale des Nations Unies (Beyrouth).
[5] Couverture incomplète.
[6] Fibres et filaments naturels, artificiels et synthétiques.

Woven fabrics of flax
Tissus de lin

CPC-BASED CODE - CODE BASE CPC
26560-0 A

Unit: Thousand square metres | Unité: Milliers de mètres carrés

Country or area	2003	2004	2005	2006	2007	2008	2009	2010	2011	2012	Pays ou zone
Asia											**Asie**
Azerbaijan	0	2	1	18	31	0	...	...	...	...	Azerbaïdjan
Iraq	...	12	...	...	...	...	...	...	...	...	Iraq
Kazakhstan	351	110	176	110	77	...	...	...	...	...	Kazakhstan
Turkey	...	...	1567	4741	5901	6309	6698	4608	2953	3448	Turquie
Viet Nam	121200	212410	238500	260650	284002	250287	235308	297704	...	...	Viet Nam
Europe											**Europe**
Belarus	28953	30914	33873	33377	29144	29706	25020	24317	25548	27740	Bélarus
Bulgaria	869	979	1343	C	1766	1005	653	C	C	C	Bulgarie
Czech Republic	12679	12683	10728	8968	5431	5408	622	592	754	444	République tchèque
Denmark	8	7	1	0	0	...	...	...	...	0	Danemark
Estonia	...	C	C	C	361	C	C	60	47	38	Estonie
Finland	1	1	0	1	1	1	1	...	...	...	Finlande
Germany	2400	1289	1825	1312	1270	907	C	673	606	C	Allemagne
Hungary	...	823	C	C	C	C	C	C	C	C	Hongrie
Latvia	2021	1711	C	C	C	C	C	C	C	C	Lettonie
Lithuania	9087	11804	10344	9100	7118	4266	2514	2718	2583	4186	Lituanie
Poland	11112	10556	11712	6571	3253	1826	1736	1142	C	C	Pologne
Portugal	1938	2069	1144	1278	826	552	719	620	...	...	Portugal
Romania	2423	1482	1080	665	630	C	C	C	C	C	Roumanie
Russian Federation	157000	160000	122000	124440	100990	97863	46812	52537	47672	45866	Fédération de Russie
Spain	...	15718	13527	16957	17839	13996	10331	9357	7310	5878	Espagne
Sweden	...	...	...	...	258	255	146	110	74	35	Suède
Ukraine	330	8409	1833	1677	1554	485	46	C	0	0	Ukraine
United Kingdom	...	...	...	...	C	C	742	1071	C	1017	Royaume-Uni

General Note.
Woven fabrics of flax, unbleached, bleached or other.

Remarque générale.
Tissus de lin, écrus, blanchis ou autres.

Woven fabrics of flax
Tissus de lin

CPC-BASED CODE - CODE BASE CPC
26560-0 B

Unit: Metric tons — Unité: Tonnes métriques

Country or area	2003	2004	2005	2006	2007	2008	2009	2010	2011	2012	Pays ou zone
America, North											**Amérique du Nord**
Mexico	...	...	...	...	34020	29385	26115	25443	C	C	Mexique
America, South											**Amérique du Sud**
Brazil	1515	C	C	C	C	C	3207	1817	1690	2154	Brésil
Ecuador	...	36	52	53	58	53	...	...	...	...	Équateur
Europe											**Europe**
Bulgaria	166	173	...	...	...	...	...	...	...	...	Bulgarie
Czech Republic	2927	2875	2310	2008	1273	...	...	...	...	...	République tchèque
Germany	481	298	356	251	246	183	165	170	155	C	Allemagne
Hungary	C	189	C	C	C	...	...	...	...	...	Hongrie
Italy[1]	18083	17878	...	...	...	...	...	...	...	...	Italie[1]
Latvia	376	330	C	C	C	C	C	C	C	C	Lettonie
Poland	2540	2621	2723	1692	692	400	422	287	C	C	Pologne
Romania	955	622	...	...	...	C	C	...	...	...	Roumanie
Spain	...	3244	...	...	...	...	...	...	...	...	Espagne
Sweden	41	42	37	29	...	...	...	...	...	...	Suède

General Note.
Woven fabrics of flax, unbleached, bleached or other.

[1] Excluding Prodcom 2002 code 17.20.10.89.

Remarque générale.
Tissus de lin, écrus, blanchis ou autres.

[1] 2002 code Prodcom 17.20.10.89 non compris.

Woven fabrics of cotton
Tissus de coton

CPC-BASED CODE - CODE BASE CPC
26600-0 A

Unit: Thousand square metres — Unité: Milliers de mètres carrés

Country or area	2003	2004	2005	2006	2007	2008	2009	2010	2011	2012	Pays ou zone
Africa											**Afrique**
Algeria[1]	15885	14893	14139	14205	12462	13158	12489	10664	8133	8021	Algérie[1]
Cameroon	22	21	21	...	...	...	...	...	...	...	Cameroun
Kenya[1]	10246	10252	9582	9582	9088	10456	12313	13125	11489	11334	Kenya[1]
Mali	9193	6889	5908	5522	7290	[1]5991	[1]8433	...	...	...	Mali
Nigeria	24830	24953	24967	...	...	...	...	...	...	...	Nigéria
South Africa[2]	198	...	...	...	...	...	...	...	...	...	Afrique du Sud[2]
United R. of Tanzania[3]	108997	111637	99134	76367	106844	134767	110734	103605	100018	83592	Rép.-U. de Tanzanie[3]
America, North											**Amérique du Nord**
Cuba	8100	6700	6400	7500	6100	11100	7421	10197	11067	13273	Cuba
United States[4]	2422538	2106257	2416580	2329714	C	C	C	C	...	...	États-Unis[4]
America, South											**Amérique du Sud**
Chile[1]	...	...	37041	35376	34767	52931	40276	52194	8486	...	Chili[1]
Ecuador	...	15642	13652	17512	24210	12547	...	...	...	...	Équateur
Peru	42784	43735	41505	[1]45963	[1]48381	[1]46454	[1]35621	[1]40894	[1]44627	[1]34999	Pérou
Asia											**Asie**
Azerbaijan	2783	3723	2758	2113	1690	1052	900	1400	800	200	Azerbaïdjan
Bangladesh[1,5]	18030	26296	32569	38056	...	46074	50566	52975	...	...	Bangladesh[1,5]
China, Hong KongSAR	221089	157419	199779	...	...	...	...	...	...	...	Chine,Hong KongRAS
Iran (Islamic Rep. of)[1]	...	50910	54141	38463	46221	19819	...	...	...	...	Iran (Rép. islam. d')[1]
Iraq	...	10262	...	...	...	4458	10348	4477	3506	7888	Iraq
Kazakhstan	19979	16401	30441	47639	42423	42014	...	...	...	...	Kazakhstan
Kyrgyzstan	553	49	442	478	202	491	112	0	0	0	Kirghizistan
Pakistan[5]	582145	683390	924670	903812	977754	1016390	1016938	...	...	...	Pakistan[5]
Tajikistan	21450	19377	24156	21176	26163	27722	36556	25552	21393	22622	Tadjikistan
Turkey	[1]511000	...	1382211	1219237	1032766	967724	874227	986412	1116299	1244922	Turquie
Europe											**Europe**
Belarus	64347	71502	63763	76597	78283	66803	59118	52920	65495	68618	Bélarus
Bulgaria	27106	32717	25696	24058	25551	16859	13690	11195	8556	7505	Bulgarie
Croatia	...	29326	23055	26578	17203	17528	17307	15731	11989	11378	Croatie
Czech Republic	182286	167141	128331	131373	120968	94191	67931	53166	64468	69377	République tchèque
Denmark	4257	3424	4807	5332	2832	...	...	...	...	...	Danemark
Estonia	...	72665	62032	9668	8923	15042	4279	2913	476	67	Estonie
Finland	9865	5766	6652	881	1178	451	119	37	3	3	Finlande
Germany	362292	316277	283900	268112	245508	205643	C	C	C	C	Allemagne
Hungary	8141	14943	10721	8435	6219	3276	5098	3098	2670	1969	Hongrie
Latvia	24630	25082	C	C	C	C	C	C	C	C	Lettonie
Lithuania	15079	11688	9455	8252	1827	265	188	194	204	350	Lituanie
Montenegro	536	211	7	...	...	...	...	...	...	...	Monténégro
Poland	189439	170962	155662	145651	97909	77943	91668	68652	41940	28160	Pologne
Portugal	126729	140442	89376	84606	83156	64339	50073	115062	...	...	Portugal
Romania	81499	75416	74892	78182	77004	54447	35627	27747	27865	18795	Roumanie
Russian Federation	2329000	2149000	2225000	2222000	2108000	1915000	1477000	1541942	1236544	1388762	Fédération de Russie
Serbia	...	...	...	16040	19557	17101	7509	8797	...	...	Serbie
Slovenia	...	...	42282	33375	31819	16216	4080	3301	0	0	Slovénie
Spain	...	290293	251111	C	C	C	C	C	176733	173073	Espagne
Sweden	...	...	...	...	2521	316	268	288	248	210	Suède
TFYR of Macedonia	3312	2579	2254	2022	1540	1915	995	1022	3537	4361	L'ex-RY de Macédoine
Ukraine	34428	45105	52989	42719	52106	48339	34480	30072	22597	27708	Ukraine
United Kingdom	...	...	...	...	...	26930	C	C	C	C	Royaume-Uni
Oceania											**Océanie**
Australia[5]	26439	19565	12350	8046	...	...	...	...	...	...	Australie[5]

General Note.

Woven fabrics of cotton, containing 85 % or more by weight of cotton, unbleached, bleached, dyed, of yarns of different colours and printed; woven fabrics of cotton, containing less than 85 % by weight of cotton, mixed mainly or solely with man-made fibres, unbleached, bleached, dyed, of yarns of different colours and printed and other woven fabrics of cotton.

Remarque générale.

Tissus de coton, contenant au moins 85 % en poids de coton, écrus, blanchis, teints, en fils de diverses couleurs et imprimés; tissus de coton, contenant moins de 85 % en poids de coton, mélangés principalement ou uniquement avec des fibres synthétiques ou artificielles, écrus, blanchis, teints, en fils de diverses couleurs et imprimés et autres tissus de coton.

1 In thousand metres.
2 Source: African Statistical Yearbook, Economic Commission for Africa (Addis Ababa).
3 Tanganyika only.

1 En milliers de mètres.
2 Source: Annuaire statistique pour l'Afrique, Commission économique pour l'Afrique des Nations Unies (Addis-Abeba).
3 Tanganyika seulement.

CPC-BASED CODE - CODE BASE CPC
26600-0 A

[4] Production of gray broadwoven fabrics; fabric blends are based upon chief weight of fibre; including all cotton and chiefly cotton mixed with man-made fibres.

[5] Twelve months ending 30 June of year stated.

[4] Production de tissus à armure large; les tissus mélangés sont basées sur le poids principal des fibres; y compris coton et mélanges de coton avec fibres artificielles ou synthétiques.

[5] Période de douze mois finissant le 30 juin de l'année indiquée.

Woven fabrics of cotton
Tissus de coton

CPC-BASED CODE - CODE BASE CPC
26600-0 B

Unit: Thousand metric tons — Unité: Milliers de tonnes métriques

Country or area	2003	2004	2005	2006	2007	2008	2009	2010	2011	2012	Pays ou zone
Africa											**Afrique**
Egypt	95.4	92.6	204.7	173.9	...	118.8	198.4	...	199.3	...	Égypte
America, North											**Amérique du Nord**
Mexico	48.1	44.8	38.0	33.4	#133.0	126.0	127.8	140.7	135.6	134.7	Mexique
America, South											**Amérique du Sud**
Brazil	609.5	695.9	829.5	799.2	844.8	667.8	599.7	723.0	...	...	Brésil
Ecuador	...	2.9	3.2	2.6	1.0	14.3	...	...	...	...	Équateur
Asia											**Asie**
Syrian Arab Republic	29.1	39.6	37.3	43.0	51.3	52.8	...	...	...	...	Rép. arabe syrienne
Europe											**Europe**
Bulgaria	5.5	6.1	...	...	...	...	...	...	...	...	Bulgarie
Czech Republic	34.7	31.2	24.8	28.1	21.8	...	...	...	...	...	République tchèque
Estonia	...	13.6	...	...	...	...	...	...	...	...	Estonie
Finland	...	...	1.6	0.2	0.3	0.1	0.0	0.0	...	...	Finlande
Germany	95.5	80.1	74.0	63.8	57.0	39.5	C	C	C	C	Allemagne
Hungary	1.6	2.5	2.0	1.6	1.2	...	...	...	...	...	Hongrie
Italy	300.7	299.4	...	...	...	...	...	...	...	...	Italie
Latvia	4.4	4.5	C	C	C	C	C	C	C	C	Lettonie
Poland	27.5	26.4	23.8	22.4	12.5	9.8	11.7	9.3	5.8	4.2	Pologne
Romania	11.9	10.2	...	...	...	...	...	...	...	...	Roumanie
Slovenia	10.0	11.0	...	...	...	...	...	...	0.0	0.0	Slovénie
Spain	...	74.0	...	C	...	...	...	...	...	...	Espagne
Sweden	2.8	1.8	0.9	1.1	...	...	...	...	...	...	Suède

General Note.

Woven fabrics of cotton, containing 85 % or more by weight of cotton, unbleached, bleached, dyed, of yarns of different colours and printed; woven fabrics of cotton, containing less than 85 % by weight of cotton, mixed mainly or solely with man-made fibres, unbleached, bleached, dyed, of yarns of different colours and printed and other woven fabrics of cotton.

Remarque générale.

Tissus de coton, contenant au moins 85 % en poids de coton, écrus, blanchis, teints, en fils de diverses couleurs et imprimés; tissus de coton, contenant moins de 85 % en poids de coton, mélangés principalement ou uniquement avec des fibres synthétiques ou artificielles, écrus, blanchis, teints, en fils de diverses couleurs et imprimés et autres tissus de coton.

Woven fabrics of man-made filaments and staple fibers
Tissus de filaments ou de fibres discontinues, synthétiques ou artificiels

CPC-BASED CODE - CODE BASE CPC
26700-0 A

Unit: Thousand square metres — Unité: Milliers de mètres carrés

Country or area	2003	2004	2005	2006	2007	2008	2009	2010	2011	2012	Pays ou zone
America, North											**Amérique du Nord**
Cuba	2500	4100	4577	3562	6700	7600	10231	9230	6785	5463	Cuba
United States[1]	7001405	7076464	5366465	2868940	2814756	C	C	C	...	...	États-Unis[1]
America, South											**Amérique du Sud**
Ecuador	...	77	81	63	0	0	...	...	...	...	Équateur
Asia											**Asie**
Azerbaijan	552	85	41	45	0	1	51	0	0	0	Azerbaïdjan
Iraq	...	...	...	...	...	...	4974	...	...	...	Iraq
Japan	556505	554447	510715	502745	526903	458880	377829	419978	321194	369173	Japon
Kazakhstan	5263	3791	4914	8706	...	...	...	...	...	...	Kazakhstan
Turkey	...	...	1660835	1661154	1588160	1687655	1698396	2375486	2509437	2745157	Turquie
Viet Nam	335800	218800	297500	237041	346498	...	...	...	...	...	Viet Nam
Europe											**Europe**
Belarus	49689	53270	52941	49978	49240	56609	48535	65787	82340	84094	Bélarus
Bulgaria	18692	19284	21331	18143	13521	13658	15487	4565	5430	6908	Bulgarie
Croatia	...	2931	4190	5376	7370	4274	1972	2751	3355	3018	Croatie
Czech Republic	341363	326891	343161	361189	380968	287061	212091	249609	264233	268333	République tchèque
Denmark	1573	...	...	...	...	...	...	...	...	...	Danemark
Estonia	...	324	337	73	C	119	17	153	47	...	Estonie
Finland	...	...	...	9423	8877	6147	[2]964	1068	39	40	Finlande
Germany	870509	905637	824613	804066	821786	731006	528945	599478	595102	548781	Allemagne
Hungary	157191	177197	212498	179234	165618	160647	129802	133308	137157	161103	Hongrie
Lithuania	11527	16793	15214	16136	16983	14605	11309	25397	14471	16367	Lituanie
Netherlands	...	...	...	...	...	...	...	...	74846	76132	Pays-Bas
Poland	201076	214997	190224	172685	174339	112249	102197	111855	96040	88663	Pologne
Portugal	100489	86072	75189	72440	69057	58780	54785	56139	...	...	Portugal
Romania	12807	11719	14674	12131	11415	11049	9159	11204	12135	11328	Roumanie
Serbia	...	...	...	14538	...	...	...	...	...	...	Serbie
Slovakia	...	C	C	C	C	77314	29154	40391	49694	43087	Slovaquie
Slovenia	...	...	19199	16958	16791	9987	C	C	C	C	Slovénie
Spain	...	619100	C	C	528773	354755	C	C	244443	C	Espagne
Sweden	...	...	...	...	5134	3790	3500	4415	3179	3216	Suède
TFYR of Macedonia	1556	1636	936	914	877	807	353	512	345	295	L'ex-RY de Macédoine
Ukraine	29517	38139	44118	44763	51806	49498	46802	50967	58957	66168	Ukraine
United Kingdom	...	...	...	...	358940	334878	298006	C	334097	363304	Royaume-Uni
Oceania											**Océanie**
Australia[3]	48751	39832	18473	16578	...	...	...	...	...	...	Australie[3]

General Note.

Woven fabrics of man-made filament yarn, obtained from high tenacity yarn of nylon or other polyamides, of polyesters or of viscose rayon; woven fabrics of synthetic filament yarn, obtained from strip or the like; woven fabrics of synthetic filament yarn, consisting of layers of parallel yarns superimposed on each other at angles, the layers being bonded at the intersections of the yarns (including mesh scrims) and other woven fabrics of man-made filament yarn, containing 85% or more by weight of such filaments; woven fabrics of synthetic staple fibres, containing 85% or more by weight of synthetic staple fibres; woven fabrics of artificial staple fibres , containing 85% or more by weight of artificial staple fibres; woven fabrics of man-made staple fibres, containing less than 85% of such fibres, mixed mainly or solely with cotton, or mixed mainly or solely with wool or fine animal hair; other woven fabrics of man-made filament yarn and staple fibres.

[1] Production of gray broadwoven fabrics; fabric blends are based upon chief weight of fibre; excluding chiefly man-made/wool blends.

[2] Data refer to woven fabrics of synthetic filament yarns (excluding those obtained from high tenacity yarn or strip and the like).

[3] Twelve months ending 30 June of year stated.

Remarque générale.

Tissus de fils de filaments synthétiques ou artificiels, obtenus à partir de fils à hauteténacité de nylon ou d'autres polyamides, de polyesters ou de rayonne viscose; tissus defils de filaments synthétiques, obtenus à partir de lames ou formes similaires; tissusde fils de filaments synthétiques, constitués par des nappes de fils parallélisés qui sesuperposent en formant un angle, les nappes étant fixées entre elles aux points de croisement de leurs fils (y compris les canevas pour tapisseries à l'aiguille) et autres tissus de fils de filaments synthétiques ou artificiels, contenant au moins 85 % en poids de ces filaments; tissus de fibres synthétiques discontinues, contenant au moins 85 % en poids de fibres synthétiques discontinues; tissus de fibres artificielles discontinues, contenant au moins 85 % en poids de fibres artificielles discontinues; tissus de fibres synthétiques ou artificielles discontinues, contenant moins de 85 % en poids de ces fibres, mélangés principalement ou uniquement avec du coton, ou mélangés principalement ou uniquement avec de la laine ou des poils fins; autres tissus de fils de filaments ou de fibres discontinues, synthétiques ou artificiels.

[1] Production de tissus à armure large; les tissus mélangés sont basés sur le poids principal des fibres; non compris les mélanges principalement de fibre artificielle ou synthétique avec de la laine.

[2] Les données se rapportent aux tissus de fils de filaments synthétiques (sauf ceux obtenus à partir de fils à haute ténacité ou de lames et autres).

[3] Période de douze mois finissant le 30 juin de l'année indiquée.

Woven fabrics of man-made filaments and staple fibers
Tissus de filaments ou de fibres discontinues, synthétiques ou artificiels

CPC-BASED CODE - CODE BASE CPC
26700-0 B

Unit: Thousand metric tons — Unité: Milliers de tonnes métriques

Country or area	2003	2004	2005	2006	2007	2008	2009	2010	2011	2012	Pays ou zone
America, North											**Amérique du Nord**
Mexico	35	30	24	20	#40	41	30	27	28	46	Mexique
America, South											**Amérique du Sud**
Brazil	233	189	271	269	280	312	300	309	366	324	Brésil
Asia											**Asie**
India	27	6	9	...	...	...	...	...	...	...	Inde
Europe											**Europe**
Bulgaria	3	3	...	...	...	...	...	...	...	...	Bulgarie
Croatia	...	0	1	1	1	...	...	...	...	...	Croatie
Czech Republic	50	43	45	49	45	...	...	...	...	...	République tchèque
Finland	...	...	...	2	...	...	...	0	...	...	Finlande
Germany	135	143	134	136	140	126	96	111	110	101	Allemagne
Hungary	15	16	19	16	14	...	...	...	...	...	Hongrie
Italy	248	247	...	...	...	...	...	...	...	...	Italie
Poland	30	28	25	23	23	16	15	16	15	14	Pologne
Romania	3	3	...	...	...	...	...	...	...	...	Roumanie
Slovenia	6	5	...	...	...	...	...	...	C	C	Slovénie
Spain	...	125	C	C	...	...	...	...	...	...	Espagne
Sweden	2	2	1	1	...	...	...	...	...	...	Suède

General Note.

Woven fabrics of man-made filament yarn, obtained from high tenacity yarn of nylon or other polyamides, of polyesters or of viscose rayon; woven fabrics of synthetic filament yarn, obtained from strip or the like; woven fabrics of synthetic filament yarn, consisting of layers of parallel yarns superimposed on each other at angles, the layers being bonded at the intersections of the yarns (including mesh scrims) and other woven fabrics of man-made filament yarn, containing 85% or more by weight of such filaments; woven fabrics of synthetic staple fibres, containing 85% or more by weight of synthetic staple fibres; woven fabrics of artificial staple fibres , containing 85% or more by weight of artificial staple fibres; woven fabrics of man-made staple fibres, containing less than 85% of such fibres, mixed mainly or solely with cotton, or mixed mainly or solely with wool or fine animal hair; other woven fabrics of man-made filament yarn and staple fibres.

Remarque générale.

Tissus de fils de filaments synthétiques ou artificiels, obtenus à partir de fils à hauteténacité de nylon ou d'autres polyamides, de polyesters ou de rayonne viscose; tissus defils de filaments synthétiques, obtenus à partir de lames ou formes similaires; tissusde fils de filaments synthétiques, constitués par des nappes de fils parallélisés qui sesuperposent en formant un angle, les nappes étant fixées entre elles aux points de croisement de leurs fils (y compris les canevas pour tapisseries à l'aiguille) et autres tissus de fils de filaments synthétiques ou artificiels, contenant au moins 85 % en poids de ces filaments; tissus de fibres synthétiques discontinues, contenant au moins 85 % en poids de fibres synthétiques discontinues; tissus de fibres artificielles discontinues, contenant au moins 85 % en poids de fibres artificielles discontinues; tissus de fibres synthétiques ou artificielles discontinues, contenant moins de 85 % en poids de ces fibres, mélangés principalement ou uniquement avec du coton, ou mélangés principalement ou uniquement avec de la laine ou des poils fins; autres tissus de fils de filaments ou de fibres discontinues, synthétiques ou artificiels.

Woven pile fabrics and chenille fabrics
Velours et peluches tissés et tissus de chenille

CPC-BASED CODE - CODE BASE CPC
26800-1 A

Unit: Thousand square metres — Unité: Milliers de mètres carrés

Country or area	2003	2004	2005	2006	2007	2008	2009	2010	2011	2012	Pays ou zone
Asia											**Asie**
Kazakhstan	...	...	...	5	...	...	...	...	...	...	Kazakhstan
Kyrgyzstan	3	1	17	3	46	44	31	14	0	0	Kirghizistan
Turkey	...	...	C	13199	9522	9614	8192	9170	C	12604	Turquie
Europe											**Europe**
Bulgaria	189	86	140	69	C	51	C	C	0	0	Bulgarie
Croatia	...	23	11	...	0	0	0	0	0	0	Croatie
Czech Republic	...	...	C	27747	17652	9877	7318	6909	10062	5532	République tchèque
Denmark	...	...	3	6	9	...	...	0	0	...	Danemark
Estonia	...	C	C	C	C	C	C	14	3	1	Estonie
Finland	17	30	26	29	38	28	26	28	37	37	Finlande
Germany	25296	22309	18141	16603	13123	9157	6548	6528	6236	5101	Allemagne
Lithuania	1969	2573	2964	3474	3273	2312	1170	762	636	980	Lituanie
Poland	5847	5931	5692	5954	6264	5062	4308	C	C	C	Pologne
Portugal	927	1130	1551	1769	1253	823	738	945	...	...	Portugal
Spain	...	2114	1407	1053	788	1417	1589	2695	2554	2306	Espagne
Sweden	136	120	...	...	119	82	48	47	50	67	Suède
United Kingdom	...	15673	...	...	...	C	C	C	C	C	Royaume-Uni

General Note.

Woven pile fabrics and chenille fabrics, of cotton or of man-made fibres (uncut weft pile fabrics, cut corduroy, other weft pile fabrics, warp pile fabrics épinglé (uncut) or cut, and chenille fabrics).

Remarque générale.

Velours et peluches tissés et tissus de chenille en coton ou en fibres synthétiques ou artificielles (velours et peluches par la trame, non coupés; velours et peluches par la trame, coupés, côtelés; autres velours et peluches par la trame; velours et peluches par la chaîne, épinglés ou coupés; et tissus de chenille).

Woven pile fabrics and chenille fabrics
Velours et peluches tissés et tissus de chenille

CPC-BASED CODE - CODE BASE CPC
26800-1 B

Unit: Metric tons | Unité: Tonnes métriques

Country or area	2003	2004	2005	2006	2007	2008	2009	2010	2011	2012	Pays ou zone
America, North											**Amérique du Nord**
Mexico	149	296	310	456	...	...	...	...	...	...	Mexique
America, South											**Amérique du Sud**
Brazil	8175	8279	10351	11044	11441	16633	16091	9931	7615	7834	Brésil
Ecuador	...	16	...	61	...	1001	...	...	...	...	Équateur
Europe											**Europe**
Bulgaria	52	28	...	...	...	...	...	...	...	...	Bulgarie
Croatia	...	10	4	4	0	0	0	0	0	0	Croatie
Czech Republic	...	...	C	9180	5999	...	...	...	...	...	République tchèque
Germany	11505	10370	8492	8008	6490	4520	3434	3177	3285	2649	Allemagne
Italy	7908	7229	...	...	...	...	...	...	...	...	Italie
Poland	2306	2276	2413	2443	2555	2040	1649	C	C	C	Pologne
Spain	...	541	...	...	...	...	...	...	...	...	Espagne
Sweden	...	...	83	85	...	...	...	...	...	...	Suède
United Kingdom	5194	...	...	...	...	...	...	...	...	...	Royaume-Uni

General Note.
Woven pile fabrics and chenille fabrics, of cotton or of man-made fibres (uncut weft pile fabrics, cut corduroy, other weft pile fabrics, warp pile fabrics épinglé (uncut) or cut, and chenille fabrics).

Remarque générale.
Velours et peluches tissés et tissus de chenille en coton ou en fibres synthétiques ou artificielles (velours et peluches par la trame, non coupés; velours et peluches par la trame, coupés, côtelés; autres velours et peluches par la trame; velours et peluches par la chaîne, épinglés ou coupés; et tissus de chenille).

Woven fabrics (including narrow fabrics) of glass fibers
Tissus (y compris la rubanerie) de fibres de verre

CPC-BASED CODE - CODE BASE CPC
26890-0

Unit: Metric tons — Unité: Tonnes métriques

Country or area	2003	2004	2005	2006	2007	2008	2009	2010	2011	2012	Pays ou zone
America, South											**Amérique du Sud**
Brazil	931	C	4290	3063	4371	4061	23823	21686	17661	15115	Brésil
Europe											**Europe**
Croatia	...	3654	3299	4001	4779	3587	1954	2875	2744	3028	Croatie
Czech Republic	...	...	C	C	C	C	28913	37441	43638	C	République tchèque
Denmark	[1]1321	[1]1469	0	0	0	...	...	...	...	...	Danemark
Finland	3075	2424	1702	1781	2415	2223	1879	2905	3297	2428	Finlande
Germany	C	C	C	C	22720	26279	26068	26386	22360	20521	Allemagne
Hungary	C	3018	C	C	C	C	C	C	C	C	Hongrie
Italy	27740	26840	...	...	...	...	...	...	...	...	Italie
Poland	1526	2112	2124	2326	2824	1250	1379	1531	1302	971	Pologne
Romania	487	549	625	417	398	C	C	C	...	...	Roumanie
Spain	...	19902	14741	20571	21112	18384	11908	11239	12087	10887	Espagne
Sweden	8402	6517	9132	8032	9166	8642	7844	6556	6481	4435	Suède
TFYR of Macedonia	8	3	1	0	0	0	0	0	0	0	L'ex-RY de Macédoine
Ukraine[1]	C	5489	4819	1744	C	2491	857	C	C	C	Ukraine[1]
United Kingdom	14829	[1]237168	...	...	[1]313994	[1]326384	...	[1]401130	C	303730	Royaume-Uni

General Note.

Woven fabrics of rovings of glass fibres; woven fabrics of glass fibres of a width not exceeding 30cm; woven fabrics of glass fibres of a width exceeding 30 cm, plain weave, weighing less than 250 g/m2, of filaments measuring per single yarn not more than 136 tex; and other woven fabrics of glass fibres.

[1] In thousand square metres.

Remarque générale.

Tissus de stratifils (rovings) de fibres de verre; tissus de fibres de verre d'une largeur n'excédant pas 30 cm; tissus de fibres de verre d'une largeur excédant 30 cm, à armure toile, d'un poids inférieur à 250 g/m², de filaments titrant par fils simples 136 tex ou moins; et autres tissus de fibres de verre.

[1] En milliers de mètres carrés.

Blankets and traveling rugs (except electric blankets)
Couvertures (à l'exclusion des couvertures chauffantes électriques)

CPC-BASED CODE - CODE BASE CPC
27110-0

Unit: Thousand units — Unité: Milliers d'unités

Country or area	2003	2004	2005	2006	2007	2008	2009	2010	2011	2012	Pays ou zone
Africa											**Afrique**
Algeria	1641	1641	1825	1434	926	525	838	664	527	475	Algérie
Burundi	123	107	43	0	0	0	0	...	...	...	Burundi
Egypt	8053	5142	7020	3402	...	4171	2723	...	...	...	Égypte
Ethiopia[1]	90	...	...	...	...	...	...	...	...	...	Éthiopie[1]
Kenya	1369	1392	1435	1661	1697	1697	1832	2370	2485	2369	Kenya
Madagascar	...	46	58	64	...	...	...	...	...	...	Madagascar
United R. of Tanzania	469	[2]263	[2]284	[2]255	[2]427	[2]269	[2]345	[2]211	[2]168	[2]130	Rép.-U. de Tanzanie
America, North											**Amérique du Nord**
Mexico	[3]12070	[3]12595	[3]11741	[3]11564	[#]186	206	161	185	430	696	Mexique
United States	49632	39624	...	...	...	...	...	...	...	...	États-Unis
America, South											**Amérique du Sud**
Brazil	4740	[3]11468	[3]12936	[3]15662	[3]17458	[3]14518	[3]15841	[3]23440	[3]17122	[3]13387	Brésil
Chile	...	...	879	1131	965	1067	746	1107	970	...	Chili
Ecuador	...	3356	1214	2683	2044	1842	...	...	...	...	Équateur
Peru[*]	703	...	...	...	...	...	...	...	...	...	Pérou[*]
Asia											**Asie**
Azerbaijan	3	8	1	0	20	20	24	17	15	2	Azerbaïdjan
India[3]	640	...	182	...	...	...	...	...	...	...	Inde[3]
Iran (Islamic Rep. of)	11352	10029	9602	7457	8143	7337	6263	...	...	...	Iran (Rép. islam. d')
Iraq	...	120	...	...	...	219	781	184	15	109	Iraq
Kazakhstan	73	65	69	75	57	...	...	...	...	...	Kazakhstan
Kyrgyzstan	54	71	2	5	2	2	116	239	439	348	Kirghizistan
Myanmar[4]	190	171	123	112	183	152	304	221	...	...	Myanmar[4]
Rep. of Korea[5]	57878	46480	50415	41815	33545	29762	24570	...	...	...	Rép. de Corée[5]
Syrian Arab Republic	460	526	677	985	1013	1133	...	...	...	...	Rép. arabe syrienne
Turkey	11852	9833	[#]15683	15860	12332	12229	8225	27769	15362	19067	Turquie
Europe											**Europe**
Belarus	329	245	275	248	357	328	382	348	382	371	Bélarus
Belgium[6]	10	...	...	...	...	...	...	...	...	...	Belgique[6]
Bosnia & Herzegovina	121	...	...	...	...	...	...	...	...	...	Bosnie-Herzégovine
Bulgaria	252	216	105	96	94	91	146	214	35	132	Bulgarie
Croatia	360	333	158	243	209	227	139	132	101	47	Croatie
Czech Republic	1788	1841	1478	1890	1516	976	732	750	783	762	République tchèque
Denmark	4	10	7	4	4	...	...	...	1	16	Danemark
Estonia	3566	3415	3934	4517	5544	5412	5791	6241	7550	6154	Estonie
Finland	0	0	0	0	1	4	1	2	3	1	Finlande
Germany	10445	8548	C	C	C	C	C	C	C	C	Allemagne
Greece[7]	561	402	...	...	...	...	...	...	...	...	Grèce[7]
Hungary	250	195	231	104	91	74	69	38	85	37	Hongrie
Italy[3]	19489	17504	...	...	...	...	...	...	...	...	Italie[3]
Latvia	326	275	C	334	390	C	C	C	C	C	Lettonie
Lithuania	618	1011	866	924	1134	1078	534	649	838	1248	Lituanie
Poland	1345	1282	1468	1407	844	1312	1080	902	983	938	Pologne
Portugal	1967	1568	1619	1298	1629	1505	960	1412	...	...	Portugal
Rep. of Moldova	...	3	4	5	6	4	34	2	2	32	Rép. de Moldova
Romania	35	52	32	17	17	C	16	122	C	C	Roumanie
Russian Federation	[8]621	[8]643	[8]586	[8]710	[8]927	[8]598	[8]482	5657	6279	6959	Fédération de Russie
Serbia	...	...	...	573	...	...	...	...	...	...	Serbie
Slovakia	586	583	521	517	464	382	317	C	C	126	Slovaquie
Spain	6431	5723	5280	5585	5263	3999	2927	2691	2930	2838	Espagne
TFYR of Macedonia	155	116	94	104	84	63	33	28	28	27	L'ex-RY de Macédoine
Ukraine	692	778	1151	741	960	1289	754	1654	1583	2121	Ukraine
United Kingdom	4924	...	...	...	...	421	551	C	C	789	Royaume-Uni

General Note.

Blankets (other than electric blankets) and travelling rugs, of wool or of fine animal hair, of cotton, of synthetic fibres and other blankets (other than electric blankets) and travelling rugs.

Remarque générale.

Couvertures (à l'exclusion des couvertures chauffantes électriques), de laine ou de poils fins, de coton, de fibres synthétiques et autres couvertures (à l'exclusion des couvertures chauffantes électriques).

[1] Twelve months ending 7 July of the year stated.
[2] Tanganyika only.
[3] In metric tons.
[4] Twelve months ending 31 March of year stated.
[5] In thousand square metres.
[6] Incomplete coverage.
[7] Excluding Prodcom 2002 code 17.40.11.30.
[8] Quilts only.

[1] Période de douze mois finissant le 7 juillet de l'année indiquée.
[2] Tanganyika seulement.
[3] En tonnes métriques.
[4] Période de douze mois finissant le 31 mars de l'année indiquée.
[5] En milliers de mètres carrés.
[6] Couverture incomplète.
[7] 2002 code Prodcom 17.40.11.30 non compris.
[8] Edredons seulement.

Bed linen
Linge de lit

CPC-BASED CODE - CODE BASE CPC
27120-1

Unit: Thousand units — Unité: Milliers d'unités

Country or area	2003	2004	2005	2006	2007	2008	2009	2010	2011	2012	Pays ou zone
Africa											**Afrique**
Algeria	37	21	27	24	36	27	21	34	9	17	Algérie
Kenya	152	...	...	...	...	...	...	...	...	...	Kenya
South Africa	13692	11579	...	...	...	...	...	...	...	...	Afrique du Sud
America, North											**Amérique du Nord**
Cuba	3096	2933	2756	1735	2674	2555	2619	2674	1870	2361	Cuba
Mexico	1815	2560	2155	2523	#21363	22285	20577	21571	18925	16335	Mexique
United States	292188	268812	191880	116280	43560	19176	C	C	...	...	États-Unis
America, South											**Amérique du Sud**
Brazil[1]	29480	30215	49969	47295	68209	66575	62552	50405	46217	47795	Brésil[1]
Chile	...	...	5373	[2]5674	6278	3433	3104	3061	2531	...	Chili
Ecuador	36	325	590	582	570	928	...	...	...	...	Équateur
Asia											**Asie**
Armenia	25	14	119	28	43	149	3	57	69	50	Arménie
Azerbaijan	458	258	567	567	129	189	340	192	93	436	Azerbaïdjan
Cyprus	140	190	133	107	62	64	90	67	60	...	Chypre
India	62166	27515	32105	...	...	...	...	...	...	...	Inde
Iran (Islamic Rep. of)	...	...	...	...	...	...	188	...	...	...	Iran (Rép. islam. d')
Iraq	...	29	...	...	...	...	...	...	...	...	Iraq
Kazakhstan	1405	1516	2191	1609	1178	...	...	...	...	...	Kazakhstan
Kyrgyzstan	93	50	43	100	96	35	58	53	48	218	Kirghizistan
Syrian Arab Republic	1817	1905	2258	3476	6413	7198	...	...	...	...	Rép. arabe syrienne
Turkey	35679	65051	#45450	[1]115150	[1]116942	[1]90804	[1]80667	[1]86844	[1]103429	[1]89903	Turquie
Europe											**Europe**
Austria	936	...	...	...	...	...	...	...	...	...	Autriche
Belarus	3253	6030	6131	7003	8082	8514	7152	6492	7230	8055	Bélarus
Belgium[1,3]	898	...	...	...	...	...	...	...	...	...	Belgique[1,3]
Bosnia & Herzegovina	290	...	...	...	...	...	...	...	...	...	Bosnie-Herzégovine
Bulgaria	3247	4972	4367	6260	11080	[1]1911	[1]1433	[1]1354	[1]1368	[1]1338	Bulgarie
Croatia[1]	...	...	...	...	...	453	529	452	350	260	Croatie[1]
Czech Republic	5022	4436	4262	3996	3488	...	...	...	...	...	République tchèque
Denmark	769	729	695	735	883	...	...	...	...	2	Danemark
Estonia	6469	8615	...	...	...	...	...	...	...	...	Estonie
Finland	1652	2054	1227	746	1311	1125	741	57	36	38	Finlande
France	22312	C	...	...	...	...	...	...	...	...	France
Germany	24943	23512	C	C	C	C	C	27057	27069	23495	Allemagne
Greece[3]	5981	...	...	...	...	...	...	...	...	...	Grèce[3]
Hungary	2187	1821	1528	982	1504	...	[1]345	[1]233	[1]931	[1]875	Hongrie
Italy[1]	48417	44256	...	...	...	...	...	...	...	...	Italie[1]
Latvia	1740	2219	2637	1765	1989	1313	1028	2035	1344	1697	Lettonie
Lithuania	2117	2054	2645	[1]3516	[1]2177	[1]1507	[1]1546	[1]512	[1]542	[1]708	Lituanie
Montenegro	158	95	11	84	64	58	...	...	...	...	Monténégro
Poland	14414	12840	13477	14763	13032	15460	14094	7299	6683	5750	Pologne
Portugal	51756	49608	[1]35769	[1]34492	[1]30652	[1]26443	[1]25557	[1]26183	...	...	Portugal
Rep. of Moldova	...	64	56	2308	2626	2800	3899	3553	[1]130	[1]106	Rép. de Moldova
Romania	11338	13737	11567	12725	10807	9409	5675	7897	7736	7144	Roumanie
Russian Federation	22566	27482	42815	55878	67413	58230	51127	65445	59844	67041	Fédération de Russie
Serbia	...	...	...	1084	...	...	...	...	...	...	Serbie
Slovakia[1]	1525	1227	585	679	902	746	416	320	354	280	Slovaquie[1]
Slovenia[1]	431	380	253	226	293	195	117	89	91	51	Slovénie[1]
Spain	20251	16189	C	C	C	C	C	C	...	C	Espagne
Ukraine	10495	11119	11988	13300	16096	12375	9200	11473	11234	10330	Ukraine
United Kingdom	35341	...	...	...	...	C	C	C	C	[1]32	Royaume-Uni

General Note.

Bed linen, knitted or crocheted and other bed linen, printed or not, of cotton, of man-made fibres and of other textile materials.

[1] In metric tons.
[2] Including table linen, knitted or crocheted, and toilet and kitchen linen.
[3] Incomplete coverage.

Remarque générale.

Linge de lit en bonneterie et autre linge de lit, même imprimé, de coton, de fibres synthétiques ou artificielles, et d'autres matières textiles.

[1] En tonnes métriques.
[2] Y compris le linge de table, en bonneterie, et le linge de toilette ou de table.
[3] Couverture incomplète.

Toilet and kitchen linen
Linge de toilette ou de cuisine

CPC-BASED CODE - CODE BASE CPC
27120-2

Unit: Thousand units | Unité: Milliers d'unités

Country or area	2003	2004	2005	2006	2007	2008	2009	2010	2011	2012	Pays ou zone
Africa											**Afrique**
Algeria	110	161	65	42	39	3	61	17	8	32	Algérie
Egypt	...	...	...	...	...	...	16756	...	...	...	Égypte
America, North											**Amérique du Nord**
Mexico	31633	32147	30821	26069	12819	14974	12114	11248	10682	9292	Mexique
United States	495120	409452	C	C	C	C	[1]23148	[1]21708	...	...	États-Unis
America, South											**Amérique du Sud**
Brazil[2]	79703	94102	82600	68910	95801	83379	100105	97353	92970	73664	Brésil[2]
Ecuador	1006	[2]0	[2]1	...	...	...	...	...	...	...	Équateur
Asia											**Asie**
Azerbaijan	53	0	0	0	0	0	0	0	0	0	Azerbaïdjan
Cyprus	75	...	...	...	...	...	...	...	...	...	Chypre
India	91616	245164	195350	...	...	...	...	...	...	...	Inde
Kazakhstan	206	445	552	157	115	...	...	...	...	...	Kazakhstan
Kyrgyzstan	2	3	5	10	0	5	0	15	0	0	Kirghizistan
Syrian Arab Republic	8133	10104	12721	16818	22817	24034	...	...	...	...	Rép. arabe syrienne
Viet Nam	588000	651000	720900	754740	770844	752762	576775	602295	...	...	Viet Nam
Europe											**Europe**
Austria	1427	...	...	...	...	...	...	...	...	...	Autriche
Belarus	...	...	...	...	...	...	...	...	4807	4766	Bélarus
Belgium[3]	13568	...	...	...	...	...	...	...	...	...	Belgique[3]
Bosnia & Herzegovina	5	...	...	...	...	...	...	...	...	...	Bosnie-Herzégovine
Bulgaria	C	8332	11227	9866	12055	[2]2408	[2]1630	[2]2062	[2]1790	[2]1828	Bulgarie
Croatia	[4]1841	[4]1645	[4]1886	[4]1686	[4]1796	[2]8	[2]1	[2]0	[2]0	[2]0	Croatie
Czech Republic	14294	...	C	C	3126	...	...	...	...	...	République tchèque
Denmark	706	...	...	...	...	1	...	0	0	0	Danemark
Estonia	249	...	...	...	...	...	...	...	...	...	Estonie
Finland	42	47	21	30	26	10	14	9	7	9	Finlande
France[2]	4696	C	...	...	...	...	...	...	...	...	France[2]
Germany	10321	9743	8741	9372	9597	8587	C	7578	6166	6236	Allemagne
Greece	1338	978	...	...	...	...	...	...	...	...	Grèce
Hungary	1302	1021	599	610	118	...	135	[2]3	[2]30	[2]3	Hongrie
Italy[2]	16985	15299	...	...	...	...	...	...	...	...	Italie[2]
Lithuania	3030	...	...	[2]20	[2]18	[2]10	[2]7	[2]24	[2]61	[2]99	Lituanie
Poland	18373	15217	14253	9444	7816	6156	6448	5460	4730	3810	Pologne
Portugal	96389	92794	[2]28572	[2]24583	[2]20927	[2]18532	[2]15363	[2]17095	...	...	Portugal
Rep. of Moldova	...	210	253	110	103	18	38	39	[2]2	[2]3	Rép. de Moldova
Romania	522	54	69	65	19	C	C	235	286	166	Roumanie
Russian Federation	18744	...	...	...	...	...	...	...	...	...	Fédération de Russie
Serbia	...	...	...	700	...	...	...	...	...	...	Serbie
Spain	...	18041	...	...	...	...	...	...	...	...	Espagne
TFYR of Macedonia	2709	2128	1931	2304	2823	3022	1662	1690	1592	1668	L'ex-RY de Macédoine
Ukraine	...	...	321	216	1366	361	164	494	...	...	Ukraine
United Kingdom	8421	...	...	...	[2]0	C	C	[2]4	[2]1	C	Royaume-Uni

General Note.
Toilet linen and kitchen linen, of terry towelling or similar terry fabrics, of cotton.

[1] Excluding washcloths.
[2] In metric tons.
[3] Incomplete coverage.
[4] In thousand square metres.

Remarque générale.
Linge de toilette ou de cuisine, bouclé du genre éponge, de coton.

[1] Exclusion des débarbouillettes.
[2] En tonnes métriques.
[3] Couverture incomplète.
[4] En milliers de mètres carrés.

Table linen, knitted or crocheted
Linge de table en bonneterie

CPC-BASED CODE - CODE BASE CPC
27120-3

Unit: Thousand units — Unité: Milliers d'unités

Country or area	2003	2004	2005	2006	2007	2008	2009	2010	2011	2012	Pays ou zone
Africa											**Afrique**
Egypt	...	...	...	...	...	23769	13391	...	...	...	Égypte
America, South											**Amérique du Sud**
Brazil[1]	2209	5282	4573	7947	8791	...	23514	23541	40286	24935	Brésil[1]
Asia											**Asie**
Azerbaijan	50	75	19	406	0	1	10	0	18	13	Azerbaïdjan
Kazakhstan	229	102	86	98	96	...	...	...	...	...	Kazakhstan
Europe											**Europe**
Belarus	...	...	...	...	...	...	...	...	5452	6994	Bélarus
Bulgaria	1417	381	178	669	616	[1]158	[1]85	[1]132	[1]159	[1]156	Bulgarie
Croatia[1]	...	...	...	...	...	560	290	245	274	216	Croatie[1]
Czech Republic	5452	4760	4537	4026	4374	...	...	...	...	...	République tchèque
Estonia	...	771	...	...	...	...	...	...	...	...	Estonie
Finland	124	149	347	258	632	349	...	115	111	78	Finlande
Germany	3246	3093	C	3906	3217	3009	C	C	C	C	Allemagne
Hungary	1133	1706	1337	427	982	...	[1]139	[1]97	[1]452	[1]160	Hongrie
Italy[1,2]	11055	10073	...	...	...	...	...	...	...	...	Italie[1,2]
Latvia	337	2941	522	312	593	495	182	39	C	22	Lettonie
Lithuania[1]	3802	3719	7770	1382	1238	1030	596	522	515	788	Lituanie[1]
Poland	16689	13140	11962	9477	7853	7057	5736	5157	3920	2724	Pologne
Portugal	4959	2843	[1]1394	[1]1384	[1]1659	[1]1660	[1]1909	[1]1825	...	...	Portugal
Rep. of Moldova	...	29	28	18	20	33	5	12	[1]6	[1]8	Rép. de Moldova
Romania	2123	1497	2369	1004	2184	2793	1624	714	505	402	Roumanie
Serbia	...	...	...	16	...	...	...	...	...	...	Serbie
Slovakia	85	68	C	C	C	C	...	...	...	C	Slovaquie
Spain	...	3810	C	C	...	...	...	...	...	...	Espagne
TFYR of Macedonia	6	2	0	0	0	0	0	0	0	0	L'ex-RY de Macédoine
Ukraine	482	1253	1254	1474	3439	796	1228	1544	...	...	Ukraine
United Kingdom	11748	...	...	...	[1]0	C	C	C	C	C	Royaume-Uni

General Note.
Table linen, knitted or crocheted and other table linen, of cotton, of flax, of man-made fibres and of other textile materials.

[1] In metric tons.
[2] Excluding Prodcom 2002 code 17.40.13.30.

Remarque générale.
Linge de table en bonneterie et autre linge de table, de coton, de lin, de fibres synthétiques ou artificielles, et d'autres matières textiles.

[1] En tonnes métriques.
[2] 2002 code Prodcom 17.40.13.30 non compris.

Curtains (including drapes) and interior blinds; curtain or bed valances
Vitrages, rideaux et stores d'intérieur; cantonnières et tours de lits

CPC-BASED CODE - CODE BASE CPC
27130-0

Unit: Thousand units | Unité: Milliers d'unités

Country or area	2003	2004	2005	2006	2007	2008	2009	2010	2011	2012	Pays ou zone
America, North											**Amérique du Nord**
Mexico	...	...	...	...	330	478	624	1040	843	742	Mexique
America, South											**Amérique du Sud**
Brazil[1]	3	3	2	3	5	5	6	10	21	32	Brésil[1]
Chile	...	...	200	199	246	336	344	497	375	...	Chili
Ecuador	...	1	1	0	1	9	...	...	...	...	Équateur
Asia											**Asie**
Azerbaijan	2	2	2	4	3	7	4	3	3	2	Azerbaïdjan
India	...	3285	7952	...	...	...	...	...	...	...	Inde
Kazakhstan	93	126	127	30	42	...	...	...	...	...	Kazakhstan
Kyrgyzstan	1	5	1	61	...	...	248	153	139	126	Kirghizistan
Europe											**Europe**
Belarus	...	...	...	...	...	...	...	...	1509	1763	Bélarus
Bulgaria	[1]0	[1]0	[2]70	[2]273	[2]491	[2]836	[2]619	[2]409	[2]434	[2]401	Bulgarie
Croatia	...	[1]0	[1]0	[1]0	[1]0	[2]99	[2]64	[2]24	[2]34	[2]22	Croatie
Czech Republic	...	...	...	...	1735	...	...	...	...	...	République tchèque
Germany	C	C	C	C	C	C	[1]C	C	C	C	Allemagne
Hungary[2]	1424	810	554	462	1078	141	353	316	442	67	Hongrie[2]
Italy[1,3]	6	5	...	...	...	...	...	...	...	...	Italie[1,3]
Lithuania[2]	3101	2898	4074	3641	2443	837	805	758	659	888	Lituanie[2]
Netherlands[2]	...	...	...	...	...	...	...	...	2774	8783	Pays-Bas[2]
Portugal[2]	2262	2000	2892	2921	3268	2626	2407	2399	...	...	Portugal[2]
Rep. of Moldova[2]	...	10	23	27	26	60	120	106	35	56	Rép. de Moldova[2]
TFYR of Macedonia	1838	2239	832	151	498	447	0	0	0	0	L'ex-RY de Macédoine
Ukraine[2]	...	...	74	536	978	2067	1924	2043	2079	2427	Ukraine[2]
United Kingdom[1]	94	...	...	...	...	C	C	C	C	C	Royaume-Uni[1]

General Note.

Curtains (including drapes) and interior blinds and curtain or bed valances, knitted, crocheted or not, of cotton, of synthetic fibres and of other textile materials.

Remarque générale.

Vitrages, rideaux et stores d'intérieur; cantonnières et tours de lits, même en bonneterie, de coton, de fibres synthétiques et d'autres matières textiles.

[1] In thousand metric tons.

[2] In thousand square metres.

[3] Excluding Prodcom 2002 code 17.40.15.30.

[1] En milliers de tonnes métriques.

[2] En milliers de mètres carrés.

[3] 2002 code Prodcom 17.40.15.30 non compris.

Sacks and bags of a kind used for the packing of goods
Sacs et sachets d'emballage

CPC-BASED CODE - CODE BASE CPC
27150-0

Unit: Metric tons — Unité: Tonnes métriques

Country or area	2003	2004	2005	2006	2007	2008	2009	2010	2011	2012	Pays ou zone
Africa											**Afrique**
Egypt	2473	...	...	...	...	1040	5741	...	1211	...	Égypte
Mali	5460	7229	6637	8009	9207	3025	2238	...	...	...	Mali
Nigeria	17971	18245	18271	...	...	...	...	...	...	...	Nigéria
United R. of Tanzania[1,2]	1375	1739	1837	...	2946	1590	...	...	...	...	Rép.-U. de Tanzanie[1,2]
America, North											**Amérique du Nord**
Cuba[1]	1204	821	1053	588	959	962	1124	479	551	1297	Cuba[1]
Mexico	...	...	...	...	43936	40525	40773	41768	41384	41860	Mexique
America, South											**Amérique du Sud**
Brazil	172064	*194127	237365	242769	158408	201485	194196	271795	368259	358954	Brésil
Chile[1]	...	...	...	3009	2725	2540	2208	2551	679	...	Chili[1]
Ecuador	...	...	112	...	...	...	...	...	...	...	Équateur
Asia											**Asie**
Azerbaijan	4	4	13	14	17	39	18	25	46	770	Azerbaïdjan
Kazakhstan[1]	11435	23938	35975	43271	83012	...	...	...	...	...	Kazakhstan[1]
Kyrgyzstan[1]	139	20	17	0	0	0	0	0	0	0	Kirghizistan[1]
Nepal	...	...	...	...	77088	...	...	...	...	...	Népal
Turkey	...	...	291259	315997	337229	333862	310197	359981	395982	397715	Turquie
Europe											**Europe**
Belarus[1]	...	...	...	...	...	...	...	...	30505	32016	Bélarus[1]
Bulgaria	14	27	44	61	589	968	634	702	879	463	Bulgarie
Croatia	...	205	422	474	580	345	397	578	431	474	Croatie
Czech Republic	...	...	C	C	10266	9829	8520	9862	10386	10223	République tchèque
Denmark	...	...	...	0	...	...	...	...	...	9	Danemark
Estonia	...	1942	2902	1156	777	803	565	704	743	1132	Estonie
Finland	545	755	569	638	513	454	342	1719	1978	2392	Finlande
Germany	6527	6482	6528	6331	6324	6225	2045	2023	2006	1809	Allemagne
Hungary	3089	1672	988	1562	1278	412	1413	187	965	1851	Hongrie
Ireland	26255	25442	...	...	...	...	...	...	...	...	Irlande
Italy	36382	33296	...	...	...	...	...	...	...	...	Italie
Lithuania	2266	1573	2094	2148	2485	2896	2081	2581	2964	3131	Lituanie
Poland	7110	7434	6317	7759	6840	5538	4171	3804	4807	4336	Pologne
Portugal	3979	3455	1676	1396	1342	1353	911	703	...	...	Portugal
Rep. of Moldova	...	134	112	184	114	45	26	190	125	119	Rép. de Moldova
Romania	763	1740	1181	1849	1372	1718	2040	2017	1634	1653	Roumanie
Slovakia	536	696	426	C	C	1542	241	317	364	C	Slovaquie
Spain	...	C	C	17384	17159	15078	14324	15830	16265	15758	Espagne
Sweden	0	0	0	0	C	360	168	242	73	76	Suède
Ukraine	[3]3637	[3]5888	8186	13354	15956	14929	15225	18470	21628	22138	Ukraine
United Kingdom	13112	...	...	...	...	C	1689	2862	...	...	Royaume-Uni

General Note.

Sacks and bags, of a kind used for the packing of goods, of jute or of other textile bast fibres, of cotton, of man-made and of other textile materials.

Remarque générale.

Sacs et sachets d'emballage, de jute ou d'autres fibres textiles libériennes, de coton, de matières textiles synthétiques ou artificielles et d'autres matières textiles.

[1] In thousand units.
[2] Tanganyika only.
[3] Excluding sacks and bags of cotton and other textile materials used for packing goods (National product list code 17.40.21.300, 17.40.21.900).

[1] En milliers d'unités.
[2] Tanganyika seulement.
[3] À l'exclusion de sacs de coton et autres matières textiles utilisés pour l'emballage de marchandises (Code de la liste nationale de produits 17.40.21.300, 17.40.21.900).

Tarpaulins, sails for boats etc., awnings, sunblinds, tents and camping goods
Bâches, voiles pour embarcations, etc., stores d'extérieur, tentes et articles de campement

CPC-BASED CODE - CODE BASE CPC
27160-0

Unit: Metric tons | Unité: Tonnes métriques

Country or area	2003	2004	2005	2006	2007	2008	2009	2010	2011	2012	Pays ou zone
America, North											**Amérique du Nord**
Mexico	...	...	...	...	1918	2106	1936	2065	2184	1727	Mexique
America, South											**Amérique du Sud**
Brazil	42272	53543	35942	15546	11526	22175	28854	67879	94025	113379	Brésil
Chile[1]	...	...	116	155	107	3	28	209	214	...	Chili[1]
Ecuador[1]	...	...	...	...	...	63	...	...	...	...	Équateur[1]
Asia											**Asie**
Azerbaijan	...	...	...	...	1	0	0	0	0	0	Azerbaïdjan
India	6900	...	...	...	...	...	...	...	...	...	Inde
Kazakhstan[1]	43	62	91	40	42	...	...	...	...	...	Kazakhstan[1]
Rep. of Korea	78213	75259	85253	86191	79824	71561	62970	170097	171096	158320	Rép. de Corée
Turkey	...	...	16204	23234	C	13888	8517	15826	15018	C	Turquie
Europe											**Europe**
Bulgaria	50	67	98	112	168	141	42	29	69	55	Bulgarie
Croatia	...	107	57	49	89	272	286	250	276	310	Croatie
Czech Republic	5753	1924	1894	2042	3233	2334	1477	C	C	C	République tchèque
Estonia	...	2335	508	306	394	432	821	445	561	446	Estonie
Finland	...	...	1479	...	...	884	715	777	703	626	Finlande
Germany	15564	14883	15029	C	C	C	C	C	C	46735	Allemagne
Hungary	1015	1074	1146	807	1052	2267	1907	588	839	2833	Hongrie
Ireland	2528	5395	...	...	...	...	...	...	...	...	Irlande
Italy	[2]17570	17266	...	...	...	...	...	...	...	...	Italie
Latvia	235	289	C	743	895	377	68	111	98	124	Lettonie
Lithuania	154	142	160	189	371	434	67	35	97	140	Lituanie
Netherlands	...	...	...	...	...	...	...	...	2867	2267	Pays-Bas
Poland	9605	14200	10733	15978	15699	13447	3478	4626	5095	5662	Pologne
Portugal	826	900	898	1055	1099	1088	931	719	...	...	Portugal
Rep. of Moldova	...	4	5	6	3	33	25	31	78	75	Rép. de Moldova
Romania	1561	2034	1027	2806	1517	2701	1395	741	600	871	Roumanie
Slovakia	C	C	92	87	C	C	C	C	351	242	Slovaquie
Slovenia	C	C	C	C	C	1256	C	949	C	C	Slovénie
Spain	...	5735	5671	6302	7425	6139	3644	3760	3501	C	Espagne
Sweden	C	30130	28457	30136	C	2080	C	504	663	927	Suède
Ukraine	[3]2112	[3]8035	[3]5355	[3]4549	[3]6116	[3]5083	[3]2314	[3]2821	4342	3394	Ukraine
United Kingdom	7269	...	...	...	...	C	5077	7366	4466	C	Royaume-Uni

General Note.

Tarpaulins, awnings and sunblinds, tents, of cotton, of synthetic fibres and of other textile materials, sails of synthetic fibres and of other textile materials, pneumatic mattresses of cotton and of other textile materials and other camping goods.

[1] In thousand units.

[2] Excluding Prodcom 2002 code 17.40.22.70.

[3] Excluding air beds from textile fabric and other textile goods for recreation activities (National product list code 17.40.22.700).

Remarque générale.

Bâches et stores d'extérieur, tentes, de coton, de fibres synthétiques et d'autres matières textiles; voiles de fibres synthétiques et d'autres matières textiles; matelas pneumatiques de coton et d'autres matières textiles; et autres articles de campement.

[1] En milliers d'unités.

[2] 2002 code Prodcom 17.40.22.70 non compris.

[3] À l'exclusion des matelas pneumatiques de tissus textiles et des autres marchandises de textile pour des activités récréatives (Code de la liste nationale de produits 17.40.22.700).

Carpets and other textile floor coverings, knotted
Tapis en matières textiles, à points noués ou enroulés

CPC-BASED CODE - CODE BASE CPC
27210-0

Unit: Thousand square metres | Unité: Milliers de mètres carrés

Country or area	2003	2004	2005	2006	2007	2008	2009	2010	2011	2012	Pays ou zone
Africa											**Afrique**
Egypt	...	...	...	...	...	1864	5312	...	...	...	Égypte
Ethiopia[1]	2	...	...	...	...	...	...	...	...	...	Éthiopie[1]
Morocco	384	331	313	315	226	...	...	...	...	...	Maroc
Nigeria[2]	877	881	882	...	...	...	...	...	...	...	Nigéria[2]
South Africa	15654	...	...	...	...	...	...	...	...	...	Afrique du Sud
United R. of Tanzania[3]	3350	3721	4089	...	...	...	...	...	...	...	Rép.-U. de Tanzanie[3]
America, North											**Amérique du Nord**
United States	109300	93200	86700	64900	68200	66925	38300	46251	...	...	États-Unis
America, South											**Amérique du Sud**
Brazil	1799	2107	3633	3597	3217	9810	7698	15243	11246	11780	Brésil
Chile	...	...	818	992	1142	910	649	720	674	...	Chili
Ecuador	...	0	0	0	...	46	...	...	...	...	Équateur
Asia											**Asie**
Afghanistan	16	25	147	170	176	183	189	193	195	198	Afghanistan
Armenia	30	29	27	27	14	19	0	...	...	...	Arménie
Azerbaijan	1	118	203	83	3	3	3	3	2	1	Azerbaïdjan
Iran (Islamic Rep. of)	39000	...	...	...	...	...	...	...	...	...	Iran (Rép. islam. d')
Iraq	...	104	...	...	...	...	111	106	29	0	Iraq
Kazakhstan	99	99	106	102	36	...	...	...	...	...	Kazakhstan
Kyrgyzstan	0	0	#2	2	3	1	3	1	0	0	Kirghizistan
Mongolia	663	690	587	606	658	857	542	609	851	916	Mongolie
Nepal	...	...	...	...	1179	...	...	...	...	...	Népal
Rep. of Korea	13191	12466	11841	12381	13511	11455	9337	11020	12257	13227	Rép. de Corée
Syrian Arab Republic	2458	5200	5960	7765	10927	11714	[4,5,6]18909	...	...	...	Rép. arabe syrienne
Turkey	...	...	#53890	49781	52000	52180	35493	72347	72243	73727	Turquie
Viet Nam	134	87	98	54	131	124	...	...	...	...	Viet Nam
Europe											**Europe**
Bulgaria	0	C	C	C	1	C	C	C	C	C	Bulgarie
Croatia	18	...	...	...	...	0	0	0	0	0	Croatie
Greece	99	127	...	...	...	...	...	...	...	...	Grèce
Hungary	4	10	C	C	C	0	C	C	C	C	Hongrie
Italy[7]	3244	3238	...	...	...	...	...	...	...	...	Italie[7]
Lithuania	[8]26	...	...	...	0	0	0	0	0	0	Lituanie
Poland	824	1048	1165	953	936	902	487	264	552	795	Pologne
Portugal	289	297	271	191	184	140	137	153	...	...	Portugal
Rep. of Moldova	3537	4474	4430	5224	C	C	C	C	C	C	Rép. de Moldova
Romania	540	841	336	238	440	C	C	C	C	C	Roumanie
Russian Federation[2]	5367	13535	13628	32194	32050	30207	23910	22951	20550	17830	Fédération de Russie[2]
Serbia	...	...	...	19	...	...	...	...	...	...	Serbie
TFYR of Macedonia	14	...	...	...	...	...	...	...	...	...	L'ex-RY de Macédoine
Ukraine	C	13	C	C	C	C	C	C	0	0	Ukraine
United Kingdom	...	112	C	110	C	C	C	C	C	C	Royaume-Uni

General Note.

Carpets and other textile floor coverings, knotted, whether or not made up, of wool or fine animal hair or of other textile materials.

[1] Twelve months ending 7 July of the year stated.
[2] All carpets and carpet products.
[3] Tanganyika only.
[4] Government production only.
[5] Including other carpets.
[6] Source: Bulletin of Industrial Statistics for the Arab Countries, United Nations Economic and Social Commission for Western Asia (Beirut).
[7] In metric tons.
[8] Including other carpets and rugs.

Remarque générale.

Tapis en matières textiles, à points noués ou enroulés, même confectionnés, de laine ou de poils fins ou d'autres matières textiles.

[1] Période de douze mois finissant le 7 juillet de l'année indiquée.
[2] Tapis et produits associés.
[3] Tanganyika seulement.
[4] Production de l'Etat seulement.
[5] Y compris les autres tapis.
[6] Source: Bulletin de statistiques industrielles pour les pays arabes, Commission économique et sociale pour l'Asie occidentale des Nations Unies (Beyrouth).
[7] En tonnes métriques.
[8] Y compris les autres tapis et carpettes.

Carpets and other textile floor coverings, woven, not tufted or flocked
Tapis et autres revêtements de sol en matières textiles, tissés, non touffetés ni floqués

CPC-BASED CODE - CODE BASE CPC
27220-0

Unit: Thousand square metres — Unité: Milliers de mètres carrés

Country or area	2003	2004	2005	2006	2007	2008	2009	2010	2011	2012	Pays ou zone
Africa											**Afrique**
Egypt	...	...	...	...	...	1008	24445	...	21720	...	Égypte
Nigeria[1]	877	881	882	...	...	...	...	...	...	...	Nigéria[1]
America, North											**Amérique du Nord**
Mexico	10640	10427	11167	11100	C	C	C	C	...	...	Mexique
United States	201200	77600	75800	38800	34100	28531	19577	17502	...	...	États-Unis
America, South											**Amérique du Sud**
Brazil	25698	18214	15268	18411	27854	25382	14410	17487	17405	16959	Brésil
Chile	...	...	6013	6961	7400	4904	4527	4755	4026	...	Chili
Ecuador	...	14	...	...	...	...	...	...	...	...	Équateur
Asia											**Asie**
Armenia[2]	...	...	...	...	...	68	24	14	17	10	Arménie[2]
Azerbaijan	267	307	427	183	0	17	10	0	0	1	Azerbaïdjan
India[2]	4456	2639	5300	...	...	...	...	...	...	...	Inde[2]
Iraq	...	51	...	...	...	...	...	2	33	93	Iraq
Japan	2779	2448	1904	1755	1557	1650	882	981	1646	1023	Japon
Kazakhstan	95	96	105	100	36	...	...	...	...	...	Kazakhstan
Kyrgyzstan	7	9	9	10	11	7	8	3	1	1	Kirghizistan
Myanmar[2,3]	28	20	33	12	7	8	7	8	4	3	Myanmar[2,3]
Tajikistan	361	450	459	626	942	765	549	558	657	897	Tadjikistan
Turkey	...	...	21631	39241	35436	43091	47286	46684	49052	62135	Turquie
Europe											**Europe**
Belarus	3525	2890	2028	1920	1692	1948	2364	2685	3578	3697	Bélarus
Croatia	...	11	12	17	15	12	1	5	2	1	Croatie
Denmark	111	94	110	403	1583	...	...	...	...	2252	Danemark
Estonia	...	246	237	267	243	247	194	221	209	177	Estonie
Finland	185	174	413	292	255	66	44	49	26	30	Finlande
Greece	...	800	...	...	...	...	...	...	...	...	Grèce
Hungary	780	756	628	358	306	119	11	6	151	238	Hongrie
Italy[2]	13460	12551	...	...	...	...	...	...	...	...	Italie[2]
Lithuania	25	17	25	8	5	1	0	0	0	0	Lituanie
Netherlands	...	...	...	...	...	...	...	...	909	...	Pays-Bas
Poland	3532	3594	3320	3643	4201	3318	2436	2508	2163	2014	Pologne
Portugal	2366	2326	2508	2416	2213	1266	1215	1272	...	...	Portugal
Romania	51	60	2	13	13	45	C	...	...	...	Roumanie
Serbia	...	...	...	1441	...	...	...	...	...	...	Serbie
Spain	...	875	1372	1697	1498	1271	1070	976	859	977	Espagne
Sweden	...	...	2286	2823	2646	2657	2218	2291	2470	2160	Suède
TFYR of Macedonia	14	31	15	3	1	0	0	0	0	0	L'ex-RY de Macédoine
Ukraine	3	3	2	256	1769	2561	C	C	C	C	Ukraine
United Kingdom	23032	10310	...	...	9963	9281	7031	7238	6115	5750	Royaume-Uni
Oceania											**Océanie**
Australia[4]	1372	1105	1191	1108	1174	1049	...	...	...	...	Australie[4]

General Note.

Carpets and other textile floor coverings, woven, not tufted or flocked, whether or not made up, including "Kelem", "Schumacks", "Karamanie" and similar hand-woven rugs, of wool or fine animal hair, of man-made textile materials or of other textile materials.

Remarque générale.

Tapis et autres revêtements de sol en matières textiles, tissés, non touffetés ni floqués, même confectionnés, y compris les tapis dits "Kelim" ou "Kilim", "Schumacks" ou "Soumak", "Karamanie" et tapis similaires tissés à la main, de laine ou de poils fins, de matières textiles synthétiques ou artificielles ou d'autres matières textiles.

[1] All carpets and carpet products.
[2] In metric tons.
[3] Twelve months ending 31 March of year stated.
[4] Twelve months ending 30 June of year stated.

[1] Tapis et produits associés.
[2] En tonnes métriques.
[3] Période de douze mois finissant le 31 mars de l'année indiquée.
[4] Période de douze mois finissant le 30 juin de l'année indiquée.

Carpets and other textile floor coverings, tufted
Tapis et autres revêtements de sol en matières textiles, touffetés

CPC-BASED CODE - CODE BASE CPC
27230-0

Unit: Thousand square metres | Unité: Milliers de mètres carrés

Country or area	2003	2004	2005	2006	2007	2008	2009	2010	2011	2012	Pays ou zone
Africa											**Afrique**
Egypt	...	...	...	...	...	537336	125775	...	...	...	Égypte
Nigeria[1]	877	881	882	...	...	...	...	...	...	...	Nigéria[1]
South Africa	11490	...	...	...	...	...	...	...	...	...	Afrique du Sud
America, North											**Amérique du Nord**
United States	1460400	1521200	1571400	1376800	1242600	1026854	846215	834891	...	...	États-Unis
America, South											**Amérique du Sud**
Brazil	15726	24877	21553	10975	5656	5336	6335	7123	6329	9443	Brésil
Chile	...	...	...	...	...	585	...	...	1294	...	Chili
Ecuador	...	0	0	0	...	16	...	...	...	...	Équateur
Asia											**Asie**
Iran (Islamic Rep. of)	...	35170	38977	24472	22872	30196	38861	...	...	...	Iran (Rép. islam. d')
Iraq	...	13	...	2	...	2	...	...	...	...	Iraq
Japan	96031	101521	103028	103251	100610	92151	76179	74019	67944	69346	Japon
Kyrgyzstan	[2]7	[2]9	[2]10	[2]10	[2]8	7	8	10	10	10	Kirghizistan
Turkey	...	...	52700	72135	80400	76371	93838	C	143346	175719	Turquie
Europe											**Europe**
Belarus	2561	5000	5416	5069	5035	5127	5488	7276	8591	9240	Bélarus
Bulgaria	C	C	C	1034	C	C	C	C	639	767	Bulgarie
Croatia	...	38	36	32	23	17	14	6	5	8	Croatie
Czech Republic	...	...	C	C	C	1902	3294	4109	4250	5107	République tchèque
Denmark	12355	11394	12092	12941	13439	...	8283	7786	7199	7207	Danemark
Estonia	...	C	1258	988	1460	2026	C	1534	2325	2134	Estonie
Finland	160	120	220	288	1436	487	633	1248	805	798	Finlande
Germany	C	134223	135735	126903	108678	112315	...	...	...	...	Allemagne
Greece	948	1221	...	...	...	...	...	...	...	...	Grèce
Hungary	1302	314	C	C	C	C	C	C	C	C	Hongrie
Italy[3]	2160	2043	...	...	...	...	...	...	...	...	Italie[3]
Lithuania	1	1	1	1	2	1	0	0	0	0	Lituanie
Netherlands	...	...	...	...	...	...	...	...	147703	121526	Pays-Bas
Poland	1960	1941	1129	755	C	0	503	C	C	C	Pologne
Portugal	3463	4180	3738	3696	4500	2943	2678	2738	...	...	Portugal
Romania	377	205	121	84	68	C	C	C	C	...	Roumanie
Serbia	...	...	...	3794	...	...	...	...	...	...	Serbie
Slovakia	C	C	C	C	C	7208	3053	2867	2839	3833	Slovaquie
Spain	...	5621	3904	4369	4968	4337	3823	4396	3802	3228	Espagne
Sweden	...	...	...	...	33	30	21	31	27	22	Suède
United Kingdom	148226	56628	...	...	62505	63970	67176	62557	70286	58628	Royaume-Uni
Oceania											**Océanie**
Australia[4]	45434	46679	42561	41011	40788	43137	...	...	...	...	Australie[4]

General Note.

Carpets and other textile floor coverings, tufted, whether or not made up, of wool or fine animal hair, of nylon or other polyamides, of other man-made textile materials, and of other textile materials.

Remarque générale.

Tapis et autres revêtements de sol en matières textiles, touffetés, même confectionnés, de laine ou de poils fins, de nylon ou d'autres polyamides, d'autres matières textiles synthétiques ou de matières textiles artificielles et d'autres matières textiles.

[1] All carpets and carpet products.
[2] Including carpets made of felt.
[3] In metric tons.
[4] Twelve months ending 30 June of year stated.

[1] Tapis et produits associés.
[2] Y compris les tapis en feutre.
[3] En tonnes métriques.
[4] Période de douze mois finissant le 30 juin de l'année indiquée.

Twine, cordage, rope and cables
Ficelles, cordes et cordages

CPC-BASED CODE - CODE BASE CPC
27310-0

Unit: Metric tons | Unité: Tonnes métriques

Country or area	2003	2004	2005	2006	2007	2008	2009	2010	2011	2012	Pays ou zone
Africa											**Afrique**
Kenya	3748	4274	9685	3277	5072	4165	1715	1883	2701	1915	Kenya
South Africa[1]	5021	...	...	...	...	...	...	...	...	...	Afrique du Sud[1]
United R. of Tanzania	6839	[2]5161	[2]5943	[2]5854	[2]7295	[2]7783	[2]7913	...	...	...	Rép.-U. de Tanzanie
America, North											**Amérique du Nord**
Cuba	1800	1300	1900	1500	1600	1200	943	1141	742	753	Cuba
Mexico	2624	2326	2320	2330	#6658	3724	3609	3584	3744	3681	Mexique
America, South											**Amérique du Sud**
Brazil	28099	44923	58071	53473	53263	57889	87218	61712	66278	69348	Brésil
Chile[3]	...	...	5879	28380	19250	7275	7580	1333	2172	...	Chili[3]
Ecuador	6732	2444	2561	4304	4771	13410	...	...	...	...	Équateur
Asia											**Asie**
Azerbaijan	...	...	...	46	237	28	5	181	100	92	Azerbaïdjan
China, Hong KongSAR	79	...	...	...	...	...	...	...	...	...	Chine,Hong KongRAS
China, Macao SAR	48	...	...	...	C	C	C	...	...	...	Chine, Macao RAS
India	648	809	2357	...	...	...	...	...	...	...	Inde
Iran (Islamic Rep. of)	...	...	...	...	67	...	133	...	...	...	Iran (Rép. islam. d')
Kazakhstan	38	9	5	3	1	...	...	...	...	...	Kazakhstan
Myanmar[4]	5	9	193	545	933	155	58	371	1338	116	Myanmar[4]
Rep. of Korea	78577	75119	66644	...	...	...	...	...	...	...	Rép. de Corée
Turkey	...	...	#26821	32986	14049	14809	10841	34735	32892	25534	Turquie
Europe											**Europe**
Belarus	1096	1403	1491	1845	1948	2642	3322	2930	3448	3229	Bélarus
Belgium[5]	3825	...	...	...	...	...	...	...	...	...	Belgique[5]
Bulgaria	675	556	247	300	433	433	369	261	183	228	Bulgarie
Croatia	326	402	712	668	725	593	367	420	371	286	Croatie
Czech Republic	15230	15707	17838	18762	22446	18273	14084	13391	15223	16834	République tchèque
Denmark	548	166	147	159	161	...	...	...	...	...	Danemark
Estonia	...	C	C	C	C	C	C	65	115	108	Estonie
Finland	2778	2422	2414	2460	2179	2505	2395	2282	2426	2134	Finlande
France	15600	...	...	...	...	...	...	...	...	...	France
Germany	5641	C	5493	6366	6690	7847	3829	5475	4359	4739	Allemagne
Greece[5]	4971	...	...	...	...	...	...	...	...	...	Grèce[5]
Hungary	2165	2147	1892	1593	1181	4927	13070	5362	5155	13026	Hongrie
Ireland	15092	250	...	...	...	...	...	...	...	...	Irlande
Latvia	2501	2690	2791	2732	2915	3600	C	C	C	C	Lettonie
Lithuania	...	405	528	419	623	633	555	712	1500	1614	Lituanie
Norway	...	5198	3614	4946	...	...	...	...	...	...	Norvège
Poland	22784	28290	29375	25678	24494	26433	23552	18719	19168	19802	Pologne
Portugal	72498	71965	68158	68718	67151	73305	62234	71721	...	...	Portugal
Rep. of Moldova	...	...	...	...	3	2	0	0	...	...	Rép. de Moldova
Romania	841	856	731	628	566	1298	835	874	887	973	Roumanie
Russian Federation	11800	12630	13431	14164	13449	12345	8205	10164	12590	11443	Fédération de Russie
Slovakia	3173	3257	3896	4171	3819	3582	3957	4458	6067	3544	Slovaquie
Spain	22382	22485	C	25546	27515	22662	18409	C	16486	C	Espagne
Sweden	706	593	C	C	C	C	C	C	158	114	Suède
Ukraine	2713	3342	2938	3053	4120	4269	2942	3433	3874	3250	Ukraine
United Kingdom	28695	...	...	...	...	7552	4060	4288	...	...	Royaume-Uni

General Note.

Twine, cordage, ropes and cables, whether or not plaited or braided and whether or not impregnated, coated, covered or sheathed with rubber or plastics, of jute or other textile bast fibres, of sisal or other textile fibres of the genus Agave, of polyethylene or polypropylene, of other synthetic fibres and of other fibres.

Remarque générale.

Ficelles, cordes et cordages, tressés ou non, même imprégnés, enduits, recouverts ou gainés de caoutchouc ou de matière plastique, de jute ou d'autres fibres textiles libériennes, de sisal ou d'autres fibres textiles du genre Agave, de polyéthylène ou de polypropylène, d'autres fibres synthétiques et autres.

1 Rope only.
2 Tanganyika only.
3 In thousand metres.
4 Twelve months ending 31 March of year stated.
5 Incomplete coverage.

1 Cordage seulement.
2 Tanganyika seulement.
3 En milliers de mètres.
4 Période de douze mois finissant le 31 mars de l'année indiquée.
5 Couverture incomplète.

Narrow woven fabrics; labels, badges and similar articles of textile materials
Rubanerie; étiquettes, écussons et articles semblables en matières textiles

CPC-BASED CODE - CODE BASE CPC
27911-0

Unit: Metric tons | Unité: Tonnes métriques

Country or area	2003	2004	2005	2006	2007	2008	2009	2010	2011	2012	Pays ou zone
Africa											**Afrique**
Lesotho	2367	1416	2021	11665	4783	4774	2674	2865	...	...	Lesotho
America, North											**Amérique du Nord**
Mexico[1]	348598	325344	302295	315226	752840	707692	627521	733104	720643	788128	Mexique[1]
America, South											**Amérique du Sud**
Brazil	116425	71487	103814	146315	341738	322647	312330	276488	308440	307904	Brésil
Chile[1]	...	...	31511	32235	14923	14765	19668	22653	44982	...	Chili[1]
Ecuador	...	...	...	...	...	17325	...	...	...	...	Équateur
Asia											**Asie**
China, Macao SAR	...	3	C	C	...	...	...	...	...	...	Chine, Macao RAS
Europe											**Europe**
Croatia	...	131	144	154	199	196	157	155	175	165	Croatie
Finland	...	...	...	...	...	1495	1000	1120	961	1591	Finlande
Germany	31797	33586	32136	C	C	28881	C	C	C	C	Allemagne
Hungary	1082	1047	1226	127	113	...	...	...	...	...	Hongrie
Romania	[2]183	[2]195	[2]193	[2]241	[2]110	[3]161	...	...	...	...	Roumanie
Russian Federation[1]	[4]460050	[4]430466	[4]382546	[4]386870	[4]390552	[4]392759	[4]256430	353389	415735	354766	Fédération de Russie[1]
Slovenia	308	275	...	...	...	...	...	C	...	...	Slovénie

General Note.

Narrow woven fabrics; narrow fabrics of warp without weft assembled by adhesive (bolducs); labels, badges and similar articles of textile materials, not embroidered; braids in the piece; ornamental trimmings in the piece, without embroidery, other than knitted or crocheted; tassels, pompons and similar articles.

Remarque générale.

Rubanerie; rubans sans trame, en fils ou fibres parallélisés et encollés (bolducs); étiquettes, écussons et articles similaires en matières textiles, non brodés; tresses en pièces; articles de passementerie et articles ornementaux analogues, en pièces, sans broderie, autres que ceux en bonneterie; glands, floches, olives, noix, pompons et articles similaires.

[1] In thousand metres.
[2] Excluding Prodcom 2002 code 17.54.11.30.
[3] Excluding Prodcom 2008 code 13.96.17.30.
[4] Banded and wicker textile-haberdashery products.

[1] En milliers de mètres.
[2] 2002 code Prodcom 17.54.11.30 non compris.
[3] 2008 code Prodcom 13.96.17.30 non compris.
[4] Produits de mercerie en osier et bandes.

Nonwoven textiles
Textiles non-tissés

CPC-BASED CODE - CODE BASE CPC
27922-0 A

Unit: Thousand metric tons — Unité: Milliers de tonnes métriques

Country or area	2003	2004	2005	2006	2007	2008	2009	2010	2011	2012	Pays ou zone
Africa											**Afrique**
Egypt	...	0.6	...	...	...	...	...	...	...	...	Égypte
America, North											**Amérique du Nord**
Mexico	95.2	95.4	80.7	91.8	87.8	81.9	86.8	98.0	96.5	98.0	Mexique
America, South											**Amérique du Sud**
Brazil	131.2	152.9	191.5	164.3	266.0	336.2	330.4	386.0	...	...	Brésil
Chile	...	...	...	...	...	0.1	0.1	0.1	0.2	...	Chili
Ecuador	...	1.7	2.7	3.8	2.4	2.5	...	...	...	...	Équateur
Asia											**Asie**
India	11.8	15.6	11.5	...	...	...	...	...	...	...	Inde
Turkey	...	...	48.3	55.3	54.7	40.0	52.4	73.7	113.6	156.3	Turquie
Europe											**Europe**
Bulgaria	1.3	1.6	1.4	1.1	1.6	1.5	1.0	1.5	1.4	1.5	Bulgarie
Croatia	...	0.1	0.1	0.2	0.2	0.2	0.1	0.1	0.2	0.1	Croatie
Czech Republic	58.1	64.8	78.9	89.5	115.8	125.6	137.5	140.1	C	C	République tchèque
Denmark	28.2	29.9	30.1	33.0	45.5	51.1	45.8	51.1	...	...	Danemark
Estonia	...	2.1	1.7	1.5	1.0	1.8	2.5	3.8	3.1	1.8	Estonie
Finland	35.0	38.3	33.3	31.1	36.3	33.5	28.0	26.1	23.3	21.8	Finlande
Germany	329.6	340.7	340.1	360.5	374.3	379.1	340.2	371.8	396.0	391.0	Allemagne
Hungary	18.5	19.1	16.0	16.5	15.2	12.7	12.9	7.4	22.2	19.7	Hongrie
Ireland	4.5	7.5	...	...	...	...	...	...	...	...	Irlande
Italy	232.7	231.4	...	...	...	...	...	...	...	...	Italie
Lithuania	2.8	3.2	4.8	3.8	3.4	3.5	2.7	2.8	3.4	3.6	Lituanie
Poland	37.6	44.6	47.6	52.3	57.5	52.6	48.3	52.5	55.3	67.0	Pologne
Portugal	2.9	3.0	2.7	2.6	2.7	2.6	2.8	6.0	...	...	Portugal
Rep. of Moldova	...	0.1	0.1	0.1	0.1	0.1	0.1	0.1	...	...	Rép. de Moldova
Romania	5.0	6.4	8.3	3.3	2.4	2.6	2.5	3.3	3.7	3.0	Roumanie
Serbia	...	...	...	1.3	...	...	...	...	...	...	Serbie
Slovakia	1.3	1.8	2.3	2.1	1.4	1.6	1.0	0.6	2.3	3.5	Slovaquie
Slovenia	10.9	12.6	13.0	14.6	16.5	17.8	18.4	20.7	26.0	27.7	Slovénie
Spain	...	98.6	97.7	108.4	102.9	89.7	C	C	113.6	C	Espagne
Sweden	C	40.9	38.1	31.5	40.7	43.6	36.0	36.2	36.2	35.8	Suède
TFYR of Macedonia	0.1	0.0	0.1	0.0	0.0	0.0	0.0	0.0	0.0	0.0	L'ex-RY de Macédoine
Ukraine	6.8	8.8	11.6	14.7	16.1	16.6	14.5	16.2	17.8	20.0	Ukraine
United Kingdom	143.6	...	...	...	...	53.0	48.9	53.3	49.6	48.3	Royaume-Uni

General Note.
Nonwovens, whether or not impregnated, coated, covered or laminated, of man-made filaments or other.

Remarque générale.
Textiles non-tissés, même imprégnés, enduits, recouverts ou stratifiés, de filaments synthétiques ou artificiels ou autres.

Nonwoven textiles
Textiles non-tissés

CPC-BASED CODE - CODE BASE CPC
27922-0 B

Unit: Thousand square metres — Unité: Milliers de mètres carrés

Country or area	2003	2004	2005	2006	2007	2008	2009	2010	2011	2012	Pays ou zone
Asia											**Asie**
Iraq	...	423	...	...	...	...	...	...	...	...	Iraq
Kazakhstan	1950	2201	2370	1484	1238	...	...	...	...	...	Kazakhstan
Kyrgyzstan	943	905	1015	767	671	2004	1680	2504	4724	3183	Kirghizistan
Tajikistan	1790	1666	1729	1498	1733	1179	1229	1041	1137	1383	Tadjikistan
Europe											**Europe**
Belarus	135155	162259	150225	177685	170525	182634	159518	308541	389036	434271	Bélarus
Bulgaria	6635	5826	4988	5178	6476	...	...	...	...	...	Bulgarie
Hungary	60590	117926	51555	53087	52427	...	...	...	...	...	Hongrie
Rep. of Moldova	...	390	488	400	522	703	464	486	C	C	Rép. de Moldova
Romania	12999	13880	14827	15455	13326	14385	13234	17961	20097	18378	Roumanie
Russian Federation	216000	229000	306000	316249	349748	356603	989153	1640355	2206953	2370930	Fédération de Russie
Serbia	...	...	...	6167	...	...	...	...	...	...	Serbie
TFYR of Macedonia	233	267	209	129	0	0	0	0	0	0	L'ex-RY de Macédoine

General Note.

Nonwovens, whether or not impregnated, coated, covered or laminated, of man-made filaments or other.

Remarque générale.

Textiles non-tissés, même imprégnés, enduits, recouverts ou stratifiés, de filaments synthétiques ou artificiels ou autres.

Wadding of textile materials and articles thereof; flock, textile dust and mill neps
Ouates de matières textiles et articles en ces ouates; tontisses, nœuds et noppes de matières textiles

CPC-BASED CODE - CODE BASE CPC
27991-0

Unit: Metric tons — Unité: Tonnes métriques

Country or area	2003	2004	2005	2006	2007	2008	2009	2010	2011	2012	Pays ou zone
Africa											**Afrique**
Egypt	...	...	...	...	...	590	785	...	162	...	Égypte
America, North											**Amérique du Nord**
Mexico	...	...	...	...	21848	20622	19666	21621	22909	20518	Mexique
America, South											**Amérique du Sud**
Brazil	C	1632	3013	3137	3018	C	C	304	454	713	Brésil
Asia											**Asie**
Azerbaijan	22	35	44	0	0	0	0	0	0	0	Azerbaïdjan
Kazakhstan	376	430	612	486	246	...	...	...	...	...	Kazakhstan
Kyrgyzstan	375	99	84	26	29	17	0	0	0	0	Kirghizistan
Rep. of Korea	92907	78414	67877	...	...	...	...	...	...	...	Rép. de Corée
Turkey	...	...	C	C	32254	C	C	C	47704	C	Turquie
Europe											**Europe**
Belarus	375	315	447	806	1063	1222	1167	1528	1016	995	Bélarus
Bulgaria	2683	2794	2614	3382	3541	3374	4296	5569	7766	9361	Bulgarie
Croatia	...	1016	887	1044	1471	1680	1350	1236	1705	1832	Croatie
Denmark	0	0	0	65	69	...	...	...	...	...	Danemark
Estonia	...	C	C	C	0	0	...	0	3	...	Estonie
Finland	81	81	256	257	262	225	199	1081	1071	835	Finlande
Germany	43296	47475	C	63802	67243	60393	C	52109	60016	59437	Allemagne
Greece[1]	1790	2286	...	...	...	...	...	...	...	...	Grèce[1]
Hungary	2214	2131	694	754	C	C	C	...	C	...	Hongrie
Italy	86259	80999	...	...	...	...	...	...	...	...	Italie
Lithuania	0	0	0	0	0	3461	3519	5525	6596	6384	Lituanie
Poland	9456	9869	8761	8817	8574	9362	6921	6246	8954	9018	Pologne
Portugal	3941	3641	5026	4789	5023	4556	3856	3929	...	...	Portugal
Rep. of Moldova	...	455	657	362	97	...	...	...	...	...	Rép. de Moldova
Romania	4436	4913	3837	4661	4433	3594	3162	4429	3423	3173	Roumanie
Serbia	...	...	...	439	...	...	...	...	...	...	Serbie
Spain	...	15944	15171	14853	12896	11409	C	11294	C	C	Espagne
Sweden	2932	3138	1845	2111	1300	1136	973	895	593	966	Suède
TFYR of Macedonia	173	12	6	0	0	0	0	0	0	0	L'ex-RY de Macédoine
Ukraine	4927	6122	6734	12088	15148	18825	17592	17277	15599	19922	Ukraine
United Kingdom	50122	...	...	...	C	C	C	C	C	C	Royaume-Uni

General Note.

Wadding of textile materials and articles thereof such as sanitary towels and tampons, napkins and napkin liners for babies and similar sanitary articles, and other articles of wadding of cotton, man-made or other fibres; textile fibres, not exceeding 5 mm in length (flock), textile dust and mill neps.

Remarque générale.

Ouates de matières textiles et articles en ces ouates comme les serviettes et tampons hygiéniques, couches pour bébés et articles hygiéniques similaires, et autres articles en ouate de coton, en fibres synthétiques ou artificielles ou autres; fibres textiles d'une longueur n'excédant pas 5 mm (tontisses), noeuds et noppes (boutons) de matières textiles.

[1] Excluding Prodcom 2002 code 17.54.31.30.

[1] 2002 code Prodcom 17.54.31.30 non compris.

Tyre cord fabric of high tenacity yarn
Nappes tramées pour pneumatiques obtenues à partir de fils de haute ténacité

CPC-BASED CODE - CODE BASE CPC
27996-0

Unit: Metric tons | Unité: Tonnes métriques

Country or area	2003	2004	2005	2006	2007	2008	2009	2010	2011	2012	Pays ou zone
America, North											**Amérique du Nord**
Mexico	6058	7678	7212	6768	...	...	...	...	...	...	Mexique
America, South											**Amérique du Sud**
Brazil	...	12945	25890	51182	53290	26005	26866	9985	11615	14395	Brésil
Asia											**Asie**
India	81124	...	42828	...	...	...	...	...	...	...	Inde
Japan	14225	14413	16224	17872	17182	19621	15694	21645	20916	19648	Japon
Rep. of Korea	118147	106465	114778	...	...	...	...	...	...	...	Rép. de Corée
Europe											**Europe**
Germany	14253	14065	14017	15189	14904	17345	14470	19663	C	C	Allemagne
Hungary	C	869	C	C	C	...	...	C	C	C	Hongrie
Poland	11137	12174	14875	16780	C	C	C	C	C	C	Pologne
Romania	2861	3780	4763	4730	5742	C	C	C	C	C	Roumanie
Serbia	...	...	...	86	...	...	...	...	...	...	Serbie
Sweden	329	95	114	114	C	C	...	...	...	...	Suède
United Kingdom	10190	...	...	...	...	...	...	...	...	...	Royaume-Uni

General Note.

Tyre cord fabric of high tenacity yarn of nylon or other polyamides, polyesters or viscose rayon.

Remarque générale.

Nappes tramées pour pneumatiques obtenues à partir de fils de haute ténacité de nylon ou d'autres polyamides, de polyesters ou de rayonne viscose.

Textile products and articles for technical uses
Produits et articles textiles pour usages techniques

CPC-BASED CODE - CODE BASE CPC

27998-0

Unit: Metric tons | Unité: Tonnes métriques

Country or area	2003	2004	2005	2006	2007	2008	2009	2010	2011	2012	Pays ou zone
America, South											**Amérique du Sud**
Brazil	21663	19089	32171	39785	24412	11780	13592	19567	27841	33906	Brésil
Ecuador	...	182	105	115	279	103	...	...	...	...	Équateur
Asia											**Asie**
India	1	39	115	...	...	...	...	...	...	...	Inde
Kazakhstan	144	135	233	237	226	...	...	...	...	...	Kazakhstan
Kyrgyzstan	22	3	0	0	0	0	0	0	0	0	Kirghizistan
Turkey	...	...	11285	1921	C	C	C	595	C	C	Turquie
Europe											**Europe**
Bulgaria	C	22	C	C	78	45	36	25	18	C	Bulgarie
Croatia	...	...	...	...	...	0	291	212	248	251	Croatie
Czech Republic	5792	5723	5271	5511	6308	4311	3517	4945	4851	4713	République tchèque
Denmark	18	27	30	13	93	...	...	...	...	...	Danemark
Estonia	...	C	54	374	478	503	362	851	879	813	Estonie
Finland	C	C	2812	2857	3292	C	C	C	C	...	Finlande
Hungary	282	634	1912	922	531	306	898	915	1055	1361	Hongrie
Ireland	954	1222	...	...	...	...	...	...	...	...	Irlande
Italy[1]	18994	18283	...	...	...	...	...	...	...	...	Italie[1]
Latvia	59	C	C	C	C	C	C	...	C	C	Lettonie
Lithuania	43	33	35	90	113	132	126	132	243	300	Lituanie
Poland	6878	7404	7668	8832	8989	8495	9058	9142	4355	4329	Pologne
Portugal	C	C	C	C	31	14	19	C	...	...	Portugal
Romania	54	32	13	0	0	C	C	C	C	C	Roumanie
Slovenia	471	C	C	C	C	C	C	C	C	C	Slovénie
Spain	...	3114	3266	4041	4460	4138	3149	3512	3527	3654	Espagne
Sweden	6790	6442	6834	8829	16504	3697	3147	3531	3178	3541	Suède
Ukraine	0	0	C	275	494	1707	276	335	449	364	Ukraine
United Kingdom	3308	...	...	...	...	C	7739	7091	7697	6402	Royaume-Uni

General Note.

Textile wicks, woven, plaited or knitted , for lamps, stoves, lighters, candles or the like; incandescent gas mantles and tubular knitted gas mantle fabric therefor, whether or not impregnated; Textile hosepiping and similar textile tubing, with or without lining, armour or accessories of other materials; Transmission or conveyor belts or belting, of textile material, whether or not impregnated, coated, covered or laminated with plastics, or reinforced with metal or other material and other textile products and articles, for technical uses.

Remarque générale.

Mèches tissées, tressées ou tricotées, en matières textiles, pour lampes, réchauds, briquets, bougies ou similaires; manchons à incandescence et étoffes tubulaires tricotées servant à leur fabrication, même imprégnés; tuyaux pour pompes et tuyaux similaires, en matières textiles, même avec armatures ou accessoires en autres matières; courroies transporteuses ou de transmission en matières textiles, même imprégnées, enduites, recouvertes de matière plastique ou stratifiées avec de la matière plastique ou renforcées de métal ou d'autres matières et autres produits et articles textiles, pour usages techniques.

[1] Excluding Prodcom 2002 code 17.54.38.30.

[1] 2002 code Prodcom 17.54.38.30 non compris.

Knitted or crocheted fabrics
Etoffes de bonneterie

CPC-BASED CODE - CODE BASE CPC
28100-0 A

Unit: Thousand metric tons — Unité: Milliers de tonnes métriques

Country or area	2003	2004	2005	2006	2007	2008	2009	2010	2011	2012	Pays ou zone
Africa											**Afrique**
South Africa[1]	11.0	...	...	...	...	...	...	...	...	...	Afrique du Sud[1]
America, North											**Amérique du Nord**
Mexico	33.9	35.7	33.4	31.5	41.1	36.4	32.2	34.8	31.4	30.8	Mexique
United States	497.0	C	C	C	278.1	228.2	119.3	149.2	...	...	États-Unis
America, South											**Amérique du Sud**
Brazil	147.3	154.7	185.6	185.9	219.3	267.6	251.5	305.0	291.6	341.1	Brésil
Ecuador	0.4	0.5	0.6	1.1	0.5	0.5	...	...	...	...	Équateur
Peru	6.5	7.9	8.5	9.9	11.9	10.8	9.3	10.7	9.3	8.8	Pérou
Asia											**Asie**
China, Hong KongSAR	9.8	10.4	6.8	...	...	...	...	...	...	...	Chine,Hong KongRAS
Cyprus	0.4	...	...	...	...	...	...	...	...	...	Chypre
Japan	130.0	127.8	125.2	156.7	121.5	114.5	101.9	86.9	...	...	Japon
Turkey	36.2	32.5	#273.1	329.1	370.4	333.8	322.2	398.6	411.6	495.5	Turquie
Europe											**Europe**
Austria	14.2	...	...	...	...	...	...	...	...	...	Autriche
Belarus	6.3	6.3	6.4	6.6	6.2	6.7	7.4	7.6	8.2	7.9	Bélarus
Belgium[2]	9.2	...	...	...	...	...	...	...	...	...	Belgique[2]
Bulgaria	1.4	1.8	2.9	4.0	10.8	5.6	3.2	2.3	1.6	1.8	Bulgarie
Croatia	2.5	2.3	2.3	2.2	2.9	2.6	2.4	2.2	2.5	1.8	Croatie
Czech Republic	9.0	8.1	7.4	7.2	12.9	6.5	4.5	C	C	C	République tchèque
Denmark	0.0	...	0.0	0.5	3.8	...	...	...	...	...	Danemark
Estonia	...	C	1.0	1.0	0.9	C	C	0.3	0.3	0.4	Estonie
Finland	...	2.3	2.1	1.9	2.0	2.2	2.4	2.6	2.4	2.4	Finlande
Germany	66.4	66.4	63.5	63.6	C	54.4	47.8	54.2	56.8	55.7	Allemagne
Greece[2]	31.1	...	...	...	...	...	...	...	...	...	Grèce[2]
Hungary	1.7	1.6	1.1	0.8	0.6	0.4	0.2	0.2	0.8	0.2	Hongrie
Italy	219.0	201.0	...	...	...	...	...	...	...	...	Italie
Lithuania	0.8	0.9	0.9	0.8	0.7	0.7	0.5	0.6	0.6	0.6	Lituanie
Poland	25.3	26.1	35.7	23.8	23.9	20.9	20.5	17.6	C	C	Pologne
Portugal	59.4	59.4	55.1	56.5	54.5	49.0	46.6	50.5	...	...	Portugal
Rep. of Moldova	...	0.1	0.1	0.0	0.0	...	...	...	...	...	Rép. de Moldova
Romania	2.0	0.4	0.8	1.0	0.8	0.4	0.1	0.1	0.1	0.2	Roumanie
Russian Federation[3]	13.8	14.0	12.8	12.3	11.0	9.7	6.9	8.3	7.2	7.1	Fédération de Russie[3]
Slovakia	0.3	0.3	0.0	0.3	1.3	4.3	4.5	4.7	4.8	5.5	Slovaquie
Slovenia	C	C	C	C	C	0.3	C	C	C	0.2	Slovénie
Spain	69.3	70.1	58.4	59.6	52.5	31.9	28.1	30.5	38.5	39.0	Espagne
Sweden	C	9.8	12.1	13.8	6.1	13.6	9.4	12.1	12.5	5.8	Suède
TFYR of Macedonia	0.6	...	...	...	...	...	...	...	...	...	L'ex-RY de Macédoine
Ukraine	5.3	6.3	5.9	5.7	4.7	3.0	2.8	3.9	4.8	4.5	Ukraine
United Kingdom	73.6	[4]32.3	C	C	19.5	19.9	15.5	17.5	13.9	14.7	Royaume-Uni
Oceania											**Océanie**
Australia[5]	6.5	8.0	7.5	5.2	...	...	...	...	...	...	Australie[5]

General Note.

Pile fabrics, including "long pile" fabrics and terry fabrics, knitted or crocheted; knitted or crocheted fabrics containing by weight 5 % or more of elastomeric yarn or rubber thread; warp knit fabrics (including those made on galloon knitting machines), knitted or crocheted and other knitted or crocheted fabrics.

Remarque générale.

Velours, peluches (y compris les étoffes dites "à longs poils") et étoffes bouclées, en bonneterie; étoffes de bonneterie contenant en poids 5 % ou plus de fils d'élastomères ou de fils de caoutchouc; étoffes de bonneterie chaîne (y compris celles obtenues sur métiers à galonner) et autres étoffes de bonneterie.

1 Knitted cloth, cotton only.
2 Incomplete coverage.
3 Knitted linen only.
4 Excluding Prodcom 2002 code 17.60.11.30.
5 Twelve months ending 30 June of year stated.

1 Tissus en bonneterie, de coton seulement.
2 Couverture incomplète.
3 Linge en bonneterie seulement.
4 2002 code Prodcom 17.60.11.30 non compris.
5 Période de douze mois finissant le 30 juin de l'année indiquée.

Knitted or crocheted fabrics
Etoffes de bonneterie

CPC-BASED CODE - CODE BASE CPC
28100-0 B

Unit: Thousand square metres — Unité: Milliers de mètres carrés

Country or area	2003	2004	2005	2006	2007	2008	2009	2010	2011	2012	Pays ou zone
Africa											**Afrique**
Nigeria	111218	111030	111011	...	...	...	...	...	...	...	Nigéria
United R. of Tanzania	19018	[1]15414	[1]11320	[1]16832	[1]17388	[1]14557	[1]9554	...	...	...	Rép.-U. de Tanzanie
Asia											**Asie**
Japan	...	...	...	...	...	...	...	...	83855	102612	Japon
Thailand	2032	2166	2301	2373	2296	2319	...	...	...	...	Thaïlande
Europe											**Europe**
Bulgaria	8612	10005	...	...	...	...	...	...	...	...	Bulgarie
Denmark	15196	21155	22580	8053	3846	...	...	...	...	...	Danemark
Hungary	8563	6815	5530	4612	3481	...	...	...	...	...	Hongrie
Rep. of Moldova	...	110	131	54	2	...	...	...	...	...	Rép. de Moldova

General Note.

Pile fabrics, including "long pile" fabrics and terry fabrics, knitted or crocheted; knitted or crocheted fabrics containing by weight 5 % or more of elastomeric yarn or rubber thread; warp knit fabrics (including those made on galloon knitting machines), knitted or crocheted and other knitted or crocheted fabrics.

[1] Tanganyika only.

Remarque générale.

Velours, peluches (y compris les étoffes dites "à longs poils") et étoffes bouclées, en bonneterie; étoffes de bonneterie contenant en poids 5 % ou plus de fils d'élastomères ou de fils de caoutchouc; étoffes de bonneterie chaîne (y compris celles obtenues sur métiers à galonner) et autres étoffes de bonneterie.

[1] Tanganyika seulement.

Panty hose and tights, knitted or crocheted
Collants (bas-culottes), en bonneterie

CPC-BASED CODE - CODE BASE CPC

28210-1

Unit: Thousand units — Unité: Milliers d'unités

Country or area	2003	2004	2005	2006	2007	2008	2009	2010	2011	2012	Pays ou zone
Africa											**Afrique**
South Africa	108136	...	...	...	...	...	...	...	...	...	Afrique du Sud
America, North											**Amérique du Nord**
Mexico	51744	35638	27490	24304	23447	20672	21068	14127	13598	15402	Mexique
America, South											**Amérique du Sud**
Brazil	329942	49004	31188	50403	26084	39826	54531	64459	63235	44616	Brésil
Chile	...	...	[1]76220	[1]70484	68002	46941	28035	19789	87150	...	Chili
Ecuador	...	...	...	...	...	10	...	...	...	...	Équateur
Asia											**Asie**
Azerbaijan	139	24	43	1	3	2	1	2	0	39	Azerbaïdjan
Iran (Islamic Rep. of)	...	3382	1730	2260	2945	2878	...	...	...	...	Iran (Rép. islam. d')
Japan	383369	375265	349627	296674	287792	276086	254625	205775	286298	243709	Japon
Kazakhstan	781	829	708	757	844	...	...	...	...	...	Kazakhstan
Kyrgyzstan	91	39	19	9	0	4	334	610	516	731	Kirghizistan
Turkey	...	...	180758	138620	C	C	219712	258200	307957	332456	Turquie
Europe											**Europe**
Belarus	25625	30888	33587	39063	48011	49441	58077	64780	71418	76618	Bélarus
Bulgaria	4487	4731	4067	5083	4281	4977	3614	3965	6989	4517	Bulgarie
Croatia	...	14410	14769	17952	25168	28047	31437	35482	41192	49876	Croatie
Czech Republic	...	...	C	C	C	C	22246	14061	13812	11750	République tchèque
Denmark	523	446	503	514	0	0	22	40	61	35	Danemark
Estonia	...	366	377	1167	1296	1181	1281	1500	1454	307	Estonie
Finland	6770	7144	5946	5597	5232	5240	5279	4384	4970	4205	Finlande
Germany	88400	82535	78381	71766	70489	65821	58740	51375	53262	C	Allemagne
Hungary	1388	715	C	C	C	2332	1518	1055	821	779	Hongrie
Italy	2010219	1989082	...	...	...	...	...	...	...	...	Italie
Latvia	5777	7461	C	C	C	C	C	C	C	C	Lettonie
Lithuania	11734	8032	10711	7635	6451	6740	6809	10004	7474	8214	Lituanie
Poland	95750	113007	110307	115240	141914	151358	133257	145604	151857	119813	Pologne
Portugal	43735	37228	44530	44164	37533	37339	40078	38231	...	...	Portugal
Rep. of Moldova	...	312	505	484	521	571	720	592	C	C	Rép. de Moldova
Romania	116364	134674	113954	181638	250992	148700	191092	90184	56298	39024	Roumanie
Serbia[2]	...	...	...	68984	101090	101846	191087	200746	...	...	Serbie[2]
Slovakia	35459	39553	43440	3483	...	...	38376	37954	41970	39773	Slovaquie
Spain	...	30096	28684	25305	29404	31055	29214	23636	27867	28666	Espagne
Sweden	182	169	183	189	0	0	0	0	0	0	Suède
Ukraine	16153	13994	13830	13247	16454	16605	18385	27688	30570	35593	Ukraine
United Kingdom[3]	296591	156141	C	C	C	C	C	C	C	C	Royaume-Uni[3]
Oceania											**Océanie**
Australia[4]	27315	25091	18791	12659	12934	13876	...	...	...	...	Australie[4]

General Note.

Panty hose and tights, of synthetic fibres, of wool or fine animal hair, of cotton and of other textile materials, knitted or crocheted.

Remarque générale.

Collants (bas-culottes), de fibres synthétiques, de laine ou de poils fins, de coton et d'autres matières textiles, en bonneterie.

[1] Including socks, stockings and other women's hosiery, knitted or crocheted.

[2] All hosiery.

[3] Excluding Prodcom 2002 code 17.71.10.37.

[4] Twelve months ending 30 June of year stated.

[1] Y compris chaussettes, bas, mi-bas et autres articles chaussants féminins, en bonneterie.

[2] Tous les articles de bonneterie.

[3] 2002 code Prodcom 17.71.10.37 non compris.

[4] Période de douze mois finissant le 30 juin de l'année indiquée.

Socks, stockings and other women's hosiery, knitted or crocheted
Chaussettes, bas, mi bas, et autres articles chaussants féminins, en bonneterie

CPC-BASED CODE - CODE BASE CPC
28210-2

Unit: Thousand pairs | Unité: Milliers de paires

Country or area	2003	2004	2005	2006	2007	2008	2009	2010	2011	2012	Pays ou zone
Africa											**Afrique**
Algeria	816	936	698	360	246	11	16	31	166	462	Algérie
Egypt	576	166	209	239	...	738	194	...	77	...	Égypte
America, North											**Amérique du Nord**
Cuba	2200	1100	1000	700	1500	3100	3003	2335	1677	3519	Cuba
Mexico	95767	106179	89329	93845	166661	142817	123419	118522	105264	128483	Mexique
America, South											**Amérique du Sud**
Brazil	182297	179142	141368	133585	164104	225231	244568	292983	263377	208235	Brésil
Ecuador	...	27082	24745	35090	40645	26678	...	...	...	...	Équateur
Asia											**Asie**
Armenia	418	339	454	674	1243	1199	1784	1559	2516	2689	Arménie
Azerbaijan	1311	1854	2969	3176	3078	1850	1185	1976	3449	5520	Azerbaïdjan
India	36802	26657	14447	...	...	...	...	...	...	...	Inde
Iran (Islamic Rep. of)	...	6850	6228	7895	9018	4091	...	...	...	...	Iran (Rép. islam. d')
Iraq	...	143	...	...	...	3572	916	726	166	300	Iraq
Kazakhstan	2545	2573	1946	2367	1921	...	...	...	...	...	Kazakhstan
Kyrgyzstan	609	553	283	392	1987	8295	12929	64656	44325	74504	Kirghizistan
Syrian Arab Republic	8003	9045	9234	12704	18659	20084	...	...	...	...	Rép. arabe syrienne
Turkey	...	...	1182500	C	1223566	1188979	1119239	1232620	1209406	1197537	Turquie
Viet Nam	29016	25547	35536	40800	57523	55590	59937	52116	...	...	Viet Nam
Europe											**Europe**
Belarus	14389	12693	13884	12355	15474	18072	20496	21014	...	...	Bélarus
Bulgaria	28127	41026	49640	60130	59484	70438	58499	53634	46239	38152	Bulgarie
Croatia	...	20225	25519	29572	36178	37131	35293	37031	40974	44496	Croatie
Czech Republic	19239	26757	26906	20651	19844	10544	7407	9933	7950	6626	République tchèque
Denmark	...	...	2046	2113	1152	...	1916	2358	2434	2450	Danemark
Estonia	...	7373	7265	6607	6551	5102	4142	3955	3409	3621	Estonie
Finland	1927	2594	2187	2073	2236	2257	2276	1890	2116	1550	Finlande
Germany	143000	146788	128967	111883	110215	101638	91414	77636	80939	72359	Allemagne
Greece[1]	25050	28596	...	...	...	...	...	...	...	...	Grèce[1]
Hungary	4867	4115	3541	9817	10065	8372	7686	1703	2234	4790	Hongrie
Iceland	...	299	299	...	261	249	217	179	201	206	Islande
Ireland	15699	4958	...	...	...	...	...	...	...	...	Irlande
Italy	838533	821206	...	...	...	...	...	...	...	...	Italie
Latvia	C	C	23504	19733	19401	17677	12831	14023	18000	12597	Lettonie
Lithuania	55684	43766	48657	49768	37763	38488	30505	31647	34863	59067	Lituanie
Montenegro[2]	5	173	8	14	9	...	...	...	...	...	Monténégro[2]
Norway	1053	784	656	...	...	...	...	...	...	...	Norvège
Poland	107618	124095	136670	142295	160582	163445	148558	162791	173158	150575	Pologne
Portugal	338166	339841	343706	309891	261863	239488	245349	258133	...	...	Portugal
Rep. of Moldova	...	676	577	1034	907	987	743	696	C	C	Rép. de Moldova
Romania	97732	190625	184779	149301	141907	67410	58965	53978	51260	57718	Roumanie
Russian Federation	274300	242400	281600	325335	337716	318921	298423	321666	288797	278742	Fédération de Russie
Serbia	...	...	...	5133	...	...	...	...	...	...	Serbie
Slovakia	48276	53014	67240	75441	74216	84546	78927	55934	44826	65912	Slovaquie
Slovenia	C	C	C	C	C	C	C	C	12728	C	Slovénie
Spain	...	178430	157575	141813	145592	111524	95602	80198	62946	60001	Espagne
Sweden	8392	7985	7324	6804	5471	6297	C	4496	4848	4025	Suède
Ukraine	26370	36360	37598	38348	43080	44752	40777	48996	59394	47428	Ukraine
United Kingdom	260471	124970	C	C	C	C	C	51828	C	C	Royaume-Uni
Oceania											**Océanie**
Australia[3]	17049	16178	18521	14569	13809	12565	...	...	...	...	Australie[3]

General Note.

Socks, stockings and other hosiery, including stockings for varicose veins and footwear without applied soles, of synthetic fibres, of wool or fine animal hair, of cotton and of other textile materials, knitted or crocheted.

Remarque générale.

Chaussettes, bas, mi bas, et autres articles chaussants, y compris les bas à varices, de fibres synthétiques, de laine ou de poils fins, de coton et d'autres matières textiles, en bonneterie.

[1] Excluding Prodcom 2002 code 17.71.10.50.
[2] All hosiery.
[3] Twelve months ending 30 June of year stated.

[1] 2002 code Prodcom 17.71.10.50 non compris.
[2] Tous les articles de bonneterie.
[3] Période de douze mois finissant le 30 juin de l'année indiquée.

Men's or boys' suits, coats, jackets, trousers and the like, knitted or crocheted
Costumes ou complets, manteaux, vestons, pantalons, etc., en bonneterie, pour hommes ou garçonnets

CPC-BASED CODE - CODE BASE CPC
28221-0

Unit: Thousand units | Unité: Milliers d'unités

Country or area	2003	2004	2005	2006	2007	2008	2009	2010	2011	2012	Pays ou zone
Africa											**Afrique**
Egypt	1139	309	835	823	...	66	1001	...	455	...	Égypte
Kenya	296	260	253	400	950	350	275	351	...	...	Kenya
Lesotho	7590	7025	6750	6783	5499	3434	3060	...	...	...	Lesotho
America, North											**Amérique du Nord**
Cuba	2788	2469	2687	2868	2667	3600	3465	3696	3574	3687	Cuba
Mexico	...	...	...	...	578	1915	1207	1238	1522	984	Mexique
America, South											**Amérique du Sud**
Brazil	48604	35893	43250	41965	32538	28307	33116	40093	38293	44967	Brésil
Chile	...	...	726	444	362	206	283	116	344	...	Chili
Ecuador	...	419	251	178	193	170	...	...	...	...	Équateur
Asia											**Asie**
Azerbaijan	9	6	124	51	69	150	153	325	311	284	Azerbaïdjan
China, Macao SAR	12125	...	...	...	...	...	...	...	...	...	Chine, Macao RAS
Cyprus	...	...	...	...	...	105	63	88	30	...	Chypre
Iraq	...	215	...	27	...	152	43	46	79	87	Iraq
Kazakhstan	39	6	7	15	10	...	...	...	...	...	Kazakhstan
Kyrgyzstan	11	4	2	0	0	0	0	0	0	0	Kirghizistan
Turkey	...	...	47253	45523	32798	34758	37927	46420	38623	39739	Turquie
Europe											**Europe**
Belarus	...	...	...	...	...	...	...	...	3931	4822	Bélarus
Bulgaria	209	294	410	309	350	526	438	229	370	668	Bulgarie
Croatia	...	5	19	269	46	90	66	69	66	74	Croatie
Czech Republic	...	...	28	24	236	79	62	49	34	28	République tchèque
Denmark	351	399	411	497	528	358	440	409	480	436	Danemark
Estonia	...	292	210	247	112	81	99	47	80	168	Estonie
Finland	37	37	32	45	23	24	15	16	14	14	Finlande
Germany	C	692	730	660	691	649	C	C	239	210	Allemagne
Hungary	71	61	59	146	46	33	81	73	36	104	Hongrie
Ireland	37	41	...	...	...	...	...	...	...	...	Irlande
Italy	36080	37248	...	...	...	...	...	...	...	...	Italie
Latvia	347	405	362	294	240	162	274	356	444	310	Lettonie
Lithuania	1191	793	648	458	683	616	506	259	351	352	Lituanie
Poland	1201	1135	1004	939	747	889	630	601	621	528	Pologne
Portugal	4562	4442	4162	4302	3515	3781	3637	4120	...	...	Portugal
Rep. of Moldova	...	637	641	753	1415	1590	802	791	1529	1133	Rép. de Moldova
Romania	13537	10312	3554	3215	1486	1545	1415	1432	1769	2059	Roumanie
Russian Federation	...	...	...	...	...	...	...	8238	5529	5458	Fédération de Russie
Serbia	...	...	...	219	...	...	...	...	...	...	Serbie
Slovakia	8	C	9	1	C	11	C	C	C	C	Slovaquie
Spain	...	3005	2795	2885	2389	2183	1670	1590	690	621	Espagne
Sweden	...	52	108	85	65	43	C	C	0	0	Suède
TFYR of Macedonia	587	434	521	469	824	639	584	325	349	213	L'ex-RY de Macédoine
Ukraine	528	405	354	312	278	215	276	479	510	394	Ukraine
United Kingdom	...	...	C	C	C	C	C	91	113	186	Royaume-Uni

General Note.

Men's or boys' overcoats, car-coats, capes, cloaks, anoraks (including ski-jackets), wind-cheaters, wind-jackets and similar articles, of wool or fine animal hair, of cotton, of synthetic fibres and of other textile materials, knitted or crocheted; men's or boys' suits, ensembles, jackets, blazers, trousers, bib and brace overalls, breeches and shorts (other than swimwear), of wool or fine animal hair, of cotton, of synthetic fibres and of other textile materials, knitted or crocheted.

Remarque générale.

Manteaux, cabans, capes, anoraks, blousons et articles similaires, pour hommes ou garçonnets, de laine ou de poils fins, de coton, de fibres synthétiques et d'autres matières textiles, en bonneterie; costumes ou complets, ensembles, vestons, pantalons, salopettes à bretelles, culottes et shorts (autres que pour le bain), pour hommes ou garçonnets, de laine ou de poils fins, de coton, de fibres synthétiques et d'autres matières textiles, en bonneterie.

Men's or boys' shirts, underpants, pyjamas and similar articles, knitted or crocheted
Chemises, caleçons, pyjamas et articles semblables, en bonneterie, pour hommes ou garçonnets

CPC-BASED CODE - CODE BASE CPC

28222-0

Unit: Thousand units — Unité: Milliers d'unités

Country or area	2003	2004	2005	2006	2007	2008	2009	2010	2011	2012	Pays ou zone
Africa											**Afrique**
Egypt	...	...	...	...	...	82392	10273	...	...	...	Égypte
Kenya	1905	1755	941	1017	2762	2610	1988	2066	1275	1377	Kenya
South Africa[1]	15913	...	...	...	...	...	...	...	...	...	Afrique du Sud[1]
America, North											**Amérique du Nord**
Mexico	22732	17932	18747	15209	#4361	3447	3052	3070	1666	2096	Mexique
America, South											**Amérique du Sud**
Brazil	96102	116868	172681	161704	178441	198716	193651	248207	262016	249074	Brésil
Chile	...	...	1383	1186	1000	813	820	203	232	...	Chili
Ecuador	...	1123	2221	1159	1946	2162	...	...	...	...	Équateur
Asia											**Asie**
Azerbaijan	138	248	191	202	202	221	357	181	11	284	Azerbaïdjan
China, Hong KongSAR	...	2337	...	...	...	2100	...	...	...	...	Chine,Hong KongRAS
China, Macao SAR	9885	...	...	...	...	...	...	...	...	...	Chine, Macao RAS
Cyprus	...	...	...	...	...	354	408	329	203	...	Chypre
Iran (Islamic Rep. of)	...	239	17	19	...	87	141	...	...	...	Iran (Rép. islam. d')
Iraq	...	648	...	550	...	7285	5151	...	2008	2367	Iraq
Kazakhstan	45	35	79	24	27	...	...	...	...	...	Kazakhstan
Kyrgyzstan	92	43	19	25	23	27	20	19	13	115	Kirghizistan
Turkey	...	...	76736	69301	74892	64352	56389	72480	100468	127788	Turquie
Europe											**Europe**
Belarus	...	...	...	...	...	...	...	...	9109	8290	Bélarus
Bulgaria	1821	1527	1609	2834	3176	5828	7150	8673	9700	7223	Bulgarie
Croatia	...	4676	4064	3333	4410	4119	2661	1773	1978	1534	Croatie
Czech Republic	8079	10487	8021	7749	5487	4857	2995	C	C	C	République tchèque
Denmark	5291	5140	3773	3492	3153	2983	2530	2144	1864	1787	Danemark
Estonia	...	1587	1418	1268	1031	937	792	830	822	844	Estonie
Finland	1616	1380	208	178	166	150	163	50	45	33	Finlande
Germany	10872	8679	C	5736	5060	5461	5043	C	5311	5326	Allemagne
Greece	[2]20667	11711	...	...	...	...	...	...	...	...	Grèce
Hungary	623	710	395	345	1004	488	227	479	1006	661	Hongrie
Italy	67053	64653	...	...	...	...	...	...	...	...	Italie
Latvia	1231	1173	991	688	632	519	457	376	508	225	Lettonie
Lithuania	5971	6503	6168	5727	5484	5139	5162	5323	5163	3780	Lituanie
Poland	7710	7387	6036	6246	6637	4469	6721	5963	5037	4695	Pologne
Portugal	24980	20704	20089	18828	18081	15501	15017	12129	...	...	Portugal
Rep. of Moldova	...	3129	872	815	845	1104	538	399	379	454	Rép. de Moldova
Romania	44591	37880	26776	29344	26837	20797	17898	22054	20739	27602	Roumanie
Russian Federation	...	...	...	...	...	...	...	13727	12477	14158	Fédération de Russie
Serbia	...	...	...	888	...	...	...	...	...	...	Serbie
Slovakia	674	592	526	3449	339	431	292	292	265	344	Slovaquie
Slovenia	1050	963	911	C	1265	740	430	C	140	190	Slovénie
Spain	...	35134	32926	30194	27547	23726	15568	14594	11437	9267	Espagne
Sweden	1015	1921	692	664	567	395	267	267	C	181	Suède
TFYR of Macedonia	425	1301	1458	347	340	231	543	5138	6687	9520	L'ex-RY de Macédoine
Ukraine	1796	3266	2697	3083	2727	2496	2264	2079	1834	1868	Ukraine
United Kingdom	18877	8629	C	C	3427	C	C	C	C	637	Royaume-Uni

General Note.

Men's or boys' shirts, underpants, briefs, nightshirts, pyjamas, bathrobes, dressing gowns and similar articles, of cotton, of man-made fibres and of other textile materials, knitted or crocheted.

Remarque générale.

Chemises et chemisettes, slips, caleçons, chemises de nuit, pyjamas, peignoirs de bain, robes de chambre, pour hommes ou garçonnets, et articles similaires, de coton, de fibres synthétiques ou artificielles et d'autres matières textiles, en bonneterie.

[1] Knitted and woven apparel.

[2] Excluding Prodcom 2002 code 18.23.12.40.

[1] Vêtements tricotés et tissés.

[2] 2002 code Prodcom 18.23.12.40 non compris.

Women's or girls' suits, coats, jackets, dresses, skirts, trousers and the like, knitted or crocheted
Costumes tailleurs, manteaux, vestes, jupes, pantalons, etc., en bonneterie, pour femmes ou fillettes

CPC-BASED CODE - CODE BASE CPC

28223-0

Unit: Thousand units — Unité: Milliers d'unités

Country or area	2003	2004	2005	2006	2007	2008	2009	2010	2011	2012	Pays ou zone
Africa											**Afrique**
Egypt	463	88	27	20	...	2122	1513	...	1836	...	Égypte
South Africa[1]	7142	...	...	...	...	...	...	...	...	...	Afrique du Sud[1]
America, North											**Amérique du Nord**
Mexico	...	...	...	...	921	323	776	901	838	1256	Mexique
America, South											**Amérique du Sud**
Brazil	79428	65388	79144	88896	74253	75334	93268	104675	109162	129802	Brésil
Chile	...	...	67	252	71	61	18	40	175	...	Chili
Ecuador	...	386	341	258	218	159	...	...	...	...	Équateur
Asia											**Asie**
Azerbaijan	13	13	19	31	93	117	135	153	130	25	Azerbaïdjan
China, Hong KongSAR	723	...	...	...	...	...	...	...	...	...	Chine,Hong KongRAS
China, Macao SAR	18824	...	...	...	...	...	...	...	...	...	Chine, Macao RAS
Cyprus	...	...	...	...	...	586	514	419	323	...	Chypre
Iraq	...	...	...	716	...	...	16	...	23	4	Iraq
Kazakhstan	35	7	10	12	7	...	...	...	...	...	Kazakhstan
Kyrgyzstan	38	23	9	8	5	8	0	19	103	264	Kirghizistan
Turkey	...	...	72117	77884	91861	73317	75729	103530	114506	109352	Turquie
Europe											**Europe**
Belarus	...	...	...	...	...	...	...	...	9609	11130	Bélarus
Bulgaria	915	554	954	962	1308	1212	2065	3134	5163	6736	Bulgarie
Croatia	...	1099	1086	1013	911	791	279	190	246	232	Croatie
Czech Republic	...	...	331	312	365	178	298	157	C	C	République tchèque
Denmark	3531	2872	1756	2376	3382	2592	...	...	...	3171	Danemark
Estonia	...	507	568	635	513	343	236	271	312	263	Estonie
Finland	...	859	664	607	362	260	183	188	205	190	Finlande
Germany	2788	2651	2294	1656	1676	1172	496	490	514	411	Allemagne
Greece[2]	3826	...	...	...	...	...	...	...	...	...	Grèce[2]
Hungary	155	99	140	161	268	475	997	332	520	189	Hongrie
Ireland	229	232	...	...	...	...	...	...	...	...	Irlande
Italy	41230	41917	...	...	...	...	...	...	...	...	Italie
Latvia	356	592	554	756	1597	928	1507	1634	1078	1000	Lettonie
Lithuania	4852	3998	4210	3766	4817	3297	2977	3293	2763	2609	Lituanie
Poland	10432	8163	7562	7376	6383	4291	4213	3301	3320	3066	Pologne
Portugal	12822	9174	14427	12841	16760	13992	16654	18393	...	...	Portugal
Rep. of Moldova	...	214	248	317	1087	1085	1623	4292	2699	2530	Rép. de Moldova
Romania	10428	11417	11696	9663	9475	6750	8525	9527	10498	10559	Roumanie
Russian Federation	...	...	...	...	...	...	...	17100	14560	13808	Fédération de Russie
Serbia	...	...	...	78	...	...	...	...	...	...	Serbie
Slovakia	47	34	9	11	35	C	C	C	...	C	Slovaquie
Slovenia	31	28	21	11	C	C	11	13	C	C	Slovénie
Spain	...	9195	8858	10784	12663	14887	13919	15803	12342	10702	Espagne
Sweden	...	...	33	23	29	45	C	C	1	0	Suède
TFYR of Macedonia	399	537	528	457	938	712	295	226	348	453	L'ex-RY de Macédoine
Ukraine	3187	4255	4016	4581	3268	3295	2553	3296	2748	2637	Ukraine
United Kingdom	...	...	3764	C	C	C	C	C	3670	6425	Royaume-Uni
Oceania											**Océanie**
Australia[3]	473	430	239	234	...	...	...	...	...	...	Australie[3]

General Note.

Women's or girls' overcoats, car-coats, capes, cloaks, anoraks (including ski-jackets), wind-cheaters, wind- jackets and similar articles, suits, ensembles, jackets, blazers, dresses, skirts, divided skirts, trousers, bib and brace overalls, breeches and shorts (other than swimwear), of wool or fine animal hair, of cotton, of synthetic fibres and of other textile materials, knitted or crocheted.

Remarque générale.

Manteaux, cabans, capes, anoraks, blousons et articles similaires, costumes tailleurs, ensembles, vestes, robes, jupes, jupes culottes, pantalons, salopettes à bretelles, culottes et shorts (autres que pour le bain), pour femmes ou fillettes, de laine ou de poils fins, de coton, de fibres synthétiques et d'autres matières textiles, en bonneterie.

1 Knitted and woven apparel.
2 Excluding Prodcom 2002 code 18.22.13.20.
3 Twelve months ending 30 June of year stated.

1 Vêtements tricotés et tissés.
2 2002 code Prodcom 18.22.13.20 non compris.
3 Période de douze mois finissant le 30 juin de l'année indiquée.

Women's or girls' blouses, shirts, panties, nightdresses and similar articles, knitted or crocheted
Chemisiers, blouses, culottes, chemises de nuit, etc., en bonneterie, pour femmes ou fillettes

CPC-BASED CODE - CODE BASE CPC

28224-0

Unit: Thousand units | Unité: Milliers d'unités

Country or area	2003	2004	2005	2006	2007	2008	2009	2010	2011	2012	Pays ou zone
Africa											**Afrique**
Egypt	326556	184076	6734	42788	...	117888	119484	...	28152	...	Égypte
America, North											**Amérique du Nord**
Mexico	9933	8213	8510	8347	#2314	2340	2160	2559	2357	2560	Mexique
America, South											**Amérique du Sud**
Brazil	144003	292680	172824	280256	242472	238192	269514	283408	294566	359031	Brésil
Chile	...	...	3154	2456	1757	1706	1866	1010	...	...	Chili
Ecuador	...	997	1369	1881	2383	1218	...	...	...	...	Équateur
Asia											**Asie**
Azerbaijan	86	134	148	164	114	93	17	19	13	27	Azerbaïdjan
China, Hong KongSAR	3554	...	...	...	...	956	...	...	...	...	Chine,Hong KongRAS
China, Macao SAR	91207	...	...	...	...	...	...	...	...	...	Chine, Macao RAS
Cyprus	...	...	...	...	...	580	440	333	299	...	Chypre
Iran (Islamic Rep. of)	...	779	302	487	...	631	683	...	...	...	Iran (Rép. islam. d')
Iraq	...	...	...	...	...	...	...	597	103	25	Iraq
Kazakhstan	1919	34	15	16	22	...	...	...	...	...	Kazakhstan
Kyrgyzstan	53	214	39	27	25	41	56	50	3933	258	Kirghizistan
Turkey	...	...	C	191414	196751	187780	168034	186499	189654	205571	Turquie
Europe											**Europe**
Belarus	...	...	...	...	...	...	...	...	19214	18412	Bélarus
Bulgaria	4328	3847	7391	11798	13010	9564	9485	11788	12774	11922	Bulgarie
Croatia	...	11990	7758	7220	7882	8678	8342	7038	6852	5537	Croatie
Czech Republic	4629	4468	3036	2914	1997	1601	1922	1609	1989	C	République tchèque
Denmark	16923	11064	9587	9889	9757	6543	3769	3360	2229	1652	Danemark
Estonia	...	1317	1130	1496	1284	1223	773	940	780	745	Estonie
Finland	1676	1589	1099	1178	896	750	627	561	636	438	Finlande
Germany	C	C	30778	C	31704	16508	C	11407	12738	11229	Allemagne
Greece	38580	34723	...	...	...	...	...	...	...	...	Grèce
Hungary	5797	5020	2339	8568	8326	7110	5559	4863	4083	3945	Hongrie
Ireland	58603	58141	...	...	...	...	...	...	...	...	Irlande
Italy	162619	157870	...	...	...	...	...	...	...	...	Italie
Latvia	1410	1703	2986	3377	4044	3506	1862	3193	2886	2472	Lettonie
Lithuania	27674	25268	23552	22063	16783	11269	8635	9854	6913	6272	Lituanie
Poland	31036	26946	19732	17204	17166	16088	16126	14109	10146	10491	Pologne
Portugal	32155	24907	23197	20383	17358	15118	11182	12219	...	...	Portugal
Rep. of Moldova	...	8236	5260	5082	6857	6189	6157	6168	4767	3871	Rép. de Moldova
Romania	66660	58605	42084	37110	33593	37539	34814	33988	38130	36547	Roumanie
Russian Federation	...	...	...	...	...	...	...	25312	22778	23250	Fédération de Russie
Serbia	...	...	...	973	...	...	...	...	...	...	Serbie
Slovakia	832	692	693	44658	51825	57599	71035	76676	85620	84826	Slovaquie
Slovenia	848	651	1152	1112	1823	1886	636	267	237	148	Slovénie
Spain	...	70126	58778	58412	65536	55968	38221	36663	29927	28099	Espagne
Sweden	C	C	150	143	117	67	264	0	3	0	Suède
TFYR of Macedonia	249	97	78	44	626	472	402	2202	4095	2562	L'ex-RY de Macédoine
Ukraine	8280	8913	9980	11437	12996	9052	6855	8818	8743	6302	Ukraine
United Kingdom	73073	33692	41307	55066	C	51570	56213	C	46935	48864	Royaume-Uni

General Note.

Women's or girls' blouses, shirts and shirt-blouses, slips, petticoats, briefs, panties, nightdresses, pyjamas, négligés, bathrobes, dressing gowns and similar articles, of cotton, of man-made fibres and of other textile materials, knitted or crocheted.

Remarque générale.

Chemisiers, blouses, blouses-chemisiers et chemisettes, combinaisons ou fonds de robes, jupons, slips, chemises de nuit, pyjamas, déshabillés, peignoirs de bain, robes de chambre, et articles similaires, pour femmes ou fillettes, de coton, de fibres synthétiques ou artificielles ou d'autres matières textiles, en bonneterie.

T-shirts, singlets and other vests, knitted or crocheted
T-shirts et maillots de corps, en bonneterie

CPC-BASED CODE - CODE BASE CPC

28225-0

Unit: Thousand units — Unité: Milliers d'unités

Country or area	2003	2004	2005	2006	2007	2008	2009	2010	2011	2012	Pays ou zone
Africa											**Afrique**
Egypt	3788	3817	3310	1826	...	7200	...	...	...	...	Égypte
Kenya	1422	2610	441	1503	1839	2610	1902	1979	1146	1310	Kenya
Lesotho	4162	1809	1686	11317	5264	5342	2701	...	...	...	Lesotho
United R. of Tanzania[1]	...	...	...	...	...	1178	2424	...	...	...	Rép.-U. de Tanzanie[1]
America, North											**Amérique du Nord**
Mexico	56047	55775	49606	51948	#123340	117494	118053	122524	138313	124169	Mexique
America, South											**Amérique du Sud**
Brazil	46672	90560	79199	91825	99593	115143	133279	131860	150840	181706	Brésil
Chile	...	...	244	212	134	10	110	196	320	...	Chili
Asia											**Asie**
Armenia	2542	3814	2019	2919	2445	2714	2204	1817	1915	1524	Arménie
Azerbaijan	0	5	20	0	0	0	1	1	0	0	Azerbaïdjan
Cyprus	988	715	442	302	551	231	285	134	139	...	Chypre
Iran (Islamic Rep. of)	...	1555	3599	1743	1042	1581	1156	...	...	...	Iran (Rép. islam. d')
Iraq	...	52	...	...	...	...	...	...	...	...	Iraq
Kazakhstan	75	11	101	51	59	...	...	...	...	...	Kazakhstan
Kyrgyzstan	...	...	...	...	5	7	48	0	0	0	Kirghizistan
Turkey	...	...	618519	672941	747105	664766	645852	661657	680053	736889	Turquie
Europe											**Europe**
Belarus	2903	2560	2732	3205	3376	3095	3374	3544	#13861	11883	Bélarus
Bulgaria	5105	7190	5589	8494	8874	8109	11286	15916	19859	26651	Bulgarie
Croatia	...	12957	12952	11506	14207	11098	7495	7442	7384	7896	Croatie
Czech Republic	8385	8137	6540	5954	2835	3169	2706	2531	C	C	République tchèque
Denmark	1984	2288	9020	8903	6026	5047	4513	4716	4622	5105	Danemark
Estonia	...	5638	4747	4610	4023	2187	789	975	1001	949	Estonie
Finland	688	663	675	751	606	433	314	307	287	207	Finlande
Germany	34989	31000	27020	28729	25525	15611	13927	13355	13471	13192	Allemagne
Greece	57525	45017	...	...	...	...	...	...	...	...	Grèce
Hungary	3503	3422	1362	1638	1997	1906	796	687	1184	1778	Hongrie
Italy	145938	143077	...	...	...	...	...	...	...	...	Italie
Latvia	7653	8228	7170	5218	4655	2825	2816	3745	2488	1709	Lettonie
Lithuania	10903	11571	10197	8770	6616	6207	3342	3471	3820	3117	Lituanie
Norway	517	375	...	...	...	...	...	...	...	...	Norvège
Poland	14618	14139	11107	10741	7872	5562	4805	4592	3874	3859	Pologne
Portugal	102594	109268	100298	106463	108774	101752	99585	105198	...	...	Portugal
Rep. of Moldova	...	4878	9003	8651	8876	7183	6754	7201	6069	7825	Rép. de Moldova
Romania	39563	46518	54075	51454	41925	29873	23188	26960	30842	21028	Roumanie
Russian Federation	...	...	...	...	...	...	...	27937	32110	31115	Fédération de Russie
Slovakia	C	C	13	16	C	53	97	154	189	88	Slovaquie
Slovenia	747	503	400	263	144	103	87	88	65	36	Slovénie
Spain	...	94440	69345	72381	79893	78184	92384	83372	38667	37393	Espagne
Sweden	1014	1113	577	763	440	611	326	228	C	C	Suède
TFYR of Macedonia	1935	2896	2243	3987	1936	905	1164	305	300	450	L'ex-RY de Macédoine
Ukraine	7959	12613	13644	16028	15305	10937	7461	11582	18443	19400	Ukraine
United Kingdom	19646	13072	...	...	6728	14088	7238	6355	5391	5886	Royaume-Uni

General Note.

T-shirts, singlets and other vests, of cotton and of other textile materials, knitted or crocheted.

Remarque générale.

T-shirts et maillots de corps, en bonneterie, de coton et d'autres matières textiles.

[1] Tanganyika only.

[1] Tanganyika seulement.

Jerseys, pullovers, cardigans and similar articles, knitted or crocheted
Chandails, pull-overs, cardigans, et articles similaires, en bonneterie

CPC-BASED CODE - CODE BASE CPC
28226-0

Unit: Thousand units — Unité: Milliers d'unités

Country or area	2003	2004	2005	2006	2007	2008	2009	2010	2011	2012	Pays ou zone
Africa											**Afrique**
Ethiopia	24	...	...	...	...	...	...	...	...	...	Éthiopie
Kenya	612	788	894	1097	1241	1168	1254	1215	1684	1522	Kenya
Lesotho	30	31	0	0	0	0	0	0	...	...	Lesotho
America, North											**Amérique du Nord**
Mexico	1080	852	697	573	#1248	1617	1466	1671	1514	1696	Mexique
United States	28628	C	C	C	C	C	C	...	...	...	États-Unis
America, South											**Amérique du Sud**
Brazil	3412	4022	7792	7274	7383	6631	2935	4047	4987	7352	Brésil
Chile	...	...	1525	1279	947	944	869	970	878	...	Chili
Ecuador	564	626	608	445	435	262	...	...	...	...	Équateur
Asia											**Asie**
Armenia	367	598	749	818	287	300	219	137	208	279	Arménie
Azerbaijan	22	36	83	18	8	6	12	17	17	3	Azerbaïdjan
China, Hong KongSAR	143143	59046	31283	71036	28092	30216	...	...	...	...	Chine,Hong KongRAS
Cyprus	...	...	...	...	...	45	41	61	53	...	Chypre
Iran (Islamic Rep. of)	...	960	1200	493	552	569	548	...	...	...	Iran (Rép. islam. d')
Japan	53101	37600	33170	26870	25181	23912	22765	18877	16769	20799	Japon
Kazakhstan	70	158	162	146	207	223	...	...	...	...	Kazakhstan
Kyrgyzstan	36	45	52	69	117	78	112	195	1138	410	Kirghizistan
Turkey	235891	247938	#114227	82786	82438	91400	82403	111283	121925	148964	Turquie
Europe											**Europe**
Austria	1034	...	...	...	...	...	...	...	...	...	Autriche
Belarus	...	...	...	...	...	...	...	...	4237	4538	Bélarus
Belgium[1]	2264	...	...	...	...	...	...	...	...	...	Belgique[1]
Bulgaria	7588	7193	6953	8189	7333	6770	7197	6413	6057	5616	Bulgarie
Croatia	11367	11318	9034	7844	9975	9996	11478	10771	12751	14727	Croatie
Czech Republic	2173	1666	1154	1102	930	545	453	442	329	320	République tchèque
Denmark	2557	1763	4072	3382	2591	2385	2035	1939	1654	1391	Danemark
Estonia	...	752	639	674	577	670	405	556	516	538	Estonie
Finland	499	481	337	276	233	225	189	233	213	190	Finlande
Germany	8389	6428	5258	4362	3419	2878	3682	3441	3699	3644	Allemagne
Greece	13377	...	...	...	...	...	...	...	...	...	Grèce
Hungary	7538	7383	4993	2914	2557	4126	2973	1470	1344	994	Hongrie
Iceland	34	C	C	C	C	C	C	C	C	C	Islande
Ireland	15139	4637	...	...	...	...	...	...	...	...	Irlande
Italy	658092	641480	...	...	...	...	...	...	...	...	Italie
Latvia	1946	2044	2637	2101	1792	1713	1261	1392	1710	1544	Lettonie
Lithuania	6294	6453	5252	4276	3112	2559	1442	1587	1673	1734	Lituanie
Norway	324	243	...	...	...	...	...	...	...	...	Norvège
Poland	13410	12357	10610	9918	8102	6570	4605	4689	4132	4054	Pologne
Portugal	14139	10757	12948	11980	12407	11901	8697	8587	...	...	Portugal
Rep. of Moldova	...	749	532	687	727	756	1299	1281	1535	2158	Rép. de Moldova
Romania	49386	51357	46374	39512	37034	29702	25450	26150	27306	24098	Roumanie
Russian Federation	...	...	...	...	...	...	...	28861	29194	30683	Fédération de Russie
Slovakia	1732	1287	1322	1334	930	513	368	291	332	190	Slovaquie
Slovenia	1017	551	371	274	253	165	147	103	73	73	Slovénie
Spain	38784	32368	25266	23618	23216	22370	19518	18754	18170	16476	Espagne
Sweden	613	648	C	C	C	C	C	C	C	C	Suède
TFYR of Macedonia	327	243	255	202	168	179	123	71	59	41	L'ex-RY de Macédoine
Ukraine	6324	5029	4964	4753	3849	2341	1474	1668	1598	1491	Ukraine
United Kingdom	[2]60451	[2]22699	C	C	16539	16305	9900	11322	16620	15484	Royaume-Uni
Oceania											**Océanie**
Australia[3]	1529	1536	785	631	...	...	...	...	...	...	Australie[3]

General Note.

Jerseys, pullovers, cardigans, waist-coats and similar articles, knitted or crocheted, of wool, of Kashmir (cashmere) goats, and of other wool or fine animal hair, of cotton, of man-made fibres and of other textile materials.

[1] Incomplete coverage.
[2] Excluding Prodcom 2002 code 17.72.10.55.
[3] Twelve months ending 30 June of year stated.

Remarque générale.

Chandails, pull-overs, cardigans, gilets et articles similaires, en bonneterie, de laine, de chèvre de Cachemire, ou d'autres laines ou de poils fins, de coton, de fibres synthétiques ou artificielles et d'autres matières textiles.

[1] Couverture incomplète.
[2] 2002 code Prodcom 17.72.10.55 non compris.
[3] Période de douze mois finissant le 30 juin de l'année indiquée.

Babies' garments and clothing accessories, knitted or crocheted
Vêtements et accessoires du vêtement, en bonneterie, pour bébés

CPC-BASED CODE - CODE BASE CPC
28227-0

Unit: Thousand units | Unité: Milliers d'unités

Country or area	2003	2004	2005	2006	2007	2008	2009	2010	2011	2012	Pays ou zone
Africa											**Afrique**
Congo	1023	1058	...	...	...	...	...	...	...	...	Congo
Egypt	...	...	...	...	...	...	4337	...	...	...	Égypte
America, South											**Amérique du Sud**
Brazil	15492	26512	38863	23251	48384	45226	47183	25771	20293	24152	Brésil
Chile	...	...	3498	3300	2853	2109	1310	734	848	...	Chili
Ecuador	...	1064	1283	967	878	2732	...	...	...	...	Équateur
Asia											**Asie**
Azerbaijan	0	2	2	1	16	18	21	21	18	1	Azerbaïdjan
China, Hong KongSAR	2798	...	...	...	...	...	...	...	...	...	Chine,Hong KongRAS
Cyprus	32	26	16	17	9	9	13	15	28	...	Chypre
Iraq	...	15	...	...	...	...	...	...	...	...	Iraq
Europe											**Europe**
Belarus	1845	1581	1593	2214	2914	2994	2675	2748	2351	2369	Bélarus
Croatia	...	2005	3064	2854	3489	2674	2247	1865	1444	859	Croatie
Czech Republic	...	...	C	C	1544	...	...	...	...	...	République tchèque
Finland	864	684	581	601	368	219	108	25	90	22	Finlande
Hungary	5862	3543	3365	1577	1511	...	...	...	...	...	Hongrie
Poland	21037	18084	15090	13630	14033	12300	11798	12461	12059	10968	Pologne
Portugal	12494	10868	7367	5456	3425	2943	2976	2589	...	...	Portugal
Rep. of Moldova	...	578	341	15	80	1312	333	38	...	...	Rép. de Moldova
Romania	29341	24435	20995	27976	23895	18153	15457	14992	14572	12679	Roumanie
Russian Federation	...	...	...	...	...	...	...	29635	21274	22511	Fédération de Russie
TFYR of Macedonia	297	1402	111	12	13	0	0	0	0	0	L'ex-RY de Macédoine
Ukraine	4389	6742	6791	6231	7498	7214	6906	6439	6396	4810	Ukraine

General Note.
Babies' garments and clothing accessories, knitted or crocheted, of wool or fine animal hair, of cotton, of synthetic fibres and of other textile materials.

Remarque générale.
Vêtements et accessoires du vêtement pour bébés, en bonneterie, de laine ou de poils fins, de coton, de fibres synthétiques, et d'autres matières textiles.

Track suits, ski suits, swimwear, knitted or crocheted
Survêtements, combinaisons et ensembles de ski, maillots de bain, en bonneterie

CPC-BASED CODE - CODE BASE CPC
28228-1

Unit: Thousand units | Unité: Milliers d'unités

Country or area	2003	2004	2005	2006	2007	2008	2009	2010	2011	2012	Pays ou zone
Africa											**Afrique**
Egypt	110	1100	1896	884	...	42	1100	...	1594	...	Égypte
South Africa	2242	...	...	...	...	...	...	...	...	...	Afrique du Sud
America, North											**Amérique du Nord**
Mexico	460	685	310	322	[#]8757	6508	4881	4932	7060	4624	Mexique
America, South											**Amérique du Sud**
Brazil	12938	62296	17274	15009	12775	11563	11189	10698	10603	13882	Brésil
Chile	...	...	107	202	180	13	36	3	136	...	Chili
Ecuador	...	317	146	108	156	93	...	...	...	...	Équateur
Asia											**Asie**
Azerbaijan	0	0	0	0	0	0	0	0	17	0	Azerbaïdjan
Cyprus	...	...	...	...	...	49	90	37	34	...	Chypre
Iran (Islamic Rep. of)	...	162	91	54	368	225	55	...	...	...	Iran (Rép. islam. d')
Iraq	...	71	...	...	...	...	...	...	...	...	Iraq
Japan	51963	47541	50139	45492	42083	38949	36371	43631	42854	43442	Japon
Kazakhstan	57	75	48	80	79	...	...	...	...	...	Kazakhstan
Kyrgyzstan	334	6	2	4	8	11	12	4	2	3	Kirghizistan
Turkey	...	...	C	9632	9090	9380	C	C	C	14301	Turquie
Europe											**Europe**
Belarus	5252	5284	5696	5803	4939	5073	4744	5567	[#]1645	1978	Bélarus
Bulgaria	1882	1506	2600	604	2821	3617	2423	C	2103	1623	Bulgarie
Croatia	...	6990	6334	6029	7699	8054	10787	10277	13765	13457	Croatie
Czech Republic	...	...	C	C	588	214	413	C	C	C	République tchèque
Denmark	29	34	25	13	5	44	...	4	3	5	Danemark
Estonia	...	109	108	60	42	38	20	79	51	64	Estonie
Finland	25	22	16	14	12	1	1	1	1	0	Finlande
Germany	C	C	1475	1451	1340	746	620	725	845	739	Allemagne
Greece[1]	4898	3978	...	...	...	...	...	...	...	...	Grèce[1]
Hungary	846	575	760	540	593	617	441	390	299	438	Hongrie
Ireland	81	83	...	...	...	...	...	...	...	...	Irlande
Italy[1]	22718	25362	...	...	...	...	...	...	...	...	Italie[1]
Latvia	C	C	C	C	C	29	C	C	C	C	Lettonie
Lithuania	201	118	144	143	128	101	88	191	148	187	Lituanie
Poland	1512	2266	2230	2945	2473	3105	2543	1924	1939	1779	Pologne
Portugal	1435	2832	2915	2955	2889	2453	2186	2181	...	...	Portugal
Rep. of Moldova	...	98	118	38	40	43	16	23	61	41	Rép. de Moldova
Romania	4678	4364	2876	3452	1769	1374	1456	3444	1659	1772	Roumanie
Russian Federation	...	...	...	...	...	...	...	1995	1764	2135	Fédération de Russie
Serbia	...	...	...	41	...	...	...	...	...	...	Serbie
Slovakia	36	36	26	25	C	23	42	43	29	19	Slovaquie
Slovenia	525	547	431	C	C	C	C	C	C	C	Slovénie
Spain	...	C	C	13535	11859	11836	8397	9930	8402	7504	Espagne
Sweden	1	5	0	0	0	0	0	0	0	0	Suède
TFYR of Macedonia	46	[*]25	24	139	8	2	0	0	0	0	L'ex-RY de Macédoine
Ukraine	750	1134	953	964	699	642	264	994	867	531	Ukraine
United Kingdom	[2]2733	772	C	C	0	C	C	C	0	0	Royaume-Uni
Oceania											**Océanie**
Australia[3]	1829	2054	1533	1514	...	...	...	...	...	...	Australie[3]

General Note.

Track suits of cotton, of synthetic fibres and of other textile materials; ski suits; swimwear of synthetic fibres and of other textile materials, knitted or crocheted.

Remarque générale.

Survêtements de sport (trainings) de coton, de fibres synthétiques et d'autres matières textiles; combinaisons et ensembles de ski; maillots, culottes et slips de bain de fibres synthétiques et d'autres matières textiles, en bonneterie.

[1] Excluding Prodcom 2002 code 18.24.12.30.
[2] Excluding Prodcom 2002 code 18.24.12.50.
[3] Twelve months ending 30 June of year stated.

[1] 2002 code Prodcom 18.24.12.30 non compris.
[2] 2002 code Prodcom 18.24.12.50 non compris.
[3] Période de douze mois finissant le 30 juin de l'année indiquée.

Men's or boys' suits, coats, jackets, trousers and the like, not knitted or crocheted
Costumes, vestons, pantalons etc., autres qu'en bonneterie, pour hommes ou garçonnets

CPC-BASED CODE - CODE BASE CPC
28231-0

Unit: Thousand units | Unité: Milliers d'unités

Country or area	2003	2004	2005	2006	2007	2008	2009	2010	2011	2012	Pays ou zone
Africa											**Afrique**
Egypt	205	118	111	628	...	...	...	...	...	...	Égypte
Mozambique	...	2	2	...	...	...	...	...	...	...	Mozambique
South Africa	26584	...	...	...	...	...	...	...	...	...	Afrique du Sud
America, North											**Amérique du Nord**
Mexico	20891	24500	22858	22175	43379	43314	41554	44250	59880	55897	Mexique
America, South											**Amérique du Sud**
Brazil	111506	61807	59824	55576	67939	69416	63101	79675	75807	101201	Brésil
Chile	...	...	8514	8218	4870	4881	4305	5350	2704	...	Chili
Ecuador	...	429	596	654	646	876	...	...	...	...	Équateur
Asia											**Asie**
Armenia	1	13	6	19	9	33	8	4	0	0	Arménie
Azerbaijan	25	47	82	46	159	67	22	191	317	275	Azerbaïdjan
China, Hong KongSAR	12649	27094	6856	10093	1744	...	...	...	...	...	Chine,Hong KongRAS
China, Macao SAR	5068	...	...	...	...	...	...	...	...	...	Chine, Macao RAS
Cyprus	741	318	249	172	164	105	63	88	30	...	Chypre
Iran (Islamic Rep. of)	...	1669	1640	1326	1528	2070	1814	...	...	...	Iran (Rép. islam. d')
Iraq	...	...	...	...	...	...	198	...	...	...	Iraq
Japan	22650	20549	17826	18251	16002	...	14556	14439	13015	12991	Japon
Kazakhstan	1168	1163	1161	1140	1284	...	...	...	...	...	Kazakhstan
Kuwait	3147	3318	3909	1272	738	908	1078	1314	1315	1387	Koweït
Kyrgyzstan	335	3387	2958	6225	4642	6242	2988	5347	4858	7821	Kirghizistan
Turkey	...	...	131611	132031	136947	128724	112474	128560	139107	163575	Turquie
Europe											**Europe**
Belarus	...	...	...	...	...	...	...	...	2706	2644	Bélarus
Bulgaria	3320	3222	3722	3660	4420	3851	3363	3470	4030	5137	Bulgarie
Croatia	...	4782	4970	4012	3619	3213	2473	2047	2213	1904	Croatie
Czech Republic	5053	4588	4370	3989	2561	1971	1960	2224	2206	1879	République tchèque
Denmark	2756	2498	2508	2612	2815	...	1945	2153	2246	2174	Danemark
Estonia	...	4560	4031	3474	3565	3401	1781	1981	2386	1937	Estonie
Finland	1442	1794	1964	1720	524	494	323	305	251	364	Finlande
Germany	12000	10022	9770	8660	8963	8226	7356	6888	7492	6522	Allemagne
Hungary	3967	3952	3661	3715	3294	2987	2052	1568	1807	1645	Hongrie
Ireland	814	341	...	...	...	...	...	...	...	...	Irlande
Italy	187399	189702	...	...	...	...	...	...	...	...	Italie
Latvia	4152	3454	3150	2903	3966	3039	1694	1409	1479	2336	Lettonie
Lithuania	8102	8167	8223	6585	7085	5108	3037	3623	4015	3774	Lituanie
Netherlands	...	...	...	...	...	...	...	...	3118	...	Pays-Bas
Norway	...	...	10	...	...	...	...	...	...	...	Norvège
Poland	31487	26711	22627	21583	20724	16818	11440	12768	10672	10917	Pologne
Portugal	14010	12660	13574	11841	10833	8803	7340	8380	...	...	Portugal
Rep. of Moldova	...	3665	4423	6466	4833	4298	3154	3147	3837	2298	Rép. de Moldova
Romania	63146	66614	67341	62661	49397	39757	27001	27777	28974	26714	Roumanie
Russian Federation	[1]11551	[1]10859	[1]10215	[1]10160	[1]9912	[1]10321	[1]7063	14959	19390	17221	Fédération de Russie
Serbia	...	...	...	1279	...	...	...	...	...	...	Serbie
Slovakia	1810	1638	3161	2851	939	895	725	713	702	809	Slovaquie
Slovenia	1919	1667	1571	1323	1255	C	973	371	830	273	Slovénie
Spain	...	C	36737	34900	32703	29387	27037	24195	20621	17006	Espagne
Sweden	3075	2678	2298	2412	2265	C	C	C	0	0	Suède
TFYR of Macedonia	1818	1143	1482	1707	1756	1122	1175	1383	3915	3748	L'ex-RY de Macédoine
Ukraine	17643	20186	20068	19391	18207	15456	11085	11910	12786	11427	Ukraine
United Kingdom	...	...	...	...	9867	7530	C	8782	7297	6290	Royaume-Uni
Oceania											**Océanie**
Australia[2]	2623	2134	2104	1729	...	...	...	...	...	...	Australie[2]

General Note.

Men's or boys' overcoats, car-coats, capes, cloaks, anoraks (including ski-jackets), wind-cheaters, wind-jackets and similar articles, suits, ensembles, jackets, blazers, trousers, bib and brace overalls, breeches and shorts (other than swimwear), of wool or fine animal hair, of cotton, of synthetic fibres and of other textile materials, not knitted or crocheted.

[1] Excluding children's clothing.
[2] Twelve months ending 30 June of year stated.

Remarque générale.

Manteaux, cabans, capes, anoraks, blousons et articles similaires, costumes ou complets, ensembles, vestons, pantalons, salopettes à bretelles, culottes et shorts (autres que pour le bain), pour hommes ou garçonnets, de laine ou de poils fins, de coton, de fibres synthétiques et d'autres matières textiles, autres qu'en bonneterie.

[1] Non compris les vêtements d'enfants.
[2] Période de douze mois finissant le 30 juin de l'année indiquée.

Men's or boys' shirts, not knitted or crocheted
Chemises, autres qu'en bonneterie, pour hommes ou garçonnets

CPC-BASED CODE - CODE BASE CPC
28232-1

Unit: Thousand units | Unité: Milliers d'unités

Country or area	2003	2004	2005	2006	2007	2008	2009	2010	2011	2012	Pays ou zone
Africa											**Afrique**
Algeria	427	367	278	75	92	166	152	137	155	145	Algérie
Egypt	...	...	...	...	...	...	36249	...	13538	...	Égypte
Kenya	1459	...	...	...	...	...	...	...	...	...	Kenya
Mozambique	593	445	0	...	...	...	...	...	...	...	Mozambique
South Africa	15913	...	...	...	...	...	...	...	...	...	Afrique du Sud
America, North											**Amérique du Nord**
Cuba	2300	2600	2600	3000	2991	3678	3812	3297	3703	3639	Cuba
Mexico	8642	7970	7175	8127	15450	13755	11237	12399	13335	13156	Mexique
America, South											**Amérique du Sud**
Brazil	50308	30451	28379	25235	26583	29784	7423	13634	20596	44515	Brésil
Chile	...	...	[1]3827	[1]3685	3158	4452	3474	4046	1855	...	Chili
Ecuador	851	378	460	436	367	789	...	...	...	...	Équateur
Asia											**Asie**
Armenia	24	22	8	9	19	2	0	0	6	10	Arménie
Azerbaijan	4	14	31	119	150	100	91	99	190	407	Azerbaïdjan
China, Hong KongSAR	76365	46161	72360	5702	21052	7627	...	...	...	...	Chine,Hong KongRAS
Cyprus	385	304	270	314	268	154	116	68	45	...	Chypre
Iran (Islamic Rep. of)	...	957	1595	1188	724	951	5107	...	...	...	Iran (Rép. islam. d')
Iraq	...	...	...	1816	...	...	...	...	...	...	Iraq
Kazakhstan	81	79	22	38	39	...	...	...	...	...	Kazakhstan
Kuwait	50	79	67	84	112	238	194	159	156	167	Koweït
Kyrgyzstan	5	492	0	2	8	45	7	2	2	6	Kirghizistan
Malaysia	18656	20102	35075	41078	37561	26972	22623	25889	25939	27002	Malaisie
Myanmar[2]	2113	1994	1920	1212	1696	1291	1848	1807	...	...	Myanmar[2]
Oman	988	...	...	...	...	...	...	...	...	...	Oman
Turkey	19628	19004	#22596	25645	29575	27678	28106	28820	42065	43754	Turquie
Europe											**Europe**
Austria	285	...	...	...	...	...	...	...	...	...	Autriche
Belarus	1923	1859	2436	2470	2736	2772	2199	2144	2363	2376	Bélarus
Belgium[3]	416	...	...	...	...	...	...	...	...	...	Belgique[3]
Bulgaria	2903	1264	1073	974	1746	1391	1255	1035	1184	1132	Bulgarie
Croatia	360	978	848	917	660	688	570	548	607	478	Croatie
Czech Republic	938	863	582	279	190	207	161	125	113	139	République tchèque
Denmark	727	967	825	973	828	780	572	632	685	858	Danemark
Estonia	1218	1407	1126	992	1014	791	659	564	611	648	Estonie
Finland	159	199	317	299	235	49	32	...	...	...	Finlande
France	29600	...	...	...	...	...	...	...	...	...	France
Germany	921	648	C	C	421	410	301	277	360	261	Allemagne
Greece	959	857	...	...	...	...	...	...	...	...	Grèce
Hungary	514	370	360	215	551	63	28	37	76	24	Hongrie
Italy	50580	49161	...	...	...	...	...	...	...	...	Italie
Latvia	160	242	247	C	C	208	5	10	35	76	Lettonie
Lithuania	2161	1652	2019	2056	1595	1282	647	869	891	895	Lituanie
Norway	139	...	C	...	...	...	...	...	...	...	Norvège
Poland	9986	9194	8792	8457	8010	6451	4794	3808	3970	3816	Pologne
Portugal	12824	10711	9276	8665	10445	9422	7476	7962	...	...	Portugal
Rep. of Moldova	...	81	125	225	451	742	750	740	735	660	Rép. de Moldova
Romania	28802	27222	26114	22100	21814	17307	13044	12508	12927	12325	Roumanie
Russian Federation	[4]3943	[4]3222	[4]2821	[4]2710	[4]3126	[4]3029	[4]2679	3781	3844	4312	Fédération de Russie
Serbia	...	...	...	915	...	...	...	...	...	...	Serbie
Slovakia	359	116	148	258	124	79	136	26	33	32	Slovaquie
Slovenia	157	96	63	133	47	47	21	C	7	C	Slovénie
Spain	19233	17694	16320	16383	17552	14804	13256	9522	11120	8487	Espagne
Sweden	783	658	420	388	415	438	C	C	C	C	Suède
TFYR of Macedonia	5646	5082	5272	5239	5890	5044	4422	5988	6788	8973	L'ex-RY de Macédoine
Ukraine	3187	2792	2663	2626	2518	2165	1413	1528	1608	1432	Ukraine
United Kingdom	[5]11353	[5]5986	...	...	2386	3104	2030	1607	C	281	Royaume-Uni
Oceania											**Océanie**
Australia[6]	4675	3712	3399	2529	...	...	...	...	...	...	Australie[6]

General Note.

Men's or boys' shirts of wool or fine animal hair, of cotton, of man-made fibres and of other textile materials, not knitted or crocheted.

Remarque générale.

Chemises, pour hommes ou garçonnets, de laine ou de poils fins, de coton, de fibres synthétiques ou artificielles ou d'autres matières textiles, autres qu'en bonneterie.

Men's or boys' shirts, not knitted or crocheted (continued)
Chemises, autres qu'en bonneterie, pour hommes ou garçonnets (suite)

CPC-BASED CODE - CODE BASE CPC
28232-1

[1] Including men's or boys' singlets and other vests, underwear and similar articles, of textile fabric, not knitted or crocheted.
[2] Twelve months ending 31 March of year stated.
[3] Incomplete coverage.
[4] Excluding children's clothing.
[5] Excluding Prodcom 2002 code 18.23.21.19.
[6] Twelve months ending 30 June of year stated.

[1] Y compris les gilets de corps, sous-vêtements et articles similaires, en matières textiles, autres qu'en bonneterie, pour hommes ou garçonnets.
[2] Période de douze mois finissant le 31 mars de l'année indiquée.
[3] Couverture incomplète.
[4] Non compris les vêtements d'enfants.
[5] 2002 code Prodcom 18.23.21.19 non compris.
[6] Période de douze mois finissant le 30 juin de l'année indiquée.

Men's or boys' underwear and similar articles, not knitted or crocheted
Sous-vêtements et articles semblables, autres qu'en bonneterie, pour hommes ou garçonnets

CPC-BASED CODE - CODE BASE CPC
28232-2

Unit: Thousand units | Unité: Milliers d'unités

Country or area	2003	2004	2005	2006	2007	2008	2009	2010	2011	2012	Pays ou zone
Africa											**Afrique**
Egypt	1723	309	13	53	...	67	222	...	348	...	Égypte
South Africa	7572	...	...	...	...	...	...	...	...	...	Afrique du Sud
America, North											**Amérique du Nord**
Cuba	2400	1630	1631	...	3100	3066	4715	4990	4900	4200	Cuba
Mexico	3635	2433	3540	3317	#19844	13056	6256	4412	3193	3346	Mexique
United States	256429	...	...	...	...	...	...	...	...	...	États-Unis
America, South											**Amérique du Sud**
Brazil	27449	44781	36476	35505	20680	19036	15922	16316	27367	31041	Brésil
Ecuador	1901	2943	4951	4634	5462	6790	...	...	...	...	Équateur
Asia											**Asie**
Azerbaijan	42	122	163	124	256	67	65	254	509	95	Azerbaïdjan
China, Hong KongSAR	58991	8904	15623	...	...	24972	...	...	...	...	Chine,Hong KongRAS
China, Macao SAR	7010	...	...	...	...	...	...	...	...	...	Chine, Macao RAS
Cyprus	635	332	509	351	243	179	268	252	150	...	Chypre
Iran (Islamic Rep. of)	...	5241	1498	5611	4475	3591	...	...	...	...	Iran (Rép. islam. d')
Japan	5757	...	...	...	...	...	...	...	...	...	Japon
Kazakhstan	384	226	179	55	51	...	...	...	...	...	Kazakhstan
Kyrgyzstan	4	7	22	331	41	106	89	209	...	...	Kirghizistan
Malaysia	4497	...	...	...	...	...	...	...	...	...	Malaisie
Myanmar[1]	1116	1942	2205	1445	2595	2311	2895	2018	...	...	Myanmar[1]
Turkey	15626	13962	#84824	84225	46278	41914	42754	59233	100656	100778	Turquie
Europe											**Europe**
Austria	44	...	...	...	...	...	...	...	...	...	Autriche
Belarus	264	367	404	371	267	194	174	190	176	149	Bélarus
Belgium[2]	114	...	...	...	...	...	...	...	...	...	Belgique[2]
Bulgaria	73	119	50	75	39	88	15	19	25	7	Bulgarie
Croatia	110	311	180	194	120	689	570	211	222	60	Croatie
Czech Republic	552	333	312	319	349	238	230	168	131	C	République tchèque
Denmark	105	99	92	96	104	122	51	72	45	31	Danemark
Estonia	40	161	33	24	23	19	11	8	5	3	Estonie
Finland	5	4	1	1	1	1	1	1	1	1	Finlande
Germany	1747	C	1804	1729	68	85	C	C	C	C	Allemagne
Greece[2]	2189	...	...	...	...	...	...	...	...	...	Grèce[2]
Hungary	108	75	15	7	22	24	43	25	10	49	Hongrie
Ireland	51	53	...	...	...	...	...	...	...	...	Irlande
Italy	96711	93529	...	...	...	...	...	...	...	...	Italie
Latvia	379	706	711	684	589	557	C	C	C	C	Lettonie
Lithuania	353	57	20	146	45	31	23	41	36	43	Lituanie
Poland	2160	1667	1346	1755	1537	1058	589	436	439	296	Pologne
Portugal	3523	2473	6651	4356	3634	2782	2556	1540	...	...	Portugal
Rep. of Moldova	90	119	335	317	78	81	112	113	149	164	Rép. de Moldova
Romania	5562	9220	9073	3274	3665	3154	1663	829	2041	2073	Roumanie
Russian Federation	...	...	...	...	...	...	...	543	459	543	Fédération de Russie
Serbia	...	...	...	7	...	...	...	...	...	...	Serbie
Slovakia	20	37	132	132	75	28	24	38	69	33	Slovaquie
Slovenia	70	183	C	C	C	26	C	58	11	C	Slovénie
Spain	3296	2598	2433	2349	2172	1974	1761	1509	1396	808	Espagne
Sweden	22	28	18	10	9	7	3	2	2	2	Suède
Ukraine	434	527	491	562	431	474	267	307	488	390	Ukraine
United Kingdom	16920	...	...	...	445	C	C	C	C	C	Royaume-Uni

General Note.

Men's or boys' singlets and other vests, underpants, briefs, nightshirts, pyjamas, bathrobes, dressing gowns and similar articles, of cotton, of man-made fibers and of other textile materials, not knitted or crocheted.

Remarque générale.

Gilets de corps, slips, caleçons, chemises de nuit, pyjamas, peignoirs de bain, robes de chambre et articles similaires, pour hommes ou garçonnets, de coton, de fibres synthétiques ou artificielles et d'autres matières textiles, autres qu'en bonneterie.

[1] Twelve months ending 31 March of year stated.

[2] Incomplete coverage.

[1] Période de douze mois finissant le 31 mars de l'année indiquée.

[2] Couverture incomplète.

Skirts, slacks and shorts, women's and girls, not knitted or crocheted
Jupes, pantalons et shorts, autres qu'en bonneterie, pour femmes ou fillettes

CPC-BASED CODE - CODE BASE CPC

28233-1

Unit: Thousand units | Unité: Milliers d'unités

Country or area	2003	2004	2005	2006	2007	2008	2009	2010	2011	2012	Pays ou zone
Africa											**Afrique**
Egypt	50	241	263	245	...	7031	2130	...	9688	...	Égypte
South Africa	17695	...	...	...	...	...	...	...	...	...	Afrique du Sud
America, North											**Amérique du Nord**
Cuba	1100	900	1200	1100	1268	1343	1088	994	1121	1096	Cuba
Mexico	6349	6355	5770	6027	10511	9803	10001	9125	9164	9776	Mexique
United States	204470	...	...	...	...	...	...	...	...	...	États-Unis
America, South											**Amérique du Sud**
Brazil	103747	58551	63211	60560	76465	72851	64110	72692	87950	128995	Brésil
Chile	...	...	[1]2942	[1]3235	3072	2907	2648	2699	2972	...	Chili
Ecuador	226	193	189	671	285	372	...	...	...	...	Équateur
Asia											**Asie**
Armenia	0	0	0	6	10	0	0	0	0	9	Arménie
Azerbaijan	3	6	5	1	5	2	1	14	12	12	Azerbaïdjan
China, Hong KongSAR	66394	77164	43426	83756	45504	42922	...	...	...	...	Chine,Hong KongRAS
Cyprus	861	515	539	612	861	399	343	203	163	...	Chypre
Georgia	4	...	...	...	...	...	...	...	...	...	Géorgie
Iran (Islamic Rep. of)	...	369	674	791	733	773	1183	...	...	...	Iran (Rép. islam. d')
Japan	29608	27184	24778	20698	18873	16561	14072	13688	16181	14597	Japon
Kazakhstan	336	415	156	252	75	...	...	...	...	...	Kazakhstan
Kuwait	117	119	130	150	143	125	99	46	60	82	Koweït
Kyrgyzstan	[2]203	[2]1518	[2]447	[2]4242	[2]4146	8384	4765	7911	8428	12960	Kirghizistan
Turkey	11698	12623	#124048	98860	106267	82849	80574	94190	95833	112929	Turquie
Europe											**Europe**
Belarus	2792	3356	2813	3505	3135	3142	2675	2429	...	...	Bélarus
Belgium[3]	1513	...	...	...	...	...	...	...	...	...	Belgique[3]
Bulgaria	4551	5590	6723	6393	5277	4776	3237	2741	2842	2787	Bulgarie
Croatia	2420	2488	2229	1721	1621	1321	907	763	689	539	Croatie
Czech Republic	1501	1815	1441	1189	669	573	404	C	211	190	République tchèque
Denmark	7818	4303	1692	1465	1183	917	659	563	382	374	Danemark
Estonia	575	1773	1624	1434	1951	1412	870	785	830	789	Estonie
Finland	902	789	614	614	351	326	375	316	288	234	Finlande
France	8952	...	...	...	...	...	...	...	...	...	France
Germany	16377	16614	14498	12323	11139	7875	6587	6362	5407	5420	Allemagne
Greece[3]	3644	...	...	...	...	...	...	...	...	...	Grèce[3]
Hungary	3904	3818	2713	1879	1157	741	915	390	340	346	Hongrie
Ireland	1266	1215	...	...	...	...	...	...	...	...	Irlande
Italy	131758	133389	...	...	...	...	...	...	...	...	Italie
Latvia	2675	2662	2458	1810	619	890	694	627	557	489	Lettonie
Lithuania	14438	12381	9964	7642	6099	3801	2653	2973	3003	2814	Lituanie
Poland	19151	15796	13392	11691	10247	8092	5407	5376	4189	3307	Pologne
Portugal	11904	10564	9911	9110	9177	8956	6814	6704	...	...	Portugal
Rep. of Moldova	608	1960	2325	2551	3003	2571	2269	3280	3798	3102	Rép. de Moldova
Romania	79607	75547	71070	60508	47550	36726	25407	25191	28983	27089	Roumanie
Russian Federation	[4]2244	[4]2290	[4]2318	[4]3036	[4]3924	[4]3005	[4]2942	3815	4909	5176	Fédération de Russie
Serbia	...	...	...	497	...	...	...	...	...	...	Serbie
Slovakia	500	578	838	769	129	88	78	54	44	49	Slovaquie
Slovenia	1736	1565	1310	857	802	500	342	334	349	204	Slovénie
Spain	C	C	54708	55269	53810	40813	35213	35875	28251	26472	Espagne
Sweden	183	669	C	C	C	92	0	0	0	0	Suède
TFYR of Macedonia	206	1485	1833	1369	1516	1624	*1432	2361	3672	7668	L'ex-RY de Macédoine
Ukraine	14201	13981	11572	10810	8303	6966	4759	5101	4860	3832	Ukraine
United Kingdom	[5]72599	...	...	...	C	30762	20228	20554	13990	C	Royaume-Uni

General Note.

Skirts and divided skirts, trousers, bib and brace overalls, breeches and shorts, of wool or fine animal hair, of cotton, of synthetic fibres, and of other textile materials, not knitted or crocheted.

Remarque générale.

Jupes et jupes culottes, pantalons, salopettes à bretelles, culottes et shorts, de laine ou de poil fin, de coton, de fibres synthétiques, et d'autres matières textiles, autres qu'en bonneterie.

[1] Including suits and dresses, women's and girl's, of textile fabric, not knitted or crocheted.
[2] Excluding skirts.
[3] Incomplete coverage.
[4] Skirts only.
[5] Excluding Prodcom 2002 code 18.22.35.51.

[1] Y compris les costumes tailleurs et les robes, en matières textiles, autres qu'en bonneterie, pour femmes ou fillettes.
[2] Non compris les jupes.
[3] Couverture incomplète.
[4] Jupes seulement.
[5] 2002 code Prodcom 18.22.35.51 non compris.

Suits, women's and girls, not knitted or crocheted
Costumes tailleurs, autres qu'en bonneterie, pour femmes ou fillettes

CPC-BASED CODE - CODE BASE CPC
28233-2

Unit: Thousand units | Unité: Milliers d'unités

Country or area	2003	2004	2005	2006	2007	2008	2009	2010	2011	2012	Pays ou zone
Africa											**Afrique**
Egypt	6367	1211	1523	1357	...	4656	618	...	...	...	Égypte
South Africa	279	...	...	...	...	...	...	...	...	...	Afrique du Sud
America, North											**Amérique du Nord**
Mexico	5334	7109	5873	5139	4180	4242	3777	3369	3441	2885	Mexique
United States	2922	C	C	C	C	C	C	...	...	...	États-Unis
America, South											**Amérique du Sud**
Brazil	1929	2141	279	289	330	238	343	135	119	222	Brésil
Ecuador	26	75	93	202	293	280	...	...	...	...	Équateur
Asia											**Asie**
Armenia	0	4	12	17	6	6	0	0	0	0	Arménie
Azerbaijan	0	0	0	0	0	0	0	3	14	5	Azerbaïdjan
China, Hong KongSAR	991	4056	...	...	...	...	...	...	...	...	Chine,Hong KongRAS
Cyprus	26	17	18	22	5	5	5	2	2	...	Chypre
Iraq	...	11	...	...	...	260	...	...	...	...	Iraq
Japan	9924	8914	8776	8351	9690	9353	6053	5502	7749	5600	Japon
Kazakhstan	41	51	56	61	45	...	...	...	...	...	Kazakhstan
Kuwait	169	198	288	371	348	375	269	254	269	359	Koweït
Kyrgyzstan	81	1442	...	6453	...	5095	2001	...	...	...	Kirghizistan
Oman	2274	...	...	...	...	...	...	...	...	...	Oman
Turkey	6385	6479	[#]3181	2677	3029	2007	1686	3065	3845	C	Turquie
Europe											**Europe**
Austria	18	...	...	...	...	...	...	...	...	...	Autriche
Belarus	855	1856	2024	2618	2962	3010	1794	1959	1352	1116	Bélarus
Bulgaria	222	251	360	317	187	212	144	120	126	107	Bulgarie
Croatia	75	59	96	52	52	26	17	43	17	23	Croatie
Czech Republic	22	21	17	C	C	13	C	C	C	C	République tchèque
Denmark	36	36	37	15	0	0	26	28	18	6	Danemark
Estonia	20	20	11	14	14	15	11	8	8	...	Estonie
Finland	99	77	92	90	122	98	107	92	85	63	Finlande
France	4320	...	...	...	...	...	...	...	...	...	France
Germany	405	330	468	C	711	221	C	C	C	C	Allemagne
Greece	92	87	...	...	...	...	...	...	...	...	Grèce
Hungary	80	88	...	...	...	977	261	59	57	56	Hongrie
Ireland	65	36	...	...	...	...	...	...	...	...	Irlande
Italy	3107	3157	...	...	...	...	...	...	...	...	Italie
Latvia	C	C	886	488	514	244	C	C	C	C	Lettonie
Lithuania	52	50	30	20	25	8	14	15	21	5	Lituanie
Poland	3268	3886	3429	754	714	908	719	500	543	420	Pologne
Portugal	176	180	189	105	84	87	58	135	...	...	Portugal
Rep. of Moldova	...	29	6	18	231	93	6	2	2	5	Rép. de Moldova
Romania	1547	1912	1364	1279	834	899	481	417	416	685	Roumanie
Russian Federation	986	930	913	1044	974	496	363	735	598	551	Fédération de Russie
Serbia	...	...	...	427	...	...	...	...	...	...	Serbie
Slovakia	29	22	40	37	6	6	9	C	C	C	Slovaquie
Slovenia	C	C	19	13	C	C	C	C	2	C	Slovénie
Spain	1634	1671	1566	1138	1298	1000	889	495	400	340	Espagne
Sweden	22	9	6	5	2	0	0	0	0	0	Suède
TFYR of Macedonia	103	85	45	0	0	0	0	0	0	0	L'ex-RY de Macédoine
Ukraine	604	837	893	730	524	496	318	410	325	300	Ukraine
United Kingdom	[1]306	[1]213	...	...	241	C	C	C	C	C	Royaume-Uni

General Note.

Women's or girls' suits of wool or fine animal hair, of cotton, of synthetic fibres and of other textile materials, not knitted or crocheted.

[1] Excluding Prodcom 2002 code 18.22.32.11.

Remarque générale.

Costumes tailleurs, pour femmes ou fillettes, de laine ou de poil fin, de coton, de fibres synthétiques et d'autres matières textiles, autres qu'en bonneterie.

[1] 2002 code Prodcom 18.22.32.11 non compris.

Dresses, women's and girls, not knitted or crocheted
Robes, autres qu'en bonneterie, pour femmes ou fillettes

CPC-BASED CODE - CODE BASE CPC
28233-3

Unit: Thousand units | Unité: Milliers d'unités

Country or area	2003	2004	2005	2006	2007	2008	2009	2010	2011	2012	Pays ou zone
Africa											**Afrique**
Algeria	1	6	7	16	1	5	0	0	2	1	Algérie
Egypt	12	19	6	17	...	121	94	...	37	...	Égypte
Kenya	180	...	...	...	...	...	...	...	...	...	Kenya
South Africa	4442	...	...	...	...	...	...	...	...	...	Afrique du Sud
America, North											**Amérique du Nord**
Cuba	100	150	800	100	39	215	37	19	48	39	Cuba
Mexico	2634	3250	2979	3282	4907	4247	4117	4589	5631	6473	Mexique
United States	105949	C	C	C	C	C	C	...	...	...	États-Unis
America, South											**Amérique du Sud**
Brazil	2085	3304	3419	3321	6416	6549	6270	9232	8170	10421	Brésil
Ecuador	62	8	14	8	12	18	...	...	...	...	Équateur
Asia											**Asie**
Armenia	93	23	53	59	70	63	510	89	5	7	Arménie
Azerbaijan	2	2	4	5	5	46	0	41	33	82	Azerbaïdjan
China, Hong KongSAR	851	3168	2609	...	...	...	...	...	...	...	Chine,Hong KongRAS
Cyprus	62	68	144	160	150	169	159	204	131	...	Chypre
Georgia	5	...	...	...	...	...	...	...	...	...	Géorgie
Iran (Islamic Rep. of)	...	575	442	523	623	527	...	...	...	...	Iran (Rép. islam. d')
Japan	1321	...	...	...	...	...	...	...	...	...	Japon
Kazakhstan	86	77	140	239	68	...	...	...	...	...	Kazakhstan
Kuwait	1266	643	604	579	766	720	1273	1294	1032	741	Koweït
Kyrgyzstan	[1]143	[1]2227	[1]1322	[1]9123	[1]7837	9187	9558	17900	17297	24346	Kirghizistan
Malaysia	2563	2097	2356	4534	4405	4640	5684	3740	5707	3895	Malaisie
Turkey	13965	15923	#11539	15999	22033	20028	18672	28821	33624	34602	Turquie
Europe											**Europe**
Austria	42	...	...	...	...	...	...	...	...	...	Autriche
Belarus	574	553	551	656	948	1303	1664	2275	#3314	3616	Bélarus
Belgium[2]	677	...	...	...	...	...	...	...	...	...	Belgique[2]
Bulgaria	323	540	325	592	1018	834	527	1300	1294	1753	Bulgarie
Croatia	43	121	132	169	365	231	179	175	249	184	Croatie
Czech Republic	206	288	149	117	139	134	136	176	114	145	République tchèque
Denmark	310	205	178	143	170	...	216	204	164	126	Danemark
Estonia	298	179	188	196	385	281	230	181	312	225	Estonie
Finland	102	72	47	52	32	27	20	23	26	27	Finlande
France	2792	...	...	...	...	...	...	...	...	...	France
Germany	1044	855	586	519	422	373	339	282	314	307	Allemagne
Greece[3]	614	540	...	...	...	...	...	...	...	...	Grèce[3]
Hungary	444	511	...	...	...	274	196	250	226	276	Hongrie
Ireland	114	C	...	...	...	...	...	...	...	...	Irlande
Italy	15587	16012	...	...	...	...	...	...	...	...	Italie
Latvia	428	542	498	372	301	399	399	483	523	457	Lettonie
Lithuania	925	1022	1211	1242	1208	1024	1048	1380	1795	1828	Lituanie
Poland	2236	1786	1400	1218	1276	1461	1699	1452	1318	1456	Pologne
Portugal	1092	865	532	727	976	1466	1614	1865	...	...	Portugal
Rep. of Moldova	203	225	121	343	671	1013	735	799	1034	1459	Rép. de Moldova
Romania	7509	8368	8198	12848	16229	14256	15211	16995	17966	23085	Roumanie
Russian Federation	4702	3889	3381	3200	3833	3832	3977	3652	4512	6131	Fédération de Russie
Serbia	...	...	...	208	...	...	...	...	...	...	Serbie
Slovakia	29	101	88	82	29	21	16	13	19	41	Slovaquie
Slovenia	146	205	172	175	256	214	134	168	209	158	Slovénie
Spain	8917	7918	6121	11097	12965	16305	19296	15772	16798	18811	Espagne
Sweden	6	5	5	9	17	0	0	0	0	0	Suède
TFYR of Macedonia	20	75	11	0	0	0	0	0	0	0	L'ex-RY de Macédoine
Ukraine	1167	1209	1264	916	961	1046	1340	1293	1729	1696	Ukraine
United Kingdom	...	[4]5270	...	...	4803	5868	6911	7656	5032	9153	Royaume-Uni

General Note.

Women's or girls' dresses, of wool or fine animal hair of cotton, of synthetic fibres, of artificial fibres and of other textile materials, not knitted or crocheted.

Remarque générale.

Robes, pour femmes ou fillettes, de laine ou de poil fin, de coton, de fibres synthétiques, de fibres artificielles et d'autres matières textiles, autres qu'en bonneterie.

[1] Including skirts.
[2] Incomplete coverage.
[3] Excluding Prodcom 2002 code 18.22.34.78.
[4] Excluding Prodcom 2002 code 18.22.34.74.

[1] Y compris les jupes.
[2] Couverture incomplète.
[3] 2002 code Prodcom 18.22.34.78 non compris.
[4] 2002 code Prodcom 18.22.34.74 non compris.

Women's or girls' blouses, shirts and shirts-blouses, not knitted or crocheted
Chemisiers, blouses et blouses chemisiers, autres qu'en bonneterie, pour femmes ou fillettes

CPC-BASED CODE - CODE BASE CPC
28234-1

Unit: Thousand units — Unité: Milliers d'unités

Country or area	2003	2004	2005	2006	2007	2008	2009	2010	2011	2012	Pays ou zone
Africa											**Afrique**
Egypt	6516	6496	6734	11996	...	99024	64968	...	...	...	Égypte
South Africa	8380	...	...	...	...	...	...	...	...	...	Afrique du Sud
America, North											**Amérique du Nord**
Cuba	1100	1100	1400	1300	1219	1491	1618	1269	1331	1333	Cuba
Mexico	3356	2962	3347	3783	#18957	21395	22119	24829	21404	17854	Mexique
United States	104224	C	C	C	C	C	C	...	...	...	États-Unis
America, South											**Amérique du Sud**
Brazil	21806	25530	18684	17708	27208	28343	29264	40336	33169	48303	Brésil
Chile	...	...	[1]6101	[1]6222	6126	6592	5616	5019	3157	...	Chili
Ecuador	219	78	114	288	321	533	...	...	...	...	Équateur
Asia											**Asie**
Armenia	0	3	27	38	36	35	42	50	57	143	Arménie
Azerbaijan	0	1	0	0	7	10	10	16	52	16	Azerbaïdjan
China, Hong KongSAR	46037	60824	29706	2077	7401	2011	...	...	...	...	Chine,Hong KongRAS
Cyprus	744	434	520	358	436	331	262	244	244	...	Chypre
Iran (Islamic Rep. of)	...	990	1031	216	734	289	373	...	...	...	Iran (Rép. islam. d')
Japan	12539	11182	9647	9858	11584	9423	4739	5088	3614	3651	Japon
Kazakhstan	80	5	10	9	8	...	...	...	...	...	Kazakhstan
Kuwait	124	211	250	289	735	969	709	471	256	182	Koweït
Kyrgyzstan	148	1697	5165	15699	12911	20957	10149	13759	10188	14460	Kirghizistan
Malaysia	23458	17686	20060	25773	30834	24448	18350	13143	10977	10268	Malaisie
Turkey	28220	35089	#19542	24507	33745	27929	27771	34433	39153	41046	Turquie
Europe											**Europe**
Austria	230	...	...	...	...	...	...	...	...	...	Autriche
Belarus	1158	1155	1168	1359	1474	1526	1339	1398	1029	1099	Bélarus
Belgium[2]	430	...	...	...	...	...	...	...	...	...	Belgique[2]
Bulgaria	1217	646	717	847	1552	2077	1728	1885	2459	1466	Bulgarie
Croatia	369	1141	906	746	1557	1311	636	522	679	475	Croatie
Czech Republic	172	267	204	165	140	119	83	90	79	86	République tchèque
Denmark	1438	1129	920	734	466	417	266	338	159	284	Danemark
Estonia	754	659	545	728	1575	827	307	287	258	208	Estonie
Finland	127	79	110	169	83	22	8	8	9	8	Finlande
Germany	8647	7574	5923	6266	5524	3605	C	C	C	C	Allemagne
Greece[3]	4899	4785	...	...	...	...	...	...	...	...	Grèce[3]
Hungary	406	452	764	364	189	194	115	240	120	163	Hongrie
Ireland	410	496	...	...	...	...	...	...	...	...	Irlande
Italy	35222	34165	...	...	...	...	...	...	...	...	Italie
Latvia	1312	1329	1505	1211	1022	514	162	227	201	107	Lettonie
Lithuania	9016	8431	6877	5707	4401	2589	1478	1892	2208	1989	Lituanie
Norway	39	C	...	...	...	...	...	...	...	...	Norvège
Poland	11646	8865	6705	5445	4711	4708	4935	1942	1950	1809	Pologne
Portugal	6301	4916	3564	3552	3468	4609	4622	5125	...	...	Portugal
Rep. of Moldova	...	606	1984	2549	1824	1939	1920	1916	1835	2870	Rép. de Moldova
Romania	49679	56549	58562	60697	53843	45657	34219	32515	35645	39553	Roumanie
Russian Federation	3537	3221	2564	2066	2141	2334	2259	2260	4279	3157	Fédération de Russie
Serbia	...	...	...	391	...	...	...	...	...	...	Serbie
Slovakia	75	128	407	282	51	44	44	218	233	200	Slovaquie
Slovenia	637	500	384	420	433	412	243	229	219	C	Slovénie
Spain	17903	14717	13036	22038	22664	19893	21812	17908	16179	17545	Espagne
Sweden	99	72	33	24	26	0	0	0	0	0	Suède
TFYR of Macedonia	*1440	*3661	3806	3350	2812	3001	2873	6788	11200	20139	L'ex-RY de Macédoine
Ukraine	6825	5289	4583	4280	4006	3588	2939	3284	3244	2309	Ukraine
United Kingdom	...	[3]19439	...	...	22088	19180	16176	14739	10868	11507	Royaume-Uni
Oceania											**Océanie**
Australia[4]	5718	5147	4907	3360	...	...	...	...	...	...	Australie[4]

General Note.

Women's or girls' blouses, shirts and shirt-blouses, of silk or silk waste, of wool or fine animal hair, of cotton, of man-made fibres and of other textile materials, not knitted or crocheted.

Remarque générale.

Chemisiers, blouses, blouses-chemisiers et chemisettes, pour femmes ou fillettes, de soie ou de déchets de soie, de laine ou de poil fin, de coton, de fibres synthétiques ou artificielles et d'autres matières textiles, autres qu'en bonneterie.

[1] Including women's or girls' singlets and other vests, underwear and similar articles, of textile fabric, not knitted or crocheted.

[2] Incomplete coverage.

[1] Y compris les gilets de corps et chemises de jour, sous-vêtements et articles similaires, en matières textiles, autres qu'en bonneterie, pour femmes ou fillettes.

[2] Couverture incomplète.

[3] Excluding Prodcom 2002 code 18.23.23.18.
[4] Twelve months ending 30 June of year stated.

[3] 2002 code Prodcom 18.23.23.18 non compris.
[4] Période de douze mois finissant le 30 juin de l'année indiquée.

Underwear and similar articles, women's or girls', not knitted or crocheted
Sous-vêtements et articles semblables, autres qu'en bonneterie, pour femmes ou fillettes

CPC-BASED CODE - CODE BASE CPC
28234-2

Unit: Thousand units | Unité: Milliers d'unités

Country or area	2003	2004	2005	2006	2007	2008	2009	2010	2011	2012	Pays ou zone
Africa											**Afrique**
Egypt	2180	335	409	257	...	248	1685	...	2870	...	Égypte
South Africa	34987	...	...	...	...	...	...	...	...	...	Afrique du Sud
America, North											**Amérique du Nord**
Mexico	...	...	...	...	61448	55971	54623	54458	50388	55822	Mexique
America, South											**Amérique du Sud**
Brazil	5470	9581	6506	9317	5441	5380	71855	56518	53775	54402	Brésil
Ecuador	2660	396	1067	2010	455	1485	...	...	...	...	Équateur
Asia											**Asie**
Azerbaijan	3	2	6	13	11	19	12	23	1	3	Azerbaïdjan
China, Hong KongSAR	256287	...	...	158425	35708	...	...	...	...	...	Chine,Hong KongRAS
Cyprus	494	466	400	163	204	196	144	72	43	...	Chypre
Iran (Islamic Rep. of)	...	2779	424	2646	1988	4050	...	...	...	...	Iran (Rép. islam. d')
Japan	7190	...	...	...	...	...	...	...	...	...	Japon
Kazakhstan	94	93	73	81	29	...	...	...	...	...	Kazakhstan
Kyrgyzstan	151	550	2175	1971	379	568	912	3588	3376	1629	Kirghizistan
Turkey	47026	57822	#125099	129272	93878	105032	80282	105132	96861	109495	Turquie
Europe											**Europe**
Austria	7	...	...	...	...	...	...	...	...	...	Autriche
Belarus	...	...	...	...	...	...	...	...	292	180	Bélarus
Belgium[1]	1392	...	...	...	...	...	...	...	...	...	Belgique[1]
Bulgaria	90	134	178	154	334	223	197	125	63	39	Bulgarie
Croatia	5835	4180	4764	5528	5440	4033	3888	4617	4103	2630	Croatie
Czech Republic	850	676	435	383	414	282	263	235	181	156	République tchèque
Denmark	...	...	...	38	11	16	2	15	1	2	Danemark
Estonia	26	36	47	56	61	43	16	28	91	84	Estonie
Finland	25	3	3	3	10	5	6	6	6	4	Finlande
Germany	2377	1689	1987	775	610	456	413	372	331	319	Allemagne
Greece	[2]678	[3]756	...	...	...	...	...	...	...	...	Grèce
Hungary	274	226	670	403	C	56	275	80	211	118	Hongrie
Ireland	324	580	...	...	...	...	...	...	...	...	Irlande
Latvia	595	854	1511	1323	680	216	266	362	317	214	Lettonie
Lithuania	623	601	215	210	353	348	276	214	513	349	Lituanie
Poland	938	2016	2201	3066	2873	2375	519	777	603	662	Pologne
Portugal	3249	2568	4160	8097	7682	3485	3048	3736	...	...	Portugal
Rep. of Moldova	153	88	51	159	75	798	80	59	108	116	Rép. de Moldova
Romania	17663	24703	36731	33631	31178	21498	17695	26755	28719	22657	Roumanie
Russian Federation	...	...	...	...	...	...	...	2738	2667	2738	Fédération de Russie
Serbia	...	...	...	83	...	...	...	...	...	...	Serbie
Slovakia	29	33	46	16	20	17	C	C	...	...	Slovaquie
Slovenia	1290	921	1023	907	851	808	638	597	C	C	Slovénie
Spain	...	C	4078	4051	3171	2883	2065	1113	1268	1015	Espagne
Sweden	0	0	0	5	7	5	2	0	0	0	Suède
TFYR of Macedonia	748	371	0	13	77	0	207	1188	1154	1599	L'ex-RY de Macédoine
Ukraine	230	302	395	450	459	568	440	452	189	238	Ukraine
United Kingdom	...	...	...	...	C	1155	1066	1456	C	C	Royaume-Uni

General Note.
Women's or girls' singlets and other vests, slips, petticoats, briefs, panties, nightdresses, pyjamas, négligés, bathrobes, dressing gowns and similar articles, of cotton, of man-made fibers and of other textile materials, not knitted or crocheted.

Remarque générale.
Gilets de corps et chemises de jour, combinaisons ou fonds de robes, jupons, slips, chemises de nuit, pyjamas, déshabillés, peignoirs de bain, robes de chambre et articles similaires, pour femmes ou fillettes, de coton, de fibres synthétiques ou artificielles ou d'autres matières textiles, autres qu'en bonneterie.

[1] Incomplete coverage.
[2] Excluding Prodcom 2002 code 18.23.24.89.
[3] Excluding Prodcom 2002 code 18.23.24.80.

[1] Couverture incomplète.
[2] 2002 code Prodcom 18.23.24.89 non compris.
[3] 2002 code Prodcom 18.23.24.80 non compris.

Babies' garments and clothing accessories, not knitted or crocheted
Vêtements et accessoires du vêtement, autres qu'en bonneterie, pour bébés

CPC-BASED CODE - CODE BASE CPC
28235-0

Unit: Thousand units — Unité: Milliers d'unités

Country or area	2003	2004	2005	2006	2007	2008	2009	2010	2011	2012	Pays ou zone
Africa											**Afrique**
Egypt	...	...	...	...	...	5264	4337	...	3800	...	Égypte
America, North											**Amérique du Nord**
Mexico	4995	4080	3609	3682	1931	2030	2301	1474	1187	1263	Mexique
America, South											**Amérique du Sud**
Brazil	19544	48294	84184	36813	34336	16242	45865	18362	21538	68758	Brésil
Chile	...	...	1347	1670	947	628	649	376	303	...	Chili
Ecuador	...	...	...	72	46	59	...	...	...	...	Équateur
Asia											**Asie**
China, Hong KongSAR	1898	...	...	...	...	...	...	...	...	...	Chine,Hong KongRAS
Cyprus	32	26	16	17	9	9	13	15	28	...	Chypre
India	42149	69291	107065	...	...	...	...	...	...	...	Inde
Iran (Islamic Rep. of)	...	1353	509	232	223	383	693	...	...	...	Iran (Rép. islam. d')
Japan	11062	8799	6991	6661	6009	6513	4195	4445	4406	4466	Japon
Kuwait	103	73	81	85	166	140	142	73	55	65	Koweït
Europe											**Europe**
Belarus	1235	1252	1209	1083	1300	1415	1199	1123	1011	1030	Bélarus
Finland	221	215	208	0	0	0	0	...	...	...	Finlande
Hungary	295	310	87	15	62	...	...	...	...	...	Hongrie
Italy	10877	...	...	...	...	...	...	...	...	...	Italie
Poland	2138	1312	1107	1191	1182	2328	1782	4095	3733	1788	Pologne
Rep. of Moldova	...	25	14	11	15	12	21	39	...	...	Rép. de Moldova
Romania	23073	11911	3409	2848	4220	4473	4303	3432	1894	1327	Roumanie
Russian Federation	3327	3213	3643	3473	4852	5486	4902	4466	4705	4639	Fédération de Russie
Ukraine	352	2567	1835	1596	954	1027	1339	1769	1483	1173	Ukraine

General Note.

Babies' garments and clothing accessories, of wool or fine animal hair, of cotton, of synthetic fibres and of other textile materials, not knitted or crocheted.

Remarque générale.

Vêtements et accessoires du vêtement pour bébés, de laine ou de poil fin, de coton, de fibres synthétiques et d'autres matières textiles, autres qu'en bonneterie.

Brassieres, girdles, corsets, whether or not knitted or crocheted
Soutiens-gorge, gaines, corsets, même en bonneterie

CPC-BASED CODE - CODE BASE CPC

28237-1

Unit: Thousand units — Unité: Milliers d'unités

Country or area	2003	2004	2005	2006	2007	2008	2009	2010	2011	2012	Pays ou zone
Africa											**Afrique**
South Africa	10414	...	...	...	...	...	...	...	...	...	Afrique du Sud
America, North											**Amérique du Nord**
Mexico	...	...	...	...	33843	31248	27670	26731	28032	25993	Mexique
America, South											**Amérique du Sud**
Brazil	18156	23478	34057	44915	59718	59298	73158	77751	72384	95452	Brésil
Chile	...	...	5284	3463	4161	3359	972	367	361	...	Chili
Ecuador	...	1825	2298	460	1700	803	...	...	...	...	Équateur
Asia											**Asie**
China, Hong KongSAR	8060	2571	2773	...	...	1075	...	...	...	...	Chine,Hong KongRAS
Cyprus	38	25	19	20	14	5	0	0	0	...	Chypre
Kazakhstan	55	57	11	15	20	...	...	...	...	...	Kazakhstan
Turkey	...	...	40690	37030	29075	30319	25888	27657	28307	33665	Turquie
Europe											**Europe**
Belarus	11523	13037	14927	16828	17548	18991	14967	16366	19336	19877	Bélarus
Bulgaria	197	534	520	479	893	630	453	1271	C	1161	Bulgarie
Croatia	...	1769	1763	1734	3516	3283	1105	803	957	692	Croatie
Czech Republic	1997	1833	1180	1022	947	838	638	1238	1424	C	République tchèque
Denmark	169	204	325	239	134	88	119	114	99	85	Danemark
Estonia	...	899	955	709	643	415	274	382	377	394	Estonie
Finland	29	...	0	0	0	0	0	4	4	5	Finlande
Germany	1683	1244	926	898	953	676	636	609	619	593	Allemagne
Greece	1181	1208	...	...	...	...	...	...	...	...	Grèce
Hungary	2053	1316	1305	1991	1934	2957	2564	1110	1391	1333	Hongrie
Ireland	77	0	...	...	...	...	...	...	...	...	Irlande
Italy	107090	104389	...	...	...	...	...	...	...	...	Italie
Latvia	6996	7427	7414	7535	7786	7443	3643	4902	4840	5574	Lettonie
Lithuania	331	120	656	666	718	763	490	414	495	369	Lituanie
Poland	13191	10186	10568	10400	9270	6514	4339	2953	3789	3738	Pologne
Portugal	5612	5131	4955	4474	4202	3806	4221	4101	...	...	Portugal
Rep. of Moldova	...	20	10	16	15	14	73	197	134	11	Rép. de Moldova
Romania	42164	86270	57638	73204	55843	10512	9967	8923	9688	9651	Roumanie
Russian Federation	...	...	...	...	...	...	...	8698	8722	7709	Fédération de Russie
Serbia	...	...	...	3143	...	...	...	...	...	...	Serbie
Slovakia	131	107	180	400	C	C	C	C	C	C	Slovaquie
Slovenia	C	C	3797	C	C	C	C	2399	C	C	Slovénie
Spain	...	27983	24945	23011	22316	16577	12695	12107	9951	8067	Espagne
Sweden	865	846	777	789	843	1264	1055	0	C	0	Suède
Ukraine	[1]8616	[1]7648	6570	6303	5917	5526	4420	5564	6953	5529	Ukraine
United Kingdom	29941	11454	C	C	C	C	3058	C	3156	C	Royaume-Uni
Oceania											**Océanie**
Australia[2]	646	652	C	C	...	...	...	...	...	...	Australie[2]

General Note.

Brassières, girdles and panty-girdles, corsets and corselettes, whether or not knitted or crocheted.

[1] Data refer only to women's and girls' corselettes, and garters, suspenders and similar products (National product list codes 18.23.25.600 and 18.23.25.700).

[2] Twelve months ending 30 June of year stated.

Remarque générale.

Soutiens gorge et bustiers, gaines et gaines culottes, corsets et combinés, même en bonneterie.

[1] Les données se rapportent uniquement aux combinés, et jarretelles, bretelles et produits similaires pour femmes ou fillettes (Code de la liste nationale de produits 18.23.25.600 et 18.23.25.700).

[2] Période de douze mois finissant le 30 juin de l'année indiquée.

Apparel of leather or of composition leather
Vêtements en cuir naturel ou reconstitué

CPC-BASED CODE - CODE BASE CPC
28241-0

Unit: Thousand units — Unité: Milliers d'unités

Country or area	2003	2004	2005	2006	2007	2008	2009	2010	2011	2012	Pays ou zone
Africa											**Afrique**
Egypt	...	458	458	632	...	5268	8928	...	...	...	Égypte
United R. of Tanzania[1]	...	...	...	27	...	...	...	...	...	...	Rép.-U. de Tanzanie[1]
America, South											**Amérique du Sud**
Brazil	191	337	229	397	240	386	329	502	538	1353	Brésil
Chile	...	...	52	30	43	22	32	169	104	...	Chili
Ecuador	...	9	...	15	10	6	...	...	...	...	Équateur
Asia											**Asie**
Azerbaijan	0	4	1	3	0	0	0	0	0	0	Azerbaïdjan
China	86539	102877	66401	65041	52705	*56532	*56123	*62367	63803	57754	Chine
China, Hong KongSAR	...	...	48	...	...	...	...	...	...	...	Chine,Hong KongRAS
Cyprus	21	16	14	7	1	1	0	2	1	...	Chypre
India	2275	1737	1683	...	...	...	...	...	...	...	Inde
Iran (Islamic Rep. of)	...	...	...	...	10	9	3	...	...	...	Iran (Rép. islam. d')
Iraq	...	4	...	...	...	11	...	...	...	...	Iraq
Kazakhstan	1	1	0	1	1	...	...	...	...	...	Kazakhstan
Turkey	...	...	4494	3013	2775	3143	2777	2507	2369	3163	Turquie
Europe											**Europe**
Belarus	...	...	...	...	...	...	...	...	4	7	Bélarus
Bulgaria	24	C	15	17	C	12	C	3	8	4	Bulgarie
Croatia	...	42	35	26	33	42	24	21	29	7	Croatie
Czech Republic	39	31	23	18	17	14	10	8	9	4	République tchèque
Denmark	4	14	18	10	4	8	14	12	3	0	Danemark
Finland	44	46	6	5	6	6	3	3	3	3	Finlande
Germany	149	98	79	94	112	113	130	162	174	201	Allemagne
Hungary	138	64	66	56	82	37	89	128	167	51	Hongrie
Italy	15209	15209	...	...	...	...	...	...	...	...	Italie
Latvia	2	2	1	C	C	1	C	C	C	C	Lettonie
Lithuania	2	10	12	10	4	3	3	1	1	1	Lituanie
Poland	337	153	148	128	126	145	132	68	56	50	Pologne
Portugal	100	97	91	65	47	32	15	9	...	...	Portugal
Rep. of Moldova	...	0	1	0	0	3	7	16	22	18	Rép. de Moldova
Romania	476	463	273	233	199	179	143	182	216	339	Roumanie
Russian Federation	...	...	...	...	...	...	...	23	38	8	Fédération de Russie
Serbia	...	...	...	32	...	...	...	...	...	...	Serbie
Slovakia	6	5	13	12	12	9	4	C	C	C	Slovaquie
Slovenia	95	65	C	33	32	C	C	C	C	C	Slovénie
Spain	...	730	577	483	476	418	227	224	191	233	Espagne
Sweden	C	C	4	C	C	0	0	0	0	0	Suède
Ukraine	63	103	100	115	131	131	105	113	107	88	Ukraine
United Kingdom	210	69	33	12	37	37	52	C	25	21	Royaume-Uni

General Note.
Articles of apparel of leather or of composition leather.

[1] Tanganyika only.

Remarque générale.
Vêtements en cuir naturel ou reconstitué.

[1] Tanganyika seulement.

Belts and bandoliers, of leather or composition leather
Ceintures, ceinturons et baudriers, en cuir naturel ou reconstitué

CPC-BASED CODE - CODE BASE CPC
28242-1

Unit: Thousand units | Unité: Milliers d'unités

Country or area	2003	2004	2005	2006	2007	2008	2009	2010	2011	2012	Pays ou zone
Africa											**Afrique**
Egypt	198	449	83	360	...	30	97	...	...	...	Égypte
America, North											**Amérique du Nord**
Mexico	...	...	...	...	1694	2044	1652	1654	1369	1648	Mexique
America, South											**Amérique du Sud**
Brazil	4003	2887	2978	2322	4038	4573	2138	5574	5731	19327	Brésil
Chile	...	...	[1]1561	[1]1282	1114	944	901	586	713	...	Chili
Ecuador	...	10	70	26	30	9	...	...	...	...	Équateur
Asia											**Asie**
Cyprus	53	65	46	27	26	16	11	8	5	...	Chypre
India	4305	7068	7995	...	...	...	...	...	...	...	Inde
Iraq	...	141	...	...	...	...	...	...	...	...	Iraq
Turkey	...	...	27996	7390	8840	8011	4658	7018	10031	9720	Turquie
Europe											**Europe**
Belarus	48	69	75	73	112	105	184	202	153	155	Bélarus
Bulgaria	C	C	C	C	73	39	7	C	C	C	Bulgarie
Croatia	...	2	1	2	13	20	38	18	31	14	Croatie
Czech Republic	...	...	C	C	10	C	C	C	C	0	République tchèque
Denmark	8	3	12	19	13	11	22	40	80	31	Danemark
Estonia	...	175	80	C	C	159	C	97	153	177	Estonie
Finland	...	...	28	27	3	3	2	3	5	5	Finlande
Germany	C	C	10433	11089	11107	10774	8344	8118	3684	4087	Allemagne
Greece	194	566	...	...	...	...	...	...	...	...	Grèce
Hungary	2	1	C	C	...	C	C	2	0	2	Hongrie
Italy	20153	20626	...	...	...	...	...	...	...	...	Italie
Latvia	11	52	C	C	C	C	C	C	C	C	Lettonie
Lithuania	285	178	142	127	177	217	132	84	79	70	Lituanie
Norway	196	472	C	C	...	...	...	...	...	...	Norvège
Poland	116	416	373	662	962	691	727	597	709	622	Pologne
Portugal	901	920	1054	1539	1479	1336	1001	593	...	...	Portugal
Romania	...	...	...	...	...	9	C	C	C	C	Roumanie
Russian Federation	...	...	...	...	...	...	...	190	228	268	Fédération de Russie
Spain	...	7845	7770	8272	7584	6761	5504	5781	6416	6633	Espagne
Ukraine	1	20	C	C	C	52	21	45	37	29	Ukraine
United Kingdom	12894	6503	7759	10973	8647	8854	5936	C	1443	1246	Royaume-Uni

General Note.
Belts and bandoliers of leather or of composition leather.

[1] Including gloves and mittens of all leather or of leather/fabric combinations.

Remarque générale.
Ceintures, ceinturons et baudriers, en cuir naturel ou reconstitué.

[1] Y compris les gants et mitaines de cuir ou de combinaisons de cuir et de tissu.

Gloves, mittens and mitts, of leather or composition leather (excl. for sport)
Gants, mitaines et moufles, de cuir naturel ou reconstitué (autres que pour la pratique de sports)

CPC-BASED CODE - CODE BASE CPC
28242-2

Unit: Thousand pairs — Unité: Milliers de paires

Country or area	2003	2004	2005	2006	2007	2008	2009	2010	2011	2012	Pays ou zone
America, North											**Amérique du Nord**
Mexico	...	...	...	...	5153	4199	3568	3684	4100	3986	Mexique
United States[1]	630	...	...	...	...	...	...	...	...	...	États-Unis[1]
America, South											**Amérique du Sud**
Brazil	12180	20319	19815	36190	16776	17857	40328	27577	30480	41903	Brésil
Asia											**Asie**
Azerbaijan	...	...	...	...	30	0	4	0	0	0	Azerbaïdjan
Japan	11562	9089	10694	9170	15961	14803	12806	9954	8747	7996	Japon
Kazakhstan	8	15	5	7	6	...	...	...	...	...	Kazakhstan
Turkey	...	...	C	C	9782	C	C	C	C	7682	Turquie
Viet Nam	5405	2782	3035	4088	10860	...	...	...	...	...	Viet Nam
Europe											**Europe**
Belarus	248	192	163	193	155	162	157	176	381	396	Bélarus
Bulgaria	95	50	C	C	66	35	22	C	C	4	Bulgarie
Croatia	...	65	56	52	122	168	58	54	...	...	Croatie
Czech Republic	1133	836	513	286	333	186	200	142	240	150	République tchèque
Denmark	38	37	39	43	143	42	38	0	0	...	Danemark
Estonia	...	C	C	C	C	C	C	8	12	4	Estonie
Finland	10	4	18	19	5	6	5	4	5	7	Finlande
Germany	C	C	C	C	C	C	179	195	231	172	Allemagne
Hungary	949	1347	1297	1117	497	521	577	555	361	286	Hongrie
Italy	7838	7594	...	...	...	...	...	...	...	...	Italie
Lithuania	26	17	15	14	17	3	6	2	3	0	Lituanie
Poland	1610	1967	1585	2283	2280	2000	2824	7540	7985	6134	Pologne
Portugal	103	85	51	164	128	122	127	C	...	...	Portugal
Rep. of Moldova	...	25	19	2	...	...	...	...	...	...	Rép. de Moldova
Romania	1282	1205	1255	1395	1137	847	672	818	909	1200	Roumanie
Russian Federation	183	155	101	153	210	212	335	88	96	111	Fédération de Russie
Slovakia	33	22	74	21	C	C	C	C	C	C	Slovaquie
Slovenia	613	C	C	C	C	768	546	297	291	C	Slovénie
Spain	...	704	511	527	482	C	368	432	285	216	Espagne
TFYR of Macedonia	1	...	...	7	0	4	2	2	7	0	L'ex-RY de Macédoine
Ukraine	989	658	510	361	404	342	151	127	128	76	Ukraine
United Kingdom	[2]254	461	407	538	925	536	569	452	326	235	Royaume-Uni

General Note.

Gloves, mittens and mitts of leather or of composition leather except for those specially designed for use in sports.

[1] Including gloves and mittens of all leather or of leather/fabric combinations.

[2] Excluding Prodcom 2002 code 18.24.31.75.

Remarque générale.

Gants, mitaines et moufles, de cuir naturel ou reconstitué autres que ceux spécialement conçus pour la pratique de sports.

[1] Y compris les gants et mitaines de cuir ou de combinaisons de cuir et de tissu.

[2] 2002 code Prodcom 18.24.31.75 non compris.

Hats and other headgear
Chapeaux et autres coiffures

CPC-BASED CODE - CODE BASE CPC
28260-1

Unit: Thousand units — Unité: Milliers d'unités

Country or area	2003	2004	2005	2006	2007	2008	2009	2010	2011	2012	Pays ou zone
Africa											**Afrique**
Egypt	22000	...	...	...	...	...	...	...	...	...	Égypte
America, North											**Amérique du Nord**
Mexico	...	...	...	...	1099	1405	921	1137	874	1010	Mexique
America, South											**Amérique du Sud**
Brazil	13810	19698	32838	33485	22190	24031	22084	25925	28154	35667	Brésil
Chile	...	...	256	195	179	222	138	68	50	...	Chili
Ecuador	...	635	634	742	758	381	...	...	...	...	Équateur
Asia											**Asie**
Azerbaijan	1	1	18	7	17	2	5	5	...	...	Azerbaïdjan
China, Hong KongSAR	162	99	...	...	...	...	...	...	...	...	Chine,Hong KongRAS
Cyprus	58	54	32	32	35	44	22	18	8	...	Chypre
Iraq	...	191	...	...	...	...	...	352	200	143	Iraq
Kazakhstan	74	37	35	33	138	...	...	...	...	...	Kazakhstan
Kyrgyzstan	12	39	14	204	198	327	307	339	328	214	Kirghizistan
Rep. of Korea	8281	4007	3044	...	...	...	...	...	...	...	Rép. de Corée
Europe											**Europe**
Belarus	797	680	575	666	706	883	689	682	845	912	Bélarus
Bulgaria	147	144	242	199	207	...	...	...	...	...	Bulgarie
Croatia	...	308	349	463	553	478	705	681	808	758	Croatie
Denmark	88	187	93	129	134	244	322	266	290	310	Danemark
Estonia	...	932	...	983	857	918	626	572	428	333	Estonie
Finland	736	741	793	780	884	712	787	829	750	565	Finlande
Germany	...	...	...	...	C	C	C	16192	16570	17387	Allemagne
Hungary	304	203	88	122	176	...	...	...	57	50	Hongrie
Italy[1]	41207	40096	...	...	...	...	...	...	...	...	Italie[1]
Latvia	136	209	137	276	77	...	...	...	...	...	Lettonie
Lithuania	432	503	377	510	309	465	153	295	305	302	Lituanie
Norway	35	C	C	...	...	...	...	...	...	...	Norvège
Poland	7659	7951	9446	11329	11374	11485	9786	10161	9619	8330	Pologne
Portugal	347	371	318	345	406	334	384	430	...	...	Portugal
Rep. of Moldova	...	48	54	99	92	171	77	68	4	5	Rép. de Moldova
Romania	1639	5876	1455	1805	1208	624	330	321	708	766	Roumanie
Russian Federation	5298	4063	2788	3052	3331	3220	2366	6168	6863	7168	Fédération de Russie
Serbia	...	...	...	47	...	...	...	...	...	...	Serbie
Slovakia	171	133	113	68	61	35	25	25	24	5	Slovaquie
Spain[1]	...	1626	...	...	...	...	...	...	...	...	Espagne[1]
Sweden	6582	6343	2053	C	1670	2063	C	C	C	C	Suède
Ukraine	1522	1515	1244	2216	1276	1241	830	895	1335	1598	Ukraine
United Kingdom	427265	210266	254934	C	...	C	C	C	...	...	Royaume-Uni

General Note.

Hats and other headgear, of felt, or plaited or made by assembling strips of any material, or knitted or crocheted or made up from lace or other textile fabric in the piece; hair-nets; other headgear except headgear of rubber or of plastics, safety headgear and asbestos headgear; head-bands, linings, covers, hat foundations, hat frames, peaks and chinstraps, for headgear.

Remarque générale.

Chapeaux et autres coiffures en feutre ou tressés ou fabriqués par l'assemblage debandes de toute matière, ou en bonneterie ou confectionnés à l'aide de dentelles oud'autres produits textiles, en pièces; résilles et filets à cheveux; autres chapeaux et coiffures à l'exclusion de ceux en caoutchouc ou en matière plastique, des coiffures de sécurité et des coiffures en amiante (asbeste); bandes pour garniture intérieure, coiffes, couvre-coiffures, carcasses, visières et jugulaires pour la chapellerie.

[1] Excluding Prodcom 2002 code 18.24.43.50.

[1] 2002 code Prodcom 18.24.43.50 non compris.

Other leather, of bovine or equine animals, without hair on
Autres cuirs et peaux épilés de bovins ou d'équidés

CPC-BASED CODE - CODE BASE CPC

29120-0

Unit: Thousand metric tons — Unité: Milliers de tonnes métriques

Country or area	2003	2004	2005	2006	2007	2008	2009	2010	2011	2012	Pays ou zone
Africa											**Afrique**
Egypt[1]	26316.9	42553.9	4617.2	1614.3	...	3375.4	4501.2	...	2875.2	...	Égypte[1]
America, North											**Amérique du Nord**
Mexico[2]	6.9	7.8	7.4	6.9	11.7	10.4	9.3	11.3	10.8	10.7	Mexique[2]
America, South											**Amérique du Sud**
Argentina	287.9	333.7	336.1	346.4	385.7	378.1	420.5	...	...	...	Argentine
Brazil[2]	170.5	200.2	261.1	261.6	245.1	221.3	89.1	90.6	106.8	141.1	Brésil[2]
Chile[2]	...	...	...	...	...	2.9	2.7	2.6	2.7	...	Chili[2]
Ecuador	...	0.1	0.0	0.1	...	0.3	...	...	...	...	Équateur
Asia											**Asie**
Iran (Islamic Rep. of)[2]	...	1.4	1.3	1.7	1.2	0.9	1.9	...	...	...	Iran (Rép. islam. d')[2]
Kazakhstan[2]	10.0	13.3	8.8	11.5	20.3	28.7	...	...	...	...	Kazakhstan[2]
Kyrgyzstan[2]	4.2	2.1	1.5	1.7	2.4	1.5	3.1	2.4	2.5	2.6	Kirghizistan[2]
Turkey	...	...	63.0	C	C	97.0	C	C	C	354.2	Turquie
Europe											**Europe**
Bulgaria	C	0.0	0.3	0.1	0.3	0.4	0.2	0.1	0.1	0.1	Bulgarie
Croatia	...	9.0	10.0	9.0	9.0	3.0	2.0	3.0	3.0	3.0	Croatie
Denmark	0.8	0.0	0.0	...	...	...	5.6	4.7	4.9	4.0	Danemark
Estonia	...	C	C	C	C	1.0	0.6	0.8	0.8	0.9	Estonie
Germany	...	...	...	...	...	...	10.7	13.0	15.1	14.4	Allemagne
Hungary	0.4	0.2	C	C	C	C	C	C	...	...	Hongrie
Ireland	5.8	0.0	...	...	...	...	...	...	...	...	Irlande
Italy	1320.9	442.1	...	...	...	...	...	...	...	...	Italie
Lithuania	0.2	1.5	0.8	0.7	0.7	0.9	5.3	3.4	3.4	2.6	Lituanie
Netherlands	...	...	...	...	...	...	...	...	2.8	3.9	Pays-Bas
Poland	...	...	3.2	4.3	11.6	7.2	12.6	10.7	9.9	9.0	Pologne
Portugal	11.0	9.0	7.7	12.7	12.0	13.0	11.3	14.6	...	...	Portugal
Rep. of Moldova	...	0.1	0.1	0.2	0.2	0.2	0.0	0.0	C	C	Rép. de Moldova
Romania	7.0	7.0	2.0	2.0	1.0	1.0	1.0	1.0	1.0	0.8	Roumanie
Russian Federation[2]	...	...	...	...	...	...	...	23.2	22.7	22.2	Fédération de Russie[2]
Serbia[2]	...	...	...	0.4	...	...	...	...	...	...	Serbie[2]
Spain	...	C	58.0	47.0	41.0	53.0	45.0	52.0	51.0	49.0	Espagne
Sweden	...	...	5.0	6.4	6.7	5.1	1.2	1.6	1.5	1.5	Suède
United Kingdom	[3]6.0	50.0	50.2	45.0	45.1	30.0	23.0	32.3	26.5	28.0	Royaume-Uni

General Note.

Tanned or crust hides and skins of bovine (including buffalo) or equine animals, without hair on, whether or not split, but not further prepared; leather further prepared after tanning or crusting, including parchment-dressed leather, of bovine (including buffalo) or equine animals, without hair on, whether or not split.

[1] In thousand metres.

[2] In million square metres.

[3] Excluding Prodcom 2002 code 19.10.21.00.

Remarque générale.

Cuirs et peaux tannés ou en croûte de bovins (y compris les buffles) ou d'équidés, épilés, même refendus, mais non autrement préparés; cuirs préparés après tannage ou après dessèchement et cuirs et peaux parcheminés, de bovins (y compris les buffles) ou d'équidés, épilés, même refendus.

[1] En milliers de mètres.

[2] En millions de mètres carrés.

[3] 2002 code Prodcom 19.10.21.00 non compris.

Other leather, without hair on (including sheep, lamb, goat or kid skin leather)
Autres cuirs et peaux épilés (y compris celles d'ovins ou de caprins)

CPC-BASED CODE - CODE BASE CPC
29130-2

Unit: Thousand square metres — Unité: Milliers de mètres carrés

Country or area	2003	2004	2005	2006	2007	2008	2009	2010	2011	2012	Pays ou zone
Africa											**Afrique**
Egypt[1]	...	11	...	...	...	...	...	...	...	...	Égypte[1]
South Africa[1]	2943	...	...	...	...	...	...	...	...	...	Afrique du Sud[1]
America, North											**Amérique du Nord**
Mexico	1843	1365	1514	1682	2185	2263	1910	1859	1881	2280	Mexique
America, South											**Amérique du Sud**
Brazil	6104	4597	6211	5797	6312	4456	5528	6486	7284	3776	Brésil
Asia											**Asie**
Iran (Islamic Rep. of)	...	1860	1251	3179	407	773	...	...	...	...	Iran (Rép. islam. d')
Kazakhstan	...	450	164	108	30	...	...	...	...	...	Kazakhstan
Kuwait[1]	4	3	3	2	2	2	2	2	2	2	Koweït[1]
Kyrgyzstan	16	14	3	5	69	42	30	33	11	19	Kirghizistan
Rep. of Korea	6975	5643	3878	3220	3810	3056	2734	3015	...	...	Rép. de Corée
Europe											**Europe**
Croatia	...	23	9	8	0	12	10	8	0	9	Croatie
Lithuania[1]	...	...	...	...	5	5	2	2	2	1	Lituanie[1]
Portugal	359	365	389	445	376	357	445	427	...	...	Portugal
Romania	1237	1201	1031	1116	1804	[2]1038	[2]828	[2]946	[2]673	[2]524	Roumanie
Russian Federation	...	...	...	...	...	...	...	26	31	57	Fédération de Russie

General Note.

Tanned or crust skins of sheep or lambs, without wool on, and tanned or crust hides and skins of other animals, without wool or hair on, whether or not split, but not further prepared; leather further prepared after tanning or crusting, including parchment-dressed leather, of sheep or lamb, without wool on, whether or not split, and leather further prepared after tanning or crusting, including parchment-dressed leather, of other animals, without wool or hair on, whether or not split.

[1] In thousand metric tons.

[2] Excluding Prodcom 2008 codes 15.11.42.30, 15.11.43.30, 15.11.51.00.

Remarque générale.

Peaux épilées d'ovins, tannées ou en croûte, et cuirs et peaux épilés d'autres animaux, tannés ou en croûte, même refendus, mais non autrement préparés; cuirs préparés après tannage ou après dessèchement, y compris les cuirs et peaux parcheminés, d'ovins, épilés, même refendus, et cuirs préparés après tannage ou après dessèchement, y compris les cuirs et peaux parcheminés, d'autres animaux, épilés, même refendus.

[1] En milliers de tonnes métriques.

[2] 2008 codes Prodcom 15.11.42.30, 15.11.43.30, 15.11.51.00 non compris.

Luggage, handbags and similar articles
Bagages, sacs à main et articles semblables

CPC-BASED CODE - CODE BASE CPC
29220-1

Unit: Thousand units — Unité: Milliers d'unités

Country or area	2003	2004	2005	2006	2007	2008	2009	2010	2011	2012	Pays ou zone
Africa											**Afrique**
Egypt	...	164	248	275	...	175	344	...	...	...	Égypte
Nigeria	12436	12370	12384	...	...	...	...	...	...	...	Nigéria
America, North											**Amérique du Nord**
Mexico	...	...	...	...	1326	966	565	492	282	263	Mexique
America, South											**Amérique du Sud**
Brazil	19727	19720	21265	28859	30330	28107	29096	32314	39797	82947	Brésil
Chile	...	...	928	873	546	226	237	292	189	...	Chili
Ecuador	...	137	180	...	319	319	...	...	...	...	Équateur
Asia											**Asie**
Azerbaijan	0	0	0	9	6	0	0	0	0	0	Azerbaïdjan
Cyprus	76	66	55	37	18	25	13	7	4	...	Chypre
Georgia	2	C	C	C	C	C	C	C	C	C	Géorgie
Iran (Islamic Rep. of)	...	176	79	73	30	104	35	...	...	...	Iran (Rép. islam. d')
Iraq	...	51	...	45	...	32	6	...	11	14	Iraq
Kyrgyzstan	15	11	16	6	3	2	1	1	1	1	Kirghizistan
Nepal	...	...	...	...	13	...	...	...	...	...	Népal
Turkey	...	...	44803	C	5369	6449	7444	C	C	C	Turquie
Viet Nam	74350	110776	152106	161939	164503	...	...	...	...	...	Viet Nam
Europe											**Europe**
Belarus	1182	1081	1122	1064	952	926	1147	1189	#1418	1541	Bélarus
Bulgaria	488	281	699	441	620	602	214	186	104	75	Bulgarie
Croatia	...	38	39	55	58	136	75	115	64	82	Croatie
Czech Republic	1291	1080	1148	1086	1198	923	858	C	C	1420	République tchèque
Denmark	7	7	7	5	13	6	...	...	...	...	Danemark
Estonia	...	517	875	266	276	368	504	333	495	1142	Estonie
Finland	165	228	232	205	190	145	130	92	136	84	Finlande
Germany	1571	1550	1215	1287	C	1263	1104	C	1014	C	Allemagne
Greece[1]	199	221	...	...	...	...	...	...	...	...	Grèce[1]
Hungary	428	458	418	286	270	175	353	678	1015	887	Hongrie
Ireland	36	41	...	...	...	...	...	...	...	...	Irlande
Italy	49566	86329	...	...	...	...	...	...	...	...	Italie
Latvia	24	41	71	23	21	16	C	21	C	C	Lettonie
Lithuania	92	192	161	206	178	154	122	159	156	147	Lituanie
Poland	1403	1805	1494	1397	1226	1498	1032	1544	1580	1126	Pologne
Portugal	2441	2411	2028	1981	2041	1420	425	343	...	...	Portugal
Rep. of Moldova	...	399	416	392	391	494	255	224	268	242	Rép. de Moldova
Romania	6633	9624	7831	6211	5736	4281	3355	3979	3889	3912	Roumanie
Russian Federation	...	...	...	...	...	...	...	14852	21518	30266	Fédération de Russie
Serbia	...	...	...	360	...	...	...	...	...	...	Serbie
Slovakia	528	496	573	79	45	55	35	15	14	10	Slovaquie
Slovenia	86	78	C	C	C	C	C	C	39	39	Slovénie
Spain	...	9342	9409	8869	8074	6734	5432	5789	C	C	Espagne
Ukraine	[2]5478	[2]6575	7218	6188	7678	7553	6737	3555	5230	3637	Ukraine
United Kingdom	...	...	C	C	...	C	C	C	C	507	Royaume-Uni

General Note.

Trunks, suit-cases, vanity-cases, executive-cases, brief-cases, school satchels and similar containers, handbags, whether or not with shoulder strap, including those without handle, With outer surface of leather, of composition leather or of patent leather, with outer surface of plastic sheeting, textile materials or other materials; travel sets for personal toilet, sewing or shoe or clothes cleaning.

Remarque générale.

Malles, valises et mallettes, y compris les mallettes de toilette et mallettes porte documents, serviettes, cartables et contenants similaires, sacs à main, même à bandoulière, y compris ceux sans poignée, à surface extérieure en cuir naturel, en cuir reconstitué ou en cuir verni, à surface extérieure en feuilles de matières plastiques, en matières textiles ou autres; assortiments de voyage pour la toilette des personnes, la couture et le nettoyage des chaussures ou des vêtements.

[1] Excluding Prodcom 2002 code 19.20.12.70.

[2] Excluding travel sets for personal toilet, sewing and clothing/footwear cleaning (National product list code 19.20.12.700).

[1] 2002 code Prodcom 19.20.12.70 non compris.

[2] À l'exclusion des assortiments personnels de voyage pour la toilette, la couture et le nettoyage des habillements/chaussures (Code de la liste nationale de produits 19.20.12.700).

Waterproof footwear of rubber or plastics
Chaussures étanches en caoutchouc ou en matière plastique

CPC-BASED CODE - CODE BASE CPC
29310-0

Unit: Thousand pairs | Unité: Milliers de paires

Country or area	2003	2004	2005	2006	2007	2008	2009	2010	2011	2012	Pays ou zone
Africa											**Afrique**
Egypt	...	...	...	...	...	572	...	...	...	...	Égypte
Nigeria[1]	34993	35301	35340	...	...	...	...	...	...	...	Nigéria[1]
Sierra Leone	703	1733	819	1224	...	...	...	...	...	...	Sierra Leone
America, North											**Amérique du Nord**
Mexico	16600	15135	12965	11549	#19805	18508	20952	22086	20150	23081	Mexique
America, South											**Amérique du Sud**
Brazil	173053	351958	368998	388382	254588	349751	367646	401391	403324	462920	Brésil
Chile	...	...	146	121	143	422	319	142	306	...	Chili
Ecuador	...	250	724	...	451	54	...	...	...	...	Équateur
Peru	1308	1223	1557	2018	1664	1695	1536	1507	1414	1137	Pérou
Asia											**Asie**
Azerbaijan	0	1	0	57	8	0	0	0	0	0	Azerbaïdjan
Bangladesh[2,3]	3217	3294	3611	3892	...	...	...	...	...	...	Bangladesh[2,3]
Iran (Islamic Rep. of)	...	923	1198	1657	357	1607	690	...	...	...	Iran (Rép. islam. d')
Japan	42493	39743	39952	38953	37488	35713	30662	28673	27203	25215	Japon
Kazakhstan	6	7	8	4	6	...	...	...	...	...	Kazakhstan
Kyrgyzstan	191	205	0	736	866	3024	4186	1528	1823	1399	Kirghizistan
Nepal	...	...	...	...	10183	...	...	...	...	...	Népal
Turkey	...	...	3737	7054	7629	6391	6971	8415	8613	10354	Turquie
Europe											**Europe**
Belarus	6783	7946	6512	6605	6695	5715	4682	4488	#3211	2826	Bélarus
Bulgaria	346	275	473	398	503	606	898	1651	1929	1582	Bulgarie
Croatia	...	109	160	106	84	164	156	143	158	52	Croatie
Denmark	38	42	45	16	15	16	10	9	8	1	Danemark
Finland	288	330	118	106	45	46	38	19	20	23	Finlande
Greece[4]	225	...	...	...	...	...	...	...	...	...	Grèce[4]
Hungary	...	136	C	C	C	C	C	C	141	140	Hongrie
Italy	20898	...	...	...	...	...	...	...	...	...	Italie
Lithuania	290	459	678	708	618	593	659	1201	707	694	Lituanie
Poland	2922	3038	2826	2934	3112	2113	2546	3819	3215	2472	Pologne
Portugal	2045	2283	2134	2165	2673	2608	2437	3312	...	...	Portugal
Rep. of Moldova	...	432	493	613	482	402	425	593	641	710	Rép. de Moldova
Romania	3107	2500	2469	2754	3607	2100	1479	1800	1153	1117	Roumanie
Russian Federation	17563	17799	16129	17371	21029	21979	21483	18632	19892	18745	Fédération de Russie
Serbia	...	...	...	1648	...	...	...	...	...	...	Serbie
Spain	...	996	895	847	802	535	540	620	731	716	Espagne
Ukraine	877	1020	1213	1228	1172	1211	994	2055	1430	1513	Ukraine
United Kingdom	[5]259	0	...	...	C	0	C	C	0	C	Royaume-Uni

General Note.

Waterproof footwear with outer soles and uppers of rubber or of plastics, the uppers of which are neither fixed to the sole nor assembled by stitching, riveting, nailing, screwing, plugging or similar processes, other than footwear incorporating a protective metal toe-cap.

Remarque générale.

Chaussures étanches à semelles extérieures et dessus en caoutchouc ou en matière plastique, dont le dessus n'a été ni réuni à la semelle extérieure par couture ou par des rivets, des clous, des vis, des tétons ou des dispositifs similaires, ni formé de différentes parties assemblées par ces mêmes procédés, autres que les chaussures comportant, à l'avant, une coquille de protection en métal.

[1] Data refer to all plastic footwear.
[2] Twelve months ending 30 June of year stated.
[3] Rubber footwear only.
[4] Excluding Prodcom 2002 code 19.30.11.20.
[5] Excluding Prodcom 2002 code 19.30.11.30.

[1] Les données se rapportent à toutes les chaussures en matière plastique.
[2] Période de douze mois finissant le 30 juin de l'année indiquée.
[3] Les données se rapportent aux chaussures en caoutchouc seulement.
[4] 2002 code Prodcom 19.30.11.20 non compris.
[5] 2002 code Prodcom 19.30.11.30 non compris.

Footwear of rubber or plastics, other than waterproof
Chaussures en caoutchouc ou en matières plastiques autres que les chaussures étanches

CPC-BASED CODE - CODE BASE CPC
29320-0

Unit: Thousand pairs — Unité: Milliers de paires

Country or area	2003	2004	2005	2006	2007	2008	2009	2010	2011	2012	Pays ou zone
Africa											**Afrique**
Cameroon	2085	1365	...	4076	5354	57	0	...	...	...	Cameroun
Egypt	930	1823	509	409	...	528	488	...	335	...	Égypte
Kenya	11047	4917	18743	13601	20239	26444	33156	31145	23281	16744	Kenya
Nigeria[1]	34993	35301	35340	...	...	...	...	...	...	...	Nigéria[1]
America, North											**Amérique du Nord**
Cuba	114	145	84	87	33	298	919	42	69	1284	Cuba
America, South											**Amérique du Sud**
Brazil	76877	85498	127029	145370	157487	112056	121516	114974	129536	167305	Brésil
Chile	...	...	117	54	55	57	49	278	562	...	Chili
Ecuador	...	...	10415	6737	7066	6079	...	...	...	...	Équateur
Asia											**Asie**
Afghanistan	3300	6400	20800	23000	26600	28300	28600	29000	29400	30000	Afghanistan
Azerbaijan	0	0	0	6	12	39	570	1	41	1	Azerbaïdjan
Bangladesh[2,3]	3217	3294	3611	3892	...	4147	4166	3993	...	...	Bangladesh[2,3]
India	22000	26000	25000	28000	...	...	...	...	...	...	Inde
Iran (Islamic Rep. of)	...	9881	9223	33730	20654	28567	21064	...	...	...	Iran (Rép. islam. d')
Iraq	...	18	...	55	...	...	...	...	...	...	Iraq
Japan	45456	34337	36456	25634	21879	21023	16624	16437	15413	14262	Japon
Kazakhstan	577	474	361	460	591	...	...	...	...	...	Kazakhstan
Kyrgyzstan	0	0	0	12	24	343	438	408	392	314	Kirghizistan
Tajikistan	17	41	19	11	134	291	178	379	378	403	Tadjikistan
Turkey	...	...	10847	22196	19668	23347	21834	65668	80109	101571	Turquie
Yemen[4]	...	9442	11424	15433	18776	22907	...	...	...	...	Yémen[4]
Europe											**Europe**
Belarus	...	...	...	...	...	...	...	...	595	564	Bélarus
Bulgaria	264	1286	1126	1331	394	115	89	106	83	81	Bulgarie
Croatia	...	302	25	29	35	90	105	171	192	207	Croatie
Estonia	...	35	0	0	...	0	...	...	...	7	Estonie
Finland	0	0	...	...	29	47	28	25	13	...	Finlande
Germany	1722	1956	C	C	C	C	C	C	C	C	Allemagne
Greece	975	[5]968	...	...	...	...	...	...	...	...	Grèce
Hungary	314	324	9	C	C	223	93	C	C	C	Hongrie
Italy	27366	34015	...	...	...	...	...	...	...	...	Italie
Lithuania	0	0	0	0	0	1	0	1	0	0	Lituanie
Poland	14816	12520	12523	14624	13828	C	11616	11624	12115	11757	Pologne
Portugal	399	450	355	350	372	346	291	430	...	...	Portugal
Rep. of Moldova	...	5	6	6	4	...	...	...	...	...	Rép. de Moldova
Romania	1115	1370	2755	1065	466	1629	C	C	772	2720	Roumanie
Serbia	...	...	...	300	...	...	...	...	...	...	Serbie
Slovakia	1768	1464	785	665	729	414	373	407	537	481	Slovaquie
Spain	...	9257	6665	7412	8125	7825	6270	6066	6309	5165	Espagne
Ukraine	4218	5247	4230	4166	4886	4316	3227	4651	5541	4642	Ukraine
United Kingdom	[6]705	[6]290	231	C	83	93	299	423	C	C	Royaume-Uni

General Note.
Footwear with outer soles and uppers of rubber or plastics, other than waterproof footwear, sports footwear and footwear incorporating a protective metal toe-cap.

[1] Data refer to all plastic footwear.
[2] Twelve months ending 30 June of year stated.
[3] Rubber footwear only.
[4] Source: Bulletin of Industrial Statistics for the Arab Countries, United Nations Economic and Social Commission for Western Asia (Beirut).
[5] Excluding Prodcom 2002 code 19.30.12.37.
[6] Excluding Prodcom 2002 code 19.30.12.10.

Remarque générale.
Chaussures à semelles extérieures et dessus en caoutchouc ou en matières plastiques autres que les chaussures étanches, les chaussures de sport et les chaussures comportant à l'avant une coquille de protection en métal.

[1] Les données se rapportent à toutes les chaussures en matière plastique.
[2] Période de douze mois finissant le 30 juin de l'année indiquée.
[3] Les données se rapportent aux chaussures en caoutchouc seulement.
[4] Source: Bulletin de statistiques industrielles pour les pays arabes, Commission économique et sociale pour l'Asie occidentale des Nations Unies (Beyrouth).
[5] 2002 code Prodcom 19.30.12.37 non compris.
[6] 2002 code Prodcom 19.30.12.10 non compris.

Footwear with uppers of leather
Chaussures à dessus en cuir naturel

CPC-BASED CODE - CODE BASE CPC
29330-0

Unit: Thousand pairs | Unité: Milliers de paires

Country or area	2003	2004	2005	2006	2007	2008	2009	2010	2011	2012	Pays ou zone
Africa											**Afrique**
Kenya	7949	7915	12455	15869	13104	13365	19578	20120	1973	2260	Kenya
Lesotho	6032	5395	2165	2176	4347	3363	7426	4233	...	...	Lesotho
Mozambique	12	22	34	38	36	...	...	...	...	...	Mozambique
Nigeria	1770	1782	1783	...	...	...	...	...	...	...	Nigéria
America, North											**Amérique du Nord**
Cuba	971	1300	1051	457	222	481	949	1164	1309	1558	Cuba
Mexico	20272	22538	22874	24792	#60324	57587	53903	57690	59956	59773	Mexique
America, South											**Amérique du Sud**
Brazil	190027	210046	216116	208863	206604	182311	141580	167022	165546	182997	Brésil
Chile	...	...	5178	3791	3628	2822	2503	2400	2678	...	Chili
Ecuador	...	1841	1554	2092	1785	1759	...	...	...	...	Équateur
Asia											**Asie**
Afghanistan	83	160	520	575	665	708	715	725	735	750	Afghanistan
Armenia	23	23	22	30	30	33	33	43	41	47	Arménie
Azerbaijan	456	288	261	311	302	360	292	240	259	472	Azerbaïdjan
China	1816469	2743931	2525475	3003002	3229021	3315335	3546168	4193080	4266424	4496625	Chine
China, Hong KongSAR	572	504	...	...	...	...	...	...	...	...	Chine,Hong KongRAS
China, Macao SAR	6679	...	...	...	...	...	...	...	...	...	Chine, Macao RAS
Cyprus	313	194	193	205	190	130	87	49	46	...	Chypre
Georgia	19	35	42	62	37	28	71	109	200	118	Géorgie
Iran (Islamic Rep. of)	...	5004	7076	9217	3645	1955	5432	...	...	...	Iran (Rép. islam. d')
Iraq	...	164	...	118	...	333	870	552	374	498	Iraq
Japan	37024	37516	36632	32472	32983	30049	24286	23539	22371	20479	Japon
Kazakhstan	206	210	367	314	508	532	...	...	...	...	Kazakhstan
Kuwait	91	94	100	205	211	189	165	171	194	209	Koweït
Kyrgyzstan	6	8	6	7	598	65	67	196	527	714	Kirghizistan
Nepal	...	...	...	...	26	...	...	...	...	...	Népal
Tajikistan	46	49	33	30	38	38	31	35	66	62	Tadjikistan
Turkey	...	...	24016	28331	28866	23721	25478	37922	46577	52399	Turquie
Viet Nam	133570	155118	218039	234181	213236	169229	187718	192200	200420	222100	Viet Nam
Yemen[1]	...	204	247	334	406	496	...	...	...	...	Yémen[1]
Europe											**Europe**
Belarus	8635	9020	8821	9487	9811	9584	9620	10771	10194	10270	Bélarus
Bulgaria	4556	3203	3003	3329	3045	2764	2047	2132	1900	2060	Bulgarie
Croatia	...	4312	3914	3805	4026	3713	3332	3538	3532	3246	Croatie
Czech Republic	1202	1074	963	1154	1186	997	1017	1137	973	756	République tchèque
Denmark	1738	1781	1897	1887	1824	...	...	658	279	11	Danemark
Estonia	...	1124	778	879	908	779	653	1029	842	680	Estonie
Finland	1698	1651	1584	1171	969	1002	698	768	709	646	Finlande
Germany	17418	19294	18648	14733	15725	14943	16542	18146	17781	14078	Allemagne
Hungary	3739	2999	2098	1555	4955	4844	5059	5276	5736	5602	Hongrie
Ireland	32	41	...	...	...	...	...	...	...	...	Irlande
Italy	205316	218417	...	...	...	...	...	...	...	...	Italie
Latvia	C	C	C	C	C	135	C	C	C	C	Lettonie
Lithuania	566	680	402	300	309	224	159	161	188	191	Lituanie
Montenegro	241	12	...	...	...	...	...	...	...	...	Monténégro
Norway	33	...	C	C	...	...	...	...	...	...	Norvège
Poland	12439	10898	10877	11993	12919	12179	10626	10695	10703	10711	Pologne
Portugal	62121	58167	52691	50832	49579	46181	43856	47174	...	...	Portugal
Rep. of Moldova	...	1557	1814	1802	2219	2381	908	883	998	809	Rép. de Moldova
Romania	62100	56447	55315	55191	52286	43427	32733	36135	36576	38866	Roumanie
Russian Federation	22512	21330	21162	22984	23791	26197	21609	24181	24592	21996	Fédération de Russie
Serbia	...	...	...	3508	...	...	...	...	...	...	Serbie
Slovakia	9871	11813	12388	12770	12869	8519	6369	8043	9331	9755	Slovaquie
Slovenia	2462	2485	2083	1862	2138	2148	1789	1618	1552	1477	Slovénie
Spain	...	87210	72668	70844	71002	63715	C	C	C	C	Espagne
Sweden	351	379	360	334	379	260	235	151	62	53	Suède
TFYR of Macedonia	1484	1767	1515	1124	1563	1434	1343	1299	1878	1434	L'ex-RY de Macédoine
Ukraine	10476	9742	8899	9465	8611	8616	7894	9019	9123	6793	Ukraine
United Kingdom	...	...	C	3870	3663	3259	C	C	2707	3168	Royaume-Uni

General Note.

Footwear with uppers of leather, other than sports footwear, footwear incorporating a protective metal toe-cap and miscellaneous special footwear.

Remarque générale.

Chaussures à dessus en cuir naturel, autres que les chaussures de sport, les chaussurescomportant à l'avant une coquille de protection en métal et les chaussures spéciales diverses.

[1] Source: Bulletin of Industrial Statistics for the Arab Countries, United Nations Economic and Social Commission for Western Asia (Beirut).

[1] Source: Bulletin de statistiques industrielles pour les pays arabes, Commission économique et sociale pour l'Asie occidentale des Nations Unies (Beyrouth).

Footwear with uppers of textile materials
Chaussures à dessus en matières textiles

CPC-BASED CODE - CODE BASE CPC
29340-0

Unit: Thousand pairs | Unité: Milliers de paires

Country or area	2003	2004	2005	2006	2007	2008	2009	2010	2011	2012	Pays ou zone
Africa											**Afrique**
Egypt	500	...	...	...	...	...	...	...	...	...	Égypte
Mozambique	...	2	3	4	4	...	...	...	...	...	Mozambique
America, North											**Amérique du Nord**
Cuba	1633	1032	596	350	466	597	267	223	264	0	Cuba
Mexico	...	...	...	...	1859	1523	1474	1719	997	1191	Mexique
America, South											**Amérique du Sud**
Brazil	27268	51063	31428	30812	44234	11836	7978	8559	15763	20558	Brésil
Chile	...	...	225	242	262	455	277	164	29	...	Chili
Ecuador	...	5857	6193	...	132	82	...	...	...	...	Équateur
Asia											**Asie**
Azerbaijan	...	...	...	...	...	3	0	0	0	0	Azerbaïdjan
China, Macao SAR	2968	...	...	...	...	...	...	...	...	...	Chine, Macao RAS
Cyprus	430	220	165	77	83	63	19	77	44	...	Chypre
India	37079	40105	45999	...	...	...	...	...	...	...	Inde
Iraq	...	5	...	6	...	...	181	...	...	...	Iraq
Kazakhstan	20	33	48	...	...	...	...	...	...	...	Kazakhstan
Kyrgyzstan	2	1	110	346	1598	2242	211	954	2270	162	Kirghizistan
Nepal	...	...	...	...	51	...	...	...	...	...	Népal
Turkey	...	...	41508	50336	C	C	C	56732	78177	72521	Turquie
Viet Nam	35297	36850	34151	41283	51718	51000	45421	50300	49609	55562	Viet Nam
Europe											**Europe**
Belarus	1795	1591	1323	1377	1373	1453	1355	2360	#1367	1214	Bélarus
Bulgaria	2439	1767	1923	1666	2177	2593	2351	2241	2639	2492	Bulgarie
Croatia	...	2121	1528	1746	1218	1160	947	999	572	444	Croatie
Czech Republic	934	911	965	1388	1347	1377	1418	1303	1121	1080	République tchèque
Denmark	0	11	46	127	190	174	195	266	71	0	Danemark
Estonia	...	695	687	501	311	276	338	417	556	237	Estonie
Finland	279	404	324	351	551	622	715	982	887	1020	Finlande
Germany	1365	1191	C	1092	C	C	C	C	C	C	Allemagne
Hungary	253	257	49	25	391	475	336	282	161	195	Hongrie
Ireland	0	212	...	...	...	...	...	...	...	...	Irlande
Italy	44990	33108	...	...	...	...	...	...	...	...	Italie
Lithuania	30	27	33	22	29	28	21	5	7	7	Lituanie
Poland	10256	11489	9355	9271	8277	7510	8341	7613	7546	6751	Pologne
Portugal	3113	2623	2040	2582	2710	998	1001	897	...	...	Portugal
Rep. of Moldova	...	1028	1305	1238	937	928	679	931	1010	1279	Rép. de Moldova
Romania	844	814	105	4	1	C	C	C	...	C	Roumanie
Russian Federation	24855	25053	25992	34344	30372	30319	35703	32139	35487	34591	Fédération de Russie
Serbia	...	...	...	84	...	...	...	...	...	...	Serbie
Slovakia	1794	1647	1533	2013	1237	1301	1668	2290	1152	1215	Slovaquie
Slovenia	154	182	187	175	C	478	786	806	557	588	Slovénie
Spain	...	35757	C	C	31477	28929	26708	27245	26589	26507	Espagne
Sweden	0	0	0	0	0	0	219	271	180	137	Suède
TFYR of Macedonia	376	363	366	363	355	338	352	370	0	0	L'ex-RY de Macédoine
Ukraine	2333	2957	3453	3277	4657	5395	6009	7051	8615	12138	Ukraine
United Kingdom	[1]2154	2429	C	C	C	1007	2031	2433	C	C	Royaume-Uni

General Note.

Footwear with uppers of textile materials and outer soles of rubber, plastics, leather or composition leather, other than sports footwear; tennis shoes, basketball shoes, gym shoes, training shoes and the like.

Remarque générale.

Chaussures à dessus en matières textiles et à semelles extérieures en caoutchouc, matière plastique, cuir naturel ou reconstitué, autres que les chaussures de sport; chaussures dites de tennis, de basket ball, de gymnastique, d'entraînement et chaussures similaires.

[1] Excluding Prodcom 2002 code 19.30.14.45.

[1] 2002 code Prodcom 19.30.14.45 non compris.

Tennis shoes, basketball shoes, gym shoes, training shoes and the like
Chaussures dites de tennis, de basket-ball, de gymnastique, d'entraînement et chaussures similaires

CPC-BASED CODE - CODE BASE CPC
29420-0

Unit: Thousand pairs | Unité: Milliers de paires

Country or area	2003	2004	2005	2006	2007	2008	2009	2010	2011	2012	Pays ou zone
Africa											**Afrique**
Egypt	970	137	385	14	...	464	137	...	605	...	Égypte
South Africa	1427	...	...	...	...	...	...	...	...	...	Afrique du Sud
America, North											**Amérique du Nord**
Mexico	6958	9160	9047	7477	#17520	17298	19264	19733	16960	17703	Mexique
America, South											**Amérique du Sud**
Argentina	2079	906	...	...	...	...	...	...	...	...	Argentine
Brazil	19875	40198	30673	32908	31763	89039	85574	90019	95552	101328	Brésil
Ecuador	...	4965	6994	18883	9694	9587	...	...	...	...	Équateur
Asia											**Asie**
China, Macao SAR	2484	...	...	...	...	...	...	...	...	...	Chine, Macao RAS
India	...	...	1532	...	...	...	...	...	...	...	Inde
Iran (Islamic Rep. of)	...	3077	3521	3928	2996	3840	3999	...	...	...	Iran (Rép. islam. d')
Iraq	...	...	...	...	...	62	...	...	...	...	Iraq
Syrian Arab Republic	2813	3031	2818	3573	12717	13105	...	...	...	...	Rép. arabe syrienne
Turkey	...	...	C	1599	2055	1841	1985	3359	6061	10165	Turquie
Viet Nam	189795	215868	240790	271761	286871	293187	292516	347047	380096	400900	Viet Nam
Europe											**Europe**
Belarus	32	53	38	29	34	32	18	33	8	19	Bélarus
Croatia	...	40	8	2	10	45	50	29	58	36	Croatie
Finland	59	0	0	0	0	0	0	...	...	...	Finlande
Germany	C	C	889	1092	1167	1098	1214	1508	C	C	Allemagne
Hungary	...	41	C	C	C	C	C	C	C	C	Hongrie
Italy	2578	2715	...	...	...	...	...	...	...	...	Italie
Poland	114	171	26	59	20	C	C	C	C	C	Pologne
Portugal	227	112	82	55	805	846	1065	744	...	...	Portugal
Rep. of Moldova	...	2	4	3	51	30	11	7	8	0	Rép. de Moldova
Romania	251	72	0	0	0	C	...	C	...	C	Roumanie
Russian Federation	578	635	1244	4859	2550	2258	3872	2917	2733	1732	Fédération de Russie
Slovakia	463	113	C	C	C	C	418	617	821	646	Slovaquie
Spain	...	523	371	363	266	190	188	160	188	121	Espagne
TFYR of Macedonia	...	...	12	...	0	0	...	...	...	...	L'ex-RY de Macédoine
Ukraine	C	34	23	188	148	26	49	53	26	35	Ukraine
United Kingdom	0	0	0	0	3	4	C	4	C	2	Royaume-Uni

General Note.

Sports footwear; tennis shoes, basketball shoes, gym shoes, training shoes and the like, with outer soles of rubber, plastics, leather or composition leather and uppers of textile materials.

Remarque générale.

Chaussures de sport; chaussures dites de tennis, de basket ball, de gymnastique, d'entraînement et chaussures similaires, chaussures à semelles extérieures en caoutchouc, matière plastique, cuir naturel ou reconstitué et dessus en matières textiles.

Sawnwood, non-coniferous
Sciages, autres que résineux

CPC-BASED CODE - CODE BASE CPC
31000-1

Unit: Thousand cubic metres | Unité: Milliers de mètres cubes

Country or area	2003	2004	2005	2006	2007	2008	2009	2010	2011	2012	Pays ou zone
Africa											**Afrique**
Algeria[1,2]	3	3	3	3	3	3	3	3	3	3	Algérie[1,2]
Angola[1,2]	5	5	5	5	5	5	5	5	5	5	Angola[1,2]
Benin[1]	31	[2]31	[2]31	146	84	[2]84	[2]84	[2]84	[2]84	[2]84	Bénin[1]
Burkina Faso[1]	2	1	1	1	5	[2]5	[2]5	[2]5	[2]5	[2]5	Burkina Faso[1]
Burundi[1,2]	65	65	65	65	65	65	65	65	65	65	Burundi[1,2]
Cameroon	247	286	220	298	287	162	152	...	...	...	Cameroun
Central African Rep.[1]	69	[2]67	[2]69	[2]82	[2]95	[2]74	62	45	54	[2]54	Rép. centrafricaine[1]
Chad[1,2]	2	2	2	2	2	2	2	2	2	2	Tchad[1,2]
Congo[1]	168	200	220	259	268	197	199	179	228	288	Congo[1]
Côte d'Ivoire[1]	503	503	363	442	456	[2]600	[2]600	[2]700	[2]700	[2]700	Côte d'Ivoire[1]
Dem. R. of the Congo[1,2]	59	70	81	92	92	150	150	150	150	150	Rép. dém. du Congo[1,2]
Egypt[1,2]	3	2	1	1	1	1	1	1	1	1	Égypte[1,2]
Equatorial Guinea[1,2]	4	4	4	4	4	4	4	4	4	4	Guinée équatoriale[1,2]
Ethiopia[1]	17	[2]17	[2]17	[2]17	[2]17	[2]17	[2]17	[2]17	[2]17	[2]17	Éthiopie[1]
Gabon[1]	231	133	230	235	[2]296	[2]280	[2]280	[2]338	[2]500	[2]500	Gabon[1]
Gambia[1,2]	1	1	1	1	1	1	1	1	1	1	Gambie[1,2]
Ghana[1]	496	480	520	527	520	513	522	503	505	509	Ghana[1]
Guinea[1,2]	26	26	3	51	51	51	71	71	71	71	Guinée[1,2]
Guinea-Bissau[1,2]	16	16	16	16	16	16	16	16	16	16	Guinée-Bissau[1,2]
Kenya[1]	8	[2]8	20	21	[2]21	[2]21	[2]21	[2]21	30	[2]30	Kenya[1]
Liberia[1]	[2]25	50	50	60	60	80	80	80	[2]80	[2]80	Libéria[1]
Libya[1,2]	31	31	31	31	31	31	31	31	31	31	Libye[1,2]
Madagascar[1]	48	[2]48	[2]48	[2]48	[2]48	50	[2]50	62	[2]62	[2]62	Madagascar[1]
Malawi[1,2]	15	15	15	15	15	15	15	15	15	15	Malawi[1,2]
Mali[1,2]	13	13	13	13	13	13	13	13	13	13	Mali[1,2]
Mauritania[1]	...	...	7	14	[2]14	[2]14	[2]14	[2]14	[2]14	[2]14	Mauritanie[1]
Mauritius	[1]1	[1]1	[1]1	[1]1	[1]0	[1,2]0	[1]0	1	0	1	Maurice
Morocco[1,2]	40	40	40	40	40	40	40	40	40	40	Maroc[1,2]
Mozambique	[1,2]28	5	7	7	7	[1,2]51	[1]114	[1]192	[1]212	[1]233	Mozambique
Niger[1,2]	4	4	4	4	4	4	4	4	4	4	Niger[1,2]
Nigeria[1,2]	2000	2000	2000	2000	2000	2000	2000	2000	2000	2000	Nigéria[1,2]
Réunion[1,2]	2	2	2	2	2	2	2	2	2	2	Réunion[1,2]
Rwanda[1]	[2]57	[2]57	[2]57	[2]57	[2]57	81	85	[2]85	[2]85	[2]85	Rwanda[1]
Sao Tome & Principe[1,2]	5	5	5	5	5	5	5	5	5	5	Sao Tomé-et-Principe[1,2]
Senegal[1]	[2]23	[2]23	[2]23	[2]23	[2]23	[2]23	[2]23	17	25	[2]25	Sénégal[1]
Sierra Leone	[1,2]5	[1,2]5	[1,2]5	[1,2]5	[1,2]5	[1,2]5	5	[1,2]5	[1,2]5	[1,2]5	Sierra Leone
Somalia[1,2]	14	14	14	14	14	14	14	14	14	14	Somalie[1,2]
South Africa[1]	[2]95	135	202	80	[2]150	[2]177	[2]122	[2]297	[2]115	[2]115	Afrique du Sud[1]
Sudan[1]	...	...	...	...	...	...	...	...	73	54	Soudan[1]
Sudan (former)[1]	[2]50	[2]50	[2]50	[2]50	[2]50	[2]50	44	80	...	...	Soudan (anc.)[1]
Togo[1]	13	13	14	[2]14	[2]15	[2]15	[2]15	23	46	[2]46	Togo[1]
Tunisia[1,2]	14	14	14	14	14	14	14	14	14	14	Tunisie[1,2]
Uganda[1]	[2]197	[2]197	101	93	[2]93	[2]93	[2]93	[2]93	[2]280	[2]320	Ouganda[1]
United R. of Tanzania[1,2]	11	11	11	11	11	11	11	11	11	11	Rép.-U. de Tanzanie[1,2]
Zambia[1,2]	12	12	12	12	12	12	12	12	12	12	Zambie[1,2]
Zimbabwe[1]	[2]43	[2]43	10	14	[2]14	[2]14	[2]14	[2]14	[2]14	[2]14	Zimbabwe[1]
America, North											**Amérique du Nord**
Belize[1,2]	30	30	30	30	30	30	30	30	30	30	Belize[1,2]
Canada[1]	1760	1816	1717	1642	1401	1111	813	955	1471	1276	Canada[1]
Costa Rica[1]	357	414	476	[2]587	[2]670	[2]615	[2]524	[2]540	459	529	Costa Rica[1]
Cuba	181	189	220	243	195	166	189	160	137	121	Cuba
Dominican Republic	0	0	15	12	3	[1]2	[1]4	[1]2	[1,2]2	[1,2]2	Rép. dominicaine
El Salvador[1]	68	16	[2]16	[2]16	[2]16	[2]16	[2]16	[2]16	[2]16	[2]16	El Salvador[1]
Guadeloupe[1,2]	1	1	1	1	1	1	1	1	1	1	Guadeloupe[1,2]
Guatemala[1]	115	[2]100	[2]100	[2]115	[2]115	[2]128	[2]128	[2]91	[2]103	[2]106	Guatemala[1]
Haiti[1,2]	6	6	6	6	6	6	6	6	6	6	Haïti[1,2]
Honduras[1]	[2]13	[2]13	[2]7	9	9	7	10	4	4	[2]15	Honduras[1]
Jamaica[1,2]	63	63	63	63	63	63	63	63	63	63	Jamaïque[1,2]
Martinique[1,2]	1	1	1	1	1	1	1	1	1	1	Martinique[1,2]
Nicaragua[1]	[2]29	[2]43	[2]35	[2]35	[2]35	[2]35	40	[2]40	33	[2]33	Nicaragua[1]
Panama[1]	27	30	[2]30	[2]30	[2]30	[2]15	[2]15	40	45	26	Panama[1]
Trinidad and Tobago[1]	[2]36	29	32	[2]32	[2]32	28	[2]28	[2]28	[2]28	[2]28	Trinité-et-Tobago[1]
United States[1]	24969	26640	[2]27833	27355	25608	23454	[2]14700	[2]17850	[2]16250	[2]16200	États-Unis[1]
America, South											**Amérique du Sud**
Argentina[1]	920	614	660	1025	694	485	1036	1398	1057	[2]1057	Argentine[1]
Bolivia (Plur. State of)[1]	347	402	408	[2]459	[2]459	[2]459	[2]459	[2]459	[2]459	[2]459	Bolivie (État plur. de)[1]

For general note and footnotes, see end of table | Voir la fin du tableau pour la remarque générale est les notes

Sawnwood, non-coniferous (continued)
Sciages, autres que résineux (suite)

CPC-BASED CODE - CODE BASE CPC
31000-1

Unit: Thousand cubic metres | Unité: Milliers de mètres cubes

Country or area	2003	2004	2005	2006	2007	2008	2009	2010	2011	2012	Pays ou zone
Brazil	6923	7865	7352	7586	9089	[1,2]13050	5553	5384	5898	5586	Brésil
Chile	[1]209	[1]217	6963	[3]7907	6869	6745	4378	4586	5735	[1]312	Chili
Colombia[1]	455	473	309	296	290	366	517	527	400	[2]400	Colombie[1]
Ecuador	[1,2]600	[1]660	[1,2]660	[1]243	[1]286	514	[1,2]310	[1]401	[1,2]401	[1,2]401	Équateur
French Guiana[1,2]	15	15	15	25	25	32	32	32	32	32	Guyane française[1,2]
Guyana	[1]38	37	33	66	[1]74	67	73	[1]78	[1]76	[1]76	Guyana
Paraguay[1,2]	550	550	550	550	550	550	550	550	550	550	Paraguay[1,2]
Peru	528	671	743	856	937	806	626	628	712	705	Pérou
Suriname	56	58	65	69	57	60	63	73	100	121	Suriname
Uruguay[1]	148	164	177	189	199	179	162	215	248	[2]248	Uruguay[1]
Venezuela (Bol. R. of)[1]	241	190	191	300	250	[2]280	[2]280	[2]280	[2]280	[2]280	Venezuela (R.bol.du)[1]
Asia											**Asie**
Afghanistan[1,2]	20	20	20	20	20	20	20	20	20	20	Afghanistan[1,2]
Armenia	[1]3	2	2	2	1	0	0	0	[1]1	[1]1	Arménie
Bangladesh[1]	388	[2]388	[2]388	[2]388	[2]388	[2]388	[2]388	[2]388	[2]388	[2]388	Bangladesh[1]
Bhutan[1]	[2]10	[2]10	[2]10	[2]10	12	18	[2]18	[2]18	[2]18	[2]18	Bhoutan[1]
Brunei Darussalam[1,2]	51	51	51	51	51	51	51	51	51	51	Brunéi Darussalam[1,2]
Cambodia[1,2]	80	80	72	72	160	110	100	100	100	100	Cambodge[1,2]
China[1]	[2]4582	[2]8939	[2]10434	[2]14466	[2]16451	16520	18785	22320	26720	33419	Chine[1]
China, Hong KongSAR[1,2]	55	25	25	15	15	15	15	15	15	15	Chine,Hong KongRAS[1,2]
Cyprus[1]	0	0	1	1	0	1	1	0	0	0	Chypre[1]
Dem.P.R. of Korea[1,2]	95	95	95	95	95	95	95	95	95	95	Rép.p.d. de Corée[1,2]
Georgia	64	122	151	89	65	53	69	62	87	78	Géorgie
India[1]	3890	4361	4889	[2]4889	[2]4889	[2]4889	[2]4889	[2]4889	[2]4889	[2]4889	Inde[1]
Indonesia	[1]7620	[1]4330	[1,2]4330	[1,2]4330	2827	2936	[1,2]4169	[1,2]4169	[1,2]4169	[1,2]4169	Indonésie
Iran (Islamic Rep. of)[1]	79	68	62	50	52	50	40	32	31	33	Iran (Rép. islam. d')[1]
Iraq[1,2]	12	12	12	12	12	12	12	12	12	12	Iraq[1,2]
Japan[1]	379	340	308	326	221	196	157	138	140	[2]105	Japon[1]
Kazakhstan	16	223	37	36	3	[1]7	[1]7	[1,2]10	[1,2]10	[1]32	Kazakhstan
Kyrgyzstan	[4]15	[4]22	[4]25	[4]40	[4]52	[4]60	89	80	87	98	Kirghizistan
Lao PDR[1]	125	125	130	[2]158	[2]148	[2]150	[2]151	[2]170	[2]183	[2]183	Lao, RDP[1]
Malaysia[1]	4769	4934	5173	5129	5064	4466	3855	4301	3991	[2]3829	Malaisie[1]
Myanmar[1]	1001	1056	1530	[2]1530	[2]1530	[2]1530	[2]1530	[2]1530	[2]1530	[2]1530	Myanmar[1]
Nepal[1,2]	610	610	610	610	610	610	610	610	610	610	Népal[1,2]
Pakistan[1]	[2]745	840	856	881	910	919	[2]919	[2]919	[2]919	[2]919	Pakistan[1]
Philippines[1]	246	339	288	432	362	358	304	377	372	[2]372	Philippines[1]
Rep. of Korea[1]	180	[2]166	[2]166	[2]166	[2]144	[2]144	[2]144	[2]122	[2]102	[2]113	Rép. de Corée[1]
Singapore[1,2]	20	20	20	20	20	20	20	20	20	20	Singapour[1,2]
Sri Lanka[1,2]	31	31	31	31	31	31	31	31	31	31	Sri Lanka[1,2]
Syrian Arab Republic[1,2]	2	2	2	2	2	2	2	2	2	2	Rép. arabe syrienne[1,2]
Thailand[1,2]	270	2796	2850	2850	2850	2850	2850	2850	2850	2850	Thaïlande[1,2]
Turkey[1]	2629	2590	2658	2368	2373	2099	2076	2259	2269	2375	Turquie[1]
Uzbekistan[1,2]	...	...	...	...	6	10	10	10	13	25	Ouzbékistan[1,2]
Viet Nam	3291	3009	3232	4322	4441	[1,2]5000	[1,2]5000	[1]5800	[1]5800	[1]6200	Viet Nam
Europe											**Europe**
Albania[1,2]	50	50	50	50	4	4	4	4	4	4	Albanie[1,2]
Austria[1]	210	216	190	242	236	240	163	158	151	159	Autriche[1]
Belarus	139	130	155	231	333	324	228	214	249	271	Bélarus
Belgium[1]	215	200	210	220	230	200	[2]180	[2]241	[2]195	[2]195	Belgique[1]
Bosnia & Herzegovina[1]	321	698	[2]698	[2]698	363	355	272	309	308	314	Bosnie-Herzégovine[1]
Bulgaria[1]	[2]79	138	[2]138	185	205	[2]178	112	118	158	133	Bulgarie[1]
Croatia	[1]482	632	638	831	956	806	707	706	841	866	Croatie
Czech Republic	121	145	135	123	330	[1]227	[1]248	[1]252	[1]301	[1]262	République tchèque
Denmark[1]	23	21	[2]21	50	50	50	[2]191	[2]209	124	[2]124	Danemark[1]
Estonia	[1]186	147	[1]153	161	117	134	106	122	129	105	Estonie
Finland	40	[1]84	25	20	30	13	12	13	19	19	Finlande
France[1]	2099	2057	1967	1943	1893	1735	1423	1422	[2]1462	1318	France[1]
Germany[1]	[2]1071	[2]1089	1128	1178	1141	1094	1124	898	996	1005	Allemagne[1]
Greece[1]	117	117	117	44	44	[2]44	38	51	[2]44	[2]44	Grèce[1]
Hungary	[1]207	232	[1]133	[1]112	[1]146	[1]118	[1]94	[1,2]119	160	246	Hongrie
Ireland[1]	9	2	1	3	3	1	2	0	1	1	Irlande[1]
Italy[1]	880	827	800	800	800	700	550	500	500	520	Italie[1]
Latvia	[1]868	[1]1108	[1]1002	422	484	315	278	381	554	583	Lettonie
Liechtenstein[1]	...	...	...	3	3	3	0	0	1	[2]1	Liechtenstein[1]
Lithuania	[1]450	[1]470	[1]420	[1]470	[1]475	371	312	238	296	338	Lituanie
Luxembourg[1]	[2]20	[2]20	[2]20	[2]20	[2]20	[2]20	37	[2]54	39	[2]39	Luxembourg[1]
Montenegro[5]	6	8	22	7	8	6	4	3	4	5	Monténégro[5]
Netherlands	[1]105	[1]98	[1]103	[1]86	[1]89	[1]84	[1]66	[1]79	416	185	Pays-Bas

For general note and footnotes, see end of table | Voir la fin du tableau pour la remarque générale est les notes

Sawnwood, non-coniferous (continued)
Sciages, autres que résineux (suite)

CPC-BASED CODE - CODE BASE CPC
31000-1

Unit: Thousand cubic metres — Unité: Milliers de mètres cubes

Country or area	2003	2004	2005	2006	2007	2008	2009	2010	2011	2012	Pays ou zone
Norway	[1]26	622	1019	1155	...	...	...	...	[1]0	[1]8	Norvège
Poland	[1]568	[1]641	414	[1]589	[1]647	405	414	392	442	411	Pologne
Portugal	295	258	174	168	165	107	84	93	[1]122	[1]73	Portugal
Rep. of Moldova	[1,2]31	11	14	12	14	18	13	8	8	8	Rép. de Moldova
Romania	735	817	671	730	736	[6]828	[6]690	[6]732	[6]844	[6]878	Roumanie
Russian Federation	1778	1679	1458	1382	3800	2034	1395	...	...	...	Fédération de Russie
Serbia	...	...	...	44	50	41	39	37	[1]368	[1]359	Serbie
Serbia & Montenegro[1]	356	368	343	...	...	...	...	...	...	...	Serbie-et-Monténégro[1]
Slovakia	101	100	62	50	40	30	16	17	13	25	Slovaquie
Slovenia[1]	171	157	140	134	146	108	76	135	C	C	Slovénie[1]
Spain[1]	920	1000	910	946	1152	846	315	561	456	[2]484	Espagne[1]
Sweden[1]	160	160	C	C	C	C	C	C	C	C	Suède[1]
Switzerland[1]	105	95	91	88	78	93	68	59	63	24	Suisse[1]
TFYR of Macedonia	2	3	2	2	2	1	2	6	3	6	L'ex-RY de Macédoine
Ukraine[7]	597	722	666	614	707	663	454	445	495	473	Ukraine[7]
United Kingdom	[1]81	[1]61	168	169	118	109	C	C	C	C	Royaume-Uni
Oceania											**Océanie**
Australia[1]	1323	1253	1231	1188	1135	1109	990	878	730	730	Australie[1]
Fiji[1]	49	67	85	[2]45	[2]45	[2]45	[2]45	[2]45	[2]45	[2]45	Fidji[1]
New Caledonia	[1,2]3	5	4	3	3	3	2	2	2	2	Nouvelle-Calédonie
New Zealand[1]	14	13	11	42	43	37	35	40	38	7	Nouvelle-Zélande[1]
Papua New Guinea[1]	[2]50	[2]50	[2]51	[2]51	[2]51	[2]51	[2]71	[2]71	23	17	Papouasie-Nvl-Guinée[1]
Samoa[1,2]	4	4	5	1	1	1	1	1	1	1	Samoa[1,2]
Solomon Islands[1,2]	12	12	12	12	20	27	27	27	27	27	Îles Salomon[1,2]
Tonga[1,2]	1	1	1	1	1	1	1	1	1	1	Tonga[1,2]
Vanuatu[1,2]	14	14	14	14	14	14	14	14	14	14	Vanuatu[1,2]

General Note.

Wood sawn or chipped lengthwise, non-coniferous, sliced or peeled, whether or not planed, sanded or end-jointed, of a thickness exceeding 6 mm, of tropical wood, of oak, of beech and of other non-coniferous wood; non-coniferous wood (including strips and friezes for parquet flooring, not assembled) continuously shaped (tongued, grooved, rebated, chamfered, V-jointed, beaded, moulded, rounded or the like) along any of its edges, ends or faces, whether or not planed, sanded or end-jointed. Please see commodity notes for more information.

1 Source: Food and Agriculture Organization of the United Nations (Rome).
2 FAO estimate.
3 Including wood, coniferous, continuously shaped along any of its edges or faces.
4 All wood, whether coniferous or not.
5 Data refer to beech lumber.
6 Excluding Prodcom 2008 codes 16.10.10.77, 16.10.21.50.
7 Excluding non-coniferous wood continuously shaped (National product list codes 20.10.21.530 and 20.10.21.550).

Remarque générale.

Bois sciés ou dédossés longitudinalement, autres que conifères, tranchés ou déroulés, même rabotés, poncés ou collés par assemblage en bout, d'une épaisseur excédant 6 mm, de bois tropicaux, de chêne, de hêtre et de bois autres que conifères; bois autres que conifères (y compris les lames et frises à parquet, non assemblées) profilés (languetés, rainés, bouvetés, feuillurés, chanfreinés, joints en V, moulurés, arrondis ou similaires) tout au long d'une ou de plusieurs rives, bouts ou faces, même rabotés, poncés ou collés par assemblage en bout. Voir les commentaires sur nom de produit pour de plus amples informations.

1 Source: Organisation des Nations Unies pour l'alimentation et l'agriculture (Rome).
2 Estimation de la FAO.
3 Y compris le bois de conifères profilés tout au long d'une ou de plusieurs rives ou faces.
4 Tout bois, de conifères ou non.
5 Les données se rapportent au bois de hêtre seulement.
6 2008 codes Prodcom 16.10.10.77, 16.10.21.50 non compris.
7 À l'exclusion du bois d'arbres autre que de conifères (Code de la liste nationale de produits 20.10.21.530 et 20.10.21.550).

Sawnwood, coniferous
Sciages résineux

CPC-BASED CODE - CODE BASE CPC
31000-2

Unit: Thousand cubic metres — Unité: Milliers de mètres cubes

Country or area	2003	2004	2005	2006	2007	2008	2009	2010	2011	2012	Pays ou zone
Africa											**Afrique**
Algeria[1,2]	9	9	9	9	9	9	9	9	9	9	Algérie[1,2]
Burundi[1]	[2]18	[2]18	[2]18	18	18	[2]18	[2]18	[2]18	[2]18	[2]18	Burundi[1]
Egypt[1,2]	...	33	11	11	11	11	11	11	11	11	Égypte[1,2]
Ethiopia[1]	0	[2]0	1	[2]1	[2]1	[2]1	[2]1	[2]1	[2]1	[2]1	Éthiopie[1]
Ghana[1,2]	0	0	10	10	10	10	10	10	10	10	Ghana[1,2]
Guinea[1,2]	...	...	...	10	10	10	10	10	20	20	Guinée[1,2]
Kenya[1]	70	[2]70	116	121	[2]121	[2]121	[2]121	[2]121	129	140	Kenya[1]
Madagascar[1]	8	8	[2]8	2	2	42	[2]42	[2]42	[2]42	[2]42	Madagascar[1]
Malawi[1,2]	30	30	30	30	30	30	30	30	30	30	Malawi[1,2]
Mauritius	[1]2	[1]2	[1]2	[1]4	[1]3	[1,2]3	[1]2	2	2	1	Maurice
Morocco[1,2]	43	43	43	43	43	43	43	43	43	43	Maroc[1,2]
Mozambique	0	1	1	1	1	[1,2]6	[1,2]6	[1,2]6	[1,2]6	[1,2]6	Mozambique
Nigeria[1,2]	0	0	2	2	2	2	2	2	2	2	Nigéria[1,2]
Rwanda[1]	[2]22	[2]22	[2]22	[2]22	[2]22	40	50	[2]50	[2]50	[2]50	Rwanda[1]
Seychelles[1]	...	...	...	...	...	1	1	[2]1	[2]1	[2]1	Seychelles[1]
South Africa[1]	[2]2077	[2]2077	2015	2011	[2]1845	[2]1878	[2]1753	[2]1584	[2]1452	[2]1452	Afrique du Sud[1]
Sudan[1,2]	...	...	...	...	...	...	...	...	1	1	Soudan[1,2]
Sudan (former)[1,2]	1	1	1	1	1	1	1	1	...	...	Soudan (anc.)[1,2]
Swaziland[1,2]	102	102	102	102	102	102	102	102	102	102	Swaziland[1,2]
Tunisia[1,2]	7	7	7	7	7	7	7	7	7	7	Tunisie[1,2]
Uganda[1]	[2]67	[2]67	24	24	[2]24	[2]24	[2]24	[2]24	[2]70	[2]80	Ouganda[1]
United R. of Tanzania	[1,2]13	[1,2]13	[1,2]13	[1,2]13	[1,2]13	[3]48	[3]37	[1,2]13	[1,2]13	[1,2]13	Rép.-U. de Tanzanie
Zambia[1,2]	145	145	145	145	145	145	145	145	145	145	Zambie[1,2]
Zimbabwe[1]	[2]354	[2]354	270	254	[2]254	[2]254	[2]254	[2]163	[2]163	[2]163	Zimbabwe[1]
America, North											**Amérique du Nord**
Bahamas[1,2]	1	1	1	1	1	1	1	1	1	1	Bahamas[1,2]
Belize[1,2]	5	5	5	5	5	5	5	5	5	5	Belize[1,2]
Canada[1,2]	55132	59136	58470	57067	50883	40437	32007	37712	37409	39288	Canada[1,2]
Cuba	[1,2]109	[1]114	[1]132	[1,2]146	135	126	145	126	115	95	Cuba
Dominican Republic	0	0	0	46	53	[1]37	[1]32	[1]10	[1,2]10	[1,2]10	Rép. dominicaine
Guatemala[1]	251	[2]251	[2]251	[2]33	[2]33	[2]59	[2]81	43	40	39	Guatemala[1]
Haiti[1,2]	8	8	8	8	8	8	8	8	8	8	Haïti[1,2]
Honduras[1]	421	454	400	403	370	342	267	225	230	[2]230	Honduras[1]
Jamaica[1,2]	3	3	3	3	3	3	3	3	3	3	Jamaïque[1,2]
Mexico	[1]2454	[1]2716	[1]2222	[1]2324	380	366	326	319	360	379	Mexique
Nicaragua[1]	[2]16	[2]24	[2]20	[2]20	[2]20	[2]20	12	29	29	[2]29	Nicaragua[1]
Trinidad and Tobago[1]	[2]3	3	9	[2]9	[2]9	2	[2]3	[2]3	[2]3	[2]3	Trinité-et-Tobago[1]
United States[1]	61190	66428	69187	65549	59769	49416	39576	42163	45482	48746	États-Unis[1]
America, South											**Amérique du Sud**
Argentina[1]	870	948	1079	1078	822	470	1115	761	1094	[2]1094	Argentine[1]
Bolivia (Plur. State of)[1,2]	0	1	1	2	2	2	3	7	7	7	Bolivie (État plur. de)[1,2]
Brazil	[1]8660	[1]8990	[1]8935	[1]9078	[1]9577	[1,2]9352	4853	4585	5093	4395	Brésil
Chile[1]	6795	7798	8032	8462	8096	7096	5662	6180	6507	6849	Chili[1]
Colombia[1]	144	149	98	93	92	115	163	166	126	[2]126	Colombie[1]
Ecuador	[1,2]150	[1]95	[1,2]95	[1]107	[1]107	271	[1,2]118	[1,2]118	[1,2]118	[1,2]118	Équateur
Peru[1]	6	9	7	16	[2]16	13	7	2	9	8	Pérou[1]
Uruguay[1]	82	88	91	104	109	105	102	131	128	[2]128	Uruguay[1]
Venezuela (Bol. R. of)[1]	260	289	371	538	598	[2]670	[2]670	[2]670	[2]670	[2]670	Venezuela (R.bol.du)[1]
Asia											**Asie**
Afghanistan[1,2]	380	380	380	380	380	380	380	380	380	380	Afghanistan[1,2]
Azerbaijan	0	0	0	0	2	2	2	2	1	1	Azerbaïdjan
Bhutan[1]	[2]21	[2]21	[2]21	[2]21	9	9	2	7	9	[2]9	Bhoutan[1]
Cambodia[1,2]	2	2	2	2	2	2	2	2	2	2	Cambodge[1,2]
China[1]	[2]6800	[2]6442	[2]7526	[2]10441	[2]11882	11920	13552	14911	17918	22321	Chine[1]
Cyprus[1]	5	5	4	3	9	9	4	4	3	2	Chypre[1]
Dem.P.R. of Korea[1,2]	185	185	185	185	185	185	185	185	185	185	Rép.p.d. de Corée[1,2]
Georgia[1]	[2]7	[2]7	[2]7	55	30	[2]30	[2]30	[2]30	[2]30	[2]20	Géorgie[1]
India[1]	7990	9300	9900	[2]9900	[2]2000	[2]2000	[2]2000	[2]2000	[2]2000	[2]2000	Inde[1]
Japan[1]	13550	13263	12517	12228	11411	10688	9134	9277	9294	[2]8267	Japon[1]
Kazakhstan	260	198	253	283	164	[1]92	[1]80	[1,2]98	[1,2]98	[1]590	Kazakhstan
Kyrgyzstan	[1]8	[1]6	[1,2]6	[1,2]6	[1,2]26	[1,2]30	0	0	0	0	Kirghizistan
Lebanon[1,2]	9	9	9	9	9	9	9	9	9	9	Liban[1,2]
Malaysia[1,2]	0	20	20	20	20	20	20	20	20	20	Malaisie[1,2]
Mongolia[1,2]	300	300	300	300	300	300	300	300	300	300	Mongolie[1,2]
Myanmar[1,2]	0	77	61	80	80	80	80	80	80	80	Myanmar[1,2]

For general note and footnotes, see end of table — Voir la fin du tableau pour la remarque générale est les notes

Sawnwood, coniferous (continued)
Sciages résineux (suite)

CPC-BASED CODE - CODE BASE CPC
31000-2

Unit: Thousand cubic metres | Unité: Milliers de mètres cubes

Country or area	2003	2004	2005	2006	2007	2008	2009	2010	2011	2012	Pays ou zone
Nepal[1,2]	20	20	20	20	20	20	20	20	20	20	Népal[1,2]
Pakistan[1]	[2]435	420	432	432	453	462	[2]462	[2]462	[2]462	[2]462	Pakistan[1]
Rep. of Korea[1]	4200	[2]4200	[2]4200	[2]4200	[2]3654	[2]3200	[2]3000	[2]3500	[2]3654	[2]3000	Rép. de Corée[1]
Singapore[1,2]	5	5	5	5	5	5	5	5	5	5	Singapour[1,2]
Sri Lanka[1,2]	30	30	30	30	30	30	30	30	30	30	Sri Lanka[1,2]
Syrian Arab Republic[1,2]	7	7	7	7	7	7	7	7	7	7	Rép. arabe syrienne[1,2]
Thailand[1,2]	18	18	18	0	0	0	0	0	0	0	Thaïlande[1,2]
Turkey[1]	2986	3625	3787	4103	4226	4076	3777	3984	4192	4307	Turquie[1]
Europe											**Europe**
Albania[1,2]	47	47	47	47	4	4	4	4	4	4	Albanie[1,2]
Austria[1]	10263	10917	10884	10265	11580	10595	8295	9445	9485	8793	Autriche[1]
Belarus	2192	2468	2490	2246	2092	2087	[1]2102	2278	2294	2358	Bélarus
Belgium[1]	1000	1035	1075	1300	1325	1200	[2]1075	[2]1142	[2]1174	[2]1174	Belgique[1]
Bosnia & Herzegovina[1]	567	621	[2]621	[2]621	624	650	509	513	560	539	Bosnie-Herzégovine[1]
Bulgaria	[1,2]253	[1]431	[1,2]431	[1]498	[1]526	[1,2]465	[1]338	414	[1]570	[1]565	Bulgarie
Croatia	[1]103	108	102	118	152	195	128	105	153	155	Croatie
Czech Republic	1992	3275	3252	3393	3230	[1]4409	[1]3800	[1]4492	[1]4153	[1]3997	République tchèque
Denmark	[1]225	[1]175	[1,2]175	[1]250	125	[1]250	[1]250	[1,2]239	[1]248	[1,2]248	Danemark
Estonia	[1]1767	1154	[1]1909	1614	1270	947	936	1531	641	876	Estonie
Finland	12312	12833	12375	12080	11752	9775	3850	5721	9762	5856	Finlande
France[1]	7440	7717	7748	8050	8073	7608	6462	6894	[2]7213	6750	France[1]
Germany[1]	16525	18449	20803	23242	23922	18093	19657	21161	21633	20076	Allemagne[1]
Greece[1]	74	74	74	64	64	[2]64	68	68	[2]64	[2]64	Grèce[1]
Hungary	[1]92	81	[1]82	[1]74	65	[1]89	[1]9	[1]13	108	116	Hongrie
Ireland[1]	996	937	1014	1091	1091	696	772	772	760	781	Irlande[1]
Italy	[4]2135	[4]2340	[1]790	[1]948	[1]900	[1]684	[1]670	[1]700	[1]750	[1]850	Italie
Latvia	[1]3083	[1]2880	3353	2803	2538	1874	1934	2394	2743	2746	Lettonie
Liechtenstein[1]	...	...	...	7	7	7	4	4	7	[2]7	Liechtenstein[1]
Lithuania	[1]950	[1]980	[1]1025	[1]996	[1]905	[1]644	521	641	713	713	Lituanie
Luxembourg[1]	[2]113	[2]113	[2]113	[2]113	[2]113	113	93	[2]39	39	[2]39	Luxembourg[1]
Montenegro[5]	26	37	59	70	74	57	45	44	63	45	Monténégro[5]
Netherlands[1]	164	175	176	180	184	159	144	152	169	137	Pays-Bas[1]
Norway[1]	2160	2203	2300	2361	2374	2200	1850	2115	2271	2281	Norvège[1]
Poland	1599	1815	1970	2131	2617	2169	2361	2566	2612	2545	Pologne
Portugal	788	807	810	832	878	744	[1]958	[1,2]929	[1]922	[1]878	Portugal
Rep. of Moldova	[1,2]0	13	10	14	17	28	21	17	20	11	Rép. de Moldova
Romania	1450	1319	1094	1067	1188	1090	797	790	876	1101	Roumanie
Russian Federation	17352	18305	19220	19188	20618	19749	17694	[6]21950	[6]21047	[6]21097	Fédération de Russie
Serbia	...	...	...	14	14	10	6	5	[1]144	[1]136	Serbie
Serbia & Montenegro[1]	158	207	154	...	...	...	...	...	...	...	Serbie-et-Monténégro[1]
Slovakia	371	408	622	670	572	560	584	753	802	649	Slovaquie
Slovenia[1]	340	304	387	446	464	367	449	625	C	C	Slovénie[1]
Spain	[1]2710	[4]1642	[1]2750	[1]2860	[1]2180	[1]2295	[1]1757	[1]1477	[1]1706	[1,2]1487	Espagne
Sweden	[1]16640	[1]16740	21181	21705	21609	20806	20485	19872	20038	19445	Suède
Switzerland[1]	1240	1410	1500	1580	1463	1448	1413	1397	1251	1079	Suisse[1]
TFYR of Macedonia	[1]5	7	5	4	1	1	2	2	7	5	L'ex-RY de Macédoine
Ukraine[7]	1600	1692	1742	1771	1817	1603	1299	1290	1393	1351	Ukraine[7]
United Kingdom	2919	2922	[1]2728	2892	2105	3279	1810	1950	[1]3227	[1]3361	Royaume-Uni
Oceania											**Océanie**
Australia[1]	3088	3415	3456	3596	3929	4263	3740	4201	3826	3670	Australie[1]
Fiji[1]	35	45	40	[2]45	[2]45	[2]45	[2]45	[2]45	[2]45	[2]45	Fidji[1]
New Zealand[1]	4275	4406	4238	4192	4258	3709	3519	3992	3750	4001	Nouvelle-Zélande[1]
Papua New Guinea[1]	[2]10	[2]10	[2]10	[2]10	[2]10	[2]10	[2]10	[2]10	20	20	Papouasie-Nvl-Guinée[1]
Tonga[1,2]	1	1	1	1	1	1	1	1	1	1	Tonga[1,2]

General Note.

Wood sawn or chipped lengthwise, coniferous, sliced or peeled, whether or not planed, sanded or end-jointed, of a thickness exceeding 6 mm; wood (including strips and friezes for parquet flooring, not assembled), coniferous, continuously shaped (tongued, grooved, rebated, chamfered, V-jointed, beaded, moulded, rounded or the like) along any of its edges, ends or faces, whether or not planed, sanded or end-jointed. Please see commodity notes for more information.

1 Source: Food and Agriculture Organization of the United Nations (Rome).

2 FAO estimate.

3 Tanganyika only.

4 Excluding Prodcom 2002 code 20.10.21.10.

5 Data refer to spruce and fir lumber.

6 Including sawnwood, non-coniferous.

7 Excluding coniferous wood continuously shaped (National product list code 20.10.21.100).

Remarque générale.

Bois sciés ou dédossés longitudinalement, de conifères, tranchés ou déroulés, même rabotés, poncés ou collés par assemblage en bout, d'une épaisseur excédant 6 mm; bois (y compris les lames et frises à parquet, non assemblées), de conifères, profilés (languetés, rainés, bouvetés, feuillurés, chanfreinés, joints en V, moulurés, arrondis ou similaires) tout au long d'une ou de plusieurs rives, bouts ou faces, même rabotés, poncés ou collés par assemblage en bout. Voir les commentaires sur nom de produit pour de plus amples informations.

1 Source: Organisation des Nations Unies pour l'alimentation et l'agriculture (Rome).

2 Estimation de la FAO.

3 Tanganyika seulement.

4 2002 code Prodcom 20.10.21.10 non compris.

5 Les données se rapportent au bois d'épinette et du sapin seulement.

6 Y compris les sciages, autres que résineux.

7 À l'exclusion des profilés de bois autre que des conifères (Code de la liste nationale de produits 20.10.21.100).

Wood in the rough, treated with preservatives
Bois bruts, traités avec des agents de conservation

CPC-BASED CODE - CODE BASE CPC
31310-0

Unit: Thousand cubic metres — Unité: Milliers de mètres cubes

Country or area	2003	2004	2005	2006	2007	2008	2009	2010	2011	2012	Pays ou zone
America, North											**Amérique du Nord**
Mexico	...	...	...	...	2	3	1	3	2	1	Mexique
America, South											**Amérique du Sud**
Argentina	134	198	278	232	...	...	...	...	...	...	Argentine
Brazil	2258	3012	4092	8989	5719	4840	2452	2770	1929	2121	Brésil
Chile	...	...	34	21	24	2	0	0	0	...	Chili
Ecuador	...	...	...	40	...	66	...	...	...	...	Équateur
Asia											**Asie**
Kazakhstan	0	...	2	0	0	...	...	...	...	...	Kazakhstan
Turkey	...	...	30	C	14	18	28	47	32	47	Turquie
Europe											**Europe**
Bulgaria	C	C	C	0	5	C	1	C	C	C	Bulgarie
Croatia	...	7	4	2	3	4	15	15	12	20	Croatie
Czech Republic	84	83	73	72	55	39	39	43	21	24	République tchèque
Denmark	1	1	0	0	0	...	...	...	...	...	Danemark
Estonia	...	68	82	83	98	53	43	41	40	37	Estonie
Finland	153	183	122	116	101	115	100	90	93	86	Finlande
Germany	77	68	66	72	72	67	58	60	71	67	Allemagne
Greece	6	6	...	...	...	...	...	...	...	...	Grèce
Hungary	8	5	3	9	C	C	C	...	C	C	Hongrie
Ireland	95	96	...	...	...	...	...	...	...	...	Irlande
Italy	141	153	...	...	...	...	...	...	...	...	Italie
Latvia	22	39	34	C	C	C	C	62	62	52	Lettonie
Montenegro	5	4	5	...	...	...	...	...	...	...	Monténégro
Norway	25	16	14	18	...	...	...	...	...	...	Norvège
Poland	41	43	32	60	56	80	69	75	78	83	Pologne
Portugal	141	141	184	161	168	136	125	98	...	...	Portugal
Rep. of Moldova	...	...	...	...	2	3	1	0	0	0	Rép. de Moldova
Romania	...	...	...	...	...	1	C	C	C	C	Roumanie
Russian Federation	21	49	109	107	98	56	27	57	66	57	Fédération de Russie
Spain	...	133	121	134	121	126	95	88	73	59	Espagne
Sweden	164	145	62	174	198	166	C	C	164	165	Suède
Ukraine[1]	157	161	28	22	22	17	9	8	18	3	Ukraine[1]
United Kingdom	159	136	121	129	154	127	135	128	144	151	Royaume-Uni

General Note.
Wood in the rough, whether or not stripped of bark or sapwood, or roughly squared, treated with paint, stains, creosote or other preservatives.

[1] Blocks for posts worked with paint, mordants, creosote or other preservatives (National product list code 20.10.31.600).

Remarque générale.
Bois bruts, même écorcés, désaubiérés ou équarris, traités à la peinture, au mordant, à la créosote ou d'autres agents de conservation.

[1] Blocs pour des pieux traités à la peinture, au mordant, à la créosote ou d'autres agents de conservation (Code de la liste nationale de produits 20.10.31.600).

Railway or tramway sleepers (cross-ties) of wood, impregnated
Traverses en bois pour voies ferrées, imprégnées

CPC-BASED CODE - CODE BASE CPC
31320-0

Unit: Thousand cubic metres — Unité: Milliers de mètres cubes

Country or area	2003	2004	2005	2006	2007	2008	2009	2010	2011	2012	Pays ou zone
America, North											**Amérique du Nord**
Cuba	4.0	5.0	5.0	3.0	3.0	1.0	3.0	3.0	3.0	1.0	Cuba
Mexico	...	...	...	...	14.1	12.9	7.5	9.1	17.2	13.6	Mexique
America, South											**Amérique du Sud**
Brazil	18.2	21.3	[1]76.8	[1]317.1	[1]53.0	[1]121.2	[1]18.4	[1]36.6	[1]644.5	[1]450.1	Brésil
Chile	...	...	[2]7093.2	[2]7983.6	[2]5673.9	14.2	16.3	1.5	7.5	...	Chili
Asia											**Asie**
Iran (Islamic Rep. of)	...	69.0	38.3	21.7	24.0	23.0	...	...	...	...	Iran (Rép. islam. d')
Kazakhstan	131.4	48.7	52.7	26.8	47.4	...	...	...	...	...	Kazakhstan
Europe											**Europe**
Belarus	[2]692.0	[2]737.0	[2]303.0	[2]292.0	[2]356.0	[2]413.0	[2]502.0	[2]504.0	34.4	49.2	Bélarus
Croatia	...	19.0	16.0	12.0	17.0	15.0	14.0	14.0	10.0	10.0	Croatie
Estonia	...	0.4	0.2	0.0	0.0	0.0	...	...	...	...	Estonie
Finland	13.0	18.0	15.0	29.0	17.0	19.0	13.0	14.0	9.0	10.0	Finlande
Germany	25.4	22.6	22.6	25.1	31.5	35.1	26.1	25.2	26.7	27.7	Allemagne
Italy	70.7	76.1	...	...	...	...	...	...	...	...	Italie
Latvia	34.1	55.2	23.9	C	C	C	7.7	6.9	C	C	Lettonie
Lithuania	0.0	0.7	0.0	8.7	4.5	3.0	6.3	5.5	3.2	4.4	Lituanie
Poland	21.0	31.0	29.0	31.0	39.0	35.0	28.0	29.0	43.0	42.0	Pologne
Portugal	7.5	8.0	9.0	8.9	10.6	6.6	4.9	11.9	...	...	Portugal
Romania	4.0	21.0	4.0	3.0	6.0	11.0	11.0	C	11.0	C	Roumanie
Russian Federation	424.6	395.9	328.5	257.6	478.3	630.2	452.8	390.2	318.6	471.1	Fédération de Russie
Serbia	...	...	...	4.4	...	...	...	...	...	...	Serbie
Spain	...	C	3.0	9.0	18.0	11.0	9.0	4.0	3.0	3.0	Espagne
Sweden	2.0	12.0	6.0	10.7	8.5	6.3	5.2	5.3	10.4	10.0	Suède
Ukraine	5.0	13.0	7.0	6.0	5.0	5.0	3.0	C	C	C	Ukraine
United Kingdom	2.0	2.0	C	C	C	C	C	C	C	C	Royaume-Uni

General Note.
Railway or tramway sleepers (cross-ties) of impregnated wood.

[1] Including not impregnated.
[2] In thousand units.

Remarque générale.
Traverses en bois pour voies ferrées, imprégnées.

[1] Y compris non imprégnées.
[2] En milliers d'unités.

Plywood
Bois contre plaqués

CPC-BASED CODE - CODE BASE CPC
31400-1

Unit: Thousand cubic metres — Unité: Milliers de mètres cubes

Country or area	2003	2004	2005	2006	2007	2008	2009	2010	2011	2012	Pays ou zone
Africa											**Afrique**
Algeria[1,2]	23.0	23.0	23.0	23.0	23.0	23.0	23.0	23.0	23.0	23.0	Algérie[1,2]
Angola[1,2]	10.0	10.0	10.0	10.0	10.0	10.0	10.0	10.0	10.0	10.0	Angola[1,2]
Cameroon	24.6	26.2	25.6	27.0	89.8	19.5	27.7	[1,2]27.0	[1,2]23.0	[1]18.1	Cameroun
Central African Rep.[1]	2.0	[2]1.0	[2]1.0	[2]1.0	[2]1.0	[2]1.0	1.0	[2]1.0	[2]1.0	[2]1.0	Rép. centrafricaine[1]
Congo	7.7	[1]4.0	[1]6.0	[1]7.5	[1]10.4	[1]8.6	[1]22.0	[1]25.0	[1]19.0	[1]25.0	Congo
Côte d'Ivoire[1]	62.0	62.0	61.0	87.7	82.1	[2]81.0	78.8	77.0	77.0	143.0	Côte d'Ivoire[1]
Dem. R. of the Congo[1,2]	1.0	1.0	1.0	1.0	1.0	1.0	1.0	1.0	1.0	1.0	Rép. dém. du Congo[1,2]
Egypt	114.6	36.3	499.3	85.0	[1,2]28.0	[1,2]28.0	7.3	[1,2]28.0	[1,2]28.0	[1,2]28.0	Égypte
Equatorial Guinea[1,2]	...	...	...	...	0.3	0.3	0.3	0.3	0.3	0.3	Guinée équatoriale[1,2]
Ethiopia[1]	18.2	18.2	[2]18.2	[2]18.2	[2]18.2	[2]18.2	25.0	24.0	[2]24.0	[2]24.0	Éthiopie[1]
Gabon[1]	101.4	39.9	[2]146.0	142.0	85.0	[2]141.0	[2]77.0	[2]71.0	[2]91.0	[2]91.0	Gabon[1]
Ghana[1]	105.0	127.0	120.0	[2]128.0	[2]173.0	[2]213.0	[2]191.0	[2]163.0	[2]171.0	[2]173.0	Ghana[1]
Guinea[1,2]	0.0	0.0	45.0	12.0	13.0	13.0	13.0	13.0	44.0	36.0	Guinée[1,2]
Kenya	[1]66.0	56.1	11.8	9.6	13.5	14.1	[1,2]66.0	[1,2]66.0	[1,2]66.0	[1,2]66.0	Kenya
Malawi[1,2]	13.5	13.5	13.5	13.5	13.5	13.5	13.5	13.5	13.5	13.5	Malawi[1,2]
Mauritania[1]	...	...	1.0	1.0	[2]1.0	[2]1.0	[2]1.0	[2]1.0	[2]1.0	[2]1.0	Mauritanie[1]
Morocco[1,2]	25.0	25.0	25.0	25.0	25.0	25.0	25.0	25.0	25.0	25.0	Maroc[1,2]
Mozambique[1,2]	0.6	0.6	0.6	1.0	1.0	1.0	1.0	1.0	2.0	1.0	Mozambique[1,2]
Nigeria[1,2]	55.0	55.0	56.0	56.0	56.0	56.0	56.0	56.0	56.0	56.0	Nigéria[1,2]
South Africa[1]	[2]68.8	[2]68.8	37.9	38.3	[2]141.0	[2]79.5	[2]72.4	[2]67.1	[2]85.8	[2]85.8	Afrique du Sud[1]
Swaziland[1,2]	8.0	8.0	8.0	8.0	8.0	8.0	8.0	8.0	8.0	8.0	Swaziland[1,2]
Togo[1,2]	...	...	0.0	0.0	0.0	1.0	1.0	1.0	1.0	1.0	Togo[1,2]
Tunisia[1,2]	30.0	30.0	30.0	30.0	30.0	30.0	30.0	30.0	30.0	30.0	Tunisie[1,2]
Uganda[1]	[2]4.0	[2]4.0	5.0	5.0	[2]5.0	[2]5.0	[2]5.0	[2]5.0	[2]5.0	[2]5.0	Ouganda[1]
United R. of Tanzania	[3]0.7	[3]0.7	[3]0.9	[3]1.0	[3]1.1	[3]0.9	[3]1.0	[1,2]1.0	[1,2]1.0	[1,2]1.0	Rép.-U. de Tanzanie
Zambia[1,2]	0.9	0.9	0.9	0.9	0.9	0.9	0.9	0.9	0.9	0.9	Zambie[1,2]
Zimbabwe[1]	[2]11.0	[2]11.0	9.0	5.0	[2]5.0	[2]5.0	[2]5.0	[2]5.0	[2]5.0	[2]5.0	Zimbabwe[1]
America, North											**Amérique du Nord**
Canada[1]	2206.0	2344.0	2322.0	2252.0	2639.0	2225.0	1810.0	2005.0	1794.0	1824.0	Canada[1]
Costa Rica[1]	[2]22.0	[2]22.0	[2]22.0	[2]22.0	[2]22.0	[2]22.0	[2]22.0	[2]22.0	10.0	10.0	Costa Rica[1]
Cuba[1,2]	2.0	2.0	2.0	2.0	2.0	2.0	2.0	2.0	2.0	2.0	Cuba[1,2]
Guatemala[1,2]	20.0	30.0	30.0	30.0	30.0	30.0	30.0	30.0	30.0	30.0	Guatemala[1,2]
Honduras[1]	9.0	9.0	9.0	14.0	6.0	10.0	5.0	10.0	32.0	23.7	Honduras[1]
Mexico	127.8	141.8	138.0	141.5	125.4	124.7	114.8	113.5	86.9	102.4	Mexique
Nicaragua[1]	[2]7.5	[2]7.5	[2]7.5	[2]7.5	[2]7.5	[2]7.5	[2]7.5	0.0	0.0	[2]0.0	Nicaragua[1]
Panama[1]	[2]0.0	[2]0.0	[2]0.0	[2]0.0	[2]2.0	[2]2.0	[2]2.0	1.0	1.2	1.2	Panama[1]
United States[1]	14869.8	14833.5	14449.4	13651.1	12401.5	10375.7	8934.1	9396.9	9365.1	9493.0	États-Unis[1]
America, South											**Amérique du Sud**
Argentina[1]	77.0	84.0	87.0	91.0	85.0	82.0	66.0	69.0	69.0	[2]69.0	Argentine[1]
Bolivia (Plur. State of)[1]	[2]5.0	[2]6.0	13.0	[2]13.0	[2]15.0	[2]15.0	[2]15.0	[2]15.0	[2]15.0	[2]15.0	Bolivie (État plur. de)[1]
Brazil	2386.6	4901.4	4520.3	4236.0	3789.9	3188.2	2156.8	2202.4	2201.7	2564.3	Brésil
Chile[1]	469.2	516.3	697.1	804.4	788.9	1023.9	1095.4	1175.7	1291.0	942.0	Chili[1]
Colombia[1]	38.0	41.0	43.0	45.0	53.0	58.0	59.0	60.0	64.0	[2]64.0	Colombie[1]
Ecuador[1]	132.0	...	...	...	...	[2]487.0	[2]487.0	[2]487.0	[2]487.0	[2]487.0	Équateur[1]
Guyana	[1]75.0	54.2	37.1	34.9	[1]39.0	20.6	18.9	[1]14.0	[1]13.0	[1]11.0	Guyana
Paraguay[1,2]	100.0	100.0	100.0	100.0	100.0	100.0	100.0	100.0	100.0	100.0	Paraguay[1,2]
Peru	[1,2]106.0	[1]124.0	[1]121.0	[1,2]71.0	[1,2]79.0	[1,2]114.0	[1,2]77.0	[1,2]71.0	52.0	52.0	Pérou
Suriname	1.5	0.7	0.0	0.0	0.5	0.7	0.8	2.4	2.5	2.1	Suriname
Uruguay[1]	[2]3.2	[2]3.2	3.0	49.0	162.0	175.0	132.0	156.0	170.0	[2]165.7	Uruguay[1]
Venezuela (Bol. R. of)[1]	12.0	28.0	43.0	20.0	6.0	[2]7.0	[2]7.0	2.0	2.0	[2]2.0	Venezuela (R.bol.du)[1]
Asia											**Asie**
Armenia	[1]3.0	[1]2.0	[1]1.7	[1]5.9	[1]10.3	0.0	0.0	0.0	0.0	0.0	Arménie
Bangladesh[1,2]	1.0	1.0	1.0	1.0	1.0	1.0	1.0	1.0	1.0	1.0	Bangladesh[1,2]
Bhutan[1]	[2]3.7	[2]3.7	[2]3.7	[2]3.7	21.0	16.0	[2]16.0	1.0	2.0	[2]2.0	Bhoutan[1]
Cambodia[1,2]	27.0	12.0	12.0	12.0	12.0	12.0	12.0	12.0	12.0	12.0	Cambodge[1,2]
China	[1]21589.0	[1]21656.0	[1]25842.0	[1]27557.0	40544.2	71123.0	65790.0	98040.0	118488.0	141065.0	Chine
China, Hong KongSAR[1,2]	5.0	5.0	5.0	5.0	5.0	5.0	5.0	5.0	5.0	5.0	Chine,Hong KongRAS[1,2]
Cyprus	4.3	4.5	3.7	3.0	3.0	42.3	36.6	31.4	23.9	[1]0.0	Chypre
India[1]	1760.0	1936.0	2130.0	[2]2154.0	[2]2154.0	[2]2154.0	[2]2521.0	[2]2521.0	[2]2521.0	[2]2521.0	Inde[1]
Indonesia	[1]6111.0	[1,2]5317.0	[1]4534.0	[1,2]4534.0	4150.2	5708.9	[1,2]4150.0	[1,2]4850.0	[1,2]4850.0	[1]5178.0	Indonésie
Iran (Islamic Rep. of)	[1]7.0	7.5	33.5	[1]4.0	20.6	11.9	[1]3.0	[1]6.0	[1]1.0	[1]0.3	Iran (Rép. islam. d')
Israel[1]	109.0	109.0	109.0	109.0	109.0	109.0	109.0	109.0	109.0	109.0	Israël[1]
Japan	3024.0	3149.0	3212.0	3314.0	3073.0	2586.0	2287.0	2645.0	2486.0	2549.0	Japon
Kazakhstan	...	...	...	0.1	0.0	[1]6.3	[1]22.6	[1]101.0	[1]101.0	[1]17.0	Kazakhstan
Lao PDR[1,2]	18.6	15.6	24.0	24.0	24.0	24.0	24.0	24.0	24.0	24.0	Lao, RDP[1,2]
Lebanon[1,2]	34.0	34.0	34.0	34.0	34.0	34.0	34.0	34.0	34.0	34.0	Liban[1,2]

For general note and footnotes, see end of table — Voir la fin du tableau pour la remarque générale est les notes

CPC-BASED CODE - CODE BASE CPC
31400-1

Unit: Thousand cubic metres — Unité: Milliers de mètres cubes

Country or area	2003	2004	2005	2006	2007	2008	2009	2010	2011	2012	Pays ou zone
Malaysia	4177.1	5114.6	4502.9	4899.7	4943.2	4557.8	3655.2	4094.6	3797.0	3658.3	Malaisie
Mongolia	[1,2]1.0	[1,2]1.0	[1,2]1.0	[1,2]1.0	2.1	1.7	[1,2]1.0	[1,2]1.0	[1,2]1.0	[1,2]1.0	Mongolie
Myanmar[1]	128.0	117.0	110.0	[2]111.8	[2]116.0	[2]116.0	[2]116.0	[2]116.0	[2]116.0	[2]116.0	Myanmar[1]
Nepal[1]	30.0	[2]30.0	[2]30.0	[2]30.0	[2]30.0	[2]30.0	[2]30.0	[2]30.0	[2]30.0	[2]30.0	Népal[1]
Pakistan[1]	[2]148.0	150.0	154.0	163.0	169.0	174.0	[2]174.0	[2]174.0	[2]174.0	[2]174.0	Pakistan[1]
Philippines[1]	410.0	441.0	376.0	[2]337.0	[2]301.0	[2]255.0	[2]273.0	[2]296.0	[2]320.0	[2]317.0	Philippines[1]
Rep. of Korea	827.0	704.0	650.9	735.7	716.5	681.9	493.1	438.0	[1]455.0	[1]434.0	Rép. de Corée
Singapore[1,2]	280.0	280.0	280.0	280.0	280.0	280.0	280.0	280.0	280.0	280.0	Singapour[1,2]
Sri Lanka[1,2]	14.0	14.0	14.0	14.0	14.0	6.0	6.0	6.0	6.0	6.0	Sri Lanka[1,2]
Syrian Arab Republic	46.0	49.2	41.6	46.8	52.1	55.9	...	...	[1,2]7.8	[1,2]7.8	Rép. arabe syrienne
Thailand[1]	90.0	100.0	[2]110.0	[2]115.0	[2]120.0	[2]120.0	[2]120.0	[2]120.0	[2]120.0	[2]120.0	Thaïlande[1]
Turkey	44.6	44.7	#884.0	410.5	585.7	323.4	389.3	948.4	1011.1	1482.8	Turquie
Viet Nam	238.7	304.4	257.0	372.4	526.2	[1]70.0	[1,2]70.0	[1]90.0	[1]95.0	[1]100.0	Viet Nam
Europe											**Europe**
Albania[1]	0.0	0.0	0.0	0.0	1.0	1.0	1.0	1.0	1.0	1.0	Albanie[1]
Austria[1]	186.0	186.0	195.0	178.0	258.0	268.0	163.0	273.0	216.1	216.1	Autriche[1]
Belarus	[1]166.3	192.0	185.7	159.4	169.1	161.3	150.8	177.6	160.2	163.8	Bélarus
Belgium[1]	20.0	21.0	20.0	20.0	20.0	15.0	13.0	21.0	24.1	24.1	Belgique[1]
Bosnia & Herzegovina[1]	16.2	14.0	14.0	12.0	10.0	6.1	6.0	14.0	11.0	13.0	Bosnie-Herzégovine[1]
Bulgaria	[1]37.1	57.0	53.0	51.0	54.0	45.0	25.0	C	C	C	Bulgarie
Croatia	[1]6.0	5.0	1.0	1.8	0.0	0.0	0.0	1.0	4.2	3.9	Croatie
Czech Republic	127.0	152.0	166.0	182.0	143.0	171.0	82.0	98.0	107.0	74.0	République tchèque
Denmark	40.4	35.3	40.3	6.9	3.7	[1]13.0	[1]13.0	[1]8.4	[1]9.1	2.0	Danemark
Estonia	[1]32.9	48.5	72.4	73.7	122.0	95.0	21.8	39.1	41.5	46.2	Estonie
Finland	1168.0	1227.0	1125.0	1174.0	1220.0	1096.0	659.0	769.0	795.0	812.0	Finlande
France[1]	415.0	435.0	415.0	431.0	378.0	360.0	265.0	271.0	258.0	324.0	France[1]
Germany	249.0	247.0	240.3	246.5	244.2	237.7	[1]192.8	186.6	197.1	167.2	Allemagne
Greece[1]	38.0	12.9	12.9	21.0	21.0	21.0	17.7	17.7	17.7	21.0	Grèce[1]
Hungary	64.0	61.8	55.4	53.1	52.0	46.3	45.1	171.1	221.1	178.4	Hongrie
Ireland	646.1	873.2	C	C	C	C	C	C	[1]0.0	[1]0.0	Irlande
Italy	1586.3	1673.5	[1]390.0	[1]334.0	[1]420.0	[1]421.0	[1]337.0	[1]310.0	[1]310.0	[1]280.0	Italie
Latvia	237.0	267.5	267.0	274.2	257.9	266.4	191.3	298.1	289.7	337.7	Lettonie
Liechtenstein[1]	...	...	...	0.5	0.5	0.0	0.0	0.0	0.0	0.0	Liechtenstein[1]
Lithuania	48.4	38.7	39.0	28.0	40.4	23.0	27.0	32.4	31.7	17.2	Lituanie
Montenegro	...	...	...	[1]0.0	[1]0.0	[1]11.0	[1]0.0	0.0	[1]0.0	[1]0.0	Monténégro
Netherlands	[1]0.0	[1]0.0	[1]0.0	[1]0.0	[1]0.0	[1]0.0	[1]0.0	[1]0.0	25.1	23.4	Pays-Bas
Norway[1]	28.0	28.0	28.0	0.0	0.0	0.0	24.5	29.5	14.0	16.4	Norvège[1]
Poland	257.0	303.0	245.0	340.7	378.0	338.8	318.9	320.1	347.4	389.3	Pologne
Portugal	[1]25.0	[1]21.0	69.6	49.9	43.4	61.1	51.4	48.6	[1]96.1	[1]145.9	Portugal
Rep. of Moldova	[1]0.0	0.1	0.0	0.0	[1]0.0	[1]0.0	0.0	0.2	0.3	0.8	Rép. de Moldova
Romania	167.0	187.0	229.0	235.0	209.0	325.0	162.0	189.0	211.0	374.0	Roumanie
Russian Federation	1978.0	2246.0	2556.0	2614.0	2776.8	2592.0	2128.3	2696.7	3063.0	3188.8	Fédération de Russie
Serbia	...	...	...	12.2	14.3	11.6	8.7	9.8	[1]12.0	[1]11.0	Serbie
Serbia & Montenegro[1]	7.0	12.0	11.0	...	...	...	...	...	...	...	Serbie-et-Monténégro[1]
Slovakia	52.0	73.0	82.0	79.2	426.2	343.3	233.6	251.9	269.4	233.8	Slovaquie
Slovenia	23.0	25.3	26.0	27.4	27.9	19.9	83.5	62.1	46.7	44.0	Slovénie
Spain	[1]370.0	937.0	950.5	911.6	915.6	820.6	605.4	699.7	671.5	C	Espagne
Sweden	227.0	[1]71.0	198.0	144.6	202.1	157.5	190.6	257.4	134.1	108.6	Suède
Switzerland[1]	15.0	15.0	15.0	4.7	6.0	10.0	7.6	7.8	7.6	7.1	Suisse[1]
Ukraine	114.0	146.0	173.0	164.0	179.0	175.0	112.0	148.0	174.0	172.0	Ukraine
United Kingdom	[1]0.0	[1]0.0	...	...	218.3	C	173.9	184.0	193.9	213.0	Royaume-Uni
Oceania											**Océanie**
Australia[1]	219.0	146.0	156.0	145.0	130.0	134.0	118.0	106.0	149.0	144.0	Australie[1]
Fiji[1]	8.0	8.0	[2]8.6	[2]8.0	[2]8.0	[2]11.0	[2]11.0	[2]11.0	[2]11.0	[2]11.0	Fidji[1]
New Zealand	344.0	402.0	405.0	416.0	428.0	389.0	255.0	360.0	360.0	356.0	Nouvelle-Zélande
Papua New Guinea[1]	[2]12.0	[2]12.0	[2]12.0	[2]12.0	[2]13.0	[2]13.0	14.0	11.0	44.5	36.0	Papouasie-Nvl-Guinée[1]

General Note.
Plywood, veneered panels and similar laminated wood. Please see commodity notes for more information.

[1] Source: Food and Agriculture Organization of the United Nations (Rome).
[2] FAO estimate.
[3] Tanganyika only.

Remarque générale.
Bois contre-plaqués, bois plaqués et bois stratifiés similaires. Voir les commentaires sur nom de produit pour de plus amples informations.

[1] Source: Organisation des Nations Unies pour l'alimentation et l'agriculture (Rome).
[2] Estimation de la FAO.
[3] Tanganyika seulement.

Particle board and similar board of wood or other ligneous materials
Panneaux de particules et panneaux similaires, en bois ou en d'autres matières ligneuses

CPC-BASED CODE - CODE BASE CPC
31430-0

Unit: Thousand cubic metres — Unité: Milliers de mètres cubes

Country or area	2003	2004	2005	2006	2007	2008	2009	2010	2011	2012	Pays ou zone
Africa											**Afrique**
Algeria	29.6	30.6	26.8	32.2	28.4	19.2	12.4	15.6	14.3	11.5	Algérie
Egypt	[1,2]6.3	[1,2]6.3	[1,2]6.3	[1,2]6.3	[1,2]6.3	[1,2]6.3	8.0	[1,2]6.3	[1,2]6.3	[1,2]6.3	Égypte
Ethiopia[1]	18.0	[2]18.0	7.5	[2]7.5	[2]7.5	[2]7.5	8.0	22.0	[2]22.0	[2]22.0	Éthiopie[1]
Ghana[1,2]	8.0	8.0	8.0	8.0	8.0	8.0	8.0	8.0	8.0	8.0	Ghana[1,2]
Kenya[1]	7.7	[2]7.7	[2]7.7	[2]7.7	[2]7.7	[2]7.7	[2]7.7	[2]7.7	[2]7.7	[2]7.7	Kenya[1]
Morocco[1,2]	3.4	3.4	3.4	3.4	3.4	3.4	3.4	3.4	3.4	3.4	Maroc[1,2]
Nigeria[1,2]	40.0	40.0	40.0	40.0	40.0	40.0	40.0	40.0	40.0	40.0	Nigéria[1,2]
South Africa[1]	[2]715.8	[2]715.8	357.9	522.0	[2]527.8	[2]718.9	[2]462.1	[2]392.8	[2]392.8	[2]392.8	Afrique du Sud[1]
Sudan (former)[1,2]	1.5	1.5	1.5	1.5	1.5	1.5	1.5	1.5	...	...	Soudan (anc.)[1,2]
Tunisia[1,2]	55.0	55.0	55.0	55.0	55.0	55.0	55.0	55.0	55.0	55.0	Tunisie[1,2]
United R. of Tanzania	[3]2.0	[3]0.3	[3]0.3	[1,2]1.6	[1,2]1.6	[3]4.2	[3]2.1	[1,2]1.6	[1,2]1.6	[1,2]1.6	Rép.-U. de Tanzanie
Zambia[1,2]	16.0	16.0	16.0	16.0	16.0	16.0	16.0	16.0	16.0	16.0	Zambie[1,2]
Zimbabwe[1,2]	58.0	58.0	58.0	58.0	58.0	58.0	58.0	58.0	58.0	58.0	Zimbabwe[1,2]
America, North											**Amérique du Nord**
Canada[1]	11623.0	11285.0	12467.0	[2]12534.0	12411.0	[2]8076.0	[2]5686.0	6157.0	[2]6974.0	7446.0	Canada[1]
Costa Rica[1,2]	22.0	22.0	22.0	22.0	22.0	22.0	22.0	22.0	22.0	22.0	Costa Rica[1,2]
Cuba[1,2]	62.0	62.0	62.0	62.0	62.0	62.0	62.0	62.0	62.0	62.0	Cuba[1,2]
Guatemala[1]	[2]4.5	[2]4.5	[2]4.5	7.0	[2]7.0	[2]7.0	[2]7.0	[2]7.0	[2]7.0	[2]7.0	Guatemala[1]
Mexico[1,2]	500.0	490.0	480.0	530.0	550.0	520.0	460.0	590.0	580.0	580.0	Mexique[1,2]
United States[1]	20760.5	21825.4	22220.8	22374.5	21034.1	18164.3	16112.3	[2]14600.0	[2]14700.0	13435.0	États-Unis[1]
America, South											**Amérique du Sud**
Argentina	454.9	536.1	602.3	584.7	[1]555.0	[1]564.0	[1]512.0	[1]568.0	[1]552.0	[1,2]552.0	Argentine
Brazil	2775.7	2576.2	2593.5	2610.6	3031.3	2914.7	2966.2	2862.7	2754.3	4150.6	Brésil
Chile[1]	446.5	488.4	500.5	522.4	515.5	550.9	381.7	515.4	545.4	599.0	Chili[1]
Colombia[1]	149.0	162.0	168.0	176.0	208.0	228.0	232.0	237.0	250.0	[2]250.0	Colombie[1]
Ecuador	[1,2]94.0	151.3	180.8	187.7	222.2	288.9	[1,2]94.0	[1,2]94.0	[1,2]94.0	[1,2]94.0	Équateur
Suriname	[1,2]0.1	[1]0.0	[1]0.0	[1,2]0.0	[1,2]0.0	[1,2]0.0	[1,2]0.0	[1,2]0.0	0.0	0.0	Suriname
Uruguay[1]	[2]1.0	[2]1.0	[2]1.0	1.0	...	...	...	...	...	...	Uruguay[1]
Venezuela (Bol. R. of)[1]	18.0	22.0	16.0	38.4	11.8	[2]11.8	[2]11.8	41.0	31.0	[2]31.0	Venezuela (R.bol.du)[1]
Asia											**Asie**
Afghanistan	[1,2]0.0	[1,2]0.0	[1,2]0.0	[1,2]0.0	[1,2]0.0	[1,2]0.0	[1,2]0.0	[1,2]0.0	1.5	1.5	Afghanistan
Azerbaijan	0.0	0.3	0.0	0.0	0.0	[1]0.0	[1]0.0	0.2	0.0	0.0	Azerbaïdjan
Bangladesh	[4]2.1	[4]2.2	[4]2.7	[4]3.3	[1,2]2.2	[1,2]2.2	[1,2]2.2	[1,2]2.2	[1,2]2.2	[1,2]2.2	Bangladesh
Bhutan[1]	[2]12.0	[2]12.0	[2]12.0	[2]12.0	49.0	27.0	[2]27.0	[2]27.0	[2]27.0	[2]27.0	Bhoutan[1]
China[1]	5557.0	6512.0	5844.0	8516.0	8374.0	11505.0	[2]14393.0	[2]12725.0	[2]12781.0	[2]12974.0	Chine[1]
China, Hong KongSAR[1,2]	40.0	40.0	40.0	40.0	40.0	40.0	40.0	40.0	40.0	40.0	Chine,Hong KongRAS[1,2]
Georgia	[1,2]10.0	C	C	C	[1]0.0	[1,2]0.0	[1,2]0.0	[1,2]0.0	[1,2]0.0	[1]1.0	Géorgie
India[1]	25.0	24.2	23.5	[2]23.5	[2]23.5	[2]23.5	[2]23.5	[2]23.5	[2]23.5	[2]23.5	Inde[1]
Indonesia	[1,2]297.0	[1,2]297.0	[1]125.0	[1,2]125.0	491.2	589.5	[1,2]125.0	[1,2]125.0	[1,2]125.0	[1,2]125.0	Indonésie
Iran (Islamic Rep. of)	500.0	502.6	372.8	[1]619.0	735.0	745.0	[1]609.0	[1]728.0	[1]802.0	[1]845.0	Iran (Rép. islam. d')
Iraq[1,2]	5.0	5.0	5.0	5.0	5.0	5.0	5.0	5.0	5.0	5.0	Iraq[1,2]
Israel[1,2]	58.0	58.0	58.0	58.0	58.0	0.0	0.0	0.0	0.0	0.0	Israël[1,2]
Japan[1]	1249.0	1186.0	1234.0	1245.0	1243.0	1135.0	972.0	934.0	959.0	943.0	Japon[1]
Kazakhstan	0.2	0.9	2.0	1.0	0.3	[1]0.0	[1]0.3	[1]5.9	[1,5]5.9	[1]301.9	Kazakhstan
Lebanon[1,2]	12.0	12.0	12.0	12.0	12.0	12.0	12.0	12.0	12.0	12.0	Liban[1,2]
Malaysia[1]	[2]123.0	[2]89.0	637.0	218.0	218.0	209.0	177.0	192.0	133.4	122.7	Malaisie[1]
Mongolia	[1,2]0.6	[1,2]0.6	[1,2]0.6	[1,2]0.6	0.2	3.6	0.7	2.4	0.6	0.9	Mongolie
Pakistan[1]	[2]0.0	55.0	60.0	75.0	64.0	76.0	[2]76.0	[2]76.0	[2]76.0	[2]76.0	Pakistan[1]
Philippines[1,2]	4.0	4.0	4.0	4.0	4.0	4.0	4.0	4.0	4.0	4.0	Philippines[1,2]
Rep. of Korea[1]	794.0	896.0	847.0	777.0	955.0	950.0	934.0	919.0	795.0	801.0	Rép. de Corée[1]
Singapore[1,2]	10.0	10.0	10.0	10.0	10.0	10.0	10.0	10.0	10.0	10.0	Singapour[1,2]
Sri Lanka[1,2]	2.5	2.5	2.5	2.5	2.5	0.0	0.0	0.0	0.0	0.0	Sri Lanka[1,2]
Syrian Arab Republic[1,2]	9.2	9.2	9.2	9.2	9.2	9.2	9.2	9.2	9.2	9.2	Rép. arabe syrienne[1,2]
Thailand[1]	538.0	[2]2600.0	[2]2600.0	[2]2600.0	[2]2600.0	[2]2600.0	[2]2600.0	[2]2600.0	[2]2600.0	[2]2600.0	Thaïlande[1]
Turkey	[1]2264.0	[1]2700.0	5008.6	4430.4	C	5459.5	C	6806.9	8822.9	8158.4	Turquie
Uzbekistan[1]	...	...	...	...	3.4	3.3	[2]3.3	[2]3.3	3.4	3.8	Ouzbékistan[1]
Viet Nam	36.2	78.9	129.8	117.1	119.2	[1]180.0	[1,2]180.0	[1]240.0	[1]245.0	[1]250.0	Viet Nam
Europe											**Europe**
Albania[1]	[2]0.0	[2]0.0	[2]0.0	[2]0.0	10.0	[2]10.0	[2]10.0	[2]10.0	[2]10.0	[2]10.0	Albanie[1]
Austria[1]	2400.0	2400.0	2425.0	2425.0	2670.0	2500.0	2100.0	2200.0	2250.0	2250.0	Autriche[1]
Belarus[5]	375.1	371.1	389.7	410.8	409.2	442.7	308.0	300.3	247.5	278.2	Bélarus[5]

For general note and footnotes, see end of table — Voir la fin du tableau pour la remarque générale est les notes

Particle board and similar board of wood or other ligneous materials (continued)
Panneaux de particules et panneaux similaires, en bois ou en d'autres matières ligneuses (suite)

CPC-BASED CODE - CODE BASE CPC
31430-0

Unit: Thousand cubic metres — Unité: Milliers de mètres cubes

Country or area	2003	2004	2005	2006	2007	2008	2009	2010	2011	2012	Pays ou zone
Belgium[1]	2265.0	2205.0	[2]2365.0	2260.0	[2]2225.0	2000.0	[2]1850.0	[2]1829.1	[2]1809.8	[2]1809.8	Belgique[1]
Bosnia & Herzegovina[1]	0.3	0.0	[2]0.0	0.3	16.0	2.0	2.0	4.0	12.0	6.0	Bosnie-Herzégovine[1]
Bulgaria	379.0	434.0	484.0	488.0	495.0	469.0	472.0	542.0	589.0	609.0	Bulgarie
Croatia	[1]61.0	73.0	109.4	139.0	152.2	159.7	122.6	119.2	120.8	128.4	Croatie
Czech Republic	874.0	[1]1128.0	[1]1218.0	[1]1287.0	1535.0	1484.0	1504.0	1587.0	1553.0	1594.0	République tchèque
Denmark	386.0	361.0	362.3	361.0	357.6	[1]343.0	[1]343.0	[1,2]314.9	[1]330.7	[1,2]349.0	Danemark
Estonia	[1]187.3	208.9	217.8	229.0	242.9	220.1	131.9	204.3	202.0	157.1	Estonie
Finland	[1]399.0	432.0	449.0	452.7	422.9	264.0	162.1	222.6	201.3	98.8	Finlande
France[1]	[2]3900.0	[2]4350.0	4600.0	4760.0	4841.0	[2]4525.0	[2]3680.0	[2]4170.0	[2]4378.0	4272.9	France[1]
Germany	8505.6	9231.0	9396.3	9289.9	[1]10859.0	[1]9174.0	[1]9276.8	C	6933.9	6841.8	Allemagne
Greece[1]	820.8	820.8	820.8	892.0	892.0	[2]462.0	910.4	898.1	893.5	[2]240.0	Grèce[1]
Hungary	488.0	521.9	770.5	611.4	[1]656.0	332.5	239.6	357.4	142.3	126.8	Hongrie
Ireland	488.2	463.3	[1]435.0	[1]436.0	[1]436.0	[1]377.0	[1]329.0	[1]358.0	[1]278.0	[1]261.3	Irlande
Italy	[6]6368.4	[6]6891.5	[1]3525.0	[1]3725.0	[1]3600.0	[1]3350.0	[1]2700.0	[1]3016.0	[1]2976.0	[1]2588.0	Italie
Latvia	145.2	160.2	[1]180.3	[1]192.4	[1]206.2	[1]469.4	[1,2]482.0	C	C	C	Lettonie
Liechtenstein[1]	...	...	...	0.5	0.5	0.0	0.0	0.0	0.0	[2]0.0	Liechtenstein[1]
Lithuania	234.7	250.4	194.1	169.7	273.7	432.5	379.0	430.3	484.0	556.9	Lituanie
Luxembourg[1]	[2]165.0	[2]150.0	[2]200.0	[2]200.0	[2]178.0	[2]162.0	166.5	[2]197.5	208.1	[2]216.1	Luxembourg[1]
Netherlands	...	...	...	...	...	...	...	...	257.5	187.4	Pays-Bas
Norway[1]	358.0	383.0	366.0	382.0	383.0	309.2	293.0	348.0	316.0	286.0	Norvège[1]
Poland	2932.0	3143.0	3105.8	3569.8	3326.8	4228.1	4132.4	4108.7	4064.6	4251.2	Pologne
Portugal	772.0	926.8	917.8	924.2	898.9	764.7	583.6	561.3	[1]693.1	[1]594.2	Portugal
Rep. of Moldova	[1,2]10.0	0.0	0.0	0.0	0.0	0.6	1.0	0.1	0.2	0.1	Rép. de Moldova
Romania	186.0	122.0	555.0	870.0	1289.0	1148.0	1266.0	1837.0	1897.0	2731.0	Roumanie
Russian Federation	3204.0	3288.0	3557.5	4129.3	4781.8	4973.7	4599.5	4573.2	5523.6	5750.7	Fédération de Russie
Serbia[1]	...	...	...	16.0	62.0	69.0	84.0	214.0	202.0	248.0	Serbie[1]
Serbia & Montenegro[1]	5.0	7.0	9.0	...	...	...	...	...	...	...	Serbie-et-Monténégro[1]
Slovakia	358.0	406.0	538.0	[1]665.0	[1]675.0	403.0	404.0	360.0	340.0	C	Slovaquie
Slovenia	153.1	[1,2]214.0	C	[1]136.0	[1]211.0	[1]147.2	C	C	C	C	Slovénie
Spain	[1]3180.0	[1]3244.0	[1]3174.0	[1]3316.0	4184.1	3435.1	2599.4	2518.0	2325.7	1786.1	Espagne
Sweden	[1]466.0	[1]437.0	[1]487.0	[1]541.0	[1]627.0	[1]628.0	[1]587.0	674.9	769.6	719.1	Suède
Switzerland[1]	435.0	450.0	470.0	470.0	540.0	461.6	[2]522.0	[2]529.0	[2]522.0	[2]545.0	Suisse[1]
Ukraine[7]	731.7	975.0	1149.6	1328.9	1640.7	1622.1	1295.0	1470.7	1642.2	1625.7	Ukraine[7]
United Kingdom	[8]2613.0	[8]2629.0	[1]2557.0	[1]2626.0	3797.3	3288.9	3406.3	3476.6	3268.3	3110.3	Royaume-Uni
Oceania											**Océanie**
Australia[1]	1025.0	1048.0	944.0	1002.0	933.0	957.0	911.0	928.0	919.0	860.0	Australie[1]
New Zealand	222.0	244.0	238.0	242.0	256.0	226.0	155.0	142.0	156.0	164.0	Nouvelle-Zélande

General Note.

Particle board and similar board (for example, oriented strand board and waferboard) of wood or other ligneous materials, whether or not agglomerated with resins or other organic binding substances. Please see commodity notes for more information.

[1] Source: Food and Agriculture Organization of the United Nations (Rome).

[2] FAO estimate.

[3] Tanganyika only.

[4] Twelve months ending 30 June of year stated.

[5] Data in nominal cubic metres.

[6] Excluding Prodcom 2002 code 20.20.13.35.

[7] Board worked no further than polished (National product list code 20.20.13.330).

[8] Excluding Prodcom 2002 code 20.20.13.50.

Remarque générale.

Panneaux de particules et panneaux similaires (panneaux dits «oriented strand board» et panneaux dits «waferboar», par exemple) en bois ou en d'autres matières ligneuses, même agglomérés avec des résines ou d'autres liants organiques. Voir les commentaires sur nom de produit pour de plus amples informations.

[1] Source: Organisation des Nations Unies pour l'alimentation et l'agriculture (Rome).

[2] Estimation de la FAO.

[3] Tanganyika seulement.

[4] Période de douze mois finissant le 30 juin de l'année indiquée.

[5] Les données de mètres cubes nominaux.

[6] 2002 code Prodcom 20.20.13.35 non compris.

[7] Panneaux, même polis, mais non autrement travaillés (Code de la liste nationale de produits 20.20.13.330).

[8] 2002 code Prodcom 20.20.13.50 non compris.

Fiber board of wood or other ligneous materials
Panneaux de fibres de bois et d'autres matières ligneuses

CPC-BASED CODE - CODE BASE CPC

31440-0

Unit: Thousand cubic metres — Unité: Milliers de mètres cubes

Country or area	2003	2004	2005	2006	2007	2008	2009	2010	2011	2012	Pays ou zone
Africa											**Afrique**
Egypt[1,2]	18	18	18	18	18	18	18	18	18	18	Égypte[1,2]
Ethiopia[1,2]	1	0	0	0	0	0	0	0	0	0	Éthiopie[1,2]
Kenya[1,2]	12	9	9	9	9	9	9	9	9	9	Kenya[1,2]
Madagascar[1,2]	5	5	5	5	1	1	1	1	1	1	Madagascar[1,2]
South Africa[1,2]	150	210	161	158	156	152	146	132	132	132	Afrique du Sud[1,2]
Tunisia[1,2]	15	15	15	15	15	15	15	15	15	15	Tunisie[1,2]
United R. of Tanzania	[1,2]2	[1,2]2	[1,2]2	[1,2]2	[1,2]2	[1,2]2	[3]2	[1,2]2	[1,2]2	[1,2]2	Rép.-U. de Tanzanie
America, North											**Amérique du Nord**
Canada[1,2]	1962	2130	1912	1947	1987	1519	1361	1314	1277	1290	Canada[1,2]
Cuba[4]	7	7	3	4	3	3	5	3	4	4	Cuba[4]
United States[1,2]	6708	7455	7719	7933	7076	6636	8919	8195	7585	8131	États-Unis[1,2]
America, South											**Amérique du Sud**
Argentina	578	627	631	656	[1,2]620	[1,2]797	[1,2]606	[1,2]647	[1,2]642	[1,2]642	Argentine
Bolivia (Plur. State of)[1,2]	6	11	21	21	21	21	21	21	21	21	Bolivie (État plur. de)[1,2]
Brazil	1305	1373	1654	2515	1645	[1,2]2645	2878	3594	3693	4134	Brésil
Chile[1,2]	762	844	842	933	919	1015	832	956	1003	1006	Chili[1,2]
Colombia[1,2]	19	21	22	23	27	32	32	33	35	53	Colombie[1,2]
Ecuador	[1,2]43	0	0	0	0	[1,2]60	[1,2]55	[1,2]58	[1,2]58	[1,2]58	Équateur
Uruguay[1,2]	1	1	1	1	1	1	10	43	30	30	Uruguay[1,2]
Venezuela (Bol. R. of)[1,2]	212	163	168	650	656	656	656	480	457	457	Venezuela (R.bol.du)[1,2]
Asia											**Asie**
Bangladesh	[5]502	...	...	[5]1047	...	...	...	...	[1,2]5	[1,2]5	Bangladesh
China	11283	21449	17181	19349	25617	*28006	*33077	*41395	49541	55544	Chine
India[1,2]	115	122	130	130	130	130	130	286	286	286	Inde[1,2]
Indonesia	[1,2]427	[1,2]427	[1,2]427	[1,2]427	516	575	[1,2]447	[1,2]447	[1,2]447	[1,2]447	Indonésie
Iran (Islamic Rep. of)	22	44	35	32	31	52	[1,2]160	[1,2]201	[1,2]316	[1,2]374	Iran (Rép. islam. d')
Iraq	...	...	...	...	...	[6]17	...	[7]2	...	[7]1917	Iraq
Israel[1,2]	14	14	14	14	14	14	14	14	14	14	Israël[1,2]
Japan[1,2]	851	893	874	895	937	828	682	771	834	824	Japon[1,2]
Kazakhstan[1,2]	10	10	9	2	1	15	3	9	9	9	Kazakhstan[1,2]
Malaysia[1,2]	2243	2634	1359	1385	1695	1670	1696	1708	1697	1697	Malaisie[1,2]
Pakistan[1,2]	58	49	64	59	75	80	80	80	80	80	Pakistan[1,2]
Philippines[1,2]	7	7	8	5	6	10	12	12	12	12	Philippines[1,2]
Rep. of Korea[1,2]	1324	1590	1659	1648	1723	1696	1661	1836	1812	1712	Rép. de Corée[1,2]
Sri Lanka[1,2]	...	...	...	...	20	150	150	150	150	150	Sri Lanka[1,2]
Thailand[1,2]	724	907	985	1175	1695	1685	1945	2495	2495	2495	Thaïlande[1,2]
Turkey	33	...	40	...	...	...	...	...	...	...	Turquie
Viet Nam[1,2]	49	54	54	170	170	180	180	185	190	190	Viet Nam[1,2]
Europe											**Europe**
Austria[1,2]	810	810	810	1111	866	905	855	855	861	750	Autriche[1,2]
Belarus[1,2]	291	302	312	296	296	296	...	...	0	72	Bélarus[1,2]
Belgium[1,2]	365	375	380	265	265	250	225	239	309	309	Belgique[1,2]
Bosnia & Herzegovina[1,2]	1	2	2	2	2	0	0	0	1	2	Bosnie-Herzégovine[1,2]
Bulgaria	C	C	[1,2]110	[1,2]79	[1,2]115	[1,2]83	[1,2]71	[1,2]53	[1,2]63	[1,2]63	Bulgarie
Croatia	0	0	0	0	1	24	3	74	12	29	Croatie
Czech Republic[1,2]	88	90	90	90	94	80	44	46	42	41	République tchèque[1,2]
Denmark[1,2]	0	0	0	104	7	7	7	30	37	37	Danemark[1,2]
Estonia[1,2]	84	90	93	95	47	42	27	36	69	78	Estonie[1,2]
Finland[1,2]	146	147	149	130	126	110	100	100	100	100	Finlande[1,2]
France	[1,2]1190	C	[1,2]1310	[1,2]1390	[1,2]1410	[1,2]1220	[1,2]960	[1,2]1054	[1,2]1071	[1,2]1071	France
Germany	[1,2]4701	[1,2]5058	[1,2]5539	[1,2]5933	[1,2]6225	5739	C	[1,2]4575	[1,2]4748	[1,2]5063	Allemagne
Greece[1,2]	8	8	8	5	5	5	66	76	77	75	Grèce[1,2]
Hungary	[1,2]55	56	132	[1,2]11	[1,2]54	[1,2]120	[1,2]158	[1,2]197	[1,2]212	[1,2]205	Hongrie
Ireland[1,2]	405	422	440	542	529	452	384	443	460	455	Irlande[1,2]
Italy[1,2]	1000	1056	1156	1211	1211	965	800	800	760	730	Italie[1,2]
Liechtenstein[1,2]	...	...	...	1	1	0	0	0	0	0	Liechtenstein[1,2]
Lithuania	[1,2]81	[1,2]87	[1,2]88	[1,2]87	[1,2]89	[1,2]78	[1,2]65	96	86	78	Lituanie
Luxembourg[1,2]	...	250	250	261	361	284	227	285	307	307	Luxembourg[1,2]
Netherlands[1,2]	10	8	11	10	18	33	46	51	46	58	Pays-Bas[1,2]
Norway[1,2]	75	178	189	238	202	189	169	189	190	182	Norvège[1,2]
Poland	900	1032	[1,2]2326	[1,2]2413	[1,2]2675	[1,2]2559	[1,2]2714	[1,2]2977	[1,2]3018	[1,2]3171	Pologne
Portugal[1,2]	420	399	405	405	437	440	484	462	561	910	Portugal[1,2]

For general note and footnotes, see end of table — Voir la fin du tableau pour la remarque générale est les notes

Fiber board of wood or other ligneous materials (continued)
Panneaux de fibres de bois et d'autres matières ligneuses (suite)

CPC-BASED CODE - CODE BASE CPC
31440-0

Unit: Thousand cubic metres — Unité: Milliers de mètres cubes

Country or area	2003	2004	2005	2006	2007	2008	2009	2010	2011	2012	Pays ou zone
Romania	[1,2]273	[1,2]321	[1,2]345	[1,2]343	[1,2]339	C	C	C	C	C	Roumanie
Russian Federation[1,2]	1088	1158	1296	1452	1930	2023	1626	1710	1900	2291	Fédération de Russie[1,2]
Serbia	...	...	...	30	31	16	[1,2]12	[1,2]0	[1,2]28	[1,2]25	Serbie
Serbia & Montenegro[1,2]	18	27	31	...	...	...	...	...	...	...	Serbie-et-Monténégro[1,2]
Slovakia	[1,2]144	[1,2]152	[1,2]272	[1,2]140	[1,2]145	C	C	C	C	C	Slovaquie
Slovenia[1,2]	156	187	221	238	189	192	152	C	C	C	Slovénie[1,2]
Spain[1,2]	1180	1247	1247	1298	1585	1180	1025	1028	999	984	Espagne[1,2]
Sweden[1,2]	154	154	154	149	123	125	110	115	97	90	Suède[1,2]
Switzerland[1,2]	400	422	470	485	534	501	515	553	553	553	Suisse[1,2]
Ukraine	C	[1,2]119	[1,2]120	[1,2]111	[1,2]125	[1,2]125	[1,2]118	[1,2]135	[1,2]178	[1,2]304	Ukraine
United Kingdom	[1,2]835	[1,2]880	[1,2]841	[1,2]872	C	[1,2]709	C	[1,2]776	[1,2]759	C	Royaume-Uni
Oceania											**Océanie**
Australia[1,2]	786	848	849	842	723	753	677	598	495	459	Australie[1,2]
New Zealand	869	873	861	882	764	669	652	666	706	721	Nouvelle-Zélande

General Note.

Fibreboard of wood or other ligneous materials, whether or not bonded with resins or other organic substances. Please see commodity notes for more information.

1 Source: Food and Agriculture Organization of the United Nations (Rome).
2 FAO estimate.
3 Tanganyika only.
4 Artificial woodboards only.
5 Twelve months ending 30 June of year stated.
6 In metric tons.
7 In thousand square metres.

Remarque générale.

Panneaux de fibres de bois ou d'autres matières ligneuses, même agglomérées avec des résines ou d'autres liants organiques. Voir les commentaires sur nom de produit pour de plus amples informations.

1 Source: Organisation des Nations Unies pour l'alimentation et l'agriculture (Rome).
2 Estimation de la FAO.
3 Tanganyika seulement.
4 Panneaux de bois artificiels seulement.
5 Période de douze mois finissant le 30 juin de l'année indiquée.
6 En tonnes métriques.
7 En milliers de mètres carrés.

Veneer sheets and sheets for plywood and other wood sawn lengthwise
Feuilles de placage et feuilles pour contre-plaqués et autres bois sciés longitudinalement

CPC-BASED CODE - CODE BASE CPC
31510-0

Unit: Thousand cubic metres — Unité: Milliers de mètres cubes

Country or area	2003	2004	2005	2006	2007	2008	2009	2010	2011	2012	Pays ou zone
Africa											**Afrique**
Algeria[1,2]	2	2	2	2	2	2	2	2	2	2	Algérie[1,2]
Angola[1,2]	1	1	1	1	1	1	1	1	1	1	Angola[1,2]
Cameroon	45	41	47	61	62	[1,2]79	21	[1,2]55	[1,2]55	[1]37	Cameroun
Central African Rep.[1,2]	1	1	5	6	4	4	4	4	4	4	Rép. centrafricaine[1,2]
Congo	[1]26	8	[1]14	[1]2	[1]46	[1]32	[1]33	[1]35	[1]34	[1]45	Congo
Côte d'Ivoire[1]	206	206	240	262	313	[2]396	[2]396	211	182	182	Côte d'Ivoire[1]
Dem. R. of the Congo[1,2]	1	1	1	3	3	3	3	3	3	3	Rép. dém. du Congo[1,2]
Egypt	[1,2]7	3	[1,2]7	[1,2]7	[1,2]7	[1,2]7	1	[1,2]7	1	[1,2]7	Égypte
Equatorial Guinea[1,2]	15	22	29	26	28	28	28	28	28	28	Guinée équatoriale[1,2]
Ethiopia[1]	57	[2]57	[2]57	[2]57	[2]57	[2]57	[2]57	[2]57	[2]57	[2]57	Éthiopie[1]
Gabon[1]	63	120	145	150	182	[2]202	[2]183	[2]282	[2]296	[2]296	Gabon[1]
Ghana[1]	300	[2]300	300	[2]213	[2]237	[2]247	[2]275	[2]274	[2]273	[2]274	Ghana[1]
Guinea[1,2]	...	...	3	80	81	81	81	81	105	63	Guinée[1,2]
Malawi[1,2]	4	4	4	4	4	4	4	4	4	4	Malawi[1,2]
Mauritania[1]	...	...	1	1	[2]1	[2]1	[2]1	[2]1	[2]1	[2]1	Mauritanie[1]
Morocco[1,2]	7	7	7	7	7	7	7	7	7	7	Maroc[1,2]
Mozambique	0	0	0	0	0	[1,2]2	[1,2]2	[1,2]2	[1,2]2	[1,2]2	Mozambique
Nigeria[1,2]	0	0	0	0	1	1	1	1	1	1	Nigéria[1,2]
South Africa[1]	[2]87	[2]87	16	67	[2]20	[2]22	[2]10	[2]6	6	[2]6	Afrique du Sud[1]
Togo[1,2]	1	1	1	1	1	1	1	1	1	1	Togo[1,2]
Tunisia[1,2]	4	4	4	4	4	4	4	4	4	4	Tunisie[1,2]
Uganda[1]	...	...	15	16	[2]16	[2]16	[2]16	[2]16	[2]16	[2]16	Ouganda[1]
Zambia[1,2]	1	1	1	1	1	1	1	1	1	1	Zambie[1,2]
Zimbabwe[1]	[2]8	[2]8	9	5	[2]5	[2]5	[2]5	[2]5	[2]5	[2]5	Zimbabwe[1]
America, North											**Amérique du Nord**
Canada[1]	700	860	880	900	600	500	450	450	500	550	Canada[1]
Costa Rica[1,2]	21	21	21	21	27	25	25	25	25	25	Costa Rica[1,2]
Guatemala[1,2]	19	19	20	20	20	20	20	20	20	20	Guatemala[1,2]
Honduras[1,2]	0	0	1	1	1	1	1	0	0	0	Honduras[1,2]
Mexico[1,2]	350	350	350	350	350	350	350	350	350	350	Mexique[1,2]
Nicaragua[1]	[2]1	[2]1	[2]1	[2]1	[2]1	[2]1	[2]1	0	0	[2]0	Nicaragua[1]
Panama[1]	[2]1	0	[2]2	[2]1	[2]1	[2]1	[2]1	[2]5	[2]5	[2]5	Panama[1]
Trinidad and Tobago[1,2]	...	2	2	2	2	2	2	2	2	2	Trinité-et-Tobago[1,2]
United States[1]	400	400	400	400	400	400	400	400	400	400	États-Unis[1]
America, South											**Amérique du Sud**
Argentina	8	13	13	14	1	[1]1	[1]1	[1]1	[1]1	[1,2]1	Argentine
Bolivia (Plur. State of)[1]	4	9	4	[2]7	[2]8	[2]8	[2]8	[2]8	[2]8	[2]8	Bolivie (État plur. de)[1]
Brazil	987	1115	1511	1563	1322	[1,2]550	1108	1395	1965	2857	Brésil
Chile[1]	61	79	71	50	56	66	64	44	50	71	Chili[1]
Colombia[1]	1	[2]1	1	1	1	1	1	1	2	[2]2	Colombie[1]
Ecuador	[1]52	0	0	0	0	[1,2]234	[1,2]243	[1,2]243	[1,2]243	[1,2]243	Équateur
Guyana[1,2]	...	...	...	0	2	2	2	2	2	2	Guyana[1,2]
Paraguay[1,2]	60	60	60	60	60	60	60	60	60	60	Paraguay[1,2]
Peru[1]	9	5	3	4	4	2	1	1	2	5	Pérou[1]
Suriname[1,2]	...	...	0	3	3	3	3	3	3	3	Suriname[1,2]
Venezuela (Bol. R. of)[1]	20	[2]20	[2]20	9	3	[2]5	[2]5	1	1	[2]1	Venezuela (R.bol.du)[1]
Asia											**Asie**
Azerbaijan	[1]0	[1]0	[1]0	[1]0	[1]0	[1]1	[1]2	0	0	0	Azerbaïdjan
Bangladesh[1,2]	1	1	1	1	1	1	1	1	1	1	Bangladesh[1,2]
Bhutan[1]	[2]16	[2]16	[2]16	[2]16	0	0	0	0	[2]0	[2]0	Bhoutan[1]
Cambodia[1,2]	21	24	20	20	21	21	21	21	21	21	Cambodge[1,2]
China	5474	11788	3778	4931	7582	[1,2]3063	[1,2]3033	[1,2]3063	[1,2]3033	[1,2]3033	Chine
China, Hong KongSAR[1,2]	...	...	10	3	3	3	3	3	3	3	Chine,Hong KongRAS[1,2]
China, Macao SAR[1,2]	1	1	1	1	...	...	...	...	...	...	Chine, Macao RAS[1,2]
Georgia[1]	C	C	C	C	C	C	C	5	5	5	Géorgie[1]
India[1]	246	258	[2]280	[2]280	[2]285	[2]295	[2]295	[2]295	[2]295	[2]295	Inde[1]
Indonesia	[1]289	[1]155	[1,2]155	[1]256	864	387	[1]685	[1]737	[1]816	[1]891	Indonésie
Iran (Islamic Rep. of)	[1]5	34	26	7	56	61	[1]3	[1]5	[1]1	[1]1	Iran (Rép. islam. d')
Japan[1,2]	60	60	60	60	60	60	60	60	60	60	Japon[1,2]
Kazakhstan	1	0	0	0	0	[1]0	[1]0	[1]0	[1]0	[1]0	Kazakhstan
Malaysia	871	751	1009	1226	1176	948	754	1017	912	872	Malaisie
Myanmar[1]	4	5	3	[2]22	[2]32	[2]33	[2]33	[2]33	[2]36	[2]36	Myanmar[1]
Nepal[1,2]	39	39	39	39	39	39	39	39	39	39	Népal[1,2]

For general note and footnotes, see end of table — Voir la fin du tableau pour la remarque générale est les notes

Veneer sheets and sheets for plywood and other wood sawn lengthwise (continued)
Feuilles de placage et feuilles pour contre-plaqués et autres bois sciés longitudinalement (suite)

CPC-BASED CODE - CODE BASE CPC
31510-0

Unit: Thousand cubic metres | Unité: Milliers de mètres cubes

Country or area	2003	2004	2005	2006	2007	2008	2009	2010	2011	2012	Pays ou zone
Pakistan[1]	[2]148	170	180	184	213	217	[2]217	[2]217	[2]217	[2]217	Pakistan[1]
Philippines	336	[1,2]180	[1]133	[1]95	[1]124	[1]101	[1]88	[1]136	[1]114	[1]129	Philippines
Rep. of Korea[1]	714	616	574	544	481	376	286	224	251	200	Rép. de Corée[1]
Singapore[1,2]	65	65	65	65	65	65	65	65	65	65	Singapour[1,2]
Sri Lanka[1,2]	5	5	5	5	5	5	5	5	5	5	Sri Lanka[1,2]
Syrian Arab Republic[1,2]	10	10	10	10	10	10	10	10	10	10	Rép. arabe syrienne[1,2]
Thailand[1,2]	160	165	175	180	185	185	185	185	185	185	Thaïlande[1,2]
Turkey[1]	65	70	75	84	95	96	82	96	88	85	Turquie[1]
Viet Nam[1]	...	...	130	134	134	[2]134	[2]134	60	62	65	Viet Nam[1]
Europe											**Europe**
Albania[1]	37	37	37	37	0	0	0	0	0	0	Albanie[1]
Austria[1]	23	23	23	43	45	40	37	8	8	8	Autriche[1]
Belarus	3	3	4	3	4	4	3	1	3	3	Bélarus
Belgium[1]	48	40	38	40	40	30	25	34	34	34	Belgique[1]
Bosnia & Herzegovina[1]	9	12	12	14	14	20	12	15	13	12	Bosnie-Herzégovine[1]
Bulgaria	17	17	18	14	15	14	13	21	22	19	Bulgarie
Croatia	[1]29	27	23	23	25	24	18	18	21	18	Croatie
Czech Republic	17	19	19	17	11	10	5	5	5	5	République tchèque
Denmark	3	4	8	5	3	[1]83	[1]83	[1]82	[1]80	[1]80	Danemark
Estonia	[1]32	23	24	25	25	22	26	48	41	47	Estonie
Finland	124	121	87	90	87	70	41	49	51	50	Finlande
France[1]	84	61	71	76	69	63	54	56	58	59	France[1]
Germany[1]	392	392	392	392	395	393	C	C	C	C	Allemagne[1]
Greece	[1]0	[3]1	[1]0	[1]0	[1]0	[1]0	[1]0	[1]0	[1]0	[1]0	Grèce
Hungary	19	18	19	21	16	8	6	8	6	10	Hongrie
Ireland[1]	C	C	C	0	1	0	0	0	0	0	Irlande[1]
Italy	293	308	[1]470	[1]470	[1]470	[1]400	[1]317	[1]317	[1]315	[1]274	Italie
Liechtenstein[1]	...	...	...	1	1	0	0	0	0	0	Liechtenstein[1]
Lithuania	[1]0	0	1	3	6	4	1	69	92	85	Lituanie
Poland	30	34	33	48	54	98	71	33	28	21	Pologne
Portugal	26	27	29	39	40	25	20	18	[1]29	[1]35	Portugal
Romania	242	123	136	204	163	331	159	183	101	106	Roumanie
Russian Federation	126	186	223	170	272	295	321	428	490	635	Fédération de Russie
Serbia	...	...	...	33	[1]26	[1]31	[1]27	[1]12	[1]26	[1]25	Serbie
Serbia & Montenegro[1]	30	13	19	...	...	...	...	...	...	...	Serbie-et-Monténégro[1]
Slovakia	8	9	11	10	13	9	11	5	C	5	Slovaquie
Slovenia	[1]52	[1]48	57	62	69	57	19	26	19	C	Slovénie
Spain	[1]55	279	302	321	291	297	183	222	213	191	Espagne
Sweden	[1]15	[1]15	51	58	48	35	29	33	33	39	Suède
Switzerland[1]	10	10	10	5	6	5	5	5	5	5	Suisse[1]
Ukraine	57	81	72	74	90	72	56	77	93	110	Ukraine
United Kingdom	[1]0	[1]0	C	C	C	C	C	18	C	C	Royaume-Uni
Oceania											**Océanie**
Australia[1]	1	5	4	4	2	82	117	123	132	112	Australie[1]
Fiji[1]	8	8	[2]18	[2]17	[2]17	[2]9	[2]9	[2]9	[2]9	[2]9	Fidji[1]
New Zealand[1]	638	681	672	689	562	519	404	663	702	679	Nouvelle-Zélande[1]
Papua New Guinea[1,2]	80	80	80	81	81	81	81	81	81	81	Papouasie-Nvl-Guinée[1,2]

General Note.

Sheets for veneering (including those obtained by slicing laminated wood), for plywood or for other similar laminated wood and other wood, sawn lengthwise, sliced or peeled, whether or not planed, sanded, spliced or end-jointed, of a thickness not exceeding 6 mm.

[1] Source: Food and Agriculture Organization of the United Nations (Rome).

[2] FAO estimate.

[3] Excluding Prodcom 2002 code 20.20.21.13.

Remarque générale.

Feuilles de placage (y compris celles obtenues par tranchage de bois stratifié), feuilles pour contre-plaqués ou pour autres bois stratifiés similaires et autres bois, sciés longitudinalement, tranchés ou déroulés, même rabotés, poncés, assemblés bord à bord ou en bout, d'une épaisseur n'excédant pas 6 mm

[1] Source: Organisation des Nations Unies pour l'alimentation et l'agriculture (Rome).

[2] Estimation de la FAO.

[3] 2002 code Prodcom 20.20.21.13 non compris.

Builders' joinery and carpentry of wood
Ouvrages de menuiserie et pièces de charpente en bois

CPC-BASED CODE - CODE BASE CPC
31600-0

Unit: Thousand square metres — Unité: Milliers de mètres carrés

Country or area	2003	2004	2005	2006	2007	2008	2009	2010	2011	2012	Pays ou zone
Africa											**Afrique**
Congo[1]	0.2	0.2	...	...	...	...	...	...	...	...	Congo[1]
America, North											**Amérique du Nord**
Cuba	138.0	100.0	111.0	137.0	148.0	141.0	117.0	120.0	100.0	96.0	Cuba
Mexico[1]	7.3	8.8	12.1	9.8	[#]161.4	144.5	113.6	114.2	105.7	132.8	Mexique[1]
America, South											**Amérique du Sud**
Chile	...	...	2383.4	2472.5	2176.0	1609.2	856.8	1231.0	650.7	...	Chili
Ecuador[1]	...	...	...	...	...	149.9	...	...	...	...	Équateur[1]
Asia											**Asie**
Georgia	62.0	65.0	61.0	90.3	86.6	114.7	111.0	104.7	132.8	118.0	Géorgie
Iran (Islamic Rep. of)[1]	...	2.8	2.4	4.0	2.0	2.0	...	...	...	...	Iran (Rép. islam. d')[1]
Kuwait[2]	221.0	148.0	230.0	182.0	213.0	255.0	215.0	210.0	260.0	303.0	Koweït[2]
Kyrgyzstan	22.6	18.3	22.8	35.6	65.8	56.8	124.4	124.9	130.6	139.7	Kirghizistan
Europe											**Europe**
Belarus	677.5	2226.6	2510.9	3015.5	3327.4	3847.2	3416.9	3406.4	3984.0	4081.9	Bélarus
Croatia[1]	...	...	...	...	...	5673.0	4411.0	3819.0	4330.0	4117.0	Croatie[1]
Hungary	4336.9	4074.0	...	...	4451.0	...	...	866.0	1100.0	790.0	Hongrie
Netherlands	...	...	...	...	...	...	...	...	227.0	186.0	Pays-Bas
Portugal	4612.0	2540.0	1535.1	1403.8	1544.5	1256.9	[2]2366.8	[2]2256.4	...	...	Portugal
Rep. of Moldova	...	288.2	331.4	351.0	262.2	226.9	146.5	62.1	23.6	15.3	Rép. de Moldova
Romania	3945.5	16909.6	...	...	...	22509.0	36952.0	44497.0	50207.0	54363.0	Roumanie
Russian Federation	9574.0	10027.0	9771.0	12326.0	14518.0	16484.0	11229.0	14881.0	15067.0	17700.0	Fédération de Russie
Serbia	...	...	...	417.8	...	...	...	...	...	...	Serbie
Slovakia[1]	1046.0	902.0	945.0	...	...	...	...	...	...	...	Slovaquie[1]
Slovenia	106118.0	53193.0	...	...	...	...	...	...	...	...	Slovénie
United Kingdom[1]	...	...	C	22.6	...	C	C	C	...	C	Royaume-Uni[1]

General Note.
Builders' joinery and carpentry of wood, including cellular wood panels, windows, french-windows and their frames, doors and their frames and thresholds, assembled parquet panels, shuttering for concrete constructional work, shingles and shakes and other.

[1] In thousand cubic metres.
[2] In thousand units.

Remarque générale.
Ouvrages de menuiserie et pièces de charpente en bois, y compris les panneaux cellulaires, fenêtres, portes fenêtres et leurs cadres et chambranles, portes et leurs cadres, chambranles et seuils, panneaux pour parquets, coffrages pour le bétonnage, bardeaux («shingles» et «shakes») et autres.

[1] En milliers de mètres cubes.
[2] En milliers d'unités.

Packing cases, boxes, casks, barrels and similar articles of wood
Caisses, caissettes, futailles, cuves et articles semblables, en bois

CPC-BASED CODE - CODE BASE CPC
31700-0

Unit: Thousand units — Unité: Milliers d'unités

Country or area	2003	2004	2005	2006	2007	2008	2009	2010	2011	2012	Pays ou zone
Africa											**Afrique**
Congo	22	25	...	...	...	...	...	...	...	...	Congo
Mozambique	...	2	3	[1]4	[1]4	...	...	...	...	...	Mozambique
America, North											**Amérique du Nord**
Cuba	4844	5073	5643	5826	5219	5498	4385	4397	4210	4194	Cuba
Mexico	...	...	...	...	24226	23939	20545	18382	20403	21821	Mexique
America, South											**Amérique du Sud**
Chile	...	...	75224	77145	67299	12310	12426	17163	31412	...	Chili
Ecuador	...	35	96	50	19	19	...	...	...	...	Équateur
Asia											**Asie**
Azerbaijan	[1]5	2	2	4	1	3	5	0	0	0	Azerbaïdjan
Cyprus	715	628	482	388	457	412	303	200	161	...	Chypre
Georgia	68	35	35	90	68	C	32	120	67	53	Géorgie
Iran (Islamic Rep. of)	...	3871	3570	2194	3844	2644	1338	...	...	...	Iran (Rép. islam. d')
Japan[1]	111844	106973	103930	...	...	...	...	...	...	...	Japon[1]
Kyrgyzstan[1]	974	545	881	406	399	504	243	309	420	391	Kirghizistan[1]
Europe											**Europe**
Belarus[2]	121	83	101	86	94	87	72	86	#103	129	Bélarus[2]
Croatia	...	712	711	1074	1418	1849	1385	1501	2310	1505	Croatie
Czech Republic	20556	22021	20765	25351	66079	...	...	...	...	...	République tchèque
Denmark	7002	7857	8095	8522	9599	8940	12768	9214	8183	7551	Danemark
Estonia	...	...	...	2484	3248	2665	1516	1760	1825	1555	Estonie
Finland	...	...	...	...	...	...	...	9783	11001	10857	Finlande
Hungary	...	...	...	...	...	...	...	...	7375	7048	Hongrie
Netherlands	...	...	...	...	...	...	...	...	24422	24226	Pays-Bas
Poland[1]	651687	779088	827306	937010	1079817	1164534	974936	1060994	1203235	1295573	Pologne[1]
Portugal	7457	22087	22471	30211	26192	23134	[1]15369	[1]14643	...	...	Portugal
Rep. of Moldova	...	...	...	...	258	279	89	140	311	349	Rép. de Moldova
Romania[1]	[3]14601	[3]21308	[3]24030	[3]30754	[3]35748	[4]31360	[4]21738	[4]20293	[4]27694	[4]22193	Roumanie[1]
Serbia[2]	...	...	...	28	...	...	...	...	...	...	Serbie[2]
Slovakia	1833	1982	2907	3848	4797	3743	2913	2003	2687	2610	Slovaquie
Sweden	...	...	26416	C	33694	32505	C	C	C	C	Suède
Ukraine[5]	1779	2184	3430	3467	4425	4421	3558	4224	5060	6252	Ukraine[5]
United Kingdom	77082	92373	C	102583	...	64536	C	C	C	C	Royaume-Uni

General Note.

Packing cases, boxes, crates, drums and similar packings, of wood; cable-drums of wood; pallets, box pallets and other load boards, of wood; casks, barrels, vats, tubs and other coopers' products and parts thereof, of wood (including staves).

[1] In metric tons.
[2] In thousand cubic metres.
[3] Excluding Prodcom 2002 code 20.40.12.13.
[4] Excluding Prodcom 2008 codes 16.24.11.33, 16.24.11.35.
[5] Excluding packaging of wood and its parts (National product list code 20.40.12.100) and casks, barrels, vats, tubs and coopers products and details thereof of wood (20.40.12.500).

Remarque générale.

Caisses, caissettes, cageots, cylindres et emballages similaires, en bois; tambours (tourets) pour câbles en bois, palettes simples, palettes-caisses et autres plateaux de chargement, en bois; futailles, cuves, baquets et autres ouvrages de tonnellerie et leurs parties, en bois (y compris les merrains).

[1] En tonnes métriques.
[2] En milliers de mètres cubes.
[3] 2002 code Prodcom 20.40.12.13 non compris.
[4] 2008 codes Prodcom 16.24.11.33, 16.24.11.35 non compris.
[5] À l'exclusion de l'emballage du bois et de ses parties (Code de la liste nationale de produits 20.40.12.100) et fûts, barriques, cuves, bacs et les tonneliers et les parties de ceux-ci en bois (20.40.12.500).

Newspapers, journals and periodicals, printed
Journaux et publications périodiques imprimés

CPC-BASED CODE - CODE BASE CPC
32000-1

Unit: Thousand units — Unité: Milliers d'unités

Country or area	2003	2004	2005	2006	2007	2008	2009	2010	2011	2012	Pays ou zone
Africa											**Afrique**
Egypt	...	14682	97586	7469	...	62930	83831	48758	31016	...	Égypte
Kenya	88426	92429	87399	140151	124316	122180	130073	136809	145600	156239	Kenya
Lesotho	7972	16994	4028	5137	8795	15008	25610	18458	...	...	Lesotho
Mozambique	...	583	587	482	518	...	...	...	...	...	Mozambique
America, North											**Amérique du Nord**
Cuba	273322	285662	279909	279860	283335	288151	278644	277867	277464	279954	Cuba
Mexico	849782	815154	832102	757306	#374197	366423	354673	327017	276754	276141	Mexique
America, South											**Amérique du Sud**
Brazil	2942586	2786615	3358434	4036441	4807184	1004170	706348	686130	1194570	1032627	Brésil
Chile	...	...	588359	723044	901344	808069	720795	766980	6676522	...	Chili
Ecuador	...	193997	158394	163637	201720	216679	...	...	...	...	Équateur
Peru	263699	275909	272820	296027	313775	332072	393344	444497	507164	534016	Pérou
Asia											**Asie**
Afghanistan	32	73	120	136	180	193	240	255	102	106	Afghanistan
Azerbaijan	...	...	...	...	...	...	...	44637	42387	50759	Azerbaïdjan
Cyprus	28315	27483	25418	22479	22694	...	...	...	...	...	Chypre
Georgia	...	C	C	28577	27310	26670	26224	26613	35535	27109	Géorgie
Kazakhstan	644609	764660	740100	754607	834444	...	...	...	...	...	Kazakhstan
Kuwait	111000	107000	126000	144000	116000	148000	178000	229000	261000	260000	Koweït
Kyrgyzstan	25962	30683	32604	28979	31433	28398	19507	20657	0	0	Kirghizistan
Turkey	...	...	2462667	...	...	...	...	...	...	...	Turquie
Europe											**Europe**
Belarus	596550	579951	619962	630048	603482	585965	578953	569412	555331	532748	Bélarus
Croatia	...	313912	344251	265680	284670	...	...	...	...	...	Croatie
Czech Republic	1092393	1020821	986004	1058944	1495961	...	...	...	...	...	République tchèque
Denmark	...	...	3023539	5167980	3490615	...	...	...	...	...	Danemark
Finland	2215156	3638458	4327145	3816725	4038461	...	...	...	...	...	Finlande
Hungary	737805	772006	673345	629189	616876	...	...	...	C	C	Hongrie
Poland	...	2255278	2442253	2295039	2162721	3144167	3279410	2725105	2603344	2832574	Pologne
Portugal	385394	392595	391238	414345	395985	1075653	987781	...	...	...	Portugal
Rep. of Moldova	...	181250	187870	184398	173212	127227	144879	110149	70643	53168	Rép. de Moldova
Russian Federation[1]	15172700	17422290	17529170	17155730	22096800	22017570	17586980	18641930	19393530	19344960	Fédération de Russie[1]
Serbia	...	...	...	8628	...	...	...	...	...	...	Serbie
Spain	...	3534411	...	...	...	...	...	...	...	...	Espagne
Sweden	2022553	2282025	2144657	2095624	2082406	...	...	...	...	...	Suède

General Note.
Newspapers, journals and periodicals, whether or not illustrated or containing advertising material.

[1] "Units" refers to sheet prints.

Remarque générale.
Journaux et publications périodiques imprimés, même illustrés ou contenant de la publicité.

[1] "Les unités" se rapporte aux papiers à imprimer.

Chemical wood pulp, dissolving grades
Pâtes chimiques de bois, à dissoudre

CPC-BASED CODE - CODE BASE CPC
32111-0

Unit: Thousand metric tons | Unité: Milliers de tonnes métriques

Country or area	2003	2004	2005	2006	2007	2008	2009	2010	2011	2012	Pays ou zone
Africa											**Afrique**
Morocco	70	70	[1,2]70	[1,2]70	[1,2]70	[1,2]70	[1,2]70	[1,2]70	[1,2]70	[1,2]70	Maroc
South Africa	535	539	[1]547	[1]556	[1]543	[1,2]516	[1]589	[1]708	[1,2]735	[1]737	Afrique du Sud
America, North											**Amérique du Nord**
Canada[1,2]	241	241	130	230	230	280	280	400	600	700	Canada[1,2]
Honduras	1	1	[1,2]1	[1,2]1	[1,2]1	[1,2]1	[1,2]1	[1,2]1	[1]0	[1]0	Honduras
Mexico	[1,2]123	[1,2]123	[1,2]123	[1,2]123	0	0	0	0	0	0	Mexique
United States	900	900	[1]900	[1]900	[1]900	[1]900	[1]900	[1]900	[1]900	[1]926	États-Unis
America, South											**Amérique du Sud**
Brazil	C	109	110	[1]102	[1]115	[1]210	C	C	C	C	Brésil
Asia											**Asie**
China[1]	[2]15	[2]15	[2]15	[2]15	[2]15	[2]15	[2]15	95	165	[2]350	Chine[1]
China, Hong KongSAR[1,2]	15	15	15	15	15	15	15	15	15	15	Chine,Hong KongRAS[1,2]
India	255	255	[1,2]255	[1,2]255	[1,2]255	[1,2]255	[1,2]255	[1,2]255	[1,2]255	[1,2]255	Inde
Iran (Islamic Rep. of)	...	5	6	2	7	8	4	...	...	[1]3	Iran (Rép. islam. d')
Viet Nam[1]	...	...	...	120	125	106	[2]106	135	140	140	Viet Nam[1]
Europe											**Europe**
Austria	198	236	[1]241	[1]250	[1]264	[1]274	[1]280	[1]282	[1]289	[1]300	Autriche
Belgium[1]	0	0	[2]0	0	[2]18	[2]0	0	0	0	0	Belgique[1]
Czech Republic[1]	0	0	0	0	0	0	0	0	[2]55	0	République tchèque[1]
Finland	0	0	0	0	0	0	[1]0	[1,2]0	[1,2]0	1	Finlande
France[1]	[2]156	[2]120	[2]120	120	[2]120	[2]119	[2]86	[2]91	[2]93	128	France[1]
Norway[1]	[2]134	[2]139	C	154	[2]138	[2]155	150	[2]137	[2]140	147	Norvège[1]
Portugal[3]	296	298	294	313	325	270	401	539	...	...	Portugal[3]
Russian Federation	[1]158	[1]191	[1]176	[1]181	[1]205	[1]176	[1]135	37	71	79	Fédération de Russie
Slovakia[1]	0	0	0	0	0	0	0	0	1	1	Slovaquie[1]
Spain	[1]0	[1]0	[1]66	[1]66	[1]29	0	0	0	0	0	Espagne
Sweden[3]	138	162	157	178	201	189	203	202	195	271	Suède[3]
Switzerland	11	34	[1,2]45	[1]74	[1]93	[1]71	[1,2]15	[1]0	[1]0	[1]0	Suisse

General Note.
Chemical wood pulp, dissolving grades. Please see commodity notes for more information.

[1] Source: Food and Agriculture Organization of the United Nations (Rome).

[2] FAO estimate.

[3] On the basis of 90% dry substance.

Remarque générale.
Pâtes chimiques de bois, à dissoudre. Voir les commentaires sur nom de produit pour de plus amples informations.

[1] Source: Organisation des Nations Unies pour l'alimentation et l'agriculture (Rome).

[2] Estimation de la FAO.

[3] Basé sur une substance sec de 90 %.

Chemical wood pulp, soda and sulphate, other than dissolving grades
Pâtes chimiques de bois, à la soude ou au sulfate, autres que les pâtes à dissoudre

CPC-BASED CODE - CODE BASE CPC
32112-1

Unit: Thousand metric tons | Unité: Milliers de tonnes métriques

Country or area	2003	2004	2005	2006	2007	2008	2009	2010	2011	2012	Pays ou zone
Africa											**Afrique**
Angola[1,2]	15	15	15	15	15	15	15	15	15	15	Angola[1,2]
Egypt[1,2,3]	...	...	...	...	41	41	41	41	41	41	Égypte[1,2,3]
Kenya[1]	...	[2]87	82	77	[2]77	[2]77	[2]0	[2]0	[2]0	[2]0	Kenya[1]
Morocco[1,3]	[2]89	[2]89	[2]89	[2]89	146	[2]146	141	[2]151	[2]151	[2]151	Maroc[1,3]
Nigeria[1,2,4]	14	14	14	14	14	14	14	14	14	14	Nigéria[1,2,4]
South Africa[1]	[2]1244	[2]1118	[2]1118	1306	1394	[2]1394	1172	1269	1028	1130	Afrique du Sud[1]
Swaziland[1,2,4]	168	181	173	161	170	142	102	15	0	0	Swaziland[1,2,4]
United R. of Tanzania[1,2]	44	44	44	44	44	44	44	44	44	44	Rép.-U. de Tanzanie[1,2]
America, North											**Amérique du Nord**
Canada[1]	13021	13074	12404	11322	11030	9940	8357	8952	9296	8826	Canada[1]
Honduras[1,3]	[2]1	[2]1	[2]1	[2]1	[2]1	[2]1	[2]1	[2]1	0	0	Honduras[1,3]
Mexico	[1,2]142	[1]158	[1]145	[1]142	0	0	0	0	0	0	Mexique
United States[1]	44189	45207	45267	44722	45945	43648	40415	42099	42037	[2]40902	États-Unis[1]
America, South											**Amérique du Sud**
Argentina	894	937	937	926	[1]501	[1]680	[1]501	[1,2]476	[1]293	[1,2]293	Argentine
Brazil	6309	6687	7268	7216	7967	9167	9922	10467	10467	10793	Brésil
Chile	[1]2314	[1]2831	1123	1107	1793	4167	4633	3626	4304	[1]4632	Chili
Colombia[1]	161	155	156	153	142	147	174	200	204	220	Colombie[1]
Uruguay	[1,2]29	[1,2]32	[1,2]28	[1,2]28	[1,2]125	[1,2]961	[1,2]1060	1190	[1,2]1085	1134	Uruguay
Venezuela (Bol. R. of)[1,3]	[2]38	[2]39	[2]45	[2]52	[2]29	[2]25	[2]25	[2]23	28	[2]28	Venezuela (R.bol.du)[1,3]
Asia											**Asie**
Bangladesh[1,2,3]	11	11	11	11	11	11	11	11	11	11	Bangladesh[1,2,3]
China[1,2]	1790	1790	1803	3354	4147	4513	3305	4875	6127	5899	Chine[1,2]
India[1]	1001	1303	[2]1386	[2]1386	[2]1386	[2]1386	[2]1386	[2]1386	[2]1386	[2]1386	Inde[1]
Indonesia	[1,2]4049	[1,2]4049	[1,2]4049	[1,2]3300	[1,2]4900	4084	[1,2]4687	[1,2]5438	[1,2]6178	[1,2]6328	Indonésie
Iran (Islamic Rep. of)[1]	218	240	260	262	[2]79	[2]0	[2]0	[2]0	[2]0	75	Iran (Rép. islam. d')[1]
Japan	[1]9215	[1]9349	9833	[1]9572	[1]9713	[1]9649	[1]7711	[1]8616	[1]8261	[1]7925	Japon
Malaysia[1,2,3]	145	145	145	145	145	145	145	145	145	145	Malaisie[1,2,3]
Pakistan[1,2]	41	41	41	41	41	41	41	41	41	41	Pakistan[1,2]
Philippines[1]	[2]147	[2]147	[2]147	[2]147	[2]147	[2]147	[2]147	[2]147	[2]147	0	Philippines[1]
Rep. of Korea[1,2]	415	428	411	426	338	425	361	402	447	450	Rép. de Corée[1,2]
Sri Lanka[1,2,3]	3	3	3	3	3	3	3	3	3	3	Sri Lanka[1,2,3]
Thailand[1]	[2]857	[2]857	[2]857	933	[3]963	[3]755	1014	953	941	912	Thaïlande[1]
Turkey[1]	[2]183	[2]183	[2]183	[2]69	0	0	0	0	0	0	Turquie[1]
Viet Nam[1]	100	121	[2]121	[2]79	[2]82	[2]82	[2]82	[2]100	[2]100	[2]110	Viet Nam[1]
Europe											**Europe**
Austria[1]	788	827	830	850	884	884	876	920	898	936	Autriche[1]
Belgium[1]	333	362	[2]346	346	[2]347	[2]300	[2]227	[2]199	[2]239	[2]235	Belgique[1]
Bosnia & Herzegovina[1]	[2]0	[2]0	[2]0	[2]0	11	33	41	58	79	78	Bosnie-Herzégovine[1]
Bulgaria[1]	[2]89	130	[2]130	[2]130	130	130	[2]130	C	C	C	Bulgarie[1]
Czech Republic[1]	376	381	389	408	412	383	423	434	441	459	République tchèque[1]
Estonia	[1]67	[1]69	[1]67	0	0	0	0	0	0	0	Estonie
Finland[5]	4592	4700	3779	4755	4816	4177	3295	4076	43943	46247	Finlande[5]
France[1]	C	[2]1380	[2]1411	[2]1380	[2]1265	[2]1257	[2]912	[2]955	[2]981	1482	France[1]
Germany[1]	489	489	[2]621	[2]647	C	C	[2]931	[2]929	[2]953	[2]978	Allemagne[1]
Norway	[1]534	565	582	[1]586	[1]578	[1]585	[1]446	[1]561	[1]553	[1]330	Norvège
Poland	70	59	48	26	C	C	C	C	C	C	Pologne
Portugal[5]	677	647	699	709	709	626	767	711	...	...	Portugal[5]
Romania	78	64	45	31	30	[1,2]25	C	[1]0	[1]0	[1]0	Roumanie
Russian Federation	[1]4268	[1]4372	[1]4523	[1]4598	[1]4651	[1]4620	[1]4369	4772	4908	4989	Fédération de Russie
Serbia[1]	...	...	...	12	15	17	0	0	0	0	Serbie[1]
Serbia & Montenegro[1]	37	19	23	...	...	...	...	...	...	...	Serbie-et-Monténégro[1]
Slovakia	255	266	120	112	C	C	C	C	C	C	Slovaquie
Slovenia	[1,2]146	[1,2]173	[1]0	[1]0	[1]0	[1]0	[1,2]0	[1]0	0	0	Slovénie
Spain	[1]1776	[1]1873	[1]1850	[1]1922	[1]1955	1899	1537	1671	1772	1765	Espagne
Sweden	4520	4653	4604	4595	[5]4496	4323	4294	[5]4175	[5]4059	[5]4205	Suède
Oceania											**Océanie**
Australia[1]	300	290	325	327	330	583	611	741	836	917	Australie[1]
New Zealand[1]	595	720	705	707	753	766	720	784	860	842	Nouvelle-Zélande[1]

General Note.

Chemical wood pulp, soda or sulphate, other than dissolving grades, unbleached, semi-bleached or bleached, coniferous or not. Please see commodity notes for more information.

Remarque générale.

Pâtes chimiques de bois, à la soude ou au sulfate, autres que les pâtes à dissoudre, écrues, mi-blanchies ou blanchies, même de conifères. Voir les commentaires sur nom de produit pour de plus amples informations.

Chemical wood pulp, soda and sulphate, other than dissolving grades (continued)
Pâtes chimiques de bois, à la soude ou au sulfate, autres que les pâtes à dissoudre (suite)

CPC-BASED CODE - CODE BASE CPC
32112-1

[1] Source: Food and Agriculture Organization of the United Nations (Rome).
[2] FAO estimate.
[3] Data refer to bleached sulphate pulp only.
[4] Data refer to unbleached sulphate pulp only.
[5] On the basis of 90% dry substance.

[1] Source: Organisation des Nations Unies pour l'alimentation et l'agriculture (Rome).
[2] Estimation de la FAO.
[3] Les données se rapportent seulement aux pâtes de sulfate blanchies.
[4] Les données se rapportent seulement aux pâtes de sulfate écrues.
[5] Basé sur une substance sec de 90 %.

Chemical wood pulp, sulphite, other than dissolving grades
Pâtes chimiques de bois, au bisulfite, autres que les pâtes à dissoudre

CPC-BASED CODE - CODE BASE CPC
32112-2

Unit: Thousand metric tons — Unité: Milliers de tonnes métriques

Country or area	2003	2004	2005	2006	2007	2008	2009	2010	2011	2012	Pays ou zone
Africa											**Afrique**
Kenya[1]	66	0	[2]0	[2]0	[2]0	[2]0	[2]0	[2]0	[2]0	[2]0	Kenya[1]
South Africa[1]	[3]0	[3]0	[2,3]0	[2,3]0	[2,3]0	0	0	0	162	26	Afrique du Sud[1]
America, North											**Amérique du Nord**
Canada[1]	415	377	358	279	270	284	175	278	264	272	Canada[1]
Honduras[1,4]	[2]1	[2]1	[2]1	[2]1	[2]1	[2]1	[2]1	[2]1	0	0	Honduras[1,4]
United States[1]	994	1017	1018	1006	1034	982	909	947	1061	1158	États-Unis[1]
America, South											**Amérique du Sud**
Argentina[1]	30	48	55	22	[2]0	[2]0	[2]22	30	204	[2]204	Argentine[1]
Brazil[1]	31	36	29	32	35	31	C	C	C	C	Brésil[1]
Venezuela (Bol. R. of)[1,2]	[3]17	[3]0	[3]0	[3]0	0	0	0	0	0	0	Venezuela (R.bol.du)[1,2]
Asia											**Asie**
Dem.P.R. of Korea[1,2,3]	43	43	43	43	43	43	43	43	43	43	Rép.p.d. de Corée[1,2,3]
India[1,4]	21	21	[2]21	[2]21	[2]21	[2]21	[2]21	[2]21	[2]21	[2]21	Inde[1,4]
Iran (Islamic Rep. of)[1,3]	...	...	...	...	...	78	61	59	101	0	Iran (Rép. islam. d')[1,3]
Europe											**Europe**
Austria[1]	420	446	447	440	449	451	359	424	438	401	Autriche[1]
Belarus	[1]61	61	61	66	60	56	[1]45	51	[1,2]51	[1]55	Bélarus
Belgium[1]	0	0	[2]0	0	[2]0	[2]0	[2]34	[2]26	[2]34	[2]34	Belgique[1]
Czech Republic[1]	258	269	280	263	280	269	277	271	256	230	République tchèque[1]
France[1]	[2]166	[2]171	[2]174	[2]174	[2]158	[2]156	[2]113	[2]118	[2]122	706	France[1]
Germany[1]	617	617	[2]790	[2]823	[2]863	C	[2]550	[2]594	[2]609	[2]615	Allemagne[1]
Italy[1]	43	38	[2]42	46	0	[2]0	0	[2]35	21	22	Italie[1]
Norway[1]	[2]14	[2]10	[2]14	158	[2]152	154	154	[2]143	149	155	Norvège[1]
Portugal	103	106	[5]113	[5]111	[5]114	[5]103	[5]113	[5]126	[1]107	[1]92	Portugal
Romania	0	0	0	0	[1]0	[1,2]0	[1,2]4	[1]0	[1]0	[1]0	Roumanie
Russian Federation	[1]647	[1]643	[1]622	[1]539	[1]419	[1]390	[1]241	312	301	333	Fédération de Russie
Slovenia	[1,2]16	[1,2]11	[1,2]111	[1,2]120	[1]0	[1]0	[1,2]0	[1]0	0	0	Slovénie
Sweden[5]	C	93	68	41	33	72	43	21	21	18	Suède[5]
Switzerland[1]	[2]124	[2]89	[2]71	36	109	1	0	0	0	0	Suisse[1]
Oceania											**Océanie**
Australia[1]	328	345	348	366	389	324	73	71	66	20	Australie[1]

General Note.
Chemical wood pulp, sulphite, other than dissolving grades, unbleached, semi-bleached or bleached, coniferous or not. Please see commodity notes for more information.

[1] Source: Food and Agriculture Organization of the United Nations (Rome).
[2] FAO estimate.
[3] Data refer to unbleached sulphite pulp only.
[4] Data refer to bleached sulphite pulp only.
[5] On the basis of 90% dry substance.

Remarque générale.
Pâtes chimiques de bois, au bisulfite, autres que les pâtes à dissoudre, écrues, mi-blanchies ou blanchies, même de conifères. Voir les commentaires sur nom de produit pour de plus amples informations.

[1] Source: Organisation des Nations Unies pour l'alimentation et l'agriculture (Rome).
[2] Estimation de la FAO.
[3] Les données se rapportent seulement aux pâtes de bisulfite écrues.
[4] Les données se rapportent seulement aux pâtes de bisulfite blanchies.
[5] Basé sur une substance sec de 90 %.

Semi-chemical wood pulp, pulp of fibers other than wood
Pâtes mi chimiques de bois, pâtes de fibres autres que de bois

CPC-BASED CODE - CODE BASE CPC
32113-1

Unit: Thousand metric tons — Unité: Milliers de tonnes métriques

Country or area	2003	2004	2005	2006	2007	2008	2009	2010	2011	2012	Pays ou zone
Africa											**Afrique**
Algeria[1,2,3]	2	2	2	2	2	2	2	2	2	2	Algérie[1,2,3]
Egypt[1,2,3]	120	120	120	120	120	120	120	120	120	120	Égypte[1,2,3]
Ethiopia[1,2,3]	9	9	9	9	9	9	9	9	9	9	Éthiopie[1,2,3]
Kenya[1,3]	22	25	23	27	[2]27	[2]27	[2]0	[2]0	[2]0	[2]0	Kenya[1,3]
Madagascar[1,2,4]	2	2	2	2	2	2	2	2	2	2	Madagascar[1,2,4]
Morocco[1,2,3]	5	5	5	5	5	5	5	5	5	5	Maroc[1,2,3]
Nigeria[1,2,5]	9	9	9	9	9	9	9	9	9	9	Nigéria[1,2,5]
South Africa[1,4]	[2]261	[2]316	[2]316	233	230	[2]230	170	201	179	261	Afrique du Sud[1,4]
Tunisia[1,2,3]	10	10	10	10	10	10	10	10	10	10	Tunisie[1,2,3]
Zimbabwe[1,4]	[2]15	[2]15	[2]15	33	[2]33	[2]33	[2]33	[2]33	[2]33	[2]2	Zimbabwe[1,4]
America, North											**Amérique du Nord**
Canada[1,2]	619	652	598	537	553	548	519	507	523	446	Canada[1,2]
Costa Rica[1,2,3]	7	7	7	7	7	7	7	7	7	7	Costa Rica[1,2,3]
Cuba	2	1	1	1	0	0	0	0	0	0	Cuba
Honduras[1,3]	[2]1	[2]1	[2]1	[2]1	[2]1	[2]1	[2]1	[2]1	0	0	Honduras[1,3]
Mexico	[1,2,4]192	[1,4]142	[1,2]2991	[1,2]3040	0	0	0	0	0	0	Mexique
United States[1]	[2]3270	[2]3478	[2]3737	[2]3415	[2]3791	[2]3615	[2]3438	[2]3530	[2]3606	3909	États-Unis[1]
America, South											**Amérique du Sud**
Argentina[1,4]	302	369	370	343	440	319	408	428	260	[2]260	Argentine[1,4]
Brazil	2	2	2	19	20	36	40	38	30	C	Brésil
Colombia[1]	[4]218	[2,4]226	[4]229	[4]234	[4]238	[4]213	[4]200	[4]193	[4]186	939	Colombie[1]
Ecuador	[1,2,3]0	0	0	0	0	[1,2,6]20	[1,2,6]36	[1,2,6]36	[1,2,6]36	[1,2,6]36	Équateur
Peru[1,2,3]	17	17	17	17	17	17	17	17	17	17	Pérou[1,2,3]
Uruguay[1,2,4]	3	3	3	3	3	3	3	3	3	4	Uruguay[1,2,4]
Venezuela (Bol. R. of)[1,2,4]	41	24	19	6	63	22	2	0	0	0	Venezuela (R.bol.du)[1,2,4]
Asia											**Asie**
Bangladesh[1,2,4]	18	18	18	18	18	18	18	18	18	18	Bangladesh[1,2,4]
China[1,2]	32610	36560	42410	48410	54930	59080	63430	67730	70710	72282	Chine[1,2]
Dem.P.R. of Korea[1,2,3]	50	50	50	50	50	50	50	50	50	50	Rép.p.d. de Corée[1,2,3]
India[1]	2867	3102	3358	[2]3358	[2]3358	[2]3358	[2]3358	[2]3358	[2]3358	[2]3358	Inde[1]
Indonesia[1,2,4]	382	382	382	382	382	382	382	382	382	382	Indonésie[1,2,4]
Iran (Islamic Rep. of)[1]	[3]50	[3]50	[3]50	[3]57	[4]290	[4]238	[4]191	[4]197	[4]257	[4]223	Iran (Rép. islam. d')[1]
Iraq[1,2,3]	2	2	2	2	2	2	2	2	2	2	Iraq[1,2,3]
Israel[1,2]	[4]15	[4]15	[4]15	[4]15	[4]15	315	315	315	315	315	Israël[1,2]
Japan[1,4]	[2]121	[2]117	[2]112	[2]102	104	97	77	69	50	49	Japon[1,4]
Jordan[1,2,3]	8	8	8	8	8	8	8	8	8	8	Jordanie[1,2,3]
Kazakhstan[1]	[5]0	0	[2]15	[2]20	[2]25	0	0	[2]0	[2]0	[2]0	Kazakhstan[1]
Malaysia[1,2,4]	1	1	1	1	1	1	0	0	0	0	Malaisie[1,2,4]
Myanmar[1]	49	49	74	[2]74	[2]74	[2]74	[2]74	[2]74	[2]74	[2]74	Myanmar[1]
Nepal[1,2,3]	15	15	15	15	15	15	15	15	15	15	Népal[1,2,3]
Pakistan[1]	[2]887	435	460	[2]460	473	495	[2]495	[2]495	[2]495	[2]495	Pakistan[1]
Philippines[1,3]	[2]27	[2]27	[2]27	[2]27	[2]27	[2]27	[2]27	[2]27	[2]27	20	Philippines[1,3]
Sri Lanka[1,2,3]	19	19	19	19	19	19	19	19	19	19	Sri Lanka[1,2,3]
Thailand[1,4]	[2]133	[2]133	[2]133	213	166	180	175	187	191	195	Thaïlande[1,4]
Turkey	[1,2]53	[1,2]53	C	C	C	C	[#]0	[1,2]118	[1,2]128	[1,2]116	Turquie
Uzbekistan[1]	...	...	...	...	10	10	[2]10	[2]10	[2]10	[2]10	Ouzbékistan[1]
Viet Nam[1,4]	[2]181	[2]201	[2]201	[2]119	[2]121	[2]121	[2]121	115	145	160	Viet Nam[1,4]
Europe											**Europe**
Austria[1]	1711	1850	1945	2062	2127	2050	2002	2167	2116	2083	Autriche[1]
Belgium[1]	0	0	[2]0	0	[2]3	[2]4	[2]4	[2]2	[2]3	[2]3	Belgique[1]
Bosnia & Herzegovina[1]	[2,5]20	[2,5]20	[2,5]20	[2,5]20	[5]0	0	0	0	0	0	Bosnie-Herzégovine[1]
Bulgaria	[1,2,4]13	[1]5	[1,2]5	[1,2]5	0	[1,2]7	[1,2]7	0	0	0	Bulgarie
Croatia	[1]78	66	[1]55	[1]64	[1]50	193	167	87	89	65	Croatie
Czech Republic[1]	3	4	4	4	5	4	4	4	6	5	République tchèque[1]
Denmark[1]	0	0	0	[2]86	[2]89	89	89	[2]91	134	[2]134	Danemark[1]
Estonia	...	...	...	56	136	132	148	140	156	158	Estonie
Finland[7]	221	198	146	311	239	289	254	367	3320	4048	Finlande[7]
France[1]	[2]173	[2]177	[2]193	190	[2]248	[2]246	[2]179	[2]187	[2]192	[2]85	France[1]
Germany	100	102	87	[1,2]68	[1,2]132	71	[1,2]81	C	85	C	Allemagne
Greece[1]	0	0	0	0	0	[2]0	0	[2]2	[2]0	[2]0	Grèce[1]
Hungary	[1]16	11	[1]16	[1]19	[1]20	[1]20	[1]18	C	C	C	Hongrie
Ireland[1]	45	45	0	0	0	0	0	0	0	0	Irlande[1]

For general note and footnotes, see end of table

Voir la fin du tableau pour la remarque générale est les notes

Semi-chemical wood pulp, pulp of fibers other than wood (continued)
Pâtes mi chimiques de bois, pâtes de fibres autres que de bois (suite)

CPC-BASED CODE - CODE BASE CPC

32113-1

Unit: Thousand metric tons

Unité: Milliers de tonnes métriques

Country or area	2003	2004	2005	2006	2007	2008	2009	2010	2011	2012	Pays ou zone
Italy	[8]166	[8]162	[1,2]279	[1]289	[1]334	[1,2]338	[1]329	[1,2]258	[1]287	[1]288	Italie
Lithuania	...	...	...	...	...	1	0	0	1	2	Lituanie
Norway[1]	416	[2]418	43	23	30	6	0	[2]1	0	0	Norvège[1]
Poland	[1]150	[1]156	[1]163	[1]173	[1]287	[1]282	0	C	C	C	Pologne
Portugal[1]	113	108	286	349	349	328	354	[2]353	320	258	Portugal[1]
Romania[1]	238	264	229	29	37	17	[2]5	0	0	0	Roumanie[1]
Russian Federation	[1]2040	[1]2070	[1]2214	[1]2235	[1]2203	[1]2205	[1]2185	590	633	614	Fédération de Russie
Serbia & Montenegro[1]	4	1	1	...	...	...	...	...	...	...	Serbie-et-Monténégro[1]
Slovakia[1]	114	118	97	101	113	112	112	21	24	20	Slovaquie[1]
Slovenia[1]	[2]14	[2]5	[2]160	160	[2]160	[2]160	[2]102	C	C	C	Slovénie[1]
Spain	3125	3252	3319	3686	3717	3435	1290	1134	1074	832	Espagne
Sweden	[7]219	[7]218	[7]264	[7]327	[1,2]542	[1]539	[7]409	[7]440	[7]416	[7]433	Suède
Switzerland[1]	888	851	801	788	777	764	700	638	758	[2]848	Suisse[1]
TFYR of Macedonia	[1]1	[1,2]0	[1]1	[1]1	[1,2]1	0	0	0	0	0	L'ex-RY de Macédoine
Ukraine	C	C	C	C	C	C	C	C	C	8	Ukraine
Oceania											**Océanie**
Australia[1]	1566	[2]1798	[2]2043	2145	[2]2121	2095	1842	1857	1862	1874	Australie[1]
New Zealand[1,5]	29	24	47	36	32	35	33	28	31	30	Nouvelle-Zélande[1,5]

General Note.

Wood pulp obtained by a combination of mechanical and chemical pulping processes, pulps of fibres derived from recovered (waste and scrap) paper or paperboard or of other fibrous cellulosic material such as for example cotton linters pulp through mechanical, chemical or semi-chemical processes. Please see commodity notes for more information.

1 Source: Food and Agriculture Organization of the United Nations (Rome).

2 FAO estimate.

3 Data refer to pulp manufactured from fibrous vegetable materials other than wood only.

4 Excluding pulp manufactured from recovered paper or paperboard.

5 Data refer to semi-chemical wood pulp only.

6 Excluding semi-chemical wood pulp.

7 On the basis of 90% dry substance.

8 Excluding Prodcom 2002 code 21.11.14.50.

Remarque générale.

Pâtes de bois obtenues par la combinaison d'un traitement mécanique et d'un traitement chimique, pâtes de fibres obtenues à partir de papier ou de carton recyclés (déchets et rebuts) ou d'autres matières fibreuses cellulosiques comme par exemple les pâtes de linters de coton obtenues par des traitements mécanique, chimique ou mi-chimique. Voir les commentaires sur nom de produit pour de plus amples informations.

1 Source: Organisation des Nations Unies pour l'alimentation et l'agriculture (Rome).

2 Estimation de la FAO.

3 Les données se rapportent seulement aux pâtes manufacturées des matières végétales fibreuses autres que le bois.

4 Non compris les fibres pâtes récupérés.

5 Les données se rapportent seulement aux pâtes mi-chimiques de bois.

6 Non compris les pâtes mi-chimiques de bois.

7 Basé sur une substance sec de 90 %.

8 2002 code Prodcom 21.11.14.50 non compris.

Newsprint
Papier journal

CPC-BASED CODE - CODE BASE CPC
32121-0

Unit: Thousand metric tons — Unité: Milliers de tonnes métriques

Country or area	2003	2004	2005	2006	2007	2008	2009	2010	2011	2012	Pays ou zone
Africa											**Afrique**
Algeria	3	2	1	0	[1,2]2	[1,2]2	[1,2]2	[1,2]2	[1,2]2	[1,2]2	Algérie
Ethiopia	0	0	[1,2]0	[1,2]0	[1,2]0	[1,2]0	[1]10	[1]13	[1,2]13	[1,2]13	Éthiopie
Kenya	18	13	15	10	6	4	0	0	[1,2]0	[1,2]0	Kenya
Madagascar	1	1	[1,2]1	[1,2]1	[1,2]1	[1,2]1	[1,2]1	[1,2]1	[1,2]1	[1,2]1	Madagascar
Morocco	2	2	[1,2]0	[1,2]0	[1,2]0	[1,2]0	[1,2]0	[1,2]0	[1,2]0	[1,2]0	Maroc
South Africa	336	336	[1,2]344	[1]343	[1]349	[1,2]347	[1]323	[1]331	[1]317	[1]300	Afrique du Sud
United R. of Tanzania	8	8	[1,2]8	[1,2]8	[1,2]8	[1,2]8	[1,2]8	[1,2]8	[1,2]8	[1,2]8	Rép.-U. de Tanzanie
Zimbabwe[1]	[2]19	18	[2]18	2	[2]2	[2]2	[2]2	[2]2	[2]2	[2]2	Zimbabwe[1]
America, North											**Amérique du Nord**
Canada[1]	8487	8180	7770	7122	6640	5993	4378	4639	4382	3874	Canada[1]
El Salvador	14	14	[1,2]14	[1,2]14	[1,2]14	[1,2]14	[1,2]14	[1,2]14	[1,2]14	[1,2]14	El Salvador
Honduras	12	12	[1,2]12	[1,2]12	[1,2]12	[1,2]12	[1,2]12	[1,2]12	[1]0	[1]0	Honduras
Mexico	162	196	183	201	229	248	214	189	253	222	Mexique
Trinidad and Tobago	...	...	...	...	...	...	11	...	...	...	Trinité-et-Tobago
United States	5148	5097	[1]4892	[1]4740	[1]4464	[1]4194	[1]2992	[1]2824	[1]2964	[1]2874	États-Unis
America, South											**Amérique du Sud**
Argentina	185	183	198	203	185	185	162	[1]168	[1]153	[1,2]153	Argentine
Brazil	212	C	177	182	224	179	159	167	159	218	Brésil
Chile	344	273	[1]362	[1]334	[1]306	290	298	254	217	[1]245	Chili
Ecuador	...	29	29	30	39	44	[1,2]44	[1,2]44	[1,2]44	[1,2]44	Équateur
Uruguay	...	...	...	...	...	...	...	1000	...	...	Uruguay
Asia											**Asie**
Bangladesh	45	20	[1,2]20	[1,2]20	[1,2]20	[1,2]20	[1,2]20	[1,2]20	[1,2]20	[1,2]20	Bangladesh
China	2149	3079	3269	3829	4579	4633	4287	4021	3686	3895	Chine
India	684	765	913	1032	[1,2]1039	[1,2]1104	[1,2]952	[1,2]1259	[1,2]1320	[1,2]1380	Inde
Indonesia	556	557	[1,2]557	[1,2]557	122	481	[1]642	[1,2]642	[1,2]650	[1,2]664	Indonésie
Iran (Islamic Rep. of)	46	[1]46	[1,2]46	4	9	25	[1,2]30	[1,2]30	[1,2]30	[1]80	Iran (Rép. islam. d')
Japan	3552	3695	3745	3799	3846	3715	3483	3476	3348	3276	Japon
Malaysia[1]	253	253	[2]253	250	[2]250	[2]250	270	270	270	0	Malaisie[1]
Myanmar[1]	6	5	5	[2]5	[2]5	[2]5	[2]5	[2]5	[2]5	[2]5	Myanmar[1]
Pakistan	138	138	...	...	...	...	...	...	...	...	Pakistan
Philippines	293	299	[1,2]299	[1,2]299	[1,2]299	[1,2]299	[1,2]299	[1,2]299	[1]170	[1]72	Philippines
Rep. of Korea	1599	1745	1630	1654	1665	1600	1497	1591	1566	1513	Rép. de Corée
Thailand	981	920	925	999	1037	948	...	...	...	...	Thaïlande
Turkey	20	13	C	C	C	C	C	C	C	C	Turquie
Viet Nam	12	25	56	61	70	100	106	91	[1]60	[1]60	Viet Nam
Europe											**Europe**
Austria	392	422	[1]416	[1]424	[1]418	[1]420	[1]299	[1]406	[1]421	[1]391	Autriche
Belarus	[1]0	[1,2]0	[1,2]0	[1,2]0	[1,2]0	1	9	23	37	43	Bélarus
Belgium	173	345	[1]265	[1,2]265	[1,2]265	[1,2]299	[1,2]250	[1,2]265	[1,2]259	[1,2]259	Belgique
Bosnia & Herzegovina[1]	[2]0	[2]2	[2]2	[2]19	0	0	0	0	0	0	Bosnie-Herzégovine[1]
Croatia[1]	14	18	19	3	2	2	2	2	3	1	Croatie[1]
Czech Republic	101	108	[1]117	[1]125	[1]127	[1]53	0	0	0	0	République tchèque
Denmark[1]	0	0	0	19	2	2	2	[2]3	4	[2]4	Danemark[1]
Finland	626	1217	970	1164	1161	791	405	421	379	354	Finlande
France	1069	1118	[1]1108	[1]1110	[1]1088	[1]1064	[1]873	[1]984	[1,2]942	[1]904	France
Germany	2251	2403	2712	2711	2623	2734	2487	2561	2459	2211	Allemagne
Italy	182	193	[1]191	[1]219	[1]198	[1]221	[1]211	[1]181	[1]193	[1]127	Italie
Netherlands[1]	427	422	421	422	421	462	273	242	253	255	Pays-Bas[1]
Norway[1]	784	861	738	665	631	525	436	472	480	474	Norvège[1]
Poland	191	217	[1]221	[1]191	[1]204	[1]170	162	C	142	C	Pologne
Romania	43	44	55	70	37	C	C	C	[1]7	[1]0	Roumanie
Russian Federation	1814	1978	1984	1993	1979	1987	2006	1953	1926	1816	Fédération de Russie
Serbia[1]	...	...	...	59	54	57	91	144	141	132	Serbie[1]
Serbia & Montenegro	54	49	[1]54	...	...	...	...	...	...	...	Serbie-et-Monténégro
Slovenia[1]	[2]47	[2]69	[2]111	116	C	C	C	C	C	C	Slovénie[1]
Spain	306	325	[1]353	[1]380	[1,2]389	C	702	690	654	631	Espagne
Sweden	2548	2649	2458	2395	[1]2547	2449	2200	2251	2031	1949	Suède
Switzerland	364	361	[1]343	[1]346	[1]341	[1]355	[1]244	[1]283	[1]403	[1]405	Suisse
Ukraine	C	C	C	39	40	40	34	15	33	8	Ukraine
United Kingdom	1038	1117	[1]1136	[1]1095	1027	1119	1058	871	C	1267	Royaume-Uni
Oceania											**Océanie**
Australia	[3]407	[3]421	[1]443	[1]415	[1]411	[1]456	[1]444	[1]427	[1]439	[1]435	Australie
New Zealand	362	380	[1]378	[1]307	[1]284	[1]288	[1]306	[1]298	[1]306	[1]268	Nouvelle-Zélande

General Note.
Newsprint, in rolls or sheets. Please see commodity notes for more information.

[1] Source: Food and Agriculture Organization of the United Nations (Rome).

[2] FAO estimate.

[3] Twelve months ending 30 June of year stated.

Remarque générale.
Papier journal, en rouleaux ou en feuilles. Voir les commentaires sur nom de produit pour de plus amples informations.

[1] Source: Organisation des Nations Unies pour l'alimentation et l'agriculture (Rome).

[2] Estimation de la FAO.

[3] Période de douze mois finissant le 30 juin de l'année indiquée.

Toilet or facial tissue stock, towel and similar paper, cellulose wadding
Papiers des types utilisés pour papier de toilette, serviettes ou papiers semblables, ouate de cellulose

CPC-BASED CODE - CODE BASE CPC
32131-0

Unit: Thousand metric tons / Unité: Milliers de tonnes métriques

Country or area	2003	2004	2005	2006	2007	2008	2009	2010	2011	2012	Pays ou zone
America, North											**Amérique du Nord**
Canada	433	...	...	...	...	...	...	...	...	...	Canada
Mexico	...	...	...	...	61	60	62	58	12	13	Mexique
America, South											**Amérique du Sud**
Brazil	465	348	313	337	334	192	274	302	346	260	Brésil
Chile	...	...	21	19	17	18	13	11	6	...	Chili
Asia											**Asie**
Cyprus	...	...	...	...	...	1	0	0	0	...	Chypre
Philippines	27	...	...	...	...	...	...	...	...	...	Philippines
Turkey	...	...	47	27	28	27	C	39	63	73	Turquie
Viet Nam	22	23	36	37	58	48	47	68	...	...	Viet Nam
Europe											**Europe**
Bulgaria	20	20	19	19	19	19	14	15	20	34	Bulgarie
Finland	63	66	58	58	56	45	42	42	36	34	Finlande
Germany	188	168	207	C	215	221	C	C	C	C	Allemagne
Hungary	11	11	15	C	C	C	C	C	...	...	Hongrie
Italy	675	662	...	...	...	...	...	...	...	...	Italie
Lithuania	1	1	2	1	1	5	4	4	3	3	Lituanie
Netherlands	...	...	...	...	...	...	...	...	...	13350	Pays-Bas
Norway	16	44	12	C	...	...	...	...	...	...	Norvège
Poland	64	43	36	44	40	59	57	57	54	63	Pologne
Portugal	14	11	13	13	11	8	11	22	...	...	Portugal
Rep. of Moldova	...	...	...	...	0	0	3	4	...	...	Rép. de Moldova
Romania	...	...	0	0	0	1	2	2	1	1	Roumanie
Serbia	...	...	...	6	...	...	...	...	...	...	Serbie
Slovakia	36	39	32	27	23	16	17	26	28	38	Slovaquie
Spain	...	C	C	C	C	145	C	200	C	206	Espagne
Sweden	110	223	132	132	132	130	142	143	143	151	Suède
Ukraine	93	107	111	112	122	125	120	126	131	138	Ukraine
United Kingdom	[1]133	[2]106	...	...	C	C	73	81	70	84	Royaume-Uni

General Note.

Toilet or facial tissue stock, towel or napkin stock and similar paper of a kind used for household or sanitary purposes, cellulose wadding and webs of cellulose fibres, whether or not creped, crinkled, embossed, perforated, surface-coloured, surface-decorated or printed, in rolls or sheets.

[1] Excluding Prodcom 2002 codes 21.12.21.30, 21.12.21.57.

[2] Excluding Prodcom 2002 codes 21.12.21.30, 21.12.21.55, 21.12.21.57.

Remarque générale.

Papiers des types utilisés pour papiers de toilette, pour serviettes à démaquiller, pour essuie mains, pour serviettes ou pour papiers similaires à usages domestiques, d'hygiène ou de toilette, ouate de cellulose et nappes de fibres de cellulose, même crêpés, plissés, gaufrés, estampés, perforés, coloriés en surface, décorés en surface ou imprimés, en rouleaux ou en feuilles.

[1] 2002 codes Prodcom 21.12.21.30, 21.12.21.57 non compris.

[2] 2002 codes Prodcom 21.12.21.30, 21.12.21.55, 21.12.21.57 non compris.

Kraftliner, uncoated
Papiers dits "kraftliner", non couchés ni enduits

CPC-BASED CODE - CODE BASE CPC
32132-0

Unit: Thousand metric tons | Unité: Milliers de tonnes métriques

Country or area	2003	2004	2005	2006	2007	2008	2009	2010	2011	2012	Pays ou zone
Africa											**Afrique**
Algeria	15	19	18	15	12	9	5	5	5	1	Algérie
Egypt	5	19	21	55	34	47	51	8	16	...	Égypte
United R. of Tanzania[1]	...	...	...	...	...	40	35	...	...	...	Rép.-U. de Tanzanie[1]
America, North											**Amérique du Nord**
Cuba	2	3	4	2	2	3	3	4	4	6	Cuba
Mexico	995	1036	1029	1015	1704	1717	1664	1714	1588	1707	Mexique
America, South											**Amérique du Sud**
Brazil	423	682	456	418	606	799	1029	938	1010	842	Brésil
Chile	...	...	377	305	82	35	32	61	...	...	Chili
Ecuador	...	15	13	15	11	17	...	...	...	...	Équateur
Peru	5	5	4	5	7	5	5	3	4	3	Pérou
Asia											**Asie**
India	1522	4441	2102	...	...	...	...	...	...	...	Inde
Kyrgyzstan	0	0	0	0	0	0	0	37	16	30	Kirghizistan
Rep. of Korea	265	237	222	211	210	187	191	199	201	207	Rép. de Corée
Europe											**Europe**
Belarus	...	...	...	...	...	...	...	...	120	146	Bélarus
Finland	118	105	88	123	129	133	118	130	107	113	Finlande
Hungary	8	8	9	4	6	C	C	...	...	...	Hongrie
Italy[2]	118	114	...	...	...	...	...	...	...	...	Italie[2]
Poland	565	636	616	672	C	C	C	C	C	C	Pologne
Portugal	254	277	276	287	304	305	308	341	...	...	Portugal
Rep. of Moldova	...	30	23	26	...	...	...	...	...	...	Rép. de Moldova
Russian Federation	2244	2371	2565	2747	2903	3105	2960	1535	1541	1632	Fédération de Russie
Sweden	1583	1706	1720	1740	1696	1613	1569	1569	1479	1570	Suède
Ukraine	C	C	C	43	52	49	32	C	C	C	Ukraine

General Note.
Uncoated kraftliner, unbleached or not.

[1] Tanganyika only.
[2] Excluding Prodcom 2002 code 21.12.22.90.

Remarque générale.
Papiers dits "kraftliner", non couchés ni enduits, même écrus.

[1] Tanganyika seulement.
[2] 2002 code Prodcom 21.12.22.90 non compris.

Composite paper and paperboard, not surface-coated or impregnated
Papiers et cartons assemblés à plat, par collage, non couchés ni enduits à la surface, ni imprégnés

CPC-BASED CODE - CODE BASE CPC
32141-0

Unit: Thousand metric tons | Unité: Milliers de tonnes métriques

Country or area	2003	2004	2005	2006	2007	2008	2009	2010	2011	2012	Pays ou zone
Africa											**Afrique**
Egypt	0	...	144	...	...	162	...	...	...	...	Égypte
Sudan (former)[1]	...	5	4	5	...	...	...	...	...	...	Soudan (anc.)[1]
America, North											**Amérique du Nord**
Mexico	30	28	26	24	34	35	34	32	32	33	Mexique
America, South											**Amérique du Sud**
Brazil	66	30	29	27	32	30	10	32	109	23	Brésil
Chile	...	...	...	...	...	1	1	...	...	...	Chili
Ecuador	...	...	...	...	...	655	...	...	...	...	Équateur
Asia											**Asie**
Azerbaijan	1	1	1	1	5	5	3	2	1	0	Azerbaïdjan
Iraq	...	1	...	...	...	...	...	...	...	...	Iraq
Japan	3231	3211	3483	3087	2996	2595	1973	2049	1999	1860	Japon
Kyrgyzstan	0	0	1	1	0	0	0	...	...	...	Kirghizistan
Turkey	...	...	C	166	167	C	24	34	48	44	Turquie
Europe											**Europe**
Denmark	0	0	1	1	1	0	...	...	0	...	Danemark
Estonia	...	...	...	...	...	0	...	...	...	1	Estonie
Finland	37	31	25	35	32	36	41	46	42	37	Finlande
Germany	25	30	27	27	30	C	C	C	C	C	Allemagne
Hungary	1	0	C	C	C	C	C	C	C	C	Hongrie
Italy[2]	1	...	...	...	...	...	...	...	...	...	Italie[2]
Poland	1	2	0	0	0	0	0	C	C	C	Pologne
Romania	3	2	2	2	2	C	C	C	C	C	Roumanie
Russian Federation	2	2	1	1	1	0	0	15	18	14	Fédération de Russie
Sweden	2	22	21	21	20	23	22	23	21	21	Suède
Ukraine	7	17	7	C	C	8	5	5	5	5	Ukraine
United Kingdom	[3]6	...	...	...	7	8	C	6	C	C	Royaume-Uni

General Note.

Composite paper and paperboard (made by sticking flat layers of paper or paperboard together with an adhesive), not surface-coated or impregnated, whether or not internally reinforced, in rolls or sheets.

Remarque générale.

Papiers et cartons assemblés à plat par collage, non couchés ni enduits à la surface ni imprégnés, même renforcés intérieurement, en rouleaux ou en feuilles.

[1] Source: Bulletin of Industrial Statistics for the Arab Countries, United Nations Economic and Social Commission for Western Asia (Beirut).

[2] Excluding Prodcom 2002 code 21.12.51.50.

[3] Excluding Prodcom 2002 code 21.12.51.30.

[1] Source: Bulletin de statistiques industrielles pour les pays arabes, Commission économique et sociale pour l'Asie occidentale des Nations Unies (Beyrouth).

[2] 2002 code Prodcom 21.12.51.50 non compris.

[3] 2002 code Prodcom 21.12.51.30 non compris.

Paper and paperboard coated with kaolin or with other inorganic substances
Papiers et cartons couchés au kaolin ou à d'autres substances inorganiques

CPC-BASED CODE - CODE BASE CPC
32143-0

Unit: Thousand metric tons | Unité: Milliers de tonnes métriques

Country or area	2003	2004	2005	2006	2007	2008	2009	2010	2011	2012	Pays ou zone
America, North											**Amérique du Nord**
Mexico	573.4	578.2	593.7	606.6	614.8	600.1	608.6	596.7	557.0	553.7	Mexique
America, South											**Amérique du Sud**
Brazil	680.2	634.9	674.3	805.4	758.9	647.1	536.0	649.0	480.5	400.4	Brésil
Chile	...	...	0.0	1.0	0.9	1.5	1.9	3.1	3.6	...	Chili
Asia											**Asie**
Iran (Islamic Rep. of)	...	34.0	53.6	34.9	39.0	37.0	38.2	...	...	...	Iran (Rép. islam. d')
Japan	6065.0	6311.0	6398.0	6458.0	6649.0	6824.0	5509.0	5877.0	5019.0	5013.0	Japon
Turkey	...	...	49.0	56.0	110.0	167.0	191.0	224.2	272.0	303.2	Turquie
Europe											**Europe**
Croatia	1.0	1.0	1.0	1.0	1.0	1.0	1.0	1.0	1.0	1.0	Croatie
Denmark	75.0	11.0	15.0	14.0	13.3	...	...	...	...	11.3	Danemark
Estonia	...	...	...	...	...	...	C	...	0.0	0.1	Estonie
Finland	5771.0	6270.0	5629.0	6216.0	6217.0	5705.0	4756.0	5669.0	5604.0	5502.0	Finlande
Germany	5405.9	5928.8	6331.4	6341.4	6381.3	6048.2	4968.2	5647.1	5599.3	5462.8	Allemagne
Hungary	...	1.0	...	...	...	C	...	C	C	C	Hongrie
Ireland	0.0	6.5	...	...	...	...	...	...	...	...	Irlande
Lithuania	43.7	51.3	47.6	57.6	60.0	0.0	0.0	0.0	1.3	2.5	Lituanie
Portugal	77.0	70.0	72.7	77.1	81.4	77.4	71.1	76.6	...	...	Portugal
Rep. of Moldova	...	0.2	0.2	0.3	...	0.3	0.0	0.0	0.0	0.0	Rép. de Moldova
Romania	3.0	2.0	3.0	...	...	...	...	...	...	...	Roumanie
Russian Federation[1]	...	...	...	...	...	...	...	25.6	26.7	18.2	Fédération de Russie[1]
Slovenia	294.0	365.0	356.0	362.0	408.0	398.0	383.0	394.0	368.7	377.7	Slovénie
Spain	...	1120.0	1156.0	1132.0	1152.0	1091.0	848.0	860.0	847.0	846.0	Espagne
Sweden	2940.0	3110.0	3283.0	3306.1	3445.1	3371.5	3097.2	3312.6	3313.9	3414.9	Suède
United Kingdom	...	...	...	...	816.7	793.4	C	C	C	...	Royaume-Uni

General Note.

Paper and paperboard, coated on one or both sides with kaolin (China clay) or other inorganic substances, with or without a binder, and with no other coating, whether or not surface-coloured, surface-decorated or printed, in rolls or rectangular (including square) sheets, of any size.

[1] Kraft paper and paperboard (other than that of a kind used for writing, printing or other graphic purposes), coated with kaolin or other inorganic substances only.

Remarque générale.

Papiers et cartons couchés au kaolin ou à d'autres substances inorganiques sur une ou sur les deux faces, avec ou sans liants, à l'exclusion de tout autre couchage ou enduction, même coloriés en surface, décorés en surface ou imprimés, en rouleaux ou en feuilles de forme carrée ou rectangulaire, de tout format.

[1] Papiers et cartons kraft (autres que ceux utilisés pour l'écriture, l'impression ou d'autres fins graphiques), enduits au kaolin ou à d'autres substances inorganiques.

Copy paper; other paper and paperboard, coated, impregnated, covered or printed
Papier pour reproduction; autres papiers et cartons, couchés, imprégnés, enduits ou imprimés

CPC-BASED CODE - CODE BASE CPC

32149-0

Unit: Thousand metric tons — Unité: Milliers de tonnes métriques

Country or area	2003	2004	2005	2006	2007	2008	2009	2010	2011	2012	Pays ou zone
Africa											**Afrique**
Egypt	...	...	...	...	...	...	1287	...	4138	...	Égypte
America, North											**Amérique du Nord**
Mexico	267	343	328	298	290	311	314	356	337	318	Mexique
America, South											**Amérique du Sud**
Brazil	244	339	492	583	549	1268	447	812	743	877	Brésil
Chile	...	...	322	356	363	395	394	398	397	...	Chili
Ecuador	...	...	8	7	9	10	...	...	...	...	Équateur
Asia											**Asie**
Kazakhstan	2	4	4	4	4	...	...	...	...	...	Kazakhstan
Myanmar[1]	22	18	16	19	19	15	20	13	...	...	Myanmar[1]
Turkey	...	...	80	241	C	C	C	124	108	118	Turquie
Europe											**Europe**
Croatia	1	1	1	1	1	2	1	1	1	1	Croatie
Czech Republic	56	73	80	85	97	72	90	101	81	83	République tchèque
Denmark	18	19	21	31	23	...	...	...	...	...	Danemark
Estonia	...	...	...	...	...	0	...	5	4	5	Estonie
Finland	...	528	445	543	564	505	421	473	427	430	Finlande
Germany	C	C	C	C	C	C	660	722	653	694	Allemagne
Hungary	2	3	2	4	4	4	4	4	6	7	Hongrie
Netherlands	...	...	...	...	...	...	...	...	41	42	Pays-Bas
Poland	92	112	128	137	C	158	204	279	C	C	Pologne
Portugal	6	5	4	4	3	10	11	11	...	...	Portugal
Romania	24	27	29	38	40	C	C	30	38	39	Roumanie
Slovakia	11	12	14	15	C	10	9	6	6	5	Slovaquie
Slovenia	C	C	C	C	C	29	27	24	24	21	Slovénie
Spain	...	296	221	268	292	353	306	345	320	310	Espagne
Sweden	442	377	374	355	299	286	443	315	306	308	Suède
Ukraine	1	3	3	2	5	10	8	11	13	21	Ukraine
United Kingdom	...	...	...	...	308	C	C	270	C	207	Royaume-Uni

General Note.

Carbon paper, self-copy paper and other copying or transfer papers (including coated or impregnated paper for duplicator stencils or offset plates), whether or not printed, in rolls or sheets; paper, paperboard, cellulose wadding and webs of cellulose fibres, coated, impregnated, covered, surface-coloured, surface-decorated or printed, in rolls or rectangular (including square) sheets, of any size.

[1] Twelve months ending 31 March of year stated.

Remarque générale.

Papiers carbone, papiers dits "autocopiants" et autres papiers pour duplication ou reports (y compris les papiers couchés, enduits ou imprégnés pour stencils ou pour plaques offset), même imprimés, en rouleaux ou en feuilles; papiers, cartons, ouate de cellulose et nappes de fibres de cellulose, couchés, enduits, imprégnés, recouverts, coloriés en surface, décorés en surface ou imprimés, en rouleaux ou en feuilles de forme carrée ou rectangulaire, de tout format.

[1] Période de douze mois finissant le 31 mars de l'année indiquée.

Sacks and bags of paper and other packing containers of paper or paper-board
Sacs et sachets en papier et autres emballages en papier ou carton

CPC-BASED CODE - CODE BASE CPC
32150-1

Unit: Thousand metric tons — Unité: Milliers de tonnes métriques

Country or area	2003	2004	2005	2006	2007	2008	2009	2010	2011	2012	Pays ou zone
Africa											**Afrique**
Algeria	30	26	27	37	46	38	31	34	33	27	Algérie
Cameroon	48	35	4	20	85	[1,2]0	[1,2]0	[1,2]0	[1,2]0	[1,2]0	Cameroun
Egypt	23	41	15	106	75	118	173	139	81	...	Égypte
Ethiopia[1]	3	3	3	3	3	3	13	12	12	12	Éthiopie[1]
Kenya	11	11	14	12	12	37	36	43	[1]0	[1]0	Kenya
Libya	6	6	6	6	6	[1,2]6	[1,2]6	[1,2]6	[1,2]6	[1,2]6	Libye
Madagascar[1]	1	1	1	1	1	1	1	1	1	1	Madagascar[1]
Mauritania[1]	...	...	1	1	1	1	1	1	1	1	Mauritanie[1]
Morocco[1]	92	92	92	92	92	92	92	92	92	92	Maroc[1]
Nigeria[1,2]	18	18	18	18	18	18	18	18	18	18	Nigéria[1,2]
South Africa	79	...	...	...	...	...	...	...	...	...	Afrique du Sud
Sudan (former)[1]	[2]1	[2]1	[2]1	[2]1	[2]1	0	0	0	...	...	Soudan (anc.)[1]
Swaziland[1]	39	39	39	39	39	39	39	39	39	39	Swaziland[1]
Tunisia	32	[1]129	[1]129	[1]129	[1]129	[1]129	[1]129	[1]129	[1]129	[1]129	Tunisie
United R. of Tanzania	[1,2]11	[1,2]11	[1,2]11	[1,2]11	[1,2]11	[3]3	[3]4	[1,2]11	[1,2]11	[1,2]11	Rép.-U. de Tanzanie
Zambia[1,2]	1	1	1	1	1	1	1	1	1	1	Zambie[1,2]
Zimbabwe[1]	78	81	81	69	69	69	69	69	69	69	Zimbabwe[1]
America, North											**Amérique du Nord**
Barbados[1]	...	...	1	1	1	1	1	1	1	1	Barbade[1]
Canada[1]	3957	4089	3852	3783	3685	3414	2934	2961	3181	2864	Canada[1]
Cuba[1]	18	14	15	15	12	15	16	14	10	12	Cuba[1]
Dominican Republic	58	58	58	58	58	[1,2]58	[1,2]58	[1,2]58	[1,2]58	[1,2]58	Rép. dominicaine
El Salvador[1]	[2]19	[2]19	[2]19	[2]19	[2]19	[2]19	[2]19	5	5	5	El Salvador[1]
Guatemala[1,2]	8	8	8	8	8	8	8	8	8	8	Guatemala[1,2]
Honduras[1,2]	62	62	62	62	62	62	62	62	62	62	Honduras[1,2]
Mexico	1980	2036	2056	2119	2757	2784	2712	2874	3062	3240	Mexique
Nicaragua*	3	...	...	...	...	...	...	...	...	...	Nicaragua*
United States[1]	44982	46938	46745	47394	47221	45479	41634	46958	45842	45798	États-Unis[1]
America, South											**Amérique du Sud**
Argentina[1]	571	604	960	831	705	827	661	641	500	500	Argentine[1]
Brazil	5250	4172	4700	4922	6310	6004	5090	5551	5677	6078	Brésil
Chile[1]	534	643	636	630	766	814	783	799	884	916	Chili[1]
Colombia[1]	392	415	437	459	486	473	502	533	518	535	Colombie[1]
Ecuador	[1,2]62	268	[1,2]62	[1,2]62	[1,2]62	750	[1]62	[1]62	[1]62	[1]62	Équateur
Paraguay[1,2]	11	11	11	11	11	11	11	11	11	11	Paraguay[1,2]
Peru[1]	67	67	67	84	79	79	81	99	116	110	Pérou[1]
Uruguay[1]	22	27	28	28	24	24	18	21	21	21	Uruguay[1]
Venezuela (Bol. R. of)[1]	176	222	204	207	236	386	358	279	360	360	Venezuela (R.bol.du)[1]
Asia											**Asie**
Armenia[1]	2	2	4	20	26	6	6	6	6	7	Arménie[1]
Azerbaijan	3	8	3	5	5	6	16	17	41	27	Azerbaïdjan
Bangladesh[1,2]	8	8	8	8	8	8	8	8	8	8	Bangladesh[1,2]
Bhutan[1]	...	...	...	...	8	10	10	10	10	10	Bhoutan[1]
China[1]	27384	31536	35858	40930	46387	50390	54655	59031	62331	64331	Chine[1]
China, Hong KongSAR[1]	180	180	180	180	180	180	180	180	180	180	Chine,Hong KongRAS[1]
Georgia[1]	0	0	0	1	2	2	2	2	2	2	Géorgie[1]
India[1]	1796	1796	1796	2768	3485	3494	3494	4524	4524	4531	Inde[1]
Indonesia[1]	3497	3673	3673	3673	4295	4185	4062	4062	4114	4201	Indonésie[1]
Iraq[1]	4	8	8	8	8	8	8	8	8	8	Iraq[1]
Israel[1]	140	140	140	140	140	151	151	202	202	202	Israël[1]
Japan[1]	12143	12184	12177	12163	12219	12048	10635	11224	11408	11274	Japon[1]
Jordan[1]	3	3	3	3	3	3	3	3	3	3	Jordanie[1]
Kazakhstan	39	42	58	76	83	[1]71	[1]66	[1]73	[1]73	[1]73	Kazakhstan
Kuwait	28	32	37	38	[1]40	[1]40	64	64	83	237	Koweït
Kyrgyzstan	0	0	0	1	1	2	1	0	2	1	Kirghizistan
Lebanon[1,2]	36	36	36	36	36	36	36	36	36	36	Liban[1,2]
Malaysia[1]	410	410	410	560	560	560	950	980	1180	1350	Malaisie[1]
Myanmar[1]	24	23	24	24	24	24	24	24	24	24	Myanmar[1]
Pakistan[1]	190	506	515	515	525	622	622	622	622	622	Pakistan[1]
Philippines[1]	470	470	470	470	470	470	470	470	466	600	Philippines[1]
Rep. of Korea[1]	5166	5206	5251	5286	5507	5313	5370	5813	5929	5959	Rép. de Corée[1]
Saudi Arabia[1]	58	80	80	80	80	80	950	950	950	950	Arabie saoudite[1]
Sri Lanka[1,2]	9	9	9	9	9	9	9	9	9	9	Sri Lanka[1,2]

For general note and footnotes, see end of table

Voir la fin du tableau pour la remarque générale est les notes

Sacks and bags of paper and other packing containers of paper or paper-board (continued)
Sacs et sachets en papier et autres emballages en papier ou carton (suite)

CPC-BASED CODE - CODE BASE CPC
32150-1

Unit: Thousand metric tons — Unité: Milliers de tonnes métriques

Country or area	2003	2004	2005	2006	2007	2008	2009	2010	2011	2012	Pays ou zone
Syrian Arab Republic[1,2]	1	1	1	1	1	1	1	1	1	1	Rép. arabe syrienne[1,2]
Thailand[1]	2144	2144	2144	3603	2855	2850	2818	2915	2920	3014	Thaïlande[1]
Turkey	[1]1221	[1]1221	#1919	2243	2242	2047	2066	2706	2792	2849	Turquie
United Arab Emirates[1]	35	36	36	36	36	36	230	230	230	230	Émirats arabes unis[1]
Uzbekistan[1]	...	...	...	...	0	1	1	1	9	8	Ouzbékistan[1]
Viet Nam	55	48	155	164	282	[1]692	[1]692	[1]540	[1]550	[1]636	Viet Nam
Europe											**Europe**
Albania[1]	3	3	3	3	0	0	0	0	0	0	Albanie[1]
Austria	591	[1]1711	[1]1794	[1]1918	[1]1927	[1]1810	[1]1798	[1]1958	[1]1916	[1]1912	Autriche
Belarus[1]	192	186	215	222	222	222	380	449	449	114	Bélarus[1]
Belgium	[4]1045	[1]352	[1]370	[1]370	[1]378	[1]394	[1]370	[1]409	[1]426	[1]426	Belgique
Bosnia & Herzegovina[1]	60	47	47	62	34	54	69	72	104	95	Bosnie-Herzégovine[1]
Bulgaria	114	117	130	134	151	162	142	151	149	151	Bulgarie
Croatia	80	80	94	138	37	150	136	143	153	138	Croatie
Czech Republic	358	403	413	448	485	457	441	C	C	C	République tchèque
Denmark	424	435	453	411	381	[1]259	[1]260	[1]276	[1]261	334	Danemark
Estonia	[1]64	22	25	39	45	41	35	31	33	35	Estonie
Finland	215	223	220	234	234	224	189	188	194	185	Finlande
France[1]	C	C	4510	4488	4371	4268	3898	4044	3935	3791	France[1]
Germany	[1]7318	[1]7617	[1]8367	[1]9135	[1]9463	6759	6293	6750	6941	C	Allemagne
Greece	244	243	[1]355	[1]361	[1]358	[1]358	[1]453	[1]461	[1]439	[1]358	Grèce
Hungary	317	303	320	306	402	397	389	397	401	413	Hongrie
Ireland	204	184	...	...	...	...	...	...	...	...	Irlande
Italy	4706	4782	[1]4541	[1]4661	[1]4681	[1]4434	[1]3877	[1]4261	[1]4169	[1]3893	Italie
Latvia	27	26	31	34	38	34	24	33	31	38	Lettonie
Lithuania	45	45	73	85	72	68	75	94	98	117	Lituanie
Netherlands	1190	1812	1736	[1]1828	[1]1764	[1]1690	[1]1563	[1]1774	1410	1563	Pays-Bas
Norway[1]	397	392	393	399	374	368	327	360	307	127	Norvège[1]
Poland	936	990	1218	1282	1509	1490	1604	1757	1843	1955	Pologne
Portugal	350	377	391	385	427	478	428	455	[1]449	[1]436	Portugal
Rep. of Moldova	[1]0	30	62	34	23	27	22	2	4	5	Rép. de Moldova
Romania	164	207	175	206	231	228	210	263	280	265	Roumanie
Russian Federation	2362	[1]2900	[1]3134	[1]3296	[1]3458	[1]3628	[1]3425	[1]2622	[1]4512	[1]4535	Fédération de Russie
Serbia	...	...	...	13	[1]132	[1]139	[1]178	[1]193	[1]182	[1]149	Serbie
Serbia & Montenegro[1]	91	99	102	...	...	...	...	...	...	...	Serbie-et-Monténégro[1]
Slovakia	92	95	95	95	110	111	92	100	106	104	Slovaquie
Slovenia	110	105	106	100	96	104	84	84	95	84	Slovénie
Spain	3411	3512	3440	3610	3608	3373	3129	3065	3009	2937	Espagne
Sweden	692	560	519	633	711	572	562	586	575	553	Suède
Switzerland[1]	618	584	556	500	494	459	400	338	286	323	Suisse[1]
TFYR of Macedonia	10	10	13	13	13	12	12	15	14	18	L'ex-RY de Macédoine
Ukraine	372	454	523	570	654	637	586	651	658	673	Ukraine
United Kingdom	3608	[1]2432	3278	3194	3215	4092	4156	4284	3059	3236	Royaume-Uni
Oceania											**Océanie**
Australia	[5]1409	[1]1898	[1]1935	[1]1916	[1]1891	[1]1923	[1]1905	[1]2048	[1]2181	[1]2222	Australie
New Zealand[1]	392	477	514	516	523	523	520	529	441	518	Nouvelle-Zélande[1]

General Note.

Sacks and bags of paper, cartons, boxes, cases, record sleeves and other packing containers (except bags) of paper, paperboard, cellulose wadding or webs of cellulose fibres; box files, letter trays, and similar articles, of paper or paperboard of a kind used in offices, shops or the like. Please see commodity notes for more information.

[1] Source: Food and Agriculture Organization of the United Nations (Rome).

[2] FAO estimate.

[3] Tanganyika only.

[4] Incomplete coverage.

[5] Twelve months ending 30 June of year stated.

Remarque générale.

Sacs et sachets en papier, boîtes, caisses, pochettes pour disques et autres emballages (à l'exclusion des sacs) en papier, carton, ouate de cellulose ou nappes de fibres de cellulose; cartonnages de bureau, de magasin ou similaires. Voir les commentaires sur nom de produit pour de plus amples informations.

[1] Source: Organisation des Nations Unies pour l'alimentation et l'agriculture (Rome).

[2] Estimation de la FAO.

[3] Tanganyika seulement.

[4] Couverture incomplète.

[5] Période de douze mois finissant le 30 juin de l'année indiquée.

Corrugated paper and paperboard
Papiers et cartons ondulés

CPC-BASED CODE - CODE BASE CPC
32151-0

Unit: Thousand metric tons — Unité: Milliers de tonnes métriques

Country or area	2003	2004	2005	2006	2007	2008	2009	2010	2011	2012	Pays ou zone
Africa											**Afrique**
Kenya	27	32	30	25	37	49	67	70	80	99	Kenya
Nigeria	871	890	892	...	...	...	...	...	...	...	Nigéria
America, North											**Amérique du Nord**
Cuba[1]	8	5	6	7	5	7	7	6	6	6	Cuba[1]
Mexico	629	670	682	750	304	317	333	384	340	313	Mexique
America, South											**Amérique du Sud**
Argentina	1209	1323	1393	1518	1594	1549	1557	...	...	...	Argentine
Brazil	270	352	1877	559	1094	562	713	751	731	714	Brésil
Chile	...	...	11	10	14	10	34	302	347	...	Chili
Ecuador	...	...	...	157	...	184	...	...	...	...	Équateur
Peru	5	8	5	11	9	16	16	19	22	23	Pérou
Asia											**Asie**
Armenia	[2]3146	[2]3150	[2]3531	[2]3349	[2]1351	2	2	2	0	0	Arménie
Azerbaijan	3	8	2	3	0	3	1	4	46	6	Azerbaïdjan
India	21	24	21	22	...	...	...	...	...	...	Inde
Kazakhstan	17	23	29	32	38	36	...	...	...	...	Kazakhstan
Turkey	151	157	#134	111	119	145	124	105	158	191	Turquie
Europe											**Europe**
Belarus[2]	97180	113540	137850	153637	166235	172811	135500	124096	163274	176311	Bélarus[2]
Bulgaria	54	61	70	75	82	81	58	51	50	46	Bulgarie
Croatia	...	87	102	131	138	140	91	142	136	130	Croatie
Czech Republic	208	226	246	C	254	255	209	265	255	250	République tchèque
Denmark	15	13	11	14	16	11	8	7	7	7	Danemark
Estonia	...	C	C	5	6	6	2	3	3	2	Estonie
Finland	8	10	7	9	9	10	8	9	9	7	Finlande
Germany	1355	1448	1550	1832	2012	2272	2199	2406	2412	2357	Allemagne
Greece	17	27	...	...	...	...	...	...	...	...	Grèce
Hungary	14	11	13	12	11	13	11	9	8	9	Hongrie
Italy	2074	2092	...	...	...	...	...	...	...	...	Italie
Lithuania	5	4	4	8	10	8	7	13	13	14	Lituanie
Montenegro	1	1	1	1	2	2	1	2	1	1	Monténégro
Netherlands	...	...	...	...	...	...	...	...	173	161	Pays-Bas
Poland	393	414	443	481	500	470	526	560	682	706	Pologne
Portugal	93	109	117	115	127	113	116	125	...	...	Portugal
Rep. of Moldova	...	1	7	3	5	2	1	2	...	...	Rép. de Moldova
Romania	28	28	30	34	34	22	20	20	61	81	Roumanie
Russian Federation	410	573	728	751	766	793	794	[2]1853945	[2]1944432	[2]2184002	Fédération de Russie
Serbia	...	...	...	48	53	52	39	48	...	...	Serbie
Slovakia	...	...	C	C	C	10	5	C	8	7	Slovaquie
Spain	...	659	673	646	727	662	721	732	754	763	Espagne
Sweden	...	...	42	34	29	25	9	8	12	9	Suède
TFYR of Macedonia	9	9	*10	12	14	15	14	15	11	12	L'ex-RY de Macédoine
Ukraine	73	98	123	128	153	144	124	148	158	159	Ukraine
United Kingdom	777	678	772	710	772	611	571	609	614	667	Royaume-Uni

General Note.
Corrugated paper and paperboard, whether or not perforated.

[1] Containers of corrugated paper only.
[2] In thousand square metres.

Remarque générale.
Papiers et cartons ondulés, même perforés.

[1] Emballages en papier ondulé seulement.
[2] En milliers de mètres carrés.

Household and sanitary paper
Papier à usage domestique et sanitaire

CPC-BASED CODE - CODE BASE CPC

32193-0

Unit: Thousand metric tons | Unité: Milliers de tonnes métriques

Country or area	2003	2004	2005	2006	2007	2008	2009	2010	2011	2012	Pays ou zone
Africa											**Afrique**
Algeria[1,2]	3	3	3	3	3	3	3	3	3	3	Algérie[1,2]
Burundi[3]	1089	1023	989	1056	1281	1096	...	...	...	...	Burundi[3]
Congo	3	3	[1,2]3	[1,2]3	[1,2]3	[1,2]3	[1,2]3	[1,2]3	[1,2]3	[1,2]3	Congo
Egypt	7	170	87	47	56	30	68	23	46	[1,2]90	Égypte
Ethiopia[1]	...	...	...	...	...	...	8	15	[2]15	[2]15	Éthiopie[1]
Kenya	12	8	8	8	6	6	7	9	11	12	Kenya
Morocco[1,2]	1	1	1	1	1	1	1	1	1	1	Maroc[1,2]
Mozambique	...	2	1	1	2	[1,2]2	[1,2]2	[1,2]2	[1,2]2	[1,2]2	Mozambique
Seychelles	...	...	...	[3]4385	...	[1]0	[1]0	[1,2]0	[1,2]0	[1,2]0	Seychelles
South Africa[1]	[2]152	[2]197	[2]193	191	195	[2]220	[2]224	217	[2]219	[2]216	Afrique du Sud[1]
Swaziland[1,2]	10	10	10	10	10	10	10	10	10	10	Swaziland[1,2]
Tunisia[1,2]	5	5	5	5	5	5	5	5	5	5	Tunisie[1,2]
United R. of Tanzania[4]	...	...	...	...	809	1235	1320	...	...	...	Rép.-U. de Tanzanie[4]
Zimbabwe[1]	...	...	...	10	[2]10	[2]10	[2]10	[2]10	[2]10	[2]10	Zimbabwe[1]
America, North											**Amérique du Nord**
Canada[1]	717	747	741	755	754	748	721	730	723	707	Canada[1]
Costa Rica[1,2]	20	20	20	20	20	20	20	20	20	20	Costa Rica[1,2]
Cuba	4	5	6	7	7	6	4	5	6	6	Cuba
Dominican Republic	62	62	62	62	62	[1,2]62	[1,2]62	[1,2]62	[1,2]62	[1,2]62	Rép. dominicaine
El Salvador[1]	[2]45	[2]45	[2]50	[2]50	[2]50	[2]55	[2]55	86	[2]86	[2]86	El Salvador[1]
Guatemala[1,2]	21	21	21	21	21	21	21	21	21	21	Guatemala[1,2]
Honduras[1]	[2]6	[2]6	[2]6	[2]6	[2]6	[2]6	[2]6	[2]6	0	0	Honduras[1]
Mexico	634	694	747	744	...	...	...	...	...	...	Mexique
United States[1]	6436	6451	6721	6806	6666	6562	6601	6080	6613	6563	États-Unis[1]
America, South											**Amérique du Sud**
Argentina[1]	87	136	164	76	170	258	176	200	219	[2]219	Argentine[1]
Brazil	[1]681	[1]732	[1]778	[1]787	[1]812	[1]850	978	937	1203	1110	Brésil
Chile	[1]136	[1]141	127	171	175	183	191	195	347	[1]159	Chili
Colombia[1]	161	[2]165	163	191	195	205	213	216	233	234	Colombie[1]
Ecuador	[1,2]14	38	40	36	159	155	...	...	...	...	Équateur
Peru[1]	[2]28	[2]28	[2]28	39	52	[2]52	[2]52	[2]52	[2]52	[2]52	Pérou[1]
Uruguay[1]	11	13	12	12	12	12	12	14	14	[2]14	Uruguay[1]
Venezuela (Bol. R. of)[1]	65	134	149	161	165	[2]167	164	145	137	[2]137	Venezuela (R.bol.du)[1]
Asia											**Asie**
Armenia	[1]0	[1]0	[1]0	1	0	0	0	1	0	0	Arménie
Azerbaijan	0	0	0	1	2	2	3	3	2	1	Azerbaïdjan
China[1]	3685	4056	4578	4922	5426	5705	5996	6399	7499	7999	Chine[1]
Georgia	[1]0	[1]0	[1]0	0	0	0	4	4	5	6	Géorgie
India[1,2]	43	43	43	66	83	43	43	56	56	56	Inde[1,2]
Indonesia[1]	[2]175	[2]181	[2]181	[2]181	63	348	417	[2]417	[2]422	[2]431	Indonésie[1]
Iran (Islamic Rep. of)	[1]15	56	68	39	66	39	72	[1,2]66	[1,2]66	[1]15	Iran (Rép. islam. d')
Iraq[3]	...	...	...	2	...	2205	...	72	...	562	Iraq[3]
Israel[1]	[2]75	[2]75	[2]75	[2]75	[2]75	100	[2]100	60	[2]60	[2]60	Israël[1]
Japan[1]	1672	1702	1764	1795	1770	1805	1776	1792	1779	1767	Japon[1]
Jordan[1,2]	47	47	47	47	47	47	47	47	47	47	Jordanie[1,2]
Kazakhstan	4	4	7	9	11	...	...	...	[1,2]0	[1]0	Kazakhstan
Kuwait[1,2]	16	16	16	16	16	16	17	17	17	17	Koweït[1,2]
Kyrgyzstan	2	2	2	2	2	2	1	1	1	1	Kirghizistan
Lebanon[1]	64	67	67	[2]67	[2]67	[2]67	[2]67	[2]67	[2]67	[2]67	Liban[1]
Malaysia[1]	[2]132	[2]130	[2]130	120	[2]120	[2]120	172	180	180	185	Malaisie[1]
Myanmar[1]	1	1	1	[2]1	[2]1	[2]1	[2]1	[2]1	[2]1	[2]1	Myanmar[1]
Pakistan[1]	[2]21	30	35	[2]35	37	39	[2]39	[2]39	[2]39	[2]39	Pakistan[1]
Philippines[1]	[2]27	[2]27	[2]27	[2]27	[2]27	[2]27	[2]27	[2]27	30	20	Philippines[1]
Rep. of Korea	383	384	448	468	481	469	476	487	499	511	Rép. de Corée
Saudi Arabia[1,2]	156	199	199	199	199	199	200	200	200	200	Arabie saoudite[1,2]
Thailand[1]	[2]76	[2]78	[2]97	136	118	115	114	117	119	121	Thaïlande[1]
Turkey	...	...	840	653	747	743	C	806	924	1104	Turquie
United Arab Emirates[1]	[2]43	[2]45	45	[2]45	[2]45	[2]45	[2]70	[2]70	[2]70	[2]70	Émirats arabes unis[1]
Viet Nam[1]	33	46	[2]46	55	58	58	[2]58	70	70	[2]93	Viet Nam[1]
Europe											**Europe**
Austria[1]	123	123	119	118	117	125	126	130	132	131	Autriche[1]
Belarus	1	1	2	4	5	7	8	7	[1,2]8	[1]18	Bélarus

For general note and footnotes, see end of table

Voir la fin du tableau pour la remarque générale est les notes

CPC-BASED CODE - CODE BASE CPC
32193-0

Unit: Thousand metric tons | Unité: Milliers de tonnes métriques

Country or area	2003	2004	2005	2006	2007	2008	2009	2010	2011	2012	Pays ou zone
Belgium[1]	100	101	101	[2]101	[2]101	[2]103	[2]238	[2]180	[2]160	[2]172	Belgique[1]
Bosnia & Herzegovina[1]	[2]0	32	[2]32	36	26	36	36	33	34	32	Bosnie-Herzégovine[1]
Bulgaria	16	17	22	22	24	25	28	29	29	31	Bulgarie
Croatia	...	1	1	1	2	2	3	5	10	16	Croatie
Czech Republic	73	83	88	85	79	67	80	70	63	83	République tchèque
Denmark	0	0	0	1	0	[1]0	[1,2]100	[1,2]100	[1,2]100	[1,2]100	Danemark
Estonia	[1]0	2	3	2	2	3	[1]2	2	4	3	Estonie
Finland	[1,2]147	[1,2]184	124	124	134	136	132	128	132	141	Finlande
France[1]	C	716	756	737	754	740	733	728	[2]731	794	France[1]
Germany	[1]1053	[1]1071	[1]1188	[1]1251	[1]1323	[1]1380	2022	2098	2168	2256	Allemagne
Greece[1]	[2]140	[2]155	[2]155	51	51	[2]51	68	75	58	[2]51	Grèce[1]
Hungary	40	44	45	51	46	51	57	69	69	77	Hongrie
Ireland	35	31	C	C	C	C	C	C	[1]0	[1]0	Irlande
Italy	[5]1408	[5]1481	[1]1439	[1]1411	[1]1451	[1]1370	[1]1319	[1]1389	[1]1502	[1]1410	Italie
Lithuania	10	11	12	12	12	9	11	13	17	16	Lituanie
Luxembourg[1]	[2]0	[2]0	[2]0	[2]20	[2]19	[2]21	11	[2]23	21	[2]21	Luxembourg[1]
Montenegro	...	...	...	[1,2]0	[1,2]0	[1]203	[1]0	199	0	500	Monténégro
Netherlands	[1]127	[1]132	[1]125	[1]109	[1]115	[1]117	[1]120	[1]118	368	319	Pays-Bas
Norway	12	16	16	20	[1]21	[1]19	[1]17	[1]14	[1]17	[1]15	Norvège
Poland	462	492	538	535	629	513	667	590	617	C	Pologne
Portugal	86	101	110	96	154	110	130	123	[1]164	[1]92	Portugal
Rep. of Moldova	[1,2]0	1	1	1	2	3	4	5	4	4	Rép. de Moldova
Romania	52	110	63	79	93	104	117	133	138	148	Roumanie
Russian Federation	[3,6]930815	[3,6]1066665	[3,6]1094983	[3,6]1221873	[3,6]1509513	[3,6]1819659	[3,6]1957316	[1]213	[1]310	[1]330	Fédération de Russie
Serbia	...	...	...	16	22	27	29	36	[1]47	[1]33	Serbie
Serbia & Montenegro[1]	3	6	19	...	...	...	...	...	...	...	Serbie-et-Monténégro[1]
Slovakia	[1]132	[1]145	148	157	165	193	184	176	169	169	Slovaquie
Slovenia	C	C	C	C	C	C	C	65	C	C	Slovénie
Spain	[1]494	749	[1]540	[1]607	[1]703	[1]728	[1]696	C	840	838	Espagne
Sweden	370	368	332	389	384	376	376	382	385	161	Suède
Switzerland[1]	103	99	107	86	77	79	66	78	77	69	Suisse[1]
Ukraine	69	79	82	86	101	101	102	106	109	123	Ukraine
United Kingdom	[1]808	[1]806	1064	1137	1130	1059	1445	1375	1380	1464	Royaume-Uni
Oceania											**Océanie**
Australia[1]	200	186	197	217	204	186	196	194	183	166	Australie[1]
Fiji[3]	22926	20109	20483	26771	29080	28611	17179	...	...	...	Fidji[3]
New Zealand[1]	56	60	59	58	57	62	59	62	62	61	Nouvelle-Zélande[1]

General Note.

Toilet paper and similar paper, cellulose wadding or webs of cellulose fibres, of a kind used for household or sanitary purposes, in rolls of a width not exceeding 36 cm, or cut to size or shape; handkerchiefs, cleansing tissues, towels, tablecloths, serviettes, napkins for babies, tampons, bed sheets and similar household, sanitary or hospital articles, articles of apparel and clothing accessories, of paper pulp, paper, cellulose wadding or webs of cellulose fibres. Please see commodity notes for more information.

[1] Source: Food and Agriculture Organization of the United Nations (Rome).

[2] FAO estimate.

[3] In thousand units.

[4] Tanganyika only.

[5] Excluding Prodcom 2002 code 21.22.12.50.

[6] "Units" refers to conventional rolls.

Remarque générale.

Papiers des types utilisés pour papiers de toilette et pour papiers similaires, ouate de cellulose ou nappes de fibres de cellulose, des types utilisés à des fins domestiques ou sanitaires, en rouleaux d'une largeur n'excédant pas 36 cm, ou coupés à format; mouchoirs, serviettes à démaquiller, essuie-mains, nappes, serviettes de table, couches pour bébés, serviettes et tampons hygiéniques, draps de lit et articles similaires à usages domestiques, de toilette, hygiéniques ou hospitaliers, vêtements et accessoires du vêtement, en pâte à papier, papier, ouate de cellulose ou nappes de fibres de cellulose. Voir les commentaires sur nom de produit pour de plus amples informations.

[1] Source: Organisation des Nations Unies pour l'alimentation et l'agriculture (Rome).

[2] Estimation de la FAO.

[3] En milliers d'unités.

[4] Tanganyika seulement.

[5] 2002 code Prodcom 21.22.12.50 non compris.

[6] "Les unités" se rapporte aux rouleaux conventionnels.

Labels of paper or paperboard
Etiquettes en papier ou carton

CPC-BASED CODE - CODE BASE CPC
32197-0

Unit: Thousand metric tons — Unité: Milliers de tonnes métriques

Country or area	2003	2004	2005	2006	2007	2008	2009	2010	2011	2012	Pays ou zone
America, North											**Amérique du Nord**
Mexico	8	7	7	7	#33	28	30	30	33	38	Mexique
America, South											**Amérique du Sud**
Brazil	126	287	650	808	2026	2276	997	640	1551	2367	Brésil
Chile[1]	...	...	7298	7988	9121	3757	4411	5312	4999	...	Chili[1]
Ecuador	...	2	1	3	3	2	...	...	...	...	Équateur
Asia											**Asie**
Iraq[1]	...	...	...	...	...	8	...	...	...	...	Iraq[1]
Kazakhstan	1	1	1	2	2	...	...	...	...	...	Kazakhstan
Kyrgyzstan	0	0	0	0	0	0	1	1	0	0	Kirghizistan
Turkey	...	...	421	219	196	222	210	128	135	143	Turquie
Europe											**Europe**
Belarus[1]	...	...	...	...	...	...	...	...	8290	8032	Bélarus[1]
Bulgaria	2	2	2	4	4	4	3	5	5	6	Bulgarie
Croatia	...	2	3	3	0	4	5	4	4	5	Croatie
Czech Republic	8	8	7	7	12	15	14	C	C	C	République tchèque
Denmark	0	9	14	15	18	...	...	...	...	...	Danemark
Estonia	...	2	2	3	2	2	1	1	1	1	Estonie
Finland	...	...	...	...	9	8	8	7	8	7	Finlande
Germany	152	154	154	161	163	170	170	167	175	164	Allemagne
Hungary	8	8	7	8	19	17	8	6	7	8	Hongrie
Ireland	51	35	...	...	...	...	...	...	...	...	Irlande
Italy	124	129	...	...	...	...	...	...	...	...	Italie
Latvia	4	5	5	4	5	6	6	5	5	5	Lettonie
Lithuania	...	7	4	4	6	8	4	4	6	7	Lituanie
Netherlands	...	...	...	...	...	...	...	...	315	305	Pays-Bas
Poland	35	43	40	43	52	63	59	64	72	64	Pologne
Portugal	4	3	3	3	4	3	4	4	...	...	Portugal
Rep. of Moldova	...	3	4	2	2	1	2	2	2	2	Rép. de Moldova
Romania	3	2	2	2	3	3	2	2	3	3	Roumanie
Russian Federation[1,2]	2398	6148	6495	9126	11941	17850	14952	12575	21785	44437	Fédération de Russie[1,2]
Serbia	...	...	...	1	...	...	...	...	...	...	Serbie
Slovakia	...	...	4	4	4	4	4	4	4	5	Slovaquie
Slovenia	C	2	3	4	3	3	2	2	2	2	Slovénie
Spain	...	84	88	95	101	95	91	101	104	110	Espagne
Sweden	12	13	14	16	16	12	12	15	12	12	Suède
Ukraine	29	39	47	46	55	47	43	44	43	52	Ukraine
United Kingdom	...	...	...	...	...	C	121	138	C	183	Royaume-Uni

General Note.
Paper or paperboard labels of all kinds, whether or not printed.

[1] In million units.
[2] "Units" refers to sheet prints.

Remarque générale.
Etiquettes de tous genres, en papier ou carton, imprimées ou non.

[1] En millions d'unités.
[2] "Les unités" se rapporte aux papiers à imprimer.

Books, brochures and similar printed matter; children's books, in print
Livres; brochures et imprimés similaires; livres imprimés pour enfants

CPC-BASED CODE - CODE BASE CPC
32200-1

Unit: Thousand units | Unité: Milliers d'unités

Country or area	2003	2004	2005	2006	2007	2008	2009	2010	2011	2012	Pays ou zone
Africa											**Afrique**
Egypt	...	74781	78228	93251	190405	101332	53397	75276	59232	...	Égypte
Mozambique	...	419	426	413	445	...	...	...	...	...	Mozambique
United R. of Tanzania[1]	...	...	...	...	...	25315	46312	...	...	...	Rép.-U. de Tanzanie[1]
America, North											**Amérique du Nord**
Mexico	160764	143010	109445	136444	167770	154093	107612	86087	71556	59071	Mexique
America, South											**Amérique du Sud**
Brazil	725614	662706	653540	874118	1038823	2197683	680929	412294	1426414	1011558	Brésil
Chile	...	...	2603106	1733932	1765216	505621	818808	415021	696640	...	Chili
Ecuador	...	289007	81420	312790	148375	195165	...	...	...	...	Équateur
Asia											**Asie**
Azerbaijan	162610	42543	94138	28676	54737	41460	32256	2558	3415	14476	Azerbaïdjan
Georgia	C	C	C	2294	2313	2392	2989	4573	6801	10363	Géorgie
Iraq	...	39130	...	75078	...	51223	...	35516	18473	...	Iraq
Kazakhstan	54319	101806	134001	132778	202144	...	...	...	...	...	Kazakhstan
Kyrgyzstan	[2]157	[2]269	[2]235	[2]242	[2]290	[2]291	47045	40270	45336	0	Kirghizistan
Europe											**Europe**
Bulgaria	18134	73375	43435	92984	71336	...	...	...	...	...	Bulgarie
Croatia	...	54511	54595	48655	50345	...	...	...	...	...	Croatie
Czech Republic	128527	153999	201903	300902	489884	...	...	...	...	...	République tchèque
Denmark	489063	520024	594627	602614	683370	...	...	...	...	...	Danemark
Estonia	...	32138	24126	15302	6411	...	...	...	...	...	Estonie
Finland	...	...	...	...	12416	...	...	...	...	...	Finlande
Germany	785886	976283	997001	986718	999379	1044770	...	...	...	...	Allemagne
Hungary	72561	64110	35411	32710	33029	...	...	...	32	65	Hongrie
Iceland	...	...	...	...	1303	...	...	...	...	...	Islande
Latvia	20905	22134	22784	16655	32206	...	...	...	...	...	Lettonie
Lithuania	...	49933	62891	40891	53505	35193	...	...	...	...	Lituanie
Norway	...	12509	...	...	...	...	...	...	...	...	Norvège
Poland	953196	574244	541606	750352	1138073	2086969	2499077	2868609	2715501	2925081	Pologne
Portugal	29530	29196	33634	39374	36344	...	...	...	...	...	Portugal
Rep. of Moldova	...	37514	12363	10158	10220	19985	21049	5428	2739	2043	Rép. de Moldova
Romania	114498	68917	110686	28686	39606	...	...	...	...	...	Roumanie
Russian Federation[3]	10087710	10934040	11669980	12275080	11613940	10873010	8468260	5751550	6101490	6240480	Fédération de Russie[3]
Serbia	...	...	...	56	...	...	...	...	...	...	Serbie
Slovakia	...	...	99923	134967	241213	...	...	...	...	...	Slovaquie
Slovenia	3293	3830	6349	6223	7472	...	...	...	...	...	Slovénie
Spain	...	593516	573740	501859	510330	...	...	...	...	...	Espagne
Sweden	89244	C	85298	371866	368663	...	...	...	...	...	Suède
TFYR of Macedonia	*727	*697	729	674	0	0	0	0	0	0	L'ex-RY de Macédoine
United Kingdom	...	...	346010	360077	...	...	...	...	...	...	Royaume-Uni

General Note.
Printed books, brochures, leaflets and similar printed matter, whether or not in single sheets; children's picture, drawing or colouring books.

[1] Tanganyika only.
[2] Original data are in number of printed pages; converted on the basis of assumed average of 200 pages per publication.
[3] "Units" refers to sheet prints.

Remarque générale.
Livres, brochures et imprimés similaires même sur feuillets isolés; albums ou livres d'images et albums à dessiner ou à colorier, pour enfants.

[1] Tanganyika seulement.
[2] Les données originales sont en nombre de pages imprimées; la conversion est basée sur la moyenne hypothétique de 200 pages par publication.
[3] "Les unités" se rapporte aux papiers à imprimer.

Printing services of books, brochures and similar printed matter
Services d'impression de livres, brochures et imprimés similaires

CPC-BASED CODE - CODE BASE CPC

32200-2

Unit: Thousand units — Unité: Milliers d'unités

Country or area	2003	2004	2005	2006	2007	2008	2009	2010	2011	2012	Pays ou zone
America, North											**Amérique du Nord**
Cuba	91333	72910	60887	48530	42091	49604	49919	32147	37751	65521	Cuba
Asia											**Asie**
Tajikistan	...	...	...	...	...	...	...	18435	23828	19764	Tadjikistan
Europe											**Europe**
Bulgaria	...	...	...	...	...	301610	267689	...	...	...	Bulgarie
Croatia	...	...	...	...	...	65634	62277	62561	60011	56505	Croatie
Estonia	...	...	...	...	...	93425	173783	...	...	...	Estonie
Finland	309206	419926	727900	718826	870168	727806	541550	587654	543893	...	Finlande
Hungary	...	...	...	...	...	329327	375628	...	...	...	Hongrie
Latvia	...	...	...	...	...	75803	89890	...	...	...	Lettonie
Lithuania	...	...	...	...	...	...	44564	198690	...	...	Lituanie
Romania	...	...	...	...	...	28209	51110	...	...	...	Roumanie
Slovakia	...	...	...	...	...	280443	241206	...	...	...	Slovaquie
Slovenia	...	...	...	...	...	257492	194066	...	...	...	Slovénie
Spain	...	...	...	...	...	3692878	3507057	...	...	...	Espagne

General Note.

Printing services of books, brochures, leaflets and similar printed matter, whether or not in single sheets; children's picture, drawing or colouring books.

Remarque générale.

Services d'impression de livres, brochures et imprimés similaires même sur feuillets isolés; albums ou livres d'images et albums à dessiner ou à colorier, pour enfants.

Calendars, advertising material and the like, transfers (decalcomanias), designs and photographs, printed
Calendriers, imprimés publicitaires et articles semblables, décalcomanies, gravures et photos, imprimés

CPC-BASED CODE - CODE BASE CPC
32500-1

Unit: Thousand units | Unité: Milliers d'unités

Country or area	2003	2004	2005	2006	2007	2008	2009	2010	2011	2012	Pays ou zone
Africa											**Afrique**
Egypt	94758	196113	160178	274429	...	...	...	...	...	...	Égypte
America, North											**Amérique du Nord**
Cuba	1576000	1614000	1368000	1444000	1612000	1614000	1458000	1389000	1416000	1744000	Cuba
Mexico	1140617	1069677	1029427	1045386	#4798102	4247790	3515672	4256304	4961533	4350536	Mexique
America, South											**Amérique du Sud**
Brazil	1012201	532654	819656	945400	2140402	1617101	654525	459191	1000490	867482	Brésil
Chile	...	...	826077	572601	571723	954725	900952	962903	915388	...	Chili
Ecuador	...	45319	42260	45503	9158	4011	...	...	...	...	Équateur
Asia											**Asie**
Iraq	...	1399	...	...	...	...	...	...	...	...	Iraq
Kazakhstan	2897	3895	5261	7030	6930	...	...	...	...	...	Kazakhstan
Kuwait	21000	32000	19000	17000	16000	14000	17000	25000	33000	44000	Koweït
Kyrgyzstan	12	46	28	0	1	0	0	0	0	0	Kirghizistan
Europe											**Europe**
Croatia	...	263787	313769	388176	383000	...	...	...	...	...	Croatie
Czech Republic	3862884	5263121	6170850	6428967	...	...	...	...	...	...	République tchèque
Hungary	[1]36	[1]38	[1]38	[1]45	[1]46	446968	8130	6350	4352	11414	Hongrie
Serbia[1]	...	...	...	1	...	...	...	...	...	...	Serbie[1]
TFYR of Macedonia	271	381	189	272	412	744	1190	0	0	0	L'ex-RY de Macédoine

General Note.
Trade advertising material, commercial catalogues and the like, printed; pictures, designs and photographs, printed; transfers (decalcomanias); Calendars of any kind, printed, including calendar blocks.

Remarque générale.
Imprimés publicitaires, catalogues commerciaux et similaires, imprimés; images, gravures et photographies, imprimées; décalcomanies de tous genres; calendriers de tous genres, imprimés, y compris les blocs de calendriers à effeuiller.

[1] In thousand metric tons.

[1] En milliers de tonnes métriques.

Printed or illustrated postcards and printed cards
Cartes postales imprimées ou illustrées et cartes imprimées

CPC-BASED CODE - CODE BASE CPC
32520-0

Unit: Thousand units — Unité: Milliers d'unités

Country or area	2003	2004	2005	2006	2007	2008	2009	2010	2011	2012	Pays ou zone
Africa											**Afrique**
Egypt	1435	...	...	...	...	...	...	...	927	...	Égypte
Mozambique	...	683	587	762	755	...	...	...	...	...	Mozambique
America, North											**Amérique du Nord**
Mexico	12781	10220	16888	29840	...	...	...	...	...	...	Mexique
America, South											**Amérique du Sud**
Brazil	990216	466488	794064	194416	289975	690403	116144	239498	366577	348512	Brésil
Chile	...	...	99299	75364	51130	33975	57493	57475	59024	...	Chili
Ecuador	...	13863	24514	14587	19201	8560	...	...	...	...	Équateur
Asia											**Asie**
India	264673	206289	283795	...	...	...	...	...	...	...	Inde
Iraq	...	141	...	5429	...	44	...	25	1082	7544	Iraq
Kazakhstan	10891	12978	14131	11592	26441	...	...	...	...	...	Kazakhstan
Kyrgyzstan	1133	333	998	205	213	427	610	452	203	0	Kirghizistan
Europe											**Europe**
Croatia	...	3	5	3	3	...	...	...	...	...	Croatie
Czech Republic	29127	45211	27463	19648	31788	...	...	...	...	...	République tchèque
Finland	22408	23241	21598	21894	21400	...	...	...	...	...	Finlande
Hungary	97	138	8448	C	C	...	...	...	...	...	Hongrie
Russian Federation	...	...	...	...	...	...	...	57100	116670	...	Fédération de Russie

General Note.

Printed or illustrated postcards; printed cards bearing personal greetings, messages or announcements, whether or not illustrated, with or without envelopes or trimmings.

Remarque générale.

Cartes postales imprimées ou illustrées; cartes imprimées comportant des voeux ou des messages personnels, même illustrées, avec ou sans enveloppes, garnitures ou applications.

Account books, note books, diaries, binders, forms and other articles of stationary
Livres comptables, carnets de notes, agendas, classeurs, liasses et autres articles de papeterie

CPC-BASED CODE - CODE BASE CPC

32600-0

Unit: Metric tons | Unité: Tonnes métriques

Country or area	2003	2004	2005	2006	2007	2008	2009	2010	2011	2012	Pays ou zone
Africa											**Afrique**
Egypt	9984	1998	4625	3133	...	...	68895	...	35491	...	Égypte
Nigeria[1]	33392	33742	33742	...	...	...	...	...	...	...	Nigéria[1]
America, North											**Amérique du Nord**
Mexico[1]	15825	5531	3874	9643	#14035	14675	11335	7284	6738	7345	Mexique[1]
America, South											**Amérique du Sud**
Chile[1]	...	...	137615	134025	132735	239069	1367430	1564729	3054399	...	Chili[1]
Ecuador[1]	...	6437	9004	8749	7355	6947	...	...	...	...	Équateur[1]
Asia											**Asie**
Azerbaijan	77	59	...	...	...	...	...	6	444	488	Azerbaïdjan
China, Macao SAR	...	1	C	2	C	C	C	...	...	...	Chine, Macao RAS
Georgia	1434	C	C	C	C	C	...	...	...	...	Géorgie
Iran (Islamic Rep. of)[1]	...	57239	277887	56830	79481	21681	...	...	...	...	Iran (Rép. islam. d')[1]
Iraq	...	...	...	4453	...	...	...	...	...	...	Iraq
Kazakhstan	9346	9964	13861	15456	19424	...	...	...	...	...	Kazakhstan
Kyrgyzstan	274	[1,2]271	[1,2]258	[1,2]228	[1,2]247	[1,2]281	[1]66	[1]58	[1]54	[1]82	Kirghizistan
Rep. of Korea[1]	78048	64286	82244	75355	73569	84553	77330	81266	71942	74454	Rép. de Corée[1]
Europe											**Europe**
Croatia	...	5690	11735	9807	13208	12497	9632	8755	9080	6740	Croatie
Czech Republic	33908	35049	45245	49363	40119	50316	39639	...	...	...	République tchèque
Estonia	...	5360	...	5964	5496	3826	10537	9376	10900	10234	Estonie
Finland	...	...	...	...	...	11199	6805	8742	7718	6609	Finlande
Hungary	10685	10886	9023	7066	7567	9294	7123	6650	10278	9153	Hongrie
Latvia	...	...	...	3824	3005	2190	1465	1184	1161	895	Lettonie
Lithuania	1755	1954	2211	2082	1612	1680	1606	2098	3191	3694	Lituanie
Montenegro	...	...	278	...	174	173	204	141	117	88	Monténégro
Poland	38004	44108	58921	66068	64932	38075	31960	43427	59519	33266	Pologne
Portugal	30150	27815	24274	22725	23899	20510	19265	18591	...	...	Portugal
Rep. of Moldova	...	1608	2295	1813	2096	2160	1707	2004	1533	1708	Rép. de Moldova
Romania[1]	62792	39296	...	...	...	[3]47240	[3]36435	[3]49467	[3]31208	[3]14038	Roumanie[1]
Serbia	...	...	...	3955	...	...	...	...	...	...	Serbie
Slovakia	...	...	5006	5335	5799	4471	3454	3374	3378	3634	Slovaquie
Slovenia	1091	1471	...	...	...	...	...	837	...	...	Slovénie
Sweden	...	...	9078	5148	4341	2264	1734	1973	2694	3	Suède
TFYR of Macedonia	1721	1638	1299	913	1195	1897	4269	1734	421	161	L'ex-RY de Macédoine
Ukraine	31266	33850	37905	49851	54448	45827	31049	36464	31820	30681	Ukraine

General Note.

Registers, account books, note books, order books, receipt books, letter pads, memorandum pads, diaries and similar articles, exercise books, blotting-pads, binders (loose-leaf or other), folders, file covers, manifold business forms, interleaved carbon sets and other articles of stationery, of paper or paperboard; albums for samples or for collections and book covers, of paper or paperboard.

Remarque générale.

Registres, livres comptables, carnets (de notes, de commandes, de quittances), agendas, blocs mémorandums, blocs de papier à lettres et ouvrages similaires, cahiers, sous main, classeurs, reliures (à feuillets mobiles ou autres), chemises et couvertures à dossiers et autres articles scolaires, de bureau ou de papeterie, y compris les liasses et carnets manifold, même comportant des feuilles de papier carbone, en papier ou carton; albums pour échantillonnages ou pour collections et couvertures pour livres, en papier ou carton.

[1] In thousand units.

[2] Original data are in number of printed pages; converted on the basis of assumed average of 200 pages per publication.

[3] Excluding Prodcom 2008 code 17.23.13.30.

[1] En milliers d'unités.

[2] Les données originales sont en nombre de pages imprimées; la conversion est basée sur la moyenne hypothétique de 200 pages par publication.

[3] 2008 code Prodcom 17.23.13.30 non compris.

Coke
Coke

CPC-BASED CODE - CODE BASE CPC
33100-0

Unit: Thousand metric tons | Unité: Milliers de tonnes métriques

Country or area	2003	2004	2005	2006	2007	2008	2009	2010	2011	2012	Pays ou zone
Africa											**Afrique**
Algeria	662	585	531	628	621	621	206	0	0	0	Algérie
Egypt[1]	1687	1628	1564	1507	1503	1470	1439	1371	*834	*765	Égypte[1]
South Africa	1607	1940	1905	2144	2601	2682	1093	2443	2072	2070	Afrique du Sud
Zimbabwe	526	480	453	437	456	217	230	252	275	288	Zimbabwe
America, North											**Amérique du Nord**
Canada	3175	3340	3305	3199	3098	3040	2190	2720	2804	2804	Canada
Mexico	1996	1971	2002	2048	2058	2074	1763	2209	2122	2085	Mexique
United States	15579	15340	15168	14881	14697	14194	10108	13628	13989	13764	États-Unis
America, South											**Amérique du Sud**
Argentina	1188	1161	1192	1632	1224	1259	912	1168	1276	765	Argentine
Brazil	7206	7820	7772	7493	8315	8286	7259	9189	9683	9683	Brésil
Chile	454	488	493	494	569	497	431	361	549	459	Chili
Colombia	448	470	459	473	478	478	1110	2084	1981	2147	Colombie
Peru	25	18	...	...	...	...	...	...	...	...	Pérou
Asia											**Asie**
Afghanistan[2]	...	...	0	0	0	*1	*20	*48	48	48	Afghanistan[2]
China	177757	205376	266117	297683	313053	323139	342441	364578	409330	410315	Chine
India[3]	13121	12673	13347	12566	12542	12619	12561	10839	9965	9271	Inde[3]
Indonesia	...	...	...	...	...	150	217	15	*16	*18	Indonésie
Iran (Islamic Rep. of)[2]	1004	1021	972	966	985	782	980	850	690	527	Iran (Rép. islam. d')[2]
Japan	42133	41707	42645	43733	44437	41033	37710	41875	39001	39559	Japon
Kazakhstan	2474	2659	2492	2628	2925	2688	2552	2527	2663	2569	Kazakhstan
Pakistan[4]	547	890	396	218	326	840	302	300	193	*185	Pakistan[4]
Rep. of Korea	10417	10667	8935	9888	9926	10857	9632	13549	15349	14714	Rép. de Corée
Turkey	2878	2990	2992	3213	3335	3976	3437	4274	3903	4072	Turquie
Europe											**Europe**
Austria	1395	1400	1388	1398	1424	1410	1281	1391	1316	1308	Autriche
Belgium	2861	2965	2856	2895	2607	2309	1574	1935	1923	1843	Belgique
Bosnia & Herzegovina	0	221	456	484	517	545	609	920	887	700	Bosnie-Herzégovine
Bulgaria	846	867	743	669	525	335	0	0	0	0	Bulgarie
Czech Republic	3556	3548	3412	3428	3258	3399	2295	2548	2586	2467	République tchèque
Estonia	30	35	37	33	40	35	18	22	24	25	Estonie
Finland	895	904	894	870	865	860	738	827	852	881	Finlande
France and Monaco	4601	4542	4445	4689	4465	4488	3222	3151	2958	3205	France et Monaco
Germany	7827	8479	8397	8372	8441	8246	6771	8150	7990	8050	Allemagne
Hungary	593	664	614	921	1017	999	746	1018	1049	1026	Hongrie
Italy and San Marino	3827	4062	4574	4688	4727	4485	2755	4110	4788	4184	Italie et St-Marin
Netherlands	2144	2205	2238	2162	2163	2086	1683	2022	2007	1879	Pays-Bas
Poland	10112	10097	8404	9613	10168	10075	7091	9844	9377	8893	Pologne
Romania	1638	1675	1891	1790	1647	1138	341	2	0	0	Roumanie
Russian Federation	31589	32274	29998	30701	32254	32082	31497	33445	36112	36398	Fédération de Russie
Slovakia	1886	1883	1846	1856	1748	1582	1573	1658	1620	1560	Slovaquie
Spain	2494	2839	2662	2839	2742	2646	1917	2051	1974	1740	Espagne
Sweden	1288	1372	1411	1188	1194	1176	987	1197	1223	1115	Suède
Ukraine	20844	21998	18875	19224	20573	19540	17425	18600	19595	18939	Ukraine
United Kingdom[5]	4601	4336	4364	4629	4477	4359	3693	4023	4053	3743	Royaume-Uni[5]
Oceania											**Océanie**
Australia[1]	3301	3488	3494	3339	3337	3338	2563	2795	3212	2807	Australie[1]
New Zealand[3]	432	428	418	422	418	392	414	458	478	486	Nouvelle-Zélande[3]

General Note.

The solid residue obtained from coal or lignite by heating it to a high temperature in the absence or near absence of air. It is high in carbon and low in moisture and volatile matter. Several categories are distinguished: a) Coke-oven coke - the solid product obtained from carbonization of coal, principally coking coal, at high temperature. b) Gas coke - a by-product of coal used for the production of gas works gas in gasworks. c) Brown coal coke – a solid product obtained from carbonization of brown coal briquettes.

Remarque générale.

Le coke est un résidu solide obtenu en portant du charbon ou du lignite à haute température à l'abri de l'air. Il présente une forte teneur en carbone, une faible humidité et une faible teneur en matières volatiles. On en distingue plusieurs types : a) coke de cokerie – produit solide de la carbonisation à haute température du charbon, principalement de charbon cokéfiant; b) coke de gaz, sous-produit du charbon utilisé en usine pour la production du gaz d'usine à gaz; c) coke de lignite, produit solide de la carbonisation de briquettes de lignite.

1 Twelve months ending 30 June of year stated.
2 Twelve months beginning 21 March of year stated.
3 Twelve months beginning 1 April of year stated.
4 Twelve months beginning 1 July of year stated.
5 Including Jersey and Guernsey.

1 Période de douze mois finissant le 30 juin de l'année indiquée.
2 Période de douze mois commençant le 21 mars de l'année indiquée.
3 Période de douze mois commençant le 1er avril de l'année indiquée.
4 Période de douze mois commençant le 1er juillet de l'année indiquée.
5 Y compris Jersey et Guernesey.

Jet fuels
Carburéacteurs

CPC-BASED CODE - CODE BASE CPC
33300-1

Unit: Thousand metric tons — Unité: Milliers de tonnes métriques

Country or area	2003	2004	2005	2006	2007	2008	2009	2010	2011	2012	Pays ou zone
Africa											**Afrique**
Algeria	1315	986	1069	855	1034	988	969	1409	1209	1204	Algérie
Angola	352	302	290	313	351	325	356	303	268	215	Angola
Cameroon	72	64	62	71	404	346	292	332	322	316	Cameroun
Congo	38	47	45	53	55	31	56	47	39	57	Congo
Côte d'Ivoire	104	88	88	88	933	750	773	672	579	792	Côte d'Ivoire
Egypt[1]	1874	2080	2124	2033	2422	2319	2016	1908	1519	1505	Égypte[1]
Gabon	46	43	56	53	55	57	61	65	65	63	Gabon
Ghana	86	107	119	46	66	21	1	117	116	48	Ghana
Kenya	195	214	227	240	236	221	217	200	275	157	Kenya
Libya	1491	1504	1339	1098	1187	1221	1496	1420	653	738	Libye
Madagascar	38	27	...	...	...	...	...	...	...	...	Madagascar
Morocco	108	174	264	236	292	262	257	410	553	877	Maroc
Nigeria	386	189	135	81	34	69	33	67	77	62	Nigéria
Senegal	126	132	89	31	48	99	68	37	63	8	Sénégal
Somalia	65	65	65	65	0	0	0	0	0	0	Somalie
South Africa	1874	1438	1593	1347	1397	1584	1487	1382	1551	1191	Afrique du Sud
Sudan (former)	146	191	201	182	136	129	149	174	149	118	Soudan (anc.)
Tunisia	0	0	0	4	0	0	0	0	...	...	Tunisie
Zambia	20	23	19	19	21	23	28	30	32	34	Zambie
America, North											**Amérique du Nord**
Canada	4200	4597	4363	3867	4038	4114	3882	3872	3254	3615	Canada
Costa Rica	...	...	0	0	0	0	15	39	0	0	Costa Rica
Cuba	...	0	0	9	56	289	295	329	354	284	Cuba
Dominican Republic	169	241	251	264	202	238	220	231	241	226	Rép. dominicaine
El Salvador	45	49	51	39	68	58	55	53	54	35	El Salvador
Guatemala	0	0	0	1	0	0	0	0	...	...	Guatemala
Jamaica	62	63	41	63	53	66	86	99	91	95	Jamaïque
Mexico	2717	2842	2887	2956	3024	2928	2603	2366	2568	2590	Mexique
Netherlands Antilles	758	776	862	815	783	768	700	321	629	655	Antilles néerlandaises
Nicaragua	38	19	25	18	26	19	22	22	30	20	Nicaragua
Trinidad and Tobago	685	615	827	722	775	739	764	555	655	397	Trinité-et-Tobago
United States[2]	70119	73473	73634	70873	69403	71447	66481	67624	68417	68273	États-Unis[2]
America, South											**Amérique du Sud**
Argentina	1135	1209	1264	1191	1283	1240	1292	1316	1275	1344	Argentine
Bolivia (Plur. State of)	121	122	138	134	124	127	131	137	148	131	Bolivie (État plur. de)
Brazil	3073	3357	3337	3037	3263	3074	3495	3780	4372	4394	Brésil
Chile	574	650	574	660	537	511	610	585	564	614	Chili
Colombia	1254	861	858	718	537	522	955	1000	1222	1246	Colombie
Ecuador	250	279	297	337	473	355	343	340	348	348	Équateur
Peru	382	418	270	504	565	582	559	605	597	681	Pérou
Uruguay	24	44	41	53	61	64	61	74	50	72	Uruguay
Venezuela (Bol. R. of)	3341	3719	3604	3697	3398	3503	3695	3451	3415	3309	Venezuela (R.bol.du)
Asia											**Asie**
Azerbaijan	511	504	629	693	761	731	603	600	621	626	Azerbaïdjan
Bahrain	1866	2178	2276	2210	2227	2219	2757	3090	3026	3083	Bahreïn
Bangladesh[1]	3	3	4	3	2	1	6	3	2	4	Bangladesh[1]
Brunei Darussalam	82	80	78	79	82	97	93	104	102	47	Brunéi Darussalam
India[3]	4180	5201	6196	7805	9107	8071	9296	9570	10051	10077	Inde[3]
Indonesia	1349	1414	1418	1256	1087	1445	1911	1791	2152	2403	Indonésie
Iran (Islamic Rep. of)[4]	868	795	866	1064	1006	1038	1233	1307	1140	1165	Iran (Rép. islam. d')[4]
Iraq	573	508	78	59	106	142	159	295	308	291	Iraq
Israel	1034	1011	1011	1066	1101	791	761	761	813	786	Israël
Japan	7671	7902	8896	10433	11663	12416	10623	10983	10036	10403	Japon
Jordan	268	291	327	302	292	300	309	344	331	358	Jordanie
Kazakhstan	258	244	208	171	210	219	203	267	210	200	Kazakhstan
Kuwait	2036	2071	2296	2513	2675	2513	2491	2567	2538	2748	Koweït
Malaysia	2293	2608	2472	2523	3040	3040	2990	2802	3348	3794	Malaisie
Myanmar[3]	65	61	61	55	57	47	38	44	44	35	Myanmar[3]
Oman	219	177	218	286	219	767	749	590	632	712	Oman
Pakistan[5]	997	1185	1258	1165	1009	958	938	824	703	663	Pakistan[5]
Philippines	634	590	665	714	771	716	675	786	783	693	Philippines
Qatar	921	965	925	1045	1106	1115	1352	3199	3581	3387	Qatar
Rep. of Korea	6944	9665	10755	12021	13379	13671	12945	13639	14902	16484	Rép. de Corée

For general note and footnotes, see end of table — Voir la fin du tableau pour la remarque générale est les notes

Jet fuels (continued)
Carburéacteurs (suite)

CPC-BASED CODE - CODE BASE CPC
33300-1

Unit: Thousand metric tons — Unité: Milliers de tonnes métriques

Country or area	2003	2004	2005	2006	2007	2008	2009	2010	2011	2012	Pays ou zone
Saudi Arabia	3128	3196	3861	3690	3211	3325	3030	2773	2898	3045	Arabie saoudite
Singapore	7260	7594	8785	8711	9389	8053	8248	8313	9441	9744	Singapour
Sri Lanka	96	126	114	131	171	154	195	126	155	93	Sri Lanka
Syrian Arab Republic	204	245	221	208	183	210	196	354	347	246	Rép. arabe syrienne
Thailand	3253	3774	3711	4299	3992	4607	4586	4756	4816	4471	Thaïlande
Turkey	1682	1767	1997	1644	2336	2556	2004	2613	2879	3277	Turquie
Turkmenistan	419	420	440	410	440	460	480	530	480	415	Turkménistan
United Arab Emirates	5454	5400	5404	5385	4948	4911	5342	5698	6408	6852	Émirats arabes unis
Uzbekistan	314	297	196	218	198	194	183	155	146	130	Ouzbékistan
Viet Nam	...	...	...	...	...	...	81	39	39	43	Viet Nam
Yemen	358	321	403	396	486	359	412	363	195	125	Yémen
Europe											**Europe**
Austria	446	455	592	526	604	472	313	476	615	618	Autriche
Belgium	2048	2143	1678	1744	1751	1878	1838	1775	1498	1819	Belgique
Bulgaria	144	142	144	151	183	199	184	190	186	171	Bulgarie
Croatia	75	91	99	67	97	97	94	94	117	97	Croatie
Czech Republic	140	147	132	121	145	170	112	144	134	143	République tchèque
Denmark	611	606	507	608	542	500	409	407	275	224	Danemark
Finland	614	714	592	715	717	683	632	610	796	618	Finlande
France and Monaco	5169	5616	5478	5633	5536	5571	4944	4360	4707	3815	France et Monaco
Germany	4194	4424	4252	4412	4592	4760	4591	4876	4967	5216	Allemagne
Greece	1630	1720	1737	1423	1719	1853	1574	1602	1845	1784	Grèce
Hungary	202	239	266	280	273	263	241	231	239	169	Hongrie
Italy and San Marino	4187	3787	3910	4081	4034	3219	3050	3204	3061	2600	Italie et St-Marin
Lithuania	695	850	832	764	503	929	752	848	829	815	Lituanie
Netherlands	6669	6935	6990	6914	6583	6136	5526	6284	7025	6539	Pays-Bas
Norway, Sv., J.May.	415	423	644	644	575	707	680	477	415	501	Norvège, Sv., J.May.
Poland	647	679	644	853	801	944	692	693	856	919	Pologne
Portugal	703	779	854	856	745	748	782	967	791	910	Portugal
Romania	158	177	191	238	278	328	292	281	274	254	Roumanie
Russian Federation	9453	9283	10036	10602	10699	11394	10445	11123	12513	12863	Fédération de Russie
Serbia	...	...	53	45	57	69	52	68	75	73	Serbie
Serbia & Montenegro	85	56	...	...	...	...	...	...	...	...	Serbie-et-Monténégro
Slovakia	63	61	36	46	78	88	68	45	58	47	Slovaquie
Spain	3061	2713	2653	2612	2562	2749	1875	848	257	163	Espagne
Sweden	109	208	70	179	196	247	211	181	190	245	Suède
Switz. & Liechtenstein	344	350	212	228	183	190	96	64	81	38	Suisse et Liechtenstein
TFYR of Macedonia	0	0	23	33	17	19	20	19	27	17	L'ex-RY de Macédoine
Ukraine	361	473	512	400	C	C	C	C	C	...	Ukraine
United Kingdom[6]	5277	5615	5167	6261	6176	6549	6022	5781	6411	5775	Royaume-Uni[6]
Oceania											**Océanie**
Australia[1]	4080	3937	4221	4128	4238	4121	4370	4255	4347	4350	Australie[1]
New Zealand[3]	832	930	877	909	837	891	867	990	1048	1051	Nouvelle-Zélande[3]
Papua New Guinea	0	0	90	106	78	83	79	87	97	118	Papouasie-Nvl-Guinée

General Note.

Jet fuel covers gasolene-type jet fuel and kerosene-type jet fuel. Gasolene-type jet fuel – All light hydrocarbon oils for use in aviation gas-turbine engines. It distills between 100°C and 250°C with at least 20% of volume distilling at 143°C. It is obtained by blending kerosene and gasolene or naphtha in such a way that the aromatic content does not exceed 25% in volume. Additives are included to reduce the freezing point to -58°C or lower, and to keep the Reid vapour pressure between 0.14 and 0.21 kg/cm2. Kerosene-type jet fuel – Medium oil for use in aviation gas-turbine engines with the same distillation characteristics and flash point as kerosene, with a maximum aromatic content of 20% in volume. It is treated to give a kinematic viscosity of less than 15 cSt at -34°C and a freezing point below -50°C.

Remarque générale.

La catégorie comprend les carburéacteurs type essence et les carburéacteurs type pétrole lampant. Carburéacteurs type essence – tous les hydrocarbures légers utilisés dans les turboréacteurs d'aviation. Leur température de distillation se situe entre 100°C et 250°C et donne au moins 20 % en volume de distillat à 143°C. Ils sont obtenus par mélange de pétrole lampant et d'essence ou de naphta de façon que la teneur en composés aromatiques ne dépasse pas 25 % en volume. Des additifs y sont ajoutés afin d'abaisser le point de congélation à -58°C ou au-dessous, et de maintenir la tension de vapeur Reid entre 0,14 et 0,21 kg/cm2. Carburéacteurs type pétrole lampant – huiles moyennement visqueuses utilisées dans les turboréacteurs d'aviation, ayant les mêmes caractéristiques de distillation et le même point d'éclair que le pétrole lampant et une teneur en composés aromatiques ne dépassant pas 20 % en volume. Elles sont traitées de façon à atteindre une viscosité cinématique de moins de 15 cSt à -34°C et un point de congélation inférieur à -50°C.

[1] Twelve months ending 30 June of year stated.
[2] Including Puerto Rico, Guam, the U.S. Virgin Islands, American Samoa, Johnston Atoll, Midway Islands, Wake Island and the Northern Mariana Islands.
[3] Twelve months beginning 1 April of year stated.
[4] Twelve months beginning 21 March of year stated.
[5] Twelve months beginning 1 July of year stated.
[6] Including Jersey and Guernsey.

[1] Période de douze mois finissant le 30 juin de l'année indiquée.
[2] Y compris Porto Rico, Guam, îles Vierges américaines, Samoas américaines, atoll de Johnston, îles Midway, île Wake et îles Mariannes septentrionales.
[3] Période de douze mois commençant le 1er avril de l'année indiquée.
[4] Période de douze mois commençant le 21 mars de l'année indiquée.
[5] Période de douze mois commençant le 1er juillet de l'année indiquée.
[6] Y compris Jersey et Guernesey.

Aviation gasoline
Essence à aviation

CPC-BASED CODE - CODE BASE CPC
33310-1

Unit: Thousand metric tons — Unité: Milliers de tonnes métriques

Country or area	2003	2004	2005	2006	2007	2008	2009	2010	2011	2012	Pays ou zone
Africa											**Afrique**
Cameroon	0	0	0	10	0	0	0	0	0	...	Cameroun
Libya	3	3	3	5	5	5	7	8	3	4	Libye
South Africa	53	9	18	0	11	1	2	0	0	0	Afrique du Sud
America, North											**Amérique du Nord**
Canada	83	73	76	64	79	72	63	56	37	35	Canada
Guatemala	...	...	...	...	0	0	1	0	0	0	Guatemala
Mexico	13	5	2	2	1	0	0	0	...	...	Mexique
Netherlands Antilles	10	13	10	18	18	16	20	6	12	13	Antilles néerlandaises
Trinidad and Tobago	...	...	...	1	0	1	0	1	0	0	Trinité-et-Tobago
United States[1]	647	698	693	739	671	619	548	595	602	546	États-Unis[1]
America, South											**Amérique du Sud**
Argentina	0	0	2	0	0	0	0	0	1	0	Argentine
Bolivia (Plur. State of)	2	3	3	3	4	4	2	0	3	5	Bolivie (État plur. de)
Brazil	51	56	49	46	44	48	37	63	41	55	Brésil
Chile	11	6	5	7	8	4	6	8	5	3	Chili
Colombia	17	16	14	13	21	21	20	11	12	12	Colombie
Venezuela (Bol. R. of)	2	11	8	3	0	0	0	0	...	...	Venezuela (R.bol.du)
Asia											**Asie**
China	261	421	439	454	458	541	504	554	583	626	Chine
Indonesia	8	4	4	3	4	3	2	1	1	0	Indonésie
Japan	12	8	6	6	3	2	2	1	1	1	Japon
Jordan	6	6	6	6	6	7	7	7	7	8	Jordanie
Myanmar[2]	...	...	2	2	2	2	2	3	1	0	Myanmar[2]
Uzbekistan	3	3	2	2	2	1	2	2	2	2	Ouzbékistan
Europe											**Europe**
Czech Republic	2	...	...	...	...	...	...	...	...	...	République tchèque
France and Monaco	68	58	44	30	46	56	39	39	54	36	France et Monaco
Italy and San Marino	6	14	6	16	15	9	17	19	7	5	Italie et St-Marin
Netherlands	57	57	52	37	80	66	56	46	38	50	Pays-Bas
Poland	5	3	4	7	9	15	11	12	17	18	Pologne
Romania	2	3	1	1	0	0	0	0	...	...	Roumanie
Russian Federation	37	37	37	37	37	0	0	24	42	0	Fédération de Russie
Spain	12	...	...	...	...	...	...	...	...	...	Espagne
Ukraine	6	6	3	2	2	1	C	C	C	...	Ukraine
United Kingdom[3]	26	31	32	25	0	0	0	0	...	...	Royaume-Uni[3]
Oceania											**Océanie**
Australia[4]	104	81	105	83	85	84	74	73	62	63	Australie[4]

General Note.
Motor spirit prepared especially for aviation piston engines, with an octane number varying from 80 to 145 RON and a freezing point of -60°C.

Remarque générale.
Carburant fabriqué spécialement pour les moteurs d'avion à piston, ayant un indice d'octane allant de 80 à 145 IOR et un point de congélation de -60°.

[1] Including Puerto Rico, Guam, the U.S. Virgin Islands, American Samoa, Johnston Atoll, Midway Islands, Wake Island and the Northern Mariana Islands.
[2] Twelve months beginning 1 April of year stated.
[3] Including Jersey and Guernsey.
[4] Twelve months ending 30 June of year stated.

[1] Y compris Porto Rico, Guam, îles Vierges américaines, Samoas américaines, atoll de Johnston, îles Midway, île Wake et îles Mariannes septentrionales.
[2] Période de douze mois commençant le 1er avril de l'année indiquée.
[3] Y compris Jersey et Guernesey.
[4] Période de douze mois finissant le 30 juin de l'année indiquée.

Motor gasoline
Essence auto

CPC-BASED CODE - CODE BASE CPC
33310-2

Unit: Thousand metric tons — Unité: Milliers de tonnes métriques

Country or area	2003	2004	2005	2006	2007	2008	2009	2010	2011	2012	Pays ou zone
Africa											**Afrique**
Algeria	1893	1925	2059	2320	2100	2780	2417	2667	2568	2273	Algérie
Angola	108	96	134	98	56	68	42	65	63	75	Angola
Cameroon	363	402	393	320	390	399	350	383	371	364	Cameroun
Congo	53	49	47	53	63	46	68	98	94	136	Congo
Côte d'Ivoire	359	436	494	605	564	466	526	491	390	559	Côte d'Ivoire
Egypt[1]	3350	2714	3734	3659	4195	4240	4384	4089	4476	4201	Égypte[1]
Gabon	64	66	75	71	81	84	90	96	96	93	Gabon
Ghana	434	553	567	294	493	391	135	338	344	158	Ghana
Kenya	263	275	266	179	207	182	157	181	178	117	Kenya
Libya	1517	1507	1237	787	813	775	751	585	569	615	Libye
Madagascar	59	46	...	...	...	...	...	...	...	...	Madagascar
Morocco	132	257	372	373	365	404	313	328	415	407	Maroc
Niger	...	...	...	...	...	...	...	0	18	195	Niger
Nigeria	997	534	1738	993	287	698	364	748	1277	1135	Nigéria
Senegal	151	148	118	46	77	68	83	87	99	75	Sénégal
Somalia	5	5	5	5	0	0	0	0	0	0	Somalie
South Africa	8360	6743	6804	6285	5940	6179	5773	5856	5804	6248	Afrique du Sud
Sudan (former)	1111	935	901	1139	1205	1084	1112	1239	1130	1071	Soudan (anc.)
Tunisia	234	226	216	178	145	128	125	19	0	0	Tunisie
Zambia	90	104	88	86	97	105	129	137	146	157	Zambie
America, North											**Amérique du Nord**
Canada	33689	33024	32270	30888	32629	30091	30608	30668	28587	29584	Canada
Costa Rica	0	14	63	104	131	104	86	109	31	0	Costa Rica
Cuba	412	331	407	317	392	716	492	568	503	415	Cuba
Dominican Republic	284	445	447	440	428	414	260	284	255	243	Rép. dominicaine
El Salvador	135	141	146	108	117	111	105	100	92	73	El Salvador
Guatemala	0	0	1	1	0	0	0	0	...	...	Guatemala
Jamaica	111	95	52	124	104	129	129	123	144	133	Jamaïque
Martinique	175	168	160	150	145	146	141	139	147	149	Martinique
Mexico	21267	22366	21721	21701	21415	20899	21960	20103	16725	17520	Mexique
Netherlands Antilles	1659	2032	2171	1781	1987	1873	1685	772	1511	1574	Antilles néerlandaises
Nicaragua	101	99	96	91	87	84	101	96	97	68	Nicaragua
Trinidad and Tobago	1616	1605	1698	1810	1707	1887	1996	1957	1674	1132	Trinité-et-Tobago
United States[2]	350258	351954	350574	348229	344914	345382	324999	339287	340804	331963	États-Unis[2]
America, South											**Amérique du Sud**
Argentina	4922	4948	5024	4628	4846	4603	4750	4828	5335	5539	Argentine
Bolivia (Plur. State of)	406	455	432	449	515	612	621	636	629	686	Bolivie (État plur. de)
Brazil	13477	13738	14337	14981	15733	15341	15201	15921	17532	19215	Brésil
Chile	2265	2384	2257	2482	2349	2569	2445	2028	2194	2246	Chili
Colombia	4756	4963	4252	3618	3164	3164	2964	3113	2312	2930	Colombie
Ecuador	1594	1596	1664	1466	1242	1417	1393	1166	1436	1415	Équateur
Paraguay	10	8	4	0	0	0	0	0	...	...	Paraguay
Peru	1470	1744	2220	2208	2356	2332	2922	3101	3067	3158	Pérou
Uruguay	321	503	447	396	352	428	443	440	349	473	Uruguay
Venezuela (Bol. R. of)	10905	16548	16154	16720	12688	12722	12756	12790	11414	12668	Venezuela (R.bol.du)
Asia											**Asie**
Azerbaijan	720	852	906	1043	1129	1320	1235	1249	1296	1297	Azerbaïdjan
Bahrain	810	758	860	918	766	892	804	806	732	661	Bahreïn
Bangladesh[1]	150	136	145	140	93	80	88	92	99	114	Bangladesh[1]
Brunei Darussalam	202	201	196	209	217	202	199	197	168	146	Brunéi Darussalam
China	47648	52232	53891	55496	58721	62931	72703	73051	78595	89135	Chine
Cyprus	146	40	...	...	...	...	...	...	...	...	Chypre
Dem.P.R. of Korea	185	188	159	122	146	151	174	177	176	176	Rép.p.d. de Corée
India[3]	10999	11057	10502	12539	14167	16020	22537	26138	27186	30118	Inde[3]
Indonesia	8584	8825	8325	8411	8363	8155	9243	8350	9326	9506	Indonésie
Iran (Islamic Rep. of)[4]	12042	12042	11439	12095	12179	12047	12075	12084	12786	14695	Iran (Rép. islam. d')[4]
Iraq	2543	2744	2577	2598	2531	2520	2496	2472	3226	3269	Iraq
Israel	2231	2467	2729	2592	2602	2869	2984	2727	2702	2809	Israël
Japan	43080	42657	43201	42378	42744	41852	42188	43005	40102	39096	Japon
Jordan	667	579	608	643	673	734	750	697	675	710	Jordanie
Kazakhstan	1841	1928	2359	2345	2633	2505	2613	2926	2775	2877	Kazakhstan
Kuwait	1355	1931	2812	3023	2852	2731	2361	2244	2206	2202	Koweït
Kyrgyzstan	27	19	13	10	14	13	10	15	16	11	Kirghizistan
Malaysia	4363	5443	5800	6089	5759	4819	4197	4171	3425	4395	Malaisie
Myanmar[3]	307	309	407	417	419	396	430	493	498	387	Myanmar[3]

For general note and footnotes, see end of table — Voir la fin du tableau pour la remarque générale est les notes

Motor gasoline (continued)
Essence auto (suite)

CPC-BASED CODE - CODE BASE CPC
33310-2

Unit: Thousand metric tons

Unité: Milliers de tonnes métriques

Country or area	2003	2004	2005	2006	2007	2008	2009	2010	2011	2012	Pays ou zone
Oman	680	611	637	628	535	2243	2157	1903	2727	2752	Oman
Pakistan[5]	1279	1326	1186	1218	1337	1287	1338	1237	1227	1514	Pakistan[5]
Philippines	1844	1501	1629	1590	1470	1410	1077	1344	1508	1412	Philippines
Qatar	1815	1643	1656	1693	1957	1916	1633	1910	1859	1956	Qatar
Rep. of Korea	8564	8850	8654	8707	8505	10188	11975	12083	13673	15306	Rép. de Corée
Saudi Arabia	12600	13605	13400	12025	15050	14538	15196	16070	16715	17103	Arabie saoudite
Singapore	5132	6640	7766	7367	8422	9258	9386	10862	10127	10224	Singapour
Sri Lanka	196	203	161	194	163	164	179	158	206	152	Sri Lanka
Syrian Arab Republic	1191	1343	1214	1345	1278	1329	1359	974	955	678	Rép. arabe syrienne
Thailand	6012	6674	6428	6331	6311	5884	6163	6087	5797	6354	Thaïlande
Turkey	3837	3479	3609	3659	4098	4562	3963	3828	4272	4371	Turquie
Turkmenistan	1666	1670	1680	1630	1750	1810	1840	2090	2130	2010	Turkménistan
United Arab Emirates	1498	1746	1866	2619	2336	2171	2020	2247	2530	2815	Émirats arabes unis
Uzbekistan	1842	1370	1400	1370	1410	1476	1622	1444	1308	1226	Ouzbékistan
Viet Nam	...	...	...	...	...	...	674	2329	2355	2596	Viet Nam
Yemen	1032	1219	1179	796	1021	954	1054	944	438	128	Yémen
Europe											**Europe**
Albania	6	36	14	0	0	0	0	0	0	0	Albanie
Austria	1811	1738	1798	1615	1645	1595	1652	1436	1531	1553	Autriche
Belarus	1895	2842	3330	3498	3181	3330	3272	3158	3135	3729	Bélarus
Belgium	5865	5789	5056	5357	5041	4338	4591	4795	3782	4502	Belgique
Bosnia & Herzegovina	9	26	18	0	0	4	97	88	74	109	Bosnie-Herzégovine
Bulgaria	967	1401	1381	1560	1466	1571	1457	1479	1531	1658	Bulgarie
Croatia	1261	1226	1168	1083	1202	1001	1207	1094	871	990	Croatie
Czech Republic	1344	1289	1467	1594	1555	1601	1412	1463	1330	1439	République tchèque
Denmark	2082	1986	1919	1987	1962	1924	2092	1817	1857	2011	Danemark
Finland	4304	4321	4061	4298	4348	4308	4230	3891	4074	4173	Finlande
France and Monaco	16804	16878	16271	17283	16479	16356	15427	13349	12806	11679	France et Monaco
Germany	26449	26467	27262	26576	25892	24820	23486	20940	20497	19487	Allemagne
Greece	3653	3629	4058	4327	4318	4251	4075	4407	3950	4592	Grèce
Hungary	1477	1465	1321	1302	1322	1264	1238	1184	1130	1138	Hongrie
Ireland	639	552	683	635	493	570	481	463	506	501	Irlande
Italy and San Marino	20699	20664	21189	20967	21417	19978	18796	18855	18742	18210	Italie et St-Marin
Lithuania	1882	2331	2462	2172	1569	2686	2585	2675	2694	2504	Lituanie
Netherlands	15730	15539	14234	13794	6905	6903	7033	7699	6707	6987	Pays-Bas
Norway, Sv., J.May.	3546	3261	3829	4134	3942	2983	3512	3325	3808	3683	Norvège, Sv., J.May.
Poland	3871	3978	4117	4155	3867	3665	4040	4025	3717	3803	Pologne
Portugal	2732	2551	2466	2750	2591	2091	2056	2218	1875	1864	Portugal
Romania	3295	3419	4237	4145	3799	3654	3311	2823	2886	2751	Roumanie
Russian Federation	29315	30505	32011	34368	35097	35602	35827	35926	36686	38232	Fédération de Russie
Serbia	...	...	770	648	624	616	570	473	430	372	Serbie
Serbia & Montenegro	617	671	...	...	...	...	...	...	...	...	Serbie-et-Monténégro
Slovakia	1597	1670	1584	1449	1596	1516	1496	1255	1411	1348	Slovaquie
Spain	9047	10434	10152	10038	9232	8729	8973	8013	7471	7231	Espagne
Sweden	4309	4506	4045	4182	3729	4562	4506	3873	4003	4394	Suède
Switz. & Liechtenstein	1072	1362	1268	1465	1280	1370	1427	1319	1263	1028	Suisse et Liechtenstein
TFYR of Macedonia	126	146	183	190	179	177	177	161	110	46	L'ex-RY de Macédoine
Ukraine	4308	4394	4609	3926	4161	3223	3259	2875	2837	1636	Ukraine
United Kingdom[6]	22627	24589	22622	21368	21313	20319	20415	19918	19857	17627	Royaume-Uni[6]
Oceania											**Océanie**
Australia[1]	13108	13453	13218	12155	12992	12542	12570	12340	12222	11499	Australie[1]
New Zealand[3]	1520	1627	1645	1482	1423	1503	1416	1373	1326	1352	Nouvelle-Zélande[3]
Papua New Guinea	0	27	54	79	26	0	0	0	0	...	Papouasie-Nvl-Guinée

General Note.

Light hydrocarbon oil for use in internal combustion engines such as motor vehicles, excluding aircraft. It distills between 35ºC and 200ºC, and is treated to reach a sufficiently high octane number of generally between 80 and 100 RON. Treatment may be by reforming, blending with an aromatic fraction, or the addition of benzole or other additives (such as tetraethyl lead).

Remarque générale.

Hydrocarbure léger utilisé dans les moteurs à combustion interne, d'automobiles par exemple, à l'exclusion des moteurs d'avion. Les températures de distillation sont comprises entre 35° et 200°; ce carburant est traité pour atteindre un indice d'octane suffisamment élevé, généralement compris entre 80 et 100 IOR. Le traitement peut consister en reformage, mélange avec une fraction aromatique, ou adjonction de benzol ou d'autres additifs (plomb tétraéthyl, par ex.).

[1] Twelve months ending 30 June of year stated.
[2] Including Puerto Rico, Guam, the U.S. Virgin Islands, American Samoa, Johnston Atoll, Midway Islands, Wake Island and the Northern Mariana Islands.
[3] Twelve months beginning 1 April of year stated.
[4] Twelve months beginning 21 March of year stated.
[5] Twelve months beginning 1 July of year stated.
[6] Including Jersey and Guernsey.

[1] Période de douze mois finissant le 30 juin de l'année indiquée.
[2] Y compris Porto Rico, Guam, îles Vierges américaines, Samoas américaines, atoll de Johnston, îles Midway, île Wake et îles Mariannes septentrionales.
[3] Période de douze mois commençant le 1er avril de l'année indiquée.
[4] Période de douze mois commençant le 21 mars de l'année indiquée.
[5] Période de douze mois commençant le 1er juillet de l'année indiquée.
[6] Y compris Jersey et Guernesey.

Naphthas
Naphtas

CPC-BASED CODE - CODE BASE CPC
33330-0

Unit: Thousand metric tons | Unité: Milliers de tonnes métriques

Country or area	2003	2004	2005	2006	2007	2008	2009	2010	2011	2012	Pays ou zone
Africa											**Afrique**
Algeria	4492	3356	3249	3274	3698	3641	4913	7669	7135	6598	Algérie
Angola	43	85	79	155	140	118	133	169	166	136	Angola
Congo	...	...	...	...	...	...	...	...	7	10	Congo
Egypt[1]	3598	3389	2617	2926	2813	2727	2237	3265	2843	2706	Égypte[1]
Gabon	50	...	...	...	...	...	...	...	...	...	Gabon
Libya	2112	2133	2164	1889	3113	2955	3681	3712	1083	1883	Libye
Morocco	553	625	650	530	596	455	335	538	448	493	Maroc
Senegal	0	3	0	0	23	50	22	13	31	17	Sénégal
Sudan (former)	26	28	27	24	19	25	23	20	18	16	Soudan (anc.)
Tunisia	112	46	130	135	213	184	182	32	149	372	Tunisie
America, North											**Amérique du Nord**
Canada	3741	4131	3181	3691	3765	3490	2307	4014	3366	3539	Canada
Costa Rica	40	23	16	8	1	27	8	0	0	0	Costa Rica
Cuba	238	214	169	210	175	188	279	214	247	349	Cuba
Jamaica	...	...	...	...	...	...	...	...	0	10	Jamaïque
Mexico	4349	4334	4318	4648	4404	3870	2949	3047	3642	2913	Mexique
Netherlands Antilles	305	374	400	328	374	353	317	152	298	310	Antilles néerlandaises
Trinidad and Tobago	133	118	147	208	0	0	53	26	40	0	Trinité-et-Tobago
United States[2]	10077	11213	9395	8565	8772	6850	8884	9433	9364	8818	États-Unis[2]
America, South											**Amérique du Sud**
Argentina	1803	1831	830	1129	2423	2034	1947	2580	2510	2643	Argentine
Bolivia (Plur. State of)	...	...	...	...	8	2	1	1	0	0	Bolivie (État plur. de)
Brazil	6549	6476	6257	6413	6691	5857	6079	5295	4594	4660	Brésil
Chile	185	173	230	217	221	126	116	72	59	60	Chili
Colombia	316	315	305	322	322	327	308	306	314	314	Colombie
Uruguay	2	...	...	...	...	...	...	...	...	...	Uruguay
Venezuela (Bol. R. of)	1145	1342	1330	2552	2089	2364	1856	2092	1814	1814	Venezuela (R.bol.du)
Asia											**Asie**
Azerbaijan	309	257	272	273	576	612	257	239	219	149	Azerbaïdjan
Bahrain	1631	1548	1624	1600	1604	1603	1736	1897	1796	1923	Bahreïn
Bangladesh[1]	38	34	36	35	123	139	94	145	133	113	Bangladesh[1]
Brunei Darussalam	124	0	0	0	6	6	0	0	0	0	Brunéi Darussalam
China	14582	18949	19066	21182	21969	21629	24519	19316	27659	27459	Chine
India[3]	11317	14100	14509	16660	16440	14826	17107	17535	17135	17354	Inde[3]
Indonesia	2221	2276	2554	3061	3017	2663	1921	1731	3423	2795	Indonésie
Iran (Islamic Rep. of)[4]	2046	2082	2042	1897	2000	2308	2917	2856	3290	3067	Iran (Rép. islam. d')[4]
Iraq	419	452	301	760	407	523	550	774	498	470	Iraq
Israel	532	453	501	417	348	612	368	439	695	484	Israël
Japan	14071	14552	15969	15938	16699	15112	15767	14674	13822	13916	Japon
Kuwait	9017	8280	8215	8626	9098	7802	7934	8693	8123	6043	Koweït
Malaysia	940	3484	3441	3460	4184	4143	3992	3936	3898	3617	Malaisie
Myanmar[3]	...	...	...	...	...	...	...	...	54	49	Myanmar[3]
Oman	...	...	...	...	...	541	585	420	542	585	Oman
Pakistan[5]	667	796	846	925	942	757	673	814	724	736	Pakistan[5]
Philippines	529	246	121	132	60	124	276	171	158	135	Philippines
Qatar	687	846	858	943	1131	1149	1719	4079	4477	5041	Qatar
Rep. of Korea	17520	19746	20751	21537	23147	20441	19034	20167	22953	24315	Rép. de Corée
Saudi Arabia	15608	17431	17749	17095	14610	17035	16450	17366	16541	18006	Arabie saoudite
Singapore	4086	4847	5119	5003	5057	5066	1594	2026	1634	2437	Singapour
Sri Lanka	94	97	113	109	92	100	105	84	80	71	Sri Lanka
Syrian Arab Republic	707	855	847	859	889	780	495	967	948	673	Rép. arabe syrienne
Tajikistan	11	13	14	16	18	18	18	19	19	21	Tadjikistan
Turkey	1354	1573	1488	1488	974	577	168	604	302	308	Turquie
United Arab Emirates	7555	6994	6770	5779	5749	5900	7087	7296	7605	7697	Émirats arabes unis
Yemen	382	157	133	156	161	108	59	92	225	327	Yémen
Europe											**Europe**
Albania	0	22	0	43	29	24	23	4	19	4	Albanie
Austria	740	863	637	913	937	909	870	892	844	1009	Autriche
Belgium	2460	2318	1624	1229	1607	1809	1178	1401	1840	1890	Belgique
Bosnia & Herzegovina	...	...	...	...	...	...	7	43	24	19	Bosnie-Herzégovine
Bulgaria	663	546	521	583	616	628	429	322	276	303	Bulgarie
Croatia	198	247	211	161	188	129	138	66	90	59	Croatie

For general note and footnotes, see end of table | Voir la fin du tableau pour la remarque générale est les notes

Naphthas (continued)
Naphtas (suite)

CPC-BASED CODE - CODE BASE CPC
33330-0

Unit: Thousand metric tons | Unité: Milliers de tonnes métriques

Country or area	2003	2004	2005	2006	2007	2008	2009	2010	2011	2012	Pays ou zone
Czech Republic	479	561	706	708	627	838	736	860	773	794	République tchèque
Denmark	0	7	4	13	40	27	12	41	0	0	Danemark
Finland	188	258	205	254	318	248	264	200	281	250	Finlande
France and Monaco	6000	5682	5384	5036	5033	5408	4586	5042	5259	4362	France et Monaco
Germany	8693	9389	9063	8510	8207	8634	7967	8018	7750	8104	Allemagne
Greece	1037	960	678	726	843	609	608	1010	597	1266	Grèce
Hungary	895	842	1155	1175	1217	1097	953	1045	1080	1004	Hongrie
Ireland	31	21	5	8	10	24	23	25	17	12	Irlande
Italy and San Marino	3615	3024	3117	2982	2545	3016	2725	3582	3803	3122	Italie et St-Marin
Lithuania	122	90	79	55	46	42	45	0	0	0	Lituanie
Netherlands	10222	11084	13906	11643	8457	9052	9570	7539	8215	7720	Pays-Bas
Norway, Sv., J.May.	1925	2244	3488	2265	2529	3506	3844	3663	3585	4333	Norvège, Sv., J.May.
Poland	836	889	949	1415	1398	1288	1150	1363	1332	1542	Pologne
Portugal	1130	1175	1188	1037	1071	1151	992	1081	961	1218	Portugal
Romania	460	639	507	582	610	566	537	397	269	263	Roumanie
Russian Federation	11124	11081	11116	11150	11252	11418	11976	18089	19366	19978	Fédération de Russie
Serbia	...	...	142	119	254	254	144	134	150	127	Serbie
Serbia & Montenegro	126	151	...	...	...	...	...	...	...	...	Serbie-et-Monténégro
Slovakia	515	573	560	543	538	498	471	527	531	371	Slovaquie
Spain	1917	521	530	417	425	566	535	519	464	318	Espagne
Sweden	664	295	263	239	237	244	266	277	248	240	Suède
Switz. & Liechtenstein	15	0	0	1	7	22	0	0	20	20	Suisse et Liechtenstein
TFYR of Macedonia	160	183	226	...	...	...	...	...	...	...	L'ex-RY de Macédoine
Ukraine	0	0	0	56	0	0	0	0	...	...	Ukraine
United Kingdom[6]	3516	3176	3023	2734	2561	1863	1529	1596	1493	950	Royaume-Uni[6]
Oceania											**Océanie**
Australia[1]	331	157	233	309	211	380	254	160	161	11	Australie[1]
Papua New Guinea	0	145	235	168	165	200	175	272	227	259	Papouasie-Nvl-Guinée

General Note.

Light or medium oil distilling between 30°C and 210°C, for which there is no official definition, but which does not meet the standards laid down for motor spirit. The properties depend upon consumer specification. The C:H ratio is usually 84:14 or 84:16, with a very low sulphur content. Naphtha may be further blended or mixed with other materials to make high-grade motor gasolene or jet fuel, or may be used as a raw material for manufactured gas. Naphtha is sometimes used as input to feedstocks to make various kinds of chemical products, or may be used as a solvent.

Remarque générale.

Huiles légères ou moyennes, dont la température de distillation est comprise entre 30°C et 210°C, pour lesquelles il n'existe pas de définition officielle, mais qui ne répondent pas aux normes fixées pour le carburant auto. Leurs propriétés dépendent des spécifications des utilisateurs. Le rapport C/H est habituellement de 84/14 ou 84/16, avec une très faible teneur en soufre. On peut couper ou mélanger les naphtas avec d'autres produits pour obtenir de l'essence auto de haute qualité ou du carburéacteur, ou s'en servir comme matières premières dans la fabrication du gaz de ville. Ils servent parfois d'intrants pour la fabrication de divers produits chimiques, ou de solvants.

[1] Twelve months ending 30 June of year stated.
[2] Including Puerto Rico, Guam, the U.S. Virgin Islands, American Samoa, Johnston Atoll, Midway Islands, Wake Island and the Northern Mariana Islands.
[3] Twelve months beginning 1 April of year stated.
[4] Twelve months beginning 21 March of year stated.
[5] Twelve months beginning 1 July of year stated.
[6] Including Jersey and Guernsey.

[1] Période de douze mois finissant le 30 juin de l'année indiquée.
[2] Y compris Porto Rico, Guam, îles Vierges américaines, Samoas américaines, atoll de Johnston, îles Midway, île Wake et îles Mariannes septentrionales.
[3] Période de douze mois commençant le 1er avril de l'année indiquée.
[4] Période de douze mois commençant le 21 mars de l'année indiquée.
[5] Période de douze mois commençant le 1er juillet de l'année indiquée.
[6] Y compris Jersey et Guernesey.

Kerosene
Kérosène

CPC-BASED CODE - CODE BASE CPC
33340-1

Unit: Thousand metric tons — Unité: Milliers de tonnes métriques

Country or area	2003	2004	2005	2006	2007	2008	2009	2010	2011	2012	Pays ou zone
Africa											**Afrique**
Algeria	12	14	11	9	6	2	1	0	0	0	Algérie
Angola	44	41	31	5	1	1	0	0	73	60	Angola
Cameroon	276	263	352	300	0	0	0	0	0	...	Cameroun
Congo	21	0	13	12	14	17	21	34	22	32	Congo
Côte d'Ivoire	638	681	714	976	47	53	53	68	45	59	Côte d'Ivoire
Egypt[1]	585	507	308	167	143	133	151	431	285	296	Égypte[1]
Gabon	20	19	24	23	23	25	27	29	29	28	Gabon
Ghana	110	111	88	65	122	169	49	71	53	21	Ghana
Kenya	84	93	99	104	103	96	142	149	118	67	Kenya
Libya	319	322	287	269	283	290	380	391	131	194	Libye
Morocco	52	12	2	3	0	0	0	0	...	...	Maroc
Nigeria	480	441	1176	706	296	601	286	584	674	544	Nigéria
Senegal	26	19	19	5	5	4	3	3	3	1	Sénégal
Somalia	35	35	35	35	0	0	0	0	0	0	Somalie
South Africa	620	512	535	473	465	400	403	342	384	353	Afrique du Sud
Sudan (former)	15	15	40	41	12	9	6	4	4	4	Soudan (anc.)
Tunisia	165	169	229	136	130	120	85	16	40	37	Tunisie
Zambia	19	22	19	19	21	23	28	30	32	34	Zambie
America, North											**Amérique du Nord**
Canada	1575	1519	1626	1576	1545	1451	1286	605	488	454	Canada
Costa Rica	5	1	2	3	1	2	2	2	2	0	Costa Rica
Cuba	191	219	265	126	69	42	24	0	4	31	Cuba
Dominican Republic	8	9	10	11	8	8	9	10	10	9	Rép. dominicaine
El Salvador	19	21	22	16	2	2	2	2	2	1	El Salvador
Guatemala	0	0	0	0	1	1	1	0	1	1	Guatemala
Jamaica	19	19	1	1	1	1	1	2	2	6	Jamaïque
Martinique	153	148	140	130	122	125	120	116	123	125	Martinique
Mexico	67	60	40	18	2	1	0	0	0	...	Mexique
Nicaragua	8	11	10	9	9	6	6	6	5	5	Nicaragua
Trinidad and Tobago	6	10	10	75	56	58	29	29	30	29	Trinité-et-Tobago
United States[2]	2873	3167	3150	2330	1780	879	1024	805	728	420	États-Unis[2]
America, South											**Amérique du Sud**
Argentina	28	29	24	23	21	8	11	44	36	20	Argentine
Bolivia (Plur. State of)	26	19	19	19	17	15	16	16	16	15	Bolivie (État plur. de)
Brazil	157	92	41	31	20	19	19	20	25	19	Brésil
Chile	88	96	89	58	93	77	60	58	78	100	Chili
Colombia	116	122	122	128	130	145	159	182	196	216	Colombie
Ecuador	0	0	0	0	3	5	2	4	5	5	Équateur
Paraguay	2	3	2	0	0	0	0	0	...	...	Paraguay
Peru	510	329	282	83	56	46	72	67	66	49	Pérou
Uruguay	11	9	9	8	9	6	8	8	8	9	Uruguay
Venezuela (Bol. R. of)	15	23	23	22	0	16	17	65	14	68	Venezuela (R.bol.du)
Asia											**Asie**
Azerbaijan	143	143	118	44	32	40	7	0	0	0	Azerbaïdjan
Bahrain	581	314	142	140	112	85	53	42	25	25	Bahreïn
Bangladesh[1]	358	317	269	317	306	263	201	252	297	244	Bangladesh[1]
Brunei Darussalam	3	3	3	4	4	3	3	4	3	7	Brunéi Darussalam
China[3]	8553	9622	10065	9755	11533	11589	14803	19217	19324	21840	Chine[3]
Cyprus	38	11	...	...	...	...	...	...	...	...	Chypre
Dem.P.R. of Korea	37	37	31	24	29	30	35	36	36	36	Rép.p.d. de Corée
India[4]	10187	9298	9078	8491	7794	8223	8545	7702	7789	7868	Inde[4]
Indonesia	7565	7341	6941	7165	6894	6182	3794	2478	1857	1396	Indonésie
Iran (Islamic Rep. of)[5]	7417	7040	6192	6287	6568	6311	5491	4558	4378	4606	Iran (Rép. islam. d')[5]
Iraq	1064	917	1318	1307	1272	2042	2056	2100	2258	2147	Iraq
Israel	84	96	101	104	103	625	468	590	527	367	Israël
Japan	22031	22014	22790	20120	18783	16562	16479	15993	15615	14779	Japon
Jordan	191	162	232	132	139	105	81	85	58	96	Jordanie
Kazakhstan	51	49	43	143	176	183	171	224	177	167	Kazakhstan
Kuwait	4743	4823	5348	5854	6233	5856	5805	5981	5912	6401	Koweït
Malaysia	952	572	513	536	227	237	547	468	406	633	Malaisie
Myanmar[4]	1	1	2	2	2	2	1	2	2	1	Myanmar[4]
Oman	4	5	11	16	60	39	8	4	4	4	Oman
Pakistan[6]	241	203	209	207	219	175	138	122	132	161	Pakistan[6]

For general note and footnotes, see end of table — Voir la fin du tableau pour la remarque générale est les notes

Kerosene (continued)
Kérosène (suite)

CPC-BASED CODE - CODE BASE CPC
33340-1

Unit: Thousand metric tons | Unité: Milliers de tonnes métriques

Country or area	2003	2004	2005	2006	2007	2008	2009	2010	2011	2012	Pays ou zone
Philippines	362	229	210	162	166	133	129	140	100	92	Philippines
Qatar	4	...	...	...	...	...	...	...	...	...	Qatar
Rep. of Korea	8397	6599	5791	5410	3827	4116	4642	4931	4632	4200	Rép. de Corée
Saudi Arabia	5264	5379	6498	6211	5403	5596	5100	4667	4878	5124	Arabie saoudite
Singapore	531	630	667	652	751	752	601	679	718	718	Singapour
Sri Lanka	153	144	142	144	97	111	83	93	93	75	Sri Lanka
Syrian Arab Republic	39	58	72	74	19	15	3	4	4	3	Rép. arabe syrienne
Thailand	550	920	799	820	103	152	80	372	123	61	Thaïlande
Turkey	80	64	24	32	71	13	25	39	60	45	Turquie
Uzbekistan	117	110	73	81	74	73	69	59	56	50	Ouzbékistan
Yemen	107	109	109	98	97	106	121	107	58	37	Yémen
Europe											**Europe**
Albania	5	8	0	0	0	0	0	0	...	...	Albanie
Austria	1	1	1	13	1	8	3	3	0	16	Autriche
Belarus	130	169	192	462	428	355	361	251	274	146	Bélarus
Belgium	62	78	65	42	32	31	66	44	36	35	Belgique
Croatia	1	1	1	2	0	0	0	0	0	0	Croatie
France and Monaco	76	76	75	121	77	74	53	96	1	0	France et Monaco
Germany	10	7	14	5	2	4	3	6	5	3	Allemagne
Greece	19	29	41	34	26	20	54	12	10	6	Grèce
Ireland	315	252	239	228	202	210	200	209	117	131	Irlande
Italy and San Marino	330	253	33	30	190	342	262	136	563	672	Italie et St-Marin
Netherlands	498	379	469	368	430	337	373	288	390	585	Pays-Bas
Norway, Sv., J.May.	196	228	143	232	225	209	108	183	434	223	Norvège, Sv., J.May.
Poland	9	36	17	1	1	4	1	1	1	1	Pologne
Portugal	1	2	3	2	2	2	0	2	1	1	Portugal
Romania	33	45	56	22	8	18	12	14	26	23	Roumanie
Russian Federation	66	65	70	74	75	74	0	0	...	...	Fédération de Russie
Serbia	...	...	9	8	0	0	0	0	...	...	Serbie
Serbia & Montenegro	82	10	...	...	...	...	...	...	...	...	Serbie-et-Monténégro
Slovakia	1	1	2	1	2	3	1	1	2	1	Slovaquie
Spain	1732	3969	4027	4199	4055	3807	4440	5487	6452	8371	Espagne
United Kingdom[7]	3521	3613	3325	3374	2968	3092	2830	2570	2377	2268	Royaume-Uni[7]
Oceania											**Océanie**
Australia[1]	188	145	105	92	71	84	58	28	11	1	Australie[1]
New Zealand[4]	3	3	2	2	3	1	1	2	2	0	Nouvelle-Zélande[4]
Papua New Guinea	0	27	...	...	...	...	...	...	...	...	Papouasie-Nvl-Guinée

General Note.

Medium oil distilling between 150ºC and 300ºC; at least 65% of volume distills at 250ºC. Its specific gravity is roughly 0.80 and its flash point is above 38ºC. It is used as an illuminant and as a fuel in certain types of spark-ignition engines, such as those used for agricultural tractors and stationary engines. Other names for this product are burning oil, vaporizing oil, power kerosene and illuminating oil.

[1] Twelve months ending 30 June of year stated.
[2] Including Puerto Rico, Guam, the U.S. Virgin Islands, American Samoa, Johnston Atoll, Midway Islands, Wake Island and the Northern Mariana Islands.
[3] Including jet fuel.
[4] Twelve months beginning 1 April of year stated.
[5] Twelve months beginning 21 March of year stated.
[6] Twelve months beginning 1 July of year stated.
[7] Including Jersey and Guernsey.

Remarque générale.

Huile moyennement visqueuse, dont les températures de distillation se situent entre 150°C et 300°C, et qui donne au moins 65 % de distillat à 250°C. Sa densité se situe autour de 0,80, et son point d'éclair est supérieur à 38°C. Il sert à l'éclairage et aussi de carburant dans certains moteurs à allumage commandé, tels que ceux de tracteurs agricoles et les moteurs fixes. Ce produit est également appelé kérosène et huile d'éclairage.

[1] Période de douze mois finissant le 30 juin de l'année indiquée.
[2] Y compris Porto Rico, Guam, îles Vierges américaines, Samoas américaines, atoll de Johnston, îles Midway, île Wake et îles Mariannes septentrionales.
[3] Y compris les carburéacteurs.
[4] Période de douze mois commençant le 1er avril de l'année indiquée.
[5] Période de douze mois commençant le 21 mars de l'année indiquée.
[6] Période de douze mois commençant le 1er juillet de l'année indiquée.
[7] Y compris Jersey et Guernesey.

White spirit/industrial spirit
White spirit/essences spéciales

CPC-BASED CODE - CODE BASE CPC
33350-0

Unit: Thousand metric tons | Unité: Milliers de tonnes métriques

Country or area	2003	2004	2005	2006	2007	2008	2009	2010	2011	2012	Pays ou zone
Africa											**Afrique**
Algeria	17	16	13	...	...	...	...	...	...	...	Algérie
Cameroon	9	9	9	0	0	0	0	0	0	...	Cameroun
Gabon	10	8	6	5	3	3	3	2	2	...	Gabon
South Africa	58	57	63	71	65	73	79	70	86	84	Afrique du Sud
Tunisia	8	8	9	8	12	13	11	3	6	15	Tunisie
America, North											**Amérique du Nord**
Canada	114	70	61	43	41	38	26	49	54	70	Canada
Nicaragua	30	31	32	26	28	18	18	19	21	12	Nicaragua
United States[1]	2255	1920	1642	1551	1786	1742	1407	1609	1620	1919	États-Unis[1]
America, South											**Amérique du Sud**
Argentina	191	214	232	254	257	180	188	293	263	301	Argentine
Bolivia (Plur. State of)	...	...	45	38	48	47	2	5	15	13	Bolivie (État plur. de)
Brazil	551	588	507	413	410	338	319	357	266	205	Brésil
Ecuador	...	...	...	...	...	...	...	...	18	21	Équateur
Uruguay	3	2	0	2	2	2	3	3	9	2	Uruguay
Asia											**Asie**
Bangladesh[2]	...	...	...	...	7	6	5	6	8	7	Bangladesh[2]
China	...	...	...	...	...	...	...	743	1730	1614	Chine
Indonesia	205	358	350	300	397	400	537	22	20	22	Indonésie
Japan	127	123	126	125	109	104	77	70	113	116	Japon
Kazakhstan	2	3	3	10	22	8	0	0	0	0	Kazakhstan
Rep. of Korea	315	449	533	633	610	491	492	596	496	489	Rép. de Corée
Singapore	217	223	274	268	247	247	197	223	236	236	Singapour
Sri Lanka	3	4	4	6	5	3	1	3	4	4	Sri Lanka
Syrian Arab Republic	3	2	2	2	...	...	...	...	...	...	Rép. arabe syrienne
Turkey	3	3	3	7	14	30	159	195	207	474	Turquie
Uzbekistan	15	14	11	10	9	9	8	7	7	6	Ouzbékistan
Europe											**Europe**
Austria	0	0	0	0	0	0	64	70	65	0	Autriche
Belgium	116	98	86	84	82	67	69	86	0	0	Belgique
Bulgaria	7	5	5	3	0	5	1	3	2	3	Bulgarie
Czech Republic	2	0	0	0	0	0	0	0	1	0	République tchèque
Finland	114	109	147	112	163	144	157	175	193	152	Finlande
France and Monaco	99	153	156	161	187	209	62	107	106	99	France et Monaco
Germany	36	11	0	0	0	15	33	30	26	22	Allemagne
Greece	...	...	...	...	...	...	...	...	...	2	Grèce
Hungary	201	28	34	25	27	32	16	25	21	85	Hongrie
Italy and San Marino	17	12	44	12	35	21	20	10	5	5	Italie et St-Marin
Netherlands	294	314	300	256	38	40	39	107	111	103	Pays-Bas
Poland	23	21	51	52	115	166	124	161	176	168	Pologne
Portugal	34	35	35	34	22	21	21	29	14	17	Portugal
Romania	13	32	46	50	40	42	48	60	86	106	Roumanie
Russian Federation	...	...	...	...	...	...	...	45	51	49	Fédération de Russie
Slovakia	35	38	34	30	23	23	14	2	0	0	Slovaquie
Spain	152	178	172	207	191	174	178	163	206	179	Espagne
Ukraine	16	24	14	C	6	C	C	C	C	...	Ukraine
United Kingdom[3]	104	100	136	107	70	55	61	66	65	72	Royaume-Uni[3]
Oceania											**Océanie**
Australia[2]	124	115	114	99	105	103	76	69	71	70	Australie[2]

General Note.

A highly refined distillate with a boiling point ranging from 135°C to 200°C, which is used as a paint solvent and for dry-cleaning purposes.

Remarque générale.

Distillats hautement raffinés dont le point d'ébullition se situe entre 135°C et 200°C, utilisés comme solvants à peinture et dans le nettoyage à sec.

[1] Including Puerto Rico, Guam, the U.S. Virgin Islands, American Samoa, Johnston Atoll, Midway Islands, Wake Island and the Northern Mariana Islands.

[2] Twelve months ending 30 June of year stated.

[3] Including Jersey and Guernsey.

[1] Y compris Porto Rico, Guam, îles Vierges américaines, Samoas américaines, atoll de Johnston, îles Midway, île Wake et îles Mariannes septentrionales.

[2] Période de douze mois finissant le 30 juin de l'année indiquée.

[3] Y compris Jersey et Guernesey.

Gas-diesel oil (distillate fuel oil)
Gazole/carburant diesel

CPC-BASED CODE - CODE BASE CPC
33360-0

Unit: Thousand metric tons — Unité: Milliers de tonnes métriques

Country or area	2003	2004	2005	2006	2007	2008	2009	2010	2011	2012	Pays ou zone
Africa											**Afrique**
Algeria	6186	6340	5946	5998	6388	7403	7533	7806	7573	6867	Algérie
Angola	683	493	461	482	513	527	509	530	518	541	Angola
Cameroon	544	607	610	569	686	650	610	740	717	704	Cameroun
Congo	119	120	110	123	141	109	177	223	195	283	Congo
Côte d'Ivoire	788	1180	1205	1269	1089	1174	1153	983	712	1057	Côte d'Ivoire
Egypt[1]	8602	7922	8160	8440	8803	8666	8267	8385	7497	7116	Égypte[1]
Gabon	202	223	215	213	260	258	278	298	297	287	Gabon
Ghana	507	568	406	294	398	361	103	293	310	122	Ghana
Kenya	411	387	367	368	397	374	372	347	429	239	Kenya
Libya	4737	4782	4849	5007	4137	3845	4178	4278	1522	2251	Libye
Madagascar	109	69	...	...	...	...	...	...	...	...	Madagascar
Morocco	1535	2254	2295	2033	1996	1819	1385	2256	2403	2481	Maroc
Niger	...	...	...	...	...	...	...	0	36	328	Niger
Nigeria	1418	1179	2160	1281	638	1186	571	1027	1085	1030	Nigéria
Senegal	463	471	356	115	339	409	326	289	329	412	Sénégal
Somalia	10	10	10	10	0	0	0	0	0	0	Somalie
South Africa	7593	5772	7967	4963	5724	6331	5692	6985	7758	7707	Afrique du Sud
Sudan (former)	1273	1287	1335	1817	2066	1864	2105	1936	1727	1666	Soudan (anc.)
Tunisia	502	432	482	506	555	551	576	83	254	661	Tunisie
Zambia	170	196	166	162	182	196	240	256	274	294	Zambie
America, North											**Amérique du Nord**
Canada	31136	31590	30742	30702	31223	30875	30428	30880	30177	31547	Canada
Costa Rica	168	163	149	232	249	244	130	145	52	0	Costa Rica
Cuba	444	385	365	420	464	1097	1271	1224	1221	1319	Cuba
Dominican Republic	411	417	423	424	372	376	354	395	352	346	Rép. dominicaine
El Salvador	193	196	202	172	229	186	197	132	156	111	El Salvador
Guatemala	0	24	25	22	25	22	24	23	32	31	Guatemala
Jamaica	158	130	87	226	240	176	172	192	216	225	Jamaïque
Martinique	177	150	157	167	170	183	191	198	209	213	Martinique
Mexico	16019	16308	16142	16818	16931	17477	19077	17782	17768	18853	Mexique
Netherlands Antilles	1937	2532	2463	2481	2350	2252	2056	924	1810	1886	Antilles néerlandaises
Nicaragua	193	209	209	199	198	187	222	217	233	156	Nicaragua
Trinidad and Tobago	1522	1421	1764	1657	1715	1738	1718	1442	1381	921	Trinité-et-Tobago
United States[2]	188137	194143	200203	204267	208522	216717	201505	210529	222846	222101	États-Unis[2]
America, South											**Amérique du Sud**
Argentina	10143	10294	11365	10948	10970	10619	10211	10147	10024	9931	Argentine
Bolivia (Plur. State of)	482	622	599	620	656	679	544	542	574	616	Bolivie (État plur. de)
Brazil	30608	34079	33368	33597	34035	35697	36886	36004	37383	39881	Brésil
Chile	3865	3693	3534	3717	3623	3811	3442	2920	3168	2863	Chili
Colombia	3308	3575	3546	4317	4395	4395	3570	3501	4867	4806	Colombie
Ecuador	1481	1698	1685	1662	1637	1654	1774	1483	1734	1637	Équateur
Paraguay	42	33	16	0	0	0	0	0	...	...	Paraguay
Peru	1883	2036	2532	2780	3063	3076	4334	4701	4639	4248	Pérou
Suriname	38	39	41	42	42	42	42	56	55	53	Suriname
Uruguay	618	807	810	760	637	815	671	716	450	759	Uruguay
Venezuela (Bol. R. of)	11418	14715	12949	15040	13056	15128	15958	12577	15499	12527	Venezuela (R.bol.du)
Asia											**Asie**
Azerbaijan	1641	1789	2101	2095	2109	2526	2367	2488	2483	2369	Azerbaïdjan
Bahrain	4295	4643	4820	4866	4904	4547	4439	4275	3806	4092	Bahreïn
Bangladesh[1]	303	274	293	284	258	339	288	413	415	408	Bangladesh[1]
Brunei Darussalam	165	173	178	190	189	187	173	169	164	114	Brunéi Darussalam
China	85328	98436	110902	117624	123591	134092	142886	149244	156897	170638	Chine
Cyprus	327	88	...	...	...	...	...	...	...	...	Chypre
Dem.P.R. of Korea	201	203	171	131	157	161	186	189	188	188	Rép.p.d. de Corée
Georgia	2	2	1	0	0	0	0	0	0	0	Géorgie
India[3]	41966	47426	48495	54268	59032	63495	77605	78631	82864	91085	Inde[3]
Indonesia	13786	14661	13889	13216	11368	12766	13769	13338	15842	16774	Indonésie
Iran (Islamic Rep. of)[4]	26213	26213	25164	25564	25905	27062	28178	28892	30076	29814	Iran (Rép. islam. d')[4]
Iraq	6610	6197	3515	3198	2946	4152	4220	5213	6365	6243	Iraq
Israel	2977	2750	3042	3231	3025	3730	3788	3775	3562	3915	Israël
Japan	57401	57059	57700	54711	55300	54572	50048	49971	46080	45381	Japon
Jordan	1160	1223	1401	1391	1273	1241	1160	908	1034	1114	Jordanie
Kazakhstan	2128	2888	3705	3888	4295	4375	4405	4613	4774	4890	Kazakhstan
Kuwait	12426	12204	12397	11079	11475	11848	11074	10807	10872	11563	Koweït
Kyrgyzstan	22	27	31	31	52	60	48	38	28	31	Kirghizistan

For general note and footnotes, see end of table — Voir la fin du tableau pour la remarque générale est les notes

Gas-diesel oil (distillate fuel oil) (continued)
Gazole/carburant diesel (suite)

CPC-BASED CODE - CODE BASE CPC
33360-0

Unit: Thousand metric tons | Unité: Milliers de tonnes métriques

Country or area	2003	2004	2005	2006	2007	2008	2009	2010	2011	2012	Pays ou zone
Malaysia	8922	9260	8952	9057	8806	9622	9245	8599	8788	9878	Malaisie
Myanmar[3]	249	196	206	276	212	192	125	240	196	166	Myanmar[3]
Oman	885	864	950	905	650	1975	1795	1490	2147	2074	Oman
Pakistan[5]	3262	3603	3419	3383	3697	3351	3213	3288	3252	3902	Pakistan[5]
Philippines	3851	3004	3399	3575	3659	3302	2426	3175	3486	3130	Philippines
Qatar	965	1004	948	1020	1030	1194	1723	2878	2616	2205	Qatar
Rep. of Korea	27801	29048	31508	32392	34314	35860	35519	36441	39604	41874	Rép. de Corée
Saudi Arabia	28899	31486	31685	32411	31970	33169	30521	30993	30750	31383	Arabie saoudite
Singapore	13009	13898	15712	15918	16321	16947	10869	12903	13606	14245	Singapour
Sri Lanka	613	677	578	628	445	451	485	442	501	394	Sri Lanka
Syrian Arab Republic	3912	4123	3714	4155	3824	3735	3980	3698	3624	2572	Rép. arabe syrienne
Tajikistan	...	...	...	...	3	3	3	3	3	3	Tadjikistan
Thailand	15608	17511	16378	16737	18381	17754	18738	19417	19208	20836	Thaïlande
Turkey	8087	7665	7601	7549	7016	7078	5102	5317	7044	7856	Turquie
Turkmenistan	1796	1800	1840	1900	2160	2300	2440	2790	2520	2470	Turkménistan
United Arab Emirates	4609	4754	4262	4428	4242	4219	4354	4765	4880	4241	Émirats arabes unis
Uzbekistan	1993	1879	1240	1379	1251	1287	1302	1125	1058	1021	Ouzbékistan
Viet Nam	...	...	...	...	...	...	553	2671	2701	2977	Viet Nam
Yemen	833	809	902	692	1014	1086	1070	1096	762	343	Yémen
Europe											**Europe**
Albania	97	74	72	99	85	87	56	22	85	20	Albanie
Austria	3849	3529	3879	3685	3461	3945	3867	3306	3924	3780	Autriche
Belarus	4913	5845	6426	6616	6679	7404	7559	5956	7440	7539	Bélarus
Belgium	13013	12327	11938	12660	12836	12959	12248	12535	11497	12574	Belgique
Bosnia & Herzegovina	19	42	31	0	0	27	338	411	503	434	Bosnie-Herzégovine
Bulgaria	1878	1915	2270	2521	2376	2397	2108	1938	1992	2205	Bulgarie
Croatia	1873	1741	1603	1565	1676	1397	1488	1307	1131	1287	Croatie
Czech Republic	2591	2673	3067	3128	2902	3461	3131	3277	3011	3115	République tchèque
Denmark	3451	3329	3224	3258	3198	3098	3308	3029	2858	3411	Danemark
Finland	5038	5078	4964	5502	5863	6494	6643	6377	6505	6401	Finlande
France and Monaco	34979	34421	33590	33733	34392	35693	31719	28977	29481	24948	France et Monaco
Germany	48638	49551	52137	50854	49315	48639	45682	43310	42429	43580	Allemagne
Greece	6053	5369	5653	6452	6562	6517	6443	6791	5659	7816	Grèce
Hungary	3124	2989	3515	3498	3722	3605	3291	3873	3563	3542	Hongrie
Ireland	988	964	1097	1121	1186	1132	975	1070	1047	1247	Irlande
Italy and San Marino	38389	39537	39844	39805	41079	39586	35985	36664	35631	35099	Italie et St-Marin
Lithuania	2064	2523	2781	2246	1493	2716	2613	2908	3107	3025	Lituanie
Netherlands	20787	20234	21122	19685	19253	20438	20384	21254	20449	20219	Pays-Bas
Norway, Sv., J.May.	6634	6241	6835	7108	6847	6107	6052	5716	6523	6161	Norvège, Sv., J.May.
Poland	6722	7371	7459	8336	8787	9428	9745	10388	10929	11289	Pologne
Portugal	4955	4703	4906	5102	4634	4478	3810	3917	3576	3871	Portugal
Rep. of Moldova	...	...	0	0	3	4	5	4	4	3	Rép. de Moldova
Romania	3988	4170	4709	4593	4660	4841	4422	3835	3743	3806	Roumanie
Russian Federation	53930	55489	60003	64166	66301	68879	67233	69975	70293	69436	Fédération de Russie
Serbia	...	...	1234	1038	1091	1054	983	901	776	691	Serbie
Serbia & Montenegro	1254	1315	...	...	...	...	...	...	...	...	Serbie-et-Monténégro
Slovakia	2349	2598	2455	2587	2819	2774	2743	2706	3056	2732	Slovaquie
Spain	21631	21563	23457	23844	23933	24792	22390	22900	23644	26490	Espagne
Sweden	6942	7238	6951	7204	6414	7991	7670	7558	7075	7966	Suède
Switz. & Liechtenstein	1893	2148	2170	2573	2172	2326	2381	2269	2209	1703	Suisse et Liechtenstein
TFYR of Macedonia	322	359	394	443	424	450	376	364	278	74	L'ex-RY de Macédoine
Ukraine	6484	6544	5531	4519	4368	3765	3979	3781	2713	1411	Ukraine
United Kingdom[6]	27596	28857	28662	25931	26303	26760	25383	24834	25484	24712	Royaume-Uni[6]
Oceania											**Océanie**
Australia[1]	11430	11590	10790	9466	9270	10201	10248	9808	10803	10352	Australie[1]
New Zealand[3]	1995	1730	1764	1820	1731	1778	1723	1911	1923	2139	Nouvelle-Zélande[3]
Papua New Guinea	0	150	410	530	395	359	406	402	455	462	Papouasie-Nvl-Guinée

General Note.

Heavy oils distilling between 200°C and 380°C, but distilling less than 65% in volume at 250°C, including losses, and 85% or more at 350°C. Its flash point is always above 50°C and its specific gravity is higher than 0.82. Heavy oils obtained by blending are grouped together with gas oils on the condition that their kinematic viscosity does not exceed 27.5 cSt at 38°C. Also included are middle distillates intended for the petrochemical industry. Gas-diesel oils are used as a fuel for internal combustion in diesel engines, as a burner fuel in heating installations, such as furnaces, and for enriching water gas to increase its luminosity. Other names for this product are diesel fuel, diesel oil, gas oil and solar oil.

Remarque générale.

Huiles lourdes dont les températures de distillation se situent entre 200°C et 380°C, donnant moins de 65 % en volume de distillat à 250°C, pertes comprises, et 85 % ou plus à 350°C. Leur point d'éclair est toujours supérieur à 50°C, et leur densité supérieure à 0,82. Les huiles lourdes obtenues par mélange sont classées dans la même catégorie que les gazoles à condition que leur viscosité cinématique ne dépasse pas 27,5 cSt à 38°C. Sont compris dans cette catégorie les distillats moyens destinés à l'industrie pétrochimique. Les gazoles servent de carburant pour la combustion interne dans les moteurs diesel, de combustibles dans les installations de chauffage telles que les chaudières, et d'additifs destinés à augmenter la luminosité de la flamme du gaz à l'eau. Ce produit est appelé gazole, gasoil, carburant ou combustible diesel, mazout distillé et huile de chauffage.

Gas-diesel oil (distillate fuel oil) (continued)
Gazole/carburant diesel (suite)

CPC-BASED CODE - CODE BASE CPC
33360-0

[1] Twelve months ending 30 June of year stated.
[2] Including Puerto Rico, Guam, the U.S. Virgin Islands, American Samoa, Johnston Atoll, Midway Islands, Wake Island and the Northern Mariana Islands.
[3] Twelve months beginning 1 April of year stated.
[4] Twelve months beginning 21 March of year stated.
[5] Twelve months beginning 1 July of year stated.
[6] Including Jersey and Guernsey.

[1] Période de douze mois finissant le 30 juin de l'année indiquée.
[2] Y compris Porto Rico, Guam, îles Vierges américaines, Samoas américaines, atoll de Johnston, îles Midway, île Wake et îles Mariannes septentrionales.
[3] Période de douze mois commençant le 1er avril de l'année indiquée.
[4] Période de douze mois commençant le 21 mars de l'année indiquée.
[5] Période de douze mois commençant le 1er juillet de l'année indiquée.
[6] Y compris Jersey et Guernesey.

Residual fuel oils
Mazout résiduel

CPC-BASED CODE - CODE BASE CPC
33370-0

Unit: Thousand metric tons — Unité: Milliers de tonnes métriques

Country or area	2003	2004	2005	2006	2007	2008	2009	2010	2011	2012	Pays ou zone
Africa											**Afrique**
Algeria	6093	5560	5055	5340	5518	6009	5581	5749	5848	5115	Algérie
Angola	609	604	609	587	601	680	671	620	727	817	Angola
Cameroon	384	388	341	354	364	354	259	329	319	313	Cameroun
Congo	287	295	294	377	437	327	349	227	197	285	Congo
Côte d'Ivoire	318	431	687	521	500	657	438	521	328	543	Côte d'Ivoire
Egypt[1]	10577	11273	10966	10653	10989	9529	9166	8851	8902	9180	Égypte[1]
Gabon	285	316	314	325	356	364	392	420	418	403	Gabon
Ghana	164	199	206	156	49	225	25	97	91	79	Ghana
Kenya	524	620	549	596	534	515	498	450	520	300	Kenya
Libya	4556	4597	4443	6633	5322	5810	4902	6315	1668	2582	Libye
Madagascar	152	122	...	...	...	...	...	...	...	...	Madagascar
Morocco	1747	2264	2545	2265	2269	1880	1492	1586	2441	2118	Maroc
Nigeria	1838	1866	3295	2385	1138	1702	770	1276	1691	1287	Nigéria
Senegal	316	327	279	100	188	243	191	131	175	205	Sénégal
Somalia	20	25	25	25	0	0	0	0	0	0	Somalie
South Africa	5162	3188	4197	3096	2589	3125	2703	2292	2403	2856	Afrique du Sud
Sudan (former)	328	422	411	562	661	718	817	675	629	398	Soudan (anc.)
Tunisia	609	595	609	604	646	668	607	94	236	574	Tunisie
Zambia	60	69	58	57	64	69	85	91	97	104	Zambie
America, North											**Amérique du Nord**
Canada	7989	8724	8263	7763	8408	7870	6367	6719	6629	7296	Canada
Costa Rica	222	247	241	303	339	206	93	202	61	0	Costa Rica
Cuba	1024	858	859	892	940	2668	2629	2436	2322	2520	Cuba
Dominican Republic	449	839	812	762	752	670	363	377	370	315	Rép. dominicaine
El Salvador	494	569	569	462	477	410	465	466	379	295	El Salvador
Jamaica	495	370	268	561	473	770	749	714	729	695	Jamaïque
Martinique	300	348	349	354	361	366	371	388	410	417	Martinique
Mexico	22581	21023	19991	18520	17147	16465	17982	18328	17486	15593	Mexique
Netherlands Antilles	3313	3190	3647	3487	4056	3960	4038	1518	2974	3101	Antilles néerlandaises
Nicaragua	400	427	378	404	395	346	395	372	355	234	Nicaragua
Trinidad and Tobago	3247	2971	3180	2888	2884	2624	2547	2210	2461	2297	Trinité-et-Tobago
United States[2]	39219	38916	37180	37666	39493	36470	34740	34054	29529	27022	États-Unis[2]
America, South											**Amérique du Sud**
Argentina	1946	2368	2795	3422	4267	4714	3219	3653	3351	3953	Argentine
Bolivia (Plur. State of)	0	0	531	538	528	487	338	391	416	332	Bolivie (État plur. de)
Brazil	15779	16074	15461	15661	15707	15553	14386	14115	13289	13747	Brésil
Chile	1814	2294	2306	2646	2445	1906	1802	1401	1238	1192	Chili
Colombia	2932	3330	3056	2792	3318	3318	3251	3871	3923	4093	Colombie
Ecuador	2957	3195	3352	3406	3815	3644	3371	3040	3513	3195	Équateur
Paraguay	30	20	11	0	0	0	0	0	...	...	Paraguay
Peru	3245	3324	2958	2878	2693	2825	2338	2429	2414	1716	Pérou
Suriname	333	320	349	360	360	360	363	779	843	865	Suriname
Uruguay	448	518	505	381	368	525	513	462	307	414	Uruguay
Venezuela (Bol. R. of)	12841	14486	11963	12457	10327	15453	16300	14139	16733	15828	Venezuela (R.bol.du)
Asia											**Asie**
Azerbaijan	2470	2521	3061	2899	2949	1624	287	231	254	286	Azerbaïdjan
Bahrain	3008	2751	2912	2761	2355	2242	2314	2312	2706	2429	Bahreïn
Bangladesh[1]	57	350	297	350	338	290	192	341	367	275	Bangladesh[1]
Brunei Darussalam	77	89	92	103	97	91	84	91	98	66	Brunéi Darussalam
China	20048	20293	17674	17847	19672	17374	13534	15074	11138	22532	Chine
Cyprus	362	112	...	...	...	...	...	...	...	...	Chypre
Dem.P.R. of Korea	116	117	98	75	90	92	106	108	108	108	Rép.p.d. de Corée
Georgia	13	14	4	4	13	17	5	0	0	0	Géorgie
India[3]	13372	14970	14305	15697	15804	17684	18346	20519	19456	15054	Inde[3]
Indonesia	11755	10995	10352	10127	10173	9471	2803	2271	8833	8472	Indonésie
Iran (Islamic Rep. of)[4]	26585	25839	26390	26500	25311	26809	26379	26481	26689	27701	Iran (Rép. islam. d')[4]
Iraq	6433	6942	10032	9712	9166	10855	11526	13458	13621	14964	Iraq
Israel	3440	3168	3504	3223	2786	2155	2436	2521	2481	1813	Israël
Japan	34028	30985	31649	28536	29545	26868	21872	21169	22410	24499	Japon
Jordan	1251	1516	1430	1357	1226	1001	897	1054	847	975	Jordanie
Kazakhstan	2584	2708	3874	3333	2584	3204	3261	3806	4277	3936	Kazakhstan
Kuwait	9800	9760	9166	11951	11559	11301	10159	10880	9766	10825	Koweït
Kyrgyzstan	40	42	42	42	56	59	39	44	46	39	Kirghizistan
Malaysia	1777	1828	1792	1992	2006	2010	1182	330	576	1621	Malaisie
Myanmar[3]	67	49	51	42	59	63	54	43	45	41	Myanmar[3]
Oman	2298	2139	2319	2244	1979	4080	3760	2698	2933	2867	Oman
Pakistan[5]	3058	3132	3358	3193	3324	3093	2497	2435	2174	2653	Pakistan[5]

For general note and footnotes, see end of table — Voir la fin du tableau pour la remarque générale est les notes

Residual fuel oils (continued)
Mazout résiduel (suite)

CPC-BASED CODE - CODE BASE CPC
33370-0

Unit: Thousand metric tons | Unité: Milliers de tonnes métriques

Country or area	2003	2004	2005	2006	2007	2008	2009	2010	2011	2012	Pays ou zone
Philippines	3899	3537	3463	3057	3206	2413	1628	1949	1994	1734	Philippines
Qatar	429	627	361	734	410	213	238	305	224	321	Qatar
Rep. of Korea	30095	29912	31305	30793	27363	22370	18470	19002	18496	15282	Rép. de Corée
Saudi Arabia	25432	25944	26722	27177	26184	26183	27269	24411	22849	25282	Arabie saoudite
Singapore	8864	10514	11104	10280	9814	8097	4805	6871	7468	5431	Singapour
Sri Lanka	713	786	699	766	772	732	781	686	615	648	Sri Lanka
Syrian Arab Republic	4799	4536	5467	5030	4279	4376	4116	4838	4741	3365	Rép. arabe syrienne
Tajikistan	...	...	...	...	8	10	9	12	10	11	Tadjikistan
Thailand	5947	6335	6409	6578	7333	7174	7188	6266	6074	6393	Thaïlande
Turkey	8038	7845	7208	7271	6369	5363	3012	2780	2492	1567	Turquie
Turkmenistan	2235	2240	2200	2160	2100	2080	2040	2200	2230	2160	Turkménistan
United Arab Emirates	1173	1291	1299	1173	1102	907	1034	970	1067	888	Émirats arabes unis
Uzbekistan	1925	1420	1180	1080	740	526	499	508	456	278	Ouzbékistan
Viet Nam	...	...	...	...	...	...	37	148	150	165	Viet Nam
Yemen	724	409	512	519	551	536	690	597	490	207	Yémen
Europe											**Europe**
Albania	46	68	68	48	31	29	11	4	9	0	Albanie
Austria	978	1032	1200	1095	1061	923	989	815	822	953	Autriche
Belarus	4790	5501	6313	6329	6195	6831	7291	5104	6407	7284	Bélarus
Belgium	8689	8380	8042	7128	7391	7268	5039	5564	5856	5312	Belgique
Bosnia & Herzegovina	36	78	74	0	0	54	338	257	218	176	Bosnie-Herzégovine
Bulgaria	718	965	1230	1512	1550	1596	1536	1422	1424	1488	Bulgarie
Croatia	1036	1012	1160	1097	1180	1128	1066	869	731	563	Croatie
Czech Republic	445	394	581	381	417	335	260	239	195	145	République tchèque
Denmark	1519	1557	1405	1471	1415	1379	1265	1276	1147	1312	Danemark
Finland	1267	1445	1318	1272	1402	1372	1435	1209	1294	1287	Finlande
France and Monaco	10919	11887	11823	11955	11441	11415	9483	9196	9024	8237	France et Monaco
Germany	12232	14013	13340	13684	13669	12023	9756	7942	7754	8319	Allemagne
Greece	7456	7095	6956	6953	7116	6008	5959	5878	5053	5111	Grèce
Hungary	367	313	218	232	200	207	168	111	150	81	Hongrie
Ireland	1005	966	948	1101	1250	1161	949	969	1071	967	Irlande
Italy and San Marino	18018	15612	17460	15649	15220	12763	11236	10548	9180	9216	Italie et St-Marin
Lithuania	1381	1673	1799	1938	1381	1955	1660	1741	1760	1709	Lituanie
Netherlands	12333	13073	12394	12151	9526	8647	8496	9800	8481	8696	Pays-Bas
Norway, Sv., J.May.	1702	1845	1610	1957	2066	2359	2009	1870	1747	1591	Norvège, Sv., J.May.
Poland	3253	2754	2537	2824	2831	2758	2599	3123	3391	3430	Pologne
Portugal	2388	2969	3062	2920	2622	2783	1976	2199	2534	2740	Portugal
Rep. of Moldova	1	0	3	2	5	7	16	12	10	12	Rép. de Moldova
Romania	1562	1559	1707	1303	1186	1168	883	764	722	562	Roumanie
Russian Federation	56377	57981	62365	65189	67690	69105	69573	74998	73640	75072	Fédération de Russie
Serbia	...	...	801	674	796	572	626	691	542	472	Serbie
Serbia & Montenegro	919	853	...	...	...	...	...	...	...	...	Serbie-et-Monténégro
Slovakia	635	585	543	654	544	512	630	692	638	616	Slovaquie
Spain	10130	9125	9019	9245	9340	9638	9147	8334	7927	6536	Espagne
Sweden	5170	5450	5576	5226	4246	4636	4426	5153	4970	5099	Suède
Switz. & Liechtenstein	759	701	611	583	587	596	383	377	344	275	Suisse et Liechtenstein
TFYR of Macedonia	343	282	295	327	402	361	362	260	246	97	L'ex-RY de Macédoine
Ukraine	7970	7766	5889	3836	3477	2460	2600	2464	2181	790	Ukraine
United Kingdom[6]	11517	12988	11728	12277	11452	11199	8640	7525	7907	7164	Royaume-Uni[6]
Oceania											**Océanie**
Australia[1]	1310	1071	1085	1051	952	984	890	860	952	940	Australie[1]
New Zealand[3]	382	382	461	381	400	509	558	380	594	562	Nouvelle-Zélande[3]
Papua New Guinea	0	100	140	105	72	120	94	115	120	127	Papouasie-Nvl-Guinée

General Note.

Heavy oils that make up the distillation residue. It comprises all fuels (including those obtained by blending) with a kinematic viscosity above 27.5 cSt at 38°C. Its flash point is always above 50°C and its specific gravity is higher than 0.90. It is commonly used by ships and industrial large-scale heating installations as a fuel in furnaces or boilers.

Remarque générale.

Huiles lourdes constituant le résidu de la distillation. Cette catégorie comprend tous les combustibles (y compris obtenus par mélange) d'une viscosité cinématique supérieure à 27,5 cSt à 38°C. Leur point d'éclair est toujours situé au-dessus de 50°C et leur densité supérieure à 0,90. Ces produits sont couramment utilisés dans les chaudières des navires et des grandes installations de chauffage industriel.

1 Twelve months ending 30 June of year stated.
2 Including Puerto Rico, Guam, the U.S. Virgin Islands, American Samoa, Johnston Atoll, Midway Islands, Wake Island and the Northern Mariana Islands.
3 Twelve months beginning 1 April of year stated.
4 Twelve months beginning 21 March of year stated.
5 Twelve months beginning 1 July of year stated.
6 Including Jersey and Guernsey.

1 Période de douze mois finissant le 30 juin de l'année indiquée.
2 Y compris Porto Rico, Guam, îles Vierges américaines, Samoas américaines, atoll de Johnston, îles Midway, île Wake et îles Mariannes septentrionales.
3 Période de douze mois commençant le 1er avril de l'année indiquée.
4 Période de douze mois commençant le 21 mars de l'année indiquée.
5 Période de douze mois commençant le 1er juillet de l'année indiquée.
6 Y compris Jersey et Guernesey.

Lubricants
Lubrifiants

CPC-BASED CODE - CODE BASE CPC
33380-0

Unit: Thousand metric tons — Unité: Milliers de tonnes métriques

Country or area	2003	2004	2005	2006	2007	2008	2009	2010	2011	2012	Pays ou zone
Africa											**Afrique**
Algeria	140	162	153	148	143	89	140	152	118	100	Algérie
Cameroon	17	17	17	0	0	0	0	0	0	...	Cameroun
Congo	2	...	...	...	...	...	...	...	...	...	Congo
Côte d'Ivoire	12	12	13	13	13	12	12	14	4	3	Côte d'Ivoire
Egypt[1]	338	395	402	368	375	353	393	328	360	292	Égypte[1]
Gabon	7	7	7	7	9	9	10	10	10	10	Gabon
Kenya	0	0	0	0	0	0	0	0	54	4	Kenya
Madagascar	5	5	...	...	...	...	...	...	...	...	Madagascar
Morocco	0	64	95	96	86	105	85	101	103	107	Maroc
Nigeria	72	76	71	100	79	143	89	37	10	11	Nigéria
Senegal	5	5	5	0	0	0	0	0	...	...	Sénégal
South Africa	446	304	488	247	370	360	379	637	690	631	Afrique du Sud
America, North											**Amérique du Nord**
Canada	1136	1242	1128	1129	1051	1153	965	1006	1029	1128	Canada
Cuba	48	49	43	45	50	51	38	47	49	47	Cuba
Guatemala	...	0	0	9	9	6	7	5	6	0	Guatemala
Mexico	283	280	267	264	268	264	217	220	192	182	Mexique
Netherlands Antilles	223	352	380	349	327	274	204	124	243	253	Antilles néerlandaises
United States[2]	8602	9081	8674	9462	9241	8954	7855	8593	8858	8147	États-Unis[2]
America, South											**Amérique du Sud**
Argentina	420	375	345	344	304	303	247	394	369	372	Argentine
Bolivia (Plur. State of)	9	12	19	21	18	19	20	21	21	22	Bolivie (État plur. de)
Brazil	727	629	648	633	571	669	526	534	534	538	Brésil
Ecuador	...	...	...	...	...	...	...	...	...	3	Équateur
Venezuela (Bol. R. of)	162	184	249	272	230	215	208	205	214	226	Venezuela (R.bol.du)
Asia											**Asie**
Azerbaijan	26	49	39	77	55	66	46	87	91	63	Azerbaïdjan
Bahrain	...	...	...	...	...	...	...	...	74	612	Bahreïn
Bangladesh[1]	14	13	14	14	12	12	10	9	13	13	Bangladesh[1]
China	4098	5326	5358	5953	6174	6079	6891	2189	2479	2224	Chine
India[3]	666	646	677	825	881	874	950	884	1028	896	Inde[3]
Indonesia	404	398	339	386	397	439	388	283	432	421	Indonésie
Iran (Islamic Rep. of)[4]	1594	1548	1458	1590	1536	1308	1492	1497	1595	1538	Iran (Rép. islam. d')[4]
Iraq	191	206	70	42	22	32	44	43	129	122	Iraq
Japan	2312	2326	2346	2378	2325	2110	2169	2357	2210	2084	Japon
Jordan	16	16	15	14	16	16	16	16	16	16	Jordanie
Kazakhstan	1	1	1	1	1	1	0	0	0	0	Kazakhstan
Malaysia	94	136	151	108	103	112	101	172	181	172	Malaisie
Oman	29	27	30	30	25	74	71	58	71	70	Oman
Pakistan[5]	179	188	199	206	203	195	195	199	200	204	Pakistan[5]
Rep. of Korea	1380	1861	1770	1987	2163	2629	2974	2239	2431	2637	Rép. de Corée
Singapore	1586	1968	2211	2532	2646	2907	2581	2447	2649	3137	Singapour
Syrian Arab Republic	...	...	...	...	0	0	0	43	42	30	Rép. arabe syrienne
Turkey	280	292	341	96	294	275	246	263	392	266	Turquie
Uzbekistan	240	224	172	174	158	155	147	125	118	105	Ouzbékistan
Europe											**Europe**
Albania	5	23	...	...	...	...	...	...	...	...	Albanie
Austria	123	108	111	120	122	128	97	96	72	2	Autriche
Belarus	270	...	...	...	...	...	...	...	...	...	Bélarus
Belgium	0	0	0	2	3	2	78	9	0	8	Belgique
Bosnia & Herzegovina	11	12	11	14	10	10	84	134	174	136	Bosnie-Herzégovine
Croatia	12	62	61	53	65	37	18	13	9	12	Croatie
Czech Republic	94	125	139	112	169	146	152	172	159	90	République tchèque
Finland	250	250	211	263	268	280	250	255	295	284	Finlande
France and Monaco	1843	1870	1855	1610	1560	1618	1286	1383	1526	983	France et Monaco
Germany	1594	2084	2045	2264	2431	2409	2237	2511	2431	2469	Allemagne
Greece	200	188	190	215	271	203	210	219	232	221	Grèce
Hungary	116	189	209	182	162	159	166	115	118	130	Hongrie
Italy and San Marino	1296	1294	1286	1196	1252	1084	954	1222	1283	1269	Italie et St-Marin
Lithuania	20	20	20	22	26	29	30	36	40	43	Lituanie
Netherlands	578	619	552	581	583	794	993	916	636	583	Pays-Bas
Poland	161	210	191	229	258	287	296	370	408	455	Pologne

For general note and footnotes, see end of table — Voir la fin du tableau pour la remarque générale est les notes

CPC-BASED CODE - CODE BASE CPC
33380-0

Unit: Thousand metric tons — Unité: Milliers de tonnes métriques

Country or area	2003	2004	2005	2006	2007	2008	2009	2010	2011	2012	Pays ou zone
Portugal	125	154	134	148	120	166	126	123	135	135	Portugal
Rep. of Moldova	1	0	1	1	0	0	0	5	5	2	Rép. de Moldova
Romania	107	161	98	74	48	48	1	0	0	0	Roumanie
Russian Federation	2896	2877	3110	3037	2820	2784	2428	2723	2630	2582	Fédération de Russie
Serbia	...	...	43	36	22	9	4	6	7	8	Serbie
Serbia & Montenegro	42	46	...	...	...	...	...	...	...	...	Serbie-et-Monténégro
Slovakia	50	14	2	1	1	2	0	0	0	...	Slovaquie
Spain	280	427	404	418	241	246	131	237	194	165	Espagne
Sweden	337	418	356	343	338	393	349	375	342	435	Suède
Ukraine	180	214	176	210	214	188	110	119	102	101	Ukraine
United Kingdom[6]	576	1136	936	617	547	514	530	412	430	457	Royaume-Uni[6]
Oceania											**Océanie**
Australia[1]	526	594	181	198	125	103	97	63	54	0	Australie[1]

General Note.

Viscous, liquid hydrocarbons rich in paraffin waxes, distilling between 380°C and 500°C, obtained by vacuum distillation of oil residues from atmospheric distillation. Additives may be included to alter their characteristics. Their main characteristics are: a flash point greater than 125°C; a pour point between –25°C and +5°C depending on the grade; a strong acid number (normally 0.5 mg/g); an ash content less than or equal to 0.3%; and a water content less than or equal to 0.2%. Included are cutting oils, white oils, insulating oils, spindle oils and lubricating greases.

Remarque générale.

Hydrocarbures liquides et visqueux, riches en paraffines, dont les températures de distillation se situent entre 380°C et 500°C et qui sont obtenus par distillation sous vide des résidus de la distillation atmosphérique du pétrole. Des additifs peuvent y être incorporés pour modifier leurs caractéristiques. Leurs principales caractéristiques sont les suivantes : point d'éclair supérieur à 125°C; point d'écoulement compris entre -25°C et +5°C selon la qualité; indice d'acide fort (normalement égal à 0,5 mg/g); teneur en cendres inférieure ou égale à 0,3 %, et teneur en eau inférieure ou égale à 0,2 %. Figurent dans cette rubrique les huiles de coupe, les huiles blanches, les huiles isolantes, les huiles à broches et les graisses lubrifiantes.

[1] Twelve months ending 30 June of year stated.
[2] Including Puerto Rico, Guam, the U.S. Virgin Islands, American Samoa, Johnston Atoll, Midway Islands, Wake Island and the Northern Mariana Islands.
[3] Twelve months beginning 1 April of year stated.
[4] Twelve months beginning 21 March of year stated.
[5] Twelve months beginning 1 July of year stated.
[6] Including Jersey and Guernsey.

[1] Période de douze mois finissant le 30 juin de l'année indiquée.
[2] Y compris Porto Rico, Guam, îles Vierges américaines, Samoas américaines, atoll de Johnston, îles Midway, île Wake et îles Mariannes septentrionales.
[3] Période de douze mois commençant le 1er avril de l'année indiquée.
[4] Période de douze mois commençant le 21 mars de l'année indiquée.
[5] Période de douze mois commençant le 1er juillet de l'année indiquée.
[6] Y compris Jersey et Guernesey.

Liquefied petroleum gas, from natural gas plants
Gaz de pétrole liquéfié provenant du gaz naturel

CPC-BASED CODE - CODE BASE CPC
33400-1

Unit: Thousand metric tons | Unité: Milliers de tonnes métriques

Country or area	2003	2004	2005	2006	2007	2008	2009	2010	2011	2012	Pays ou zone
Africa											**Afrique**
Algeria	9148	8650	8839	8184	8559	8667	8297	7593	7497	6959	Algérie
Angola	...	119	132	624	683	683	624	547	564	575	Angola
Côte d'Ivoire	...	...	...	...	...	...	...	...	...	12	Côte d'Ivoire
Egypt[1]	1097	1173	1169	1173	1317	1430	1300	1374	1475	1481	Égypte[1]
Equatorial Guinea	79	...	...	...	...	...	...	...	...	...	Guinée équatoriale
Libya	518	536	501	234	431	398	373	314	250	353	Libye
Tunisia	54	58	51	70	51	73	88	116	126	133	Tunisie
America, North											**Amérique du Nord**
Barbados	1	1	1	1	1	1	1	0	0	0	Barbade
Belize	...	...	...	...	...	*2	*2	2	*2	*2	Belize
Mexico	6646	6890	6537	6548	6232	5730	5658	5776	5810	5305	Mexique
Trinidad and Tobago	612	587	514	665	668	776	894	955	892	696	Trinité-et-Tobago
United States	27483	29311	28507	24866	23309	22413	18106	18280	21033	20490	États-Unis
America, South											**Amérique du Sud**
Argentina	2957	3290	3240	3504	2161	2145	2186	2153	1521	1778	Argentine
Bolivia (Plur. State of)	236	254	236	266	261	254	258	252	242	243	Bolivie (État plur. de)
Brazil	656	741	967	927	1203	1020	747	966	821	934	Brésil
Chile	184	184	164	...	...	...	...	...	...	...	Chili
Colombia	110	52	52	51	45	26	0	0	*39	*39	Colombie
Ecuador	71	71	63	55	44	55	67	70	75	79	Équateur
Peru	51	170	513	584	582	680	1106	1235	1219	1332	Pérou
Venezuela (Bol. R. of)	3538	4010	4810	4293	4808	4251	4137	3990	5341	5597	Venezuela (R.bol.du)
Asia											**Asie**
Bahrain	167	174	179	171	159	161	160	167	176	172	Bahreïn
Bangladesh[1]	...	...	...	...	...	...	...	...	...	8	Bangladesh[1]
Brunei Darussalam	19	14	15	14	15	15	15	14	15	16	Brunéi Darussalam
India[2]	2366	2256	2185	2093	2060	2162	2249	2167	2214	2130	Inde[2]
Indonesia	1148	1131	995	573	547	910	1425	1825	1581	1831	Indonésie
Iran (Islamic Rep. of)[3]	...	...	2085	2463	1573	1595	1648	1724	1823	1794	Iran (Rép. islam. d')[3]
Iraq	673	816	614	463	544	739	1003	1081	1111	1117	Iraq
Kazakhstan	...	...	...	...	...	...	1039	1277	1217	1234	Kazakhstan
Kuwait	3152	3417	3253	3556	3325	3596	3312	3954	4289	4757	Koweït
Malaysia	726	479	1714	1493	1894	1726	1358	2528	2434	2080	Malaisie
Myanmar[2]	6	9	6	5	6	5	4	4	7	8	Myanmar[2]
Oman	...	...	...	...	274	253	249	251	251	251	Oman
Pakistan[4]	155	193	345	371	363	311	298	253	217	*184	Pakistan[4]
Qatar	7389	9125	9814	9588	3842	5211	6005	8391	10017	10463	Qatar
Saudi Arabia	26218	28247	29510	21005	20376	20735	21805	23720	24974	26828	Arabie saoudite
Syrian Arab Republic	0	*50	*100	189	332	332	332	332	323	238	Rép. arabe syrienne
Thailand	1919	1991	2379	2396	2757	2830	2877	4472	3427	*3822	Thaïlande
Turkmenistan	691	684	664	580	614	622	234	278	548	614	Turkménistan
United Arab Emirates	6859	7062	7157	5317	5119	5087	4236	3960	4037	4191	Émirats arabes unis
Uzbekistan	33	30	13	...	...	...	...	...	...	...	Ouzbékistan
Viet Nam	307	367	343	345	281	260	258	242	257	270	Viet Nam
Yemen	619	659	658	661	688	690	669	670	533	610	Yémen
Europe											**Europe**
Croatia	133	143	140	69	65	62	59	56	52	42	Croatie
France and Monaco	154	149	93	0	0	0	0	0	...	...	France et Monaco
Greece	...	...	8	0	0	0	0	0	0	...	Grèce
Hungary	301	318	312	292	296	322	281	258	226	208	Hongrie
Norway, Sv., J.May.	5175	5490	5589	6940	6758	5704	5743	5182	5274	5297	Norvège, Sv., J.May.
United Kingdom[5]	196	1478	1354	1306	1183	986	1140	1051	1018	740	Royaume-Uni[5]
Oceania											**Océanie**
Australia[1]	2029	2218	1806	2058	2071	1752	1840	1781	1836	1725	Australie[1]
New Zealand[2]	156	167	156	135	100	74	71	149	148	166	Nouvelle-Zélande[2]

General Note.

Hydrocarbons which are gaseous under conditions of normal temperature and pressure but are liquefied by compression or cooling to facilitate storage, handling and transportation. They are (i) extracted by stripping of natural gas at crude petroleum and natural gas sources; (ii) extracted by stripping of imported natural gas in installations of the importing country; and (iii) produced both in refineries and outside of refineries in the course of processing crude petroleum or its derivatives. It comprises propane (C3H8), butane (C4H10), or a combination of the two. Also included is ethane (C2H6) from petroleum refineries or natural gas producers' separation and stabilization plants. This code corresponds to the gross production from natural gas plants.

Remarque générale.

Hydrocarbures qui sont à l'état gazeux dans des conditions de température et de pression normales mais liquéfiés par compression ou refroidissement pour en faciliter l'entreposage, la manipulation et le transport. Ils sont i) extraits par désessenciement du gaz naturel sur les sites de production de pétrole brut et de gaz naturel; ii) extraits par désessenciement du gaz naturel importé dans des installations du pays importateur; iii) produits en raffinerie et hors raffinerie lors du traitement du pétrole brut ou de produits qui en sont dérivés. Dans cette rubrique, figurent les gaz propane (C3H8) et butane (C4H10) et les mélanges de ces deux hydrocarbures. Est également inclus l'éthane (C2H6) produit dans les installations de séparation et de stabilisation des producteurs de pétrole et de gaz naturel.

[1] Twelve months ending 30 June of year stated.
[2] Twelve months beginning 1 April of year stated.
[3] Twelve months beginning 21 March of year stated.
[4] Twelve months beginning 1 July of year stated.
[5] Including Jersey and Guernsey.

[1] Période de douze mois finissant le 30 juin de l'année indiquée.
[2] Période de douze mois commençant le 1er avril de l'année indiquée.
[3] Période de douze mois commençant le 21 mars de l'année indiquée.
[4] Période de douze mois commençant le 1er juillet de l'année indiquée.
[5] Y compris Jersey et Guernesey.

Liquefied petroleum gas from petroleum refineries
Gaz de pétrole liquéfiés (GPL) produits dans les raffineries

CPC-BASED CODE - CODE BASE CPC
33400-2

Unit: Thousand metric tons — Unité: Milliers de tonnes métriques

Country or area	2003	2004	2005	2006	2007	2008	2009	2010	2011	2012	Pays ou zone
Africa											**Afrique**
Algeria	608	573	498	495	556	516	522	569	517	470	Algérie
Angola	30	28	24	27	28	26	25	32	30	24	Angola
Cameroon	26	28	26	22	19	17	15	20	19	19	Cameroun
Congo	4	5	5	7	7	5	9	12	7	10	Congo
Côte d'Ivoire	72	96	87	101	38	115	30	19	12	1	Côte d'Ivoire
Egypt	642	551	562	538	581	597	520	522	505	515	Égypte
Gabon	9	9	10	7	14	13	14	15	15	14	Gabon
Ghana	53	66	78	36	67	55	14	32	45	27	Ghana
Kenya	24	27	26	30	33	33	45	59	28	17	Kenya
Libya	310	310	350	395	199	198	203	190	81	93	Libye
Madagascar	3	3	...	...	...	...	...	...	...	...	Madagascar
Morocco	67	104	204	192	170	170	102	22	38	115	Maroc
Niger	...	...	...	...	...	...	...	...	3	37	Niger
Nigeria	17	17	83	5	4	65	30	84	129	104	Nigéria
Senegal	12	10	3	0	0	2	3	3	2	1	Sénégal
Somalia	0	0	0	31	0	0	0	0	0	0	Somalie
South Africa	307	247	257	222	256	302	245	274	315	295	Afrique du Sud
Sudan (former)	284	266	248	323	309	287	338	394	298	306	Soudan (anc.)
Tunisia	49	50	58	40	52	51	49	8	12	31	Tunisie
Zambia	3	3	3	2	2	2	3	2	4	4	Zambie
America, North											**Amérique du Nord**
Canada	1991	1955	1780	1732	1877	1821	1738	1845	1726	1548	Canada
Costa Rica	2	2	2	3	4	5	4	4	1	0	Costa Rica
Cuba	93	63	82	62	59	56	46	59	50	42	Cuba
Dominican Republic	42	33	35	33	27	27	27	30	23	16	Rép. dominicaine
El Salvador	11	14	14	17	20	20	14	13	12	6	El Salvador
Jamaica	7	7	0	9	8	12	10	7	11	9	Jamaïque
Martinique*	21	21	22	20	19	20	20	19	21	21	Martinique*
Mexico	1059	1056	1039	1014	950	879	878	800	672	793	Mexique
Netherlands Antilles	49	42	83	77	83	67	60	25	49	51	Antilles néerlandaises
Nicaragua	20	16	16	15	16	9	12	15	17	9	Nicaragua
Trinidad and Tobago	107	86	99	94	87	105	109	80	40	12	Trinité-et-Tobago
United States	19236	18765	17590	18499	19181	18621	20562	21736	20408	19483	États-Unis
America, South											**Amérique du Sud**
Argentina	1141	1090	1002	1000	954	906	874	754	784	997	Argentine
Bolivia (Plur. State of)	65	68	75	79	84	85	83	83	86	85	Bolivie (État plur. de)
Brazil	4278	4403	4813	4478	4528	4485	4254	4144	4280	4503	Brésil
Chile	349	358	335	354	377	262	269	394	350	593	Chili
Colombia	758	636	638	643	682	674	634	562	*591	*613	Colombie
Ecuador	121	188	183	182	121	179	186	172	143	152	Équateur
Peru	267	226	225	193	206	207	183	204	187	185	Pérou
Uruguay	66	86	91	77	65	94	86	71	57	76	Uruguay
Venezuela (Bol. R. of)	461	545	578	484	239	378	404	452	250	244	Venezuela (R.bol.du)
Asia											**Asie**
Azerbaijan	148	182	185	205	187	203	193	240	250	215	Azerbaïdjan
Bahrain	34	37	39	38	38	94	98	134	124	121	Bahreïn
Bangladesh[1]	20	16	12	8	12	10	6	12	13	13	Bangladesh[1]
China	12117	14170	14327	17453	19447	19148	18317	20455	21263	22687	Chine
Cyprus	28	9	...	...	...	...	...	...	...	...	Chypre
India[2]	5185	5569	5525	6315	6732	4834	5842	5371	7333	7694	Inde[2]
Indonesia	779	896	833	855	863	780	755	658	705	662	Indonésie
Iran (Islamic Rep. of)[3]	3965	4059	1617	1633	2947	3090	3033	3327	3356	2646	Iran (Rép. islam. d')[3]
Iraq	139	150	92	72	94	212	211	278	283	219	Iraq
Israel	474	532	566	471	508	539	518	565	569	498	Israël
Japan	4527	4448	4895	4644	4409	4096	4525	4320	3934	4014	Japon
Jordan	128	112	184	128	110	123	109	87	86	105	Jordanie
Kazakhstan	1179	1507	1478	1106	1262	1342	693	852	811	822	Kazakhstan
Kuwait	98	98	115	115	122	127	130	124	139	139	Koweït
Malaysia	856	824	755	1027	1128	*1818	*1898	*589	611	645	Malaisie
Myanmar[2]	10	10	9	10	8	10	8	9	3	8	Myanmar[2]
Oman	90	78	95	104	79	329	355	280	375	335	Oman
Pakistan[4]	225	219	213	212	215	197	187	178	169	*156	Pakistan[4]
Philippines	397	263	322	327	253	305	282	361	386	351	Philippines
Qatar	122	120	124	143	154	156	122	369	343	357	Qatar
Rep. of Korea	3613	3326	3213	3098	2927	2977	3026	2973	1579	1487	Rép. de Corée

For general note and footnotes, see end of table — Voir la fin du tableau pour la remarque générale est les notes

Liquefied petroleum gas from petroleum refineries (continued)
Gaz de pétrole liquéfiés (GPL) produits dans les raffineries (suite)

CPC-BASED CODE - CODE BASE CPC
33400-2

Unit: Thousand metric tons | Unité: Milliers de tonnes métriques

Country or area	2003	2004	2005	2006	2007	2008	2009	2010	2011	2012	Pays ou zone
Saudi Arabia	875	1155	1098	1270	993	974	1094	1054	1032	970	Arabie saoudite
Singapore	964	985	740	697	681	303	315	215	275	368	Singapour
Sri Lanka	15	16	13	15	16	16	24	23	24	17	Sri Lanka
Syrian Arab Republic	279	272	328	321	132	129	114	123	121	86	Rép. arabe syrienne
Thailand	1527	1926	1632	1636	1534	1943	2224	1396	1994	*1847	Thaïlande
Turkey	758	762	766	808	762	793	604	652	739	775	Turquie
Turkmenistan	219	220	240	220	250	280	300	340	320	280	Turkménistan
United Arab Emirates	126	133	135	135	176	309	503	566	699	569	Émirats arabes unis
Uzbekistan	11	10	7	32	29	28	26	22	21	19	Ouzbékistan
Viet Nam	...	...	...	...	...	...	115	321	331	386	Viet Nam
Yemen	87	89	84	69	73	68	66	66	52	60	Yémen
Europe											**Europe**
Albania	0	1	...	...	...	...	...	...	...	...	Albanie
Austria	50	57	107	50	70	98	92	87	101	70	Autriche
Belarus	216	418	459	483	439	482	417	413	462	532	Bélarus
Belgium	627	511	462	403	464	524	463	517	570	480	Belgique
Bosnia & Herzegovina	1	3	2	4	4	6	25	29	25	23	Bosnie-Herzégovine
Bulgaria	85	103	105	127	136	161	155	120	118	119	Bulgarie
Croatia	304	300	291	266	308	254	296	246	214	239	Croatie
Czech Republic	168	181	184	204	192	210	203	215	195	200	République tchèque
Denmark	168	164	145	166	159	114	140	152	132	169	Danemark
Finland	273	267	315	402	350	357	274	246	387	256	Finlande
France and Monaco	2917	2830	2775	2638	2478	2784	2418	2100	1877	1466	France et Monaco
Germany	3056	2918	2951	2925	3065	2893	2662	2637	2612	2624	Allemagne
Greece	672	598	655	653	645	665	611	682	559	631	Grèce
Hungary	91	90	82	81	83	78	71	76	74	64	Hongrie
Ireland	59	53	57	51	36	34	34	56	67	73	Irlande
Italy and San Marino	2610	2613	2517	2310	2349	2257	2113	1871	2072	1541	Italie et St-Marin
Lithuania	435	526	555	474	330	466	354	359	323	299	Lituanie
Netherlands	4780	5070	4579	4069	1312	1313	1403	1426	1544	1551	Pays-Bas
Norway, Sv., J.May.	352	323	346	386	392	326	418	395	411	432	Norvège, Sv., J.May.
Poland	269	259	284	382	360	419	432	424	446	539	Pologne
Portugal	379	365	391	406	366	369	326	380	318	221	Portugal
Romania	327	366	658	677	754	594	750	570	582	527	Roumanie
Russian Federation	8571	8760	9428	10368	10856	11422	12810	13625	14167	15314	Fédération de Russie
Serbia	...	...	89	75	98	119	134	128	105	113	Serbie
Serbia & Montenegro	79	95	...	...	...	...	...	...	...	...	Serbie-et-Monténégro
Slovakia	133	187	163	119	124	145	116	117	131	122	Slovaquie
Spain	1211	1058	1050	1522	1436	1484	1397	1456	1439	1702	Espagne
Sweden	360	423	433	302	261	336	278	344	271	391	Suède
Switz. & Liechtenstein	178	196	197	223	202	239	204	170	184	119	Suisse et Liechtenstein
TFYR of Macedonia	21	20	24	29	25	29	28	24	20	10	L'ex-RY de Macédoine
Ukraine	722	754	766	758	824	727	733	679	665	563	Ukraine
United Kingdom[5]	2300	2170	2222	2142	2298	2248	2113	2247	2598	2512	Royaume-Uni[5]
Oceania											**Océanie**
Australia[1]	942	562	542	613	727	799	771	633	763	530	Australie[1]
Papua New Guinea	0	0	18	22	22	7	9	14	6	10	Papouasie-Nvl-Guinée

General Note.

Hydrocarbons which are gaseous under conditions of normal temperature and pressure but are liquified by compression or cooling to facilitate storage, handling and transportation. They are (i) extracted by stripping of natural gas at crude petroleum and natural gas sources; (ii) extracted by stripping of imported natural gas in installations of the importing country; and (iii) produced both in refineries and outside of refineries in the course of processing crude petroleum or its derivatives. It comprises propane (C_3H_8), butane (C_4H_{10}), or a mixture of these two hydrocarbons. Also included is ethane (C_2H_6) from petroleum or natural gas producers' separation and stabilization plants. This code corresponds to the gross production from petroleum refineries.

Remarque générale.

Hydrocarbures qui sont à l'état gazeux dans des conditions de température et de pression normales mais qui sont liquéfiés par compression ou refroidissement pour en faciliter l'entreposage, la manipulation et le transport. Ils sont extraits par désessenciement du gaz naturel sur les sites de production de pétrole brut et de gaz naturel; (ii) extraits par désessenciement du gaz naturel importé dans les installations du pays importateur; et (iii) produits aussi bien à l'intérieur qu'en dehors des raffineries, au cours du traitement du pétrole brut ou de ses dérivés. Dans cette rubrique figurent le propane (C_3H_8) et le butane (C_4H_{10}) ou un mélange de ces deux hydrocarbures. Est également inclus l'éthane (C_2H_5) produit dans les raffineries ou dans les installations de séparation et de stabilisation des producteurs de gaz naturel.

1 Twelve months ending 30 June of year stated.
2 Twelve months beginning 1 April of year stated.
3 Twelve months beginning 21 March of year stated.
4 Twelve months beginning 1 July of year stated.
5 Including Jersey and Guernsey.

1 Période de douze mois finissant le 30 juin de l'année indiquée.
2 Période de douze mois commençant le 1er avril de l'année indiquée.
3 Période de douze mois commençant le 21 mars de l'année indiquée.
4 Période de douze mois commençant le 1er juillet de l'année indiquée.
5 Y compris Jersey et Guernesey.

Petroleum wax (paraffin)
Cires de pétrole (paraffines)

CPC-BASED CODE - CODE BASE CPC
33500-1

Unit: Thousand metric tons — Unité: Milliers de tonnes métriques

Country or area	2003	2004	2005	2006	2007	2008	2009	2010	2011	2012	Pays ou zone
Africa											**Afrique**
Morocco	0	3	5	2	4	4	2	2	1	1	Maroc
South Africa	75	70	51	82	43	51	53	57	54	49	Afrique du Sud
America, North											**Amérique du Nord**
Mexico	46	51	51	49	53	47	37	40	36	38	Mexique
United States[1]	729	703	738	684	572	463	356	385	386	376	États-Unis[1]
America, South											**Amérique du Sud**
Argentina	2	2	1	2	2	15	1	12	12	11	Argentine
Bolivia (Plur. State of)	...	...	...	...	0	0	0	0	0	1	Bolivie (État plur. de)
Venezuela (Bol. R. of)	30	139	31	113	17	16	15	15	16	17	Venezuela (R.bol.du)
Asia											**Asie**
China	2016	2619	2636	2928	3037	2990	3389	1601	1333	1468	Chine
India[2]	53	74	66	68	71	69	64	61	47	52	Inde[2]
Indonesia	26	28	30	30	31	32	10	14	15	18	Indonésie
Iraq	75	81	53	54	54	34	33	26	43	41	Iraq
Japan	118	115	111	102	111	83	85	82	70	73	Japon
Malaysia	...	50	42	42	31	42	28	38	39	37	Malaisie
Myanmar[2]	2	2	2	1	1	1	1	1	1	1	Myanmar[2]
Pakistan[3]	4	6	5	7	10	12	8	31	11	11	Pakistan[3]
Rep. of Korea	13	16	13	14	18	16	14	17	15	13	Rép. de Corée
Singapore	0	0	0	3	9	21	17	25	30	32	Singapour
Syrian Arab Republic	2	2	2	2	...	...	...	...	...	...	Rép. arabe syrienne
Turkey	45	44	67	64	40	14	11	17	18	26	Turquie
Uzbekistan	1	1	1	1	1	1	1	1	1	1	Ouzbékistan
Europe											**Europe**
Croatia	8	9	7	7	9	6	0	0	0	0	Croatie
Czech Republic	4	4	6	11	12	9	6	9	13	11	République tchèque
France and Monaco	191	164	142	107	213	198	153	177	206	130	France et Monaco
Germany	216	263	252	279	305	192	111	123	127	139	Allemagne
Hungary	40	43	47	50	54	58	53	53	34	33	Hongrie
Italy and San Marino	40	54	64	86	79	89	71	90	86	81	Italie et St-Marin
Netherlands	120	134	126	125	113	116	188	272	345	276	Pays-Bas
Poland	60	48	36	45	72	72	64	68	76	78	Pologne
Portugal	14	19	16	20	12	17	12	11	15	14	Portugal
Romania	6	5	6	6	7	7	2	0	0	0	Roumanie
Russian Federation	183	183	198	224	224	192	197	252	253	216	Fédération de Russie
Slovakia	1	...	...	...	...	...	...	...	...	...	Slovaquie
Spain	46	111	105	93	83	58	28	44	41	34	Espagne
Ukraine	16	14	11	13	12	12	C	14	C	...	Ukraine
United Kingdom[4]	460	94	98	16	12	8	0	11	0	0	Royaume-Uni[4]
Oceania											**Océanie**
Australia[5]	27	8	8	6	6	5	6	3	1	0	Australie[5]

General Note.

Saturated aliphatic hydrocarbons obtained as residues extracted when dewaxing lubricant oils, with a crystalline structure with C greater than 12. Their main characteristics are as follows: they are colorless, in most cases odorless and translucent; they have a melting point above 45ºC, a specific gravity of 0.76 to 0.78 at 80ºC, and a kinematic viscosity between 3.7 and 5.5 cSt at 99ºC. These waxes are used for candle manufacture, polishes and waterproofing of containers, wrappings, etc.

Remarque générale.

Hydrocarbures alipatiques saturés obtenus comme résidu lors du déparaffinage des huiles lubrifiantes et ayant une structure cristalline, avec un nombre d'atomes de carbone supérieur à 12. Leurs principales caractéristiques sont les suivantes : incolores, la plupart du temps inodores et translucides; point de fusion supérieur à 45°C, densité comprise entre 0,76 et 0,78 à 80°C, et viscosité cinématique comprise entre 3,7 et 5,5 cSt à 99°C. Ces cires servent à la fabrication des bougies et des encaustiques, à l'imperméabilisation de récipients et d'emballages, etc.

[1] Including Puerto Rico, Guam, the U.S. Virgin Islands, American Samoa, Johnston Atoll, Midway Islands, Wake Island and the Northern Mariana Islands.
[2] Twelve months beginning 1 April of year stated.
[3] Twelve months beginning 1 July of year stated.
[4] Including Jersey and Guernsey.
[5] Twelve months ending 30 June of year stated.

[1] Y compris Porto Rico, Guam, îles Vierges américaines, Samoas américaines, atoll de Johnston, îles Midway, île Wake et îles Mariannes septentrionales.
[2] Période de douze mois commençant le 1er avril de l'année indiquée.
[3] Période de douze mois commençant le 1er juillet de l'année indiquée.
[4] Y compris Jersey et Guernesey.
[5] Période de douze mois finissant le 30 juin de l'année indiquée.

Petroleum coke
Coke de pétrole

CPC-BASED CODE - CODE BASE CPC
33500-2

Unit: Thousand metric tons — Unité: Milliers de tonnes métriques

Country or area	2003	2004	2005	2006	2007	2008	2009	2010	2011	2012	Pays ou zone
Africa											**Afrique**
Egypt[1]	432	432	435	404	428	418	419	331	375	252	Égypte[1]
Nigeria	...	...	43	5	0	7	6	3	1	1	Nigéria
Sudan (former)	...	0	90	206	317	296	311	401	377	354	Soudan (anc.)
America, North											**Amérique du Nord**
Canada	4104	4506	3847	3528	3746	3456	3549	3382	3765	3456	Canada
Cuba	18	13	17	14	14	6	3	8	7	1	Cuba
Mexico	848	1453	1523	1633	1689	1881	1962	1511	1628	2579	Mexique
Netherlands Antilles	79	98	106	73	98	84	66	38	73	75	Antilles néerlandaises
United States[2]	53988	56707	56332	57147	55563	55429	53911	54727	56784	56703	États-Unis[2]
America, South											**Amérique du Sud**
Argentina	1621	1546	1496	1504	1512	1454	1413	1398	1393	1474	Argentine
Brazil	2030	1982	2730	2705	2922	3268	3515	3484	4281	5075	Brésil
Chile	435	251	240	235	229	154	180	353	331	418	Chili
Uruguay	19	32	32	26	27	35	28	24	20	26	Uruguay
Venezuela (Bol. R. of)	1813	2555	1888	1853	5846	7723	8253	9235	7291	7109	Venezuela (R.bol.du)
Asia											**Asie**
Azerbaijan	21	26	12	67	85	169	127	396	269	231	Azerbaïdjan
China	6815	8855	8910	9899	10267	10108	11458	16245	16880	17675	Chine
India[3]	2743	3162	3182	3779	4129	4241	3709	4478	7837	10943	Inde[3]
Indonesia	507	685	650	640	630	346	540	543	576	584	Indonésie
Japan	751	796	815	834	847	915	876	1211	1203	919	Japon
Kazakhstan	61	82	66	193	301	184	205	190	212	198	Kazakhstan
Malaysia	...	...	0	0	3	574	96	15	16	15	Malaisie
Myanmar[3]	25	22	19	22	19	20	17	15	19	22	Myanmar[3]
Rep. of Korea	220	242	256	265	277	256	234	265	277	290	Rép. de Corée
Singapore	...	...	...	...	...	...	71	60	42	45	Singapour
Syrian Arab Republic	140	140	140	148	170	162	158	0	0	0	Rép. arabe syrienne
Uzbekistan	48	45	34	35	32	31	29	25	24	21	Ouzbékistan
Europe											**Europe**
Albania	65	58	46	62	70	47	72	16	62	15	Albanie
Austria	59	63	66	65	73	66	67	62	62	70	Autriche
Belgium	356	308	235	299	280	319	333	335	242	330	Belgique
Bulgaria	...	...	...	...	0	0	71	76	81	78	Bulgarie
Croatia	105	112	104	114	113	90	102	101	65	85	Croatie
Finland	90	102	94	97	138	138	132	126	137	126	Finlande
France and Monaco	833	885	869	936	863	938	860	747	717	635	France et Monaco
Germany	1799	1794	1912	1918	1851	2017	1902	2013	1763	1743	Allemagne
Greece	154	152	150	171	183	176	171	201	188	264	Grèce
Hungary	294	300	296	331	351	331	285	309	355	340	Hongrie
Italy and San Marino	1081	1396	1684	1526	1490	1456	1244	1568	1733	1445	Italie et St-Marin
Lithuania	96	117	129	109	98	126	119	118	119	105	Lituanie
Netherlands	0	0	224	C	C	...	...	...	...	...	Pays-Bas
Norway, Sv., J.May.	488	427	525	497	481	388	152	162	483	155	Norvège, Sv., J.May.
Romania	563	720	890	913	898	905	747	695	749	695	Roumanie
Russian Federation	1061	940	1016	1254	993	1203	1252	1039	1052	1268	Fédération de Russie
Serbia	...	...	...	...	35	0	35	33	28	25	Serbie
Slovakia	47	52	56	50	62	55	56	47	57	55	Slovaquie
Spain	799	1004	1049	1036	1046	1057	1111	1150	1543	3086	Espagne
Sweden	47	57	56	46	47	48	64	47	45	65	Suède
Switz. & Liechtenstein	0	32	57	72	49	77	64	63	53	56	Suisse et Liechtenstein
United Kingdom[4]	1630	1645	1867	1964	2074	2029	2070	2106	2180	2072	Royaume-Uni[4]
Oceania											**Océanie**
Australia[1]	676	700	539	484	520	472	473	492	429	521	Australie[1]

General Note.

Shiny, black solid residue, obtained by cracking and carbonization in furnaces, consisting mainly of carbon (90 to 95%) and generally burning without leaving any ash. It is used mainly in metallurgical processes. It excludes those solid residues obtained from carbonization of coal.

Remarque générale.

Résidu solide d'un noir brillant, obtenu par craquage et carbonisation au four, constitué essentiellement de carbone (90 à 95%) et dont la combustion ne laisse généralement aucune cendre. Il est utilisé surtout en métallurgie. Cette rubrique ne comprend pas les résidus solides obtenus par carbonisation du charbon.

1. Twelve months ending 30 June of year stated.
2. Including Puerto Rico, Guam, the U.S. Virgin Islands, American Samoa, Johnston Atoll, Midway Islands, Wake Island and the Northern Mariana Islands.
3. Twelve months beginning 1 April of year stated.
4. Including Jersey and Guernsey.

1. Période de douze mois finissant le 30 juin de l'année indiquée.
2. Y compris Porto Rico, Guam, îles Vierges américaines, Samoas américaines, atoll de Johnston, îles Midway, île Wake et îles Mariannes septentrionales.
3. Période de douze mois commençant le 1er avril de l'année indiquée.
4. Y compris Jersey et Guernesey.

Bitumen (asphalt)
Bitume (brai)

CPC-BASED CODE - CODE BASE CPC
33500-3

Unit: Thousand metric tons — Unité: Milliers de tonnes métriques

Country or area	2003	2004	2005	2006	2007	2008	2009	2010	2011	2012	Pays ou zone
Africa											**Afrique**
Algeria	305	262	254	269	331	315	310	209	175	209	Algérie
Angola	8	11	7	20	29	28	29	37	2	2	Angola
Cameroon	5	5	5	0	0	0	0	0	0	...	Cameroun
Côte d'Ivoire	200	200	200	128	164	151	207	263	147	172	Côte d'Ivoire
Egypt[1]	891	876	891	815	831	783	871	726	802	646	Égypte[1]
Gabon	9	9	10	7	4	2	2	2	2	2	Gabon
Kenya	13	16	15	17	17	12	0	8	15	27	Kenya
Libya	147	154	175	123	184	203	70	159	31	46	Libye
Morocco	58	141	198	213	257	275	287	277	315	171	Maroc
Nigeria	26	22	42	0	0	22	0	11	33	0	Nigéria
South Africa	408	334	697	413	300	395	367	388	367	357	Afrique du Sud
Zambia	4	5	4	4	4	4	5	5	5	5	Zambie
America, North											**Amérique du Nord**
Canada	4389	4898	4620	4567	4280	4228	4116	4470	4357	4510	Canada
Costa Rica	32	25	13	27	23	8	15	2	2	0	Costa Rica
Cuba	45	47	43	50	56	62	80	87	80	81	Cuba
Guatemala	...	...	37	36	49	30	55	42	42	39	Guatemala
Jamaica	16	14	9	20	17	25	19	10	23	14	Jamaïque
Mexico	1533	1629	1749	1930	1908	2057	1908	1486	1558	1373	Mexique
Netherlands Antilles	1063	1483	1318	1338	1128	895	354	449	877	909	Antilles néerlandaises
Nicaragua	12	13	21	12	13	12	10	9	12	6	Nicaragua
Trinidad and Tobago	24	21	27	40	44	43	30	41	40	31	Trinité-et-Tobago
United States[2]	29888	30680	30815	30480	27437	24754	21612	22971	21998	21064	États-Unis[2]
America, South											**Amérique du Sud**
Argentina	479	645	666	659	680	553	641	632	675	532	Argentine
Bolivia (Plur. State of)	2	2	3	2	2	3	3	2	2	2	Bolivie (État plur. de)
Brazil	1135	1415	1420	1865	1680	2126	2090	2767	2465	2572	Brésil
Ecuador	197	191	163	169	163	233	387	351	370	395	Équateur
Uruguay	8	5	13	29	55	64	49	40	19	44	Uruguay
Venezuela (Bol. R. of)	893	1678	1651	1578	1298	621	601	592	617	652	Venezuela (R.bol.du)
Asia											**Asie**
Azerbaijan	79	104	128	162	183	220	236	242	266	288	Azerbaïdjan
Bahrain	206	394	324	364	550	558	501	457	353	319	Bahreïn
Bangladesh[1]	...	...	...	...	65	44	34	52	55	65	Bangladesh[1]
China	6946	9026	9082	10090	10465	10303	11679	19639	14114	16187	Chine
Cyprus	30	9	...	...	...	...	...	...	...	...	Chypre
Georgia	8	8	8	8	26	33	8	0	0	0	Géorgie
India[3]	3397	3349	3576	3891	4507	4747	4934	4536	4638	4658	Inde[3]
Indonesia	537	541	430	531	467	396	316	115	323	337	Indonésie
Iran (Islamic Rep. of)[4]	2695	3063	3698	4320	4404	3745	4576	3816	3630	4116	Iran (Rép. islam. d')[4]
Iraq	391	422	283	221	261	361	379	412	596	562	Iraq
Israel	134	126	131	184	221	209	266	257	262	226	Israël
Japan	5529	5671	5395	5435	4974	4694	4608	4377	3939	3960	Japon
Jordan	198	212	114	167	154	168	193	150	107	97	Jordanie
Kazakhstan	102	102	109	88	111	70	129	174	257	287	Kazakhstan
Kuwait	96	91	214	179	188	136	132	120	139	209	Koweït
Malaysia	2626	2962	2965	2135	881	1290	706	113	119	113	Malaisie
Pakistan[5]	295	307	296	276	296	265	286	214	214	155	Pakistan[5]
Philippines	33	...	...	...	...	...	...	...	...	...	Philippines
Rep. of Korea	2848	3156	2482	2657	3061	3251	3519	3660	3022	3109	Rép. de Corée
Saudi Arabia	407	539	1217	933	1488	2290	2152	2082	2666	2146	Arabie saoudite
Singapore	1650	1981	1983	1754	1992	2051	1946	1883	1891	2141	Singapour
Sri Lanka	41	50	52	55	35	45	42	35	46	27	Sri Lanka
Syrian Arab Republic	554	500	500	602	504	559	478	537	526	373	Rép. arabe syrienne
Tajikistan	...	...	...	...	2	4	3	4	4	2	Tadjikistan
Thailand	916	994	1093	1235	1399	1081	1154	1238	1136	1207	Thaïlande
Turkey	1410	1391	1761	2220	2286	2244	2010	2496	2714	2810	Turquie
Uzbekistan	135	126	97	97	88	86	81	69	65	58	Ouzbékistan
Yemen	105	106	113	126	130	116	93	98	24	13	Yémen
Europe											**Europe**
Albania	45	16	89	86	71	48	73	64	26	25	Albanie
Austria	398	433	466	392	411	444	420	292	376	366	Autriche

For general note and footnotes, see end of table — Voir la fin du tableau pour la remarque générale est les notes

Bitumen (asphalt) (continued)
Bitume (brai) (suite)

CPC-BASED CODE - CODE BASE CPC
33500-3

Unit: Thousand metric tons — Unité: Milliers de tonnes métriques

Country or area	2003	2004	2005	2006	2007	2008	2009	2010	2011	2012	Pays ou zone
Belarus	443	446	443	610	611	720	518	513	479	563	Bélarus
Belgium	333	880	1076	1406	1425	1300	1342	1294	1187	1100	Belgique
Bosnia & Herzegovina	0	9	7	0	0	0	104	141	153	145	Bosnie-Herzégovine
Bulgaria	113	133	181	232	211	192	175	173	169	188	Bulgarie
Croatia	213	217	181	216	190	169	107	66	50	26	Croatie
Czech Republic	389	468	536	496	444	485	473	523	459	477	République tchèque
Denmark	5	...	...	...	...	...	...	...	...	...	Danemark
Finland	425	351	311	276	275	272	238	254	261	190	Finlande
France and Monaco	3478	3544	3598	3599	3436	3323	2773	2461	2516	1891	France et Monaco
Germany	3520	3342	3601	3520	3500	3595	3775	3402	3869	3595	Allemagne
Greece	495	548	410	461	528	689	782	494	321	253	Grèce
Hungary	312	323	477	482	449	563	544	552	591	410	Hongrie
Italy and San Marino	3265	3502	3423	3766	3775	3649	3688	4114	3305	2604	Italie et St-Marin
Lithuania	104	133	163	153	95	149	117	127	132	110	Lituanie
Netherlands	297	521	408	398	362	275	291	183	247	315	Pays-Bas
Poland	873	997	1139	1549	1667	1544	1568	1567	1788	1550	Pologne
Portugal	376	419	386	340	298	304	322	260	202	163	Portugal
Romania	204	203	157	242	160	240	162	78	54	45	Roumanie
Russian Federation	4526	4612	4986	4725	5422	5735	4083	4778	5422	6054	Fédération de Russie
Serbia	...	...	84	71	192	221	127	155	179	172	Serbie
Serbia & Montenegro	152	89	...	...	...	...	...	...	...	...	Serbie-et-Monténégro
Slovakia	85	68	49	49	36	42	29	14	11	5	Slovaquie
Spain	2303	2747	2900	2840	2789	2561	2740	2617	2434	1878	Espagne
Sweden	708	795	837	856	926	826	843	792	672	702	Suède
Switz. & Liechtenstein	139	137	62	42	0	0	0	0	...	...	Suisse et Liechtenstein
Ukraine	386	395	448	512	577	448	349	473	324	178	Ukraine
United Kingdom[6]	1925	2196	1912	1749	1628	1485	1338	1276	1476	1222	Royaume-Uni[6]
Oceania											**Océanie**
Australia[1]	702	691	708	695	701	653	621	540	495	474	Australie[1]
New Zealand[3]	147	105	117	130	131	113	119	148	116	117	Nouvelle-Zélande[3]

General Note.

Solid or viscous hydrocarbon with a colloidal structure, brown or black in color, which is obtained as a residue by vacuum distillation of oil residues from atmospheric distillation. It is sometimes soluble in carbon bisulphite, non-volatile, thermoplastic (generally between 150°C and 200°C), often with insulating and adhesive properties. It is used mainly in road construction. Natural asphalt is excluded.

Remarque générale.

Hydrocarbure solide ou visqueux de structure colloïdale, de couleur brune ou noire, obtenu comme résidu de la distillation sous vide des résidus de la distillation atmosphérique du pétrole. Il est parfois soluble dans le bisulphite de carbone, non volatil, thermoplastique (généralement entre 150°C et 200°C), ayant souvent des propriétés isolantes et adhésives. Il est utilisé principalement pour la construction des routes. Cette rubrique ne comprend pas l'asphalte naturel.

[1] Twelve months ending 30 June of year stated.
[2] Including Puerto Rico, Guam, the U.S. Virgin Islands, American Samoa, Johnston Atoll, Midway Islands, Wake Island and the Northern Mariana Islands.
[3] Twelve months beginning 1 April of year stated.
[4] Twelve months beginning 21 March of year stated.
[5] Twelve months beginning 1 July of year stated.
[6] Including Jersey and Guernsey.

[1] Période de douze mois finissant le 30 juin de l'année indiquée.
[2] Y compris Porto Rico, Guam, îles Vierges américaines, Samoas américaines, atoll de Johnston, îles Midway, île Wake et îles Mariannes septentrionales.
[3] Période de douze mois commençant le 1er avril de l'année indiquée.
[4] Période de douze mois commençant le 21 mars de l'année indiquée.
[5] Période de douze mois commençant le 1er juillet de l'année indiquée.
[6] Y compris Jersey et Guernesey.

Acyclic hydrocarbons
Hydrocarbures acycliques

CPC-BASED CODE - CODE BASE CPC
34110-1

Unit: Metric tons — Unité: Tonnes métriques

Country or area	2003	2004	2005	2006	2007	2008	2009	2010	2011	2012	Pays ou zone
America, North											**Amérique du Nord**
Mexico	470295	585416	572788	611488	#92404425	90190089	92625543	87872264	86028415	86002230	Mexique
America, South											**Amérique du Sud**
Argentina	748250	751384	771159	774834	696265	682228	...	...	...	...	Argentine
Brazil	4089119	4330050	4325312	4411636	4567518	4249169	4714983	4614039	4671124	5219609	Brésil
Chile	...	...	[1]2134	[1]2435	...	2036	3866	1786	2737	...	Chili
Ecuador	...	...	...	...	...	561	...	...	...	...	Équateur
Asia											**Asie**
Azerbaijan	146848	194468	214318	148645	84605	95149	95299	90825	92832	95861	Azerbaïdjan
India	6699	0	0	...	...	...	...	...	...	...	Inde
Iran (Islamic Rep. of)	...	...	...	...	...	...	685574	...	...	...	Iran (Rép. islam. d')
Kazakhstan	...	51	106	83	87	...	...	...	...	...	Kazakhstan
Rep. of Korea	10484926	10753683	10942233	11173889	12535021	12832899	13650480	14029293	14262569	15549598	Rép. de Corée
Europe											**Europe**
Belarus	...	...	...	...	...	...	...	...	231365	233089	Bélarus
Croatia	...	55738	50734	53887	50234	48121	42827	39936	26032	618	Croatie
Czech Republic	638565	...	C	C	C	892777	803516	932665	895206	987386	République tchèque
Denmark	817	686	725	771	778	651	763	821	260	280	Danemark
Estonia	...	C	C	C	C	C	C	78	74	72	Estonie
Germany	7579407	7318242	7591290	7499738	7188697	7305036	6046814	6768325	C	6424044	Allemagne
Hungary	135686	154721	223672	258271	281597	C	309488	323080	328957	223873	Hongrie
Italy[2]	1321817	1437160	...	...	...	...	...	...	...	...	Italie[2]
Lithuania	382	317	592	710	215	105	78	61	50	72	Lituanie
Netherlands	...	...	...	...	...	...	...	...	4775468	5046159	Pays-Bas
Norway	600747	...	629962	...	...	...	...	...	...	...	Norvège
Poland	535372	570575	1584300	992046	1001433	880168	867833	C	C	C	Pologne
Portugal	343294	443985	353157	288623	357554	264113	149978	287018	...	...	Portugal
Romania	179223	228854	260438	310618	324701	363625	235796	222472	234082	214381	Roumanie
Russian Federation	3521973	3591839	3694953	3776436	3762733	4010856	3496180	5263639	5588238	5518227	Fédération de Russie
Serbia	...	...	...	220126	...	...	...	...	...	...	Serbie
Slovakia	C	C	C	49086	103655	121572	105141	114376	83226	57310	Slovaquie
Spain	...	4255990	4168497	4029735	4515060	2955732	2821475	3631961	2799136	2453024	Espagne
Sweden	C	C	316868	286677	321735	324684	240276	861	851	837	Suède
TFYR of Macedonia	296	288	288	288	288	304	318	346	352	350	L'ex-RY de Macédoine
Ukraine	399353	417857	346736	354495	347526	134135	2174	125352	272655	198517	Ukraine
United Kingdom	...	...	2394120	2150566	2314288	C	C	C	...	...	Royaume-Uni

General Note.
Acyclic hydrocarbons, saturated and unsatured.

[1] Including cyclic hydrocarbons and halogenated derivatives of hydrocarbons.

[2] Excluding Prodcom 2002 code 24.14.11.67.

Remarque générale.
Hydrocarbures acycliques, saturés et non saturés.

[1] Y compris les hydrocarbures cycliques et dérivés halogénés des hydrocarbures.

[2] 2002 code Prodcom 24.14.11.67 non compris.

Cyclic hydrocarbons
Hydrocarbures cycliques

CPC-BASED CODE - CODE BASE CPC
34110-2

Unit: Metric tons | Unité: Tonnes métriques

Country or area	2003	2004	2005	2006	2007	2008	2009	2010	2011	2012	Pays ou zone
America, South											**Amérique du Sud**
Argentina	243922	248917	259932	224508	271417	232513	...	...	...	...	Argentine
Brazil	2266993	2384727	2205149	2235903	2017927	1600410	1090876	1200410	1439629	1387205	Brésil
Asia											**Asie**
Iran (Islamic Rep. of)	...	335898	303610	400215	337154	...	...	...	...	...	Iran (Rép. islam. d')
Rep. of Korea	13151147	13691762	13573546	14812391	15699392	14832342	15814121	16518442	16778705	17090985	Rép. de Corée
Europe											**Europe**
Belarus	...	...	...	...	...	...	...	...	188433	220496	Bélarus
Bulgaria	C	C	83180	87530	C	C	C	C	0	0	Bulgarie
Croatia	4	2	2	5953	19418	21737	21511	25439	14612	15911	Croatie
Czech Republic	...	...	C	C	C	1254357	619238	729762	708591	777088	République tchèque
Denmark	32	37	55	60	54	51	36	40	21	...	Danemark
Estonia	...	C	C	C	0	C	C	2	3	3	Estonie
Germany	4534825	5268002	5419378	5445370	5296765	5223416	4675481	4783539	5210737	4989368	Allemagne
Hungary	279577	332153	451653	467569	498889	427582	419652	439991	447923	391651	Hongrie
Ireland	2281	1627	...	...	...	...	...	...	...	...	Irlande
Netherlands	...	...	...	...	...	...	...	...	4945937	5052567	Pays-Bas
Poland	265586	333367	364906	418026	419414	365424	C	268788	284659	276046	Pologne
Portugal	379102	360406	386034	365164	358122	351719	297774	249626	...	...	Portugal
Romania	50069	78279	83977	117833	93989	C	C	C	78098	C	Roumanie
Russian Federation	2427258	2751001	2826141	3108495	2697416	3165254	2885789	3046889	3075034	3153690	Fédération de Russie
Slovakia	...	...	120675	131341	C	C	C	C	C	C	Slovaquie
Spain	...	2266799	2916237	2352154	2838845	2008930	2008729	2010446	2528732	2544740	Espagne
Sweden	2	...	0	0	0	1	0	0	0	0	Suède
Ukraine	517272	612268	442014	413445	405550	201759	100740	187468	309221	239441	Ukraine
United Kingdom	...	...	C	C	C	C	193155	123801	C	C	Royaume-Uni

General Note.
Cyclic hydrocarbons, cyclanes, cyclenes, cycloterpenes and xylenes.

Remarque générale.
Hydrocarbures cycliques, cyclaniques, cycléniques, cycloterpéniques et xylènes.

Halogenated derivatives of hydrocarbons
Dérivés halogénés des hydrocarbures

CPC-BASED CODE - CODE BASE CPC

34110-3

Unit: Metric tons | Unité: Tonnes métriques

Country or area	2003	2004	2005	2006	2007	2008	2009	2010	2011	2012	Pays ou zone
America, South											**Amérique du Sud**
Brazil	254253	109463	103899	101504	44467	29508	114252	181280	476106	42191	Brésil
Ecuador	...	...	0	...	...	16	...	...	...	...	Équateur
Asia											**Asie**
Azerbaijan	3406	1391	853	160	37	63	41	34	132	58	Azerbaïdjan
Rep. of Korea	1441086	1498490	1500564	1520902	1511608	...	...	...	...	...	Rép. de Corée
Europe											**Europe**
Croatia	...	8	5	6	8	8	5	3	5	5	Croatie
Denmark	12	16	404	1305	1357	1250	677	330	10	2	Danemark
Germany	2394918	1930964	2031326	2098815	2124688	2035376	1833389	2131713	2151160	1985717	Allemagne
Hungary	5379	1576	2001	1210	1553	C	1240	988	C	102	Hongrie
Ireland	713	876	...	...	...	...	...	...	...	...	Irlande
Lithuania	...	0	0	0	0	1	0	0	0	0	Lituanie
Poland	15223	14634	15778	52296	5008	C	C	C	C	C	Pologne
Portugal	154	154	0	0	0	0	0	0	...	...	Portugal
Romania	17914	9629	16356	17931	9922	26326	26813	26599	23705	8549	Roumanie
Russian Federation	640091	655006	726122	749545	684967	722469	638779	[1]31099	[1]37946	[1]35050	Fédération de Russie
Slovakia	...	...	6029	6435	C	C	C	C	C	C	Slovaquie
Spain	...	645514	603095	446144	450293	675276	532760	563413	447487	291002	Espagne
Sweden	188397	168207	118021	36122	37972	33066	31661	23762	15561	26624	Suède
Ukraine	C	238342	192209	C	C	C	C	C	C	C	Ukraine
United Kingdom	...	...	C	C	C	C	C	C	C	287839	Royaume-Uni

General Note.

Saturated chlorinated derivatives of acyclic hydrocarbons; unsaturated chlorinated derivatives of acyclic hydrocarbons; halogenated derivatives of acyclic hydrocarbons containing two or more different halogens; halogenated derivatives of cyclanic, cyclenic or cycloterpenic hydrocarbons; halogenated derivatives of aromatic hydrocarbons.

[1] Excluding saturated and unsaturated chlorinated derivatives of acyclic hydrocarbons, and halogenated derivatives of aromatic hydrocarbons.

Remarque générale.

Dérivés chlorés saturés des hydrocarbures acycliques; dérivés chlorés non saturés des hydrocarbures acycliques; dérivés halogénés des hydrocarbures acycliques contenant au moins deux halogènes différents; dérivés halogénés des hydrocarbures cyclaniques, cycléniques ou cycloterpéniques; dérivés halogénés des hydrocarbures aromatiques.

[1] Hors des dérivés saturés et insaturés chlorés des hydrocarbures acycliques et les dérivés halogénés des hydrocarbures aromatiques.

Alcohols and their halogenated, sulphonated, nitrated or nitrosated derivatives
Alcools et leurs dérivés halogénés, sulfonés, nitrés ou nitrosés

CPC-BASED CODE - CODE BASE CPC
34130-1

Unit: Metric tons | Unité: Tonnes métriques

Country or area	2003	2004	2005	2006	2007	2008	2009	2010	2011	2012	Pays ou zone
Africa											**Afrique**
Mali	1279	1277	1934	2033	2268	1892	2024	...	...	...	Mali
America, North											**Amérique du Nord**
Mexico	28896	36871	37036	31839	#149509	152196	117059	183685	179228	170646	Mexique
America, South											**Amérique du Sud**
Argentina	496817	487612	452447	422778	409900	436882	...	...	...	...	Argentine
Brazil	717419	731326	838930	684463	627606	601341	407830	562188	606554	653412	Brésil
Chile	...	...	[1]2987179	[1]3281905	1843013	1059099	968588	961903	574097	...	Chili
Uruguay	...	...	...	...	...	...	...	...	...	6864	Uruguay
Asia											**Asie**
Azerbaijan	19141	23143	20843	27293	14383	20543	8033	18066	12811	5906	Azerbaïdjan
Rep. of Korea	941320	958724	999327	966457	977622	...	...	...	...	...	Rép. de Corée
Turkey	...	...	156845	146223	148242	130139	108341	183498	190870	156225	Turquie
Europe											**Europe**
Belarus	...	...	...	...	...	...	...	...	80588	84279	Bélarus
Bulgaria	C	C	76413	C	C	C	C	C	C	C	Bulgarie
Croatia	...	5	4	5	4	4	5	4	4	6	Croatie
Czech Republic	...	...	C	C	C	64624	35939	32245	37811	41855	République tchèque
Denmark	588	386	1318	1528	1572	2644	...	1134	1113	883	Danemark
Estonia	...	...	...	...	...	C	C	748	217	...	Estonie
Finland	16065	18638	22045	22391	20663	18060	17921	20861	22625	20030	Finlande
Germany	3303525	3557931	3733219	3645531	3637402	3324535	3392869	3236267	3303777	3248620	Allemagne
Hungary	3732	3173	C	C	C	C	20291	23385	25120	20370	Hongrie
Lithuania	22238	24338	22360	26080	17436	42843	2646	239	8307	11546	Lituanie
Netherlands	...	...	...	...	...	...	...	...	926453	1074230	Pays-Bas
Poland	231815	208615	213091	226199	216083	196021	C	193392	221985	218716	Pologne
Portugal	234	353	208	210	214	225	0	0	...	...	Portugal
Romania	497412	670684	450849	534982	247320	144282	109661	173753	C	C	Roumanie
Russian Federation[2]	3508948	3574962	3561015	3801610	4179478	3512507	2882998	2528723	2464729	2716876	Fédération de Russie[2]
Slovakia	...	...	52743	59737	57322	57769	54606	51969	27460	33683	Slovaquie
Spain	...	115018	163110	167123	202183	179442	124511	158038	182563	175734	Espagne
Sweden	C	C	223215	222979	244632	228066	218882	256825	255393	248379	Suède
Ukraine	184283	198759	206819	206727	176641	172247	94616	95192	160661	179027	Ukraine
United Kingdom	...	...	C	C	C	C	C	C	10900	10305	Royaume-Uni

General Note.

Acyclic alcohols and their halogenated, sulphonated, nitrated or nitrosated derivatives, cyclic alcohols and their halogenated, sulphonated, nitrated or nitrosated derivatives.

Remarque générale.

Alcools acycliques et leurs dérivés halogénés, sulfonés, nitrés ou nitrosés, alcools cycliques et leurs dérivés halogénés, sulfonés, nitrés ou nitrosés.

[1] Including Phenols, phenol-alcohols and their halogenated, sulphonated, nitrated or nitrosated derivatives.

[2] Saturated monohydric alcohols and diols only.

[1] Y compris les phénols, phénols alcools et leurs dérivés halogénés, sulfonés, nitrés ou nitrosés.

[2] Monoalcools saturés et diols seulement.

Phenols, phenol-alcohols and their halogenated, sulphonated, nitrated or nitrosated derivatives
Phénols, phénols alcools et leurs dérivés halogénés, sulfonés, nitrés ou nitrosés

CPC-BASED CODE - CODE BASE CPC
34130-2

Unit: Metric tons | Unité: Tonnes métriques

Country or area	2003	2004	2005	2006	2007	2008	2009	2010	2011	2012	Pays ou zone
America, North											**Amérique du Nord**
Mexico	500247	480562	401617	372845	...	...	...	...	...	...	Mexique
America, South											**Amérique du Sud**
Brazil	158223	190242	260511	205521	292936	342533	351576	233283	287060	298486	Brésil
Asia											**Asie**
Azerbaijan	505	4	0	597	99	0	0	0	0	0	Azerbaïdjan
Rep. of Korea	127691	127466	330295	...	...	...	...	...	...	...	Rép. de Corée
Europe											**Europe**
Denmark	197	249	254	274	440	409	261	269	222	200	Danemark
Germany	858448	996785	972624	1032662	998861	816179	768802	1014214	1006169	836594	Allemagne
Netherlands	...	...	...	...	...	...	...	...	...	44	Pays-Bas
Poland	78932	79260	63526	64919	C	C	59436	48519	C	C	Pologne
Romania	863	1211	0	...	...	C	...	...	...	...	Roumanie
Russian Federation	199978	242248	243415	222799	241830	205666	200611	236092	250591	277641	Fédération de Russie
Slovakia	C	C	39129	35445	C	C	C	C	C	...	Slovaquie
Spain	...	432944	477762	479613	530564	497591	451557	448524	441276	415974	Espagne
Sweden	...	...	0	0	0	0	0	0	0	8	Suède
Ukraine	8344	2643	3156	4187	6816	6374	1288	1535	1452	1037	Ukraine

General Note.

Phenols (mono and poly); phenol-alcohols; halogenated, sulphonated, nitrated or nitrosated derivatives of phenols or phenol-alcohols.

Remarque générale.

Phénols (mono et poly); phénols alcools; dérivés halogénés, sulfonés, nitrés ou nitrosés des phénols ou des phénols alcools.

Saturated acyclic monocarboxylic acids, their anhydrides and other derivatives
Acides monocarboxyliques acycliques saturés, leurs anhydrides et autres dérivés

CPC-BASED CODE - CODE BASE CPC

34140-1

Unit: Metric tons | Unité: Tonnes métriques

Country or area	2003	2004	2005	2006	2007	2008	2009	2010	2011	2012	Pays ou zone
America, South											**Amérique du Sud**
Brazil	208746	256040	586537	524402	293214	311258	228050	245043	244515	397426	Brésil
Chile	...	...	[1]44363	[1]27450	28759	29723	7624	2454	982	...	Chili
Asia											**Asie**
Iraq	...	...	...	15	...	...	...	...	...	...	Iraq
Turkey	...	...	C	C	C	C	C	46473	33430	30550	Turquie
Europe											**Europe**
Bulgaria	C	C	90	124	C	C	C	C	C	C	Bulgarie
Croatia	...	100	59	43	33	19	17	20	21	7	Croatie
Czech Republic	...	...	C	C	24310	11510	C	C	921	960	République tchèque
Denmark	8739	7261	10475	9866	10096	10286	8139	7327	8621	8528	Danemark
Estonia	...	999	1003	672	C	30	32	47	70	106	Estonie
Finland	C	C	C	...	82419	67801	106819	117011	128900	106804	Finlande
Germany	998002	1069764	1080222	1109805	1101054	1031725	940749	1013591	984109	1008724	Allemagne
Hungary	8491	6511	5927	5587	4431	3712	3681	3974	C	4143	Hongrie
Ireland	3399	3271	...	...	...	...	...	...	...	...	Irlande
Norway	6553	43943	47600	49698	...	...	...	...	...	...	Norvège
Poland	18757	9628	12844	10168	7729	8184	7297	11125	9416	10519	Pologne
Portugal	2621	2732	2895	3162	2770	0	0	0	...	...	Portugal
Romania	...	...	...	...	...	143	C	...	...	...	Roumanie
Russian Federation[2]	247400	277753	302245	294294	297805	247331	246455	232832	239324	250679	Fédération de Russie[2]
Slovakia	...	...	7051	6621	6368	6690	6208	C	C	C	Slovaquie
Spain	...	263323	291357	233149	325400	230855	211188	287496	286031	298710	Espagne
Sweden	173127	180992	181788	208865	239028	187645	173394	222277	214792	193835	Suède
TFYR of Macedonia	86	25	0	0	0	0	0	0	0	0	L'ex-RY de Macédoine
Ukraine	[3]195292	212590	210743	225449	238204	209277	106430	122763	182363	200713	Ukraine

General Note.

Saturated acyclic monocarboxylic acids and their anhydrides, halides, peroxides and peroxyacids; their halogenated, sulphonated, nitrated or nitrosated derivatives (formic acid, its salts and esters, acetic acid and its salts, acetic anhydride, esters of acetic acid).

[1] Including polycarboxylic acids, their anhydrides, halides, peroxides and peroxyacids; their halogenated, sulphonated, nitrated or nitrosated derivatives.

[2] Formic acid, acetic anhydride, vinyl acetate and butyl acetate only.

[3] Excluding palmitic acid, palmitate and palmitic salts; stearic acid, stearic complex esters and salts; lauric acid and other, its complex esters and salts (National product list codes 24.14.32.300, 24.14.32.400, 24.14.32.800).

Remarque générale.

Acides monocarboxyliques acycliques saturés et leurs anhydrides, halogénures, peroxydes et peroxyacides; leurs dérivés halogénés, sulfonés, nitrés ou nitrosés (acide formique, ses sels et ses esters, acide acétique et ses sels; anhydride acétique, esters de l'acide acétique).

[1] Y compris les acides polycarboxyliques, leurs anhydrides, halogénures, peroxydes et peroxyacides; leurs dérivés halogénés, sulfonés, nitrés ou nitrosés.

[2] Acide formique, anhydride acétique, acétique de vinyle, et acétique de butyle seulement.

[3] Sauf l'acide palmitique, palmitate et sels palmitiques; acide stéarique, esters et sels complexes stéariques; acide laurique et autre, ses esters et sels complexes (Code de la liste nationale de produits 24.14.32.300, 24.14.32.400, 24.14.32.80).

Polycarboxylic acids, their anhydrides and other derivatives
Acides polycarboxyliques, leurs anhydrides et autres dérivés

CPC-BASED CODE - CODE BASE CPC

34140-2

Unit: Metric tons | Unité: Tonnes métriques

Country or area	2003	2004	2005	2006	2007	2008	2009	2010	2011	2012	Pays ou zone
America, North											**Amérique du Nord**
Mexico	...	...	...	...	1300280	1379989	1523951	1529057	1541763	1559173	Mexique
America, South											**Amérique du Sud**
Brazil	584497	294586	219629	240815	362780	355045	381815	369849	300992	232200	Brésil
Asia											**Asie**
Iran (Islamic Rep. of)	...	121507	86640	70400	126947	39818	...	...	...	...	Iran (Rép. islam. d')
Turkey	...	...	C	C	C	C	C	C	C	305192	Turquie
Europe											**Europe**
Belarus	...	...	...	...	...	...	...	...	160540	163956	Bélarus
Croatia	...	1	1	1	1	1	2	0	0	0	Croatie
Czech Republic	...	...	C	C	C	C	72992	C	C	C	République tchèque
Denmark	0	0	123	157	131	115	50	84	1645	2884	Danemark
Finland	C	C	C	C	176	229	204	112	106	125	Finlande
Germany	1216142	1266511	1348421	1428313	1418347	1162864	1041582	1199028	1031871	1003271	Allemagne
Hungary	33456	31871	13142	8481	20102	22112	15516	14205	12357	15459	Hongrie
Netherlands	...	...	...	...	...	...	...	...	...	342475	Pays-Bas
Poland	82751	94143	99355	91682	C	C	65422	71848	C	C	Pologne
Romania	4495	10143	11025	7008	2282	C	C	C	C	C	Roumanie
Russian Federation[1]	90829	98241	104257	98136	181175	169249	180546	96418	94669	96481	Fédération de Russie[1]
Spain	...	805587	782259	750392	730695	563264	499772	482463	374806	337583	Espagne
Sweden	C	C	75940	85898	81726	62743	52394	54457	48774	38241	Suède
Ukraine	60345	73458	57897	62655	65406	C	C	C	C	C	Ukraine

General Note.

Polycarboxylic acids, their anhydrides, halides, peroxides and peroxyacids; their halogenated, sulphonated, nitrated or nitrosated derivatives (acyclic polycarboxylic acids, their anhydrides, halides, peroxides, peroxyacids and their derivatives, aromatic polycarboxylic acids, their anhydrides, halides, peroxides, peroxyacids and their derivatives).

[1] Phthalic acid only.

Remarque générale.

Acides polycarboxyliques, leurs anhydrides, halogénures, peroxydes et peroxyacides; leurs dérivés halogénés, sulfonés, nitrés ou nitrosés (acides polycarboxyliques acycliques, leurs anhydrides, halogénures, peroxydes, peroxyacides et leurs dérivés, acides polycarboxyliques aromatiques, leurs anhydrides, halogénures, peroxydes, peroxyacides et leurs dérivés).

[1] Acide phtalique seulement.

Amine-function compounds
Composés à fonction aminée

CPC-BASED CODE - CODE BASE CPC
34150-1

Unit: Metric tons | Unité: Tonnes métriques

Country or area	2003	2004	2005	2006	2007	2008	2009	2010	2011	2012	Pays ou zone
America, North											**Amérique du Nord**
Mexico	...	...	...	...	122943.0	125669.0	110719.0	120750.0	106072.0	151091.0	Mexique
America, South											**Amérique du Sud**
Brazil	107117.3	98544.7	106207.8	137683.9	103312.0	138769.9	131877.9	129029.5	122035.8	122486.1	Brésil
Chile	...	...	[1]489.3	[1]994.1	1562.8	922.3	6742.0	6114.5	5842.8	...	Chili
Asia											**Asie**
Azerbaijan	3.2	0.0	0.0	0.0	0.0	0.0	0.0	0.0	0.0	0.0	Azerbaïdjan
Europe											**Europe**
Denmark	...	3.0	7.3	2.1	12.0	694.0	282.0	123.0	119.0	160.0	Danemark
Finland	1288.7	856.0	456.8	...	366.4	196.9	6.3	13.9	19.3	13.5	Finlande
Germany	313591.0	443527.0	461872.0	506038.0	535114.0	529078.0	399737.0	491322.0	571485.0	546294.0	Allemagne
Hungary	1410.0	1370.0	1366.0	995.0	553.0	3.0	4.0	C	...	3.0	Hongrie
Ireland	223.8	235.3	...	...	...	...	...	...	...	...	Irlande
Netherlands	...	...	...	...	...	...	...	...	124166.0	132477.0	Pays-Bas
Poland	95.0	77.2	395.2	619.5	C	1511.6	1527.1	1265.9	1708.6	1844.3	Pologne
Portugal	98278.9	107994.8	93463.9	98634.4	101141.0	94066.8	73127.0	128654.3	...	...	Portugal
Russian Federation	[2]51587.0	[2]52253.0	[2]60020.0	[2]58114.0	[2]54653.0	[2]58762.0	[2]54280.0	50041.0	51298.0	50148.0	Fédération de Russie
Slovakia	...	...	3807.9	1099.2	C	C	C	C	2.1	5.8	Slovaquie
Spain	...	20384.0	23947.0	21614.0	26654.0	25618.0	25561.0	38793.0	40985.0	33816.0	Espagne
Sweden	C	C	41521.8	43960.2	52830.9	48005.3	44208.6	53801.1	36726.4	46332.4	Suède
Ukraine	22.0	C	5.0	C	C	C	C	C	C	C	Ukraine
United Kingdom	...	...	C	C	C	C	C	869.8	C	3438.1	Royaume-Uni

General Note.
Acyclic monoamines and polyamines and their derivatives and salts thereof, aromatic monoamines and polyamines and their derivatives and salts thereof and other amine-function compounds.

[1] Including oxygen-function amino-compounds except lysine, its esters and salts thereof, except glutamic acid and its salts and except tilidine (INN) and its salts.

[2] Aniline only.

Remarque générale.
Monoamines et polyamines acycliques et leurs dérivés et sels de ces produits, monoamines et polyamines aromatiques et leurs dérivés et sels de ces produits et autres composés à fonction aminée.

[1] Y compris les composés aminés à fonctions oxygénées à l'exclusion de la lysine, ses esters et de leurs sels, de l'acide glutamique et ses sels, et de la tilidine (DCI) et ses sels.

[2] Aniline seulement.

Oxygen-function amino-compounds
Composés aminés à fonctions oxygénées

CPC-BASED CODE - CODE BASE CPC
34150-2

Unit: Metric tons | Unité: Tonnes métriques

Country or area	2003	2004	2005	2006	2007	2008	2009	2010	2011	2012	Pays ou zone
America, South											**Amérique du Sud**
Brazil	637.5	3788.2	3398.0	72570.2	70950.2	72946.6	123433.4	94101.2	83080.5	83797.5	Brésil
Asia											**Asie**
Iraq	...	...	...	400.4	...	...	...	...	...	...	Iraq
Europe											**Europe**
Czech Republic	...	...	C	C	670.8	484.1	333.2	C	555.7	653.8	République tchèque
Denmark	310.1	326.6	722.4	958.0	1372.3	1532.0	967.0	1379.0	1413.0	1344.0	Danemark
Finland	21.9	20.7	12.2	17.5	21.5	17.7	10.2	7.1	7.5	6.7	Finlande
Germany	243826.0	281871.0	314948.0	308713.0	326571.0	330243.0	241863.0	322735.0	306169.0	291159.0	Allemagne
Hungary	800.0	369.0	1330.0	5379.0	2982.0	17656.0	17884.0	21202.0	20593.0	21063.0	Hongrie
Ireland	238.3	381.8	...	...	...	...	...	...	...	...	Irlande
Netherlands	...	...	...	...	...	...	...	...	135456.0	122319.0	Pays-Bas
Poland	630.0	540.9	637.2	691.4	C	782.5	772.5	1189.9	1848.2	1733.6	Pologne
Slovakia	...	...	292.3	C	C	C	C	C	C	C	Slovaquie
Spain	...	52763.0	21060.0	28930.0	39250.0	28107.0	20078.0	18130.0	19183.0	18909.0	Espagne
Sweden	19611.6	23538.3	21760.8	23261.9	23922.2	21227.8	24036.8	27192.8	21676.5	47228.9	Suède
Ukraine	C	416.0	872.0	C	C	C	C	C	258.0	266.0	Ukraine
United Kingdom	[1]72152.8	61758.0	C	...	C	40615.1	C	7792.9	...	...	Royaume-Uni

General Note.

Oxygen-function amino-compounds (amino-alcohols, other than those containing more than one kind of oxygen function, their ethers and esters and salts thereof, amino-naphthols and other amino-phenols, other than those containing more than one kind of oxygen function, their ethers and esters and salts thereof, amino-aldehydes, amino-ketones and amino-quinones, other than those containing more than one kind of oxygen function and salts thereof, amino-acids, other than those containing more than one kind of oxygen function, and their esters; salts thereof, except except lysine, its esters and salts thereof) except glutamic acid and its salts and except tilidine (INN) and its salts.

[1] Excluding Prodcom 2002 code 24.14.42.37.

Remarque générale.

Composés aminés à fonctions oxygénées (amino-alcools, autres que ceux contenant plus d'une sorte de fonction oxygénée, leurs éthers et leurs esters et sels de ces produits, amino-naphtols et autres amino-phénols, autres que ceux contenant plus d'une sorte de fonction oxygénée, leurs éthers et leurs esters et sels de ces produits, amino-aldéhydes, amino-cétones et amino-quinones autres que ceux contenant plus d'une sorte de fonction oxygénée et sels de ces produits, amino-acides, autres que ceux contenant plus d'une sorte de fonction oxygénée, et leurs esters; sels de ces produits à l'exception de la lysine, ses esters et sels de ces produits) à l'exception de l'acide glutamique et ses sels, et de la tilidine (DCI) et ses sels.

[1] 2002 code Prodcom 24.14.42.37 non compris.

Organo-sulphur compounds and other organo-inorganic compounds
Thiocomposés organiques et autres composés organo-inorganiques

CPC-BASED CODE - CODE BASE CPC

34160-1

Unit: Metric tons — Unité: Tonnes métriques

Country or area	2003	2004	2005	2006	2007	2008	2009	2010	2011	2012	Pays ou zone
America, South											**Amérique du Sud**
Brazil	136191.5	159859.6	138049.3	128622.7	103355.0	128580.8	115902.7	137893.0	106207.5	28474.0	Brésil
Chile	...	...	...	...	...	...	1178.6	845.2	3353.8	...	Chili
Asia											**Asie**
Iraq	...	17.4	...	...	...	...	...	...	...	...	Iraq
Europe											**Europe**
Croatia	...	12.0	24.0	24.0	12.0	12.0	0.0	0.0	0.0	0.0	Croatie
Denmark	21609.7	29331.9	22445.1	22280.1	19943.5	14971.0	8616.0	11420.0	14091.0	13085.0	Danemark
Finland[1]	13819.0	15625.6	13854.5	12842.0	13151.4	10756.9	158.6	247.7	249.4	357.5	Finlande[1]
Germany	C	C	C	C	C	C	C	C	216193.0	C	Allemagne
Hungary	3918.0	4059.0	1920.0	1667.0	528.0	624.0	631.0	231.0	213.0	959.0	Hongrie
Ireland	36.8	37.5	...	...	...	...	...	...	...	...	Irlande
Italy[2]	21109.0	20403.0	...	...	...	...	...	...	...	...	Italie[2]
Netherlands	...	...	...	...	...	...	...	...	26417.0	23500.0	Pays-Bas
Poland	C	1211.0	1655.3	1793.3	C	1319.1	1918.0	2157.3	1938.7	C	Pologne
Russian Federation	...	...	...	...	...	...	...	96757.0	94224.0	100481.0	Fédération de Russie
Slovakia	C	C	1210.1	1469.2	1542.1	C	1209.3	1559.6	1499.2	1867.9	Slovaquie
Spain	...	79447.0	C	103570.0	101875.0	105678.0	106792.0	114698.0	120126.0	142048.0	Espagne
Sweden	1.3	1.0	1.6	1.8	1.0	1.1	1.0	6.0	36.0	39.0	Suède
Ukraine	16377.0	15965.0	17925.0	14410.0	14024.0	7461.1	C	C	1720.0	2653.0	Ukraine
United Kingdom	79210.0	[3]38609.3	C	C	C	C	C	C	21976.9	16953.0	Royaume-Uni

General Note.

Organo-sulphur compounds (dithiocarbonates (xanthates), thiocarbamates and dithiocarbamates, thiuram mono-, di- or tetrasulphides, methionine and other) and other organo-inorganic compounds.

[1] Including heterocyclic compounds and lactams from heterocyclic compounds with nitrogen hetero-atoms only.

[2] Excluding Prodcom 2002 code 24.14.51.37.

[3] Excluding Prodcom 2002 code 24.14.51.35.

Remarque générale.

Thiocomposés organiques [dithiocarbonates (xanthates, xanthogénates), thiocarbamates et dithiocarbamates, mono-, di- ou tétrasulfures de thiourame, méthionine et autres] et autres composés organo-inorganiques.

[1] Y compris les composés hétérocycliques et les lactames de hétérocycliques avec des hétéroatomes d'azote seulement.

[2] 2002 code Prodcom 24.14.51.37 non compris.

[3] 2002 code Prodcom 24.14.51.35 non compris.

Heterocyclic nitrogen compounds containing an unfused pyridine ring
Pyridine et composés hétérocycliques semblables

CPC-BASED CODE - CODE BASE CPC
34160-2

Unit: Metric tons | Unité: Tonnes métriques

Country or area	2003	2004	2005	2006	2007	2008	2009	2010	2011	2012	Pays ou zone
America, South											**Amérique du Sud**
Brazil	C	C	7255	5370	3142	4053	2901	2867	2957	2279	Brésil
Europe											**Europe**
Denmark	0	2221	1383	1555	1470	1454	1371	592	788	851	Danemark
Finland[1]	24	24	92	264	149	8	11	7	4	4	Finlande[1]
Germany	21453	27262	30136	27603	27058	C	64081	70456	66024	80026	Allemagne
Hungary	6	0	C	30	1	...	...	...	105	117	Hongrie
Italy	2392	2450	...	...	...	...	...	...	...	...	Italie
Sweden	47	56	96	67	72	52	109	205	301	92	Suède
Ukraine	...	...	382	402	202	99	100	103	...	...	Ukraine
United Kingdom	18768	14329	9124	4549	4727	4764	3456	4832	...	...	Royaume-Uni

General Note.

Compounds containing an unfused pyridine ring (whether or not hydrogenated) in the structure such as pyridine and its salts, piperidine and its salts, alfentanil (INN), anileridine (INN), bezitramide (INN), bromazepam (INN), difenoxin (INN), diphenoxylate (INN), dipipanone (INN), fentanyl (INN), ketobemidone (INN), methylphenidate (INN), pentazocine (INN), pethidine (INN), pethidine (INN) intermediate A, phencyclidine (INN) (PCP), phenoperidine (INN), pipradrol (INN), piritramide (INN), propiram (INN) and trimeperidine (INN); salts thereof and other.

[1] Includes lactams from heterocyclic compounds with nitrogen hetero-atom(s).

Remarque générale.

Composés dont la structure comporte un cycle pyridine (hydrogéné ou non) non condensé comme les composés suivants: pyridine et ses sels, pipéridine et ses sels, alfentanil (DCI), aniléridine (DCI), bézitramide (DCI), bromazépam (DCI), cétobémidone (DCI), difénoxine (DCI), diphénoxylate (DCI), dipipanone (DCI), fentanyl (DCI), méthylphénidate (DCI), pentazocine (DCI), péthidine (DCI), péthidine (DCI) intermédiaire A, phencyclidine (DCI) (PCP), phénopéridine (DCI), pipradrol (DCI), piritramide (DCI), propiram (DCI) et trimépéridine (DCI); et les sels de ces produits et autres.

[1] Les données comprennent les lactames obtenus à partir de composés hétérocycliques à hétéroatome(s) d'azote.

Nucleic acids and their salts, and other heterocyclic compounds
Acides nucléiques et leurs sels, et autres composés hétérocycliques

CPC-BASED CODE - CODE BASE CPC
34160-4

Unit: Metric tons — Unité: Tonnes métriques

Country or area	2003	2004	2005	2006	2007	2008	2009	2010	2011	2012	Pays ou zone
America, North											**Amérique du Nord**
Mexico	154456.0	153090.0	176660.0	130398.0	...	...	...	...	...	...	Mexique
America, South											**Amérique du Sud**
Brazil	9275.3	9652.2	8656.2	5513.2	9837.3	1660.1	818.3	460.7	11578.9	35963.2	Brésil
Europe											**Europe**
Czech Republic	...	...	C	C	C	C	C	C	24.8	13.1	République tchèque
Denmark	...	...	...	...	139.5	206.0	195.0	194.0	160.0	90.0	Danemark
Finland	284.0	346.2	586.8	460.3	580.2	571.7	561.4	594.4	651.4	875.9	Finlande
Germany	34803.0	40968.0	35476.0	36043.0	35902.0	38825.0	26313.0	28409.0	26491.0	24605.0	Allemagne
Hungary	202.0	169.0	88.0	132.0	283.0	696.0	114.0	228.9	270.8	353.1	Hongrie
Ireland	1704.8	2129.4	...	...	...	...	...	...	...	...	Irlande
Italy	10185.0	8993.0	...	...	...	...	...	...	...	...	Italie
Netherlands	...	...	...	...	...	...	...	...	2658.0	1202.0	Pays-Bas
Poland	...	3.7	0.9	0.9	C	C	2.3	25.4	3.8	3.3	Pologne
Spain	...	336.1	303.7	203.6	158.2	190.9	247.7	281.4	249.1	310.4	Espagne
Sweden	C	0.4	C	C	0.8	1.4	1.1	6.1	0.6	1.4	Suède
United Kingdom	...	29177.7	16748.5	38396.3	C	C	C	C	623.4	637.3	Royaume-Uni

General Note.

Nucleic acids and their salts, whether or not chemically defined; other heterocyclic compounds, except compounds containing in the structure a phenothiazine ring-system (whether or not hydrogenated), not further fused.

Remarque générale.

Acides nucléiques et leurs sels, de constitution chimique définie ou non; autres composés hétérocycliques, à l'exception de composés comportant une structure à cycles phénothiazine (hydrogénés ou non) sans autres condensations.

Ethers and peroxide derivatives
Ethers et derivés peroxydes

CPC-BASED CODE - CODE BASE CPC

34170-1

Unit: Metric tons — Unité: Tonnes métriques

Country or area	2003	2004	2005	2006	2007	2008	2009	2010	2011	2012	Pays ou zone
Africa											**Afrique**
Egypt	...	...	...	...	...	47936.4	46730.1	...	79627.4	...	Égypte
America, North											**Amérique du Nord**
Mexico	28545.0	33560.0	41687.0	45492.0	...	...	...	...	...	...	Mexique
America, South											**Amérique du Sud**
Brazil	285397.1	284165.2	421899.8	457233.7	409786.8	386115.6	410727.0	429190.5	379708.2	467727.6	Brésil
Chile	...	...	[1]287.7	...	...	239.4	158.9	175.7	1360.6	...	Chili
Asia											**Asie**
India	103.0	...	151.3	...	...	...	...	...	...	...	Inde
Iran (Islamic Rep. of)	...	251928.1	...	205237.6	294000.0	220410.7	265430.2	...	...	...	Iran (Rép. islam. d')
Europe											**Europe**
Croatia	...	0.7	0.8	0.8	0.5	0.5	0.4	0.4	0.5	0.4	Croatie
Czech Republic	...	...	C	C	C	C	C	57580.1	C	49643.9	République tchèque
Denmark	40.9	9.1	1176.0	1247.3	1458.7	1364.0	782.0	601.0	303.0	238.0	Danemark
Finland	0.0	0.0	C	C	0.9	198.2	140.2	219.2	121.1	151.5	Finlande
Germany	551288.0	593923.0	520911.0	437660.0	554550.0	760518.0	619869.0	728568.0	726112.0	815433.0	Allemagne
Hungary	1188.0	2759.0	844.0	1813.0	6042.0	22912.0	26522.0	38668.3	45082.6	6988.3	Hongrie
Ireland	62.4	70.6	...	...	...	...	...	...	...	...	Irlande
Netherlands	...	...	...	...	...	...	...	...	895265.0	836290.0	Pays-Bas
Poland	...	12363.5	10693.7	11863.6	C	C	C	C	C	C	Pologne
Portugal	45403.1	38261.6	44222.9	46182.2	54791.4	37573.8	5138.2	21054.9	...	...	Portugal
Russian Federation[2]	...	...	...	...	...	...	...	642900.0	663884.0	692816.0	Fédération de Russie[2]
Slovakia	...	...	C	C	C	C	C	C	1087.5	1006.9	Slovaquie
Spain	...	242066.0	227265.0	210595.0	227299.0	202726.0	164428.0	173692.0	192329.0	193840.0	Espagne
Sweden	C	C	2789.6	C	C	8063.8	7815.0	8491.5	8648.0	8671.7	Suède
Ukraine	C	C	0.0	0.0	C	C	C	C	200.6	95.8	Ukraine
United Kingdom	...	...	C	C	C	C	14981.9	15730.5	C	C	Royaume-Uni

General Note.

Ethers, ether-alcohols, ether-phenols, ether-alcohol- phenols, alcohol peroxides, ether peroxides, ketone peroxides (whether or not chemically defined), and their halogenated, sulphonated, nitrated or nitrosated derivatives.

[1] Including ketones and quinones, whether or not with other oxygen function, and their halogenated, sulphonated, nitrated or nitrosated derivatives.

[2] Including epoxides, acetals and their derivatives.

Remarque générale.

Ethers, éthers alcools, éthers phénols, éthers alcools phénols, peroxydes d'alcools, peroxydes d'éthers, peroxydes de cétones (de constitution chimique définie ou non), et leurs dérivés halogénés, sulfonés, nitrés ou nitrosés.

[1] Y compris les cétones et quinones, même contenant d'autres fonctions oxygénées, et leurs dérivés halogénés, sulfonés, nitrés ou nitrosés.

[2] Y compris des époxydes, des acétals et leurs dérivés.

Ketones, quinones and their halogenated, sulphonated, nitrated or nitrosated derivatives
Cétones et quinones, et leurs dérivés halogénés, sulfonés, nitrés ou nitrosés

CPC-BASED CODE - CODE BASE CPC
34170-2

Unit: Metric tons | Unité: Tonnes métriques

Country or area	2003	2004	2005	2006	2007	2008	2009	2010	2011	2012	Pays ou zone
America, South											**Amérique du Sud**
Brazil	139960.7	149025.2	175676.7	174010.6	195401.8	141889.6	162255.4	172236.9	154606.7	113896.5	Brésil
Asia											**Asie**
Azerbaijan	...	...	0.0	0.0	0.3	0.3	0.0	0.0	0.0	0.0	Azerbaïdjan
India	12514.0	10125.0	...	...	...	...	...	...	...	...	Inde
Europe											**Europe**
Bulgaria	C	C	C	C	C	3.4	C	C	C	C	Bulgarie
Croatia	...	6.5	1.2	2.1	2.5	2.8	2.0	2.6	2.8	4.1	Croatie
Czech Republic	...	...	C	C	C	1155.4	1875.2	1283.1	1825.9	2227.8	République tchèque
Denmark	115.3	142.0	147.1	178.4	104.9	...	...	...	7.0	12.0	Danemark
Germany	608535.0	668295.0	655538.0	678566.0	698636.0	627423.0	594841.0	684250.0	687819.0	589958.0	Allemagne
Hungary	634.0	665.0	C	C	C	C	C	489.4	715.4	483.4	Hongrie
Ireland	15.9	15.4	...	...	...	...	...	...	...	...	Irlande
Lithuania	...	...	0.0	0.0	0.1	0.1	0.0	0.1	0.0	0.0	Lituanie
Netherlands	...	...	...	...	...	...	...	...	204502.0	208508.0	Pays-Bas
Poland	33789.0	36401.5	27509.0	28724.0	C	C	C	34586.2	42432.6	31681.1	Pologne
Russian Federation	...	...	...	...	...	...	...	152647.0	157309.0	172634.0	Fédération de Russie
Slovakia	...	...	23159.2	21217.9	23865.8	23318.2	21218.6	16593.4	6373.1	207.1	Slovaquie
Spain	...	273227.0	284247.0	273771.0	322615.0	313414.0	271697.0	276245.0	274789.0	262852.0	Espagne
Sweden	121.2	153.1	122.2	152.4	113.9	401.0	512.0	100.0	101.6	747.4	Suède
Ukraine	4736.0	9376.0	9074.0	7881.0	C	C	C	C	C	C	Ukraine

General Note.
Acyclic ketones without other oxygen function, cyclanic, cyclenic or cycloterpenic ketones without other oxygen function, aromatic ketones without other oxygen function, quinones, and their halogenated, sulphonated, nitrated or nitrosated derivatives.

Remarque générale.
Cétones acycliques ne contenant pas d'autres fonctions oxygénées, cétones cyclaniques, cycléniques ou cycloterpéniques ne contenant pas d'autres fonctions oxygénées, cétones aromatiques ne contenant pas d'autres fonctions oxygénées, quinones, et leurs dérivés halogénés, sulfonés, nitrés ou nitrosés.

Iron oxides and hydroxides; earth colours
Oxydes et hydroxydes de fer; terres colorantes

CPC-BASED CODE - CODE BASE CPC
34220-1

Unit: Metric tons | Unité: Tonnes métriques

Country or area	2003	2004	2005	2006	2007	2008	2009	2010	2011	2012	Pays ou zone
Africa											**Afrique**
Egypt	...	1	...	...	...	...	...	...	...	...	Égypte
America, North											**Amérique du Nord**
United States	90000	85000	90300	70300	88100	83300	C	C	...	...	États-Unis
America, South											**Amérique du Sud**
Brazil	102767	41445	40410	21772	19981	22672	26695	35138	31108	34019	Brésil
Chile	...	...	129278	111437	113205	118493	16078	19073	22201	...	Chili
Asia											**Asie**
Iran (Islamic Rep. of)	...	8330	31283	5356	5089	16028	21711	...	...	...	Iran (Rép. islam. d')
Turkey	...	...	1410	2988	3977	C	3952	C	C	4906	Turquie
Europe											**Europe**
Bulgaria	C	C	C	C	C	130	C	C	C	C	Bulgarie
Finland	5527	0	0	42	3	1	0	...	...	...	Finlande
Germany	C	C	C	C	240310	C	209172	233909	223288	204198	Allemagne
Italy[1]	35709	37314	...	...	...	...	...	...	...	...	Italie[1]
Poland	2701	2983	3649	4053	C	C	854	955	1191	902	Pologne
Russian Federation	...	...	...	...	...	...	...	4956	5316	7046	Fédération de Russie
Spain	...	C	C	C	C	5847	3809	4399	2953	1880	Espagne
Sweden	68491	59724	50278	32721	62746	C	#0	2	0	0	Suède
Ukraine	14105	15186	42774	19472	26016	22342	11611	10165	10404	7595	Ukraine
United Kingdom	35356	[2]0	C	9008	C	C	C	223	C	136	Royaume-Uni

General Note.
Iron oxides and hydroxides; earth colours containing 70 % or more by weight of combined iron evaluated as Fe2O3.

[1] Excluding Prodcom 2002 code 24.12.13.15.
[2] Excluding Prodcom 2002 code 24.12.13.13.

Remarque générale.
Oxydes et hydroxydes de fer; terres colorantes contenant en poids 70 % ou plus de fer combiné évalué en Fe2O3.

[1] 2002 code Prodcom 24.12.13.15 non compris.
[2] 2002 code Prodcom 24.12.13.13 non compris.

Caustic soda
Soude caustique

CPC-BASED CODE - CODE BASE CPC
34230-1

Unit: Thousand metric tons — Unité: Milliers de tonnes métriques

Country or area	2003	2004	2005	2006	2007	2008	2009	2010	2011	2012	Pays ou zone
Africa											**Afrique**
Egypt	49.8	3.0	57.7	94.7	...	44.8	154.9	...	200.7	...	Égypte
America, North											**Amérique du Nord**
Cuba	15.0	13.8	13.6	15.5	16.5	14.8	16.3	14.5	15.4	18.2	Cuba
Mexico	363.2	368.5	402.0	410.7	420.0	372.5	326.5	341.5	374.5	359.5	Mexique
America, South											**Amérique du Sud**
Brazil	766.6	1296.7	1351.9	1375.2	1423.5	1342.4	1620.9	1427.4	1461.6	1372.8	Brésil
Chile	54.0	...	4939.5	5260.2	5059.2	14634.4	5551.8	292.8	198.4	...	Chili
Ecuador	...	13.4	15.6	15.8	18.1	26.3	...	...	...	...	Équateur
Peru	88.3	105.2	157.2	144.6	...	...	...	...	...	...	Pérou
Asia											**Asie**
Armenia	1.8	2.8	6.2	4.2	5.5	4.5	1.1	1.0	0.1	0.1	Arménie
Azerbaijan	25.0	28.5	34.0	30.7	17.2	22.0	5.1	7.8	9.5	0.6	Azerbaïdjan
Bangladesh[1]	2.6	...	...	...	...	...	...	...	...	...	Bangladesh[1]
China	9453.0	...	...	...	...	...	...	...	...	...	Chine
India	1601.0	1771.0	1881.0	1929.0	2058.0	...	...	...	...	...	Inde
Iran (Islamic Rep. of)	...	561.3	527.9	599.2	1745.4	1158.4	...	...	...	...	Iran (Rép. islam. d')
Japan	3775.3	3904.6	3887.5	3842.4	3862.9	3963.5	3344.9	3364.6	3182.1	2535.9	Japon
Kuwait	63.0	33.0	32.0	31.0	36.0	[2]37.0	37.0	36.0	40.0	44.0	Koweït
Pakistan[1]	164.4	187.5	206.7	219.3	242.2	248.3	245.3	182.3	172.0	179.1	Pakistan[1]
Rep. of Korea	1364.8	1508.1	1454.6	1476.8	1577.7	1590.3	1571.7	1798.7	1861.5	1973.8	Rép. de Corée
Tajikistan	2.8	3.0	0.8	0.2	0.0	0.0	0.2	0.0	...	...	Tadjikistan
Turkey	100.0	101.0	#175.8	191.5	173.4	181.3	192.4	835.8	C	C	Turquie
Viet Nam	78.0	95.4	107.5	109.8	66.9	108.7	55.4	50.2	...	...	Viet Nam
Europe											**Europe**
Belgium[3]	542.8	...	...	...	...	...	...	...	...	...	Belgique[3]
Croatia	0.0	0.3	0.1	0.1	0.1	0.0	0.0	0.0	0.0	0.0	Croatie
Czech Republic	118.0	...	C	C	C	137.2	111.9	C	C	C	République tchèque
Finland[4]	66.1	69.9	62.4	61.1	66.2	63.5	126.5	120.1	123.6	123.9	Finlande[4]
France	1910.0	C	...	...	...	...	...	...	...	...	France
Germany	C	C	C	C	C	C	2439.7	C	C	C	Allemagne
Greece[3]	6.1	...	...	...	...	...	...	...	...	...	Grèce[3]
Hungary	103.1	101.5	104.6	140.8	214.0	190.1	C	C	C	C	Hongrie
Italy	526.4	579.8	...	...	...	...	...	...	...	...	Italie
Netherlands	...	...	...	...	...	...	...	...	0.6	0.5	Pays-Bas
Poland	505.0	536.0	700.0	1025.0	570.0	519.0	453.0	364.0	C	C	Pologne
Portugal[4]	87.7	81.0	71.9	69.8	52.8	61.1	C	C	...	...	Portugal[4]
Romania	571.9	630.3	685.4	698.5	620.1	637.5	C	C	444.4	256.1	Roumanie
Russian Federation	1112.6	1187.7	1244.5	1267.3	1296.7	1259.3	1115.0	1075.0	1049.0	1093.0	Fédération de Russie
Serbia & Montenegro	7.5	...	...	...	...	...	...	...	...	...	Serbie-et-Monténégro
Slovakia	C	C	C	73.9	83.3	79.2	75.4	78.3	73.0	68.2	Slovaquie
Spain	C	C	C	699.0	618.0	640.0	479.0	575.0	530.0	538.0	Espagne
Sweden	286.0	C	C	...	...	130.6	135.6	123.3	153.9	152.1	Suède
Ukraine	159.9	210.4	208.9	183.2	134.7	87.8	77.9	85.6	159.4	131.4	Ukraine

General Note.
Sodium hydroxide (caustic soda), solid or in aqueous solution (soda lye or liquid soda).

[1] Twelve months ending 30 June of year stated.
[2] Source: Bulletin of Industrial Statistics for the Arab Countries, United Nations Economic and Social Commission for Western Asia (Beirut).
[3] Incomplete coverage.
[4] Sodium hydroxide (NaOH) content.

Remarque générale.
Hydroxyde de sodium (soude caustique), solide ou en solution aqueuse (lessive de soude caustique).

[1] Période de douze mois finissant le 30 juin de l'année indiquée.
[2] Source: Bulletin de statistiques industrielles pour les pays arabes, Commission économique et sociale pour l'Asie occidentale des Nations Unies (Beyrouth).
[3] Couverture incomplète.
[4] Teneur hydroxyde de sodium (NaOH).

Carbonates and peroxocarbonates except ammonium carbonates
Carbonates et peroxocarbonates à l'exception des carbonates d'ammonium

CPC-BASED CODE - CODE BASE CPC
34240-1

Unit: Metric tons | Unité: Tonnes métriques

Country or area	2003	2004	2005	2006	2007	2008	2009	2010	2011	2012	Pays ou zone
Africa											**Afrique**
Egypt	46419	...	...	...	...	185915	213754	...	286059	...	Égypte
America, South											**Amérique du Sud**
Brazil	482439	995998	912672	1078710	1216989	1299216	1422874	1792090	1957310	2258606	Brésil
Chile	...	...	177	195	197	1536	305	1318	3477	...	Chili
Ecuador	...	...	...	...	...	159427	...	...	...	...	Équateur
Asia											**Asie**
Azerbaijan	...	939	877	1290	3129	1358	858	670	778	933	Azerbaïdjan
Iran (Islamic Rep. of)	...	93740	173109	220219	120500	260986	385738	...	...	...	Iran (Rép. islam. d')
Iraq	...	4415	...	...	...	...	...	...	...	...	Iraq
Japan	1519000	1458000	1457000	1423643	1375000	1456000	1379035	1281748	1322563	1247735	Japon
Europe											**Europe**
Croatia	16	1	0	1	1	36359	36156	44874	5	4	Croatie
Denmark	247	436	313	263	81	...	...	...	...	...	Danemark
Estonia	...	C	C	C	0	C	C	114	107	100	Estonie
Finland	1676738	1916415	1573623	1784403	1822650	1733190	1717975	1727793	1620538	1437649	Finlande
Germany	...	...	...	...	...	...	1865976	2078864	2170446	2155893	Allemagne
Ireland	58904	60405	...	...	...	...	...	...	...	...	Irlande
Poland	897546	1232041	1277868	1260456	1362492	C	C	C	C	C	Pologne
Portugal	302833	309748	330821	356795	389897	377474	533473	531890	...	...	Portugal
Romania	405632	446748	353517	444326	451752	488251	409795	C	C	C	Roumanie
Russian Federation	...	...	...	...	...	...	...	3042066	3180669	3200721	Fédération de Russie
Spain	...	1041281	1128334	1235571	1144438	C	C	C	C	1068977	Espagne
Sweden	C	C	1839745	1883444	4319345	1648942	2222967	2297848	2214427	2055022	Suède
Ukraine	672467	794511	979550	957939	969288	1016127	711943	740801	766527	669673	Ukraine

General Note.

Carbonates and peroxocarbonates (percarbonates) such as, disodium carbonate, sodium hydrogencarbonate (sodium bicarbonate), potassium carbonates, calcium carbonate, barium carbonate, lead carbonates, lithium carbonates, strontium carbonate and other.

Remarque générale.

Carbonates et peroxocarbonates (percarbonates) comme le carbonate de disodium, l'hydrogénocarbonate de sodium (bicarbonate de sodium), les carbonates de potassium, le carbonate de calcium, le carbonate de baryum, les carbonates de plomb, les carbonates de lithium, le carbonate de strontium et autres.

Synthetic organic coloring matter and preparations
Matières colorantes organiques synthétiques et préparations à base de ces matières

CPC-BASED CODE - CODE BASE CPC
34310-0

Unit: Metric tons | Unité: Tonnes métriques

Country or area	2003	2004	2005	2006	2007	2008	2009	2010	2011	2012	Pays ou zone
Africa											**Afrique**
Egypt	...	1929	3343	2339	...	4940	944	...	1680	...	Égypte
America, North											**Amérique du Nord**
Mexico	15918	15959	15221	15046	#59525	57747	57714	56904	49923	46356	Mexique
America, South											**Amérique du Sud**
Argentina	68008	71396	65542	69201	63415	46264	...	...	...	...	Argentine
Brazil	64975	117722	109271	120072	123525	111346	145114	218014	201551	251396	Brésil
Chile	...	...	4364	5381	6418	5954	18595	4833	966	...	Chili
Ecuador	...	...	...	...	10	...	...	...	...	...	Équateur
Asia											**Asie**
Azerbaijan	219	116	591	543	459	1207	1000	788	815	966	Azerbaïdjan
Iran (Islamic Rep. of)	...	...	...	...	...	...	48	...	...	...	Iran (Rép. islam. d')
Rep. of Korea	80760	79538	72327	...	...	...	...	...	...	...	Rép. de Corée
Turkey	...	...	60710	64596	78723	77269	76473	89538	109329	118776	Turquie
Europe											**Europe**
Austria	20534	...	...	...	...	...	...	...	...	...	Autriche
Belgium[1]	52077	...	...	...	...	...	...	...	...	...	Belgique[1]
Croatia	19	7	4	7	23	6	7	7	9	9	Croatie
Czech Republic	4991	...	C	C	C	C	C	C	C	C	République tchèque
Denmark	38071	37964	37926	40616	40351	38055	...	35547	32432	32538	Danemark
Estonia	...	1	2	0	0	0	...	...	0	...	Estonie
Finland	6908	2567	1612	2197	2551	2541	2206	2526	2633	2584	Finlande
Germany	299167	686255	585467	276805	267286	245044	C	C	165835	156846	Allemagne
Greece[1]	2436	...	...	...	...	...	...	...	...	...	Grèce[1]
Hungary	2671	2439	2708	C	4745	4066	C	C	C	C	Hongrie
Ireland	1053	1050	...	...	...	...	...	...	...	...	Irlande
Italy	167104	170777	...	...	...	...	...	...	...	...	Italie
Lithuania	3	45	127	270	391	365	270	286	284	50	Lituanie
Netherlands	11546	10844	10690	27372	15203	...	...	...	30163	30411	Pays-Bas
Poland	1886	1623	2941	2023	2806	4142	4833	4999	5676	5731	Pologne
Portugal	2760	2533	1565	2485	2199	2381	1317	1281	...	...	Portugal
Romania	168	105	117	114	101	65	35	43	C	25	Roumanie
Russian Federation	12820	15001	10932	11317	8276	7556	15806	15557	17464	19867	Fédération de Russie
Slovakia	383	366	C	C	C	C	C	C	256	C	Slovaquie
Spain	56667	64815	C	C	C	C	C	C	60435	83487	Espagne
Sweden	7296	6762	6053	5153	5241	6026	2675	6371	6268	6291	Suède
Ukraine	4954	5717	1708	2773	4599	4713	5144	3762	5490	6360	Ukraine
United Kingdom	202337	94888	90155	92395	65082	C	C	56420	59527	52244	Royaume-Uni

General Note.

Synthetic organic colouring matter, whether or not chemically defined, preparations based on synthetic organic colouring matter, synthetic organic products of a kind used as fluorescent brightening agents or as luminophores, whether or not chemically defined, colour lakes and preparations based on colour lakes.

[1] Incomplete coverage.

Remarque générale.

Matières colorantes organiques synthétiques, même de constitution chimique définie; préparations à base de matières colorantes organiques synthétiques; produits organiques synthétiques des types utilisés comme agents d'avivage fluorescents ou comme luminophores, même de constitution chimique définie, laques colorantes et préparations à base de laques colorantes.

[1] Couverture incomplète.

Pigments and preparations based on titanium dioxide, used as colouring matter
Pigments et préparations à base de dioxyde de titane, utilisés comme matière colorante

CPC-BASED CODE - CODE BASE CPC
34340-1

Unit: Metric tons | Unité: Tonnes métriques

Country or area	2003	2004	2005	2006	2007	2008	2009	2010	2011	2012	Pays ou zone
Africa											**Afrique**
Egypt	...	...	...	...	...	...	927	...	3710	...	Égypte
America, South											**Amérique du Sud**
Brazil	1322	4828	4617	5686	2323	...	4816	6708	6726	9604	Brésil
Chile	...	...	26	26	16	...	2288	2794	6133	...	Chili
Ecuador	...	...	394	...	569	361	...	...	...	...	Équateur
Asia											**Asie**
India	49952	...	...	...	...	...	...	...	...	...	Inde
Rep. of Korea	106278	114537	121438	125269	127988	108307	100726	120813	118053	111982	Rép. de Corée
Europe											**Europe**
Croatia	...	61	16	7	14	6	2	4	5	0	Croatie
Denmark	0	0	89	74	292	[1]121	...	...	...	...	Danemark
Finland	...	...	4498	7774	...	...	...	112339	102438	87347	Finlande
Germany	C	C	57142	C	31354	34205	26149	35742	C	43657	Allemagne
Ireland	0	1	...	...	...	...	...	...	...	...	Irlande
Italy	82540	84817	...	...	...	...	...	...	...	...	Italie
Lithuania	3	2	1	0	0	0	0	0	0	0	Lituanie
Netherlands	...	...	...	...	...	...	...	...	94	277	Pays-Bas
Poland	40870	41812	42770	43755	C	C	C	C	C	C	Pologne
Portugal[1]	277	418	406	283	302	259	55	115	...	...	Portugal[1]
Spain	...	74905	120870	112584	123452	90091	68235	96087	105700	88682	Espagne
Sweden[1]	1042	1129	1178	1368	1529	1157	942	359	456	244	Suède[1]
Ukraine	87799	119814	C	130744	130494	125938	105644	C	C	C	Ukraine
United Kingdom	[2]3474	[2]1665	C	C	C	C	300964	294389	C	C	Royaume-Uni

General Note.

Pigments and preparations based on titanium dioxide, used as a colouring matter.

Remarque générale.

Pigments et préparations à base de dioxyde de titane, utilisés comme matière colorante.

[1] Data refer to titanium dioxide.

[2] Excluding Prodcom 2002 code 24.12.24.15.

[1] Les données se rapportent au bioxyde de titane.

[2] 2002 code Prodcom 24.12.24.15 non compris.

Oils and other products of the distillation of high temperature coal tar
Huiles et autres produits provenant de la distillation des goudrons de houille de haute température

CPC-BASED CODE - CODE BASE CPC
34540-1

Unit: Metric tons — Unité: Tonnes métriques

Country or area	2003	2004	2005	2006	2007	2008	2009	2010	2011	2012	Pays ou zone
Africa											**Afrique**
Egypt	...	...	...	...	...	...	1794	...	606	...	Égypte
America, North											**Amérique du Nord**
Mexico	71440	75284	81352	72528	...	...	...	...	...	...	Mexique
America, South											**Amérique du Sud**
Brazil	245374	160987	43315	69321	162839	169394	68624	67859	168345	245106	Brésil
Asia											**Asie**
Azerbaijan	5	0	0	0	0	0	0	0	0	0	Azerbaïdjan
India	7627	14563	12849	...	...	...	...	...	...	...	Inde
Kazakhstan	71732	77397	72391	70849	234325	...	...	...	...	...	Kazakhstan
Turkey	...	...	C	6323	C	C	C	C	C	C	Turquie
Europe											**Europe**
Belarus	...	...	...	...	...	...	...	...	103535	104226	Bélarus
Czech Republic	...	...	C	C	C	997321	814173	940700	928238	C	République tchèque
Denmark	83541	80672	99259	82502	106898	116159	...	86703	68938	11	Danemark
Estonia	...	914	504	3388	7680	7240	28598	31805	46549	64737	Estonie
Finland	11	0	0	10	0	0	0	0	0	0	Finlande
Germany	783667	1533607	1888234	1696622	1844705	1643540	1445009	1702247	1372530	1253216	Allemagne
Ireland	1	1	...	...	...	...	...	...	...	...	Irlande
Netherlands	...	...	...	...	...	...	...	...	3008704	3084162	Pays-Bas
Poland	192767	195229	173972	177137	202782	190154	102552	135009	141972	C	Pologne
Portugal	227206	264707	276773	206057	275995	197608	157559	217089	...	...	Portugal
Russian Federation[1]	...	...	...	...	...	...	...	1220525	1303266	1249036	Fédération de Russie[1]
Slovakia	C	C	C	C	C	C	14940	C	C	C	Slovaquie
Spain	...	201658	209783	231243	219913	212165	186260	185429	198945	212742	Espagne
Sweden	249226	284194	264692	225420	216499	171437	174643	11106	8108	10798	Suède
Ukraine	584761	691760	714353	725007	750125	772542	680590	745141	739706	666721	Ukraine

General Note.

Oils and other products of the distillation of high temperature coal tar; similar products in which the weight of the aromatic constituents exceeds that of the non-aromatic constituents (benzol, toluol, xylol, naphthalene, other aromatic hydrocarbon mixtures, phenols, creosote oils and other).

[1] Including pitch and pitch coke.

Remarque générale.

Huiles et autres produits provenant de la distillation des goudrons de houille de haute température; produits analogues dans lesquels les constituants aromatiques prédominent en poids par rapport aux constituants non aromatiques (benzol, toluol, xylol, naphtalène, autres mélanges d'hydrocarbures aromatiques, phénols, huiles de créosote et autres).

[1] Y compris brai et de coke de tangage.

Nitrogenous fertilizers, mineral or chemical
Engrais minéraux ou chimiques azotés

CPC-BASED CODE - CODE BASE CPC

34613-0

Unit: Thousand metric tons — Unité: Milliers de tonnes métriques

Country or area	2003	2004	2005	2006	2007	2008	2009	2010	2011	2012	Pays ou zone
Africa											**Afrique**
Egypt	...	...	...	...	...	570.6	242.5	...	249.8	...	Égypte
South Africa	656.0	...	...	...	...	...	...	...	...	...	Afrique du Sud
Tunisia[1]	297.0	...	...	...	...	...	...	...	...	...	Tunisie[1]
America, North											**Amérique du Nord**
Cuba	21.4	51.3	27.9	42.3	47.4	41.7	27.2	36.0	45.2	59.2	Cuba
Dominican Republic	136.6	144.0	114.2	317.6	116.8	...	...	...	...	...	Rép. dominicaine
Mexico	344.9	441.3	402.9	364.2	374.3	441.4	422.3	395.4	272.3	358.7	Mexique
America, South											**Amérique du Sud**
Argentina	1300.5	1364.5	1249.4	1432.9	1019.4	882.5	1117.9	...	...	...	Argentine
Brazil	2304.2	2414.0	2864.6	3243.2	3713.5	4251.7	3276.0	3277.6	3499.2	3332.6	Brésil
Chile	...	...	14.0	4.6	17.7	8.9	531.1	585.8	3.1	...	Chili
Ecuador	...	78.3	67.8	105.2	126.0	82.7	...	...	...	...	Équateur
Uruguay	...	...	...	...	...	...	...	201.4	...	...	Uruguay
Asia											**Asie**
China	28145.2	33577.3	38090.3	39115.4	42331.3	43924.2	45533.6	44586.7	45009.7	48655.8	Chine
Georgia	89.9	C	C	C	C	C	C	C	C	C	Géorgie
India	10633.0	11340.0	11402.0	11607.0	10902.0	...	...	...	...	...	Inde
Iran (Islamic Rep. of)	...	1833.9	1383.7	1272.1	1570.0	1899.8	2554.8	...	...	...	Iran (Rép. islam. d')
Iraq	...	316.3	...	...	...	...	...	...	...	...	Iraq
Kazakhstan	27.8	95.1	22.8	54.1	221.8	205.0	...	...	...	...	Kazakhstan
Myanmar[2]	61.0	142.0	95.0	100.0	115.0	110.0	106.0	70.0	35.0	166.0	Myanmar[2]
Syrian Arab Republic	104.6	91.9	111.0	112.9	114.7	115.6	...	...	...	...	Rép. arabe syrienne
Turkey	...	...	1743.7	1529.3	1586.0	1451.6	1482.6	1696.9	2267.5	2215.2	Turquie
Viet Nam	148.2	371.4	843.9	790.5	964.4	937.5	955.4	1166.1	...	...	Viet Nam
Europe											**Europe**
Belarus	[3]631.1	[3]670.9	683.9	710.6	750.7	727.6	727.7	760.6	798.0	814.3	Bélarus
Bulgaria	C	C	230.0	190.7	185.5	C	C	C	C	C	Bulgarie
Croatia	...	693.0	650.1	652.9	693.7	279.1	265.6	308.2	310.4	288.7	Croatie
Czech Republic	...	...	C	C	364.6	360.4	331.7	301.3	377.0	364.4	République tchèque
Denmark	0.0	0.0	0.0	0.0	0.0	...	...	...	...	24.0	Danemark
Estonia	...	61.1	87.0	C	C	C	C	0.3	0.1	0.1	Estonie
Finland	...	...	73.6	91.4	100.6	...	...	78.4	72.4	61.7	Finlande
Germany	[3]1284.9	[3]1230.2	1231.9	1314.6	1306.8	1315.2	1329.2	1353.3	1327.9	1314.4	Allemagne
Hungary	596.0	727.1	793.4	C	C	C	694.4	C	1127.3	C	Hongrie
Ireland	167.1	193.8	...	...	...	...	...	...	...	...	Irlande
Lithuania	485.4	496.7	665.8	559.7	746.1	683.6	626.8	555.3	865.0	858.5	Lituanie
Netherlands	...	...	...	...	...	...	...	...	...	1287.0	Pays-Bas
Poland	4758.2	4574.8	4907.1	4942.3	5013.3	4707.7	4509.1	4679.4	4857.3	5264.2	Pologne
Portugal[4]	417.1	496.0	547.4	437.4	522.3	461.3	267.2	397.6	...	...	Portugal[4]
Romania	[5]990.8	[5]865.2	...	...	...	...	...	1860.2	1591.6	1706.9	Roumanie
Russian Federation[5]	5994.8	6590.7	6725.3	6830.4	7202.8	6890.2	7404.0	7564.0	7919.0	8017.0	Fédération de Russie[5]
Slovakia[3]	260.6	311.5	291.7	272.4	C	C	C	C	C	C	Slovaquie[3]
Spain	...	839.8	812.4	868.5	836.3	681.5	782.2	865.6	992.9	1135.0	Espagne
Sweden	C	C	C	C	C	148.3	140.9	139.6	142.6	145.7	Suède
Ukraine	2469.7	2406.6	2632.7	2566.0	2839.8	2688.7	2166.5	2284.9	2940.0	2935.0	Ukraine
United Kingdom	...	...	788.0	619.3	746.6	C	C	C	804.7	787.9	Royaume-Uni

General Note.

Nitrogenous mineral or chemical fertilisers such as urea, whether or not in aqueous solution, ammonium sulphate; double salts and mixtures of ammonium sulphate and ammonium nitrate, ammonium nitrate, whether or not in aqueous solution, mixtures of ammonium nitrate with calcium carbonate or other inorganic non-fertilising substances, double salts and mixtures of calcium nitrate and ammonium nitrate, calcium cyanamide, mixtures of urea and ammonium nitrate in aqueous or ammoniacal solution, and other nitrogenous mineral or chemical fertilizers.

[1] Source: African Statistical Yearbook, Economic Commission for Africa (Addis Ababa).

[2] Twelve months ending 31 March of year stated.

[3] In terms of 100% nitrogen (N).

[4] Data refer to nitrogen.

[5] Mineral fertilizers, on the basis of 100% active substances.

Remarque générale.

Engrais minéraux ou chimiques azotés comme l'urée, même en solution aqueuse, le sulfate d'ammonium; les sels doubles et mélanges de sulfate d'ammonium et de nitrate d'ammonium, le nitrate d'ammonium, même en solution aqueuse, les mélanges de nitrate d'ammonium et de carbonate de calcium ou d'autres matières inorganiques dépourvues de pouvoir fertilisant, les sels doubles et mélanges de nitrate de calcium et de nitrate d'ammonium, le cyanamide calcique, les mélanges d'urée et de nitrate d'ammonium en solutions aqueuses ou ammoniacales, et les autres engrais minéraux ou chimiques azotés.

[1] Source: Annuaire statistique pour l'Afrique, Commission économique pour l'Afrique des Nations Unies (Addis-Abeba).

[2] Période de douze mois finissant le 31 mars de l'année indiquée.

[3] En fonction de 100 % d'azote (N).

[4] Les données se rapportent à l'azote.

[5] Engrais minéraux, sur la base de 100 % de substances actives.

Potassic fertilizers, mineral or chemical (except crude potash salts)
Engrais minéraux ou chimiques potassiques

CPC-BASED CODE - CODE BASE CPC
34615-0

Unit: Metric tons | Unité: Tonnes métriques

Country or area	2003	2004	2005	2006	2007	2008	2009	2010	2011	2012	Pays ou zone
Africa											**Afrique**
Egypt	...	180	...	...	...	3570	514	...	2364	...	Égypte
America, North											**Amérique du Nord**
Dominican Republic	49588	53959	421623	50396	55913	15757	...	...	...	...	Rép. dominicaine
Mexico	22313	26540	43626	43621	...	...	...	...	...	...	Mexique
America, South											**Amérique du Sud**
Brazil	809690	942406	1067714	1109621	1060782	...	...	...	...	...	Brésil
Chile	...	...	1727172	1645873	2010661	1260643	1250121	1905105	341229	...	Chili
Ecuador	...	55282	22526	30197	29935	19593	...	...	...	...	Équateur
Asia											**Asie**
Azerbaijan	0	0	0	156	58	22	0	0	0	0	Azerbaïdjan
China	886000	2003100	1590900	2075100	2525300	2501000	3185000	3463000	3572000	4021100	Chine
India	3568000	3986000	4162000	4546000	3836000	...	...	...	...	...	Inde
Iran (Islamic Rep. of)	...	1833	1053	...	...	...	...	...	...	...	Iran (Rép. islam. d')
Rep. of Korea	635223	653399	728689	673627	659059	522141	496409	504298	552205	562627	Rép. de Corée
Viet Nam	5600	...	4700	5047	5244	2117	10015	21574	...	...	Viet Nam
Europe											**Europe**
Belarus	[1]4229700	[1]4611500	4843900	4605340	4971626	4967497	2485368	5222647	5305812	4830664	Bélarus
Croatia	...	0	4	3	2	0	0	0	0	0	Croatie
Czech Republic	9	...	C	C	C	...	...	...	...	...	République tchèque
Germany	[1]3631171	[1]3743647	3755401	3717881	3703550	3345238	C	C	C	C	Allemagne
Italy	95152	95086	...	...	...	...	...	...	...	...	Italie
Poland	2917	3410	2027	1963	C	C	C	C	156	8	Pologne
Russian Federation[2]	5464900	6405300	7131000	6609800	7277100	6737600	4650800	7192000	7671000	6682000	Fédération de Russie[2]
Sweden[1]	134587	69267	55225	76782	84590	...	...	...	...	...	Suède[1]
Ukraine	C	8700	11000	6400	7400	14318	4357	C	4351	C	Ukraine

General Note.

Potassic mineral or chemical fertilisers such as potassium chloride, potassium sulphate and other. Carnallite, sylvite and other crude natural potassium salts are excluded.

[1] In terms of 100% potassium oxide (K2O).

[2] Mineral fertilizers, on the basis of 100% active substances.

Remarque générale.

Engrais minéraux ou chimiques potassiques comme le chlorure de potassium, le sulfate de potassium et autres. Cette rubrique ne comprend pas la carnallite, la sylvinite et autres sels de potassium naturels bruts.

[1] En fonction de 100 % d'oxyde de potassium (K2O).

[2] Engrais minéraux, sur la base de 100 % de substances actives.

Multi-nutrient fertilizers
Engrais comprenant au moins deux éléments fertilisants

CPC-BASED CODE - CODE BASE CPC
34619-1

Unit: Thousand metric tons — Unité: Milliers de tonnes métriques

Country or area	2003	2004	2005	2006	2007	2008	2009	2010	2011	2012	Pays ou zone
Africa											**Afrique**
Egypt	...	...	...	...	...	...	20.3	...	0.0	...	Égypte
South Africa	538.0	...	...	...	...	...	...	...	...	...	Afrique du Sud
Zimbabwe	373.3	526.4	...	...	...	...	...	...	...	...	Zimbabwe
America, North											**Amérique du Nord**
Dominican Republic	208.6	30.0	54.7	30.7	87.2	...	...	...	...	...	Rép. dominicaine
Mexico	147.0	243.9	308.5	321.9	200.0	234.2	923.9	1004.2	811.8	872.4	Mexique
America, South											**Amérique du Sud**
Brazil	19441.6	22679.2	19375.9	19903.6	22606.4	22531.1	19523.7	20484.2	22710.7	23291.7	Brésil
Chile	...	...	...	...	...	574.4	3184.9	95.6	76.2	...	Chili
Ecuador	...	56.3	32.4	77.3	13.6	67.8	...	...	...	...	Équateur
Asia											**Asie**
Kazakhstan	0.8	0.6	...	...	...	...	...	...	...	...	Kazakhstan
Nepal	...	...	...	...	0.1	...	...	...	...	...	Népal
Rep. of Korea	2207.2	2254.8	2348.6	1975.3	2224.5	2174.9	1874.5	1800.7	1804.9	1785.0	Rép. de Corée
Tajikistan	19.3	40.0	40.5	32.3	24.5	23.0	...	...	...	...	Tadjikistan
Turkey	...	...	C	C	C	C	C	C	1685.2	1685.3	Turquie
Viet Nam	1905.4	2100.2	2083.5	2406.1	2742.2	2301.8	2527.0	2645.4	3118.0	3195.7	Viet Nam
Europe											**Europe**
Belarus	652.9	725.4	759.8	793.4	835.6	832.8	837.5	875.8	#720.8	819.2	Bélarus
Croatia	...	501.1	516.7	529.9	574.9	526.0	231.0	452.7	23.6	95.1	Croatie
Czech Republic	...	...	C	C	C	34.4	9.9	19.2	21.8	20.1	République tchèque
Denmark	518.7	236.4	1.2	0.5	0.2	0.4	0.4	0.0	12.9	11.1	Danemark
Estonia	...	37.3	49.4	9.0	2.0	5.0	...	...	...	...	Estonie
Finland	1327.9	1381.3	1376.7	1456.0	1508.8	1388.7	1325.2	1201.2	1411.1	1369.3	Finlande
Germany	[1]649.7	[1]496.5	790.2	815.2	909.0	879.0	404.1	661.7	665.1	672.0	Allemagne
Hungary	109.0	78.0	C	...	0.0	C	51.1	C	C	...	Hongrie
Ireland	867.7	827.5	...	...	...	...	...	...	...	...	Irlande
Lithuania	1059.7	1063.9	1011.6	1149.4	1193.6	1011.6	1016.5	925.9	910.0	878.0	Lituanie
Poland	1816.2	2052.2	1913.1	1997.3	2087.2	1691.7	1183.1	1935.1	1842.1	1716.1	Pologne
Portugal	C	C	C	C	C	C	C	478.1	...	...	Portugal
Romania	805.5	490.4	404.4	418.0	411.8	C	C	C	C	C	Roumanie
Russian Federation[2]	4782.2	5058.7	5283.1	6942.3	7321.9	6595.5	6432.2	5051.0	5366.0	5769.0	Fédération de Russie[2]
Serbia	...	...	...	96.3	...	...	...	...	...	...	Serbie
Slovakia	13.2	C	C	C	C	C	C	...	...	...	Slovaquie
Slovenia	...	...	C	0.7	C	1.4	C	2.1	1.9	1.7	Slovénie
Spain	...	1879.4	1832.8	2195.2	1851.3	1504.3	C	C	1315.4	1519.8	Espagne
Sweden	C	C	C	C	C	1.8	1.3	0.5	0.4	0.4	Suède
TFYR of Macedonia	43.6	0.0	0.0	0.0	0.0	0.0	0.0	0.1	0.1	0.1	L'ex-RY de Macédoine
Ukraine	C	C	420.1	420.0	644.3	511.9	103.4	276.2	517.6	450.6	Ukraine
United Kingdom	...	...	2179.3	C	C	C	C	C	...	...	Royaume-Uni
Oceania											**Océanie**
Australia[3]	1.2	[4]1.3	...	...	...	...	...	...	...	...	Australie[3]

General Note.

Mineral or chemical fertilisers containing the three fertilising elements nitrogen, phosphorus and potassium; diammonium hydrogenorthophosphate (diammonium phosphate), ammonium dihydrogenorthophosphate (monoammonium phosphate) and mixtures thereof with diammonium hydrogenorthophosphate (diammonium phosphate) and other mineral or chemical fertilisers containing the two fertilising elements nitrogen and phosphorus; mineral or chemical fertilisers containing the two fertilising elements phosphorus and potassium.

[1] Effective substance.
[2] In terms of 100% fertilising elements.
[3] Twelve months ending 30 June of year stated.
[4] Beginning 4th Quarter of 2004, series discontinued.

Remarque générale.

Engrais minéraux ou chimiques contenant les trois éléments fertilisants: azote, phosphore et potassium; hydrogénoorthophosphate de diammonium (phosphate diammonique), dihydrogénoorthophosphate d'ammonium (phosphate monoammonique), même en mélange avec l'hydrogénoorthophosphate de diammonium (phosphate diammonique) et autres engrais minéraux ou chimiques contenant les deux éléments fertilisants: azote et phosphore; engrais minéraux ou chimiques contenant les deux éléments fertilisants: phosphore et potassium.

[1] Substance efficace.
[2] Sur la base de 100 % d'éléments de fertilisation.
[3] Période de douze mois finissant le 30 juin de l'année indiquée.
[4] À partir de 4e trimestre de 2004, série abandonnée.

Pesticides
Pesticides

CPC-BASED CODE - CODE BASE CPC
34620-0

Unit: Thousand metric tons | Unité: Milliers de tonnes métriques

Country or area	2003	2004	2005	2006	2007	2008	2009	2010	2011	2012	Pays ou zone
Africa											**Afrique**
Kenya	1.3	2.2	1.6	1.6	0.9	0.5	0.3	0.6	...	...	Kenya
Mozambique	...	0.1	0.1	...	...	...	...	...	...	...	Mozambique
United R. of Tanzania[1]	0.0	0.7	0.5	0.9	1.1	1.7	1.7	0.7	0.9	1.0	Rép.-U. de Tanzanie[1]
America, North											**Amérique du Nord**
Cuba	3.5	2.3	2.8	1.6	2.0	2.0	0.9	1.6	1.2	1.0	Cuba
Mexico	57.4	53.5	58.6	63.1	102.3	101.4	114.2	115.1	113.6	122.5	Mexique
America, South											**Amérique du Sud**
Chile	...	...	7.8	11.1	13.5	18.7	12.0	16.5	44.8	...	Chili
Ecuador	6.3	...	...	...	...	...	...	...	...	...	Équateur
Peru	1.2	1.2	1.4	1.8	...	...	...	...	...	...	Pérou
Asia											**Asie**
Bangladesh[2]	3.8	...	...	...	...	...	...	...	...	...	Bangladesh[2]
China	420.0	485.3	434.3	505.3	577.7	*657.8	*796.8	*746.0	*711.0	*812.0	Chine
India	1.6	0.5	0.1	...	...	...	...	...	...	...	Inde
Iran (Islamic Rep. of)	...	25.3	22.0	14.8	17.5	21.9	...	...	...	...	Iran (Rép. islam. d')
Kazakhstan	2.1	1.9	2.4	3.0	3.2	...	...	...	...	...	Kazakhstan
Rep. of Korea	74.9	66.9	73.4	65.9	87.9	97.2	75.9	52.8	64.7	63.8	Rép. de Corée
Turkey	24.0	34.3	#48.9	63.3	38.4	34.9	40.1	54.7	71.0	91.5	Turquie
Viet Nam	48.1	64.6	67.0	64.3	71.3	77.3	87.3	97.9	110.1	126.5	Viet Nam
Europe											**Europe**
Austria	20.9	...	...	...	...	...	...	...	...	...	Autriche
Belarus	...	...	...	...	...	...	...	...	12.9	17.8	Bélarus
Belgium[3]	179.7	...	...	...	...	...	...	...	...	...	Belgique[3]
Bulgaria	C	2.9	3.2	2.8	3.0	3.9	C	C	C	C	Bulgarie
Croatia	5.9	6.0	3.4	3.2	3.7	2.1	1.8	1.6	1.6	1.2	Croatie
Czech Republic	18.8	16.7	17.3	18.5	19.5	10.6	35.0	24.3	22.7	24.2	République tchèque
Denmark	21.6	23.1	24.0	23.2	22.2	23.7	21.0	39.4	...	46.6	Danemark
Estonia	...	C	0.1	C	C	C	C	0.2	0.5	0.5	Estonie
Finland	...	...	...	...	...	C	C	1.2	C	...	Finlande
Germany	[4]93.6	[4]94.8	129.3	122.7	151.4	162.4	196.7	222.9	232.5	192.2	Allemagne
Greece[3]	8.8	...	...	...	...	...	...	...	...	...	Grèce[3]
Hungary	14.6	11.4	9.3	5.8	5.7	1.0	3.0	4.5	5.8	7.2	Hongrie
Ireland	7.7	10.4	...	...	...	...	...	...	...	...	Irlande
Lithuania[4]	0.0	0.5	0.5	0.0	0.0	0.0	0.0	0.0	0.0	0.0	Lituanie[4]
Netherlands	...	...	...	...	...	...	...	...	0.1	0.1	Pays-Bas
Poland	27.0	28.4	35.1	35.0	40.0	37.1	29.2	28.5	26.9	30.2	Pologne
Portugal	[4]20.8	[4]20.7	[4]21.4	[4]20.1	[4]21.1	23.3	15.6	16.9	...	...	Portugal
Romania[4]	2.9	2.8	...	...	...	...	...	...	...	...	Roumanie[4]
Russian Federation	8.3	8.4	10.1	12.8	15.5	15.2	11.6	11.2	13.9	18.3	Fédération de Russie
Serbia	...	...	...	6.2	7.4	6.4	5.2	4.0	...	...	Serbie
Slovakia[4]	3.6	3.7	3.2	2.8	2.6	0.7	0.4	0.3	C	C	Slovaquie[4]
Slovenia[4]	...	...	...	...	...	7.1	7.0	7.5	9.2	9.6	Slovénie[4]
Spain	...	163.8	C	137.7	127.2	137.3	141.0	135.7	131.7	133.1	Espagne
Sweden[5]	5.0	3.8	3.7	5.5	3.3	3.3	3.4	4.2	4.0	8.2	Suède[5]
TFYR of Macedonia	0.1	0.1	0.1	0.2	0.1	0.1	0.0	0.1	0.0	0.0	L'ex-RY de Macédoine
Ukraine	1.3	0.8	1.4	1.6	2.7	2.5	2.6	3.1	5.6	9.9	Ukraine
United Kingdom	40.2	...	...	...	81.1	105.4	C	C	C	134.7	Royaume-Uni

General Note.

Insecticides, rodenticides, fungicides, herbicides, anti-sprouting products and plant-growth regulators, disinfectants and similar products, put up in forms or packings for retail sale or as preparations or articles (for example, sulphur-treated bands, wicks and candles, and fly-papers).

Remarque générale.

Insecticides, antirongeurs, fongicides, herbicides, inhibiteurs de germination et régulateurs de croissance pour plantes, désinfectants et produits similaires, présentés dans des formes ou emballages de vente au détail ou à l'état de préparations ou sous forme d'articles (rubans, mèches et bougies soufrés et papier tue mouches, par exemple).

[1] Tanganyika only.
[2] Insecticides only.
[3] Incomplete coverage.
[4] Mineral fertilizers, on the basis of 100% active substances.
[5] Data refer to activated matter.

[1] Tanganyika seulement.
[2] Insecticides seulement.
[3] Couverture incomplète.
[4] Engrais minéraux, sur la base de 100 % de substances actives.
[5] Les données se rapportent à la matière activée.

Polyethylene having a specific gravity of less than 0.94, in primary forms
Polyéthylène d'une densité inférieure à 0,94, sous formes primaires

CPC-BASED CODE - CODE BASE CPC

34710-1

Unit: Metric tons | Unité: Tonnes métriques

Country or area	2003	2004	2005	2006	2007	2008	2009	2010	2011	2012	Pays ou zone
Africa											**Afrique**
Algeria	14725	4621	16906	3680	...	...	...	...	...	...	Algérie
Burundi	159	122	104	81	53	24	18	...	...	...	Burundi
Egypt[1]	...	...	236000	227000	243000	218000	225000	226000	231000	...	Égypte[1]
America, South											**Amérique du Sud**
Argentina	546869	590306	586013	625064	575089	602313	639680	...	...	...	Argentine
Brazil	737900	1064756	1123912	1646236	1347214	1430358	1231464	1415711	1409512	1514634	Brésil
Chile	...	...	[1]46799	[1]54761	56172	39275	45966	31835	61747	...	Chili
Asia											**Asie**
Azerbaijan	46913	58951	52992	68429	33808	67457	49503	55189	72382	67703	Azerbaïdjan
Iraq	...	...	...	...	...	...	1	86	...	9	Iraq
Qatar[1,2]	...	372800	415400	413200	...	...	...	...	...	...	Qatar[1,2]
Rep. of Korea	1627001	1706838	1744351	1727556	1790394	1782710	1893442	2077490	2081510	2114105	Rép. de Corée
Europe											**Europe**
Bulgaria	C	C	66239	75462	C	C	C	C	C	10360	Bulgarie
Croatia	...	193430	191958	120509	119016	119838	115646	139032	8392	0	Croatie
Czech Republic	...	...	C	C	C	C	17289	14248	12470	C	République tchèque
Denmark	17707	14228	15742	16946	19279	14750	11180	12091	12560	11700	Danemark
Germany	C	943867	914603	771952	758096	842215	C	C	836386	C	Allemagne
Hungary	112220	270935	399634	397577	163266	C	C	C	126785	88858	Hongrie
Ireland	32	33	...	...	...	...	...	...	...	...	Irlande
Italy	880388	956679	...	...	...	...	...	...	...	...	Italie
Netherlands	...	...	...	...	...	...	...	...	861265	903678	Pays-Bas
Poland	155980	151389	133755	C	C	C	C	C	C	C	Pologne
Portugal	139000	139994	135559	135274	148836	122791	105123	130698	...	...	Portugal
Rep. of Moldova	...	2	11	14	7	8	13	13	12	12	Rép. de Moldova
Romania	57715	74369	60190	58999	118713	C	C	C	C	C	Roumanie
Russian Federation	[1]1037529	[1]1068788	[1]1049210	[1]1073531	[1]1246058	[1]1271772	[1]1412422	648319	647278	636444	Fédération de Russie
Slovakia	C	C	C	C	C	C	166172	150214	177319	104392	Slovaquie
Spain	...	555824	731765	609172	750891	600092	535896	607999	679507	C	Espagne
Sweden	C	C	140926	128059	139691	172655	222551	1102	1359	1198	Suède
Ukraine	2087	3239	1213	831	1041	341	C	3912	1426	1799	Ukraine
United Kingdom	1086877	671307	C	C	C	C	C	175494	C	C	Royaume-Uni

General Note.

Polyethylene having a specific gravity of less than 0.94, in primary forms.

[1] All polyethylene, in primary forms.

[2] Source: Bulletin of Industrial Statistics for the Arab Countries, United Nations Economic and Social Commission for Western Asia (Beirut).

Remarque générale.

Polyéthylène d'une densité inférieure à 0,94, sous formes primaires.

[1] Tous les polyéthylènes, sous formes primaires.

[2] Source: Bulletin de statistiques industrielles pour les pays arabes, Commission économique et sociale pour l'Asie occidentale des Nations Unies (Beyrouth).

Polyethylene having a specific gravity of 0.94 or more, in primary forms
Polyéthylène d'une densité égale ou supérieure à 0,94, sous formes primaires

CPC-BASED CODE - CODE BASE CPC
34710-2

Unit: Metric tons | Unité: Tonnes métriques

Country or area	2003	2004	2005	2006	2007	2008	2009	2010	2011	2012	Pays ou zone
America, South											**Amérique du Sud**
Brazil	879061	818749	726961	790332	1014185	916518	989182	1020763	1046046	1082959	Brésil
Asia											**Asie**
Iraq	...	...	...	...	...	...	11	...	3	3	Iraq
Rep. of Korea	1925229	1882376	1949973	1935754	1984357	2031252	2209716	2045927	1956535	2006719	Rép. de Corée
Europe											**Europe**
Denmark	2896	3018	3476	2762	2295	2243	643	786	1321	1353	Danemark
Finland	0	348	365	131903	135000	139000	146000	125377	122521	100030	Finlande
Germany	1515474	1594082	C	C	C	C	1569903	C	C	C	Allemagne
Hungary	186940	63866	C	62917	342847	C	340948	357168	330227	267265	Hongrie
Italy	423443	450695	...	...	...	...	...	...	...	...	Italie
Netherlands	...	...	...	...	...	...	...	...	332645	...	Pays-Bas
Poland	446	0	705	C	C	C	C	C	C	C	Pologne
Portugal	122327	122737	127862	121188	139973	115979	118243	116953	...	...	Portugal
Romania	11142	10129	8091	17101	20873	C	C	C	C	C	Roumanie
Russian Federation	...	...	...	...	...	...	...	794275	933733	852661	Fédération de Russie
Serbia	...	...	...	77058	...	...	...	...	...	...	Serbie
Spain	...	498748	400587	443978	497016	440926	382975	383330	419069	431677	Espagne
Sweden	C	C	448564	461405	420972	329824	247588	206	206	245	Suède
Ukraine	C	C	C	C	C	C	C	33597	102809	73651	Ukraine
United Kingdom	18784	15791	8756	21116	31849	19003	17175	23590	20482	20367	Royaume-Uni

General Note.
Polyethylene having a specific gravity of 0.94 or more, in primary forms.

Remarque générale.
Polyéthylène d'une densité égale ou supérieure à 0,94, sous formes primaires.

Polystyrene, in primary forms
Polystyrène, sous formes primaires

CPC-BASED CODE - CODE BASE CPC
34720-1

Unit: Metric tons | Unité: Tonnes métriques

Country or area	2003	2004	2005	2006	2007	2008	2009	2010	2011	2012	Pays ou zone
Africa											**Afrique**
Egypt	...	...	...	...	...	...	365	...	341	...	Égypte
America, North											**Amérique du Nord**
Mexico	676235	736288	710396	794997	404734	413236	392847	428578	429836	463432	Mexique
America, South											**Amérique du Sud**
Brazil	462315	410751	447094	510376	473747	665010	408635	314838	321253	479978	Brésil
Chile	...	...	[1]16569	[1]17306	18803	20373	7649	20910	32381	...	Chili
Peru	2090	1386	1014	742	1492	1828	904	1084	1310	1089	Pérou
Asia											**Asie**
India	212249	366803	542616	...	...	...	...	...	...	...	Inde
Iran (Islamic Rep. of)	...	...	...	...	...	...	3213	...	...	...	Iran (Rép. islam. d')
Japan	1136000	1101000	1090000	1141491	1390000	1265000	996581	1109973	1445706	1049709	Japon
Kazakhstan	4073	399	300	585	1587	...	...	...	...	...	Kazakhstan
Malaysia	173814	155991	126418	134550	129647	124997	98925	116304	119817	126696	Malaisie
Rep. of Korea	1426570	1176267	1092691	1009413	1072411	1014438	998069	1146656	1117402	1125316	Rép. de Corée
Turkey	...	...	C	C	C	C	C	96277	C	162077	Turquie
Europe											**Europe**
Bulgaria	C	C	0	C	C	C	154	C	C	C	Bulgarie
Croatia	...	35331	54617	58721	69841	44245	56359	54194	12849	0	Croatie
Denmark	486	566	243	128	80	698	53	...	...	...	Danemark
Germany	714768	749938	772703	841980	880650	863163	804909	C	916211	818208	Allemagne
Greece[2]	25270	31672	...	...	...	...	...	...	...	...	Grèce[2]
Hungary	...	123430	106554	109091	C	C	C	108848	121716	119777	Hongrie
Ireland	C	10486	...	...	...	...	...	...	...	...	Irlande
Italy	335319	313451	...	...	...	...	...	...	...	...	Italie
Lithuania	...	585	944	560	340	160	0	0	0	0	Lituanie
Netherlands	...	...	...	...	...	...	...	...	136534	133667	Pays-Bas
Poland	71705	76236	77289	85182	C	C	C	C	C	C	Pologne
Portugal	6388	9721	10092	5956	6505	4923	7611	10306	...	...	Portugal
Rep. of Moldova	...	78	210	425	437	233	255	99	93	126	Rép. de Moldova
Romania	4668	9519	12628	15970	15864	48541	21244	22112	37750	41117	Roumanie
Russian Federation	[3]134737	[3]165250	[3]227759	[3]278401	[3]278116	[3]269528	[3]253930	[4]308704	[4]348019	[4]383058	Fédération de Russie
Serbia	...	...	...	1052	...	...	...	...	...	...	Serbie
Slovakia	C	C	1059	1360	7645	6625	8781	4484	7050	9936	Slovaquie
Spain	...	231092	234853	267969	238613	217650	194427	153331	161488	154461	Espagne
Sweden	66646	63588	16320	110	105	51	88	62	89	9	Suède
Ukraine	12416	20657	C	28710	27071	27470	15213	10855	17966	15021	Ukraine
United Kingdom	185626	93530	163746	122360	C	C	C	C	C	C	Royaume-Uni

General Note.
Polystyrene, expansible or other, in primary forms.

[1] Including Styrene-acrylonitrile (SAN) and acrylonitrile-butadiene-styrene (ABS) copolymers, in primary forms.
[2] Excluding Prodcom 2002 code 24.16.20.39.
[3] All polymers of styrene, in primary forms.
[4] Polystyrene and styrene copolymers.

Remarque générale.
Polystyrène, expansible ou autres, sous formes primaires.

[1] Y compris les copolymères de styrène-acrylonitrile (SAN) et d'acrylonitrile-butadiène-styrène (ABS), sous formes primaires.
[2] 2002 code Prodcom 24.16.20.39 non compris.
[3] Tous les polymères de styrene, sous formes primaires.
[4] Polystyrène et copolymères de styrène.

Styrene-acrylonitrile (SAN) and acrylonitrile-butadiene-styrene (ABS) copolymers
Copolymères de styrène acrylonitrile (SAN) et d'acrylonitrile butadiène styrène (ABS)

CPC-BASED CODE - CODE BASE CPC
34720-2

Unit: Metric tons | Unité: Tonnes métriques

Country or area	2003	2004	2005	2006	2007	2008	2009	2010	2011	2012	Pays ou zone
Africa											**Afrique**
Egypt	249	...	0	0	...	...	...	...	...	...	Égypte
America, South											**Amérique du Sud**
Brazil	12866	5726	17222	13601	70304	78617	31749	43686	44299	30534	Brésil
Asia											**Asie**
Iran (Islamic Rep. of)	...	...	...	613	1515	1400	...	...	...	...	Iran (Rép. islam. d')
Rep. of Korea	1142752	1105115	979851	1077350	1144663	1055791	1191837	1980261	1961012	2131422	Rép. de Corée
Europe											**Europe**
Denmark	396	422	422	1256	380	34	1	3	4	...	Danemark
Germany	C	C	177247	181627	140020	78292	73970	C	C	C	Allemagne
Hungary	...	148	C	...	0	0	C	C	C	C	Hongrie
Ireland	11	6	...	...	...	...	...	...	...	...	Irlande
Italy	183441	173488	...	...	...	...	...	...	...	...	Italie
Poland	385	253	377	336	C	C	C	C	C	C	Pologne
Portugal	C	C	C	C	3556	3565	2854	3421	...	...	Portugal
Russian Federation	...	...	...	...	...	...	...	17515	20860	21111	Fédération de Russie
Spain	...	92863	175955	151789	178272	180665	127005	C	178040	C	Espagne
Sweden	6632	3978	4684	4271	4196	2500	3437	4844	5885	5141	Suède
United Kingdom	135338	70219	C	31319	C	C	27814	11108	C	C	Royaume-Uni

General Note.

Styrene-acrylonitrile (SAN) copolymers and acrylonitrile-butadiene-styrene (ABS) copolymers, in primary forms.

Remarque générale.

Copolymères de styrène acrylonitrile (SAN) et copolymères d'acrylonitrile butadiène styrène (ABS), sous formes primaires.

Polyvinyl chloride, in primary forms
Polychlorure de vinyle, sous formes primaires

CPC-BASED CODE - CODE BASE CPC

34730-1

Unit: Thousand metric tons — Unité: Milliers de tonnes métriques

Country or area	2003	2004	2005	2006	2007	2008	2009	2010	2011	2012	Pays ou zone
Africa											**Afrique**
Algeria	4.3	0.0	6.5	7.2	7.2	5.0	4.3	6.8	0.4	2.2	Algérie
Egypt	...	...	...	...	...	2.6	...	...	...	...	Égypte
America, North											**Amérique du Nord**
Mexico	431.8	450.0	424.0	422.4	572.1	597.8	574.0	578.0	620.4	673.4	Mexique
America, South											**Amérique du Sud**
Argentina	170.8	185.6	201.8	205.7	193.0	175.9	179.0	...	...	...	Argentine
Brazil	794.9	851.6	911.6	996.1	1016.4	975.0	980.8	1093.3	1059.7	1099.2	Brésil
Chile	...	...	...	...	...	...	...	...	5.6	...	Chili
Ecuador	...	...	0.2	0.9	1.0	1.0	...	...	...	...	Équateur
Uruguay	...	...	...	...	...	...	...	3.2	...	...	Uruguay
Asia											**Asie**
China, Hong KongSAR	...	46.7	...	...	...	85.3	...	...	...	...	Chine,Hong KongRAS
India	319.7	...	570.2	...	...	...	...	...	...	...	Inde
Iran (Islamic Rep. of)	...	221.3	193.5	198.4	204.8	202.2	212.5	...	...	...	Iran (Rép. islam. d')
Japan	1625.3	1587.1	1557.6	1545.0	1929.4	1568.1	1501.2	1515.0	1403.0	1291.9	Japon
Kazakhstan	...	...	0.7	1.0	1.2	...	...	...	...	...	Kazakhstan
Rep. of Korea	1278.2	1306.2	1184.4	1203.4	1161.3	...	...	...	...	...	Rép. de Corée
Turkey	139.9	156.6	C	C	C	C	C	C	171.0	193.0	Turquie
Europe											**Europe**
Belarus	...	...	...	...	...	...	...	...	1.2	0.6	Bélarus
Belgium[1]	732.1	...	...	...	...	...	...	...	...	...	Belgique[1]
Bulgaria	C	2.2	C	2.9	2.1	C	1.2	1.0	C	C	Bulgarie
Croatia	8.4	10.1	9.4	8.0	8.6	9.3	6.8	4.7	3.8	3.8	Croatie
Czech Republic	107.9	...	C	C	C	C	C	C	C	C	République tchèque
Denmark	3.7	0.9	0.6	0.0	0.1	...	...	...	...	...	Danemark
Germany	1495.2	1562.2	1605.1	1607.5	1642.8	1592.7	1472.8	1669.6	1809.5	1743.1	Allemagne
Greece[1]	77.3	...	...	...	...	...	...	...	...	...	Grèce[1]
Hungary	290.1	275.8	312.3	389.6	370.5	325.4	201.1	252.5	262.3	247.1	Hongrie
Ireland	23.7	C	C	...	...	...	...	...	...	...	Irlande
Italy	956.0	964.6	...	...	...	...	...	...	...	...	Italie
Lithuania	0.0	0.0	4.6	8.8	10.0	10.8	0.0	0.5	2.6	2.7	Lituanie
Netherlands	C	C	C	C	C	...	...	...	678.7	...	Pays-Bas
Poland	265.6	370.7	327.9	388.7	419.6	355.2	C	C	C	C	Pologne
Portugal	237.3	246.8	236.4	231.9	248.6	226.1	178.6	258.0	...	...	Portugal
Romania	183.7	236.1	221.6	232.0	244.9	C	C	C	C	C	Roumanie
Russian Federation[2]	547.0	563.1	580.1	592.1	587.1	578.6	527.9	598.6	639.4	650.0	Fédération de Russie[2]
Serbia	...	...	...	0.3	...	...	...	...	...	...	Serbie
Slovakia	68.2	69.7	74.5	79.2	C	C	C	C	C	C	Slovaquie
Spain	508.8	509.9	558.9	790.7	822.6	711.7	637.5	725.1	653.5	C	Espagne
Sweden	C	C	208.8	235.5	238.3	223.0	205.6	238.0	226.5	238.1	Suède
TFYR of Macedonia	9.9	7.9	4.3	1.4	1.1	2.0	1.7	1.0	2.0	1.8	L'ex-RY de Macédoine
Ukraine	7.4	16.5	27.5	24.9	30.1	34.6	33.2	34.3	145.2	190.2	Ukraine
United Kingdom	1486.1	755.0	C	C	C	825.0	611.9	516.2	501.2	497.6	Royaume-Uni

General Note.

Polyvinyl chloride, not mixed with any other substances and other polyvinyl chloride, non-plasticised or plasticised.

[1] Incomplete coverage.

[2] Polyvinyl chloride resin and copolymers.

Remarque générale.

Polychlorure de vinyle, non mélangé à d'autres substances, et autre polychlorure de vinyle, plastifié ou non.

[1] Couverture incomplète.

[2] Résine et copolymères de chlorure de polyvinyle.

Polycarbonates, in primary forms
Polycarbonates, sous formes primaires

CPC-BASED CODE - CODE BASE CPC
34740-1

Unit: Metric tons | Unité: Tonnes métriques

Country or area	2003	2004	2005	2006	2007	2008	2009	2010	2011	2012	Pays ou zone
America, South											**Amérique du Sud**
Brazil	...	12690	18596	17898	25819	14809	14104	18680	18110	18954	Brésil
Chile	...	...	[1]214675	[1]214965	232161	226229	14960	18748	6289	...	Chili
Ecuador	...	...	...	...	3544	5151	...	...	...	...	Équateur
Asia											**Asie**
India	...	...	24	...	...	...	...	...	...	...	Inde
Iran (Islamic Rep. of)	...	92836	65629	138642	250788	100505	162321	...	...	...	Iran (Rép. islam. d')
Japan	417711	435956	465657	475428	509035	467575	360409	426518	231513	407446	Japon
Rep. of Korea	956847	1142584	1278374	1284628	1384558	1359752	1430601	1623151	1607887	1533965	Rép. de Corée
Turkey	...	...	0	0	C	C	C	358	C	442	Turquie
Europe											**Europe**
Denmark	5	3	15	3	0	...	...	1	1	1	Danemark
Finland	...	386	200	120	64	45	8	33	26	74	Finlande
Germany	C	C	C	C	326279	C	C	C	C	C	Allemagne
Hungary	...	68	...	...	0	0	C	C	13297	34351	Hongrie
Italy	6594	7928	...	...	...	...	...	...	...	...	Italie
Poland	108	158	3	17	35	23	C	C	C	C	Pologne
Portugal	42	43	47	23	36	39	46	74	...	...	Portugal
Russian Federation	...	...	...	...	...	...	...	57029	58445	65422	Fédération de Russie
Spain	...	150602	163905	253248	261977	273122	207808	355437	352292	311913	Espagne
Sweden	358	1414	410	1609	1791	1611	416	591	682	891	Suède
United Kingdom	...	4352	C	10379	10382	4075	3097	4740	5608	6549	Royaume-Uni

General Note.
Polycarbonates, in primary forms.

[1] Including polyethylene terephthalate, in primary forms.

Remarque générale.
Polycarbonates, sous formes primaires.

[1] Y compris polyéthylène téréphtalate, sous formes primaires.

Polyethylene terephthalate, in primary forms
Polyéthylène téréphtalate, sous formes primaires

CPC-BASED CODE - CODE BASE CPC
34740-2

Unit: Metric tons | Unité: Tonnes métriques

Country or area	2003	2004	2005	2006	2007	2008	2009	2010	2011	2012	Pays ou zone
Africa											**Afrique**
Egypt	64	...	236	227	...	...	...	...	...	...	Égypte
America, South											**Amérique du Sud**
Brazil	219443	301356	341680	297547	643446	457939	437448	581799	519290	537644	Brésil
Asia											**Asie**
India	51427	49206	55399	...	...	...	...	...	...	...	Inde
Iraq	...	...	...	...	...	201	...	...	...	...	Iraq
Japan	231000	234000	202000	159599	184000	168378	138000	142492	154258	169585	Japon
Turkey	...	...	4183	C	C	C	C	C	C	C	Turquie
Europe											**Europe**
Belarus	...	...	...	...	...	...	...	...	209655	186167	Bélarus
Denmark	2088	2549	3638	3616	3530	3970	713	...	...	...	Danemark
Finland	...	...	0	0	3	0	0	...	...	...	Finlande
Germany	679307	C	C	C	C	C	C	C	C	C	Allemagne
Italy	593124	616001	...	...	...	...	...	...	...	...	Italie
Poland	68581	90886	180611	200988	C	C	C	C	C	C	Pologne
Portugal	54825	64028	65377	60134	54152	45859	37165	36153	...	...	Portugal
Romania	3654	7833	13469	0	0	...	...	...	...	...	Roumanie
Russian Federation	...	...	...	...	...	...	...	300110	299655	303808	Fédération de Russie
Slovakia	C	C	3881	C	C	C	...	...	...	...	Slovaquie
Spain	...	371122	356564	C	C	C	C	C	C	525165	Espagne
Sweden	1	...	0	0	0	0	0	2	10	35	Suède

General Note.
Polyethylene terephthalate, in primary forms.

Remarque générale.
Polyéthylène téréphtalate, sous formes primaires.

Polypropylene, in primary forms
Polypropylène, sous formes primaires

CPC-BASED CODE - CODE BASE CPC

34790-1

Unit: Thousand metric tons | Unité: Milliers de tonnes métriques

Country or area	2003	2004	2005	2006	2007	2008	2009	2010	2011	2012	Pays ou zone
Africa											**Afrique**
Egypt	...	...	...	...	...	182.5	182.0	...	108.3	...	Égypte
America, South											**Amérique du Sud**
Brazil	1794.8	1195.3	1265.3	1357.3	1529.6	1284.1	1540.1	1671.3	1677.6	1799.9	Brésil
Chile	...	...	[1]108.1	[1]120.4	102.2	116.7	290.4	256.2	287.7	...	Chili
Peru	29.4	34.8	36.9	40.7	43.5	46.6	37.2	41.0	42.2	41.0	Pérou
Asia											**Asie**
India	711.3	825.0	1565.2	...	...	...	...	...	...	...	Inde
Iran (Islamic Rep. of)	...	42.2	39.9	58.9	104.4	115.5	130.0	...	...	...	Iran (Rép. islam. d')
Iraq	...	...	...	...	...	9.8	134.0	...	...	...	Iraq
Japan	2277.6	2614.3	2947.4	2925.6	3071.2	2786.2	2439.3	2634.3	2675.3	2651.5	Japon
Kuwait	486.0	639.0	706.0	700.9	681.9	564.1	477.7	512.1	859.2	1127.8	Koweït
Malaysia	437.5	404.6	423.0	429.4	408.3	414.8	436.1	446.1	431.5	489.5	Malaisie
Rep. of Korea	2810.6	2929.7	3013.4	3040.5	3240.1	3390.8	3755.7	3930.6	3898.5	3921.7	Rép. de Corée
Turkey	70.9	77.3	C	C	C	C	C	C	C	C	Turquie
Europe											**Europe**
Belgium[2]	1940.4	...	...	...	...	...	...	...	...	...	Belgique[2]
Bulgaria	C	C	69.7	C	C	C	C	C	C	80.5	Bulgarie
Czech Republic	177.0	...	C	C	C	C	C	C	C	C	République tchèque
Denmark	8.4	9.8	6.5	25.5	6.9	5.8	0.3	...	...	...	Danemark
Finland	151.9	154.5	160.3	159.7	30.9	23.2	41.3	27.9	23.8	115.6	Finlande
France	1314.6	...	...	...	...	...	...	...	...	...	France
Germany	1663.3	C	1829.7	C	C	C	C	2145.7	C	C	Allemagne
Hungary	289.8	301.5	316.3	309.1	316.1	C	315.7	317.4	310.7	281.6	Hongrie
Ireland	0.4	0.4	C	...	...	...	...	...	...	...	Irlande
Italy	1064.6	1106.5	...	...	...	...	...	...	...	...	Italie
Lithuania	...	0.1	0.2	0.2	0.3	0.3	0.0	0.3	0.5	0.4	Lituanie
Netherlands	...	...	...	...	...	...	...	...	633.3	631.1	Pays-Bas
Poland	...	143.0	133.2	211.1	264.8	C	C	C	C	C	Pologne
Portugal	3.0	1.3	1.0	1.0	1.3	1.4	0.9	0.8	...	...	Portugal
Romania	62.3	70.7	81.0	86.9	90.6	C	C	C	C	C	Roumanie
Russian Federation	286.4	294.3	348.9	394.9	591.3	509.5	603.1	628.0	682.1	661.2	Fédération de Russie
Slovakia	C	C	139.7	223.8	240.0	232.7	C	C	C	C	Slovaquie
Spain	591.1	665.9	684.4	888.2	936.8	909.4	865.0	934.5	928.8	848.1	Espagne
Sweden	18.7	18.0	18.6	19.5	20.9	16.6	10.3	12.8	17.1	11.5	Suède
Ukraine	79.1	89.0	C	C	C	84.2	C	C	C	C	Ukraine
United Kingdom	1585.5	989.5	C	356.5	420.4	369.3	376.9	359.6	385.9	375.2	Royaume-Uni

General Note.
Polypropylene, in primary forms.

[1] Including acrylic polymers in primary forms; polyamides in primary forms; amino-resins, phenolic resins and polyurethanes, in primary forms; and silicones in primary forms.

[2] Incomplete coverage.

Remarque générale.
Polypropylène, sous formes primaires.

[1] Y compris les polymères acryliques sous formes primaires; polyamides sous formes primaires; résines aminiques, résines phénoliques et polyuréthannes, sous formes primaires; et silicones sous formes primaires.

[2] Couverture incomplète.

Acrylic polymers in primary forms
Polymères acryliques, sous formes primaires

CPC-BASED CODE - CODE BASE CPC
34790-2

Unit: Metric tons — Unité: Tonnes métriques

Country or area	2003	2004	2005	2006	2007	2008	2009	2010	2011	2012	Pays ou zone
America, North											**Amérique du Nord**
Mexico	99625	109113	117175	119612	115399	63794	55199	54916	53843	53673	Mexique
America, South											**Amérique du Sud**
Brazil	113758	104010	154203	162370	585027	146243	141029	266084	262892	209191	Brésil
Asia											**Asie**
Turkey	...	...	161593	212002	193307	217604	190490	240883	277506	299678	Turquie
Europe											**Europe**
Croatia	...	691	693	1022	2468	1147	1043	1447	1967	2080	Croatie
Czech Republic	28822	...	C	C	C	C	C	C	C	C	République tchèque
Denmark	245	636	662	820	774	906	466	342	195	481	Danemark
Finland	14723	39258	21988	31457	63437	51751	46226	50413	44366	45538	Finlande
Germany	957287	1038786	1264141	1216461	1298522	1302887	1137884	1313716	1278122	1250295	Allemagne
Italy	232767	240316	...	...	...	...	...	...	...	...	Italie
Lithuania	881	470	451	696	1045	1637	1804	1604	1538	1738	Lituanie
Netherlands	...	...	...	...	...	...	...	...	270492	247165	Pays-Bas
Poland	6579	3415	4219	4658	6847	7252	6458	C	C	C	Pologne
Portugal	8909	2626	2041	2017	2239	2010	1648	1780	...	...	Portugal
Romania	2	66	34	5	0	C	...	...	...	...	Roumanie
Russian Federation	...	...	...	...	...	...	...	10474	14294	13866	Fédération de Russie
Slovenia	5938	6202	7773	8489	8865	7223	6202	C	C	C	Slovénie
Spain	...	C	C	C	C	142200	133422	140914	142580	131152	Espagne
Sweden	C	C	97013	102108	19690	20240	17883	21911	19906	18548	Suède
Ukraine	147	208	225	C	C	C	C	232	213	C	Ukraine
United Kingdom	429965	[1]258980	C	C	370783	C	C	226722	C	191333	Royaume-Uni

General Note.
Acrylic polymers (polymethyl methacrylate and other) in primary forms.

Remarque générale.
Polymères acryliques (en polyméthacrylate de méthyle et autres) sous formes primaires.

[1] Excluding Prodcom 2002 code 24.16.53.50.

[1] 2002 code Prodcom 24.16.53.50 non compris.

Polyamides in primary forms
Polyamides sous formes primaires

CPC-BASED CODE - CODE BASE CPC

34790-3

Unit: Metric tons | Unité: Tonnes métriques

Country or area	2003	2004	2005	2006	2007	2008	2009	2010	2011	2012	Pays ou zone
Africa											**Afrique**
Egypt	13	...	...	...	...	...	...	...	...	...	Égypte
South Africa	761	...	...	...	...	...	...	...	...	...	Afrique du Sud
America, South											**Amérique du Sud**
Brazil	23041	29756	59552	63410	53294	44254	52543	86518	88954	86884	Brésil
Asia											**Asie**
Japan	375000	366000	391000	400902	429000	421000	321115	342512	334163	311629	Japon
Turkey	...	...	16666	21214	24263	23850	16005	23889	29836	31000	Turquie
Europe											**Europe**
Belarus	...	...	...	...	...	...	...	...	33352	62198	Bélarus
Bulgaria	C	C	C	C	131	38	43	C	C	C	Bulgarie
Czech Republic	33	...	C	C	C	C	C	C	C	323	République tchèque
Denmark	6	8	17	33	39	...	63	112	50	63	Danemark
Finland	187	509	547	360	306	160	141	159	174	206	Finlande
Germany	855004	1031161	C	C	C	C	784909	1019556	996603	C	Allemagne
Hungary	...	1151	C	C	C	0	C	C	...	C	Hongrie
Italy	308147	324898	...	...	...	...	...	...	...	...	Italie
Lithuania	1163	1181	1552	2673	2922	2606	2077	3444	3656	3563	Lituanie
Poland	52578	58018	59223	61022	52772	62633	70598	C	90937	110116	Pologne
Romania	1101	568	468	551	343	C	C	C	C	C	Roumanie
Russian Federation	...	...	...	...	...	...	...	122881	147919	119544	Fédération de Russie
Slovakia	14778	13746	12593	14186	12902	9746	827	C	C	C	Slovaquie
Sweden	10181	9416	10989	4268	3662	3794	3678	10141	13693	10983	Suède
Ukraine	695	3143	956	1770	371	118	C	C	13	23	Ukraine
United Kingdom	[1]223987	[1]114474	C	C	C	C	C	C	C	48213	Royaume-Uni

General Note.
Polyamides in primary forms.

Remarque générale.
Polyamides sous formes primaires.

[1] Excluding Prodcom 2002 code 24.16.54.90.

[1] 2002 code Prodcom 24.16.54.90 non compris.

Amino-resins, phenolic resins and polyurethanes, in primary forms
Résines aminiques, résines phénoliques et polyuréthannes, sous formes primaires

CPC-BASED CODE - CODE BASE CPC
34790-4

Unit: Metric tons — Unité: Tonnes métriques

Country or area	2003	2004	2005	2006	2007	2008	2009	2010	2011	2012	Pays ou zone
Africa											**Afrique**
Algeria	3432	3153	2710	3457	1897	1816	1501	916	...	...	Algérie
America, North											**Amérique du Nord**
Mexico	8969	8065	7578	6894	#35769	35104	30120	35778	35195	41943	Mexique
America, South											**Amérique du Sud**
Brazil	556474	713622	430956	551782	914277	1251641	930383	1029077	1085514	895894	Brésil
Uruguay	...	...	...	...	...	...	...	16	...	...	Uruguay
Asia											**Asie**
Japan	267000	282000	302000	306360	367000	355000	386564	257688	212032	208896	Japon
Kazakhstan	150	387	594	839	2849	...	...	...	...	...	Kazakhstan
Kuwait	347000	538000	418000	457698	489163	530284	434231	603680	640315	1533757	Koweït
Rep. of Korea	262358	273228	270687	286165	293616	255602	264116	306891	315495	312506	Rép. de Corée
Turkey	...	...	157819	152083	214118	439594	461920	560069	564263	667084	Turquie
Europe											**Europe**
Bulgaria	C	C	12217	12401	14778	11170	1349	1105	1167	1289	Bulgarie
Croatia	...	2484	2919	2393	1878	1642	1026	780	615	563	Croatie
Czech Republic	...	...	C	C	C	108574	73422	C	112494	111118	République tchèque
Denmark	54630	61563	67835	71380	77928	72474	35207	35562	44521	41633	Danemark
Estonia	...	C	C	C	28884	32919	5892	1200	...	...	Estonie
Finland	214359	243372	259919	272766	270545	228737	133462	170942	179830	170733	Finlande
Germany	1916249	2111271	2316123	2360985	2589192	2710149	2264611	2635764	2623350	2468800	Allemagne
Hungary	156343	161300	176944	237800	268305	247651	236434	260122	273840	492211	Hongrie
Ireland	76278	77830	...	...	...	...	...	...	...	...	Irlande
Italy[1]	1349562	1332055	...	...	...	...	...	...	...	...	Italie[1]
Lithuania	34736	28964	33195	36887	58750	51624	45605	49738	49266	58730	Lituanie
Netherlands	...	...	...	...	...	...	...	...	223525	258532	Pays-Bas
Norway	...	...	...	92238	...	...	...	...	...	...	Norvège
Poland	428599	581598	590242	610964	565451	409067	452521	498185	512525	607412	Pologne
Portugal	275071	288501	409489	417999	391891	321848	251038	329510	...	...	Portugal
Rep. of Moldova	...	442	490	379	147	535	890	832	68	371	Rép. de Moldova
Romania	81917	97279	96441	121382	88226	94825	90723	129270	151458	253901	Roumanie
Serbia	...	...	...	2747	...	...	...	...	...	...	Serbie
Slovakia	60068	46043	86793	97823	116207	125469	81614	134695	95961	101603	Slovaquie
Slovenia	C	C	C	C	C	157041	158203	181993	115593	85981	Slovénie
Spain	...	C	C	C	739880	C	501639	525561	533538	C	Espagne
Sweden	112550	99904	98804	111544	133400	126625	129070	140851	136033	108589	Suède
TFYR of Macedonia	1190	1058	1095	1405	1129	1239	1133	1033	1059	1221	L'ex-RY de Macédoine
Ukraine	83168	108709	131432	170907	222593	209013	135401	154043	198002	188150	Ukraine
United Kingdom	...	...	367186	C	C	C	C	C	450987	475833	Royaume-Uni

General Note.
Urea resins, thiourea resins, melamine resins and other amino-resins; phenolic resins and polyurethanes, in primary forms.

Remarque générale.
Résines uréiques, résines de thiourée, résines mélaminiques et autres résines aminiques; résines phénoliques et polyuréthanes, sous formes primaires.

[1] Excluding Prodcom 2002 code 24.16.56.30.

[1] 2002 code Prodcom 24.16.56.30 non compris.

Silicones in primary forms
Silicones sous formes primaires

CPC-BASED CODE - CODE BASE CPC
34790-5

Unit: Metric tons — Unité: Tonnes métriques

Country or area	2003	2004	2005	2006	2007	2008	2009	2010	2011	2012	Pays ou zone
Africa											**Afrique**
Egypt	...	...	...	...	...	...	109	...	0	...	Égypte
America, South											**Amérique du Sud**
Brazil	9506	13281	18722	18117	29630	29652	35352	46131	35033	54256	Brésil
Ecuador	...	...	...	...	...	24692	...	...	...	...	Équateur
Asia											**Asie**
Rep. of Korea	105204	113333	112948	139701	147349	138386	139924	152709	147802	150895	Rép. de Corée
Turkey	...	...	15971	C	11212	7558	13432	20104	39831	26775	Turquie
Europe											**Europe**
Croatia	...	0	0	0	0	13	12	2	2	2	Croatie
Denmark	23	35	33	...	...	975	222	241	174	265	Danemark
Finland	39	103	9	10	132	29	19	17	5	7	Finlande
Germany	338285	364657	C	C	492771	C	C	C	C	447199	Allemagne
Hungary	...	148	C	C	C	237	C	C	C	C	Hongrie
Italy	11687	11076	...	...	...	...	...	...	...	...	Italie
Lithuania	208	187	135	112	107	86	54	41	37	34	Lituanie
Poland	532	527	548	528	C	508	C	C	C	C	Pologne
Russian Federation	...	...	...	...	...	...	...	2224	2789	1836	Fédération de Russie
Spain	...	9029	9369	15538	16343	11545	9712	13577	11894	12522	Espagne
Sweden	...	397	674	33	48	0	77	56	808	62	Suède
United Kingdom	...	208164	C	C	C	C	C	C	C	C	Royaume-Uni

General Note.
Silicones in primary forms.

Remarque générale.
Silicones sous formes primaires.

Synthetic rubber
Caoutchouc synthétique

CPC-BASED CODE - CODE BASE CPC
34800-0

Unit: Thousand metric tons — Unité: Milliers de tonnes métriques

Country or area	2003	2004	2005	2006	2007	2008	2009	2010	2011	2012	Pays ou zone
Africa											**Afrique**
South Africa[1]	77.0	73.6	77.5	67.3	71.0	75.1	...	...	...	...	Afrique du Sud[1]
America, North											**Amérique du Nord**
Canada[1]	73.5	83.7	64.2	78.7	93.1	95.6	...	...	...	...	Canada[1]
Mexico	144.5	153.3	148.6	148.6	...	...	...	...	...	...	Mexique
United States[1]	2270.1	2325.1	2365.8	2606.3	2696.9	2314.4	...	...	...	...	États-Unis[1]
America, South											**Amérique du Sud**
Argentina	57.4	58.3	55.0	53.3	53.8	46.8	47.4	...	...	...	Argentine
Brazil	479.1	533.5	532.8	550.3	513.9	477.0	321.5	423.9	492.2	419.8	Brésil
Chile	...	...	...	1.6	...	...	1.0	1.1	1.3	...	Chili
Uruguay	...	...	...	...	...	...	...	1.8	...	...	Uruguay
Asia											**Asie**
Armenia	1.5	3.7	7.7	5.4	8.1	5.4	1.9	1.1	0.0	0.0	Arménie
Azerbaijan	0.0	0.0	0.0	0.0	0.0	0.0	2.0	0.0	0.0	0.0	Azerbaïdjan
China	1348.3	1840.4	1811.2	1998.1	[1]2215.0	[1]2325.0	...	...	...	...	Chine
India	75.4	80.3	82.1	84.8	[1]102.9	99.0	...	...	...	...	Inde
Indonesia[1]	38.0	45.0	47.0	46.0	48.7	85.5	...	...	...	...	Indonésie[1]
Iran (Islamic Rep. of)[1]	71.7	72.5	70.0	72.0	61.5	58.5	...	...	...	...	Iran (Rép. islam. d')[1]
Japan	1646.1	1718.6	1764.5	1785.1	1833.0	1793.0	1538.5	1813.1	1815.1	1730.4	Japon
Malaysia[1]	14.7	15.8	21.9	23.2	30.3	38.4	...	...	...	...	Malaisie[1]
Rep. of Korea	729.3	807.2	921.5	963.3	1066.3	1011.2	1135.4	1306.2	1448.7	1533.8	Rép. de Corée
Thailand[1]	125.0	130.0	140.0	186.0	194.0	185.0	...	...	...	...	Thaïlande[1]
Turkey	34.9	44.6	#62.1	38.7	26.1	6.3	28.4	28.0	25.4	21.4	Turquie
Europe											**Europe**
Austria[1]	...	...	5.0	5.0	5.0	4.6	...	...	...	...	Autriche[1]
Belgium	[2]333.3	[1]108.0	[1]106.0	[1]106.5	[1]106.5	[1]94.3	...	...	...	...	Belgique
Czech Republic	79.4	[1]90.0	C	C	[1]109.5	C	C	C	C	C	République tchèque
Denmark	0.0	0.0	0.1	0.2	0.0	0.1	0.2	0.3	0.7	0.7	Danemark
Finland	408.5	465.2	438.3	413.3	349.8	344.5	223.2	201.1	179.2	173.4	Finlande
France	730.0	[1]776.0	[1]654.8	[1]663.9	[1]655.0	[1]566.0	...	...	...	...	France
Germany	810.0	843.2	[1]855.0	1111.6	1033.0	1027.3	958.3	1076.0	1077.2	1033.5	Allemagne
Hungary	...	0.1	C	C	C	C	C	C	C	C	Hongrie
Ireland	0.1	0.0	...	...	...	...	...	...	...	...	Irlande
Italy	720.2	669.1	[1]235.0	[1]233.0	[1]235.0	[1]219.7	...	...	...	...	Italie
Netherlands	282.7	287.3	272.6	[1]192.0	[1]194.0	[1]176.5	...	...	163.6	145.8	Pays-Bas
Poland	[1]90.0	[1]95.0	[1]99.0	123.0	[1]116.0	C	C	C	C	C	Pologne
Portugal	0.1	0.1	0.0	0.0	0.0	0.0	0.0	0.0	...	...	Portugal
Romania	10.9	13.2	11.2	2.0	[1]7.8	C	C	C	C	C	Roumanie
Russian Federation	1073.6	1116.9	1146.2	1225.3	1213.5	1173.1	981.3	1378.6	1447.0	1443.1	Fédération de Russie
Serbia & Montenegro[1]	25.0	25.5	23.0	...	...	...	...	...	...	...	Serbie-et-Monténégro[1]
Spain	C	C	C	C	C	C	C	C	109.1	111.4	Espagne
Sweden	0.8	0.8	1.5	1.0	1.2	1.7	0.3	0.4	0.0	C	Suède
TFYR of Macedonia	...	0.4	0.6	0.5	0.4	0.2	0.1	0.0	0.0	0.0	L'ex-RY de Macédoine
Ukraine	C	0.1	C	0.6	C	C	C	C	0.0	0.0	Ukraine
United Kingdom	654.0	[3]116.3	337.8	397.5	431.2	370.6	240.0	250.2	C	194.9	Royaume-Uni
Oceania											**Océanie**
Australia[1]	9.5	9.6	7.0	0.0	0.0	...	...	...	...	...	Australie[1]

General Note.

Synthetic rubber and factice derived from oils, and mixtures thereof with natural rubber and similar natural gums, in primary forms or in plates, sheets or strip.

Remarque générale.

Caoutchouc synthétique et factice dérivé des huiles et leurs mélanges avec du caoutchouc naturel et gommes naturelles analogues, sous formes primaires ou en plaques, feuilles ou bandes.

[1] Source: International Rubber Study Group (London).
[2] Incomplete coverage.
[3] Excluding Prodcom 2002 code 24.17.10.90.

[1] Source: Groupe international d'étude du caoutchouc (Londres).
[2] Couverture incomplète.
[3] 2002 code Prodcom 24.17.10.90 non compris.

Paints and varnishes dispersed or dissolved in a non-aqueous medium
Peintures et vernis dispersés ou dissous dans un milieu non aqueux

CPC-BASED CODE - CODE BASE CPC
35110-1

Unit: Metric tons — Unité: Tonnes métriques

Country or area	2003	2004	2005	2006	2007	2008	2009	2010	2011	2012	Pays ou zone
Africa											**Afrique**
Algeria[1]	87860	122110	123746	114860	119720	132360	141730	141050	141843	143980	Algérie[1]
Burundi	477	518	544	488	498	505	450	...	...	...	Burundi
Egypt	...	...	...	...	...	...	4498	...	35107	...	Égypte
Nigeria[2,3]	73	74	74	...	...	...	...	...	...	...	Nigéria[2,3]
Sierra Leone[2]	8	8	6	6	7	8	7	...	...	...	Sierra Leone[2]
South Africa[2]	803	...	...	...	...	...	...	...	...	...	Afrique du Sud[2]
Sudan (former)	17500	36000	40000	34600	22400	45000	47000	60000	...	...	Soudan (anc.)
Togo	...	1050	995	805	790	726	666	595	855	...	Togo
America, North											**Amérique du Nord**
Cuba[2]	130	110	130	180	230	250	250	280	230	293	Cuba[2]
Dominican Republic[3]	22075	16704	13480	...	...	...	...	...	...	...	Rép. dominicaine[3]
Mexico[2]	327	324	355	388	#2623	2528	2293	2500	2499	2742	Mexique[2]
America, South											**Amérique du Sud**
Argentina[3]	215203	235164	241831	251262	255164	...	...	...	...	...	Argentine[3]
Brazil	512696	233365	311551	320335	425889	365904	309517	418114	370966	371879	Brésil
Chile	...	...	[4]331237	[4]204719	193587	276151	166899	590991	186502	...	Chili
Ecuador[2]	...	123	175	215	232	90	...	...	...	...	Équateur[2]
Guyana[2,3]	19	20	22	24	25	25	24	25	...	...	Guyana[2,3]
Asia											**Asie**
Azerbaijan	281	294	1442	180	203	390	221	91	105	133	Azerbaïdjan
Bangladesh[1,2,5]	142	167	212	229	...	244	231	291	...	...	Bangladesh[1,2,5]
Cyprus	2322	2490	2065	2339	2287	2160	2620	2173	1905	...	Chypre
Georgia[6]	168	545	317	654	2826	2367	4971	2935	4693	4421	Géorgie[6]
Iran (Islamic Rep. of)	...	104170	...	...	40428	...	258403	...	...	...	Iran (Rép. islam. d')
Iraq	...	...	...	1120	...	110	...	...	2226	1830	Iraq
Japan	1493576	1471649	1414586	1450313	1489067	1266194	1087988	1192473	1151772	1136350	Japon
Kazakhstan	2827	3109	2941	3205	3739	...	...	...	...	...	Kazakhstan
Kuwait[2]	211	198	219	236	265	274	238	209	199	202	Koweït[2]
Kyrgyzstan	[3]2696	[3]3666	[3]3120	[3]4090	[3]5060	[3]4081	2225	4660	5032	5875	Kirghizistan
Nepal	...	...	...	...	2918	...	...	...	...	...	Népal
Pakistan[5]	3899	5406	15023	17147	23936	26308	29835	30754	25673	23026	Pakistan[5]
Rep. of Korea[2]	6939	7488	7354	8083	8600	8797	8979	9302	9734	9474	Rép. de Corée[2]
Syrian Arab Republic	32164	35459	35510	45145	58955	58432	...	...	...	...	Rép. arabe syrienne
Tajikistan	...	...	...	27	21	25	19	27	26	...	Tadjikistan
Turkey	...	...	337904	359339	363916	280485	249936	339283	409689	402015	Turquie
Europe											**Europe**
Belarus	...	...	...	...	...	...	...	...	86414	103666	Bélarus
Bulgaria	4915	14201	20725	18121	19328	18659	16036	14188	12903	10988	Bulgarie
Croatia	...	15857	16393	17318	20097	19716	15186	16394	16618	14263	Croatie
Czech Republic	11471	11888	11437	10916	13668	15627	13263	25218	27099	27748	République tchèque
Denmark	102900	51328	49267	49322	44056	36220	28384	14116	7533	6740	Danemark
Estonia	...	13202	13492	13872	14660	12352	10497	9697	10218	10382	Estonie
Finland	54038	60092	60184	62328	66057	60723	37505	37804	33495	31986	Finlande
Germany	C	C	C	551512	555075	555210	C	539374	546815	C	Allemagne
Greece	48824	49426	...	...	...	...	...	...	...	...	Grèce
Hungary	15529	14633	14908	15136	15712	16864	12765	8892	7872	13126	Hongrie
Ireland	3175	4548	...	...	...	...	...	...	...	...	Irlande
Italy	471161	484913	...	...	...	...	...	...	...	...	Italie
Lithuania	1	35	109	234	218	157	2225	1698	2001	2219	Lituanie
Netherlands	...	...	...	...	...	...	...	...	149184	141302	Pays-Bas
Norway	...	23663	23429	24323	...	...	...	...	...	...	Norvège
Poland	102700	107527	94667	93624	103519	100498	88174	101635	114411	127534	Pologne
Portugal	52236	53094	51052	59515	63752	65743	53571	60712	...	...	Portugal
Rep. of Moldova	...	3872	5085	6693	8793	8768	8270	12649	12915	13685	Rép. de Moldova
Romania	32093	36920	30329	35699	36878	32468	61968	57353	30752	27364	Roumanie
Russian Federation	...	...	...	...	...	...	...	469493	468645	441929	Fédération de Russie
Serbia	...	...	...	15278	...	...	...	...	...	...	Serbie
Slovakia	8113	7265	6763	6584	6687	5116	6462	5477	5509	5852	Slovaquie
Slovenia	C	C	34896	C	42571	44932	35626	32634	C	C	Slovénie
Spain	...	339313	329572	349326	349436	339616	273696	288180	275346	249253	Espagne
Sweden	101855	116556	121764	139259	148088	126437	104674	114772	105474	101057	Suède
TFYR of Macedonia	1725	1807	*1615	1272	1399	1293	1073	1018	375	344	L'ex-RY de Macédoine

For general note and footnotes, see end of table

Voir la fin du tableau pour la remarque générale est les notes

Paints and varnishes dispersed or dissolved in a non-aqueous medium (continued)
Peintures et vernis dispersés ou dissous dans un milieu non aqueux (suite)

CPC-BASED CODE - CODE BASE CPC
35110-1

Unit: Metric tons | Unité: Tonnes métriques

Country or area	2003	2004	2005	2006	2007	2008	2009	2010	2011	2012	Pays ou zone
Ukraine	134335	150415	164223	155370	167790	144567	113799	119884	108913	101806	Ukraine
United Kingdom	[7]708472	[7]342592	[2]31	[2]32	364279	324473	263725	217225	223222	235310	Royaume-Uni

General Note.

Paints and varnishes (including enamels and lacquers) based on synthetic polymers or chemically modified natural polymers, dispersed or dissolved in a non-aqueous medium.

[1] All paints and varnishes.
[2] In thousand hectolitres.
[3] All paints.
[4] Including paints and varnishes dispersed or dissolved in an aqueous medium.
[5] Twelve months ending 30 June of year stated.
[6] Data includes paints and varnishes dispersed or dissolved in both non-aqueous and aqueous mediums [35110-2].
[7] Excluding Prodcom 2002 code 24.30.12.25.

Remarque générale.

Peintures et vernis (y compris les peintures émail et les laques) à base de polymères synthétiques ou de polymères naturels modifiés, dispersés ou dissous dans un milieu non aqueux.

[1] Toutes les peintures et les vernis.
[2] En milliers de hectolitres.
[3] Toutes les peintures.
[4] Y compris les peintures et vernis dispersés ou dissous dans un milieu aqueux.
[5] Période de douze mois finissant le 30 juin de l'année indiquée.
[6] Les données comprennent les peintures et vernis dispersés ou dissous dans les deux médiums non aqueux et aqueux [35110-2].
[7] 2002 code Prodcom 24.30.12.25 non compris.

Paints and varnishes dispersed or dissolved in an aqueous medium
Peintures et vernis dispersés ou dissous dans un milieu aqueux

CPC-BASED CODE - CODE BASE CPC

35110-2

Unit: Thousand metric tons | Unité: Milliers de tonnes métriques

Country or area	2003	2004	2005	2006	2007	2008	2009	2010	2011	2012	Pays ou zone
Africa											**Afrique**
Algeria[1]	87.9	122.1	123.7	114.9	119.7	132.4	141.7	141.1	141.8	144.0	Algérie[1]
Cameroon	4.7	4.7	4.4	5.0	5.5	5.6	5.8	...	...	...	Cameroun
Ethiopia[2]	83.9	...	...	...	...	...	...	...	...	...	Éthiopie[2]
Kenya[2]	50.5	121.7	133.7	163.3	193.7	266.7	280.5	343.8	337.5	316.6	Kenya[2]
Nigeria[2,3]	73.2	73.7	73.8	...	...	...	...	...	...	...	Nigéria[2,3]
South Africa[2,4]	488.7	...	...	...	...	...	...	...	...	...	Afrique du Sud[2,4]
United R. of Tanzania	[2]168.4	[2,5]166.2	[2,5]162.2	[5]14.3	...	[5]24.9	[5]25.8	[5]28.2	[5]31.7	[5]34.9	Rép.-U. de Tanzanie
America, North											**Amérique du Nord**
Dominican Republic	41.4	31.0	25.0	28.6	47.3	57.1	...	...	...	...	Rép. dominicaine
Mexico[2]	1237.3	1374.2	1365.0	1374.0	#3422.2	3273.1	3053.5	3279.7	3279.2	3300.8	Mexique[2]
America, South											**Amérique du Sud**
Argentina	215.2	235.2	241.8	251.3	255.8	261.2	222.6	...	...	...	Argentine
Brazil	652.5	898.4	938.1	1230.0	1200.0	2079.6	1253.5	1406.5	1511.6	1545.0	Brésil
Chile	43.3	...	...	...	...	...	...	...	...	...	Chili
Ecuador	9.1	1.5	[2]147.0	0.3	[2]163.8	[2]218.2	...	...	...	...	Équateur
Guyana[2,3]	19.1	19.6	21.7	24.0	24.8	24.9	23.8	25.0	...	...	Guyana[2,3]
Peru	1.1	1.5	1.6	1.8	4.7	5.0	7.2	5.1	7.7	5.2	Pérou
Uruguay	...	...	...	...	...	...	...	5.6	...	...	Uruguay
Asia											**Asie**
Azerbaijan	1.5	1.2	2.0	1.5	1.3	2.0	2.6	2.2	3.2	3.4	Azerbaïdjan
Bangladesh[1,2,6]	141.8	167.2	212.0	229.4	...	244.1	231.4	291.2	...	...	Bangladesh[1,2,6]
Cyprus	3.4	3.6	3.2	3.1	3.0	2.5	2.4	3.3	2.2	...	Chypre
Iran (Islamic Rep. of)	...	16.1	15.7	13.7	22.3	...	...	...	...	...	Iran (Rép. islam. d')
Iraq	...	...	...	...	...	...	2.0	0.7	0.4	3.4	Iraq
Japan	455.1	465.7	458.5	500.1	517.7	497.2	468.1	513.5	490.5	501.0	Japon
Kazakhstan	6.9	10.4	14.2	20.3	28.8	...	...	...	...	...	Kazakhstan
Kuwait	0.3	0.2	0.3	0.2	0.4	0.4	0.4	0.3	0.5	0.4	Koweït
Kyrgyzstan	[3]2.7	[3]3.7	[3]3.1	[3,4]4.1	[3,5]5.1	[3,4]4.1	0.2	4.7	5.0	5.9	Kirghizistan
Lebanon	2.8	2.8	...	...	...	...	...	...	...	...	Liban
Malaysia[2]	1078.0	1105.6	1131.0	1254.6	758.5	748.2	711.5	695.0	862.9	930.0	Malaisie[2]
Pakistan[2,6]	465.4	381.2	410.9	480.2	533.0	571.0	628.9	662.4	489.2	383.7	Pakistan[2,6]
Turkey	192.4	226.2	#336.4	392.3	385.3	416.9	378.5	505.2	572.2	752.3	Turquie
Europe											**Europe**
Belarus	9.7	12.2	15.4	17.5	24.1	28.2	25.6	31.0	41.4	44.6	Bélarus
Belgium[7]	38.9	...	...	...	...	...	...	...	...	...	Belgique[7]
Bulgaria	11.1	27.8	29.4	42.8	44.1	57.4	43.8	36.2	35.2	35.0	Bulgarie
Croatia	9.3	17.8	21.5	24.0	25.4	33.2	30.0	30.2	31.5	27.4	Croatie
Czech Republic	63.7	71.8	76.3	84.0	94.5	92.1	87.6	82.1	C	83.1	République tchèque
Denmark	53.1	56.3	51.9	52.2	55.7	54.4	46.0	47.0	49.9	48.6	Danemark
Estonia	...	6.5	9.3	9.5	12.1	13.3	10.9	10.5	9.5	9.0	Estonie
Finland	36.8	37.8	44.6	47.6	51.2	56.4	46.3	47.5	61.0	60.2	Finlande
Germany	1109.4	C	C	C	1229.0	C	1070.9	1098.5	1133.9	1152.6	Allemagne
Greece	80.0	75.6	...	...	...	...	...	...	...	...	Grèce
Hungary	56.9	64.6	67.5	64.9	74.9	78.1	60.0	58.3	70.7	67.6	Hongrie
Iceland	1.7	1.4	1.3	...	1.6	0.9	...	0.4	0.4	0.5	Islande
Ireland	26.6	43.9	...	...	...	...	...	...	...	...	Irlande
Italy	761.3	759.5	...	...	...	...	...	...	...	...	Italie
Latvia	C	C	C	4.9	4.1	C	C	C	C	C	Lettonie
Lithuania	1.3	2.5	4.4	5.0	6.4	6.7	3.5	3.8	4.1	4.4	Lituanie
Netherlands	...	...	...	...	...	...	...	...	151.9	173.2	Pays-Bas
Norway	20.2	20.8	22.0	21.1	...	...	...	...	...	...	Norvège
Poland	273.8	267.0	335.9	299.6	372.5	339.6	318.4	330.9	332.7	318.9	Pologne
Portugal	108.5	106.7	101.7	95.8	109.7	105.6	99.6	111.0	...	...	Portugal
Romania	37.9	50.4	48.1	62.9	87.0	99.5	90.7	84.8	86.0	96.4	Roumanie
Russian Federation	41.3	63.3	88.2	135.8	206.0	246.0	245.5	383.5	393.6	441.2	Fédération de Russie
Serbia	...	...	...	17.3	...	...	...	...	...	...	Serbie
Slovakia	16.6	16.7	17.2	16.6	16.4	15.2	19.9	23.8	11.3	8.3	Slovaquie
Slovenia	C	C	C	C	C	26.9	22.2	C	C	C	Slovénie
Spain	C	C	496.1	503.1	540.3	507.7	447.7	457.0	439.4	410.6	Espagne
Sweden	93.8	85.8	102.1	124.5	142.1	146.3	117.6	157.2	143.8	141.0	Suède
TFYR of Macedonia	4.4	4.8	4.4	3.8	3.6	3.3	2.9	3.0	0.7	0.1	L'ex-RY de Macédoine
Ukraine	38.3	46.1	58.0	62.6	79.9	90.5	73.8	77.9	79.2	86.2	Ukraine

For general note and footnotes, see end of table

Voir la fin du tableau pour la remarque générale est les notes

Paints and varnishes dispersed or dissolved in an aqueous medium (continued)
Peintures et vernis dispersés ou dissous dans un milieu aqueux (suite)

CPC-BASED CODE - CODE BASE CPC
35110-2

Unit: Thousand metric tons | Unité: Milliers de tonnes métriques

Country or area	2003	2004	2005	2006	2007	2008	2009	2010	2011	2012	Pays ou zone
United Kingdom	[8]1018.5	[8]525.8	542.1	562.4	568.5	424.5	407.8	412.1	445.4	502.2	Royaume-Uni
Oceania											**Océanie**
Fiji[2]	31.0	[9]31.4	[9]31.3	36.4	31.8	32.2	32.2	...	...	...	Fidji[2]

General Note.

Paints and varnishes (including enamels and lacquers) based on synthetic polymers or chemically modified natural polymers, dispersed or dissolved in an aqueous medium.

[1] All paints and varnishes.
[2] In thousand hectolitres.
[3] All paints.
[4] Polyvinyl acetate and emulsion only.
[5] Tanganyika only.
[6] Twelve months ending 30 June of year stated.
[7] Incomplete coverage.
[8] Excluding Prodcom 2002 code 24.30.11.70.
[9] Including cellulose paints and other paints.

Remarque générale.

Peintures et vernis (y compris les peintures émail et les laques) à base de polymères synthétiques ou de polymères naturels modifiés, dispersés ou dissous dans un milieu aqueux.

[1] Toutes les peintures et les vernis.
[2] En milliers de hectolitres.
[3] Toutes les peintures.
[4] Acétate de polyvinyle et émulsion seulement.
[5] Tanganyika seulement.
[6] Période de douze mois finissant le 30 juin de l'année indiquée.
[7] Couverture incomplète.
[8] 2002 code Prodcom 24.30.11.70 non compris.
[9] Y compris les peintures cellulosiques et les autres peintures.

Printing ink
Encres d'imprimerie

CPC-BASED CODE - CODE BASE CPC
35130-0

Unit: Thousand metric tons | Unité: Milliers de tonnes métriques

Country or area	2003	2004	2005	2006	2007	2008	2009	2010	2011	2012	Pays ou zone
Africa											**Afrique**
Egypt	8.5	1.9	1.3	4.5	...	11.7	8.2	...	5.8	...	Égypte
America, North											**Amérique du Nord**
Mexico	32.3	35.1	38.4	42.8	60.2	66.8	69.5	72.3	77.8	84.5	Mexique
America, South											**Amérique du Sud**
Brazil	54.1	49.0	64.9	75.0	69.4	99.8	134.5	193.4	200.7	238.5	Brésil
Chile	...	...	5.8	6.5	7.2	0.1	0.1	...	...	...	Chili
Ecuador	...	1.5	1.6	1.6	1.8	2.0	...	...	...	...	Équateur
Asia											**Asie**
China, Hong KongSAR	10.1	29.1	...	...	...	...	...	...	...	...	Chine,Hong KongRAS
India	2.3	...	2.0	...	...	...	...	...	...	...	Inde
Indonesia	...	...	...	...	36.4	36.6	...	...	...	...	Indonésie
Iran (Islamic Rep. of)	...	4.0	3.6	3.9	...	3.4	...	...	...	...	Iran (Rép. islam. d')
Iraq	...	...	...	...	...	0.0	0.2	...	...	...	Iraq
Japan	514.5	540.5	572.8	581.7	599.3	551.8	381.7	482.1	526.9	412.2	Japon
Kazakhstan	...	0.0	0.1	0.1	0.0	...	...	...	...	...	Kazakhstan
Malaysia	33.4	37.4	32.2	29.3	26.7	36.1	34.8	37.5	41.0	32.5	Malaisie
Nepal	...	...	...	...	0.6	...	...	...	...	...	Népal
Rep. of Korea	79.8	89.1	86.1	88.1	93.9	95.8	93.3	106.3	109.7	107.7	Rép. de Corée
Turkey	17.5	18.6	#39.4	45.1	60.1	51.3	45.2	58.4	62.0	54.4	Turquie
Viet Nam	3.1	8.7	9.0	8.7	17.6	...	...	...	...	...	Viet Nam
Europe											**Europe**
Austria	16.6	...	...	...	...	...	...	...	...	...	Autriche
Belgium[1]	47.7	...	...	...	...	...	...	...	...	...	Belgique[1]
Bulgaria	0.2	0.2	C	C	C	0.4	C	C	C	C	Bulgarie
Croatia	0.8	0.9	0.7	0.2	0.9	0.9	0.6	0.3	0.4	0.3	Croatie
Denmark	13.5	17.3	20.8	25.3	24.8	17.6	11.9	8.7	4.3	3.4	Danemark
Finland	21.0	21.6	21.4	20.9	27.8	21.2	18.3	18.0	16.8	14.3	Finlande
France	94.7	C	...	...	...	...	...	...	...	...	France
Germany	449.9	453.4	483.6	533.3	553.3	545.1	555.6	594.0	550.4	539.9	Allemagne
Greece	2.9	[2]3.6	...	...	...	...	...	...	...	...	Grèce
Hungary	...	0.2	C	C	0.0	C	C	C	C	C	Hongrie
Ireland	4.0	3.1	C	...	...	...	...	...	...	...	Irlande
Italy	123.1	142.8	...	...	...	...	...	...	...	...	Italie
Lithuania	...	1.7	3.1	4.0	4.7	4.4	4.9	7.8	4.1	5.2	Lituanie
Netherlands	93.9	85.0	99.7	97.7	90.8	...	...	...	...	...	Pays-Bas
Norway	7.0	7.2	7.3	6.3	...	...	...	...	...	...	Norvège
Poland	3.2	3.3	3.3	5.9	5.9	4.9	7.9	14.1	12.8	15.8	Pologne
Portugal	2.1	1.7	2.4	1.8	1.9	1.8	3.0	3.5	...	...	Portugal
Romania	0.4	...	...	...	...	C	C	C	C	C	Roumanie
Russian Federation	...	...	...	...	...	...	...	2.6	2.9	4.2	Fédération de Russie
Spain	74.1	58.9	67.9	82.4	70.2	69.1	45.7	58.9	60.4	69.7	Espagne
Sweden	21.4	24.7	21.5	24.0	30.0	31.0	27.7	26.3	21.5	28.8	Suède
Ukraine	0.1	0.2	C	C	C	C	C	0.0	0.0	0.0	Ukraine
United Kingdom	485.2	230.1	192.0	167.2	182.9	192.1	158.1	111.0	112.4	99.3	Royaume-Uni

General Note.
Printing ink, black or other.

[1] Incomplete coverage.
[2] Excluding Prodcom 2002 code 24.30.24.50.

Remarque générale.
Encres d'imprimerie, noires ou autres.

[1] Couverture incomplète.
[2] 2002 code Prodcom 24.30.24.50 non compris.

Carboxyamide- and amide-function compounds of carbonic acid
Composés à fonction carboxyamide; composés à fonction amide de l'acide carbonique

CPC-BASED CODE - CODE BASE CPC
35220-1

Unit: Metric tons | Unité: Tonnes métriques

Country or area	2003	2004	2005	2006	2007	2008	2009	2010	2011	2012	Pays ou zone
America, South											**Amérique du Sud**
Brazil	31504	24868	7724	36348	29313	32197	27245	31985	71298	39141	Brésil
Chile	...	...	2	3	#192	32	246	...	...	...	Chili
Asia											**Asie**
Japan	160364	154551	149221	146683	184043	178638	136018	127166	127048	125547	Japon
Kazakhstan	...	...	1	2	2	...	...	...	...	...	Kazakhstan
Europe											**Europe**
Croatia	...	0	0	0	0	0	0	0	0	1	Croatie
Denmark	192	220	223	120	83	114	91	77	58	132	Danemark
Finland	284	310	279	258	250	73	62	5638	4455	5914	Finlande
Germany	645043	C	577715	C	C	C	C	692977	707761	761113	Allemagne
Hungary	16	6	25	17	C	C	22	87	93	92	Hongrie
Italy	4126	3591	...	...	...	...	...	...	...	...	Italie
Netherlands	...	...	...	...	...	...	...	...	138990	107001	Pays-Bas
Poland	71	31	26	25	C	109	C	C	C	C	Pologne
Rep. of Moldova	...	3	0	0	0	0	1	4	C	C	Rép. de Moldova
Spain	...	632	665	690	615	651	556	520	490	268	Espagne
Sweden	105	120	87	121	155	152	125	119	140	173	Suède
United Kingdom	...	...	...	...	C	C	C	C	16541	21129	Royaume-Uni

General Note.

Carboxyamide-function compounds; amide-function compounds of carbonic acid, except ureines, their derivatives and salts thereof.

Remarque générale.

Composés à fonction carboxyamide; composés à fonction amide de l'acide carbonique (à l'exception des uréines), leurs dérivés et sels de ces produits.

Lactones n.e.c., heterocyclic compounds with nitrogen hetero-atom(s) only
Lactones n.c.a., composés hétérocycliques à hétéroatome(s) d'azote exclusivement

CPC-BASED CODE - CODE BASE CPC
35230-0

Unit: Metric tons | Unité: Tonnes métriques

Country or area	2003	2004	2005	2006	2007	2008	2009	2010	2011	2012	Pays ou zone
America, South											**Amérique du Sud**
Brazil	8488.6	8744.9	8277.9	7973.9	7901.8	10830.1	11826.8	13968.3	29964.7	17308.8	Brésil
Asia											**Asie**
Kazakhstan	...	0.0	4.9	5.9	1.0	...	...	...	...	...	Kazakhstan
Europe											**Europe**
Croatia	...	0.0	0.0	0.0	0.0	0.0	0.0	0.0	0.7	1.4	Croatie
Czech Republic	...	...	C	C	C	93.9	97.8	99.9	749.0	879.8	République tchèque
Denmark	168.9	409.4	486.8	571.8	912.1	697.0	404.0	748.0	1089.0	1017.0	Danemark
Finland	7.4	7.4	41.8	29.4	26.1	406.8	314.8	41.0	207.4	316.3	Finlande
Germany	52569.0	55271.0	56215.0	53308.0	61429.0	57255.0	C	58706.0	60773.0	61550.0	Allemagne
Hungary	161.8	146.8	144.9	241.1	187.4	71.5	C	47.8	81.5	266.8	Hongrie
Ireland	69254.9	48040.4	...	...	...	...	...	...	...	...	Irlande
Netherlands	...	...	...	...	...	...	...	...	790.0	701.0	Pays-Bas
Poland	164.4	101.7	143.2	164.7	C	C	C	C	C	C	Pologne
Portugal	1.6	1.5	C	C	C	C	C	C	...	...	Portugal
Rep. of Moldova	...	...	0.8	0.8	1.4	1.5	1.5	3.8	3.6	5.0	Rép. de Moldova
Serbia	...	...	...	50.9	...	...	...	...	...	...	Serbie
Slovakia	0.9	1.1	2.3	0.7	C	...	...	...	...	C	Slovaquie
Spain	...	2505.5	2594.6	2188.6	1875.7	1682.0	1572.4	1652.1	8340.0	13456.1	Espagne
Sweden	5252.0	6958.8	7945.6	8759.8	10670.3	9582.5	8367.9	9575.8	7533.5	6796.7	Suède
Ukraine	C	32.9	50.7	C	C	C	C	C	130.8	104.3	Ukraine
United Kingdom	...	...	C	C	C	1162.7	C	C	C	...	Royaume-Uni

General Note.

Lactones n.e.c., heterocyclic compounds with nitrogen hetero-atom(s) only, containing an unfused pyrazole ring, a pyrimidine ring, a piperazine ring, an unfused triazine ring or a phenothiazine ring system not further fused; hydantoin and its derivatives; sulphonamides.

Remarque générale.

Lactones n.c.a., composés hétérocycliques à hétéroatome(s) d'azote exclusivement, dont la structure comporte un cycle pyrazole non condensé, un cycle pyrimidine, un cycle pipérazine, un cycle triazine non condensé ou des cycles phénothiazine sans autres condensations; hydantoïne et ses dérivés; sulphonamides.

Provitamins and vitamins
Provitamines et vitamines

CPC-BASED CODE - CODE BASE CPC
35250-1

Unit: Metric tons — Unité: Tonnes métriques

Country or area	2003	2004	2005	2006	2007	2008	2009	2010	2011	2012	Pays ou zone
Africa											**Afrique**
South Africa[1,2]	574	...	...	...	...	...	...	...	...	...	Afrique du Sud[1,2]
America, North											**Amérique du Nord**
Mexico[1]	117	124	156	196	...	...	...	...	...	...	Mexique[1]
America, South											**Amérique du Sud**
Brazil	C	14663	13437	16017	6316	2488	1212	918	1270	2303	Brésil
Chile	...	...	[3]107	111	688	1907	2369	2601	2773	...	Chili
Ecuador	...	...	...	...	...	559	...	...	...	...	Équateur
Asia											**Asie**
Iran (Islamic Rep. of)	24	25	...	[1]54	...	[1]34	...	...	...	...	Iran (Rép. islam. d')
Kazakhstan	1	1	1	2	3	...	...	...	...	...	Kazakhstan
Europe											**Europe**
Belarus	33	0	0	0	0	0	0	0	0	0	Bélarus
Croatia	...	2	0	2	4	3	0	0	0	0	Croatie
Czech Republic	65	C	C	C	C	...	...	...	...	...	République tchèque
Denmark	4885	4958	4845	1651	1564	...	...	...	...	...	Danemark
Finland	3	1	1	0	0	0	0	...	...	...	Finlande
Hungary	254	221	134	C	C	...	C	C	C	C	Hongrie
Poland	273	407	141	131	C	C	C	C	C	C	Pologne
Rep. of Moldova	...	66	92	126	168	176	268	285	599	332	Rép. de Moldova
Russian Federation	[4]573	[4]198	[4]5	[4]158	[4]228	[4]264	[4]330	348	264	168	Fédération de Russie
Serbia	...	...	...	667	...	...	...	...	...	...	Serbie
TFYR of Macedonia	19	16	11	14	17	16	10	12	16	15	L'ex-RY de Macédoine
Ukraine	127	406	508	321	314	149	185	170	76	24	Ukraine

General Note.

Provitamins and vitamins, natural or reproduced by synthesis (including natural concentrates), derivatives thereof used primarily as vitamins, and intermixtures of the foregoing, whether or not in any solvent. These products should be understood as organic compounds (they belong to HS chapter 29), not as ready to be used as pharmaceutical products/medicaments. In this sense, the products making up the code 35250-1 are distinct from the medicaments containing them.

[1] In million units.
[2] Vitamins and multivitamins only.
[3] Including hormones, prostaglandins, thromboxanes and leukotrienes, derivatives and structural analogues thereof; and antibiotics.
[4] Vitamins only.

Remarque générale.

Provitamines et vitamines, naturelles ou reproduites par synthèse (y compris les concentrats naturels), ainsi que leurs dérivés utilisés principalement en tant que vitamines, et les mélanges de ces produits entre eux, même en solutions quelconques. Ces produits sont compris comme composés organiques (rangés sous le chapitre 29 du SH), encore non utilisables comme médicaments/produits pharmaceutiques. Les produits correspondant au code 35250-1 sont ainsi distincts des médicaments qui les contiennent.

[1] En millions d'unités.
[2] Vitamines et multivitamines seulement.
[3] Y compris les hormones, prostaglandines, thromboxanes et leucotriènes, leurs dérivés et analogues structurels; et antibiotiques.
[4] Vitamines seulement.

Antibiotics
Antibiotiques

CPC-BASED CODE - CODE BASE CPC
35250-3

Unit: Metric tons | Unité: Tonnes métriques

Country or area	2003	2004	2005	2006	2007	2008	2009	2010	2011	2012	Pays ou zone
Africa											**Afrique**
Lesotho	14.5	13.8	14.3	12.3	...	...	...	...	...	...	Lesotho
South Africa	47.1	...	...	...	...	...	...	...	...	...	Afrique du Sud
America, South											**Amérique du Sud**
Brazil	5052.1	425.5	2858.0	2252.3	5129.6	1340.1	4797.1	1652.8	3256.2	7377.5	Brésil
Ecuador	...	...	...	...	261.0	138.0	...	...	...	...	Équateur
Asia											**Asie**
China, Macao SAR	...	42.8	...	C	...	C	C	...	...	...	Chine, Macao RAS
Kazakhstan	11.1	29.6	11.4	5.0	3.7		...	...	...	...	Kazakhstan
Turkey	...	...	365.6	C	91.6	71.8	C	C	C	C	Turquie
Europe											**Europe**
Croatia	...	302.0	265.3	106.1	49.5	58.4	74.2	140.5	142.3	199.5	Croatie
Czech Republic	45.0	...	C	C	C	C	C	C	C	C	République tchèque
Denmark	0.0	7.7	8.8	12.9	12.6	...	...	...	...	...	Danemark
Finland	...	...	0.0	0.0	0.0	0.0	...	...	25.9	33.2	Finlande
Germany	C	C	1219.5	1568.5	2142.7	2502.1	C	C	C	C	Allemagne
Hungary	...	8.1	C	C	C	C	C	C	44.9	74.7	Hongrie
Ireland	3736.0	626.9	...	...	...	...	...	...	...	...	Irlande
Poland	462.0	501.1	641.4	593.4	589.2	C	C	C	C	C	Pologne
Rep. of Moldova	...	0.5	0.9	0.7	0.9	0.2	0.1	9.7	8.6	10.5	Rép. de Moldova
Russian Federation	366.8	463.8	327.9	400.4	546.8	383.1	209.2	164.6	94.7	70.8	Fédération de Russie
Serbia	...	...	...	49.2	...	...	...	...	...	...	Serbie
Slovakia	C	769.0	572.7	457.1	C	C	C	C	C	C	Slovaquie
Spain	...	C	8796.0	8631.3	10277.7	8153.9	7664.3	7247.7	7334.2	7734.1	Espagne
Sweden	C	1.7	1.5	0.0	0.0	0.0	0.0	0.0	0.0	0.0	Suède
Ukraine	88.9	90.1	98.8	700.0	638.7	350.7	786.9	518.3	285.3	163.1	Ukraine
United Kingdom	5626.0	...	217.4	108.2	98.0	149.0	56.6	66.1	65.4	50.3	Royaume-Uni

General Note.

Penicillins and their derivatives with a penicillanic acid structure, streptomycins and their derivatives, tetracyclines and their derivatives, chloramphenicol and its derivatives, erythromycin and its derivatives and other antibiotics and salts thereof of all the above. These products should be understood as organic compounds (they belong to HS chapter 29), not ready to be used as pharmaceutical products/medicaments. In this sense, the products making up the code 35250-3 are distinct from medicaments containing them.

Remarque générale.

Pénicillines et leurs dérivés, à structure d'acide pénicillanique, streptomycines et leurs dérivés, tétracyclines et leurs dérivés, chloramphénicol et ses dérivés, érythromycine et ses dérivés et autres antibiotiques et sels de tous ces produits. Ces produits sont compris comme composés organiques (entrant dans le chapitre 29 du SH), encore non utilisables comme médicaments/produits pharmaceutiques. Les produits correspondant au code 35250-3 sont ainsi distincts des médicaments qui les contiennent.

Organic surface active agents (except soap); detergents and washing preparations
Agents de surface organiques (autres que les savons); détergents et préparations pour lessives

CPC-BASED CODE - CODE BASE CPC
35300-1

Unit: Thousand metric tons — Unité: Milliers de tonnes métriques

Country or area	2003	2004	2005	2006	2007	2008	2009	2010	2011	2012	Pays ou zone
Africa											**Afrique**
Algeria	120.6	110.4	115.3	20.2	12.9	14.1	12.1	6.4	1.6	2.0	Algérie
Kenya	31.5	35.6	46.4	43.3	53.5	62.1	58.7	63.6	72.7	60.5	Kenya
Nigeria[1]	273.8	274.2	274.2	...	...	...	...	...	...	...	Nigéria[1]
South Africa[2]	209.5	...	...	...	...	...	...	...	...	...	Afrique du Sud[2]
America, North											**Amérique du Nord**
Cuba	12.0	15.0	12.0	14.0	12.0	15.0	15.0	16.0	19.0	18.0	Cuba
Dominica	3.1	...	...	...	...	...	...	...	...	...	Dominique
Mexico	1125.9	1227.1	1328.9	1350.3	1384.4	1456.8	1423.7	1480.6	1554.5	1547.7	Mexique
America, South											**Amérique du Sud**
Argentina	308.4	389.8	455.0	508.0	604.9	611.2	661.6	...	...	...	Argentine
Chile	66.2	...	113.4	123.0	132.1	174.4	188.9	124.7	120.6	...	Chili
Ecuador	57.9	0.0	0.0	0.0	0.0	...	...	...	...	...	Équateur
Guyana	0.3	0.4	0.5	0.7	0.9	0.8	0.9	1.0	...	...	Guyana
Peru	78.0	82.9	77.1	103.9	124.5	148.4	148.0	169.9	180.4	193.2	Pérou
Asia											**Asie**
Armenia	0.3	0.4	3.2	3.6	2.8	2.3	2.3	2.3	2.1	1.9	Arménie
Azerbaijan	5.3	5.8	6.0	4.1	6.0	5.1	4.5	3.5	0.6	0.5	Azerbaïdjan
Bangladesh[1,3]	46.0	48.5	52.7	57.3	...	...	...	...	...	...	Bangladesh[1,3]
China	3867.9	4651.7	5169.5	5276.8	5829.7	6553.1	6996.6	7526.0	8881.4	9338.0	Chine
China, Hong KongSAR	11.0	...	...	...	...	...	...	...	...	...	Chine,Hong KongRAS
Cyprus	12.0	12.0	10.0	11.0	10.3	13.5	13.9	15.4	14.5	...	Chypre
India	748.8	...	...	...	...	...	...	...	...	...	Inde
Iraq	...	3.0	...	...	...	...	...	...	...	...	Iraq
Kyrgyzstan	0.6	1.1	1.1	1.3	1.9	1.7	2.1	1.6	2.0	2.0	Kirghizistan
Malaysia	83.9	88.3	104.2	97.0	99.7	100.3	127.3	146.9	137.9	136.2	Malaisie
Oman	27.8	...	...	...	...	...	...	...	...	...	Oman
Rep. of Korea	451.8	466.4	558.6	575.8	581.2	604.4	694.9	645.0	632.9	644.3	Rép. de Corée
Syrian Arab Republic	45.6	50.8	69.0	95.1	107.2	108.1	...	...	...	...	Rép. arabe syrienne
Turkey	747.8	786.3	[#]1184.8	1378.3	1456.6	1252.8	1373.1	1453.3	1597.2	1576.9	Turquie
Yemen	70.0	...	...	...	...	...	...	...	...	...	Yémen
Europe											**Europe**
Belarus	7.0	8.0	10.0	10.0	10.0	12.0	16.0	19.0	[#]53.0	55.0	Bélarus
Belgium[4]	631.4	...	...	...	...	...	...	...	...	...	Belgique[4]
Bosnia & Herzegovina[5]	2.8	...	...	...	...	...	...	...	...	...	Bosnie-Herzégovine[5]
Bulgaria	47.0	57.0	63.0	67.0	66.0	59.0	54.0	63.0	63.0	68.0	Bulgarie
Croatia	58.4	47.4	70.0	12.2	92.5	75.8	84.3	93.3	104.6	104.3	Croatie
Czech Republic	441.0	499.0	550.0	569.0	175.0	105.0	105.0	117.0	121.0	115.0	République tchèque
Denmark	256.0	247.0	233.3	243.6	236.6	201.7	192.5	191.5	185.3	159.8	Danemark
Estonia	0.7	3.8	4.1	7.7	6.6	6.9	9.2	8.7	13.7	40.4	Estonie
Finland	31.6	27.8	32.4	41.3	35.8	33.0	32.9	31.6	30.5	21.6	Finlande
Germany	2969.6	C	2969.3	C	3002.2	2944.0	2785.3	2927.1	2888.1	C	Allemagne
Greece[4]	214.5	...	...	...	...	...	...	...	...	...	Grèce[4]
Hungary	230.0	208.4	264.8	237.1	151.8	187.7	176.8	175.0	164.0	170.3	Hongrie
Ireland	11.2	14.4	...	...	...	...	...	...	...	...	Irlande
Italy	2263.3	1901.4	...	...	...	...	...	...	...	...	Italie
Lithuania	4.3	4.4	6.0	5.9	7.3	6.9	7.2	8.6	8.9	8.2	Lituanie
Montenegro	...	...	...	0.1	0.1	0.1	0.1	0.1	0.1	0.1	Monténégro
Netherlands	441.3	405.0	441.7	416.7	413.2	...	...	...	...	...	Pays-Bas
Norway	126.0	114.0	145.0	151.0	...	...	...	...	...	...	Norvège
Poland	553.5	657.6	670.6	687.8	655.2	699.0	728.1	750.5	C	930.3	Pologne
Portugal	270.0	269.9	240.4	230.5	231.3	252.9	245.0	240.4	...	...	Portugal
Rep. of Moldova	0.2	0.5	0.5	0.8	1.0	0.5	0.5	0.6	0.7	0.8	Rép. de Moldova
Romania	137.0	163.0	155.0	149.0	145.0	164.0	168.0	193.0	204.0	226.0	Roumanie
Russian Federation	[6]551.0	[6]639.0	[6]714.0	[6]838.7	[6]807.2	[6]892.1	[6]844.5	118.6	119.4	148.2	Fédération de Russie
Serbia	...	...	...	98.1	119.6	129.4	139.2	165.3	...	...	Serbie
Serbia & Montenegro	39.6	...	...	...	...	...	...	...	...	...	Serbie-et-Monténégro
Slovakia	49.0	32.0	53.4	47.9	46.7	35.8	24.7	27.7	29.5	25.3	Slovaquie
Slovenia	34.0	33.0	33.0	33.7	33.5	30.8	25.7	24.9	18.1	19.2	Slovénie
Spain	2398.7	2289.0	2225.0	2228.1	2180.1	2068.9	2240.3	2279.5	2286.3	2206.0	Espagne
Sweden	117.0	145.0	135.0	144.9	166.1	180.7	173.4	168.5	160.4	136.4	Suède
TFYR of Macedonia	17.8	14.0	11.2	7.6	6.7	5.9	4.2	3.5	4.2	2.5	L'ex-RY de Macédoine
Ukraine	161.1	171.1	188.7	198.1	210.8	212.2	204.8	224.8	243.4	286.4	Ukraine

For general note and footnotes, see end of table

Voir la fin du tableau pour la remarque générale est les notes

Organic surface active agents (except soap); detergents and washing preparations (continued)
Agents de surface organiques (autres que les savons); détergents et préparations pour lessives (suite)

CPC-BASED CODE - CODE BASE CPC
35300-1

Unit: Thousand metric tons | Unité: Milliers de tonnes métriques

Country or area	2003	2004	2005	2006	2007	2008	2009	2010	2011	2012	Pays ou zone
United Kingdom	2188.0	...	...	...	...	C	C	838.6	C	C	Royaume-Uni

General Note.
Organic surface-active agents (other than soap); surface-active preparations, washing preparations (including auxiliary washing preparations) and cleaning preparations, whether or not containing soap.

Remarque générale.
Agents de surface organiques (autres que les savons); préparations tensioactives, préparations pour lessives (y compris les préparations auxiliaires de lavage) et préparations de nettoyage, même contenant du savon.

[1] Data refer to all soap and detergent.
[2] Synthetic detergents in powder form only.
[3] Twelve months ending 30 June of year stated.
[4] Incomplete coverage.
[5] Excluding Republika Srpska.
[6] Synthetic cleaning substances.

[1] Les données se rapportent à tous les savons et détergents.
[2] Détersifs synthétiques en poudre seulement.
[3] Période de douze mois finissant le 30 juin de l'année indiquée.
[4] Couverture incomplète.
[5] Non compris la Republika Srpska.
[6] Produits de nettoyage synthétiques.

Soap; paper, wadding, and similar, covered with soap or detergent
Savons; papier, ouates, et produits similaires, recouverts de savon ou de détergents

CPC-BASED CODE - CODE BASE CPC
35321-0

Unit: Thousand metric tons — Unité: Milliers de tonnes métriques

Country or area	2003	2004	2005	2006	2007	2008	2009	2010	2011	2012	Pays ou zone
Africa											**Afrique**
Algeria	32.9	12.6	19.4	...	...	...	...	...	...	...	Algérie
Burundi	3.0	3.2	3.1	3.0	5.4	5.7	5.8	...	...	...	Burundi
Cameroon	35.2	42.4	48.8	32.2	22.2	35.6	32.7	...	...	...	Cameroun
Egypt	135.6	405.7	[1]554.0	[1]556.8	[1]588.0	108.7	547.5	[1]674.0	653.3	...	Égypte
Ethiopia[2]	11.6	...	...	...	...	...	...	...	...	...	Éthiopie[2]
Kenya	117.6	129.5	110.4	123.9	140.2	168.8	171.7	191.0	178.7	189.8	Kenya
Madagascar	...	3.0	3.3	3.4	...	...	...	...	...	...	Madagascar
Mozambique	13.7	17.4	13.1	12.6	14.0	...	...	...	...	...	Mozambique
Nigeria[3]	273.8	274.2	274.2	...	...	...	...	...	...	...	Nigéria[3]
Senegal	43.9	44.4	41.0	43.1	34.2	26.9	17.8	17.9	...	...	Sénégal
Seychelles	0.2	0.2	0.2	0.2	...	...	...	...	...	...	Seychelles
Sierra Leone	0.5	0.2	0.4	0.5	0.6	0.7	0.6	...	...	...	Sierra Leone
South Africa	377.6	...	...	...	...	...	...	...	...	...	Afrique du Sud
Sudan (former)	80.0	90.0	95.0	75.0	80.0	70.0	78.0	87.0	...	...	Soudan (anc.)
Uganda	75.6	76.4	94.8	102.9	...	...	...	...	...	...	Ouganda
United R. of Tanzania	[4]94.6	[5]93.8	[5]110.4	[5]123.9	[5]120.1	[5]137.5	[5]153.3	[5]147.7	[5]149.1	[5]131.3	Rép.-U. de Tanzanie
America, North											**Amérique du Nord**
Cuba	33.0	35.0	33.0	36.0	38.0	41.0	35.0	36.0	34.0	43.0	Cuba
Dominica	8.9	...	...	...	...	...	...	...	...	...	Dominique
Mexico	350.1	341.0	331.4	344.2	331.8	328.4	338.0	339.3	378.3	415.8	Mexique
America, South											**Amérique du Sud**
Argentina	75.5	77.8	59.8	67.2	71.7	74.2	84.5	...	...	...	Argentine
Brazil	1669.7	1673.3	1660.0	2495.6	5870.3	2727.9	3484.7	3633.4	3736.8	4303.4	Brésil
Chile	2.7	...	34.0	12.3	12.5	13.6	18.2	13.4	18.1	...	Chili
Ecuador	16.0	79.8	64.8	...	...	59.5	...	...	...	...	Équateur
Guyana	0.3	0.4	0.3	0.4	0.1	0.0	0.0	0.1	...	...	Guyana
Asia											**Asie**
Afghanistan	0.0	0.0	0.0	0.1	0.1	0.1	0.1	0.0	0.0	0.0	Afghanistan
Azerbaijan	2.9	2.0	1.7	1.7	1.6	1.2	1.6	1.2	0.8	0.7	Azerbaïdjan
Bangladesh[3,6]	46.0	48.5	52.7	57.3	...	61.0	62.0	62.0	...	...	Bangladesh[3,6]
China	703.0	876.9	715.8	720.4	753.3	1107.0	874.0	967.0	...	...	Chine
China, Hong KongSAR	1.0	1.0	...	...	...	...	...	...	...	...	Chine,Hong KongRAS
Cyprus	0.7	0.7	0.7	0.8	1.0	1.0	0.8	0.8	0.7	...	Chypre
Georgia	[7]0.0	C	C	0.9	C	C	1.6	0.7	5.8	2.9	Géorgie
India	4193.5	...	...	...	...	...	...	...	...	...	Inde
Iran (Islamic Rep. of)	[8]60.6	60.1	60.1	66.4	70.2	72.8	56.8	...	...	...	Iran (Rép. islam. d')
Kazakhstan	17.1	13.9	...	...	...	...	...	...	...	...	Kazakhstan
Kuwait	2.8	4.9	5.2	4.7	5.4	6.4	5.0	5.2	4.4	4.5	Koweït
Kyrgyzstan	0.8	0.8	0.9	1.2	1.3	1.0	1.2	1.5	1.5	0.9	Kirghizistan
Malaysia	23.0	28.5	28.0	39.3	50.3	59.3	50.8	47.9	42.3	40.4	Malaisie
Myanmar[9]	57.3	59.4	61.0	66.8	69.8	72.7	73.6	66.5	44.2	11.2	Myanmar[9]
Nepal	[10]54.6	[10]53.8	[10]55.1	[11]44.8	[10]76.2	...	...	...	...	...	Népal
Oman	10.7	...	...	...	...	...	...	...	...	...	Oman
Pakistan[6]	[12]23.4	[12]36.2	[12]49.7	[12]60.5	[12]66.6	[12]75.3	[12]66.0	[12]81.0	86.2	89.6	Pakistan[6]
Rep. of Korea	27.8	24.5	22.5	17.4	22.0	27.3	30.6	32.3	28.6	30.5	Rép. de Corée
Syrian Arab Republic	16.5	19.6	27.7	35.2	41.0	39.7	...	...	...	...	Rép. arabe syrienne
Tajikistan	0.4	0.3	0.1	0.2	0.4	0.5	0.0	0.0	0.0	0.0	Tadjikistan
Turkey	257.9	269.8	[#]177.2	...	...	...	...	398.1	384.3	432.3	Turquie
Viet Nam	377.0	400.8	420.5	449.1	408.6	452.4	537.2	815.6	791.8	861.5	Viet Nam
Europe											**Europe**
Albania	0.0	...	1.4	...	...	...	...	...	...	...	Albanie
Austria	0.4	...	...	...	...	...	...	...	...	...	Autriche
Belarus	6.0	6.0	8.0	7.0	6.0	6.0	7.0	8.0	12.0	13.0	Bélarus
Bulgaria	4.0	5.0	6.0	7.0	10.0	10.0	11.0	12.0	12.0	10.0	Bulgarie
Croatia	0.3	0.4	0.5	0.4	1.5	1.1	3.3	5.6	7.0	11.1	Croatie
Czech Republic	30.0	25.0	26.0	26.0	24.0	31.0	33.0	29.0	25.0	23.0	République tchèque
Denmark	9.0	9.0	11.0	12.1	11.3	...	14.3	14.9	...	14.6	Danemark
Estonia	...	0.2	0.2	0.2	0.3	0.2	0.2	0.2	0.2	0.2	Estonie
Finland	0.5	0.3	2.8	0.8	0.9	0.8	0.7	0.5	10.1	8.7	Finlande
Germany	C	242.2	268.8	289.4	324.0	C	290.0	308.4	350.3	367.6	Allemagne
Greece[13]	4.6	...	...	...	...	...	...	...	...	...	Grèce[13]
Hungary	10.0	10.6	18.4	16.6	10.7	16.7	11.0	12.6	12.9	17.3	Hongrie

For general note and footnotes, see end of table — Voir la fin du tableau pour la remarque générale est les notes

Soap; paper, wadding, and similar, covered with soap or detergent (continued)
Savons; papier, ouates, et produits similaires, recouverts de savon ou de détergents (suite)

CPC-BASED CODE - CODE BASE CPC
35321-0

Unit: Thousand metric tons — Unité: Milliers de tonnes métriques

Country or area	2003	2004	2005	2006	2007	2008	2009	2010	2011	2012	Pays ou zone
Ireland	3.6	1.5	...	...	...	...	...	...	...	...	Irlande
Italy	216.0	213.1	...	...	...	...	...	...	...	...	Italie
Latvia	C	C	C	C	C	0.5	0.5	0.6	0.6	0.6	Lettonie
Lithuania	2.8	2.7	2.6	2.7	3.3	3.2	3.1	2.4	2.5	2.6	Lituanie
Netherlands	...	...	...	...	...	...	...	...	220.1	74.0	Pays-Bas
Poland	47.9	54.6	53.5	63.0	66.7	67.9	74.7	C	C	111.9	Pologne
Portugal	33.0	34.9	26.9	21.7	17.9	16.6	14.6	14.4	...	...	Portugal
Rep. of Moldova	0.3	0.4	0.3	0.5	0.6	0.4	0.4	0.5	0.5	0.6	Rép. de Moldova
Romania	4.0	2.0	2.0	2.0	3.0	5.0	2.0	4.0	4.0	7.0	Roumanie
Russian Federation[14]	289.0	284.0	292.0	301.7	325.2	295.1	286.0	252.6	258.6	255.4	Fédération de Russie[14]
Serbia	...	...	...	3.0	2.6	5.4	3.9	4.1	...	...	Serbie
Serbia & Montenegro	3.1	...	...	...	...	...	...	...	...	...	Serbie-et-Monténégro
Slovakia	5.0	3.0	3.1	2.8	2.2	1.9	2.7	2.6	2.3	1.1	Slovaquie
Slovenia	2.0	2.0	3.0	C	C	C	C	C	C	C	Slovénie
Spain	148.1	152.0	150.1	151.8	166.8	300.6	340.0	332.2	301.4	262.5	Espagne
Sweden	20.0	21.0	18.0	15.4	15.5	18.0	15.8	30.5	33.8	26.6	Suède
TFYR of Macedonia	0.7	*0.5	0.4	0.4	0.4	0.4	0.2	0.2	0.3	0.4	L'ex-RY de Macédoine
Ukraine	66.9	62.0	60.1	54.6	53.8	52.8	52.6	59.1	54.2	55.8	Ukraine
United Kingdom	460.0	...	...	...	...	C	C	C	C	C	Royaume-Uni
Oceania											**Océanie**
Fiji	3.2	4.0	4.4	6.1	5.6	5.6	5.3	...	...	...	Fidji

General Note.

Soap; organic surface-active products and preparations for use as soap, in the form of bars, cakes, moulded pieces or shapes, whether or not containing soap; organic surface-active products and preparations for washing the skin, in the form of liquid or cream and put up for retail sale, whether or not containing soap; paper, wadding, felt and nonwovens, impregnated, coated or covered with soap or detergent.

[1] Source: Bulletin of Industrial Statistics for the Arab Countries, United Nations Economic and Social Commission for Western Asia (Beirut).

[2] Twelve months ending 7 July of the year stated.

[3] Data refer to all soap and detergent.

[4] Including washing powder and detergents.

[5] Tanganyika only.

[6] Twelve months ending 30 June of year stated.

[7] Liquid soap only.

[8] Production by establishments employing 10 or more persons.

[9] Twelve months ending 31 March of year stated.

[10] Twelve months beginning 16 July of year stated.

[11] Source: Country Economic Review, Asian Development Bank (Manila).

[12] Toilet soap only.

[13] Incomplete coverage.

[14] In terms of 40% fatty acid content.

Remarque générale.

Savons; produits et préparations organiques tensioactifs à usage de savon, en barres, en pains, en morceaux ou en sujets frappés, même contenant du savon; produits et préparations organiques tensioactifs destinés au lavage de la peau, sous forme de liquide ou de crème, conditionnés pour la vente au détail, même contenant du savon; papier, ouates, feutres et non-tissés, imprégnés, enduits ou recouverts de savon ou de détergents.

[1] Source: Bulletin de statistiques industrielles pour les pays arabes, Commission économique et sociale pour l'Asie occidentale des Nations Unies (Beyrouth).

[2] Période de douze mois finissant le 7 juillet de l'année indiquée.

[3] Les données se rapportent à tous les savons et détergents.

[4] Y compris les poudres pour lessives et les détersifs.

[5] Tanganyika seulement.

[6] Période de douze mois finissant le 30 juin de l'année indiquée.

[7] Y compris le savon liquide seulement.

[8] Production des établissements occupant 10 personnes ou plus.

[9] Période de douze mois finissant le 31 mars de l'année indiquée.

[10] Période de douze mois commençant le 16 juillet de l'année indiquée.

[11] Source: Revue Economique du Pays, La Banque Asiatique de développement (Manille).

[12] Savons de toilette seulement.

[13] Couverture incomplète.

[14] Sur la base du contenu d'acide gras de 40 %.

Perfumes and toilet waters
Parfums et eaux de toilette

CPC-BASED CODE - CODE BASE CPC
35323-1

Unit: Hectolitres — Unité: Hectolitres

Country or area	2003	2004	2005	2006	2007	2008	2009	2010	2011	2012	Pays ou zone
Africa											**Afrique**
Cameroon	16.2	22.5	13.5	13.0	18.2	20.1	16.3	...	...	...	Cameroun
Egypt[1]	2815.9	1621.0	3795.0	13534.0	...	...	19965.0	...	...	...	Égypte[1]
Mozambique	...	2377.9	3575.7	...	...	...	...	...	...	...	Mozambique
America, North											**Amérique du Nord**
Mexico[2]	83555.0	95374.0	103054.0	93600.0	104939.0	108381.0	113363.0	128343.0	137754.0	134148.0	Mexique[2]
America, South											**Amérique du Sud**
Brazil	225402.7	210433.5	452516.7	481416.3	509223.5	470025.1	301339.4	305321.5	207848.0	279613.8	Brésil
Chile	...	...	[3]79833.7	54674.8	83464.0	101612.4	74387.1	82146.7	82335.0	...	Chili
Ecuador	...	25298.4	...	...	...	31120.5	...	...	...	...	Équateur
Asia											**Asie**
Iran (Islamic Rep. of)	...	1007.7	1200.6	...	1721.8	749.8	...	...	...	...	Iran (Rép. islam. d')
Iraq	...	...	...	41.7	...	...	...	...	...	...	Iraq
Kazakhstan[1]	3079.0	3634.0	0.0	0.0	0.0	...	...	...	...	...	Kazakhstan[1]
Turkey	...	...	184027.6	209632.4	152060.9	121707.8	128234.4	150463.5	249253.4	265829.2	Turquie
Europe											**Europe**
Belarus	[2]2195.0	[2]2218.0	[2]2003.0	[2]2182.0	[2]2320.0	[2]2358.0	[2]2424.0	[2]2142.0	[1]181.4	[1]299.8	Bélarus
Bulgaria	1068.7	1470.0	1104.2	1156.1	1404.7	1442.6	1376.9	1663.3	1802.3	2134.0	Bulgarie
Croatia	...	3.5	1.7	1.0	0.3	0.2	0.3	0.1	0.1	0.1	Croatie
Czech Republic	...	...	C	C	C	780.0	685.6	C	C	C	République tchèque
Denmark	79.3	70.2	74.9	44.6	37.2	...	...	...	...	...	Danemark
Finland	...	...	55.5	61.8	68.4	206.8	179.8	100.3	100.3	...	Finlande
Germany	47497.1	65922.8	62347.1	61993.5	50553.6	51690.4	41331.4	41059.7	55247.3	106029.1	Allemagne
Greece	8738.9	7985.3	...	...	...	...	...	...	...	...	Grèce
Hungary	221.9	194.4	171.8	354.2	371.5	C	C	C	C	C	Hongrie
Italy	146001.9	157214.3	...	...	...	...	...	...	...	...	Italie
Lithuania	...	...	...	...	...	...	9.9	10.5	12.9	8.9	Lituanie
Netherlands	...	...	...	...	...	...	...	...	630.0	...	Pays-Bas
Poland	3793.5	4617.7	37870.2	42984.7	C	37423.5	43983.3	57772.3	C	C	Pologne
Portugal	285.8	100.7	144.7	112.8	98.2	129.8	128.5	120.0	...	...	Portugal
Rep. of Moldova	...	3096.1	3288.5	4077.7	4146.3	3848.7	2954.1	3072.4	C	C	Rép. de Moldova
Romania	23.9	2.1	1.3	0.3	12.5	C	C	C	C	C	Roumanie
Russian Federation	...	...	...	30605.7	46187.1	51630.4	37499.2	49992.4	36622.2	43351.8	Fédération de Russie
Serbia[1]	...	...	...	0.5	...	...	...	...	...	...	Serbie[1]
Spain	...	220499.5	283124.7	338522.0	306799.1	382194.4	294798.4	458292.6	375314.6	346599.1	Espagne
Sweden	688.0	1189.0	673.0	21296.0	5779.0	6036.0	10855.0	21744.0	24242.0	25271.0	Suède
TFYR of Macedonia	37.9	13.3	14.9	18.9	32.6	49.1	46.6	43.8	...	...	L'ex-RY de Macédoine
Ukraine	83328.8	37125.1	29105.0	22369.5	22374.8	19398.9	19115.3	16225.3	12907.9	8392.4	Ukraine
United Kingdom	201759.6	...	...	...	...	54835.4	C	57398.4	63397.2	C	Royaume-Uni

General Note.
Perfumes and toilet waters.

1 In metric tons.
2 In thousand units.
3 Including beauty preparations for the care of the skin (other than medicaments), including sunscreen or sun tan preparations; and preparations for use on the hair.

Remarque générale.
Parfums et eaux de toilette.

1 En tonnes métriques.
2 En milliers d'unités.
3 Y compris les produits de beauté pour les soins de la peau (autres que des médicaments), y compris les préparations antisolaires et les préparations pour bronzer; et préparations capillaires.

Mixtures of odoriferous substances and their preparations
Mélanges de substances odoriférantes et leurs préparations

CPC-BASED CODE - CODE BASE CPC
35410-1

Unit: Metric tons — Unité: Tonnes métriques

Country or area	2003	2004	2005	2006	2007	2008	2009	2010	2011	2012	Pays ou zone
America, North											**Amérique du Nord**
Mexico	5315.3	8202.9	5136.9	5642.2	#22183.0	23455.0	21391.0	22957.0	23625.0	23989.0	Mexique
America, South											**Amérique du Sud**
Brazil	45497.5	34089.1	50705.0	74004.6	84494.2	71645.9	87263.6	92633.9	94027.6	96121.1	Brésil
Chile	...	...	11961.4	12606.4	12341.8	14935.9	10671.0	8479.3	16565.0	...	Chili
Ecuador	...	...	...	1.5	11.7	4.0	...	...	...	...	Équateur
Asia											**Asie**
China, Hong KongSAR	1179.3	1872.5	...	...	...	...	...	...	...	...	Chine,Hong KongRAS
Japan	76455.7	74658.8	75157.2	79523.1	63735.5	67793.8	65806.1	74038.4	77875.4	55076.4	Japon
Kuwait	212.0	298.0	357.0	341.0	367.0	341.0	578.0	787.0	964.0	862.0	Koweït
Turkey	...	...	C	C	C	C	C	2291.4	3850.2	4420.6	Turquie
Europe											**Europe**
Bulgaria	371.2	C	334.4	231.9	C	141.7	81.0	81.8	94.1	130.7	Bulgarie
Croatia	...	54.8	46.3	70.3	62.1	61.6	87.6	41.6	44.9	50.2	Croatie
Denmark	4058.6	3336.7	4117.6	4311.5	4168.4	3754.0	4175.0	5541.0	4735.0	1958.0	Danemark
Estonia	...	1.0	1.7	1.9	1.0	1.1	1.0	...	...	...	Estonie
Finland	0.9	1.1	1.3	3.2	1.8	1.0	20.7	21.7	0.8	20.3	Finlande
Germany	97590.0	111675.0	117836.0	125328.0	131901.0	138124.0	135099.0	149704.0	147938.0	151526.0	Allemagne
Hungary	1385.6	1793.1	744.2	1022.0	2158.7	1532.0	277.6	518.4	553.7	629.3	Hongrie
Italy	12629.0	13077.0	...	...	...	...	...	...	...	...	Italie
Lithuania	281.0	101.0	39.9	348.1	451.6	270.6	4.5	23.9	57.9	58.0	Lituanie
Netherlands	...	...	...	...	...	...	...	...	56390.0	57147.0	Pays-Bas
Poland	1484.0	1479.1	2372.3	1905.6	2754.9	4080.5	3873.1	3193.2	C	C	Pologne
Portugal	2.5	2.3	3.4	6.2	5.4	5.3	5.7	3.4	...	...	Portugal
Romania	514.0	1159.0	713.0	327.0	308.0	586.3	C	309.7	C	C	Roumanie
Russian Federation[1]	27.6	14.0	43.9	1.0	25.8	7.8	3.4	1.5	2.4	2.4	Fédération de Russie[1]
Slovakia	127.6	126.6	C	C	C	C	C	C	C	C	Slovaquie
Spain	...	46248.9	47223.1	56701.4	51392.1	61403.3	50554.2	54209.1	60312.2	58017.7	Espagne
Sweden	C	C	3781.7	1789.6	1769.1	1407.6	800.5	878.2	776.7	671.0	Suède
United Kingdom	230955.3	126349.8	122136.4	130355.8	107822.2	113216.4	98735.5	102429.8	140555.4	141784.9	Royaume-Uni

General Note.

Mixtures of odoriferous substances and mixtures (including alcoholic solutions) with a basis of one or more of these substances, of a kind used as raw materials in industry (food industry or other) ; other preparations based on odoriferous substances, of a kind used for the manufacture of beverages.

Remarque générale.

Mélanges de substances odoriférantes et mélanges (y compris les solutions alcooliques) à base d'une ou de plusieurs de ces substances, des types utilisés comme matières de base pour l'industrie (industrie alimentaire ou autre); autres préparations à base de substances odoriférantes, des types utilisés pour la fabrication de boissons.

[1] Data refer to natural essential oils only.

[1] Les données se rapportent aux huiles essentielles naturelles uniquement.

Prepared additives for mineral oils (including gasoline)
Additifs préparés, pour huiles minérales (y compris l'essence)

CPC-BASED CODE - CODE BASE CPC
35430-1

Unit: Metric tons — Unité: Tonnes métriques

Country or area	2003	2004	2005	2006	2007	2008	2009	2010	2011	2012	Pays ou zone
Africa											**Afrique**
Egypt	40341	54740	25930	22143	...	35004	4797	...	...	...	Égypte
America, South											**Amérique du Sud**
Brazil	109379	105342	98993	123977	107467	115848	115785	126890	90159	117670	Brésil
Chile	...	...	2128	2164	1437	1301	1940	1359	1855	...	Chili
Ecuador	...	...	...	...	...	12340	...	...	...	...	Équateur
Asia											**Asie**
Azerbaijan	0	19	0	10	19	0	0	0	0	0	Azerbaïdjan
India	6215	25324	22727	...	...	...	...	...	...	...	Inde
Iran (Islamic Rep. of)	...	6401	8765	6180	12287	23952	...	...	...	...	Iran (Rép. islam. d')
Kazakhstan	887	1801	1671	704	715	...	...	...	...	...	Kazakhstan
Turkey	...	...	C	C	35813	33170	18416	33928	23637	66158	Turquie
Europe											**Europe**
Belarus	...	...	...	...	...	...	...	...	13145	15413	Bélarus
Bulgaria	C	C	2495	C	2965	C	C	C	C	C	Bulgarie
Croatia	...	879	1256	1076	352	798	827	781	546	486	Croatie
Czech Republic	...	...	C	C	C	C	C	591	484	C	République tchèque
Denmark	1485	698	1256	1624	1449	1646	707	...	65	0	Danemark
Finland	135	...	249	350	321	317	315	485	395	404	Finlande
Germany	C	C	282854	C	486822	C	C	292701	C	C	Allemagne
Hungary	2180	2641	1908	2138	2644	1299	1156	2735	943	983	Hongrie
Poland	52572	24575	51981	34804	2800	C	C	C	C	1	Pologne
Portugal	48	33	32	30	14	9	7	6	...	...	Portugal
Romania	...	...	...	...	...	406	C	67	C	C	Roumanie
Spain	...	15863	C	C	C	12710	C	C	C	C	Espagne
Sweden	34842	36709	35195	26878	29639	18716	23720	179	574	360	Suède
Ukraine	23597	5137	455	676	458	2036	4695	22462	44162	56944	Ukraine
United Kingdom	...	...	135459	131510	C	C	C	C	79165	70944	Royaume-Uni

General Note.

Anti-knock preparations, oxidation inhibitors, gum inhibitors, viscosity improvers, anti-corrosive preparations and other prepared additives, for mineral oils (including gasoline) or for other liquids used for the same purposes as mineral oils.

Remarque générale.

Préparations antidétonantes, inhibiteurs d'oxydation, additifs peptisants, améliorants de viscosité, additifs anti corrosifs et autres additifs préparés, pour huiles minérales (y compris l'essence) ou pour autres liquides utilisés aux mêmes fins que les huiles minérales.

Prepared explosives, other than propellent powders
Explosifs préparés, autres que les poudres propulsives

CPC-BASED CODE - CODE BASE CPC
35450-1

Unit: Thousand metric tons — Unité: Milliers de tonnes métriques

Country or area	2003	2004	2005	2006	2007	2008	2009	2010	2011	2012	Pays ou zone
Africa											**Afrique**
Tunisia	11.5	...	...	...	...	...	...	...	...	...	Tunisie
America, North											**Amérique du Nord**
Mexico	...	...	...	...	11.8	10.5	9.7	10.1	10.3	9.9	Mexique
United States	2290.0	2520.0	3200.0	3160.0	3150.0	3420.0	...	...	...	...	États-Unis
America, South											**Amérique du Sud**
Brazil	33.0	49.9	71.7	118.7	76.4	179.0	200.9	155.5	206.0	171.8	Brésil
Chile	130.9	...	365.5	358.8	105.3	146.1	123.9	119.6	...	...	Chili
Ecuador	...	1.1	1.2	1.6	...	10.5	...	...	...	...	Équateur
Asia											**Asie**
Turkey	2.1	2.6	C	C	C	C	C	C	C	C	Turquie
Europe											**Europe**
Bulgaria	11.0	13.7	16.3	19.8	23.7	25.8	18.9	16.1	19.3	17.0	Bulgarie
Croatia	11.6	6.2	2.8	2.1	1.5	1.0	0.4	0.2	0.2	0.0	Croatie
Czech Republic	...	...	C	C	C	C	C	9.0	C	C	République tchèque
Estonia	...	C	C	C	C	C	C	27.9	32.1	29.0	Estonie
Finland	20.5	24.1	26.5	25.9	30.8	35.3	29.7	39.4	37.7	49.6	Finlande
France	38.7	...	...	...	...	...	...	...	...	...	France
Germany	59.0	62.8	58.4	57.1	57.4	59.5	48.2	49.1	49.1	49.2	Allemagne
Hungary	...	3.5	C	C	C	C	C	C	C	C	Hongrie
Italy	22.8	24.8	...	...	...	...	...	...	...	...	Italie
Montenegro	0.5	0.4	0.5	0.7	0.7	0.8	0.1	0.7	0.7	0.6	Monténégro
Poland	26.7	32.0	32.7	35.9	44.3	47.9	46.4	49.0	64.8	60.3	Pologne
Portugal	16.7	21.0	20.7	18.5	16.2	13.4	14.2	20.2	...	...	Portugal
Romania	6.2	3.8	2.2	1.3	0.1	2.6	C	1.9	C	C	Roumanie
Spain	104.1	107.9	103.9	112.8	106.5	123.4	114.3	96.5	90.6	58.3	Espagne
Sweden	70.6	60.0	57.6	90.7	86.1	111.6	94.7	119.4	C	C	Suède
United Kingdom	64.4	...	...	...	...	...	C	C	27.9	39.2	Royaume-Uni

General Note.
Prepared explosives, other than propellent powders.

Remarque générale.
Explosifs préparés, autres que les poudres propulsives.

Synthetic filament tow and staple fibers, not carded or combed
Câbles de filaments artificiels et fibres synthétiques discontinues, non cardées ni peignées

CPC-BASED CODE - CODE BASE CPC
35510-0

Unit: Thousand metric tons — Unité: Milliers de tonnes métriques

Country or area	2003	2004	2005	2006	2007	2008	2009	2010	2011	2012	Pays ou zone
America, South											**Amérique du Sud**
Argentina	17.1	23.5	26.9	23.6	18.9	...	...	...	...	...	Argentine
Brazil	109.6	163.3	180.5	219.2	184.6	208.4	179.9	197.6	197.3	170.1	Brésil
Chile	...	...	5.1	4.9	...	...	...	...	...	...	Chili
Asia											**Asie**
Iran (Islamic Rep. of)	...	115.1	100.6	74.0	91.6	95.4	85.3	...	...	...	Iran (Rép. islam. d')
Rep. of Korea	2606.8	2349.8	2089.9	...	...	...	...	...	...	...	Rép. de Corée
Turkey	...	...	C	#442.8	C	376.2	C	C	C	C	Turquie
Europe											**Europe**
Belarus	125.4	127.4	128.0	120.5	139.3	136.9	121.5	140.9	...	...	Bélarus
Belgium[1]	107.1	...	...	...	...	...	...	...	...	...	Belgique[1]
Czech Republic	35.8	...	C	C	42.5	42.9	42.4	C	46.5	50.2	République tchèque
Denmark	94.0	82.2	66.2	70.2	54.3	...	...	...	...	...	Danemark
Finland	0.5	0.7	0.9	0.8	2.4	2.1	1.6	1.7	0.2	0.0	Finlande
Germany	373.0	400.1	401.8	406.1	C	C	334.0	373.4	357.0	333.4	Allemagne
Hungary	6.3	7.8	6.2	6.8	7.9	5.4	C	C	C	C	Hongrie
Ireland	C	79.9	...	...	...	...	...	...	...	...	Irlande
Italy	283.8	[2]2374.8	...	...	...	...	...	...	...	...	Italie
Poland	3.5	3.1	...	C	C	27.6	26.1	19.5	C	C	Pologne
Portugal	59.0	60.5	55.7	60.5	59.9	57.1	55.7	46.6	...	...	Portugal
Romania	4.8	4.5	2.3	0.7	0.2	C	C	C	...	...	Roumanie
Russian Federation[3]	127.4	122.4	119.4	115.7	111.5	102.2	89.0	49.4	49.7	54.9	Fédération de Russie[3]
Slovakia	C	C	C	C	C	8.0	1.7	C	C	C	Slovaquie
Spain	C	C	C	C	C	134.4	99.5	C	C	C	Espagne
United Kingdom[2]	216.5	109.9	C	C	C	C	C	C	C	C	Royaume-Uni[2]

General Note.

Synthetic filament tow, of nylon or other polyamides, of polyesters, of acrylic or modacrylic or other; Synthetic staple fibres, not carded, combed or otherwise processed for spinning, of nylon or other polyamides, of polyesters, of acrylic or modacrylic, of polypropylene or other.

[1] Incomplete coverage.
[2] Excluding Prodcom 2002 code 24.70.11.95.
[3] All synthetic fibres and threads.

Remarque générale.

Câbles de filaments artificiels, de nylon ou d'autres polyamides, de polyesters, acryliques ou modacryliques ou autres; fibres synthétiques discontinues, non cardées ni peignées ni autrement transformées pour la filature de nylon ou d'autres polyamides, de polyesters, acryliques ou modacryliques, de polypropylène ou autres.

[1] Couverture incomplète.
[2] 2002 code Prodcom 24.70.11.95 non compris.
[3] Toutes fibres et fils synthétiques.

Synthetic filament yarn (except sewing thread and multiple or cabled yarn), n.p.r.s.
Fils de filaments synthétiques (autres que les fils à coudre et les fils retors ou câblés), n.c.p.v.d.

CPC-BASED CODE - CODE BASE CPC
35520-0

Unit: Thousand metric tons — Unité: Milliers de tonnes métriques

Country or area	2003	2004	2005	2006	2007	2008	2009	2010	2011	2012	Pays ou zone
America, South											**Amérique du Sud**
Argentina	65.4	73.5	72.3	71.7	54.1	50.2	40.1	...	...	...	Argentine
Brazil	251.9	222.4	209.0	148.0	155.4	148.2	120.3	156.7	166.2	186.3	Brésil
Asia											**Asie**
Azerbaijan	...	...	...	...	...	...	...	3.8	0.1	0.0	Azerbaïdjan
Iran (Islamic Rep. of)	...	29.1	39.3	25.4	37.2	57.9	60.5	...	...	...	Iran (Rép. islam. d')
Kazakhstan	0.0	0.0	0.1	0.1	0.1	...	...	...	...	...	Kazakhstan
Turkey	456.3	474.0	#86.0	78.0	81.0	77.0	72.0	74.9	113.4	139.5	Turquie
Europe											**Europe**
Belarus	21.7	20.4	24.4	26.2	29.5	28.8	27.9	30.3	#37.5	46.0	Bélarus
Belgium[1]	131.7	...	...	...	...	...	...	...	...	...	Belgique[1]
Czech Republic	...	...	C	C	C	C	C	4.9	5.1	8.1	République tchèque
Denmark	14.3	14.1	12.5	11.5	11.4	...	...	...	...	...	Danemark
Estonia	...	...	0.0	0.0	...	C	C	1.1	0.9	0.3	Estonie
Finland	1.7	1.2	0.5	0.3	0.3	0.0	0.0	...	...	...	Finlande
Germany	279.4	313.3	285.1	262.6	291.0	240.9	141.2	160.4	137.5	111.3	Allemagne
Greece[1]	2.3	...	...	...	...	...	...	...	...	...	Grèce[1]
Hungary	3.3	3.1	1.2	1.8	0.9	0.3	0.2	0.0	C	0.0	Hongrie
Ireland	36.2	15.8	...	...	...	...	...	...	...	...	Irlande
Italy	682.6	634.8	...	...	...	...	...	...	...	...	Italie
Latvia	10.2	11.8	C	C	C	C	C	C	C	C	Lettonie
Poland	46.3	41.4	...	34.7	C	23.3	4.9	C	16.3	15.7	Pologne
Portugal	9.4	8.0	8.6	9.6	7.1	5.7	4.4	4.6	...	...	Portugal
Romania	17.8	15.8	14.4	11.9	7.2	5.7	C	C	C	C	Roumanie
Russian Federation	127.4	...	...	...	...	...	...	...	...	...	Fédération de Russie
Slovakia	56.0	60.4	54.0	54.3	44.9	32.4	13.9	15.9	22.8	30.0	Slovaquie
Spain	...	101.0	89.7	75.0	71.6	59.3	57.8	65.9	65.1	61.9	Espagne
Sweden	0.7	C	0.6	0.6	0.5	0.9	0.4	0.7	0.6	0.6	Suède
Ukraine	13.2	18.2	25.7	29.7	29.4	26.4	8.3	7.1	7.0	6.5	Ukraine

General Note.

Synthetic filament yarn (other than sewing thread and multiple or cabled yarn), not put up for retail sale, such as high tenacity yarn of nylon, other polyamides or polyesters, textured yarn of nylon, other polyamides or polyesters, other yarn, single, untwisted or twisted of nylon, other polyamides or polyesters and other synthetic filament yarn including synthetic monofilament of less than 67 decitex.

Remarque générale.

Fils de filaments synthétiques (autres que les fils à coudre et les fils retors ou câblés), non conditionnés pour la vente au détail, comme les fils à haute ténacité de nylon, d'autres polyamides ou de polyesters, fils texturés de nylon, d'autres polyamides ou de polyesters, autres fils, simples, sans torsion ou d'une torsion de nylon, d'autres polyamides ou de polyesters et autres fils de filaments synthétiques y compris les monofilaments synthétiques de moins de 67 décitex.

[1] Incomplete coverage.

[1] Couverture incomplète.

Artificial filament tow and staple fibers, not carded or combed
Câbles de filaments artificiels et fibres artificielles discontinues, non cardées ni peignées

CPC-BASED CODE - CODE BASE CPC
35540-0

Unit: Thousand metric tons — Unité: Milliers de tonnes métriques

Country or area	2003	2004	2005	2006	2007	2008	2009	2010	2011	2012	Pays ou zone
America, South											**Amérique du Sud**
Brazil	C	42.9	42.6	C	C	16.1	C	C	C	C	Brésil
Europe											**Europe**
Finland	55.1	55.2	53.5	54.9	48.0	45.9	0.0	0.0	8.2	2.0	Finlande
Germany	C	C	C	C	C	149.6	C	C	C	C	Allemagne
Italy	7.0	6.8	...	...	...	...	...	...	...	...	Italie
Poland	0.4	0.6	0.5	0.5	0.0	C	C	0.0	0.0	0.0	Pologne
Russian Federation[1]	50.3	58.1	37.5	37.5	35.6	20.5	18.7	20.0	21.1	21.3	Fédération de Russie[1]
Sweden	24.9	...	0.0	0.0	0.0	0.0	0.0	0.0	0.0	0.0	Suède
United Kingdom	144.9	...	C	C	C	C	28.4	C	C	C	Royaume-Uni

General Note.
Arificial filament tow and artificial staple fibres, not carded, combed or otherwise processed for spinning of viscose rayon or other.

Remarque générale.
Câbles de filaments artificiels et fibres artificielles discontinues, non cardées ni peignées ni autrement transformées pour la filature de rayonne viscose ou autres.

[1] All artificial fibres.

[1] Toutes fibres artificielles.

Artificial filament yarn (except sewing thread and multiple or cabled yarn), n.p.r.s.
Fils de filaments synthétiques (autres que les fils à coudre et les fils retors ou câblés), n.c.p.v.d.

CPC-BASED CODE - CODE BASE CPC
35550-0

Unit: Thousand metric tons — Unité: Milliers de tonnes métriques

Country or area	2003	2004	2005	2006	2007	2008	2009	2010	2011	2012	Pays ou zone
America, South											**Amérique du Sud**
Argentina	1.1	1.3	1.2	1.4	1.0	1.0	0.8	...	...	...	Argentine
Brazil	C	C	C	C	C	C	1.3	0.0	0.0	C	Brésil
Europe											**Europe**
Belarus	11.0	8.4	8.4	7.2	7.2	7.1	4.4	3.2	2.1	0.4	Bélarus
Czech Republic	9.0	...	C	C	C	C	C	C	C	C	République tchèque
Germany	C	C	34.2	C	33.4	29.2	16.8	C	C	C	Allemagne
Lithuania	4.2	4.3	4.7	5.5	6.8	4.8	3.4	6.4	6.9	5.5	Lituanie
Portugal	0.7	0.7	0.7	0.6	0.6	0.5	0.5	0.6	...	...	Portugal
Russian Federation	59.9	...	...	...	...	...	...	...	...	...	Fédération de Russie
Sweden	0.1	0.1	0.1	0.1	0.0	0.0	0.0	0.1	0.0	0.0	Suède

General Note.

Artificial filament yarn (except sewing thread and multiple or cabled yarn), not put up for retail sale, such as high tenacity yarn of viscose rayon, textured yarn, other yarn, single, untwisted or twisted, of viscose rayon, of cellulose acetate or other artificial filament material including artificial monofilament of less than 67 decitex.

Remarque générale.

Fils de filaments synthétiques (à l'exclusion des fils à coudre et des fils retors ou câblés) non conditionnés pour la vente au détail, comme les fils à haute ténacité de rayonne viscose, fils texturés, autres fils, simples, sans torsion ou d'une torsion, de rayonne viscose, d'acétate de cellulose ou autres matières de filaments synthétiques y compris les monofilaments synthétiques de moins de 67 décitex.

Tyres for motor cars
Pneumatiques pour voitures

CPC-BASED CODE - CODE BASE CPC
36111-0

Unit: Thousand units — Unité: Milliers d'unités

Country or area	2003	2004	2005	2006	2007	2008	2009	2010	2011	2012	Pays ou zone
Africa											**Afrique**
Egypt	618	625	422	319	...	383	360	...	331	...	Égypte
Kenya	405	452	507	470	477	283	334	321	241	274	Kenya
Mozambique	18	33	0	0	0	...	...	...	...	...	Mozambique
South Africa	11840	...	...	...	...	...	...	...	...	...	Afrique du Sud
United R. of Tanzania[1]	85	60	49	59	42	24	0	0	0	0	Rép.-U. de Tanzanie[1]
America, North											**Amérique du Nord**
Canada[2]	27741	26384	24841	21604	28081	...	...	...	...	...	Canada[2]
Cuba	6	9	1	1	3	2	1	0	1	1	Cuba
Mexico	8602	10243	11009	10284	15283	14192	13540	16429	18995	20279	Mexique
United States[2]	188441	184641	176215	157981	148000	...	...	...	...	...	États-Unis[2]
America, South											**Amérique du Sud**
Argentina	9578	10464	11866	12143	12079	10977	...	...	...	...	Argentine
Brazil	[2]27642	41256	39903	33335	37540	37915	35879	39981	39908	39096	Brésil
Chile	...	...	6536	4830	5254	5036	...	...	...	...	Chili
Ecuador	...	...	...	226	57	...	...	...	...	...	Équateur
Peru	1184	1251	1531	1616	1729	1775	1622	2015	2248	2318	Pérou
Asia											**Asie**
Armenia	4	0	8	0	0	...	...	...	...	...	Arménie
China[2,3]	187855	247962	318999	433190	556490	...	...	...	...	...	Chine[2,3]
India	14888	17408	24732	[2]15930	[2]15710	...	...	...	...	...	Inde
Indonesia	[2]25306	[2]30184	[2]35070	[2]35265	[2]37826	36811	...	...	...	...	Indonésie
Iran (Islamic Rep. of)	...	4526	5618	4664	4923	3240	3309	...	...	...	Iran (Rép. islam. d')
Iraq	...	118	...	...	...	...	...	...	...	...	Iraq
Japan	142071	158286	139440	140824	142327	138181	112305	131021	136990	126385	Japon
Kazakhstan	...	...	143	...	...	...	...	...	...	...	Kazakhstan
Malaysia[2]	7659	7585	7355	8237	...	...	...	...	...	...	Malaisie[2]
Pakistan[4]	1082	1302	1488	...	...	...	...	...	...	...	Pakistan[4]
Rep. of Korea	[2]55242	96499	[2]65655	[2]65231	[2]68771	...	...	...	...	...	Rép. de Corée
Thailand[2]	6827	11265	12616	12931	...	...	...	...	...	...	Thaïlande[2]
Turkey	[2,3]21564	16633	#16314	17526	17558	18753	15374	18391	20119	18001	Turquie
Viet Nam	12010	19330	17078	21304	26819	26145	29897	25494	...	...	Viet Nam
Europe											**Europe**
Belarus	[2,3]2167	2389	2166	2482	3406	3484	3525	3181	3191	3466	Bélarus
Czech Republic	...	...	C	C	C	20020	18532	21234	21272	20269	République tchèque
Denmark	7	10	11	10	13	7	...	...	...	...	Danemark
France[2]	54739	54820	52800	51700	54000	...	...	...	...	...	France[2]
Germany	61560	67318	62512	63792	64516	59980	54665	66901	69620	59957	Allemagne
Hungary	...	...	...	C	C	4767	6587	8631	13216	14911	Hongrie
Italy	16717	18153	[2]29163	[2]29547	[2]28700	...	...	...	...	...	Italie
Poland	[2,3]23374	[3]21685	[3]26312	[3]26722	[3]28034	25331	25939	29444	30314	28070	Pologne
Portugal	623	669	589	551	571	254	0	70	...	...	Portugal
Romania	[2]10550	11657	13402	14564	[2]16000	16430	19049	20250	24838	25329	Roumanie
Russian Federation[5]	24176	25103	27316	27509	29378	26195	19904	26616	31910	32041	Fédération de Russie[5]
Serbia	...	...	...	7083	...	...	...	...	...	...	Serbie
Slovakia[2,3]	5930	C	C	C	C	C	C	C	C	C	Slovaquie[2,3]
Spain	...	37865	41988	44916	39915	34174	30030	C	C	C	Espagne
Sweden	...	...	0	0	0	0	0	0	0	48	Suède
Ukraine	C	C	5402	C	C	C	C	C	C	C	Ukraine
United Kingdom	17585	15711	17918	14695	13407	11828	10872	11591	11684	10001	Royaume-Uni

General Note.
New pneumatic tyres, of rubber, of a kind used on motor cars (including station wagons and racing cars).

Remarque générale.
Pneumatiques neufs, en caoutchouc, des types utilisés pour les voitures (y compris les voitures du type «break» et les voitures de course).

1 Tanganyika only.
2 Source: International Rubber Study Group (London).
3 Tyres of all types.
4 Twelve months ending 30 June of year stated.
5 Tires for light automobiles only.

1 Tanganyika seulement.
2 Source: Groupe international d'étude du caoutchouc (Londres).
3 Pneumatiques de tous genres.
4 Période de douze mois finissant le 30 juin de l'année indiquée.
5 Pneus pour automobiles légères seulement.

Tyres for motorcycles and bicycles
Pneumatiques pour motocycles ou bicyclettes

CPC-BASED CODE - CODE BASE CPC
36112-0

Unit: Thousand units | Unité: Milliers d'unités

Country or area	2003	2004	2005	2006	2007	2008	2009	2010	2011	2012	Pays ou zone
Africa											**Afrique**
Egypt	81	81	81	37	...	...	2	...	14	...	Égypte
Kenya	49	49	...	...	...	...	...	...	...	...	Kenya
Tunisia	263	...	...	...	...	...	...	...	...	...	Tunisie
America, North											**Amérique du Nord**
Cuba	123	40	0	0	0	0	0	0	0	0	Cuba
America, South											**Amérique du Sud**
Brazil	23650	25619	27282	32168	26751	28157	30331	32202	28211	24613	Brésil
Asia											**Asie**
Bangladesh[1]	491	451	...	498	...	...	...	...	...	...	Bangladesh[1]
India	50000	76000	96000	93000	...	...	...	...	...	...	Inde
Indonesia	...	...	...	...	74042	80429	...	...	...	...	Indonésie
Iran (Islamic Rep. of)	...	4620	2037	8710	7920	9821	11286	...	...	...	Iran (Rép. islam. d')
Japan	...	...	5687	7326	7866	7091	4593	4828	4740	3759	Japon
Pakistan[1]	[2]5330	[2]4768	[2]4900	[2]5287	[2]5182	[2]4243	[2]3213	[2]3405	2879	3431	Pakistan[1]
Viet Nam	26686	26008	20387	22832	24556	24462	24072	28526	...	...	Viet Nam
Europe											**Europe**
Bulgaria	C	C	19	10	0	0	0	0	0	0	Bulgarie
France	13800	...	...	...	...	...	...	...	...	...	France
Germany	2957	3600	3357	3443	3599	4131	4057	4464	5332	5148	Allemagne
Hungary	...	37	C	C	...	...	...	...	...	...	Hongrie
Italy	566	512	...	...	...	...	...	...	...	...	Italie
Poland	3596	3803	2711	1807	1	0	0	0	0	0	Pologne
Portugal	2	2	2	2	3	1	0	1	...	...	Portugal
Romania	134	88	107	33	0	...	...	...	...	...	Roumanie
Russian Federation	9426	8759	6990	1459	2002	1972	952	213	676	521	Fédération de Russie
Serbia	...	...	...	4131	...	...	...	...	...	...	Serbie
United Kingdom	580	832	670	C	C	C	C	C	C	C	Royaume-Uni

General Note.
New pneumatic tyres, of rubber, of a kind used on motorcycles and bicycles.

Remarque générale.
Pneumatiques neufs, en caoutchouc, des types utilisés pour motocycles ou bicyclettes.

[1] Twelve months ending 30 June of year stated.
[2] For bicycles only.

[1] Période de douze mois finissant le 30 juin de l'année indiquée.
[2] Pour bicyclettes seulement.

Tyres, for buses and lorries
Pneumatiques pour autobus ou camions

CPC-BASED CODE - CODE BASE CPC
36113-1

Unit: Thousand units | Unité: Milliers d'unités

Country or area	2003	2004	2005	2006	2007	2008	2009	2010	2011	2012	Pays ou zone
Africa											**Afrique**
Egypt	533	...	...	...	...	1	669	...	685	...	Égypte
Mozambique	9	4	0	0	0	...	...	...	...	...	Mozambique
South Africa	777	...	...	...	...	...	...	...	...	...	Afrique du Sud
America, North											**Amérique du Nord**
Canada[1]	9547	9118	9452	9464	5222	...	...	...	...	...	Canada[1]
Cuba	22	45	28	26	28	28	15	22	23	19	Cuba
Mexico	439	483	436	430	...	...	...	...	...	...	Mexique
United States[1]	47562	48619	46988	41506	38000	...	...	...	...	...	États-Unis[1]
America, South											**Amérique du Sud**
Brazil	[1]11040	7841	7906	9494	9373	8516	7003	7772	8283	7958	Brésil
Chile	...	...	...	...	...	0	5	...	0	...	Chili
Peru	148	138	117	...	...	...	...	...	...	...	Pérou
Uruguay	...	...	...	...	...	...	...	142	...	C	Uruguay
Asia											**Asie**
Georgia[1]	10819	C	C	...	...	...	...	...	...	...	Géorgie[1]
India	7612	6595	4239	[1]16950	[1]17994	...	...	...	...	...	Inde
Indonesia[1]	5278	5165	6002	6035	...	...	...	...	...	...	Indonésie[1]
Iran (Islamic Rep. of)	...	3912	2818	3464	4883	4959	3201	...	...	...	Iran (Rép. islam. d')
Japan	36137	35780	36315	36027	34961	36383	25811	28882	28978	29584	Japon
Kazakhstan	...	...	77	0	0	...	...	...	...	...	Kazakhstan
Malaysia[1]	2120	2200	1799	953	965	...	...	...	...	...	Malaisie[1]
Rep. of Korea[1]	15679	15075	15842	16277	17082	...	...	...	...	...	Rép. de Corée[1]
Thailand[1]	11234	12825	13797	...	...	...	...	...	...	...	Thaïlande[1]
Viet Nam	1174	1326	1213	3580	3640	...	...	...	...	...	Viet Nam
Europe											**Europe**
Belarus	415	578	597	741	921	1062	1064	1128	1299	1533	Bélarus
Denmark	12	11	12	12	14	8	...	...	...	...	Danemark
France[1]	5300	C	5100	7300	7300	...	...	...	...	...	France[1]
Germany	10805	11622	10761	11550	12225	10967	7692	C	C	C	Allemagne
Hungary	...	558	C	C	C	C	C	C	C	C	Hongrie
Italy	2770	2846	[1]2644	[1]2470	[1]2440	...	...	...	...	...	Italie
Poland	1812	1708	1826	1602	2388	2503	2081	3228	4324	4517	Pologne
Portugal	12337	13138	13086	14693	15337	14749	13360	15034	...	...	Portugal
Romania	[1]253	418	484	561	[1]600	1759	2019	3719	3161	C	Roumanie
Russian Federation	11660	11723	11704	11035	11790	10135	7077	8400	8469	8184	Fédération de Russie
Serbia	...	...	...	253	...	...	...	...	...	...	Serbie
Slovakia	2333	2706	2933	3157	C	C	C	C	C	C	Slovaquie
Spain	...	6981	7824	8728	C	C	4157	C	C	C	Espagne
Ukraine	C	901	1053	866	824	662	301	225	82	106	Ukraine
United Kingdom	[2]1653	[3]0	C	C	C	C	C	1122	C	C	Royaume-Uni

General Note.

New pneumatic tyres, of rubber, of a kind used on buses or lorries.

Remarque générale.

Pneumatiques neufs, en caoutchouc, des types utilisés pour autobus ou camions.

[1] Source: International Rubber Study Group (London).
[2] Excluding Prodcom 2002 code 25.11.13.57.
[3] Excluding Prodcom 2002 code 25.11.13.55.

[1] Source: Groupe international d'étude du caoutchouc (Londres).
[2] 2002 code Prodcom 25.11.13.57 non compris.
[3] 2002 code Prodcom 25.11.13.55 non compris.

Tyres for agricultural and other off-the-road vehicles
Pneumatiques pour véhicules agricoles et véhicules de chantier

CPC-BASED CODE - CODE BASE CPC
36113-2

Unit: Thousand units — Unité: Milliers d'unités

Country or area	2003	2004	2005	2006	2007	2008	2009	2010	2011	2012	Pays ou zone
Africa											**Afrique**
Mozambique	4	2	0	0	0	...	...	...	...	...	Mozambique
South Africa	187	...	...	...	...	...	...	...	...	...	Afrique du Sud
Tunisia	90	...	...	...	...	...	...	...	...	...	Tunisie
America, North											**Amérique du Nord**
Cuba	11	17	13	33	37	36	27	35	35	29	Cuba
Mexico	1914	2194	2434	2430	...	...	...	...	...	...	Mexique
America, South											**Amérique du Sud**
Argentina	180	186	168	144	132	131	...	...	...	...	Argentine
Brazil	2216	2377	2016	1984	2605	2704	2206	3388	2414	2243	Brésil
Peru	4	8	8	...	...	...	...	...	...	...	Pérou
Asia											**Asie**
India	1993	2145	2453	2833	...	...	...	...	...	...	Inde
Kazakhstan	...	...	21	0	0	...	...	...	...	...	Kazakhstan
Turkey	...	...	#1084	1297	1550	2108	1624	2646	3008	2926	Turquie
Europe											**Europe**
Belarus	183	231	290	341	466	522	484	511	679	733	Bélarus
Croatia	...	13	9	0	0	0	0	0	0	0	Croatie
Czech Republic	1354	...	C	C	C	C	C	C	C	C	République tchèque
Denmark	1	1	1	3	7	1	0	2	1	0	Danemark
France	6600	...	...	...	...	...	...	...	...	...	France
Germany	236	293	346	388	335	232	109	C	C	C	Allemagne
Hungary	...	306	C	C	C	C	C	C	C	...	Hongrie
Ireland	125	130	...	...	...	...	...	...	...	...	Irlande
Italy	251	...	...	...	...	...	...	...	...	...	Italie
Poland	1183	1114	913	894	869	810	678	762	789	716	Pologne
Portugal	4	1	1	25	19	9	0	1	...	...	Portugal
Romania	353	383	187	15	0	...	...	...	C	C	Roumanie
Russian Federation[1]	1688	1739	1709	1342	1600	1632	1093	1439	1502	1365	Fédération de Russie[1]
Serbia	...	...	...	722	...	...	...	...	...	...	Serbie
Spain	C	939	C	C	1136	930	515	656	595	492	Espagne
Sweden	44	C	36	0	C	0	0	0	0	0	Suède
Ukraine	C	483	509	465	406	C	C	C	C	186	Ukraine

General Note.

New pneumatic tyres, of rubber, of a kind used on agricultural or forestry vehicles and machines and of a kind used on construction or industrial handling vehicles and machines and other off the road (except those used on aircraft) vehicles.

[1] For agricultural vehicles only.

Remarque générale.

Pneumatiques neufs, en caoutchouc, des types utilisés pour les véhicules et engins agricoles et forestiers et des types utilisés pour les véhicules et engins de génie civil et de manutention industrielle et autres véhicules pour service hors-route (à l'exception des types utilisés pour véhicules aériens).

[1] Pour véhicules agricoles seulement.

Unvulcanized rubber and articles thereof
Caoutchouc non vulcanisé et articles en caoutchouc non vulcanisé

CPC-BASED CODE - CODE BASE CPC
36220-0

Unit: Metric tons | Unité: Tonnes métriques

Country or area	2003	2004	2005	2006	2007	2008	2009	2010	2011	2012	Pays ou zone
America, North											**Amérique du Nord**
Mexico	...	...	...	...	36860	39170	42030	24560	18495	7745	Mexique
America, South											**Amérique du Sud**
Brazil	440207	185083	155194	140944	210955	203288	242350	303781	396212	317439	Brésil
Chile	...	...	...	...	51	...	...	111	122	...	Chili
Asia											**Asie**
Azerbaijan	14	127	145	132	79	41	57	49	47	27	Azerbaïdjan
Georgia	39	C	0	0	0	0	C	0	...	...	Géorgie
Kazakhstan	188	134	89	75	...	...	...	...	...	...	Kazakhstan
Turkey	...	...	44887	63999	57928	56627	41221	90455	122533	87978	Turquie
Europe											**Europe**
Belarus	...	...	...	...	...	...	...	...	12174	10818	Bélarus
Bulgaria	10248	11452	10003	9774	8828	8938	5677	7995	8286	3918	Bulgarie
Croatia	...	506	509	182	129	29	26	129	123	98	Croatie
Czech Republic	146733	175803	177469	194013	183367	222482	135697	185106	C	160031	République tchèque
Denmark	3132	3302	1324	1909	1297	...	...	...	...	...	Danemark
Estonia	...	C	652	566	422	399	265	128	6408	21	Estonie
Finland	10568	10640	10668	11137	11087	10765	6823	8682	9716	8223	Finlande
Germany	517409	569903	601049	704482	771189	726747	559627	763909	820423	765335	Allemagne
Hungary	21522	27025	31318	33087	25284	20133	13413	20264	23050	18289	Hongrie
Ireland	7250	7499	...	...	...	...	...	...	...	...	Irlande
Italy	400611	431947	...	...	...	...	...	...	...	...	Italie
Latvia	606	585	C	C	C	C	C	C	C	C	Lettonie
Lithuania	84	415	367	355	413	307	235	296	258	59	Lituanie
Montenegro[1]	83	58	44	38	39	6	...	...	...	...	Monténégro[1]
Netherlands	...	...	...	...	...	...	...	...	24827	33663	Pays-Bas
Poland	37320	37504	42470	59140	48796	59309	72348	99300	133999	99730	Pologne
Portugal	8399	8791	8694	8674	8986	6725	3188	2588	...	...	Portugal
Rep. of Moldova	...	479	29	20	62	25	9	21	C	C	Rép. de Moldova
Romania	5614	6025	5793	5768	8028	9554	6052	5322	7680	9418	Roumanie
Serbia	...	...	...	973	...	...	...	...	...	...	Serbie
Slovakia	51223	55473	62537	64234	76187	62059	29977	28293	37026	38895	Slovaquie
Slovenia	C	C	C	C	C	C	C	21359	C	C	Slovénie
Sweden	66575	70203	89965	80195	85991	81736	57658	70245	67703	57413	Suède
Ukraine	9298	18396	21455	20543	23512	19294	10602	11263	10750	9940	Ukraine
United Kingdom	...	...	...	...	...	196763	126610	133340	C	C	Royaume-Uni

General Note.

Unvulcanized compounded rubber, in primary forms or in plates, sheets or strip; unvulcanized rubber in forms other than primary forms or plates, sheets or strip (except "camel-back" strips for retreading rubber tyres); articles of unvulcanized rubber; thread, cord, plates, sheets, strip, rods and profile shapes, of vulcanized rubber other than hard rubber.

[1] Data refer to rubber technical goods.

Remarque générale.

Caoutchouc mélangé, non vulcanisé, sous formes primaires ou en plaques, feuilles ou bandes; caoutchouc non vulcanisé autre que sous formes primaires (à l'exception des profilés pour le rechapage des pneus); ouvrages en caoutchouc non vulcanisé; fils, cordes, plaques, feuilles, bandes, baguettes et profilés en caoutchouc vulcanisé non durci.

[1] Les données se rapportent aux articles techniques en caoutchouc.

Tubes, pipes and hoses of vulcanized rubber other than hard rubber
Tubes et tuyaux en caoutchouc vulcanisé non durci

CPC-BASED CODE - CODE BASE CPC
36230-0

Unit: Metric tons | Unité: Tonnes métriques

Country or area	2003	2004	2005	2006	2007	2008	2009	2010	2011	2012	Pays ou zone
Africa											**Afrique**
Egypt	657	...	...	...	...	2812	331	...	...	...	Égypte
Kenya[1]	2356000	3062000	4273000	3593000	353000	102900	165900	174000	136700	149600	Kenya[1]
America, North											**Amérique du Nord**
Mexico[2]	17882	28143	29174	33518	35715	36023	28947	36030	43302	55719	Mexique[2]
America, South											**Amérique du Sud**
Brazil	101524	107414	93523	94224	49486	321654	428419	401254	699238	604437	Brésil
Chile	...	...	[2]434	[2]358	[2]1831	887	809	1152	[2]1354	...	Chili
Ecuador	...	...	...	...	...	39	...	...	...	...	Équateur
Asia											**Asie**
Azerbaijan	41	34	31	25	0	0	0	0	0	0	Azerbaïdjan
India[2]	2286	3193	5125	6218	...	...	...	...	...	...	Inde[2]
Kazakhstan	140	194	271	230	190	213	...	...	...	...	Kazakhstan
Nepal	...	...	...	...	11842	...	...	...	...	...	Népal
Pakistan[1]	8942000	8270000	9612345	10203886	10420160	9224238	6876000	7373000	...	...	Pakistan[1]
Rep. of Korea[2]	161944	171902	152641	154498	171464	159296	124751	196991	215684	226571	Rép. de Corée[2]
Turkey	[2]19979	[2]19243	#59885	62982	78380	87088	69659	143580	168325	106049	Turquie
Europe											**Europe**
Belarus[2]	...	...	...	...	...	...	...	...	17461	18516	Bélarus[2]
Belgium[3]	814	...	...	...	...	...	...	...	...	...	Belgique[3]
Bulgaria	3008	3365	2531	3308	19530	15848	15058	17938	21946	23863	Bulgarie
Croatia	599	607	572	558	576	720	119	83	90	59	Croatie
Czech Republic	17326	11178	21178	26748	30427	29634	19904	28221	38664	34543	République tchèque
Denmark	1597	2007	2011	2659	2227	...	280	247	287	259	Danemark
Estonia	...	68	75	173	144	86	67	39	50	59	Estonie
Finland	1206	1107	1097	1233	1205	1167	667	753	759	963	Finlande
Germany	C	C	C	C	C	63535	47999	64263	74569	C	Allemagne
Hungary	5674	6002	5999	5532	7851	8243	5719	11065	16345	15580	Hongrie
Ireland	573	706	...	...	...	...	...	...	...	...	Irlande
Italy	99958	108927	...	...	...	...	...	...	...	...	Italie
Lithuania	11	22	7	2	2	1	1	1	2	6	Lituanie
Netherlands	...	...	...	...	...	...	...	...	1007	2508	Pays-Bas
Poland	7997	8183	7855	10468	13923	13416	15635	18843	21346	25376	Pologne
Portugal	2386	3347	2463	1782	1407	1736	1615	1867	...	...	Portugal
Romania	3383	4090	4818	6988	15961	18463	8041	8634	11405	12279	Roumanie
Serbia	...	...	...	736	...	...	...	...	...	...	Serbie
Slovakia	706	409	773	789	740	1211	790	870	1272	707	Slovaquie
Spain	22178	C	41089	38981	43833	C	C	C	C	C	Espagne
Sweden	C	C	2249	3375	4421	4207	3673	3411	4215	3055	Suède
Ukraine	3119	4343	3366	3727	3188	3137	1645	2506	2993	2365	Ukraine
United Kingdom	...	...	...	...	...	21612	C	C	26836	C	Royaume-Uni

General Note.

Tubes, pipes and hoses, of vulcanised rubber other than hard rubber, with or without their fittings (for example, joints, elbows, flanges), reinforced or otherwise combined only with metal, reinforced or otherwise combined only with textile materials, reinforced or otherwise combined with other materials, or not reinforced or otherwise combined with other materials.

[1] In units.
[2] In thousand metres.
[3] Incomplete coverage.

Remarque générale.

Tubes et tuyaux en caoutchouc vulcanisé non durci, même pourvus de leurs accessoires (joints, coudes, raccords, par exemple), renforcés seulement de métal ou autrement associés seulement à du métal, renforcés seulement de matières textiles ou autrement associés seulement à des matières textiles, renforcés d'autres matières ou autrement associés à d'autres matières, ou non renforcés d'autres matières ni autrement associés à d'autres matières.

[1] En unités.
[2] En milliers de mètres.
[3] Couverture incomplète.

Conveyor or transmission belts or belting, of vulcanized rubber
Courroies transporteuses ou de transmission, en caoutchouc vulcanisé

CPC-BASED CODE - CODE BASE CPC
36240-0

Unit: Metric tons | Unité: Tonnes métriques

Country or area	2003	2004	2005	2006	2007	2008	2009	2010	2011	2012	Pays ou zone
Africa											**Afrique**
South Africa	2182	...	...	...	...	...	...	...	...	...	Afrique du Sud
America, South											**Amérique du Sud**
Brazil	42541	69328	20660	17405	14058	63874	44012	53745	46784	53680	Brésil
Chile[1]	...	...	364	343	332	136	138	322	197	...	Chili[1]
Asia											**Asie**
Azerbaijan	0	6	1	1	0	0	0	0	1	0	Azerbaïdjan
India	19425	23547	25178	23727	...	...	...	...	...	...	Inde
Kazakhstan	3938	4866	5896	6423	8154	...	...	...	...	...	Kazakhstan
Rep. of Korea[2]	5998	6114	4973	4408	5420	5614	4720	5138	5177	4625	Rép. de Corée[2]
Turkey	...	...	20914	8841	10075	13272	10724	13468	14645	17057	Turquie
Europe											**Europe**
Belarus[1]	...	...	...	...	...	...	...	...	128	120	Bélarus[1]
Belgium[3]	3125	...	...	...	...	...	...	...	...	...	Belgique[3]
Bulgaria	14294	3857	4460	3896	2047	1487	767	C	C	C	Bulgarie
Croatia	...	190	216	236	236	232	177	168	228	164	Croatie
Czech Republic	1661	...	C	C	C	C	C	C	C	1098	République tchèque
Denmark	3569	4586	11662	7508	...	...	...	...	...	...	Danemark
Finland	1782	1904	2518	3090	3082	2423	1543	2541	2886	2266	Finlande
France	15180	...	...	...	...	...	...	...	...	...	France
Germany	56111	59312	67225	63953	66944	66347	52573	59086	67227	57602	Allemagne
Hungary	...	15021	15824	16493	274	C	15172	16029	21211	15527	Hongrie
Ireland	3	3	...	...	...	...	...	...	...	...	Irlande
Italy	6973	7138	...	...	...	...	...	...	...	...	Italie
Poland	26482	32078	35974	41639	42985	39286	43659	46804	52644	51302	Pologne
Portugal	542	902	856	1027	866	870	82	322	...	...	Portugal
Romania	19253	21973	19432	18955	20542	C	C	C	16334	14777	Roumanie
Serbia	...	...	...	4006	...	...	...	...	...	...	Serbie
Spain	17156	18312	17812	11746	9115	9220	7555	7726	7545	5207	Espagne
Sweden	0	0	0	0	0	0	0	320	320	508	Suède
Ukraine	3546	4874	5806	3808	3815	3657	4034	6665	7265	6560	Ukraine
United Kingdom	...	...	...	...	C	14618	1735	C	3027	3550	Royaume-Uni

General Note.

Conveyor belts or belting of vulcanised rubber, reinforced only with metal, reinforced only with textile materials, reinforced only with plastics and other conveyor belts or belting of vulcanized rubber; endless transmission belts or belting, endless synchronous belts or belting, and other transmission belts or belting.

[1] In thousand metres.

[2] In million units.

[3] Incomplete coverage.

Remarque générale.

Courroies transporteuses en caoutchouc vulcanisé, renforcées seulement de métal, renforcées seulement de matières textiles, renforcées seulement de matières plastiques et autres courroies transporteuses en caoutchouc vulcanisé; courroies de transmission sans fin, courroies de transmission crantées sans fin, et autres courroies de transmission.

[1] En milliers de mètres.

[2] En millions d'unités.

[3] Couverture incomplète.

Tubes, pipes and hoses, and fittings therefor, of plastics
Tubes et tuyaux et leurs accessoires, en matières plastiques

CPC-BASED CODE - CODE BASE CPC
36320-0

Unit: Thousand metric tons — Unité: Milliers de tonnes métriques

Country or area	2003	2004	2005	2006	2007	2008	2009	2010	2011	2012	Pays ou zone
Africa											**Afrique**
Algeria	8.2	8.4	7.9	7.3	1.6	1.9	1.6	1.1	0.9	0.9	Algérie
Egypt	7.3	...	...	...	...	22.4	56.4	...	73.8	...	Égypte
Nigeria	5.5	5.5	5.5	...	...	...	...	...	...	...	Nigéria
South Africa	19.6	...	...	...	...	...	...	...	...	...	Afrique du Sud
America, North											**Amérique du Nord**
Cuba[1,2]	720.0	1435.0	1494.0	331.0	333.0	128.0	57.0	118.0	69.0	138.0	Cuba[1,2]
Mexico	167.3	170.0	161.6	177.4	228.2	235.8	189.6	198.5	178.6	188.8	Mexique
America, South											**Amérique du Sud**
Brazil	310.5	379.5	528.4	612.8	987.3	2929.1	1819.7	1860.8	2153.6	2219.8	Brésil
Chile[1]	...	...	7343.9	8236.9	4937.7	61133.8	35526.8	55226.3	2482.4	...	Chili[1]
Ecuador	...	...	...	...	...	45.2	...	...	...	...	Équateur
Asia											**Asie**
Azerbaijan	3.2	5.4	5.3	6.1	4.7	7.6	4.9	7.1	29.1	36.6	Azerbaïdjan
Georgia	...	...	...	1.9	1.6	11.5	7.9	7.2	4.8	6.3	Géorgie
India	25.2	[1]45219.0	[1]254191.8	...	...	...	...	...	...	...	Inde
Iran (Islamic Rep. of)	...	154.6	158.0	181.3	176.0	216.2	...	...	...	...	Iran (Rép. islam. d')
Iraq	...	...	...	39.1	...	...	...	...	...	...	Iraq
Japan	1013.2	994.7	927.4	969.9	937.0	887.7	724.3	687.9	748.8	693.8	Japon
Kazakhstan	5.6	13.9	20.0	31.3	44.3	58.5	...	...	...	...	Kazakhstan
Kuwait[1]	17139.0	14219.0	15705.0	16399.0	17862.0	19856.0	16970.0	14993.0	15205.0	10852.0	Koweït[1]
Kyrgyzstan	0.1	0.3	0.8	1.4	1.6	0.9	0.9	0.9	1.2	1.3	Kirghizistan
Turkey	...	...	484.5	608.6	684.4	801.6	756.9	828.9	1094.1	1211.8	Turquie
Viet Nam	81.3	100.1	119.0	110.3	164.1	...	...	...	...	...	Viet Nam
Europe											**Europe**
Belarus	4.3	6.5	9.2	11.1	12.3	15.3	15.3	23.8	#26.2	28.4	Bélarus
Bulgaria	13.2	16.8	18.1	23.4	26.2	22.1	16.0	12.4	15.7	18.4	Bulgarie
Croatia	...	21.3	26.9	30.4	32.5	34.0	26.2	21.0	22.0	18.1	Croatie
Czech Republic	61.4	64.3	67.5	84.8	94.9	107.8	96.4	95.6	110.4	114.9	République tchèque
Denmark	69.4	77.9	95.7	109.7	124.4	...	...	...	...	...	Danemark
Estonia	...	4.0	7.1	10.0	12.0	12.4	11.5	39.8	16.2	16.3	Estonie
Finland	88.6	...	...	...	113.5	122.5	96.7	89.7	87.7	90.1	Finlande
Hungary	56.6	65.3	64.5	62.0	64.6	63.2	45.8	44.3	69.2	242.1	Hongrie
Iceland	...	[3]2.9	C	C	3.6	1.9	2.8	2.4	3.4	3.6	Islande
Ireland	91.0	82.8	...	...	...	...	...	...	...	...	Irlande
Italy[4]	782.0	821.8	...	...	...	...	...	...	...	...	Italie[4]
Latvia	C	C	C	1.3	2.0	0.9	2.4	4.8	5.0	5.6	Lettonie
Lithuania	6.1	6.1	7.9	8.6	9.0	9.1	5.9	7.2	6.6	7.8	Lituanie
Poland	190.0	233.8	253.2	292.7	332.9	377.1	365.3	395.7	434.2	347.7	Pologne
Portugal	139.7	155.3	155.1	151.3	157.4	145.8	119.5	120.7	...	...	Portugal
Rep. of Moldova	...	0.5	0.7	2.3	2.1	1.6	1.6	1.7	1.9	2.2	Rép. de Moldova
Romania	28.0	47.4	42.6	52.2	68.2	91.4	91.2	90.3	118.9	104.8	Roumanie
Russian Federation	65.2	75.4	95.0	117.1	[5]215.0	[5]265.6	[5]221.3	[5]239.7	[5]310.2	[5]473.1	Fédération de Russie
Serbia	...	...	...	1.6	...	...	...	...	...	...	Serbie
Slovakia	14.3	11.0	13.3	14.9	15.5	16.0	11.4	11.1	10.9	7.8	Slovaquie
Slovenia	11.7	12.4	12.9	16.5	17.2	22.9	15.5	15.1	13.0	7.8	Slovénie
Spain	...	679.9	733.7	819.3	921.1	788.6	587.6	C	C	C	Espagne
Sweden	90.3	87.3	93.0	90.7	92.9	95.1	77.6	95.6	105.9	105.8	Suède
TFYR of Macedonia	2.5	*1.9	*5.9	5.4	6.6	10.5	11.7	11.0	12.3	14.6	L'ex-RY de Macédoine
Ukraine	108.4	144.9	206.8	245.4	295.8	269.4	202.6	229.5	236.1	219.1	Ukraine
United Kingdom	...	...	...	...	C	591.5	447.3	C	C	C	Royaume-Uni

General Note.

Tubes, pipes and hoses, and fittings therefor (for example, joints, elbows, flanges), of plastics.

[1] In thousand metres.
[2] Plastic pipes for electricity.
[3] Excluding Prodcom 2002 codes 25.21.21.55, 25.21.21.57, 25.21.21.70.
[4] Excluding Prodcom 2002 code 25.21.21.30.
[5] Of thermoplastics.

Remarque générale.

Tubes et tuyaux et leurs accessoires (joints, coudes, raccords, par exemple), en matières plastiques.

[1] En milliers de mètres.
[2] Conduits en plastique pour électricité.
[3] 2002 codes Prodcom 25.21.21.55, 25.21.21.57, 25.21.21.70 non compris.
[4] 2002 code Prodcom 25.21.21.30 non compris.
[5] Des thermoplastiques.

Sacks and bags, of plastics
Sacs et sachets en matières plastiques

CPC-BASED CODE - CODE BASE CPC
36410-0

Unit: Metric tons | Unité: Tonnes métriques

Country or area	2003	2004	2005	2006	2007	2008	2009	2010	2011	2012	Pays ou zone
Africa											**Afrique**
Egypt	251119	...	...	...	...	...	77200	...	100439	...	Égypte
South Africa	77688	...	...	...	...	...	...	...	...	...	Afrique du Sud
United R. of Tanzania	[1,2]98007	[1,2]1739	[1,2]1837	29180	...	[1,2]90442	[1,2]102198	...	...	...	Rép.-U. de Tanzanie
America, North											**Amérique du Nord**
Cuba[1,3]	89000	48000	21000	33000	62000	41000	50000	75000	127000	110000	Cuba[1,3]
Mexico	169633	167796	176821	177953	296065	294745	264266	297761	329976	322214	Mexique
America, South											**Amérique du Sud**
Brazil	516284	489208	979390	1135305	1905853	1285489	1143262	1326893	1600132	1456744	Brésil
Chile[1]	...	...	6419200	8257191	9136122	8801141	7595725	7954711	7242636	...	Chili[1]
Ecuador	...	49848	47594	56827	78648	120750	...	...	...	...	Équateur
Asia											**Asie**
Azerbaijan	1469	1740	1520	1437	10277	9794	10140	6356	13292	13209	Azerbaïdjan
China, Hong KongSAR[1]	3730489	...	...	88320	...	...	...	...	...	...	Chine,Hong KongRAS[1]
China, Macao SAR	...	217	...	2251	C	415	...	...	...	...	Chine, Macao RAS
Cyprus	6450	6274	6720	6420	7400	8620	8340	8725	7118	...	Chypre
Georgia	...	C	C	1096	2153	2178	3353	4756	17067	5789	Géorgie
Iran (Islamic Rep. of)	...	42063	67537	41938	57584	71980	77423	...	...	...	Iran (Rép. islam. d')
Iraq	...	2111	...	...	...	...	...	...	...	...	Iraq
Kazakhstan	3293	3193	3686	5346	4664	...	...	...	...	...	Kazakhstan
Kuwait	26860	30512	38971	45030	40200	45088	43057	46281	46072	43590	Koweït
Kyrgyzstan[1]	12875	17702	23020	18237	16387	10628	9162	4900	6104	2543	Kirghizistan[1]
Nepal	...	...	...	...	9891	...	...	...	...	...	Népal
Turkey	...	...	253850	308164	328180	346620	354535	489203	586144	570046	Turquie
Viet Nam	134303	252502	278802	325246	439688	500874	606070	662900	714409	797138	Viet Nam
Europe											**Europe**
Belarus[1]	125868	167373	187298	222007	264862	285320	287406	533651	#1531211	1599070	Bélarus[1]
Bulgaria	28442	35423	39177	44950	45667	50134	50534	58228	63635	70678	Bulgarie
Croatia	...	6042	6554	9313	15997	16969	17324	20442	24063	24031	Croatie
Czech Republic	27922	31193	30571	29398	23545	29266	25467	30488	30644	31359	République tchèque
Denmark	44702	44519	40930	39162	43424	34262	27958	27482	29056	27742	Danemark
Estonia	...	7929	9635	12190	14817	14911	11663	15157	15245	12693	Estonie
Finland	51967	52261	34575	43204	49028	43754	32170	32962	31190	27904	Finlande
Germany	380031	392962	414338	447614	461536	510306	497041	531437	541592	540385	Allemagne
Greece	40145	42919	...	...	...	...	...	...	...	...	Grèce
Hungary	37316	53247	41101	36107	44268	40446	31593	64732	60369	59968	Hongrie
Ireland	7259	8549	...	...	...	...	...	...	...	...	Irlande
Italy	823936	854954	...	...	...	...	...	...	...	...	Italie
Latvia	12895	14217	19544	12154	10419	7769	7474	7755	5406	7690	Lettonie
Lithuania	17865	27504	28416	28930	33899	37917	43792	57107	63301	66641	Lituanie
Norway	...	15493	12590	34746	...	...	...	...	...	...	Norvège
Poland	147704	174319	164762	161852	174431	190772	218498	255396	243584	245281	Pologne
Portugal	79203	90729	91941	94872	96051	86489	91819	85302	...	...	Portugal
Rep. of Moldova	...	2331	4226	3483	3611	3406	2782	3614	4093	3604	Rép. de Moldova
Romania	29888	38946	44933	44398	44881	45199	43363	40961	39658	41574	Roumanie
Russian Federation[1]	[3]72026	[3]67947	[3]63849	[3]69419	[3]70119	[3]139242	[3]113821	13832315	16938600	18213429	Fédération de Russie[1]
Serbia	...	...	...	4326	...	...	...	...	...	...	Serbie
Slovakia	18492	16567	17595	17873	19405	30515	26831	30989	33508	31063	Slovaquie
Slovenia	11943	13869	12234	14014	16048	12747	13217	13263	14813	12831	Slovénie
Spain	...	432553	446133	449177	453829	399347	376627	371316	381881	346639	Espagne
Sweden	73555	74444	74913	93907	88485	86431	97303	104536	102448	94266	Suède
TFYR of Macedonia	2095	5106	1980	1840	2767	2830	2058	3899	3592	4042	L'ex-RY de Macédoine
Ukraine	27352	37974	43803	51695	62079	71140	70419	89826	76209	83738	Ukraine
United Kingdom	383152	380907	376891	376853	335395	282075	287123	282054	379692	307030	Royaume-Uni

General Note.
Sacks and bags (including cones) of polymers of ethylene or of other plastics.

Remarque générale.
Sacs, sachets, pochettes et cornets en polymères de l'éthylène ou en autres matières plastiques.

[1] In thousand units.
[2] Tanganyika only.
[3] Polyethylene bags.

[1] En milliers d'unités.
[2] Tanganyika seulement.
[3] Sacs en polyéthylène.

Boxes, cases, crates and similar packing articles, of plastics
Boîtes, caisses, casiers et articles similaires d'emballage, en matières plastiques

CPC-BASED CODE - CODE BASE CPC
36490-1

Unit: Thousand metric tons — Unité: Milliers de tonnes métriques

Country or area	2003	2004	2005	2006	2007	2008	2009	2010	2011	2012	Pays ou zone
Africa											**Afrique**
Algeria	1.5	1.1	1.1	1.3	1.4	1.3	1.2	1.1	1.2	1.2	Algérie
Burundi[1]	0.2	0.2	0.1	0.2	0.2	0.4	0.4	...	...	...	Burundi[1]
Egypt	...	0.7	0.5	1.4	...	8.4	5.1	...	6.3	...	Égypte
Mozambique	0.0	0.6	0.6	0.6	0.6	...	...	...	...	...	Mozambique
United R. of Tanzania[2]	11.5	11.1	10.7	...	...	...	...	...	...	...	Rép.-U. de Tanzanie[2]
America, North											**Amérique du Nord**
Mexico[1]	92.4	126.4	130.2	146.7	#332.9	330.4	223.9	173.7	129.2	62.0	Mexique[1]
America, South											**Amérique du Sud**
Brazil	205.1	60.4	94.8	103.4	555.7	122.3	93.0	126.2	99.4	153.7	Brésil
Chile	...	...	0.1	...	0.1	0.1	0.1	0.1	...	...	Chili
Ecuador	...	55.9	...	30.8	15.3	114.3	...	...	...	...	Équateur
Asia											**Asie**
Azerbaijan	0.0	0.2	0.2	0.1	0.2	0.2	0.3	0.1	0.1	0.0	Azerbaïdjan
Kazakhstan	0.4	0.3	0.2	0.5	0.5	...	...	...	...	...	Kazakhstan
Nepal	...	...	...	...	3.4	...	...	...	...	...	Népal
Turkey	...	...	102.1	191.3	207.8	266.7	241.5	265.2	252.9	284.2	Turquie
Europe											**Europe**
Belarus	1.9	1.8	1.6	2.1	2.0	2.1	1.9	2.5	[1]622.6	[1]690.8	Bélarus
Bulgaria	3.4	5.0	5.9	5.7	7.6	7.1	7.6	8.8	8.0	7.5	Bulgarie
Croatia	...	8.1	9.7	8.5	8.3	7.8	6.7	6.2	7.8	7.8	Croatie
Czech Republic	10.8	16.0	13.4	14.7	14.8	16.7	16.0	16.3	17.4	17.1	République tchèque
Estonia	...	5.5	6.1	6.3	7.0	5.8	5.6	5.0	6.1	6.4	Estonie
Finland	17.5	24.4	19.0	27.3	24.6	29.9	20.1	16.7	14.5	16.9	Finlande
Germany	427.9	421.2	401.4	416.5	436.8	449.8	375.7	394.4	422.7	417.7	Allemagne
Greece	12.6	13.5	...	...	...	...	...	...	...	...	Grèce
Hungary	19.9	19.3	20.9	16.6	17.3	20.0	17.3	18.1	19.7	113.2	Hongrie
Iceland	...	3.4	3.0	...	3.3	...	...	...	...	...	Islande
Ireland	15.7	10.5	...	...	...	...	...	...	...	...	Irlande
Italy	203.5	213.0	...	...	...	...	...	...	...	...	Italie
Latvia	3.2	1.8	C	2.2	C	C	1.5	2.4	1.9	1.1	Lettonie
Lithuania	1.6	1.7	3.0	4.0	4.9	5.6	5.0	7.3	7.7	8.0	Lituanie
Netherlands	...	...	...	...	...	...	...	...	160.5	181.4	Pays-Bas
Norway	6.2	14.7	...	16.9	...	...	...	...	...	...	Norvège
Poland	100.4	122.7	124.4	136.5	133.9	134.7	155.6	207.4	190.9	198.5	Pologne
Portugal	9.8	10.5	13.3	15.8	19.6	24.4	20.0	17.2	...	...	Portugal
Rep. of Moldova	...	0.3	0.9	1.2	0.7	0.6	0.5	0.3	0.2	0.2	Rép. de Moldova
Romania	8.8	8.0	7.8	7.7	8.2	9.0	6.9	3.9	5.7	4.3	Roumanie
Russian Federation	5.1	4.3	3.8	5.3	5.4	1.6	2.2	...	...	...	Fédération de Russie
Serbia	...	...	...	11.4	...	...	...	...	...	...	Serbie
Slovakia	5.9	5.7	10.3	10.7	13.0	13.3	16.1	20.1	19.7	15.3	Slovaquie
Slovenia	C	7.1	7.0	9.7	C	12.5	10.3	11.9	8.2	8.1	Slovénie
Spain	...	203.2	197.4	217.8	275.1	278.3	270.1	212.5	231.2	242.8	Espagne
Sweden	48.3	46.3	42.0	61.2	44.0	45.2	26.6	30.1	35.6	31.8	Suède
TFYR of Macedonia	0.5	0.4	0.7	0.3	0.4	0.6	0.6	0.4	0.2	0.4	L'ex-RY de Macédoine
Ukraine	9.3	9.2	11.1	16.2	13.2	17.7	13.7	12.3	12.5	13.8	Ukraine
United Kingdom	233.1	193.8	205.3	189.4	195.1	212.0	171.9	189.8	215.9	229.3	Royaume-Uni

General Note.
Boxes, cases, crates and similar articles, for the conveyance or packing of goods, of plastics.

[1] In million units.
[2] Tanganyika only.

Remarque générale.
Boîtes, caisses, casiers et articles similaires, de transport ou d'emballage, en matières plastiques.

[1] En millions d'unités.
[2] Tanganyika seulement.

Carboys, bottles and similar articles of plastics
Bonbonnes, bouteilles et articles similaires en matières plastiques

CPC-BASED CODE - CODE BASE CPC
36490-2

Unit: Million units — Unité: Millions d'unités

Country or area	2003	2004	2005	2006	2007	2008	2009	2010	2011	2012	Pays ou zone
Africa											**Afrique**
Mozambique	...	7	7	7	6	...	...	...	...	...	Mozambique
America, North											**Amérique du Nord**
Mexico	3168	3218	3036	3138	*7492	7220	7320	7128	7902	7416	Mexique
America, South											**Amérique du Sud**
Chile	...	...	...	...	...	...	7593	6268	1656	...	Chili
Asia											**Asie**
Azerbaijan	46	74	80	74	69	53	54	22	19	38	Azerbaïdjan
China, Hong KongSAR	62	173	...	...	...	...	...	...	...	...	Chine,Hong KongRAS
Cyprus	13	12	12	16	14	41	39	55	52	...	Chypre
Kazakhstan	211	245	256	374	437	...	...	...	...	...	Kazakhstan
Kyrgyzstan	177	267	288	296	328	195	141	141	206	222	Kirghizistan
Turkey	...	...	2469	2873	3692	4134	4898	9210	11554	13528	Turquie
Europe											**Europe**
Belarus	...	...	...	...	...	...	...	...	1711	1954	Bélarus
Bulgaria	886	1092	1099	1327	1370	1428	1289	1383	1506	1677	Bulgarie
Croatia	...	678	1085	937	882	896	756	717	720	759	Croatie
Czech Republic	2877	3284	3581	4184	4722	4967	5263	5551	5650	5626	République tchèque
Denmark	639	642	634	703	825	889	747	748	777	786	Danemark
Estonia	...	46	59	66	71	60	46	53	47	93	Estonie
Finland	187	159	148	148	154	164	164	102	92	129	Finlande
Germany	10829	11518	12896	15964	16774	16514	16923	18908	18711	17374	Allemagne
Greece	883	641	...	...	...	...	...	...	...	...	Grèce
Hungary	1261	1172	1686	1741	1753	1972	2505	3051	2676	2349	Hongrie
Ireland	463	C	C	...	...	...	...	...	...	...	Irlande
Italy	7205	7376	...	...	...	...	...	...	...	...	Italie
Latvia	75	63	87	95	58	46	31	76	49	86	Lettonie
Lithuania	1776	2128	2686	3306	3512	3256	2974	3010	3021	2939	Lituanie
Netherlands	...	...	...	...	...	...	...	...	1971	1941	Pays-Bas
Norway	...	...	100	...	...	...	...	...	...	...	Norvège
Poland	1573	1684	2156	3582	3833	4649	5668	5071	5103	4958	Pologne
Portugal	1114	1229	1379	1455	1426	1330	1448	1457	...	...	Portugal
Rep. of Moldova	...	12	28	152	205	186	121	143	134	138	Rép. de Moldova
Romania	989	1420	1251	1335	1311	1264	1089	1030	1213	1350	Roumanie
Slovakia	70	104	333	57	33	16	15	35	174	178	Slovaquie
Slovenia	179	151	162	167	154	142	124	141	155	147	Slovénie
Spain	...	7690	8754	9677	9421	9451	10422	11905	12296	11640	Espagne
Sweden	750	684	807	870	867	933	902	738	945	330	Suède
Ukraine	754	991	1543	2187	3392	3486	2973	3184	3429	3719	Ukraine
United Kingdom	17203	16912	18934	18976	18809	22505	15473	16051	15119	20094	Royaume-Uni

General Note.

Carboys, bottles, flasks and similar articles, for the conveyance or packing of goods, of plastics.

Remarque générale.

Bonbonnes, bouteilles, flacons et articles similaires, de transport ou d'emballage, en matières plastiques.

Spools, cops and similar supports of plastics; stoppers, lids, caps and other closures of plastics
Bobines, busettes, bouchons, couvercles et autres dispositifs de support ou de fermeture en plastique

CPC-BASED CODE - CODE BASE CPC
36490-3

Unit: Metric tons — Unité: Tonnes métriques

Country or area	2003	2004	2005	2006	2007	2008	2009	2010	2011	2012	Pays ou zone
Africa											**Afrique**
Mozambique	...	63	74	...	...	...	...	...	...	...	Mozambique
America, North											**Amérique du Nord**
Mexico	37118	37374	36045	38636	#94335	89761	89308	94807	106097	91060	Mexique
America, South											**Amérique du Sud**
Brazil	231542	*169293	217610	215115	479393	776096	4133345	836418	1064567	1320678	Brésil
Chile	...	...	...	...	...	...	77	75	...	...	Chili
Ecuador	...	...	...	...	3664	4598	...	...	...	...	Équateur
Asia											**Asie**
Azerbaijan	4	4	6	112	179	64	39	102	26	32	Azerbaïdjan
India[1]	0	...	1	...	...	...	...	...	...	...	Inde[1]
Kazakhstan	414	1275	549	230	4518	...	...	...	...	...	Kazakhstan
Kyrgyzstan[1]	0	0	0	1	1	1	1	1	1	1	Kirghizistan[1]
Turkey	...	...	85448	132677	78427	79782	77963	90254	114297	122972	Turquie
Europe											**Europe**
Belarus[1]	...	...	...	...	...	...	...	...	6221	7183	Bélarus[1]
Bulgaria	6025	6487	8617	11906	12062	11978	11837	9803	10813	10642	Bulgarie
Croatia	...	364	331	340	332	378	476	487	516	470	Croatie
Czech Republic	5987	6447	7458	8019	10379	13911	8745	C	13478	C	République tchèque
Estonia	...	527	530	724	805	787	487	685	654	865	Estonie
Finland	3420	3215	2950	3602	2926	2900	2646	2745	2590	2015	Finlande
Germany	C	C	C	C	C	C	398608	462636	555983	472517	Allemagne
Hungary	[1]31	33326	33104	30961	37987	37539	24247	42132	43850	42995	Hongrie
Ireland	3429	2979	...	...	...	...	...	...	...	...	Irlande
Italy	553403	575536	...	...	...	...	...	...	...	...	Italie
Latvia	C	C	C	C	C	154	C	C	C	C	Lettonie
Lithuania	772	1184	352	357	337	270	302	351	766	1549	Lituanie
Netherlands	...	...	...	...	...	...	...	...	32815	21592	Pays-Bas
Poland	9112	13073	20404	24894	38295	30622	35082	41830	43564	43674	Pologne
Portugal	2292	2739	2474	5394	5673	6594	9876	10899	...	...	Portugal
Rep. of Moldova	...	1065	2143	2622	2651	2928	1827	2369	3342	4285	Rép. de Moldova
Romania	4018	4962	5479	6001	5701	5984	6577	3765	8048	5796	Roumanie
Slovakia	280	233	144	1633	1330	1935	1215	206	47	72	Slovaquie
Slovenia	C	C	C	C	4081	C	C	C	C	C	Slovénie
Spain	...	178982	177437	196251	212434	201797	186381	182688	162122	175029	Espagne
Sweden	19137	17956	21936	19628	28624	29685	25525	23562	26043	24277	Suède
TFYR of Macedonia	2	96	97	141	136	121	130	119	75	76	L'ex-RY de Macédoine
Ukraine[1]	[2]1377	[2]1897	[2]2894	3281	6663	6200	5568	6886	6237	6675	Ukraine[1]
United Kingdom	98756	[3]92530	C	73677	C	C	523463	C	C	503161	Royaume-Uni

General Note.
Spools, cops, bobbins and similar supports of plastics; stoppers, lids, caps and other closures, of plastics.

Remarque générale.
Bobines, busettes, canettes et supports similaires en matières plastiques; bouchons, couvercles, capsules et autres dispositifs de fermeture, en matières plastiques.

[1] In million units.
[2] Excluding other bobbins, reels, spools and similar goods made from plastic; lids and cups for plastic bottles (National product list codes 25.22.15.300, 25.22.15.500).
[3] Excluding Prodcom 2002 code 25.22.15.23.

[1] En millions d'unités.
[2] À l'exclusion des autres bobines, rouleaux, bobinots et marchandises similaires en plastique; des couvercles et capsules pour bouteilles en plastique (Code de la liste nationale de produits 25.22.15.300, 25.22.15.500).
[3] 2002 code Prodcom 25.22.15.23 non compris.

Floor coverings of plastics, wall or ceiling coverings of plastics
Revêtements de sols en matières plastiques, revêtements de murs ou de plafonds en matières plastiques

CPC-BASED CODE - CODE BASE CPC
36910-0

Unit: Thousand square metres — Unité: Milliers de mètres carrés

Country or area	2003	2004	2005	2006	2007	2008	2009	2010	2011	2012	Pays ou zone
Africa											**Afrique**
Egypt	...	...	322	157	408	1122	4431	11831	...	...	Égypte
South Africa	2698	...	...	...	...	...	...	...	...	...	Afrique du Sud
America, North											**Amérique du Nord**
Mexico[1]	56	61	61	64	64	57	51	51	54	59	Mexique[1]
America, South											**Amérique du Sud**
Brazil[1]	44	*45	24	29	15	51	...	...	...	...	Brésil[1]
Chile	...	...	1720	1308	1316	969	759	1244	2322	...	Chili
Asia											**Asie**
Azerbaijan	0	33	0	0	0	0	0	4	43	19	Azerbaïdjan
Kazakhstan	87	131	2059	1821	1888	...	...	...	...	...	Kazakhstan
Kyrgyzstan	113	22	38	140	204	527	509	480	911	1061	Kirghizistan
Rep. of Korea[1]	409	419	431	412	398	395	377	488	528	536	Rép. de Corée[1]
Turkey	...	...	35825	56729	63456	57499	58615	71243	57449	44610	Turquie
Europe											**Europe**
Belarus	...	...	...	664	655	727	2211	2451	#50	62	Bélarus
Bulgaria	455	351	165	348	400	303	320	799	617	725	Bulgarie
Croatia	...	0	0	0	0	262	661	462	253	...	Croatie
Denmark	48	36	47	58	47	...	25	34	13	1	Danemark
Estonia	...	C	C	C	C	C	C	351	311	322	Estonie
Finland	3125	3015	2948	3072	2708	2605	1928	1903	1795	1639	Finlande
Germany	C	C	C	C	52533	47090	47798	51525	59379	58718	Allemagne
Hungary	12105	15695	15148	C	17694	17290	14393	16902	16238	15018	Hongrie
Ireland	4151	5039	...	...	...	...	...	...	...	...	Irlande
Italy	6186	5742	...	...	...	...	...	...	...	...	Italie
Lithuania	43	22	1	0	1239	1369	560	532	508	436	Lituanie
Poland	3347	11479	15709	20778	19150	21617	17503	16062	17631	15690	Pologne
Portugal	272	251	950	823	635	425	101	411	...	...	Portugal
Rep. of Moldova	...	1239	1533	1502	1204	1041	657	576	580	353	Rép. de Moldova
Romania	658	368	378	458	223	3005	2191	2744	2422	1771	Roumanie
Russian Federation	86263	95236	91729	110904	132543	129097	116600	249946	259749	389705	Fédération de Russie
Spain	...	11247	9800	10013	14887	C	C	C	6772	7537	Espagne
Sweden	33391	36034	27277	40245	35464	39301	32831	35059	31998	22379	Suède
Ukraine	3979	6525	6182	6990	9896	8809	7388	7948	7489	5947	Ukraine
United Kingdom	[2]55154	50954	51810	44551	46811	C	40553	C	C	28416	Royaume-Uni

General Note.

Floor coverings of plastics, whether or not self-adhesive, in rolls or in the form of tiles, of polymers of vinyl chloride or of other plastics; wall or ceiling coverings of plastics of polymers of vinyl chloride or of other plastics.

Remarque générale.

Revêtements de sols en matières plastiques, même auto adhésifs, en rouleaux ou sous formes de carreaux ou de dalles, en polymères du chlorure de vinyle ou en autres matières plastiques; revêtements de murs ou de plafonds en matières plastiques en polymères du chlorure de vinyle ou en autres matières plastiques.

[1] In thousand metric tons.

[2] Excluding Prodcom 2002 code 25.23.11.90.

[1] En milliers de tonnes métriques.

[2] 2002 code Prodcom 25.23.11.90 non compris.

Self-adhesive plates, sheets and other flat shapes, of plastics
Plaques, feuilles et autres formes plates auto adhésives, en matières plastiques

CPC-BASED CODE - CODE BASE CPC
36920-0

Unit: Metric tons | Unité: Tonnes métriques

Country or area	2003	2004	2005	2006	2007	2008	2009	2010	2011	2012	Pays ou zone
Africa											**Afrique**
Egypt	202	...	...	...	...	11141	14249	...	17590	...	Égypte
America, North											**Amérique du Nord**
Mexico	9558	11828	10039	9467	#222677	222590	222066	225084	234154	263150	Mexique
America, South											**Amérique du Sud**
Brazil	90759	170759	244304	431846	371456	424988	383024	609711	545633	851285	Brésil
Ecuador	...	230	...	...	142	...	...	...	...	...	Équateur
Asia											**Asie**
Azerbaijan	...	...	...	...	...	...	2	4	8	0	Azerbaïdjan
Iran (Islamic Rep. of)	...	...	...	...	...	...	33006	...	...	...	Iran (Rép. islam. d')
Japan	769186	852488	926148	994406	1019304	953063	781357	1049495	752745	851429	Japon
Kyrgyzstan	33	38	3	33	56	61	54	715	1050	1349	Kirghizistan
Turkey	...	...	24472	C	114174	110922	C	38329	99287	47527	Turquie
Europe											**Europe**
Bulgaria	1313	2098	1958	1090	1193	1216	889	597	134	110	Bulgarie
Croatia	...	6331	6492	6667	6676	6595	6405	6906	7031	7141	Croatie
Czech Republic	C	1351	950	903	C	742	769	...	1068	C	République tchèque
Denmark	17545	20569	22869	22501	22202	...	...	...	...	...	Danemark
Finland	...	...	...	...	...	36277	33278	41677	41013	41675	Finlande
Germany	168255	162852	165058	158675	167002	166753	161973	170690	173748	183530	Allemagne
Hungary	748	255	441	7648	13619	8369	8520	2378	3502	3750	Hongrie
Ireland	6107	3977	...	...	...	...	...	...	...	...	Irlande
Lithuania	...	297	122	132	255	192	79	0	149	278	Lituanie
Poland	3993	2699	2835	9319	7904	10091	11975	21122	15662	15854	Pologne
Portugal	C	C	1342	1274	1666	4028	4057	4526	...	...	Portugal
Romania	...	351	292	26	19	...	...	...	...	...	Roumanie
Slovakia	C	29	70	279	C	C	C	C	C	C	Slovaquie
Spain	...	30041	25658	25864	29785	28353	22693	25476	C	25525	Espagne
Sweden	8852	7923	8536	9383	17438	10630	7735	9207	12120	10477	Suède
TFYR of Macedonia	259	160	47	10	*18	15	26	0	0	0	L'ex-RY de Macédoine
Ukraine	2083	3211	5865	6991	7220	6704	5436	6223	6382	7191	Ukraine
United Kingdom	...	...	...	...	...	55897	55138	C	...	...	Royaume-Uni

General Note.
Self-adhesive plates, sheets, film, foil, tape, strip and other flat shapes, of plastics, whether or not in rolls.

Remarque générale.
Plaques, feuilles, pellicules, lames, bandes et autres formes plates, auto adhésives, en matières plastiques, même en rouleaux.

Plastic sanitary ware (baths, wash-basins etc.)
Articles d'hygiène ou de toilette en matières plastiques (baignoires, cuvettes, etc.)

CPC-BASED CODE - CODE BASE CPC
36930-0

Unit: Thousand units | Unité: Milliers d'unités

Country or area	2003	2004	2005	2006	2007	2008	2009	2010	2011	2012	Pays ou zone
Africa											**Afrique**
Egypt	106	...	23	665	666	535	546	808	...	...	Égypte
America, North											**Amérique du Nord**
Mexico	...	...	...	...	26	24	19	16	10	C	Mexique
America, South											**Amérique du Sud**
Brazil[1]	35166	36564	...	...	...	...	...	...	...	...	Brésil[1]
Chile	...	...	1088	2136	2050	175	150	763	651	...	Chili
Ecuador	...	1424	1451	2953	3189	3706	...	...	...	...	Équateur
Asia											**Asie**
Azerbaijan	0	0	0	1	2	2	2	2	3	2	Azerbaïdjan
India[1]	27	708	0	...	...	...	...	...	...	...	Inde[1]
Kazakhstan	24	36	23	23	7	...	...	...	...	...	Kazakhstan
Turkey	...	...	15768	12059	22381	14747	12257	58178	72675	82731	Turquie
Europe											**Europe**
Belarus	...	...	...	...	...	...	...	...	510	384	Bélarus
Bulgaria	464	966	1782	2210	2619	2582	2922	C	C	C	Bulgarie
Croatia	...	627	486	500	724	669	642	605	586	547	Croatie
Czech Republic	2349	2700	2915	4329	6446	6894	5069	C	C	C	République tchèque
Denmark	1626	1628	1677	1722	1557	...	...	...	...	7921	Danemark
Estonia	...	C	1823	C	C	2240	2002	1568	1324	999	Estonie
Finland	334	440	540	326	343	267	240	253	232	246	Finlande
Germany	11634	13900	12539	13051	13280	13167	12042	11536	11999	11582	Allemagne
Greece[2]	832	696	...	...	...	...	...	...	...	...	Grèce[2]
Hungary	1403	4644	3798	5366	1319	3534	2126	3586	13610	2515	Hongrie
Ireland	1862	1972	...	...	...	...	...	...	...	...	Irlande
Italy	28838	32537	...	...	...	...	...	...	...	...	Italie
Latvia	C	C	C	C	42	27	13	14	6	12	Lettonie
Lithuania	3	0	1	1	1	1	0	0	1	1	Lituanie
Netherlands	...	...	...	...	...	...	...	...	1415	1350	Pays-Bas
Poland	5585	7741	7454	7543	7121	8536	9745	11547	9312	7556	Pologne
Portugal	7049	7256	6937	7534	7774	6739	6141	7533	...	...	Portugal
Rep. of Moldova	...	1	17	2	4	9	4	3	4	0	Rép. de Moldova
Romania	17461	5332	3274	2956	3988	3046	1489	496	456	352	Roumanie
Russian Federation	[3]2	[3]8	[3]9	[3]6	[3]10	[3]6	[3]24	52767	54709	58506	Fédération de Russie
Serbia[1]	...	...	...	182	...	...	...	...	...	...	Serbie[1]
Slovakia	2288	2036	1993	2158	2351	2464	1703	1849	2018	1159	Slovaquie
Slovenia	C	C	7195	7313	9809	5389	5966	7170	8754	9401	Slovénie
Spain	...	12577	12511	13142	13475	11186	7531	9197	8358	7615	Espagne
Sweden	747	838	860	546	422	301	1634	377	415	246	Suède
TFYR of Macedonia	46	24	10	16	20	18	14	10	164	11	L'ex-RY de Macédoine
Ukraine	1300	1565	2391	2522	1909	2073	2366	2489	2917	2371	Ukraine
United Kingdom	10397	10574	11872	C	C	C	C	C	8630	C	Royaume-Uni

General Note.
Baths, shower-baths, sinks, wash-basins, bidets, lavatory pans, seats and covers, flushing cisterns and similar sanitary ware, of plastics.

Remarque générale.
Baignoires, douches, éviers, lavabos, bidets, cuvettes d'aisance et leurs sièges et couvercles, réservoirs de chasse et articles similaires pour usages sanitaires ou hygiéniques, en matières plastiques.

[1] In metric tons.
[2] Excluding Prodcom 2002 code 25.23.12.70.
[3] Flushing cisterns made of polymeric materials.

[1] En tonnes métriques.
[2] 2002 code Prodcom 25.23.12.70 non compris.
[3] Réservoirs de chasse en matériaux polymères.

Household articles and toilet articles, of plastics
Articles de ménage ou d'économie domestique et articles d'hygiène ou de toilette, en matières plastiques

CPC-BASED CODE - CODE BASE CPC
36940-0

Unit: Thousand metric tons — Unité: Milliers de tonnes métriques

Country or area	2003	2004	2005	2006	2007	2008	2009	2010	2011	2012	Pays ou zone
Africa											**Afrique**
Congo	0.1	0.1	...	...	...	...	...	...	...	...	Congo
Egypt	...	15.4	35.6	79.1	...	3.2	0.6	...	2.1	...	Égypte
United R. of Tanzania[1]	...	...	...	12.5	...	...	...	...	...	...	Rép.-U. de Tanzanie[1]
America, North											**Amérique du Nord**
Mexico[2]	25610.4	24663.3	25485.8	25688.2	#32516.5	30095.9	31294.4	32139.8	31705.2	37656.8	Mexique[2]
America, South											**Amérique du Sud**
Brazil	552.8	200.2	342.3	380.7	447.3	620.5	478.5	650.2	865.9	1092.2	Brésil
Chile[2]	...	...	179.5	163.9	170.1	406.9	960.2	843.9	1177.3	...	Chili[2]
Ecuador	...	9.5	9.9	12.4	28.5	25.2	...	...	...	...	Équateur
Asia											**Asie**
Azerbaijan	0.0	0.3	0.3	0.3	0.3	0.3	0.2	0.1	0.2	1.0	Azerbaïdjan
Kazakhstan	1.5	1.8	1.8	2.1	1.5	...	...	...	...	...	Kazakhstan
Kyrgyzstan	0.1	0.1	0.1	0.1	0.1	0.1	0.1	0.8	1.1	1.5	Kirghizistan
Turkey	...	...	141.1	423.9	284.0	166.0	137.1	168.7	264.9	307.5	Turquie
Viet Nam	51.1	50.6	52.1	93.7	238.7	...	...	...	...	...	Viet Nam
Europe											**Europe**
Belarus[2]	...	...	...	...	...	...	...	...	307.6	336.2	Bélarus[2]
Bulgaria	5.8	4.8	5.6	6.7	8.1	7.3	10.9	10.4	14.2	13.6	Bulgarie
Croatia	...	2.0	1.6	2.1	2.6	2.7	2.3	2.1	1.4	1.4	Croatie
Czech Republic	11.2	16.3	13.6	14.7	5.4	4.8	6.8	6.8	7.1	6.4	République tchèque
Denmark	...	4.5	3.7	2.2	3.0	...	...	...	...	...	Danemark
Estonia	...	0.1	0.1	0.3	0.1	0.1	C	0.0	0.0	0.0	Estonie
Finland	...	...	...	1.3	1.4	0.8	3.9	3.3	3.4	3.6	Finlande
Germany	199.8	C	206.1	212.2	210.2	201.1	180.5	206.7	213.0	208.9	Allemagne
Greece[3]	24.0	35.8	...	...	...	...	...	...	...	...	Grèce[3]
Hungary	25.0	22.2	24.5	21.2	24.3	41.8	40.7	18.2	18.1	19.4	Hongrie
Ireland	0.6	0.7	...	...	...	...	...	...	...	...	Irlande
Italy[3]	604.5	584.5	...	...	...	...	...	...	...	...	Italie[3]
Latvia	C	C	C	3.6	4.6	C	C	C	C	C	Lettonie
Lithuania	0.0	0.1	0.3	0.2	0.3	0.4	3.5	3.3	3.8	6.9	Lituanie
Netherlands	...	...	...	...	...	...	...	...	8.2	9.2	Pays-Bas
Poland	59.8	51.3	51.1	67.6	86.3	78.1	64.5	63.4	71.5	80.8	Pologne
Portugal	21.3	21.1	21.6	27.9	30.3	30.9	31.5	33.9	...	...	Portugal
Rep. of Moldova	...	0.9	1.2	1.5	1.5	1.1	0.7	1.1	1.0	1.2	Rép. de Moldova
Romania	10.8	13.9	15.0	15.6	22.1	7.8	7.4	11.1	10.0	11.3	Roumanie
Serbia	...	...	...	0.4	...	...	...	...	...	...	Serbie
Slovakia	0.3	0.3	2.1	2.1	2.2	1.8	1.2	0.8	0.7	0.5	Slovaquie
Slovenia	1.3	1.4	2.1	2.5	2.6	C	C	...	C	C	Slovénie
Spain	...	C	C	C	C	79.3	72.4	69.8	79.3	75.3	Espagne
Sweden	13.4	11.9	10.7	12.8	9.8	7.9	6.7	9.4	21.2	20.5	Suède
TFYR of Macedonia	...	...	0.1	0.1	0.1	0.1	0.1	0.1	0.1	0.1	L'ex-RY de Macédoine
Ukraine	9.7	14.5	16.9	17.6	19.5	19.4	18.9	18.3	17.5	16.7	Ukraine
United Kingdom	...	...	...	...	...	C	C	42.1	...	...	Royaume-Uni

General Note.
Tableware, kitchenware, other household articles and toilet articles, of plastics.

Remarque générale.
Vaisselle, autres articles de ménage ou d'économie domestique et articles d'hygiène ou de toilette, en matières plastiques.

[1] Tanganyika only.
[2] In million units.
[3] Excluding Prodcom 2002 code 25.24.23.30.

[1] Tanganyika seulement.
[2] En millions d'unités.
[3] 2002 code Prodcom 25.24.23.30 non compris.

Electrical insulating fittings of plastics
Pièces isolantes en matières plastiques pour machines, appareils ou installations électriques

CPC-BASED CODE - CODE BASE CPC
36980-0

Unit: Metric tons | Unité: Tonnes métriques

Country or area	2003	2004	2005	2006	2007	2008	2009	2010	2011	2012	Pays ou zone
Africa											**Afrique**
Egypt	...	...	...	...	...	1452.0	...	...	...	...	Égypte
America, North											**Amérique du Nord**
Mexico	...	...	...	...	52570.1	51092.4	44724.7	44861.3	48296.4	50525.5	Mexique
America, South											**Amérique du Sud**
Brazil	4286.8	16045.9	8155.4	7704.1	14085.5	3507.0	8942.6	10381.9	21479.6	63409.0	Brésil
Ecuador	...	...	...	...	...	4672.8	...	...	...	...	Équateur
Asia											**Asie**
Azerbaijan	0.4	1.1	0.0	0.0	3.9	1.2	0.4	0.0	0.0	0.0	Azerbaïdjan
Kazakhstan	0.1	0.0	1.9	1.2	0.0	...	...	...	...	...	Kazakhstan
Turkey	...	...	C	C	C	C	4145.1	C	C	C	Turquie
Europe											**Europe**
Bulgaria	82.7	203.6	305.0	199.9	444.5	1189.3	310.1	90.6	65.9	85.1	Bulgarie
Croatia	...	62.9	40.3	65.1	52.3	33.5	2.7	0.0	0.0	0.0	Croatie
Czech Republic	...	...	C	C	1023.9	1232.7	862.1	974.3	1306.8	1077.5	République tchèque
Finland	29.0	45.5	10.6	11.7	40.6	120.0	75.0	...	...	...	Finlande
Germany	32158.9	34576.1	40277.1	44844.1	45935.5	45369.4	11733.1	10688.2	11415.8	10898.4	Allemagne
Hungary	242.0	942.0	891.0	553.0	408.0	413.0	170.0	C	C	C	Hongrie
Italy	9465.0	9951.0	...	...	...	...	...	...	...	...	Italie
Poland	625.0	1455.1	3045.2	3918.9	4854.6	2488.0	896.2	414.7	427.9	390.7	Pologne
Portugal	774.8	549.8	560.4	492.8	355.8	327.2	309.9	0.0	...	...	Portugal
Romania	2800.0	84.4	43.1	46.8	79.5	C	C	C	C	C	Roumanie
Slovakia	1643.5	2941.5	3458.6	3124.5	2592.6	1187.4	601.2	396.9	297.9	238.6	Slovaquie
Slovenia	C	C	C	C	C	947.4	565.4	C	C	C	Slovénie
Spain	...	3361.2	4186.7	3833.0	4586.8	7572.0	3757.0	3442.2	4276.3	3972.5	Espagne
Sweden	10870.2	12052.0	13477.9	14407.5	C	C	1084.2	934.4	600.0	641.0	Suède
Ukraine	413.0	401.1	2284.9	2164.4	1129.9	512.8	408.8	307.6	262.2	229.1	Ukraine
United Kingdom	...	...	...	...	...	344.2	261.5	410.7	757.5	789.3	Royaume-Uni

General Note.
Insulating fittings for electrical machines, appliances or equipment, of plastics.

Remarque générale.
Pièces isolantes, en matières plastiques pour machines, appareils ou installations électriques.

Office or school supplies of plastics
Articles de bureau et articles scolaires en matières plastiques

CPC-BASED CODE - CODE BASE CPC
36990-1

Unit: Metric tons — Unité: Tonnes métriques

Country or area	2003	2004	2005	2006	2007	2008	2009	2010	2011	2012	Pays ou zone
Africa											**Afrique**
Egypt	1.6	0.3	0.4	10.2	...	0.3	117.0	...	...	...	Égypte
America, North											**Amérique du Nord**
Mexico	...	...	...	...	2799.3	2834.5	2514.8	2533.9	1342.7	1783.0	Mexique
America, South											**Amérique du Sud**
Brazil	71578.5	15933.3	18196.2	32524.7	14368.5	30670.2	32795.8	21091.5	65555.0	79668.7	Brésil
Chile[1]	...	...	184189.3	145678.5	199598.5	105744.1	153305.3	192112.3	207553.9	...	Chili[1]
Ecuador	...	...	...	...	...	16490.3	...	...	...	...	Équateur
Asia											**Asie**
Kazakhstan	1.1	0.3	0.0	0.0	0.0	...	...	...	...	...	Kazakhstan
Turkey	...	...	6329.4	7420.1	12377.3	12294.7	C	C	18068.3	17107.4	Turquie
Viet Nam	3839.0	2017.0	3890.0	11578.6	28051.0	...	...	...	...	...	Viet Nam
Europe											**Europe**
Bulgaria	57.0	C	185.4	151.6	116.1	190.7	149.1	39.3	22.1	29.3	Bulgarie
Croatia	...	148.0	175.0	143.0	151.0	113.0	76.0	59.0	48.0	24.0	Croatie
Czech Republic	...	...	C	C	20083.0	16257.0	14145.0	16694.0	14891.0	13616.0	République tchèque
Estonia	...	C	C	8962.6	10439.8	6879.7	1323.1	476.2	1744.8	964.2	Estonie
Finland	...	...	...	...	...	757.5	678.0	479.7	278.1	261.1	Finlande
Germany	69087.9	58668.1	59457.6	53431.4	53549.7	55361.7	46448.8	46998.3	C	41740.4	Allemagne
Hungary	290.0	736.0	428.0	1413.0	531.0	13212.0	1603.0	34.0	5.0	C	Hongrie
Italy	15195.0	14036.0	...	...	...	...	...	...	...	...	Italie
Lithuania	0.0	0.0	39.8	31.1	19.0	154.1	57.7	57.7	59.7	64.8	Lituanie
Poland	12099.0	47492.0	43051.0	39971.0	46585.0	38048.0	37003.6	35040.3	32986.1	31636.7	Pologne
Portugal	834.2	692.0	705.2	634.7	738.2	547.7	584.2	509.1	...	...	Portugal
Rep. of Moldova	...	13.9	15.2	8.5	...	...	...	...	...	...	Rép. de Moldova
Romania	195.6	521.2	103.6	241.1	103.5	C	59.7	C	C	C	Roumanie
Slovenia	1037.7	C	C	C	C	C	C	C	C	C	Slovénie
Spain	...	19601.6	18081.1	18074.3	15441.1	13556.6	10698.3	11365.4	10677.8	11218.7	Espagne
Sweden	4549.5	3334.7	3586.8	3184.2	3413.5	4124.7	3517.6	3199.8	3377.1	3111.2	Suède
Ukraine	53.5	60.8	174.6	196.3	295.4	290.3	314.9	498.9	649.4	717.9	Ukraine
United Kingdom	0.0	...	...	...	...	C	C	C	11643.3	22490.3	Royaume-Uni

General Note.
Office or school supplies of plastics.

[1] In thousand metres.

Remarque générale.
Articles de bureau et articles scolaires en matières plastiques.

[1] En milliers de mètres.

Drawn glass and blown glass, in sheets
Verre étiré ou soufflé en feuilles

CPC-BASED CODE - CODE BASE CPC
37112-1

Unit: Thousand square metres | Unité: Milliers de mètres carrés

Country or area	2003	2004	2005	2006	2007	2008	2009	2010	2011	2012	Pays ou zone
America, North											**Amérique du Nord**
Mexico	16348	38771	37504	33828	...	...	...	...	...	...	Mexique
America, South											**Amérique du Sud**
Brazil	0	0	931	772	839	1689	...	...	C	11	Brésil
Chile	22954	...	41	20	21	20	12	...	...	...	Chili
Ecuador	...	...	...	...	...	124	...	...	...	...	Équateur
Asia											**Asie**
Kuwait	870	381	397	324	301	143	99	94	99	94	Koweït
Kyrgyzstan	14193	20189	22328	20786	22920	18752	...	...	...	...	Kirghizistan
Rep. of Korea	27531	28233	27452	...	...	...	...	...	...	...	Rép. de Corée
Turkey	...	...	2259	C	C	3287	C	2609	3198	5208	Turquie
Viet Nam	37949	43685	74767	74390	75301	74997	70119	61627	...	...	Viet Nam
Europe											**Europe**
Belarus	1326	1496	1461	1322	1370	1130	1419	1711	1955	1859	Bélarus
Croatia	...	0	20	0	0	0	0	0	0	0	Croatie
Denmark	4	0	0	0	0	...	...	...	...	...	Danemark
Germany	677	817	C	3340	C	C	C	C	C	C	Allemagne
Hungary	...	82	168	181	17	C	...	...	...	...	Hongrie
Italy[1]	6	6	...	...	...	...	...	...	...	...	Italie[1]
Poland	6304	6774	3684	2742	1904	2065	0	C	0	0	Pologne
Romania	16866	15095	11039	9620	3827	C	C	C	C	C	Roumanie
Russian Federation	11740	11948	11116	10998	10471	9613	4525	...	...	...	Fédération de Russie

General Note.

Drawn glass and blown glass, in sheets, coloured throughout the mass (body tinted) or not, opacified, flashed or having an absorbent, reflecting or non-reflecting layer or not but not otherwise worked.

[1] Excluding Prodcom 2002 code 26.11.11.75.

Remarque générale.

Verre étiré ou soufflé, en feuilles, même coloré dans la masse, opacifié, plaqué (doublé) ou à couche absorbante, réfléchissante ou non réfléchissante mais non autrement travaillée.

[1] 2002 code Prodcom 26.11.11.75 non compris.

Safety glass
Verre de sécurité

CPC-BASED CODE - CODE BASE CPC
37115-0 A

Unit: Thousand square metres | Unité: Milliers de mètres carrés

Country or area	2003	2004	2005	2006	2007	2008	2009	2010	2011	2012	Pays ou zone
America, South											**Amérique du Sud**
Brazil	26153	34100	23721	25186	27311	60817	43179	55102	52745	53428	Brésil
Chile	...	...	...	...	...	94	53	39	132	...	Chili
Peru	112	124	155	...	...	...	...	...	...	...	Pérou
Asia											**Asie**
India	3815	686	14952	...	...	...	...	...	...	...	Inde
Kazakhstan	9	18	16	19	13	...	...	...	...	...	Kazakhstan
Kyrgyzstan	2	1	2	2	2	5	11	2	0	1	Kirghizistan
Europe											**Europe**
Austria	3117	...	...	...	...	...	...	...	...	...	Autriche
Belarus	0	0	93	130	153	138	101	121	#2063	2265	Bélarus
Croatia	126	139	187	137	132	459	537	137	118	128	Croatie
Denmark	148	...	347	405	240	...	...	...	...	...	Danemark
Finland	4378	...	4464	...	4719	5113	3649	4262	4483	3891	Finlande
Hungary	1457	1443	1991	2579	4483	5255	5112	5363	6062	14615	Hongrie
Iceland	...	7	[1]89	...	[1]25	22	21	15	16	15	Islande
Netherlands	...	...	...	...	...	...	...	...	3062	2047	Pays-Bas
Portugal[2]	3950	4326	4298	4599	4639	4950	10367	14023	...	...	Portugal[2]
Romania[3]	1845	2073	1291	710	1583	1826	1664	1993	2380	1671	Roumanie[3]
Russian Federation	2262	1849	1732	1832	2421	2195	1503	6103	6908	7546	Fédération de Russie
Slovakia	304	338	398	361	381	324	249	C	C	C	Slovaquie
United Kingdom	...	...	C	C	...	22450	C	C	C	C	Royaume-Uni

General Note.
Safety glass, consisting of toughened (tempered) or laminated glass.

Remarque générale.
Verre de sécurité, consistant en verres trempés ou formés de feuilles contre-collées.

1 Excluding Prodcom 2002 code 26.12.12.70.
2 Excluding laminated safety glass for use in motor vehicles, aircraft, ships etc.
3 In terms of 2 mm thickness.

1 2002 code Prodcom 26.12.12.70 non compris.
2 Non compris le verre de sécurité utilisé dans les véhicules automobiles, avions, navires, etc.
3 Sur la base de 2 mm d'épaisseur.

Safety glass
Verre de sécurité

CPC-BASED CODE - CODE BASE CPC
37115-0 B

Unit: Thousand metric tons | Unité: Milliers de tonnes métriques

Country or area	2003	2004	2005	2006	2007	2008	2009	2010	2011	2012	Pays ou zone
Africa											**Afrique**
Egypt	2	2	1	1	...	...	1	...	1	...	Égypte
America, North											**Amérique du Nord**
Mexico	37	41	44	49	#96	95	77	90	93	106	Mexique
Europe											**Europe**
Belgium[1]	45	...	...	...	...	...	...	...	...	...	Belgique[1]
Croatia	2	3	3	4	4	0	0	0	0	0	Croatie
Czech Republic	141	161	174	188	195	...	...	...	...	...	République tchèque
Estonia	...	6	...	6	5	6	7	7	7	7	Estonie
Finland	...	...	...	...	...	...	...	...	33	28	Finlande
Hungary	14	17	19	21	31	C	C	...	C	C	Hongrie
Italy	282	...	...	...	...	...	...	...	...	...	Italie
Poland	96	135	183	198	176	195	159	173	216	239	Pologne
Portugal	8	9	8	8	8	7	6	8	...	...	Portugal
TFYR of Macedonia	77	43	40	86	49	32	23	20	15	11	L'ex-RY de Macédoine
Ukraine	4	5	7	10	13	15	7	9	22	27	Ukraine
United Kingdom	...	...	C	C	...	27	C	C	C	C	Royaume-Uni

General Note.
Safety glass, consisting of toughened (tempered) or laminated glass.

Remarque générale.
Verre de sécurité, consistant en verres trempés ou formés de feuilles contre-collées.

[1] Incomplete coverage.

[1] Couverture incomplète.

Slivers, rovings, yarn and chopped strands, of glass
Mèches, stratifils (rovings) et fils coupés ou non, en verre

CPC-BASED CODE - CODE BASE CPC
37121-0

Unit: Metric tons | Unité: Tonnes métriques

Country or area	2003	2004	2005	2006	2007	2008	2009	2010	2011	2012	Pays ou zone
America, South											**Amérique du Sud**
Brazil	70139	44307	51521	42366	74579	91923	61648	86014	85579	80162	Brésil
Asia											**Asie**
Azerbaijan	63	125	120	1	28990	38815	2544	279	1209	499	Azerbaïdjan
Japan	615392	637835	539375	567392	573327	587194	410008	469266	483378	574867	Japon
Rep. of Korea	134789	153329	171953	175505	162178	137593	104523	117681	121191	119820	Rép. de Corée
Turkey	...	...	C	C	C	C	C	C	1715	1582	Turquie
Europe											**Europe**
Belarus	28636	31644	35218	35816	39690	40834	38342	38795	[#]10003	11278	Bélarus
Denmark	1124	1285	1310	1310	1779	...	...	...	...	2033	Danemark
Finland	9220	12009	11191	11009	13141	9855	10431	8944	8555	193	Finlande
Germany	40833	37896	38083	30227	28847	28899	C	18877	18765	18542	Allemagne
Ireland	34	25	...	...	...	...	...	...	...	...	Irlande
Italy[1]	141269	123863	...	...	...	...	...	...	...	...	Italie[1]
Poland	2808	4264	3139	2684	1942	2678	2560	C	C	C	Pologne
Romania	7353	7056	4835	5985	1614	C	C	C	C	...	Roumanie
Russian Federation	[2]42863	[2]92496	[2]108495	[2]142431	[2]159926	[2]153121	[2]94510	54077	69087	70557	Fédération de Russie
Slovakia	60788	60996	74352	91987	C	C	C	C	C	C	Slovaquie
Sweden	...	...	0	0	0	0	0	0	0	1	Suède
TFYR of Macedonia	770	780	244	0	0	0	0	0	0	0	L'ex-RY de Macédoine
Ukraine	2160	3493	5839	4432	4525	5385	2663	1600	1960	1243	Ukraine

General Note.
Slivers, rovings, yarn and chopped strands, of glass.

[1] Excluding Prodcom 2002 code 26.14.11.70.
[2] Unbroken glass fibres and products thereof only.

Remarque générale.
Mèches, stratifils (rovings) et fils coupés ou non, en verre.

[1] 2002 code Prodcom 26.14.11.70 non compris.
[2] Fibres de verre non cassées et produits dérivés seulement.

Voiles, webs, mats and other articles of glass fibers except woven fabrics
Voiles, nappes, mats et autres produits de fibres de verre, à l'exclusion des tissus

CPC-BASED CODE - CODE BASE CPC
37129-0

Unit: Metric tons | Unité: Tonnes métriques

Country or area	2003	2004	2005	2006	2007	2008	2009	2010	2011	2012	Pays ou zone
America, South											**Amérique du Sud**
Brazil	15141	43905	49272	46864	32498	24212	16657	19867	21147	36952	Brésil
Chile	...	...	[1]55	[1]76	[1]60	[1]29	[1]33	5780	7693	...	Chili
Asia											**Asie**
Azerbaijan	42	130	122	128	71	45	54	21	19	2	Azerbaïdjan
India	223	1801	12607	...	...	...	...	...	...	...	Inde
Kazakhstan	441	276	1140	1546	1278	...	...	...	...	...	Kazakhstan
Kyrgyzstan[1]	11	1	0	4	0	0	0	0	0	0	Kirghizistan[1]
Rep. of Korea	81792	89778	98069	109215	114375	...	...	...	...	...	Rép. de Corée
Turkey	...	...	104091	105155	114860	104237	79734	83147	100071	112554	Turquie
Europe											**Europe**
Belarus	...	...	...	...	...	...	...	...	9529	9018	Bélarus
Bulgaria	241	233	C	125	141	C	C	C	C	C	Bulgarie
Czech Republic	...	...	C	C	C	11301	14725	15746	C	C	République tchèque
Denmark	61058	71917	118121	108640	108807	...	...	...	...	...	Danemark
Finland	C	C	81176	99955	100053	109273	59959	68473	80417	67892	Finlande
Germany	294664	310012	295781	357858	C	359077	312377	364165	407380	359972	Allemagne
Hungary	...	12503	C	C	C	C	C	C	C	...	Hongrie
Ireland	30818	28784	...	...	...	...	...	...	...	...	Irlande
Latvia	C	C	C	C	C	2728	C	C	C	C	Lettonie
Lithuania	0	0	0	0	0	4913	3167	3123	3503	7707	Lituanie
Netherlands	...	...	...	...	...	...	...	...	83846	...	Pays-Bas
Norway	43904	...	...	52640	...	...	...	...	...	...	Norvège
Poland	73851	73445	77535	75256	80955	78792	64515	85781	87246	85427	Pologne
Portugal	20	66	114	152	287	609	491	378	...	...	Portugal
Rep. of Moldova	...	0	0	0	41	33	15	18	26	38	Rép. de Moldova
Romania	2446	2438	630	866	967	754	838	3492	3474	3753	Roumanie
Slovakia	17829	21125	25198	21834	20314	13705	12055	6846	4789	7023	Slovaquie
Spain	...	82169	83859	73637	94855	74752	53517	54077	46311	39681	Espagne
Sweden	78479	63563	68895	76558	78584	79335	69002	68369	71868	66851	Suède
TFYR of Macedonia	1837	1851	790	0	0	0	0	0	0	0	L'ex-RY de Macédoine
Ukraine	1557	1330	1217	1436	1135	1456	3070	4466	5474	5174	Ukraine
United Kingdom	[2]90395	...	280968	245873	298914	264746	281384	300445	307664	...	Royaume-Uni

General Note.

Thin sheets (voiles), webs, mats, mattresses, boards and similar nonwoven products of glass fibres except woven fabrics.

[1] In thousand square metres.

[2] Excluding Prodcom 2002 code 26.14.12.30.

Remarque générale.

Voiles, nappes, mats, matelas, panneaux et produits similaires non tissés de fibres de verre, à l'exclusion des tissus.

[1] En milliers de mètres carrés.

[2] 2002 code Prodcom 26.14.12.30 non compris.

Bottles, jars and other containers of glass
Bouteilles, bocaux et autres récipients en verre

CPC-BASED CODE - CODE BASE CPC
37191-0 A

Unit: Million units | Unité: Millions d'unités

Country or area	2003	2004	2005	2006	2007	2008	2009	2010	2011	2012	Pays ou zone
Africa											**Afrique**
Cameroon	89	66	62	54	82	56	69	...	...	...	Cameroun
Egypt	1	...	...	...	...	...	29	...	...	...	Égypte
Ethiopia	3	...	...	...	...	...	...	...	...	...	Éthiopie
America, North											**Amérique du Nord**
Cuba	[1]28	[1]15	[1]16	[1]8	0	0	0	0	0	0	Cuba
Mexico	7998	8724	9235	10286	11129	10845	10613	10101	12380	12295	Mexique
United States	34329	34510	35264	34777	34878	...	C	...	...	...	États-Unis
America, South											**Amérique du Sud**
Chile	...	...	582	358	906	420	401	975	964	...	Chili
Ecuador	...	222	233	246	68	75	...	...	...	...	Équateur
Peru	109	130	180	...	...	...	...	...	...	...	Pérou
Asia											**Asie**
Armenia	21	22	33	64	98	104	106	125	132	116	Arménie
Georgia	134	C	C	C	C	C	C	C	C	C	Géorgie
Kazakhstan	202	197	229	246	238	...	...	...	...	...	Kazakhstan
Kuwait	1043	1301	1942	1800	1484	1018	835	770	694	705	Koweït
Kyrgyzstan	5	7	8	7	8	8	6	7	7	9	Kirghizistan
Tajikistan[2]	...	...	...	65	70	68	69	13	30	20	Tadjikistan[2]
Europe											**Europe**
Belarus	282	406	406	510	561	577	467	660	813	786	Bélarus
Bulgaria	667	827	949	1030	1097	...	...	...	...	...	Bulgarie
Croatia	614	757	820	851	857	874	831	939	939	830	Croatie
Czech Republic	1857	...	C	C	2051	1803	...	...	...	...	République tchèque
Denmark	729	596	622	620	384	818	604	748	746	704	Danemark
Estonia	...	C	C	C	C	C	C	118	4	...	Estonie
Finland	222	229	276	286	245	191	135	0	...	...	Finlande
Germany	15497	C	C	C	...	...	...	...	...	...	Allemagne
Greece[3]	364	...	...	...	...	...	...	...	...	...	Grèce[3]
Hungary	348	437	398	C	C	331	C	C	C	C	Hongrie
Lithuania	128	...	...	...	...	...	...	...	...	...	Lituanie
Poland	4539	4798	4899	4550	3157	3205	3165	3469	3546	3897	Pologne
Portugal	4458	4287	4336	4573	5341	5409	5437	5805	...	...	Portugal
Rep. of Moldova	281	99	103	121	99	81	201	246	326	223	Rép. de Moldova
Romania	211	...	...	...	...	C	C	C	C	C	Roumanie
Russian Federation	6640	8135	8128	10279	12058	13488	11332	13987	14155	15249	Fédération de Russie
Serbia	...	...	...	38	...	...	...	...	...	...	Serbie
Slovakia	286	308	381	367	C	C	C	C	C	C	Slovaquie
Spain	...	[4]9047	C	C	C	C	...	C	C	7343	Espagne
Sweden	450	...	432	...	...	399	457	471	455	430	Suède
United Kingdom	[4]7594	...	...	C	C	C	6166	5846	6516	6721	Royaume-Uni

General Note.

Carboys, bottles, flasks, jars, pots, phials, and other containers (except ampoules), of glass, of a kind used for the conveyance or packing of goods; preserving jars of glass; stoppers, lids and other closures, of glass.

Remarque générale.

Bonbonnes, bouteilles, flacons, bocaux, pots, fioles et autres récipients (à l'exception des ampoules) de transport ou d'emballage, en verre; bocaux à conserves en verre; bouchons, couvercles et autres dispositifs de fermeture, en verre.

[1] Bottles only.
[2] Jars of glass only.
[3] Incomplete coverage.
[4] Excluding Prodcom 2002 code 26.13.11.10.

[1] Bouteilles seulement.
[2] Bocaux en verre seulement.
[3] Couverture incomplète.
[4] 2002 code Prodcom 26.13.11.10 non compris.

Bottles, jars and other containers of glass
Bouteilles, bocaux et autres récipients en verre

CPC-BASED CODE - CODE BASE CPC

37191-0 B

Unit: Thousand metric tons — Unité: Milliers de tonnes métriques

Country or area	2003	2004	2005	2006	2007	2008	2009	2010	2011	2012	Pays ou zone
Africa											**Afrique**
Kenya	24	38	34	47	54	52	52	51	34	37	Kenya
Tunisia	25	...	...	...	...	...	...	...	...	...	Tunisie
United R. of Tanzania[1]	...	...	32	25	40	35	37	...	...	...	Rép.-U. de Tanzanie[1]
America, South											**Amérique du Sud**
Chile	220	...	...	...	...	...	...	...	...	...	Chili
Asia											**Asie**
Azerbaijan	1	1	0	1	1	2	1	1	1	0	Azerbaïdjan
Iran (Islamic Rep. of)	...	...	...	...	...	...	54	...	...	...	Iran (Rép. islam. d')
Rep. of Korea	797	789	811	785	787	749	681	637	698	658	Rép. de Corée
Viet Nam	147	154	163	240	215	239	238	193	...	...	Viet Nam
Europe											**Europe**
Croatia	171	198	215	216	223	...	...	...	...	...	Croatie
Czech Republic	244	476	C	C	490	...	...	...	...	...	République tchèque
Estonia	...	C	C	C	C	C	C	13	70	67	Estonie
Finland	4	4	3	...	1	...	...	...	...	...	Finlande
France	4082	C	...	...	...	...	...	...	...	...	France
Germany	4473	4317	4097	4034	4203	4250	3023	3094	3239	3138	Allemagne
Hungary	109	129	121	C	C	103	C	C	C	C	Hongrie
Italy	3542	...	...	...	...	...	...	...	...	...	Italie
Poland	973	1087	1044	988	732	749	761	817	852	933	Pologne
Romania	239	110	109	104	113	C	C	...	C	C	Roumanie
Serbia	...	...	...	8	...	...	...	...	...	...	Serbie

General Note.

Carboys, bottles, flasks, jars, pots, phials, and other containers (except ampoules), of glass, of a kind used for the conveyance or packing of goods; preserving jars of glass; stoppers, lids and other closures, of glass.

Remarque générale.

Bonbonnes, bouteilles, flacons, bocaux, pots, fioles et autres récipients (à l'exception des ampoules) de transport ou d'emballage, en verre; bocaux à conserves en verre; bouchons, couvercles et autres dispositifs de fermeture, en verre.

[1] Tanganyika only.

[1] Tanganyika seulement.

Sanitary ceramic fittings
Appareils sanitaires en céramique

CPC-BASED CODE - CODE BASE CPC
37210-0 A

Unit: Thousand units | Unité: Milliers d'unités

Country or area	2003	2004	2005	2006	2007	2008	2009	2010	2011	2012	Pays ou zone
Africa											**Afrique**
Tunisia	306	...	...	...	...	...	...	...	...	...	Tunisie
America, North											**Amérique du Nord**
Cuba	164	170	132	141	99	132	158	159	145	171	Cuba
Mexico	11531	11994	11794	11099	12586	9014	7896	7834	10699	11868	Mexique
America, South											**Amérique du Sud**
Argentina	2153	2792	3433	3962	4265	4443	3704	...	...	...	Argentine
Brazil	20081	23079	27428	26696	30346	44259	21235	24195	26326	31997	Brésil
Chile	...	...	2242	2413	2440	2378	1465	1311	397	...	Chili
Ecuador	2574	2815	2990	3553	1953	2143	...	...	...	...	Équateur
Asia											**Asie**
Azerbaijan	13	16	15	16	14	0	0	0	0	0	Azerbaïdjan
Japan	8	...	...	...	...	...	...	...	...	...	Japon
Kazakhstan	...	0	0	1	0	...	...	...	...	...	Kazakhstan
Kyrgyzstan	0	0	2	2	0	0	0	0	0	0	Kirghizistan
Turkey	1322	3888	#19866	18312	17134	14113	12056	12715	15482	16486	Turquie
Viet Nam	3321	3587	4573	7427	...	...	...	...	...	...	Viet Nam
Europe											**Europe**
Belarus	647	728	771	1020	1067	1219	1097	1052	1238	1167	Bélarus
Bulgaria	3209	3568	3584	3509	3567	3333	2462	2876	2874	3127	Bulgarie
Croatia	384	403	407	387	394	398	258	258	271	274	Croatie
Denmark	5	3	3	3	3	...	...	...	...	...	Danemark
Estonia	...	...	...	...	...	0	C	1	8	9	Estonie
Greece[1]	729	713	...	...	...	...	...	...	...	...	Grèce[1]
Hungary	...	1426	C	C	C	C	C	C	C	C	Hongrie
Ireland	259	312	C	...	...	...	...	...	...	...	Irlande
Italy	7372	7513	...	...	...	...	...	...	...	...	Italie
Lithuania	0	0	1	1	1	1	0	1	3	2	Lituanie
Poland	5721	6203	6651	7194	7903	7879	6702	6990	7028	6104	Pologne
Portugal	6542	7042	7298	7344	5596	4682	3944	3973	...	...	Portugal
Romania	2369	2558	2853	2511	2468	2336	3542	2955	2925	2940	Roumanie
Russian Federation	6954	7628	7742	8989	9931	11278	10589	11478	12354	12677	Fédération de Russie
Serbia	...	...	...	541	...	...	...	...	...	...	Serbie
Slovakia	356	C	...	...	...	C	C	...	...	...	Slovaquie
Spain	7939	8043	7920	8262	7423	6116	3579	3319	3436	3084	Espagne
Sweden	1483	1632	1377	1588	1186	1001	1028	1151	1151	1121	Suède
TFYR of Macedonia	321	*387	357	436	357	349	258	262	0	0	L'ex-RY de Macédoine
Ukraine	2883	3081	3003	2911	3135	3270	3127	3525	4839	4823	Ukraine
United Kingdom	[2]1125	7311	C	C	C	C	C	C	C	C	Royaume-Uni

General Note.
Ceramic sinks, wash basins, wash basin pedestals, baths, bidets, water closet pans, flushing cisterns, urinals and similar sanitary fixtures.

Remarque générale.
Eviers, lavabos, colonnes de lavabos, baignoires, bidets, cuvettes d'aisance, réservoirs de chasse, urinoirs et appareils fixes similaires pour usages sanitaires, en céramique.

[1] Excluding Prodcom 2002 code 26.22.10.50.
[2] Excluding Prodcom 2002 code 26.22.10.30.

[1] 2002 code Prodcom 26.22.10.50 non compris.
[2] 2002 code Prodcom 26.22.10.30 non compris.

Sanitary ceramic fittings
Appareils sanitaires en céramique

CPC-BASED CODE - CODE BASE CPC
37210-0 B

Unit: Metric tons — Unité: Tonnes métriques

Country or area	2003	2004	2005	2006	2007	2008	2009	2010	2011	2012	Pays ou zone
Africa											**Afrique**
Egypt	...	67900	91243	77036	...	115755	...	...	...	...	Égypte
Tunisia	4100	...	...	...	...	...	...	...	...	...	Tunisie
America, South											**Amérique du Sud**
Chile	29001	...	...	...	...	...	...	...	...	...	Chili
Asia											**Asie**
Iran (Islamic Rep. of)	...	...	...	...	...	...	48154	...	...	...	Iran (Rép. islam. d')
Rep. of Korea	73896	64512	57600	54890	57063	49383	41133	41651	40733	38055	Rép. de Corée
Turkey	123918	111996	#132972	...	...	...	...	...	...	...	Turquie
Europe											**Europe**
Croatia	5359	5649	5726	5332	5300	...	...	...	...	...	Croatie
Czech Republic	37433	C	C	C	C	...	...	...	...	...	République tchèque
France	100800	...	...	...	...	...	...	...	...	...	France
Poland	71212	80010	83447	94850	105772	104960	89339	93506	94303	82784	Pologne
Romania	41697	...	...	...	...	...	...	...	...	...	Roumanie
Serbia	...	...	...	5656	...	...	...	...	...	...	Serbie
TFYR of Macedonia	3917	*4711	4356	5279	4297	4223	3111	3144	0	0	L'ex-RY de Macédoine

General Note.

Ceramic sinks, wash basins, wash basin pedestals, baths, bidets, water closet pans, flushing cisterns, urinals and similar sanitary fixtures.

Remarque générale.

Eviers, lavabos, colonnes de lavabos, baignoires, bidets, cuvettes d'aisance, réservoirs de chasse, urinoirs et appareils fixes similaires pour usages sanitaires, en céramique.

Ceramic household articles and toilet articles
Articles de ménage ou d'économie domestique et articles d'hygiène ou de toilette en céramique

CPC-BASED CODE - CODE BASE CPC
37221-0

Unit: Metric tons | Unité: Tonnes métriques

Country or area	2003	2004	2005	2006	2007	2008	2009	2010	2011	2012	Pays ou zone
Africa											**Afrique**
Algeria	2679	2460	2239	2187	2187	...	...	...	...	...	Algérie
America, North											**Amérique du Nord**
Cuba	178	300	412	140	116	86	38	121	40	27	Cuba
America, South											**Amérique du Sud**
Argentina[1]	2153000	2792300	3433400	3962200	4265200	...	...	...	...	...	Argentine[1]
Brazil	54617	69896	50264	56113	64480	93536	69765	69166	76647	71113	Brésil
Chile	...	...	0	...	...	[1]31	...	...	[1]0	...	Chili
Peru[1]	980	1155	1081	...	...	...	...	...	...	...	Pérou[1]
Asia											**Asie**
Azerbaijan	93	7	0	0	0	...	...	...	...	...	Azerbaïdjan
Bangladesh[2]	48600	54708	70872	80304	...	...	...	...	...	...	Bangladesh[2]
India[1]	...	245906	2117148	...	...	...	...	...	...	...	Inde[1]
Iran (Islamic Rep. of)	...	...	...	...	...	...	24410	...	...	...	Iran (Rép. islam. d')
Iraq[1]	...	...	...	...	...	2	...	...	...	...	Iraq[1]
Kazakhstan	236	127	137	93	95	...	...	...	...	...	Kazakhstan
Turkey	...	...	122086	102076	103400	138080	113912	126582	134849	85578	Turquie
Europe											**Europe**
Belarus	2346	2175	2081	1542	1371	1804	1989	2366	[1]1880	[1]2181	Bélarus
Bulgaria	1166	889	820	1001	1521	558	393	299	346	309	Bulgarie
Croatia	...	2518	2305	2227	2317	2262	1481	7	8	6	Croatie
Czech Republic	16540	19659	17367	C	15453	15325	8061	10399	C	C	République tchèque
Denmark	42	52	54	42	138	...	...	...	...	...	Danemark
Estonia	...	585	543	660	649	413	256	216	172	344	Estonie
Finland	...	...	...	3051	3729	3080	2959	2674	3259	1795	Finlande
Germany	54215	56578	57706	51840	57489	50579	43500	43948	44671	42017	Allemagne
Hungary	4757	4826	4155	3793	3521	3149	2168	2568	2119	1768	Hongrie
Ireland	785	823	...	...	...	...	...	...	...	...	Irlande
Italy	532399	505981	...	...	...	...	...	...	...	...	Italie
Latvia	C	C	1325	C	C	1098	691	696	C	C	Lettonie
Lithuania	295	228	230	203	51	144	81	34	28	41	Lituanie
Poland	44990	43149	41044	34169	35104	30712	25452	26938	26094	26799	Pologne
Portugal	140963	143733	137591	128785	133957	107649	101463	105259	...	...	Portugal
Rep. of Moldova	...	407	580	479	838	277	189	169	137	118	Rép. de Moldova
Romania	45787	50059	52277	43524	34768	27572	24896	30876	31688	33502	Roumanie
Russian Federation[1]	...	...	...	...	...	...	...	87764	83246	75547	Fédération de Russie[1]
Serbia	...	...	...	49	38	52	108	34	...	...	Serbie
Slovakia	757	513	798	391	C	C	C	C	C	C	Slovaquie
Spain	...	42476	39093	C	C	C	13376	13071	11112	11652	Espagne
Sweden	C	C	C	C	C	C	C	21	C	82	Suède
TFYR of Macedonia	85	25	19	20	9	4	7	95	75	79	L'ex-RY de Macédoine
Ukraine	34630	36355	33955	24399	15915	9468	6060	6267	6276	5868	Ukraine
United Kingdom	106941	[3]88136	C	77266	67497	41854	37935	47283	47497	42360	Royaume-Uni

General Note.
Tableware, kitchenware, other household articles and toilet articles, of porcelain or china or other ceramic materials.

Remarque générale.
Vaisselle, autres articles de ménage ou d'économie domestique et articles d'hygiène ou de toilette, en porcelaine ou autres ouvrages en céramique.

[1] In thousand units.
[2] Twelve months ending 30 June of year stated.
[3] Excluding Prodcom 2002 code 26.21.11.50.

[1] En milliers d'unités.
[2] Période de douze mois finissant le 30 juin de l'année indiquée.
[3] 2002 code Prodcom 26.21.11.50 non compris.

Building bricks, made of clay
Briques de construction en argile

CPC-BASED CODE - CODE BASE CPC
37350-1 A

Unit: Million units — Unité: Millions d'unités

Country or area	2003	2004	2005	2006	2007	2008	2009	2010	2011	2012	Pays ou zone
Africa											**Afrique**
Algeria[1]	1282.0	1300.1	1147.5	302.8	219.1	167.0	164.9	127.4	121.0	49.7	Algérie[1]
Egypt	...	...	...	...	...	...	4177.0	...	4195.1	...	Égypte
Ethiopia	21.0	...	...	...	...	...	...	...	...	...	Éthiopie
Kenya	...	6.4	4.2	4.2	1.1	6.0	4.0	4.7	5.8	4.3	Kenya
Lesotho	12.9	13.0	11.9	10.9	13.3	12.1	12.4	11.7	...	...	Lesotho
Madagascar	...	0.0	0.1	0.1	...	...	...	...	...	...	Madagascar
South Africa	1121.0	...	...	...	...	...	...	...	...	...	Afrique du Sud
Uganda	33.3	15.4	36.2	...	...	...	...	...	...	...	Ouganda
America, North											**Amérique du Nord**
Cuba	27.2	40.5	30.2	30.2	24.9	27.2	29.3	26.8	24.9	20.7	Cuba
Mexico	267.7	345.1	353.3	421.8	672.6	556.5	432.5	539.9	660.5	681.7	Mexique
Trinidad and Tobago	...	...	...	...	...	...	35.1	...	...	...	Trinité-et-Tobago
United States	8569.9	9291.2	9649.6	9567.5	7645.3	5316.8	3278.1	3605.5	...	...	États-Unis
America, South											**Amérique du Sud**
Argentina	206.6	197.0	280.7	355.3	389.4	432.2	376.8	...	...	...	Argentine
Brazil	1464.5	1751.8	2653.4	3430.8	5488.3	3660.2	4476.5	5059.0	5309.1	6145.6	Brésil
Chile	173.0	...	[2]110.0	[2]119.2	111.7	61.4	51.2	50.6	48.0	...	Chili
Ecuador	151.0	12.3	19.1	21.3	29.5	25.2	...	...	...	...	Équateur
Peru	215.8	206.9	228.7	247.7	287.8	317.8	310.6	376.7	348.8	298.9	Pérou
Asia											**Asie**
Azerbaijan	25.3	53.1	0.0	0.0	0.0	...	...	...	...	...	Azerbaïdjan
Cyprus	73.9	88.5	89.5	90.8	94.9	97.9	58.0	41.3	31.6	...	Chypre
Georgia	9.0	C	C	12.8	12.4	10.2	6.4	6.4	11.1	8.9	Géorgie
Iraq	...	...	...	3550.4	...	2036.0	2253.3	2499.8	2869.6	3809.0	Iraq
Japan	94811.0	59713.0	67336.0	51862.0	43053.0	50384.0	34920.0	33123.0	31011.0	36535.0	Japon
Kyrgyzstan	69.6	88.8	112.9	107.0	120.6	80.0	52.9	50.6	69.9	70.4	Kirghizistan
Malaysia	1344.0	1236.0	1228.0	1065.0	914.0	952.0	203.0	410.0	621.0	706.0	Malaisie
Mongolia	23.0	13.0	15.0	22.0	21.0	29.0	18.0	27.7	31.9	59.2	Mongolie
Myanmar[3]	83.1	82.6	77.0	72.3	70.9	76.2	52.5	47.3	59.8	33.7	Myanmar[3]
Nepal	...	...	...	...	12.7	...	...	...	...	...	Népal
Tajikistan	32.5	33.1	45.9	47.1	49.3	49.4	54.7	70.9	57.2	55.4	Tadjikistan
Turkey	927.0	1109.0	#2278.0	...	...	...	...	...	...	...	Turquie
Viet Nam	12809.8	14660.5	16530.2	18005.4	15106.0	18278.0	19164.0	20196.0	19864.7	17491.0	Viet Nam
Europe											**Europe**
Belarus	509.7	460.8	452.2	503.2	580.0	601.7	489.2	506.8	...	...	Bélarus
Bulgaria	191.1	272.3	288.6	354.2	424.7	...	...	...	...	...	Bulgarie
Croatia	327.5	320.2	293.3	291.4	293.4	...	...	...	...	...	Croatie
Czech Republic	1.3	1.4	1.4	1.3	3.0	...	...	...	...	...	République tchèque
Denmark	342.0	365.4	408.0	466.0	348.9	322.1	226.4	212.1	222.1	185.4	Danemark
Estonia	18.0	C	C	C	C	C	...	...	0.0	0.0	Estonie
Finland	98.8	96.6	85.3	91.7	77.3	71.0	55.4	64.7	57.4	37.3	Finlande
Greece	1238.4	1248.1	...	...	...	...	...	...	...	...	Grèce
Hungary	1539.3	1416.1	1408.0	1471.1	1431.1	...	...	...	474.0	386.4	Hongrie
Latvia	36.3	47.1	...	...	...	...	C	...	...	...	Lettonie
Netherlands	...	...	...	...	...	...	...	...	1156.5	1009.3	Pays-Bas
Poland	1994.0	1827.3	1661.1	2088.0	2117.0	1994.0	1817.0	1852.0	1905.0	1587.8	Pologne
Rep. of Moldova	52.0	54.9	55.7	52.8	57.7	53.0	39.2	38.7	...	...	Rép. de Moldova
Romania	208.4	254.6	201.9	214.4	225.9	233.1	220.8	159.0	203.7	192.0	Roumanie
Russian Federation[4,5]	11009.7	11384.3	11290.8	11648.4	13090.2	13532.1	8609.3	8701.0	9796.0	10950.0	Fédération de Russie[4,5]
Serbia	...	...	...	1036.0	969.0	934.0	767.0	627.0	...	...	Serbie
TFYR of Macedonia	255.4	251.6	263.1	281.6	314.4	254.5	209.8	113.5	60.7	57.7	L'ex-RY de Macédoine
Ukraine	1563.0	1828.5	1889.9	2054.3	2312.2	2183.1	1109.3	1017.0	1164.0	1025.6	Ukraine
United Kingdom	2898.4	2984.0	2708.7	2608.6	...	...	...	...	...	...	Royaume-Uni
Oceania											**Océanie**
Australia[6]	1733.0	1789.0	1705.0	1605.4	1569.7	1458.8	1369.3	1424.2	...	...	Australie[6]

General Note.
Building bricks, made of clay.

[1] In thousand metric tons.
[2] Including roofing tiles made of clay.
[3] Twelve months ending 31 March of year stated.
[4] Standard size.
[5] Including building stone.
[6] Twelve months ending 30 June of year stated.

Remarque générale.
Briques de construction en argile.

[1] En milliers de tonnes métriques.
[2] Y compris les tuiles d'argile.
[3] Période de douze mois finissant le 31 mars de l'année indiquée.
[4] De taille standard.
[5] Y compris les pierres de construction.
[6] Période de douze mois finissant le 30 juin de l'année indiquée.

Building bricks, made of clay
Briques de construction en argile

CPC-BASED CODE - CODE BASE CPC
37350-1 B

Unit: Thousand cubic metres | Unité: Milliers de mètres cubes

Country or area	2003	2004	2005	2006	2007	2008	2009	2010	2011	2012	Pays ou zone
Asia											**Asie**
Azerbaijan	47	104	158	269	335	263	256	272	236	204	Azerbaïdjan
Cyprus	436	522	528	536	560	577	342	244	176	...	Chypre
Kazakhstan	379	465	681	718	992	...	...	...	...	...	Kazakhstan
Kuwait	1706	2224	2211	1796	1101	1107	1389	1476	1568	1513	Koweït
Europe											**Europe**
Bosnia & Herzegovina	464	...	...	...	...	...	...	...	...	...	Bosnie-Herzégovine
Bulgaria	363	527	575	679	826	1030	517	428	424	462	Bulgarie
Croatia	2015	2085	1970	2255	2102	1959	1265	877	1136	812	Croatie
Czech Republic	2681	2783	2904	2611	3059	2320	1620	1713	1791	1654	République tchèque
Germany	8945	8998	7550	8338	8351	7131	5989	6492	7192	7084	Allemagne
Hungary	2862	2643	2621	2657	2761	2531	1375	1134	925	758	Hongrie
Italy	18377	19108	...	...	...	...	...	...	...	...	Italie
Latvia	83	...	101	125	127	224	C	C	C	C	Lettonie
Lithuania	79	117	121	135	135	97	57	57	74	64	Lituanie
Netherlands	1380	1535	1684	1583	1727	1609	1304	1142	...	...	Pays-Bas
Poland	3907	3499	3163	3957	4045	3800	3569	3570	3656	2983	Pologne
Portugal	3593	3614	3679	3314	4127	3353	2695	2193	...	...	Portugal
Slovakia	676	720	640	700	692	642	307	375	287	247	Slovaquie
Slovenia	430	441	471	480	474	C	283	295	C	C	Slovénie
Spain	21522	22000	24507	25742	26228	18511	12271	9409	6351	4070	Espagne
Sweden	...	...	C	21	19	13	13	10	12	12	Suède
Ukraine	3174	3705	4011	4132	5040	4485	2348	2049	2355	2084	Ukraine
United Kingdom	...	...	...	...	...	C	1833	1978	1674	1590	Royaume-Uni

General Note.
Building bricks, made of clay.

Remarque générale.
Briques de construction en argile.

Tiles, roofing, made of clay
Tuiles d'argile, pour toitures

CPC-BASED CODE - CODE BASE CPC
37350-2

Unit: Million units — Unité: Millions d'unités

Country or area	2003	2004	2005	2006	2007	2008	2009	2010	2011	2012	Pays ou zone
Africa											**Afrique**
Algeria[1]	57	52	61	11	...	...	...	...	...	...	Algérie[1]
Kenya	9	9	8	8	10	12	13	12	10	6	Kenya
United R. of Tanzania[2]	...	...	...	...	...	...	6146	...	...	...	Rép.-U. de Tanzanie[2]
America, North											**Amérique du Nord**
Cuba	1	1	0	1	0	0	0	0	0	0	Cuba
Mexico	29	26	32	31	...	...	...	...	...	...	Mexique
Trinidad and Tobago	...	...	...	...	...	...	4	...	...	...	Trinité-et-Tobago
America, South											**Amérique du Sud**
Brazil	1092	1001	1645	2291	2780	2104	2313	2416	2597	2427	Brésil
Ecuador	...	6	6	7	7	10	...	...	...	...	Équateur
Asia											**Asie**
Cyprus	8	9	8	7	8	9	7	6	3	...	Chypre
Japan	1006106	883124	877142	832802	665960	584183	572350	488945	511349	503492	Japon
Kazakhstan[1]	30	33	...	...	...	...	...	...	...	...	Kazakhstan[1]
Kyrgyzstan[1]	...	...	...	0	0	1	1	0	0	0	Kirghizistan[1]
Malaysia	235	206	186	188	141	178	109	118	119	168	Malaisie
Syrian Arab Republic	12	13	16	18	19	19	...	...	...	...	Rép. arabe syrienne
Turkey	182	216	#326	320	315	251	254	C	305	301	Turquie
Viet Nam	347	323	527	459	440	484	515	587	543	476	Viet Nam
Europe											**Europe**
Belarus[3]	153	149	123	172	199	219	126	91	137	277	Bélarus[3]
Croatia	80	86	96	92	96	93	48	55	55	30	Croatie
Denmark	17	17	19	15	17	15	11	11	12	11	Danemark
Estonia	...	C	...	4	5	3	2	1	1	0	Estonie
Germany	794	867	818	874	875	744	632	720	756	701	Allemagne
Greece	152	152	...	...	...	...	...	...	...	...	Grèce
Hungary	C	83	C	C	C	122	110	106	113	93	Hongrie
Italy	606	634	...	...	...	...	...	...	...	...	Italie
Poland	124	112	122	158	166	171	164	148	164	140	Pologne
Portugal	197	189	185	182	184	157	150	159	...	...	Portugal
Romania	34	31	38	28	23	22	15	20	16	C	Roumanie
Russian Federation[3]	833	46	27	11	0	7	2	20	0	1	Fédération de Russie[3]
Serbia	...	...	...	239	235	221	176	178	...	...	Serbie
Serbia & Montenegro	228	...	...	...	...	...	...	...	...	...	Serbie-et-Monténégro
Spain	489	493	490	509	503	366	260	284	237	183	Espagne
Sweden	13	15	16	16	16	11	13	13	12	11	Suède
TFYR of Macedonia	13	10	17	19	21	22	19	18	18	18	L'ex-RY de Macédoine
Ukraine	0	0	0	0	0	4	0	C	0	C	Ukraine
United Kingdom	154	108	148	117	129	138	123	153	166	152	Royaume-Uni
Oceania											**Océanie**
Australia[3,4]	...	4192	3787	3261	3209	2743	2158	2149	...	...	Australie[3,4]

General Note.
Tiles, roofing, made of clay.

[1] In thousand metric tons.
[2] Tanganyika only.
[3] In thousand square metres.
[4] Twelve months ending 30 June of year stated.

Remarque générale.
Tuiles d'argile, pour toitures.

[1] En milliers de tonnes métriques.
[2] Tanganyika seulement.
[3] En milliers de mètres carrés.
[4] Période de douze mois finissant le 30 juin de l'année indiquée.

Ceramic flags and paving, hearth or wall tiles; ceramic mosaic cubes and the like
Carreaux et dalles de pavement ou revêtement, cubes et articles similaires pour mosaïques, en céramique

CPC-BASED CODE - CODE BASE CPC
37370-0

Unit: Thousand square metres | Unité: Milliers de mètres carrés

Country or area	2003	2004	2005	2006	2007	2008	2009	2010	2011	2012	Pays ou zone
Africa											**Afrique**
Algeria	2424	2330	2905	1546	1918	1964	2034	2073	2014	1772	Algérie
Ethiopia	396	...	...	...	...	...	...	...	...	...	Éthiopie
Kenya[1]	6545	...	...	...	...	...	...	...	...	...	Kenya[1]
South Africa	25118	...	...	...	...	...	...	...	...	...	Afrique du Sud
United R. of Tanzania[1,2]	...	...	...	...	...	...	4256	...	...	...	Rép.-U. de Tanzanie[1,2]
America, North											**Amérique du Nord**
Cuba	1161	1387	967	1018	990	779	2155	2507	2173	2106	Cuba
Mexico[1]	796360	883961	992197	1017732	#3049483	2928775	2691722	2895311	3020659	3128232	Mexique[1]
United States	57121	...	...	...	...	...	...	...	...	...	États-Unis
America, South											**Amérique du Sud**
Argentina	29458	32737	35940	37599	37912	36651	27730	...	...	...	Argentine
Brazil	480344	515074	559030	606387	604809	701161	702104	802279	882590	908686	Brésil
Chile	...	...	12661	13782	11913	5509	...	...	...	...	Chili
Asia											**Asie**
Azerbaijan	36	21	94	83	62	35	12	84	54	94	Azerbaïdjan
Cyprus	409	...	...	...	...	...	...	...	...	...	Chypre
Georgia	C	C	C	80	C	57	36	C	78	137	Géorgie
India[1]	133246	...	225705	...	...	...	...	...	...	...	Inde[1]
Kazakhstan	694	789	493	675	665	450	...	...	...	...	Kazakhstan
Kyrgyzstan	4	1	0	0	0	0	0	0	0	0	Kirghizistan
Malaysia	69411	66149	80082	90648	87321	85778	79730	85644	82086	90699	Malaisie
Syrian Arab Republic	6327	9997	11209	13149	18501	18501	...	...	...	...	Rép. arabe syrienne
Yemen[1]	84000	...	...	...	...	...	...	...	...	...	Yémen[1]
Europe											**Europe**
Belarus	17458	18864	19542	20258	21109	23156	20540	23870	25606	27292	Bélarus
Bosnia & Herzegovina[3]	8	...	...	...	...	...	...	...	...	...	Bosnie-Herzégovine[3]
Bulgaria	9818	9661	11761	13949	15250	13892	10933	13227	18163	18578	Bulgarie
Croatia	4412	4868	5704	6241	7351	7176	3666	2461	1365	1760	Croatie
Denmark	...	...	11	12	23	...	...	8	...	...	Danemark
Estonia	2	...	4	2	3	5	4	3	27	25	Estonie
Finland	946	...	...	...	...	...	...	956	970	819	Finlande
Germany	62903	63397	C	C	C	62098	53480	53372	57581	58239	Allemagne
Greece[4]	7929	...	...	...	...	...	...	...	...	...	Grèce[4]
Hungary	9835	9181	8733	9892	6535	5121	5649	5223	5339	5517	Hongrie
Italy	606864	609979	...	...	...	...	...	...	...	...	Italie
Lithuania	2201	1849	2247	2101	2334	2606	1612	1075	1181	1122	Lituanie
Poland	73365	86816	88461	92960	114517	114114	109722	101409	106506	105269	Pologne
Portugal	59632	62101	65284	60319	63730	61893	51639	52247	...	...	Portugal
Rep. of Moldova	...	1029	625	734	1249	809	10	2	2	1	Rép. de Moldova
Romania	13880	11889	11391	15799	12856	14166	10076	5739	6569	6575	Roumanie
Russian Federation[5]	76200	87827	100803	224689	137610	147838	118202	128162	146340	156100	Fédération de Russie[5]
Serbia	...	...	...	7079	...	...	...	...	...	...	Serbie
Slovakia	9520	8918	7349	6750	6359	3752	3862	C	...	...	Slovaquie
Spain	581602	594000	614131	617326	586566	515494	364286	382141	389951	371027	Espagne
Sweden	335	...	C	278	273	213	0	0	C	C	Suède
TFYR of Macedonia	...	...	...	868	649	665	9	0	0	9	L'ex-RY de Macédoine
Ukraine	12891	16972	20568	22116	28632	41313	44334	51930	60477	62210	Ukraine
United Kingdom	...	...	7665	C	7778	5930	C	C	...	...	Royaume-Uni

General Note.

Unglazed or glazed ceramic flags and paving, hearth or wall tiles; unglazed or glazed ceramic mosaic cubes and the like, whether or not on a backing.

Remarque générale.

Carreaux et dalles de pavement ou de revêtement, même vernissés ou émaillés, en céramique; cubes, dés et articles similaires pour mosaïques, même vernissés ou émaillés, en céramique, même sur support.

[1] In thousand units.
[2] Tanganyika only.
[3] In thousand metric tons.
[4] Incomplete coverage.
[5] Ceramic tiles for internal walls, floors and facades.

[1] En milliers d'unités.
[2] Tanganyika seulement.
[3] En milliers de tonnes métriques.
[4] Couverture incomplète.
[5] Carreaux céramiques pour les murs intérieurs, planchers et façades.

Quicklime, slaked lime and hydraulic lime
Chaux vive, chaux éteinte et chaux hydraulique

CPC-BASED CODE - CODE BASE CPC
37420-0

Unit: Thousand metric tons — Unité: Milliers de tonnes métriques

Country or area	2003	2004	2005	2006	2007	2008	2009	2010	2011	2012	Pays ou zone
Africa											**Afrique**
Algeria	44	36	33	25	...	...	...	...	...	...	Algérie
Egypt	36	34	26	33	72	39	57	60	46	...	Égypte
Ethiopia	11	...	...	...	...	...	...	...	...	...	Éthiopie
Kenya[1]	10	...	...	...	...	...	...	...	...	...	Kenya[1]
Rwanda	...	...	...	1	1	1	1	1	2	2	Rwanda
South Africa[1]	1600	1500	...	...	...	...	...	...	...	...	Afrique du Sud[1]
Tunisia	446	...	...	...	...	...	...	...	...	...	Tunisie
United R. of Tanzania[2]	3	4	5	...	9	18	31	...	...	...	Rép.-U. de Tanzanie[2]
America, North											**Amérique du Nord**
Canada[1]	2216	2200	...	...	...	...	...	...	...	...	Canada[1]
Cuba	65	54	34	36	43	50	46	50	38	54	Cuba
Mexico	3308	3222	3110	3319	3375	3603	3293	3488	3572	3613	Mexique
United States[3]	19200	20000	20000	21000	20200	19900	15800	18300	...	...	États-Unis[3]
America, South											**Amérique du Sud**
Brazil	4403	9720	5439	5815	5595	6138	6356	6709	7515	9078	Brésil
Chile	*[1]1000	[1]1000	577	555	600	573	510	556	670	...	Chili
Colombia[1]	*1300	1300	...	...	...	...	...	...	...	...	Colombie[1]
Asia											**Asie**
Armenia	4	4	9	20	23	15	22	21	25	27	Arménie
Azerbaijan	0	4	5	27	15	1	1	1	2	15	Azerbaïdjan
China[1]	23000	23500	...	...	...	...	...	...	...	...	Chine[1]
Cyprus	13	14	17	15	14	15	12	10	10	...	Chypre
Georgia	28	12	16	22	C	C	54	43	62	39	Géorgie
India*,[1]	900	900	...	...	...	...	...	...	...	...	Inde*,[1]
Iran (Islamic Rep. of)	...	...	...	...	...	...	627	...	...	...	Iran (Rép. islam. d')
Iraq	...	...	...	...	...	...	52	...	...	...	Iraq
Kazakhstan	786	859	994	988	1023	...	...	...	...	...	Kazakhstan
Kuwait	122	151	50	38	33	135	131	32	34	28	Koweït
Kyrgyzstan	9	10	9	10	13	9	5	7	3	3	Kirghizistan
Mongolia	42	30	81	60	43	55	43	50	45	68	Mongolie
Oman	61	...	...	...	...	...	...	...	...	...	Oman
Philippines	11	35	8	3	2	3	3	3	4	4	Philippines
Tajikistan	12	9	3	5	4	6	4	4	2	6	Tadjikistan
Turkey	1305	1551	#1907	2095	2329	2364	2941	3658	4020	3864	Turquie
Viet Nam	1384	1464	1737	1592	1438	1619	1584	1116	...	...	Viet Nam
Europe											**Europe**
Austria	358	...	...	...	...	...	...	...	...	...	Autriche
Belarus	658	709	785	853	925	900	788	804	794	747	Bélarus
Belgium	[4]1588	[1]2000	...	...	...	...	...	...	...	...	Belgique
Bosnia & Herzegovina#	44	...	...	...	...	...	...	...	...	...	Bosnie-Herzégovine#
Bulgaria	283	284	337	342	347	350	283	311	316	285	Bulgarie
Croatia	189	461	454	543	572	541	351	330	271	207	Croatie
Czech Republic	1262	1277	1223	1196	1266	1186	982	C	1093	C	République tchèque
Denmark	99	90	85	92	90	87	59	62	73	83	Danemark
Estonia	31	C	C	40	44	C	C	20	20	60	Estonie
Finland	513	516	470	502	518	482	410	463	456	451	Finlande
France	2000	...	...	...	...	...	...	...	...	...	France
Germany	6518	7117	6796	7376	7557	7536	6476	7192	7558	7154	Allemagne
Greece[5]	492	504	...	...	...	...	...	...	...	...	Grèce[5]
Hungary	256	287	294	409	337	332	249	285	222	209	Hongrie
Ireland	190	C	...	...	...	...	...	...	...	...	Irlande
Italy	5510	5601	...	...	...	...	...	...	...	...	Italie
Lithuania	63	55	37	65	56	61	4	27	48	46	Lituanie
Montenegro	8	11	6	8	7	10	5	1	...	...	Monténégro
Norway	...	124	119	167	...	...	...	...	...	...	Norvège
Poland	1774	1839	1538	1745	1949	1790	1597	1642	1873	1470	Pologne
Portugal	415	421	436	446	423	448	372	423	...	...	Portugal
Rep. of Moldova	3	2	2	2	1	0	0	0	0	0	Rép. de Moldova
Romania	824	777	859	944	1040	820	513	509	514	489	Roumanie
Russian Federation[6]	1542	1622	1639	1766	1904	2064	1209	1657	1953	2282	Fédération de Russie[6]
Serbia & Montenegro	402	...	...	...	...	...	...	...	...	...	Serbie-et-Monténégro
Slovakia	817	942	925	1067	1114	1071	862	965	961	883	Slovaquie

For general note and footnotes, see end of table — Voir la fin du tableau pour la remarque générale est les notes

Quicklime, slaked lime and hydraulic lime (continued)
Chaux vive, chaux éteinte et chaux hydraulique (suite)

CPC-BASED CODE - CODE BASE CPC
37420-0

Unit: Thousand metric tons | Unité: Milliers de tonnes métriques

Country or area	2003	2004	2005	2006	2007	2008	2009	2010	2011	2012	Pays ou zone
Slovenia	C	135	C	C	C	C	C	140	C	113	Slovénie
Spain	1266	1764	1819	1975	C	C	C	C	C	C	Espagne
Sweden	874	1108	1171	1218	1140	1172	951	1149	1143	961	Suède
TFYR of Macedonia	8	13	15	13	8	0	3	0	0	0	L'ex-RY de Macédoine
Ukraine	4962	5302	5342	5450	5688	5128	4101	4241	4488	4415	Ukraine
United Kingdom	1144	...	1205	C	1222	C	C	C	C	537	Royaume-Uni
Oceania											**Océanie**
Australia*,[1]	1500	1500	...	...	...	...	...	...	...	...	Australie*,[1]

General Note.
Quicklime, slaked lime and hydraulic lime.

[1] Source: U.S. Geological Survey (Reston, Virginia).
[2] Tanganyika only.
[3] Including calcined dolomite.
[4] Incomplete coverage.
[5] Excluding Prodcom 2002 code 26.52.10.50.
[6] Lime for construction only.

Remarque générale.
Chaux vive, chaux éteinte et chaux hydraulique.

[1] Source: Service géologique des Etats-Unis (Reston, Virginia).
[2] Tanganyika seulement.
[3] Y compris la dolomie calcinée.
[4] Couverture incomplète.
[5] 2002 code Prodcom 26.52.10.50 non compris.
[6] Chaux de construction seulement.

Cement, except in the form of clinkers
Ciments, autres que sous forme de "clinkers"

CPC-BASED CODE - CODE BASE CPC
37440-0

Unit: Thousand metric tons — Unité: Milliers de tonnes métriques

Country or area	2003	2004	2005	2006	2007	2008	2009	2010	2011	2012	Pays ou zone
Africa											**Afrique**
Algeria	8192	9536	10453	10802	11617	11478	11553	11275	11275	11116	Algérie
Angola[1]	250	250	...	...	...	...	...	...	...	...	Angola[1]
Benin[1]	*250	250	...	...	...	...	...	...	...	...	Bénin[1]
Burkina Faso[1]	*30	30	...	...	...	...	...	...	...	...	Burkina Faso[1]
Cameroon	949	1032	1026	1127	1209	982	1221	...	...	...	Cameroun
Côte d'Ivoire[1]	650	650	...	...	...	...	...	...	...	...	Côte d'Ivoire[1]
Dem. R. of the Congo[1]	190	...	...	...	...	...	...	...	...	...	Rép. dém. du Congo[1]
Egypt	16281	22474	28197	32304	...	35985	46958	[2]43884	40185	...	Égypte
Eritrea[1]	*45	45	...	...	...	...	...	...	...	...	Érythrée[1]
Ethiopia	890	[1]1300	...	...	...	...	...	...	...	...	Éthiopie
Gabon	261	[1]350	...	...	...	...	...	...	...	...	Gabon
Ghana[1]	1900	2000	...	...	...	...	...	...	...	...	Ghana[1]
Guinea[1]	360	360	...	...	...	...	...	...	...	...	Guinée[1]
Kenya	1659	1886	2182	2406	2615	2830	3320	3710	4478	4694	Kenya
Liberia[*,1]	30	30	...	...	...	...	...	...	...	...	Libéria[*,1]
Libya[1]	3500	3600	...	...	...	...	...	...	...	...	Libye[1]
Madagascar	[1]33	23	29	33	...	...	...	...	...	...	Madagascar
Malawi[1]	190	190	...	...	...	...	...	...	...	...	Malawi[1]
Mauritania[*,1]	200	200	...	...	...	...	...	...	...	...	Mauritanie[*,1]
Morocco	9277	9796	10289	11357	12787	14048	*14519	[2]14571	...	...	Maroc
Mozambique	582	552	564	774	771	...	...	...	...	...	Mozambique
Niger[1]	40	40	...	...	...	...	...	...	...	...	Niger[1]
Nigeria	1747	1754	1754	...	...	...	...	...	...	...	Nigéria
Réunion[*,1]	380	380	...	...	...	...	...	...	...	...	Réunion[*,1]
Rwanda	[1]105	[1]104	...	106	105	103	92	95	94	106	Rwanda
Senegal	1694	2391	2623	2884	3152	3084	3327	4066	...	...	Sénégal
Sierra Leone	170	181	172	234	236	254	236	...	...	...	Sierra Leone
South Africa[1]	8883	12348	...	...	...	...	...	...	...	...	Afrique du Sud[1]
Sudan (former)	[3]320	244	244	227	327	340	622	2127	...	...	Soudan (anc.)
Togo	1196	1164	1018	1102	1249	1265	1179	1185	1152	1173	Togo
Tunisia	[4]6480	[2]6561	[2]6691	[2]6932	[2]7052	[2]7559	[2]7514	...	...	...	Tunisie
Uganda	507	559	693	858	996	1193	1162	1347	1666	1780	Ouganda
United R. of Tanzania[5]	1187	1281	1367	1427	1654	1756	1941	2312	2409	2581	Rép.-U. de Tanzanie[5]
Zambia	424	[1]480	...	...	...	...	...	...	...	...	Zambie
Zimbabwe[*,1]	400	400	...	...	...	...	...	...	...	...	Zimbabwe[*,1]
America, North											**Amérique du Nord**
Barbados	325	322	342	338	316	303	256	...	...	...	Barbade
Canada[1]	13424	14017	...	...	...	...	...	...	...	...	Canada[1]
Costa Rica[1]	1320	1300	...	...	...	...	...	...	...	...	Costa Rica[1]
Cuba	1357	1409	1576	1714	1812	1709	1638	1641	1736	1833	Cuba
Dominican Republic	2783	2654	2898	3707	4077	4207	...	...	...	...	Rép. dominicaine
El Salvador[1]	1390	1400	...	...	...	...	...	...	...	...	El Salvador[1]
Guadeloupe[*,1]	230	230	...	...	...	...	...	...	...	...	Guadeloupe[*,1]
Guatemala[1]	1900	1900	...	...	...	...	...	...	...	...	Guatemala[1]
Haiti[1]	200	300	...	...	...	...	...	...	...	...	Haïti[1]
Honduras	[1]1400	[1]1400	[6]1384	...	...	...	...	...	...	...	Honduras
Jamaica	608	808	[6]848	763	774	725	...	...	...	...	Jamaïque
Martinique[*,1]	225	225	...	...	...	...	...	...	...	...	Martinique[*,1]
Mexico	33521	34683	37086	40038	43320	42275	40902	39065	40552	41666	Mexique
Nicaragua[6]	533	521	530	...	...	...	...	...	...	...	Nicaragua[6]
Panama[6]	889	1042	...	...	...	...	...	...	...	...	Panama[6]
Trinidad and Tobago	766	768	686	883	...	...	870	...	...	...	Trinité-et-Tobago
United States[7]	92843	97434	99319	98167	95464	86310	63929	66452	...	...	États-Unis[7]
America, South											**Amérique du Sud**
Argentina	5217	6254	7595	8929	9602	9703	9385	...	...	...	Argentine
Bolivia (Plur. State of)	[6]1138	[6]1276	1440	...	...	...	...	...	...	...	Bolivie (État plur. de)
Brazil	34653	34159	38864	41555	64973	54502	53266	68467	71003	77397	Brésil
Chile	[1]3622	[1]3798	4014	4000	4368	4621	2579	3418	4405	...	Chili
Colombia[6]	7337	7822	9959	...	...	...	...	...	...	...	Colombie[6]
Ecuador	[1]3100	3317	3666	5509	5658	4777	...	...	...	...	Équateur
French Guiana[1]	*62	62	...	...	...	...	...	...	...	...	Guyane française[1]
Paraguay	505	[1]660	...	...	...	...	...	...	...	...	Paraguay
Peru	3740	4133	4535	5052	5335	5886	6186	6941	7026	8038	Pérou
Suriname[*,1]	65	65	...	...	...	...	...	...	...	...	Suriname[*,1]

For general note and footnotes, see end of table

Voir la fin du tableau pour la remarque générale est les notes

Cement, except in the form of clinkers (continued)
Ciments, autres que sous forme de "clinkers" (suite)

CPC-BASED CODE - CODE BASE CPC
37440-0

Unit: Thousand metric tons — Unité: Milliers de tonnes métriques

Country or area	2003	2004	2005	2006	2007	2008	2009	2010	2011	2012	Pays ou zone
Uruguay	[8]489	[8]658	[8]691	838	907	1022	...	959	...	788	Uruguay
Venezuela (Bol. R. of)[6]	7398	9000	10000	...	...	...	...	...	...	...	Venezuela (R.bol.du)[6]
Asia											**Asie**
Afghanistan	24	24	15	30	28	45	37	36	36	71	Afghanistan
Armenia	384	501	605	625	722	770	467	488	422	438	Arménie
Azerbaijan	[4]1012	[4]1428	1538	1639	1687	1587	1288	1270	1423	1962	Azerbaïdjan
Bahrain[1]	70	75	...	...	...	...	...	...	...	...	Bahreïn[1]
Bangladesh	[9]2565	[9]2695	[9]2943	[9]3211	[10]3439	...	...	...	...	...	Bangladesh
Bhutan[1]	*160	170	...	...	...	...	...	...	...	...	Bhoutan[1]
Brunei Darussalam	[1]235	[1]240	234	184	...	...	...	...	...	...	Brunéi Darussalam
China	862081	966820	1068848	1236765	1361173	1423557	1643978	1881912	2099259	2209841	Chine
China, Hong KongSAR	1189	1039	1005	1255	1300	1426	1124	...	...	...	Chine,Hong KongRAS
Cyprus	1638	1688	1800	1786	1853	1940	1489	1348	1202	...	Chypre
Dem.P.R. of Korea[1]	*5540	5500	...	...	...	...	...	...	...	...	Rép.p.d. de Corée[1]
Georgia	345	442	530	790	1264	1351	870	907	1502	1546	Géorgie
India	117035	125338	140512	154746	168000	...	...	...	...	...	Inde
Indonesia	[4]40476	[4]32448	[10]33916	[10]33106	35033	43615	...	...	...	...	Indonésie
Iran (Islamic Rep. of)	[1]30000	[1]30000	33049	21536	40189	43042	48740	...	...	...	Iran (Rép. islam. d')
Iraq	*[1]1000	*[1]3000	...	2887	...	2813	2732	3269	3265	3510	Iraq
Israel[*,1]	4632	4494	...	...	...	...	...	...	...	...	Israël[*,1]
Jordan	3515	3908	4046	3967	[2]3969	[2]4284	[2]4081	[2]3929	...	...	Jordanie
Kazakhstan	[4]2580	[4]3660	4181	4880	5699	5837	...	...	...	...	Kazakhstan
Kuwait	[4]1863	2635	2690	2837	3147	3232	2834	2225	2515	2857	Koweït
Kyrgyzstan	757	870	973	1051	1230	1218	1017	760	1017	1240	Kirghizistan
Lao PDR	280	282	400	...	...	831	...	...	...	...	Lao, RDP
Lebanon	[1]2900	[1]2900	...	2297	4771	5283	...	...	...	...	Liban
Malaysia	[4]17244	[4]17328	16658	19457	21909	19629	19457	19762	21198	21726	Malaisie
Mongolia	162	62	[10]112	141	180	270	235	323	426	349	Mongolie
Myanmar[11]	471	583	533	547	577	611	691	637	548	547	Myanmar[11]
Nepal[12]	255	279	278	...	1060	...	...	...	...	...	Népal[12]
Oman	[13]1593	[13]1648	[2]2686	[2]3710	[2]3680	...	...	...	...	...	Oman
Pakistan[9]	10845	12862	16353	18564	22739	26751	28380	31358	28716	29557	Pakistan[9]
Philippines	[1]10000	[10]13057	[10]12368	[10]12033	[10]13048	...	...	...	...	...	Philippines
Qatar	[13]1340	[2]1202	[2]1182	[2]2169	...	...	...	...	...	...	Qatar
Rep. of Korea	60725	56955	52224	55021	58188	56010	53826	50695	52004	52613	Rép. de Corée
Saudi Arabia	24200	25470	26064	[2]27055	[2]30334	[2]29419	[2]31568	[2]33375	...	...	Arabie saoudite
Singapore[1]	150	150	...	...	...	...	...	...	...	...	Singapour[1]
Sri Lanka	1163	[1]1400	[10]3928	[10]4579	...	...	...	...	...	...	Sri Lanka
Syrian Arab Republic	5224	5098	5218	4965	5150	5646	[2,14]5176	[2,14]6093	...	...	Rép. arabe syrienne
Tajikistan	[4]168	[4]192	253	282	313	190	195	288	299	251	Tadjikistan
Thailand	32530	35626	37872	39408	35668	31651	...	...	...	...	Thaïlande
Turkey	35264	38594	#44390	52660	53414	56307	58894	70801	68208	67019	Turquie
Turkmenistan	200	[1]450	...	...	...	...	...	...	...	...	Turkménistan
United Arab Emirates[*,1]	8000	8000	...	...	...	...	...	...	...	...	Émirats arabes unis[*,1]
Uzbekistan[10]	4062	4805	5068	5583	6043	...	...	...	...	...	Ouzbékistan[10]
Viet Nam	24127	26153	30808	32690	37102	40009	48810	55801	58271	56300	Viet Nam
Yemen	1541	[1]1546	...	...	...	...	...	...	...	...	Yémen
Europe											**Europe**
Albania	578	530	473	356	553	...	1108	...	...	...	Albanie
Austria[1]	3800	3800	...	...	...	...	...	...	...	...	Autriche[1]
Belarus	2472	2731	3131	3495	3821	4219	4350	4531	4604	4906	Bélarus
Belgium[1]	8000	8000	...	...	...	...	...	...	...	...	Belgique[1]
Bosnia & Herzegovina	#891	[1]1045	...	...	...	...	...	...	...	...	Bosnie-Herzégovine
Bulgaria	2398	2943	3600	4064	4383	4904	2666	1988	1896	1771	Bulgarie
Croatia	3571	3514	3481	3622	3587	3636	2904	2757	2683	2256	Croatie
Czech Republic	3502	3829	3978	4239	4899	4805	3851	3559	4053	3620	République tchèque
Denmark	2580	2892	2881	2937	2871	2539	1579	1567	1853	1817	Danemark
Estonia	506	614	733	856	C	C	C	402	449	477	Estonie
Finland	1493	1691	1321	1513	1743	1633	1052	1215	1387	1293	Finlande
France	20544	C	...	...	...	...	...	...	...	...	France
Germany	[1]32349	[1]31954	C	C	C	C	30663	29661	33532	31925	Allemagne
Greece	[15]18742	[1]15000	...	...	...	...	...	...	...	...	Grèce
Hungary	3575	3363	3235	3571	3275	3384	C	C	1697	1820	Hongrie
Iceland	85	C	C	C	C	C	C	C	C	C	Islande
Ireland	3065	3348	...	...	...	...	...	...	...	...	Irlande
Italy[16]	37021	37843	...	...	...	...	...	...	...	...	Italie[16]

For general note and footnotes, see end of table — Voir la fin du tableau pour la remarque générale est les notes

Cement, except in the form of clinkers (continued)
Ciments, autres que sous forme de "clinkers" (suite)

CPC-BASED CODE - CODE BASE CPC
37440-0

Unit: Thousand metric tons — Unité: Milliers de tonnes métriques

Country or area	2003	2004	2005	2006	2007	2008	2009	2010	2011	2012	Pays ou zone
Lithuania	599	753	840	1054	1088	1078	576	830	954	1001	Lituanie
Luxembourg	709	[1]750	...	...	...	...	...	...	...	...	Luxembourg
Netherlands[*,1]	3400	3400	...	...	...	...	...	...	...	...	Pays-Bas[*,1]
Poland	11624	12148	12190	14695	16952	16988	15219	15523	18397	15580	Pologne
Portugal	8598	8839	8427	8327	9179	8405	6863	6666	...	...	Portugal
Rep. of Moldova	255	440	641	C	C	C	C	C	C	C	Rép. de Moldova
Romania	5879	6211	7023	8263	9898	10635	7997	6961	7946	8048	Roumanie
Russian Federation	40998	45615	48534	54731	59933	53548	44266	50392	56153	61691	Fédération de Russie
Serbia	...	...	...	2565	2676	2843	2232	2130	...	...	Serbie
Serbia & Montenegro	2075	[1]2240	...	...	...	...	...	...	...	...	Serbie-et-Monténégro
Slovakia	3115	3031	3282	3389	3504	4087	3054	2855	3133	2864	Slovaquie
Spain	C	C	C	C	C	41353	28694	24694	21734	16085	Espagne
Sweden	2841	2731	2791	3074	3033	2962	2248	2341	2571	2628	Suède
Switzerland	[1]3800	3955	...	...	...	...	...	...	...	...	Suisse
TFYR of Macedonia	832	812	887	924	902	*916	909	820	981	683	L'ex-RY de Macédoine
Ukraine	8923	10648	12165	13739	15019	14918	9503	9472	10580	9843	Ukraine
United Kingdom	[1]11215	[1]11250	C	C	15912	C	C	C	10300	9738	Royaume-Uni
Oceania											**Océanie**
Australia[9]	7731	8460	8925	8910	9381	9752	9108	8903	...	...	Australie[9]
Fiji	100	111	143	143	144	140	116	...	...	...	Fidji
New Caledonia	[1]100	[1]115	119	133	122	137	138	160	146	125	Nouvelle-Calédonie
New Zealand	3143	3509	3631	3553	3725	3443	2698	2692	2635	2824	Nouvelle-Zélande

General Note.
Portland cement, aluminous cement, slag cement and similar hydraulic cements, except in the form of clinkers.

1 Source: U.S. Geological Survey (Reston, Virginia).
2 Source: Bulletin of Industrial Statistics for the Arab Countries, United Nations Economic and Social Commission for Western Asia (Beirut).
3 Source: African Statistical Yearbook, Economic Commission for Africa (Addis Ababa).
4 Source: Organisation of the Islamic Conference (Jeddah, Saudi Arabia).
5 Tanganyika only.
6 Source: United Nations Economic Commission for Latin America and the Caribbean (Santiago).
7 Excluding Puerto Rico.
8 Portland cement only.
9 Twelve months ending 30 June of year stated.
10 Source: Country Economic Review, Asian Development Bank (Manila).
11 Twelve months ending 31 March of year stated.
12 Twelve months beginning 16 July of year stated.
13 Source: Arab Gulf Cooperation Council (Riyadh).
14 Government production only.
15 Incomplete coverage.
16 Excluding Prodcom 2002 code 26.51.12.50.

Remarque générale.
Ciments Portland, ciments alumineux, ciment de laitier et ciments hydrauliques similaires, autres que sous forme de "clinkers".

1 Source: Service géologique des Etats-Unis (Reston, Virginia).
2 Source: Bulletin de statistiques industrielles pour les pays arabes, Commission économique et sociale pour l'Asie occidentale des Nations Unies (Beyrouth).
3 Source: Annuaire statistique pour l'Afrique, Commission économique pour l'Afrique des Nations Unies (Addis-Abeba).
4 Source: Organisation de la Conférence islamique (Djeddah, Arabie saoudite).
5 Tanganyika seulement.
6 Source: Commission économique pour l'Amérique Latine et les Caraïbes des Nations Unies (Santiago).
7 Non compris le Puerto Rico.
8 Ciment Portland seulement.
9 Période de douze mois finissant le 30 juin de l'année indiquée.
10 Source: Revue Economique du Pays, La Banque Asiatique de développement (Manille).
11 Période de douze mois finissant le 31 mars de l'année indiquée.
12 Période de douze mois commençant le 16 juillet de l'année indiquée.
13 Source: Conseil de coopération des Etats arabes du Golfe (Riyad).
14 Production de l'Etat seulement.
15 Couverture incomplète.
16 2002 code Prodcom 26.51.12.50 non compris.

Articles of plaster or of compositions based on plaster
Ouvrages en plâtre ou en compositions à base de plâtre

CPC-BASED CODE - CODE BASE CPC
37530-0

Unit: Thousand square metres | Unité: Milliers de mètres carrés

Country or area	2003	2004	2005	2006	2007	2008	2009	2010	2011	2012	Pays ou zone
Africa											**Afrique**
Algeria[1]	209900	211600	209400	208600	165700	35600	...	...	...	...	Algérie[1]
Mozambique	...	547	1043	...	...	...	...	...	...	...	Mozambique
America, South											**Amérique du Sud**
Argentina	...	17776	20558	23009	25341	29461	24500	...	...	...	Argentine
Brazil[1]	15334	17493	65814	28295	78935	81764	106161	162482	187933	284337	Brésil[1]
Ecuador	...	18	38	9	16	...	...	...	...	...	Équateur
Asia											**Asie**
Azerbaijan	2	0	1	0	0	0	3983	6331	8002	9933	Azerbaïdjan
China	214742	550210	536678	731531	962093	*1113360	*1540390	*1858859	*1829229	*2121033	Chine
India[1]	53568	96989	102072	...	...	...	...	...	...	...	Inde[1]
Kazakhstan	3005	6340	...	...	...	...	...	...	...	...	Kazakhstan
Kuwait	1548	1484	1303	1589	1894	2165	3174	3066	3779	3245	Koweït
Europe											**Europe**
Belarus	4775	5474	6047	6502	6773	6630	6882	6788	5706	6120	Bélarus
Croatia	...	3569	5128	14879	20092	19882	11911	9091	8497	7700	Croatie
Denmark	28904	30611	32505	38852	37476	34558	26088	30814	24926	23690	Danemark
Finland	33980	30502	36213	37530	39947	35571	22929	25494	26133	25124	Finlande
Hungary	...	...	...	...	...	...	...	...	44101	39033	Hongrie
Italy[2]	105956	108745	...	...	...	...	...	...	...	...	Italie[2]
Netherlands	...	...	...	...	...	...	...	...	47866	...	Pays-Bas
Norway	...	37695	40079	43933	...	...	...	...	...	...	Norvège
Portugal	[1]64	2696	3561	[1]39	3848	4077	7852	12156	...	...	Portugal
Rep. of Moldova	...	343	249	419	668	1546	100	151	162	122	Rép. de Moldova
Romania[3]	...	...	...	...	...	C	19041	C	33042	C	Roumanie[3]
Russian Federation[4]	113531	141488	208172	200071	225741	221424	168905	238283	254868	275006	Fédération de Russie[4]
Sweden	...	...	38340	36651	38981	34756	27852	29978	29804	30600	Suède
TFYR of Macedonia	9761	12038	11539	12968	15080	16348	13040	8362	8986	8623	L'ex-RY de Macédoine
Ukraine[5]	26988	31435	32933	44853	79708	91492	65489	75221	78400	71518	Ukraine[5]
United Kingdom	[2]279545	[2]321477	...	...	...	312214	C	C	C	C	Royaume-Uni
Oceania											**Océanie**
Australia[6]	135383	144669	144996	143141	148318	152914	152778	149494	...	...	Australie[6]

General Note.

Articles of plaster or of compositions based on plaster, such as boards, sheets, panels, tiles and similar articles, faced or reinforced with paper or paperboard or not, and other articles of plaster or of compositions based on plaster.

Remarque générale.

Ouvrages en plâtre ou en compositions à base de plâtre, comme les planches, plaques, panneaux, carreaux et articles similaires, même revêtus ou renforcés de papier ou de carton, et autres ouvrages en plâtre ou en compositions à base de plâtre.

1 In metric tons.
2 Excluding Prodcom 2002 code 26.66.11.00.
3 Excluding Prodcom 2008 code 23.69.11.00.
4 Plaster sheets of a thickness of 10 mm.
5 Excluding articles of plaster or compositions based on plaster for use in construction (National product list code 26.66.11).
6 Twelve months ending 30 June of year stated.

1 En tonnes métriques.
2 2002 code Prodcom 26.66.11.00 non compris.
3 2008 code Prodcom 23.69.11.00 non compris.
4 Placoplâtre d'une épaisseur de 10 mm.
5 À l'exclusion des articles de plâtre ou des compositions à base de plâtre pour la construction (Code de la liste nationale de produits 26.66.11).
6 Période de douze mois finissant le 30 juin de l'année indiquée.

Tiles, flagstones, bricks and similar articles, of cement, concrete or artificial stone
Tuiles, carreaux, dalles, briques et articles similaires, en ciment, en béton ou en pierre artificielle

CPC-BASED CODE - CODE BASE CPC
37540-0 A

Unit: Thousand metric tons | Unité: Milliers de tonnes métriques

Country or area	2003	2004	2005	2006	2007	2008	2009	2010	2011	2012	Pays ou zone
Africa											**Afrique**
Algeria	1339	1434	...	...	...	...	...	...	...	...	Algérie
Mozambique	...	8	3	...	...	...	...	...	...	...	Mozambique
South Africa	21947	...	...	...	...	...	...	...	...	...	Afrique du Sud
America, North											**Amérique du Nord**
Mexico	3600	3657	3954	4295	6130	5533	4486	4529	4771	4612	Mexique
America, South											**Amérique du Sud**
Brazil	540	577	783	2731	4015	2118	1993	2249	4317	4870	Brésil
Chile[1]	...	...	3585	1476	837	1822	1837	2010	2857	...	Chili[1]
Asia											**Asie**
Azerbaijan	9	15	19	28	52	99	98	123	113	124	Azerbaïdjan
Georgia[1]	...	...	...	...	...	...	25	71	108	390	Géorgie[1]
Kazakhstan	1114	1615	2160	2633	3005	...	...	...	...	...	Kazakhstan
Turkey	...	...	1604	1622	2545	3045	2521	5320	7508	9054	Turquie
Europe											**Europe**
Belgium[2]	2016	...	...	...	...	...	...	...	...	...	Belgique[2]
Bulgaria	370	406	454	602	748	821	591	403	554	576	Bulgarie
Croatia	69	150	180	240	290	438	372	285	303	302	Croatie
Czech Republic	3016	3330	3306	3617	4384	4084	3914	3639	3804	3525	République tchèque
Denmark	2376	2807	2490	2770	2796	...	...	2405	...	...	Danemark
Estonia	...	497	686	943	1128	906	379	306	478	432	Estonie
Finland	827	881	845	886	1109	944	508	827	842	780	Finlande
Greece	284	213	...	...	...	...	...	...	...	...	Grèce
Hungary	1482	1560	1406	1657	1636	1861	1534	1333	1504	1328	Hongrie
Ireland	3545	5058	...	...	...	...	...	...	...	...	Irlande
Italy	17770	17838	...	...	...	...	...	...	...	...	Italie
Latvia	281	388	544	907	936	727	319	312	373	457	Lettonie
Lithuania	858	1086	1457	1381	1671	1261	576	630	828	706	Lituanie
Netherlands	2359	2557	3400	3575	...	...	...	...	6112	5733	Pays-Bas
Norway	...	413	532	346	...	...	...	...	...	...	Norvège
Poland	9398	9899	11249	13860	16227	15781	16418	17070	19453	17127	Pologne
Portugal	2408	2383	2371	2125	2202	2084	1163	1137	...	...	Portugal
Rep. of Moldova	...	163	220	218	217	224	168	168	203	208	Rép. de Moldova
Romania	1516	1757	2074	2452	2746	3039	1434	1614	2376	2272	Roumanie
Russian Federation[1,3]	10	847	901	1148	1315	1534	984	994	1066	1231	Fédération de Russie[1,3]
Serbia[2]	...	...	...	3	...	...	...	...	...	...	Serbie[2]
Slovakia	979	985	1039	1012	1447	1901	1367	1232	1315	869	Slovaquie
Slovenia	277	259	288	352	312	359	300	288	276	257	Slovénie
Spain	10083	15066	13915	14671	15289	12081	8865	5870	4597	3415	Espagne
Sweden	2102	2298	2396	2601	3085	3059	2715	2686	2997	2671	Suède
Ukraine	5066	6264	6346	6623	7765	6929	3287	3563	4058	4019	Ukraine
United Kingdom	25470	29426	25132	25154	31359	24791	19625	20879	21915	19952	Royaume-Uni
Oceania											**Océanie**
Australia[4]	2860	3155	3031	2841	2885	2738	2399	2321	...	...	Australie[4]

General Note.

Tiles, flagstones, building blocks and bricks and similar articles of cement, of concrete or of artificial stone, whether or not reinforced.

[1] In thousand square metres.
[2] Incomplete coverage.
[3] Cement-sand tiles only.
[4] Twelve months ending 30 June of year stated.

Remarque générale.

Tuiles, carreaux, dalles, blocs et briques pour la construction et ouvrages similaires en ciment, en béton ou en pierre artificielle, même armés.

[1] En milliers de mètres carrés.
[2] Couverture incomplète.
[3] Tuiles de sable ciment seulement.
[4] Période de douze mois finissant le 30 juin de l'année indiquée.

Tiles, flagstones, bricks and similar articles, of cement, concrete or artificial stone
Tuiles, carreaux, dalles, briques et articles similaires, en ciment, en béton ou en pierre artificielle

CPC-BASED CODE - CODE BASE CPC
37540-0 B

Unit: Thousand cubic metres | Unité: Milliers de mètres cubes

Country or area	2003	2004	2005	2006	2007	2008	2009	2010	2011	2012	Pays ou zone
Africa											**Afrique**
Uganda	6268	2832	6804	...	...	...	...	...	...	...	Ouganda
America, North											**Amérique du Nord**
Cuba	1503	1571	1654	1829	1966	2025	2107	2116	2230	2036	Cuba
America, South											**Amérique du Sud**
Ecuador	49	...	...	...	...	...	...	...	...	...	Équateur
Asia											**Asie**
Cyprus	76	...	...	...	...	...	...	...	...	...	Chypre
Kuwait	512	609	635	529	488	660	647	580	683	628	Koweït
Europe											**Europe**
Belarus	371	607	444	443	518	660	601	635	#1516	1331	Bélarus
Croatia	167	...	...	...	...	...	...	...	...	...	Croatie
Czech Republic	548	...	...	...	...	...	...	...	...	...	République tchèque
Estonia	170	...	...	...	...	...	...	...	...	...	Estonie
Hungary	1284	1451	1303	1589	1406	...	...	...	...	...	Hongrie
Poland	7752	7904	8022	9926	11805	11363	10744	11504	12517	11079	Pologne
Romania	1609	1896	1899	2420	2583	[1]3083	[1]2183	[1]2339	[1]2302	[1]2318	Roumanie
Russian Federation	21121	...	...	...	...	...	...	...	...	...	Fédération de Russie
Slovakia	546	...	...	...	...	...	...	...	...	...	Slovaquie

General Note.
Tiles, flagstones, building blocks and bricks and similar articles of cement, of concrete or of artificial stone, whether or not reinforced.

[1] Excluding Prodcom 2008 code 23.61.11.50.

Remarque générale.
Tuiles, carreaux, dalles, blocs et briques pour la construction et ouvrages similaires en ciment, en béton ou en pierre artificielle, même armés.

[1] 2008 code Prodcom 23.61.11.50 non compris.

Tiles, flagstones, bricks and similar articles, of cement, concrete or artificial stone
Tuiles, carreaux, dalles, briques et articles similaires, en ciment, en béton ou en pierre artificielle

CPC-BASED CODE - CODE BASE CPC
37540-0 C

Unit: Thousand units | Unité: Milliers d'unités

Country or area	2003	2004	2005	2006	2007	2008	2009	2010	2011	2012	Pays ou zone
Africa											**Afrique**
Seychelles	...	...	...	4358	...	...	...	...	...	...	Seychelles
America, South											**Amérique du Sud**
Chile	...	...	10954	27651	31041	40466	61539	24099	35118	...	Chili
Asia											**Asie**
Kyrgyzstan	4610	5378	7341	11632	16537	6418	4017	19822	21369	19770	Kirghizistan
Nepal	...	...	...	...	2157	...	...	...	...	...	Népal
Oman	243025	...	...	...	...	...	...	...	...	...	Oman
Europe											**Europe**
Finland	111000	...	...	...	...	...	...	...	...	...	Finlande
Serbia[1]	...	...	...	1200	...	...	...	...	...	...	Serbie[1]
TFYR of Macedonia	606	...	...	...	...	...	...	...	...	...	L'ex-RY de Macédoine

General Note.

Tiles, flagstones, building blocks and bricks and similar articles of cement, of concrete or of artificial stone, whether or not reinforced.

[1] Incomplete coverage.

Remarque générale.

Tuiles, carreaux, dalles, blocs et briques pour la construction et ouvrages similaires en ciment, en béton ou en pierre artificielle, même armés.

[1] Couverture incomplète.

Pre-fabricated structural components for construction, of cement, concrete or artificial stone
Éléments préfabriqués pour le bâtiment, en ciment, en béton ou en pierre artificielle

CPC-BASED CODE - CODE BASE CPC
37550-0

Unit: Thousand metric tons — Unité: Milliers de tonnes métriques

Country or area	2003	2004	2005	2006	2007	2008	2009	2010	2011	2012	Pays ou zone
Africa											**Afrique**
Mozambique	...	33	35	44	50	...	...	...	...	...	Mozambique
America, North											**Amérique du Nord**
Cuba[1]	148	164	139	156	173	148	142	154	169	174	Cuba[1]
Mexico	175	117	117	109	242	323	346	258	232	210	Mexique
America, South											**Amérique du Sud**
Brazil	1653	2077	2438	2464	4349	2665	3147	4058	4194	5115	Brésil
Chile[2]	...	...	103	47	92	182	44	107	19	...	Chili[2]
Asia											**Asie**
Azerbaijan	2	...	...	...	...	...	0	2	2	1	Azerbaïdjan
Georgia[1]	...	C	C	16	14	16	16	50	61	49	Géorgie[1]
Kazakhstan	66	43	104	271	...	...	...	...	...	...	Kazakhstan
Kuwait[1]	265	322	369	411	372	704	603	559	733	693	Koweït[1]
Kyrgyzstan	38	86	98	94	111	79	62	52	56	63	Kirghizistan
Turkey	...	...	3194	2828	4284	4691	3772	4590	5396	6093	Turquie
Viet Nam	2463	1962	2445	2653	2582	...	...	...	...	...	Viet Nam
Europe											**Europe**
Belarus	[2]676	[2]769	[2]935	[2]941	[2]1135	[2]1325	[2]1609	[2]1715	[1]2967	[1]2334	Bélarus
Bulgaria	105	118	158	219	180	171	148	87	108	89	Bulgarie
Croatia	...	348	337	340	398	268	300	117	121	114	Croatie
Czech Republic	1258	1498	1489	1635	1876	1592	1228	1178	1367	1238	République tchèque
Denmark	1406	1384	1573	1583	1596	2115	1300	1278	1718	1775	Danemark
Estonia	...	556	689	811	949	522	303	284	382	350	Estonie
Finland	2554	2663	...	...	...	2842	1877	2713	3069	2812	Finlande
Greece	212	202	...	...	...	...	...	...	...	...	Grèce
Hungary	1517	2249	1786	1938	2396	4629	1265	1019	879	848	Hongrie
Ireland	508	553	...	...	...	...	...	...	...	...	Irlande
Italy	18468	18728	...	...	...	...	...	...	...	...	Italie
Latvia	53	47	53	69	57	89	58	88	129	167	Lettonie
Lithuania	538	684	869	943	978	737	352	449	487	541	Lituanie
Montenegro	1	...	...	...	...	...	...	...	...	...	Monténégro
Netherlands	...	...	...	...	...	...	...	...	7318	4691	Pays-Bas
Norway	954	1220	1450	1340	...	...	...	...	...	...	Norvège
Poland	3736	4085	3765	4678	5431	5390	4598	5117	5362	4624	Pologne
Portugal	1841	1858	2115	1791	1538	1326	1117	1161	...	...	Portugal
Rep. of Moldova	...	180	231	233	224	223	177	202	184	212	Rép. de Moldova
Romania	351	445	509	520	725	606	513	577	518	539	Roumanie
Russian Federation[1,3]	21121	22573	23228	25565	29121	28840	17697	21758	23574	25595	Fédération de Russie[1,3]
Serbia	...	...	...	54	...	...	...	...	...	...	Serbie
Slovakia	496	531	681	595	595	496	327	301	310	264	Slovaquie
Slovenia	265	230	314	390	363	328	280	157	149	113	Slovénie
Spain	...	19164	21013	25265	25532	21323	12555	9962	6925	4658	Espagne
Sweden	417	467	591	673	666	659	536	546	636	663	Suède
TFYR of Macedonia	2	1	1	0	0	0	0	0	0	0	L'ex-RY de Macédoine
Ukraine	5725	6467	7540	8655	10419	8761	4024	4398	5299	4889	Ukraine
United Kingdom	4822	5215	5905	5280	8525	7327	4541	5481	5075	4468	Royaume-Uni

General Note.
Prefabricated structural components for building or civil engineering, of cement, of concrete or of artificial stone, whether or not reinforced.

1 In thousand cubic metres.
2 In thousand square metres.
3 Articles of reinforced concrete only.

Remarque générale.
Eléments préfabriqués pour le bâtiment ou le génie civil, en ciment, en béton ou en pierre artificielle, même armés.

1 En milliers de mètres cubes.
2 En milliers de mètres carrés.
3 Articles en béton armé seulement.

Articles of asbestos-cement, cellulose fibre-cement or the like
Ouvrages en amiante ciment, cellulose ciment ou similaires

CPC-BASED CODE - CODE BASE CPC
37570-0

Unit: Thousand metric tons — Unité: Milliers de tonnes métriques

Country or area	2003	2004	2005	2006	2007	2008	2009	2010	2011	2012	Pays ou zone
Africa											**Afrique**
Algeria	75	81	78	65	44	14	...	...	...	...	Algérie
Burundi	1	0	0	0	1	...	...	...	...	...	Burundi
Egypt	12	...	4	...	...	...	...	...	...	...	Égypte
America, North											**Amérique du Nord**
Cuba[1,2]	4681	4335	4332	5311	5426	5660	5949	5431	5316	4290	Cuba[1,2]
Mexico	196	184	216	251	235	266	168	124	124	142	Mexique
America, South											**Amérique du Sud**
Brazil	1597	1683	2185	2688	2520	2688	2725	2963	3157	3979	Brésil
Chile[3]	...	...	17729	20461	20213	13283	13252	6644	17337	...	Chili[3]
Ecuador	...	...	...	14	55	69	...	...	...	...	Équateur
Asia											**Asie**
Azerbaijan[1]	5326	5326	3947	1684	840	0	0	0	...	...	Azerbaïdjan[1]
India	1479	1742	2050	2233	...	...	...	...	...	...	Inde
Kuwait	76	45	63	89	73	69	76	78	88	82	Koweït
Kyrgyzstan	250	257	243	242	200	128	63	69	86	128	Kirghizistan
Myanmar[3,4,5]	642	765	689	741	777	641	432	414	426	409	Myanmar[3,4,5]
Tajikistan[3,6,7]	3000	600	2300	1600	2700	2800	2800	300	600	100	Tadjikistan[3,6,7]
Turkey	97	102	#416	...	...	...	...	...	...	...	Turquie
Europe											**Europe**
Belarus	*128	*148	*166	*178	*216	*222	*210	[3]188300	[3]152500	[3]158200	Bélarus
Belgium[8]	24	...	...	...	...	...	...	...	...	...	Belgique[8]
Croatia	12	17	16	7	0	0	0	0	0	0	Croatie
Finland	32	39	42	44	54	41	33	40	42	42	Finlande
Germany	20	...	...	...	...	...	...	...	...	...	Allemagne
Greece[8]	10	...	...	...	...	...	...	...	...	...	Grèce[8]
Hungary	...	2	...	...	0	C	C	C	C	C	Hongrie
Italy[9]	8	8	...	...	...	...	...	...	...	...	Italie[9]
Lithuania[1]	948	1349	2136	2429	2486	2314	2307	2915	4154	5185	Lituanie[1]
Portugal	2	2	2	1	2	0	0	0	...	...	Portugal
Rep. of Moldova	...	4	3	3	3	3	2	3	1	2	Rép. de Moldova
Romania	...	...	...	...	...	27	C	16	C	C	Roumanie
Russian Federation[3,6,7]	1932200	1968500	1938000	2007300	1844400	1412300	1220900	1043700	933300	632700	Fédération de Russie[3,6,7]
Serbia	...	...	...	26	...	...	...	...	...	...	Serbie
Ukraine	...	...	...	...	...	...	...	525	478	396	Ukraine
United Kingdom[9]	18	19	C	C	C	C	C	C	C	...	Royaume-Uni[9]

General Note.
Articles of asbestos-cement, of cellulose fibre-cement or the like, such as corrugated sheets, other sheets, panels, tiles and similar articles, tubes, pipes and tube or pipe fittings and other.

1 In thousand square metres.
2 Channeled asbestos roofing tiles cement only.
3 In thousand units.
4 Twelve months ending 31 March of year stated.
5 Only sheets of asbestos-cement, in the form of tiles.
6 Standard size.
7 Sheets of asbestos-cement only.
8 Incomplete coverage.
9 Excluding Prodcom 2002 code 26.65.12.30.

Remarque générale.
Ouvrages en amiante ciment, cellulose ciment ou similaires, comme les plaques ondulées, autres plaques, panneaux, carreaux, tuiles et articles similaires, tuyaux, gaines et accessoires de tuyauterie et autres.

1 En milliers de mètres carrés.
2 Tuiles de toiture d'amiante avec canals, ciment seulement.
3 En milliers d'unités.
4 Période de douze mois finissant le 31 mars de l'année indiquée.
5 Plaques d'amiante-ciment, sous forme de tuiles seulement.
6 De taille standard.
7 Plaques d'amiante-ciment seulement.
8 Couverture incomplète.
9 2002 code Prodcom 26.65.12.30 non compris.

Seats
Sièges

CPC-BASED CODE - CODE BASE CPC
38110-0

Unit: Thousand units — Unité: Milliers d'unités

Country or area	2003	2004	2005	2006	2007	2008	2009	2010	2011	2012	Pays ou zone
Africa											**Afrique**
Algeria	...	20.2	...	...	...	...	...	...	...	...	Algérie
Lesotho	15.0	9.5	13.7	16.4	8.4	3.3	3.4	5.5	...	...	Lesotho
America, North											**Amérique du Nord**
Mexico	4263.3	4023.3	4083.5	4880.6	#10229.3	10999.2	9756.8	9049.5	9003.8	7459.8	Mexique
America, South											**Amérique du Sud**
Brazil	11465.7	12663.9	22235.2	28821.7	33621.8	43433.1	28589.0	35444.6	44389.9	36996.9	Brésil
Chile	...	...	1894.4	2212.0	2691.8	2179.6	1788.7	2020.5	1850.7	...	Chili
Ecuador	...	134.7	62.3	253.2	167.5	189.1	...	...	...	...	Équateur
Asia											**Asie**
Armenia	0.0	0.0	0.0	0.3	0.5	1.1	0.8	2.0	1.3	4.3	Arménie
Azerbaijan	38.0	18.2	27.4	42.1	38.9	35.9	27.9	21.4	28.5	46.8	Azerbaïdjan
Georgia	6.6	9.1	25.8	...	...	...	...	...	...	...	Géorgie
Iraq	...	...	...	...	...	1.8	...	...	...	...	Iraq
Kazakhstan	308.5	431.5	498.4	622.5	765.1	...	...	...	...	...	Kazakhstan
Kuwait	6.0	2.0	9.0	8.0	7.0	9.0	7.0	11.0	6.0	5.0	Koweït
Kyrgyzstan	29.8	37.2	24.1	24.4	23.0	27.2	22.6	18.8	13.7	...	Kirghizistan
Tajikistan	0.0	0.1	0.6	0.2	0.1	0.2	0.2	0.2	0.2	0.0	Tadjikistan
Europe											**Europe**
Belarus	150.0	314.3	313.0	244.1	236.0	261.4	244.3	236.1	...	...	Bélarus
Bulgaria	2276.8	2483.5	2782.8	2837.2	3465.7	3971.9	3038.7	3424.9	3354.8	3755.6	Bulgarie
Croatia	...	2791.9	2779.2	2960.6	2923.0	2508.7	2223.8	1775.1	1519.0	1420.2	Croatie
Czech Republic	2700.9	2814.0	4968.4	4640.3	8226.5	9541.5	9890.9	...	...	...	République tchèque
Denmark	2019.1	2048.2	2089.5	2776.6	2374.1	1884.7	1477.5	1316.6	947.6	820.0	Danemark
Estonia	...	843.3	827.9	783.7	813.1	727.5	596.7	691.4	618.7	565.4	Estonie
Finland	...	...	...	...	1110.4	1446.9	1216.0	1167.3	852.3	802.6	Finlande
Germany	20861.8	22077.1	22264.5	23368.9	23711.1	24607.8	25058.7	26737.2	26529.4	25585.6	Allemagne
Hungary	2213.9	2298.5	1978.6	1785.1	1592.7	2235.7	1710.8	1718.3	1805.6	1753.4	Hongrie
Ireland	386.5	471.3	...	...	...	...	...	...	...	...	Irlande
Italy	110457.5	108166.5	...	...	...	...	...	...	...	...	Italie
Latvia	484.1	365.3	361.3	353.2	302.6	181.0	88.3	202.2	164.0	130.2	Lettonie
Lithuania	1670.8	1866.2	1812.8	1896.8	1786.3	1775.6	1181.7	1368.4	1460.1	1553.3	Lituanie
Netherlands	...	...	...	...	...	...	...	...	3527.5	3286.1	Pays-Bas
Poland	22929.0	25953.0	28907.4	32030.0	30629.0	36900.2	32725.9	23686.9	23706.0	23485.0	Pologne
Portugal	3983.3	3765.5	5904.0	5322.9	5679.0	5858.0	5844.3	6160.5	...	...	Portugal
Rep. of Moldova	...	129.1	132.9	142.1	183.9	206.9	167.6	176.3	177.2	161.9	Rép. de Moldova
Romania	6471.1	8652.3	8197.0	9659.6	10622.2	7935.0	7360.3	7233.9	7150.5	7232.2	Roumanie
Russian Federation[1]	690.8	684.8	706.4	762.0	800.1	1146.9	724.2	641.5	639.7	638.3	Fédération de Russie[1]
Serbia	...	...	...	496.0	386.0	433.0	376.0	316.0	...	...	Serbie
Slovakia	2591.1	1929.0	1965.2	1766.8	2289.1	3018.2	4614.9	6631.3	1372.3	1418.6	Slovaquie
Slovenia	2503.0	2594.8	2181.6	2653.0	3237.7	1832.0	1449.3	1036.8	...	...	Slovénie
Sweden	C	C	3137.6	3034.5	3776.0	5088.4	4115.8	2743.1	3026.5	4431.4	Suède
TFYR of Macedonia	64.6	42.4	*38.8	36.5	31.7	49.0	31.3	40.7	65.1	111.6	L'ex-RY de Macédoine
Ukraine	4490.0	6166.4	7229.7	7897.3	9831.8	8926.4	5683.1	6666.8	[2]8396.2	[2]7113.9	Ukraine
United Kingdom	...	...	C	C	C	12571.6	9023.9	9319.1	...	...	Royaume-Uni

General Note.

Seats whether or not convertible into beds, of a kind used for aircraft, motor vehicles, swivel seats with variable height adjustment, seats other than garden seats or camping equipment, convertible into beds, seats of cane, osier, bamboo or similar materials, other seats, with wooden or metal frames upholstered or not.

Remarque générale.

Sièges, même transformables en lits, des types utilisés pour véhicules aériens, véhicules automobiles, sièges pivotants, ajustables en hauteur, sièges autres que le matériel de camping ou de jardin, transformables en lits, sièges en rotin, en osier, en bambou ou en matières similaires, autres sièges, avec bâti en bois ou en métal même rembourrés.

[1] Household armchairs only.
[2] Excluding Prodcom 2008 code 30.30.50.10.

[1] Fauteuils ménagers seulement.
[2] 2008 code Prodcom 30.30.50.10 non compris.

Metal furniture of a kind used in offices, other than seats
Meubles en métal des types utilisés dans les bureaux, autres que les sièges

CPC-BASED CODE - CODE BASE CPC
38121-0

Unit: Thousand units | Unité: Milliers d'unités

Country or area	2003	2004	2005	2006	2007	2008	2009	2010	2011	2012	Pays ou zone
Africa											**Afrique**
Egypt	447.1	218.5	138.6	172.5	...	182.8	705.9	...	450.2	...	Égypte
Mozambique	...	6.0	7.1	7.1	7.4	...	...	...	...	...	Mozambique
America, North											**Amérique du Nord**
Mexico	353.4	360.8	230.3	343.4	281.0	392.8	357.8	384.9	140.9	279.4	Mexique
America, South											**Amérique du Sud**
Brazil	1124.3	2276.1	1498.9	2048.7	1567.1	5139.5	3332.7	4242.1	5100.0	4810.8	Brésil
Chile	...	...	111.9	202.1	128.5	125.1	44.6	62.5	139.0	...	Chili
Ecuador	...	173.1	174.2	266.0	60.9	83.6	...	...	...	...	Équateur
Asia											**Asie**
Azerbaijan	0.3	8.3	7.0	4.1	24.6	27.5	31.7	2.8	3.7	2.1	Azerbaïdjan
Iran (Islamic Rep. of)	...	...	...	...	...	...	44.7	...	...	...	Iran (Rép. islam. d')
Iraq	...	...	...	...	...	...	15.2	43.2	34.0	20.5	16.4	Iraq
Kazakhstan	205.4	221.1	280.1	188.3	334.0	...	...	...	...	...	Kazakhstan
Kuwait	10.0	9.0	10.0	5.0	5.0	6.0	6.0	7.0	5.0	2.0	Koweït
Kyrgyzstan	0.0	0.1	0.1	0.1	3.2	0.0	0.2	0.8	0.9	0.1	Kirghizistan
Turkey	...	...	4798.9	7371.6	15991.4	19540.4	13073.6	12241.7	13392.2	15194.8	Turquie
Europe											**Europe**
Belarus	...	...	...	...	...	...	...	...	40.2	49.7	Bélarus
Bulgaria	70.7	74.4	67.6	64.4	79.1	84.6	120.6	140.5	171.9	36.4	Bulgarie
Croatia	...	118.1	84.8	68.6	69.4	184.0	158.8	153.6	0.0	0.0	Croatie
Czech Republic	1329.5	1484.6	1551.2	1532.6	1916.8	1437.1	728.0	643.3	455.0	122.9	République tchèque
Denmark	181.6	566.7	353.2	608.0	127.3	...	...	...	...	...	Danemark
Estonia	...	216.4	171.1	395.2	344.9	321.2	227.1	278.4	213.9	357.7	Estonie
Finland	...	...	...	...	87.9	114.0	100.2	86.7	144.6	1363.6	Finlande
Germany	C	C	C	C	2026.3	2074.1	C	C	1794.0	1749.1	Allemagne
Greece	2617.7	[1]2255.8	...	...	...	...	...	...	...	...	Grèce
Hungary	61.6	19.0	18.7	17.4	21.6	13.2	34.3	30.4	...	...	Hongrie
Ireland	47.7	80.4	...	...	...	...	...	...	...	...	Irlande
Italy	24445.6	24881.7	...	...	...	...	...	...	...	...	Italie
Latvia	1.0	7.9	15.4	24.2	16.6	6.7	2.9	11.8	C	C	Lettonie
Lithuania	37.4	81.6	81.4	100.1	60.0	24.9	6.4	7.4	27.1	16.4	Lituanie
Norway	...	66.4	...	158.0	...	...	...	...	...	...	Norvège
Poland	112.0	455.0	576.0	415.2	495.0	1603.0	465.0	518.0	438.0	418.0	Pologne
Portugal	1251.6	1506.2	1578.6	1792.3	1903.2	1401.2	1582.3	1540.8	...	...	Portugal
Rep. of Moldova	...	8.1	12.5	10.3	15.4	13.7	7.4	8.0	7.9	7.2	Rép. de Moldova
Romania	179.8	183.1	165.2	150.6	147.5	127.1	100.0	153.7	201.6	289.9	Roumanie
Serbia	...	...	...	37.1	36.2	25.1	6.9	2.2	...	...	Serbie
Slovakia	606.9	590.0	387.2	238.0	331.1	518.4	582.0	882.1	1013.2	802.7	Slovaquie
Slovenia	70.6	52.7	10.3	8.4	C	8.6	19.0	6.7	8.7	C	Slovénie
Spain	...	1513.7	1525.6	1394.9	1375.0	1144.7	803.2	702.4	612.3	553.5	Espagne
Sweden	935.4	1356.5	410.7	241.8	525.7	541.9	385.1	427.4	260.5	268.4	Suède
Ukraine	344.7	616.5	489.1	565.7	603.8	710.9	441.8	742.6	1035.2	1015.9	Ukraine
United Kingdom	[2]3855.7	[2]3647.9	C	C	4312.5	C	C	2646.6	...	...	Royaume-Uni

General Note.
Metal furniture of a kind used in offices, other than seats.

[1] Excluding Prodcom 2002 code 36.12.11.10.
[2] Excluding Prodcom 2002 code 36.12.11.30.

Remarque générale.
Meubles en métal des types utilisés dans les bureaux, autres que les sièges.

[1] 2002 code Prodcom 36.12.11.10 non compris.
[2] 2002 code Prodcom 36.12.11.30 non compris.

Wooden furniture of a kind used in offices, other than seats
Meubles en bois des types utilisés dans les bureaux, autres que les sièges

CPC-BASED CODE - CODE BASE CPC
38122-0

Unit: Thousand units | Unité: Milliers d'unités

Country or area	2003	2004	2005	2006	2007	2008	2009	2010	2011	2012	Pays ou zone
Africa											**Afrique**
Algeria	...	11.3	...	...	...	...	...	...	...	...	Algérie
Egypt	...	...	...	...	...	16.9	97.0	...	67.1	...	Égypte
America, North											**Amérique du Nord**
Mexico	191.7	175.4	140.8	92.6	#598.2	557.7	432.9	425.0	475.9	412.4	Mexique
America, South											**Amérique du Sud**
Brazil	2432.5	4121.3	4141.5	4686.2	5212.7	5254.1	4822.8	6160.0	6174.6	8517.3	Brésil
Chile	...	...	745.9	617.0	512.2	426.0	318.1	265.2	317.7	...	Chili
Ecuador	...	12.3	37.0	59.8	362.4	175.4	...	...	...	...	Équateur
Asia											**Asie**
Azerbaijan	12.3	14.7	20.9	55.7	79.7	83.3	77.6	60.1	60.1	66.1	Azerbaïdjan
Iran (Islamic Rep. of)	...	...	...	...	...	...	120.0	...	...	...	Iran (Rép. islam. d')
Iraq	...	...	...	4.5	...	2.0	3.3	...	...	...	Iraq
Kazakhstan	272.6	328.0	362.6	369.2	447.3	...	...	...	...	...	Kazakhstan
Kyrgyzstan	21.8	21.5	16.1	32.2	24.0	35.0	17.1	18.2	19.8	18.8	Kirghizistan
Turkey	...	...	1673.6	2080.1	1930.2	2350.3	2136.9	1807.6	2638.6	3102.4	Turquie
Europe											**Europe**
Belarus	...	...	...	...	...	...	...	...	1547.9	1612.8	Bélarus
Bulgaria	181.1	237.2	314.8	361.8	340.0	365.2	237.6	215.9	184.9	190.1	Bulgarie
Croatia	...	392.2	373.2	450.4	507.0	255.7	184.2	159.9	0.0	0.0	Croatie
Czech Republic	860.3	636.6	1005.8	1152.3	575.4	548.4	385.6	321.6	305.9	375.5	République tchèque
Denmark	2628.3	2994.6	3104.5	2681.4	2336.8	2018.2	1683.2	1406.6	1325.2	1126.9	Danemark
Estonia	...	79.3	78.4	142.4	104.6	64.1	37.6	34.2	27.1	33.5	Estonie
Finland	...	...	401.1	434.2	486.8	580.4	373.7	357.7	421.3	419.8	Finlande
Germany	3735.2	3541.0	3801.7	3962.1	4458.2	4873.0	3807.0	3972.1	5097.7	4872.9	Allemagne
Greece	302.5	350.2	...	...	...	...	...	...	...	...	Grèce
Hungary	470.4	414.9	352.2	308.0	350.7	315.0	260.5	204.4	220.9	170.4	Hongrie
Ireland	119.1	95.6	...	...	...	...	...	...	...	...	Irlande
Italy	33325.2	33960.9	...	...	...	...	...	...	...	...	Italie
Latvia	161.1	139.5	216.4	212.8	201.4	165.3	80.7	69.7	80.5	93.8	Lettonie
Lithuania	388.5	658.9	1596.6	1462.9	1734.1	1355.5	111.2	270.4	492.2	958.7	Lituanie
Netherlands	...	...	...	...	...	...	...	...	49.6	94.4	Pays-Bas
Poland	1473.0	1726.0	1649.0	1701.0	2032.0	2251.0	1894.0	1950.0	1943.0	1474.0	Pologne
Portugal	48.7	123.0	267.4	396.0	333.5	317.1	273.9	260.9	...	...	Portugal
Rep. of Moldova	...	46.9	68.6	67.4	64.5	74.3	56.9	66.2	67.6	61.1	Rép. de Moldova
Romania	473.1	986.1	600.2	720.2	730.0	891.0	388.7	205.0	235.3	253.4	Roumanie
Serbia	...	...	...	99.4	93.4	30.6	4.5	...	...	...	Serbie
Slovakia	213.9	198.1	142.3	179.3	194.3	198.8	71.3	101.3	103.9	125.2	Slovaquie
Slovenia	140.4	106.3	97.5	193.5	171.7	199.1	185.6	240.9	99.0	86.0	Slovénie
Spain	...	2995.1	3378.9	3537.0	3532.6	2360.6	1869.8	1463.1	1359.3	1069.5	Espagne
Sweden	2746.9	2884.3	1451.7	4269.5	4117.8	3076.4	2116.4	1826.8	1541.2	1898.9	Suède
TFYR of Macedonia	3.9	1.6	1.2	1.1	1.4	2.5	1.6	3.0	2.0	2.4	L'ex-RY de Macédoine
Ukraine	722.4	943.9	976.0	1245.5	1409.7	1227.3	466.4	565.5	676.5	554.8	Ukraine
United Kingdom	4362.2	4197.9	...	...	C	4862.7	3408.8	3823.7	3573.5	4044.8	Royaume-Uni

General Note.
Wooden furniture of a kind used in offices, other than seats.

Remarque générale.
Meubles en bois des types utilisés dans les bureaux, autres que les sièges.

Wooden furniture of a kind used in the kitchen, other than seats
Meubles en bois des types utilisés dans les cuisines, autres que les sièges

CPC-BASED CODE - CODE BASE CPC
38130-0

Unit: Thousand units — Unité: Milliers d'unités

Country or area	2003	2004	2005	2006	2007	2008	2009	2010	2011	2012	Pays ou zone
Africa											**Afrique**
Algeria	0.2	0.1	0.1	...	0.0	0.1	...	...	0.0	0.0	Algérie
Egypt	7.4	50.5	13.2	7.8	...	6.0	4.3	...	6.0	...	Égypte
America, North											**Amérique du Nord**
Mexico	[1]34.2	[1]34.1	[1]30.7	[1]24.3	#724.0	649.9	607.2	648.8	965.4	1026.0	Mexique
America, South											**Amérique du Sud**
Brazil	4814.1	5592.1	8871.7	8838.6	13400.7	17259.1	16746.8	16059.7	14320.8	16956.0	Brésil
Chile	...	...	1908.1	1808.7	1820.3	1641.4	103.0	106.3	122.7	...	Chili
Ecuador	...	23.1	22.5	28.1	10.2	45.8	...	...	...	...	Équateur
Asia											**Asie**
Azerbaijan	3.5	8.3	11.0	4.9	7.7	10.6	6.1	1.4	2.3	3.4	Azerbaïdjan
Iran (Islamic Rep. of)	...	...	...	...	...	...	92.0	...	...	...	Iran (Rép. islam. d')
Iraq	...	...	...	1.1	...	0.0	25.4	1.4	237.4	29.6	Iraq
Kazakhstan	42.8	96.2	109.2	168.1	189.2	...	...	...	...	...	Kazakhstan
Kyrgyzstan	1.6	1.6	2.6	7.9	13.3	6.4	7.3	6.0	8.3	7.3	Kirghizistan
Rep. of Korea	3738.0	3859.0	3739.0	...	...	...	...	...	...	...	Rép. de Corée
Tajikistan	...	...	...	1.9	1.0	0.6	0.1	0.9	0.9	1.0	Tadjikistan
Turkey	...	...	434.2	687.7	1235.6	1744.2	1562.2	861.5	3090.8	2920.5	Turquie
Europe											**Europe**
Belarus	...	...	...	...	...	...	...	...	247.1	226.5	Bélarus
Bulgaria	251.9	162.2	217.8	166.1	139.0	147.1	147.3	93.2	126.1	113.0	Bulgarie
Croatia	...	143.4	318.6	277.0	289.9	255.7	222.4	165.8	173.9	237.5	Croatie
Czech Republic	511.7	466.5	418.9	451.8	438.1	446.6	311.8	240.6	156.9	120.0	République tchèque
Denmark	2777.7	5486.3	3755.0	3602.5	3444.0	2900.5	2829.6	2318.7	2291.9	2315.2	Danemark
Estonia	...	98.0	109.8	141.7	164.8	422.7	305.3	373.4	1359.4	352.6	Estonie
Finland	4546.2	5035.6	3753.3	4061.0	4239.4	4271.0	3492.8	4098.5	4431.3	4383.1	Finlande
Germany	24039.6	25239.1	25924.7	29007.8	28753.7	28167.2	29848.5	29057.7	30138.2	30970.1	Allemagne
Greece	1582.9	5033.7	...	...	...	...	...	...	...	...	Grèce
Hungary	293.9	276.4	268.8	272.7	231.8	257.3	66.4	62.3	75.7	108.3	Hongrie
Ireland	857.9	2600.9	...	...	...	...	...	...	...	...	Irlande
Italy	28427.8	28792.7	...	...	...	...	...	...	...	...	Italie
Latvia	42.1	59.7	53.3	77.7	113.2	105.9	65.9	41.8	37.8	21.9	Lettonie
Lithuania	202.2	195.4	156.4	84.0	106.9	95.7	46.0	39.9	81.7	490.7	Lituanie
Netherlands	...	...	...	...	...	...	...	...	1919.1	1418.0	Pays-Bas
Norway	603.2	...	...	...	...	...	...	...	...	...	Norvège
Poland	4035.0	4497.0	5693.0	4516.0	4908.0	4818.0	3973.0	3235.0	2662.0	3947.0	Pologne
Portugal	838.6	901.3	632.3	765.1	830.2	830.4	717.8	835.3	...	...	Portugal
Rep. of Moldova	...	8.3	12.2	18.7	20.8	47.2	53.6	52.9	62.7	81.5	Rép. de Moldova
Romania	766.9	760.2	516.5	489.5	519.6	833.4	534.6	663.8	592.2	562.8	Roumanie
Serbia	...	...	...	56.0	75.9	39.7	66.2	160.0	...	...	Serbie
Slovakia	...	1874.0	180.1	154.3	183.1	230.2	198.0	239.0	295.6	288.0	Slovaquie
Slovenia	633.9	642.7	630.4	657.4	489.7	411.6	279.3	214.5	187.3	335.5	Slovénie
Spain	...	13801.8	15701.0	15409.8	14644.1	13302.7	8984.6	7774.8	6144.3	5468.2	Espagne
Sweden	2163.8	2558.1	2439.6	3145.2	4805.6	3606.2	2471.7	1993.1	1944.0	2703.4	Suède
TFYR of Macedonia	1.5	3.1	0.8	1.1	1.1	1.1	5.0	25.0	20.3	16.3	L'ex-RY de Macédoine
Ukraine	251.0	348.6	423.3	489.2	707.0	920.5	658.7	872.8	1137.0	1133.2	Ukraine
United Kingdom	28056.6	23811.3	23067.3	26803.2	33652.4	26837.1	25352.2	24555.2	C	C	Royaume-Uni

General Note.
Wooden furniture of a kind used in the kitchen, other than seats.

[1] Data refer to sets.

Remarque générale.
Meubles en bois des types utilisés dans les cuisines, autres que les sièges.

[1] Les données se rapportent à des ensembles.

Wooden furniture of a kind used in the bedroom
Meubles en bois des types utilisés dans les chambres à coucher

CPC-BASED CODE - CODE BASE CPC

38140-1

Unit: Thousand units | Unité: Milliers d'unités

Country or area	2003	2004	2005	2006	2007	2008	2009	2010	2011	2012	Pays ou zone
Africa											**Afrique**
Algeria	14.7	25.7	12.8	38.8	11.3	2.8	4.3	11.0	12.3	9.7	Algérie
Egypt	5.5	9.8	71.9	135.0	...	13.9	13.4	...	10.5	...	Égypte
Lesotho	20.4	27.4	26.8	23.2	28.4	25.9	28.5	29.3	...	...	Lesotho
Mozambique	...	0.1	0.1	0.1	0.1	...	...	...	...	...	Mozambique
America, North											**Amérique du Nord**
Mexico	387.5	398.7	367.1	354.6	665.9	545.7	453.7	467.6	462.2	534.9	Mexique
America, South											**Amérique du Sud**
Brazil	12756.9	16900.1	16365.1	17758.7	23809.8	19764.6	28186.2	30348.0	30199.0	28451.5	Brésil
Chile	...	...	[1]253.3	[1]80.9	461.5	567.3	1643.6	1475.1	1408.0	...	Chili
Ecuador	...	21.6	18.9	53.5	14.2	33.3	...	...	...	...	Équateur
Asia											**Asie**
Azerbaijan	1.2	2.3	3.1	28.6	16.2	15.8	14.8	9.4	21.3	56.3	Azerbaïdjan
Iran (Islamic Rep. of)	...	...	...	...	...	...	18.7	...	...	...	Iran (Rép. islam. d')
Iraq	...	...	...	0.2	...	0.3	...	0.1	0.1	0.1	Iraq
Kazakhstan	27.8	40.2	...	...	...	...	...	...	...	...	Kazakhstan
Kuwait	12.0	27.0	23.0	21.0	20.0	25.0	40.0	43.0	32.0	32.0	Koweït
Kyrgyzstan	9.5	10.7	9.6	9.0	11.5	17.7	10.4	9.0	5.6	6.3	Kirghizistan
Rep. of Korea	499.4	451.5	476.5	476.1	452.1	454.3	447.1	462.1	434.2	400.7	Rép. de Corée
Europe											**Europe**
Bulgaria	162.4	200.8	148.7	186.9	218.7	232.6	166.9	182.3	185.1	259.3	Bulgarie
Croatia	...	222.7	221.3	282.5	304.1	266.9	291.8	275.3	263.2	346.3	Croatie
Czech Republic	226.0	257.5	327.3	368.3	1007.5	1017.3	662.9	774.8	761.4	571.3	République tchèque
Denmark	8327.1	8681.2	7629.4	8121.9	7801.6	6775.1	5361.7	4227.8	3815.9	3772.1	Danemark
Estonia	...	...	...	...	...	302.3	235.0	293.9	324.9	473.2	Estonie
Finland	547.7	624.8	499.4	572.7	682.0	599.8	331.0	199.9	174.8	171.1	Finlande
Germany	14355.0	14705.4	13877.0	14894.6	14859.3	14313.2	13844.0	14576.4	14895.9	15286.3	Allemagne
Greece	193.5	236.9	...	...	...	...	...	...	...	...	Grèce
Hungary	122.8	110.9	102.9	100.6	218.6	257.8	267.5	279.0	361.0	414.8	Hongrie
Ireland	424.6	662.0	...	...	...	...	...	...	...	...	Irlande
Italy	11490.8	11662.3	...	...	...	...	...	...	...	...	Italie
Latvia	476.1	613.9	709.1	681.1	508.6	247.2	221.5	250.9	233.5	238.4	Lettonie
Lithuania	1274.2	1668.4	1679.7	2348.1	2499.1	2735.3	2217.2	2451.0	3752.3	4933.3	Lituanie
Netherlands	...	...	...	...	...	...	...	...	703.5	1040.1	Pays-Bas
Norway	...	65.6	100.3	99.6	...	...	...	...	...	...	Norvège
Poland	2653.0	2694.0	3365.0	3658.0	2908.0	3530.0	3199.0	3368.0	3421.0	3475.0	Pologne
Portugal	1660.8	1647.0	1528.7	1673.6	1405.8	1323.4	1256.2	1581.1	...	...	Portugal
Rep. of Moldova	...	13.6	19.9	25.8	27.8	29.3	27.4	27.0	31.1	51.1	Rép. de Moldova
Romania	1683.3	1646.9	1709.5	1643.5	1310.7	1453.8	1249.7	1126.2	1290.8	1417.9	Roumanie
Serbia	...	...	...	865.0	921.0	1014.0	664.0	620.0	...	...	Serbie
Slovakia	68.0	88.4	301.9	398.7	345.6	332.5	234.3	183.7	306.8	461.6	Slovaquie
Slovenia	569.1	591.1	519.9	630.1	622.6	455.2	280.4	269.3	249.3	130.0	Slovénie
Spain	...	7246.7	7672.1	8061.4	6802.1	5518.2	4188.6	3748.8	3447.2	1901.2	Espagne
Sweden	1033.0	1561.3	2132.7	2201.9	1985.7	5937.6	3982.8	2864.5	3202.8	2812.5	Suède
TFYR of Macedonia	7.7	8.9	9.5	6.6	5.4	3.6	3.7	4.2	7.3	10.5	L'ex-RY de Macédoine
Ukraine	426.1	284.4	344.3	410.7	495.8	600.3	337.0	440.5	534.6	596.1	Ukraine
United Kingdom	10569.9	7099.4	5705.6	7282.4	9225.5	8605.5	6262.2	7536.7	6729.7	5855.8	Royaume-Uni

General Note.

Wooden furniture of a kind used in the bedroom, other than seats.

Remarque générale.

Meubles en bois des types utilisés dans les chambres à coucher, autres que les sièges.

[1] Including furniture of plastic; and complete and assembled domestic furniture, metal or predominantly metal.

[1] Y compris les meubles en matières plastiques; et meubles, complets et assemblés, à usage domestique, en métal ou principalement en métal.

Furniture of plastic
Meubles en matières plastiques

CPC-BASED CODE - CODE BASE CPC
38140-2

Unit: Thousand units — Unité: Milliers d'unités

Country or area	2003	2004	2005	2006	2007	2008	2009	2010	2011	2012	Pays ou zone
Africa											**Afrique**
United R. of Tanzania[1]	...	...	...	...	...	...	328.0	...	...	...	Rép.-U. de Tanzanie[1]
America, North											**Amérique du Nord**
Mexico	23.2	22.4	22.5	25.8	#904.3	869.4	794.0	739.7	435.0	350.9	Mexique
America, South											**Amérique du Sud**
Brazil	6626.2	8002.6	5633.4	7015.2	8565.8	9717.0	7530.7	8804.0	12713.5	16607.2	Brésil
Asia											**Asie**
India	13155.6	1963.9	21721.0	...	...	...	...	...	...	...	Inde
Iraq	...	...	...	...	...	0.6	...	...	...	...	Iraq
Kazakhstan	0.0	0.0	1.7	0.8	0.5	...	...	...	...	...	Kazakhstan
Kyrgyzstan	0.1	0.6	0.0	0.0	0.0	0.0	1.3	0.0	0.0	0.0	Kirghizistan
Turkey	...	...	6177.1	3909.8	2706.3	2795.8	2743.1	5411.9	5115.1	3446.1	Turquie
Europe											**Europe**
Bulgaria	9.2	21.9	22.5	28.1	33.2	52.7	41.4	42.3	47.4	53.4	Bulgarie
Croatia	0.0	0.0	0.0	8.1	8.6	11.6	7.7	8.8	7.0	6.5	Croatie
Denmark	453.9	1264.2	1083.9	395.7	...	...	...	...	...	...	Danemark
Estonia	...	C	C	0.0	0.0	0.0	...	...	...	0.5	Estonie
Finland	...	...	...	...	1.7	2.1	1.5	1.5	1.5	1.1	Finlande
Germany	2832.2	3285.1	1534.7	1471.3	1217.2	1159.2	1028.5	C	818.2	874.1	Allemagne
Hungary	158.3	140.5	91.9	70.5	C	365.0	246.6	236.3	118.6	212.9	Hongrie
Ireland	1715.5	1603.1	C	...	...	...	...	...	...	...	Irlande
Italy	17205.1	17250.5	...	...	...	...	...	...	...	...	Italie
Lithuania	0.0	0.0	0.0	0.0	0.0	0.3	0.2	0.1	0.0	0.0	Lituanie
Netherlands	...	...	...	...	...	...	...	...	718.7	...	Pays-Bas
Poland	1226.0	508.0	1596.0	1648.0	1834.0	1616.0	1562.0	1598.0	C	C	Pologne
Portugal	45.2	46.7	97.0	109.6	109.8	134.7	517.8	575.2	...	...	Portugal
Rep. of Moldova	...	0.0	0.2	0.2	0.3	0.1	0.1	0.0	C	C	Rép. de Moldova
Romania	8.7	6.9	56.3	39.8	13.2	C	C	C	C	C	Roumanie
Russian Federation	...	...	...	...	...	...	...	0.5	0.2	0.3	Fédération de Russie
Slovakia	C	C	208.9	260.9	95.3	C	C	C	C	C	Slovaquie
Spain	...	2466.6	1927.4	1932.5	2327.1	2327.3	1313.6	1275.8	1360.3	1113.8	Espagne
Sweden	251.3	269.2	216.4	C	67.4	27.8	48.7	3.7	4.8	6.4	Suède
Ukraine	133.9	134.9	182.8	173.9	220.5	207.8	161.0	175.5	128.5	148.0	Ukraine
United Kingdom	12527.2	13929.8	12702.5	8805.0	9386.5	10938.5	9430.0	6466.6	6684.9	C	Royaume-Uni

General Note.
Furniture of plastic.

[1] Tanganyika only.

Remarque générale.
Meubles en matières plastiques.

[1] Tanganyika seulement.

Complete and assembled domestic furniture, metal or predominantly metal
Meubles, complets et assemblés, à usage domestique, en métal ou principalement en métal

CPC-BASED CODE - CODE BASE CPC

38140-3 A

Unit: Metric tons — Unité: Tonnes métriques

Country or area	2003	2004	2005	2006	2007	2008	2009	2010	2011	2012	Pays ou zone
America, South											**Amérique du Sud**
Brazil	1332570	...	...	...	...	...	...	...	...	...	Brésil
Asia											**Asie**
Azerbaijan	...	...	0	0	...	...	357	296	23	160	Azerbaïdjan
China, Macao SAR	...	10	11	C	C	C	...	...	...	...	Chine, Macao RAS
Turkey	...	...	C	35759	37468	49164	38936	45229	54738	60719	Turquie
Europe											**Europe**
Bulgaria	...	4381	3508	4678	6836	4295	3420	4274	4567	6494	Bulgarie
Croatia	1358	1118	871	1007	1868	1645	2272	1412	1284	1133	Croatie
Czech Republic	37578	39922	44733	47309	69988	92370	64030	64722	77300	79286	République tchèque
Estonia	...	3423	5228	10900	5200	6305	6966	11076	84462	59126	Estonie
Finland	...	...	...	...	...	1661	2146	1989	2126	773	Finlande
Greece	3433	2955	...	...	...	...	...	...	...	...	Grèce
Hungary	6270	7273	6337	6617	5598	7592	4285	4279	7049	7068	Hongrie
Ireland	1803	1566	...	...	...	...	...	...	...	...	Irlande
Italy	95148	96625	...	...	...	...	...	...	...	...	Italie
Latvia	3146	3629	673	1126	580	376	C	C	C	626	Lettonie
Lithuania	219	315	480	709	552	669	630	854	4997	5203	Lituanie
Netherlands	...	...	...	...	...	...	...	...	631866	262977	Pays-Bas
Norway	...	...	...	46086	...	...	...	...	...	...	Norvège
Poland	...	...	47763	45314	34161	45470	45809	52226	69272	78144	Pologne
Portugal	8006	5910	4569	4422	4266	4467	3317	3708	...	...	Portugal
Rep. of Moldova	...	147	1	111	169	152	87	66	65	64	Rép. de Moldova
Romania	5284	4473	3593	3639	9127	8379	10323	3224	2644	2233	Roumanie
Slovenia	4126	5023	C	C	20191	17804	9175	11246	10562	C	Slovénie
Spain	...	C	136727	153146	177119	170857	99377	92970	82350	67248	Espagne
Sweden	221744	24032	30165	257379	39200	63653	24264	31629	44427	36440	Suède
TFYR of Macedonia	481	206	123	11	5	3	2	1	0	0	L'ex-RY de Macédoine
United Kingdom	...	...	...	...	...	C	23680	26275	...	...	Royaume-Uni

General Note.

Complete and assembled domestic furniture, metal or predominantly metal.

Remarque générale.

Meubles, complets et assemblés, à usage domestique, en métal ou principalement en métal.

Complete and assembled domestic furniture, metal or predominantly metal
Meubles, complets et assemblés, à usage domestique, en métal ou principalement en métal

CPC-BASED CODE - CODE BASE CPC
38140-3 B

Unit: Thousand units | Unité: Milliers d'unités

Country or area	2003	2004	2005	2006	2007	2008	2009	2010	2011	2012	Pays ou zone
America, North											**Amérique du Nord**
Mexico	1604.8	1550.0	1823.2	1958.8	949.2	763.1	657.6	684.1	610.9	523.7	Mexique
America, South											**Amérique du Sud**
Brazil	6840.8	5712.3	5411.9	7647.9	6934.5	8975.8	28539.9	11345.0	13018.0	20899.2	Brésil
Asia											**Asie**
Azerbaijan	0.0	0.0	0.7	0.0	3.6	14.9	0.0	0.0	0.0	0.0	Azerbaïdjan
Iraq	...	...	...	...	...	...	25.3	...	3.7	5.3	Iraq
Kazakhstan	22.3	19.7	23.2	19.0	29.0	...	...	...	...	...	Kazakhstan
Kyrgyzstan	0.3	0.0	0.1	0.2	0.3	0.1	1.7	1.4	1.2	6.0	Kirghizistan
Europe											**Europe**
Bulgaria	644.0	491.0	679.0	624.0	1071.0	...	...	...	...	...	Bulgarie
Czech Republic	4954.0	4882.0	4507.0	4793.0	5390.0	...	...	...	...	...	République tchèque
Denmark	160.0	1549.0	4770.0	1044.0	1758.3	...	...	...	...	...	Danemark
Finland	424.0	491.0	...	...	748.0	215.0	168.0	169.0	104.0	179.0	Finlande
Germany	21250.8	20784.9	16998.9	19206.6	18173.7	16612.9	C	C	18237.8	15916.9	Allemagne
Hungary	979.0	986.0	1023.0	956.0	854.0	...	...	...	...	...	Hongrie
Poland	3149.0	3913.0	4320.0	13711.0	3921.0	2561.0	3266.0	2722.0	3116.0	3529.0	Pologne
Romania	292.0	232.0	220.0	307.0	319.0	236.0	257.0	500.0	325.0	263.0	Roumanie
Spain	...	11146.0	...	...	...	...	...	...	...	...	Espagne
Ukraine	71.0	80.0	103.0	109.0	143.0	207.0	269.0	412.0	578.0	1041.0	Ukraine

General Note.
Complete and assembled domestic furniture, metal or predominantly metal.

Remarque générale.
Meubles, complets et assemblés, à usage domestique, en métal ou principalement en métal.

Mattresses
Matelas

CPC-BASED CODE - CODE BASE CPC
38150-1

Unit: Thousand units | Unité: Milliers d'unités

Country or area	2003	2004	2005	2006	2007	2008	2009	2010	2011	2012	Pays ou zone
Africa											**Afrique**
Algeria	57	34	60	31	12	26	17	40	21	16	Algérie
Burundi	19	21	19	41	25	17	20	...	...	...	Burundi
Kenya	506	421	414	401	718	1357	1581	1805	1908	3317	Kenya
Lesotho	2	2	1	0	1	0	0	0	...	...	Lesotho
South Africa	1019	...	...	...	...	...	...	...	...	...	Afrique du Sud
United R. of Tanzania[1]	...	...	1514	1649	1894	1667	1511	1652	1658	1701	Rép.-U. de Tanzanie[1]
America, North											**Amérique du Nord**
Cuba	44	41	34	32	48	55	61	45	62	44	Cuba
Mexico	3233	3326	3394	3458	4522	4899	5204	5507	4948	5002	Mexique
America, South											**Amérique du Sud**
Brazil	13212	14845	15277	16824	15676	18222	17657	17375	18347	20623	Brésil
Chile	1144	...	1530	1534	1535	2031	1896	1694	2014	...	Chili
Ecuador	644	716	752	791	788	496	...	...	...	...	Équateur
Asia											**Asie**
Azerbaijan	6	8	9	10	15	14	11	7	14	68	Azerbaïdjan
Cyprus	45	54	53	54	46	46	39	33	31	...	Chypre
Georgia	1	C	C	C	C	C	C	C	C	C	Géorgie
Iran (Islamic Rep. of)	...	...	...	...	...	...	8	...	...	...	Iran (Rép. islam. d')
Iraq	...	...	...	3500	...	...	...	...	...	...	Iraq
Kazakhstan	115	103	149	141	144	...	...	...	...	...	Kazakhstan
Kuwait	204	237	291	301	416	366	411	426	452	439	Koweït
Kyrgyzstan	4	10	12	17	17	18	14	12	8	8	Kirghizistan
Turkey	...	...	3288	4077	2858	2699	2509	3084	3680	3759	Turquie
Europe											**Europe**
Austria	523	...	...	...	...	...	...	...	...	...	Autriche
Belarus	96	57	60	232	338	397	342	542	597	636	Bélarus
Belgium[2]	1945	...	...	...	...	...	...	...	...	...	Belgique[2]
Bulgaria	113	249	347	280	509	567	544	492	563	487	Bulgarie
Croatia	209	265	266	280	330	342	291	314	295	325	Croatie
Czech Republic	1093	1141	1268	1379	1277	954	912	C	C	C	République tchèque
Denmark	...	...	...	1518	1301	1096	927	...	...	1548	Danemark
Estonia	...	283	237	402	457	195	140	113	370	124	Estonie
Finland	639	701	673	713	600	556	626	867	634	655	Finlande
Germany	8008	7426	7333	7428	C	...	7165	7051	6731	6309	Allemagne
Greece[2]	313	...	...	...	...	...	...	...	...	...	Grèce[2]
Hungary	55	64	79	84	86	110	113	131	119	158	Hongrie
Ireland	515	573	...	...	...	...	...	...	...	...	Irlande
Italy	10770	10763	...	...	...	...	...	...	...	...	Italie
Latvia	C	C	C	22	C	21	18	17	10	12	Lettonie
Lithuania	611	383	478	586	566	526	518	522	598	589	Lituanie
Netherlands	323	245	245	272	262	...	...	...	900	384	Pays-Bas
Poland	2295	3779	4874	7304	7777	7114	7695	7157	9554	10238	Pologne
Portugal	845	934	1035	943	957	932	880	944	...	...	Portugal
Rep. of Moldova	...	32	39	48	47	51	44	48	46	37	Rép. de Moldova
Romania	205	227	433	443	497	589	407	425	476	407	Roumanie
Russian Federation	780	1035	1152	1123	1459	1945	1787	2775	3215	3548	Fédération de Russie
Serbia	...	...	...	36	43	42	32	33	...	...	Serbie
Slovakia	...	67	128	163	182	181	173	193	198	148	Slovaquie
Slovenia	16	C	C	C	C	C	C	C	C	0	Slovénie
Spain	3879	3773	3869	4016	3673	3156	2661	2594	2303	2086	Espagne
Sweden	1806	1742	1299	1100	1192	1126	1257	1254	1220	1338	Suède
Ukraine	370	392	446	499	730	740	552	602	714	820	Ukraine
United Kingdom	5901	7837	6442	6752	6579	6457	C	6603	5910	5766	Royaume-Uni

General Note.
Mattresses of cellular rubber or plastics (whether with a metal frame or not, whether covered or not) and other mattresses with or without spring interiors. Water-mattresses and pneumatic mattresses are excluded.

Remarque générale.
Matelas en mousse de caoutchouc ou de plastique (avec ou sans cadre métallique, recouverts ou non) et autres matelas avec ou sans ressorts. Les matelas à eau et matelas pneumatiques sont exclus.

[1] Tanganyika only.
[2] Incomplete coverage.

[1] Tanganyika seulement.
[2] Couverture incomplète.

Pianos and other keyboard stringed musical instruments
Pianos et autres instruments à cordes à clavier

CPC-BASED CODE - CODE BASE CPC
38310-0

Unit: Number of units | Unité: Nombre d'unités

Country or area	2003	2004	2005	2006	2007	2008	2009	2010	2011	2012	Pays ou zone
Asia											**Asie**
India	592	595	615	...	...	...	...	...	...	...	Inde
Iran (Islamic Rep. of)	...	...	...	...	...	...	480	...	...	...	Iran (Rép. islam. d')
Japan	133133	125378	131636	130344	58571	53969	44403	34374	53266	39070	Japon
Rep. of Korea	36000	20000	16000	...	...	...	...	...	...	...	Rép. de Corée
Europe											**Europe**
Belarus	300	400	300	34	0	0	0	0	...	...	Bélarus
Estonia	380	C	C	C	C	C	C	148	163	158	Estonie
Germany	10428	10696	10455	9051	8253	7521	5075	5768	6406	7073	Allemagne
Poland	746	1221	1173	959	C	C	C	C	C	C	Pologne
Russian Federation	1275	670	580	573	582	719	338	226	157	0	Fédération de Russie

General Note.

Pianos, including automatic pianos, harpsichords and other keyboard stringed instruments.

Remarque générale.

Pianos, même automatiques; clavecins et autres instruments à cordes à clavier.

Other stringed musical instruments
Autres instruments de musique à cordes

CPC-BASED CODE - CODE BASE CPC
38320-0

Unit: Thousand units — Unité: Milliers d'unités

Country or area	2003	2004	2005	2006	2007	2008	2009	2010	2011	2012	Pays ou zone
America, South											**Amérique du Sud**
Brazil	312	272	264	178	179	198	232	314	382	325	Brésil
Chile	...	...	4	4	3	1	1	1	...	...	Chili
Asia											**Asie**
Japan	208	194	218	196	249	243	172	152	228	134	Japon
Europe											**Europe**
Belarus	2	2	1	1	0	0	0	0	...	...	Bélarus
Czech Republic	...	...	57	34	50	39	22	25	25	20	République tchèque
Finland	...	...	0	0	0	0	1	1	...	...	Finlande
Poland	2	1	1	0	0	0	...	...	...	...	Pologne
Portugal	12	12	11	12	12	16	13	13	...	...	Portugal
Romania	146	150	126	124	131	113	111	115	130	106	Roumanie
Russian Federation	125	67	54	57	41	42	46	39	40	32	Fédération de Russie
Spain	228	207	C	157	139	137	125	114	107	87	Espagne
Ukraine	29	26	22	19	15	C	C	C	5	5	Ukraine
United Kingdom	0	0	...	...	...	1	C	0	0	0	Royaume-Uni

General Note.
Other string musical instruments (for example, guitars, violins, harps), played with a bow or not.

Remarque générale.
Autres instruments de musique à cordes (guitares, violons, harpes, par exemple), même frottés à l'aide d'un archet.

Snow-skis and other snow-ski equipment, ice-skates and roller-skates
Skis de neige et autre matériel pour la pratique du ski de neige, patins à glace et patins à roulettes

CPC-BASED CODE - CODE BASE CPC
38410-0

Unit: Thousand pairs — Unité: Milliers de paires

Country or area	2003	2004	2005	2006	2007	2008	2009	2010	2011	2012	Pays ou zone
America, South											**Amérique du Sud**
Brazil	0	C	...	49	24	75	60	69	171	827	Brésil
Asia											**Asie**
India	60	228	...	...	...	...	...	...	...	...	Inde
Europe											**Europe**
Belarus	[1]61	[1]92	[1]92	[1]74	[1]68	[1]27	[1]13	[1]46	161	165	Bélarus
Czech Republic	654	676	825	575	C	C	C	...	...	...	République tchèque
Estonia	...	...	...	C	C	C	...	...	2	...	Estonie
Finland	928	1433	1054	630	265	39	91	174	108	79	Finlande
Poland	47	73	71	99	C	C	C	C	C	C	Pologne
Portugal	4	3	3	4	4	...	...	...	...	...	Portugal
Romania	1082	396	528	502	1934	C	C	C	C	C	Roumanie
Russian Federation	624	912	1076	1244	958	894	815	891	1302	1470	Fédération de Russie
Sweden	C	16	11	0	0	0	0	4	0	0	Suède

General Note.
Snow-skis and other snow-ski equipment, Ice skates and roller skates, including skating boots with skates attached.

[1] Excludes ice skates and roller skates.

Remarque générale.
Skis de neige et autre matériel pour la pratique du ski de neige, patins à glace et patins à roulettes, y compris les chaussures auxquelles sont fixés des patins.

[1] Exclut les patins à glace et patins à roulettes.

Dolls representing human beings; toys representing animals or non-human creatures
Poupées représentant l'être humain; jouets représentant des animaux ou des créatures non humaines

CPC-BASED CODE - CODE BASE CPC
38520-0

Unit: Thousand units | Unité: Milliers d'unités

Country or area	2003	2004	2005	2006	2007	2008	2009	2010	2011	2012	Pays ou zone
America, North											**Amérique du Nord**
Cuba	[1]22	[1]11	0	0	0	0	0	0	0	0	Cuba
Mexico	...	...	...	...	385	347	377	414	C	C	Mexique
America, South											**Amérique du Sud**
Brazil	24787	20484	20486	25159	22067	26978	23454	18661	24270	26136	Brésil
Chile	...	...	13	0	...	...	...	...	...	...	Chili
Ecuador	...	296	682	66	75	11	...	...	...	...	Équateur
Asia											**Asie**
India	45	93	0	...	...	...	...	...	...	...	Inde
Kazakhstan	0	45	0	0	0	...	...	...	...	...	Kazakhstan
Kyrgyzstan	3	5	0	0	0	0	...	...	...	...	Kirghizistan
Turkey	...	...	C	C	C	C	885	C	C	400	Turquie
Europe											**Europe**
Belarus	297	297	271	229	221	195	186	188	#1381	1301	Bélarus
Bulgaria	41	C	92	C	11	15	C	0	C	C	Bulgarie
Croatia	57	70	79	620	1085	1130	2167	1277	2826	3104	Croatie
Czech Republic	1284	1247	1162	1135	778	1300	472	457	418	326	République tchèque
Estonia	...	C	C	0	0	0	...	0	0	2	Estonie
Germany	37230	55101	56258	30307	23197	27466	26606	25832	28845	18781	Allemagne
Greece[2]	64	...	...	...	...	...	...	...	...	...	Grèce[2]
Hungary	215	130	69	97	70	310	16	216	471	327	Hongrie
Ireland	169	147	...	...	...	...	...	...	...	...	Irlande
Lithuania	431	327	343	327	392	210	144	86	100	92	Lituanie
Poland	1770	1795	1548	915	660	588	1216	666	555	419	Pologne
Portugal	2065	2346	1223	1572	2165	1988	2156	1489	...	...	Portugal
Rep. of Moldova	...	76	88	113	113	121	126	166	234	399	Rép. de Moldova
Romania	106051	87828	13422	132865	145012	C	C	C	658	440	Roumanie
Russian Federation	1324	1212	1038	1159	1147	1178	1058	...	...	...	Fédération de Russie
Spain	7584	C	C	C	24579	30858	29565	21767	2439	2840	Espagne
Sweden	...	...	C	119	C	C	C	1	1	0	Suède
Ukraine	138	342	267	482	782	1220	616	976	1115	832	Ukraine
United Kingdom	[3]5410	...	C	C	C	12945	18965	C	C	C	Royaume-Uni

General Note.
Dolls, whether or not dressed; toys representing animals or non-human creatures, stuffed or other.

[1] Plastic dolls only.
[2] Incomplete coverage.
[3] Excluding Prodcom 2002 code 36.50.12.53.

Remarque générale.
Poupées, même habillées; jouets représentant des animaux ou des créatures non humaines, rembourrés ou autres.

[1] Poupées en plastique seulement.
[2] Couverture incomplète.
[3] 2002 code Prodcom 36.50.12.53 non compris.

Pens, stylos, pen-holders, pencil-holders and similar holders
Stylos, porte plume, porte crayon et articles similaires

CPC-BASED CODE - CODE BASE CPC
38911-1

Unit: Million units — Unité: Millions d'unités

Country or area	2003	2004	2005	2006	2007	2008	2009	2010	2011	2012	Pays ou zone
Africa											**Afrique**
Ethiopia	1.7	...	...	...	...	...	...	...	...	...	Éthiopie
Kenya	102.1	100.2	102.9	123.1	126.3	97.5	130.0	149.8	181.3	175.1	Kenya
America, North											**Amérique du Nord**
Mexico	698.4	614.5	628.3	786.7	1354.8	1228.8	1084.0	756.9	907.8	688.7	Mexique
America, South											**Amérique du Sud**
Brazil	1201.4	1197.4	1131.9	1610.8	814.1	820.6	751.1	882.6	934.8	826.1	Brésil
Chile	...	...	...	0.5	0.6	0.6	0.5	0.4	...	...	Chili
Ecuador	...	1.3	1.2	1.4	2.3	3.3	...	...	...	...	Équateur
Peru	104.7	122.8	154.2	...	...	...	...	...	...	...	Pérou
Asia											**Asie**
India	2893.9	...	2508.1	...	...	...	...	...	...	...	Inde
Japan	239.7	237.9	219.1	196.5	204.2	169.9	128.7	178.1	198.6	152.8	Japon
Rep. of Korea[1]	483.2	385.7	370.5	407.9	366.1	319.1	280.6	333.5	370.1	322.9	Rép. de Corée[1]
Viet Nam	179.8	184.1	374.3	250.1	257.5	...	...	...	...	...	Viet Nam
Europe											**Europe**
Belarus	1.8	1.7	1.3	0.0	0.0	0.0	0.0	0.0	...	...	Bélarus
Croatia	...	21.5	20.9	21.0	14.1	3.2	2.0	2.8	2.0	1.7	Croatie
Denmark	4.6	4.4	3.6	3.6	3.9	...	2.4	...	...	1.7	Danemark
Finland	2.2	2.3	1.8	1.1	1.1	0.0	0.0	0.0	0.0	0.0	Finlande
Germany	1055.6	C	C	C	...	...	...	...	...	...	Allemagne
Hungary	33.5	...	...	...	...	C	C	...	C	C	Hongrie
Russian Federation	18.0	0.6	...	4.8	2.8	4.8	14.7	36.2	8.8	3.5	Fédération de Russie
Spain	278.3	[2]284.1	...	...	...	C	...	...	...	...	Espagne
Sweden	5.1	5.5	5.6	4.7	4.7	4.5	3.0	4.9	3.8	4.7	Suède
Ukraine	[3]9.6	[3]5.6	[3]3.0	[3]1.8	[3]2.6	[4]2.4	[4]2.4	[4]4.0	[4]8.0	[4]11.5	Ukraine

General Note.

Ball point pens; felt tipped and other porous-tipped pens and markers; fountain pens, stylograph pens and other pens; duplicating stylos; propelling or sliding pencils; pen-holders, pencil-holders and similar holders; parts (including caps and clips) of the foregoing articles.

[1] Ball-point pens only.
[2] Excluding Prodcom 2002 codes 36.63.23.10, 36.63.23.53, 36.63.23.55.
[3] Excluding Prodcom 2002 codes 36.63.23.10, 36.63.23.53, 36.63.23.55.
[4] Excluding Prodcom 2008 codes 32.99.14.10, 32.99.14.50.

Remarque générale.

Stylos et crayons à bille; stylos et marqueurs à mèche feutre ou à autres pointes poreuses; stylos à plume et autres stylos; stylets pour duplicateurs; porte mine; porte plume, porte crayon et articles similaires; parties (y compris les capuchons et les agrafes) de ces articles.

[1] Stylos à bille seulement.
[2] 2002 codes Prodcom 36.63.23.10, 36.63.23.53, 36.63.23.55 non compris.
[3] 2002 codes Prodcom 36.63.23.10, 36.63.23.53, 36.63.23.55 non compris.
[4] 2008 codes Prodcom 32.99.14.10, 32.99.14.50 non compris.

Pencils, crayons, pencil leads, pastels, drawing charcoals and chalks
Crayons, mines, pastels, fusains et craies

CPC-BASED CODE - CODE BASE CPC
38911-2

Unit: Million units | Unité: Millions d'unités

Country or area	2003	2004	2005	2006	2007	2008	2009	2010	2011	2012	Pays ou zone
America, North											**Amérique du Nord**
Mexico	704.2	833.0	742.5	1060.2	#62.4	58.7	65.7	57.1	62.8	73.5	Mexique
America, South											**Amérique du Sud**
Brazil	1330.0	1530.7	1746.2	2393.5	2660.5	2726.8	1813.2	2142.9	2413.7	2636.6	Brésil
Ecuador	...	10.8	4.1	3.4	5.5	1.1	...	...	...	...	Équateur
Peru	4.1	8.2	6.5	...	...	...	...	...	...	...	Pérou
Asia											**Asie**
India	1028.2	4561.8	1615.9	...	...	...	...	...	...	...	Inde
Europe											**Europe**
Croatia	...	37.3	28.5	24.2	19.8	71.0	143.0	97.6	115.8	75.3	Croatie
Czech Republic	...	...	C	672.0	836.0	381.0	320.0	...	...	...	République tchèque
Hungary	...	1.0	C	C	C	C	C	...	...	...	Hongrie
Romania	30.0	32.0	28.0	24.0	28.0	C	C	C	C	C	Roumanie
Russian Federation	125.0	104.0	69.8	94.8	96.2	68.7	103.0	86.7	81.6	102.5	Fédération de Russie
Spain	...	82.8	C	...	...	C	C	C	C	C	Espagne

General Note.

Pencils, crayons, pencil leads, pastels, drawing charcoals, writing or drawing chalks and tailors' chalks.

Remarque générale.

Crayons, mines, pastels, fusains, craies à écrire ou à dessiner et craies de tailleurs.

Umbrellas, sun-umbrellas, walking-sticks, seat-sticks and the like
Parapluies, ombrelles et parasols, cannes, cannes sièges et articles similaires

CPC-BASED CODE - CODE BASE CPC
38921-0

Unit: Thousand units — Unité: Milliers d'unités

Country or area	2003	2004	2005	2006	2007	2008	2009	2010	2011	2012	Pays ou zone
Africa											**Afrique**
Lesotho	49	11	34	9	29	39	23	17	...	...	Lesotho
America, South											**Amérique du Sud**
Brazil	368	1506	291	381	635	422	490	573	290	184	Brésil
Ecuador	...	...	...	0	1	1	...	...	...	...	Équateur
Asia											**Asie**
India	1581	1050	...	...	...	...	...	...	...	...	Inde
Myanmar[1]	645	373	594	643	511	304	219	84	120	...	Myanmar[1]
Turkey	...	...	C	C	C	C	C	C	C	863	Turquie
Europe											**Europe**
Belarus	40	29	30	28	29	31	12	24	13	15	Bélarus
Bulgaria	39	59	66	74	95	156	C	63	127	107	Bulgarie
Croatia	...	55	60	85	111	22	16	15	5	9	Croatie
Czech Republic	...	...	C	C	C	1	C	C	C	C	République tchèque
Denmark	21	7	12	10	10	7	4	1	...	...	Danemark
Finland	1	0	0	0	0	0	0	0	0	0	Finlande
Germany	C	C	C	C	C	C	C	C	1790	1832	Allemagne
Hungary	...	6	...	C	C	C	C	...	C	C	Hongrie
Italy	12623	12015	...	...	...	...	...	...	...	...	Italie
Lithuania	1	1	0	6	0	0	0	0	0	0	Lituanie
Poland	503	538	305	308	186	203	248	322	237	228	Pologne
Portugal	326	209	208	248	326	301	271	462	...	...	Portugal
Rep. of Moldova	2	0	2	0	...	...	...	...	...	...	Rép. de Moldova
Romania	30	12	0	32	113	C	C	C	C	C	Roumanie
Russian Federation	123	113	112	192	175	125	67	73	78	156	Fédération de Russie
Slovakia	C	C	C	72	C	C	...	...	C	C	Slovaquie
Spain	...	1384	1189	C	C	C	C	C	C	C	Espagne
TFYR of Macedonia	6	1	...	...	...	...	...	...	...	...	L'ex-RY de Macédoine
Ukraine	7	8	20	36	81	77	62	63	31	42	Ukraine
United Kingdom	...	...	...	...	0	1778	2652	2722	2331	1501	Royaume-Uni

General Note.

Umbrellas and sun umbrellas (including walking-stick umbrellas, garden umbrellas and similar umbrellas); walking-sticks, seat-sticks, whips, riding-crops and the like.

[1] Twelve months ending 31 March of year stated.

Remarque générale.

Parapluies, ombrelles et parasols (y compris les parapluies cannes, les parasols de jardin et articles similaires); cannes, cannes sièges, fouets, cravaches et articles similaires.

[1] Période de douze mois finissant le 31 mars de l'année indiquée.

Imitation jewelry
Bijouterie de fantaisie

CPC-BASED CODE - CODE BASE CPC
38997-0

Unit: Metric tons | Unité: Tonnes métriques

Country or area	2003	2004	2005	2006	2007	2008	2009	2010	2011	2012	Pays ou zone
America, South											**Amérique du Sud**
Ecuador	...	...	4.8	14.7	6.5	4.9	...	...	...	...	Équateur
Asia											**Asie**
Kazakhstan	1.7	4.4	5.2	3.1	2.3	...	...	...	...	...	Kazakhstan
Turkey	...	...	307.0	C	C	416.9	C	1603.6	330.6	737.8	Turquie
Europe											**Europe**
Bulgaria	C	C	30.5	29.1	40.4	43.8	C	C	C	C	Bulgarie
Croatia	...	0.5	0.5	0.3	0.2	0.3	0.3	0.2	0.2	0.0	Croatie
Czech Republic	...	1283.7	1285.4	1032.9	576.3	383.1	284.8	275.0	255.8	318.6	République tchèque
Denmark	23.6	13.4	19.4	14.9	39.9	...	...	...	...	...	Danemark
Finland	...	...	38.9	49.9	28.3	27.2	45.1	18.4	24.5	11.1	Finlande
Hungary	14.8	15.8	12.4	8.9	7.0	3.0	C	1.4	5.4	3.7	Hongrie
Ireland	116.3	298.5	...	...	...	...	...	...	...	...	Irlande
Italy	7316.1	7113.9	...	...	...	...	...	...	...	...	Italie
Lithuania	0.0	1.6	13.2	18.8	18.1	21.0	4.6	6.6	6.0	9.4	Lituanie
Poland	19.1	23.0	0.7	0.3	C	C	3.9	6.5	C	C	Pologne
Portugal	209.2	177.9	130.9	159.4	203.1	149.5	173.5	197.6	...	...	Portugal
Romania	...	...	...	...	...	C	38.7	49.0	27.4	10.1	Roumanie
Spain	...	1549.2	1091.6	1047.9	1232.3	799.0	781.0	891.4	672.6	550.8	Espagne
Sweden	C	0.0	0.0	C	C	C	C	0.3	C	0.3	Suède
Ukraine	9.6	39.9	113.9	173.8	184.1	28.5	7.4	0.3	1.7	0.2	Ukraine

General Note.
Imitation jewelry, of base metal, whether or not plated with precious metal.

Remarque générale.
Bijouterie de fantaisie, en métaux communs, même argentés, dorés ou platinés.

Pig iron and spiegeleisen
Fontes brutes et fontes spiegel

CPC-BASED CODE - CODE BASE CPC
41111-0

Unit: Thousand metric tons — Unité: Milliers de tonnes métriques

Country or area	2003	2004	2005	2006	2007	2008	2009	2010	2011	2012	Pays ou zone
Africa											**Afrique**
Algeria[1]	965	994	952	1093	1193	690	680	696	360	350	Algérie[1]
Egypt[1]	1080	1000	1100	1100	1000	900	800	600	600	550	Égypte[1]
Morocco[1]	15	15	15	15	15	15	...	...	...	...	Maroc[1]
South Africa[1]	6234	6011	6130	6159	5358	5138	4444	5429	4604	4599	Afrique du Sud[1]
Tunisia	[1]45	[2]256	[2]206	[2]214	...	...	...	...	...	...	Tunisie
Zimbabwe[1]	182	125	129	38	38	1	...	...	...	...	Zimbabwe[1]
America, North											**Amérique du Nord**
Canada[1]	8554	8828	8274	8305	8579	8770	5273	7666	7323	7654	Canada[1]
Cuba[3]	210	193	245	257	262	274	266	278	282	277	Cuba[3]
Mexico[1]	4183	4278	4047	3790	4078	4450	3919	4707	...	...	Mexique[1]
United States	[3,4,5]40600	[3,4,5]42300	[3,4,5]37200	[3,4,5]37900	[3,4,5]36300	[3,4,5]33700	[3,4,5]19000	[3,4,5]26800	[1]30227	[1]32062	États-Unis
America, South											**Amérique du Sud**
Argentina	[3]4140	[3]4148	[3]4467	[3]4428	[3]4393	[3]4428	[3]2849	[1]2532	[1]2801	[1]2073	Argentine
Brazil[3]	...	[4]8455	10326	10110	10504	10041	5186	6671	7009	6490	Brésil[3]
Colombia[1]	283	312	325	360	341	308	342	327	297	345	Colombie[1]
Paraguay[1]	98	119	123	128	110	94	71	81	42	67	Paraguay[1]
Peru[1]	226	272	263	306	351	412	...	...	...	...	Pérou[1]
Asia											**Asie**
Azerbaijan[3]	1	1	2	1	0	2	2	1	1	1	Azerbaïdjan[3]
China[1]	213667	251851	344732	413641	476604	483226	568634	595601	645429	657905	Chine[1]
Dem.P.R. of Korea[1]	250	250	250	250	250	250	250	250	250	250	Rép.p.d. de Corée[1]
India[1]	26550	25117	27125	28256	36488	37313	38233	39560	43624	47969	Inde[1]
Iran (Islamic Rep. of)	[1]2231	[1]2096	[1]2305	229	305	1058	202	[1]2540	[1]2242	[1]2143	Iran (Rép. islam. d')
Japan	4904	4759	4457	4691	4730	4947	3907	3992	3443	3221	Japon
Kazakhstan	[3]4138	[3]4283	[3]3582	[3]3369	[3]3795	[3]3106	[1]2409	[1]2640	[1]3190	[1]2831	Kazakhstan
Pakistan	[1]1000	[3,4,6]1180	[3,4,6]1137	[3,4,6]768	[1]900	[3,4,6]993	[3,4,6]791	[1]750	[1]750	[1]750	Pakistan
Rep. of Korea	[1]27314	[1]27556	[1]27309	[1]27559	[3]29437	[3]31043	[1]27284	[1]35065	[1]42213	[1]41734	Rép. de Corée
Turkey	[1]5706	[1]5836	C	C	C	C	C	C	14636	18289	Turquie
Viet Nam	[3]380	[3]294	[3]91	[3]80	[3]109	[1]255	[1]275	[1]500	[1]600	[1]650	Viet Nam
Europe											**Europe**
Austria[1]	4677	4847	5444	5547	5908	5795	4353	5621	5815	5751	Autriche[1]
Belgium[1]	7813	8224	7254	7516	6577	6977	3087	4688	4725	4073	Belgique[1]
Bosnia & Herzegovina[1]	...	...	...	...	...	243	483	621	685	750	Bosnie-Herzégovine[1]
Bulgaria	[1]1386	[1]1158	[1]1115	[1]1147	[1]1069	[1]441	C	0	0	0	Bulgarie
Czech Republic	[1]5207	[1]5384	C	[3]5184	[3]5288	[3]4742	[1]3483	C	C	C	République tchèque
Finland	...	1	4	15	5	21	16	10	12	0	Finlande
France[1]	12972	13198	12705	13013	12426	11372	8104	10137	9698	9532	France[1]
Germany	1694	1595	1523	1702	1750	1597	C	C	C	C	Allemagne
Italy[1]	10148	10604	11423	11497	11110	10377	5692	8555	9838	9424	Italie[1]
Netherlands[1]	5846	6011	6031	5417	6412	5998	4601	5799	5943	5917	Pays-Bas[1]
Norway[1]	111	113	85	114	111	108	83	108	101	100	Norvège[1]
Poland	[1]5632	[1]6400	[1]4477	[1]5333	[3]5804	[3]4934	[3]2974	[3]3638	[3]3975	[3]3944	Pologne
Romania[1]	4101	4244	4098	3946	3923	2958	1575	1726	1593	1580	Roumanie[1]
Russian Federation	[3]48812	[3]50427	[3]49175	[3]52362	[3]51516	[3]48275	[3]44021	[3]48010	47986	50459	Fédération de Russie
Serbia	...	...	...	[3]1529	[3]1377	[3]1516	[3]965	[3]1159	[1]1226	[1]312	Serbie
Serbia & Montenegro[1]	635	1003	1208	...	...	...	...	...	...	...	Serbie-et-Monténégro[1]
Slovakia[1]	3892	3765	3681	4145	4012	3529	3019	C	C	C	Slovaquie[1]
Spain[1]	3645	4036	4160	3432	3976	3784	2920	C	C	C	Espagne[1]
Switzerland[1]	80	80	80	80	...	...	...	...	...	...	Suisse[1]
Ukraine	29459	30978	30746	32929	35650	30991	25683	27308	28854	28487	Ukraine
United Kingdom	[1]10228	[1]10180	[1]10189	[1]10696	...	...	...	...	0	0	Royaume-Uni
Oceania											**Océanie**
Australia[1]	6116	5735	6203	6433	6369	6057	4370	6005	5265	3710	Australie[1]
New Zealand[1]	700	719	652	664	679	622	608	667	659	670	Nouvelle-Zélande[1]

General Note.

Non-alloy pig iron, alloy pig iron and spiegeleisen, in pigs, blocks or other primary forms. Please see commodity notes for more information.

Remarque générale.

Fontes brutes non alliées, fontes brutes alliées et fontes spiegel, en gueuses, saumons ou autres formes primaires. Voir les commentaires sur nom de produit pour de plus amples informations.

[1] Source: World Steel Association (Brussels).

[1] Source : World Steel Association (Association mondiale de l'acier) (Bruxelles).

Pig iron and spiegeleisen (continued)
Fontes brutes et fontes spiegel (suite)

CPC-BASED CODE - CODE BASE CPC
41111-0

[2] Source: Bulletin of Industrial Statistics for the Arab Countries, United Nations Economic and Social Commission for Western Asia (Beirut).

[3] Data refer to total production.

[4] Excluding spiegeleisen.

[5] Source: American Iron and Steel Institute (AISI).

[6] Twelve months ending 30 June of year stated.

[2] Source: Bulletin de statistiques industrielles pour les pays arabes, Commission économique et sociale pour l'Asie occidentale des Nations Unies (Beyrouth).

[3] Les données se rapportent à la production totale.

[4] Spiegel non compris.

[5] Source: Institut américain du fer et de l'acier (AISI).

[6] Période de douze mois finissant le 30 juin de l'année indiquée.

Ferro-manganese
Ferromanganèse

CPC-BASED CODE - CODE BASE CPC
41112-0

Unit: Metric tons — Unité: Tonnes métriques

Country or area	2003	2004	2005	2006	2007	2008	2009	2010	2011	2012	Pays ou zone
America, North											**Amérique du Nord**
Dominican Republic	36	18	40	20	24	66	...	...	...	...	Rép. dominicaine
America, South											**Amérique du Sud**
Brazil	229507	563734	455037	400799	399768	346822	136588	229815	151859	144557	Brésil
Asia											**Asie**
India	202000	189000	178000	156000	...	...	...	...	...	...	Inde
Japan	385000	457000	425000	445000	424000	462000	362000	458000	239000	454000	Japon
Kazakhstan	1929	...	290	0	0	...	...	...	...	...	Kazakhstan
Europe											**Europe**
Germany	16892	17139	16014	16946	C	C	C	C	C	...	Allemagne
Iceland	...	...	138000	...	...	...	...	...	...	...	Islande
Poland	1000	37900	10200	6300	2100	8200	1200	1000	1000	1000	Pologne
Romania	...	...	20000	0	0	...	...	...	...	...	Roumanie
Russian Federation	1200	0	0	...	0	...	87800	175000	148000	161000	Fédération de Russie
Slovakia	C	97000	...	...	...	C	C	C	C	C	Slovaquie
Ukraine	383000	499000	359000	373000	368000	362000	135000	286000	188000	C	Ukraine

General Note.
Ferro-manganese, containing by weight more than 2 % of carbon or other.

Remarque générale.
Ferromanganèse, contenant en poids plus de 2 % de carbone ou autres.

Ferro-chromium
Ferrochrome

CPC-BASED CODE - CODE BASE CPC
41113-0

Unit: Thousand metric tons — Unité: Milliers de tonnes métriques

Country or area	2003	2004	2005	2006	2007	2008	2009	2010	2011	2012	Pays ou zone
Africa											**Afrique**
South Africa	2861	...	...	...	...	...	...	...	...	...	Afrique du Sud
America, South											**Amérique du Sud**
Brazil	171	C	144	154	143	159	90	162	134	163	Brésil
Asia											**Asie**
India	307	289	341	362	...	...	...	...	...	...	Inde
Kazakhstan	993	1081	1156	1191	1308	1220	...	...	...	...	Kazakhstan
Turkey	42	34	C	C	C	C	C	C	C	C	Turquie
Europe											**Europe**
Finland	266	253	246	257	244	187	151	257	226	236	Finlande
Germany	C	C	C	17	C	C	C	C	C	C	Allemagne
Russian Federation	352	454	584	554	528	490	378	301	289	275	Fédération de Russie
Slovakia	C	3	C	C	C	...	...	...	...	...	Slovaquie
Sweden	96	C	C	C	C	63	19	64	97	77	Suède
TFYR of Macedonia	50	67	...	...	...	...	...	...	...	...	L'ex-RY de Macédoine

General Note.
Ferro-chromium, containing by weight more than 4 % of carbon or other.

Remarque générale.
Ferrochrome, contenant en poids plus de 4 % de carbone ou autres.

Ferro-silicon
Ferrosilicium

CPC-BASED CODE - CODE BASE CPC
41115-1

Unit: Thousand metric tons — Unité: Milliers de tonnes métriques

Country or area	2003	2004	2005	2006	2007	2008	2009	2010	2011	2012	Pays ou zone
Africa											**Afrique**
South Africa	197	...	...	...	...	...	...	...	...	...	Afrique du Sud
America, North											**Amérique du Nord**
Dominican Republic	1	1	1	1	1	0	...	...	...	...	Rép. dominicaine
United States	148	171	164	194	220	245	194	246	...	...	États-Unis
America, South											**Amérique du Sud**
Brazil	105	116	109	152	156	152	177	241	227	208	Brésil
Chile	2	3	5	4	...	10	18	9	0	...	Chili
Asia											**Asie**
Georgia	C	C	C	C	C	124	112	204	243	261	Géorgie
India	50	45	60	69	...	...	...	...	...	...	Inde
Iraq	...	...	...	...	...	4	...	...	...	...	Iraq
Kazakhstan	127	104	104	86	60	55	...	...	...	...	Kazakhstan
Europe											**Europe**
Denmark	0	10	21	11	0	...	...	...	...	...	Danemark
Germany	17	17	16	17	C	C	C	C	C	...	Allemagne
Iceland	117	...	...	...	...	...	118	114	120	132	Islande
Poland	90	85	65	C	58	54	13	54	72	79	Pologne
Russian Federation	C	C	C	C	C	C	765	899	1031	1048	Fédération de Russie
Slovakia	34	74	51	C	C	17	10	31	35	30	Slovaquie
Sweden	17	...	11	7	3	2	0	0	0	1	Suède
TFYR of Macedonia	50	67	71	59	79	43	8	30	56	42	L'ex-RY de Macédoine
Ukraine	297	325	228	169	218	202	193	254	186	150	Ukraine

General Note.
Ferro-silicon, containing by weight more than 55 % of silicon or other.

Remarque générale.
Ferrosilicium, contenant en poids plus de 55 % de silicium ou autres.

Crude steel and steel semi-finished products
Acier brut et demi-produits en acier

CPC-BASED CODE - CODE BASE CPC
41120-0

Unit: Thousand metric tons — Unité: Milliers de tonnes métriques

Country or area	2003	2004	2005	2006	2007	2008	2009	2010	2011	2012	Pays ou zone
Africa											**Afrique**
Algeria	964	978	[1]1007	[1]1158	[1]1278	[1]619	[1]597	[1]662	[1]551	[1]557	Algérie
Dem. R. of the Congo[1]	30	30	30	30	30	30	30	30	30	30	Rép. dém. du Congo[1]
Egypt[1]	4398	4810	5603	6045	6224	6198	5541	6676	6485	6627	Égypte[1]
Ghana[1]	25	25	25	25	25	25	25	25	25	25	Ghana[1]
Kenya[1]	20	20	20	20	20	20	20	20	20	20	Kenya[1]
Libya[1]	1007	1026	1255	1151	1250	1137	914	825	100	315	Libye[1]
Mauritania[1]	5	5	5	5	5	5	5	5	5	5	Mauritanie[1]
Morocco[1]	5	5	205	314	512	478	499	485	654	539	Maroc[1]
Nigeria[1]	...	40	100	100	100	100	100	100	100	100	Nigéria[1]
South Africa[1]	9481	9500	9494	9718	9098	8246	7484	7617	7546	6938	Afrique du Sud[1]
Tunisia[1]	86	66	70	75	80	82	155	150	150	150	Tunisie[1]
Uganda[1]	30	30	30	30	30	30	30	30	30	30	Ouganda[1]
Zimbabwe[1]	152	135	107	24	23	...	...	...	...	...	Zimbabwe[1]
America, North											**Amérique du Nord**
Canada[1]	15929	16305	15327	15493	15572	14845	9286	13009	12891	13507	Canada[1]
Cuba[2]	193	178	226	237	247	257	249	258	259	257	Cuba[2]
El Salvador[1]	57	59	48	72	73	71	56	64	97	72	El Salvador[1]
Guatemala[1]	226	232	207	292	349	250	224	274	294	334	Guatemala[1]
Mexico	14021	15081	14519	14677	3954	4416	4280	4513	4804	4571	Mexique
Trinidad and Tobago	[1]903	[1]815	[2]712	[2]673	[1]682	[1]489	[2]253	[1]572	[1]603	[1]628	Trinité-et-Tobago
United States	[2,3]93700	[2,3]99700	[2,3]94900	[2,3]98200	[2,3]98100	[2,3]91900	[2,3]59400	[2,3]80500	[1]86398	[1]88695	États-Unis
America, South											**Amérique du Sud**
Argentina	[2]5033	[2]5133	[2]5386	[2]5533	[2]5387	[2]5541	[2]4013	[1]5138	[1]5611	[1]4995	Argentine
Brazil	[1]31147	[2]18814	[2]18620	[2]19039	[2]20128	[2]21127	[2]16208	[2]19670	[2]21724	[2]20162	Brésil
Chile	256	291	289	224	0	103	0	0	...	...	Chili
Colombia[1]	668	730	842	1220	1260	1053	1053	1213	1287	1302	Colombie[1]
Ecuador[1]	80	...	...	...	...	128	259	372	463	425	Équateur[1]
Paraguay[1]	91	107	101	115	95	83	54	59	30	44	Paraguay[1]
Peru	[1]669	[1]726	[1]790	[1]896	[1]881	[1]1001	[1]718	[1]880	877	981	Pérou
Uruguay	[1]40	[1]58	[1]64	[1]57	[1]71	[1]86	[1]57	61	[1]81	[1]78	Uruguay
Venezuela (Bol. R. of)[1]	3930	4561	4910	4864	5005	4224	3808	2207	2980	2359	Venezuela (R.bol.du)[1]
Asia											**Asie**
Azerbaijan[2]	56	90	286	55	76	76	87	129	190	246	Azerbaïdjan[2]
China[1]	222336	272798	355790	421024	489712	512339	577070	638743	701968	716542	Chine[1]
Dem.P.R. of Korea[1]	1400	1400	1400	1400	1400	1300	1300	1300	1300	1280	Rép.p.d. de Corée[1]
India[1]	31779	32626	45780	49450	53468	57791	63527	68976	73471	77561	Inde[1]
Indonesia[1]	2042	3682	3675	3759	4160	3915	3501	3664	3621	2254	Indonésie[1]
Iran (Islamic Rep. of)[2]	...	...	2310	2487	2266	2656	...	...	...	...	Iran (Rép. islam. d')[2]
Israel[1]	280	280	300	300	300	300	300	300	300	300	Israël[1]
Japan	12476	14340	13452	14044	14602	14769	10747	13766	12326	12568	Japon
Jordan[1]	135	140	150	150	150	150	150	150	150	150	Jordanie[1]
Kazakhstan	[2]9360	[2]9903	[2]7196	[2]5007	[2]4970	[1]4250	[1]4146	[1]4220	[1]4699	[1]3676	Kazakhstan
Malaysia[1]	3960	5698	5296	5834	6895	6423	5354	5694	5941	5612	Malaisie[1]
Mongolia[1]	35	35	35	35	35	35	35	35	35	35	Mongolie[1]
Myanmar[4]	5	5	5	6	5	2	2	4	0	...	Myanmar[4]
Pakistan[1]	1000	1145	825	1040	1090	1000	800	800	850	850	Pakistan[1]
Philippines[1]	500	400	470	558	718	711	824	1050	1200	1260	Philippines[1]
Qatar[1]	1055	1089	1057	1003	1147	1406	1448	1970	2038	2145	Qatar[1]
Rep. of Korea	19595	19479	18775	19062	20007	20451	20079	20936	22535	22947	Rép. de Corée
Saudi Arabia[1]	3944	3902	4186	3974	4644	4667	4690	5015	5275	5203	Arabie saoudite[1]
Singapore[1]	561	610	572	607	640	764	664	728	752	688	Singapour[1]
Sri Lanka[1]	30	30	30	30	30	30	30	30	30	30	Sri Lanka[1]
Syrian Arab Republic[1]	70	70	70	70	70	70	70	70	70	10	Rép. arabe syrienne[1]
Thailand[1]	3551	4533	5161	4914	5565	5211	3646	4145	4238	3328	Thaïlande[1]
Turkey	[1]18298	[1]20478	21644	26550	29744	33330	30129	25768	30562	31903	Turquie
United Arab Emirates[1]	90	90	90	90	90	90	200	500	2000	2408	Émirats arabes unis[1]
Uzbekistan[1]	499	602	595	617	645	682	716	716	733	736	Ouzbékistan[1]
Viet Nam	591	670	474	827	890	[1]2250	[1]2700	[1]4314	[1]4900	[1]5298	Viet Nam
Europe											**Europe**
Albania	[1]140	[1]143	[1]180	[2]123	[2]136	[1]250	[1]221	[1]390	[1]464	[1]500	Albanie
Austria[1]	6261	6530	7031	7129	7578	7594	5662	7206	7474	7421	Autriche[1]
Belarus	[2]1573	[2]1776	[2]1913	[2]2136	[2]2214	[2]2478	2330	2531	2761	2814	Bélarus

For general note and footnotes, see end of table — Voir la fin du tableau pour la remarque générale est les notes

Crude steel and steel semi-finished products (continued)
Acier brut et demi-produits en acier (suite)

CPC-BASED CODE - CODE BASE CPC
41120-0

Unit: Thousand metric tons — Unité: Milliers de tonnes métriques

Country or area	2003	2004	2005	2006	2007	2008	2009	2010	2011	2012	Pays ou zone
Belgium[1]	11114	11698	10420	11631	10692	10673	5635	7973	8026	7301	Belgique[1]
Bosnia & Herzegovina[1]	95	75	289	490	533	608	519	592	649	700	Bosnie-Herzégovine[1]
Bulgaria	384	296	104	160	...	C	C	C	C	C	Bulgarie
Croatia	[1]41	[1]86	[1]73	[2]81	[2]76	[2]138	[2]54	[2]103	[2]95	...	Croatie
Czech Republic	[1]6783	[1]7033	[2]5363	[2]5955	[2]6159	[2]5758	[2]4176	[2]4837	5342	7204	République tchèque
Denmark	...	...	43	0	0	...	...	...	...	...	Danemark
Estonia[1]	1	1	1	...	...	...	...	...	...	...	Estonie[1]
Finland	420	457	400	268	183	249	158	237	203	85	Finlande
France[1]	19758	20770	19481	19852	19250	17879	12840	15414	15780	15609	France[1]
Germany	12631	12469	11655	11828	12857	11514	7131	14002	13650	#13954	Allemagne
Greece[1]	1701	1967	2266	2416	2554	2477	2000	1821	1934	1247	Grèce[1]
Hungary	172	118	164	138	126	226	23	C	C	C	Hongrie
Italy[1]	27058	28604	29350	31624	31553	30590	19848	25750	28735	27257	Italie[1]
Latvia[1]	520	662	688	690	696	635	692	655	568	804	Lettonie[1]
Luxembourg[1]	2675	2684	2194	2802	2858	2582	2141	2548	2521	2208	Luxembourg[1]
Montenegro	6	30	28	20	38	53	14	33	42	20	Monténégro
Netherlands[1]	6571	6848	6919	6372	7368	6853	5194	6651	6937	6879	Pays-Bas[1]
Norway[1]	703	725	705	684	708	560	595	520	600	685	Norvège[1]
Poland	[1]9107	[1]10593	[1]8336	[1]10008	[1]10632	[1]9728	[2]7129	[2]7993	[2]8777	[2]8607	Pologne
Portugal[1]	1000	1445	1408	1719	1853	2017	1614	1543	1942	1960	Portugal[1]
Rep. of Moldova[1]	850	1012	1016	675	965	885	380	240	313	335	Rép. de Moldova[1]
Romania[1]	5691	6042	6280	6266	6261	5035	2761	3721	3828	3292	Roumanie[1]
Russian Federation	[2]62839	[2]65646	[2]66262	[2]70816	[2]72370	[2]68711	[2]59362	[2]66844	68114	70392	Fédération de Russie
Serbia[1]	...	...	...	1823	1478	1662	1061	1254	1324	346	Serbie[1]
Serbia & Montenegro[1]	711	1175	1292	...	...	...	...	...	...	...	Serbie-et-Monténégro[1]
Slovakia[2]	95	515	280	663	516	228	263	633	231	360	Slovaquie[2]
Slovenia[1]	C	C	583	C	C	C	C	C	C	C	Slovénie[1]
Spain	...	630	502	600	581	788	481	545	774	402	Espagne
Sweden	[1]5707	[1]5978	[2]3154	[2]3192	[2]3344	[2]3050	[2]1640	[2]2760	2344	2187	Suède
Switzerland[1]	1000	1000	1158	1252	1264	1312	934	1320	1400	1450	Suisse[1]
TFYR of Macedonia	[1]291	[1]309	[2]313	[2]354	[2]366	[2]253	[2]270	[2]292	386	217	L'ex-RY de Macédoine
Ukraine	50558	51225	50470	54035	56727	49010	37399	40579	42691	40466	Ukraine
United Kingdom[1]	13268	13766	13239	13871	...	...	...	...	...	...	Royaume-Uni[1]
Oceania											**Océanie**
Australia[1]	7544	7414	7757	7881	7939	7625	5249	7296	6404	4893	Australie[1]
New Zealand[1]	853	885	889	810	845	799	765	853	844	912	Nouvelle-Zélande[1]

General Note.

Ingots, other primary forms, and semi-finished products of iron, non-alloy steel, stainless steel or other alloy steel. Please see commodity notes for more information.

[1] Source: World Steel Association (Brussels).

[2] Data refer to total production.

[3] Source: American Iron and Steel Institute (AISI).

[4] Twelve months ending 31 March of year stated.

Remarque générale.

Lingots, autres formes primaires, et demi produits en fer, en aciers non alliés, aciers inoxydables ou autres aciers alliés. Voir les commentaires sur nom de produit pour de plus amples informations.

[1] Source : World Steel Association (Association mondiale de l'acier) (Bruxelles).

[2] Les données se rapportent à la production totale.

[3] Source: Institut américain du fer et de l'acier (AISI).

[4] Période de douze mois finissant le 31 mars de l'année indiquée.

Flat-rolled products of iron or steel, not further worked than hot-rolled
Produits laminés plats en fer ou en aciers, simplement laminés à chaud

CPC-BASED CODE - CODE BASE CPC
41210-0

Unit: Thousand metric tons — Unité: Milliers de tonnes métriques

Country or area	2003	2004	2005	2006	2007	2008	2009	2010	2011	2012	Pays ou zone
Africa											**Afrique**
Algeria[1]	531	421	...	...	...	...	...	...	...	...	Algérie[1]
Egypt[1]	1700	1700	2000	2095	2061	1729	1152	1637	1162	1036	Égypte[1]
Libya[1]	391	429	500	...	...	...	...	...	...	...	Libye[1]
South Africa[1]	4192	4337	4365	4500	4153	3710	3310	3470	3490	3200	Afrique du Sud[1]
America, North											**Amérique du Nord**
Canada[1]	10543	10696	10098	10800	10579	10597	6193	8358	8614	8901	Canada[1]
Mexico	[1]5660	[1]6111	[1]6617	[1]7185	...	...	...	...	...	2078	Mexique
United States[1]	63677	72927	67948	69442	66205	61375	37863	54426	61171	62787	États-Unis[1]
America, South											**Amérique du Sud**
Argentina	3954	3953	4070	4425	4340	4298	3248	[1]2656	[1]2742	[1]2349	Argentine
Brazil	[1]12980	8905	8646	9116	10498	14266	9976	12129	12210	12629	Brésil
Chile[1]	448	492	457	534	476	479	434	227	438	412	Chili[1]
Colombia[1]	179	216	385	471	428	429	400	436	429	435	Colombie[1]
Ecuador	...	0	0	0	2	3	...	...	...	...	Équateur
Peru	[1]34	[1]50	38	49	57	59	11	14	28	61	Pérou
Uruguay	...	...	...	...	...	...	...	...	...	70	Uruguay
Venezuela (Bol. R. of)[1]	1904	2174	2207	2280	2302	2252	1764	1086	1438	957	Venezuela (R.bol.du)[1]
Asia											**Asie**
China[1]	62426	84202	112996	137091	178629	201254	221685	262621	279212	284639	Chine[1]
India[1]	20005	23055	24812	28915	27368	26821	28172	30026	32769	38595	Inde[1]
Indonesia[1]	1928	2134	2143	2494	2548	2495	2430	2407	2629	2701	Indonésie[1]
Iran (Islamic Rep. of)	[1]3499	3703	4198	4063	4170	5022	[1]4744	[1]6935	[1]7824	[1]8476	Iran (Rép. islam. d')
Japan	34983	35408	35184	35430	38003	38816	29796	36793	35587	35753	Japon
Kazakhstan	2490	2725	1995	2023	2323	...	...	[1]2857	[1]3119	[1]2299	Kazakhstan
Malaysia[1]	1265	1940	1723	2240	2335	1880	1409	1366	1520	1185	Malaisie[1]
Philippines[1]	...	...	1	319	292	221	102	...	...	...	Philippines[1]
Rep. of Korea[1]	27983	29315	30571	31275	33853	36122	32352	40615	46815	46551	Rép. de Corée[1]
Thailand[1]	3328	3905	4418	4126	3944	3365	3351	3820	3283	2958	Thaïlande[1]
Turkey	...	...	1168	1401	1959	1787	1082	5739	8116	9484	Turquie
Viet Nam	2954	3280	3403	3837	4612	5002	6531	7910	8085	8405	Viet Nam
Europe											**Europe**
Austria[1]	4319	4440	4532	4844	4975	5068	3895	4842	4967	5026	Autriche[1]
Belgium[1]	11927	12133	10241	11501	10210	10722	6327	8804	9050	8044	Belgique[1]
Bulgaria[1]	1002	1009	1037	1214	1433	1038	303	C	C	C	Bulgarie[1]
Czech Republic	[1]1739	[1]1894	1968	2140	2138	2199	1355	[1]1281	[1]1254	[1]945	République tchèque
Denmark	[1]429	[1]516	399	462	503	532	241	347	[1]330	[1]300	Danemark
Finland	[1]3488	[1]3536	1882	1966	1602	[1]3050	[1]2109	1057	976	1068	Finlande
France[1]	11298	11946	11496	11612	11411	10212	7859	9692	9434	9222	France[1]
Germany	[1]24566	[1]26357	C	18574	19569	18858	14042	13869	15379	#13909	Allemagne
Greece[1]	67	86	94	...	...	...	...	...	...	...	Grèce[1]
Hungary	[1]1567	1562	1606	1854	1250	1143	771	847	1043	1176	Hongrie
Italy[1]	11125	12903	14237	14746	14761	13980	9084	12607	14418	14494	Italie[1]
Netherlands	[1]5679	[1]6046	[1]5919	[1]6142	[1]5939	[1]5616	[1]4885	[1]6058	3305	[1]6253	Pays-Bas
Poland	[1]2103	[1]2778	[1]2271	[1]2935	1370	1814	1453	1545	1832	2226	Pologne
Portugal	341	419	419	508	540	442	333	349	...	...	Portugal
Romania[1]	3595	3535	3608	3676	3662	2869	1674	C	C	C	Roumanie[1]
Russian Federation	15026	15115	16064	16520	17213	15240	15146	17865	18395	18458	Fédération de Russie
Serbia & Montenegro[1]	761	...	...	...	...	...	...	...	...	...	Serbie-et-Monténégro[1]
Slovakia	2443	3375	[1]3836	1416	[1]4189	2107	2171	2587	1625	1763	Slovaquie
Slovenia	[1]321	[1]302	[1]336	[1]343	[1]352	[1]366	[1]263	191	C	C	Slovénie
Spain[1]	4856	5884	5294	5944	6202	5754	3952	5108	4805	3801	Espagne[1]
Sweden	2850	2939	2733	2551	2511	2426	1501	1982	1987	1773	Suède
TFYR of Macedonia	54	62	172	159	267	206	299	317	348	225	L'ex-RY de Macédoine
Ukraine	9354	10326	10490	10193	10767	9104	7176	7811	7600	6499	Ukraine
United Kingdom[1]	6043	6551	5939	6161	...	C	C	C	4643	C	Royaume-Uni[1]
Oceania											**Océanie**
Australia[1]	2714	2984	2850	3032	4398	4308	3021	4399	4059	3364	Australie[1]
New Zealand[1]	695	710	675	640	680	630	590	690	680	695	Nouvelle-Zélande[1]

General Note.

Flat-rolled products of iron or non-alloy steel, not further worked than hot-rolled; flat-rolled products of stainless steel or of other alloy steel, not further worked than hot-rolled (except products of silicon-electrical steel or high speed steel). Please see commodity notes for more information.

Remarque générale.

Produits laminés plats en fer ou en aciers non alliés, simplement laminés à chaud; produits laminés plats en aciers inoxydables ou en autres aciers alliés, simplement laminés à chaud (à l'exclusion des produits en aciers au silicium dits « magnétiques » ou en aciers à coupe rapide). Voir les commentaires sur nom de produit pour de plus amples informations.

[1] Source: World Steel Association (Brussels).

[1] Source : World Steel Association (Association mondiale de l'acier) (Bruxelles).

Flat-rolled products of iron or steel, not further worked than cold-rolled
Produits laminés plats, en fer ou en aciers, simplement laminés à froid

CPC-BASED CODE - CODE BASE CPC
41220-0

Unit: Thousand metric tons — Unité: Milliers de tonnes métriques

Country or area	2003	2004	2005	2006	2007	2008	2009	2010	2011	2012	Pays ou zone
America, North											**Amérique du Nord**
Mexico	4695	5020	5183	5464	...	...	...	...	...	846	Mexique
United States[1]	12300	13400	11600	12000	11400	10300	6780	...	...	...	États-Unis[1]
America, South											**Amérique du Sud**
Argentina	1551	1435	1443	1406	1562	1435	1241	...	...	...	Argentine
Brazil	4027	4308	5651	5668	2822	4507	3890	4674	4400	4744	Brésil
Asia											**Asie**
Iran (Islamic Rep. of)	...	1002	876	1090	1536	907	...	...	...	...	Iran (Rép. islam. d')
Japan	13294	13434	13042	12904	13066	12951	9497	13149	12602	11716	Japon
Kazakhstan	1348	1315	1109	977	1117	...	...	...	...	...	Kazakhstan
Rep. of Korea	11901	11635	11708	11378	12926	13350	12212	16041	...	...	Rép. de Corée
Turkey	...	...	C	C	C	C	C	1611	2129	2272	Turquie
Europe											**Europe**
Czech Republic	...	164	131	112	125	101	43	...	...	...	République tchèque
Denmark	0	0	0	12	10	9	1	3	...	...	Danemark
Finland	C	...	C	C	C	665	438	613	690	699	Finlande
Germany	C	2010	1782	1941	1838	1747	1331	1783	1730	#3426	Allemagne
Hungary	318	333	324	358	147	303	289	349	362	341	Hongrie
Poland	430	486	482	593	64	79	476	510	467	408	Pologne
Portugal	338	412	476	586	737	466	322	314	...	...	Portugal
Romania	639	677	584	582	544	477	217	261	309	256	Roumanie
Russian Federation	7697	7926	7878	8363	8228	7779	6886	9264	9542	7028	Fédération de Russie
Slovakia	C	1012	1009	C	C	1351	988	1077	941	940	Slovaquie
Sweden	798	869	763	798	982	790	577	786	685	535	Suède

General Note.

Flat-rolled products of iron or non-alloy steel, not further worked than cold-rolled; flat-rolled products of stainless steel or of other alloy steel, not further worked than cold-rolled (except products of silicon-electrical steel or high speed steel).

[1] Source: American Iron and Steel Institute (AISI).

Remarque générale.

Produits laminés plats en fer ou en aciers non alliés, simplement laminés à froid; produits laminés plats en aciers inoxydables ou autres aciers alliés, simplement laminés à froid (à l'exception des produits en aciers au silicium dits « magnétiques » ou en aciers à coupe rapide).

[1] Source: Institut américain du fer et de l'acier (AISI).

Flat-rolled products of silicon-electrical steel
Produits laminés plats en aciers au silicium dits « magnétiques »

CPC-BASED CODE - CODE BASE CPC
41233-0

Unit: Thousand metric tons — Unité: Milliers de tonnes métriques

Country or area	2003	2004	2005	2006	2007	2008	2009	2010	2011	2012	Pays ou zone
America, North											**Amérique du Nord**
United States	[1]380	[1]403	[1]424	[1]481	[1]456	[1]481	[1]326	[2]305	[2]339	[2]59	États-Unis
America, South											**Amérique du Sud**
Brazil	[2]142	[2]172	[2]174	[2]190	[2]191	[2]213	C	260	269	201	Brésil
Asia											**Asie**
China[2]	1419	1612	2607	3366	4352	4573	4709	5717	6238	6588	Chine[2]
India[2]	163	127	154	160	166	161	168	181	161	154	Inde[2]
Japan	1934	[2]2177	[2]2095	[2]1862	[2]1924	[2]1902	[2]1410	[2]2002	[2]1949	[2]1594	Japon
Kazakhstan	161	261	371	560	746	871	...	...	...	...	Kazakhstan
Rep. of Korea	651	[2]701	[2]748	[2]666	[2]910	[2]940	[2]849	[2]1011	[2]991	[2]987	Rép. de Corée
Turkey	...	...	C	27	31	C	C	24	C	C	Turquie
Europe											**Europe**
Austria[2]	277	262	276	299	304	316	223	335	319	299	Autriche[2]
Belgium[2]	56	66	39	33	17	15	9	0	...	...	Belgique[2]
Czech Republic[2]	21	20	21	20	22	23	36	C	C	C	République tchèque[2]
France	204	[2]241	[2]249	[2]266	[2]270	[2]274	[2]206	[2]216	[2]205	[2]166	France
Germany	[2]611	733	635	645	646	577	509	417	442	C	Allemagne
Italy	133	[2]74	[2]20	...	...	...	...	...	...	...	Italie
Poland	55	52	37	[2]59	62	63	68	107	158	154	Pologne
Portugal	388	470	475	585	636	538	205	182	...	...	Portugal
Romania[2]	56	58	42	52	67	82	C	C	C	C	Roumanie[2]
Russian Federation	882	1076	1059	929	1007	849	380	445	466	453	Fédération de Russie
Slovakia[2]	129	181	240	241	242	C	C	C	C	C	Slovaquie[2]
Slovenia[2]	77	79	95	107	98	87	71	C	C	C	Slovénie[2]
Sweden	[2]164	[2]172	[2]164	[2]155	[2]163	85	62	75	77	46	Suède
United Kingdom	[2]183	[2]183	[2]144	[2]139	[2]127	[2]90	[2]54	[2]71	0	0	Royaume-Uni
Oceania											**Océanie**
Australia[2]	19	16	12	1	...	...	...	...	...	...	Australie[2]

General Note.
Flat-rolled products of other alloy steel, of silicon-electrical steel, grain-oriented or other. Please see commodity notes for more information.

Remarque générale.
Produits laminés plats en autres aciers alliés, en aciers au silicium dits « magnétiques », à grains orientés ou autres. Voir les commentaires sur nom de produit pour de plus amples informations.

[1] Source: American Iron and Steel Institute (AISI).
[2] Source: World Steel Association (Brussels).

[1] Source: Institut américain du fer et de l'acier (AISI).
[2] Source : World Steel Association (Association mondiale de l'acier) (Bruxelles).

Bars and rods of iron or steel, hot-rolled
Barres en fer ou en aciers, laminées à chaud

CPC-BASED CODE - CODE BASE CPC

41240-0

Unit: Thousand metric tons | Unité: Milliers de tonnes métriques

Country or area	2003	2004	2005	2006	2007	2008	2009	2010	2011	2012	Pays ou zone
Africa											**Afrique**
Egypt	...	...	...	[1,2]4325	[1,2]4626	486	3529	[1,2]6302	[1,2]5426	[1,2]6229	Égypte
Kenya	24	33	51	71	83	76	87	91	111	121	Kenya
Libya[1,3]	...	460	639	...	...	...	...	...	...	...	Libye[1,3]
Morocco[1]	...	...	...	[3]957	[2]1016	[2]917	[2]963	...	...	...	Maroc[1]
South Africa[1]	1981	2073	1985	2115	2108	1872	...	...	...	...	Afrique du Sud[1]
Tunisia[1,3]	...	...	...	...	...	...	98	...	...	...	Tunisie[1,3]
America, North											**Amérique du Nord**
Canada[1]	3357	3091	2689	2759	2655	2512	1827	1973	2117	2128	Canada[1]
Costa Rica[1,3]	102	117	105	116	212	292	278	287	308	372	Costa Rica[1,3]
Cuba	83	74	96	102	113	115	106	101	115	125	Cuba
Dominican Republic[1]	257	222	[3]243	[3]336	[3]260	[3]292	[3]268	[3]273	[3]271	[3]395	Rép. dominicaine[1]
El Salvador[1,3]	92	88	89	105	121	126	69	78	97	78	El Salvador[1,3]
Guatemala[1,4]	174	242	253	304	301	306	288	345	375	450	Guatemala[1,4]
Mexico	4110	4192	5315	5504	2346	2554	2332	2493	2481	3765	Mexique
Trinidad and Tobago[1,5]	659	661	472	485	531	272	238	361	427	398	Trinité-et-Tobago[1,5]
United States[1]	16382	16574	14406	15406	15939	14854	9207	11525	11532	13247	États-Unis[1]
America, South											**Amérique du Sud**
Argentina[1]	1208	1366	1354	1405	1343	1317	1140	1488	1871	1539	Argentine[1]
Brazil	[1]6686	7585	7302	7668	8914	9184	7751	9261	10028	9568	Brésil
Chile[1]	614	777	829	880	969	958	784	621	1002	1100	Chili[1]
Colombia[1]	437	379	797	931	1002	909	956	1065	1236	1201	Colombie[1]
Ecuador[1,2]	253	270	393	...	446	499	393	432	436	496	Équateur[1,2]
Paraguay[1]	57	54	55	[2]55	[2]45	[2]49	[2]43	[2]44	[2]27	[2]22	Paraguay[1]
Peru	25	64	66	66	67	103	111	130	106	123	Pérou
Uruguay[1]	35	45	72	88	56	77	[4]53	[4]56	[4]69	[4]70	Uruguay[1]
Venezuela (Bol. R. of)[1]	956	1038	1207	1344	1418	1230	1317	876	1123	1020	Venezuela (R.bol.du)[1]
Asia											**Asie**
Azerbaijan	182	241	235	273	187	198	94	129	154	247	Azerbaïdjan
China[1]	99432	131033	161475	194816	228554	231724	282749	313289	346831	385640	Chine[1]
Indonesia[1]	1548	1748	2204	2200	2302	2237	2197	2334	2346	2283	Indonésie[1]
Iran (Islamic Rep. of)[1,3]	2499	2507	3000	2817	3256	3269	3259	5610	6044	5834	Iran (Rép. islam. d')[1,3]
Japan	12707	13323	12603	12843	12647	13037	9465	9028	8807	9667	Japon
Kazakhstan	5	48	151	210	226	...	...	[1,3]41	[1,3]87	[1,3]286	Kazakhstan
Malaysia[1]	2993	3260	3010	3117	3275	3433	3499	3437	3526	3654	Malaisie[1]
Philippines[1,4]	1355	995	1087	1086	1412	1520	1703	1931	2100	2392	Philippines[1,4]
Qatar[1,3]	747	782	791	730	957	1146	1468	...	...	1650	Qatar[1,3]
Singapore[1,4]	599	715	587	604	710	753	689	716	750	705	Singapour[1,4]
Thailand[1]	4170	5103	4991	4242	3932	4250	3604	3663	3652	3763	Thaïlande[1]
United Arab Emirates[1,3]	500	600	600	...	...	...	...	...	...	1586	Émirats arabes unis[1,3]
Viet Nam[1]	2287	2566	3011	3225	3819	3785	4534	5616	5435	5019	Viet Nam[1]
Europe											**Europe**
Albania[1,3]	125	130	140	220	260	200	225	236	295	320	Albanie[1,3]
Austria[1]	810	902	906	893	971	935	742	889	...	...	Autriche[1]
Belarus[1]	...	...	...	...	...	...	...	[2]1471	[2]1568	1773	Bélarus[1]
Belgium[1,6]	1102	1019	925	1127	1124	953	748	775	...	...	Belgique[1,6]
Bosnia & Herzegovina[1,2]	100	...	...	...	576	551	434	475	548	565	Bosnie-Herzégovine[1,2]
Bulgaria	0	C	C	C	C	[1]554	576	567	687	504	Bulgarie
Croatia	[1,3]13	[1,3]50	[1,3]58	[1,3]60	[1,3]65	89	9	0	0	0	Croatie
Czech Republic	[1]2577	[1]2548	2051	2307	2231	1992	1785	[1]2143	[1]2214	[1]2261	République tchèque
Denmark	0	1	2	[1,7]46	[1,7]96	[1,7]109	[1,7]105	...	...	...	Danemark
Finland	533	574	529	547	582	539	266	440	483	286	Finlande
France[1]	4081	4175	4023	4336	4297	4192	3077	3614	...	...	France[1]
Germany	6330	6807	6476	7085	7642	7641	5590	6166	6699	#9870	Allemagne
Greece[1,2]	1755	1920	2182	2325	2467	2233	1855	...	...	...	Grèce[1,2]
Hungary	[1]260	262	82	83	346	255	137	C	131	50	Hongrie
Italy[1]	13191	13770	13256	15069	15451	14813	10021	10982	...	...	Italie[1]
Latvia[1,2]	591	662	688	690	696	635	692	C	C	C	Lettonie[1,2]
Luxembourg[1]	1376	1420	1024	1264	1318	1036	925	[4]427	...	...	Luxembourg[1]
Netherlands[1,5]	191	240	215	252	214	198	112	216	204	165	Pays-Bas[1,5]
Norway[1,2]	503	511	501	...	...	...	...	...	...	...	Norvège[1,2]
Poland	2363	2501	[1]2354	[1]2884	2572	3019	2889	2086	3302	3004	Pologne
Portugal	1223	1230	1302	1483	1654	1597	1508	1425	...	...	Portugal

For general note and footnotes, see end of table

Voir la fin du tableau pour la remarque générale est les notes

Bars and rods of iron or steel, hot-rolled (continued)
Barres en fer ou en aciers, laminées à chaud (suite)

CPC-BASED CODE - CODE BASE CPC

41240-0

Unit: Thousand metric tons | Unité: Milliers de tonnes métriques

Country or area	2003	2004	2005	2006	2007	2008	2009	2010	2011	2012	Pays ou zone
Romania	[1]618	[1]797	[1]781	[1,4]976	[1]1067	[1]946	[1]670	691	824	579	Roumanie
Russian Federation	...	...	...	...	...	...	...	6265	7521	7501	Fédération de Russie
Slovakia	C	C	...	...	...	51	38	58	63	62	Slovaquie
Slovenia[1,7]	145	162	172	187	202	194	92	C	C	C	Slovénie[1,7]
Spain[1]	8340	8841	8823	9231	9378	9489	7821	7127	...	...	Espagne[1]
Sweden	529	564	465	496	553	519	322	560	634	526	Suède
Ukraine	6265	6260	5763	6722	7099	5661	4723	5405	5880	5774	Ukraine
United Kingdom[1]	2722	3543	3200	3279	C	C	C	C	...	...	Royaume-Uni[1]
Oceania											**Océanie**
Australia[1]	[7]2156	[7]2079	[7]2138	[7]2320	[6]1905	[6]1919	[6]1452	[6]1537	[6]1518	[6]1553	Australie[1]

General Note.

Bars and rods, hot-rolled, in irregularly wound coils, of iron or non-alloy steel; other bars and rods of iron or non-alloy steel, not further worked than forged, hot-rolled, hot-drawn or hot-extruded, but including those twisted after rolling; bars and rods, hot-rolled, in irregularly wound coils, of stainless steel or other alloy steel; other bars and rods of stainless steel or other alloy steel, not further worked than hot-rolled, hot-drawn or extruded (except bars and rods of high speed steel or silico-manganese steel). Please see commodity notes for more information.

1 Source: World Steel Association (Brussels).

2 Excluding hot-rolled bars.

3 Data refer to concrete reinforcement bars only.

4 Excluding wire rods.

5 Data refer to wire rods only.

6 Excluding concrete reinforcement bars.

7 Data refer to hot-rolled bars only.

Remarque générale.

Fil machine en fer ou en aciers non alliés; autres barres en fer ou en aciers non alliés, simplement forgées, laminées ou filées à chaud ainsi que celles ayant subi une torsion après laminage; fil machine en aciers inoxydables ou autres aciers alliés; autres barres, en aciers inoxydables ou autres aciers alliés, simplement laminées ou filées à chaud (à l'exception des barres en aciers à coupe rapide ou en aciers silico manganeux). Voir les commentaires sur nom de produit pour de plus amples informations.

1 Source : World Steel Association (Association mondiale de l'acier) (Bruxelles).

2 Non compris les barres laminés à chaud.

3 Les données se rapportent seulement aux barres d'armature pour béton.

4 Non compris les fil machine.

5 Les données se rapportent seulement aux fil machine.

6 Non compris les barres d'armature pour béton.

7 Les données se rapportent seulement aux les barres laminés à chaud.

Wire rods
Fil machine

CPC-BASED CODE - CODE BASE CPC
41240-1

Unit: Thousand metric tons | Unité: Milliers de tonnes métriques

Country or area	2003	2004	2005	2006	2007	2008	2009	2010	2011	2012	Pays ou zone
Africa											**Afrique**
Egypt[1]	...	...	...	856	836	851	915	865	870	1113	Égypte[1]
Morocco[1]	...	...	...	...	107	121	120	...	...	...	Maroc[1]
South Africa[1]	1007	1035	991	1011	954	741	...	...	...	...	Afrique du Sud[1]
United R. of Tanzania[2]	39	47	48	51	63	68	83	...	...	...	Rép.-U. de Tanzanie[2]
America, North											**Amérique du Nord**
Canada[1]	1240	992	566	644	785	696	620	600	660	660	Canada[1]
Cuba	1	6	5	5	5	8	7	5	4	2	Cuba
Dominican Republic[1]	6	4	...	...	...	...	...	...	...	...	Rép. dominicaine[1]
Mexico	1230	2059	[1]1756	[1]1731	210	227	188	212	252	212	Mexique
Trinidad and Tobago	641	616	472	486	[1]531	[1]272	[1]238	[1]361	[1]427	[1]398	Trinité-et-Tobago
United States[1]	3154	2554	1756	1785	1843	2148	1493	1706	1961	2401	États-Unis[1]
America, South											**Amérique du Sud**
Argentina	732	851	862	883	839	[1]430	[1]407	[1]396	[1]536	[1]580	Argentine
Brazil	4581	5951	5597	5972	6625	6389	6156	7163	7674	7618	Brésil
Chile	[3]171	[3]176	[3]151	[3]196	[3]184	[3]127	[1]143	[1]113	[1]183	[1]201	Chili
Colombia	[3]253	[3]188	[3]158	[3]174	[3]149	[3]123	[1]142	[1]179	[1]164	[1]163	Colombie
Ecuador	[3]21	[3]25	3	5	4	2	[1]14	[1]16	[1]16	[1]18	Équateur
Paraguay	[3]14	[3]15	[3]13	[3]16	[3]14	[3]14	[1]12	[1]12	[1]8	[1]6	Paraguay
Peru	[3]25	[3]64	[3]66	[3]66	[3]67	[3]103	[1]111	[1]130	[1]106	[1]123	Pérou
Uruguay	[3]2	[3]2	[1]3	[1]6	[1]7	[3]8	...	4	...	5	Uruguay
Venezuela (Bol. R. of)	[3]496	[3]505	[3]600	[3]548	[3]557	[3]487	[1]502	[1]280	[1]451	[1]410	Venezuela (R.bol.du)
Asia											**Asie**
Azerbaijan	127	172	235	273	187	...	...	...	...	...	Azerbaïdjan
China	40267	[1]50189	[1]60464	[1]70638	[1]79210	[1]82708	[1]98907	[1]106206	[1]121528	[1]136161	Chine
India[1]	11270	11542	12268	13597	18537	21331	21876	...	...	...	Inde[1]
Indonesia[1]	578	680	602	834	920	839	800	922	932	809	Indonésie[1]
Japan	3308	3193	2936	2859	3494	3181	2041	2341	2394	2279	Japon
Malaysia	3347	3005	2599	2619	2838	[1]1109	[1]1164	[1]1327	[1]1202	[1]1210	Malaisie
Rep. of Korea	2567	2592	2516	2406	2616	2645	[1]2629	[1]2734	[1]2765	[1]2708	Rép. de Corée
Syrian Arab Republic	53	64	68	70	69	54	...	...	...	...	Rép. arabe syrienne
Thailand[1]	906	1120	1024	957	914	671	758	844	921	813	Thaïlande[1]
Viet Nam[1]	868	879	938	936	960	887	1039	950	1007	1044	Viet Nam[1]
Europe											**Europe**
Austria[1]	491	532	535	527	528	501	348	514	509	441	Autriche[1]
Belarus	315	327	353	345	401	457	502	506	[#]525	572	Bélarus
Belgium[1]	987	893	794	983	970	878	723	761	879	872	Belgique[1]
Bosnia & Herzegovina[1]	50	...	...	...	305	326	267	264	321	331	Bosnie-Herzégovine[1]
Czech Republic	1086	1432	1136	1345	1224	1096	C	[1]1173	[1]1232	[1]1326	République tchèque
Finland	351	[1]408	[1]399	[1]422	[1]372	[1]373	185	275	305	157	Finlande
France[1]	1771	1857	1845	1964	1965	1980	1473	1768	1839	1944	France[1]
Germany	2937	3279	2960	3274	3177	3121	2169	2512	2744	[#]5314	Allemagne
Greece[1]	209	342	367	293	311	378	347	...	...	...	Grèce[1]
Hungary	2	13	C	C	12	C	C	C	C	C	Hongrie
Italy	4031	[1]4333	[1]4083	[1]4685	[1]4830	[1]4364	[1]3518	[1]3941	[1]3891	[1]3687	Italie
Latvia[1]	18	25	25	24	24	24	24	C	C	C	Lettonie[1]
Luxembourg[1]	545	561	365	444	431	388	360	...	...	...	Luxembourg[1]
Netherlands[1]	191	240	215	252	214	198	112	216	204	165	Pays-Bas[1]
Norway[1]	61	166	190	...	...	...	...	...	...	...	Norvège[1]
Poland	915	887	754	877	1016	1019	985	1096	1096	970	Pologne
Portugal[1]	278	340	292	292	502	502	464	...	...	...	Portugal[1]
Romania	300	[1]266	[1]210	...	[1]161	[1]134	[1]136	C	C	C	Roumanie
Russian Federation	2284	...	...	...	2380	2172	2080	2854	[1]2677	[1]2761	Fédération de Russie
Slovakia	...	C	...	...	...	C	36	56	63	61	Slovaquie
Spain	2222	[1]2834	[1]2617	[1]2681	[1]2758	[1]3153	[1]2787	[1]2784	[1]2952	[1]2814	Espagne
Sweden	62	68	61	68	91	69	39	55	54	41	Suède
Ukraine	2542	2608	2196	2771	2790	2106	2037	2307	2284	C	Ukraine
United Kingdom[1]	1437	1741	1389	1330	1207	1249	1110	1225	1077	979	Royaume-Uni[1]
Oceania											**Océanie**
Australia[1]	...	...	...	...	853	866	660	709	683	677	Australie[1]

General Note.

Bars and rods, hot-rolled, in irregularly wound coils, of iron or non-alloy steel, of stainless steel or other alloy steel. Please see commodity notes for more information.

Remarque générale.

Fil machine en fer ou en aciers non alliés, en aciers inoxydables ou en autres aciers alliés. Voir les commentaires sur nom de produit pour de plus amples informations.

[1] Source: World Steel Association (Brussels).

[2] Tanganyika only.

[3] Source: United Nations Economic Commission for Latin America and the Caribbean (Santiago).

[1] Source : World Steel Association (Association mondiale de l'acier) (Bruxelles).

[2] Tanganyika seulement.

[3] Source: Commission économique pour l'Amérique Latine et les Caraïbes des Nations Unies (Santiago).

Angles, shapes and sections, of iron or non-alloy steel
Profilés en fer ou en aciers non alliés

CPC-BASED CODE - CODE BASE CPC
41251-0

Unit: Thousand metric tons | Unité: Milliers de tonnes métriques

Country or area	2003	2004	2005	2006	2007	2008	2009	2010	2011	2012	Pays ou zone
Africa											**Afrique**
Burundi	44	23	18	21	9	17	...	...	...	...	Burundi
Egypt	336	10	72	162	...	...	206	...	494	...	Égypte
Kenya	9	11	10	16	31	35	55	63	96	98	Kenya
South Africa[1]	648	700	723	860	798	813	...	...	...	...	Afrique du Sud[1]
America, North											**Amérique du Nord**
Canada[1]	389	543	553	590	576	520	256	308	336	343	Canada[1]
Costa Rica[1,2]	...	...	...	...	1	1	2	...	...	...	Costa Rica[1,2]
Cuba[1,3]	7	5	3	4	4	...	...	...	...	...	Cuba[1,3]
Mexico	1383	1310	1275	1496	1385	1222	1093	1216	1481	1720	Mexique
United States[1]	7938	8489	8781	9425	9517	8095	4850	6464	7056	7156	États-Unis[1]
America, South											**Amérique du Sud**
Argentina[1]	[3]94	[3]126	[3]125	[3]144	[3]156	[3]122	[3]107	228	320	233	Argentine[1]
Brazil	[1]736	1071	1018	875	566	590	571	721	923	978	Brésil
Chile[1,3]	60	69	77	88	92	80	61	48	78	86	Chili[1,3]
Colombia[1]	55	54	108	185	167	114	109	122	114	90	Colombie[1]
Ecuador[1,3]	5	9	29	...	35	43	34	37	37	43	Équateur[1,3]
Peru	45	66	84	107	78	80	56	129	44	81	Pérou
Uruguay[1,3]	3	3	2	2	4	7	3	3	3	3	Uruguay[1,3]
Venezuela (Bol. R. of)[1]	196	250	101	136	138	149	119	93	98	90	Venezuela (R.bol.du)[1]
Asia											**Asie**
China[1]	33151	29124	26354	34805	39624	39710	46608	49432	55983	58348	Chine[1]
India[1,2]	3089	2815	3166	3382	4977	5312	5260	5659	4757	4963	Inde[1,2]
Indonesia[1,3]	261	375	536	480	491	492	487	493	...	...	Indonésie[1,3]
Iran (Islamic Rep. of)	...	...	3428	5518	...	7313	6722	...	...	...	Iran (Rép. islam. d')
Japan	[1,3]8333	[1,3]8821	[1]7652	10366	10634	9798	6601	7026	7162	7375	Japon
Kazakhstan	5	48	151	210	226	...	...	...	...	[1,3]4	Kazakhstan
Malaysia[1,3]	295	319	295	350	220	234	177	145	...	...	Malaisie[1,3]
Nepal	...	...	...	...	1595	...	...	...	...	...	Népal
Philippines[1,3]	415	270	253	216	78	78	179	201	...	...	Philippines[1,3]
Rep. of Korea	[1]4444	[1]4664	[1]4558	[1]4799	5142	4796	[1]4236	[1]4249	[1]4697	[1]4769	Rép. de Corée
Turkey	...	...	1743	1640	2098	2121	2093	2332	2501	3086	Turquie
Viet Nam[1,3]	103	198	253	243	136	82	189	43	...	...	Viet Nam[1,3]
Europe											**Europe**
Austria[1,2]	...	...	0	4	...	...	...	...	...	...	Autriche[1,2]
Belarus	15	17	22	41	52	53	20	14	...	...	Bélarus
Belgium[1,2]	141	117	107	133	116	118	97	70	57	...	Belgique[1,2]
Bosnia & Herzegovina[1,3]	13	...	...	...	...	...	...	...	...	...	Bosnie-Herzégovine[1,3]
Bulgaria	0	82	45	49	33	48	C	C	C	C	Bulgarie
Czech Republic	[1]787	[1]843	453	413	384	[1]604	[1]466	C	C	C	République tchèque
France[1,2]	348	303	16	...	...	...	...	...	...	...	France[1,2]
Germany	1222	1227	1095	1270	[1]3200	[1]3032	792	C	1012	[#]2301	Allemagne
Hungary	[1,3]13	2	C	...	...	...	...	...	...	...	Hongrie
Italy[1,2]	1134	1208	1023	1435	1547	1524	900	850	912	883	Italie[1,2]
Luxembourg[1,2]	1292	1323	1480	1846	1850	1785	1447	1807	1853	2007	Luxembourg[1,2]
Norway[1,2]	103	...	...	...	...	...	...	...	...	...	Norvège[1,2]
Poland	[1,2]1672	[1,2]1729	[1,2]1375	[1,2]1630	1659	1449	743	968	995	971	Pologne
Romania	[1]283	[1]371	[1]440	[1]430	[1]397	[1]275	[1]200	135	C	97	Roumanie
Russian Federation	...	...	...	...	...	...	...	837	1016	1330	Fédération de Russie
Spain	[1,2]2351	[1,2]2555	[1,2]2614	[1,2]2912	[1,2]2915	3210	2865	3544	3740	3356	Espagne
Sweden	[1,2]24	[1,2]25	23	22	27	29	14	22	20	18	Suède
TFYR of Macedonia	3	11	26	11	0	0	0	0	0	0	L'ex-RY de Macédoine
Ukraine	3142	2999	2672	1881	2676	2513	1947	2113	2439	2511	Ukraine
United Kingdom	[1,2]1367	[1,2]1231	[1,2]964	[1,2]1115	[1,2]965	[1,2]851	...	C	0	0	Royaume-Uni
Oceania											**Océanie**
Australia[1,3]	...	356	...	...	367	212	211	266	...	...	Australie[1,3]

General Note.

Angles, shapes and sections, of iron or non-alloy steel, not further worked than hot-rolled, hot-drawn or extruded. Please see commodity notes for more information.

[1] Source: World Steel Association (Brussels).

[2] Data refer to heavy sections of a height greater or equal to 80 mm only.

[3] Data refer to light sections of a height of less than 80 mm only.

Remarque générale.

Profilés en fer ou en aciers non alliés, simplement laminés ou filés à chaud. Voir les commentaires sur nom de produit pour de plus amples informations.

[1] Source : World Steel Association (Association mondiale de l'acier) (Bruxelles).

[2] Les données se rapportent seulement aux profilés lourds de 80 mm et plus.

[3] Les données se rapportent seulement aux profilés légers de moins de 80 mm.

Sheet piling, shapes and sections, of iron or steel
Palplanches, profilés, en fer ou en aciers

CPC-BASED CODE - CODE BASE CPC
41252-0

Unit: Metric tons | Unité: Tonnes métriques

Country or area	2003	2004	2005	2006	2007	2008	2009	2010	2011	2012	Pays ou zone
Africa											**Afrique**
Egypt	...	...	...	...	...	...	...	...	21329000	...	Égypte
United R. of Tanzania[1]	7158	6592	7343	...	...	12027	22399	...	...	...	Rép.-U. de Tanzanie[1]
America, North											**Amérique du Nord**
United States[2]	6720000	7090000	7310000	7800000	7400000	6500000	3760000	...	...	...	États-Unis[2]
America, South											**Amérique du Sud**
Brazil	16026	50870	45538	33624	41106	259885	479626	535370	123854	691052	Brésil
Asia											**Asie**
Azerbaijan	25	27	10	0	0	0	0	0	0	0	Azerbaïdjan
Kazakhstan	...	...	0	90	0	...	...	...	...	...	Kazakhstan
Turkey	...	...	C	C	49000	52000	48000	C	C	C	Turquie
Europe											**Europe**
Croatia	17000	52000	58000	60000	67000	243000	0	0	0	0	Croatie
Finland	...	...	...	...	...	...	0	0	46000	554000	Finlande
Germany	C	C	C	229503	301617	283641	C	C	C	C	Allemagne
Hungary	2000	13000	36000	12000	83000	167000	112000	C	C	144000	Hongrie
Lithuania	0	0	0	0	0	0	0	333	155	157	Lituanie
Poland	...	...	741000	865000	833000	878000	37000	76000	75400	79600	Pologne
Slovakia	...	...	...	...	...	C	570	C	C	C	Slovaquie
Sweden	0	1000	1000	790	3455	10810	31842	31478	30415	26810	Suède
Ukraine	C	C	15000	C	C	C	C	C	C	C	Ukraine
United Kingdom	0	0	...	...	881	6347	3417	7910	15326	11390	Royaume-Uni

General Note.

Sheet piling of iron or steel, whether or not drilled, punched or made from assembled elements; welded angles, shapes and sections, of iron or steel.

[1] Tanganyika only.

[2] Source: American Iron and Steel Institute (AISI).

Remarque générale.

Palplanches en fer ou en acier, même percées ou faites d'éléments assemblés; profilés obtenus par soudage, en fer ou en acier.

[1] Tanganyika seulement.

[2] Source: Institut américain du fer et de l'acier (AISI).

Railway or tramway track construction material of iron or steel
Eléments de voies ferrées, en fonte, fer ou acier

CPC-BASED CODE - CODE BASE CPC
41253-0

Unit: Thousand metric tons — Unité: Milliers de tonnes métriques

Country or area	2003	2004	2005	2006	2007	2008	2009	2010	2011	2012	Pays ou zone
Africa											**Afrique**
South Africa[1]	30	33	27	38	48	28	...	...	...	...	Afrique du Sud[1]
America, North											**Amérique du Nord**
Canada[1]	...	...	...	...	...	...	...	...	...	399	Canada[1]
United States[1]	678	765	830	921	993	1076	902	902	1034	1010	États-Unis[1]
America, South											**Amérique du Sud**
Brazil	18	2	C	12	22	10	9	17	27	37	Brésil
Asia											**Asie**
China[1]	2265	2730	3087	3350	3169	4682	6005	5645	4708	5154	Chine[1]
India[1]	940	963	1012	1014	1090	1151	1132	1040	902	968	Inde[1]
Japan[1]	405	404	392	479	498	529	557	630	575	527	Japon[1]
Rep. of Korea	137	91	137	107	80	88	[1]201	[1]104	[1]97	[1]66	Rép. de Corée
Turkey	...	...	C	#47	35	C	C	C	C	C	Turquie
Europe											**Europe**
Austria[1]	336	339	337	325	424	470	421	516	493	541	Autriche[1]
Bulgaria	0	1	0	0	1	C	C	C	0	C	Bulgarie
Czech Republic[1]	231	235	246	255	267	288	253	C	C	C	République tchèque[1]
Finland	2	2	2	2	2	2	2	2	1	2	Finlande
France[1]	316	290	323	288	351	342	311	275	270	256	France[1]
Germany	409	446	412	469	416	451	299	421	262	#370	Allemagne
Italy[1]	196	228	241	305	323	327	258	329	298	...	Italie[1]
Luxembourg[1]	51	58	61	65	46	89	46	42	47	44	Luxembourg[1]
Poland	[1]143	[1]187	[1]177	[1]242	229	146	182	264	274	189	Pologne
Romania[1]	1	...	...	...	0	C	...	...	...	...	Roumanie[1]
Russian Federation	1190	880	883	953	1189	1236	835	1108	1130	865	Fédération de Russie
Spain[1]	188	197	192	220	254	304	295	C	C	C	Espagne[1]
Sweden	...	...	0	0	0	0	12	10	12	16	Suède
Ukraine	241	131	264	305	483	210	200	253	344	422	Ukraine
Oceania											**Océanie**
Australia[1]	...	...	...	...	86	219	105	124	223	166	Australie[1]

General Note.

Railway or tramway track construction material of iron or steel, the following : rails, check-rails and rack rails, switch blades, crossing frogs, point rods and other crossing pieces, sleepers (cross-ties), fish-plates, chairs, chair wedges, sole plates (base plates), rail clips, bedplates, ties and other material specialized for jointing or fixing rails. Please see commodity notes for more information.

[1] Source: World Steel Association (Brussels).

Remarque générale.

Eléments de voies ferrées, en fonte, fer ou acier: rails, contre rails et crémaillères, aiguilles, pointes de coeur, tringles d'aiguillage et autres éléments de croisement ou changement de voies, traverses, éclisses, coussinets, coins, selles d'assise, plaques de serrage, plaques et barres d'écartement et autres pièces spécialement conçues pour la pose, le jointement ou la fixation des rails. Voir les commentaires sur nom de produit pour de plus amples informations.

[1] Source : World Steel Association (Association mondiale de l'acier) (Bruxelles).

Wire of iron or non-alloy steel, stainless steel or other alloy steel
Fils en fer ou en aciers non alliés, aciers inoxydables ou en autres aciers alliés

CPC-BASED CODE - CODE BASE CPC
41260-1

Unit: Thousand metric tons — Unité: Milliers de tonnes métriques

Country or area	2003	2004	2005	2006	2007	2008	2009	2010	2011	2012	Pays ou zone
Africa											**Afrique**
Egypt	44	21	8	24	...	24	33	...	20	...	Égypte
United R. of Tanzania[1]	18	9	11	11	9	9	8	...	...	...	Rép.-U. de Tanzanie[1]
America, North											**Amérique du Nord**
Cuba	6	7	6	7	7	6	10	10	12	12	Cuba
Mexico	320	289	428	471	908	852	825	867	973	1020	Mexique
America, South											**Amérique du Sud**
Brazil	...	1818	1559	1578	1840	2048	1472	1757	1788	1710	Brésil
Chile	...	...	71	241	234	376	61	63	6	...	Chili
Asia											**Asie**
Iraq	...	...	...	1	...	...	...	...	...	...	Iraq
Japan	2271	2375	2327	2517	2615	2622	1902	2266	1994	2306	Japon
Turkey	136	145	#307	211	233	285	241	370	430	445	Turquie
Europe											**Europe**
Belarus	145	177	205	223	289	305	274	375	420	442	Bélarus
Bulgaria	22	26	28	23	16	18	11	10	9	10	Bulgarie
Croatia	34	37	33	42	45	43	35	29	28	21	Croatie
Czech Republic	...	...	368	365	379	377	254	287	310	321	République tchèque
Denmark	15	11	9	10	12	...	...	...	...	5	Danemark
Estonia	...	C	0	1	1	0	...	0	...	...	Estonie
Finland	17	11	15	18	19	22	7	4	6	8	Finlande
Germany	1296	1328	C	C	1466	1422	1118	1307	1268	1251	Allemagne
Greece	58	...	...	...	...	...	...	...	...	...	Grèce
Hungary	...	39	37	47	49	37	28	27	45	43	Hongrie
Italy	1673	1711	...	...	...	...	...	...	...	...	Italie
Lithuania	15	24	50	49	52	42	47	51	61	73	Lituanie
Netherlands	...	...	...	...	...	...	...	...	377	275	Pays-Bas
Poland	...	...	...	...	208	198	150	176	206	170	Pologne
Portugal	121	134	110	112	106	89	76	87	...	...	Portugal
Romania	...	...	...	...	...	185	115	142	174	144	Roumanie
Russian Federation	1238	1259	1342	1541	1638	1445	1133	1424	1524	1636	Fédération de Russie
Slovakia	C	88	62	69	86	140	126	125	141	173	Slovaquie
Spain	...	...	510	C	518	C	C	C	C	415	Espagne
Sweden	178	174	161	166	420	153	165	197	113	106	Suède
TFYR of Macedonia	2	4	5	5	6	6	7	6	10	10	L'ex-RY de Macédoine
Ukraine	431	551	492	514	592	479	388	415	419	386	Ukraine
United Kingdom	[2]425	515	367	375	363	309	208	C	C	160	Royaume-Uni

General Note.

Wire of iron or non-alloy steel, not plated or coated, whether or not polished, plated or coated with zinc, plated or coated with other base metals or other wire of iron or non-alloy steel; wire of stainless steel; wire of other alloy steel such as of high speed steel, of silico-manganese steel and of other alloy steel.

Remarque générale.

Fils en fer ou en aciers non alliés, non revêtus, même polis, zingués, revêtus d'autres métaux communs ou autres fils en fer ou en aciers non alliés; fils en aciers inoxydables; fils en autres aciers alliés comme en aciers à coupe rapide, en aciers silico-manganeux et en autres aciers alliés.

[1] Tanganyika only.
[2] Excluding Prodcom 2002 code 27.34.11.50.

[1] Tanganyika seulement.
[2] 2002 code Prodcom 27.34.11.50 non compris.

Angles, shapes and sections of stainless steel or other alloy steel
Profilés en aciers inoxydables ou autres aciers alliés

CPC-BASED CODE - CODE BASE CPC

41265-0

Unit: Metric tons | Unité: Tonnes métriques

Country or area	2003	2004	2005	2006	2007	2008	2009	2010	2011	2012	Pays ou zone
America, South											**Amérique du Sud**
Brazil	2502	0	C	C	C	C	C	C	C	15912	Brésil
Ecuador	...	21060	29363	29723	30942	57716	...	...	...	...	Équateur
Asia											**Asie**
Azerbaijan	0	600	0	500	880	1200	800	2100	7700	7800	Azerbaïdjan
Turkey	...	...	74000	C	48000	20000	38000	47675	C	40178	Turquie
Europe											**Europe**
Croatia	...	...	...	...	...	1000	1000	1000	2000	2000	Croatie
Czech Republic	...	...	C	C	C	5000	3000	5000	6646	5086	République tchèque
Denmark	3000	4000	4000	4000	4105	4731	3717	2791	2461	2117	Danemark
Germany	2150687	2245230	2116767	2367703	2517674	2413500	1468500	C	2264500	#116000	Allemagne
Hungary	18000	15000	12000	C	C	C	C	C	C	C	Hongrie
Lithuania	...	40	100	3	30	8	126	298	183	203	Lituanie
Poland	88500	...	...	...	...	64000	26900	60000	77600	71200	Pologne
Portugal	C	C	C	C	40391	42810	40562	50430	...	...	Portugal
Romania	2000	1000	...	...	...	C	C	C	C	8000	Roumanie
Russian Federation	...	...	...	...	...	...	...	14400	12800	8300	Fédération de Russie
Slovakia	C	...	C	C	C	171	C	C	3000	5000	Slovaquie
Spain	...	...	...	...	...	29000	19000	20000	19000	21000	Espagne
Sweden	43000	50000	48000	52653	53976	46893	20746	40067	52384	41257	Suède
Ukraine	233000	225000	237000	226000	276000	191000	136000	138000	222000	197000	Ukraine
United Kingdom	...	...	...	...	C	C	1017	C	C	C	Royaume-Uni

General Note.
Angles, shapes and sections of stainless steel or of other alloy steel.

Remarque générale.
Profilés en aciers inoxydables ou autres aciers alliés.

Tubes, pipes and hollow profiles, of iron or steel
Tubes, tuyaux et profilés creux, en fer ou en aciers

CPC-BASED CODE - CODE BASE CPC
41270-1

Unit: Thousand metric tons | Unité: Milliers de tonnes métriques

Country or area	2003	2004	2005	2006	2007	2008	2009	2010	2011	2012	Pays ou zone
Africa											**Afrique**
Algeria	83	122	139	140	122	77	401	157	29	146	Algérie
Burundi	68	92	115	137	177	104	140	...	...	...	Burundi
Kenya	7	19	11	9	9	26	24	29	29	26	Kenya
South Africa	566	...	...	...	...	...	...	...	...	...	Afrique du Sud
America, North											**Amérique du Nord**
Mexico	531	498	593	648	504	484	467	471	521	611	Mexique
United States[1]	4170	4830	4620	4920	4590	4530	2130	...	...	...	États-Unis[1]
America, South											**Amérique du Sud**
Argentina	732	851	862	883	839	913	502	...	...	...	Argentine
Brazil	1895	2060	2330	2263	5626	2944	2353	2938	2903	3020	Brésil
Ecuador	...	25	21	19	25	20	...	...	...	...	Équateur
Asia											**Asie**
Azerbaijan	0	0	0	0	0	0	0	37	99	62	Azerbaïdjan
Japan	8198	8843	8792	8900	8853	9444	6314	6884	7615	7353	Japon
Kazakhstan	65	54	36	62	93	104	...	...	...	...	Kazakhstan
Turkey	...	...	3074	3242	3577	3518	2932	3810	4119	4639	Turquie
Europe											**Europe**
Belarus	96	110	108	134	148	146	107	184	#230	251	Bélarus
Bulgaria	33	60	76	101	129	171	112	78	83	90	Bulgarie
Croatia	...	...	...	...	...	99	70	78	70	17	Croatie
Czech Republic	...	695	624	694	688	522	465	578	680	585	République tchèque
Denmark	117	68	66	73	65	...	...	...	...	...	Danemark
Estonia	...	1	1	1	1	1	C	0	...	...	Estonie
Finland	C	C	398	...	394	C	...	C	C	...	Finlande
Germany	3554	3933	4216	4428	4583	4517	3064	3559	3645	3551	Allemagne
Hungary	239	223	141	162	10	5	2	2	1	21	Hongrie
Latvia	C	C	C	C	C	51	27	16	30	23	Lettonie
Lithuania	...	0	0	0	0	0	0	0	1	1	Lituanie
Netherlands	...	...	...	...	...	...	...	...	310	245	Pays-Bas
Poland	345	417	383	426	431	136	415	456	506	580	Pologne
Portugal	214	196	194	221	220	170	174	188	...	...	Portugal
Romania	419	469	516	554	610	804	416	614	698	664	Roumanie
Russian Federation	6194	6094	6749	7898	8709	7772	6645	9180	9979	9723	Fédération de Russie
Serbia	...	...	...	42	46	44	26	10	...	...	Serbie
Slovakia	232	388	241	272	278	280	204	229	538	253	Slovaquie
Spain	...	1877	1799	1818	C	1925	1340	1394	1492	1233	Espagne
Sweden	C	309	311	294	316	307	159	209	217	184	Suède
Ukraine	2137	2132	2400	2762	2812	2543	1743	1958	2403	2196	Ukraine
United Kingdom	...	...	...	...	C	C	C	C	C	661	Royaume-Uni

General Note.

Line pipe of a kind used for oil or gas pipelines, seamless, of iron (other than cast iron) or steel; casing, tubing and drill pipe, of a kind used in the drilling for oil or gas, seamless, of iron (other than cast iron) or steel; tubes, pipes and hollow profiles of cast iron and other tubes, pipes and hollow profiles, seamless, of iron or steel. Line pipe of a kind used for oil or gas pipelines, other than seamless, of iron or steel; casing and tubing, of a kind used in the drilling for oil or gas, other than seamless, of iron or steel; other tubes, pipes and hollow profiles, of iron or steel.

[1] Source: American Iron and Steel Institute (AISI).

Remarque générale.

Tubes et tuyaux sans soudure, des types utilisés pour oléoducs ou gazoducs, en fer (autres qu'en fonte) ou en acier; tubes et tuyaux de cuvelage ou de production et tiges de forage, des types utilisés pour l'extraction du pétrole ou du gaz, sans soudure, en fer (autres qu'en fonte) ou en acier; tubes, tuyaux et profilés creux en fonte et autres tubes, tuyaux et profilés creux, sans soudure, en fer ou en acier. Tubes et tuyaux des types utilisés pour oléoducs ou gazoducs, avec soudure, en fer ou en acier; tubes et tuyaux de cuvelage ou de production des types utilisés pour l'extraction du pétrole ou du gaz, avec soudure, en fer ou en acier; autres tubes, tuyaux et profilés creux, en fer ou en acier.

[1] Source: Institut américain du fer et de l'acier (AISI).

Tube or pipe fittings, of iron or steel
Accessoires de tuyauterie en fonte, fer ou acier

CPC-BASED CODE - CODE BASE CPC
41278-0

Unit: Thousand metric tons | Unité: Milliers de tonnes métriques

Country or area	2003	2004	2005	2006	2007	2008	2009	2010	2011	2012	Pays ou zone
Africa											**Afrique**
Algeria[1]	11	12	...	...	...	...	...	...	...	...	Algérie[1]
America, North											**Amérique du Nord**
Canada[1]	2426	2717	2837	2948	2618	2638	1524	2430	2540	2721	Canada[1]
Cuba	7	7	5	4	4	8	8	7	10	10	Cuba
United States[1]	4170	4834	4623	4923	4593	4522	2129	3520	4369	4338	États-Unis[1]
America, South											**Amérique du Sud**
Brazil	161	170	258	329	240	410	209	208	287	389	Brésil
Ecuador	...	...	...	...	2	1	...	...	...	...	Équateur
Venezuela (Bol. R. of)[1]	...	...	...	...	...	...	4	...	...	...	Venezuela (R.bol.du)[1]
Asia											**Asie**
Azerbaijan	...	1	0	0	0	0	0	0	0	0	Azerbaïdjan
China[1]	17640	21231	28906	36614	41385	50894	53214	56729	68324	75951	Chine[1]
Cyprus[1]	...	12	10	12	12	...	...	...	...	...	Chypre[1]
India[1]	525	517	614	1027	1218	1402	1556	1890	1804	2012	Inde[1]
Indonesia[1]	436	460	690	779	643	637	641	670	642	687	Indonésie[1]
Iran (Islamic Rep. of)	[1]29	19	9	4	6	4	4	[1]30	[1]30	[1]31	Iran (Rép. islam. d')
Japan[1]	8092	8655	8453	8582	9895	9722	6172	7690	7804	7877	Japon[1]
Malaysia[1]	699	676	616	682	673	769	617	660	569	688	Malaisie[1]
Philippines[1]	210	102	61	69	52	138	58	50	90	99	Philippines[1]
Rep. of Korea[1]	4256	4282	4072	4126	4405	4812	3907	4855	5073	5661	Rép. de Corée[1]
Turkey	...	...	83	79	90	99	65	62	82	94	Turquie
Viet Nam[1]	40	450	450	460	528	550	568	673	731	775	Viet Nam[1]
Europe											**Europe**
Austria[1]	500	527	565	637	653	563	499	555	739	699	Autriche[1]
Belarus	...	...	...	...	...	...	...	...	3	4	Bélarus
Belgium[1]	200	204	132	156	168	144	96	...	...	...	Belgique[1]
Bulgaria	C	7	8	9	11	11	8	9	9	9	Bulgarie
Croatia	...	...	...	...	...	4	2	2	2	2	Croatie
Czech Republic	...	...	14	15	25	28	18	21	25	20	République tchèque
Denmark	16	11	10	7	9	...	...	...	...	...	Danemark
Estonia	...	C	1	1	3	3	2	0	2	3	Estonie
Finland	...	...	7	8	5	5	4	3	5	5	Finlande
France[1]	1360	1392	1320	1476	1536	1548	912	960	1200	...	France[1]
Germany	...	202	190	231	255	C	C	182	196	231	Allemagne
Greece[1]	560	396	504	744	660	744	576	636	648	...	Grèce[1]
Hungary	8	4	5	3	3	2	1	0	2	1	Hongrie
Ireland	1	1	...	...	...	...	...	...	...	...	Irlande
Italy[1]	3240	3792	4008	4200	4140	4056	2616	3036	3276	...	Italie[1]
Latvia	C	C	C	C	C	1	C	C	C	C	Lettonie
Lithuania	1	0	0	1	0	0	0	0	1	1	Lituanie
Luxembourg[1]	10	...	...	...	...	...	...	...	...	...	Luxembourg[1]
Netherlands	...	...	...	...	...	...	...	...	9	21	Pays-Bas
Poland	58	67	60	67	70	65	50	57	59	61	Pologne
Portugal	1	1	1	1	2	2	2	1	...	...	Portugal
Romania[1]	446	656	641	729	767	712	479	C	C	C	Roumanie[1]
Russian Federation[1]	6123	5993	6670	7835	8745	7736	6575	9139	10045	9934	Fédération de Russie[1]
Serbia & Montenegro[1]	33	...	...	...	...	...	...	...	...	...	Serbie-et-Monténégro[1]
Slovakia	7	6	5	6	7	7	4	3	3	2	Slovaquie
Slovenia	C	99	84	C	C	7	5	6	7	6	Slovénie
Spain	...	...	C	32	41	40	C	21	34	36	Espagne
Sweden	[1]210	[1]216	20	23	27	15	29	28	34	25	Suède
Ukraine	4	5	4	6	6	7	5	7	7	4	Ukraine
United Kingdom	...	...	100	100	115	C	C	149	C	C	Royaume-Uni
Oceania											**Océanie**
Australia[1]	553	472	645	...	375	345	243	251	241	214	Australie[1]

General Note.

Tube or pipe fittings (for example, couplings, elbows, sleeves), of iron or steel. Please see commodity notes for more information.

[1] Source: World Steel Association (Brussels).

Remarque générale.

Accessoires de tuyauterie (raccords, coudes, manchons, par exemple), en fonte, fer ou acier. Voir les commentaires sur nom de produit pour de plus amples informations.

[1] Source : World Steel Association (Association mondiale de l'acier) (Bruxelles).

Unrefined copper; copper anodes for electrolytic refining
Cuivre non affiné; anodes en cuivre pour affinage électrolytique

CPC-BASED CODE - CODE BASE CPC
41412-0

Unit: Thousand metric tons | Unité: Milliers de tonnes métriques

Country or area	2003	2004	2005	2006	2007	2008	2009	2010	2011	2012	Pays ou zone
Africa											**Afrique**
Botswana[1]	27.4	21.4	...	...	...	...	...	...	...	...	Botswana[1]
Namibia[1]	26.0	24.7	...	...	...	...	...	...	...	...	Namibie[1]
South Africa[1]	112.0	89.3	...	...	...	...	...	...	...	...	Afrique du Sud[1]
Zambia[1]	250.0	280.0	...	...	...	...	...	...	...	...	Zambie[1]
Zimbabwe[1]	2.8	...	...	...	...	...	...	...	...	...	Zimbabwe[1]
America, North											**Amérique du Nord**
Canada[1]	456.9	476.2	...	...	...	...	...	...	...	...	Canada[1]
Mexico	[1]225.1	[1]290.0	...	...	0.0	0.0	0.0	0.0	0.0	0.0	Mexique
United States	539.0	542.0	523.0	501.0	617.0	574.0	597.0	601.0	...	...	États-Unis
America, South											**Amérique du Sud**
Brazil[1]	173.4	186.0	C	C	C	C	...	...	C	...	Brésil[1]
Chile	[1]1542.4	[1]1563.8	4407.5	2024.2	1935.7	2134.2	2131.3	...	...	...	Chili
Peru	311.3	320.1	322.0	322.2	236.8	306.6	325.8	313.0	299.0	290.1	Pérou
Asia											**Asie**
Armenia	6.0	9.0	10.0	9.0	7.0	6.0	7.0	8.0	9.0	10.0	Arménie
China	1730.0	1840.0	...	...	...	...	...	...	...	...	Chine
Dem.P.R. of Korea[1]	15.0	15.0	...	...	...	...	...	...	...	...	Rép.p.d. de Corée[1]
India[1]	*391.0	400.9	...	...	...	...	...	...	...	...	Inde[1]
Indonesia[1]	247.4	211.6	...	...	...	...	...	...	...	...	Indonésie[1]
Iran (Islamic Rep. of)[1]	*[2]150.0	209.0	...	...	...	...	...	...	...	...	Iran (Rép. islam. d')[1]
Japan	409.4	406.3	372.9	174.1	C	188.0	190.8	160.1	183.3	239.6	Japon
Kazakhstan	431.9	445.3	404.8	424.8	392.8	...	...	...	...	...	Kazakhstan
Oman[1]	17.0	24.0	...	...	...	...	...	...	...	...	Oman[1]
Philippines[1]	227.9	220.0	...	...	...	...	...	...	...	...	Philippines[1]
Rep. of Korea[3]	510.0	...	...	...	...	...	...	...	...	...	Rép. de Corée[3]
Turkey	14.4	7.0	...	C	C	C	C	C	C	C	Turquie
Uzbekistan[1]	*75.0	75.0	...	...	...	...	...	...	...	...	Ouzbékistan[1]
Europe											**Europe**
Austria[1]	75.0	88.0	...	...	...	...	...	...	...	...	Autriche[1]
Belgium[1]	117.5	120.7	...	...	...	...	...	...	...	...	Belgique[1]
Bulgaria	C	C	C	C	C	C	96.0	56.7	97.7	85.5	Bulgarie
Finland	17.0	0.0	0.0	29.7	10.0	11.0	13.0	7.0	8.0	10.0	Finlande
France	1.1	...	...	...	...	...	...	...	...	...	France
Germany[1]	595.4	541.2	C	C	C	C	C	C	C	C	Allemagne[1]
Italy	1.4	5.9	...	...	...	...	...	...	...	...	Italie
Poland	...	0.1	...	C	0.0	0.0	0.0	0.0	0.0	0.0	Pologne
Romania	4.0	...	0.0	0.0	...	...	...	...	...	...	Roumanie
Serbia	...	...	...	14.9	...	...	...	...	...	...	Serbie
Serbia & Montenegro[1]	15.0	40.0	...	...	...	...	...	...	...	...	Serbie-et-Monténégro[1]
Oceania											**Océanie**
Australia	[4]469.0	409.0	...	...	...	...	...	...	...	...	Australie

General Note.
Unrefined copper; copper anodes for electrolytic refining.

[1] Source: U.S. Geological Survey (Reston, Virginia).
[2] Twelve months beginning 21 March of year stated.
[3] Production at the refined stage.
[4] Twelve months ending 30 June of year stated.

Remarque générale.
Cuivre non affiné; anodes en cuivre pour affinage électrolytique.

[1] Source: Service géologique des Etats-Unis (Reston, Virginia).
[2] Période de douze mois commençant le 21 mars de l'année indiquée.
[3] Données se rapportant au cuivre affiné.
[4] Période de douze mois finissant le 30 juin de l'année indiquée.

Refined copper; unwrought, not alloyed
Cuivre affiné; sous forme brute, non allié

CPC-BASED CODE - CODE BASE CPC
41413-1

Unit: Thousand metric tons — Unité: Milliers de tonnes métriques

Country or area	2003	2004	2005	2006	2007	2008	2009	2010	2011	2012	Pays ou zone
Africa											**Afrique**
Dem. R. of the Congo[1]	8.0	...	...	...	...	...	...	...	...	...	Rép. dém. du Congo[1]
Egypt	0.0	...	...	...	...	...	1.3	...	0.6	...	Égypte
Namibia	26.3	24.7	21.7	21.9	20.6	16.5	18.6	25.0	34.4	21.1	Namibie
South Africa[2]	93.3	91.3	...	...	...	...	...	...	...	...	Afrique du Sud[2]
Zambia[2]	349.8	398.2	...	...	...	...	...	...	...	...	Zambie[2]
Zimbabwe[2]	2.8	2.4	...	...	...	...	...	...	...	...	Zimbabwe[2]
America, North											**Amérique du Nord**
Canada[2]	456.9	527.0	...	...	...	...	...	...	...	...	Canada[2]
Dominican Republic	0.5	0.8	0.9	0.6	0.1	0.0	...	...	...	...	Rép. dominicaine
Mexico	162.9	189.3	151.3	141.3	...	...	...	...	...	...	Mexique
United States	1310.0	1310.0	1260.0	1250.0	1310.0	1270.0	1160.0	1090.0	...	...	États-Unis
America, South											**Amérique du Sud**
Argentina[2]	16.0	16.0	...	...	...	...	...	...	...	...	Argentine[2]
Brazil	51.9	22.5	31.2	93.4	103.3	98.0	59.2	44.9	41.5	33.4	Brésil
Chile	[2]2901.9	[2]2895.1	168.5	157.7	124.1	98.2	2407.9	...	...	...	Chili
Peru	345.8	338.3	344.9	333.8	237.7	303.9	260.6	240.6	227.3	210.1	Pérou
Asia											**Asie**
China	1860.0	2130.0	...	...	...	...	...	...	...	...	Chine
Cyprus	3.0	1.0	0.0	1.0	3.0	C	C	C	C	...	Chypre
Dem.P.R. of Korea[2]	13.0	13.0	...	...	...	...	...	...	...	...	Rép.p.d. de Corée[2]
India[2]	394.0	401.0	...	...	...	...	...	...	...	...	Inde[2]
Indonesia[2]	223.3	210.5	...	...	...	...	...	...	...	...	Indonésie[2]
Iran (Islamic Rep. of)	[2]146.6	[2]202.0	151.8	156.5	139.9	153.8	223.2	...	...	...	Iran (Rép. islam. d')
Japan	700.8	729.2	732.0	606.5	613.8	627.4	705.8	1099.1	1145.8	1069.7	Japon
Kazakhstan	432.5	445.3	418.4	427.7	406.1	398.4	...	...	...	...	Kazakhstan
Mongolia	1.3	2.4	2.5	2.6	3.0	2.6	2.5	2.7	2.4	2.3	Mongolie
Myanmar[2]	27.9	31.8	...	...	...	...	...	...	...	...	Myanmar[2]
Oman[2]	17.0	17.0	...	...	...	...	...	...	...	...	Oman[2]
Philippines[2]	171.2	175.0	...	...	...	...	...	...	...	...	Philippines[2]
Rep. of Korea	510.0	496.0	526.6	...	...	...	...	...	...	...	Rép. de Corée
Thailand[2]	...	20.0	...	...	...	...	...	...	...	...	Thaïlande[2]
Turkey	[2]45.0	[2]50.0	101.2	C	C	C	C	C	C	C	Turquie
Uzbekistan[2]	*75.0	75.0	...	...	...	...	...	...	...	...	Ouzbékistan[2]
Europe											**Europe**
Belgium[2]	423.0	397.0	...	...	...	...	...	...	...	...	Belgique[2]
Bulgaria	44.0	56.0	C	C	C	C	C	C	C	C	Bulgarie
Finland	145.2	[2]144.0	183.9	174.0	137.5	159.8	123.0	143.1	148.6	147.9	Finlande
Germany	502.5	540.4	553.3	C	C	C	C	C	C	C	Allemagne
Italy	21.3	27.5	...	...	...	...	...	...	...	...	Italie
Poland	...	...	...	...	264.7	C	C	C	C	C	Pologne
Romania	17.0	2.0	1.0	...	...	C	...	...	...	...	Roumanie
Serbia & Montenegro	14.0	[2]35.0	...	...	...	...	...	...	...	...	Serbie-et-Monténégro
Sweden	210.0	235.0	224.8	229.8	214.4	233.2	204.6	189.6	219.8	213.1	Suède
Oceania											**Océanie**
Australia[3]	537.0	[4]335.0	...	...	...	...	...	...	...	...	Australie[3]

General Note.

Refined copper, unwrought, not alloyed, such as cathodes and sections of cathodes, wire-bars, billets and other.

Remarque générale.

Cuivre affiné, sous forme brute, non allié, comme les cathodes et sections de cathodes, barres à fil, billettes et autres.

1 Source: African Statistical Yearbook, Economic Commission for Africa (Addis Ababa).
2 Source: U.S. Geological Survey (Reston, Virginia).
3 Twelve months ending 30 June of year stated.
4 Beginning 2nd Quarter of 2004, series discontinued.

1 Source: Annuaire statistique pour l'Afrique, Commission économique pour l'Afrique des Nations Unies (Addis-Abeba).
2 Source: Service géologique des Etats-Unis (Reston, Virginia).
3 Période de douze mois finissant le 30 juin de l'année indiquée.
4 À partir de 2e trimestre de 2004, série abandonnée.

Nickel, unwrought
Nickel brut

CPC-BASED CODE - CODE BASE CPC
41422-0

Unit: Metric tons — Unité: Tonnes métriques

Country or area	2003	2004	2005	2006	2007	2008	2009	2010	2011	2012	Pays ou zone
Africa											**Afrique**
South Africa[1]	40842	39900	...	...	...	...	...	...	...	...	Afrique du Sud[1]
Zimbabwe[1]	12657	12000	...	...	...	...	...	...	...	...	Zimbabwe[1]
America, North											**Amérique du Nord**
Canada[1]	124418	151518	...	...	...	...	...	...	...	...	Canada[1]
Cuba[1]	42282	40306	...	...	...	...	...	...	...	...	Cuba[1]
America, South											**Amérique du Sud**
Brazil	...	20213	20766	36234	49297	30305	63296	C	C	753617	Brésil
Colombia[1]	47868	49200	...	...	...	...	...	...	...	...	Colombie[1]
Venezuela (Bol. R. of)[1]	17200	17400	...	...	...	...	...	...	...	...	Venezuela (R.bol.du)[1]
Asia											**Asie**
China	64711	76900	91400	108900	115800	*132600	*216400	*214100	212600	184800	Chine
Indonesia[1]	8933	7945	...	...	...	...	...	...	...	...	Indonésie[1]
Japan	34980	...	...	...	...	...	...	...	...	...	Japon
Europe											**Europe**
Austria[1]	1500	1500	...	...	...	...	...	...	...	...	Autriche[1]
Finland	45417	40000	35000	42000	44430	42971	41848	37525	43840	39481	Finlande
Germany	757	C	C	2215	1673	C	1910	3077	3073	2935	Allemagne
Greece[1]	18000	18115	...	...	...	...	...	...	...	...	Grèce[1]
Italy	12344	21951	...	...	...	...	...	...	...	...	Italie
Sweden	C	C	C	122	273	192	0	0	0	0	Suède
TFYR of Macedonia[1]	5555	5500	...	...	...	...	...	...	...	...	L'ex-RY de Macédoine[1]
United Kingdom	[2]9000	[2]13000	C	C	36798	35053	42935	27943	18453	11001	Royaume-Uni
Oceania											**Océanie**
Australia[1]	129400	[3]122000	...	...	...	...	...	...	...	...	Australie[1]
New Caledonia	182517	170043	188648	202596	184761	...	...	...	...	...	Nouvelle-Calédonie

General Note.
Unwrought nickel, not alloyed and nickel alloys.

[1] Source: U.S. Geological Survey (Reston, Virginia).
[2] Excluding Prodcom 2002 code 27.45.12.30.
[3] Beginning 2nd Quarter of 2004, series discontinued.

Remarque générale.
Nickel brut, non allié et alliages de nickel.

[1] Source: Service géologique des Etats-Unis (Reston, Virginia).
[2] 2002 code Prodcom 27.45.12.30 non compris.
[3] À partir de 2e trimestre de 2004, série abandonnée.

Aluminum, unwrought, not alloyed
Aluminium brut non allié

CPC-BASED CODE - CODE BASE CPC
41431-1

Unit: Thousand metric tons — Unité: Milliers de tonnes métriques

Country or area	2003	2004	2005	2006	2007	2008	2009	2010	2011	2012	Pays ou zone
Africa											**Afrique**
Cameroon	78.8	85.9	86.4	91.0	87.0	89.7	75.3	...	...	...	Cameroun
Egypt	[1]195.0	[1]215.0	...	...	...	...	327.2	...	365.0	...	Égypte
South Africa[1]	738.0	863.0	...	...	...	...	...	...	...	...	Afrique du Sud[1]
America, North											**Amérique du Nord**
Canada	807.5	[1]2592.0	...	...	...	...	...	...	...	...	Canada
Dominican Republic	5.2	3.1	1.6	0.2	...	...	...	...	...	...	Rép. dominicaine
United States	2703.0	2516.0	2481.0	2284.0	2554.0	2658.0	1727.0	1726.0	...	...	États-Unis
America, South											**Amérique du Sud**
Argentina	272.4	272.0	270.7	272.9	286.4	393.9	412.6	...	...	...	Argentine
Brazil	1194.9	1274.7	1306.5	1266.8	1556.8	1664.7	1634.7	1389.0	1336.2	1248.2	Brésil
Chile	...	...	...	...	...	...	...	0.8	0.4	...	Chili
Ecuador	...	11.0	12.8	17.9	7.1	...	...	...	...	...	Équateur
Venezuela (Bol. R. of)[1]	601.0	624.0	...	...	...	...	...	...	...	...	Venezuela (R.bol.du)[1]
Asia											**Asie**
Bahrain	[1]532.0	[2]807.0	[2]1020.0	[2]1199.0	[2]1282.0	...	...	...	...	...	Bahreïn
China	5865.8	6690.4	7786.8	9265.7	12339.7	13165.0	12886.1	15771.3	17678.9	20208.4	Chine
India	...	123.7	209.2	...	...	...	...	...	...	...	Inde
Indonesia[1]	200.0	230.0	...	...	...	...	...	...	...	...	Indonésie[1]
Iran (Islamic Rep. of)	[1]170.0	[1]170.0	336.3	217.8	216.0	283.1	322.9	...	...	...	Iran (Rép. islam. d')
Kazakhstan	0.5	...	...	0.2	...	...	...	...	...	...	Kazakhstan
Kuwait	6.2	6.4	6.8	10.0	8.3	9.4	9.4	9.4	7.7	6.9	Koweït
Rep. of Korea	356.0	454.0	463.0	...	...	...	...	...	...	...	Rép. de Corée
Tajikistan[1]	319.0	358.0	...	...	...	...	...	...	...	...	Tadjikistan[1]
Turkey	63.1	[1]60.0	C	C	C	C	#23.4	C	C	34.3	Turquie
United Arab Emirates[1]	0.6	0.7	...	...	...	...	...	...	...	...	Émirats arabes unis[1]
Europe											**Europe**
Belarus	...	...	...	...	...	...	...	...	3.5	3.1	Bélarus
Bosnia & Herzegovina	112.5	[1]115.0	...	...	...	...	...	...	...	...	Bosnie-Herzégovine
Croatia	1.0	1.0	1.0	1.0	0.0	0.0	0.0	1.0	1.0	0.0	Croatie
Germany	438.4	C	329.5	224.9	279.7	305.2	206.3	313.0	343.7	321.3	Allemagne
Greece	[3]166.4	[1]165.0	...	...	...	...	...	...	...	...	Grèce
Hungary	C	1.8	C	C	C	C	C	C	C	C	Hongrie
Iceland	286.0	191.8	180.3	...	446.3	761.2	804.6	813.0	760.0	778.3	Islande
Italy	#73.8	75.7	...	...	...	...	...	...	...	...	Italie
Netherlands[1]	278.0	326.0	...	...	...	...	...	...	...	...	Pays-Bas[1]
Poland	15.3	13.8	10.7	17.9	20.2	17.0	7.0	7.3	9.1	4.8	Pologne
Romania	[4,5]204.7	...	...	...	...	...	0.5	0.7	C	C	Roumanie
Serbia	...	...	...	1.2	1.5	1.3	0.9	1.7	...	...	Serbie
Serbia & Montenegro	116.7	[1]115.0	...	...	...	...	...	...	...	...	Serbie-et-Monténégro
Spain	[1]389.0	C	C	C	82.1	C	C	C	C	C	Espagne
Sweden	28.0	0.3	0.3	0.5	0.0	0.0	0.0	0.0	0.0	0.0	Suède
Switzerland[1]	44.0	45.0	...	...	...	...	...	...	...	...	Suisse[1]
TFYR of Macedonia	4.6	...	...	...	...	...	...	...	...	...	L'ex-RY de Macédoine
United Kingdom	[1]343.0	[1]360.0	C	C	C	C	78.6	C	49.1	C	Royaume-Uni
Oceania											**Océanie**
New Zealand[1]	340.0	350.0	...	...	...	...	...	...	...	...	Nouvelle-Zélande[1]

General Note.
Unwrought aluminium, not alloyed.

[1] Source: U.S. Geological Survey (Reston, Virginia).
[2] Source: Bulletin of Industrial Statistics for the Arab Countries, United Nations Economic and Social Commission for Western Asia (Beirut).
[3] Incomplete coverage.
[4] Including alloys.
[5] Including pure content of virgin alloys.

Remarque générale.
Aluminium brut non allié.

[1] Source: Service géologique des Etats-Unis (Reston, Virginia).
[2] Source: Bulletin de statistiques industrielles pour les pays arabes, Commission économique et sociale pour l'Asie occidentale des Nations Unies (Beyrouth).
[3] Couverture incomplète.
[4] Y compris les alliages.
[5] Y compris la teneur pure des alliages de première fusion.

Alumina (aluminum oxide), except artificial corundum
Alumine (oxyde d'aluminium), à l'exclusion du corindon artificiel

CPC-BASED CODE - CODE BASE CPC
41432-0

Unit: Thousand metric tons — Unité: Milliers de tonnes métriques

Country or area	2003	2004	2005	2006	2007	2008	2009	2010	2011	2012	Pays ou zone
Africa											**Afrique**
Guinea[1]	732	740	...	...	...	...	...	...	...	...	Guinée[1]
America, North											**Amérique du Nord**
Canada[1]	1109	1170	...	...	...	...	...	...	...	...	Canada[1]
Dominican Republic	0	0	0	1	1	1	...	...	...	...	Rép. dominicaine
Jamaica	3844	4024	4086	4099	3940	3991	...	...	...	...	Jamaïque
United States	4860	5350	5220	5030	4370	4300	2370	3470	...	...	États-Unis
America, South											**Amérique du Sud**
Brazil	2729	2987	3314	5517	5602	6944	7949	7264	7267	7589	Brésil
Venezuela (Bol. R. of)[1]	1840	1900	...	...	...	...	...	...	...	...	Venezuela (R.bol.du)[1]
Asia											**Asie**
Azerbaijan	180	232	315	357	187	160	27	4	1	105	Azerbaïdjan
China	6094	6979	8592	13257	19467	23029	23793	28930	34172	37699	Chine
India[1]	*2500	2600	...	...	...	...	...	...	...	...	Inde[1]
Iran (Islamic Rep. of)[1]	200	200	...	...	...	...	...	...	...	...	Iran (Rép. islam. d')[1]
Japan	373	383	358	344	331	...	...	...	...	...	Japon
Kazakhstan	1419	1468	1505	1515	1544	...	...	...	...	...	Kazakhstan
Turkey	161	[1]170	C	C	C	C	C	C	C	C	Turquie
Europe											**Europe**
Bosnia & Herzegovina[1]	50	50	...	...	...	...	...	...	...	...	Bosnie-Herzégovine[1]
Denmark	1	0	0	0	0	0	2	3	3	4	Danemark
Germany	710	[1]800	738	651	788	819	638	973	985	967	Allemagne
Greece[1]	750	750	...	...	...	...	...	...	...	...	Grèce[1]
Hungary	C	155	C	C	C	C	C	C	C	C	Hongrie
Italy	1029	969	...	...	...	...	...	...	...	...	Italie
Romania	344	553	686	618	30	...	C	C	C	C	Roumanie
Serbia & Montenegro[1]	225	250	...	...	...	...	...	...	...	...	Serbie-et-Monténégro[1]
Slovakia[1]	132	130	...	...	...	...	...	...	...	...	Slovaquie[1]
Slovenia[1]	30	30	C	C	C	C	C	C	C	C	Slovénie[1]
Sweden	...	...	0	0	0	0	0	2	2	0	Suède
United Kingdom	...	...	C	8	27	C	C	C	16	C	Royaume-Uni
Oceania											**Océanie**
Australia[2]	16413	[3]12558	...	...	...	...	...	...	...	...	Australie[2]

General Note.
Alumina (aluminium oxide), except artificial corundum.

[1] Source: U.S. Geological Survey (Reston, Virginia).
[2] Twelve months ending 30 June of year stated.
[3] Beginning 2nd Quarter of 2004, series discontinued.

Remarque générale.
Alumine (oxyde d'aluminium), à l'exclusion du corindon artificiel.

[1] Source: Service géologique des Etats-Unis (Reston, Virginia).
[2] Période de douze mois finissant le 30 juin de l'année indiquée.
[3] À partir de 2e trimestre de 2004, série abandonnée.

Refined lead, unwrought
Plomb affiné, sous forme brute

CPC-BASED CODE - CODE BASE CPC
41441-1

Unit: Thousand metric tons | Unité: Milliers de tonnes métriques

Country or area	2003	2004	2005	2006	2007	2008	2009	2010	2011	2012	Pays ou zone
Africa											**Afrique**
Algeria[1]	6.1	5.0	...	...	...	...	...	...	...	...	Algérie[1]
Egypt	...	...	...	...	...	...	83.0	...	...	...	Égypte
Kenya[1]	1.0	1.0	...	...	...	...	...	...	...	...	Kenya[1]
Morocco	[1]54.8	[1]58.8	59.9	59.1	60.0	47.8	...	...	...	...	Maroc
Nigeria[1]	5.0	5.0	...	...	...	...	...	...	...	...	Nigéria[1]
South Africa[1]	64.9	61.5	...	...	...	...	...	...	...	...	Afrique du Sud[1]
America, North											**Amérique du Nord**
Canada[1]	169.7	241.4	...	...	...	...	...	...	...	...	Canada[1]
Dominican Republic	0.1	0.0	0.0	0.6	...	0.3	...	...	...	...	Rép. dominicaine
Trinidad and Tobago[1]	1.6	1.6	...	...	...	...	...	...	...	...	Trinité-et-Tobago[1]
United States	1380.0	1280.0	1300.0	1310.0	1300.0	1280.0	1210.0	1250.0	...	...	États-Unis
America, South											**Amérique du Sud**
Argentina[1]	41.3	43.0	...	...	...	...	...	...	...	...	Argentine[1]
Bolivia (Plur. State of)[1]	1.0	1.0	...	...	...	...	...	...	...	...	Bolivie (État plur. de)[1]
Brazil	38.4	58.0	76.5	112.7	80.2	99.3	103.5	61.6	109.8	129.0	Brésil
Colombia[1]	12.0	12.0	...	...	...	...	...	...	...	...	Colombie[1]
Ecuador	...	...	...	...	10.7	5.8	...	...	...	...	Équateur
Peru	112.3	119.0	122.1	120.3	116.8	114.3	26.6	...	...	...	Pérou
Venezuela (Bol. R. of)[1]	30.0	30.0	...	...	...	...	...	...	...	...	Venezuela (R.bol.du)[1]
Asia											**Asie**
China	1542.6	1973.6	2394.1	2742.7	2767.3	*3257.8	*3870.5	*4316.0	4711.9	4647.0	Chine
Dem.P.R. of Korea[1]	75.0	75.0	...	...	...	...	...	...	...	...	Rép.p.d. de Corée[1]
India	11.3	...	51.8	...	...	...	...	...	...	...	Inde
Iran (Islamic Rep. of)[1]	50.0	50.0	...	...	...	...	...	...	...	...	Iran (Rép. islam. d')[1]
Israel[1]	25.0	27.0	...	...	...	...	...	...	...	...	Israël[1]
Japan	...	...	286.0	441.0	553.0	499.0	399.0	425.0	377.0	418.0	Japon
Kazakhstan	133.2	157.0	135.4	116.0	117.6	105.8	...	...	...	...	Kazakhstan
Malaysia[1]	57.0	54.0	...	...	...	...	...	...	...	...	Malaisie[1]
Myanmar	[1]0.9	[2]0.8	[2]0.6	...	...	...	...	...	...	...	Myanmar
Pakistan[1]	3.0	3.0	...	...	...	...	...	...	...	...	Pakistan[1]
Philippines[1]	27.0	29.0	...	...	...	...	...	...	...	...	Philippines[1]
Rep. of Korea	169.0	174.0	180.8	...	...	...	...	...	...	...	Rép. de Corée
Thailand[1]	47.0	58.0	...	...	...	...	...	...	...	...	Thaïlande[1]
Turkey	*[1]6.0	[1]6.0	C	C	C	C	C	C	2.2	C	Turquie
Europe											**Europe**
Austria[1]	18.0	20.0	...	...	...	...	...	...	...	...	Autriche[1]
Belgium[3]	51.0	...	...	...	...	...	...	...	...	...	Belgique[3]
Bulgaria	C	C	C	C	C	C	C	83.0	81.0	C	Bulgarie
Denmark	0.4	0.3	0.3	0.2	0.2	0.1	0.1	0.0	0.0	0.0	Danemark
Estonia	...	...	...	...	...	C	C	7.2	7.8	8.0	Estonie
France	134.1	...	...	...	...	...	...	...	...	...	France
Germany	266.2	321.0	318.8	283.9	291.9	325.3	315.2	325.9	343.8	340.4	Allemagne
Greece[3]	1.5	...	...	...	...	...	...	...	...	...	Grèce[3]
Ireland[1]	9.0	21.0	...	...	...	...	...	...	...	...	Irlande[1]
Italy	133.6	135.7	...	...	...	...	...	...	...	...	Italie
Netherlands[1]	17.0	17.0	...	...	...	...	...	...	...	...	Pays-Bas[1]
Poland	50.5	51.0	54.8	57.0	73.6	79.6	79.3	87.3	77.1	89.6	Pologne
Portugal	2.5	0.9	1.3	2.9	5.5	3.6	5.3	4.7	...	...	Portugal
Romania	31.0	26.0	31.0	24.0	29.0	30.0	C	11.0	7.0	C	Roumanie
Slovenia[1]	15.0	15.0	C	C	C	C	C	C	C	C	Slovénie[1]
Spain	C	C	C	C	C	C	44.5	C	C	C	Espagne
Sweden	48.0	50.0	55.5	49.1	45.8	44.6	39.9	35.0	37.4	47.0	Suède
Switzerland[1]	8.0	9.0	...	...	...	...	...	...	...	...	Suisse[1]
TFYR of Macedonia	16.9	...	...	...	...	...	...	...	...	...	L'ex-RY de Macédoine
United Kingdom	[1]320.0	[1]243.0	C	C	181.0	C	C	211.7	C	196.9	Royaume-Uni
Oceania											**Océanie**
Australia[4]	267.0	[5]182.0	...	...	...	...	...	...	...	...	Australie[4]
New Zealand[1]	10.0	10.0	...	...	...	...	...	...	...	...	Nouvelle-Zélande[1]

General Note.
Unwrought refined lead.

Remarque générale.
Plomb affiné sous forme brute.

[1] Source: U.S. Geological Survey (Reston, Virginia).
[2] Source: Country Economic Review, Asian Development Bank (Manila).

[1] Source: Service géologique des Etats-Unis (Reston, Virginia).
[2] Source: Revue Economique du Pays, La Banque Asiatique de développement (Manille).

[3] Incomplete coverage.
[4] Twelve months ending 30 June of year stated.
[5] Beginning 2nd Quarter of 2004, series discontinued.

[3] Couverture incomplète.
[4] Période de douze mois finissant le 30 juin de l'année indiquée.
[5] À partir de 2e trimestre de 2004, série abandonnée.

Zinc, unwrought, not alloyed
Zinc brut non allié

CPC-BASED CODE - CODE BASE CPC
41442-1

Unit: Thousand metric tons — Unité: Milliers de tonnes métriques

Country or area	2003	2004	2005	2006	2007	2008	2009	2010	2011	2012	Pays ou zone
Africa											**Afrique**
Algeria	25.1	25.3	23.6	18.2	17.1	21.2	24.1	21.1	15.6	8.1	Algérie
Egypt	...	...	...	...	...	...	1200.0	...	...	...	Égypte
Namibia	[1]47.4	120.5	132.8	129.9	150.1	145.4	153.8	151.7	145.6	144.5	Namibie
South Africa[1]	115.0	104.0	...	...	...	...	...	...	...	...	Afrique du Sud[1]
America, North											**Amérique du Nord**
Canada[1]	761.2	805.1	...	...	...	...	...	...	...	...	Canada[1]
Mexico	293.3	298.3	299.7	262.7	...	...	...	...	...	...	Mexique
United States	351.0	350.0	351.0	269.0	278.0	286.0	203.0	249.0	...	...	États-Unis
America, South											**Amérique du Sud**
Argentina	39.5	35.8	36.8	42.6	42.8	38.5	33.0	...	...	...	Argentine
Brazil	C	259.3	191.7	280.9	409.1	644.3	292.6	309.5	339.2	274.8	Brésil
Chile	...	...	...	...	...	...	0.1	0.1	0.1	...	Chili
Ecuador	...	...	...	...	0.1	...	...	...	...	...	Équateur
Peru	202.1	195.7	163.6	175.3	162.4	190.3	149.5	223.1	313.7	319.3	Pérou
Asia											**Asie**
China	2320.4	2735.7	2722.2	3151.8	3748.6	*3912.9	*4416.1	*5265.0	5168.3	4765.2	Chine
Dem.P.R. of Korea[1]	60.0	60.0	...	...	...	...	...	...	...	...	Rép.p.d. de Corée[1]
India	53.2	177.4	198.9	...	...	...	...	...	...	...	Inde
Iran (Islamic Rep. of)	64.6	90.3	107.5	111.7	103.1	...	102.8	...	...	...	Iran (Rép. islam. d')
Japan	...	...	167.2	321.4	319.1	186.4	166.9	172.9	159.5	124.2	Japon
Kazakhstan	294.6	316.7	357.1	364.8	358.2	365.6	...	...	...	...	Kazakhstan
Rep. of Korea	644.0	669.0	644.8	...	...	...	...	...	...	...	Rép. de Corée
Thailand[1]	107.0	103.0	...	...	...	...	...	...	...	...	Thaïlande[1]
Turkey	...	...	C	C	C	C	C	#17.4	13.2	C	Turquie
Uzbekistan[1]	*30.0	30.0	...	...	...	...	...	...	...	...	Ouzbékistan[1]
Europe											**Europe**
Belgium[1]	244.0	263.0	...	...	...	...	...	...	...	...	Belgique[1]
Bulgaria	84.0	C	C	C	C	C	C	C	C	C	Bulgarie
Czech Republic	[1]0.3	[1]0.3	C	C	C	0.0	0.0	...	0.0	0.0	République tchèque
Finland	265.9	285.0	281.9	282.0	305.5	297.7	295.0	307.1	307.4	314.7	Finlande
Germany	304.0	361.4	302.5	287.2	264.8	261.7	C	C	C	C	Allemagne
Italy	151.5	154.1	...	...	...	...	...	...	...	...	Italie
Netherlands[1]	223.0	225.0	...	...	...	...	...	...	...	...	Pays-Bas[1]
Poland	140.0	136.0	107.1	109.9	125.9	129.4	112.8	94.2	113.1	135.0	Pologne
Romania	53.0	51.0	56.0	38.0	54.0	C	C	C	...	...	Roumanie
Serbia & Montenegro	0.1	[1]0.1	...	...	...	...	...	...	...	...	Serbie-et-Monténégro
Slovakia[1]	1.0	1.0	...	...	...	...	...	...	...	...	Slovaquie[1]
Spain	C	C	C	C	C	C	C	322.0	342.0	349.5	Espagne
TFYR of Macedonia	43.9	...	...	...	...	...	...	...	...	...	L'ex-RY de Macédoine
Oceania											**Océanie**
Australia[2]	570.0	[3]381.0	...	...	...	...	...	...	...	...	Australie[2]

General Note.
Unwrought zinc, not alloyed.

[1] Source: U.S. Geological Survey (Reston, Virginia).
[2] Twelve months ending 30 June of year stated.
[3] Beginning 2nd Quarter of 2004, series discontinued.

Remarque générale.
Zinc sous forme brute, non allié.

[1] Source: Service géologique des Etats-Unis (Reston, Virginia).
[2] Période de douze mois finissant le 30 juin de l'année indiquée.
[3] À partir de 2e trimestre de 2004, série abandonnée.

Bars, rods and profiles, of aluminium
Barres et profilés en aluminium

CPC-BASED CODE - CODE BASE CPC
41532-0

Unit: Thousand metric tons | Unité: Milliers de tonnes métriques

Country or area	2003	2004	2005	2006	2007	2008	2009	2010	2011	2012	Pays ou zone
Africa											**Afrique**
Egypt	204	...	1	3	...	...	21	...	19	...	Égypte
America, North											**Amérique du Nord**
Cuba	2	3	3	2	3	2	2	2	2	3	Cuba
Mexico	83	92	89	94	112	118	113	117	133	136	Mexique
America, South											**Amérique du Sud**
Argentina	15	20	25	26	26	26	...	...	...	...	Argentine
Brazil	119	208	187	181	176	260	195	252	280	349	Brésil
Ecuador	...	6	7	7	8	9	...	...	...	...	Équateur
Asia											**Asie**
Azerbaijan	1	1	0	1	1	1	0	0	0	0	Azerbaïdjan
Iran (Islamic Rep. of)	181	212	...	...	...	...	30	...	...	...	Iran (Rép. islam. d')
Myanmar[1]	4	4	4	5	3	2	1	3	0	...	Myanmar[1]
Turkey	...	...	245	285	312	305	290	376	463	510	Turquie
Europe											**Europe**
Belarus	...	...	...	...	...	...	...	...	22	26	Bélarus
Bulgaria	C	C	96	93	C	31	26	33	35	40	Bulgarie
Croatia	5	4	6	6	6	6	4	4	8	8	Croatie
Denmark	31	35	38	34	32	...	...	...	...	...	Danemark
Finland	19	21	23	36	38	37	29	34	32	31	Finlande
Germany	460	506	507	573	592	573	439	549	543	498	Allemagne
Greece	91	99	...	...	...	...	...	...	...	...	Grèce
Hungary	54	64	71	72	75	70	59	79	87	73	Hongrie
Iceland	...	93	93	...	...	...	...	...	...	...	Islande
Italy	465	475	...	...	...	...	...	...	...	...	Italie
Netherlands	...	...	...	...	...	...	...	...	173	169	Pays-Bas
Poland	49	57	63	103	117	108	70	98	111	120	Pologne
Portugal	63	52	71	82	77	83	66	71	...	...	Portugal
Romania	8	11	8	8	23	24	23	34	38	43	Roumanie
Serbia	...	...	...	7	...	...	...	...	...	...	Serbie
Slovakia	9	14	13	16	21	22	26	39	39	35	Slovaquie
Spain	...	390	408	507	523	440	303	329	350	340	Espagne
Sweden	60	75	69	94	98	118	62	76	74	64	Suède
TFYR of Macedonia	5	2	1	2	2	2	1	1	1	1	L'ex-RY de Macédoine
United Kingdom	179	168	146	144	126	98	60	59	77	47	Royaume-Uni

General Note.
Bars, rods and profiles, of aluminium, not alloyed, or of aluminium alloys.

[1] Twelve months ending 31 March of year stated.

Remarque générale.
Barres et profilés en aluminium non allié ou en alliages d'aluminium.

[1] Période de douze mois finissant le 31 mars de l'année indiquée.

Tubes, pipes and tube or pipe fittings, of aluminium
Tubes et tuyaux et accessoires de tuyauterie en aluminium

CPC-BASED CODE - CODE BASE CPC

41536-0

Unit: Thousand metric tons | Unité: Milliers de tonnes métriques

Country or area	2003	2004	2005	2006	2007	2008	2009	2010	2011	2012	Pays ou zone
America, North											**Amérique du Nord**
Dominican Republic	0.1	0.0	0.1	0.1	0.0	0.1	...	...	...	...	Rép. dominicaine
Mexico	0.1	0.1	0.1	0.1	0.0	0.0	0.0	0.0	0.0	0.0	Mexique
America, South											**Amérique du Sud**
Brazil	45.0	30.6	42.7	102.6	137.2	136.3	279.3	66.4	397.1	306.5	Brésil
Chile	...	...	0.4	0.4	0.4	0.4	0.4	0.5	32.5	...	Chili
Asia											**Asie**
Azerbaijan	0.0	0.0	0.0	0.0	0.0	0.0	0.3	0.4	0.0	0.0	Azerbaïdjan
Iran (Islamic Rep. of)	146.0	152.0	...	...	...	...	...	...	...	...	Iran (Rép. islam. d')
Turkey	...	...	35.0	27.0	17.0	16.0	13.0	18.0	25.1	24.4	Turquie
Europe											**Europe**
Bulgaria	C	C	C	C	C	3.0	C	1.0	C	1.0	Bulgarie
Croatia	...	...	...	...	...	1.0	1.0	2.0	2.0	2.0	Croatie
Czech Republic	...	...	...	...	...	8.0	6.0	8.0	11.0	10.0	République tchèque
Denmark	25.0	28.0	25.0	25.0	26.9	...	...	C	...	...	Danemark
Finland	0.0	1.0	0.0	...	...	...	0.0	0.0	0.0	0.0	Finlande
Germany	26.1	30.3	30.4	29.8	33.8	C	C	28.8	30.7	27.0	Allemagne
Hungary	8.0	8.0	7.0	8.0	8.0	6.0	4.0	5.0	5.0	5.0	Hongrie
Ireland	0.5	0.6	...	...	...	...	...	...	...	...	Irlande
Italy	47.2	46.6	...	...	...	...	...	...	...	...	Italie
Poland	3.8	5.1	5.5	5.7	5.6	6.0	9.9	7.0	7.4	6.6	Pologne
Portugal	0.0	0.0	0.0	0.1	0.7	0.6	0.6	0.5	...	...	Portugal
Romania	1.0	1.0	8.0	10.0	11.0	2.0	1.0	1.0	1.0	1.0	Roumanie
Slovakia	C	C	0.1	C	C	C	C	C	...	0.4	Slovaquie
Spain	...	11.0	11.0	9.0	5.0	3.0	C	2.0	3.0	3.0	Espagne
Sweden	C	11.0	17.0	0.3	0.3	1.6	0.1	0.1	0.2	0.3	Suède
United Kingdom	12.0	12.0	C	C	C	C	C	C	C	C	Royaume-Uni

General Note.

Tubes, pipes and tube or pipe fittings (for example, couplings, elbows, sleeves), of not alloyed aluminium, or of aluminium alloys.

Remarque générale.

Tubes, tuyaux et accessoires de tuyauterie (raccords, coudes, manchons, par exemple) en aluminium non allié ou en alliages d'aluminium.

Cadmium and articles thereof
Cadmium et ouvrages en cadmium

CPC-BASED CODE - CODE BASE CPC
41600-1

Unit: Metric tons | Unité: Tonnes métriques

Country or area	2003	2004	2005	2006	2007	2008	2009	2010	2011	2012	Pays ou zone
Africa											**Afrique**
Algeria[1]	5	...	...	...	...	...	...	...	...	...	Algérie[1]
America, North											**Amérique du Nord**
Canada[1]	1759	1888	...	...	...	...	...	...	...	...	Canada[1]
Mexico	[1]1590	[1]1600	...	...	0	0	0	0	0	0	Mexique
United States[2]	1450	1480	1470	723	735	777	633	637	...	...	États-Unis[2]
America, South											**Amérique du Sud**
Argentina[1]	25	25	...	...	...	...	...	...	...	...	Argentine[1]
Brazil	27517	48718	33103	19581	51119	47844	71698	13325	8846	2736	Brésil
Chile	...	...	78826	79493	117383	144421	134831	8103	490	...	Chili
Peru	500	500	500	400	300	400	300	400	600	700	Pérou
Asia											**Asie**
China[1]	2710	2800	...	...	...	...	...	...	...	...	Chine[1]
Dem.P.R. of Korea[1]	100	100	...	...	...	...	...	...	...	...	Rép.p.d. de Corée[1]
India	270	181	166	...	...	...	...	...	...	...	Inde
Japan[1]	2497	2233	...	...	...	...	...	...	...	...	Japon[1]
Kazakhstan	930	2358	1624	1369	1281	...	...	...	...	...	Kazakhstan
Rep. of Korea[1]	2180	2100	...	...	...	...	...	...	...	...	Rép. de Corée[1]
Europe											**Europe**
Belgium[1]	120	120	...	...	...	...	...	...	...	...	Belgique[1]
Germany	174	337	488	471	364	C	C	C	C	C	Allemagne
Italy[1]	100	100	...	...	...	...	...	...	...	...	Italie[1]
Netherlands[1]	500	500	...	...	...	...	...	...	...	...	Pays-Bas[1]
Norway[1]	331	260	C	C	...	...	...	...	...	...	Norvège[1]
Poland	400	300	500	C	C	C	C	C	C	C	Pologne
United Kingdom	0	0	0	0	C	C	3086	C	C	C	Royaume-Uni
Oceania											**Océanie**
Australia[1]	350	350	...	...	...	...	...	...	...	...	Australie[1]

General Note.
Cadmium and articles thereof, including waste and scrap.

[1] Source: U.S. Geological Survey (Reston, Virginia).
[2] Data refer to cadmium unwrought, not alloyed.

Remarque générale.
Cadmium et ouvrages en cadmium, y compris les déchets et débris.

[1] Source: Service géologique des Etats-Unis (Reston, Virginia).
[2] Les données se rapportent aux cadmium brut non allié.

Bridges, bridge sections, towers and lattice masts, of iron or steel
Ponts, éléments de ponts, tours et pylônes, en fonte, en fer ou en acier

CPC-BASED CODE - CODE BASE CPC
42110-0

Unit: Thousand metric tons | Unité: Milliers de tonnes métriques

Country or area	2003	2004	2005	2006	2007	2008	2009	2010	2011	2012	Pays ou zone
Africa											**Afrique**
Egypt	...	...	...	...	...	...	20.7	...	18.5	...	Égypte
America, North											**Amérique du Nord**
Mexico	44.9	52.1	50.5	66.2	139.5	138.3	129.9	107.2	173.1	207.9	Mexique
America, South											**Amérique du Sud**
Brazil	79.3	136.1	215.3	164.4	145.7	264.7	280.5	278.1	301.3	386.4	Brésil
Chile[1]	...	...	0.4	0.6	1.0	1.6	216.1	0.6	8.9	...	Chili[1]
Ecuador	...	3.4	2.2	...	...	0.1	...	...	...	...	Équateur
Asia											**Asie**
Azerbaijan	0.3	0.2	0.1	0.5	1.7	2.3	0.3	0.6	0.6	1.0	Azerbaïdjan
India	0.1	0.0	0.0	...	...	...	...	...	...	...	Inde
Kazakhstan	3.0	5.4	10.0	14.3	23.8	...	...	...	...	...	Kazakhstan
Turkey	...	...	15.0	71.0	67.0	164.0	91.0	156.2	163.9	231.0	Turquie
Europe											**Europe**
Belarus	...	...	...	...	...	...	...	...	0.9	1.5	Bélarus
Bulgaria	1.0	1.0	1.0	1.0	2.0	2.0	3.0	2.0	2.0	4.0	Bulgarie
Croatia	5.0	5.0	7.0	9.0	6.0	11.0	11.0	6.0	7.0	9.0	Croatie
Czech Republic	19.0	20.0	27.0	25.0	22.0	51.0	39.0	26.0	37.6	39.6	République tchèque
Denmark	21.0	15.0	12.0	8.0	10.4	...	...	...	...	...	Danemark
Estonia	...	3.6	4.9	0.6	5.3	0.8	0.8	3.3	3.8	4.0	Estonie
Finland	21.0	16.0	10.0	18.0	16.0	18.0	17.0	14.0	20.0	11.0	Finlande
Germany	250.4	224.9	225.1	236.5	279.5	343.4	344.1	285.6	310.3	403.7	Allemagne
Greece	23.8	22.5	...	...	...	...	...	...	...	...	Grèce
Hungary	17.0	19.0	24.0	27.0	25.0	31.0	25.0	20.0	22.0	22.0	Hongrie
Ireland	0.2	C	C	...	...	...	...	...	...	...	Irlande
Italy	365.0	405.6	...	...	...	...	...	...	...	...	Italie
Latvia	3.2	C	C	C	C	C	C	10.2	22.0	31.2	Lettonie
Lithuania	0.0	0.0	4.0	4.6	4.9	2.9	2.0	2.6	1.2	0.2	Lituanie
Netherlands	...	...	...	...	...	...	...	...	21.9	28.2	Pays-Bas
Norway	...	6.0	...	7.0	...	...	...	...	...	...	Norvège
Poland	73.0	73.0	83.0	98.0	115.0	136.0	128.0	118.0	171.0	179.0	Pologne
Portugal	26.0	35.0	51.4	52.9	65.3	89.0	81.7	66.7	...	...	Portugal
Rep. of Moldova	...	0.0	0.0	0.1	0.1	0.1	0.1	0.2	0.2	0.1	Rép. de Moldova
Romania	8.0	8.0	19.0	21.0	25.0	23.0	14.0	15.0	19.0	21.0	Roumanie
Serbia[2]	...	...	...	3.5	...	...	...	...	...	...	Serbie[2]
Slovakia	13.0	16.0	15.5	18.2	18.8	19.4	14.8	14.0	15.0	12.0	Slovaquie
Spain	...	280.0	554.0	775.0	564.0	547.0	358.0	302.0	284.0	233.0	Espagne
Sweden	39.0	23.0	40.0	42.8	49.2	19.8	9.8	8.2	9.0	64.5	Suède
TFYR of Macedonia	1.0	1.0	3.0	1.0	4.0	3.0	2.0	1.0	1.0	1.0	L'ex-RY de Macédoine
Ukraine	23.0	34.0	21.0	40.0	40.0	49.0	39.0	40.0	52.0	46.0	Ukraine
United Kingdom	...	...	...	...	...	C	61.3	66.1	37.8	41.8	Royaume-Uni

General Note.
Bridges, bridge sections, towers and lattice masts, of iron or steel.

[1] In thousand units.
[2] Incomplete coverage.

Remarque générale.
Ponts, éléments de ponts, tours et pylônes, en fonte, en fer ou en acier.

[1] En milliers d'unités.
[2] Couverture incomplète.

Doors, windows and their frames and thresholds for doors, of iron, steel or aluminium
Portes, fenêtres et leurs cadres, chambranles et seuils, en fer, en fonte, en acier ou en aluminium

CPC-BASED CODE - CODE BASE CPC
42120-0

Unit: Thousand units — Unité: Milliers d'unités

Country or area	2003	2004	2005	2006	2007	2008	2009	2010	2011	2012	Pays ou zone
Africa											**Afrique**
Egypt	12.7	...	...	...	...	...	...	...	2542.0	...	Égypte
America, South											**Amérique du Sud**
Brazil[1]	17.1	21.2	12.6	21.8	27.8	73.0	...	...	...	...	Brésil[1]
Chile	...	...	9234.8	8986.3	8141.2	25847.4	15849.8	9173.7	14075.5	...	Chili
Ecuador	...	...	...	...	...	3263.9	...	...	...	...	Équateur
Asia											**Asie**
Azerbaijan	6.4	5.4	10.0	11.0	25.3	25.8	17.6	17.1	18.0	21.6	Azerbaïdjan
Iraq	...	...	...	...	...	13.0	...	122.9	...	...	Iraq
Kazakhstan[1]	6.1	6.7	11.2	54.2	16.6	...	...	...	...	...	Kazakhstan[1]
Kuwait	745.0	961.0	921.0	954.0	962.0	904.0	928.0	914.0	1239.0	1197.0	Koweït
Kyrgyzstan	2.2	[2]5.3	[2]5.2	[2]2.7	[2]1.5	[2]6.4	[2]5.2	[2]2.8	[2]2.8	[2]2.6	Kirghizistan
Tajikistan[2,3]	...	...	...	...	...	...	...	3.5	7.9	7.7	Tadjikistan[2,3]
Turkey	...	...	1646.0	6868.0	7815.0	8679.0	4985.0	13159.1	14111.0	14577.2	Turquie
Europe											**Europe**
Belarus	...	...	...	...	...	...	...	...	226.2	239.7	Bélarus
Bulgaria	216.0	305.0	419.0	530.0	617.0	740.0	500.0	314.0	286.0	327.0	Bulgarie
Croatia	...	58.0	35.0	52.0	92.0	125.0	79.0	78.0	74.0	84.0	Croatie
Czech Republic	451.0	474.0	455.0	631.0	749.0	741.0	721.0	812.0	922.0	945.8	République tchèque
Denmark	102.0	174.0	185.0	203.0	221.3	274.2	212.4	153.6	164.1	240.5	Danemark
Estonia	...	85.2	132.2	128.2	129.5	118.0	69.7	54.9	77.3	78.2	Estonie
Finland	...	1142.0	699.0	938.0	1130.0	1082.0	1013.0	1067.0	1170.0	1290.0	Finlande
Germany	7231.1	7450.7	7040.7	7436.4	7739.6	7544.1	7308.0	7544.2	7837.4	7664.2	Allemagne
Greece	252.4	270.1	...	...	...	...	...	...	...	...	Grèce
Hungary	1057.0	1021.0	1207.0	1214.0	1532.0	481.0	258.0	299.0	900.0	764.0	Hongrie
Ireland	345.3	1060.5	...	...	...	...	...	...	...	...	Irlande
Italy	10180.7	11414.3	...	...	...	...	...	...	...	...	Italie
Latvia	44.1	36.7	52.4	65.0	74.8	80.5	63.8	39.5	73.6	66.4	Lettonie
Lithuania	84.7	76.8	111.3	132.6	140.4	121.3	68.8	59.7	81.7	93.1	Lituanie
Netherlands	...	...	...	...	...	...	...	...	907.0	837.5	Pays-Bas
Poland	116165.0	[4]8497.0	[4]9204.0	[4]13238.0	[4]21891.0	[4]50097.0	[4]26644.0	[4]20143.0	[4]16407.0	[4]24053.0	Pologne
Portugal	2426.0	2662.0	3261.2	2823.7	2421.1	1830.3	1884.4	1960.0	...	...	Portugal
Rep. of Moldova	...	25.2	38.5	32.3	25.6	35.9	57.1	67.7	67.7	63.9	Rép. de Moldova
Romania	312.0	402.0	455.0	2525.0	662.0	775.0	601.0	262.0	227.0	258.0	Roumanie
Russian Federation[1]	...	...	...	...	...	...	...	73.6	95.2	115.3	Fédération de Russie[1]
Serbia	...	...	...	15.4	...	...	...	...	...	...	Serbie
Slovakia	287.0	302.0	174.0	189.0	204.0	210.0	298.0	465.0	519.0	358.0	Slovaquie
Slovenia	82.0	89.0	90.0	145.0	136.0	117.0	94.0	79.5	90.3	80.5	Slovénie
Spain	...	16777.0	15726.0	18765.0	18764.0	17144.0	15755.0	11908.0	7379.0	6431.0	Espagne
Sweden	1589.0	645.0	786.0	1186.9	1269.5	1363.7	1355.6	1157.4	1237.5	1376.9	Suède
TFYR of Macedonia	1.0	1.0	1.0	1.0	1.0	1.0	5.0	3.0	3.0	9.0	L'ex-RY de Macédoine
Ukraine	...	802.0	499.0	1192.0	976.0	915.0	451.0	505.0	618.0	482.0	Ukraine
United Kingdom	...	...	...	...	...	C	C	C	3280.1	3009.7	Royaume-Uni

General Note.

Doors, windows and their frames and thresholds for doors, of iron, steel or aluminium.

1 In thousand metric tons.
2 In thousand square metres.
3 Doors, windows and their frames and thresholds for doors, of aluminium only.
4 Excluding venetian blinds.

Remarque générale.

Portes, fenêtres et leurs cadres, chambranles et seuils, en fonte, en fer, en acier ou en aluminium.

1 En milliers de tonnes métriques.
2 En milliers de mètres carrés.
3 Portes, fenêtres et leurs cadres, chambranles et seuils, en aluminium seulement.
4 Non compris les stores vénitiens.

Equipment for scaffolding, shuttering, propping or pit propping
Matériel d'échafaudage, de coffrage ou d'étayage

CPC-BASED CODE - CODE BASE CPC
42190-1

Unit: Thousand metric tons — Unité: Milliers de tonnes métriques

Country or area	2003	2004	2005	2006	2007	2008	2009	2010	2011	2012	Pays ou zone
America, South											**Amérique du Sud**
Brazil	15.9	7.6	11.6	16.9	17.7	42.4	88.8	131.6	436.6	158.6	Brésil
Ecuador	...	0.8	1.8	...	8.2	10.7	...	...	...	...	Équateur
Asia											**Asie**
Azerbaijan	11.2	43.0	46.2	79.6	37.8	43.6	9.9	2.4	0.0	0.0	Azerbaïdjan
India	9.7	...	2.4	...	...	...	...	...	...	...	Inde
Kazakhstan	4.1	8.1	16.2	12.7	17.6	...	...	...	...	...	Kazakhstan
Turkey	...	...	336.0	312.0	372.0	397.0	271.0	314.0	384.9	509.5	Turquie
Europe											**Europe**
Bulgaria	19.0	39.0	42.0	67.0	122.0	135.0	35.0	20.0	14.0	16.0	Bulgarie
Croatia	...	7.0	8.0	8.0	9.0	10.0	3.0	2.0	3.0	3.0	Croatie
Czech Republic	63.0	137.0	121.0	131.0	172.0	91.0	C	C	C	C	République tchèque
Denmark	1.0	2.0	2.0	3.0	3.0	5.9	2.8	1.9	2.3	2.0	Danemark
Estonia	...	2.4	2.7	5.2	8.4	8.8	11.1	5.6	6.2	6.7	Estonie
Finland	...	0.0	0.0	0.0	...	0.3	0.1	0.0	1.0	0.0	Finlande
Germany	C	C	C	C	C	C	C	268.6	317.3	C	Allemagne
Greece	7.1	10.2	...	...	...	...	...	...	...	...	Grèce
Hungary	46.0	51.0	56.0	112.0	68.0	42.0	25.0	23.0	32.0	31.0	Hongrie
Ireland	0.4	0.4	C	...	...	...	...	...	...	...	Irlande
Italy	513.4	510.6	...	...	...	...	...	...	...	...	Italie
Latvia	6.8	9.1	5.3	6.4	C	C	16.9	15.7	10.7	14.7	Lettonie
Lithuania	1.9	2.5	4.4	5.1	6.5	5.3	1.3	3.0	1.0	1.3	Lituanie
Netherlands	...	...	...	...	...	...	...	...	17.3	8.1	Pays-Bas
Poland	180.0	226.0	237.8	258.5	278.5	327.0	343.0	334.0	353.0	499.0	Pologne
Portugal	27.0	38.0	43.7	38.1	49.3	37.8	26.0	19.3	...	...	Portugal
Rep. of Moldova	...	0.6	0.9	0.7	0.8	0.8	0.6	0.2	0.2	0.1	Rép. de Moldova
Romania	11.0	10.0	8.0	13.0	13.0	11.0	9.0	7.0	11.0	14.0	Roumanie
Slovakia	3.0	2.0	2.3	76.7	86.0	65.3	13.8	3.0	3.0	3.0	Slovaquie
Slovenia	C	1.0	C	1.0	2.0	C	C	C	C	C	Slovénie
Spain	...	369.0	406.0	572.0	506.0	491.0	346.0	315.0	161.0	188.0	Espagne
Sweden	6.0	10.0	11.0	8.4	7.2	6.1	3.3	4.5	4.9	5.0	Suède
Ukraine	61.0	51.0	55.0	64.0	79.0	78.0	54.0	79.0	103.0	111.0	Ukraine
United Kingdom	...	...	...	...	...	C	0.6	0.6	1.2	9.6	Royaume-Uni

General Note.
Equipment for scaffolding, shuttering, propping or pitpropping.

Remarque générale.
Matériel d'échafaudage, de coffrage, d'étançonnement ou d'étayage.

Other structures, plates, shapes and the like, for use in construction
Autres constructions, tôles, profilés et articles semblables, utilisés dans le bâtiment

CPC-BASED CODE - CODE BASE CPC
42190-2

Unit: Thousand metric tons | Unité: Milliers de tonnes métriques

Country or area	2003	2004	2005	2006	2007	2008	2009	2010	2011	2012	Pays ou zone
America, North											**Amérique du Nord**
Cuba	20.0	26.0	15.0	12.0	17.0	10.0	12.0	14.0	13.0	13.0	Cuba
Mexico	50.3	59.0	67.1	71.6	84.6	86.7	51.7	25.5	25.4	28.4	Mexique
America, South											**Amérique du Sud**
Brazil	241.0	240.4	323.1	401.9	1373.5	848.4	819.0	819.5	1189.8	2292.0	Brésil
Asia											**Asie**
Azerbaijan	2.5	2.8	3.9	6.2	11.6	71.2	10.3	8.3	29.6	16.8	Azerbaïdjan
Kazakhstan	59.9	85.5	148.9	164.5	219.7	...	...	...	...	...	Kazakhstan
Kyrgyzstan	6.3	7.5	6.7	7.7	9.8	11.7	14.8	13.4	14.7	20.4	Kirghizistan
Turkey	...	...	303.0	C	659.0	632.0	531.0	635.8	837.9	869.1	Turquie
Europe											**Europe**
Bulgaria	31.0	41.0	61.0	101.0	157.0	197.0	143.0	101.0	116.0	107.0	Bulgarie
Croatia	...	63.0	69.0	83.0	112.0	111.0	106.0	56.0	58.0	9.0	Croatie
Czech Republic	228.0	270.0	278.0	307.0	411.0	475.0	347.0	C	442.3	C	République tchèque
Denmark	180.0	263.0	278.0	448.0	568.5	...	...	...	...	500.7	Danemark
Estonia	...	148.8	168.1	228.7	306.8	218.8	116.1	94.8	146.5	47.6	Estonie
Finland	763.0	722.0	660.0	...	...	593.0	423.0	484.0	1196.0	497.0	Finlande
Greece[1]	145.5	156.2	...	...	...	...	...	...	...	...	Grèce[1]
Hungary	141.0	150.0	160.0	159.0	232.0	237.0	164.0	145.0	198.0	141.0	Hongrie
Ireland	203.6	210.0	...	...	...	...	...	...	...	...	Irlande
Italy	3573.1	3720.1	...	...	...	...	...	...	...	...	Italie
Latvia	16.4	27.3	46.7	65.0	76.1	68.4	24.4	22.6	31.0	11.9	Lettonie
Lithuania	62.9	27.8	32.9	39.1	65.8	48.2	27.9	35.6	52.2	61.2	Lituanie
Netherlands	...	...	...	...	...	...	...	...	1292.9	353.2	Pays-Bas
Poland	762.0	905.7	1332.0	1519.0	1641.0	1902.0	1758.0	1917.0	2239.0	2090.0	Pologne
Portugal	216.0	230.0	263.9	277.6	318.1	343.6	264.6	242.3	...	...	Portugal
Rep. of Moldova	...	10.2	12.3	13.2	15.6	12.2	8.3	5.0	5.6	6.6	Rép. de Moldova
Romania	65.0	76.0	120.0	176.0	246.0	257.0	231.0	221.0	199.0	212.0	Roumanie
Russian Federation	758.8	744.0	1114.6	872.6	1265.2	1593.4	1482.1	3403.0	3551.0	3733.0	Fédération de Russie
Serbia[2]	...	...	...	8.0	...	...	...	...	...	...	Serbie[2]
Slovakia	84.0	100.0	99.8	117.0	152.0	187.0	161.0	175.0	187.0	161.0	Slovaquie
Slovenia	71.0	76.0	82.0	107.0	127.0	123.0	90.0	84.2	93.2	85.5	Slovénie
Spain	...	5390.0	5225.0	6018.0	6410.0	5790.0	4330.0	3680.0	3450.0	2937.0	Espagne
Sweden	310.0	350.0	401.0	447.7	491.4	501.7	520.3	430.4	455.0	500.2	Suède
TFYR of Macedonia	*14.0	*10.0	9.0	14.0	15.0	13.0	5.0	5.0	9.0	1.0	L'ex-RY de Macédoine
Ukraine	426.0	448.0	476.0	461.0	561.0	547.0	278.0	368.0	458.0	473.0	Ukraine
United Kingdom	...	...	...	...	...	3483.9	2743.5	C	2637.6	...	Royaume-Uni

General Note.
Other structures (except prefabricated buildings) and parts of structures, of iron, steel or aluminium; plates, rods, angles, shapes, sections, profiles, tubes and the like, prepared for use in structures, of iron, steel or aluminium.

Remarque générale.
Autres constructions (à l'exclusion des constructions préfabriquées) et leurs parties en fer, en fonte, en acier ou en aluminium; tôles, barres, profilés, tubes et similaires, en fer, en fonte, en acier ou en aluminium, préparés en vue de leur utilisation dans la construction.

[1] Excluding Prodcom 2002 code 28.11.23.30.
[2] Incomplete coverage.

[1] 2002 code Prodcom 28.11.23.30 non compris.
[2] Couverture incomplète.

Containers for compressed or liquefied gas; other metal containers (>300 litres)
Récipients pour gaz comprimés ou liquéfiés; autres récipients en métal (>300 litres)

CPC-BASED CODE - CODE BASE CPC

42200-0

Unit: Thousand metric tons — Unité: Milliers de tonnes métriques

Country or area	2003	2004	2005	2006	2007	2008	2009	2010	2011	2012	Pays ou zone
Africa											**Afrique**
Algeria[1]	3.3	5.4	...	...	...	...	...	...	...	...	Algérie[1]
Kenya	...	32.1	30.5	24.5	...	...	...	...	...	...	Kenya
United R. of Tanzania[2,3]	3693.0	1472.0	1656.0	...	...	...	1129.0	1177.0	1229.0	880.0	Rép.-U. de Tanzanie[2,3]
America, North											**Amérique du Nord**
Mexico[2]	31.2	28.0	21.3	17.5	64.3	53.0	51.0	58.3	56.9	65.3	Mexique[2]
America, South											**Amérique du Sud**
Brazil	94.3	28.3	62.0	66.3	95.3	97.5	120.5	151.4	120.6	178.7	Brésil
Chile[2]	...	...	11895.3	7313.0	5961.2	8530.1	659.7	230.0	441.7	...	Chili[2]
Ecuador	...	0.1	...	...	...	0.3	...	...	...	...	Équateur
Asia											**Asie**
Azerbaijan	0.2	0.2	0.1	0.0	0.1	0.4	0.6	1.1	0.8	0.6	Azerbaïdjan
Iraq	...	...	...	...	...	2.0	[2]30.1	...	...	...	Iraq
Kazakhstan[2]	22.1	4.3	3.6	2.8	5.4	...	...	...	...	...	Kazakhstan[2]
Kyrgyzstan[2]	0.0	0.1	0.0	1.9	0.7	4.1	2.9	1.7	0.3	0.2	Kirghizistan[2]
Rep. of Korea	53.6	55.3	77.7	94.6	124.0	127.6	120.8	100.4	99.0	106.0	Rép. de Corée
Turkey	...	...	89.0	112.0	110.0	115.0	108.0	176.7	239.6	222.4	Turquie
Europe											**Europe**
Belarus[2]	...	...	...	...	...	...	...	...	501.0	596.0	Bélarus[2]
Bulgaria	11.0	15.0	13.0	15.0	19.0	18.0	18.0	12.0	12.0	13.0	Bulgarie
Croatia	...	8.0	10.0	6.0	11.0	20.0	13.0	11.0	10.0	9.0	Croatie
Czech Republic	97.0	119.0	128.0	135.0	160.0	142.0	91.0	106.0	C	C	République tchèque
Denmark	0.0	0.0	0.0	0.0	0.1	...	...	...	...	...	Danemark
Estonia	...	7.2	7.3	6.5	12.4	19.3	7.0	12.0	10.2	13.8	Estonie
Finland	...	17.0	21.0	...	...	28.0	16.0	11.0	12.0	17.0	Finlande
Germany	C	C	C	C	C	C	C	348.6	425.6	417.1	Allemagne
Hungary	24.0	25.0	23.0	19.0	23.0	28.0	19.0	21.0	23.0	24.0	Hongrie
Ireland	13.0	12.8	...	...	...	...	...	...	...	...	Irlande
Italy	591.1	617.7	...	...	...	...	...	...	...	...	Italie
Latvia	C	C	C	2.9	14.6	3.4	2.4	2.7	2.0	1.9	Lettonie
Lithuania	4.0	4.9	4.5	6.3	6.0	5.1	1.8	2.4	2.6	3.4	Lituanie
Poland	94.0	59.6	125.2	143.7	151.2	176.0	137.0	152.0	184.0	214.0	Pologne
Portugal	74.0	62.0	68.5	65.4	56.0	57.5	49.2	47.3	...	...	Portugal
Rep. of Moldova	...	0.3	0.3	0.3	0.3	0.5	0.2	0.1	0.2	0.1	Rép. de Moldova
Romania	13.0	12.0	12.0	12.0	17.0	12.0	6.0	5.0	5.0	5.0	Roumanie
Russian Federation[2]	...	...	...	...	...	...	...	217.5	345.2	402.3	Fédération de Russie[2]
Serbia	...	...	...	4.3	4.5	3.7	1.9	2.1	...	...	Serbie
Slovakia	14.0	19.0	23.9	26.6	29.8	23.3	17.4	26.0	35.0	32.0	Slovaquie
Slovenia	7.0	8.0	9.0	8.0	13.0	13.0	13.0	12.4	9.6	7.5	Slovénie
Spain	...	243.0	251.0	310.0	306.0	291.0	214.0	188.0	204.0	191.0	Espagne
Sweden	C	C	19.0	22.3	21.4	31.0	38.2	24.9	26.9	17.5	Suède
Ukraine	49.0	40.0	26.0	37.0	43.0	38.0	25.0	27.0	24.0	31.0	Ukraine
United Kingdom	...	...	...	...	...	C	C	C	92.2	C	Royaume-Uni

General Note.

Reservoirs, tanks, vats and similar containers (other than for compressed or liquefied gas), of iron, steel or aluminium, of a capacity exceeding 300 litres, not fitted with mechanical or thermal equipment; containers for compressed or liquefied gas, of iron, steel or aluminium.

1 Data refer to containers for gas only.
2 In thousand units.
3 Tanganyika only.

Remarque générale.

Réservoirs, foudres, cuves et récipients similaires pour toutes matières (à l'exclusion des gaz comprimés ou liquéfiés), en fonte, fer, acier ou aluminium, d'une contenance excédant 300 litres, sans dispositifs mécaniques ou thermiques; récipients pour gaz comprimés ou liquéfiés, en fonte, fer, acier ou aluminium.

1 Les données se rapportent aux conteneurs pour le gaz seulement.
2 En milliers d'unités.
3 Tanganyika seulement.

Knives (except for machines) and scissors; blades therefor
Couteaux (autres que pour machines), ciseaux, et leurs lames

CPC-BASED CODE - CODE BASE CPC
42913-0

Unit: Thousand units — Unité: Milliers d'unités

Country or area	2003	2004	2005	2006	2007	2008	2009	2010	2011	2012	Pays ou zone
America, South											**Amérique du Sud**
Chile	...	...	0	0	0	417	...	...	...	...	Chili
Asia											**Asie**
Kazakhstan	1	37	0	0	0	...	...	...	...	...	Kazakhstan
Kyrgyzstan	17	17	19	4	4	1	5	5	4	2	Kirghizistan
Turkey	...	...	2748	6601	11164	8395	9189	11020	8700	14172	Turquie
Europe											**Europe**
Belarus	1639	1697	1298	1239	1166	658	538	769	#1221	1285	Bélarus
Bulgaria	545	570	500	556	613	C	C	C	C	C	Bulgarie
Czech Republic	[1]2	C	C	C	1728	1529	721	597	683	613	République tchèque
Denmark	134	141	95	95	24	...	...	...	...	...	Danemark
Estonia	...	C	C	C	C	C	C	11016	9396	8936	Estonie
Finland	...	...	C	C	C	C	...	2735	3356	3118	Finlande
Germany	149173	145268	166404	137294	148873	C	109304	130259	137655	139056	Allemagne
Hungary	56	66	83	C	92	C	C	72	C	C	Hongrie
Ireland	13191	9014	...	...	...	...	...	...	...	...	Irlande
Italy	123788	115839	...	...	...	...	...	...	...	...	Italie
Lithuania	0	32	21	68	120	55	1	2	0	0	Lituanie
Norway	1002	366	383	289	...	...	...	...	...	...	Norvège
Poland	...	938	889	794	1286	1152	1165	934	1097	726	Pologne
Portugal	14499	12725	15436	15552	15084	13610	11447	15200	...	...	Portugal
Romania	231	63	87	141	97	670	C	...	C	C	Roumanie
Russian Federation	...	...	...	...	...	...	...	4418	3619	3401	Fédération de Russie
Spain	...	C	C	C	C	C	C	C	19554	19216	Espagne
Sweden	7433	C	7047	6353	6298	6228	5920	4739	7307	7245	Suède
Ukraine	4488	5162	2686	2446	2070	1872	1608	1800	1150	1059	Ukraine
United Kingdom	...	...	...	C	C	12920	C	C	...	...	Royaume-Uni

General Note.

Knives with cutting blades, serrated or not, including pruning knives, (other than knives and cutting blades, for machines or for mechanical appliances) and blades therefor; cissors, tailors' shears and similar shears, and blades therefor.

[1] Excluding knives with a fixed blade.

Remarque générale.

Couteaux à lame tranchante ou dentelée, y compris les serpettes fermantes, (autres que les couteaux et lames tranchantes pour machines ou pour appareils mécaniques) et leurs lames; ciseaux à doubles branches et leurs lames.

[1] À l'exclusion des couteaux à lame fixe.

Spoons, forks, ladles, butter-knives, sugar-tongs and similar kitchen or tableware
Cuillères, fourchettes, louches, couteaux à beurre, pinces à sucre et articles similaires

CPC-BASED CODE - CODE BASE CPC
42916-0

Unit: Thousand units | Unité: Milliers d'unités

Country or area	2003	2004	2005	2006	2007	2008	2009	2010	2011	2012	Pays ou zone
Africa											**Afrique**
Egypt	...	...	...	...	...	...	684	...	272	...	Égypte
Nigeria[1]	270024	270595	270965	...	...	...	...	...	...	...	Nigéria[1]
America, North											**Amérique du Nord**
Mexico	...	...	...	...	3025	2098	2668	2626	2011	1552	Mexique
America, South											**Amérique du Sud**
Brazil	218290	268030	317597	334214	323125	478103	350936	361914	399947	342357	Brésil
Chile	...	...	23	2	15	23	0	...	...	...	Chili
Ecuador	...	...	...	...	2	2	...	...	...	...	Équateur
Asia											**Asie**
Azerbaijan	...	...	...	6	1	5	2	0	0	3	Azerbaïdjan
India	26513	22319	19097	...	...	...	...	...	...	...	Inde
Iran (Islamic Rep. of)	...	...	...	...	...	...	583	...	...	...	Iran (Rép. islam. d')
Rep. of Korea	93509	82646	58637	...	...	...	...	...	...	...	Rép. de Corée
Turkey	...	...	27791	34200	32598	29480	24483	41921	62734	50351	Turquie
Europe											**Europe**
Belarus	1356	1218	1066	1241	1312	890	977	883	1395	1873	Bélarus
Bulgaria	C	C	C	C	1147	1128	793	630	C	C	Bulgarie
Croatia	...	1009	693	779	950	914	298	264	300	354	Croatie
Denmark	353	407	415	360	113	...	72	...	138	...	Danemark
Estonia	...	24	45	C	C	290	C	213	251	418	Estonie
Hungary	1225	47	38	13	5	4	5	C	2	C	Hongrie
Italy	460941	438965	...	...	...	...	...	...	...	...	Italie
Lithuania	0	0	0	0	0	0	0	44	51	57	Lituanie
Norway	3494	2971	3801	4417	...	...	...	...	...	...	Norvège
Poland	19859	5638	4805	3256	3972	3995	3620	3357	3163	2813	Pologne
Portugal	61276	42678	37311	36244	31869	32963	31474	31551	...	...	Portugal
Romania	304	223	109	38	178	C	...	...	...	...	Roumanie
Russian Federation	47373	43886	41343	45473	51927	46372	35421	45322	44535	44972	Fédération de Russie
Slovakia	2042	C	C	C	...	...	...	C	C	...	Slovaquie
Spain	...	50456	46638	72034	45902	28929	6982	C	C	C	Espagne
Sweden	C	63	43	37	32	33	30	28	21	18	Suède
Ukraine	5672	5158	4143	3323	3163	1776	953	804	885	581	Ukraine
United Kingdom	8330	7622	4271	4993	3257	3679	1951	1683	1628	1256	Royaume-Uni

General Note.

Spoons, forks, ladles, skimmers, cake-servers, fish-knives, butter-knives, sugar tongs and similar kitchen or tableware, whether plated with precious metal or not.

[1] Data refer to all utensils.

Remarque générale.

Cuillères, fourchettes, louches, écumoires, pelles à tartes, couteaux spéciaux à poisson ou à beurre, pinces à sucre et articles similaires, même argentés, dorés ou platinés.

[1] Les données se rapportent à tous les ustensiles.

Hand tools
Outils à main

CPC-BASED CODE - CODE BASE CPC
42921-0

Unit: Metric tons | Unité: Tonnes métriques

Country or area	2003	2004	2005	2006	2007	2008	2009	2010	2011	2012	Pays ou zone
America, North											**Amérique du Nord**
Mexico[1]	35686	34135	34071	34932	12072	12728	11594	13535	14993	15713	Mexique[1]
America, South											**Amérique du Sud**
Brazil	107667	96784	...	...	...	...	...	...	...	...	Brésil
Chile[1]	...	...	115	112	128	3047	2650	623	1730	...	Chili[1]
Ecuador	...	...	...	...	...	686	...	...	...	...	Équateur
Asia											**Asie**
Azerbaijan	4	9	6	22	87	23	13	0	5	4	Azerbaïdjan
Kazakhstan	399	204	195	139	102	...	...	...	...	...	Kazakhstan
Kyrgyzstan[1]	1107	1101	739	745	914	650	174	926	1355	245	Kirghizistan[1]
Turkey	...	...	14151	16303	16446	11419	10264	17457	16506	19641	Turquie
Europe											**Europe**
Bulgaria	...	332	714	792	922	853	653	607	797	844	Bulgarie
Croatia	...	610	797	720	719	623	535	537	521	455	Croatie
Czech Republic	11488	10710	11882	11593	12688	9771	5950	8335	9987	8443	République tchèque
Estonia	...	437	592	699	735	628	941	1083	1416	1133	Estonie
Finland	...	...	...	C	C	4317	3868	8152	8030	7165	Finlande
Hungary	21818	11990	6989	3008	2750	2874	6208	7247	9384	5887	Hongrie
Ireland	2948	2467	...	...	...	...	...	...	...	...	Irlande
Latvia	C	C	C	C	C	487	288	C	C	C	Lettonie
Lithuania	414	330	287	295	395	296	146	122	178	167	Lituanie
Netherlands	...	...	...	...	...	...	...	...	278	231	Pays-Bas
Poland	18883	10258	10111	15190	17120	14043	12906	17543	18933	17569	Pologne
Portugal	3199	3993	4149	5886	6098	5873	3890	3413	...	...	Portugal
Rep. of Moldova	...	10	13	12	29	71	78	54	69	45	Rép. de Moldova
Romania	2685	3102	2041	2197	1796	1906	1190	1238	1554	1507	Roumanie
Serbia	...	...	...	18	15	20	14	19	...	...	Serbie
Slovakia	279	172	310	328	472	C	C	C	C	C	Slovaquie
Slovenia	5339	5443	5607	6747	6960	6796	3840	4454	4660	4397	Slovénie
Spain	...	27001	27575	27820	30099	23711	13707	13553	12246	9975	Espagne
Sweden	32222	34825	21762	C	23137	14518	11060	12126	11574	12171	Suède
Ukraine	4301	4997	5181	4588	3963	3660	3179	3826	3416	3618	Ukraine
United Kingdom	...	...	C	3856	13669	C	6696	6922	...	...	Royaume-Uni

General Note.

Hand tools (including hand tools of a kind used in agriculture, horticulture or forestry, hand saws, files, pliers and metal cutting shears, hand-operated spanners, blow-lamps and clamps).

[1] In thousand units.

Remarque générale.

Outils à main (y compris les outils des types utilisés pour les travaux agricoles, horticoleset forestiers, les scies à main, les limes, les pinces et les cisailles à métaux, les clefs deserrage à main, les lampes à souder et les serre-joints).

[1] En milliers d'unités.

Interchangeable tools for hand tools, whether or not power-operated or for machine-tools
Outils interchangeables pour outillage à main, mécanique ou non, ou pour machines outils

CPC-BASED CODE - CODE BASE CPC
42922-1

Unit: Metric tons — Unité: Tonnes métriques

Country or area	2003	2004	2005	2006	2007	2008	2009	2010	2011	2012	Pays ou zone
America, North											**Amérique du Nord**
Mexico	56	61	63	61	...	...	...	...	...	...	Mexique
America, South											**Amérique du Sud**
Brazil	52537	26871	...	...	...	...	...	...	...	...	Brésil
Chile[1]	...	...	[2]554	[2]579	492	560	395	362	878	...	Chili[1]
Asia											**Asie**
Azerbaijan	3	19	9	0	1	3	0	279	35	0	Azerbaïdjan
Kazakhstan	44	14	14	7	6	...	...	...	...	...	Kazakhstan
Turkey	...	...	1941	2262	2460	1687	1176	3304	5652	7513	Turquie
Europe											**Europe**
Bulgaria	896	601	1616	1669	1821	2317	845	884	848	1048	Bulgarie
Croatia	...	612	798	791	719	109	151	283	339	458	Croatie
Czech Republic	5968	6114	7186	7251	6249	5757	5535	4871	5703	6767	République tchèque
Estonia	...	1097	209	121	115	141	80	122	202	121	Estonie
Finland	...	...	...	...	...	1265	1151	1512	1742	1461	Finlande
Germany	149532	132557	147765	146950	144866	155624	203455	203914	199836	217911	Allemagne
Hungary	3091	3719	4456	3933	4926	8856	5617	8818	11548	15756	Hongrie
Ireland	10413	9179	...	...	...	...	...	...	...	...	Irlande
Lithuania	873	162	133	126	137	98	87	92	103	92	Lituanie
Netherlands	...	...	...	...	...	...	...	...	923	1166	Pays-Bas
Poland	6623	8816	11104	10596	10091	8646	5967	5248	5820	6164	Pologne
Portugal	1326	1300	1746	1762	1604	1465	1265	947	...	...	Portugal
Rep. of Moldova	...	47	38	45	41	23	8	8	8	4	Rép. de Moldova
Romania	3011	3006	2872	3363	4807	2205	1146	1212	1265	1120	Roumanie
Serbia	...	...	...	98	...	...	...	...	...	...	Serbie
Slovakia	1407	1250	1479	1484	1626	834	502	761	1234	1304	Slovaquie
Slovenia	2038	3085	3103	4938	7330	7294	5716	4855	5748	10659	Slovénie
Spain	...	46440	37707	32501	30817	29511	18989	17163	18815	20592	Espagne
Sweden	58533	32902	44632	48211	95607	85509	46467	67194	18342	21529	Suède
TFYR of Macedonia	156	171	57	40	13	14	11	7	0	0	L'ex-RY de Macédoine
Ukraine	[3]4977	[3]4298	4085	5085	6113	6574	3691	3047	4912	4097	Ukraine
United Kingdom	...	...	[1]27388	[1]26865	C	C	2748	3065	2705	...	Royaume-Uni

General Note.

Interchangeable tools for hand tools, whether or not power-operated, or for machine-tools (for example, for pressing, stamping, punching, tapping, threading, drilling, boring, broaching, milling, turning or screw driving), including dies for drawing or extruding metal, and rock drilling or earth boring tools.

[1] In thousand units.

[2] Including knives and cutting blades, for machines or for mechanical appliances; and plates, sticks, tips and the like for tools, unmounted, of cermets.

[3] Including cutting plates and knives; similar plates, bars, bits and parts of tools made from sintered carbides, metal or cermet (National product list codes 28.62.50.400, 28.62.50.500, 28.62.50.600, 28.62.50.900).

Remarque générale.

Outils interchangeables pour outillage à main, mécanique ou non, ou pour machines outils (à emboutir, à estamper, à poinçonner, à tarauder, à fileter, à percer, à aléser, à brocher, à fraiser, à tourner, à visser, par exemple), y compris les filières pour l'étirage ou le filage (extrusion) des métaux, ainsi que les outils de forage ou de sondage.

[1] En milliers d'unités.

[2] Y compris les couteaux et lames tranchantes, pour machines ou pour appareils mécaniques; et plaquettes, baguettes, pointes et objets similaires pour outils, non montés, constitués par des cermets.

[3] Y compris les couteaux et plaques de découpe; plaques similaires, barres et forets et pièces d'outils fabriqués à partir de carbures frittés, des métaux ou du cermet (Code de la liste nationale 28.62.50.400, 28.62.50.500, 28.62.50.600, 28.62.50.900).

Knives and cutting blades, for machines or for mechanical appliances
Couteaux et lames tranchantes, pour machines ou pour appareils mécaniques

CPC-BASED CODE - CODE BASE CPC
42922-2

Unit: Metric tons | Unité: Tonnes métriques

Country or area	2003	2004	2005	2006	2007	2008	2009	2010	2011	2012	Pays ou zone
America, South											**Amérique du Sud**
Brazil	3149	3919	5916	6794	22445	18974	27524	40949	65738	40586	Brésil
Asia											**Asie**
Azerbaijan	0	0	0	0	0	0	1	0	0	0	Azerbaïdjan
Kazakhstan	29	35	9	58	7	...	...	...	...	...	Kazakhstan
Turkey	...	...	C	C	C	2754	C	6438	13270	12130	Turquie
Europe											**Europe**
Bulgaria	104	132	257	239	256	216	137	188	289	C	Bulgarie
Croatia	...	3	3	2	24	28	28	59	168	131	Croatie
Czech Republic	91	298	164	147	C	C	C	C	C	C	République tchèque
Estonia	...	C	2	3	4	C	133	14	1	...	Estonie
Finland	...	...	...	...	...	964	795	862	943	98	Finlande
Germany	18893	18932	21073	23750	27405	29015	10445	12185	14565	14853	Allemagne
Hungary	508	522	560	344	856	591	976	840	877	1031	Hongrie
Ireland	1065	821	...	...	...	...	...	...	...	...	Irlande
Italy[1]	11440	11768	...	...	...	...	...	...	...	...	Italie[1]
Latvia	C	C	C	C	C	152	C	C	C	C	Lettonie
Lithuania	2	2	0	0	0	0	4	8	10	6	Lituanie
Poland	2402	3142	4250	3889	4455	5302	3905	3504	2173	2079	Pologne
Portugal	382	406	601	906	1000	914	669	792	...	...	Portugal
Rep. of Moldova	...	2	2	0	2	0	...	...	...	...	Rép. de Moldova
Romania	2066	543	469	763	592	491	341	228	345	338	Roumanie
Serbia	...	...	...	257	...	...	...	...	...	...	Serbie
Slovakia	C	201	215	280	281	232	293	C	22	313	Slovaquie
Slovenia	C	C	C	C	C	C	C	1752	C	C	Slovénie
Spain	...	5325	3619	3937	4603	4567	3246	3164	2189	2502	Espagne
Sweden	874	1059	936	2867	892	1057	599	747	916	979	Suède
Ukraine	...	...	665	712	810	578	446	1075	1362	1178	Ukraine
United Kingdom	[2,3]78923	[2,4]103083	C	[2]34263	39443	C	981	1086	...	...	Royaume-Uni

General Note.

Knives and cutting blades, for metal working, for wood working, for kitchen appliances or for machines used by the food industry, for agricultural, horticultural or forestry machines or for other machines or mechanical appliances.

Remarque générale.

Couteaux et lames tranchantes, pour le travail des métaux, pour le travail du bois, pour appareils de cuisine ou pour machines pour l'industrie alimentaire, pour machines agricoles, horticoles ou forestières ou pour autres machines ou appareils mécaniques.

[1] Excluding Prodcom 2002 code 28.62.50.63.
[2] In thousand units.
[3] Excluding Prodcom 2002 code 28.62.50.53.
[4] Excluding Prodcom 2002 code 28.62.50.65.

[1] 2002 code Prodcom 28.62.50.63 non compris.
[2] En milliers d'unités.
[3] 2002 code Prodcom 28.62.50.53 non compris.
[4] 2002 code Prodcom 28.62.50.65 non compris.

Plates, sticks, tips and the like for tools, unmounted, of cermets
Plaquettes, baguettes, pointes et objets similaires pour outils, non montés, constitués par des cermets

CPC-BASED CODE - CODE BASE CPC
42922-3

Unit: Metric tons | Unité: Tonnes métriques

Country or area	2003	2004	2005	2006	2007	2008	2009	2010	2011	2012	Pays ou zone
America, North											**Amérique du Nord**
Cuba	1462	1657	1042	1215	1452	1495	1360	2122	2355	3018	Cuba
America, South											**Amérique du Sud**
Brazil	2544	2047	7193	7346	1270	301	400	508	1012	1980	Brésil
Asia											**Asie**
India[1]	1982697	3504504	3237038	...	...	...	...	...	...	...	Inde[1]
Europe											**Europe**
Bulgaria	...	167	C	C	C	C	0	0	0	C	Bulgarie
Denmark	...	...	...	...	0	...	...	0	1	1	Danemark
Estonia	...	...	...	...	...	C	C	0	...	3	Estonie
Germany	3243	3845	4216	3304	3840	C	C	C	C	C	Allemagne
Hungary	...	9	C	C	C	C	C	C	...	...	Hongrie
Ireland	...	212	...	...	...	...	...	...	...	...	Irlande
Italy	981	1005	...	...	...	...	...	...	...	...	Italie
Lithuania	...	...	25	32	26	41	9	0	...	...	Lituanie
Poland	137	267	334	628	656	868	622	C	C	C	Pologne
Portugal	16	21	32	38	48	375	341	343	...	...	Portugal
Romania	367	369	299	73	866	995	204	264	358	270	Roumanie
Spain	...	119	110	109	C	C	C	C	C	C	Espagne
Sweden	1004	1044	1633	1828	1742	1910	1080	1472	2242	1511	Suède
Ukraine	...	...	C	27	40	18	22	30	35	17	Ukraine
United Kingdom	[1]10197	[1]11265	[1]13712	[1]14136	15841	C	C	C	C	C	Royaume-Uni

General Note.
Plates, sticks, tips and the like for tools, unmounted, of cermets.

[1] In thousand units.

Remarque générale.
Plaquettes, baguettes, pointes et objets similaires pour outils, non montés, constitués par des cermets.

[1] En milliers d'unités.

Containers (other than for compressed or liquefied gas) of iron, steel or aluminum (≤300 litres)
Récipients (autres que pour gaz comprimés ou liquéfiés) en fer, acier ou aluminium (≤300 litres)

CPC-BASED CODE - CODE BASE CPC
42931-0

Unit: Thousand units | Unité: Milliers d'unités

Country or area	2003	2004	2005	2006	2007	2008	2009	2010	2011	2012	Pays ou zone
Africa											**Afrique**
Mozambique	...	370	311	...	...	...	...	...	...	...	Mozambique
America, North											**Amérique du Nord**
Mexico[1]	...	...	...	...	192280	220675	264886	311746	458191	477555	Mexique[1]
America, South											**Amérique du Sud**
Brazil[1]	3498	764	1044	3316	5048	1825	1663	1547	1908	1473	Brésil[1]
Chile	...	...	2513	2410	2521	2420	1408990	1001372	6758670	...	Chili
Ecuador[1]	...	...	...	...	1	4	...	...	...	...	Équateur[1]
Asia											**Asie**
Azerbaijan[1]	...	...	0	49	...	...	...	...	...	...	Azerbaïdjan[1]
Kazakhstan	8017	4658	9103	17686	21753	...	...	...	...	...	Kazakhstan
Kyrgyzstan	1	7	3	1	1	4	8	5	4	11	Kirghizistan
Europe											**Europe**
Belarus	...	...	...	...	...	...	...	...	8711	11067	Bélarus
Bulgaria	108214	124649	146523	190120	175922	170179	164099	173331	194465	219122	Bulgarie
Croatia	[1]7	[1]6	[1]6	[1]8	[1]6	513	731	601	500	504	Croatie
Czech Republic[1]	...	...	C	57	65	...	...	...	...	...	République tchèque[1]
Hungary	1155529	973916	972734	957918	1091248	367676	626171	701187	788810	726830	Hongrie
Lithuania	16774	3554	4743	313	151	137	71	67	117	66	Lituanie
Netherlands	...	...	...	...	...	...	...	...	2436426	2306852	Pays-Bas
Poland	[2]941449	[2]994396	[#,2]5657970	6216463	7125938	6037662	6952803	7240424	7117717	7533054	Pologne
Portugal	594037	631980	642979	684054	777293	821504	809682	874470	...	...	Portugal
Romania	362272	199180	...	...	...	709428	718325	795528	972712	1029285	Roumanie
Russian Federation	[3]8	[3]8	[3]11	[3]9	[3]11	[3]5	[3]2	4566	5339	9465	Fédération de Russie
Serbia	...	...	...	7373	...	...	...	...	...	...	Serbie
Slovakia	668748	736339	658102	911166	1262557	1475495	1351455	1478006	2106680	3419192	Slovaquie
Slovenia[1]	...	...	...	...	...	...	...	227	C	C	Slovénie[1]
Spain	...	13410036	13499959	13267867	14026332	15092712	13123998	13346031	12233317	12286956	Espagne
Ukraine	239392	776424	1055474	1056970	1335267	1579598	1371475	1429626	1276249	1176538	Ukraine
United Kingdom	...	...	16747373	16533330	16986819	16729756	C	18279674	...	...	Royaume-Uni

General Note.

Tanks, casks, drums, cans, boxes and similar containers (other than for compressed or liquefied gas) of iron, steel or aluminium, of a capacity not exceeding 300 litres, not fitted with mechanical or thermal equipment.

[1] In thousand metric tons.

[2] Excluding Prodcom 2002 code 28.72.11.35.

[3] All containers, including specialized and for the transport of liquid and gaseous freight.

Remarque générale.

Réservoirs, fûts, tambours, bidons, boîtes et récipients similaires, pour toutes matières (autres que les gaz comprimés ou liquéfiés) en fonte, fer, acier ou aluminium, d'une contenance n'excédant pas 300 litres, sans dispositifs mécaniques ou thermiques.

[1] En milliers de tonnes métriques.

[2] 2002 code Prodcom 28.72.11.35 non compris.

[3] Conteneurs, y compris conteneurs spécialisés et pour le transport des liquides et des gaz.

Cables
Câbles

CPC-BASED CODE - CODE BASE CPC
42940-1

Unit: Thousand metric tons | Unité: Milliers de tonnes métriques

Country or area	2003	2004	2005	2006	2007	2008	2009	2010	2011	2012	Pays ou zone
Africa											**Afrique**
Algeria	4.7	4.3	...	...	...	...	...	...	...	...	Algérie
Kenya	2.9	6.1	9.6	13.0	10.0	13.1	16.3	18.1	18.5	25.9	Kenya
America, North											**Amérique du Nord**
Cuba	1.0	1.0	1.0	2.0	2.0	2.0	3.0	2.0	2.0	2.0	Cuba
Mexico	75.5	71.5	71.9	75.8	59.8	59.4	60.1	61.6	70.0	80.2	Mexique
America, South											**Amérique du Sud**
Brazil	278.5	231.1	202.2	188.8	239.8	293.2	210.9	260.7	477.2	459.6	Brésil
Chile	...	...	10.2	11.9	11.8	12.4	22.7	30.7	12.2	...	Chili
Ecuador	...	0.2	0.2	...	...	...	...	...	...	...	Équateur
Asia											**Asie**
Azerbaijan	0.9	1.4	0.4	0.2	1.6	4.1	0.3	1.1	5.6	8.7	Azerbaïdjan
Iraq	...	...	...	...	...	1.7	0.1	...	...	...	Iraq
Japan	1.1	1.1	1.0	1.1	1.0	1.2	0.9	1.0	0.9	0.8	Japon
Kazakhstan	4.1	5.3	5.8	9.0	8.9	...	...	...	...	...	Kazakhstan
Kyrgyzstan	0.2	0.2	0.0	0.0	0.0	0.0	0.0	0.0	0.1	0.1	Kirghizistan
Rep. of Korea	155.7	165.7	156.6	160.0	165.4	170.0	137.4	162.7	167.3	184.1	Rép. de Corée
Syrian Arab Republic	18.0	18.2	18.0	15.2	14.9	14.2	[1,2]15.0	[1,2]18.8	...	...	Rép. arabe syrienne
Tajikistan	0.6	3.7	2.2	1.5	2.8	3.2	3.8	6.0	...	...	Tadjikistan
Turkey	34.5	40.3	#117.0	126.1	139.5	188.1	169.1	157.8	207.8	227.1	Turquie
Europe											**Europe**
Belarus	72.2	83.0	81.4	91.3	92.7	100.4	72.7	96.5	98.4	135.1	Bélarus
Belgium[3]	7.6	...	...	...	...	...	...	...	...	...	Belgique[3]
Bulgaria	7.0	2.0	2.0	2.0	2.0	3.0	2.0	1.0	1.0	3.0	Bulgarie
Croatia	4.5	1.5	1.0	0.8	1.5	8.0	8.6	8.7	7.0	7.8	Croatie
Czech Republic	50.0	56.0	57.0	71.0	76.0	79.0	60.0	C	66.0	C	République tchèque
Denmark	...	...	0.3	0.4	0.5	0.3	0.3	...	0.3	0.1	Danemark
Finland	17.1	20.0	20.0	24.0	22.3	19.5	11.3	14.7	12.4	11.9	Finlande
Greece[3]	11.2	...	...	...	...	...	...	...	...	...	Grèce[3]
Hungary	44.0	40.4	21.8	277.1	281.9	147.3	69.7	55.3	60.5	55.2	Hongrie
Ireland	5.7	6.0	...	...	...	...	...	...	...	...	Irlande
Italy[4]	189.7	232.7	...	...	...	...	...	...	...	...	Italie[4]
Lithuania	...	...	0.1	0.1	1.7	1.9	2.0	2.2	2.4	2.4	Lituanie
Poland	66.0	67.0	61.8	51.3	42.1	52.3	57.6	78.1	78.4	74.1	Pologne
Portugal	7.5	C	C	C	C	C	C	C	...	...	Portugal
Romania	50.0	21.0	26.0	22.0	22.0	32.0	24.0	27.0	22.0	21.0	Roumanie
Russian Federation	...	...	...	...	...	...	...	191.2	215.6	226.1	Fédération de Russie
Serbia	...	...	...	8.1	...	...	...	...	...	...	Serbie
Slovakia	21.0	21.0	42.0	51.5	52.2	57.4	51.7	64.0	68.1	65.7	Slovaquie
Spain	214.8	237.0	205.4	214.1	223.1	C	228.0	C	C	228.4	Espagne
Sweden	31.0	49.0	50.6	47.7	50.0	46.8	33.2	36.6	42.9	37.8	Suède
TFYR of Macedonia	0.1	...	...	...	...	...	...	...	...	...	L'ex-RY de Macédoine
Ukraine	41.8	45.0	36.0	35.9	38.5	34.5	40.3	41.3	43.9	44.9	Ukraine
United Kingdom	...	...	188.5	212.7	189.9	C	126.7	147.0	C	127.4	Royaume-Uni

General Note.

Stranded wire, ropes, cables, plaited bands, slings and the like, of iron, steel, copper or aluminium, not electrically insulated.

Remarque générale.

Torons, câbles, tresses, élingues et articles similaires, en fer, acier, cuivre ou aluminium, non isolés pour l'électricité.

[1] Government production only.

[2] Source: Bulletin of Industrial Statistics for the Arab Countries, United Nations Economic and Social Commission for Western Asia (Beirut).

[3] Incomplete coverage.

[4] Excluding Prodcom 2002 code 28.73.12.70.

[1] Production de l'Etat seulement.

[2] Source: Bulletin de statistiques industrielles pour les pays arabes, Commission économique et sociale pour l'Asie occidentale des Nations Unies (Beyrouth).

[3] Couverture incomplète.

[4] 2002 code Prodcom 28.73.12.70 non compris.

Nails, tacks, staples, screws, bolts and similar articles
Pointes, clous, punaises, agrafes, vis, boulons et autres articles semblables

CPC-BASED CODE - CODE BASE CPC
42944-0

Unit: Thousand metric tons | Unité: Milliers de tonnes métriques

Country or area	2003	2004	2005	2006	2007	2008	2009	2010	2011	2012	Pays ou zone
Africa											**Afrique**
Algeria[1]	4	4	4	3	3	3	3	3	2	3	Algérie[1]
Congo	1	0	...	...	...	...	...	...	...	...	Congo
Egypt	...	...	...	...	...	...	6	...	5	...	Égypte
Ethiopia[2]	5	...	...	...	...	...	...	...	...	...	Éthiopie[2]
Kenya	13	14	13	15	18	16	20	21	21	22	Kenya
America, North											**Amérique du Nord**
Cuba	2	3	3	2	3	3	3	4	5	5	Cuba
Mexico	73	75	76	71	56	53	48	57	63	61	Mexique
America, South											**Amérique du Sud**
Brazil	464	776	951	1021	1781	1626	1236	1218	1847	1639	Brésil
Chile	...	...	41	42	40	45	39	41	29	...	Chili
Ecuador	10	20	22	21	8	8	...	...	...	...	Équateur
Asia											**Asie**
Azerbaijan	1	1	1	1	0	0	0	1	0	0	Azerbaïdjan
Cyprus	1	1	1	0	0	0	0	0	0	...	Chypre
Georgia	1	1	1	C	C	C	C	C	...	...	Géorgie
Iran (Islamic Rep. of)	...	...	...	...	...	...	39	...	...	...	Iran (Rép. islam. d')
Kazakhstan	2	2	2	1	2	...	...	...	...	...	Kazakhstan
Turkey	38	...	#250	299	226	232	238	285	340	366	Turquie
Viet Nam	33	36	38	112	144	...	...	...	...	...	Viet Nam
Europe											**Europe**
Belarus	45	54	59	64	69	77	77	88	109	112	Bélarus
Belgium[3]	25	...	...	...	...	...	...	...	...	...	Belgique[3]
Bosnia & Herzegovina[4]	1	...	...	...	...	...	...	...	...	...	Bosnie-Herzégovine[4]
Bulgaria	23	28	21	19	15	12	9	9	10	20	Bulgarie
Croatia	2	2	2	2	7	13	12	11	13	12	Croatie
Czech Republic	76	82	79	83	84	92	79	88	92	89	République tchèque
Denmark	24	25	30	31	32	...	...	...	...	...	Danemark
Finland	19	...	...	...	...	22	12	14	15	17	Finlande
France	211	...	...	...	...	...	...	...	...	...	France
Germany	716	C	C	C	C	C	...	843	910	939	Allemagne
Greece[3]	15	...	...	...	...	...	...	...	...	...	Grèce[3]
Hungary	26	22	18	15	18	15	11	10	9	7	Hongrie
Latvia	C	C	5	4	C	3	2	3	4	4	Lettonie
Lithuania	8	14	30	33	29	27	24	28	32	36	Lituanie
Netherlands	...	...	...	...	...	...	...	...	40	44	Pays-Bas
Poland	191	202	196	212	199	189	164	C	C	230	Pologne
Portugal	20	26	26	26	30	29	20	18	...	...	Portugal
Romania	57	70	62	61	53	50	43	46	52	73	Roumanie
Russian Federation	...	...	...	...	...	...	...	117	119	111	Fédération de Russie
Serbia	...	...	...	5	...	...	...	...	...	...	Serbie
Slovakia	9	17	15	13	4	3	1	1	0	5	Slovaquie
Slovenia	9	12	C	C	C	15	11	12	13	10	Slovénie
Spain	182	[5]194	...	...	...	188	119	138	143	127	Espagne
Sweden	C	C	50	C	C	61	36	52	58	50	Suède
TFYR of Macedonia	2	3	6	5	5	4	5	7	7	7	L'ex-RY de Macédoine
Ukraine	95	124	139	134	141	121	91	100	106	105	Ukraine
United Kingdom	...	...	...	...	82	82	55	49	65	...	Royaume-Uni

General Note.

Nails, tacks, staples (except staples in strips), screws, bolts, nuts, screw hooks, rivets, cotters, cotter-pins, washers and similar articles, of iron, steel, copper or aluminium.

Remarque générale.

Pointes, clous, punaises, agrafes (à l'exclusion des agrafes présentées en barrettes), vis, boulons, écrous, crochets à pas de vis, rivets, goupilles, chevilles, clavettes, rondelles et articles similaires, en fer, acier, cuivre ou aluminium.

[1] Data refer to bolts and screws.
[2] Twelve months ending 7 July of the year stated.
[3] Incomplete coverage.
[4] Excluding the Federation of Bosnia and Herzegovina.
[5] Excluding Prodcom 2002 code 28.73.14.80.

[1] Les données se rapportent aux boulons et vis.
[2] Période de douze mois finissant le 7 juillet de l'année indiquée.
[3] Couverture incomplète.
[4] Non compris la Fédération de Bosnie-Herzégovine.
[5] 2002 code Prodcom 28.73.14.80 non compris.

Springs and leaves for springs, of iron or steel
Ressorts et lames de ressorts, en fer ou en acier

CPC-BASED CODE - CODE BASE CPC

42945-1

Unit: Thousand metric tons | Unité: Milliers de tonnes métriques

Country or area	2003	2004	2005	2006	2007	2008	2009	2010	2011	2012	Pays ou zone
Africa											**Afrique**
Egypt	...	0	2	1	...	...	6	...	5	...	Égypte
Mozambique	...	37	0	...	...	...	...	...	...	...	Mozambique
America, North											**Amérique du Nord**
Mexico	127	151	148	235	301	202	145	193	223	233	Mexique
America, South											**Amérique du Sud**
Chile[1]	...	...	9	9	5	5	4	5	4	...	Chili[1]
Asia											**Asie**
China, Hong KongSAR	1	...	...	...	...	...	...	...	...	...	Chine,Hong KongRAS
India[1]	77	467	1477	...	...	...	...	...	...	...	Inde[1]
Turkey	...	...	115	122	145	143	113	134	164	189	Turquie
Europe											**Europe**
Belarus	...	...	...	...	...	...	...	...	6	6	Bélarus
Bulgaria	1	1	2	2	2	3	2	3	4	4	Bulgarie
Croatia	2	2	2	2	2	1	1	1	1	1	Croatie
Czech Republic	11	11	10	11	14	17	11	14	19	19	République tchèque
Estonia	...	C	C	C	C	C	29	13	26	28	Estonie
Finland	...	...	...	8	...	3	2	3	3	3	Finlande
Germany	295	310	397	406	436	445	318	C	414	C	Allemagne
Hungary	3	5	5	3	3	3	3	4	3	6	Hongrie
Italy	169	172	...	...	...	...	...	...	...	...	Italie
Lithuania	0	0	0	1	1	1	1	1	1	2	Lituanie
Netherlands	...	...	...	...	...	...	...	...	16	15	Pays-Bas
Poland	32	38	50	47	55	54	40	51	48	57	Pologne
Portugal	23	27	31	32	37	36	25	30	...	...	Portugal
Romania	...	...	...	...	...	C	C	C	C	3	Roumanie
Serbia	...	...	...	1	...	...	...	...	...	...	Serbie
Slovakia	4	4	4	5	5	5	5	7	8	7	Slovaquie
Slovenia	C	C	C	C	C	C	C	3	C	C	Slovénie
Spain	...	79	120	116	118	102	38	53	53	52	Espagne
Sweden	27	14	29	30	27	20	16	20	23	21	Suède
TFYR of Macedonia	...	...	...	43	41	53	28	83	73	54	L'ex-RY de Macédoine
Ukraine	[2]1	[2]4	[2]3	4	5	6	6	9	13	16	Ukraine
United Kingdom	...	...	C	97	99	95	68	81	79	70	Royaume-Uni

General Note.

Springs and leaves for springs, of iron or steel.

[1] In million units.

[2] Including brass springs.

Remarque générale.

Ressorts et lames de ressorts, en fer ou en acier.

[1] En millions d'unités.

[2] Y compris les ressorts en laiton.

Padlocks, locks and keys of base metal; base metal fittings for furniture, doors, and the like
Cadenas, serrures et clefs; ferrures pour meubles, portes et articles semblables, en métaux communs

CPC-BASED CODE - CODE BASE CPC
42992-1 A

Unit: Thousand units | Unité: Milliers d'unités

Country or area	2003	2004	2005	2006	2007	2008	2009	2010	2011	2012	Pays ou zone
America, North											**Amérique du Nord**
Mexico	...	...	...	...	26516	25602	18340	24981	32809	39189	Mexique
America, South											**Amérique du Sud**
Chile	...	...	12181	13916	3041	12510	12113	18582	3522	...	Chili
Asia											**Asie**
Cyprus	...	...	...	...	...	487	506	573	649	...	Chypre
Iran (Islamic Rep. of)	...	...	...	...	...	...	16114	...	...	...	Iran (Rép. islam. d')
Kyrgyzstan	247	221	292	354	404	...	...	...	...	...	Kirghizistan
Rep. of Korea	17335	15035	10497	...	...	...	...	...	...	...	Rép. de Corée
Viet Nam	10117	8837	11889	12379	13505	12342	13244	14694	...	...	Viet Nam
Europe											**Europe**
Bulgaria	13616	...	...	...	...	...	...	...	...	...	Bulgarie
Czech Republic	53607	79210	C	...	...	...	...	...	...	...	République tchèque
Denmark	13555	12307	...	...	8647	...	...	...	...	...	Danemark
Estonia	...	...	...	...	...	17	17	94	207	396	Estonie
Finland	...	...	...	...	...	...	...	5283	...	8047	Finlande
Hungary	...	...	...	...	...	...	...	...	4695	4538	Hongrie
Netherlands	...	...	...	...	...	...	...	...	10797	17327	Pays-Bas
Portugal	9563	9505	9981	10521	11969	12815	...	...	...	...	Portugal
Slovakia	1695	1520	1658	1773	2418	2479	440	587	...	...	Slovaquie

General Note.

Padlocks and locks, of a kind used for motor vehicles, furniture and other, (key, combination or electrically operated), of base metal; clasps and frames with clasps, incorporating locks, of base metal; keys for any of the foregoing articles, of base metal. Parts of all of the above are excluded. Included are also base metal mountings, fittings and similar articles suitable for furniture, doors, staircases, windows, blinds, coachwork, saddlery, trunks, chests, caskets or the like; base metal hat-racks, hat-pegs, brackets and similar fixtures; castors with mountings of base metal; automatic door closers of base metal.

Remarque générale.

Cadenas, serrures et verrous en métaux communs, des types utilisés pour véhicules automobiles, meubles et autres, (à clef, à secret ou électriques); fermoirs et montures fermoirs comportant une serrure, en métaux communs; clefs pour ces articles, en métaux communs. Cette rubrique ne comprend aucune des parties des articles mentionnés ci-dessus. Elle inclut également les garnitures, ferrures et articles similaires en métaux communs pour meubles, portes, escaliers, fenêtres, persiennes, carrosseries, articles de sellerie, malles, coffres, coffrets ou autres ouvrages de l'espèce; patères, porte chapeaux, supports et articles similaires, en métaux communs; roulettes avec monture en métaux communs; ferme portes automatiques en métaux communs.

Padlocks, locks and keys of base metal; base metal fittings for furniture, doors, and the like

Cadenas, serrures et clefs; ferrures pour meubles, portes et articles semblables, en métaux communs

CPC-BASED CODE - CODE BASE CPC

42992-1 B

Unit: Metric tons

Unité: Tonnes métriques

Country or area	2003	2004	2005	2006	2007	2008	2009	2010	2011	2012	Pays ou zone
Asia											**Asie**
Azerbaijan	94	96	169	120	109	21	101	183	...	...	Azerbaïdjan
Europe											**Europe**
Bulgaria	3211	...	...	...	...	...	...	...	...	...	Bulgarie
Croatia	972	1040	915	1050	1555	1897	1617	1489	1769	1329	Croatie
Czech Republic	28973	36864	39851	43301	62664	24635	...	...	...	...	République tchèque
Denmark	30630	94218	...	...	31744	...	...	...	...	...	Danemark
Estonia	...	...	...	...	...	1668	1840	2445	4206	1855	Estonie
Finland	...	...	...	...	...	...	...	3356	4470	4013	Finlande
Hungary	...	...	...	...	...	...	...	...	30374	27109	Hongrie
Netherlands	...	...	...	...	...	...	...	...	6931	16344	Pays-Bas
Poland	68665	69278	77133	75243	75341	65655	54149	61186	69555	70046	Pologne
Portugal	32578	36617	42591	39920	42616	42582	47227	47333	...	...	Portugal
Serbia	...	...	...	1569	1174	561	211	262	...	...	Serbie
Slovakia	7928	9951	18423	23556	22056	12041	8294	12054	12561	13357	Slovaquie
Sweden	...	...	C	C	325026	246500	50870	C	C	C	Suède

General Note.

Padlocks and locks, of a kind used for motor vehicles, furniture and other, (key, combination or electrically operated), of base metal; clasps and frames with clasps, incorporating locks, of base metal; keys for any of the foregoing articles, of base metal. Parts of all of the above are excluded. Included are also base metal mountings, fittings and similar articles suitable for furniture, doors, staircases, windows, blinds, coachwork, saddlery, trunks, chests, caskets or the like; base metal hat-racks, hat-pegs, brackets and similar fixtures; castors with mountings of base metal; automatic door closers of base metal.

Remarque générale.

Cadenas, serrures et verrous en métaux communs, des types utilisés pour véhicules automobiles, meubles et autres, (à clef, à secret ou électriques); fermoirs et montures fermoirs comportant une serrure, en métaux communs; clefs pour ces articles, en métaux communs. Cette rubrique ne comprend aucune des parties des articles mentionnés ci-dessus. Elle inclut également les garnitures, ferrures et articles similaires en métaux communs pour meubles, portes, escaliers, fenêtres, persiennes, carrosseries, articles de sellerie, malles, coffres, coffrets ou autres ouvrages de l'espèce; patères, porte chapeaux, supports et articles similaires, en métaux communs; roulettes avec monture en métaux communs; ferme portes automatiques en métaux communs.

Metal advertising signs, name plates and sign plates (non-electric)
Enseignes publicitaires, plaques enseignes et plaques indicatrices en métal (autres qu'électriques)

CPC-BASED CODE - CODE BASE CPC

42999-1

Unit: Metric tons | Unité: Tonnes métriques

Country or area	2003	2004	2005	2006	2007	2008	2009	2010	2011	2012	Pays ou zone
Africa											**Afrique**
Egypt	...	...	...	...	...	...	383	...	537	...	Égypte
Mozambique	...	1	0	...	...	...	...	...	...	...	Mozambique
America, North											**Amérique du Nord**
Mexico[1]	6551	3540	2582	1821	#5046	6242	6568	4932	6100	5800	Mexique[1]
America, South											**Amérique du Sud**
Brazil	7258	7167	10753	9396	5929	6695	5132	7344	17618	23470	Brésil
Chile	...	...	16299	20554	14604	14184	13448	13389	16821	...	Chili
Asia											**Asie**
Azerbaijan	94	0	0	0	0	2	0	2	0	0	Azerbaïdjan
Kazakhstan	589	636	895	1089	1356	...	...	...	...	...	Kazakhstan
Turkey	...	...	C	C	C	1414	1985	1709	3214	4721	Turquie
Europe											**Europe**
Bulgaria	C	706	1131	2293	1820	2059	1771	1162	1211	1494	Bulgarie
Croatia	...	382	380	157	225	428	203	133	124	182	Croatie
Czech Republic	...	4160	4474	7307	7734	7840	6934	7803	4567	3161	République tchèque
Denmark	...	612	...	...	...	...	...	...	...	...	Danemark
Estonia	...	...	...	...	...	373	72	100	86	80	Estonie
Finland	...	...	...	...	...	139	160	168	723	194	Finlande
Germany	C	C	C	C	C	C	C	C	27261	25899	Allemagne
Greece	1151	...	...	...	...	...	...	...	...	...	Grèce
Hungary	660	870	781	747	547	1014	736	757	601	1373	Hongrie
Ireland	1882	1695	...	...	...	...	...	...	...	...	Irlande
Italy	16334	16891	...	...	...	...	...	...	...	...	Italie
Latvia	677	468	667	513	496	376	132	144	207	633	Lettonie
Lithuania	578	298	260	408	460	528	292	305	293	349	Lituanie
Netherlands	...	...	...	...	...	...	...	...	11658	5451	Pays-Bas
Norway	329	...	...	...	...	...	...	...	...	...	Norvège
Poland	...	1026	1192	2745	2546	2671	2329	5036	4847	3090	Pologne
Portugal	2447	3700	2732	2571	2109	2203	1905	1439	...	...	Portugal
Rep. of Moldova	...	22	18	18	43	28	37	66	112	133	Rép. de Moldova
Romania	...	...	...	...	...	1398	1552	1359	1349	1029	Roumanie
Slovakia	136	261	201	309	363	346	403	329	398	374	Slovaquie
Spain	...	26307	27195	27163	31252	27068	21942	18516	16026	12971	Espagne
Sweden	1388	1405	727	578	1356	821	910	680	910	981	Suède
Ukraine	...	...	295	2888	2982	2580	1556	4272	4850	1784	Ukraine
United Kingdom	...	...	...	...	...	C	20771	20372	17259	17447	Royaume-Uni

General Note.

Sign-plates, name-plates, address-plates and similar plates, numbers, letters and other symbols, of base metal, excluding electric or illuminated.

Remarque générale.

Plaques indicatrices, plaques enseignes, plaques adresses et plaques similaires, chiffres, lettres et enseignes diverses, en métaux communs, à l'exclusion des appareils électriques ou d'éclairage.

[1] In thousand units.

[1] En milliers d'unités.

Internal combustion engines, excluding diesel, other than for motor vehicles and aircraft
Moteurs à combustion interne, sauf moteurs diesel, non destinés aux véhicules à moteur et aux aéronefs

CPC-BASED CODE - CODE BASE CPC
43110-1

Unit: Thousand units — Unité: Milliers d'unités

Country or area	2003	2004	2005	2006	2007	2008	2009	2010	2011	2012	Pays ou zone
America, North											**Amérique du Nord**
United States[1]	25179	...	...	...	...	...	...	...	...	...	États-Unis[1]
America, South											**Amérique du Sud**
Brazil	4	C	28	44	20	84	63	89	95	95	Brésil
Asia											**Asie**
China[2]	318513	380756	365635	452674	566419	549771	...	...	...	...	Chine[2]
Japan	7219	6939	5907	6335	5841	5279	3681	2956	2687	2834	Japon
Kazakhstan	1	3	0	0	0	...	...	...	...	...	Kazakhstan
Rep. of Korea[2,3]	2788	...	...	...	...	...	...	...	...	...	Rép. de Corée[2,3]
Europe											**Europe**
Belarus	...	...	...	...	2	2	1	2	3	3	Bélarus
Croatia	...	1	1	1	0	0	0	0	0	0	Croatie
Denmark	0	0	0	0	14	13	10	6	10	8	Danemark
Germany	7	9	C	C	C	C	12	13	16	14	Allemagne
Italy[4]	1612	1559	...	...	...	...	...	...	...	...	Italie[4]
Serbia	...	...	...	11	10	11	3	2	...	...	Serbie

General Note.
Internal combustion piston engines, other than for motor vehicles and aircraft.

Remarque générale.
Moteurs à piston à combustion interne autres que pour les véhicules automobiles et l'aviation.

1 Including total engines shipped and total engines produced and consumed into products at the same establishment.
2 In thousand kilowatts.
3 Excluding engines for marine use.
4 Excluding Prodcom 2002 code 29.11.11.00.

1 Y compris le total des expéditions de moteurs et le total de moteurs produits et consommés en produits au même établissement.
2 En milliers de kilowatts.
3 Non comris les moteurs pour usages marins.
4 2002 code Prodcom 29.11.11.00 non compris.

Diesel engines, other than for motor vehicles and aircraft
Moteurs diesel, autresque pour les véhicules automobiles et l'aviation

CPC-BASED CODE - CODE BASE CPC
43110-2

Unit: Thousand units | Unité: Milliers d'unités

Country or area	2003	2004	2005	2006	2007	2008	2009	2010	2011	2012	Pays ou zone
Africa											**Afrique**
Algeria	5	4	4	3	2	1	1	3	4	5	Algérie
Egypt	...	...	1	1	...	4	3	...	37	...	Égypte
United R. of Tanzania[1]	44	23	38	...	...	...	...	...	...	...	Rép.-U. de Tanzanie[1]
America, North											**Amérique du Nord**
Mexico	...	...	...	...	47	48	26	152	179	201	Mexique
United States[2]	207	...	...	...	...	...	...	...	...	...	États-Unis[2]
America, South											**Amérique du Sud**
Brazil	17	571	686	1441	224	227	...	...	...	...	Brésil
Asia											**Asie**
India	2972	2975	3021	3171	3232	3336	...	...	...	...	Inde
Iran (Islamic Rep. of)	271	307	34	35	40	35	...	...	...	...	Iran (Rép. islam. d')
Japan	654	768	879	1653	1126	1061	502	1033	1244	1265	Japon
Turkey	11	13	#16	33	32	35	29	C	C	64	Turquie
Viet Nam	184	182	202	170	229	246	191	133	...	...	Viet Nam
Europe											**Europe**
Bulgaria	C	2	2	2	C	0	0	0	0	0	Bulgarie
Finland	1	1	1	1	1	5	17	29	35	31	Finlande
Germany	195	225	254	293	358	327	152	221	299	251	Allemagne
Lithuania	0	1	1	1	0	0	0	0	0	0	Lituanie
Poland	5	6	5	5	3	2	1	1	C	C	Pologne
Russian Federation[3]	3	2	2	2	2	2	2	...	...	...	Fédération de Russie[3]
Spain	6	6	5	7	5	5	1	1	1	1	Espagne
Sweden	31	69	55	60	58	56	30	37	43	33	Suède
United Kingdom	12	...	C	C	C	C	C	C	C	C	Royaume-Uni

General Note.

Compression-ignition internal combustion piston engines (diesel or semi-diesel engines), other than for motor vehicles and aircraft.

[1] Tanganyika only.

[2] Including total engines shipped and total engines produced and consumed into products at the same establishment.

[3] Diesel engines and diesel generators.

Remarque générale.

Moteurs à piston, à allumage par compression (moteur diesel ou semi diesel), autresque pour les véhicules automobiles et l'aviation.

[1] Tanganyika seulement.

[2] Y compris le total des expéditions de moteurs et le total de moteurs produits et consommés en produits au même établissement.

[3] Moteurs diesel et générateurs diesel.

Motor vehicle engines, spark-ignition
Moteurs à allumage par étincelles pour les véhicules automobiles

CPC-BASED CODE - CODE BASE CPC
43120-1

Unit: Thousand units | Unité: Milliers d'unités

Country or area	2003	2004	2005	2006	2007	2008	2009	2010	2011	2012	Pays ou zone
America, North											**Amérique du Nord**
Mexico	1632	2034	1863	1653	1730	1538	1181	1602	2168	2315	Mexique
America, South											**Amérique du Sud**
Brazil	2190	2619	2738	2520	2434	2448	2578	2981	3098	3166	Brésil
Asia											**Asie**
India	513	329	220	...	...	...	...	...	...	...	Inde
Japan	7917	7506	8746	8900	8355	8615	6408	7969	5713	7319	Japon
Rep. of Korea	2545	2540	3718	4514	4695	4503	4169	5308	5765	5682	Rép. de Corée
Europe											**Europe**
Germany	C	C	C	C	958	936	939	C	C	C	Allemagne
Hungary	...	1123	C	1131	C	C	C	C	956	1076	Hongrie
Italy	1834	1934	...	...	...	...	...	...	...	...	Italie
Poland	641	958	1233	1598	C	C	C	C	C	C	Pologne
Romania	100	86	36	101	177	C	C	C	C	C	Roumanie
Sweden	432	407	333	332	193	111	93	64	60	64	Suède
United Kingdom	895	1040	610	636	775	C	C	C	C	1354	Royaume-Uni

General Note.

Spark-ignition reciprocating internal combustion piston engines, of a kind used for motor vehicles.

Remarque générale.

Moteurs à piston alternatif, à allumage par étincelles, des types utilisés pour les véhicules automobiles.

Motor vehicle compression-ignition internal combustion piston engines
Moteurs à piston, à allumage par compression, pour véhicules automobiles

CPC-BASED CODE - CODE BASE CPC
43123-0

Unit: Thousand units | Unité: Milliers d'unités

Country or area	2003	2004	2005	2006	2007	2008	2009	2010	2011	2012	Pays ou zone
America, North											**Amérique du Nord**
United States[1]	761	...	...	...	...	...	...	...	...	...	États-Unis[1]
America, South											**Amérique du Sud**
Brazil	197	224	255	227	331	384	262	321	335	238	Brésil
Asia											**Asie**
Japan	1305	1510	1633	1550	1276	1248	782	1211	1420	1198	Japon
Europe											**Europe**
Belarus	55	74	95	106	133	129	73	78	107	109	Bélarus
Finland	27	18	19	23	26	30	0	...	...	...	Finlande
Germany	555	539	561	585	595	653	512	749	879	195	Allemagne
Hungary	...	790	C	C	C	C	C	C	C	C	Hongrie
Italy	775	776	...	...	...	...	...	...	...	...	Italie
Poland	271	325	250	256	333	255	647	1329	1568	1272	Pologne
Romania	1	5	1	...	...	...	...	...	...	...	Roumanie
Russian Federation	466	446	422	427	453	394	140	238	255	263	Fédération de Russie
Spain	...	556	608	C	809	699	C	C	C	C	Espagne
Sweden	176	184	204	259	437	501	339	463	513	448	Suède
United Kingdom	...	...	C	C	C	558	C	C	C	C	Royaume-Uni

General Note.
Compression-ignition internal combustion piston engines, of a kind used for the propulsion of vehicles other than railway or tramway rolling stock.

[1] Including total engines shipped and total engines produced and consumed into products at the same establishment.

Remarque générale.
Moteurs à piston, à allumage par compression (moteurs diesel ou semi-diesel) des types utilisés pour la propulsion de véhicules autres que le matériel roulant pour voies ferrées ou similaires.

[1] Y compris le total des expéditions de moteurs et le total de moteurs produits et consommés en produits au même établissement.

Pumps for liquids; liquid elevators
Pompes pour liquides; élévateurs à liquides

CPC-BASED CODE - CODE BASE CPC
43220-0

Unit: Thousand units — Unité: Milliers d'unités

Country or area	2003	2004	2005	2006	2007	2008	2009	2010	2011	2012	Pays ou zone
Africa											**Afrique**
Algeria	9	6	6	4	4	2	3	2	2	2	Algérie
Mozambique	...	1	1	1	1	...	...	...	...	...	Mozambique
America, North											**Amérique du Nord**
Cuba	6	10	10	7	6	5	5	2	3	5	Cuba
Mexico	44	48	52	50	[#]362	539	423	393	540	675	Mexique
United States	12143	...	...	...	...	...	...	...	...	...	États-Unis
America, South											**Amérique du Sud**
Brazil	4968	5582	5961	5261	69063	90742	197744	243503	280876	210360	Brésil
Chile	...	...	8	4	4	3	3	3	3	...	Chili
Asia											**Asie**
Armenia	1	1	0	1	1	1	0	0	0	0	Arménie
Azerbaijan	201	252	216	157	93	92	7	6	6	7	Azerbaïdjan
China	22639	...	...	...	...	...	...	...	...	...	Chine
Cyprus	2	2	1	0	2	C	C	C	C	...	Chypre
Iran (Islamic Rep. of)	...	...	...	...	...	...	122	...	...	...	Iran (Rép. islam. d')
Kazakhstan	5	7	8	12	10	...	...	...	...	...	Kazakhstan
Kyrgyzstan	1	1	1	0	0	0	0	0	0	0	Kirghizistan
Turkey	...	...	[#]1094	1582	3082	3114	3698	9517	12690	8585	Turquie
Viet Nam	769	470	599	284	261	289	402	376	...	...	Viet Nam
Europe											**Europe**
Belarus	499	517	552	256	611	549	661	790	930	917	Bélarus
Belgium[1]	68	...	...	...	...	...	...	...	...	...	Belgique[1]
Bosnia & Herzegovina[2]	760	...	...	...	...	...	...	...	...	...	Bosnie-Herzégovine[2]
Bulgaria	325	370	443	537	597	526	387	806	1660	1292	Bulgarie
Croatia	1	1	2	2	1	2	1	4	3	3	Croatie
Czech Republic	179	C	C	C	3215	5114	7066	8545	C	C	République tchèque
Denmark	4849	4806	4777	4838	5021	...	...	...	...	...	Danemark
Estonia	...	...	...	...	...	C	C	0	39	36	Estonie
Finland	64	66	49	41	50	63	47	64	80	68	Finlande
Germany	39909	44749	46196	59867	62419	61681	57676	69316	73324	71162	Allemagne
Greece[1]	12	...	...	...	...	...	...	...	...	...	Grèce[1]
Hungary	2006	1884	2158	2710	2659	3030	2514	3925	4222	2777	Hongrie
Ireland	33659	10964	...	...	...	...	...	...	...	...	Irlande
Lithuania	0	0	2	0	0	0	0	0	0	0	Lituanie
Poland	714	687	305	338	546	513	499	681	765	797	Pologne
Portugal	2029	2031	2110	2105	2283	2148	1802	2222	...	...	Portugal
Rep. of Moldova	4	4	4	4	C	C	C	C	C	C	Rép. de Moldova
Romania	3	8	5	6	9	124	122	162	191	165	Roumanie
Russian Federation	[3]229	[3]226	[3]237	[3]282	[3]299	[3]299	[3]212	1541	1637	1543	Fédération de Russie
Serbia[1]	...	...	...	1	...	...	...	...	...	...	Serbie[1]
Slovakia	54	137	188	243	260	233	116	C	200	878	Slovaquie
Slovenia	[2]2175794	[2]2414918	C	C	C	C	C	C	C	466	Slovénie
Spain	...	121004	110201	138455	155396	158650	157936	235149	209341	213859	Espagne
Sweden	533	1182	583	1045	1623	1565	556	1188	2696	1337	Suède
Ukraine	1824	1894	1684	1627	1799	1560	1085	1379	1409	1379	Ukraine
United Kingdom	...	...	6618	6695	C	C	C	C	16331	17125	Royaume-Uni

General Note.

Pumps for liquids, whether or not fitted with a measuring device, such as, pumps for dispensing fuel or lubricants, of the type used in filling-stations or in garages, hand pumps, fuel, lubricating or cooling medium pumps for internal combustion piston engines, concrete pumps and other pumps. Liquid elevators are also included.

[1] Incomplete coverage.
[2] In metric tons.
[3] Centrifugal, steam and driving pumps.

Remarque générale.

Pompes pour liquides, même comportant un dispositif mesureur, comme les pompes pour la distribution de carburants ou de lubrifiants, des types utilisés dans les stations service ou les garages, pompes à bras, pompes à carburant, à huile ou à liquide de refroidissement pour moteurs à piston à combustion interne, pompes à béton et autres pompes. Cette rubrique comprend également les élévateurs à liquides.

[1] Couverture incomplète.
[2] En tonnes métriques.
[3] Pompes centrifuges, à vapeur et motrices.

Air or vacuum pumps; air or other gas compressors
Pompes à air ou à vide; compresseurs d'air ou d'autres gaz

CPC-BASED CODE - CODE BASE CPC
43230-0

Unit: Thousand units — Unité: Milliers d'unités

Country or area	2003	2004	2005	2006	2007	2008	2009	2010	2011	2012	Pays ou zone
Africa											**Afrique**
Algeria	0.1	0.1	0.1	0.1	0.1	0.0	0.1	0.1	0.2	0.1	Algérie
America, North											**Amérique du Nord**
Mexico	4172.5	4029.6	4090.7	2236.6	#9.9	21.2	27.2	30.3	50.7	55.2	Mexique
United States[1]	3549.0	...	...	...	...	...	...	...	...	...	États-Unis[1]
America, South											**Amérique du Sud**
Brazil	28047.8	34290.5	30625.1	36229.0	42808.1	32031.8	24044.5	27589.4	27695.0	29752.7	Brésil
Chile	...	...	...	...	0.6	1.4	...	...	0.0	...	Chili
Asia											**Asie**
Azerbaijan	5.3	8.1	7.3	7.5	12.5	2.4	2.8	1.9	3.8	0.8	Azerbaïdjan
India[2]	1684.4	3718.3	3936.2	4790.6	...	...	...	...	...	...	Inde[2]
Iran (Islamic Rep. of)	...	...	...	...	...	...	2.4	...	...	...	Iran (Rép. islam. d')
Japan	0.4	0.4	0.4	0.4	0.2	0.2	0.1	0.1	0.1	0.1	Japon
Kazakhstan	0.0	0.0	0.0	0.1	0.1	...	...	...	...	...	Kazakhstan
Rep. of Korea	29335.0	...	...	...	...	...	...	...	...	...	Rép. de Corée
Turkey	1539.5	1167.5	#1109.4	443.7	199.4	C	771.2	1016.2	876.9	453.5	Turquie
Europe											**Europe**
Belarus	1.2	2.0	3.3	4.0	2.4	2.5	3.0	3.6	3.0	4.1	Bélarus
Belgium[3]	115.6	...	...	...	...	...	...	...	...	...	Belgique[3]
Bulgaria	0.0	2.0	1.0	0.1	0.1	0.2	0.2	0.2	0.4	C	Bulgarie
Czech Republic	574.0	821.0	1498.0	2240.0	4132.0	2387.0	1491.0	2209.0	2647.8	2131.6	République tchèque
Denmark	35.0	57.0	73.7	76.7	75.3	...	...	...	...	...	Danemark
Estonia	...	...	...	...	...	...	C	9.8	10.8	11.6	Estonie
Finland	3.0	4.0	3.0	3.0	3.4	2.9	1.9	2.3	2.4	2.3	Finlande
Germany	18958.0	22309.8	18544.0	17293.5	16029.3	14817.4	11558.3	12569.3	13439.3	12665.1	Allemagne
Greece[3]	371.6	...	...	...	...	...	...	...	...	...	Grèce[3]
Hungary	5.0	778.9	1189.6	1316.3	1.8	0.4	0.6	0.3	3.5	1397.6	Hongrie
Lithuania	43.0	54.9	57.6	80.7	101.2	80.9	30.8	44.6	49.4	67.5	Lituanie
Netherlands	...	...	...	...	...	...	...	...	2956.2	2974.0	Pays-Bas
Norway	...	8.0	...	...	...	...	...	...	...	...	Norvège
Poland	112.0	75.1	62.5	31.2	29.8	35.8	423.3	413.4	323.6	C	Pologne
Portugal	1023.5	1326.6	942.9	771.0	583.4	380.7	681.9	653.3	...	...	Portugal
Romania	13.0	12.0	6.0	2.0	2.0	C	2.0	C	C	3.0	Roumanie
Russian Federation	[4]26.8	[4]24.5	[4]32.3	[4]49.0	[4]124.2	[4]111.6	[4]60.6	148.9	119.5	126.4	Fédération de Russie
Slovakia	2109.0	2493.0	4017.5	6803.7	8071.1	6580.2	6147.1	8068.1	7211.3	10983.6	Slovaquie
Spain	7227.4	3182.0	2842.8	3689.7	3108.2	2778.5	1947.8	2303.7	1635.0	1579.6	Espagne
Sweden	65.0	51.0	216.2	105.3	93.4	102.6	74.5	182.6	198.9	76.6	Suède
Ukraine	57.0	73.3	914.1	1220.2	1313.9	632.1	160.4	184.4	188.6	311.1	Ukraine
United Kingdom	...	...	C	C	C	C	2534.9	C	C	C	Royaume-Uni

General Note.

Vacuum pumps, hand- or foot-operated air pumps, compressors of a kind used in refrigerating equipment, air compressors mounted on a wheeled chassis for towing, air or other gas compressors.

[1] Excluding air-conditioning and refrigeration compressors.

[2] Production by large and medium scale establishments only.

[3] Incomplete coverage.

[4] Steam and driving compressors.

Remarque générale.

Pompes à vide, pompes à air, à main ou à pied, compresseurs des types utilisés dans les équipements frigorifiques, compresseurs d'air montés sur châssis à roues et remorquables, compresseurs d'air ou d'autres gaz.

[1] Non compris les compresseurs pour appareils de climatisation et de réfrigération.

[2] Production des grandes et moyennes entreprises seulement.

[3] Couverture incomplète.

[4] Compresseurs de vapeur et de conduite.

Taps, cocks, valves and similar appliances for pipes, tanks, vats or the like

Articles de robinetterie et organes similaires pour tuyauteries, réservoirs ou contenants similaires

CPC-BASED CODE - CODE BASE CPC

43240-1

Unit: Metric tons

Unité: Tonnes métriques

Country or area	2003	2004	2005	2006	2007	2008	2009	2010	2011	2012	Pays ou zone
America, North											**Amérique du Nord**
Mexico	28184	25341	24414	23196	#52875	39869	30948	31350	23687	23836	Mexique
America, South											**Amérique du Sud**
Brazil	69837	93684	158934	172780	231698	247546	155739	152329	187272	123478	Brésil
Chile[1]	...	...	19178	23261	21656	14315	5497	5172	3528	...	Chili[1]
Ecuador	...	...	...	...	...	3	...	...	...	...	Équateur
Asia											**Asie**
Azerbaijan	906	703	850	982	689	693	407	281	116	28	Azerbaïdjan
India[1]	2841	4038	1093	...	...	...	...	...	...	...	Inde[1]
Kyrgyzstan[1]	1	0	5	3	0	0	0	0	0	0	Kirghizistan[1]
Turkey	...	...	33009	63006	76969	65615	50134	53841	77036	87014	Turquie
Europe											**Europe**
Belarus[1]	5880	6556	7579	8083	7690	8102	10436	11563	15971	15693	Bélarus[1]
Bulgaria	6013	8890	13158	14269	9701	12176	10883	19617	23471	27659	Bulgarie
Croatia	...	1805	1460	1197	1536	1410	1929	1744	1925	2231	Croatie
Czech Republic	18427	18156	53764	57782	60634	30417	26171	26858	29823	40415	République tchèque
Estonia	...	...	...	...	...	301	399	548	137	172	Estonie
Finland	...	...	...	...	...	5909	6166	6857	7389	7802	Finlande
Germany	358520	389883	386550	440265	462878	485793	418039	470595	504144	509955	Allemagne
Hungary	7505	7538	11471	6504	6236	12014	9640	10014	12739	9826	Hongrie
Ireland	6762	7012	...	...	...	...	...	...	...	...	Irlande
Italy	448705	464133	...	...	...	...	...	...	...	...	Italie
Latvia	870	309	C	C	C	C	C	...	C	C	Lettonie
Lithuania	135	124	160	2498	2838	2736	1556	1769	2309	2317	Lituanie
Netherlands	...	...	...	...	...	...	...	...	17554	37922	Pays-Bas
Poland	23431	24447	31569	39119	58466	37804	28929	33225	37023	36471	Pologne
Portugal	12687	15319	17447	19679	19223	17974	14324	15984	...	...	Portugal
Romania	16582	14252	9819	12446	13463	11747	8145	9861	12203	15406	Roumanie
Serbia	...	...	...	795	...	...	...	...	...	...	Serbie
Slovakia	1427	1198	1363	1376	1407	1256	798	589	723	781	Slovaquie
Slovenia	8333	8802	10035	9070	9973	10681	7899	8239	8587	6799	Slovénie
Spain	...	110067	98404	104591	92436	82949	67437	47727	47239	49656	Espagne
Sweden	C	14991	18171	36830	69974	74495	41127	22822	19236	23349	Suède
Ukraine	11995	16416	17350	18839	19709	15524	9300	13576	14648	13107	Ukraine
United Kingdom	...	...	[1]177634	C	C	C	57615	62013	74270	75119	Royaume-Uni

General Note.

Taps, cocks, valves and similar appliances for pipes, boiler shells, tanks, vats or the like, including pressure-reducing valves and thermostatically controlled valves. Parts of the above are excluded.

Remarque générale.

Articles de robinetterie et organes similaires pour tuyauteries, chaudières, réservoirs, cuves ou contenants similaires, y compris les détendeurs et les vannes thermostatiques. Cette rubrique ne comprend pas les parties des articles mentionnés ci-dessus.

[1] In thousand units.

[1] En milliers d'unités.

Ball or roller bearings
Roulements à billes, à galets, à rouleaux ou à aiguilles

CPC-BASED CODE - CODE BASE CPC
43310-0

Unit: Metric tons — Unité: Tonnes métriques

Country or area	2003	2004	2005	2006	2007	2008	2009	2010	2011	2012	Pays ou zone
America, South											**Amérique du Sud**
Brazil[1]	379	416	252	309	471	512	433	403	361	382	Brésil[1]
Chile[1]	...	...	2	1	14	0	0	0	0	...	Chili[1]
Asia											**Asie**
Azerbaijan	168	254	255	308	202	172	35	14	22	4	Azerbaïdjan
India[1]	271	311	328	328	...	...	...	...	...	...	Inde[1]
Kazakhstan	24900	31878	32415	29634	33900	...	...	...	...	...	Kazakhstan
Rep. of Korea[2]	77544	83369	98414	...	...	...	...	...	...	...	Rép. de Corée[2]
Europe											**Europe**
Belarus[1]	26	23	17	15	16	12	7	6	6	5	Bélarus[1]
Bosnia & Herzegovina	244	...	...	...	...	...	...	...	...	...	Bosnie-Herzégovine
Bulgaria	936	1135	1459	1038	C	C	C	C	C	C	Bulgarie
Czech Republic	4944	5717	6061	6745	7201	7197	4794	6850	8609	7786	République tchèque
Denmark	0	0	8	9	12	...	61	...	6	...	Danemark
Germany	154254	165485	177771	192835	215513	C	141880	179667	189848	177858	Allemagne
Hungary	4104	4574	7160	22944	46828	51815	19259	C	37304	C	Hongrie
Ireland	1	0	...	...	...	...	...	...	...	...	Irlande
Italy	60908	67007	...	...	...	...	...	...	...	...	Italie
Montenegro	148	146	180	430	418	386	424	656	67	84	Monténégro
Poland	27901	33569	34663	34650	36260	39000	20056	29514	32599	30169	Pologne
Portugal	1908	2258	1825	2039	2573	2592	1622	3124	...	...	Portugal
Romania	26759	28331	35431	29192	28053	29557	17767	25232	29445	27989	Roumanie
Russian Federation[1]	213	204	161	155	122	108	79	73	81	73	Fédération de Russie[1]
Serbia & Montenegro[3]	692	...	...	...	...	...	...	...	...	...	Serbie-et-Monténégro[3]
Slovakia	24300	27479	33571	42320	67827	84512	63300	100067	107111	109951	Slovaquie
Spain	13576	15330	C	19436	22040	26967	16946	21165	C	C	Espagne
Sweden	C	C	28918	37156	34465	38570	33132	32754	43904	40427	Suède
Ukraine	22502	30080	24387	21863	24139	23825	18654	26488	30026	27762	Ukraine
United Kingdom	...	...	...	...	...	50128	21337	15285	17859	31068	Royaume-Uni

General Note.

Ball bearings, tapered roller bearings, including cone and tapered roller assemblies, spherical roller bearings, needle roller bearings, other cylindrical roller bearings, combined ball/roller bearings and other ball/roller bearings. Parts of all the above are excluded.

Remarque générale.

Roulements à billes, roulements à rouleaux coniques, y compris les assemblages de cônes et rouleaux coniques, roulements à rouleaux en forme de tonneau, roulements à aiguilles, roulements à rouleaux cylindriques, roulements combinés et autres roulements à billes, à galets, à rouleaux ou à aiguilles. Cette rubrique ne comprend pas les parties des articles mentionnés ci-dessus.

[1] In million units.
[2] Including all bearings.
[3] Incomplete coverage.

[1] En millions d'unités.
[2] Y compris toutes les roulements.
[3] Couverture incomplète.

Transmission shafts, plain shaft bearings, gears, articulated link chain and similar
Arbres de transmission, coussinets, engrenages, chaînes à maillons articulés et articles semblables

CPC-BASED CODE - CODE BASE CPC

43320-0

Unit: Metric tons | Unité: Tonnes métriques

Country or area	2003	2004	2005	2006	2007	2008	2009	2010	2011	2012	Pays ou zone
America, North											**Amérique du Nord**
Mexico	...	...	...	...	116411	155506	126320	205755	224972	218952	Mexique
America, South											**Amérique du Sud**
Brazil[1]	60950	61355	45398	62518	124461	87536	70643	96019	108553	100105	Brésil[1]
Chile	...	...	[1]169	[1]153	[1]162	[1]66	6926	9377	7170	...	Chili
Asia											**Asie**
Azerbaijan	43	11	17	9	21	8	...	16	30	10	Azerbaïdjan
Iraq[1]	...	...	...	...	...	1	...	...	...	...	Iraq[1]
Kazakhstan	893	723	795	706	552	...	...	...	...	...	Kazakhstan
Europe											**Europe**
Bulgaria	884	707	882	1468	1053	896	573	1134	856	573	Bulgarie
Croatia	...	158	152	180	3038	900	678	882	692	1072	Croatie
Czech Republic	20034	29874	33610	37791	50406	54172	...	...	...	...	République tchèque
Denmark	20358	20616	...	...	27202	...	...	...	...	...	Danemark
Estonia	...	...	...	...	...	C	C	81	15	1	Estonie
Germany	C	C	720841	824118	948320	1020557	587782	616325	724200	749861	Allemagne
Hungary	2141	3211	9057	2508	4493	...	...	...	5017	18969	Hongrie
Italy[2]	281375	306553	...	...	...	...	...	...	...	...	Italie[2]
Netherlands	...	...	...	...	...	...	...	...	4409	9106	Pays-Bas
Poland	...	24670	19959	46906	72453	39231	23692	33684	54276	54676	Pologne
Portugal	1946	2045	1465	1416	1610	2050	1682	1620	...	...	Portugal
Rep. of Moldova	...	225	280	251	219	273	123	3	C	C	Rép. de Moldova
Romania	1325	1862	1088	1635	1400	[3]8030	[3]7222	[3]3893	[3]4927	[3]5119	Roumanie
Serbia	...	...	...	112	...	...	...	...	...	...	Serbie
Slovakia	9683	11473	12416	14739	22705	20173	13452	22898	28526	24298	Slovaquie
Slovenia	3187	3586	...	...	...	...	...	C	...	...	Slovénie
Spain[4]	...	89	...	...	...	...	...	...	...	...	Espagne[4]
Sweden	...	...	36572	39242	40640	38961	13735	C	C	C	Suède
Ukraine	[5]3801	[5]6504	[5]8061	[5]30715	[5]28440	[5]24742	[5]18134	[5]23804	26239	16930	Ukraine
United Kingdom	...	...	...	...	C	C	29585	41018	...	...	Royaume-Uni

General Note.

Transmission shafts and cranks; bearing housings and plain shaft bearings; gears and gearing; ball or roller screws, gear boxes and other speed changers; flywheels and pulleys; clutches and shaft couplings; articulated link chain.

Remarque générale.

Arbres de transmission et manivelles; paliers et coussinets; engrenages et roues de friction; broches filetées à billes ou à galets; réducteurs, multiplicateurs et variateurs de vitesse; volants et poulies; embrayages et organes d'accouplement; chaînes à maillons articulés.

[1] In thousand units.
[2] Excluding Prodcom 2002 code 29.14.21.30.
[3] Excluding Prodcom 2008 codes 28.15.39.30, 28.15.39.50.
[4] Excluding Prodcom 2002 codes 29.14.33.30, 29.14.33.50.
[5] Excluding components for other elements of mechanical transmission (National product list code 29.14.33).

[1] En milliers d'unités.
[2] 2002 code Prodcom 29.14.21.30 non compris.
[3] 2008 codes Prodcom 28.15.39.30, 28.15.39.50 non compris.
[4] 2002 codes Prodcom 29.14.33.30, 29.14.33.50 non compris.
[5] À l'exclusion des composants d'autres éléments de transmission mécanique (Code de la liste nationale de produits 29.14.33).

Furnace burners; mechanical stokers, mechanical grates and similar appliances
Brûleurs; foyers automatiques, grilles mécaniques et dispositifs semblables

CPC-BASED CODE - CODE BASE CPC
43410-0

Unit: Number of units | Unité: Nombre d'unités

Country or area	2003	2004	2005	2006	2007	2008	2009	2010	2011	2012	Pays ou zone
America, North											**Amérique du Nord**
Cuba	65101	38489	13272	164	198	9373	11894	6490	10934	18098	Cuba
America, South											**Amérique du Sud**
Brazil	277486	162523	666175	1397476	8244956	174501	430911	332516	350166	220196	Brésil
Chile	...	...	466	11	...	...	...	...	5071	...	Chili
Ecuador	...	...	...	...	300	500	...	...	...	...	Équateur
Asia											**Asie**
Azerbaijan	0	412	0	32	13	9	0	0	0	0	Azerbaïdjan
India	919	22782	5638	...	...	...	...	...	...	...	Inde
Iran (Islamic Rep. of)	...	...	...	...	...	...	69491	...	...	...	Iran (Rép. islam. d')
Kazakhstan	4503	20346	4042	3118	4125	...	...	...	...	...	Kazakhstan
Kyrgyzstan	1205	373	221	68	33	113	524	397	382	373	Kirghizistan
Turkey	...	...	11656	12318	48919	9307	10571	8113	9982	35946	Turquie
Europe											**Europe**
Belarus	...	...	...	...	...	...	...	...	84241	103865	Bélarus
Bulgaria	122	120	69	47	C	C	C	C	C	3873	Bulgarie
Croatia	...	10	161	500	0	0	0	0	0	0	Croatie
Czech Republic	...	...	C	3195	2792	2867	1716	C	2234	2794	République tchèque
Denmark	540	520	78	37	95	...	...	...	...	647	Danemark
Estonia	...	...	...	...	...	0	...	...	...	1500	Estonie
Finland	22456	19130	18509	17394	15362	13604	8660	11541	8043	11010	Finlande
Germany	C	C	277370	281613	220950	243796	389298	185529	169718	164147	Allemagne
Hungary	793	637	489	496	105	C	3719	6472	C	4834	Hongrie
Ireland	9314	6149	...	...	...	...	...	...	...	...	Irlande
Italy	811129	837868	...	...	...	...	...	...	...	...	Italie
Lithuania	...	19	666	2631	287	414	1108	818	1074	629	Lituanie
Netherlands	...	...	...	...	...	...	...	...	5724758	2709914	Pays-Bas
Poland	91629	10424	2553	230927	187280	133619	50361	54345	83451	75553	Pologne
Portugal	5601	4899	3943	4565	3947	9524	10653	11349	...	...	Portugal
Rep. of Moldova	...	614	242	160	243	36	92	155	C	C	Rép. de Moldova
Romania	347333	214286	3352	1916	1555	19212	C	17171	13840	2251	Roumanie
Russian Federation[1]	...	...	...	...	...	...	...	157685	132938	109965	Fédération de Russie[1]
Spain	...	6738	C	C	C	C	C	C	C	C	Espagne
Sweden	237621	257302	221472	195242	143282	113937	108845	114669	63441	49117	Suède
Ukraine	...	137720	251855	749361	304356	242705	78895	149751	172956	299427	Ukraine
United Kingdom	32505	34927	38357	C	C	C	C	16824	C	C	Royaume-Uni

General Note.
Furnace burners for liquid fuel, for pulverised solid fuel or for gas; mechanical stokers, including their mechanical grates, mechanical ash dischargers and similar appliances. Parts of the above are excluded.

Remarque générale.
Brûleurs pour l'alimentation des foyers, à combustibles liquides, à combustibles solides pulvérisés ou à gaz; foyers automatiques, y compris leurs avant foyers, leurs grilles mécaniques, leurs dispositifs mécaniques pour l'évacuation des cendres et dispositifs similaires, à l'exclusion des parties des appareils mentionnés ci-dessus.

[1] Gas burners for heating boilers and water heaters.

[1] Brûleurs à gaz pour les chaudières de chauffage et chauffe-eau.

Derricks, cranes, mobile lifting frames, straddle carriers and works trucks fitted with a crane
Bigues, grues, ponts roulants, portiques de déchargement ou de manutention, chariots-cavaliers/grues

CPC-BASED CODE - CODE BASE CPC
43520-0

Unit: Number of units | Unité: Nombre d'unités

Country or area	2003	2004	2005	2006	2007	2008	2009	2010	2011	2012	Pays ou zone
Africa											**Afrique**
Algeria[1]	53	26	75	110	69	180	166	144	78	121	Algérie[1]
Egypt	12016	...	...	...	...	3232	2210	...	38	...	Égypte
America, North											**Amérique du Nord**
Mexico	281	365	391	444	[#]23306	21298	15930	19918	20394	20701	Mexique
America, South											**Amérique du Sud**
Brazil	34501	14883	18125	11552	19771	25995	15009	17048	21272	14770	Brésil
Chile	...	...	52	6	8	...	...	...	195	...	Chili
Asia											**Asie**
Azerbaijan	21	8	21	42	28	75	59	6	3	3	Azerbaïdjan
India	167	...	36	[2]19056	...	...	...	...	...	...	Inde
Iran (Islamic Rep. of)	...	...	...	...	...	...	2688	...	...	...	Iran (Rép. islam. d')
Kazakhstan	58	90	126	160	147	...	...	...	...	...	Kazakhstan
Rep. of Korea[2]	74950	67858	54878	66650	102649	182037	159740	131959	171216	197189	Rép. de Corée[2]
Turkey	178	219	[#]4930	6215	5288	5074	8582	6454	10682	8334	Turquie
Europe											**Europe**
Austria	13391	...	...	...	...	...	...	...	...	...	Autriche
Belarus	499	561	639	745	789	1011	803	905	1046	933	Bélarus
Belgium[3]	65234	...	...	...	...	...	...	...	...	...	Belgique[3]
Bulgaria	24468	13910	25705	10214	9578	3401	1613	1618	1644	1875	Bulgarie
Croatia	185	146	111	108	69	64	35	32	461	288	Croatie
Czech Republic	917	952	1135	1412	2340	2800	2298	1786	1626	C	République tchèque
Denmark	6547	5346	5797	6058	6056	...	...	...	...	6079	Danemark
Estonia	...	...	...	...	...	1775	1062	1525	2239	2564	Estonie
Finland	...	...	...	...	...	7621	5807	5729	6973	4277	Finlande
Germany	51740	104859	109879	115575	125360	95472	57318	46609	53036	53209	Allemagne
Greece[3]	150	...	...	...	...	...	...	...	...	...	Grèce[3]
Hungary	1447	2885	871	659	453	502	1578	1921	2664	3442	Hongrie
Ireland	440	1806	...	...	...	...	...	...	...	...	Irlande
Italy	80258	88454	...	...	...	...	...	...	...	...	Italie
Lithuania	29	69	270	121	57	15	558	603	93	127	Lituanie
Montenegro[2]	6	4	20	15	2	14	4	8	0	0	Monténégro[2]
Netherlands	...	...	...	...	...	...	...	...	4732	7060	Pays-Bas
Poland	5011	4651	3351	3605	5951	7835	4506	6241	6795	2617	Pologne
Portugal	1343	1489	1558	1745	1719	1375	505	609	...	...	Portugal
Romania	518	3032	4207	1638	14971	18682	9711	9642	1986	2380	Roumanie
Russian Federation[4]	0	1	2	0	0	0	0	9	5	7	Fédération de Russie[4]
Serbia	...	...	...	117	...	...	...	...	...	...	Serbie
Slovakia	1117	210	194	1048	C	1192	358	208	218	153	Slovaquie
Slovenia	528	C	C	962	1013	1028	229	C	C	487	Slovénie
Spain	...	21320	C	26476	26207	27603	17656	14598	15203	10572	Espagne
Sweden	9403	9453	6903	8214	8891	34136	23498	25775	21826	23432	Suède
Ukraine	[5]924	[6]1308	[6]451	923	1159	973	387	369	480	717	Ukraine
United Kingdom	...	...	...	...	...	50735	24071	C	32202	40346	Royaume-Uni

General Note.
Ships' derricks; cranes, including cable cranes; mobile lifting frames, straddle carriers and works trucks fitted with a crane.

[1] Cranes only.
[2] In metric tons.
[3] Incomplete coverage.
[4] Gantry cranes, semiportal, cable steel.
[5] Excluding self-propelled lifting equipment (National product list code 29.22.14.500)and lifting devices (National product list code 29.22.14.700).
[6] Excluding lifting devices (National product list code 29.22.14.700).

Remarque générale.
Bigues; grues et blondins; ponts roulants, portiques de déchargement ou de manutention, ponts grues, chariots cavaliers et chariots grues.

[1] Grues seulement.
[2] En tonnes métriques.
[3] Couverture incomplète.
[4] Portiques, semiportal, câble en acier.
[5] Hors matériel de levage automoteur (produit Code National de liste 29.22.14.500) et des dispositifs (produit Code National de liste 29.22.14.700) de levage.
[6] Non compris les matériels de levage (Code de la liste nationale de produits 29.22.14.700).

Fork-lift trucks and similar equipment
Chariots-gerbeurs et équipements semblables

CPC-BASED CODE - CODE BASE CPC
43530-0

Unit: Number of units — Unité: Nombre d'unités

Country or area	2003	2004	2005	2006	2007	2008	2009	2010	2011	2012	Pays ou zone
Africa											**Afrique**
Algeria[1]	202	204	200	80	93	88	82	92	155	182	Algérie[1]
Egypt	8	...	...	...	...	...	...	...	...	...	Égypte
America, South											**Amérique du Sud**
Brazil	7191	8211	32527	31011	46952	47689	38807	60711	56679	49351	Brésil
Chile	...	...	...	...	135	200	...	12280	15230	...	Chili
Ecuador	...	34985	26082	23374	41598	28222	...	...	...	...	Équateur
Asia											**Asie**
Azerbaijan	...	...	...	...	60	0	0	0	0	0	Azerbaïdjan
Iran (Islamic Rep. of)	...	...	...	...	...	...	526	...	...	...	Iran (Rép. islam. d')
Japan	103499	115929	132976	147749	161583	168243	74852	95687	113229	106796	Japon
Kazakhstan	6	11	303	3	60	...	...	...	...	...	Kazakhstan
Rep. of Korea	23898	30603	32247	35511	42047	37333	23029	36664	42635	46736	Rép. de Corée
Turkey	...	...	10119	37810	C	19703	11081	98043	324478	351321	Turquie
Europe											**Europe**
Belarus	...	...	...	...	...	...	...	...	1894	1411	Bélarus
Bulgaria	6851	1276	1791	1948	2206	1360	390	654	770	797	Bulgarie
Croatia	...	40	33	30	150	24	45	4	0	0	Croatie
Czech Republic	3707	8173	15311	11578	4480	2013	1003	948	C	C	République tchèque
Denmark	29728	31938	32788	36598	38257	33099	19790	29976	29757	25658	Danemark
Estonia	...	...	...	...	...	C	C	28	434	...	Estonie
Finland	...	...	...	6889	8206	8547	3664	4544	6002	5239	Finlande
Germany	115827	121226	132702	139386	146992	144292	73232	107473	138236	140971	Allemagne
Hungary	...	136	72	78	64	30	73	70	C	C	Hongrie
Ireland	61995	58331	...	...	...	...	...	...	...	...	Irlande
Italy	180338	177412	...	...	...	...	...	...	...	...	Italie
Netherlands	...	...	...	...	...	...	...	...	11620	10107	Pays-Bas
Poland	32841	27995	22784	30406	32995	36060	17147	9567	3489	5815	Pologne
Romania	32	13	5	0	3	C	C	...	C	C	Roumanie
Russian Federation	...	...	...	...	...	...	...	360	690	636	Fédération de Russie
Serbia	...	...	...	109	...	...	...	...	...	...	Serbie
Slovakia	11396	9001	28289	69902	18708	6799	119	C	C	C	Slovaquie
Slovenia	C	C	C	C	C	129223	C	2084	C	1425	Slovénie
Spain	...	19044	C	C	48326	C	18364	10997	11921	11925	Espagne
Sweden	148617	155222	160691	166410	225669	187120	128441	149934	272644	164281	Suède
Ukraine	1126	2764	2657	1571	1630	1346	988	1084	645	416	Ukraine
United Kingdom	...	...	...	...	...	41563	C	C	23252	22989	Royaume-Uni

General Note.

Fork-lift trucks, other works trucks fitted with lifting or handling equipment, self-propelled trucks powered by an electric motor or otherwise. Included are also works trucks, self-propelled, not fitted with lifting or handling equipment, of the type used in factories, warehouses, dock areas or airports for short distance transport of goods and tractors of the type used on railway station platforms.

Remarque générale.

Chariots gerbeurs; autres chariots de manutention munis d'un dispositif de levage, chariots autopropulsés à moteur électrique ou autrement. Cette rubrique comprend également les chariots automobiles non munis d'un dispositif de levage, des types utilisés dans les usines, les entrepôts, les ports ou les aéroports pour le transport des marchandises sur de courtes distances et les chariots tracteurs des types utilisés dans les gares.

[1] Forklifts only.

[1] Chariots élevateurs seulement.

Escalators and moving walkways
Escaliers mécaniques et trottoirs roulants

CPC-BASED CODE - CODE BASE CPC
43540-1

Unit: Number of units | Unité: Nombre d'unités

Country or area	2003	2004	2005	2006	2007	2008	2009	2010	2011	2012	Pays ou zone
America, North											**Amérique du Nord**
Mexico	...	...	...	...	342	132	160	133	126	134	Mexique
America, South											**Amérique du Sud**
Brazil	2082	321	204	1823	355	568	C	C	C	C	Brésil
Chile	...	...	[1]191	[1]43	27	51	66	60	260	...	Chili
Ecuador	...	...	...	...	...	32	...	...	...	...	Équateur
Asia											**Asie**
Azerbaijan	...	...	...	...	400	200	0	0	0	0	Azerbaïdjan
Iran (Islamic Rep. of)	...	...	...	...	...	...	523	...	...	...	Iran (Rép. islam. d')
Rep. of Korea	1544	2155	1805	1660	689	227	122	...	...	...	Rép. de Corée
Turkey	...	...	363	364	C	C	C	237	C	C	Turquie
Europe											**Europe**
Bulgaria	0	C	C	21	C	101	73	64	22	C	Bulgarie
Croatia	...	0	0	0	10	0	0	0	0	0	Croatie
Czech Republic	...	...	C	C	C	C	C	C	532	C	République tchèque
Germany	3128	2472	1883	C	C	C	C	C	C	C	Allemagne
Hungary	...	19	C	...	C	...	...	...	...	...	Hongrie
Italy	7009	7214	...	...	...	...	...	...	...	...	Italie
Lithuania	0	0	0	0	0	0	2	12	0	0	Lituanie
Portugal	89	22	28	29	41	51	36	20	...	...	Portugal
Russian Federation	...	...	...	66	54	81	42	73	108	111	Fédération de Russie
Spain	...	1585	1505	2650	2051	1563	896	1637	960	981	Espagne
Sweden	...	...	C	6	7	9	8	6	8	6	Suède
United Kingdom	0	0	...	...	...	C	C	235	C	C	Royaume-Uni

General Note.
Escalators and moving walkways.

[1] Including lifts and skip hoists.

Remarque générale.
Escaliers mécaniques et trottoirs roulants.

[1] Y compris les ascenseurs et monte charge.

Lifts and skip hoists
Ascenseurs et monte charge

CPC-BASED CODE - CODE BASE CPC
43540-2

Unit: Number of units — Unité: Nombre d'unités

Country or area	2003	2004	2005	2006	2007	2008	2009	2010	2011	2012	Pays ou zone
Africa											**Afrique**
Egypt	...	...	...	...	...	3447	...	...	...	...	Égypte
America, North											**Amérique du Nord**
Mexico	794	1109	1256	1541	1494	1289	1271	956	1163	1270	Mexique
America, South											**Amérique du Sud**
Brazil	15377	21406	19671	22652	41205	53998	72587	85506	84582	83624	Brésil
Ecuador	3	0	0	0	0	...	...	...	...	...	Équateur
Asia											**Asie**
Azerbaijan	...	...	...	69	0	165	36	263	71	40	Azerbaïdjan
India	5034	5669	7086	7103	...	...	...	...	...	...	Inde
Kazakhstan	2	18	67	0	0	...	...	...	...	...	Kazakhstan
Turkey	...	...	#10249	25058	C	C	C	12955	C	C	Turquie
Europe											**Europe**
Belarus	3565	4010	4587	6300	7000	8824	8269	8441	9060	9833	Bélarus
Belgium[1]	1961	...	...	...	...	...	...	...	...	...	Belgique[1]
Bulgaria	685	713	1572	2200	2989	2861	2261	1617	1445	1474	Bulgarie
Croatia	88	79	87	110	186	179	120	49	18	9	Croatie
Czech Republic	5298	5593	4363	3510	3856	5794	6751	C	C	C	République tchèque
Denmark	731	751	791	756	406	...	...	404	1606	220	Danemark
Estonia	...	...	...	...	...	4	3	5	2	...	Estonie
Finland	2767	2571	2510	2562	2658	2892	2816	2305	2267	2371	Finlande
France	9021	...	...	...	...	...	...	...	...	...	France
Germany	24675	24036	24954	28457	29405	C	C	26457	C	26004	Allemagne
Greece	[1]47	[2]48	...	...	...	...	...	...	...	...	Grèce
Hungary	347	436	444	129	129	C	173	201	248	128	Hongrie
Italy	95331	98667	...	...	...	...	...	...	...	...	Italie
Lithuania	0	0	0	0	0	0	0	0	4988	223	Lituanie
Netherlands	...	...	...	...	...	...	...	...	37066	25385	Pays-Bas
Poland	1195	1410	1778	2170	2513	2537	2488	2723	C	C	Pologne
Portugal	1637	1764	1596	1756	1701	1399	1359	1250	...	...	Portugal
Rep. of Moldova	...	3	6	30	78	82	31	43	61	59	Rép. de Moldova
Romania	203	246	264	270	362	C	C	C	...	...	Roumanie
Russian Federation	9811	12727	13474	...	23950	22091	13028	16536	15570	16322	Fédération de Russie
Slovakia	C	C	149	140	111	66	C	C	61	88	Slovaquie
Spain	46091	80130	89139	111577	84384	71754	48579	50408	48563	43772	Espagne
Sweden	6880	31967	4974	3444	5777	6609	4952	5971	8609	8342	Suède
Ukraine	361	602	944	1023	1273	1850	716	857	1314	1259	Ukraine

General Note.
Lifts and skip hoists.

[1] Incomplete coverage.
[2] Excluding Prodcom 2002 code 29.22.16.50.

Remarque générale.
Ascenseurs et monte charge.

[1] Couverture incomplète.
[2] 2002 code Prodcom 29.22.16.50 non compris.

Air conditioning machines
Machines et appareils pour le conditionnement de l'air

CPC-BASED CODE - CODE BASE CPC
43912-0

Unit: Thousand units — Unité: Milliers d'unités

Country or area	2003	2004	2005	2006	2007	2008	2009	2010	2011	2012	Pays ou zone
Africa											**Afrique**
Algeria	15	10	9	...	...	9	22	25	19	37	Algérie
Egypt	192	1120	2453	608	552	751	834	709	747	...	Égypte
Nigeria	19	19	19	...	...	...	...	...	...	...	Nigéria
Sudan (former)	...	5	5	6	6	10	12	...	...	...	Soudan (anc.)
America, North											**Amérique du Nord**
Cuba	3	1	2	3	4	3	1	1	1	0	Cuba
Mexico	1916	1783	2254	1962	794	697	489	966	1098	1316	Mexique
America, South											**Amérique du Sud**
Argentina	148	359	589	1040	1375	1779	886	...	...	...	Argentine
Brazil	8256	3612	3768	3153	4302	11460	4915	6897	7312	7539	Brésil
Chile	...	...	13	16	46	30	18	16	14	...	Chili
Ecuador	...	...	...	...	4	1	...	...	...	...	Équateur
Asia											**Asie**
Azerbaijan	1	0	1	2	0	0	0	2	5	6	Azerbaïdjan
China	48209	63903	67646	68494	80143	81474	80783	108875	139125	132811	Chine
Iran (Islamic Rep. of)	...	...	...	...	...	...	1638	...	...	...	Iran (Rép. islam. d')
Iraq	...	...	...	...	...	2	3	...	...	...	Iraq
Japan	9412	9480	10552	10400	10223	9084	7276	7863	5179	7173	Japon
Rep. of Korea	3954	4038	4657	5019	6228	5259	4580	5238	6210	5795	Rép. de Corée
Thailand	1389	1762	2023	1681	2380	2798	...	...	...	...	Thaïlande
Turkey	198	323	#726	C	1960	2571	1836	2083	2626	2465	Turquie
Viet Nam	72	127	148	189	285	313	325	344	355	360	Viet Nam
Europe											**Europe**
Austria	10	...	...	...	...	...	...	...	...	...	Autriche
Belarus	...	...	...	...	...	...	...	...	3	7	Bélarus
Belgium[1]	182	...	...	...	...	...	...	...	...	...	Belgique[1]
Bulgaria	2	1	1	8	10	10	84	49	48	27	Bulgarie
Croatia	...	1	1	2	1	2	0	0	0	1	Croatie
Czech Republic	453	439	559	647	830	C	C	C	C	740	République tchèque
Denmark	62	37	55	110	112	...	...	...	...	50	Danemark
Estonia	...	...	...	...	...	C	C	1	0	0	Estonie
Finland	...	...	...	...	763	806	395	395	252	101	Finlande
Germany	8342	C	8214	C	C	9992	8330	10464	C	11068	Allemagne
Greece[1]	16	...	...	...	...	...	...	...	...	...	Grèce[1]
Hungary	14	14	14	15	50	1779	1271	1783	2122	1843	Hongrie
Ireland	581	577	...	...	...	...	...	...	...	...	Irlande
Italy	1990	1253	...	...	...	...	...	...	...	...	Italie
Lithuania	0	0	0	6	5	7	4	5	48	34	Lituanie
Netherlands	...	...	...	...	...	...	...	...	127	5	Pays-Bas
Poland	34	36	36	7	35	37	59	102	120	259	Pologne
Portugal	369	315	410	346	357	179	83	55	...	...	Portugal
Rep. of Moldova	...	0	0	0	0	0	0	0	0	1	Rép. de Moldova
Romania	...	...	3	1	1	C	C	...	...	...	Roumanie
Russian Federation	5	3	4	5	8	8	48	93	102	98	Fédération de Russie
Slovakia	1	2	2	2	318	721	3	12	23	27	Slovaquie
Spain	C	C	C	C	C	2654	1823	2198	2286	1876	Espagne
Sweden	...	...	52	408	426	474	1343	1188	1423	1351	Suède
Ukraine	2	3	17	52	105	91	55	72	74	75	Ukraine
United Kingdom	750	775	C	C	C	735	727	C	852	929	Royaume-Uni

General Note.

Air conditioning machines, comprising a motor-driven fan and elements for changing the temperature and humidity, including those machines in which the humidity cannot be separately regulated.

Remarque générale.

Machines et appareils pour le conditionnement de l'air comprenant un ventilateur à moteur et des dispositifs propres à modifier la température et l'humidité, y compris ceux dans lesquels le degré hygrométrique n'est pas réglable séparément.

[1] Incomplete coverage.

[1] Couverture incomplète.

Industrial refrigerating and freezing equipment
Matériel, machines et appareils industriels pour la production du froid

CPC-BASED CODE - CODE BASE CPC
43913-0

Unit: Number of units — Unité: Nombre d'unités

Country or area	2003	2004	2005	2006	2007	2008	2009	2010	2011	2012	Pays ou zone
Africa											**Afrique**
Egypt	2953	550	562	86	...	2873	1458	...	...	...	Égypte
America, North											**Amérique du Nord**
Mexico	311422	357868	391178	408035	446565	501320	429281	494853	495092	490584	Mexique
America, South											**Amérique du Sud**
Brazil	7583409	782298	1093610	1739455	5196637	8083755	1489010	1969210	2245071	2094307	Brésil
Chile	...	...	91360	89219	68001	81609	70648	75810	60590	...	Chili
Ecuador	987	...	...	1808	2925	...	...	...	...	...	Équateur
Peru	50596	76103	88110	92080	...	...	...	...	...	...	Pérou
Asia											**Asie**
Azerbaijan	6	9	43	45	72	80	416	731	516	1908	Azerbaïdjan
Iran (Islamic Rep. of)	...	...	...	...	...	...	9617	...	...	...	Iran (Rép. islam. d')
Iraq	...	...	...	...	...	41	...	...	...	...	Iraq
Kazakhstan	115	44	30	49	29	...	...	...	...	...	Kazakhstan
Kyrgyzstan	715	908	656	634	742	913	389	410	300	502	Kirghizistan
Rep. of Korea	194268	245838	256985	...	...	...	...	...	...	...	Rép. de Corée
Turkey	...	...	C	550118	C	C	549262	710003	866011	822390	Turquie
Europe											**Europe**
Austria	38081	...	...	...	...	...	...	...	...	...	Autriche
Belarus	22478	39318	33068	28957	27607	28786	23534	35856	37877	37843	Bélarus
Belgium[1]	149472	...	...	...	...	...	...	...	...	...	Belgique[1]
Bulgaria	5241	4703	4356	4239	4813	4512	3819	4982	5190	5314	Bulgarie
Croatia	13806	15411	17213	18926	17831	22219	17937	18894	22268	23419	Croatie
Czech Republic	53691	63170	#267098	560875	787902	677888	305511	868407	C	C	République tchèque
Denmark	254166	282420	369225	248989	177169	151622	...	...	...	...	Danemark
Estonia	...	...	...	...	...	C	C	0	...	32	Estonie
Finland	74846	...	94884	97242	93413	67318	29083	30413	34293	45945	Finlande
Germany	C	C	251956	304952	305579	310490	258624	358891	394573	410464	Allemagne
Greece[1]	84562	...	...	...	...	...	...	...	...	...	Grèce[1]
Hungary	90694	95137	90319	121509	84476	104574	87403	70420	58277	62932	Hongrie
Ireland	1082862	1267363	...	...	...	...	...	...	...	...	Irlande
Italy	1312488	1427456	...	...	...	...	...	...	...	...	Italie
Lithuania	18860	13804	15384	15519	19543	18574	9376	10341	12844	18957	Lituanie
Poland	173058	116259	126299	138579	158114	146767	80201	81794	67261	75587	Pologne
Portugal	125655	131988	95413	96449	243510	118862	86610	91305	...	...	Portugal
Rep. of Moldova	...	999	1032	1178	1412	1194	650	332	467	350	Rép. de Moldova
Romania	20279	47347	51347	41824	34240	17233	77184	102190	96507	110551	Roumanie
Russian Federation[2]	102000	64100	39800	9451	7778	6010	4314	...	...	...	Fédération de Russie[2]
Serbia	...	...	...	905	...	...	...	...	...	...	Serbie
Slovakia	1453	10540	14615	16326	35473	23217	10036	16806	13003	19346	Slovaquie
Slovenia	C	C	C	C	C	26751	5847	C	8453	C	Slovénie
Spain	C	C	C	C	1407832	1644076	1731051	2821988	2920798	2274983	Espagne
Sweden	81538	100757	100817	136072	133141	136104	115305	127622	129983	111203	Suède
Ukraine	106733	141089	145503	170161	172814	153066	109169	214705	227880	225963	Ukraine
United Kingdom	[3]301123	[3]333197	2663727	C	293620	C	162459	403997	...	...	Royaume-Uni

General Note.
Refrigerating and freezing equipment and heat pumps, except household type equipment.

[1] Incomplete coverage.
[2] Refrigerating plants.
[3] Excluding Prodcom 2002 code 29.23.13.73.

Remarque générale.
Matériel, machines et appareils pour la production du froid et pompes à chaleur, autres que les machines et appareils de type ménager.

[1] Couverture incomplète.
[2] Appareils frigorifiques.
[3] 2002 code Prodcom 29.23.13.73 non compris.

Tractors, including pedestrian controlled
Tracteurs, y compris les motoculteurs

CPC-BASED CODE - CODE BASE CPC
44100-1

Unit: Number of units | Unité: Nombre d'unités

Country or area	2003	2004	2005	2006	2007	2008	2009	2010	2011	2012	Pays ou zone
Africa											**Afrique**
Algeria	2328	3092	2574	1258	1008	33	1802	1807	2311	2414	Algérie
Egypt	...	...	...	...	...	129	...	...	...	...	Égypte
Sudan (former)	...	...	2000	2938	3300	...	...	...	...	...	Soudan (anc.)
America, South											**Amérique du Sud**
Argentina	619	962	925	1172	1579	1748	1317	...	...	...	Argentine
Brazil	52672	53735	43390	36931	57967	72141	62347	79927	71929	75254	Brésil
Asia											**Asie**
Armenia	0	9	33	0	0	...	...	...	...	...	Arménie
Azerbaijan	...	...	...	10	408	487	584	706	591	618	Azerbaïdjan
India	178865	242312	253805	310749	304000	...	...	...	...	...	Inde
Japan	168645	200163	224953	224145	209724	234190	153663	173535	162543	160341	Japon
Kazakhstan	153	16	26	51	118	...	...	...	...	...	Kazakhstan
Myanmar[1]	435	300	300	390	601	700	271	125	250	150	Myanmar[1]
Pakistan[2]	26501	36103	43746	49439	54610	53607	60107	71730	70855	48152	Pakistan[2]
Rep. of Korea	23670	26650	32473	27646	30849	28550	26464	32897	42134	42597	Rép. de Corée
Syrian Arab Republic[3,4]	...	1201	2005	2097	2022	2034	1174	953	...	...	Rép. arabe syrienne[3,4]
Turkey	...	...	40381	44050	40733	31110	21212	45200	72565	63907	Turquie
Europe											**Europe**
Belarus	27883	35202	42868	51332	62334	69210	50981	50949	66803	71030	Bélarus
Bulgaria	C	107	186	C	C	C	C	C	C	0	Bulgarie
Croatia	...	17414	10550	12616	12645	15136	7981	18077	4044	3875	Croatie
Denmark	12695	15552	19123	19703	6186	408	454	597	667	468	Danemark
Finland	10867	11088	11519	11732	12026	10705	7410	7486	9359	8092	Finlande
Germany	48520	61360	C	C	C	C	47096	50859	62765	60815	Allemagne
Hungary	27160	25330	C	C	C	C	C	C	C	C	Hongrie
Italy	103260	110466	...	...	...	...	...	...	...	...	Italie
Poland	5821	8278	5987	6680	7383	6380	3860	3724	3607	3622	Pologne
Rep. of Moldova	500	327	260	220	C	C	C	C	C	C	Rép. de Moldova
Romania	3671	5030	3782	3349	523	C	C	C	C	C	Roumanie
Russian Federation[5]	4000	4400	4200	5200	7500	6000	2000	...	...	...	Fédération de Russie[5]
Serbia	...	...	...	2387	1949	1826	3625	2153	...	...	Serbie
Slovakia	905	C	18	16	C	C	C	C	C	C	Slovaquie
Spain	...	5566	5652	5114	4175	2714	2690	2747	2091	1338	Espagne
Sweden	285	1028	53400	44813	45559	28678	19283	23114	23920	22346	Suède
Ukraine	4556	5806	5543	3703	5282	6339	1445	5189	6847	5280	Ukraine

General Note.

Pedestrian controlled tractors, other than of the type used on railway station platforms and other tractors, excluding track-laying tractors, road tractors for semi-trailers and tractors of the type used on railway station platforms.

[1] Twelve months ending 31 March of year stated.
[2] Twelve months ending 30 June of year stated.
[3] Government production only.
[4] Source: Bulletin of Industrial Statistics for the Arab Countries, United Nations Economic and Social Commission for Western Asia (Beirut).
[5] Tractors for semi-trailers.

Remarque générale.

Motoculteurs, autres que les chariots-tracteurs des types utilisés dans les gares et autres tracteurs, à l'exclusion des tracteurs à chenilles, tracteurs routiers pour semi-remorqueset chariots-tracteurs des types utilisés dans les gares.

[1] Période de douze mois finissant le 31 mars de l'année indiquée.
[2] Période de douze mois finissant le 30 juin de l'année indiquée.
[3] Production de l'Etat seulement.
[4] Source: Bulletin de statistiques industrielles pour les pays arabes, Commission économique et sociale pour l'Asie occidentale des Nations Unies (Beyrouth).
[5] Tracteurs pour semi-remorques.

Mowers, whether worked by hand or motor driven, animal- or vehicle-operated
Tondeuses, actionnées à la main ou motorisées, tractées par un animal ou un véhicule

CPC-BASED CODE - CODE BASE CPC
44100-2

Unit: Number of units — Unité: Nombre d'unités

Country or area	2003	2004	2005	2006	2007	2008	2009	2010	2011	2012	Pays ou zone
Africa											**Afrique**
Algeria	150	0	500	700	...	...	...	...	199	298	Algérie
Egypt	...	...	...	...	...	564	219	...	93	...	Égypte
America, North											**Amérique du Nord**
Mexico	...	...	...	...	383	357	805	8827	11406	13181	Mexique
America, South											**Amérique du Sud**
Argentina	978	1030	1125	1230	1495	...	...	...	...	...	Argentine
Brazil	380371	828496	369522	433128	469137	748469	360637	439721	374577	314231	Brésil
Asia											**Asie**
Kazakhstan	117	31	4	0	0	...	...	...	...	...	Kazakhstan
Kyrgyzstan	0	0	2	0	0	0	0	0	0	0	Kirghizistan
Turkey	1646	...	#3848	12423	14641	8547	6705	8913	10814	15321	Turquie
Europe											**Europe**
Belarus	5907	6850	7169	5546	6043	5723	2736	3749	4010	3366	Bélarus
Bulgaria	41	63	64	62	62	79	31	17	17	C	Bulgarie
Croatia	3239	425	1209	1152	1800	2068	1876	558	458	398	Croatie
Czech Republic	50296	131703	132580	42913	39269	143692	125097	116019	145420	129545	République tchèque
Denmark	86173	62268	51312	5314	6798	6103	3117	7749	13765	14442	Danemark
Estonia	...	...	...	...	...	702	515	101	144	...	Estonie
Finland	1646	1629	2076	2435	2334	1927	1164	1646	1807	1528	Finlande
Germany	509877	421355	471690	618270	508577	516044	276656	234929	204630	193834	Allemagne
Hungary	735591	845665	1207394	1350045	1089299	1164070	831693	599015	587162	511885	Hongrie
Ireland	1494	208662	...	...	...	...	...	...	...	...	Irlande
Lithuania	1432	92	214	167	154	71	43	54	13	8	Lituanie
Poland	47914	45928	17665	33323	37458	24733	27460	21837	C	95689	Pologne
Portugal	49	45	48	30	25	626	218	229	...	...	Portugal
Russian Federation	1848	2455	2626	2739	3430	3311	2692	3201	4187	4211	Fédération de Russie
Serbia	...	...	...	2038	...	...	...	...	...	...	Serbie
Slovenia	3915	3574	C	C	C	C	C	C	C	C	Slovénie
Spain	374	398	367	264	277	175	145	140	450	616	Espagne
Sweden	454974	C	175478	170539	164640	136615	116398	153651	93056	59242	Suède
Ukraine	2092	3493	4462	3619	3505	3640	1741	2006	2415	2949	Ukraine
United Kingdom	...	...	...	...	...	C	1616715	C	...	...	Royaume-Uni
Oceania											**Océanie**
Australia[1]	237795	277803	239962	284933	213593	...	...	...	...	...	Australie[1]

General Note.
Mowers for lawns, parks or sports-grounds and other mowers, including cutter bars for tractor mounting, whether worked by hand or motor driven, animal- or vehicle-operated.

[1] Twelve months ending 30 June of year stated.

Remarque générale.
Tondeuses à gazon et autres faucheuses, y compris les barres de coupe à monter sur tracteur, actionnées à la main ou motorisées, ou tractées par un animal ou un véhicule.

[1] Période de douze mois finissant le 30 juin de l'année indiquée.

Ploughs for agricultural purposes
Charrues pour usages agricoles

CPC-BASED CODE - CODE BASE CPC
44110-1

Unit: Number of units — Unité: Nombre d'unités

Country or area	2003	2004	2005	2006	2007	2008	2009	2010	2011	2012	Pays ou zone
Africa											**Afrique**
Algeria	511	768	941	494	342	169	678	600	1864	1692	Algérie
Egypt	...	...	829	884	...	...	460	...	962	...	Égypte
Kenya	...	...	60	12	13	9	0	18	17	10	Kenya
Mozambique	...	370	443	0	0	...	...	...	...	...	Mozambique
America, North											**Amérique du Nord**
Cuba	789	1270	448	643	680	360	739	7996	5763	196	Cuba
Mexico	4853	3385	3090	3056	4362	5156	4600	4696	5223	6204	Mexique
America, South											**Amérique du Sud**
Argentina	2954	2750	2685	2385	2557	1932	1840	...	...	...	Argentine
Brazil	16544	37512	[1]10011	[1]10943	[1]12269	[1]13297	[1]14309	[1]22287	[1]257058	[1]270555	Brésil
Chile	...	...	[2]1629	[2]1377	1188	527	502	154	198	...	Chili
Asia											**Asie**
Azerbaijan	0	0	1	0	0	0	20	532	490	511	Azerbaïdjan
India	40646	26907	7277	...	...	...	...	...	...	...	Inde
Iran (Islamic Rep. of)	...	...	...	...	...	...	5840	...	...	...	Iran (Rép. islam. d')
Iraq	...	...	...	...	...	62	305	...	...	...	Iraq
Kazakhstan	91	33	24	10	8	...	...	...	...	...	Kazakhstan
Myanmar[3]	2384	1464	3685	11124	14831	14594	11048	11014	7810	7096	Myanmar[3]
Rep. of Korea	16048	22215	23125	27361	23429	...	...	...	...	...	Rép. de Corée
Turkey	...	...	#20043	24561	25917	20329	19279	32996	51094	43201	Turquie
Europe											**Europe**
Belarus	1064	1123	1682	1958	2753	1858	2255	2269	#6642	7344	Bélarus
Bulgaria	193	196	413	251	234	488	423	516	435	711	Bulgarie
Croatia	136	73	113	101	126	135	133	0	0	0	Croatie
Czech Republic	C	C	C	C	C	C	C	313	256	C	République tchèque
Denmark	1119	4137	3076	7926	11724	12885	12294	8306	2684	3769	Danemark
Finland	242	260	280	311	0	0	0	10	5	3	Finlande
Germany	C	C	C	C	C	4323	3561	3131	3778	5071	Allemagne
Greece	[4]507	722	...	...	...	...	...	...	...	...	Grèce
Hungary	3462	3076	3067	2372	2899	3182	2580	1484	3182	2821	Hongrie
Italy	16271	16210	...	...	...	...	...	...	...	...	Italie
Lithuania	30	25	20	44	8	16	3	2	3	1	Lituanie
Poland	8540	6018	5035	6662	C	C	5874	6950	7593	9134	Pologne
Portugal	4689	5387	2850	2866	2872	3173	3036	3311	...	...	Portugal
Rep. of Moldova	...	649	518	326	249	471	327	811	509	334	Rép. de Moldova
Romania	1038	1246	558	485	309	C	288	267	312	269	Roumanie
Russian Federation	994	1267	2407	1318	2066	3004	1470	1550	3719	4007	Fédération de Russie
Serbia	...	...	...	2138	...	...	...	...	...	...	Serbie
Slovenia	C	C	468	C	C	C	C	...	C	C	Slovénie
Spain	6381	7073	7044	6481	6846	7064	5727	4838	3646	2439	Espagne
Sweden	1558	1429	1108	1000	1010	1464	1445	959	1074	1319	Suède
Ukraine	4583	5584	3267	2779	4908	10980	5731	5958	6107	15403	Ukraine

General Note.
Ploughs for agricultural purposes.

[1] Including harrows, scarifiers, cultivators, weeders and hoes (HS 2007 codes 8432.21, 8432.29).
[2] Including seeders, planters, transplanters; and manure spreaders and fertilizer distributors.
[3] Twelve months ending 31 March of year stated.
[4] Excluding Prodcom 2002 code 29.32.11.50.

Remarque générale.
Charrues pour usages agricoles.

[1] Y compris les herses, scarificateurs, cultivateurs, extirpateurs, houes, sarcleuses et bineuses (2007 codes SH 8432.21, 8432.29).
[2] Y compris les semoirs, plantoirs et repiqueurs; et épandeurs de fumier et distributeurs d'engrais.
[3] Période de douze mois finissant le 31 mars de l'année indiquée.
[4] 2002 code Prodcom 29.32.11.50 non compris.

Seeders, planters, transplanters
Semoirs, plantoirs et repiqueurs

CPC-BASED CODE - CODE BASE CPC
44110-2

Unit: Number of units | Unité: Nombre d'unités

Country or area	2003	2004	2005	2006	2007	2008	2009	2010	2011	2012	Pays ou zone
America, North											**Amérique du Nord**
Mexico	3179	2522	2217	2380	[#]7521	8128	5295	6765	4758	8405	Mexique
America, South											**Amérique du Sud**
Argentina	4918	5050	5320	5135	5300	4300	4120	...	...	...	Argentine
Brazil[1]	44931	47433	23284	19269	33027	43123	31224	29870	39934	51353	Brésil[1]
Asia											**Asie**
Iraq	...	...	...	...	...	3	...	...	...	...	Iraq
Kazakhstan	114	180	91	3	0	...	...	...	...	...	Kazakhstan
Rep. of Korea[2]	16345	12846	21011	22642	8767	...	...	...	...	...	Rép. de Corée[2]
Turkey	...	...	[#]12090	6631	7206	6766	9509	11224	46836	42394	Turquie
Europe											**Europe**
Austria	1404	...	...	...	...	...	...	...	...	...	Autriche
Belarus	2073	1768	1818	1928	1788	1434	1041	484	[#]1439	1396	Bélarus
Bulgaria	158	142	91	71	38	51	20	20	38	24	Bulgarie
Croatia	364	537	525	754	586	647	343	213	217	207	Croatie
Czech Republic	C	C	C	C	C	67	C	44	25	26	République tchèque
Denmark	2887	1976	3268	3604	3190	4423	...	...	1116	559	Danemark
Finland	1308	1158	1239	889	1243	1466	793	987	683	759	Finlande
Germany	C	C	15146	19501	20639	C	C	C	C	C	Allemagne
Greece	[3]483	[4]760	...	...	...	...	...	...	...	...	Grèce
Hungary	264	169	328	342	454	281	216	240	246	402	Hongrie
Ireland	39	49	...	...	...	...	...	...	...	...	Irlande
Italy	11922	12401	...	...	...	...	...	...	...	...	Italie
Lithuania	1	6	0	0	0	0	1	2	0	0	Lituanie
Netherlands	...	...	...	...	...	...	...	...	185	265	Pays-Bas
Poland	8766	6675	4741	8551	10046	8644	7259	8245	7957	8951	Pologne
Portugal	260	287	201	272	459	542	216	206	...	...	Portugal
Rep. of Moldova	...	852	998	531	548	502	237	553	858	869	Rép. de Moldova
Romania	[5]2201	[5]2852	[5]1541	[5]1070	[5]1372	894	562	646	856	865	Roumanie
Russian Federation	4180	5726	6522	5135	7314	9054	3848	[6]2530	[6]2351	[6]2259	Fédération de Russie
Serbia	...	...	...	339	...	...	...	...	...	...	Serbie
Slovakia	266	C	C	C	C	C	C	C	...	...	Slovaquie
Spain	3078	3006	2529	2620	2772	3228	3272	2759	C	3401	Espagne
Sweden	1332	1348	1236	1317	1660	2179	1628	1202	1719	2051	Suède
Ukraine	8036	10058	11535	9414	7511	11497	2840	4136	7367	4017	Ukraine
United Kingdom	...	...	...	...	...	C	C	116	C	C	Royaume-Uni

General Note.
Seeders, planters and transplanters for agriculture or forestry purposes.

[1] Including seeders, planters, transplanters; and manure spreaders and fertilizer distributors.
[2] Transplanters only.
[3] Incomplete coverage.
[4] Excluding Prodcom 2002 code 29.32.13.33.
[5] Excluding Prodcom 2002 code 29.32.13.50.
[6] Tractor-drawn seeders only.

Remarque générale.
Semoirs, plantoirs et repiqueurs pour usages agricoles ou sylvicoles.

[1] Y compris les semoirs, plantoirs et repiqueurs; et épandeurs de fumier et distributeurs d'engrais.
[2] Repiqueuses seulement.
[3] Couverture incomplète.
[4] 2002 code Prodcom 29.32.13.33 non compris.
[5] 2002 code Prodcom 29.32.13.50 non compris.
[6] Semoirs tractés seulement.

Manure spreaders and fertilizer distributors
Epandeurs de fumier et distributeurs d'engrais

CPC-BASED CODE - CODE BASE CPC

44110-3

Unit: Number of units — Unité: Nombre d'unités

Country or area	2003	2004	2005	2006	2007	2008	2009	2010	2011	2012	Pays ou zone
America, North											**Amérique du Nord**
Mexico	359179	428806	474366	377390	#5327	5384	4487	4260	0	0	Mexique
United States	26896	26207	23822	24584	26772	24584	C	C	...	...	États-Unis
America, South											**Amérique du Sud**
Argentina	1985	2500	2470	2150	1960	1500	1450	...	...	...	Argentine
Brazil[1]	44931	47433	23284	19269	33027	43123	31224	29870	39934	51353	Brésil[1]
Asia											**Asie**
Kazakhstan	2	1	8	31	47	...	...	...	...	...	Kazakhstan
Turkey	...	...	#3061	2756	2654	2109	1193	3170	8339	14900	Turquie
Europe											**Europe**
Belarus	955	1224	1316	1545	1531	3020	2712	2384	2632	1431	Bélarus
Bulgaria	25	23	26	37	31	33	24	23	28	37	Bulgarie
Croatia	0	0	0	0	0	2810	1750	1081	3	1458	Croatie
Denmark	3848	4042	3496	3980	3927	C	C	C	C	C	Danemark
Estonia	...	...	...	...	...	...	...	...	1	...	Estonie
Finland	383	401	247	278	280	122	134	105	110	89	Finlande
Germany	C	C	33134	37711	184341	164214	151700	171941	192312	170977	Allemagne
Greece	[2]202	[3]261	...	...	...	...	...	...	...	...	Grèce
Hungary	184	82	180	178	55	186	280	63	240	214	Hongrie
Italy	142671	150384	...	...	...	...	...	...	...	...	Italie
Lithuania	61	39	28	9	8	6	0	17	15	17	Lituanie
Netherlands	...	...	...	...	...	...	...	...	5019	5452	Pays-Bas
Poland	11660	11748	9483	10208	12590	10356	7233	7659	7040	15972	Pologne
Portugal	884	1071	1088	1091	1167	869	662	698	...	...	Portugal
Romania	165	284	169	225	405	C	C	C	C	C	Roumanie
Russian Federation[4]	156	565	241	950	508	442	252	541	763	656	Fédération de Russie[4]
Slovenia	C	C	C	1605	C	C	C	C	C	C	Slovénie
Spain	4507	4732	3981	3714	4067	3488	2707	2814	4954	4359	Espagne
Sweden	135	135	77	82	85	121	94	93	81	54	Suède
Ukraine	800	880	1135	1159	2296	1423	272	885	504	390	Ukraine
United Kingdom	...	...	...	...	...	829	C	8069	8758	2610	Royaume-Uni

General Note.

Manure spreaders and fertilizer distributors for use in agriculture, horticulture and forestry.

1 Including seeders, planters, transplanters; and manure spreaders and fertilizer distributors.

2 Incomplete coverage.

3 Excluding Prodcom 2002 code 29.32.14.50.

4 Machines for distributing mineral and lime fertilizer.

Remarque générale.

Epandeurs de fumier et distributeurs d'engrais pour usages agricoles, horticoles et sylvicoles.

1 Y compris les semoirs, plantoirs et repiqueurs; et épandeurs de fumier et distributeurs d'engrais.

2 Couverture incomplète.

3 2002 code Prodcom 29.32.14.50 non compris.

4 Machines pour la distribution d'engrais minéral et de chaux.

Combine harvester-threshers
Moissonneuses batteuses

CPC-BASED CODE - CODE BASE CPC
44130-1

Unit: Number of units | Unité: Nombre d'unités

Country or area	2003	2004	2005	2006	2007	2008	2009	2010	2011	2012	Pays ou zone
Africa											**Afrique**
Algeria	11	219	171	40	...	...	155	320	347	235	Algérie
Egypt	352	...	...	...	...	206	137	...	...	...	Égypte
America, North											**Amérique du Nord**
Cuba	3	1	1	0	0	0	0	0	0	0	Cuba
Mexico	754	892	775	816	[#]464	1988	2003	1427	856	3495	Mexique
United States	8283	14201	11809	9654	10017	9654	C	...	...	...	États-Unis
America, South											**Amérique du Sud**
Argentina	348	560	635	715	785	355	410	...	...	...	Argentine
Brazil	C	C	817	1080	1459	C	1023	C	C	2851	Brésil
Chile	...	...	[1]154	[1]300	[1]308	4	...	24	40	...	Chili
Asia											**Asie**
Iran (Islamic Rep. of)	490	513	2335	3087	3343	1689	2508	...	...	...	Iran (Rép. islam. d')
Japan	40545	34582	53627	53787	43576	58552	65979	68715	27605	27325	Japon
Kazakhstan	...	40	28	56	492	...	...	...	...	...	Kazakhstan
Rep. of Korea	3995	4060	4130	...	...	...	...	...	...	...	Rép. de Corée
Turkey	579	579	C	C	C	C	C	[#]1863	C	C	Turquie
Europe											**Europe**
Belarus	715	998	1578	1489	2311	2818	1584	2035	1900	864	Bélarus
Croatia	0	0	98	213	222	311	222	193	268	354	Croatie
Finland	587	580	462	462	388	549	1190	1190	1134	1258	Finlande
Germany	7121	C	C	C	C	13221	C	C	C	C	Allemagne
Italy	881	981	...	...	...	...	...	...	...	...	Italie
Lithuania	...	...	37	4	1	1	0	0	0	1	Lituanie
Poland	699	874	1221	1129	C	C	C	C	C	C	Pologne
Romania	82	45	58	27	34	C	C	...	...	...	Roumanie
Russian Federation	5430	8059	7479	6885	8060	8059	6875	4295	6515	5798	Fédération de Russie
Serbia	...	...	...	199	...	...	...	...	...	...	Serbie
Ukraine	101	305	308	C	137	309	56	97	399	59	Ukraine

General Note.
Combine harvester-threshers.

[1] Including threshing machinery; straw or fodder balers, pickup balers; and root or tuber harvesting machines.

Remarque générale.
Moissonneuses batteuses.

[1] Y compris les machines et appareils pour le battage; les presses à paille ou à fourrage, les presses ramasseuses; et les machines pour la récolte des racines ou tubercules.

Threshing machinery except combine harvester-threshers
Machines et appareils pour le battage à l'exclusion des moissonneuses batteuses

CPC-BASED CODE - CODE BASE CPC
44130-2

Unit: Number of units — Unité: Nombre d'unités

Country or area	2003	2004	2005	2006	2007	2008	2009	2010	2011	2012	Pays ou zone
America, North											**Amérique du Nord**
Cuba	91	100	220	47	231	159	377	812	1279	141	Cuba
Mexico	...	...	...	...	6341	7397	6428	6291	6600	13166	Mexique
America, South											**Amérique du Sud**
Argentina	978	1030	1125	1230	1495	1150	1200	...	...	...	Argentine
Brazil[1]	25777	21538	11405	12029	13218	C	19438	20169	21776	22486	Brésil[1]
Asia											**Asie**
Kazakhstan	21	333	...	78	50	...	...	...	...	...	Kazakhstan
Turkey	579	579	C	#284	C	C	C	C	C	1981	Turquie
Viet Nam	10021	17571	19529	19101	18157	...	...	...	...	...	Viet Nam
Europe											**Europe**
Bulgaria	0	0	C	2	0	0	0	0	0	C	Bulgarie
Croatia	0	0	64	237	157	0	0	0	0	0	Croatie
Denmark	643	...	...	...	...	...	1	...	...	...	Danemark
Finland	...	...	0	0	0	0	20	20	19	21	Finlande
Italy	2217	1821	...	...	...	...	...	...	...	...	Italie
Poland	167	1541	2277	2360	C	C	C	C	C	C	Pologne
Portugal	C	C	C	127	100	C	C	C	...	...	Portugal
Romania	...	12	0	...	...	...	...	...	...	...	Roumanie
Serbia	...	...	...	14	...	...	...	...	...	...	Serbie

General Note.
Threshing machinery except combine harvester-threshers.

Remarque générale.
Machines et appareils pour le battage à l'exclusion des moissonneuses batteuses.

[1] Including threshing machinery and root or tuber harvesting machines.

[1] Y compris les machines de battage et racines ou tubercules machines de récolte.

Straw or fodder balers, including pickup balers
Presses à paille ou à fourrage, y compris les presses ramasseuses

CPC-BASED CODE - CODE BASE CPC
44130-3

Unit: Number of units | Unité: Nombre d'unités

Country or area	2003	2004	2005	2006	2007	2008	2009	2010	2011	2012	Pays ou zone
Africa											**Afrique**
Algeria	352	285	237	76	76	0	13	9	0	320	Algérie
America, South											**Amérique du Sud**
Argentina	575	630	720	680	825	790	710	...	...	...	Argentine
Brazil	3973	2505	7892	2584	2831	3513	4675	3062	2482	824	Brésil
Asia											**Asie**
Turkey	...	...	355	C	873	953	921	744	1966	3100	Turquie
Europe											**Europe**
Belarus	2165	2286	2164	1942	2628	2882	2052	2968	3768	4504	Bélarus
Finland	...	...	769	776	760	877	685	507	642	576	Finlande
Germany	25693	21115	21703	21771	15361	15513	C	6059	7521	8501	Allemagne
Hungary	...	2692	C	C	3625	4619	4290	4621	5665	C	Hongrie
Poland	...	...	7014	7416	8726	7648	8743	7833	9334	10260	Pologne
Portugal	...	...	2	0	2	2	5	2	...	...	Portugal
Russian Federation	742	421	693	1243	1173	1210	999	1210	2294	2686	Fédération de Russie
Spain	...	...	C	C	C	101	C	C	C	144	Espagne
Ukraine	C	C	99	C	C	0	0	10	C	C	Ukraine

General Note.
Straw or fodder balers, including pick-up balers and bale rollers, for picking up and baling hay or straw left on the field.

Remarque générale.
Presses à paille ou à fourrage, y compris les presses ramasseuses et enrubanneuses, servant à ramasser et mettre en balles le foin ou la paille sur champ.

Machine-tools for working any material by removal of material
Machines outils travaillant par enlèvement de toute matière

CPC-BASED CODE - CODE BASE CPC
44211-0

Unit: Number of units — Unité: Nombre d'unités

Country or area	2003	2004	2005	2006	2007	2008	2009	2010	2011	2012	Pays ou zone
America, South											**Amérique du Sud**
Brazil	C	C	2086	14607	334	84	35368	32549	32517	39885	Brésil
Asia											**Asie**
Turkey	...	...	C	C	C	407	345	1345	1080	C	Turquie
Europe											**Europe**
Belarus	...	...	...	...	...	...	...	...	20	33	Bélarus
Bulgaria	4	C	C	C	18	C	C	C	C	11	Bulgarie
Czech Republic	...	...	0	0	C	C	C	49	84	98	République tchèque
Finland	...	...	3	58	...	47	12	18	19	17	Finlande
Germany	C	3461	C	3996	5694	C	C	C	C	C	Allemagne
Hungary	...	3	C	C	C	C	C	C	C	C	Hongrie
Lithuania	0	0	0	0	0	0	0	0	0	3	Lituanie
Poland	5	32	181	265	360	280	220	294	359	C	Pologne
Portugal	2	0	2	5	8	9	10	14	...	...	Portugal
Romania	2	13	3	0	...	C	C	C	C	C	Roumanie
Russian Federation[1]	...	...	...	...	...	...	...	44	80	129	Fédération de Russie[1]
Spain	...	454	451	401	751	696	664	898	1397	1468	Espagne
Sweden	C	...	...	C	0	0	0	0	0	82	Suède
Ukraine	30	C	129	181	120	133	40	72	208	147	Ukraine
United Kingdom	[2]2138	...	...	...	C	C	C	1951	2425	2437	Royaume-Uni

General Note.

Machine-tools for working any material by removal of material, by laser or other light or photon beam, ultrasonic, electro-discharge, electro-chemical, electron beam, ionic-beam or plasma arc processes.

Remarque générale.

Machines outils travaillant par enlèvement de toute matière et opérant par laser ou autre faisceau de lumière ou de photons, par ultra sons, par électro érosion, par procédés électrochimiques, par faisceaux d'électrons, par faisceaux ioniques ou par jet de plasma.

[1] By laser or ultrasonic processes only.
[2] Excluding Prodcom 2002 code 29.40.11.53.

[1] Par des processus de laser ou à ultrasons seulement.
[2] 2002 code Prodcom 29.40.11.53 non compris.

Lathes for removing metal
Tours travaillant par enlèvement de métal

CPC-BASED CODE - CODE BASE CPC
44213-0

Unit: Number of units | Unité: Nombre d'unités

Country or area	2003	2004	2005	2006	2007	2008	2009	2010	2011	2012	Pays ou zone
Africa											**Afrique**
Algeria	47	101	9	31	12	20	27	48	208	34	Algérie
Egypt	...	...	...	...	...	20	...	...	...	...	Égypte
America, North											**Amérique du Nord**
United States[1]	1816	4038	4852	5769	6210	7416	2676	2899	...	...	États-Unis[1]
America, South											**Amérique du Sud**
Brazil	7381	18767	5498	3277	13334	5429	3647	3252	3039	1651	Brésil
Asia											**Asie**
Armenia	95	44	10	28	7	9	16	0	0	0	Arménie
Georgia	23	C	C	0	0	0	0	0	...	...	Géorgie
India[2]	7677	4476	4278	3165	...	...	...	...	...	...	Inde[2]
Iran (Islamic Rep. of)	...	...	...	...	...	...	1190	...	...	...	Iran (Rép. islam. d')
Kyrgyzstan	[3]10	0	3	0	0	0	0	0	0	0	Kirghizistan
Rep. of Korea	1366	1577	1624	...	...	...	...	...	...	...	Rép. de Corée
Turkey	...	...	#1161	C	C	C	C	434	C	C	Turquie
Europe											**Europe**
Belarus	141	124	209	176	246	237	246	234	378	362	Bélarus
Bulgaria	2068	2324	2134	2008	2075	1816	582	646	854	907	Bulgarie
Croatia	...	...	...	...	...	50	49	8	6	42	Croatie
Czech Republic	861	653	575	906	1172	1202	643	393	583	677	République tchèque
Denmark	59	0	0	0	0	...	...	...	...	3	Danemark
Germany	4824	5207	5035	5783	6574	23342	C	3961	6239	6412	Allemagne
Hungary	...	35	C	C	C	C	C	C	C	...	Hongrie
Lithuania	0	0	0	0	0	0	2	0	0	0	Lituanie
Poland	408	357	470	936	1008	1129	734	506	739	750	Pologne
Portugal	C	0	0	1	0	0	0	0	...	...	Portugal
Romania	65	48	61	123	54	51	68	69	64	87	Roumanie
Russian Federation	1597	1699	1325	1334	1315	1370	476	674	784	795	Fédération de Russie
Slovakia	1247	2598	1100	1085	C	C	C	C	C	C	Slovaquie
Spain	2785	2404	2573	1955	2004	1791	703	778	923	931	Espagne
Sweden	0	3	6	151	6	7	7	0	10	5	Suède
Ukraine	121	136	158	114	148	151	61	21	40	59	Ukraine

General Note.
Lathes including turning centres for removing metal, horizontal, numerically controlled or otherwise.

1 Excluding machines valued under $3025 each.
2 All metal-cutting machines.
3 Source: Statistical Yearbook, Commonwealth of Independent States (Moscow).

Remarque générale.
Tours y compris les centres de tournage travaillant par enlèvement de métal, horizontaux, à commande numérique ou autres.

1 Non compris les machines evaluées au-dessous de $3025 par pièce.
2 Machines-outils tous types pour le travail des métaux.
3 Source: Annuaire des Statistiques, Communauté des États indépendants (Moscou).

Machine-tools for drilling, boring or milling metal
Machines à percer, aléser et fraiser les métaux

CPC-BASED CODE - CODE BASE CPC

44214-0

Unit: Number of units — Unité: Nombre d'unités

Country or area	2003	2004	2005	2006	2007	2008	2009	2010	2011	2012	Pays ou zone
Africa											**Afrique**
Egypt	4	...	...	...	...	...	70	...	...	...	Égypte
America, North											**Amérique du Nord**
United States[1]	3343	3930	8807	10097	9246	8139	C	C	...	...	États-Unis[1]
America, South											**Amérique du Sud**
Brazil	11311	*14012	10950	5495	9127	11799	8137	1621	305	643	Brésil
Chile	...	...	...	...	...	668	...	...	...	...	Chili
Asia											**Asie**
Georgia	30	C	C	0	0	0	0	0	...	...	Géorgie
Japan	7796	9031	13040	9885	16544	14311	3211	3472	4585	4874	Japon
Kazakhstan	8	...	0	0	0	...	...	...	...	...	Kazakhstan
Rep. of Korea	2341	2716	2729	2234	2082	1929	1226	2013	1979	1593	Rép. de Corée
Turkey	...	...	1393	6555	3857	C	1619	1442	3239	3173	Turquie
Europe											**Europe**
Belarus	1885	1528	680	1172	981	1346	861	1285	2131	2702	Bélarus
Bulgaria	958	866	934	618	521	484	242	226	280	263	Bulgarie
Croatia	...	...	...	...	...	264	282	167	926	417	Croatie
Czech Republic	1044	1032	1061	1017	1087	1015	540	296	397	394	République tchèque
Denmark	24	49	34	55	53	35	34	23	17	10	Danemark
Finland	60	36	46	64	61	58	41	46	43	42	Finlande
Germany	C	17330	C	19576	15721	45370	29545	8105	10417	10731	Allemagne
Hungary	68	234	29	22	13	0	C	0	C	C	Hongrie
Lithuania	131	104	45	29	15	18	5	9	5	18	Lituanie
Poland	1205	1183	1035	1283	1010	387	315	286	192	237	Pologne
Portugal	14	13	3	7	2	0	0	0	...	...	Portugal
Romania	809	697	525	291	189	311	47	7	9	7	Roumanie
Russian Federation	1228	1425	1572	2066	2225	1882	621	1109	1367	912	Fédération de Russie
Slovakia	923	519	...	...	...	C	C	C	C	C	Slovaquie
Spain	...	5858	6062	4659	6012	3501	1324	1185	1062	879	Espagne
Sweden	1422	1400	1881	1974	1979	1897	9873	10070	3911	352	Suède
Ukraine	194	172	120	156	160	140	33	45	48	49	Ukraine
United Kingdom	...	...	...	...	1549	821	C	438	387	C	Royaume-Uni

General Note.

Machine-tools (including way-type unit head machines) for drilling, boring, milling, threading or tapping by removing metal, other than lathes and turning centres.

[1] Excluding machines valued under $3025 each.

Remarque générale.

Machines (y compris les unités d'usinage à glissières) à percer, aléser, fraiser, fileter ou tarauder les métaux par enlèvement de matière, autres que les tours et centres de tournage.

[1] Non compris les machines evaluées au-dessous de $3025 par pièce.

Grinding and sharpening machines
Machines à meuler et à affûter

CPC-BASED CODE - CODE BASE CPC
44216-1

Unit: Number of units | Unité: Nombre d'unités

Country or area	2003	2004	2005	2006	2007	2008	2009	2010	2011	2012	Pays ou zone
America, North											**Amérique du Nord**
United States	32386	29606	29261	30879	24381	[1]2093	[1]1097	[1]1437	...	...	États-Unis
America, South											**Amérique du Sud**
Brazil	3254	20068	44618	50140	98677	46732	53607	51761	10681	73500	Brésil
Chile	...	...	...	...	37871	200	99	2819	...	...	Chili
Asia											**Asie**
Japan	6762	8502	8794	9354	8553	9518	4251	8262	9996	10827	Japon
Kazakhstan	5	2	2	0	0	...	...	...	...	...	Kazakhstan
Turkey	...	...	893	1519	1556	2165	1269	1773	1133	1194	Turquie
Europe											**Europe**
Belarus	108	215	146	136	152	154	103	105	#2163	1903	Bélarus
Bulgaria	59	58	46	46	40	29	17	22	23	34	Bulgarie
Croatia	0	...	...	...	...	46	48	2	2	3	Croatie
Czech Republic	C	C	C	C	1608	1575	708	754	1151	1345	République tchèque
Denmark	28249	18034	18577	18017	17852	13262	7848	7184	7108	5324	Danemark
Finland	88	60	70	74	72	51	20	22	24	26	Finlande
Germany	C	20674	C	C	24606	13629	9335	8525	12481	12559	Allemagne
Hungary	...	26	...	C	C	C	C	...	C	...	Hongrie
Lithuania	55	88	35	20	9	5	0	2	2	11	Lituanie
Poland	136	289	677	1142	505	442	461	349	389	467	Pologne
Portugal	7	9	5	4	3	1	0	0	...	...	Portugal
Romania	145	290	210	123	106	C	C	C	...	...	Roumanie
Russian Federation	121	125	111	54	60	14	54	811	951	1113	Fédération de Russie
Serbia[2]	...	...	...	154	...	...	...	...	...	...	Serbie[2]
Slovakia	29	C	...	...	...	175	C	C	C	C	Slovaquie
Slovenia	...	C	C	C	C	C	C	C	C	48	Slovénie
Spain	691	3189	3343	3991	4400	4368	3721	3010	2364	2059	Espagne
Sweden	39	469	57	85	63	62	81	9394	9913	12403	Suède
Ukraine	331	340	372	687	602	867	210	336	334	401	Ukraine
United Kingdom	...	...	...	...	3680	C	2296	1971	C	C	Royaume-Uni

General Note.
Grinding and sharpening machines, numerically controlled or otherwise.

[1] Excluding machines valued under $3025 each.
[2] Incomplete coverage.

Remarque générale.
Machines à meuler et à affûter, à commande numérique ou autres.

[1] Non compris les machines evaluées au-dessous de $3025 par pièce.
[2] Couverture incomplète.

Metal finishing machines except grinding and sharpening machines
Machines pour la finition du métal à l'exception des machines à meuler et à affûter

CPC-BASED CODE - CODE BASE CPC
44216-2

Unit: Number of units — Unité: Nombre d'unités

Country or area	2003	2004	2005	2006	2007	2008	2009	2010	2011	2012	Pays ou zone
America, South											**Amérique du Sud**
Brazil	32535	20725	77467	81729	66335	52210	62305	52760	...	...	Brésil
Asia											**Asie**
Japan	704	784	1030	1043	1222	1177	479	521	896	997	Japon
Rep. of Korea	10040	13773	15967	...	...	...	...	...	...	...	Rép. de Corée
Turkey	...	...	21581	112713	103864	186867	156291	195074	166990	176340	Turquie
Europe											**Europe**
Bulgaria	628	706	704	861	1042	926	347	418	489	613	Bulgarie
Croatia	...	...	...	...	...	274	94	13	12	100	Croatie
Czech Republic	C	C	C	C	1284	3270	641	C	4261	4681	République tchèque
Denmark	771	732	846	847	1086	893	539	606	896	1031	Danemark
Finland	...	...	0	0	0	0	252	188	208	97	Finlande
Germany	C	C	C	C	C	C	37701	43421	31042	26626	Allemagne
Hungary	...	18300	C	C	C	21398	C	C	C	C	Hongrie
Lithuania	0	0	0	0	0	0	9	2	2	1	Lituanie
Poland	4006	5173	831	445	C	C	826	1185	C	C	Pologne
Portugal	C	2	3	1	1	0	2	0	...	...	Portugal
Romania	...	8	38	22	...	C	C	...	C	C	Roumanie
Russian Federation	5576	5289	4757	5095	5044	4833	1828	2021	2329	2301	Fédération de Russie
Spain	...	C	C	C	C	1647	163	388	611	484	Espagne
Sweden	C	C	27621	6277	4017	...	...	480	637	580	Suède
Ukraine	17	23	C	C	C	C	0	64	100	258	Ukraine
United Kingdom	[1]1058	972	...	...	C	C	C	C	C	C	Royaume-Uni

General Note.
All other metal finishing machines except grinding and sharpening machines, such as: Honing or lapping machines, machine-tools for planing, shaping, slotting, broaching, gear cutting, gear grinding or gear finishing, sawing, cutting-off and other machine-tools working by removing metal or cermets and other metal finishing machines except grinding and sharpening machines.

Remarque générale.
Toutes autres machines pour la finition du métal à l'exception des machines à meuler et à affûter, comme les machines à rectifier ou à roder, machines à raboter, étaux limeurs, machines à mortaiser, brocher, tailler les engrenages, finir les engrenages, scier, tronçonner et autres machines outils travaillant par enlèvement de métal ou de cermets et autres machines pour la finition du métal à l'exception des machines à meuler et affûter.

[1] Excluding Prodcom 2002 code 29.40.31.35.

[1] 2002 code Prodcom 29.40.31.35 non compris.

Machine tools for working metal
Machines outils pour le travail des métaux

CPC-BASED CODE - CODE BASE CPC
44217-0

Unit: Number of units | Unité: Nombre d'unités

Country or area	2003	2004	2005	2006	2007	2008	2009	2010	2011	2012	Pays ou zone
America, South											**Amérique du Sud**
Argentina	2358	2351	2517	2093	...	...	...	...	...	...	Argentine
Brazil	25735	30794	46206	32230	63196	120845	38064	51707	...	...	Brésil
Chile	...	...	79857	97291	35584	324	93	1303	6001	...	Chili
Asia											**Asie**
Armenia	177	276	92	36	15	21	43	6	8	0	Arménie
Azerbaijan	1	0	11	0	0	0	0	0	0	0	Azerbaïdjan
Iran (Islamic Rep. of)	2859	1901	889	485	404	2333	356	...	...	...	Iran (Rép. islam. d')
Japan	1346	1548	1890	2229	1777	1817	1056	413	376	478	Japon
Kazakhstan	8	12	32	30	0	...	...	...	...	...	Kazakhstan
Turkey	...	...	18797	33321	36552	29165	28412	22714	27015	29478	Turquie
Viet Nam	8666	5831	3839	2799	3140	4653	7951	4328	...	...	Viet Nam
Europe											**Europe**
Belarus	5185	5360	3665	4697	4646	4574	2498	3662	...	...	Bélarus
Bulgaria	209	242	541	572	789	986	541	237	151	123	Bulgarie
Croatia	...	...	...	...	...	167	21	49	71	56	Croatie
Czech Republic	1289	2131	2471	2993	4932	4043	3396	3370	4397	3286	République tchèque
Denmark	4155	8755	9388	32044	35869	...	...	...	...	...	Danemark
Estonia	...	...	...	...	...	C	C	45	...	1	Estonie
Finland	...	...	5592	4441	5876	5546	1283	4573	4831	3794	Finlande
Germany	29261	33087	34401	37228	40612	44291	14264	15910	16387	C	Allemagne
Hungary	1518	1219	967	1047	623	791	571	603	908	781	Hongrie
Lithuania	6	117	98	29	1	0	1	1	1	22	Lituanie
Netherlands	...	...	...	...	...	...	...	...	3150	3331	Pays-Bas
Poland	2740	2701	7424	7815	9591	8136	6314	9115	10035	8959	Pologne
Portugal	948	1062	1146	875	1206	987	827	866	...	...	Portugal
Romania	931	962	887	771	418	793	255	200	390	344	Roumanie
Russian Federation	5697	5414	4867	5149	5104	4847	1882	2832	3280	3414	Fédération de Russie
Slovakia	1511	3370	1619	1757	1984	1792	1044	750	739	515	Slovaquie
Slovenia	226	215	236	263	160	191	123	C	63	87	Slovénie
Spain	...	24207	26169	27710	39399	32853	C	C	C	C	Espagne
Sweden	903	2900	5885	1661	1788	2219	644	C	892	1254	Suède
TFYR of Macedonia	4	3	21	5	0	0	0	0	0	0	L'ex-RY de Macédoine
Ukraine	741	657	806	761	820	843	378	376	528	463	Ukraine
United Kingdom	...	...	...	...	2478	C	2195	1777	...	...	Royaume-Uni

General Note.

Machine-tools for working metal by forging, hammering or die-stamping; machine-tools for working metal by bending, folding, straightening, flattening, shearing, punching or notching; other presses for working metal or metal carbides.

Remarque générale.

Machines-outils à forger ou à estamper, moutons, marteaux pilons et martinets pour le travail des métaux; machines à rouler, cintrer, plier, dresser, planer, cisailler, poinçonner ou gruger les métaux; autres presses pour le travail des métaux ou des carbures métalliques.

Machine-tools for working wood
Machines outils pour le travail du bois

CPC-BASED CODE - CODE BASE CPC
44222-0

Unit: Number of units — Unité: Nombre d'unités

Country or area	2003	2004	2005	2006	2007	2008	2009	2010	2011	2012	Pays ou zone
Africa											**Afrique**
Egypt	...	...	...	...	...	90	...	...	...	...	Égypte
America, South											**Amérique du Sud**
Argentina	151	136	73	65	88	40	...	...	...	...	Argentine
Brazil	26685	20139	11292	13128	14840	41125	23938	42634	53275	55432	Brésil
Chile	...	...	...	1451	249	154	28	179	136	...	Chili
Ecuador	18482	0	0	0	0	...	...	...	...	...	Équateur
Asia											**Asie**
India	268	...	1175	...	...	...	...	...	...	...	Inde
Iran (Islamic Rep. of)	...	...	...	...	...	...	81	...	...	...	Iran (Rép. islam. d')
Japan	36216	39221	27367	16380	15050	10279	4382	4231	5410	3637	Japon
Kazakhstan	11	22	10	2	1	...	...	...	...	...	Kazakhstan
Turkey	...	...	23665	34674	31078	15303	8903	11787	13407	22775	Turquie
Viet Nam	1769	1084	541	1288	2581	...	...	...	...	...	Viet Nam
Europe											**Europe**
Austria	13230	...	...	...	...	...	...	...	...	...	Autriche
Belarus	60133	69971	65361	45422	50206	56872	43523	38954	25432	36472	Bélarus
Bulgaria	5362	5867	5563	5843	5473	4547	3204	3106	3135	2483	Bulgarie
Croatia	...	...	...	...	...	1247	373	12	12	14	Croatie
Czech Republic	11355	9444	13393	16123	28968	17625	14279	13234	12901	13739	République tchèque
Denmark	29167	24313	44450	37995	30146	19856	...	...	...	...	Danemark
Estonia	...	...	...	...	...	515	400	112	551	190	Estonie
Finland	...	...	3009	3670	9386	6752	4301	5595	8427	7675	Finlande
Germany	157139	C	C	198507	173663	C	C	101438	97668	89154	Allemagne
Greece[1]	10	...	...	...	...	...	...	...	...	...	Grèce[1]
Hungary	596	475	124	171	361	542	1768	89	88	50	Hongrie
Latvia	C	C	C	C	1477	C	C	C	C	C	Lettonie
Lithuania	333	819	349	322	344	241	96	134	128	426	Lituanie
Poland	5275	5496	5144	6045	6075	7696	5011	5449	C	6550	Pologne
Portugal	976	1023	984	1115	1120	938	2462	2893	...	...	Portugal
Rep. of Moldova	38	...	...	...	...	...	...	...	...	...	Rép. de Moldova
Romania	4729	1489	490	316	838	5873	3870	4073	6220	4081	Roumanie
Russian Federation	8115	6797	4489	4412	5102	4130	1800	3909	5323	5105	Fédération de Russie
Slovakia	167	150	...	...	...	93	431	333	28	17	Slovaquie
Slovenia	1067	1060	2430	2732	1897	1974	2031	C	2590	3774	Slovénie
Spain	9084	11015	9626	7655	8391	29419	2209	7246	9130	8694	Espagne
Sweden	5358	...	...	...	...	...	...	46167	47669	51642	Suède
Ukraine	3743	4165	3722	3554	3160	2466	1419	1409	1485	2047	Ukraine
United Kingdom	...	...	...	...	2941	2270	C	2028	C	2052	Royaume-Uni

General Note.

Machine-tools for working wood, cork, bone, hard rubber, hard plastics or similar hard materials; presses for the manufacture of particle board or fibre building board of wood or other ligneous materials and other machinery for treating wood or cork.

[1] Incomplete coverage.

Remarque générale.

Machines outils pour le travail du bois, du liège, de l'os, du caoutchouc durci, des matières plastiques dures ou matières dures similaires; presses pour la fabrication de panneaux de particules ou de fibres de bois ou d'autres matières ligneuses et autres machines et appareils pour le traitement du bois ou du liège.

[1] Couverture incomplète.

Tools for working in the hand, pneumatic, hydraulic or with self-contained non-electric motor
Outils à main, pneumatiques, hydrauliques ou à moteur autonome non électrique

CPC-BASED CODE - CODE BASE CPC
44231-0

Unit: Number of units — Unité: Nombre d'unités

Country or area	2003	2004	2005	2006	2007	2008	2009	2010	2011	2012	Pays ou zone
America, North											**Amérique du Nord**
Mexico	4450	6617	7283	9141	...	...	...	...	...	...	Mexique
America, South											**Amérique du Sud**
Brazil	244396	536575	615788	1001998	1482399	2014695	1235550	1782937	1647042	1422710	Brésil
Chile	...	...	...	...	65	...	...	...	...	...	Chili
Asia											**Asie**
Azerbaijan	492	457	443	288	477	351	0	453	283	166	Azerbaïdjan
India	...	576598	837243	...	...	...	...	...	...	...	Inde
Turkey	...	...	160532	C	C	C	C	C	C	C	Turquie
Europe											**Europe**
Bulgaria	C	C	111	94	C	C	C	C	C	0	Bulgarie
Croatia	...	...	...	...	...	0	3490	5200	13124	11501	Croatie
Czech Republic	28419	37493	38199	50478	64759	64767	22849	45119	252382	209247	République tchèque
Denmark	...	1874336	2233090	2450571	2319168	...	...	...	...	...	Danemark
Germany	1132761	1215064	1287253	1460031	1524318	1323900	1086542	1433494	1467162	1437689	Allemagne
Hungary	3667	7043	276	C	824	C	C	C	C	C	Hongrie
Lithuania	...	...	...	...	169	0	0	0	0	0	Lituanie
Poland	232	168	4507	5022	5732	4865	3198	3267	5320	5374	Pologne
Slovakia	254	C	...	...	...	C	C	C	C	C	Slovaquie
Spain	...	19925	17366	C	C	14486	C	29328	29238	22394	Espagne
Sweden	C	C	C	C	C	1439449	933794	1102802	1231018	1196560	Suède
Ukraine	C	C	C	C	6448	5028	4301	3477	3224	2512	Ukraine
United Kingdom	155106	[1]54944	...	...	271395	230866	114798	134938	217548	228007	Royaume-Uni

General Note.
Tools for working in the hand, pneumatic (rotary type or other), hydraulic or with self-contained non-electric motor.

[1] Excluding Prodcom 2002 code 29.40.51.10.

Remarque générale.
Outils à main, pneumatiques (rotatifs ou autre), hydrauliques ou à moteur autonome non électrique

[1] 2002 code Prodcom 29.40.51.10 non compris.

Electro-mechanical tools for working in the hand, with self-contained electric motor
Outils électromécaniques à moteur électrique incorporé, pour emploi à la main

CPC-BASED CODE - CODE BASE CPC
44232-0

Unit: Number of units — Unité: Nombre d'unités

Country or area	2003	2004	2005	2006	2007	2008	2009	2010	2011	2012	Pays ou zone
America, South											**Amérique du Sud**
Brazil	1995276	4859049	4129083	4404958	5503908	4467086	3626641	6307522	5349082	3488011	Brésil
Chile	...	...	10	...	...	...	...	...	...	...	Chili
Asia											**Asie**
Iran (Islamic Rep. of)	...	...	...	...	...	...	304	...	...	...	Iran (Rép. islam. d')
Rep. of Korea	366712	437952	389105	...	...	...	...	...	...	...	Rép. de Corée
Turkey	...	...	525675	C	C	372993	237650	286686	324383	384006	Turquie
Europe											**Europe**
Czech Republic	C	C	C	C	C	1666073	494017	480489	473114	C	République tchèque
Denmark	33	0	0	604	1047	1154	693	748	846	...	Danemark
Finland	...	3128	3321	4094	4302	1192	695	12122	16863	19799	Finlande
Germany	C	C	C	C	10286391	8911123	5554805	6069413	7113736	6709634	Allemagne
Hungary	369221	1611853	3675013	5575561	C	C	C	C	C	C	Hongrie
Lithuania	14479	34199	65895	41984	0	0	0	0	0	0	Lituanie
Poland	42962	40816	48411	54228	57420	61197	19311	21342	C	C	Pologne
Portugal	25	14	273	296	1092	1320	402	C	...	...	Portugal
Romania	...	...	...	...	...	C	285260	C	C	C	Roumanie
Slovakia	C	C	...	...	...	33854	C	C	C	C	Slovaquie
Spain	...	337053	293810	307594	240296	188052	76715	84779	129347	134054	Espagne
Sweden	177037	344055	C	C	C	50842	31525	61561	25286	24887	Suède
Ukraine	[1]430383	[1]528284	[1]506213	[2]490525	[2]493197	450485	303792	294863	245175	174609	Ukraine

General Note.

Electro-mechanical tools for working in the hand, with self-contained electric motor, such as drills of all kinds, saws or other.

[1] Excluding other electro-mechanical hand tools with embedded electromotor (National product list code 29.41.11.300, 29.41.11.900).

[2] Excluding other electro-mechanical hand tools (National product list code 29.41.11.300).

Remarque générale.

Outils électromécaniques à moteur électrique incorporé, pour emploi à la main, comme les perceuses de tous genres, les scies et autres.

[1] À l'exclusion des autres outils à main électromécaniques avec moteur électrique intégré (Code de la liste nationale de produits 29.41.11.300, 29.41.11.900).

[2] À l'exclusion des autres outils à main électromécaniques (Code de la liste nationale de produits 29.41.11.300).

Mechanical shovels, excavators and shovel loaders
Pelles mécaniques, excavateurs, chargeuses et chargeuses pelleteuses

CPC-BASED CODE - CODE BASE CPC
44420-1

Unit: Number of units | Unité: Nombre d'unités

Country or area	2003	2004	2005	2006	2007	2008	2009	2010	2011	2012	Pays ou zone
Africa											**Afrique**
Algeria	41	40	87	73	107	84	73	109	102	95	Algérie
America, North											**Amérique du Nord**
United States	17905	C	C	C	C	C	C	C	...	...	États-Unis
America, South											**Amérique du Sud**
Brazil	6206	9638	13122	13822	13991	14732	10136	15168	16068	16632	Brésil
Chile	...	...	1940	218	1144	1648	1848	3040	...	...	Chili
Asia											**Asie**
Azerbaijan	2	0	0	0	4	0	0	0	0	0	Azerbaïdjan
Kazakhstan	13	...	6	13	10	...	...	...	...	...	Kazakhstan
Rep. of Korea	16121	21134	24133	26473	32592	31125	17178	...	...	...	Rép. de Corée
Turkey	...	...	C	1263	1620	1098	880	1871	3016	4031	Turquie
Europe											**Europe**
Austria	4140	...	...	...	...	...	...	...	...	...	Autriche
Belarus	1740	2304	2952	4026	5383	5783	3142	4263	#2459	2492	Bélarus
Czech Republic	C	C	C	C	5627	8388	3845	C	C	C	République tchèque
Denmark	237	287	326	264	149	145	34	65	77	68	Danemark
Finland	2262	2571	2490	3554	5899	7054	2751	3457	4098	5129	Finlande
Germany	C	C	29059	30050	C	32605	12087	19720	27409	26092	Allemagne
Hungary	...	1	...	...	...	...	...	...	...	...	Hongrie
Italy[1]	20255	16159	...	...	...	...	...	...	...	...	Italie[1]
Poland	1643	2319	2832	3052	3521	3007	860	1465	1989	3231	Pologne
Portugal	187	120	140	247	272	324	272	264	...	...	Portugal
Romania	991	735	55	30	21	22	C	C	C	C	Roumanie
Russian Federation[2]	2889	3527	3565	3985	6272	5506	1391	1985	2158	1915	Fédération de Russie[2]
Slovakia	499	363	101	774	884	595	315	C	C	C	Slovaquie
Spain	279	865	C	1708	1296	C	C	73	62	30	Espagne
Sweden	5760	C	C	7064	7953	8547	2734	5205	7395	6551	Suède
Ukraine	412	643	678	911	1066	943	161	180	215	193	Ukraine
United Kingdom	[1]32458	[1]33159	C	C	C	C	16192	32201	44874	41812	Royaume-Uni

General Note.

Front-end shovel loaders, self-propelled; mechanical shovels, excavators and shovel loaders, self-propelled, with a 360-degree revolving superstructure; and other mechanical shovels, excavators and shovel loaders.

Remarque générale.

Chargeuses et chargeuses pelleteuses à chargement frontal, autopropulsées; pelles mécaniques, excavateurs, chargeuses et chargeuses pelleteuses, autopropulsés, dont la superstructure peut effectuer une rotation de 360(; et autres pelles mécaniques, excavateurs, chargeuses et chargeuses pelleteuses.

[1] Excluding Prodcom 2002 code 29.52.25.30.

[2] Excavators only.

[1] 2002 code Prodcom 29.52.25.30 non compris.

[2] Excavateurs seulement.

Bulldozers, self-propelled
Bouteurs (bulldozers), autopropulsés

CPC-BASED CODE - CODE BASE CPC
44421-0

Unit: Number of units — Unité: Nombre d'unités

Country or area	2003	2004	2005	2006	2007	2008	2009	2010	2011	2012	Pays ou zone
Asia											**Asie**
Azerbaijan	73	12	10	7	26	0	2	0	0	0	Azerbaïdjan
Iran (Islamic Rep. of)	...	...	...	...	...	...	90	...	...	...	Iran (Rép. islam. d')
Japan	18035	22157	26468	31248	30456	19211	7849	15694	16212	15724	Japon
Kazakhstan	140	2	0	0	0	...	...	...	...	...	Kazakhstan
Rep. of Korea	1554	2533	2914	...	...	...	...	...	...	...	Rép. de Corée
Europe											**Europe**
Belarus	30	32	57	83	70	34	13	69	29	91	Bélarus
Italy[1]	616	597	...	...	...	...	...	...	...	...	Italie[1]
Poland	0	0	8	0	0	0	C	C	C	153	Pologne
Russian Federation	1770	1767	1774	2219	3349	3139	721	911	1807	1371	Fédération de Russie
Sweden	...	...	0	0	0	8	0	0	0	0	Suède

General Note.
Bulldozers and angledozers, self-propelled, track laying and other.

Remarque générale.
Bouteurs (bulldozers) et bouteurs biais (angledozers), autopropulsés, à chenilles et autres.

[1] Excluding Prodcom 2002 code 29.52.21.50.

[1] 2002 code Prodcom 29.52.21.50 non compris.

Machinery for sorting, mixing or kneading solids; machinery for agglomerating or shaping
Machines à trier, mélanger ou malaxer les matières solides; machines à agglomérer ou former

CPC-BASED CODE - CODE BASE CPC
44440-0

Unit: Number of units | Unité: Nombre d'unités

Country or area	2003	2004	2005	2006	2007	2008	2009	2010	2011	2012	Pays ou zone
America, North											**Amérique du Nord**
Mexico	19248	22546	25509	29864	21709	13842	13946	12395	13882	16594	Mexique
America, South											**Amérique du Sud**
Brazil	72835	49116	26749	35678	169657	250865	272025	131858	399275	236709	Brésil
Chile	...	...	4944	3684	6041	6249	13633	1624	1994	...	Chili
Asia											**Asie**
Azerbaijan	0	0	125	60	27	23	1	4	3	0	Azerbaïdjan
Iran (Islamic Rep. of)	...	...	...	...	...	...	2577	...	...	...	Iran (Rép. islam. d')
Kazakhstan	64	144	203	269	293	...	...	...	...	...	Kazakhstan
Turkey	...	...	9821	25240	10078	8245	12062	5817	11721	13624	Turquie
Europe											**Europe**
Belarus	...	...	...	...	...	...	...	...	2758	4187	Bélarus
Bulgaria	512	C	292	150	202	620	153	67	63	58	Bulgarie
Croatia	...	59901	110594	130267	152018	146429	58919	50420	50318	41057	Croatie
Czech Republic	C	C	C	C	32089	21785	7478	C	C	C	République tchèque
Denmark	8870	7004	8145	10830	9638	...	...	...	...	...	Danemark
Estonia	...	...	...	...	...	420	551	456	392	259	Estonie
Finland	...	...	...	6660	10200	7542	3627	4950	5537	6543	Finlande
Germany	107996	C	C	C	C	104429	65639	C	C	C	Allemagne
Greece[1]	2395	3512	...	...	...	...	...	...	...	...	Grèce[1]
Hungary	3810	7239	5520	3618	1565	62904	40259	38120	24967	22083	Hongrie
Ireland	162	194	...	...	...	...	...	...	...	...	Irlande
Italy	232748	235755	...	...	...	...	...	...	...	...	Italie
Lithuania	63	34	53	44	21	41	9	6	75	9	Lituanie
Netherlands	...	...	...	...	...	...	...	...	1261	838	Pays-Bas
Poland	18482	24605	35920	59421	74067	71438	50855	43223	35597	C	Pologne
Portugal	30288	55986	44264	59858	63373	55804	49036	47050	...	...	Portugal
Rep. of Moldova	...	151	91	53	138	143	77	85	108	192	Rép. de Moldova
Romania	5418	4516	3338	3138	17733	13235	4600	4717	C	3484	Roumanie
Russian Federation	...	...	...	...	...	...	...	943	950	1097	Fédération de Russie
Slovakia	106	321	148	104	156	86	14	29	41	119	Slovaquie
Slovenia	C	C	C	C	C	46710	21755	C	C	C	Slovénie
Spain	...	108347	125311	158248	156884	117352	63971	C	C	C	Espagne
Sweden	...	...	1054	2148	1612	1872	610	646	683	543	Suède
Ukraine	3496	5290	6128	9000	13362	14486	6359	9326	9151	9832	Ukraine
United Kingdom[1]	160114	...	C	C	C	C	C	C	C	C	Royaume-Uni[1]

General Note.

Machinery for sorting, screening, separating, washing, crushing, grinding, mixing or kneading earth, stone, ores or other mineral substances, in solid form; machinery for agglomerating, shaping or moulding solid mineral fuels, ceramic paste, unhardened cements, plastering materials or other mineral products in powder or paste form; machines for forming foundry moulds of sand.

[1] Excluding Prodcom 2002 code 29.52.40.70.

Remarque générale.

Machines et appareils à trier, cribler, séparer, laver, concasser, broyer, mélanger ou malaxer les terres, pierres, minerais ou autres matières minérales solides; machines à agglomérer, former ou mouler les combustibles minéraux solides, les pâtes céramiques, le ciment, le plâtre ou autres matières minérales en poudre ou en pâte; machines à former les moules de fonderie en sable.

[1] 2002 code Prodcom 29.52.40.70 non compris.

Machines for preparing, weaving and knitting textiles
Machines pour la préparation, le tissage et le tricotage des textiles

CPC-BASED CODE - CODE BASE CPC
44610-1

Unit: Number of units — Unité: Nombre d'unités

Country or area	2003	2004	2005	2006	2007	2008	2009	2010	2011	2012	Pays ou zone
Africa											**Afrique**
Egypt	7	...	...	...	...	...	45	...	...	...	Égypte
America, South											**Amérique du Sud**
Brazil	10509	3020	10405	10103	5210	3396	1649	2767	3327	2777	Brésil
Chile	...	...	184102	1981	1500	...	...	...	...	...	Chili
Asia											**Asie**
Bangladesh[1,2]	898	931	900	900	...	...	...	...	...	...	Bangladesh[1,2]
India	3508	1463	3803	...	...	...	...	...	...	...	Inde
Kazakhstan	1	...	0	0	0	...	...	...	...	...	Kazakhstan
Kyrgyzstan	1	0	0	0	0	0	0	0	0	0	Kirghizistan
Rep. of Korea	5640	8242	5318	3989	4295	2166	2057	3513	3152	2975	Rép. de Corée
Turkey	...	...	7688	C	6550	C	C	30047	20302	9702	Turquie
Europe											**Europe**
Bulgaria	117	C	125	377	135	96	C	C	C	C	Bulgarie
Czech Republic	1247	1748	C	C	C	C	C	3857	C	3948	République tchèque
Denmark	183	119	187	263	154	331	75	165	254	227	Danemark
Germany	42203	C	48351	46033	50237	44366	C	29124	32782	C	Allemagne
Hungary	3717	17006	C	C	...	...	...	...	C	...	Hongrie
Italy[3]	42645	37241	...	...	...	...	...	...	...	...	Italie[3]
Lithuania	4	3	2	6	3	2	0	0	3	2	Lituanie
Poland	72	795	903	39	28	99	C	C	C	C	Pologne
Portugal	20	9	C	19	31	C	40	C	...	...	Portugal
Romania	18	36	28	5	...	C	C	...	...	...	Roumanie
Russian Federation[4]	161	188	95	173	89	43	13	5	11	64	Fédération de Russie[4]
Slovakia	181	C	C	C	C	C	...	C	...	...	Slovaquie
Spain	...	11018	9781	7386	4340	2880	1747	1981	2365	2325	Espagne
Sweden	C	255	12	10	16	8	6	4	8	8	Suède
Ukraine	16	C	C	63	43	C	62	C	C	C	Ukraine
United Kingdom	...	...	107	117	C	24	C	30	C	C	Royaume-Uni

General Note.

Machines for extruding, drawing, texturing or cutting man-made textile materials; machines for preparing textile fibres or producing textile yarns; textile reeling or winding machines and machines for preparing textile yarns for use on machines for weaving, knitting and the like; weaving machines (looms); knitting machines, stitch-bonding machines, machines for making gimped yarn, tulle, lace, embroidery, trimmings, braid or net and machines for tufting.

Remarque générale.

Machines pour le filage (extrusion), l'étirage, la texturation ou le tranchage des matières textiles synthétiques ou artificielles; machines pour la préparation des matières textiles ou la fabrication des fils textiles; machines à bobiner ou à dévider et machines pour la préparation des fils textiles en vue de leur utilisation sur les machines ou métiers à tisser, à tricoter et similaires; métiers à tisser; machines et métiers à bonneterie, de couture tricotage, à guipure, à tulle, à dentelle, à broderie, à passementerie, à tresses, à filet ou à touffeter.

[1] Twelve months ending 30 June of year stated.
[2] Data refer to all textile machinery.
[3] Excluding Prodcom 2002 code 29.54.13.30.
[4] Looms only.

[1] Période de douze mois finissant le 30 juin de l'année indiquée.
[2] Les données se rapportent à toutes les machines textiles.
[3] 2002 code Prodcom 29.54.13.30 non compris.
[4] Métiers à tisser seulement.

Sewing machines, except book sewing and household sewing machines
Machines à coudre autres que les machines à coudre les feuillets et machines à coudre de type ménager

CPC-BASED CODE - CODE BASE CPC

44623-0

Unit: Thousand units | Unité: Milliers d'unités

Country or area	2003	2004	2005	2006	2007	2008	2009	2010	2011	2012	Pays ou zone
America, South											**Amérique du Sud**
Brazil	16	30	24	9	47	22	23	20	26	23	Brésil
Asia											**Asie**
India	74	41	...	...	...	...	...	...	...	...	Inde
Japan	347	434	530	519	524	332	169	695	679	155	Japon
Pakistan[1]	31	35	36	39	52	57	51	49	47	40	Pakistan[1]
Rep. of Korea	94	87	81	98	84	...	...	...	...	...	Rép. de Corée
Europe											**Europe**
Belarus	5	6	3	1	0	0	0	0	...	...	Bélarus
Germany	20	19	C	14	11	10	C	6	7	8	Allemagne
Italy	9	9	...	...	...	...	...	...	...	...	Italie
Romania	5	4	4	...	...	...	...	...	...	...	Roumanie
Russian Federation	27	13	6	0	0	0	0	0	0	0	Fédération de Russie
Sweden	0	0	0	1	0	0	0	1	0	0	Suède

General Note.

Sewing machines, automatic or not, except book sewing machines and household sewing machines.

[1] Twelve months ending 30 June of year stated.

Remarque générale.

Machines à coudre, même automatiques, autres que les machines à coudre les feuillets et machines à coudre domestiques de type ménager.

[1] Période de douze mois finissant le 30 juin de l'année indiquée.

Combined refrigerators-freezers, with separate external doors
Combinaisons de réfrigérateurs et de congélateurs-conservateurs munis de portes extérieures séparées

CPC-BASED CODE - CODE BASE CPC
44811-1

Unit: Number of units | Unité: Nombre d'unités

Country or area	2003	2004	2005	2006	2007	2008	2009	2010	2011	2012	Pays ou zone
Africa											**Afrique**
Egypt	...	...	...	...	...	...	35338	...	...	...	Égypte
America, North											**Amérique du Nord**
Mexico	...	...	...	...	4205180	3957778	3899535	4927073	4883062	4755559	Mexique
United States[1]	...	...	...	...	...	...	9591651	10375043	...	...	États-Unis[1]
America, South											**Amérique du Sud**
Brazil[2]	4962161	5419834	5293643	6104610	7318636	7022328	7599290	7861223	7969792	8281551	Brésil[2]
Chile	...	...	293767	334091	342452	334366	236274	260230	305188	...	Chili
Asia											**Asie**
India	1047	4384	34530	...	...	...	...	...	...	...	Inde
Iran (Islamic Rep. of)	...	...	...	...	...	...	895973	...	...	...	Iran (Rép. islam. d')
Iraq	...	...	...	...	...	...	5178	7111	6972	2222	Iraq
Japan	...	...	3678211	...	...	...	...	...	...	...	Japon
Kyrgyzstan	345	0	0	0	0	0	0	0	0	0	Kirghizistan
Europe											**Europe**
Denmark	72456	81872	75665	75504	77276	30766	1521	700	1085	898	Danemark
Finland	12660	11623	12628	10896	10271	2531	1574	2023	2069	2000	Finlande
Hungary	...	413141	C	C	C	C	C	C	C	C	Hongrie
Italy	1498288	1343394	...	...	...	...	...	...	...	...	Italie
Lithuania	309100	337673	339507	336068	343171	255623	113084	120534	123265	159892	Lituanie
Poland	800330	973608	1159589	1362316	1689909	1773596	1642903	1509150	2106466	1936977	Pologne
Portugal	123122	82683	11837	16449	11247	14498	13404	5339	...	...	Portugal
Romania	195512	424721	581518	715897	847842	C	C	C	C	C	Roumanie
Russian Federation	...	...	...	...	...	...	...	2172382	2639345	2718753	Fédération de Russie
Spain	...	1762058	1545006	1150595	C	C	C	C	C	C	Espagne
Sweden	165808	159157	148371	127907	122864	85139	61971	44137	21351	17633	Suède
Ukraine	503754	580716	710592	730748	824069	557136	325193	411562	378129	274682	Ukraine
United Kingdom	353567	369739	401190	C	C	C	C	C	C	C	Royaume-Uni

General Note.
Combined refrigerator-freezers, fitted with separate external doors.

Remarque générale.
Combinaisons de réfrigérateurs et de congélateurs conservateurs munis de portes extérieures séparées.

1 Including all household refrigerators, freezers, combined refrigerator-freezers and parts thereof.
2 All refrigerators, freezers and combined refrigerator-freezers.

1 Y compris tous les réfrigérateurs, congélateurs et combinaisons de réfrigérateurs et de congélateurs de type ménager, et leurs pièces.
2 Réfrigérateurs, congélateurs et combinaisons de réfrigérateurs et de congélateurs.

Other refrigerators and freezers of the household type
Autres réfrigérateurs et congélateurs de type ménager

CPC-BASED CODE - CODE BASE CPC
44811-2

Unit: Thousand units | Unité: Milliers d'unités

Country or area	2003	2004	2005	2006	2007	2008	2009	2010	2011	2012	Pays ou zone
Africa											**Afrique**
Algeria[1]	150	215	194	165	159	133	136	129	103	71	Algérie[1]
Egypt	808	663	685	698	993	993	1586	1447	1669	...	Égypte
South Africa	711	...	...	...	...	...	...	...	...	...	Afrique du Sud
Sudan (former)	...	47	47	48	96	96	96	89	...	...	Soudan (anc.)
America, North											**Amérique du Nord**
Cuba	8	7	0	0	0	0	0	0	0	1	Cuba
Mexico	2113	2355	2899	3026	...	...	...	...	...	...	Mexique
United States[2]	11639	...	...	...	...	...	...	...	...	...	États-Unis[2]
America, South											**Amérique du Sud**
Argentina	200	321	458	532	777	591	796	...	...	...	Argentine
Brazil[3]	4962	5420	5294	6105	7319	7022	7599	7861	7970	8282	Brésil[3]
Chile	232	...	0	...	...	...	...	...	...	...	Chili
Ecuador	142	131	148	177	172	195	...	...	...	...	Équateur
Peru	*46	69	76	...	...	...	...	...	...	...	Pérou
Asia											**Asie**
Azerbaijan	5	10	13	14	11	9	5	3	4	5	Azerbaïdjan
China	22426	30076	29871	35309	43971	48000	59305	72957	86992	84270	Chine
India	3715	4360	5159	6490	7393	...	...	...	...	...	Inde
Iran (Islamic Rep. of)	946	799	775	854	1065	934	...	...	...	...	Iran (Rép. islam. d')
Iraq	...	...	...	...	...	7	...	...	...	...	Iraq
Japan	2859	...	...	...	...	...	...	...	...	...	Japon
Malaysia	187	C	C	C	...	...	...	...	...	...	Malaisie
Rep. of Korea	7267	7122	6960	6579	...	...	...	...	...	...	Rép. de Corée
Syrian Arab Republic	119	143	182	192	226	248	[4,5]222	...	...	...	Rép. arabe syrienne
Tajikistan	1	2	0	1	0	0	0	0	...	...	Tadjikistan
Turkey	4011	4867	#4507	C	C	5014	C	6085	6778	7575	Turquie
Viet Nam	479	621	693	793	946	1001	1307	1541	1507	1702	Viet Nam
Europe											**Europe**
Belarus	886	953	995	1050	1072	1106	1007	1106	1197	1263	Bélarus
Denmark	798	667	511	515	364	178	100	84	84	91	Danemark
France	544	C	...	...	...	...	...	...	...	...	France
Germany	2107	2061	2152	2460	2388	2326	C	C	C	C	Allemagne
Greece[6,7]	381	...	...	...	...	...	...	...	...	...	Grèce[6,7]
Hungary	1883	1625	1535	1683	1520	1414	1398	1259	C	C	Hongrie
Ireland	11	12	...	...	...	...	...	...	...	...	Irlande
Italy	7197	7201	...	...	...	...	...	...	...	...	Italie
Lithuania	98	107	89	84	100	95	51	50	38	44	Lituanie
Poland	215	273	329	251	C	C	C	C	C	C	Pologne
Portugal	452	423	189	233	334	312	257	268	...	...	Portugal
Romania	319	260	251	424	442	C	C	C	C	C	Roumanie
Russian Federation	[8]2218	[8]2589	[8]2778	[8]2995	[8]3539	[8]3728	[8]2750	1385	1461	1583	Fédération de Russie
Sweden	655	639	625	632	565	407	312	190	193	174	Suède
Ukraine	340	313	313	437	439	350	249	264	221	184	Ukraine
United Kingdom	745	[9]317	689	C	C	C	C	C	C	C	Royaume-Uni

General Note.

Refrigerators of household type such as compression-type, absorption-type, electrical, and other household type refrigerators; freezers of the chest type, not exceeding 800 l capacity; freezers of the upright type, not exceeding 900 l capacity.

Remarque générale.

Réfrigérateurs de type ménager comme les réfrigérateurs à compression, à absorption, électriques, et autres réfrigérateurs de type ménager; meubles congélateurs conservateurs du type coffre, d'une capacité n'excédant pas 800 litres; meubles congélateurs conservateurs du type armoire, d'une capacité n'excédant pas 900 litres.

1 Refrigerators only.
2 Electric domestic refrigerators only.
3 All refrigerators, freezers and combined refrigerator-freezers.
4 Government production only.
5 Source: Bulletin of Industrial Statistics for the Arab Countries, United Nations Economic and Social Commission for Western Asia (Beirut).
6 Including freezers.
7 Incomplete coverage.
8 Data refer to household refrigerators, freezers and combined refrigerator-freezers.
9 Excluding Prodcom 2002 code 29.71.11.50.

1 Réfrigérateurs seulement.
2 Réfrigérateurs électriques de ménage seulement.
3 Réfrigérateurs, congélateurs et combinaisons de réfrigérateurs et de congélateurs.
4 Production de l'Etat seulement.
5 Source: Bulletin de statistiques industrielles pour les pays arabes, Commission économique et sociale pour l'Asie occidentale des Nations Unies (Beyrouth).
6 Y compris les congélateurs.
7 Couverture incomplète.
8 Les données se rapportent aux réfrigérateurs, congélateurs et réfrigérateurs-congélateurs de type ménager.
9 2002 code Prodcom 29.71.11.50 non compris.

Household washing and drying machines
Machines à laver et à sécher le linge, de type ménager

CPC-BASED CODE - CODE BASE CPC

44812-1

Unit: Thousand units | Unité: Milliers d'unités

Country or area	2003	2004	2005	2006	2007	2008	2009	2010	2011	2012	Pays ou zone
Africa											**Afrique**
Egypt	86	[1]879	[1]823	[1]942	[1]1010	564	593	[1]1129	554	...	Égypte
America, North											**Amérique du Nord**
Cuba	15	5	0	0	0	0	0	0	0	0	Cuba
Mexico	1071	1078	993	1033	...	...	...	...	...	...	Mexique
United States	9531	...	...	...	...	...	[2]14131	[2]16010	...	...	États-Unis
America, South											**Amérique du Sud**
Argentina	608	919	1102	1243	1546	1297	1214	...	...	...	Argentine
Brazil	4428	3708	3794	4402	5856	5780	7391	7532	8673	10012	Brésil
Chile	...	...	117	440	449	397	308	347	359	...	Chili
Ecuador	...	...	...	...	33	...	...	...	...	...	Équateur
Asia											**Asie**
China	19645	25334	30355	35605	40051	44470	49736	62477	67159	67911	Chine
India	1438	1589	1757	1945	...	...	...	...	...	...	Inde
Iran (Islamic Rep. of)	363	335	430	418	780	809	682	...	...	...	Iran (Rép. islam. d')
Japan	3882	3930	3839	3848	3159	2822	2531	2745	2901	2657	Japon
Kazakhstan	20	50	73	102	127	68	...	...	...	...	Kazakhstan
Rep. of Korea	4977	5226	5665	...	...	...	...	...	...	...	Rép. de Corée
Syrian Arab Republic	85	87	77	85	91	94	[1,3]98	...	...	...	Rép. arabe syrienne
Turkey	2471	4058	#4442	5440	C	C	5052	C	6072	6357	Turquie
Viet Nam	283	514	337	340	415	528	491	467	656	814	Viet Nam
Europe											**Europe**
Belarus	63	50	37	13	163	217	236	274	311	324	Bélarus
Finland	C	C	C	6	4	C	C	C	C	...	Finlande
France	3618	...	...	...	...	...	...	...	...	...	France
Germany	5836	5319	4233	3299	C	C	2575	2419	2478	C	Allemagne
Greece[4]	5	...	...	...	...	...	...	...	...	...	Grèce[4]
Hungary	...	26	C	C	C	C	C	C	C	C	Hongrie
Italy	9905	9829	...	...	...	...	...	...	...	...	Italie
Poland	...	...	2338	3287	3742	4153	5028	5924	6265	6711	Pologne
Rep. of Moldova	48	55	36	22	C	C	C	C	C	C	Rép. de Moldova
Romania	37	43	25	23	23	C	C	C	C	C	Roumanie
Russian Federation	1330	1452	1582	2016	2713	2694	2260	2761	3031	3355	Fédération de Russie
Spain	C	2809	C	2716	2478	2003	1690	1273	C	1300	Espagne
Sweden	182	182	187	179	151	140	126	136	133	148	Suède
Ukraine	255	345	322	208	173	230	164	167	312	297	Ukraine
United Kingdom	[5]1450	[5]1670	C	C	3360	2538	2244	C	C	C	Royaume-Uni

General Note.

Household washing machines and drying machines, including machines that both wash and dry.

[1] Source: Bulletin of Industrial Statistics for the Arab Countries, United Nations Economic and Social Commission for Western Asia (Beirut).

[2] Including parts thereof.

[3] Government production only.

[4] Incomplete coverage.

[5] Excluding Prodcom 2002 code 29.71.13.30.

Remarque générale.

Machines à laver le linge, même avec dispositif de séchage, et machines à sécher le linge.

[1] Source: Bulletin de statistiques industrielles pour les pays arabes, Commission économique et sociale pour l'Asie occidentale des Nations Unies (Beyrouth).

[2] Y compris les pièces.

[3] Production de l'Etat seulement.

[4] Couverture incomplète.

[5] 2002 code Prodcom 29.71.13.30 non compris.

Domestic food grinders, mixers and fruit or vegetable juice extractors, with self-contained electric motor
Broyeurs et mélangeurs pour aliments et centrifugeuses de type ménager, à moteur électrique incorporé

CPC-BASED CODE - CODE BASE CPC
44816-1

Unit: Number of units | Unité: Nombre d'unités

Country or area	2003	2004	2005	2006	2007	2008	2009	2010	2011	2012	Pays ou zone
Africa											**Afrique**
Egypt	24851	...	211531	243373	...	783999	915771	...	1036148	...	Égypte
America, North											**Amérique du Nord**
Mexico	3760000	4040000	3175000	1558000	...	...	...	...	...	...	Mexique
America, South											**Amérique du Sud**
Brazil	[1]11776713	10128834	10980393	10992823	13405926	12763273	11467410	13821592	12665302	17218070	Brésil
Chile	...	...	120010	166442	339274	1077433	104758	100471	131172	...	Chili
Asia											**Asie**
Azerbaijan	28	416	60	0	0	...	...	...	...	...	Azerbaïdjan
India	82245	111276	316495	...	...	...	...	...	...	...	Inde
Iran (Islamic Rep. of)	442059	551949	597567	710355	637454	610060	697661	...	...	...	Iran (Rép. islam. d')
Kazakhstan	6250	10546	17945	12327	5650	...	...	...	...	...	Kazakhstan
Kyrgyzstan	5243	3259	760	0	0	0	0	0	0	0	Kirghizistan
Turkey	...	...	C	C	C	C	C	4244347	3999057	4210143	Turquie
Europe											**Europe**
Belarus	269834	330914	341794	312625	340459	375772	283797	254209	#539274	543360	Bélarus
Hungary	...	4736	C	C	C	C	C	C	C	C	Hongrie
Italy	825570	1060219	...	...	...	...	...	...	...	...	Italie
Lithuania	10832	14178	19938	19152	24742	24951	19025	16086	14706	18554	Lituanie
Poland	889801	1030889	1048306	1603018	C	5288796	3381856	5455338	5492997	4893757	Pologne
Portugal	C	C	C	C	C	C	28504	0	...	...	Portugal
Russian Federation	...	...	...	...	...	...	...	862172	772722	635173	Fédération de Russie
Sweden	11252	...	0	0	0	22267	10745	14204	16006	16490	Suède
Ukraine	67610	78305	90571	54629	70847	61093	61985	C	C	C	Ukraine
United Kingdom	...	3649086	C	0	0	0	0	C	0	0	Royaume-Uni

General Note.
Domestic food grinders and mixers and fruit or vegetable juice extractors, with self-contained electric motor.

[1] Including vacuum cleaners.

Remarque générale.
Broyeurs et mélangeurs pour aliments et presse fruits et presse légumes de type ménager, à moteur électrique incorporé.

[1] Y compris les aspirateurs.

Electric smoothing irons
Fers à repasser électriques

CPC-BASED CODE - CODE BASE CPC
44816-2

Unit: Thousand units — Unité: Milliers d'unités

Country or area	2003	2004	2005	2006	2007	2008	2009	2010	2011	2012	Pays ou zone
America, South											**Amérique du Sud**
Brazil	5546	6490	12023	4434	4029	6108	5775	6952	5490	5977	Brésil
Asia											**Asie**
Armenia	1	0	0	0	0	0	0	0	0	0	Arménie
India	1950	1483	2189	...	...	...	...	...	...	...	Inde
Iran (Islamic Rep. of)	...	...	...	101	36	62	...	...	...	...	Iran (Rép. islam. d')
Iraq	...	...	...	...	...	...	...	16	...	0	Iraq
Kyrgyzstan	7	10	2	0	0	0	0	0	0	0	Kirghizistan
Turkey	931	888	#480	714	C	C	C	C	C	C	Turquie
Europe											**Europe**
Belarus	286	234	179	121	75	56	57	47	49	57	Bélarus
France	9037	C	...	...	...	...	...	...	...	...	France
Germany	C	C	C	C	C	C	2691	C	C	C	Allemagne
Greece[1]	4	...	...	...	...	...	...	...	...	...	Grèce[1]
Hungary	...	4	1	C	C	C	C	C	C	C	Hongrie
Italy	1832	1724	...	...	...	...	...	...	...	...	Italie
Poland	...	...	...	25	C	C	C	C	C	C	Pologne
Portugal	46	47	34	37	37	87	107	137	...	...	Portugal
Romania	567	...	...	...	...	C	C	C	C	C	Roumanie
Russian Federation	901	597	425	233	178	147	80	65	32	25	Fédération de Russie
Spain	4609	4843	4608	4618	4570	4135	C	C	C	C	Espagne
Ukraine	138	95	50	C	C	0	0	0	0	0	Ukraine
United Kingdom	...	524	0	0	0	0	0	0	0	0	Royaume-Uni

General Note.
Electric smoothing irons.

[1] Excluding Prodcom 2002 code 29.71.23.75.

Remarque générale.
Fers à repasser électriques.

[1] 2002 code Prodcom 29.71.23.75 non compris.

Vacuum cleaners
Aspirateurs de poussières

CPC-BASED CODE - CODE BASE CPC
44816-3

Unit: Thousand units — Unité: Milliers d'unités

Country or area	2003	2004	2005	2006	2007	2008	2009	2010	2011	2012	Pays ou zone
Africa											**Afrique**
Egypt	2	3	1	10	...	288	101	...	162	...	Égypte
America, South											**Amérique du Sud**
Brazil	644	709	699	611	570	405	349	448	482	480	Brésil
Chile	98	...	0	...	...	...	...	...	...	...	Chili
Asia											**Asie**
China	21854	50154	46793	53191	65142	83243	65347	76694	84005	81451	Chine
India	191	76	190	...	...	...	...	...	...	...	Inde
Iran (Islamic Rep. of)	262	195	198	186	298	166	...	...	...	...	Iran (Rép. islam. d')
Japan	6371	6776	6723	6712	5236	6239	5755	4970	4128	4382	Japon
Rep. of Korea	11550	13214	13689	11193	10474	7562	7552	9421	7468	6246	Rép. de Corée
Turkey	697	1138	C	C	C	C	C	C	C	C	Turquie
Europe											**Europe**
Belarus	0	4	2	32	74	139	14	13	26	30	Bélarus
Denmark	0	0	0	0	0	0	9	...	...	3	Danemark
Finland	...	0	0	0	0	10	9	8	8	8	Finlande
Germany	C	C	C	C	C	C	4418	5017	5221	5150	Allemagne
Hungary	...	1886	C	C	C	C	C	2828	2526	2448	Hongrie
Italy	2551	2436	...	...	...	...	...	...	...	...	Italie
Poland	...	...	...	844	C	C	956	857	1129	1065	Pologne
Portugal	C	0	0	0	0	3	3	3	...	...	Portugal
Romania	111	120	320	391	478	C	C	C	C	C	Roumanie
Russian Federation	721	715	890	584	649	1252	222	225	127	61	Fédération de Russie
Sweden	1150	658	0	0	21	0	0	C	0	0	Suède
Ukraine	66	53	37	9	1	C	0	0	0	0	Ukraine
United Kingdom	2679	3682	C	C	C	831	C	C	C	C	Royaume-Uni

General Note.
Vacuum cleaners, including dry and wet vacuum cleaners.

Remarque générale.
Aspirateurs de poussières, y compris les aspirateurs de matières sèches et de matières liquides.

Microwave ovens
Fours à micro ondes

CPC-BASED CODE - CODE BASE CPC
44817-1

Unit: Thousand units | Unité: Milliers d'unités

Country or area	2003	2004	2005	2006	2007	2008	2009	2010	2011	2012	Pays ou zone
Africa											**Afrique**
Egypt	6400	6068	6262	2027	...	...	114	...	596	...	Égypte
America, North											**Amérique du Nord**
United States	1514	1104	...	921	718	306	128	C	...	...	États-Unis
America, South											**Amérique du Sud**
Argentina	71	193	219	333	499	461	243	...	...	...	Argentine
Brazil	777	1035	1309	1607	2717	2538	3239	3398	4221	3807	Brésil
Chile	...	...	...	...	306	286	273	374	156	...	Chili
Asia											**Asie**
India	104	16	160	...	...	...	...	...	...	...	Inde
Iran (Islamic Rep. of)	...	...	...	...	...	...	1709	...	...	...	Iran (Rép. islam. d')
Rep. of Korea	6769	4546	2825	...	...	...	...	...	...	...	Rép. de Corée
Europe											**Europe**
Belarus	0	0	4	54	44	46	157	368	306	303	Bélarus
Portugal	150	126	152	203	167	117	122	172	...	...	Portugal
Russian Federation	30	231	942	1765	2539	2957	958	1228	1348	1058	Fédération de Russie
Sweden	645	413	344	510	424	413	396	438	507	571	Suède
Ukraine	2	53	78	C	C	0	0	0	0	0	Ukraine
United Kingdom	3392	2019	C	C	C	1000	C	C	C	C	Royaume-Uni

General Note.
Microwave ovens.

Remarque générale.
Fours à micro ondes.

Electric ovens, cookers, cooking plates, boiling rings, grillers and roasters
Fours, cuisinières, réchauds, tables de cuisson, grils et rôtissoires électriques

CPC-BASED CODE - CODE BASE CPC
44817-2

Unit: Thousand units — Unité: Milliers d'unités

Country or area	2003	2004	2005	2006	2007	2008	2009	2010	2011	2012	Pays ou zone
Africa											**Afrique**
Algeria[1]	77	59	90	93	76	71	77	73	65	61	Algérie[1]
Egypt	...	...	...	...	...	310	...	...	...	...	Égypte
South Africa	1277	...	...	...	...	...	...	...	...	...	Afrique du Sud
America, North											**Amérique du Nord**
United States	4576	4828	5155	4981	...	...	C	...	...	...	États-Unis
America, South											**Amérique du Sud**
Brazil	5562	6789	6436	7355	8009	8332	8715	9069	10054	11087	Brésil
Chile[2]	...	...	298	285	...	...	...	...	...	...	Chili[2]
Ecuador	...	...	43	10	21	4	...	...	...	...	Équateur
Asia											**Asie**
Azerbaijan	1	1	3	1	0	0	0	0	0	0	Azerbaïdjan
Iran (Islamic Rep. of)	...	...	...	813	969	863	...	...	...	...	Iran (Rép. islam. d')
Kyrgyzstan	9	9	11	9	26	2	1	2	1	1	Kirghizistan
Rep. of Korea	3983	4396	3052	3308	2677	...	...	...	...	...	Rép. de Corée
Tajikistan	...	...	...	1	1	1	0	0	0	0	Tadjikistan
Turkey	...	...	6370	7578	7203	7602	7037	7869	8946	10548	Turquie
Europe											**Europe**
Belarus	25	22	26	23	25	32	33	41	#406	441	Bélarus
Bulgaria	60	76	93	120	128	124	89	83	88	104	Bulgarie
Croatia	...	79	95	96	85	106	46	60	63	48	Croatie
Czech Republic	...	...	C	C	C	400	338	322	299	371	République tchèque
Denmark	94	97	72	47	43	...	...	...	...	...	Danemark
Estonia	...	...	...	...	...	0	...	134	115	126	Estonie
Finland	60	73	68	68	62	59	53	72	76	20	Finlande
Germany	10192	10819	11593	C	6746	C	6143	6725	5460	5349	Allemagne
Hungary	85	66	33	36	C	C	...	...	...	C	Hongrie
Ireland	32	38	...	...	...	...	...	...	...	...	Irlande
Italy	8058	9315	...	...	...	...	...	...	...	...	Italie
Norway	52	...	...	63	...	...	...	...	...	...	Norvège
Poland	870	917	1270	1733	2140	2286	1740	2166	C	C	Pologne
Portugal	164	193	152	184	187	240	232	321	...	...	Portugal
Rep. of Moldova	...	7	6	3	4	7	1	1	1	2	Rép. de Moldova
Romania	15	12	2	1	...	C	7	...	...	...	Roumanie
Russian Federation	[3]535	[3]522	[3]556	[3]495	[3]454	[3]443	[3]344	614	553	469	Fédération de Russie
Serbia	...	...	...	26	...	...	...	...	...	...	Serbie
Slovakia	334	357	C	C	C	C	C	C	C	C	Slovaquie
Spain	...	3380	3519	3884	3866	3420	2789	2628	2857	2844	Espagne
Sweden	205	205	167	157	140	113	91	112	0	0	Suède
Ukraine	428	546	604	522	419	544	471	466	466	406	Ukraine
United Kingdom	...	...	1406	C	C	C	C	C	...	...	Royaume-Uni

General Note.
Electric ovens, cookers, cooking plates, boiling rings, grillers and roasters.

[1] Ranges only.
[2] Including electric ovens, cookers, cooking plates, boiling rings, grillers and roasters; electric water heaters and immersion heaters; and electric space heating apparatus and soil heating apparatus.
[3] Household kitchen electric ranges, stoves and cookers only.

Remarque générale.
Fours, cuisinières, réchauds, tables de cuisson, grils et rôtissoires électriques.

[1] Ccuisinières seulement.
[2] Y compris les fours, cuisinières, réchauds, tables de cuisson, grils et rôtissoires électriques; chauffe-eau électriques et thermoplongeurs électriques; et appareils électriques pour le chauffage des locaux et du sol.
[3] Cuisinières et cuiseurs électriques de ménage seulement.

Electric water heaters and immersion heaters
Chauffe-eau électriques et thermoplongeurs électriques

CPC-BASED CODE - CODE BASE CPC
44817-3

Unit: Number of units — Unité: Nombre d'unités

Country or area	2003	2004	2005	2006	2007	2008	2009	2010	2011	2012	Pays ou zone
Africa											**Afrique**
Egypt	20005	...	...	...	...	898935	10500	...	191263	...	Égypte
America, North											**Amérique du Nord**
Mexico	38533799	48008046	50997885	47171899	#954277	834674	745910	725196	507426	430672	Mexique
United States	4373429	3719218	3745090	3906893	4772562	4596791	4069436	4016875	...	...	États-Unis
America, South											**Amérique du Sud**
Brazil	282598	203154	179454	255327	185376	1373957	169246	428169	725139	3155083	Brésil
Asia											**Asie**
India	117086	13769	336	...	...	...	...	...	...	...	Inde
Iran (Islamic Rep. of)	606000	668000	959100	921460	1299900	1288946	...	...	...	...	Iran (Rép. islam. d')
Iraq	...	...	...	...	...	8516	...	5650	73052	41293	Iraq
Kazakhstan	2800	1900	17300	6500	4500	...	...	...	...	...	Kazakhstan
Kyrgyzstan	20	1647	1975	1365	1067	1329	1284	885	850	850	Kirghizistan
Turkey	...	...	1366449	1296802	1592781	1605918	1811237	1325271	2083747	1875765	Turquie
Europe											**Europe**
Belarus	...	...	...	...	...	...	...	...	37495	14210	Bélarus
Bulgaria	296185	265894	429871	528762	498773	496522	369944	329815	376202	424844	Bulgarie
Croatia	...	...	...	...	...	182091	133819	106347	111913	113364	Croatie
Denmark	...	...	...	C	C	C	C	C	56210	55179	Danemark
Estonia	...	...	...	...	...	C	C	923	511	506	Estonie
Finland	55145	59484	29755	30706	32600	34391	33349	35856	4063	4190	Finlande
Germany	3770849	3496477	2784150	C	C	C	C	C	C	C	Allemagne
Greece[1]	283606	274218	...	...	...	...	...	...	...	...	Grèce[1]
Hungary	200759	213644	177634	164335	193494	187032	147185	154714	C	C	Hongrie
Ireland	24897	19931	...	...	...	...	...	...	...	...	Irlande
Italy[1]	3405591	3424890	...	...	...	...	...	...	...	...	Italie[1]
Norway	...	163258	197609	206401	...	...	...	...	...	...	Norvège
Poland	584559	531793	663701	653038	706540	678690	806422	798952	926734	825867	Pologne
Portugal	18238	55798	32381	20339	10156	9415	8668	12232	...	...	Portugal
Rep. of Moldova	...	266341	189522	137739	143261	126992	2904	1690	761	453	Rép. de Moldova
Romania	21422	37304	32344	128784	95370	86262	28490	...	C	C	Roumanie
Russian Federation	[2]7388	[2]5686	[2]2271	[2]3549	[2]2445	[2]1488	[2]1237	3090793	2923048	3032831	Fédération de Russie
Serbia	...	...	...	70844	...	...	...	...	...	...	Serbie
Slovakia	129037	127415	133977	148479	213462	123561	86992	71909	67185	61587	Slovaquie
Slovenia	C	C	C	932350	C	C	C	C	0	0	Slovénie
Spain	...	572121	644840	666875	612779	587842	412840	392849	C	C	Espagne
Sweden	241856	197493	440303	519176	253533	313826	204666	276259	296311	249778	Suède
TFYR of Macedonia	*113095	*136648	*158474	*195917	*246055	*266747	*233020	243715	254116	289790	L'ex-RY de Macédoine
Ukraine	1992000	2389140	2673740	2241300	2004590	1926320	1975680	2003160	2259800	2062500	Ukraine
United Kingdom	3636149	[1]2355426	2995067	3204226	3192324	2744064	2393513	1565611	...	...	Royaume-Uni
Oceania											**Océanie**
Australia[3]	406639	357185	401096	345409	366649	346347	...	...	...	...	Australie[3]

General Note.
Electric instantaneous or storage water heaters and electric immersion heaters.

Remarque générale.
Chauffe-eau électriques à chauffage instantané ou à accumulation et thermoplongeurs électriques

[1] Excluding Prodcom 2002 code 29.71.25.70.
[2] Immersion heaters only.
[3] Twelve months ending 30 June of year stated.

[1] 2002 code Prodcom 29.71.25.70 non compris.
[2] Chauffe-eau électriques seulement.
[3] Période de douze mois finissant le 30 juin de l'année indiquée.

Electric space heating apparatus and soil heating apparatus
Appareils électriques pour le chauffage des locaux et du sol

CPC-BASED CODE - CODE BASE CPC
44817-4

Unit: Number of units — Unité: Nombre d'unités

Country or area	2003	2004	2005	2006	2007	2008	2009	2010	2011	2012	Pays ou zone
Africa											**Afrique**
Egypt	429000	558000	661836	785000	660000	899000	705000	1157000	619074	...	Égypte
America, North											**Amérique du Nord**
Mexico	28493	5239	12922	5605	...	...	...	...	...	...	Mexique
United States	2208934	C	2696183	1943143	1491127	C	9499085	7223364	...	...	États-Unis
America, South											**Amérique du Sud**
Brazil	C	C	60985	C	90675	C	42898	25093	36272	C	Brésil
Ecuador	...	...	...	...	18	136	...	...	...	...	Équateur
Asia											**Asie**
Azerbaijan	...	...	...	...	...	...	1	0	0	0	Azerbaïdjan
India	56917	304079	35861	...	...	...	...	...	...	...	Inde
Iraq	...	...	...	...	...	...	6503	200	2200	0	Iraq
Kazakhstan	221	...	653	1067	1147	...	...	...	...	...	Kazakhstan
Kyrgyzstan	2905	4870	4763	3131	7619	9165	3008	4134	9300	7816	Kirghizistan
Turkey	...	...	2492551	3457187	3717430	5206308	3053220	3911185	3545261	4752913	Turquie
Europe											**Europe**
Belarus	71000	51000	13000	16569	15984	14151	9635	3617	#13162	11960	Bélarus
Croatia	...	11116	3494	5111	1830	1109	1295	864	606	7314	Croatie
Czech Republic	...	...	C	C	77052	106600	113531	75897	C	C	République tchèque
Denmark	69293	53089	32798	39091	35717	27190	22554	20428	23643	22415	Danemark
Estonia	...	...	...	...	...	3277	...	67	...	...	Estonie
Finland	...	1984880	2017932	2126233	1367932	857354	1406098	1298825	812201	202495	Finlande
Germany	C	3608403	985252	2897982	3687886	4800063	3499695	5155865	6167385	6313770	Allemagne
Hungary	283896	273619	201784	C	C	6251	7987	4241	4583	C	Hongrie
Ireland	1685507	996703	...	...	...	...	...	...	...	...	Irlande
Italy	3148005	2663557	...	...	...	...	...	...	...	...	Italie
Lithuania	...	...	1545605	302848	388815	310945	276540	323593	329215	305991	Lituanie
Norway	918537	881167	916856	1041575	...	...	...	...	...	...	Norvège
Poland	257348	234336	101892	329557	316596	293431	270337	C	349692	226787	Pologne
Portugal	1091637	791323	32450	27266	8842	16362	13639	21424	...	...	Portugal
Rep. of Moldova	...	2904	3148	1066	37	125	3	0	0	0	Rép. de Moldova
Romania	49181	30699	39811	19192	9101	38638	14903	7922	2911	3021	Roumanie
Russian Federation	...	...	...	...	...	...	...	534586	478369	...	Fédération de Russie
Serbia	...	...	...	28286	...	...	...	...	...	...	Serbie
Slovakia	43004	27521	C	C	C	C	C	C	C	3375	Slovaquie
Slovenia	C	C	C	20072	15102	C	C	C	C	C	Slovénie
Spain	...	1616288	C	1571201	1544297	1292133	C	C	C	C	Espagne
Sweden	627246	532557	600829	681665	537702	451036	428206	469593	449725	427306	Suède
TFYR of Macedonia	1025	150	321	72	42	0	0	0	0	0	L'ex-RY de Macédoine
Ukraine	273161	224684	256258	315527	393128	269612	334704	531709	787635	577782	Ukraine
United Kingdom	...	...	4760458	C	C	C	C	C	C	C	Royaume-Uni

General Note.
Electric space heating apparatus and electric soil heating apparatus, such as storage heating radiators and other such apparatus.

Remarque générale.
Appareils électriques pour le chauffage des locaux et du sol, comme les radiateurs à accumulation et autres appareils similaires.

Domestic, non-electric, cooking or heating appliances
Appareils non électriques de cuisson et chauffage, à usage domestique

CPC-BASED CODE - CODE BASE CPC
44821-1

Unit: Number of units — Unité: Nombre d'unités

Country or area	2003	2004	2005	2006	2007	2008	2009	2010	2011	2012	Pays ou zone
Africa											**Afrique**
Egypt	5566	...	...	...	...	1283043	1364634	...	1583405	...	Égypte
South Africa	680859	...	...	...	...	...	...	...	...	...	Afrique du Sud
America, North											**Amérique du Nord**
Mexico	4239796	4221971	3987396	4023523	3958732	3677670	3178665	3373076	3150511	3062863	Mexique
America, South											**Amérique du Sud**
Argentina	822504	1039241	1149355	1268140	1529136	1427521	1311134	...	...	...	Argentine
Brazil	137389	510516	417652	614052	1951203	1261360	1913609	194463	128832	119638	Brésil
Chile	...	...	500355	316117	346185	435414	310327	364730	372739	...	Chili
Ecuador	...	927	666	1019	...	5051	...	...	...	...	Équateur
Asia											**Asie**
Azerbaijan	0	0	0	23	5	117	0	0	0	0	Azerbaïdjan
Georgia	1155	1087	756	C	C	C	C	C	...	...	Géorgie
Iraq	...	...	...	...	...	4685	8172	1979	1880	3995	Iraq
Kazakhstan	...	195	42	47	67	...	...	...	...	...	Kazakhstan
Kyrgyzstan	11709	11207	7833	7257	11502	8832	865	755	3979	7825	Kirghizistan
Rep. of Korea	4503416	4992212	4394208	#3190215	...	...	...	...	...	...	Rép. de Corée
Turkey	...	...	2939854	2236817	2905808	2648937	2775494	5212704	7293446	7789569	Turquie
Europe											**Europe**
Belarus	538200	577300	622726	663861	700250	781263	817326	865424	#1256821	1245698	Bélarus
Bulgaria	12833	202648	C	C	C	C	C	C	243197	203126	Bulgarie
Croatia	...	20809	23039	27041	28947	20116	19783	18516	17225	18780	Croatie
Denmark	23144	26613	12133	...	...	...	...	...	...	...	Danemark
Estonia	...	...	...	...	...	C	104936	133969	115953	107316	Estonie
Finland	C	C	C	6040	16791	13655	...	19955	19289	13883	Finlande
Germany	147715	134690	164622	141635	108128	137938	104650	96248	136512	137243	Allemagne
Hungary	46407	36824	23933	17613	C	C	C	C	C	C	Hongrie
Ireland	9543	7717	...	...	...	...	...	...	...	...	Irlande
Italy	5091848	5309374	...	...	...	...	...	...	...	...	Italie
Lithuania	0	2348	0	0	0	0	0	0	5291	4850	Lituanie
Poland	574469	964145	1175792	1197992	1309627	1359238	1438870	C	C	1160961	Pologne
Portugal	101921	102930	101290	99404	79814	82019	90154	98169	...	...	Portugal
Rep. of Moldova	...	5712	3080	1165	1066	2635	207	0	0	0	Rép. de Moldova
Romania	595731	725114	840434	820493	796224	C	C	C	C	C	Roumanie
Russian Federation	[1]932800	[1]998800	[1]1012300	[1]1070800	[1]1040000	[1]934100	[1]736200	548000	527400	551700	Fédération de Russie
Slovakia	C	...	...	...	...	143592	188088	280734	112975	97415	Slovaquie
Spain	...	C	C	C	C	207959	213194	242687	247744	261514	Espagne
Sweden	C	16400	32100	37400	C	5000	2500	2000	6000	1000	Suède
TFYR of Macedonia	*26624	*30058	*35512	*39363	*45614	*42245	*38568	43448	41114	36174	L'ex-RY de Macédoine
Ukraine	414212	518479	654708	575261	653566	649489	487604	519523	584711	622077	Ukraine
United Kingdom	...	...	805299	859291	C	C	617629	663152	574279	573826	Royaume-Uni

General Note.

Cooking appliances and plate warmers, non-electric, domestic, of iron or steel; cooking or heating apparatus of a kind used for domestic purposes, non-electric, of copper.

[1] Household gas ranges, stoves and cookers only.

Remarque générale.

Appareils de cuisson et chauffe-plats non électriques, à usage domestique, en fonte,fer ou acier; appareils non électriques de cuisson ou de chauffage, à usagedomestique, en cuivre.

[1] Cuisinières et cuiseurs à gaz de ménage seulement.

Printing presses
Presses à imprimer

CPC-BASED CODE - CODE BASE CPC
44914-1

Unit: Number of units — Unité: Nombre d'unités

Country or area	2003	2004	2005	2006	2007	2008	2009	2010	2011	2012	Pays ou zone
Africa											**Afrique**
Egypt	...	...	...	...	...	1509	...	...	...	...	Égypte
America, South											**Amérique du Sud**
Brazil	2355	1645	2229	702	514	429	1547	1749	1803	1613	Brésil
Chile	...	...	...	...	...	...	...	...	2458	...	Chili
Asia											**Asie**
China, Hong KongSAR	...	...	2707	...	...	...	...	...	...	...	Chine,Hong KongRAS
India	8548	538	324	...	...	...	...	...	...	...	Inde
Iran (Islamic Rep. of)	...	...	...	...	...	...	297	...	...	...	Iran (Rép. islam. d')
Japan	1537829	1735621	1680665	665454	595800	1004967	527070	304786	242905	219951	Japon
Kazakhstan	1	...	0	0	0	...	...	...	...	...	Kazakhstan
Turkey	...	...	C	C	C	C	C	37005	38757	43530	Turquie
Europe											**Europe**
Austria	526	...	...	...	...	...	...	...	...	...	Autriche
Bulgaria	26	C	13	16	C	C	C	17	C	C	Bulgarie
Czech Republic	C	C	C	C	3712	C	C	383	464	375	République tchèque
Denmark	211	177	223	55	20	...	...	...	...	...	Danemark
Finland	...	...	0	0	0	0	3	23	66	56	Finlande
Germany	13277	12437	13384	14202	15242	C	10555	C	17927	16428	Allemagne
Hungary	70	101	64	201	C	C	110	C	C	C	Hongrie
Ireland	156	139	...	...	...	...	...	...	...	...	Irlande
Netherlands	...	...	...	...	...	...	...	...	414	389	Pays-Bas
Poland	8010	9346	8506	13310	6964	C	[1]4957	[1]4761	[1]5349	[1]4859	Pologne
Portugal	5710	4664	5569	4629	5314	3844	2709	2777	...	...	Portugal
Rep. of Moldova	...	28	62	48	154	277	7	49	C	C	Rép. de Moldova
Romania	4	...	...	...	...	...	...	...	...	...	Roumanie
Russian Federation	0	0	0	3	49	23	17	...	...	...	Fédération de Russie
Spain	2958	3698	2411	2983	2750	5980	5930	5930	2780	2772	Espagne
Sweden	2858	7201	...	...	2056	931	1017	1206	1549	1729	Suède
Ukraine	[2]66	[2]43	[2]38	[2]54	[2]163	[2]45	[2]35	[2]58	30	52	Ukraine
United Kingdom	...	[3]30080	...	...	C	C	37027	27594	C	...	Royaume-Uni

General Note.

Printing machinery used for printing by means of the printing type, blocks, plates, cylinders, such as offset printing machinery reel fed or otherwise; letterpress printing machinery, excluding flexographic printing, reel fed or otherwise; flexographic printing machinery; gravure printing machinery; ink-jet printing machinery and other printing machinery.

Remarque générale.

Machines et appareils servant à imprimer au moyen de caractères d'imprimerie, clichés, planches, cylindres, comme les machines et appareils à imprimer offset alimentés en bobines ou autrement; machines et appareils à imprimer typographiques, à l'exclusion des machines et appareils flexographiques, alimentés en bobines ou autrement; machines et appareils à imprimer flexographiques; machines et appareils à imprimer héliographiques; machines à imprimer à jet d'encre et autres machines à imprimer.

[1] Including Prodcom 2008 code 28.99.14.90.

[2] Including machines for adjoining operation during printing (National product list code 29.56.14.700).

[3] Excluding Prodcom 2002 code 29.56.14.10.

[1] Y compris 2008 code Prodcom 28.99.14.90.

[2] Y compris les machines pour opérations adjointes au cours de l'impression (Code de la liste nationale de produits 29.56.14.700).

[3] 2002 code Prodcom 29.56.14.10 non compris.

Cash registers
Caisses enregistreuses

CPC-BASED CODE - CODE BASE CPC
45130-2

Unit: Thousand units | Unité: Milliers d'unités

Country or area	2003	2004	2005	2006	2007	2008	2009	2010	2011	2012	Pays ou zone
America, South											**Amérique du Sud**
Brazil	2	64	98	22	245	88	45	115	703	C	Brésil
Asia											**Asie**
Azerbaijan	2	1	2	0	0	0	0	0	0	4	Azerbaïdjan
Rep. of Korea	445	485	362	...	...	...	...	...	...	...	Rép. de Corée
Turkey	...	...	C	C	C	C	#1	6	C	48	Turquie
Europe											**Europe**
Belarus	21	9	11	10	11	7	3	3	4	6	Bélarus
Bulgaria	136	253	202	208	220	231	195	269	308	440	Bulgarie
Croatia	...	1	0	0	0	0	0	0	0	1	Croatie
Finland	...	...	0	0	[1]3	[1]3	[1]1	[1]1	[1]3	[1]3	Finlande
Germany	29	30	27	28	C	23	C	C	C	C	Allemagne
Hungary	...	3	C	C	C	111	6	7	C	197	Hongrie
Italy	88	78	...	...	...	...	...	...	...	...	Italie
Poland	100	100	85	78	79	87	83	94	149	129	Pologne
Rep. of Moldova	...	1	2	3	1	1	...	...	...	...	Rép. de Moldova
Romania	1	5	...	0	...	...	...	...	...	...	Roumanie
Russian Federation	287	265	262	326	441	353	332	310	281	324	Fédération de Russie
Serbia	...	...	...	1	...	...	...	...	...	...	Serbie
Ukraine	34	28	32	28	33	35	28	39	37	44	Ukraine
United Kingdom	...	...	...	...	...	14	15	61	C	C	Royaume-Uni

General Note.
Cash registers.

Remarque générale.
Caisses enregistreuses.

[1] Data converted from Prodcom. Inclusion of additional partial Prodcom codes may result in overstating actual production.

[1] Données converties de Prodcom. L'inclusion de codes partiels additionels Prodcom peut mener a une production réelle exagérée.

Laptop PCs and palm-top organizers
Portables et ordinateurs de poche

CPC-BASED CODE - CODE BASE CPC
45220-0

Unit: Number of units | Unité: Nombre d'unités

Country or area	2003	2004	2005	2006	2007	2008	2009	2010	2011	2012	Pays ou zone
Africa											**Afrique**
Egypt	...	...	...	...	...	74132	...	...	...	...	Égypte
America, North											**Amérique du Nord**
United States[1]	5115811	...	...	...	C	C	C	...	...	...	États-Unis[1]
America, South											**Amérique du Sud**
Brazil	253700	98764	197146	254688	1334638	2773088	4157964	6080111	6024303	8921903	Brésil
Chile	...	...	...	...	...	...	281	4	...	...	Chili
Asia											**Asie**
Kazakhstan	24131	26011	0	0	0	...	...	...	...	...	Kazakhstan
Europe											**Europe**
Belarus	...	...	...	...	...	...	...	...	9927	12794	Bélarus
Bulgaria	35	C	579	607	C	C	C	C	0	C	Bulgarie
Croatia	...	188	417	372	478	917	757	504	649	334	Croatie
Denmark	2	17	14	9	11	21	...	...	33	17	Danemark
Estonia	...	...	...	...	...	C	C	6320	7182	3830	Estonie
Finland	2550	486	372	2687	1314	C	C	1	6871	7450	Finlande
Germany	1452650	1665788	3095988	3294221	3961577	4289250	3035143	C	C	2785792	Allemagne
Italy	33327	35552	...	...	...	...	...	...	...	...	Italie
Poland	47133	67019	141843	58479	27980	55975	17014	7703	9031	2915	Pologne
Portugal	C	C	C	25199	32085	69059	672020	677400	...	...	Portugal
Rep. of Moldova	...	51	192	276	172	4	...	...	...	...	Rép. de Moldova
Russian Federation	...	...	...	...	...	...	...	30921	40119	58336	Fédération de Russie
Spain	...	94022	105140	69998	88997	85412	40463	47790	230819	15461	Espagne
Sweden	...	...	0	693	8820	16158	23954	39236	68051	149100	Suède
Ukraine	1318	C	C	C	C	C	C	4469	765	2235	Ukraine
United Kingdom	708622	104488	37245	32537	39600	42578	38469	C	40101	52605	Royaume-Uni

General Note.
Portable digital automatic data processing machines weighing not more than 10 kg, such as laptops, notebooks and sub-notebooks.

Remarque générale.
Machines automatiques de traitement de l'information, numériques, portables, ne pesant pas plus de 10 kilos, tels qu'ordinateurs portables, ordinateurs bloc-notes et ordinateurs ultra-portables.

[1] Including laptops and notebooks but excluding palm-top organizers.

[1] Y compris les portables et ordinateurs bloc-notes, mais non compris les ordinateurs de poche.

Desktop PCs
PC de bureau

CPC-BASED CODE - CODE BASE CPC
45230-0

Unit: Thousand units — Unité: Milliers d'unités

Country or area	2003	2004	2005	2006	2007	2008	2009	2010	2011	2012	Pays ou zone
America, North											**Amérique du Nord**
Mexico	1288	1647	#17	9	...	...	...	...	...	...	Mexique
United States[1]	16118	17297	...	...	C	C	C	...	...	...	États-Unis[1]
America, South											**Amérique du Sud**
Brazil	876	1028	2071	3060	4203	4529	3607	3294	3862	3109	Brésil
Chile	...	...	...	...	...	3	2	2	2	...	Chili
Asia											**Asie**
Armenia	2	3	2	2	3	3	2	2	2	2	Arménie
Iraq	...	...	...	...	...	0	2	1	2	1	Iraq
Kazakhstan	0	1	45	47	93	...	...	...	...	...	Kazakhstan
Kyrgyzstan	0	1	1	0	0	0	0	0	0	0	Kirghizistan
Europe											**Europe**
Belarus	33	44	53	69	108	140	113	161	...	...	Bélarus
Bulgaria	1	2	1	4	7	8	2	2	2	2	Bulgarie
Croatia	...	29	42	16	39	38	34	34	37	33	Croatie
Czech Republic	...	...	C	C	C	C	C	459	C	C	République tchèque
Denmark	3	2	0	...	...	...	...	...	...	...	Danemark
Estonia	...	...	...	...	...	30	C	13	14	11	Estonie
Finland	21	30	39	32	20	24	19	15	16	18	Finlande
Germany	298	313	368	316	384	223	125	203	228	225	Allemagne
Hungary	...	...	...	...	0	0	1067	1431	372	C	Hongrie
Italy	65	66	...	...	...	...	...	...	...	...	Italie
Latvia	8	7	4	4	C	C	C	C	C	C	Lettonie
Lithuania	31	37	34	37	47	42	12	10	12	16	Lituanie
Poland	110	176	242	282	364	265	128	117	143	119	Pologne
Portugal	88	99	95	69	58	57	30	28	...	...	Portugal
Rep. of Moldova	...	4	5	5	4	4	4	5	11	9	Rép. de Moldova
Romania	54	72	98	136	116	83	51	28	24	16	Roumanie
Russian Federation	247	308	356	590	1329	861	255	296	455	620	Fédération de Russie
Slovenia	22	25	18	19	30	14	C	C	6	7	Slovénie
Spain	...	48	231	370	349	211	150	94	73	52	Espagne
Sweden	406	567	70	33	34	20	37	23	C	57	Suède
Ukraine	29	27	40	32	19	55	17	2	1	3	Ukraine
United Kingdom	...	...	...	...	...	35	55	C	61	52	Royaume-Uni

General Note.

Digital automatic data processing machines, comprising in the same housing at least a central processing unit and an input and output unit, whether or not combined.

[1] Including workstations defined as microprocessor-based single-user systems distinguished by operating systems and relatively high performance.

Remarque générale.

Machines automatiques de traitement de l'information, numériques, comportant, sous une même enveloppe, au moins une unité centrale de traitement, et une unité d'entrée et une unité de sortie, combinées ou non.

[1] Y compris les postes de travail définis comme systèmes mono-utilisateurs basés sur des microprocesseurs et qui se distinguent par des systèmes d'exploitation et une performance relativement élevée.

Digital data processing machines: presented in the form of systems
Machines de traitement de l'information, numériques, présentées sous la forme de systèmes

CPC-BASED CODE - CODE BASE CPC
45240-0

Unit: Number of units — Unité: Nombre d'unités

Country or area	2003	2004	2005	2006	2007	2008	2009	2010	2011	2012	Pays ou zone
America, South											**Amérique du Sud**
Brazil	91552	41427	190876	362369	475200	991768	343046	597550	570337	709547	Brésil
Asia											**Asie**
Kazakhstan	3674	3399	13607	21669	0	...	...	...	...	...	Kazakhstan
Europe											**Europe**
Bulgaria	410	857	470	651	134	156	398	434	905	1147	Bulgarie
Croatia	...	2602	5175	6067	33610	6747	11026	749	674	1108	Croatie
Denmark	4034	2975	3123	7797	...	8307	...	7131	...	...	Danemark
Finland	2138	1951	1411	1135	576	617	1362	1530	...	...	Finlande
Germany	C	C	C	C	C	1497483	1559387	1554613	1042817	1055676	Allemagne
Hungary	1406407	3435854	3338167	4630432	5445882	3035544	220603	286751	387377	121020	Hongrie
Italy	12032	12379	...	...	...	...	...	...	...	...	Italie
Poland	1	65	5405	3334	1155	5242	5295	1867	4130	4490	Pologne
Romania	...	...	...	...	...	1943	C	C	...	...	Roumanie
Serbia	...	...	...	2979	...	...	...	...	...	...	Serbie
Slovakia	C	C	C	C	C	...	C	C	19923	C	Slovaquie
Spain	...	256955	71339	6028	51377	97023	8466	12246	10390	11316	Espagne
Sweden	145238	25680	32963	20549	15681	45640	31642	55581	14343	15604	Suède
Ukraine	1282	C	2354	2477	1862	5054	820	1507	1484	728	Ukraine
United Kingdom	1467624	664965	256982	108542	115830	104803	90586	92476	C	C	Royaume-Uni

General Note.
Digital automatic data processing machines presented in the form of systems.

Remarque générale.
Machines automatiques de traitement de l'information, numériques, présentées sous la forme de systèmes.

Printers
Imprimantes

CPC-BASED CODE - CODE BASE CPC
45260-1

Unit: Number of units | Unité: Nombre d'unités

Country or area	2003	2004	2005	2006	2007	2008	2009	2010	2011	2012	Pays ou zone
America, North											**Amérique du Nord**
United States[1]	2655600	...	...	...	C	C	C	...	...	...	États-Unis[1]
America, South											**Amérique du Sud**
Brazil	1236611	2230864	2504066	3408979	3522101	3179513	1658220	1046206	1013122	552226	Brésil
Chile	...	...	...	...	...	...	...	270	...	...	Chili
Asia											**Asie**
India	5449	9514	3063	...	...	...	...	...	...	...	Inde
Thailand	14979000	21269000	19241000	16245000	17439000	15693000	...	...	...	...	Thaïlande
Europe											**Europe**
Bulgaria	112	85	C	C	C	2005	C	C	C	C	Bulgarie
Denmark	294	372	395	330	...	1356	...	...	...	...	Danemark
Germany	52009	49978	40951	7516	6638	6607	10931	12511	17307	16709	Allemagne
Hungary	...	6922255	C	C	C	C	...	...	C	C	Hongrie
Italy	574395	544393	...	...	...	...	...	...	...	...	Italie
Poland	0	22019	25382	24107	28741	28496	31870	42804	22727	9457	Pologne
Serbia	...	...	...	2591	...	...	...	...	...	...	Serbie
Sweden	C	27048	35318	13882	7491	12727	2232	2432	2492	2387	Suède
United Kingdom	107249	152755	244713	245540	31202	53020	38380	9697	...	...	Royaume-Uni

General Note.

Printers, inkjet, laser or other, except combination of printer with scanner, copier or fax.

Remarque générale.

Imprimantes à jet d'encre, laser ou autres, à l'exception des combinaisons d'une imprimante et d'un scanner, d'une imprimante et d'un photocopieur ou d'une imprimante et d'un télécopieur.

[1] Excluding non-impact inkjet printers.

[1] À l'exclusion des imprimantes à jet d'encre sans impact.

Keyboards
Claviers

CPC-BASED CODE - CODE BASE CPC
45260-2

Unit: Number of units | Unité: Nombre d'unités

Country or area	2003	2004	2005	2006	2007	2008	2009	2010	2011	2012	Pays ou zone
Africa											**Afrique**
Egypt	...	...	...	...	...	...	1469561	...	3154000	...	Égypte
America, North											**Amérique du Nord**
United States	1099802	95491	...	...	...	...	...	...	...	...	États-Unis
America, South											**Amérique du Sud**
Brazil	0	255982	802577	1298875	2199217	2713451	2148948	3000205	2074825	1923945	Brésil
Asia											**Asie**
India	244401	475473	246567	...	...	...	...	...	...	...	Inde
Malaysia	5449483	8013972	8870478	7931355	7805137	6221168	C	C	...	...	Malaisie
Thailand	27371000	14314000	7454000	958000	931000	632000	...	...	...	...	Thaïlande
Europe											**Europe**
Croatia	...	131	160	0	0	0	0	0	0	0	Croatie
Denmark	0	0	150	...	...	...	149557	139232	112956	...	Danemark
Finland	C	C	C	230	0	0	0	...	...	...	Finlande
Germany	C	C	C	C	C	3820300	C	C	C	C	Allemagne
Italy	3230	3100	...	...	...	...	...	...	...	...	Italie
Poland	0	0	3105	0	0	0	0	C	C	C	Pologne
Serbia[1]	...	...	...	60	...	...	...	...	...	...	Serbie[1]
Sweden	...	...	0	0	0	1959	1601	2152	4027	6257	Suède
United Kingdom	12197446	10062358	734629	727041	332893	151611	178439	195804	26172	19499	Royaume-Uni

General Note.
Keyboards.

[1] Including scanners.

Remarque générale.
Claviers.

[1] Y compris les scanners.

Monitors (visual display units)
Ecrans (consoles de visualisation)

CPC-BASED CODE - CODE BASE CPC
45260-3

Unit: Number of units | Unité: Nombre d'unités

Country or area	2003	2004	2005	2006	2007	2008	2009	2010	2011	2012	Pays ou zone
America, South											**Amérique du Sud**
Brazil	3728114	3774313	5377601	8494333	9004688	8529681	5053629	4939340	4731396	3551155	Brésil
Asia											**Asie**
Iran (Islamic Rep. of)	974	806	...	...	...	...	...	...	...	...	Iran (Rép. islam. d')
Kazakhstan	...	...	...	...	30769	...	...	...	...	...	Kazakhstan
Malaysia	5693000	5172000	5352622	C	C	C	C	C	...	...	Malaisie
Rep. of Korea	4495005	3725345	2941640	2227037	2546484	1271100	1009990	1541159	1737272	1595212	Rép. de Corée
Thailand	3979000	4465000	2210000	1380000	942000	705000	...	...	...	...	Thaïlande
Viet Nam	198000	260400	20800	18424	6799	...	...	...	...	...	Viet Nam
Europe											**Europe**
Belarus	0	0	1134	22233	47464	29080	26501	31714	...	...	Bélarus
Denmark	...	...	0	0	0	...	...	60931	13847	9009	Danemark
Finland	C	C	...	429	351	0	0	C	C	...	Finlande
Germany	C	289676	301765	263197	340277	344393	24260	17959	28070	32826	Allemagne
Hungary	...	...	1165946	3366120	388685	C	C	C	...	...	Hongrie
Italy	275795	273431	...	...	...	...	...	...	...	...	Italie
Poland	0	0	1744	1688	C	C	C	C	C	C	Pologne
Serbia	...	...	...	327	...	...	...	...	...	...	Serbie
Sweden	...	...	0	0	0	0	0	21672	22789	33147	Suède
Ukraine	1098	277	C	C	C	C	0	0	C	0	Ukraine
United Kingdom	5272277	3604843	801182	642257	21497	9505	5517	C	C	C	Royaume-Uni

General Note.
Monitors (visual display units).

Remarque générale.
Ecrans (consoles de visualisation).

Input or output units, such as mouses, plotters and scanners
Unités d'entrée ou de sortie, comme des souris, traceurs et scanners

CPC-BASED CODE - CODE BASE CPC
45260-4

Unit: Number of units — Unité: Nombre d'unités

Country or area	2003	2004	2005	2006	2007	2008	2009	2010	2011	2012	Pays ou zone
America, South											**Amérique du Sud**
Brazil	584038	942540	808313	1660347	2947171	2259990	2929374	3281790	4665155	4796863	Brésil
Asia											**Asie**
Kazakhstan	22236	6361	10979	10167	41050	...	...	...	...	...	Kazakhstan
Europe											**Europe**
Bulgaria	199	C	C	C	0	C	0	C	0	0	Bulgarie
Croatia	...	...	...	...	...	0	0	13	13	13	Croatie
Denmark	...	...	240194	250000	118081	3	0	0	0	18	Danemark
Estonia	...	...	...	...	...	C	C	7	11	5	Estonie
Germany	C	C	301765	263197	340277	344393	343739	466047	1261224	3435707	Allemagne
Hungary	4116808	1179267	1165946	3366120	388685	39074	8582	C	1214469	1047879	Hongrie
Italy	275795	273431	...	...	...	...	...	...	...	...	Italie
Lithuania	...	...	...	26805	20941	14433	3784	0	0	0	Lituanie
Netherlands	...	...	...	...	...	...	...	...	565584	190016	Pays-Bas
Poland	8878	9299	456253	374720	2126449	C	C	705966	C	C	Pologne
Serbia	...	...	...	4107	...	...	...	...	...	...	Serbie
Slovakia	...	...	...	...	...	C	1940550	C	C	C	Slovaquie
Spain	...	...	C	...	...	C	70979	C	C	C	Espagne
Sweden	64361	112826	264686	62500	C	132637	0	22776	41572	56425	Suède
Ukraine	C	C	C	2881	4127	2757	5390	8808	10247	10838	Ukraine
United Kingdom	...	...	801182	642257	172524	219420	103651	114522	122213	144956	Royaume-Uni

General Note.

Input or output units whether or not containing storage units in the same housing, mouses, plotters and scanners, except for printers, monitors and keyboards.

Remarque générale.

Unités d'entrée ou de sortie, pouvant comporter, sous la même enveloppe, des unités de mémoire, souris, traceurs à commande numérique et scanners, à l'exception des imprimantes, écrans et claviers.

Motors of an output not exceeding 37.5 W; other DC motors and DC generators
Moteurs d'une puissance n'excédant pas 37,5 W; autres moteurs et génératrices à courant continu

CPC-BASED CODE - CODE BASE CPC
46111-0

Unit: Thousand units | Unité: Milliers d'unités

Country or area	2003	2004	2005	2006	2007	2008	2009	2010	2011	2012	Pays ou zone
Africa											**Afrique**
Egypt	...	...	...	...	...	11393	9128	...	...	...	Égypte
America, North											**Amérique du Nord**
Mexico	0	0	0	0	0	0	0	0	10395	11019	Mexique
America, South											**Amérique du Sud**
Brazil	13695	6444	5042	2806	6694	13691	12427	12724	11756	13585	Brésil
Chile	...	...	96	8	...	...	...	...	0	...	Chili
Asia											**Asie**
Kazakhstan	0	2	0	0	0	...	...	...	...	...	Kazakhstan
Rep. of Korea[1]	6073	6886	6796	...	...	...	...	...	...	...	Rép. de Corée[1]
Turkey	...	...	3886	2412	1045	1179	738	1091	1842	1802	Turquie
Europe											**Europe**
Belarus	...	...	...	...	...	...	...	...	148	135	Bélarus
Bulgaria	C	45	42	57	67	123	57	65	64	64	Bulgarie
Croatia	...	...	448	356	2	6	0	86	0	0	Croatie
Czech Republic	819	800	707	4545	6506	7212	C	C	C	C	République tchèque
Denmark	1582	1755	3727	5134	5993	...	...	...	...	...	Danemark
Estonia	...	...	...	...	...	C	C	16	18	19	Estonie
Finland	112	132	0	0	1	0	0	0	0	0	Finlande
Germany	170406	C	C	C	C	C	C	97028	C	94051	Allemagne
Hungary	1746	2115	2153	2204	1053	1559	1676	718	406	575	Hongrie
Ireland	56	1997	...	...	...	...	...	...	...	...	Irlande
Italy[2]	39435	41041	...	...	...	...	...	...	...	...	Italie[2]
Lithuania	73	77	147	188	121	53	72	81	76	0	Lituanie
Poland	4255	4098	3980	6953	5986	8298	8073	12139	13155	13586	Pologne
Portugal	0	0	1169	738	634	490	290	261	...	...	Portugal
Romania	330	522	732	1119	706	634	504	899	606	546	Roumanie
Russian Federation	[3]711	[3]805	[3]742	[3]914	[3]903	[3]579	[3]269	1678	1748	1263	Fédération de Russie
Slovakia	C	C	C	C	1700	2167	2389	2500	2432	2141	Slovaquie
Spain	...	16055	14105	10505	11596	10976	8943	C	12383	10112	Espagne
Sweden	264	536	540	661	277	597	402	409	643	574	Suède
TFYR of Macedonia	...	...	...	216	219	143	121	120	67	0	L'ex-RY de Macédoine
Ukraine	140	119	148	290	327	92	53	79	96	58	Ukraine
United Kingdom	[4]1481	[4]1427	2310	2957	C	C	C	6487	...	...	Royaume-Uni

General Note.
Motors of an output not exceeding 37.5 W; other DC motors; DC generators.

Remarque générale.
Moteurs d'une puissance n'excédant pas 37,5 W; autres moteurs à courant continu; génératrices à courant continu.

[1] In thousand kilowatts.
[2] Excluding Prodcom 2002 code 31.10.10.80.
[3] AC Motors with a rotating axis height of 63-355 mm.
[4] Excluding Prodcom 2002 code 31.10.10.95.

[1] En milliers de kilowatts.
[2] 2002 code Prodcom 31.10.10.80 non compris.
[3] Moteurs C-A avec une hauteur d'axe de rotation de 63-355 mm.
[4] 2002 code Prodcom 31.10.10.95 non compris.

AC/DC motors of an output exceeding 37.5 W; other AC motors; AC generators (alternators)
Moteurs de plus de 37,5 W; autres moteurs à courant alternatif; génératrices à courant alternatif

CPC-BASED CODE - CODE BASE CPC
46112-0

Unit: Thousand units | Unité: Milliers d'unités

Country or area	2003	2004	2005	2006	2007	2008	2009	2010	2011	2012	Pays ou zone
Africa											**Afrique**
Egypt	...	...	...	...	...	4237	2733	...	...	...	Égypte
America, North											**Amérique du Nord**
Mexico	184	182	160	179	79	92	58	78	60	66	Mexique
America, South											**Amérique du Sud**
Brazil	13850	13125	12389	15726	15982	13957	16715	20097	20306	20207	Brésil
Chile	...	...	...	...	8	11	6	3	9	...	Chili
Asia											**Asie**
Iran (Islamic Rep. of)	...	...	...	...	...	...	1	...	...	...	Iran (Rép. islam. d')
Turkey	...	...	2510	2004	2428	2178	1402	1536	1814	1532	Turquie
Europe											**Europe**
Belarus	434	463	408	476	554	540	386	561	432	446	Bélarus
Bulgaria	471	452	419	342	328	166	100	98	95	106	Bulgarie
Croatia	...	97	94	84	54	54	41	40	41	32	Croatie
Czech Republic	5921	6406	7264	7510	8561	8540	6700	7788	8365	7647	République tchèque
Denmark	282	270	328	337	408	...	...	...	...	82	Danemark
Estonia	...	...	...	...	...	189	57	89	74	114	Estonie
Finland	137	120	81	196	177	106	76	67	71	75	Finlande
Germany	15159	15115	C	C	13556	C	8779	C	C	C	Allemagne
Hungary	1019	4274	1563	1874	4369	5792	4772	5130	7109	3073	Hongrie
Ireland	30	35	...	...	...	...	...	...	...	...	Irlande
Lithuania	76	54	27	29	0	1	0	1	0	1	Lituanie
Netherlands	...	...	...	...	...	...	...	...	53	78	Pays-Bas
Poland	1325	1278	1254	3195	3932	6025	5461	8431	8924	9283	Pologne
Portugal	C	C	76	30	23	C	C	C	...	...	Portugal
Romania	7811	10808	12942	12358	14393	20461	15106	13888	14769	14970	Roumanie
Russian Federation	...	...	...	...	...	...	...	495	451	415	Fédération de Russie
Serbia[1]	...	...	...	8	...	...	...	...	...	...	Serbie[1]
Slovakia	9736	10894	12633	14385	14419	13012	12032	12493	9396	9641	Slovaquie
Slovenia	C	C	C	C	C	7595	6085	C	C	C	Slovénie
Spain	...	3949	3635	2329	2849	2350	1572	1677	1611	1303	Espagne
Sweden	1242	760	608	497	236	818	785	1019	749	829	Suède
Ukraine	873	1155	913	706	670	602	460	592	467	326	Ukraine
United Kingdom	...	...	C	C	299	C	C	C	C	C	Royaume-Uni

General Note.
Universal AC/DC motors of an output exceeding 37.5 W; other AC motors; AC generators (alternators).

[1] Incomplete coverage.

Remarque générale.
Moteurs universels d'une puissance excédant 37,5 W; autres moteurs à courant alternatif; génératrices à courant alternatif (alternateurs).

[1] Couverture incomplète.

Electric generating sets and rotary converters
Groupes électrogènes et convertisseurs rotatifs électriques

CPC-BASED CODE - CODE BASE CPC
46113-0

Unit: Thousand units — Unité: Milliers d'unités

Country or area	2003	2004	2005	2006	2007	2008	2009	2010	2011	2012	Pays ou zone
Africa											**Afrique**
Egypt	...	...	5.2	3.2	...	1.2	...	...	...	...	Égypte
United R. of Tanzania[1]	0.2	0.1	0.1	0.1	0.0	0.0	0.1	...	...	...	Rép.-U. de Tanzanie[1]
America, North											**Amérique du Nord**
Mexico	...	...	...	...	4.2	2.6	2.6	3.8	3.3	2.6	Mexique
America, South											**Amérique du Sud**
Brazil	85.5	85.8	113.9	173.3	270.7	288.2	23.1	12.9	26.4	30.7	Brésil
Chile	...	...	0.1	0.0	0.0	...	...	...	...	...	Chili
Peru	0.3	0.3	0.6	0.8	1.4	1.4	1.2	1.9	1.5	1.6	Pérou
Asia											**Asie**
Kazakhstan	0.2	0.2	0.1	0.0	0.0	...	...	...	...	...	Kazakhstan
Turkey	...	...	356.0	C	C	C	C	275.3	...	...	Turquie
Europe											**Europe**
Croatia	...	...	...	...	...	211.0	133.0	144.0	228.0	150.0	Croatie
Czech Republic	...	...	C	15.0	C	C	C	C	C	C	République tchèque
Denmark	3.0	2.0	2.0	2.0	2.0	...	4.1	3.3	4.2	2.7	Danemark
Estonia	...	...	...	...	...	0.0	C	...	0.9	...	Estonie
Finland	0.0	0.0	0.0	...	2.0	2.0	1.0	1.0	1.0	2.0	Finlande
Germany	C	C	C	63.1	43.6	77.5	37.7	34.5	36.5	31.6	Allemagne
Hungary	...	0.0	...	...	...	...	C	2.0	...	C	Hongrie
Italy[2]	44.0	44.9	...	...	...	...	...	...	...	...	Italie[2]
Lithuania	0.1	0.1	0.2	0.2	0.3	0.2	0.4	0.2	0.0	0.2	Lituanie
Netherlands	...	...	...	...	...	...	...	...	1.6	5.5	Pays-Bas
Poland	1.1	1.0	8.2	2.7	2.8	15.8	8.2	11.4	15.1	12.1	Pologne
Portugal	0.2	0.0	0.3	0.4	0.5	0.4	0.7	0.6	...	...	Portugal
Romania	...	...	...	...	1.0	C	1.0	...	...	...	Roumanie
Slovakia	0.1	0.1	0.1	0.2	C	C	C	C	C	C	Slovaquie
Slovenia	...	...	...	...	C	C	C	0.1	C	C	Slovénie
Spain	...	43.0	49.0	66.0	70.0	57.0	C	52.0	C	33.0	Espagne
Sweden	1.0	2.0	2.0	7.5	0.9	1.1	3.9	11.0	3.2	0.9	Suède
Ukraine	1.0	2.0	1.0	1.0	1.0	1.0	35.0	43.0	10.0	6.0	Ukraine
United Kingdom	...	[3]102.0	C	124.1	157.9	C	84.2	C	152.2	127.1	Royaume-Uni

General Note.

Generating sets with compression-ignition internal combustion piston engines (diesel or semi-diesel engines); generating sets with spark-ignition internal combustion piston engines; other generating sets wind-powered or otherwise and electric rotary converters.

[1] Tanganyika only.
[2] Excluding Prodcom 2002 code 31.10.32.50.
[3] Excluding Prodcom 2002 code 31.10.32.70.

Remarque générale.

Groupes électrogènes à moteur à piston à allumage par compression (moteurs diesel ou semi diesel); groupes électrogènes à moteur à piston à allumage par étincelles (moteurs à explosion); autres groupes électrogènes à énergie éolienne ou autres et convertisseurs rotatifs électriques.

[1] Tanganyika seulement.
[2] 2002 code Prodcom 31.10.32.50 non compris.
[3] 2002 code Prodcom 31.10.32.70 non compris.

Electrical transformers
Transformateurs électriques

CPC-BASED CODE - CODE BASE CPC
46121-0

Unit: Thousand units — Unité: Milliers d'unités

Country or area	2003	2004	2005	2006	2007	2008	2009	2010	2011	2012	Pays ou zone
Africa											**Afrique**
Algeria	4	5	5	4	4	4	4	5	5	5	Algérie
United R. of Tanzania[1]	1	1	1	1	1	2	1	1	3	3	Rép.-U. de Tanzanie[1]
America, North											**Amérique du Nord**
Mexico	201	217	228	235	105	123	125	132	115	79	Mexique
America, South											**Amérique du Sud**
Brazil	20098	19775	24595	9786	11976	12702	11617	10521	10018	12253	Brésil
Chile	...	...	157	94	104	80	18	87	182	...	Chili
Ecuador	...	10	9	...	9	11	...	...	...	...	Équateur
Peru	2	4	6	8	1	1	1	1	1	1	Pérou
Asia											**Asie**
Azerbaijan	1	0	0	0	0	0	0	0	0	0	Azerbaïdjan
India	78087	81454	132425	...	...	...	...	...	...	...	Inde
Iran (Islamic Rep. of)	...	...	...	...	...	...	245	...	...	...	Iran (Rép. islam. d')
Iraq	...	...	...	...	...	2	2	4	5	9	Iraq
Japan	5404	5529	7409	8639	9114	7288	9714	9764	5854	9033	Japon
Kazakhstan[2]	350	500	...	...	...	...	...	...	...	...	Kazakhstan[2]
Kyrgyzstan	15	19	15	20	23	24	21	23	26	33	Kirghizistan
Pakistan[3]	18	34	37	45	54	37	29	30	14	24	Pakistan[3]
Turkey	...	...	C	9295	6034	4359	2810	12712	32173	40203	Turquie
Viet Nam	33	50	46	28	45	45	46	55	...	...	Viet Nam
Europe											**Europe**
Belarus	21	26	24	26	27	29	19	25	30	35	Bélarus
Bulgaria	306	302	299	346	332	490	402	552	514	528	Bulgarie
Croatia	...	...	...	...	...	628	414	619	629	459	Croatie
Czech Republic	...	...	...	...	...	1611	2665	5706	6161	5805	République tchèque
Denmark	415	234	15388	4766	3182	1953	...	...	...	...	Danemark
Estonia	...	...	...	...	...	18138	9209	17978	13818	14266	Estonie
Finland	3195	3195	5348	6658	1516	1640	802	974	960	559	Finlande
Germany	69725	86298	89602	74427	68929	59109	46309	58221	60555	54766	Allemagne
Hungary	4975	1809	11170	11854	18841	5066	5210	9279	5177	3793	Hongrie
Ireland	372	13886	C	...	...	...	...	...	...	...	Irlande
Italy	32006	31369	...	...	...	...	...	...	...	...	Italie
Lithuania	68	887	841	37	1217	288	50	11	10	9	Lituanie
Netherlands	...	...	...	...	...	...	...	...	875	4579	Pays-Bas
Norway	...	676	...	...	...	...	...	...	...	...	Norvège
Poland	4992	5833	5441	5195	8029	7005	4714	6239	7437	7054	Pologne
Portugal	90	79	45	3954	1823	1822	36	96	...	...	Portugal
Rep. of Moldova	...	11	7	4	4	2	0	0	C	C	Rép. de Moldova
Romania	20	2530	3212	1908	53	C	C	98	162	139	Roumanie
Serbia	...	...	...	16	15	28	28	24	...	...	Serbie
Slovakia	640	502	491	555	7045	6206	7626	4172	5354	4426	Slovaquie
Slovenia	7062	6337	C	C	1697	C	C	C	C	C	Slovénie
Spain	...	C	C	C	C	10645	8494	7463	6682	5422	Espagne
Sweden	1208	2822	498	489	6512	4974	137	284	229	125	Suède
TFYR of Macedonia	3	6	5	2	4	9	10	3	3	1	L'ex-RY de Macédoine
Ukraine	8426	7991	7890	13124	19536	17388	12141	3954	5115	4553	Ukraine
United Kingdom	...	...	13847	14398	13479	12996	9967	10207	9694	10943	Royaume-Uni

General Note.
Liquid dielectric transformers and other electrical transformers.

[1] Tanganyika only.
[2] In thousand square metres.
[3] Twelve months ending 30 June of year stated.

Remarque générale.
Transformateurs à diélectrique liquide et autres transformateurs électriques.

[1] Tanganyika seulement.
[2] En milliers de mètres carrés.
[3] Période de douze mois finissant le 30 juin de l'année indiquée.

Ballasts for discharge lamps or tubes
Ballasts pour lampes ou tubes à décharge

CPC-BASED CODE - CODE BASE CPC
46122-1

Unit: Thousand units — Unité: Milliers d'unités

Country or area	2003	2004	2005	2006	2007	2008	2009	2010	2011	2012	Pays ou zone
America, North											**Amérique du Nord**
Mexico	18875	17340	17848	16945	#31853	22976	19225	16613	17504	15614	Mexique
United States	89711	89729	83480	...	...	...	...	...	...	...	États-Unis
America, South											**Amérique du Sud**
Brazil	1298611	33088	56712	62887	33586	44045	26008	32396	27607	30382	Brésil
Chile	...	...	14	186	103	...	...	...	307	...	Chili
Ecuador	...	...	...	...	1442	502	...	...	...	...	Équateur
Asia											**Asie**
India	3085	12083	10688	...	...	...	...	...	...	...	Inde
Kazakhstan	...	...	1	1	1	...	...	...	...	...	Kazakhstan
Turkey	...	...	4932	4850	C	3982	C	4179	C	C	Turquie
Europe											**Europe**
Denmark	0	0	16	5	...	...	...	...	...	...	Danemark
Finland	C	C	C	28075	26163	C	...	C	C	...	Finlande
Hungary	337558	428600	467471	613606	630647	C	C	672138	723668	592466	Hongrie
Italy	27589	27172	...	...	...	...	...	...	...	...	Italie
Poland	21864	21353	25417	29902	26541	39178	41319	C	C	C	Pologne
Romania	215	68	321	1493	195	649	27	16	C	C	Roumanie
Spain	...	39136	38092	44376	47300	41930	29996	33268	30374	25932	Espagne
Ukraine	224	272	2488	6554	2860	50	28	27	23	26	Ukraine
United Kingdom	[1]1922	[1]3252	C	C	C	C	C	C	1205	C	Royaume-Uni

General Note.
Ballasts for discharge lamps or tubes.

[1] Excluding Prodcom 2002 code 31.10.50.13.

Remarque générale.
Ballasts pour lampes ou tubes à décharge.

[1] 2002 code Prodcom 31.10.50.13 non compris.

Static converters
Convertisseurs statiques

CPC-BASED CODE - CODE BASE CPC
46122-2

Unit: Thousand units — Unité: Milliers d'unités

Country or area	2003	2004	2005	2006	2007	2008	2009	2010	2011	2012	Pays ou zone
America, North											**Amérique du Nord**
Mexico	...	...	...	...	8667.7	7570.6	2811.7	3569.5	5126.7	5990.1	Mexique
America, South											**Amérique du Sud**
Brazil	13761.3	31903.3	27101.4	31929.9	51706.2	13201.6	14896.8	17369.3	14904.9	17967.8	Brésil
Ecuador	...	...	...	0.3	0.2	0.6	...	...	...	...	Équateur
Asia											**Asie**
Azerbaijan	0.0	0.0	0.3	0.0	0.0	0.0	0.0	0.0	0.0	0.0	Azerbaïdjan
Kazakhstan	0.3	0.5	1.0	0.7	0.7	...	...	...	...	...	Kazakhstan
Kyrgyzstan	[1]0.0	[1]0.1	0.0	0.0	0.0	0.0	0.0	0.0	0.0	0.0	Kirghizistan
Turkey	...	...	C	C	447.0	549.0	357.0	523.5	660.8	1041.6	Turquie
Europe											**Europe**
Bulgaria	28.0	9.0	11.0	21.0	20.0	16.0	12.0	8.0	13.0	12.0	Bulgarie
Croatia	...	12.0	3.0	8.0	6.0	9.0	8.0	10.0	44.0	121.0	Croatie
Czech Republic	47.0	39.0	37.0	C	C	C	853.0	667.0	C	1303.2	République tchèque
Denmark	350.0	315.0	432.0	523.0	648.7	...	...	...	843.2	...	Danemark
Estonia	...	...	...	...	...	451.6	463.1	585.4	489.4	477.7	Estonie
Finland	20939.0	6293.0	7113.0	9409.0	1396.0	1057.0	1094.0	961.0	941.0	1119.0	Finlande
Germany	9072.4	9672.8	9175.6	C	5237.5	4984.4	4289.9	C	C	6514.1	Allemagne
Hungary	10.0	12.0	8.0	11.0	14.0	1283.0	850.0	1057.0	1224.0	1009.0	Hongrie
Ireland	10013.1	...	...	...	...	...	...	...	...	...	Irlande
Italy	805.6	796.1	...	...	...	...	...	...	...	...	Italie
Lithuania	1.4	0.8	0.9	1.7	13.2	14.0	7.0	0.9	0.4	0.3	Lituanie
Netherlands	...	...	...	...	...	...	...	...	...	12202.0	Pays-Bas
Norway	325.0	...	...	484.0	...	...	...	...	...	...	Norvège
Poland	1570.3	1060.2	2782.0	2989.7	3857.7	1980.5	1263.7	1352.7	1221.2	1332.8	Pologne
Portugal	7.0	9.0	6.8	7.1	7.0	5.1	4.4	2.5	...	...	Portugal
Rep. of Moldova	...	0.1	0.1	0.2	9.2	11.7	5.1	3.0	C	C	Rép. de Moldova
Romania	...	6.0	6.0	6.0	10.0	29.0	20.0	36.0	83.0	73.0	Roumanie
Slovakia	323.0	529.0	736.0	103.0	259.0	1061.0	731.0	844.0	852.0	602.0	Slovaquie
Slovenia	C	C	C	C	C	42963.0	33896.0	C	C	C	Slovénie
Spain	...	C	C	C	C	637.0	635.0	C	490.0	430.0	Espagne
Sweden	410.0	256.0	89.0	195.8	629.1	123.9	125.3	338.5	410.5	180.3	Suède
Ukraine	[2]1053.0	[2]1866.0	1336.0	1195.0	817.0	417.0	42.0	28.0	49.0	49.0	Ukraine
United Kingdom	2382.0	2760.0	3082.2	2831.7	3606.8	3721.7	3141.5	3579.2	...	...	Royaume-Uni

General Note.
Static converters.

[1] Data refer to ballasts for discharge lamps or tubes (46122-1); static converters (46122-2); and inductors.

[2] Including code 31.10.50.800 (inductors; excl. induction coils, deflection coils for cathode-ray tubes, for discharge lamps and tubes).

Remarque générale.
Convertisseurs statiques.

[1] Les données se rapportent aux ballasts pour lampes ou tubes à décharge (46122-1); convertisseurs statiques (46122-2); et inductances.

[2] Y compris le code 31.10.50.800 (bobines de réactance; à l'exclusion des bobines d'induction, bobines de déflexion pour les tubes cathodiques, pour les lampes et tubes de décharge).

Electrical apparatus for switching, protecting or for making connexions in electrical circuits
Appareillage pour la coupure, la protection ou le branchement des circuits électriques

CPC-BASED CODE - CODE BASE CPC
46210-0

Unit: Thousand units — Unité: Milliers d'unités

Country or area	2003	2004	2005	2006	2007	2008	2009	2010	2011	2012	Pays ou zone
America, North											**Amérique du Nord**
Mexico	35081	30207	25491	27353	#199837	175607	162976	188879	183863	135456	Mexique
America, South											**Amérique du Sud**
Brazil	1383697	1469462	2048499	2337732	2753911	1852670	1639957	1104329	1153508	1084395	Brésil
Chile	...	...	[1]11142	[1]17634	16717	14429	20303	19003	12430	...	Chili
Asia											**Asie**
Azerbaijan	7	2	4	6	5	4	1	1	0	0	Azerbaïdjan
Japan	1391357	1354096	1424281	1381763	1452591	1572567	1288566	1492935	599265	1553858	Japon
Kazakhstan	733	817	707	388	434	...	...	...	...	...	Kazakhstan
Kuwait	143	162	171	196	65	54	205	201	190	254	Koweït
Kyrgyzstan	1395	1515	911	698	715	727	3334	11573	1324	991	Kirghizistan
Europe											**Europe**
Bulgaria	C	C	C	C	C	187894	145402	338834	414507	98234	Bulgarie
Croatia	...	10443	10042	9932	12087	20738	19970	31143	34032	33049	Croatie
Czech Republic	209961	274782	280852	293176	305361	285559	194939	278087	263403	258397	République tchèque
Denmark	86116	90587	...	...	132297	...	...	...	...	...	Danemark
Estonia	...	...	...	...	...	5020	6208	10562	34407	22833	Estonie
Finland	...	78079	94385	84310	105331	105887	87015	75579	61961	47529	Finlande
Germany	19805960	21420508	22417670	23556241	30952512	28842316	...	...	...	...	Allemagne
Hungary	353178	379721	320247	407015	423954	292272	267400	369832	444372	385450	Hongrie
Ireland	1440267	1181214	...	...	...	...	...	...	...	...	Irlande
Latvia	19653	23187	C	C	C	C	C	C	C	C	Lettonie
Lithuania	20566	17039	18756	19942	14898	12266	11532	6577	6958	5499	Lituanie
Poland	...	...	575865	585987	643677	492661	399686	C	C	441380	Pologne
Portugal	418292	462098	474695	513837	535381	572603	467738	569412	...	...	Portugal
Rep. of Moldova	...	269	292	308	308	119	26	49	27	44	Rép. de Moldova
Romania	50084	75196	96681	134586	174464	156515	159276	224953	219425	242840	Roumanie
Serbia	...	...	...	2786	...	...	...	...	...	...	Serbie
Slovakia	47870	494103	574875	502055	626135	448559	324204	403917	423117	398318	Slovaquie
Slovenia	127844	202510	159986	210016	243548	176106	156275	146911	169233	174814	Slovénie
Spain	...	6131147	6004789	5930749	5481597	6685951	4406013	7727440	10139549	8981579	Espagne
Sweden	186290	142762	115198	130866	107134	131559	108701	100514	85570	80580	Suède
TFYR of Macedonia	*208	*178	286	274	341	395	330	361	277	323	L'ex-RY de Macédoine
Ukraine	83239	81108	70202	79105	76428	67758	51765	53297	70356	75513	Ukraine
United Kingdom	...	...	...	...	878404	535131	C	C	452107	389849	Royaume-Uni

General Note.

Electrical apparatus for switching or protecting electrical circuits, or for making connexions to or in electrical circuits.

Remarque générale.

Appareillage pour la coupure, le sectionnement, la protection, le branchement, le raccordement ou la connexion des circuits électriques.

[1] Including automatic circuit breakers; fuses, electrical; relays; and lamp holders, plugs and sockets.

[1] Y compris les disjoncteurs; fusibles électriques; relais; et douilles pour lampes, fiches et prises de courant.

Automatic circuit breakers
Disjoncteurs

CPC-BASED CODE - CODE BASE CPC
46210-1

Unit: Thousand units | Unité: Milliers d'unités

Country or area	2003	2004	2005	2006	2007	2008	2009	2010	2011	2012	Pays ou zone
Africa											**Afrique**
Algeria	400.1	446.1	475.8	407.7	496.2	512.2	519.7	707.8	...	...	Algérie
America, North											**Amérique du Nord**
Mexico	...	...	...	...	85514.8	84391.5	78513.2	91372.3	91718.6	64338.0	Mexique
America, South											**Amérique du Sud**
Brazil	236182.6	247093.2	186516.6	51840.2	63686.1	103721.0	49453.4	71931.7	62369.5	68950.0	Brésil
Asia											**Asie**
Iraq	...	...	...	...	...	3.4	...	...	...	...	Iraq
Kazakhstan	40.9	4.4	1.0	0.0	0.0	...	...	...	...	...	Kazakhstan
Europe											**Europe**
Bulgaria	C	C	1.5	C	C	C	C	C	C	C	Bulgarie
Croatia	...	...	...	...	...	4085.0	2305.0	1910.0	1422.0	1780.0	Croatie
Czech Republic	...	...	C	C	C	8537.5	5421.2	6137.9	C	C	République tchèque
Denmark	8115.4	9267.7	10211.8	11483.3	3412.9	...	7.0	7.0	...	...	Danemark
Estonia	...	...	...	...	...	0.0	C	25.2	44.3	41.6	Estonie
Finland	0.3	0.7	0.0	0.0	0.7	...	...	...	1.2	...	Finlande
Germany	C	32943.2	33384.3	35780.7	37455.5	35719.7	C	C	C	C	Allemagne
Hungary	37171.7	49487.7	44455.7	50644.9	59483.6	C	C	21985.7	20313.4	19700.0	Hongrie
Ireland	827.6	7714.5	...	...	...	...	...	...	...	...	Irlande
Poland	24591.5	21978.0	42388.0	56424.0	60870.0	69831.0	53410.0	C	C	C	Pologne
Portugal	14466.9	10306.1	11385.6	6578.1	9157.4	8881.4	6727.3	7143.7	...	...	Portugal
Russian Federation	...	...	...	...	...	...	...	58.1	77.2	83.9	Fédération de Russie
Slovakia	C	C	C	C	C	C	C	C	1983.5	C	Slovaquie
Spain	...	12049.1	12514.3	12920.3	12727.2	12303.8	C	7217.0	C	5014.2	Espagne
Sweden	1091.7	971.5	45.5	170.2	174.5	172.5	173.8	198.7	214.6	198.3	Suède
Ukraine	2524.9	2740.5	2300.2	2692.4	2457.2	2078.4	1369.9	2841.7	2481.2	2013.3	Ukraine

General Note.
Automatic circuit breakers.

Remarque générale.
Disjoncteurs.

Fuses, electrical
Fusibles électriques

CPC-BASED CODE - CODE BASE CPC
46210-2

Unit: Thousand units — Unité: Milliers d'unités

Country or area	2003	2004	2005	2006	2007	2008	2009	2010	2011	2012	Pays ou zone
Africa											**Afrique**
Egypt	...	...	...	...	...	...	16195	...	...	...	Égypte
America, North											**Amérique du Nord**
Mexico	...	...	...	...	7277	6501	5672	5824	5417	4304	Mexique
America, South											**Amérique du Sud**
Brazil	212981	242524	214464	106266	80345	131879	103128	134994	125521	100902	Brésil
Asia											**Asie**
India	29659	35636	14126	...	...	...	...	...	...	...	Inde
Kazakhstan	1	...	1	4	0	...	...	...	...	...	Kazakhstan
Turkey	18540	18834	#26362	C	C	C	C	43253	52322	49454	Turquie
Europe											**Europe**
Croatia	2067	1747	1330	1809	1643	1130	506	552	407	342	Croatie
Czech Republic	...	...	C	2695	C	9002	6075	9397	C	C	République tchèque
Denmark	900	1159	1191	1996	1906	1911	475	...	...	...	Danemark
Finland	...	3238	3988	4143	2164	2492	1820	384	2097	480	Finlande
Germany	C	C	241784	233777	179801	C	C	C	102965	98210	Allemagne
Greece[1]	4506	...	...	...	...	...	...	...	...	...	Grèce[1]
Hungary	44039	38311	36922	56113	55385	48399	54855	47006	42727	31425	Hongrie
Italy[2]	355127	314315	...	...	...	...	...	...	...	...	Italie[2]
Poland	11063	21297	22889	23249	21512	20692	22654	C	C	C	Pologne
Portugal	26	30	28	19	20	C	C	4	...	...	Portugal
Rep. of Moldova	...	21	8	7	4	5	...	...	...	...	Rép. de Moldova
Romania	6938	...	...	...	...	C	C	27696	16284	12092	Roumanie
Spain	50601	33373	34222	39930	37811	C	26878	36232	30866	25525	Espagne
Sweden	17409	18924	15011	15414	14625	14895	13079	15323	13983	12240	Suède
Ukraine	7713	9258	10627	11601	9378	4329	2833	2735	2837	7165	Ukraine

General Note.
Electrical fuses.

Remarque générale.
Fusibles électriques.

[1] Incomplete coverage.
[2] Excluding Prodcom 2002 code 31.20.21.70.

[1] Couverture incomplète.
[2] 2002 code Prodcom 31.20.21.70 non compris.

Relays
Relais

CPC-BASED CODE - CODE BASE CPC
46212-1

Unit: Thousand units | Unité: Milliers d'unités

Country or area	2003	2004	2005	2006	2007	2008	2009	2010	2011	2012	Pays ou zone
America, South											**Amérique du Sud**
Brazil	26708	28841	51667	46571	99398	98147	74279	62700	45416	43923	Brésil
Chile	...	...	11496	17633	16716	12387	11039	18884	12326	...	Chili
Asia											**Asie**
Armenia	303	402	310	271	258	285	254	598	702	530	Arménie
India	22596	23778	39997	...	...	...	...	...	...	...	Inde
Iran (Islamic Rep. of)	...	...	...	...	...	...	25884	...	...	...	Iran (Rép. islam. d')
Europe											**Europe**
Bulgaria	155	488	161	339	330	274	112	C	32	42	Bulgarie
Croatia	...	19	19	12	18	8	4	5	5	2	Croatie
Czech Republic	62331	101236	110255	C	C	C	C	C	C	C	République tchèque
Estonia	...	...	...	...	...	C	27	32	22	2	Estonie
Finland	69	88	67	75	91	98	281	393	128	97	Finlande
Germany	60981	59128	70706	70837	63546	59130	C	58016	46009	37567	Allemagne
Hungary	4176	860	1574	751	625	835	65	198	140	43	Hongrie
Ireland	436	263	...	...	...	...	...	...	...	...	Irlande
Italy	89599	87337	...	...	...	...	...	...	...	...	Italie
Lithuania	4067	4766	4619	4881	2774	2809	1773	2807	2669	733	Lituanie
Poland	10087	7984	6907	6963	4828	3958	2612	2666	1446	3903	Pologne
Portugal	C	C	C	C	205320	238171	C	227666	...	...	Portugal
Romania	...	...	...	...	...	4719	4061	C	C	C	Roumanie
Slovakia	2066	C	2402	2442	2384	2574	1606	C	3014	1885	Slovaquie
Slovenia	C	C	C	C	C	C	C	C	5909	C	Slovénie
Spain	...	46581	42722	47944	23718	17420	13485	16543	21285	13747	Espagne
Sweden	...	C	...	...	...	...	...	1084	1137	939	Suède
TFYR of Macedonia	4	2	*160	*183	*148	149	92	180	156	105	L'ex-RY de Macédoine
Ukraine	3359	5154	4606	5249	5778	4701	2168	3768	5598	7332	Ukraine
United Kingdom	...	...	C	C	C	2041	5902	6827	C	C	Royaume-Uni

General Note.
Relays.

Remarque générale.
Relais.

Lamp holders, plugs and sockets
Douilles pour lampes, fiches et prises de courant

CPC-BASED CODE - CODE BASE CPC
46212-2

Unit: Thousand units — Unité: Milliers d'unités

Country or area	2003	2004	2005	2006	2007	2008	2009	2010	2011	2012	Pays ou zone
America, North											**Amérique du Nord**
Mexico	36614	38796	38401	33334	...	...	...	...	...	...	Mexique
America, South											**Amérique du Sud**
Brazil	100392	145298	410112	461185	271918	213355	149730	180227	203882	180305	Brésil
Asia											**Asie**
Iraq	...	...	...	...	...	4	...	...	...	...	Iraq
Kazakhstan	48	42	25	7	7	...	...	...	...	...	Kazakhstan
Kyrgyzstan	1339	1398	812	626	671	521	...	...	...	...	Kirghizistan
Europe											**Europe**
Bulgaria	6166	8247	6687	9243	7932	7594	7451	12196	11195	10821	Bulgarie
Croatia	...	6535	6208	5909	7304	4528	3037	3155	3775	2544	Croatie
Czech Republic	48388	54220	54471	58068	67002	45038	26066	42680	48666	47608	République tchèque
Denmark	4470	13825	17398	15105	16968	...	...	...	10699	8891	Danemark
Estonia	...	...	...	...	...	1075	717	741	1102	327	Estonie
Finland	7415	4579	8702	9982	6953	9881	11134	22083	10576	2222	Finlande
Germany	C	C	C	11122839	14009986	11650414	9981214	C	15291769	17816034	Allemagne
Hungary	41809	32721	9973	10728	12836	12789	12518	15273	12511	13507	Hongrie
Ireland	529244	110644	...	...	...	...	...	...	...	...	Irlande
Italy	1562903	908506	...	...	...	...	...	...	...	...	Italie
Lithuania	5785	9501	9555	8457	4364	1704	998	927	1802	2275	Lituanie
Norway	...	C	...	5947	...	...	...	...	...	...	Norvège
Poland	48644	49240	58463	98746	125869	113940	92305	127504	C	106106	Pologne
Portugal	118671	134380	155237	178397	16253	15004	13745	12964	...	...	Portugal
Rep. of Moldova	...	12	12	11	4	2	1	0	0	0	Rép. de Moldova
Romania	...	...	...	...	...	26473	29899	26791	23735	28499	Roumanie
Serbia	...	...	...	2934	...	...	...	...	...	...	Serbie
Slovakia	17721	15866	10534	7625	6965	3034	2099	1809	2114	1796	Slovaquie
Slovenia	19362	C	26444	C	55085	45489	20865	24992	28111	107993	Slovénie
Spain	...	977647	C	C	C	365047	245524	C	C	485857	Espagne
Sweden	9799	10638	9777	13494	1810	1914	1560	2545	2203	2553	Suède
Ukraine	[1]54394	[1]51057	[1]40762	[1]48032	[1]46268	[1]42177	[1]37621	[1]28016	28125	21443	Ukraine
United Kingdom	...	...	C	243109	132596	116881	C	C	207538	140966	Royaume-Uni

General Note.
Lamp-holders, plugs and sockets.

Remarque générale.
Douilles pour lampes, fiches et prises de courant.

[1] Including low voltage electro technical parts initially assembled; connections and contact elements for wires; and other apparatus for connections to or in electrical circuit (National product list code 31.20.27.600, 31.20.27.700, 31.20.27.800).

[1] Y compris éléments électrotechniques basse tension initialement assemblés; connexions et éléments de contact pour fils électriques; autres appareils pour connexions aux circuits électriques (Code de la liste nat. 31.20.27.600, 31.20.27.700, 31.20.27.800).

Boards, consoles, etc. equipped with electrical switching apparatus, for voltage >1000 V
Tableaux, consoles, etc. comportant des appareils pour la coupure électrique, pour une tension >1000 V

CPC-BASED CODE - CODE BASE CPC
46214-0

Unit: Thousand units — Unité: Milliers d'unités

Country or area	2003	2004	2005	2006	2007	2008	2009	2010	2011	2012	Pays ou zone
America, North											**Amérique du Nord**
Mexico	17089.7	19502.5	30816.2	37443.3	...	...	...	...	...	...	Mexique
America, South											**Amérique du Sud**
Chile	...	...	5.9	4.7	3.7	3.4	1.6	4.0	4.6	...	Chili
Asia											**Asie**
Iran (Islamic Rep. of)	...	...	...	...	...	...	39.8	...	...	...	Iran (Rép. islam. d')
Iraq	...	...	...	...	...	4.6	0.6	...	...	...	Iraq
Kazakhstan	0.3	0.1	0.2	0.1	0.7	...	...	...	...	...	Kazakhstan
Kyrgyzstan	0.6	0.3	0.2	1.6	0.2	2.8	0.2	0.1	0.1	0.1	Kirghizistan
Turkey	...	...	67.3	81.9	93.1	165.7	225.5	315.8	178.6	261.9	Turquie
Europe											**Europe**
Bulgaria	C	C	C	C	C	1.0	1.1	0.9	1.0	1.4	Bulgarie
Croatia	...	1.0	1.1	1.2	1.1	0.6	0.4	0.3	0.5	0.7	Croatie
Czech Republic	...	...	C	C	C	13.3	C	C	C	C	République tchèque
Denmark	58.8	...	...	...	9.8	11.4	...	...	...	153.3	Danemark
Finland	3.2	3.8	4.2	4.5	4.8	4.4	2.6	1.2	0.7	0.3	Finlande
Germany	90.1	97.9	109.4	147.9	166.4	156.2	C	159.6	154.0	C	Allemagne
Greece[1]	3.5	0.8	...	...	...	...	...	...	...	...	Grèce[1]
Hungary	...	...	C	C	839.0	737.1	C	C	C	C	Hongrie
Ireland	0.3	0.2	...	...	...	...	...	...	...	...	Irlande
Italy[1]	79.4	79.0	...	...	...	...	...	...	...	...	Italie[1]
Lithuania	0.7	0.6	0.6	0.6	0.9	0.9	0.2	0.2	0.2	0.4	Lituanie
Norway	...	...	...	0.1	...	...	...	...	...	...	Norvège
Poland	...	...	6.3	4.5	4.9	7.0	6.9	C	C	C	Pologne
Portugal	3.5	3.6	3.7	3.4	4.9	12.2	12.0	9.3	...	...	Portugal
Romania	21.5	3.6	5.8	5.9	5.2	C	C	C	C	C	Roumanie
Serbia	...	...	...	0.6	...	...	...	...	...	...	Serbie
Spain	...	C	C	C	200.4	184.9	118.4	156.1	157.9	74.4	Espagne
Sweden	2.4	2.3	4.7	5.1	5.2	6.0	7.2	7.3	6.9	6.1	Suède
Ukraine	9.0	11.1	10.4	11.3	13.4	12.9	6.5	10.0	10.0	9.3	Ukraine
United Kingdom	1.5	2.0	...	...	68.5	44.3	C	C	622.7	389.5	Royaume-Uni

General Note.

Boards, consoles, cabinets and other bases, equipped with electrical switching etc. apparatus, for electric control or the distribution of electricity, for a voltage exceeding 1000 V.

[1] Excluding Prodcom 2002 code 31.20.32.05.

Remarque générale.

Tableaux, consoles, armoires et autres supports, comportant des appareils pour la coupure, etc., pour la commande ou la distribution électrique, pour une tension excédant 1 000 V.

[1] 2002 code Prodcom 31.20.32.05 non compris.

Insulated wire and cable
Fils et câbles isolés

CPC-BASED CODE - CODE BASE CPC
46300-1

Unit: Metric tons — Unité: Tonnes métriques

Country or area	2003	2004	2005	2006	2007	2008	2009	2010	2011	2012	Pays ou zone
Africa											**Afrique**
Algeria	17499	18260	15496	11921	13582	16516	13164	...	...	...	Algérie
Kenya[1]	23994	20238	42369	42369	39231	29210	37408	37417	42835	42957	Kenya[1]
United R. of Tanzania[2]	1444	293	1165	862	1885	2526	1898	1675	2188	2390	Rép.-U. de Tanzanie[2]
America, North											**Amérique du Nord**
Mexico	125231	147414	136487	132197	[#]260260	225177	191838	211778	232951	240311	Mexique
United States[3]	1221800	1330469	1358952	1267841	1276754	C	C	C	...	...	États-Unis[3]
America, South											**Amérique du Sud**
Chile[1]	...	...	97544	86176	91541	84462	37114	45525	25698	...	Chili[1]
Asia											**Asie**
Armenia	17	108	115	197	205	169	84	131	0	0	Arménie
Azerbaijan	772	5346	2522	1148	1217	1486	3209	15325	9843	7323	Azerbaïdjan
Bangladesh	10952	...	...	...	...	...	...	...	...	...	Bangladesh
Iraq	...	...	...	...	...	...	91	...	...	...	Iraq
Japan	852366	889482	913376	1095162	1115941	1048654	766626	768222	800546	785682	Japon
Kazakhstan[1]	178781	263147	329654	371178	477157	...	...	...	...	...	Kazakhstan[1]
Kuwait	44130	49023	45332	51325	54408	55215	40336	54222	50414	56325	Koweït
Kyrgyzstan	231	268	71	0	9	18	8	385	0	0	Kirghizistan
Malaysia	62402	60398	51302	66976	85900	65568	52648	61046	72328	69610	Malaisie
Rep. of Korea	193821	216978	205059	192866	166774	163181	144493	155569	150332	155320	Rép. de Corée
Tajikistan	43	77	45	50	28	34	16	26	22	8	Tadjikistan
Turkey	81375	91256	[#]705832	776877	774591	784594	718232	776929	912001	863052	Turquie
Europe											**Europe**
Austria	60518	...	...	...	...	...	...	...	...	...	Autriche
Belarus	2738	3513	3532	3845	5722	5726	4178	6147	...	...	Bélarus
Belgium[4]	238682	...	...	...	...	...	...	...	...	...	Belgique[4]
Bosnia & Herzegovina	7774	...	...	...	...	...	...	...	...	...	Bosnie-Herzégovine
Bulgaria	20278	18089	22267	25951	28391	38901	31515	35738	41710	40870	Bulgarie
Croatia	31766	...	...	...	...	31482	31924	32303	114572	83521	Croatie
Czech Republic	203594	255789	258711	254479	204375	225016	216617	244628	228602	C	République tchèque
Denmark	...	8711	41408	39678	14867	...	...	...	...	...	Danemark
Estonia	...	...	...	...	...	22363	15367	19251	774947	468535	Estonie
Finland	77066	80298	91679	92936	36403	87347	63151	63873	71183	70185	Finlande
France	54115	...	...	...	...	...	...	...	...	...	France
Germany	731253	732531	734812	854568	885894	854702	1054683	C	985758	922228	Allemagne
Greece[4]	130389	...	...	...	...	...	...	...	...	...	Grèce[4]
Hungary	70413	74495	80298	41339	41464	167601	97646	143026	122113	113338	Hongrie
Ireland	356045	325128	...	...	...	...	...	...	...	...	Irlande
Italy	1104488	1211213	...	...	...	...	...	...	...	...	Italie
Lithuania	4672	7610	6929	6702	5646	10451	3105	3389	4477	4897	Lituanie
Poland	289349	295021	316717	344097	438827	414540	317325	380671	376108	346272	Pologne
Portugal	106744	121784	120757	109137	113244	115276	106733	112836	...	...	Portugal
Rep. of Moldova	...	232	291	287	619	4476	4883	4642	7240	8919	Rép. de Moldova
Romania	47333	72893	72174	71405	103387	287797	188023	232150	268326	280667	Roumanie
Russian Federation	[5]47000	[5]46200	[5]45700	[5]44520	[5]48419	[5]39453	[5]24163	39427	41518	43295	Fédération de Russie
Serbia	...	...	...	26105	31797	32991	21116	26080	...	...	Serbie
Slovakia	53285	50534	50834	41420	39291	65454	51794	58436	68976	68822	Slovaquie
Slovenia	3629	4233	4699	4476	4760	6822	3694	4444	4988	5238	Slovénie
Spain	C	C	457402	C	C	C	C	C	291878	294542	Espagne
Sweden	161707	262302	175405	322929	270672	197799	173168	168452	150543	134993	Suède
TFYR of Macedonia	*15084	*12458	9391	6384	2543	6875	6585	3501	14655	10699	L'ex-RY de Macédoine
Ukraine	72120	94739	122303	121943	174083	164295	108105	968365	265627	240686	Ukraine
United Kingdom	[1,6]3044345	[1,6]3084084	...	...	C	C	116396	164348	...	...	Royaume-Uni

General Note.
Insulated (including enamelled or anodised) wire, cable (including co-axial cable) and other insulated electric conductors, whether or not fitted with connectors.

Remarque générale.
Fils, câbles (y compris les câbles coaxiaux) et autres conducteurs isolés pour l'électricité (même laqués ou oxydés anodiquement), munis ou non de pièces de connexion.

[1] In thousand metres.
[2] Tanganyika only.
[3] Data refer to copper content of insulated wires and cables.
[4] Incomplete coverage.
[5] Coils wire and enameled wire only.
[6] Excluding Prodcom 2002 code 31.30.11.30.

[1] En milliers de mètres.
[2] Tanganyika seulement.
[3] Les données se rapportent à la teneur en cuivre des fils et câbles isolés.
[4] Couverture incomplète.
[5] Fil de bobinage et fil émaillé seulement.
[6] 2002 code Prodcom 31.30.11.30 non compris.

Optical fiber cables
Câbles de fibres optiques

CPC-BASED CODE - CODE BASE CPC
46360-0

Unit: Metric tons | Unité: Tonnes métriques

Country or area	2003	2004	2005	2006	2007	2008	2009	2010	2011	2012	Pays ou zone
America, South											**Amérique du Sud**
Brazil	126820	19477	28126	23204	42880	55183	43076	51542	73773	153058	Brésil
Asia											**Asie**
Azerbaijan	...	198	343	139	107	420	615	570	0	0	Azerbaïdjan
Kuwait	44000	49000	45000	51240	54208	54954	40423	54143	50389	56408	Koweït
Rep. of Korea[1]	606	620	848	1055	1774	2269	2588	2663	2579	2506	Rép. de Corée[1]
Turkey	...	...	15427	10127	4697	5669	7245	8009	13476	10759	Turquie
Europe											**Europe**
Denmark	710	805	1261	2003	3115	1986	1405	1670	2465	3279	Danemark
Estonia	...	...	...	...	...	56	142	73	59	66	Estonie
Finland	3943	4180	5463	4945	3608	333	240	264	269	338	Finlande
Germany	13407	12598	16586	17070	14351	12276	10598	9168	11158	12738	Allemagne
Greece	231	297	...	...	...	...	...	...	...	...	Grèce
Hungary	...	721	C	C	877	636	667	1062	1619	44	Hongrie
Italy	16108	17152	...	...	...	...	...	...	...	...	Italie
Poland	611	641	603	558	C	C	C	C	C	C	Pologne
Portugal	619	452	563	710	834	801	976	1011	...	...	Portugal
Romania	6	4	15	13	144	C	C	37	C	C	Roumanie
Russian Federation[1]	101	132	123	151	204	255	194	413	731	635	Fédération de Russie[1]
Serbia	...	...	...	85	...	...	...	...	...	...	Serbie
Slovakia	C	C	C	C	65	307	199	330	331	339	Slovaquie
Spain	...	12934	12134	14032	19893	7880	7306	2049	2767	2984	Espagne
Sweden	2734	2962	2192	5582	5528	9698	7681	2550	6113	6494	Suède
Ukraine	C	C	1936	2833	2921	2847	1832	1987	3221	2210	Ukraine
United Kingdom	[1]58	[1]56	[1]54	[1]43	...	C	5600	7200	5886	5911	Royaume-Uni

General Note.
Optical fibre cables, made up of individually sheathed fibres, whether or not assembled with electric conductors or fitted with connectors.

Remarque générale.
câbles de fibres optiques, constitués de fibres gainées individuellement, même comportant des conducteurs électriques ou munis de pièces de connexion.

[1] In million metres.

[1] En millions de mètres.

Primary cells and primary batteries
Piles et batteries de piles électriques

CPC-BASED CODE - CODE BASE CPC
46410-0

Unit: Million units — Unité: Millions d'unités

Country or area	2003	2004	2005	2006	2007	2008	2009	2010	2011	2012	Pays ou zone
Africa											**Afrique**
Algeria	3	5	...	...	...	...	...	...	...	...	Algérie
Cameroon	15	12	10	...	...	...	...	...	...	...	Cameroun
Kenya	112	128	132	115	109	88	73	69	37	44	Kenya
Nigeria	4011	4067	4073	...	...	...	...	...	...	...	Nigéria
United R. of Tanzania	43	74	81	[1]82	[1]84	[1]53	[1]78	[1]93	[1]86	[1]68	Rép.-U. de Tanzanie
America, South											**Amérique du Sud**
Brazil	938	907	862	1027	956	915	625	675	660	647	Brésil
Peru[2]	103	109	112	126	...	...	...	...	...	...	Pérou[2]
Asia											**Asie**
Bangladesh[3]	48	67	75	83	...	...	...	...	...	...	Bangladesh[3]
China	26224	28274	...	...	...	...	...	...	...	...	Chine
Iran (Islamic Rep. of)	...	...	...	...	...	...	29	...	...	...	Iran (Rép. islam. d')
Rep. of Korea	709	802	649	529	409	...	...	...	...	...	Rép. de Corée
Viet Nam	329	360	396	277	343	330	393	397	415	406	Viet Nam
Europe											**Europe**
Denmark	26	17	8	0	0	...	...	...	...	...	Danemark
Estonia	...	...	...	...	...	0	...	...	0	1	Estonie
Germany	1075	1108	1136	1038	929	C	C	C	1	C	Allemagne
Greece[4]	45	...	...	...	...	...	...	...	...	...	Grèce[4]
Lithuania	1	0	0	0	0	0	0	0	0	0	Lituanie
Poland	...	...	...	629	C	C	C	C	C	C	Pologne
Spain	601	576	594	566	546	502	371	C	C	1	Espagne
Sweden	0	...	...	8	1	1	1	0	0	0	Suède

General Note.

Primary cells and primary batteries of manganese dioxide, mercuric oxide, silver oxide, lithium, air-zinc and other primary cells and primary batteries.

Remarque générale.

Piles et batteries de piles électriques au bioxyde de manganèse, à l'oxyde de mercure, à l'oxyde d'argent, au lithium, à l'air-zinc et autres piles et batteries de piles électriques.

[1] Tanganyika only.
[2] Including cells and batteries other than primary.
[3] Twelve months ending 30 June of year stated.
[4] Incomplete coverage.

[1] Tanganyika seulement.
[2] Y compris les piles et batteries autres que primaires.
[3] Période de douze mois finissant le 30 juin de l'année indiquée.
[4] Couverture incomplète.

Electric accumulators
Accumulateurs électriques

CPC-BASED CODE - CODE BASE CPC
46420-0

Unit: Thousand units | Unité: Milliers d'unités

Country or area	2003	2004	2005	2006	2007	2008	2009	2010	2011	2012	Pays ou zone
Africa											**Afrique**
Algeria	481.0	521.0	475.8	261.4	313.6	466.3	433.3	430.1	362.2	371.3	Algérie
Kenya	178.2	256.8	289.3	396.4	387.7	431.1	480.2	571.6	714.1	770.6	Kenya
Mozambique	...	2.1	1.3	...	...	...	...	...	...	...	Mozambique
Tunisia[1]	0.6	...	...	...	...	...	...	...	...	...	Tunisie[1]
United R. of Tanzania[1]	1.6	...	...	...	...	...	...	...	...	...	Rép.-U. de Tanzanie[1]
America, North											**Amérique du Nord**
Cuba	85.3	63.0	49.3	74.3	46.7	81.5	87.4	125.7	138.6	109.7	Cuba
Mexico	21401.0	21486.0	23028.0	24238.0	23483.2	23000.1	22805.8	23559.3	24301.8	24654.3	Mexique
America, South											**Amérique du Sud**
Brazil	12451.4	14082.3	14607.3	14396.0	35591.1	16614.8	151975.9	167377.4	153968.6	100969.6	Brésil
Uruguay	...	...	...	...	...	...	...	8.6	...	...	Uruguay
Asia											**Asie**
Azerbaijan	0.1	0.0	27.9	52.1	5.1	0.3	0.0	0.0	0.0	0.0	Azerbaïdjan
India	14740.8	40201.2	265372.2	...	...	...	...	...	...	...	Inde
Iran (Islamic Rep. of)	...	...	...	...	...	...	2913.7	...	...	...	Iran (Rép. islam. d')
Japan	1272174.0	1211546.0	1356813.0	1529551.0	1642295.0	2012814.0	2179973.0	1684987.0	1439588.0	1958039.0	Japon
Kyrgyzstan	28.4	28.0	13.4	4.6	1.3	1.1	1.1	0.4	0.0	0.0	Kirghizistan
Rep. of Korea	23072.0	23665.0	25846.6	26857.7	29030.4	28910.5	31218.6	36455.7	39084.2	39278.6	Rép. de Corée
Tajikistan	...	...	...	...	...	...	...	...	1.3	1.3	Tadjikistan
Europe											**Europe**
Belarus	143.2	155.4	202.3	170.6	165.8	109.0	96.8	183.8	216.7	327.9	Bélarus
Bulgaria	644.4	...	...	...	...	...	...	...	...	...	Bulgarie
Croatia	...	...	...	...	...	212.3	142.2	197.2	258.9	217.1	Croatie
Czech Republic	5982.3	6889.7	7020.5	8661.3	7578.4	7084.7	...	...	...	...	République tchèque
Denmark	672.8	175.8	...	...	7.9	...	...	...	...	...	Danemark
Estonia	...	...	...	...	...	0.1	0.0	...	...	...	Estonie
Finland	0.0	1.7	0.8	0.4	0.0	0.0	0.0	0.1	0.5	0.7	Finlande
Germany	...	...	C	...	107096.1	104452.8	C	C	87671.8	84413.6	Allemagne
Hungary	...	...	...	...	...	...	...	...	626.1	1239.5	Hongrie
Latvia	...	7.8	C	...	...	...	...	...	...	...	Lettonie
Poland	5720.7	6070.4	6491.7	6855.0	6406.5	5780.2	5993.6	7097.3	C	12852.0	Pologne
Rep. of Moldova	...	24.8	28.2	17.1	2.0	...	...	...	...	...	Rép. de Moldova
Russian Federation	[2]6639.0	[2]5909.0	[2]6144.0	[2]6711.9	[2]5731.8	[2]5770.6	[2]4544.1	6109.7	6337.6	6144.0	Fédération de Russie
Sweden	...	...	1054.1	1794.7	5911.9	4734.6	4846.6	1228.0	1475.1	1375.7	Suède
TFYR of Macedonia	47.3	58.7	111.3	187.2	174.5	141.9	98.5	153.0	197.6	93.8	L'ex-RY de Macédoine
Ukraine	2055.4	2257.7	2837.6	3007.1	3293.8	4209.4	3459.3	5522.3	5579.7	5866.6	Ukraine

General Note.

Electric accumulators, including separators therefor, whether or not rectangular (including square), such as lead-acid, of a kind used for starting piston engines, other lead-acid accumulators, nickel-cadmium, nickel-iron and other electric accumulators.

[1] Source: African Statistical Yearbook, Economic Commission for Africa (Addis Ababa).

[2] Accumulators and accumulator batteries of lead for automobiles only.

Remarque générale.

Accumulateurs électriques, y compris leurs séparateurs, même de forme carrée ou rectangulaire, comme les accumulateurs électriques au plomb, des types utilisés pour le démarrage des moteurs à piston, autres accumulateurs au plomb, au nickel cadmium, au nickel fer et autres accumulateurs électriques.

[1] Source: Annuaire statistique pour l'Afrique, Commission économique pour l'Afrique des Nations Unies (Addis-Abeba).

[2] Accumulateurs et batteries d'accumulateurs de plomb pour automobiles seulement.

Electric filament or discharge lamps; arc lamps
Lampes et tubes électriques à incandescence ou à décharge; lampes à arc

CPC-BASED CODE - CODE BASE CPC
46510-0

Unit: Thousand units | Unité: Milliers d'unités

Country or area	2003	2004	2005	2006	2007	2008	2009	2010	2011	2012	Pays ou zone
Africa											**Afrique**
Algeria[1]	7560	5270	6421	5150	4940	7100	8040	6140	6338	3244	Algérie[1]
America, North											**Amérique du Nord**
Cuba	105	0	0	0	0	0	0	0	0	0	Cuba
Mexico	270316	275475	273435	276139	278809	239970	207557	216127	227116	202469	Mexique
America, South											**Amérique du Sud**
Brazil	2640584	654685	703945	709572	525891	596314	358019	331888	351592	132396	Brésil
Chile	...	...	20866	17457	8421	...	...	...	...	...	Chili
Ecuador	...	...	...	21	16	30	...	...	...	...	Équateur
Asia											**Asie**
Azerbaijan	19	0	0	0	0	0	0	0	0	0	Azerbaïdjan
Iran (Islamic Rep. of)	106700	111900	134303	101132	117711	129778	113704	...	...	...	Iran (Rép. islam. d')
Iraq	...	...	...	...	...	...	88	143	...	3858	Iraq
Kazakhstan	...	...	0	0	16	...	...	...	...	...	Kazakhstan
Kyrgyzstan	290025	277857	198921	196530	181692	171284	140778	166948	173400	173545	Kirghizistan
Rep. of Korea	135369	92339	82357	67200	71256	70680	70217	74808	78440	52148	Rép. de Corée
Tajikistan[2]	...	...	...	...	...	...	...	94	194	232	Tadjikistan[2]
Turkey	...	...	19222	11340	12594	15396	4583	6080	3722	13403	Turquie
Viet Nam	105543	118013	203901	208133	222244	204039	273211	350400	360415	352053	Viet Nam
Europe											**Europe**
Belarus	150639	195685	168782	146631	147111	158297	137991	161094	183660	190793	Bélarus
Bulgaria	7320	5506	C	4223	3067	C	C	C	C	C	Bulgarie
Croatia	6863	5525	2206	108	0	0	0	0	0	0	Croatie
Czech Republic	7689	16081	21804	22281	10281	11400	8258	6276	6017	8507	République tchèque
Denmark	798	768	724	665	860	819	423	425	446	83	Danemark
Estonia	...	...	...	...	...	C	C	116	97	89	Estonie
Germany	1338145	1346827	1360970	1393829	1401705	1340177	944627	1239126	1224150	1300903	Allemagne
Hungary	823521	1233001	1055341	1061010	1072456	888652	786338	800300	687367	683066	Hongrie
Norway	...	23505	23154	C	...	...	...	...	...	...	Norvège
Poland	862247	1049190	1200816	1058124	C	C	768426	945141	1146506	952864	Pologne
Portugal	0	0	0	0	0	0	0	25	...	...	Portugal
Romania	74712	60789	53492	39853	26500	17041	21616	25503	10890	22438	Roumanie
Russian Federation	770000	771000	572000	564163	638869	593219	552021	584166	500516	464354	Fédération de Russie
Slovakia	235656	246556	267622	284935	C	C	C	C	C	C	Slovaquie
Spain	...	115162	23703	17068	16069	14323	11007	10269	9984	8261	Espagne
Sweden	4149	3106	4333	3768	3002	2517	2381	2473	3399	3094	Suède
Ukraine	219367	262844	254048	254926	240191	203412	164561	197454	175058	171097	Ukraine
United Kingdom	...	...	C	C	C	C	C	137060	C	86327	Royaume-Uni

General Note.

Electric filament or discharge lamps, including sealed beam lamp units and ultra-violet or infra-red lamps; arc-lamps.

Remarque générale.

Lampes et tubes électriques à incandescence ou à décharge, y compris les articles dits "phares et projecteurs scellés" et les lampes et tubes à rayons ultraviolets ou infrarouges; lampes à arc.

[1] Incandescent lamps only.

[2] Energy saving types only.

[1] Ampes à incandescence seulement.

[2] Types d'économie d'énergie seulement.

Electric table, desk, bedside or floor standing lamp
Lampes de chevet, lampes de bureau et lampadaires d'intérieur, électriques

CPC-BASED CODE - CODE BASE CPC
46531-1

Unit: Thousand units — Unité: Milliers d'unités

Country or area	2003	2004	2005	2006	2007	2008	2009	2010	2011	2012	Pays ou zone
America, North											**Amérique du Nord**
Mexico	...	...	...	...	38059	41561	37920	45178	58404	61939	Mexique
America, South											**Amérique du Sud**
Brazil[1]	9483	8816	11111	15757	22427	23418	35054	32036	37616	52668	Brésil[1]
Chile	...	...	[1]663	[1]608	540	532	282	440	293	...	Chili
Asia											**Asie**
Kyrgyzstan	1	1	0	0	0	0	0	0	0	0	Kirghizistan
Turkey	...	...	871	C	C	1718	379	C	C	40	Turquie
Europe											**Europe**
Belarus	382	380	128	49	85	153	95	83	...	...	Bélarus
Bulgaria	C	1755	1858	C	17	22	7	C	20	126	Bulgarie
Croatia	...	32	37	45	81	100	20	15	19	5	Croatie
Czech Republic	209	18	34	31	29	23	C	C	14	14	République tchèque
Denmark	1036	173	138	149	207	173	90	147	...	127	Danemark
Estonia	...	...	...	...	...	576	C	121	107	137	Estonie
Finland	1007	855	452	590	572	208	6	11	10	0	Finlande
Germany	3207	C	C	C	2058	1457	1106	1183	1118	883	Allemagne
Greece	...	2	...	...	...	...	...	...	...	...	Grèce
Hungary	5300	3468	3691	4029	4896	...	3368	2963	4751	5310	Hongrie
Italy	3172	2923	...	...	...	...	...	...	...	...	Italie
Netherlands	...	...	...	...	...	...	...	...	...	24	Pays-Bas
Poland	672	845	686	524	1379	1349	521	503	313	393	Pologne
Portugal	862	1031	987	860	990	966	705	731	...	...	Portugal
Rep. of Moldova	...	22	15	8	12	11	2	5	C	C	Rép. de Moldova
Romania	1560	1	114	134	147	242	C	C	C	C	Roumanie
Russian Federation	[2]905	[2]773	[2]1035	[2]1166	[2]1122	[2]868	[2]218	1736	1800	1852	Fédération de Russie
Spain	...	3351	2673	3145	2780	2009	1955	1848	1872	1626	Espagne
Sweden	272	238	210	245	224	127	123	110	67	62	Suède
Ukraine	20	9	10	24	31	22	26	31	74	82	Ukraine
United Kingdom	3661	2785	696	500	349	456	132	109	72	109	Royaume-Uni

General Note.
Electric table, desk, bedside or floor-standing lamps.

[1] Including chandeliers (46531-2).
[2] Desktop lamps (excluding souvenir lamps) and wall lamps.

Remarque générale.
Lampes de chevet, lampes de bureau et lampadaires d'intérieur, électriques.

[1] Y compris lustres (46531-2).
[2] Lampes de bureau (exclusion des lampes de souvenirs) et lampes murales.

Chandeliers
Lustres

CPC-BASED CODE - CODE BASE CPC
46531-2

Unit: Thousand units — Unité: Milliers d'unités

Country or area	2003	2004	2005	2006	2007	2008	2009	2010	2011	2012	Pays ou zone
Africa											**Afrique**
Mozambique	...	1	1	1	1	...	...	...	...	...	Mozambique
America, North											**Amérique du Nord**
Mexico	...	...	...	...	2801	3011	2872	3092	2983	3245	Mexique
America, South											**Amérique du Sud**
Argentina	91	99	97	96	100	88	76	...	...	...	Argentine
Brazil[1]	9483	8816	11111	15757	22427	23418	35054	32036	37616	52668	Brésil[1]
Asia											**Asie**
Kazakhstan	1	0	0	0	0	...	...	...	...	...	Kazakhstan
Kyrgyzstan	8	0	0	0	0	0	0	0	0	0	Kirghizistan
Turkey	...	...	7166	5649	8169	9789	11453	10934	14092	14712	Turquie
Europe											**Europe**
Belarus	317	271	232	236	541	699	401	452	...	...	Bélarus
Bulgaria	124	841	943	1448	800	775	564	468	489	358	Bulgarie
Croatia	...	4357	3811	3261	1252	453	347	315	...	...	Croatie
Czech Republic	5855	6290	4572	3744	4051	3824	4436	4863	5322	4534	République tchèque
Denmark	1734	1237	1105	1258	1248	1223	924	872	...	887	Danemark
Estonia	...	...	...	...	...	1486	1229	1623	1631	1562	Estonie
Finland	948	783	4267	4055	3414	1744	1245	879	825	808	Finlande
Germany	42476	41088	41365	45591	45138	38871	C	C	C	C	Allemagne
Greece	1749	2158	...	...	...	...	...	...	...	...	Grèce
Hungary	4479	4433	4959	6988	6699	6260	5734	4562	4638	4740	Hongrie
Ireland	95	87	...	...	...	...	...	...	...	...	Irlande
Italy	77956	70958	...	...	...	...	...	...	...	...	Italie
Lithuania	...	1280	1923	2444	2838	5947	4255	6493	5473	5122	Lituanie
Norway	1003	1531	1826	2411	...	...	...	...	...	...	Norvège
Poland	96712	101221	89721	93341	100762	77645	8938	10757	8689	8860	Pologne
Portugal	561	2654	2739	2920	3270	3158	2419	1978	...	...	Portugal
Romania	4912	3300	989	983	3374	4403	2492	1175	1261	1507	Roumanie
Russian Federation	670	572	446	869	1117	924	774	[2]15075	[2]19507	[2]23669	Fédération de Russie
Slovakia	1912	2939	3319	3367	3190	2871	3614	5756	3255	2842	Slovaquie
Slovenia	2748	2749	2304	1749	1588	C	C	C	428	493	Slovénie
Spain	...	39262	35403	39603	36847	33407	23257	22409	20028	18145	Espagne
Sweden	5217	5575	5978	5950	5892	6218	6521	6268	6409	6787	Suède
Ukraine	92	98	144	405	746	635	131	1725	1926	2334	Ukraine
United Kingdom	15197	10075	7044	6477	9702	C	6372	5838	6000	6678	Royaume-Uni

General Note.
Chandeliers and other electric ceiling or wall lighting fittings, excluding those of a kind used for lighting public open spaces or thoroughfares.

[1] Including electric table, desk, bedside or floor standing lamp (46531-1).

[2] Including lighting fixtures for streets, shops, industrial areas, etc.

Remarque générale.
Lustres et autres appareils d'éclairage électriques à suspendre ou à fixer au plafond ou au mur, à l'exclusion de ceux des types utilisés pour l'éclairage des espaces ou voies publiques.

[1] Y compris le tableau électrique, bureau, lampe de chevet ou posé au sol (46531-1).

[2] Y compris les agencements d'éclairage pour les rues, des boutiques, zones industrielles, etc.

Electrical lighting or visual signaling equipment for motor vehicles and cycles
Appareils électriques d'éclairage ou de signalisation visuelle pour cycles et automobiles

CPC-BASED CODE - CODE BASE CPC

46910-3

Unit: Metric tons | Unité: Tonnes métriques

Country or area	2003	2004	2005	2006	2007	2008	2009	2010	2011	2012	Pays ou zone
America, South											**Amérique du Sud**
Brazil[1]	20334	24283	34065	38279	39670	74922	71305	100171	105196	107366	Brésil[1]
Asia											**Asie**
India[1]	3480	1642	25796	...	...	...	...	...	...	...	Inde[1]
Europe											**Europe**
Czech Republic	22250	41863	41182	42837	C	...	...	...	...	...	République tchèque
Estonia	...	...	...	...	...	C	C	0	5	3	Estonie
Finland	...	771	1328	1948	729	1010	2627	4998	1766	1844	Finlande
Hungary	...	...	...	...	...	2643	1053	7514	12182	10457	Hongrie
Italy[2]	12406	12434	...	...	...	...	...	...	...	...	Italie[2]
Poland	66	737	471	1726	1652	2293	1564	1769	2023	4011	Pologne
Slovakia	313	765	2728	3318	5111	4677	4243	6154	8264	8531	Slovaquie
Sweden	C	441	1226	1712	1923	1956	846	861	862	676	Suède
Ukraine[3]	C	3	C	2	2	4	3	2	C	C	Ukraine[3]

General Note.

Electrical lighting or visual signaling equipment for motor vehicles and cycles.

Remarque générale.

Appareils électriques d'éclairage ou de signalisation visuelle pour cycles et automobiles.

[1] In thousand units.

[2] Excluding Prodcom 2002 code 31.61.23.10.

[3] Excluding electrical or battery operated lighting or visual signalling of a kind used on bicycles (National product list code 31.61.23.100).

[1] En milliers d'unités.

[2] 2002 code Prodcom 31.61.23.10 non compris.

[3] À l'exclusion des lampes électriques ou à piles, d'éclairage ou de signalisation visuelle de types utilisés sur les bicyclettes (Code de la liste nationale de produits 31.61.23.100).

Sparking plugs
Bougies d'allumage

CPC-BASED CODE - CODE BASE CPC
46910-4

Unit: Thousand units — Unité: Milliers d'unités

Country or area	2003	2004	2005	2006	2007	2008	2009	2010	2011	2012	Pays ou zone
America, North											**Amérique du Nord**
Cuba	372	297	499	500	626	448	601	625	907	709	Cuba
Mexico	70374	80688	84304	109019	...	...	...	...	...	...	Mexique
America, South											**Amérique du Sud**
Brazil	86252	173512	141886	133064	139863	143540	115448	143440	173330	155203	Brésil
Asia											**Asie**
India	8315	...	10290	...	...	...	...	...	...	...	Inde
Iraq	...	...	...	...	...	0	...	101	0	20	Iraq
Japan	500759	...	...	...	...	...	...	...	...	...	Japon
Europe											**Europe**
Italy	11528	7424	...	...	...	...	...	...	...	...	Italie
Poland	5083	6182	4249	4064	C	C	C	C	C	C	Pologne
Romania	2718	...	...	...	...	C	1444	7617	2080	C	Roumanie
Ukraine	C	C	C	580	402	C	C	C	C	C	Ukraine
United Kingdom	...	...	...	C	0	C	8	9	8	7	Royaume-Uni

General Note.
Sparking plugs.

Remarque générale.
Bougies d'allumage.

Indicator panels incorporating liquid crystal devices (LCD) or light emitting diodes (LED)
Panneaux indicateurs incorporant des afficheurs à cristaux liquides ou à diodes électroluminescentes

CPC-BASED CODE - CODE BASE CPC
46920-1

Unit: Metric tons | Unité: Tonnes métriques

Country or area	2003	2004	2005	2006	2007	2008	2009	2010	2011	2012	Pays ou zone
America, South											**Amérique du Sud**
Brazil[1]	4	4	11	10	13	21	19	21	27	41	Brésil[1]
Chile[1]	...	...	[2]162	[2]96	122	207	195	170	7	...	Chili[1]
Asia											**Asie**
India[1]	314	108	0	...	...	...	...	...	...	...	Inde[1]
Rep. of Korea[1]	108430	178026	195522	...	...	...	...	...	...	...	Rép. de Corée[1]
Europe											**Europe**
Bulgaria	0	0	C	26	70	9	74	100	108	95	Bulgarie
Croatia	...	...	...	...	...	3	2	1	1	1	Croatie
Czech Republic	...	...	6	5	33	48	32	...	C	C	République tchèque
Estonia	...	...	...	...	...	C	68	4	5	2	Estonie
Finland	...	...	...	...	59	107	86	93	13	20	Finlande
Germany[1]	4127	3268	3736	5207	5798	6475	C	C	954	470	Allemagne[1]
Hungary	...	...	C	C	C	2668	C	C	C	1842	Hongrie
Ireland	855	753	...	...	...	...	...	...	...	...	Irlande
Italy	549	547	...	...	...	...	...	...	...	...	Italie
Poland	0	0	43	5	C	17	118	C	C	C	Pologne
Sweden	C	C	277	233	465	532	839	795	840	744	Suède
Ukraine	C	C	0	C	3	7	1	1	11	7	Ukraine

General Note.
Indicator panels incorporating liquid crystal devices (LCD) or light emitting diodes (LED).

[1] In thousand units.
[2] Including electric burglar or fire alarms and similar apparatus.

Remarque générale.
Panneaux indicateurs incorporant des afficheurs à cristaux liquides (ACL) ou à diodes électroluminescentes (DEL).

[1] En milliers d'unités.
[2] Y compris les avertisseurs électriques pour la protection contre le vol ou l'incendie et appareils similaires.

Electric burglar or fire alarms and similar apparatus
Avertisseurs électriques pour la protection contre le vol ou l'incendie et appareils similaires

CPC-BASED CODE - CODE BASE CPC
46920-2

Unit: Thousand units — Unité: Milliers d'unités

Country or area	2003	2004	2005	2006	2007	2008	2009	2010	2011	2012	Pays ou zone
America, South											**Amérique du Sud**
Argentina	570	1082	1292	1345	1579	1342	950	...	...	...	Argentine
Brazil	1471	2674	2726	3948	4687	4980	11438	13340	12997	14345	Brésil
Asia											**Asie**
India	35	16	31	...	...	...	...	...	...	...	Inde
Kazakhstan	...	0	0	0	1	...	...	...	...	...	Kazakhstan
Turkey	...	...	211	C	611	592	504	766	963	1566	Turquie
Europe											**Europe**
Bulgaria	265	C	382	C	417	C	180	226	221	206	Bulgarie
Croatia	...	[1]0	[1]0	[1]0	[1]0	76	125	104	97	99	Croatie
Czech Republic	906	813	868	900	987	C	C	C	C	C	République tchèque
Denmark	17	...	...	...	11	...	...	...	...	...	Danemark
Estonia	...	...	...	...	...	26	25	25	16	5	Estonie
Finland	15	17	16	13	15	0	48	13	14	12	Finlande
Germany	C	C	C	C	14345	14259	C	[1]4	[1]4	[1]5	Allemagne
Hungary	19	5	2	13	16	29	C	C	C	...	Hongrie
Ireland	6022	5956	...	...	...	...	...	...	...	...	Irlande
Italy	20564	22721	...	...	...	...	...	...	...	...	Italie
Latvia	12	13	C	C	C	...	...	C	C	C	Lettonie
Lithuania	77	57	52	35	7	2	2	12	48	82	Lituanie
Poland	3797	4972	4154	4986	3719	3189	2250	2486	2515	2645	Pologne
Portugal	0	2	13	7	11	5	5	5	...	...	Portugal
Rep. of Moldova	...	155	82	44	10	2	1	3	3	1	Rép. de Moldova
Romania	9617	2086	1121	3232	3748	2543	2228	3743	3696	2527	Roumanie
Serbia	...	...	...	289	...	...	...	...	...	...	Serbie
Slovenia	1	C	C	C	C	C	C	C	C	C	Slovénie
Spain	...	C	67203	C	C	C	C	C	C	611	Espagne
Sweden	631	381	454	300	579	29	23	25	37	302	Suède
Ukraine	627	839	1622	1917	2829	2926	1782	2888	2911	2516	Ukraine
United Kingdom	...	...	...	...	...	C	38983	33722	33569	37525	Royaume-Uni

General Note.
Electric burglar or fire alarms and similar apparatus.

[1] In thousand metric tons.

Remarque générale.
Avertisseurs électriques pour la protection contre le vol ou l'incendie et appareils similaires.

[1] En milliers de tonnes métriques.

Permanent magnets
Aimants permanents

CPC-BASED CODE - CODE BASE CPC
46930-1

Unit: Metric tons | Unité: Tonnes métriques

Country or area	2003	2004	2005	2006	2007	2008	2009	2010	2011	2012	Pays ou zone
America, South											**Amérique du Sud**
Brazil	...	...	...	...	...	...	5186	6621	11132	15135	Brésil
Asia											**Asie**
Rep. of Korea	25516	26869	23568	25478	26836	23427	20962	31190	35161	35588	Rép. de Corée
Turkey	...	...	C	C	C	C	84	C	C	131	Turquie
Europe											**Europe**
Bulgaria	C	C	C	42	34	C	C	C	C	C	Bulgarie
Czech Republic	...	...	669	924	C	C	C	C	C	C	République tchèque
Estonia	...	...	...	...	...	30	12	0	...	...	Estonie
Finland	123	147	177	154	222	331	293	237	361	259	Finlande
Germany	8189	8346	7641	7056	C	4993	9370	11503	11321	9206	Allemagne
Italy	861	3747	...	...	...	...	...	...	...	...	Italie
Poland	3	146	119	132	66	28	0	0	C	C	Pologne
Russian Federation	...	...	...	...	...	...	...	1201	1524	1682	Fédération de Russie
Slovenia	C	C	C	C	517	C	C	C	1984	2683	Slovénie
Spain	...	C	2054	3632	5182	81	C	C	C	C	Espagne
Sweden	...	...	...	101	97	119	231	85	87	123	Suède
Ukraine	811	370	404	220	422	108	82	151	106	92	Ukraine

General Note.

Permanent magnets and articles intended to become permanent magnets after magnetisation, of metal or other.

Remarque générale.

Aimants permanents et articles destinés à devenir des aimants permanents après aimantation, en métal ou autres.

Carbon electrodes
Electrodes en charbon

CPC-BASED CODE - CODE BASE CPC
46950-1

Unit: Metric tons / Unité: Tonnes métriques

Country or area	2003	2004	2005	2006	2007	2008	2009	2010	2011	2012	Pays ou zone
America, South											**Amérique du Sud**
Brazil	...	...	121123	103354	110459	91729	74556	137776	108300	70679	Brésil
Ecuador	...	132	...	...	...	...	...	...	...	...	Équateur
Asia											**Asie**
India	372567	...	314980	...	...	...	...	...	...	...	Inde
Kazakhstan	...	...	108	91	1919	...	...	...	...	...	Kazakhstan
Europe											**Europe**
Belarus	3866	2985	1435	1459	1075	1651	1487	2212	...	...	Bélarus
Croatia	...	4	3	0	1	6	3	2	5	3	Croatie
Germany	C	C	173871	162904	160279	149014	C	C	C	C	Allemagne
Poland	22824	C	21450	27005	C	C	C	C	C	C	Pologne
Russian Federation	...	...	...	...	...	...	...	645946	640160	684982	Fédération de Russie
Ukraine	...	...	C	C	C	C	C	C	C	27646	Ukraine

General Note.
Carbon electrodes of a kind used for furnaces or other.

Remarque générale.
Electrodes en charbon des types utilisés pour fours ou autres.

Electrical capacitors
Condensateurs électriques

CPC-BASED CODE - CODE BASE CPC
47110-0

Unit: Thousand units — Unité: Milliers d'unités

Country or area	2003	2004	2005	2006	2007	2008	2009	2010	2011	2012	Pays ou zone
America, North											**Amérique du Nord**
Mexico	0	0	0	0	0	0	0	0	16	13	Mexique
America, South											**Amérique du Sud**
Brazil	2462206	2057940	2909327	2345685	2365574	122940	981466	1207664	1085846	936167	Brésil
Chile	...	...	3	5	6	5	4	4	1	...	Chili
Asia											**Asie**
India	472686	548220	1077929	...	...	...	...	...	...	...	Inde
Kazakhstan	3	3	10	11	15	...	...	...	...	...	Kazakhstan
Turkey	...	...	C	C	C	C	C	2197	2498	2424	Turquie
Europe											**Europe**
Bulgaria	14940	C	C	C	2627	2169	C	C	C	C	Bulgarie
Croatia	...	26736932	17282273	11313027	11777049	13800000	13573528	2457735	162396	0	Croatie
Czech Republic	365780	305934	205148	195729	160287	148383	C	C	C	C	République tchèque
Denmark	0	45	199	110	...	129	...	...	...	...	Danemark
Estonia	...	...	...	...	...	0	C	20	...	...	Estonie
Finland	108267	120859	120083	115600	110101	68602	56199	104081	361373	417603	Finlande
Germany	618463	675199	1028056	C	1154417	1113664	936369	1483456	1683050	1478744	Allemagne
Hungary	16510974	24897752	11721722	349163	9845960	C	C	C	C	C	Hongrie
Lithuania	0	0	0	74	42	81	72	195	361	34	Lituanie
Poland	43011	58600	62433	53993	C	C	C	C	9018	6373	Pologne
Portugal	1110589	1308308	1024984	1240199	1112840	1119273	635697	816075	...	...	Portugal
Romania	...	...	...	...	...	35233	23316	34726	C	46257	Roumanie
Russian Federation	...	...	...	...	...	...	...	52990	46955	47169	Fédération de Russie
Spain	...	280495	204321	175294	156375	126333	93839	54602	56542	56237	Espagne
Sweden	87837	117062	72752	8324	7899	5949	7620	10882	12906	13115	Suède
Ukraine	6000	4706	3751	2317	2705	2480	1947	1796	1758	1628	Ukraine
United Kingdom	...	...	C	C	C	6685522	C	C	409691	344969	Royaume-Uni

General Note.

Fixed capacitors designed for use in 50/60 Hz circuits and having a reactive power handling capacity of not less than 0.5 kvar (power capacitors); other fixed capacitors of tantalum, aluminium electrolytic, ceramic dielectric, single layer, ceramic dielectric, multilayer, dielectric of paper or plastics and other; variable or adjustable (pre-set) capacitors.

Remarque générale.

Condensateurs fixes conçus pour les réseaux électriques de 50/60 Hz et capables d'absorber une puissance réactive égale ou supérieure à 0,5 kvar (condensateurs de puissance); autres condensateurs fixes au tantale, électrolytiques à l'aluminium, à diélectrique en céramique, à une seule couche, à diélectrique en céramique, multicouches, à diélectrique en papier ou en matières plastiques et autres; condensateurs variables ou ajustables.

Electrical resistors (except heating resistors)
Résistances électriques non chauffantes

CPC-BASED CODE - CODE BASE CPC
47120-0

Unit: Million units — Unité: Millions d'unités

Country or area	2003	2004	2005	2006	2007	2008	2009	2010	2011	2012	Pays ou zone
America, South											**Amérique du Sud**
Brazil	171	241	372	344	1766	1011	57	47	35	47	Brésil
Chile	...	...	0	0	0	0	...	1	1	...	Chili
Asia											**Asie**
Malaysia	72141	110413	87030	127669	146191	112725	94203	75324	60964	20467	Malaisie
Turkey	...	...	0	C	8	6	14	10	8	7	Turquie
Europe											**Europe**
Croatia	...	2689	3359	2470	3322	6575	13720	4767	4357	4195	Croatie
Czech Republic	1250	2399	1999	2248	1997	1633	C	C	939	851	République tchèque
Denmark	50	3	3	2	1	...	...	...	...	...	Danemark
Germany	8137	8104	7081	C	C	6674	C	7898	7623	C	Allemagne
Hungary	...	8	C	C	4	C	C	C	C	C	Hongrie
Ireland	121	403	...	...	...	...	...	...	...	...	Irlande
Poland	1	1	1	1	1	1	1	1	1	1	Pologne
Portugal	70	70	70	75	77	71	50	71	...	...	Portugal
Romania	...	...	...	...	...	1	C	299	380	351	Roumanie
Russian Federation	...	...	...	...	...	...	...	181	170	185	Fédération de Russie
Slovenia	357	400	310	112	103	98	66	89	89	82	Slovénie
Spain	...	304	292	300	289	210	183	C	C	C	Espagne
Sweden	0	0	0	0	0	0	1	0	0	0	Suède
Ukraine	C	0	12	15	18	13	8	13	11	11	Ukraine
United Kingdom	...	...	C	C	C	C	146	193	C	190	Royaume-Uni

General Note.

Fixed carbon resistors, composition or film types and other fixed resistors; wirewound variable resistors, including rheostats and potentiometers; other variable resistors, including rheostats and potentiometers and other electrical resistors.

Remarque générale.

Résistances fixes au carbone, agglomérées ou à couche et autres résistances fixes; résistances variables (y compris les rhéostats et les potentiomètres) bobinées; autres résistances variables (y compris les rhéostats et les potentiomètres) et autres résistances électriques.

Printed circuits
Circuits imprimés

CPC-BASED CODE - CODE BASE CPC
47130-0

Unit: Thousand units | Unité: Milliers d'unités

Country or area	2003	2004	2005	2006	2007	2008	2009	2010	2011	2012	Pays ou zone
Africa											**Afrique**
South Africa	259	...	...	...	...	...	...	...	...	...	Afrique du Sud
America, South											**Amérique du Sud**
Brazil	7913	69108	99857	424478	654629	217082	148742	195480	448031	473196	Brésil
Chile	...	...	43	42	41	32	32	31	30	...	Chili
Asia											**Asie**
India	11715	107891	70138	...	...	...	...	...	...	...	Inde
Iran (Islamic Rep. of)	...	...	...	...	...	...	92	...	...	...	Iran (Rép. islam. d')
Kazakhstan	2	1	0	0	0	...	...	...	...	...	Kazakhstan
Kyrgyzstan	5803	14374	18676	22279	12595	15961	5420	0	0	0	Kirghizistan
Malaysia	817049	1041833	1206448	1342512	1447484	1413923	842713	566979	465285	555631	Malaisie
Turkey	...	...	C	54028	42662	C	C	23493	39947	16257	Turquie
Europe											**Europe**
Belarus	...	...	...	...	...	...	...	...	11659	11226	Bélarus
Bulgaria	9567	27718	20104	21997	C	47622	C	C	70440	97938	Bulgarie
Croatia	...	...	...	...	...	434	332	331	282	290	Croatie
Czech Republic	13247	15595	16646	16260	12706	20022	16455	19337	20435	C	République tchèque
Denmark	23164	71240	52909	42729	37216	...	...	...	...	...	Danemark
Estonia	...	...	...	...	...	5525	3957	3865	4347	5789	Estonie
Finland	10958	10326	10651	17921	10744	7606	4297	5627	6825	7056	Finlande
Germany	978197	C	1609163	C	C	C	1649607	3036214	3647370	1982509	Allemagne
Hungary	42997	82582	57387	159219	25319	85370	38159	57454	83413	88220	Hongrie
Italy	378156	375628	...	...	...	...	...	...	...	...	Italie
Latvia	306	540	474	C	C	C	C	C	C	C	Lettonie
Lithuania	1688	1358	1399	1353	1217	835	506	611	310	201	Lituanie
Netherlands	...	...	...	...	...	...	...	...	11300	8589	Pays-Bas
Poland	14809	23853	17919	18883	19514	20015	20448	C	C	C	Pologne
Portugal	0	0	0	4724	C	8866	9229	9805	...	...	Portugal
Romania	...	...	...	...	...	C	1891	C	C	C	Roumanie
Russian Federation	...	...	...	...	...	...	...	16145	19510	19380	Fédération de Russie
Slovakia	2228	3044	3225	4041	7427	6207	18621	18409	19572	20048	Slovaquie
Slovenia	C	24171	C	34080	35831	36491	14192	29911	50858	54254	Slovénie
Spain	...	225803	170102	152999	126915	96899	45450	64640	66637	58947	Espagne
Sweden	4108	6194	4933	4181	4844	7228	13292	5782	6149	4942	Suède
Ukraine	2083	4582	3930	4440	5033	4933	3623	4555	4738	6980	Ukraine
United Kingdom	...	...	...	C	C	1424985	C	C	C	C	Royaume-Uni

General Note.
Printed circuits.

Remarque générale.
Circuits imprimés.

Color TV tubes
Tubes cathodiques pour récepteurs de télévision en couleur

CPC-BASED CODE - CODE BASE CPC
47140-1

Unit: Thousand units | Unité: Milliers d'unités

Country or area	2003	2004	2005	2006	2007	2008	2009	2010	2011	2012	Pays ou zone
America, South											**Amérique du Sud**
Argentina	332	941	1627	2042	2219	...	...	...	...	...	Argentine
Brazil[1]	23551	37561	18160	20880	6826	5021	C	C	C	C	Brésil[1]
Asia											**Asie**
India	9014	9413	10247	...	...	...	...	...	...	...	Inde
Indonesia	2127	2637	2199	2926	3526	3821	...	...	...	...	Indonésie
Iran (Islamic Rep. of)	1338	1276	...	...	...	...	...	...	...	...	Iran (Rép. islam. d')
Japan	764	...	...	...	...	...	...	...	...	...	Japon
Malaysia	31009	47328	47120	38741	36630	45724	18873	18697	...	...	Malaisie
Rep. of Korea	14389	15999	17410	...	...	...	...	...	...	...	Rép. de Corée
Syrian Arab Republic	148	111	86	53	30	19	...	...	...	...	Rép. arabe syrienne
Europe											**Europe**
Germany	5122	4424	C	C	...	...	...	...	...	...	Allemagne
Lithuania	4258	4551	3863	1307	0	0	0	0	0	0	Lituanie
Poland	6234	5670	5217	5129	C	C	C	C	C	C	Pologne
Russian Federation	72	4	0	...	...	...	...	16	17	15	Fédération de Russie

General Note.
Cathode-ray television picture tubes, including video monitor cathode-ray tubes, in colour.

[1] Including black and white monochrome TV tubes, television camera tubes, image converters and intensifiers and other photo-cathode tubes and cathode-ray tubes.

Remarque générale.
Tubes cathodiques pour récepteurs de télévision, y compris les tubes pour moniteurs vidéo, en couleur.

[1] Y compris les tubes cathodiques pour récepteurs de télévision, en noir et blanc, monochromes; et tubes pour caméras de télévision; tubes convertisseurs ou intensificateurs d'images, et autres tubes à photocathode.

Transistors, other than photosensitive transistors
Transistors, autres que les photo transistors

CPC-BASED CODE - CODE BASE CPC

47150-1

Unit: Million units | Unité: Millions d'unités

Country or area	2003	2004	2005	2006	2007	2008	2009	2010	2011	2012	Pays ou zone
America, South											**Amérique du Sud**
Brazil[1]	64	64	90	87	103	50	132	162	137	143	Brésil[1]
Asia											**Asie**
Malaysia	24189	28236	27559	29357	30888	31346	29271	34184	34189	36119	Malaisie
Rep. of Korea	22848	24886	23426	24210	24431	27978	18536	18234	15193	12614	Rép. de Corée
Europe											**Europe**
Finland	4	9	0	0	0	0	0	0	0	0	Finlande
Germany	C	908	824	C	2779	2863	C	C	C	C	Allemagne
Hungary	...	0	C	C	79	C	C	C	C	C	Hongrie
Romania	1	...	...	...	...	...	C	...	...	...	Roumanie
Sweden	1	0	0	0	0	0	31	0	0	0	Suède
United Kingdom	[2]640	...	1813	C	C	1120	1272	1450	C	2175	Royaume-Uni

General Note.

Transistors, other than photosensitive transistors.

[1] Including transistors, other than photosensitive transistors; photosensitive semiconductor devices; light emitting diodes; diodes, other than photosensitive or light emitting diodes.

[2] Excluding Prodcom 2002 code 32.10.51.57.

Remarque générale.

Transistors, autres que les photo transistors.

[1] Comprenant des transistors, autres que les phototransistors, des dispositifs semi-conducteurs photosensibles; diodes émettrices de lumière; diodes électroluminescentes, autres que les photodiodes et les diodes.

[2] 2002 code Prodcom 32.10.51.57 non compris.

Photosensitive semiconductor devices; light emitting diodes
Dispositifs photosensibles à semi conducteur; diodes émettrices de lumière

CPC-BASED CODE - CODE BASE CPC
47150-2

Unit: Thousand units | Unité: Milliers d'unités

Country or area	2003	2004	2005	2006	2007	2008	2009	2010	2011	2012	Pays ou zone
America, South											**Amérique du Sud**
Brazil[1]	64011	64341	90001	86665	103215	49669	132185	162288	137265	142803	Brésil[1]
Asia											**Asie**
India	...	270378	341351	...	...	...	...	...	...	...	Inde
Malaysia	11094396	12807884	20047402	31124996	40996454	45838275	37610538	55849461	52152096	54294940	Malaisie
Rep. of Korea	...	...	5770349	7121475	7762967	8188545	11945861	15506266	...	...	Rép. de Corée
Europe											**Europe**
Bulgaria	0	C	C	C	C	C	C	172	288	321	Bulgarie
Croatia	...	52	65	131	80	143	256	300	257	213	Croatie
Czech Republic	940	962	834	905	1319	2029	1793	2826	2494	1554	République tchèque
Denmark	669	594	1356	1918	539	494	523	628	716	...	Danemark
Estonia	...	...	...	...	...	4	55	80	11	11	Estonie
Finland	31	11	0	3	0	...	105	0	4	0	Finlande
Germany	814694	1142137	683654	703953	591053	570097	499265	690441	611420	440461	Allemagne
Hungary	...	C	C	72878	77765	55919	23350	28814	23296	1320	Hongrie
Ireland	1	0	...	...	...	...	...	...	...	...	Irlande
Italy[2]	144	166	...	...	...	...	...	...	...	...	Italie[2]
Lithuania	631	1055	986	869	699	269	34	75	51	22	Lituanie
Poland	8	33	5	5	C	C	C	C	C	C	Pologne
Slovenia	...	...	...	C	162	C	C	C	341	408	Slovénie
Spain	...	39507	C	C	C	C	C	C	C	C	Espagne
Sweden	537	753	866	1237	1106	1326	1178	1566	512	468	Suède
Ukraine	46397	17609	28116	31359	24807	23589	24552	22714	14980	11566	Ukraine
United Kingdom	[3]205	[3]219	C	C	2638	3851	6855	C	12657	C	Royaume-Uni

General Note.

Photosensitive semiconductor devices, including photovoltaic cells whether or not assembled in modules or made up into panels; light emitting diodes.

Remarque générale.

Dispositifs photosensibles à semi conducteur, y compris les cellules photovoltaïques même assemblées en modules ou constituées en panneaux; diodes émettrices de lumière

[1] Including transistors, other than photosensitive transistors; photosensitive semiconductor devices; light emitting diodes; diodes, other than photosensitive or light emitting diodes.

[2] Excluding Prodcom 2002 code 32.10.52.35.

[3] Excluding Prodcom 2002 code 32.10.52.37.

[1] Comprenant des transistors, autres que les phototransistors, des dispositifs semi-conducteurs photosensibles; diodes émettrices de lumière; diodes électroluminescentes, autres que les photodiodes et les diodes.

[2] 2002 code Prodcom 32.10.52.35 non compris.

[3] 2002 code Prodcom 32.10.52.37 non compris.

Diodes, other than photosensitive or light emitting diodes
Diodes, autres que les photodiodes et les diodes émettrices de lumière

CPC-BASED CODE - CODE BASE CPC
47150-3

Unit: Thousand units | Unité: Milliers d'unités

Country or area	2003	2004	2005	2006	2007	2008	2009	2010	2011	2012	Pays ou zone
America, North											**Amérique du Nord**
Mexico	170340	224522	204827	223615	...	...	...	...	...	...	Mexique
America, South											**Amérique du Sud**
Brazil[1]	64011	64341	90001	86665	103215	49669	132185	162288	137265	142803	Brésil[1]
Asia											**Asie**
Kyrgyzstan	0	1	2	1	5	3	0	0	0	0	Kirghizistan
Rep. of Korea	4970957	6867926	9035811	11046763	10966943	9989157	10843260	13080895	10052672	9247961	Rép. de Corée
Europe											**Europe**
Czech Republic	...	...	C	C	0	C	C	109	C	148	République tchèque
Denmark	0	0	0	...	2	2	2	2	...	...	Danemark
Estonia	...	...	...	...	...	1	2	1	35	41	Estonie
Finland	...	...	...	3000	445	420	7	8	10	10	Finlande
Hungary	...	C	C	C	584610	C	C	C	332437	272717	Hongrie
Ireland	C	30264	C	...	...	...	...	...	...	...	Irlande
Italy	438632	376067	...	...	...	...	...	...	...	...	Italie
Lithuania	13749	15203	21765	12280	18078	25569	5962	17232	12297	8921	Lituanie
Poland	180	194	0	0	0	C	0	C	C	C	Pologne
Sweden	...	...	...	2196	1566	228	560	9	45	57	Suède
United Kingdom	578445	...	C	C	C	C	928859	952703	281524	C	Royaume-Uni

General Note.
Diodes, other than photosensitive or light emitting diodes.

[1] Including transistors, other than photosensitive transistors; photosensitive semiconductor devices; light emitting diodes; diodes, other than photosensitive or light emitting diodes.

Remarque générale.
Diodes, autres que les photodiodes et les diodes émettrices de lumière.

[1] Comprenant des transistors, autres que les phototransistors, des dispositifs semi-conducteurs photosensibles; diodes émettrices de lumière; diodes électroluminescentes, autres que les photodiodes et les diodes.

Electronic integrated circuits and microassemblies
Circuits intégrés et micro assemblages électroniques

CPC-BASED CODE - CODE BASE CPC
47160-0

Unit: Thousand units | Unité: Milliers d'unités

Country or area	2003	2004	2005	2006	2007	2008	2009	2010	2011	2012	Pays ou zone
America, South											**Amérique du Sud**
Brazil	28904	71769	118112	135740	...	...	10883	10092	134324	125281	Brésil
Asia											**Asie**
Azerbaijan	760	218	89	456	3382	773	18	1	...	...	Azerbaïdjan
Malaysia	23424000	30249000	29949000	35455000	33558000	30752000	23279000	38007000	33380000	39391000	Malaisie
Thailand	8223000	9848000	11378000	13954000	14334000	13757000	...	...	...	...	Thaïlande
Turkey	...	...	179	222	C	2614	C	1491	1044	4288	Turquie
Europe											**Europe**
Czech Republic	...	...	C	...	...	C	C	6664	3860	C	République tchèque
Denmark	1603	2005	2299	2561	...	...	...	...	...	...	Danemark
Estonia	...	...	...	...	...	43	30	20	258	282	Estonie
Finland	...	...	...	...	...	36703	27303	24134	28931	22952	Finlande
Germany	6042807	8134865	7079176	5689377	5504254	5602778	4296067	4710063	10446609	11799664	Allemagne
Hungary	16236	15274	13630	11101	19022	19807	9650	20188	18302	18608	Hongrie
Latvia	C	C	C	C	C	3040	C	C	C	C	Lettonie
Lithuania	46	111	46	17	12	7	112	143	182	133	Lituanie
Netherlands	...	...	...	...	...	...	...	...	3754	3500	Pays-Bas
Poland	...	...	0	0	0	0	C	124611	46000	52000	Pologne
Portugal	176624	285614	360049	584462	649098	743998	301727	C	...	...	Portugal
Romania	107	23020	18597	22702	22773	34815	32437	55071	59174	35396	Roumanie
Russian Federation	1460000	1593000	1149000	1128173	1135691	1065740	524614	719595	710779	567562	Fédération de Russie
Spain	...	20218	22636	23973	29796	41100	74179	52761	18396	17834	Espagne
Sweden	7620	10841	4355	4962	6432	2249	1241	784	C	6239	Suède
Ukraine	5755	6079	5546	12744	18405	10861	4381	2940	3338	1866	Ukraine
United Kingdom	...	...	...	...	C	C	66497	88059	C	C	Royaume-Uni

General Note.

Electronic integrated circuits: processers and controllers, whether or not combined with memories, converters, logic circuits, amplifiers, clock and timing circuits, or other circuits; memories, amplifiers or other.

Remarque générale.

Circuits intégrés électroniques: processeurs et contrôleurs, même combinés avec des mémoires, des convertisseurs, des circuits logiques, des amplificateurs, des horloges, des circuits de synchronisation ou d'autres circuits; mémoires, amplificateurs ou autres.

Transmission apparatus incorporating reception apparatus
Appareils d'émission incorporant un appareil de réception

CPC-BASED CODE - CODE BASE CPC
47211-1

Unit: Thousand units | Unité: Milliers d'unités

Country or area	2003	2004	2005	2006	2007	2008	2009	2010	2011	2012	Pays ou zone
Asia											**Asie**
Kazakhstan	12	66	276	73	86	...	...	...	...	...	Kazakhstan
Rep. of Korea	...	...	177459	167843	154910	162719	146630	146454	...	...	Rép. de Corée
Europe											**Europe**
Bulgaria	C	1	73	C	5	6	C	C	C	C	Bulgarie
Czech Republic	...	C	C	C	#42	44	21	25	59	C	République tchèque
Denmark	8784	1187	32	64	...	...	...	...	...	70	Danemark
Germany	C	C	C	C	C	C	C	8245	C	8799	Allemagne
Hungary	49963	66433	83450	105739	C	88246	59226	56354	45414	28717	Hongrie
Ireland	1263	C	...	...	...	...	...	...	...	...	Irlande
Italy	2044	72	...	...	...	...	...	...	...	...	Italie
Poland	659	540	516	481	100	139	16	33	197	33	Pologne
Portugal	0	C	20	11	22	0	267	672	...	...	Portugal
Spain	...	1969	3738	3883	...	C	C	C	C	15	Espagne
Sweden	8501	13560	16824	C	C	22	9	4	3	1	Suède
Ukraine	1	5	5	10	8	9	3	3	4	4	Ukraine
United Kingdom	1807	...	2071	2886	460	370	341	295	371	366	Royaume-Uni

General Note.

Transmission apparatus incorporating reception apparatus for radio-telephony, radio-telegraphy, radio-broadcasting or television.

Remarque générale.

Appareils d'émission, incorporant un appareil de réception, pour la radiotéléphonie, la radiotélégraphie, la radiodiffusion ou la télévision.

Telephones, videophones
Postes téléphoniques, vidéophones

CPC-BASED CODE - CODE BASE CPC
47220-1

Unit: Thousand units | Unité: Milliers d'unités

Country or area	2003	2004	2005	2006	2007	2008	2009	2010	2011	2012	Pays ou zone
Africa											**Afrique**
Algeria[1]	0	5	0	15	15	5	7	14	...	3	Algérie[1]
Egypt	237	...	1010	120	...	...	...	...	...	...	Égypte
America, South											**Amérique du Sud**
Argentina	380	654	714	1221	1037	291	444	...	...	...	Argentine
Brazil	5654	5720	11358	7574	6161	9059	6479	9120	5457	4331	Brésil
Chile	...	...	...	...	...	...	...	...	3	...	Chili
Asia											**Asie**
Bangladesh[2]	3	4	6	7	...	...	...	...	...	...	Bangladesh[2]
China	129359	195157	188615	186478	165165	182447	145377	167697	140179	127738	Chine
India	3689	3808	5099	5940	...	...	...	...	...	...	Inde
Iran (Islamic Rep. of)	...	...	...	...	...	...	1207	...	...	...	Iran (Rép. islam. d')
Iraq	...	...	...	311	...	1	...	...	...	...	Iraq
Kazakhstan	5	...	5	0	0	...	...	...	...	...	Kazakhstan
Rep. of Korea	2766	2086	2346	1205	934	...	...	...	...	...	Rép. de Corée
Turkey	485	402	#1335	1049	C	844	678	C	1101	C	Turquie
Viet Nam	193	212	180	204	296	...	...	...	...	...	Viet Nam
Europe											**Europe**
Belarus	45	73	68	70	82	89	112	80	85	69	Bélarus
Bulgaria	15	9	9	16	3	C	C	0	0	0	Bulgarie
Czech Republic	...	...	C	C	0	C	258	C	C	C	République tchèque
Denmark	374	328	327	283	251	...	...	...	74	...	Danemark
Germany	14257	17418	20693	22568	18862	C	C	C	C	C	Allemagne
Greece[3]	254	...	...	...	...	...	...	...	...	...	Grèce[3]
Hungary	...	634	C	C	115	222	C	1049	2707	1455	Hongrie
Italy	3416	3292	...	...	...	...	...	...	...	...	Italie
Lithuania	3	2	1	27	112	379	580	619	341	46	Lituanie
Poland	801	807	654	667	C	C	C	32	38	43	Pologne
Portugal	0	0	0	129	107	183	74	48	...	...	Portugal
Romania	303	314	192	226	208	C	C	C	...	...	Roumanie
Russian Federation	601	642	478	409	254	272	171	2041	907	692	Fédération de Russie
Serbia & Montenegro	7	...	...	...	...	...	...	...	...	...	Serbie-et-Monténégro
Spain	2197	3229	2688	3192	3210	2428	2037	C	C	C	Espagne
Sweden	66	94	...	...	C	177	142	64	10	24	Suède
Ukraine	150	201	78	23	31	24	3	2	2	3	Ukraine
United Kingdom	1625	1626	1044	1474	755	447	C	102	C	C	Royaume-Uni

General Note.
Telephone sets and videophones.

[1] Telephones only.
[2] Twelve months ending 30 June of year stated.
[3] Incomplete coverage.

Remarque générale.
Postes téléphoniques d'usagers et vidéophones.

[1] Appareils téléphoniques seulement.
[2] Période de douze mois finissant le 30 juin de l'année indiquée.
[3] Couverture incomplète.

Telephonic or telegraphic switching apparatus
Appareils de commutation pour la téléphonie ou la télégraphie

CPC-BASED CODE - CODE BASE CPC
47220-3

Unit: Number of units | Unité: Nombre d'unités

Country or area	2003	2004	2005	2006	2007	2008	2009	2010	2011	2012	Pays ou zone
America, South											**Amérique du Sud**
Brazil	358632	198991	204142	138530	423227	680702	441686	470818	263352	344669	Brésil
Asia											**Asie**
Azerbaijan	4346	5642	6847	2761	1546	603	0	831	2650	4164	Azerbaïdjan
India	368	666	271	...	...	...	...	...	...	...	Inde
Iraq	...	...	...	...	...	3177	...	...	...	...	Iraq
Kazakhstan	...	3	0	0	0	...	...	...	...	...	Kazakhstan
Turkey	...	...	1196693	C	1498842	C	C	2017583	C	571904	Turquie
Europe											**Europe**
Bulgaria	4457	790	556	1819	78331	41381	578	3821	19113	41479	Bulgarie
Croatia	...	1033	1130	892	699	6830	5612	7283	1525	2255	Croatie
Czech Republic	...	...	C	C	17330	C	1178955	465347	C	39003	République tchèque
Denmark	25593	41197	44668	174416	[1]580608	[1]420985	[1]222085	[1]226786	312326	121567	Danemark
Estonia	...	...	...	...	...	100	425100	757900	601000	516000	Estonie
Germany	3914134	3609604	3217197	3501418	3244191	2817551	8621644	9279991	10320833	7450405	Allemagne
Hungary	...	1742	...	...	C	629078	28521	699599	782622	637031	Hongrie
Italy	469036	456632	...	...	...	...	...	...	...	...	Italie
Latvia	815	660	C	C	...	...	...	C	C	C	Lettonie
Lithuania	101	55	26	69	536	37	23586	7092	16429	17551	Lituanie
Poland	1292299	5881667	4595637	4231496	255966	223514	C	C	C	C	Pologne
Portugal	0	0	355	427	218	162	72	84	...	...	Portugal
Romania	2689	1734	9804	8649	8061	44852	37530	22291	87746	186584	Roumanie
Serbia	...	...	...	4967	...	...	...	...	...	...	Serbie
Slovakia	C	C	C	C	...	63069	52804	63876	88529	75538	Slovaquie
Spain	...	107388	67643	53589	...	432254	243224	378746	345227	429527	Espagne
Sweden	...	...	...	...	...	...	...	8099796	11570520	3378834	Suède
Ukraine	13901	29415	57092	27655	10971	16763	C	168868	232896	7921	Ukraine
United Kingdom	2571619	3156139	C	C	397761	432723	309998	350486	565354	639452	Royaume-Uni

General Note.
Telephonic or telegraphic switching apparatus.

[1] Data refers to machines for the reception, conversion and transmission or regeneration of voice, images or other data, including switching and routing apparatus (HS 2007 code 8517.62).

Remarque générale.
Appareils de commutation pour la téléphonie ou la télégraphie.

[1] Les données se réfèrent aux machines pour la réception, la conversion et la transmission ou la régénération de la voix, des images ou d'autres données, y compris les appareils de commutation et de routage (2007 code SH 8517.62).

Radio receivers
Appareils récepteurs de radiodiffusion

CPC-BASED CODE - CODE BASE CPC
47310-1

Unit: Thousand units — Unité: Milliers d'unités

Country or area	2003	2004	2005	2006	2007	2008	2009	2010	2011	2012	Pays ou zone
Africa											**Afrique**
Nigeria	26	26	26	...	...	...	...	...	...	...	Nigéria
America, North											**Amérique du Nord**
Cuba	6	66	214	522	26	0	124	20	71	0	Cuba
Mexico	1494	1177	879	816	...	...	...	...	...	...	Mexique
America, South											**Amérique du Sud**
Argentina	203	340	301	517	679	628	353	...	...	...	Argentine
Brazil	3905	6335	5813	5913	5051	6367	4972	6011	5908	8041	Brésil
Asia											**Asie**
Bangladesh[1]	13	15	20	24	...	...	...	...	...	...	Bangladesh[1]
Iran (Islamic Rep. of)	399	350	562	821	301	637	...	...	...	...	Iran (Rép. islam. d')
Iraq	...	...	...	29	...	...	...	...	...	...	Iraq
Japan	2892	1605	1769	1456	1941	344	466	276	274	188	Japon
Malaysia	27634	28587	19245	28433	46253	61539	58410	57350	47889	28365	Malaisie
Rep. of Korea	318	31	1	...	...	...	...	...	...	...	Rép. de Corée
Viet Nam	24	24	25	23	37	27	0	0	...	...	Viet Nam
Europe											**Europe**
Belarus	31	22	13	8	5	9	10	6	6	4	Bélarus
Czech Republic	...	...	C	C	8795	6340	4382	8362	C	C	République tchèque
Denmark	68	64	49	125	107	C	C	C	3333	3588	Danemark
Estonia	...	...	...	...	...	0	C	1	1	0	Estonie
France	3498	...	...	...	...	...	...	...	...	...	France
Germany	C	C	C	C	C	2790	C	C	1734	C	Allemagne
Hungary	2991	2840	2248	2258	2341	1926	1522	1577	1106	1706	Hongrie
Ireland	174	1490	...	...	...	...	...	...	...	...	Irlande
Poland	C	C	15	18	C	C	C	C	C	C	Pologne
Portugal	7310	7805	8727	9508	9176	7458	7781	10223	...	...	Portugal
Rep. of Moldova	3	6	3	0	C	C	C	C	C	C	Rép. de Moldova
Russian Federation	278	194	313	184	152	65	107	28	28	13	Fédération de Russie
Spain	47	71	110	151	150	324	340	265	193	419	Espagne
Sweden	...	...	275	145	367	316	192	230	0	0	Suède
Ukraine	21	106	18	2	1	C	1	0	2	0	Ukraine
United Kingdom	...	...	C	C	C	C	C	C	25	104	Royaume-Uni

General Note.

Radio-broadcast receivers capable of operating without an external source of power, including apparatus capable of receiving also radio-telephony or radio-telegraphy, whether combined with sound recording or reproducing apparatus or not; radio-broadcast receivers not capable of operating without an external source of power, of a kind used in motor vehicles, including apparatus capable of receiving also radio-telephony or radio-telegraphy, whether combined with sound recording or reproducing apparatus or not; other radio-broadcast receivers, including apparatus capable of receiving also radio-telephony or radio-telegraphy, whether combined with sound recording or reproducing apparatus or not.

[1] Twelve months ending 30 June of year stated.

Remarque générale.

Appareils récepteurs de radiodiffusion pouvant fonctionner sans source d'énergie extérieure, y compris les appareils pouvant recevoir également la radiotéléphonie ou la radiotélégraphie, même combinés à un appareil d'enregistrement ou de reproduction du son; appareils récepteurs de radiodiffusion ne pouvant fonctionner qu'avec une source d'énergie extérieure, du type utilisé dans les véhicules automobiles, y compris les appareils pouvant recevoir également la radiotéléphonie ou la radiotélégraphie, même combinés à un appareil d'enregistrement ou de reproduction du son; autres appareils récepteurs de radiodiffusion, y compris les appareils pouvant recevoir également la radiotéléphonie ou la radiotélégraphie, même combinés à un appareil d'enregistrement ou de reproduction du son.

[1] Période de douze mois finissant le 30 juin de l'année indiquée.

Video monitors
Moniteurs vidéo

CPC-BASED CODE - CODE BASE CPC
47313-1

Unit: Number of units — Unité: Nombre d'unités

Country or area	2003	2004	2005	2006	2007	2008	2009	2010	2011	2012	Pays ou zone
America, South											**Amérique du Sud**
Argentina	52689	141783	307667	502502	410674	...	...	...	...	...	Argentine
Brazil	9054	C	C	127358	421723	C	C	C	C	9254	Brésil
Chile	...	...	...	...	...	...	144	295	253	...	Chili
Asia											**Asie**
Iran (Islamic Rep. of)	...	...	...	...	...	...	266401	...	...	...	Iran (Rép. islam. d')
Kazakhstan	32850	9850	6929	20569	7846	...	...	...	...	...	Kazakhstan
Rep. of Korea	7336483	6425139	...	...	...	...	...	...	...	...	Rép. de Corée
Viet Nam	250260	285425	297559	460602	440738	...	...	...	...	...	Viet Nam
Europe											**Europe**
Denmark	3394	3169	3706	2532	2095	2230	2031	...	...	...	Danemark
Finland	...	...	0	0	0	...	94	240	359	215	Finlande
Germany	70675	138597	199265	C	64107	37390	C	C	C	C	Allemagne
Hungary	...	9	C	C	C	0	C	C	C	C	Hongrie
Italy	1664390	1590076	...	...	...	...	...	...	...	...	Italie
Poland	...	...	286954	748951	1859987	2246627	C	C	C	C	Pologne
Portugal	0	0	2343	42202	39687	333900	178420	162979	...	...	Portugal
Russian Federation	...	...	...	...	...	...	...	490745	683617	703394	Fédération de Russie
Spain	...	C	100628	119679	171184	C	173907	146426	C	329854	Espagne
United Kingdom	...	...	C	...	C	C	769729	C	C	2437	Royaume-Uni

General Note.
Video monitors, colour, black and white or other monochrome.

Remarque générale.
Moniteurs vidéo, en couleurs, noir et blanc ou autres monochromes.

Television receivers
Récepteurs de télévision

CPC-BASED CODE - CODE BASE CPC
47313-2

Unit: Number of units — Unité: Nombre d'unités

Country or area	2003	2004	2005	2006	2007	2008	2009	2010	2011	2012	Pays ou zone
Africa											**Afrique**
Algeria	292300	205800	171400	173600	160400	170800	79800	93500	95200	72400	Algérie
Nigeria	3048	3047	3047	...	...	...	...	...	...	...	Nigéria
South Africa[1]	359000	...	...	...	...	...	...	...	...	...	Afrique du Sud[1]
Tunisia[1]	62	...	...	...	...	...	...	...	...	...	Tunisie[1]
America, North											**Amérique du Nord**
Cuba	325100	100200	128300	150300	118300	94200	79400	46500	57200	7000	Cuba
America, South											**Amérique du Sud**
Argentina	332000	941000	1627000	2042000	2219000	...	...	...	...	...	Argentine
Brazil	6952378	10872243	13235993	15346058	17554525	14672272	14116709	19839812	25135737	25575089	Brésil
Asia											**Asie**
Azerbaijan	...	...	7188	5137	8558	6323	9011	9067	18784	24136	Azerbaïdjan
Bangladesh[2]	130912	140891	171678	191796	...	225243	226726	232740	...	...	Bangladesh[2]
India	3572000	5044000	6060000	5853000	...	...	...	...	...	...	Inde
Iraq	...	...	...	4070	...	1468	...	...	...	...	Iraq
Japan	10404431	10520881	11071895	15739964	13797585	15683813	18567088	24943140	10698095	2448310	Japon
Kazakhstan	...	...	345975	410155	322518	326374	...	...	...	...	Kazakhstan
Kyrgyzstan	8090	3320	1729	0	22079	37234	41128	48302	6212	5692	Kirghizistan
Malaysia	9915171	9894849	10409434	7594273	6027667	5732415	6361787	13163257	13966508	13054444	Malaisie
Rep. of Korea	7336483	6425139	5843397	...	...	...	...	...	...	...	Rép. de Corée
Thailand	6538000	6942000	6916000	6255000	6074000	5881000	...	...	...	...	Thaïlande
Turkey	...	...	21030399	20184881	14377668	14311762	C	C	C	C	Turquie
Europe											**Europe**
Belarus	689726	1262422	1307575	1067112	702289	717028	352202	445779	403900	594475	Bélarus
Bulgaria	C	C	159164	248562	333910	494376	C	C	C	C	Bulgarie
Denmark	...	...	273462	83638	...	...	...	...	...	...	Danemark
Finland	...	...	3300	0	0	...	0	...	...	...	Finlande
Germany	1564537	2564029	2208906	2206893	2009477	2142635	1881736	2122488	1580189	1506074	Allemagne
Hungary	...	4892469	5832081	8349525	9891219	13324892	13009675	17566075	12688119	8006070	Hongrie
Poland	...	...	6524562	8920219	13147152	15676898	18726176	23550947	19215158	19190595	Pologne
Portugal	158000	158000	421706	0	358	564	564	C	...	...	Portugal
Russian Federation	2383366	4691202	6277504	4600656	6823157	7028384	4825123	[3]11972767	[3]14713753	[3]16169695	Fédération de Russie
Slovakia	...	...	...	...	...	9057848	9075843	10411597	9693358	9330403	Slovaquie
Spain	...	...	3083590	2990932	3009880	C	2190660	C	C	C	Espagne
Sweden	...	...	343504	0	0	0	C	132483	96742	92380	Suède
Ukraine	415134	442997	651184	433673	513985	570972	2302371	4943170	5231538	6234833	Ukraine
United Kingdom	...	...	7775357	C	5594855	C	C	C	C	C	Royaume-Uni

General Note.

Television receivers, colour, black and white and other monochrome. Also includes televison receivers with a video recorder or player, flat panel colour tv receivers, tuner blocks for CTV/VCR and cable tv receiver units and satellite tv receivers/decoders.

[1] Source: African Statistical Yearbook, Economic Commission for Africa (Addis Ababa).

[2] Twelve months ending 30 June of year stated.

[3] Including video monitors and video projectors.

Remarque générale.

Appareils récepteurs de télévision couleur, en noir et blanc ou en autres monochromes. Y compris les appareils incorporant un appareil d'enregistrement ou de reproduction vidéophonique, les récepteurs de télévision avec écran plat (écran à cristaux liquides ou écran à plasma), récepteurs de signaux vidéophoniques (tuner) et autres appareils récepteurs téléviseur sans écran.

[1] Source: Annuaire statistique pour l'Afrique, Commission économique pour l'Afrique des Nations Unies (Addis-Abeba).

[2] Période de douze mois finissant le 30 juin de l'année indiquée.

[3] Y compris les moniteurs vidéo et les projecteurs vidéo.

Video recording or reproducing apparatus
Appareils d'enregistrement ou de reproduction vidéophoniques

CPC-BASED CODE - CODE BASE CPC
47323-1

Unit: Number of units — Unité: Nombre d'unités

Country or area	2003	2004	2005	2006	2007	2008	2009	2010	2011	2012	Pays ou zone
America, South											**Amérique du Sud**
Argentina	52689	141783	307667	502502	410674	80438	163147	...	...	...	Argentine
Brazil	3084577	5748643	6354204	7207681	6118017	6440976	7015929	6501643	8078179	7006818	Brésil
Asia											**Asie**
Iran (Islamic Rep. of)	...	...	...	...	...	...	4129	...	...	...	Iran (Rép. islam. d')
Japan	16707066	12380870	9311395	3274014	3284408	5307123	4816676	7501319	2783977	2607012	Japon
Kazakhstan	135340	93474	1247	0	0	...	...	...	...	...	Kazakhstan
Rep. of Korea	3691916	2935500	1513886	...	...	...	...	...	...	...	Rép. de Corée
Europe											**Europe**
Bulgaria	16145	33885	C	C	0	0	0	0	C	C	Bulgarie
Denmark	368782	310017	24456	70372	11575	4197	885	...	...	...	Danemark
Germany	C	C	C	C	70287	111522	13443	14022	10843	C	Allemagne
Hungary	5562182	5531074	6380974	5787356	C	5334140	2742923	2528567	693808	C	Hongrie
Poland	14371	8084	521	3799	0	0	C	C	C	C	Pologne
Russian Federation	[1]22682	[1]153149	[1]376056	[1]94226	[1]4	[1]0	309157	200266	43156	61903	Fédération de Russie
Slovakia	...	C	2183980	1562188	C	...	...	...	...	...	Slovaquie
Ukraine	1159	9320	11718	9331	3371	2793	491	684	2339	947	Ukraine
United Kingdom	[2]2489990	[3]977188	C	...	...	17752	10120	9589	...	...	Royaume-Uni

General Note.

Video recording or reproducing apparatus, whether or not incorporating a video tuner.

[1] VCRs only.
[2] Excluding Prodcom 2002 code 32.30.33.70.
[3] Excluding Prodcom 2002 code 32.30.33.39.

Remarque générale.

Appareils d'enregistrement ou de reproduction vidéophoniques, même incorporant un récepteur de signaux vidéophoniques.

[1] Magnétoscopes seulement.
[2] 2002 code Prodcom 32.30.33.70 non compris.
[3] 2002 code Prodcom 32.30.33.39 non compris.

Still image video cameras and other video cameras; digital cameras
Appareils de prise de vues fixes vidéo et autres caméscopes; appareils photographiques numériques

CPC-BASED CODE - CODE BASE CPC
47323-2

Unit: Number of units — Unité: Nombre d'unités

Country or area	2003	2004	2005	2006	2007	2008	2009	2010	2011	2012	Pays ou zone
America, South											**Amérique du Sud**
Argentina	1975	14965	23933	26696	38309	30541	17279	...	...	...	Argentine
Brazil	C	221063	523942	575287	1011320	1655623	3088279	3675899	4734780	4863180	Brésil
Asia											**Asie**
Japan	62725044	69478905	63595703	60035071	73640717	69818185	41090648	60776230	47867268	36504289	Japon
Turkey	...	...	C	20288	C	C	C	C	C	3127	Turquie
Europe											**Europe**
Denmark	...	...	402	1482	2249	2540	1913	2603	2615	687	Danemark
Germany	20771	29878	37892	46945	84141	95405	155253	217554	237066	C	Allemagne
Hungary	...	...	...	...	C	5334140	2742923	2528567	693808	C	Hongrie
Italy	9368	12409	...	...	...	...	...	...	...	...	Italie
Poland	0	6	0	0	0	0	C	C	C	C	Pologne
Sweden	...	...	0	0	0	0	0	0	6221	94938	Suède
United Kingdom	0	...	...	C	C	21565	13386	13319	...	...	Royaume-Uni

General Note.
Still image video cameras and other video camera recorders; digital cameras.

Remarque générale.
Appareils de prise de vues fixes vidéo et autres caméscopes; appareils photographiques numériques.

Amplifiers
Amplificateurs

CPC-BASED CODE - CODE BASE CPC
47331-1

Unit: Number of units — Unité: Nombre d'unités

Country or area	2003	2004	2005	2006	2007	2008	2009	2010	2011	2012	Pays ou zone
Africa											**Afrique**
Nigeria	111218	111030	111011	...	...	...	...	...	...	...	Nigéria
America, South											**Amérique du Sud**
Argentina	34411	118110	110083	168388	42637	...	...	...	...	...	Argentine
Brazil[1]	13068481	13117572	12889103	15692639	13538226	18028539	12273461	12094393	10660895	16895190	Brésil[1]
Asia											**Asie**
India	220483	235554	236972	...	...	...	...	...	...	...	Inde
Iran (Islamic Rep. of)	...	...	...	...	...	...	1163	...	...	...	Iran (Rép. islam. d')
Japan	624806	640221	481187	713369	938162	440315	328141	231113	53621	150857	Japon
Kazakhstan	537	919	2328	76	280	...	...	...	...	...	Kazakhstan
Rep. of Korea	306590	93873	33320	...	...	...	...	...	...	...	Rép. de Corée
Turkey	...	...	C	10570	13842	14101	42578	18645	19022	14452	Turquie
Europe											**Europe**
Bulgaria	C	C	C	C	C	C	C	C	C	105	Bulgarie
Croatia	...	...	...	...	...	0	0	179	257	171	Croatie
Denmark	1547	583	10716	7099	5894	...	6244	...	5456	6215	Danemark
Estonia	...	...	...	...	...	49287	5146	13086	6614	7209	Estonie
Finland	...	...	287	319	579	1584	5631	1014	47	...	Finlande
Germany	C	C	C	C	C	C	C	C	C	14424242	Allemagne
Hungary	1206	571	C	C	C	C	C	C	C	C	Hongrie
Ireland	34171	35329	...	...	...	...	...	...	...	...	Irlande
Italy[2]	168900	158668	...	...	...	...	...	...	...	...	Italie[2]
Poland	307000	481000	384815	6674	7231	7986	32706	32961	34077	54849	Pologne
Portugal	C	C	C	174829	179095	C	C	C	...	...	Portugal
Rep. of Moldova	...	13	0	0	52	37	31	29	C	C	Rép. de Moldova
Romania	329703	124276	92538	9125	10013	C	C	C	C	C	Roumanie
Russian Federation	...	...	...	...	...	...	...	10789	14339	18942	Fédération de Russie
Slovakia	5344	C	C	C	C	C	C	C	C	...	Slovaquie
Sweden	274426	72855	79604	61037	56857	28515	24428	10892	25545	40094	Suède
Ukraine	2900	8632	5992	3512	3346	6973	3662	2930	1756	1133	Ukraine
United Kingdom	305726	398581	180253	174001	238880	262620	213783	121447	110115	137119	Royaume-Uni

General Note.
Audio-frequency electric amplifiers and electric sound amplifier sets.

[1] Amplifiers, loudspeakers and headphones.
[2] Excluding Prodcom 2002 code 32.30.43.55.

Remarque générale.
Amplificateurs électriques d'audiofréquence et appareils électriques d'amplification du son.

[1] Amplificateurs, haut-parleurs et casques.
[2] 2002 code Prodcom 32.30.43.55 non compris.

Loudspeakers
Haut parleurs

CPC-BASED CODE - CODE BASE CPC
47331-2

Unit: Thousand units — Unité: Milliers d'unités

Country or area	2003	2004	2005	2006	2007	2008	2009	2010	2011	2012	Pays ou zone
America, North											**Amérique du Nord**
United States	36173	29361	22101	18579	21430	16700	C	15945	...	...	États-Unis
America, South											**Amérique du Sud**
Brazil[1]	...	...	...	...	...	...	12273	12094	10661	16895	Brésil[1]
Asia											**Asie**
India	2938	4496	2417	...	...	...	...	...	...	...	Inde
Malaysia	43993	35888	29825	29537	25046	25009	22009	27236	49406	53781	Malaisie
Rep. of Korea	105744	93246	54482	56583	34195	28712	22532	26414	...	...	Rép. de Corée
Turkey	...	...	C	186	302	123	135	173	178	220	Turquie
Europe											**Europe**
Belarus	13	16	19	14	17	26	15	19	...	...	Bélarus
Bulgaria	37	35	31	45	56	69	C	C	C	C	Bulgarie
Czech Republic	2617	2684	2685	3119	3524	C	C	322	C	511	République tchèque
Denmark	3035	2384	2462	2235	2261	1363	898	908	1250	1265	Danemark
Estonia	...	...	...	...	...	C	C	3	3	3	Estonie
Finland	37	52	55	58	60	74	52	65	67	63	Finlande
Hungary	18675	18839	14605	22228	14800	9206	6281	25862	34204	21316	Hongrie
Ireland	2155	1616	...	...	...	...	...	...	...	...	Irlande
Italy	21822	21935	...	...	...	...	...	...	...	...	Italie
Norway	372	356	377	386	...	...	...	...	...	...	Norvège
Poland	5602	6846	6946	10848	C	C	C	C	C	C	Pologne
Portugal	35	31	31	24	29	34	C	C	...	...	Portugal
Russian Federation	...	...	...	...	...	...	...	26	22	31	Fédération de Russie
Spain	...	1335	1401	856	1103	806	443	535	478	368	Espagne
Sweden	3664	3002	3405	2816	3133	1323	839	C	0	0	Suède
Ukraine	145760	126651	48	133866	64970	89551	105445	104573	71224	52744	Ukraine
United Kingdom	[2]16833	18075	15868	14566	C	C	C	C	C	C	Royaume-Uni

General Note.
Loudspeakers, single or multiple, whether or not mounted in their enclosures.

Remarque générale.
Haut parleurs, uniques ou multiples, même montés dans leurs enceintes.

[1] Amplifiers, loudspeakers and headphones.
[2] Excluding Prodcom 2002 code 32.30.42.37.

[1] Amplificateurs, haut-parleurs et casques.
[2] 2002 code Prodcom 32.30.42.37 non compris.

Headphones
Ecouteurs

CPC-BASED CODE - CODE BASE CPC
47331-3

Unit: Number of units | Unité: Nombre d'unités

Country or area	2003	2004	2005	2006	2007	2008	2009	2010	2011	2012	Pays ou zone
America, South											**Amérique du Sud**
Brazil[1]	...	...	...	...	...	...	12273461	12094393	10660895	16895190	Brésil[1]
Asia											**Asie**
India	2441729	192773	417532	...	...	...	...	...	...	...	Inde
Rep. of Korea	6592000	1319000	1154000	...	...	...	...	...	...	...	Rép. de Corée
Europe											**Europe**
Czech Republic	...	...	C	C	C	C	14133	C	C	C	République tchèque
Denmark	6527	13393	117969	178736	85120	156396	229690	425610	520332	...	Danemark
Finland	50522	31259	45513	30840	35087	54410	63739	75434	93883	79694	Finlande
Germany	855627	647551	671319	1094201	1387689	351120	459172	457519	472343	456840	Allemagne
Hungary	...	92	...	...	0	C	C	C	C	C	Hongrie
Poland	9000	3000	961	175	C	C	C	C	C	C	Pologne
Spain	...	534575	C	C	C	C	67376	96374	C	C	Espagne
Sweden	...	...	...	...	175425	127055	97675	49613	1636	1598	Suède
United Kingdom	544741	701998	494007	526627	700411	1017397	C	768906	403819	178304	Royaume-Uni

General Note.
Headphones and earphones, whether or not combined with a microphone, and sets consisting of a microphone and one or more loudspeakers.

Remarque générale.
Ecouteurs, même combinés avec un microphone, et ensembles ou assortiments constitués par un microphone et un ou plusieurs haut-parleurs.

[1] Amplifiers, loudspeakers and headphones.

[1] Amplificateurs, haut-parleurs et casques.

Magnetic media, not recorded, except cards with a magnetic stripe
Supports magnétiques, non enregistrés, à l'exception des cartes munies d'une piste magnétique

CPC-BASED CODE - CODE BASE CPC
47510-1

Unit: Thousand units | Unité: Milliers d'unités

Country or area	2003	2004	2005	2006	2007	2008	2009	2010	2011	2012	Pays ou zone
America, South											**Amérique du Sud**
Argentina	26428	38459	37206	37214	...	...	...	...	...	...	Argentine
Brazil	34233	77834	10305	17010	36208	84204	154594	83728	106211	61011	Brésil
Asia											**Asie**
India	7	0	0	...	...	...	...	...	...	...	Inde
Kazakhstan[1]	612	366	307	43	40	...	...	...	...	...	Kazakhstan[1]
Rep. of Korea	77372	71769	71027	65327	55829	53296	39125	30094	...	...	Rép. de Corée
Europe											**Europe**
Denmark	8594	2871	0	0	0	...	...	...	...	...	Danemark
Germany	418943	625984	561292	535042	448858	469056	C	C	C	C	Allemagne
Hungary	C	C	C	C	[1]4	...	...	...	...	...	Hongrie
Italy[1]	30821	33078	...	...	...	...	...	...	...	...	Italie[1]
Spain[1]	...	708	854	736	590	C	0	0	0	0	Espagne[1]
Ukraine	C	[2]22740	[2]30618	[2]30834	[2]27350	[2]25808	[2]15273	[2]20001	0	0	Ukraine

General Note.
Magnetic media, not recorded, except cards with a magnetic stripe.

Remarque générale.
Supports magnétiques, non enregistrés, à l'exception des cartes munies d'une piste magnétique.

[1] In metric tons.
[2] Compact discs only.

[1] En tonnes métriques.
[2] Disques compacts seulement.

Cards incorporating an electronic integrated circuit (smart card)
Cartes munies d'un circuit intégré électronique («cartes intelligentes»)

CPC-BASED CODE - CODE BASE CPC
47600-1

Unit: Thousand units | Unité: Milliers d'unités

Country or area	2003	2004	2005	2006	2007	2008	2009	2010	2011	2012	Pays ou zone
America, South											**Amérique du Sud**
Brazil	4545	32456	23590	64245	296192	357326	297300	254878	307302	222708	Brésil
Chile	...	...	165	159	169	328	...	15371	10338	...	Chili
Asia											**Asie**
Rep. of Korea	280547	267338	250110	197886	214519	251648	181946	154592	202507	211589	Rép. de Corée
Turkey	...	...	57045	C	104164	140836	142028	144807	203069	236347	Turquie
Europe											**Europe**
Czech Republic	...	...	0	0	0	C	C	C	10945	C	République tchèque
Denmark	...	...	717	689	...	194	80	6	5953	49	Danemark
Estonia	...	...	...	...	...	200	192	40	2	3	Estonie
Finland	17709	25924	46961	69910	137564	185842	86238	55605	16276	26425	Finlande
Germany	77393	89112	86819	C	654104	C	772908	914955	1176281	960111	Allemagne
Hungary	...	20	C	...	499	C	C	2855	2508	C	Hongrie
Poland	...	3	112389	130908	C	C	C	C	C	C	Pologne
Portugal	462	559	466	560	C	C	C	C	...	...	Portugal
Spain	...	3972	4572	9019	74800	77832	78975	74715	107580	182905	Espagne
Sweden	...	...	0	0	0	C	3566	5803	11063	11307	Suède
Ukraine	0	0	0	0	C	C	C	C	C	811	Ukraine
United Kingdom	70290	111355	...	...	154468	289138	338851	284699	379824	170438	Royaume-Uni

General Note.
Cards incorporating an electronic integrated circuit ("smart" cards).

Remarque générale.
Cartes munies d'un circuit intégré électronique («cartes intelligentes»).

X-ray apparatus
Appareils à rayons X

CPC-BASED CODE - CODE BASE CPC
48110-1

Unit: Number of units — Unité: Nombre d'unités

Country or area	2003	2004	2005	2006	2007	2008	2009	2010	2011	2012	Pays ou zone
America, South											**Amérique du Sud**
Brazil	2926940	5865400	6921500	2548930	2009370	1544984	1943412	169588	395181	516068	Brésil
Chile	...	...	62	...	...	...	...	...	...	...	Chili
Asia											**Asie**
India	221	0	0	...	...	...	...	...	...	...	Inde
Kazakhstan	461	436	418	486	278	...	...	...	...	...	Kazakhstan
Turkey	...	...	C	C	C	201	C	429	C	C	Turquie
Europe											**Europe**
Denmark	182	119	81	110	268	359	238	226	247	305	Danemark
Finland	15523	15199	14443	17011	15338	18234	15897	22150	20807	22991	Finlande
Germany	28339	35588	34217	36396	37129	37465	C	27131	26896	24854	Allemagne
Hungary	3591	5841	3696	3568	3458	C	C	7308	5700	5562	Hongrie
Italy	24859	27644	...	...	...	...	...	...	...	...	Italie
Netherlands	...	...	...	...	...	...	...	...	...	8438	Pays-Bas
Poland	7417	425	475	1367	C	C	C	C	C	C	Pologne
Russian Federation	460	275	293	615	681	380	316	682	818	1686	Fédération de Russie
Serbia	...	...	...	64	...	...	...	...	...	...	Serbie
Spain	...	4231	C	C	5219	5619	C	6545	7050	7993	Espagne
Sweden	2174	1696	242	3032	2093	2435	1052	444	741	785	Suède
Ukraine	73	241	185	315	334	400	276	358	320	750	Ukraine
United Kingdom	50117	54162	37855	44568	48324	13186	6539	5636	6319	7894	Royaume-Uni

General Note.

Apparatus based on the use of X-rays, whether or not for medical, surgical, dental or veterinary uses, including radiography or radiotherapy apparatus.

Remarque générale.

Appareils à rayons X, même à usage médical, chirurgical, dentaire ou vétérinaire, y compris les appareils de radiophotographie ou de radiothérapie.

Medical electro-diagnostic apparatus, ultra-violet or infra-red ray apparatus
Appareils d'électrodiagnostic et appareils à rayons ultraviolets et infrarouges utilisés en médecine

CPC-BASED CODE - CODE BASE CPC
48120-0

Unit: Number of units | Unité: Nombre d'unités

Country or area	2003	2004	2005	2006	2007	2008	2009	2010	2011	2012	Pays ou zone
America, South											**Amérique du Sud**
Brazil	...	...	5111564	9875404	13393937	9670442	8100482	...	...	...	Brésil
Chile	...	...	190	274	371	...	...	...	...	...	Chili
Asia											**Asie**
Azerbaijan	...	...	...	...	...	418	0	0	0	0	Azerbaïdjan
India	...	9871	15564	...	...	...	...	...	...	...	Inde
Kazakhstan	...	2	2	0	0	...	...	...	...	...	Kazakhstan
Rep. of Korea	10623	10711	16255	17799	17397	...	...	...	...	...	Rép. de Corée
Turkey	...	...	C	3346	C	1443	2127	C	C	3944	Turquie
Europe											**Europe**
Bulgaria	36	C	C	C	C	C	C	C	C	C	Bulgarie
Estonia	...	...	...	...	...	29354	65982	85345	145845	164933	Estonie
Finland	...	66317	71303	...	140450	C	...	C	C	...	Finlande
Germany	C	C	C	C	...	...	C	C	1054979	992310	Allemagne
Hungary	155774	142998	224821	264433	253442	309708	C	168943	C	C	Hongrie
Ireland	139130	194408	...	...	...	...	...	...	...	...	Irlande
Italy	32327	32478	...	...	...	...	...	...	...	...	Italie
Lithuania	352	236	685	685	687	728	465	288	186	86	Lituanie
Poland	81913	95194	5973	6147	19049	14910	18248	16476	13853	10644	Pologne
Russian Federation[1]	5022	4889	2616	2208	5403	3797	1613	1343	2192	2597	Fédération de Russie[1]
Spain	...	C	C	5658	C	4845	8307	8583	8478	8025	Espagne
Sweden	C	41701	2496	C	C	C	C	34753	39465	200442	Suède
Ukraine	5506	9055	85299	46614	33357	8704	7688	6966	6564	6948	Ukraine
United Kingdom	...	...	C	C	C	721054	C	C	C	C	Royaume-Uni

General Note.

Electro-diagnostic apparatus (including apparatus for functional exploratory examination or for checking physiological parameters), such as electro-cardiographs, ultrasonic scanning apparatus, magnetic resonance imaging apparatus, scintigraphic apparatus and ultra-violet or infra-red ray apparatus.

[1] EKG machines only.

Remarque générale.

Appareils d'électrodiagnostic (y compris les appareils d'exploration fonctionnelle ou de surveillance de paramètres physiologiques), comme les électrocardiographes, appareils de diagnostic par balayage ultrasonique (scanners), appareils de diagnostic par visualisation à résonance magnétique, appareils de scintigraphie et appareils à rayons ultraviolets ou infrarouges.

[1] Machines électrocardiogrammes seulement.

Syringes, with or without needles
Seringues, avec ou sans aiguilles

CPC-BASED CODE - CODE BASE CPC
48150-1

Unit: Thousand units — Unité: Milliers d'unités

Country or area	2003	2004	2005	2006	2007	2008	2009	2010	2011	2012	Pays ou zone
America, South											**Amérique du Sud**
Brazil	2141588	2298076	2158544	2276308	3385371	...	[1]5956242	[1]4855454	[1]5251948	[1]2375501	Brésil
Chile	...	...	[1]10733	12293	491	13346	12232	23352	160	...	Chili
Asia											**Asie**
India	1773991	388199	2524164	...	...	...	...	...	...	...	Inde
Iran (Islamic Rep. of)	...	...	...	...	...	...	7014	...	...	...	Iran (Rép. islam. d')
Kazakhstan	10844	25504	29285	42728	52983	...	...	...	...	...	Kazakhstan
Rep. of Korea	1763567	2008040	1861339	1867627	1703189	1733858	1719533	1934867	1779161	1858180	Rép. de Corée
Turkey	...	...	699836	869950	C	694435	660331	C	796639	904118	Turquie
Europe											**Europe**
Belarus	56578	56885	67586	34301	59450	101007	119074	135350	#218127	215892	Bélarus
Croatia	...	632	14	0	0	0	0	0	0	0	Croatie
Denmark	219245	231659	...	...	227105	...	...	...	...	...	Danemark
Finland	7	6	7	8	9	0	0	0	0	0	Finlande
Germany	3389655	3540401	3439091	3902228	4068385	4222511	2383140	2308309	2233293	2403983	Allemagne
Hungary	45953	26190	C	C	C	C	25570	23801	30467	209490	Hongrie
Italy	1159207	1115500	...	...	...	...	...	...	...	...	Italie
Poland	337394	317131	284649	245982	218714	127662	59046	30910	20276	32943	Pologne
Portugal	2806	5275	472	497	26	1	1	0	...	...	Portugal
Romania	...	...	...	...	...	33303	C	C	C	C	Roumanie
Russian Federation	1436000	1415000	1251039	1144145	937799	737971	1003240	1001230	727411	623933	Fédération de Russie
Serbia	...	...	...	487	...	...	...	...	...	...	Serbie
Sweden	75608	85319	101922	82355	88752	93030	94710	86547	58926	27	Suède
Ukraine	304562	370154	427968	371129	341747	312849	340660	326689	290794	311997	Ukraine
United Kingdom	290996	250662	1168277	1140516	1059377	1240057	1217422	1251610	1312591	1319183	Royaume-Uni

General Note.
Syringes, with or without needles.

[1] Including needles, catheters, cannulae and the like.

Remarque générale.
Seringues, avec ou sans aiguilles.

[1] Y compris les aiguilles, cathéters, petits tuyaux souples et autres.

Needles, catheters, cannulae and the like
Aiguilles, cathéters, canules et instruments similaires

CPC-BASED CODE - CODE BASE CPC
48150-2

Unit: Thousand units — Unité: Milliers d'unités

Country or area	2003	2004	2005	2006	2007	2008	2009	2010	2011	2012	Pays ou zone
America, North											**Amérique du Nord**
Mexico	245888	253817	256341	225803	...	...	...	...	...	...	Mexique
America, South											**Amérique du Sud**
Brazil	401640	455057	2942923	2619244	1926865	1528250	[1]5956242	[1]4855454	[1]5251948	[1]2375501	Brésil
Asia											**Asie**
India	159223	66173	916848	...	...	...	...	...	...	...	Inde
Kazakhstan	73	116	184	404	531	...	...	...	...	...	Kazakhstan
Turkey	...	...	C	C	C	C	16087	C	C	159964	Turquie
Europe											**Europe**
Bulgaria	1741	36189	29344	C	C	C	C	C	C	C	Bulgarie
Croatia	...	14	2	1	10	11	7	13	15	6	Croatie
Czech Republic	24358	25932	18822	18429	30135	35591	30462	29757	35825	33073	République tchèque
Denmark	...	338510	545129	760139	838327	...	...	907075	919721	965679	Danemark
Finland	33000	32730	60094	66732	40571	32396	28035	1941	1962	2142	Finlande
Germany	852727	879776	1060354	1022625	C	1251652	C	C	1403312	1591072	Allemagne
Hungary	437691	461795	396653	434326	320210	213501	234356	286141	257747	221940	Hongrie
Ireland	1679386	2058467	...	...	...	...	...	...	...	...	Irlande
Italy[2]	663099	621742	...	...	...	...	...	...	...	...	Italie[2]
Lithuania	1651	1981	1628	1635	1024	871	777	1927	1880	1279	Lituanie
Poland	631073	614872	777412	753538	C	C	C	1962958	2010201	2003919	Pologne
Portugal	107	18	13	20	47	358	1038	2007	...	...	Portugal
Romania	...	...	...	...	...	8153	6068	6950	C	17253	Roumanie
Russian Federation	1255000	1044000	592000	222354	80747	14683	142395	162028	141966	81121	Fédération de Russie
Slovakia	2025911	1588673	1868276	2797082	3004614	2923221	3078911	3706606	3638619	3384849	Slovaquie
Spain	...	1927962	2204708	1946833	1860215	1487895	C	C	C	C	Espagne
Sweden	C	68577	81421	9793	9226	95315	96770	22750	103923	107929	Suède
Ukraine	249	246	558	1202	1815	2477	2506	2539	10677	8111	Ukraine
United Kingdom	1449165	[2]1529788	4025191	3805716	C	C	C	C	C	C	Royaume-Uni

General Note.
Needles, catheters, cannulae and the like.

1 Including syringes, with or without needles.
2 Excluding Prodcom 2002 code 33.10.15.15.

Remarque générale.
Aiguilles, cathéters, canules et instruments similaires.

1 Y compris les seringues, avec ou sans aiguilles.
2 2002 code Prodcom 33.10.15.15 non compris.

Artificial joints for orthopedic purposes
Prothèses articulaires orthopédiques

CPC-BASED CODE - CODE BASE CPC
48170-1

Unit: Number of units | Unité: Nombre d'unités

Country or area	2003	2004	2005	2006	2007	2008	2009	2010	2011	2012	Pays ou zone
America, South											**Amérique du Sud**
Brazil	530168	670426	...	...	...	...	...	...	...	...	Brésil
Chile	...	...	[1]702320	[1]751831	837108	590877	600859	655564	617533	...	Chili
Asia											**Asie**
Azerbaijan	...	2454	2189	2089	2227	1883	2158	2163	2183	1926	Azerbaïdjan
Iran (Islamic Rep. of)	...	...	...	...	...	...	26000	...	...	...	Iran (Rép. islam. d')
Europe											**Europe**
Bulgaria	372	471	379	C	1290	1355	1623	1668	1795	C	Bulgarie
Croatia	...	3279	42	1669	705	738	801	1522	6303	2076	Croatie
Czech Republic	...	...	C	C	C	C	C	28913	29318	C	République tchèque
Denmark	0	0	0	0	...	...	...	...	...	118	Danemark
Finland	11826	12536	12408	12358	10736	10800	16500	11836	12285	12854	Finlande
Germany	1447615	1765717	2007274	1789843	1932808	2287391	2179238	2362268	2712800	2859790	Allemagne
Hungary	...	7864	6337	13961	14024	C	C	C	C	C	Hongrie
Italy	42168	46054	...	...	...	...	...	...	...	...	Italie
Poland	0	0	205111	243550	C	C	C	C	C	C	Pologne
Portugal	1125	C	1175	1062	1031	3794	4370	4112	...	...	Portugal
Romania	...	...	...	...	...	5376	5093	7043	9565	12078	Roumanie
Spain	...	122287	169523	134091	143527	154953	243239	160154	138674	118419	Espagne
Sweden	C	C	C	4	5	10	700	400	2100	5100	Suède
Ukraine	16838	28149	25354	81387	21758	49177	21644	36431	28100	28111	Ukraine
United Kingdom	833702	897705	1101999	1260150	1470947	1515434	1744733	1694736	1761170	1392319	Royaume-Uni

General Note.
Artificial joints for orthopedic purposes.

[1] Including artificial parts of the body (excl. artificial teeth and dental fittings and artificial joints); hearing aids; and pacemakers for stimulating heart muscles; excl. parts and accessories.

Remarque générale.
Prothèses articulaires orthopédiques.

[1] Y compris les articles et appareils de prothèse (à l'exclusion des articles et appareils de prothèse dentaire et prothèses articulaires); appareils de prothèse auditive; stimulateurs cardiaques; à l'exclusion des pièces et accessoires.

Hearing aids (excl. parts and accessories)
Appareils de prothèse auditive (à l'exclusion des parties et accessoires)

CPC-BASED CODE - CODE BASE CPC
48170-3

Unit: Number of units | Unité: Nombre d'unités

Country or area	2003	2004	2005	2006	2007	2008	2009	2010	2011	2012	Pays ou zone
Asia											**Asie**
India	4675	22138	47404	...	...	...	...	...	...	...	Inde
Europe											**Europe**
Croatia	...	702	695	629	704	0	0	0	0	0	Croatie
Denmark	1595239	1933805	2120621	1988809	2438504	2674708	2780536	2629424	2638705	2734709	Danemark
Estonia	...	...	...	...	...	33252	C	25221	21758	13445	Estonie
Germany	299455	289765	312251	290420	210990	245392	187102	226906	262406	C	Allemagne
Hungary	20264	22048	C	C	C	0	0	C	C	C	Hongrie
Italy	102244	100738	...	...	...	...	...	...	...	...	Italie
Poland	5403	5799	9988	16374	13860	10446	6655	C	C	C	Pologne
Russian Federation	132000	164000	184474	128209	148082	144773	99392	...	...	...	Fédération de Russie
Spain	...	127493	124927	125362	120177	112525	112884	105072	124564	120890	Espagne
Sweden	86472	32565	10811	27546	13000	17646	19739	28913	26614	28541	Suède
Ukraine	8261	7802	13388	12305	9530	8172	10690	9543	7516	7570	Ukraine
United Kingdom	501414	459668	527045	653206	856229	961675	795409	785122	931621	953490	Royaume-Uni

General Note.
Hearing aids, excluding parts and accessories.

Remarque générale.
Appareils de prothèse auditive, à l'exclusion des parties et accessoires.

Radar apparatus, radio navigational aid apparatus and radio remote control apparatus
Appareils de radiodétection, de radiosondage (radars), de radionavigation et de radiotélécommande

CPC-BASED CODE - CODE BASE CPC
48220-0

Unit: Number of units — Unité: Nombre d'unités

Country or area	2003	2004	2005	2006	2007	2008	2009	2010	2011	2012	Pays ou zone
America, South											**Amérique du Sud**
Brazil	4277491	5121677	6424685	9767422	9073000	18610000	12170000	14618000	20297000	18718000	Brésil
Chile	...	...	111	40	63	45	8	8	2101	...	Chili
Asia											**Asie**
Azerbaijan	189	195	154	116	133	68	61	0	0	0	Azerbaïdjan
Kazakhstan	...	...	0	0	1	...	...	...	...	...	Kazakhstan
Europe											**Europe**
Bulgaria	C	694	916	969	C	C	C	C	C	4279	Bulgarie
Czech Republic	...	...	C	C	C	28420	C	C	C	C	République tchèque
Denmark	22	...	...	...	300	...	...	...	...	...	Danemark
Estonia	...	...	...	...	...	...	C	1192	1197	1608	Estonie
Finland	...	14997	17194	30356	485551	498525	405836	702732	1075867	1100386	Finlande
Germany	4031644	4649243	4773191	5272577	5281537	5516552	C	5683796	5317173	5828358	Allemagne
Hungary	...	1850245	C	C	C	983199	C	C	C	C	Hongrie
Ireland	4639909	5084025	...	...	...	...	...	...	...	...	Irlande
Italy	89632	[1]194257	...	...	...	...	...	...	...	...	Italie
Poland	90	111	668	2002	C	C	C	C	C	C	Pologne
Portugal	0	C	15	C	C	C	C	C	...	...	Portugal
Spain	...	C	C	2168401	C	1997446	C	C	C	C	Espagne
Sweden	379823	C	C	C	137233	139779	80209	84665	125771	527600	Suède
United Kingdom	118779	[2]719	...	...	C	123545	C	C	173081	174422	Royaume-Uni

General Note.

Radar apparatus, radio navigational aid apparatus and radio remote control apparatus.

[1] Excluding Prodcom 2002 code 33.20.20.50.

[2] Excluding Prodcom 2002 code 33.20.20.30.

Remarque générale.

Appareils de radiodétection et de radiosondage (radars), appareils de radionavigation et appareils de radiotélécommande.

[1] 2002 code Prodcom 33.20.20.50 non compris.

[2] 2002 code Prodcom 33.20.20.30 non compris.

Instruments and apparatus for measuring or checking the flow or level of liquids
Instruments et appareils pour la mesure ou le contrôle du débit et du niveau des liquides

CPC-BASED CODE - CODE BASE CPC

48252-1

Unit: Thousand units — Unité: Milliers d'unités

Country or area	2003	2004	2005	2006	2007	2008	2009	2010	2011	2012	Pays ou zone
America, North											**Amérique du Nord**
Mexico	403.0	401.0	335.0	412.2	...	...	...	...	...	...	Mexique
United States	5413.0	5918.0	C	C	C	C	C	...	...	...	États-Unis
America, South											**Amérique du Sud**
Brazil	711.3	788.8	1387.2	3729.1	4872.2	8649.1	10994.5	13659.0	13014.7	12561.3	Brésil
Chile	...	...	0.1	...	...	0.9	0.8	7.9	254.3	...	Chili
Asia											**Asie**
Azerbaijan	6.2	8.9	11.7	3.1	0.4	0.6	0.3	0.0	0.0	0.0	Azerbaïdjan
India	23601.0	...	29876.0	...	...	...	...	...	...	...	Inde
Kazakhstan	3.5	7.1	4.0	5.5	3.4	...	...	...	...	...	Kazakhstan
Rep. of Korea	3909.8	3972.0	3432.9	4048.7	3706.1	3656.2	3337.5	3567.2	4064.5	4140.4	Rép. de Corée
Turkey	...	...	C	126.2	C	C	C	37.5	66.1	48.2	Turquie
Europe											**Europe**
Bulgaria	1.0	0.9	1.3	1.0	0.8	10.9	3.2	C	4.0	4.8	Bulgarie
Croatia	...	4.7	3.2	5.0	6.8	5.5	2.9	3.1	3.0	1.8	Croatie
Czech Republic	10.0	9.4	9.8	11.8	20.0	16.6	12.7	C	C	C	République tchèque
Denmark	97.4	150.3	7.8	...	...	...	...	...	...	...	Danemark
Estonia	...	...	...	...	...	0.2	C	1.8	9.7	11.5	Estonie
Finland	...	...	...	...	...	164.0	132.0	193.6	211.5	227.0	Finlande
Germany	13333.7	C	21349.6	19012.2	C	C	31057.5	C	C	C	Allemagne
Hungary	47.5	66.2	103.1	93.6	49.7	31.3	23.1	C	26.3	30.5	Hongrie
Ireland	250.3	232.3	...	...	...	...	...	...	...	...	Irlande
Italy	14474.6	14746.6	...	...	...	...	...	...	...	...	Italie
Lithuania	0.1	0.0	5.1	12.7	35.3	44.3	15.9	8.9	0.7	0.0	Lituanie
Netherlands	...	...	...	...	...	...	...	...	306.9	273.3	Pays-Bas
Poland	3.9	1.7	3.9	1.7	3.7	3.9	9.9	10.0	1.2	7.6	Pologne
Portugal	C	C	C	C	C	C	C	5.1	...	...	Portugal
Russian Federation	[1]1628.0	[1]1948.0	[1]2661.0	[1]2730.9	[1]2704.3	[1]2619.1	[1]3643.6	[2]7092.0	[2]6969.1	[2]7768.1	Fédération de Russie
Serbia	...	...	...	12.6	...	...	...	...	...	...	Serbie
Slovakia	0.1	0.1	C	0.1	C	C	C	C	C	C	Slovaquie
Spain	...	776.1	638.9	314.9	262.2	232.6	160.0	154.2	149.6	128.0	Espagne
Sweden	10.2	58.1	75.0	168.6	42.6	64.2	59.0	86.2	133.8	47.2	Suède
Ukraine	5.5	17.9	23.5	28.0	43.0	68.2	37.6	50.7	45.5	31.2	Ukraine
United Kingdom	4420.5	5597.3	5960.1	5120.3	5322.8	5244.9	5469.7	7883.8	9604.2	10924.8	Royaume-Uni

General Note.

Instruments and apparatus for measuring or checking the flow or level of liquids.

Remarque générale.

Instruments et appareils pour la mesure ou le contrôle du débit et du niveau des liquides.

[1] For cold water only.

[2] Meters for production and consumption of liquid.

[1] Pour eau froide seulement.

[2] Mètres pour la production et la consommation de liquide.

Instruments and apparatus for measuring or checking pressure of liquids or gasses
Instruments et appareils pour la mesure ou le contrôle de la pression des liquides ou des gaz

CPC-BASED CODE - CODE BASE CPC
48252-2

Unit: Thousand units — Unité: Milliers d'unités

Country or area	2003	2004	2005	2006	2007	2008	2009	2010	2011	2012	Pays ou zone
America, South											**Amérique du Sud**
Brazil	2830.5	8542.7	13937.0	17216.2	14971.7	...	16526.4	20210.4	17581.4	22983.6	Brésil
Ecuador	...	2.8	1.9	5.5	14.2	...	...	...	...	...	Équateur
Asia											**Asie**
Kazakhstan	...	0.3	0.3	1.7	0.1	...	...	...	...	...	Kazakhstan
Turkey	...	...	2029.0	2785.6	3015.4	4380.6	5053.2	20195.6	10559.9	8877.6	Turquie
Europe											**Europe**
Croatia	0.3	0.2	0.2	0.1	0.1	1.2	0.9	0.4	0.1	0.1	Croatie
Czech Republic	284.9	398.0	C	C	C	159.1	117.0	851.3	1114.2	951.9	République tchèque
Denmark	84.8	69.6	84.5	86.0	167.0	239.6	67.8	50.7	47.3	...	Danemark
Estonia	...	...	...	...	...	0.0	C	3.8	24.5	21.2	Estonie
Finland	25.9	31.8	33.2	39.3	298.8	285.0	237.6	270.2	311.6	338.5	Finlande
Germany	C	45617.7	47296.2	C	55266.2	53125.4	C	42671.5	38310.3	35603.6	Allemagne
Hungary	8.2	16.4	2.0	C	C	20.3	10.2	0.0	C	C	Hongrie
Ireland	0.2	0.2	...	...	...	...	...	...	...	...	Irlande
Italy	29300.7	28963.4	...	...	...	...	...	...	...	...	Italie
Lithuania	0.2	0.3	0.1	0.1	0.3	0.1	0.0	202.4	117.7	0.1	Lituanie
Netherlands	...	...	...	...	...	...	...	...	36.7	...	Pays-Bas
Poland	55.8	72.4	156.6	190.4	C	C	C	C	C	C	Pologne
Rep. of Moldova	...	1.2	0.0	0.0	...	...	...	...	...	...	Rép. de Moldova
Romania	3010.7	6907.7	20411.3	8682.9	27073.4	30599.2	19268.9	11604.9	1736.6	695.4	Roumanie
Serbia	...	...	...	34.2	...	...	...	...	...	...	Serbie
Slovakia	106.3	61.9	87.2	121.8	167.7	175.1	183.8	220.5	234.0	257.2	Slovaquie
Spain	...	7082.7	C	C	17975.4	2854.8	1615.6	1584.8	1458.6	863.8	Espagne
Sweden	9.6	143.6	155.8	53.4	100.4	131.2	80.2	149.3	142.0	131.1	Suède
Ukraine	4.5	11.5	29.5	141.2	139.4	262.1	188.6	396.1	520.8	327.1	Ukraine
United Kingdom	4401.0	2740.0	2067.3	2340.5	1925.7	C	1892.4	2050.0	1676.6	1623.1	Royaume-Uni

General Note.
Instruments and apparatus for measuring or checking pressure of liquids or gasses.

Remarque générale.
Instruments et appareils pour la mesure ou le contrôle de la pression des liquides ou des gaz.

Thermostats
Thermostats

CPC-BASED CODE - CODE BASE CPC
48265-1

Unit: Thousand units — Unité: Milliers d'unités

Country or area	2003	2004	2005	2006	2007	2008	2009	2010	2011	2012	Pays ou zone
America, North											**Amérique du Nord**
United States	41409	38127	31562	27847	26168	25143	19960	20554	...	...	États-Unis
America, South											**Amérique du Sud**
Brazil	41868	65768	88891	139486	138876	72674	32011	27203	34336	44247	Brésil
Chile	...	...	0	0	#23	35	0	0	7	...	Chili
Asia											**Asie**
India	3791	13071	12835	...	...	...	...	...	...	...	Inde
Turkey	...	...	5589	5969	5936	4362	3389	5204	5221	8180	Turquie
Europe											**Europe**
Bulgaria	C	64	50	C	C	22	26	28	25	21	Bulgarie
Czech Republic	10962	14713	12265	15271	15811	20158	14907	19798	17056	17776	République tchèque
Denmark	1123	1214	1354	1568	1589	...	...	...	...	...	Danemark
Estonia	...	...	...	...	...	588	C	605	622	591	Estonie
Finland	...	...	0	[1]0	[1]0	11	10	95	26	19	Finlande
Germany	C	142942	133795	131535	137523	118945	96677	128488	133542	120748	Allemagne
Hungary	1741	1520	637	222	C	C	246	295	520	C	Hongrie
Italy	61285	60991	...	...	...	...	...	...	...	...	Italie
Lithuania	0	0	0	2	9	10	8	3	0	0	Lituanie
Poland	941	21893	20860	22562	21550	12710	1187	1988	2356	1976	Pologne
Romania	1	0	0	3718	4569	C	C	C	C	C	Roumanie
Slovakia	C	C	C	C	3052	7469	6442	9177	6842	10878	Slovaquie
Spain	...	29807	25811	26177	25497	18427	10227	10142	8932	9118	Espagne
Sweden	63	62	65	224	409	307	216	69	71	51	Suède
Ukraine	152	266	797	1205	1650	1498	209	C	0	0	Ukraine
United Kingdom	28638	19588	4073	C	C	C	C	1919	C	C	Royaume-Uni

General Note.
Thermostats.

[1] Data refer to electronic thermostats only.

Remarque générale.
Thermostats.

[1] Les données se réfèrent aux thermostats électroniques seulement.

Spectacle lenses of glass or other materials
Verres de lunetterie en verre ou autres matières

CPC-BASED CODE - CODE BASE CPC
48311-2

Unit: Thousand units — Unité: Milliers d'unités

Country or area	2003	2004	2005	2006	2007	2008	2009	2010	2011	2012	Pays ou zone
America, North											**Amérique du Nord**
Mexico	...	...	...	...	77	72	100	5	C	C	Mexique
America, South											**Amérique du Sud**
Brazil	63158	74282	46623	41129	33594	...	89307	106242	67588	66198	Brésil
Ecuador	...	702	700	...	...	524	...	...	...	...	Équateur
Asia											**Asie**
Kazakhstan	10	13	0	0	0	...	...	...	...	...	Kazakhstan
Kyrgyzstan	8	9	18	0	0	0	0	0	0	0	Kirghizistan
Rep. of Korea	52665	55837	58959	52192	45436	45237	38913	40176	41841	37775	Rép. de Corée
Turkey	...	...	C	3606	2904	C	2913	2855	2705	2391	Turquie
Europe											**Europe**
Belarus	5988	6609	7004	7180	6057	4373	3019	3545	#58332	67575	Bélarus
Bulgaria	266	C	64	C	C	C	C	0	C	C	Bulgarie
Croatia	...	406	421	120	123	259	289	336	240	253	Croatie
Czech Republic	3500	2775	2963	3212	6596	2079	796	C	C	C	République tchèque
Denmark	782	891	778	546	824	168	...	...	...	...	Danemark
Finland	526	256	390	71	71	188	172	111	55	53	Finlande
Germany	C	26312	C	C	C	24773	25036	24387	26941	29188	Allemagne
Hungary	9282	7009	5680	4165	3609	5170	3169	3063	4473	5820	Hongrie
Ireland	17438	18716	...	...	...	...	...	...	...	...	Irlande
Italy[1]	83807	101880	...	...	...	...	...	...	...	...	Italie[1]
Norway	549	541	419	C	...	...	...	...	...	...	Norvège
Poland	5021	4968	4711	5147	C	C	C	C	C	C	Pologne
Portugal	4894	3698	3896	4390	4340	4469	5846	4976	...	...	Portugal
Romania	...	466	321	1631	2811	C	C	C	C	C	Roumanie
Russian Federation	[2]7207	[2]4073	[2]3033	[2]1267	[2]623	[2]420	[2]311	399	361	354	Fédération de Russie
Spain	...	16365	16749	16885	C	9221	8190	9467	C	8441	Espagne
Sweden	892	814	479	476	523	1137	667	403	179	112	Suède
Ukraine	5335	5035	6863	5001	6555	7789	7957	7612	2998	2746	Ukraine
United Kingdom	[3]24126	29859	44338	39021	26807	C	25276	C	20860	22631	Royaume-Uni

General Note.
Spectacle lenses of glass or of other materials.

[1] Excluding Prodcom 2002 code 33.40.11.70.
[2] Optical spectacles.
[3] Excluding Prodcom 2002 code 33.40.11.53.

Remarque générale.
Verres de lunetterie en verre ou autres matières.

[1] 2002 code Prodcom 33.40.11.70 non compris.
[2] Lunettes optiques.
[3] 2002 code Prodcom 33.40.11.53 non compris.

Sunglasses
Lunettes solaires

CPC-BASED CODE - CODE BASE CPC
48312-1

Unit: Thousand units | Unité: Milliers d'unités

Country or area	2003	2004	2005	2006	2007	2008	2009	2010	2011	2012	Pays ou zone
America, South											**Amérique du Sud**
Brazil	343.9	380.1	482.3	579.8	2544.3	4741.3	4631.7	4082.5	4498.8	10901.8	Brésil
Chile	...	...	114.9	111.0	316.3	429.9	11.9	10.4	278.5	...	Chili
Asia											**Asie**
India	256.0	...	265.0	...	...	...	...	...	...	...	Inde
Europe											**Europe**
Croatia	...	2.0	6.0	3.0	5.0	5.0	8.0	7.0	0.0	15.0	Croatie
Germany	C	C	96.7	123.0	C	C	C	126.8	158.7	110.7	Allemagne
Hungary	...	0.8	...	...	...	...	...	...	...	...	Hongrie
Italy	33710.2	35374.4	...	...	...	...	...	...	...	...	Italie
Poland	3.0	3.0	2.0	1.0	C	C	C	C	C	C	Pologne
Romania	...	...	...	134.9	152.9	C	C	C	C	C	Roumanie
Spain	...	957.7	926.6	953.6	C	C	C	C	C	0.0	Espagne
Sweden	6.6	6.1	6.2	6.8	10.7	11.3	9.5	10.9	13.6	17.2	Suède
United Kingdom	...	...	C	4783.8	5579.2	5036.7	4108.9	4703.0	C	C	Royaume-Uni

General Note.
Sunglasses.

Remarque générale.
Lunettes solaires.

Frames and mountings for spectacles, goggles or the like
Montures de lunettes ou d'articles similaires

CPC-BASED CODE - CODE BASE CPC
48313-0

Unit: Thousand units | Unité: Milliers d'unités

Country or area	2003	2004	2005	2006	2007	2008	2009	2010	2011	2012	Pays ou zone
America, North											**Amérique du Nord**
Mexico	...	...	...	...	2148	2387	2465	1948	1888	2057	Mexique
America, South											**Amérique du Sud**
Brazil	2186	2714	2783	8914	4978	4030	4801	4958	4335	5391	Brésil
Chile	...	...	44	38	44	27	24	27	17	...	Chili
Asia											**Asie**
Turkey	...	...	1826	1051	1299	1458	1708	2296	2506	2477	Turquie
Europe											**Europe**
Croatia	...	100	93	58	116	174	130	82	70	77	Croatie
Czech Republic	...	...	C	C	C	30	C	152	C	181	République tchèque
Denmark	435	248	312	387	402	427	366	313	327	339	Danemark
Germany	812	687	532	515	594	601	466	617	748	747	Allemagne
Hungary	5	1	...	...	...	...	...	...	...	...	Hongrie
Ireland	2	C	...	...	...	...	...	...	...	...	Irlande
Italy	272972	277175	...	...	...	...	...	...	...	...	Italie
Poland	201	908	732	751	C	C	1021	C	C	688	Pologne
Romania	...	...	539	897	1449	174	464	444	322	C	Roumanie
Russian Federation	...	...	...	...	...	...	150	117	102	110	Fédération de Russie
Slovenia	43	C	C	C	C	C	C	C	C	C	Slovénie
Spain	...	C	C	C	336	268	162	382	C	C	Espagne
Sweden	103	53	54	115	57	211	47	34	22	19	Suède
Ukraine	120	62	67	C	C	C	C	C	C	C	Ukraine
United Kingdom	78	53	592	534	C	C	C	C	C	244	Royaume-Uni

General Note.

Frames and mountings for spectacles, goggles or the like, of plastics or of other materials.

Remarque générale.

Montures de lunettes ou d'articles similaires, en matières plastiques ou autres matières.

Lasers, other than laser diodes
Lasers, autres que les diodes laser

CPC-BASED CODE - CODE BASE CPC
48315-1

Unit: Number of units | Unité: Nombre d'unités

Country or area	2003	2004	2005	2006	2007	2008	2009	2010	2011	2012	Pays ou zone
America, South											**Amérique du Sud**
Brazil	0	C	1418	108	C	439	C	C	C	30515	Brésil
Europe											**Europe**
Denmark	2937	3679	3963	4027	4965	5176	2185	2544	2251	1609	Danemark
Estonia	...	...	...	...	...	2	C	15	1	2	Estonie
Finland	205	249	1140	1755	*24	5	5	...	353	485	Finlande
Germany	139769	155876	145082	150168	161396	127598	75801	100661	108997	87322	Allemagne
Italy	634	722	...	...	...	...	...	...	...	...	Italie
Lithuania	115	115	136	174	175	214	213	280	183	144	Lituanie
Sweden	16	5	...	C	1722	704	461	693	997	C	Suède
United Kingdom	3193	9407	29562	22441	41180	2511	2650	4583	4291	6011	Royaume-Uni

General Note.
Lasers, other than laser diodes.

Remarque générale.
Lasers, autres que les diodes laser.

Photographic (other than cinematographic) cameras
Appareils photographiques (à l'exclusion des caméras cinématographiques)

CPC-BASED CODE - CODE BASE CPC
48322-1

Unit: Thousand units — Unité: Milliers d'unités

Country or area	2003	2004	2005	2006	2007	2008	2009	2010	2011	2012	Pays ou zone
America, South											**Amérique du Sud**
Brazil	C	C	C	C	610	1163	2273	3313	4405	4333	Brésil
Asia											**Asie**
China	61981	152364	81990	85515	86896	81930	84578	93277	82413	88017	Chine
Europe											**Europe**
Denmark	0	0	0	0	0	0	0	1	...	...	Danemark
Germany	87	82	13	14	12	C	6	8	C	11	Allemagne
Portugal	20	10	8	18	18	9	10	19	...	...	Portugal
Russian Federation	92	57	17	2	1	3	3	3	2	1	Fédération de Russie
Sweden	8	6	4	4	6	4	2	5	0	0	Suède
United Kingdom	...	...	...	C	...	...	C	0	0	3	Royaume-Uni

General Note.

Photographic (other than cinematographic) cameras such as, cameras of a kind used for preparing printing plates or cylinders, cameras of a kind used for recording documents on microfilm, microfiche or other microforms, cameras specially designed for underwater use, for aerial survey or for medical or surgical examination of internal organs, comparison cameras for forensic or criminological purposes, instant print cameras and other photographic but not cinematographic cameras.

Remarque générale.

Appareils photographiques comme les appareils photographiques des types utilisés pour la préparation des clichés ou cylindres d'impression, appareils photographiques des types utilisés pour l'enregistrement de documents sur microfilms, microfiches ou autres microformats, appareils photographiques spécialement conçus pour la photographie sous-marine ou aérienne, pour l'examen médical d'organes internes ou pour les laboratoires de médecine légale ou d'identité judiciaire, appareils photographiques à développement et tirage instantanés et autres appareils photographiques.

Photographic plates, film and paper
Plaques, films et papier photographiques

CPC-BASED CODE - CODE BASE CPC

48341-0

Unit: Thousand square metres — Unité: Milliers de mètres carrés

Country or area	2003	2004	2005	2006	2007	2008	2009	2010	2011	2012	Pays ou zone
America, North											**Amérique du Nord**
Mexico	33392	36361	40691	50231	...	...	...	...	...	...	Mexique
Asia											**Asie**
Turkey	...	...	C	C	7433	3983	C	1341	C	C	Turquie
Europe											**Europe**
Croatia	...	18	109	117	104	99	98	98	96	41	Croatie
Germany	456612	427625	C	241577	257936	249300	202429	212709	202309	197740	Allemagne
Hungary	...	639	...	...	...	...	...	...	...	...	Hongrie
Ireland	61	58	...	...	...	...	...	...	...	...	Irlande
Italy[1]	55880	55892	...	...	...	...	...	...	...	...	Italie[1]
Romania	540	79	50	0	0	0	0	0	0	...	Roumanie
Slovakia	C	C	C	C	C	C	5882	C	C	C	Slovaquie
Ukraine	722	573	404	C	C	C	C	430	465	C	Ukraine
United Kingdom[2]	62281	23482	C	C	C	C	C	C	C	C	Royaume-Uni[2]

General Note.

Photographic plates and film in the flat and photographic film in rolls, sensitised, unexposed, of any material other than paper, paperboard or textiles; instant print film in the flat or in rolls, sensitised, unexposed; photographic paper, paperboard and textiles, sensitised, unexposed.

Remarque générale.

Plaques et films plans photographiques et pellicules en rouleaux photographiques, sensibilisés, non impressionnés, en autres matières que le papier, le carton ou les textiles; films plans ou pellicules en rouleaux, à développement et tirage instantanés, sensibilisés, non impressionnés; papiers, cartons et textiles, photographiques, sensibilisés, non impressionnés.

[1] Excluding Prodcom 2002 code 24.64.11.70.

[2] Excluding Prodcom 2002 code 24.64.11.30.

[1] 2002 code Prodcom 24.64.11.70 non compris.

[2] 2002 code Prodcom 24.64.11.30 non compris.

Watches
Montres

CPC-BASED CODE - CODE BASE CPC
48410-0

Unit: Thousand units | Unité: Milliers d'unités

Country or area	2003	2004	2005	2006	2007	2008	2009	2010	2011	2012	Pays ou zone
Africa											**Afrique**
Nigeria[1]	35	35	35	...	...	...	...	...	...	...	Nigéria[1]
America, South											**Amérique du Sud**
Brazil	5041	4718	5095	8294	5317	6353	5925	8920	11157	13891	Brésil
Asia											**Asie**
Armenia	20	28	35	25	23	22	20	13	17	15	Arménie
China	181369	[2]501544	154989	141783	122666	119192	133060	146318	131625	157958	Chine
China, Hong KongSAR	11518	21667	6099	9455	5029	...	...	...	...	...	Chine,Hong KongRAS
India	13451	14873	17964	13972	...	...	...	...	...	...	Inde
Japan	213919	214113	210981	270757	242660	217867	188104	166555	213093	180398	Japon
Kazakhstan	...	1	0	0	0	...	...	...	...	...	Kazakhstan
Rep. of Korea	4368	4347	3888	2849	2359	1114	1026	386	302	227	Rép. de Corée
Europe											**Europe**
Belarus	2606	1740	1353	785	448	429	365	321	#242	204	Bélarus
Denmark	9	5	8	11	10	...	...	...	24	29	Danemark
Finland	...	...	0	0	0	...	...	7	10	30	Finlande
Germany	749	628	C	C	555	552	336	310	280	312	Allemagne
Hungary	...	3	C	...	...	...	...	...	...	...	Hongrie
Romania	84	...	...	...	...	...	...	...	...	...	Roumanie
Russian Federation	3451	2529	1228	805	450	390	318	317	347	348	Fédération de Russie
Spain	21	18	12	10	6	7	4	C	3	C	Espagne
Ukraine	34	41	32	44	36	40	22	25	19	24	Ukraine

General Note.
Wrist-watches, pocket-watches and other watches, including stop-watches.

Remarque générale.
Montres bracelets, montres de poche et montres similaires (y compris les compteurs de temps des mêmes types).

[1] Data refer to clocks and wrist watches.
[2] Including production of all enterprises for the year of economic census.

[1] Les données se rapportent aux horloges et montres.
[2] Y compris la production de toutes les entreprises pour l'année de recensement économique.

Clocks
Horloges

CPC-BASED CODE - CODE BASE CPC
48420-0

Unit: Thousand units — Unité: Milliers d'unités

Country or area	2003	2004	2005	2006	2007	2008	2009	2010	2011	2012	Pays ou zone
Africa											**Afrique**
Nigeria[1]	35	35	35	...	...	...	...	...	...	...	Nigéria[1]
America, South											**Amérique du Sud**
Brazil	36	101	1851	1686	1690	1234	1743	5011	3494	604	Brésil
Chile	...	...	28	23	23	30	18	3	2	...	Chili
Asia											**Asie**
China	141176	142438	193530	161290	156771	*164669	*144550	*188370	*159403	*163005	Chine
India	375	...	...	...	...	...	...	...	...	...	Inde
Iran (Islamic Rep. of)	...	...	...	...	...	...	240	...	...	...	Iran (Rép. islam. d')
Europe											**Europe**
Belarus	78	68	118	133	244	280	330	595	#716	882	Bélarus
Bulgaria	40	C	0	C	C	C	C	0	C	0	Bulgarie
Czech Republic	...	...	C	C	C	C	C	10	11	C	République tchèque
Denmark	17	14	25	28	7	...	15	19	17	17	Danemark
Estonia	...	...	...	...	...	C	C	1	1	0	Estonie
Germany	3087	2634	1251	993	925	726	431	C	C	1231	Allemagne
Hungary	5	7	C	C	C	C	C	C	C	C	Hongrie
Ireland	994	1030	...	...	...	...	...	...	...	...	Irlande
Poland	47	52	65	52	C	C	19	14	15	12	Pologne
Romania	10	...	...	...	...	C	C	C	C	...	Roumanie
Russian Federation	[2]5147	[2]3862	[2]2732	[2]1681	[2]1776	[2]1402	[2]638	1066	817	656	Fédération de Russie
Spain	...	215	169	231	173	2	1	3	2	1	Espagne
Ukraine	2	1	3	1	2	1	1	6	1	1	Ukraine

General Note.
Clocks with watch movements, instrument panel clocks and clocks of a similar type for vehicles, aircraft, spacecraft or vessels and all other clocks.

Remarque générale.
Réveils et pendulettes, à mouvement de montre, montres de tableaux de bord et montres similaires, pour automobiles, véhicules aériens, bateaux ou autres véhicules et toutes autres horloges.

[1] Data refer to clocks and wrist watches.
[2] Household clocks only.

[1] Les données se rapportent aux horloges et montres.
[2] Horloges ménagers seulement.

Public-transport type passenger motor vehicles
Véhicules automobiles pour le transport en commun des personnes

CPC-BASED CODE - CODE BASE CPC
49112-0

Unit: Number of units | Unité: Nombre d'unités

Country or area	2003	2004	2005	2006	2007	2008	2009	2010	2011	2012	Pays ou zone
Africa											**Afrique**
Algeria	2249	2973	...	...	...	...	...	...	...	...	Algérie
Egypt[1]	...	5923	6160	6297	6778	7151	7451	7561	...	...	Égypte[1]
Kenya	585	1653	1103	1381	1424	1380	1349	1572	2266	1293	Kenya
South Africa[2]	306000	...	...	...	...	...	...	...	...	...	Afrique du Sud[2]
America, North											**Amérique du Nord**
Mexico	3021	3306	3947	3896	3824	7499	4168	3047	4700	7077	Mexique
America, South											**Amérique du Sud**
Argentina	9039	16059	20550	23227	31415	...	...	...	...	...	Argentine
Brazil	...	C	C	2934	5063	8496	5902	6591	8068	6536	Brésil
Chile	...	...	197	...	...	22	26	29	318	...	Chili
Asia											**Asie**
Azerbaijan	0	0	61	124	30	48	0	0	0	0	Azerbaïdjan
India	275098	350032	391078	520000	545104	416491	566585	752597	...	...	Inde
Iran (Islamic Rep. of)	4997	5856	5957	5876	6295	7476	7977	...	...	...	Iran (Rép. islam. d')
Iraq	...	...	...	14	...	39	...	3	0	0	Iraq
Japan	47137	66162	77637	90407	40987	43666	23432	29651	24767	36333	Japon
Kazakhstan	62	30	91	119	40	115	...	...	...	...	Kazakhstan
Rep. of Korea	167703	125439	115209	110433	...	...	...	...	...	...	Rép. de Corée
Turkey	...	...	65293	54864	47156	44023	25169	28909	37803	53353	Turquie
Europe											**Europe**
Belarus	626	728	1410	2280	2471	2642	1908	2372	2368	2445	Bélarus
Czech Republic	...	...	C	C	C	C	3602	3152	4032	C	République tchèque
Denmark	...	...	...	...	...	138	98	87	103	22	Danemark
Finland	27	32	14	73	80	101	88	113	59	65	Finlande
Germany	8033	7989	7130	7149	6116	6983	C	C	C	C	Allemagne
Hungary	253	397	318	429	302	185	C	C	C	C	Hongrie
Poland	1643	3866	5050	5699	3280	3874	4150	3892	4395	3693	Pologne
Portugal	704	958	613	712	853	643	482	444	...	...	Portugal
Romania	7	2	0	0	0	60	C	C	C	C	Roumanie
Russian Federation	76600	76100	78200	88700	89500	67300	33500	41400	44500	58400	Fédération de Russie
Serbia	...	...	...	154	101	324	97	44	...	...	Serbie
Spain	...	1554	1223	C	C	C	C	C	C	C	Espagne
Sweden	1259	2235	2061	2105	2360	3687	3565	3281	4753	3800	Suède
Ukraine	2593	2678	4713	7781	9368	10342	1526	2797	3969	3743	Ukraine
United Kingdom	...	...	C	C	2278	2006	1342	C	715	962	Royaume-Uni

General Note.
Motor vehicles for the transport of ten or more persons, including the driver.

Remarque générale.
Véhicules automobiles pour le transport de dix personnes ou plus, chauffeur inclus.

[1] Source: Bulletin of Industrial Statistics for the Arab Countries, United Nations Economic and Social Commission for Western Asia (Beirut).

[2] Source: African Statistical Yearbook, Economic Commission for Africa (Addis Ababa).

[1] Source: Bulletin de statistiques industrielles pour les pays arabes, Commission économique et sociale pour l'Asie occidentale des Nations Unies (Beyrouth).

[2] Source: Annuaire statistique pour l'Afrique, Commission économique pour l'Afrique des Nations Unies (Addis-Abeba).

Passenger cars
Automobiles destinées au transport des voyageurs

CPC-BASED CODE - CODE BASE CPC
49113-0

Unit: Thousand units — Unité: Milliers d'unités

Country or area	2003	2004	2005	2006	2007	2008	2009	2010	2011	2012	Pays ou zone
Africa											**Afrique**
Algeria[1]	0.2	0.3	0.5	0.8	0.1	0.1	0.3	0.5	0.7	0.8	Algérie[1]
Egypt[2]	...	63.4	35.9	36.1	38.8	40.9	42.6	43.6	...	...	Égypte[2]
Kenya	0.5	0.3	0.2	0.2	0.2	0.2	0.3	0.2	0.3	0.2	Kenya
Morocco[2]	...	15.0	18.7	29.9	37.2	40.2	46.9	42.6	...	...	Maroc[2]
Nigeria	2.1	2.2	2.2	...	...	...	...	...	...	...	Nigéria
Sudan (former)	...	1.5	1.5	2.1	2.2	6.3	6.6	2.1	...	...	Soudan (anc.)
America, North											**Amérique du Nord**
Mexico	995.8	971.6	1076.0	1385.2	1268.1	1388.7	1033.4	1464.6	1774.2	1963.4	Mexique
America, South											**Amérique du Sud**
Argentina	160.6	244.3	299.2	408.9	513.2	557.1	498.6	...	...	...	Argentine
Brazil	1472.0	1875.6	2181.9	3705.8	2557.3	2620.2	2720.8	2940.1	2865.5	3058.0	Brésil
Chile	...	...	...	...	11.7	7.1	0.0	...	...	...	Chili
Colombia[3]	...	39.7	51.9	45.2	68.0	34.1	...	...	...	...	Colombie[3]
Ecuador	...	29.2	43.4	51.9	51.7	22.4	...	...	...	...	Équateur
Uruguay	...	...	...	...	...	...	...	6.5	...	1.9	Uruguay
Venezuela (Bol. R. of)[3]	...	24.4	139.2	120.4	120.0	88.1	...	...	...	...	Venezuela (R.bol.du)[3]
Asia											**Asie**
Azerbaijan	...	0.0	0.3	0.5	0.4	0.1	0.0	0.1	0.6	0.7	Azerbaïdjan
Bangladesh[4]	0.9	0.6	0.3	0.4	...	...	...	...	...	...	Bangladesh[4]
India	538.3	731.9	1030.7	1238.7	1422.0	1516.8	1910.5	2452.8	...	...	Inde
Iran (Islamic Rep. of)	...	...	844.1	923.0	952.9	1048.7	1194.0	...	...	...	Iran (Rép. islam. d')
Japan	9409.5	9604.6	9587.6	10683.5	9521.5	9334.6	6768.5	7578.7	7402.9	8559.9	Japon
Kazakhstan	2.6	3.2	2.3	2.9	6.3	3.3	...	...	...	...	Kazakhstan
Malaysia	348.1	385.1	423.0	365.6	333.7	419.6	409.4	474.7	455.6	480.3	Malaisie
Rep. of Korea	2766.7	3133.3	3355.7	3488.8	...	...	...	...	...	...	Rép. de Corée
Thailand	251.7	299.0	277.6	298.8	315.4	401.5	...	...	...	...	Thaïlande
Turkey	...	...	649.3	758.4	856.7	900.4	753.3	886.2	936.0	858.2	Turquie
Viet Nam	47.7	51.0	59.2	47.6	71.9	104.8	112.5	112.3	108.2	86.9	Viet Nam
Europe											**Europe**
Belarus	0.0	0.0	0.0	0.0	0.2	0.3	0.3	0.4	0.4	0.4	Bélarus
Czech Republic	...	...	C	C	C	939.8	970.7	1071.3	1195.0	1174.3	République tchèque
Denmark	0.5	0.5	0.5	0.3	0.3	0.4	...	...	...	...	Danemark
Finland	19.4	10.2	21.6	32.6	24.3	17.9	12.0	8.2	5.5	2.0	Finlande
Germany	5624.2	C	5944.7	5965.3	6399.4	6134.8	5407.1	6093.8	6625.5	6237.4	Allemagne
Hungary	...	116.4	C	182.2	288.7	C	C	C	209.9	230.6	Hongrie
Ireland	0.3	0.4	...	...	...	...	...	...	...	...	Irlande
Poland	333.3	522.3	540.5	630.6	C	C	C	C	C	C	Pologne
Portugal	168.2	157.2	142.0	148.2	168.4	166.4	120.6	148.6	...	...	Portugal
Romania	74.2	104.1	172.7	199.9	231.5	C	C	C	C	C	Roumanie
Russian Federation	1012.0	1110.0	1068.6	1177.9	1293.9	1470.3	600.0	1209.6	1739.9	1963.7	Fédération de Russie
Serbia	...	...	...	11.0	9.4	7.7	16.5	15.0	...	...	Serbie
Slovakia	242.0	186.3	176.9	262.6	525.3	524.2	429.2	515.6	580.7	843.3	Slovaquie
Spain	...	2482.3	2375.4	2220.1	2385.2	2048.9	1882.6	2025.1	1933.9	1603.5	Espagne
Sweden	297.1	317.8	308.9	310.2	314.8	220.2	127.3	191.1	205.9	164.8	Suède
Ukraine	98.3	173.7	192.2	267.3	380.1	401.6	65.7	75.3	97.5	69.7	Ukraine
United Kingdom	...	...	1947.2	1655.5	1785.8	1545.9	1104.3	C	1391.4	1489.0	Royaume-Uni
Oceania											**Océanie**
Australia[4]	358.3	413.7	398.8	352.0	334.9	342.7	...	...	...	...	Australie[4]

General Note.

Motor cars and other motor vehicles principally designed for the transport of persons (except public-transport type vehicles, vehicles specially designed for travelling on snow, and golf cars and similar vehicles).

Remarque générale.

Voitures de tourisme et autres véhicules automobiles principalement conçus pour le transport des personnes (autres que les véhicules automobiles pour le transport encommun des personnes, les véhicules spécialement conçus pour se déplacer sur laneige et les véhicules spéciaux pour le transport des personnes sur les terrains degolf et véhicules similaires).

[1] Including buses.

[2] Source: Bulletin of Industrial Statistics for the Arab Countries, United Nations Economic and Social Commission for Western Asia (Beirut).

[3] Source: United Nations Economic Commission for Latin America and the Caribbean (Santiago).

[4] Twelve months ending 30 June of year stated.

[1] Y compris les autobus.

[2] Source: Bulletin de statistiques industrielles pour les pays arabes, Commission économique et sociale pour l'Asie occidentale des Nations Unies (Beyrouth).

[3] Source: Commission économique pour l'Amérique Latine et les Caraïbes des Nations Unies (Santiago).

[4] Période de douze mois finissant le 30 juin de l'année indiquée.

Trucks
Camions

CPC-BASED CODE - CODE BASE CPC
49114-0

Unit: Number of units — Unité: Nombre d'unités

Country or area	2003	2004	2005	2006	2007	2008	2009	2010	2011	2012	Pays ou zone
Africa											**Afrique**
Algeria	2059	2700	2241	1576	1654	969	1152	1042	1311	1198	Algérie
Egypt[1]	...	22355	23250	23779	25559	26965	28097	28378	...	...	Égypte[1]
Kenya	3254	4667	1873	3779	2845	2523	2217	2554	1950	3093	Kenya
Nigeria	1309	1322	1324	...	...	...	...	...	...	...	Nigéria
South Africa	6061	...	...	...	...	...	...	...	...	...	Afrique du Sud
America, North											**Amérique du Nord**
Mexico	516526	515529	497992	549751	#197501	143025	93000	140238	203626	248652	Mexique
America, South											**Amérique du Sud**
Argentina	50799	72493	116444	145754	162497	...	...	...	...	...	Argentine
Brazil	155516	225615	105874	95572	107800	127347	99049	141546	164243	104533	Brésil
Chile	...	...	46	42	...	1	1	468	665	...	Chili
Uruguay	...	...	...	...	...	...	...	1548	...	3282	Uruguay
Asia											**Asie**
Azerbaijan	0	...	...	7	64	72	3	772	701	170	Azerbaïdjan
Iran (Islamic Rep. of)	79131	99838	155941	174668	193425	188778	...	...	...	...	Iran (Rép. islam. d')
Iraq	...	...	...	...	...	150	...	53	158	0	Iraq
Kazakhstan	84	18	144	1523	2043	1013	...	...	...	...	Kazakhstan
Pakistan[2]	1950	2022	3204	4518	4410	4993	3135	3425	2810	2597	Pakistan[2]
Rep. of Korea	233720	210008	218902	...	...	...	...	...	...	...	Rép. de Corée
Thailand	489608	655809	847301	894794	971348	991917	...	...	...	...	Thaïlande
Turkey	18707	31125	#169024	177022	196596	206221	C	174174	206032	153138	Turquie
Europe											**Europe**
Belarus	18138	21506	22251	23175	25540	26304	11478	13502	23285	26339	Bélarus
Czech Republic	666	306	229	222	C	C	794	524	815	1166	République tchèque
Denmark	0	0	0	0	0	1	...	...	...	...	Danemark
Finland	702	784	910	1003	1006	1413	522	1403	1136	947	Finlande
Germany	C	C	299498	314331	392678	379111	204497	286306	349581	328897	Allemagne
Ireland	568	461	...	...	...	...	...	...	...	...	Irlande
Lithuania	182	778	803	1133	1457	320	108	147	46	88	Lituanie
Poland	17502	59541	67967	75216	C	C	C	C	C	C	Pologne
Portugal	C	C	3528	3443	4415	5369	4850	8098	...	...	Portugal
Romania	19421	23060	20449	12272	7706	12026	C	27219	25177	C	Roumanie
Russian Federation	193000	200000	205085	245291	285030	256037	91676	155497	206814	211991	Fédération de Russie
Serbia	...	...	...	441	473	348	155	200	...	...	Serbie
Spain	...	456542	472014	493529	494442	456157	315740	361382	433439	373530	Espagne
Sweden	C	C	37042	32764	37872	37513	15614	21516	33957	26113	Suède
Ukraine	4348	10651	13731	11760	10844	11370	2471	4714	2974	2856	Ukraine
United Kingdom	...	...	C	C	C	C	66284	81346	C	65698	Royaume-Uni

General Note.
Motor vehicles not elsewhere classified for the transport of goods except for dumpers designed for off-highway use.

Remarque générale.
Véhicules automobiles n.c.a. pour le transport de marchandises à l'exception des tombereaux automoteurs conçus pour être utilisés en dehors du réseau routier.

[1] Source: Bulletin of Industrial Statistics for the Arab Countries, United Nations Economic and Social Commission for Western Asia (Beirut).

[2] Twelve months ending 30 June of year stated.

[1] Source: Bulletin de statistiques industrielles pour les pays arabes, Commission économique et sociale pour l'Asie occidentale des Nations Unies (Beyrouth).

[2] Période de douze mois finissant le 30 juin de l'année indiquée.

Crane lorries
Camions grues

CPC-BASED CODE - CODE BASE CPC
49115-0

Unit: Number of units — Unité: Nombre d'unités

Country or area	2003	2004	2005	2006	2007	2008	2009	2010	2011	2012	Pays ou zone
Africa											**Afrique**
Algeria[1]	53	26	...	...	...	...	...	...	...	...	Algérie[1]
America, South											**Amérique du Sud**
Brazil	0	0	C	164	292	879	832	681	1157	1154	Brésil
Chile	...	...	...	...	8	...	...	...	...	...	Chili
Asia											**Asie**
Azerbaijan	...	...	...	...	...	...	...	11	1	0	Azerbaïdjan
Kazakhstan	100	...	0	0	0	...	...	...	...	...	Kazakhstan
Europe											**Europe**
Belarus	142	194	328	452	563	708	536	361	425	401	Bélarus
Croatia	...	6	2	4	1	0	0	0	0	0	Croatie
Denmark	0	0	0	0	4	...	...	...	...	...	Danemark
Germany	2186	2204	2469	2789	3244	3621	2885	1900	2021	2454	Allemagne
Italy	216	186	...	...	...	...	...	...	...	...	Italie
Poland	12	21	2	2	4	0	0	C	C	C	Pologne
Romania	25	6	1	1	1	C	...	...	...	...	Roumanie
Russian Federation	3100	3900	4400	5200	6900	6400	1300	2900	4100	4800	Fédération de Russie
Sweden	16	...	0	0	0	0	0	0	0	0	Suède
Ukraine	126	235	382	506	812	699	C	C	C	C	Ukraine

General Note.
Crane lorries.

[1] Data refer to all cranes.

Remarque générale.
Camions grues.

[1] Les données se rapportent à toutes les grues.

Chassis fitted with engines, for motor vehicles
Châssis de véhicules automobiles équipés de leur moteur

CPC-BASED CODE - CODE BASE CPC
49121-0

Unit: Number of units | Unité: Nombre d'unités

Country or area	2003	2004	2005	2006	2007	2008	2009	2010	2011	2012	Pays ou zone
America, South											**Amérique du Sud**
Brazil	99852	27358	47018	33653	37015	44299	33102	44381	48015	90052	Brésil
Chile	...	...	10514	6691	...	25194	14548	...	...	...	Chili
Ecuador	...	122	5	4	7	...	...	...	...	...	Équateur
Uruguay	...	...	...	...	...	...	...	43	...	...	Uruguay
Asia											**Asie**
India	10295	108241	137577	...	...	...	...	...	...	...	Inde
Iraq	...	...	...	54	...	...	725	96	155	5	Iraq
Japan	231416	273437	269081	251782	251831	278425	151738	233135	250908	282815	Japon
Kazakhstan	19	14	0	0	0	...	...	...	...	...	Kazakhstan
Rep. of Korea	3715216	4294269	4680552	...	...	...	...	...	...	...	Rép. de Corée
Europe											**Europe**
Czech Republic	2554	2099	2031	2040	2504	C	C	C	C	C	République tchèque
Denmark	0	0	0	0	2	1	1	1	...	...	Danemark
Germany	C	46888	C	C	3120	C	C	C	C	C	Allemagne
Hungary	...	52	C	C	C	...	C	C	...	...	Hongrie
Italy	36192	44147	...	...	...	...	...	...	...	...	Italie
Poland	5065	4593	5919	5854	6036	5116	3771	3294	340	213	Pologne
Russian Federation	48700	53800	55911	68319	86976	74354	29038	45362	71446	73148	Fédération de Russie
Serbia	...	...	...	97	...	...	...	...	...	...	Serbie
Spain	...	C	C	C	C	1301	C	C	C	C	Espagne
Sweden	10937	9985	10810	13067	9777	9827	20174	12746	10902	7940	Suède
United Kingdom	...	...	C	C	C	C	2026	1942	2612	3621	Royaume-Uni

General Note.
Chassis fitted with engines, for motor vehicles.

Remarque générale.
Châssis de véhicules automobiles équipés de leur moteur.

Parts and accessories of motor vehicles, other than chassis fitted with engines
Parties et accessoires de véhicules automobiles, autres que les châssis équipés de leur moteur

CPC-BASED CODE - CODE BASE CPC
49129-0

Unit: Metric tons | Unité: Tonnes métriques

Country or area	2003	2004	2005	2006	2007	2008	2009	2010	2011	2012	Pays ou zone
America, North											**Amérique du Nord**
Mexico[1]	97245	111685	107013	93204	#483936	446733	324782	467117	684339	805757	Mexique[1]
America, South											**Amérique du Sud**
Chile[1]	...	...	15193	7145	5728	5026	3447	1956	1709	...	Chili[1]
Ecuador	...	...	...	...	...	3938	...	...	...	...	Équateur
Asia											**Asie**
Iraq[1]	...	...	...	120	...	...	11	...	...	...	Iraq[1]
Europe											**Europe**
Croatia	...	2397	3227	2346	2017	4833	4385	20889	21053	19965	Croatie
Denmark	39280	44277	...	...	47123	...	...	...	...	...	Danemark
Estonia	...	...	...	...	...	28944	1571	1766	1585	1870	Estonie
Netherlands	...	...	...	...	...	...	...	...	9163	4598	Pays-Bas
Poland	...	5869719	6036946	2385603	1238730	1210179	#558625	563180	668296	545740	Pologne
Portugal	33472	35810	70157	66093	74645	77034	85743	107277	...	...	Portugal
Serbia[2]	...	...	...	7059	...	...	...	...	...	...	Serbie[2]
Slovakia	21111	22563	22464	26287	37978	58903	62358	95401	139435	146875	Slovaquie
TFYR of Macedonia	...	...	*715	*880	*1096	*869	*763	614	622	248	L'ex-RY de Macédoine
United Kingdom	...	...	...	C	143613	[1]C	316954	359265	...	...	Royaume-Uni

General Note.

Parts and accessories of motor vehicles, other than chassis fitted with engines (including brakes, gear boxes, axles, road wheels, suspension shock absorbers, radiators, silencers, exhaust pipes, clutches, steering wheels, steering columns, steering boxes, and parts thereof).

[1] In thousand units.

[2] Incomplete coverage.

Remarque générale.

Parties et accessoires de véhicules automobiles, autres que les châssis équipés de leur moteur (y compris freins, boîtes de vitesses, essieux, roues, amortisseurs de suspension, radiateurs, silencieux, tuyaux d'échappement, embrayages, volants, colonnes et boîtiers de direction, et leurs parties).

[1] En milliers d'unités.

[2] Couverture incomplète.

Trailers and semi-trailers of the caravan type, for housing or camping
Remorques et semi remorques pour l'habitation ou le camping, du type caravane

CPC-BASED CODE - CODE BASE CPC
49222-0

Unit: Number of units — Unité: Nombre d'unités

Country or area	2003	2004	2005	2006	2007	2008	2009	2010	2011	2012	Pays ou zone
Africa											**Afrique**
Egypt	646	...	...	...	...	...	...	...	...	...	Égypte
South Africa	6061	...	...	...	...	...	...	...	...	...	Afrique du Sud
America, North											**Amérique du Nord**
Mexico	...	...	...	...	1551	1509	731	1194	1383	1269	Mexique
America, South											**Amérique du Sud**
Argentina	4055	6624	8720	10597	13070	13886	7710	...	...	...	Argentine
Brazil	0	C	C	C	45	C	28	280	310	264	Brésil
Chile	...	...	13	8	50	44	16	200	51	...	Chili
Ecuador	...	114	121	745	203	132	...	...	...	...	Équateur
Asia											**Asie**
Azerbaijan	0	1	0	1	0	0	0	0	0	10	Azerbaïdjan
India	26	0	0	...	...	...	...	...	...	...	Inde
Iran (Islamic Rep. of)	...	...	...	...	...	...	4698	...	...	...	Iran (Rép. islam. d')
Iraq	...	...	...	2	...	...	588	45	1030	2628	Iraq
Kazakhstan	1	18	102	10	0	...	...	...	...	...	Kazakhstan
Myanmar[1]	1043	1861	2600	5366	6005	7522	5569	5197	5357	705	Myanmar[1]
Turkey	...	...	C	189	C	C	C	251	C	276	Turquie
Europe											**Europe**
Bulgaria	133	113	176	145	C	C	C	C	0	C	Bulgarie
Croatia	...	260	476	759	684	890	727	777	962	632	Croatie
Denmark	1457	1431	1156	984	1170	1266	917	895	571	549	Danemark
Finland	740	560	0	0	0	0	0	...	...	...	Finlande
Germany	56019	61675	C	C	C	C	C	C	C	C	Allemagne
Hungary	311	175	147	261	234	C	C	C	C	...	Hongrie
Lithuania	...	...	...	65	0	0	0	0	0	0	Lituanie
Norway	17709	21482	23301	24209	...	...	...	...	...	...	Norvège
Poland	409	466	541	272	C	C	C	C	C	0	Pologne
Portugal	C	593	673	508	520	88	58	87	...	...	Portugal
Romania	32	84	53	21	4	C	C	C	...	...	Roumanie
Spain	...	6380	6278	5815	7559	3946	C	C	1311	985	Espagne
Sweden	4128	4649	5763	5958	5415	5022	3484	4015	3572	2745	Suède
Ukraine	C	C	C	82	C	C	C	0	C	C	Ukraine
United Kingdom	...	[2]54464	49873	45975	C	C	33177	C	28385	...	Royaume-Uni

General Note.
Trailers and semi-trailers of the caravan type, for housing or camping.

Remarque générale.
Remorques et semi remorques pour l'habitation ou le camping, du type caravane.

[1] Twelve months ending 31 March of year stated.
[2] Excluding Prodcom 2002 code 34.20.22.30.

[1] Période de douze mois finissant le 31 mars de l'année indiquée.
[2] 2002 code Prodcom 34.20.22.30 non compris.

Ships, vessels, ferry-boats for the transport of persons
Bateaux, transbordeurs pour le transport de personnes

CPC-BASED CODE - CODE BASE CPC
49311-0 A

Unit: Number of units — Unité: Nombre d'unités

Country or area	2003	2004	2005	2006	2007	2008	2009	2010	2011	2012	Pays ou zone
America, North											**Amérique du Nord**
United States[1]	2	3	4	...	...	...	...	...	...	...	États-Unis[1]
America, South											**Amérique du Sud**
Argentina[1]	...	2	3	...	...	...	...	...	...	...	Argentine[1]
Brazil	C	C	37	60	80	5	...	...	...	...	Brésil
Chile	...	...	38	2	8	6	...	...	15	...	Chili
Asia											**Asie**
China[1]	5	1	...	...	...	...	...	...	...	...	Chine[1]
China, Macao SAR	8	...	...	...	...	...	...	...	...	...	Chine, Macao RAS
India[1]	...	...	1	...	...	...	...	...	...	...	Inde[1]
Japan	[1]6	[1]9	14	11	6	9	4	9	6	13	Japon
Philippines[1]	...	...	1	...	...	...	...	...	...	...	Philippines[1]
Rep. of Korea[1]	3	...	2	...	...	...	...	...	...	...	Rép. de Corée[1]
Singapore[1]	...	2	...	...	...	...	...	...	...	...	Singapour[1]
Europe											**Europe**
Belarus	0	0	0	0	0	0	0	1	1	2	Bélarus
Finland	[1]2	[1]4	0	2	4	...	...	2	2	4	Finlande
France[1]	4	1	1	...	...	...	...	...	...	...	France[1]
Germany	[1]4	[1]3	[1]1	C	37	C	C	C	C	C	Allemagne
Greece[1]	...	1	1	...	...	...	...	...	...	...	Grèce[1]
Hungary	...	1	...	...	...	...	...	...	...	...	Hongrie
Ireland	1	1	...	...	...	...	...	...	...	...	Irlande
Italy	[2]31	[2]14	[1]6	...	...	...	...	...	...	...	Italie
Latvia[1]	1	...	1	...	...	...	...	...	...	...	Lettonie[1]
Netherlands[1]	2	...	4	...	...	...	...	...	...	...	Pays-Bas[1]
Norway[1]	2	1	...	...	...	...	...	...	...	...	Norvège[1]
Poland	1	[1]2	[1]4	2	7	C	C	C	C	C	Pologne
Portugal	C	1	4	7	3	...	...	...	...	...	Portugal
Romania	...	[1]1	0	...	...	...	...	...	...	...	Roumanie
Russian Federation	[3]4	[3]6	[3]4	[3]39	[3]64	[3]59	[3]76	[4]53	[4]87	[4]60	Fédération de Russie
Spain[1]	2	2	3	...	...	...	...	...	...	...	Espagne[1]
Sweden	[1]1	C	0	...	0	...	0	0	0	0	Suède
United Kingdom	[1]1	...	144	139	...	...	...	...	...	...	Royaume-Uni
Oceania											**Océanie**
Australia[1]	4	...	...	...	...	...	...	...	...	...	Australie[1]

General Note.

Cruise ships, excursion boats and similar vessels principally designed for the transport of persons; ferry-boats of all kinds.

[1] Source: Lloyd's Register of Shipping (London).
[2] Excluding Prodcom 2002 code 35.11.21.90.
[3] Freight and passenger vessels for use on rivers.
[4] Freight and passenger vessels for use on rivers and lakes.

Remarque générale.

Paquebots, bateaux de croisières et bateaux similaires principalement conçus pour le transport de personnes; transbordeurs.

[1] Source: Registre de navigation du Lloyd (Londres).
[2] 2002 code Prodcom 35.11.21.90 non compris.
[3] Navires de fret et de passagers pour une utilisation sur les rivières.
[4] Navires de fret et de passagers pour une utilisation sur les rivières et les lacs.

Ships, vessels, ferry-boats for the transport of persons
Bateaux, transbordeurs pour le transport de personnes

CPC-BASED CODE - CODE BASE CPC
49311-0 B

Unit: Thousand gross register tons | Unité: Milliers de GRT

Country or area	2003	2004	2005	2006	2007	2008	2009	2010	2011	2012	Pays ou zone
America, North											**Amérique du Nord**
United States[1]	6.8	8.9	95.7	...	...	...	...	...	...	...	États-Unis[1]
America, South											**Amérique du Sud**
Argentina[1]	...	7.4	14.8	...	...	...	...	...	...	...	Argentine[1]
Brazil	...	...	...	...	...	...	C	C	C	18.0	Brésil
Asia											**Asie**
China	71.0	5.7	...	...	...	...	...	...	...	...	Chine
India[1]	...	...	3.0	...	...	...	...	...	...	...	Inde[1]
Japan	[1]39.9	[1]294.6	22.0	45.0	12.0	15.0	2.0	0.3	2.2	62.7	Japon
Philippines[1]	...	...	2.7	...	...	...	...	...	...	...	Philippines[1]
Rep. of Korea[1]	88.2	...	71.8	...	...	...	...	...	...	...	Rép. de Corée[1]
Singapore[1]	...	4.6	...	...	...	...	...	...	...	...	Singapour[1]
Turkey	...	...	[#]157.0	224.0	C	2057.0	2527.0	2380.0	...	...	Turquie
Europe											**Europe**
Croatia	2.0	2.0	3.0	4.0	9.0	19.0	6.0	3.0	0.0	0.0	Croatie
Denmark	0.0	0.0	0.0	0.0	0.1	...	...	...	...	...	Danemark
Finland	[1]223.9	[1]236.7	0.0	202.0	286.0	...	...	...	...	...	Finlande
France	368.1	59.1	[1]33.9	...	...	...	...	...	...	...	France
Germany	[1]172.3	[1]147.0	[1]93.5	C	188.1	C	C	C	C	C	Allemagne
Greece[1]	...	8.3	8.1	...	...	...	...	...	...	...	Grèce[1]
Italy[1]	397.3	469.7	324.8	...	...	...	...	...	...	...	Italie[1]
Latvia[1]	1.2	...	1.5	...	...	...	...	...	...	...	Lettonie[1]
Netherlands[1]	38.0	...	42.7	...	...	...	...	...	...	...	Pays-Bas[1]
Norway[1]	5.4	3.0	C	...	...	...	...	...	...	...	Norvège[1]
Poland	0.0	[1]3.8	[1]5.9	2.6	10.7	C	C	C	C	C	Pologne
Portugal	0.8	0.1	C	0.0	0.9	50.7	C	0.1	...	...	Portugal
Romania	...	[1]1.8	0.0	...	...	...	...	...	...	...	Roumanie
Russian Federation[2]	8.1	...	1.1	...	...	...	...	...	...	...	Fédération de Russie[2]
Spain[1]	20.4	37.3	45.9	...	...	...	...	...	...	...	Espagne[1]
Sweden	[1]16.2	C	0.0	...	0.0	...	0.0	0.0	0.0	0.0	Suède
United Kingdom	[1]1.6	...	...	...	0.0	0.0	0.0	C	0.0	C	Royaume-Uni
Oceania											**Océanie**
Australia	7.3	...	...	...	...	...	...	...	...	...	Australie

General Note.

Cruise ships, excursion boats and similar vessels principally designed for the transport of persons; ferry-boats of all kinds.

[1] Source: Lloyd's Register of Shipping (London).

[2] Freight and passenger vessels for use on rivers.

Remarque générale.

Paquebots, bateaux de croisières et bateaux similaires principalement conçus pour le transport de personnes; transbordeurs.

[1] Source: Registre de navigation du Lloyd (Londres).

[2] Navires de fret et de passagers pour une utilisation sur les rivières.

Tankers
Bateaux citernes

CPC-BASED CODE - CODE BASE CPC
49312-0 A

Unit: Number of units — Unité: Nombre d'unités

Country or area	2003	2004	2005	2006	2007	2008	2009	2010	2011	2012	Pays ou zone
America, North											**Amérique du Nord**
United States[1]	...	2	2	...	...	...	...	...	...	...	États-Unis[1]
America, South											**Amérique du Sud**
Chile	...	...	...	...	22	...	...	...	...	...	Chili
Asia											**Asie**
China[1]	45	56	12	...	...	...	...	...	...	...	Chine[1]
India	38	1	0	...	...	...	...	...	...	...	Inde
Indonesia[1]	...	...	4	...	...	...	...	...	...	...	Indonésie[1]
Iraq	...	...	...	...	...	...	...	3	7	0	Iraq
Japan	[1]153	[1]143	134	148	169	176	190	166	130	87	Japon
Rep. of Korea[1]	171	125	151	...	...	...	...	...	...	...	Rép. de Corée[1]
Viet Nam[1]	...	...	1	...	...	...	...	...	...	...	Viet Nam[1]
Europe											**Europe**
Bulgaria	0	[1]1	[1]1	C	C	C	C	C	0	0	Bulgarie
Croatia	[1]9	[1]19	15	15	14	0	0	0	0	0	Croatie
Germany	[1]2	[1]3	[1]4	C	C	C	0	0	C	0	Allemagne
Italy[1]	8	6	...	...	...	...	...	...	...	...	Italie[1]
Netherlands[1]	4	4	3	...	...	...	...	...	...	...	Pays-Bas[1]
Norway[1]	2	...	...	...	...	...	...	...	...	...	Norvège[1]
Poland	...	...	0	2	C	C	C	C	C	C	Pologne
Portugal[1]	1	1	2	...	...	...	...	...	...	...	Portugal[1]
Romania[1]	6	2	6	...	...	...	...	...	...	...	Roumanie[1]
Russian Federation	6	9	11	10	...	...	10	11	9	16	Fédération de Russie
Spain[1]	8	6	1	C	...	...	...	...	...	...	Espagne[1]

General Note.
Tankers (ships).

Remarque générale.
Bateaux citernes.

[1] Source: Lloyd's Register of Shipping (London).

[1] Source: Registre de navigation du Lloyd (Londres).

Tankers
Bateaux citernes

CPC-BASED CODE - CODE BASE CPC
49312-0 B

Unit: Thousand gross register tons — Unité: Milliers de GRT

Country or area	2003	2004	2005	2006	2007	2008	2009	2010	2011	2012	Pays ou zone
America, North											**Amérique du Nord**
United States[1]	...	196	221	...	...	...	...	...	...	...	États-Unis[1]
America, South											**Amérique du Sud**
Brazil	9	C	C	...	C	C	C	C	C	C	Brésil
Asia											**Asie**
China	1537	1821	[1]259	...	...	...	...	...	...	...	Chine
Indonesia[1]	...	...	38	...	...	...	...	...	...	...	Indonésie[1]
Japan	[1]6177	[1]5775	4729	5453	5285	6392	6753	5492	4702	2038	Japon
Rep. of Korea[1]	10509	7114	8772	...	...	...	...	...	...	...	Rép. de Corée[1]
Turkey	...	...	25141	C	C	C	225247	32380	...	...	Turquie
Viet Nam[1]	...	...	3	...	...	...	...	...	...	...	Viet Nam[1]
Europe											**Europe**
Bulgaria	0	[1]4	[1]3	C	C	C	C	C	0	0	Bulgarie
Croatia	262	703	470	378	476	377	146	131	102	94	Croatie
Germany	[1]43	[1]47	[1]67	C	C	C	0	0	C	0	Allemagne
Italy[1]	80	32	...	...	...	...	...	...	...	...	Italie[1]
Netherlands[1]	17	11	9	...	...	...	...	...	...	...	Pays-Bas[1]
Norway[1]	57	...	...	...	...	...	...	...	...	...	Norvège[1]
Poland	...	...	0	60	C	C	C	C	C	C	Pologne
Portugal	19	14	21	0	0	0	0	0	...	...	Portugal
Romania[1]	65	12	115	...	...	C	...	...	...	...	Roumanie[1]
Russian Federation	49	91	83	...	...	...	...	...	...	...	Fédération de Russie
Spain[1]	232	224	14	C	...	...	...	...	...	...	Espagne[1]

General Note.
Tankers (ships).

[1] Source: Lloyd's Register of Shipping (London).

Remarque générale.
Bateaux citernes.

[1] Source: Registre de navigation du Lloyd (Londres).

Electric locomotives
Locomotives électriques

CPC-BASED CODE - CODE BASE CPC
49510-1

Unit: Number of units — Unité: Nombre d'unités

Country or area	2003	2004	2005	2006	2007	2008	2009	2010	2011	2012	Pays ou zone
Asia											**Asie**
India	202	211	277	336	...	...	...	...	...	...	Inde
Japan	44	34	33	44	25	23	23	29	6	12	Japon
Kazakhstan	...	...	65	0	0	...	...	...	...	...	Kazakhstan
Rep. of Korea	423	356	513	...	...	...	...	...	...	...	Rép. de Corée
Europe											**Europe**
Finland	6	...	0	0	0	...	0	...	...	...	Finlande
Germany	C	232	312	269	291	482	C	214	C	C	Allemagne
Italy[1]	116	123	...	...	...	...	...	...	...	...	Italie[1]
Poland	30	12	0	0	0	C	C	0	0	0	Pologne
Russian Federation	27	55	107	156	166	259	232	233	266	334	Fédération de Russie
Ukraine	C	C	55	61	58	60	6	60	C	C	Ukraine

General Note.
Rail locomotives powered from an external source of electricity or by electric accumulators.

Remarque générale.
Locomotives et locotracteurs, à source extérieure d'électricité ou à accumulateurs électriques.

[1] Excluding Prodcom 2002 code 35.20.13.30.

[1] 2002 code Prodcom 35.20.13.30 non compris.

Diesel and diesel-electric locomotives
Locomotives diesel et diesel électriques

CPC-BASED CODE - CODE BASE CPC

49510-2

Unit: Number of units — Unité: Nombre d'unités

Country or area	2003	2004	2005	2006	2007	2008	2009	2010	2011	2012	Pays ou zone
Asia											**Asie**
India	...	3	0	...	...	...	...	...	...	...	Inde
Japan	5	4	3	5	2	9	4	8	2	1	Japon
Rep. of Korea	45	42	19	...	...	...	...	...	...	...	Rép. de Corée
Turkey	32	...	...	...	...	...	...	...	...	...	Turquie
Europe											**Europe**
Croatia	...	...	120	...	...	0	0	0	0	0	Croatie
Germany	262	238	C	C	C	C	C	C	116	160	Allemagne
Ireland	5	3	...	...	...	...	...	...	...	...	Irlande
Poland	0	73	#0	1	C	C	C	0	C	0	Pologne
Romania	9	0	0	0	0	...	...	...	C	C	Roumanie
Russian Federation	23	32	45	45	59	49	35	33	39	42	Fédération de Russie
Sweden	C	C	20	18	C	17	10	27	11	14	Suède

General Note.

Diesel and diesel-electric locomotives.

Remarque générale.

Locomotives diesel et diesel électriques.

Railway or tramway coaches, self-propelled
Automotrices et autorails

CPC-BASED CODE - CODE BASE CPC
49520-0

Unit: Number of units — Unité: Nombre d'unités

Country or area	2003	2004	2005	2006	2007	2008	2009	2010	2011	2012	Pays ou zone
America, South											**Amérique du Sud**
Chile	...	...	...	...	...	80	62	14	...	...	Chili
Asia											**Asie**
India	...	65	...	...	...	...	...	...	...	...	Inde
Japan	1737	2017	1765	2045	2320	2278	2539	1866	1606	1344	Japon
Viet Nam	312	431	461	273	85	52	50	100	...	...	Viet Nam
Europe											**Europe**
Belarus	4	10	13	25	41	46	18	8	15	18	Bélarus
Croatia	...	...	0	40	20	30	29	12	2	1	Croatie
Czech Republic	...	...	C	129	C	C	C	C	124	57	République tchèque
Denmark	161	190	124	40	0	...	...	...	...	...	Danemark
Finland	12	14	0	0	0	...	0	...	...	...	Finlande
Germany	C	1139	C	754	C	574	659	870	854	1370	Allemagne
Hungary	...	1	C	...	...	...	...	...	...	...	Hongrie
Italy[1]	145	149	...	...	...	...	...	...	...	...	Italie[1]
Poland	C	40	84	30	107	C	C	169	C	199	Pologne
Portugal	26	17	6	1	0	0	0	0	...	...	Portugal
Romania	...	9	15	17	31	...	...	...	...	...	Roumanie
Russian Federation	...	...	...	...	...	...	608	489	608	777	Fédération de Russie
Sweden	271	56	46	0	0	0	0	0	0	0	Suède
Ukraine	C	40	57	83	65	C	9	C	C	14	Ukraine

General Note.
Self-propelled railway or tramway coaches, vans and trucks (except maintenance or service vehicles).

[1] Excluding Prodcom 2002 code 35.20.20.90.

Remarque générale.
Automotrices et autorails (à l'exclusion des véhicules pour l'entretien ou le service desvoies ferrées ou similaires).

[1] 2002 code Prodcom 35.20.20.90 non compris.

Railway or tramway passenger coaches, not self-propelled
Voitures à voyageurs

CPC-BASED CODE - CODE BASE CPC
49532-0

Unit: Number of units — Unité: Nombre d'unités

Country or area	2003	2004	2005	2006	2007	2008	2009	2010	2011	2012	Pays ou zone
America, South											**Amérique du Sud**
Brazil	...	C	C	C	C	C	C	C	C	60	Brésil
Chile	...	...	...	2	...	...	...	...	...	...	Chili
Asia											**Asie**
Iran (Islamic Rep. of)	...	...	...	...	...	...	84	...	...	...	Iran (Rép. islam. d')
Japan	87	120	92	21	47	12	0	10	6	6	Japon
Kazakhstan	16	107	253	470	397	...	...	...	...	...	Kazakhstan
Turkey	...	...	C	1658	1412	C	C	C	1766	2225	Turquie
Europe											**Europe**
Belarus	...	...	...	...	...	...	...	...	10	7	Bélarus
Croatia	0	26	11	0	0	0	0	0	0	0	Croatie
Finland	26	2	5	15	7	13	0	0	75	129	Finlande
Germany	C	321	C	C	C	C	C	C	C	C	Allemagne
Italy	69	64	...	...	...	...	...	...	...	...	Italie
Portugal	17	0	0	0	0	0	0	0	...	...	Portugal
Romania	8	6	13	32	47	C	C	C	C	C	Roumanie
Russian Federation	1072	1355	1355	1690	2028	2420	1548	1234	1180	880	Fédération de Russie
Ukraine	137	111	70	321	134	219	41	138	114	206	Ukraine

General Note.

Railway or tramway passenger coaches, not self-propelled; luggage vans, post office coaches and other special-purpose railway or tramway coaches, not self-propelled (except maintenance or service vehicles).

Remarque générale.

Voitures à voyageurs, fourgons à bagages, voitures postales et autres voitures spéciales, pour voies ferrées ou similaires (à l'exclusion des véhicules pour l'entretien ou le service).

Railway or tramway goods vans and wagons, not self-propelled
Wagons pour le transport sur rail de marchandises

CPC-BASED CODE - CODE BASE CPC
49533-0

Unit: Number of units — Unité: Nombre d'unités

Country or area	2003	2004	2005	2006	2007	2008	2009	2010	2011	2012	Pays ou zone
Africa											**Afrique**
Algeria	10	247	17	10	16	20	51	...	...	...	Algérie
America, South											**Amérique du Sud**
Brazil	C	4495	7261	4142	1826	5302	1149	2773	5037	1905	Brésil
Chile	...	...	...	...	...	...	...	...	35	...	Chili
Asia											**Asie**
India	1847	2073	1360	...	...	...	...	...	...	...	Inde
Iran (Islamic Rep. of)	...	...	...	...	...	...	131	...	...	...	Iran (Rép. islam. d')
Japan	68	180	218	143	260	174	73	123	126	320	Japon
Kazakhstan	244	34	60	46	71	...	...	...	...	...	Kazakhstan
Europe											**Europe**
Belarus	0	0	238	467	369	395	531	1060	1565	2704	Bélarus
Bulgaria	C	C	C	C	C	C	C	660	549	635	Bulgarie
Croatia	...	119	219	169	178	398	117	0	0	0	Croatie
Estonia	...	...	...	...	...	0	...	...	23	195	Estonie
Finland	...	...	13	0	0	...	0	...	...	0	Finlande
Germany	1837	1382	C	1148	C	C	1042	1407	1400	1224	Allemagne
Greece[1]	371	...	...	...	...	...	...	...	...	...	Grèce[1]
Hungary	...	155	C	C	C	C	0	C	C	C	Hongrie
Ireland	5	C	...	...	...	...	...	...	...	...	Irlande
Italy	100	...	...	...	...	...	...	...	...	...	Italie
Poland	813	1126	[2]3602	[2]3736	4264	4550	3351	2707	5144	4904	Pologne
Portugal	5	0	2	17	12	47	0	160	...	...	Portugal
Romania	2020	2177	1924	2395	4186	4602	2934	803	602	1031	Roumanie
Russian Federation	26793	35340	35160	33656	38575	42681	23638	50472	62987	71697	Fédération de Russie
Serbia	...	...	...	31	15	...	...	...	...	...	Serbie
Serbia & Montenegro	139	...	...	...	...	...	...	...	...	...	Serbie-et-Monténégro
Slovakia	C	C	C	C	C	2361	...	C	C	C	Slovaquie
Sweden	...	...	100	90	180	225	286	140	109	347	Suède
Ukraine	22700	22969	21550	19944	31528	30167	12697	39561	52666	47753	Ukraine
United Kingdom	...	...	...	...	...	27	C	C	C	C	Royaume-Uni

General Note.
Railway or tramway goods vans and wagons, not self-propelled.

[1] Incomplete coverage.
[2] Excluding narrow-gauge vehicles.

Remarque générale.
Wagons pour le transport sur rail de marchandises.

[1] Couverture incomplète.
[2] Non compris le matériel roulant pour voie étroite.

Aeroplanes and other aircraft, of an unladen weight not exceeding 2,000 kg
Avions et autres véhicules aériens, d'un poids à vide n'excédant pas 2 000 kilos

CPC-BASED CODE - CODE BASE CPC
49622-0

Unit: Number of units — Unité: Nombre d'unités

Country or area	2003	2004	2005	2006	2007	2008	2009	2010	2011	2012	Pays ou zone
America, North											**Amérique du Nord**
United States	1075	1259	1357	C	C	C	C	...	...	...	États-Unis
Asia											**Asie**
Iran (Islamic Rep. of)	...	...	...	...	...	...	1	...	...	...	Iran (Rép. islam. d')
Kyrgyzstan	1	0	1	0	0	0	0	0	0	0	Kirghizistan
Europe											**Europe**
Belarus	...	...	...	...	...	...	...	...	0	1	Bélarus
Czech Republic	...	...	C	347	241	138	C	93	184	136	République tchèque
Germany	115	109	C	157	185	208	149	164	164	198	Allemagne
Italy	264	325	...	...	...	...	...	...	...	...	Italie
Lithuania	10	8	7	3	6	24	15	10	15	15	Lituanie
Poland	39	44	65	61	C	C	C	52	78	60	Pologne
Portugal	0	0	0	0	0	28	20	32	...	...	Portugal
Russian Federation	[1]13	[1]19	[1]29	[1]14	[1]15	[1]49	[1]42	4	9	1	Fédération de Russie
United Kingdom	...	...	...	...	...	98	C	55	37	32	Royaume-Uni

General Note.
Aeroplanes and other aircraft, of an unladen weight not exceeding 2,000 kg.

[1] For civilian use only.

Remarque générale.
Avions et autres véhicules aériens, d'un poids à vide n'excédant pas 2 000 kilos.

[1] A usage civil seulement.

Motorcycles, scooters, etc., other than those of a cylinder capacity not exceeding 50 cc; side-cars
Motocycles, trottinettes, etc., autres que d'une cylindrée n'excédant pas 50 cm3; side-cars

CPC-BASED CODE - CODE BASE CPC
49910-1

Unit: Thousand units | Unité: Milliers d'unités

Country or area	2003	2004	2005	2006	2007	2008	2009	2010	2011	2012	Pays ou zone
Africa											**Afrique**
Algeria	1	2	2	1	1	0	0	0	0	0	Algérie
Nigeria	7	7	7	...	...	...	...	...	...	...	Nigéria
America, North											**Amérique du Nord**
Mexico	...	...	...	...	41	38	23	13	18	36	Mexique
America, South											**Amérique du Sud**
Argentina	23	64	132	209	225	284	226	...	...	...	Argentine
Brazil	933	1035	1222	1493	1925	2234	1511	1808	2132	1668	Brésil
Peru	2	2	4	...	...	...	...	...	...	...	Pérou
Uruguay	...	...	...	...	...	...	...	26	...	19	Uruguay
Asia											**Asie**
Bangladesh[1,2]	13	17	27	28	...	38	46	49	...	...	Bangladesh[1,2]
China	14613	16749	16909	20545	25083	28379	27587	27342	27355	26030	Chine
India	5625	6455	7602	8446	8010	...	...	...	...	...	Inde
Japan	1831	...	...	...	...	...	...	...	...	...	Japon
Malaysia	257	390	260	461	470	550	306	422	487	534	Malaisie
Pakistan[1]	177	327	571	752	839	1058	918	1381	1638	1650	Pakistan[1]
Rep. of Korea	156	147	157	...	...	...	...	...	...	...	Rép. de Corée
Thailand	1908	2279	2510	2340	1915	2165	...	...	...	...	Thaïlande
Turkey	...	...	#51	C	C	20	52	C	C	C	Turquie
Viet Nam	1180	1828	1982	2147	2729	2880	3091	3507	4070	3635	Viet Nam
Europe											**Europe**
Belarus	33	12	6	10	11	6	1	4	5	8	Bélarus
Czech Republic	...	...	C	1	3	2	1	1	C	C	République tchèque
France	3084	...	...	...	...	...	...	...	...	...	France
Italy	457	475	...	...	...	...	...	...	...	...	Italie
Netherlands	...	...	...	...	...	...	...	...	172	184	Pays-Bas
Russian Federation	18	18	12	7	9	6	7	10	12	27	Fédération de Russie
Spain	88	119	197	193	154	133	78	82	65	C	Espagne

General Note.

Motorcycles and cycles fitted with an auxiliary motor, with reciprocating internal combustion piston engine of a cylinder capacity exceeding 50 cc; motorcycles and cycles fitted with an auxiliary motor, other than those with reciprocating internal combustion piston engines; side-cars.

Remarque générale.

Motocycles et cycles équipés d'un moteur auxiliaire à piston alternatif, d'une cylindrée excédant 50 cm3; motocycles et cycles équipés d'un moteur auxiliaire autre qu'à piston alternatif; side cars.

[1] Twelve months ending 30 June of year stated.

[2] Motorcycles only.

[1] Période de douze mois finissant le 30 juin de l'année indiquée.

[2] Motocyclettes seulement.

Bicycles and other cycles, not motorized
Bicyclettes et autres cycles sans moteur

CPC-BASED CODE - CODE BASE CPC

49921-0

Unit: Thousand units — Unité: Milliers d'unités

Country or area	2003	2004	2005	2006	2007	2008	2009	2010	2011	2012	Pays ou zone
Africa											**Afrique**
Algeria	4	3	1	1	0	0	0	0	0	0	Algérie
America, North											**Amérique du Nord**
Cuba	26	28	26	23	38	53	36	28	54	61	Cuba
Mexico	1849	1919	1847	1953	1513	1274	1083	979	1061	1015	Mexique
America, South											**Amérique du Sud**
Brazil	3277	3690	3372	3053	3282	2850	2835	3363	4650	4857	Brésil
Chile	263	...	139	171	147	79	8	8	...	...	Chili
Peru	19	23	23	...	...	...	...	...	...	...	Pérou
Asia											**Asie**
Armenia	0	0	0	0	0	0	1	0	0	1	Arménie
Azerbaijan	...	...	...	380	200	0	0	0	0	0	Azerbaïdjan
Bangladesh[1,2]	13	15	20	28	...	32	30	31	...	...	Bangladesh[1,2]
China	54517	85127	69006	78866	74752	71852	57577	68195	71691	76129	Chine
India	12341	8030	8268	10599	11397	...	...	...	...	...	Inde
Iran (Islamic Rep. of)	...	...	...	...	...	...	152	...	...	...	Iran (Rép. islam. d')
Iraq	...	...	...	...	...	1	1	0	1	1	Iraq
Japan	3681	3507	2647	2481	2689	2201	2018	1550	2039	1807	Japon
Kazakhstan	19	...	0	0	0	...	...	...	...	...	Kazakhstan
Kyrgyzstan	0	2	0	0	0	0	0	0	0	0	Kirghizistan
Myanmar[3]	28	53	48	35	54	42	63	54	59	...	Myanmar[3]
Pakistan[1]	630	664	588	590	486	536	420	447	345	262	Pakistan[1]
Rep. of Korea	150	147	157	...	...	...	...	...	...	...	Rép. de Corée
Turkey	...	...	923	833	824	772	588	1038	1634	1439	Turquie
Viet Nam	2177	3607	2525	1591	1605	647	543	706	756	644	Viet Nam
Europe											**Europe**
Belarus	775	776	441	458	374	250	130	134	176	185	Bélarus
Belgium[4]	173	...	...	...	...	...	...	...	...	...	Belgique[4]
Bulgaria	238	372	433	469	500	471	437	535	585	834	Bulgarie
Czech Republic	93	C	C	208	360	305	294	C	C	308	République tchèque
Denmark	132	147	148	119	111	120	91	52	3	3	Danemark
Finland	73	71	66	59	33	23	14	13	26	27	Finlande
France	12372	...	...	...	...	...	...	...	...	...	France
Germany	C	C	C	C	C	1866	C	1518	C	C	Allemagne
Greece[5]	181	160	...	...	...	...	...	...	...	...	Grèce[5]
Hungary	107	172	269	265	290	356	338	348	325	258	Hongrie
Italy	4252	3983	...	...	...	...	...	...	...	...	Italie
Lithuania	358	367	427	346	407	393	314	344	327	308	Lituanie
Netherlands	1058	887	903	975	971	...	...	...	...	...	Pays-Bas
Poland	1562	1682	1432	1497	1436	1432	1003	873	924	989	Pologne
Portugal	497	549	738	825	1032	1212	1040	1087	...	...	Portugal
Romania	66	113	146	111	277	C	397	789	851	C	Roumanie
Russian Federation	416	341	236	1048	1513	1434	399	1288	1533	1674	Fédération de Russie
Serbia & Montenegro	3	...	...	...	...	...	...	...	...	...	Serbie-et-Monténégro
Slovakia	C	C	C	10	7	57	40	26	21	C	Slovaquie
Spain	C	C	C	C	C	C	C	C	C	319	Espagne
Sweden	188	158	177	195	203	155	114	130	127	112	Suède
Ukraine	281	250	312	392	373	381	162	111	164	138	Ukraine
United Kingdom	...	...	...	...	...	41	47	C	55	...	Royaume-Uni

General Note.

Bicycles and other cycles (including delivery tricycles), not motorised.

1 Twelve months ending 30 June of year stated.
2 Bicycles only.
3 Twelve months ending 31 March of year stated.
4 Incomplete coverage.
5 Excluding Prodcom 2002 code 35.42.10.30.

Remarque générale.

Bicyclettes et autres cycles (y compris les triporteurs), sans moteur.

1 Période de douze mois finissant le 30 juin de l'année indiquée.
2 Vélos seulement.
3 Période de douze mois finissant le 31 mars de l'année indiquée.
4 Couverture incomplète.
5 2002 code Prodcom 35.42.10.30 non compris.

Wheelchairs
Fauteuils roulants

CPC-BASED CODE - CODE BASE CPC
49922-0

Unit: Number of units | Unité: Nombre d'unités

Country or area	2003	2004	2005	2006	2007	2008	2009	2010	2011	2012	Pays ou zone
Africa											**Afrique**
Algeria	177	9	135	3224	...	...	...	...	...	...	Algérie
America, South											**Amérique du Sud**
Brazil	112903	95607	118000	118288	124886	127304	120803	143668	136648	179508	Brésil
Chile	...	...	1002	765	735	650	...	...	457	...	Chili
Asia											**Asie**
China, Hong KongSAR	78883	...	...	...	...	...	...	...	...	...	Chine,Hong KongRAS
India	...	22365	0	...	...	...	...	...	...	...	Inde
Iran (Islamic Rep. of)	...	...	...	...	...	...	4190	...	...	...	Iran (Rép. islam. d')
Iraq	...	...	...	...	...	655	729	10	372	680	Iraq
Japan	210934	251584	201857	174031	167884	200047	221388	175181	134566	178777	Japon
Kyrgyzstan	790	160	290	0	0	0	0	0	0	0	Kirghizistan
Tajikistan	200	202	...	...	...	...	...	...	...	...	Tadjikistan
Turkey	...	...	C	C	13463	6993	12604	16997	10338	25721	Turquie
Europe											**Europe**
Belarus	926	413	3606	3322	3322	4403	3504	3661	4631	5254	Bélarus
Bulgaria	C	C	C	C	C	C	C	3131	C	C	Bulgarie
Croatia	...	130	118	41	0	0	0	0	0	0	Croatie
Denmark	7337	6836	7009	7268	8294	8454	6731	5863	4506	4839	Danemark
Finland	2346	2540	3049	2515	0	0	0	...	...	...	Finlande
Germany	106250	101184	79735	75125	75060	81396	81861	81832	75138	123052	Allemagne
Hungary	...	6896	C	C	C	C	C	C	...	...	Hongrie
Italy	186206	173771	...	...	...	...	...	...	...	...	Italie
Lithuania	3359	3367	4558	4182	3128	1387	1591	791	419	459	Lituanie
Netherlands	...	...	...	...	...	...	...	...	...	52038	Pays-Bas
Norway	11849	12980	15255	...	...	...	...	...	...	...	Norvège
Poland	85221	75822	80257	84603	C	C	C	52090	47681	58816	Pologne
Portugal	26845	27028	26880	1	15641	20930	18649	11615	...	...	Portugal
Romania	796	2585	625	503	662	C	C	C	C	C	Roumanie
Russian Federation	35700	22200	34300	23268	15154	13073	16274	10145	14582	9376	Fédération de Russie
Serbia	...	...	...	214	...	...	...	...	...	...	Serbie
Slovenia	C	C	...	...	...	842	C	C	C	C	Slovénie
Spain	...	117153	C	C	C	C	C	C	C	C	Espagne
Sweden	238899	274272	217091	158738	199534	144775	56371	56021	50620	38449	Suède
Ukraine	30314	29997	23412	30038	30871	13196	10945	13717	12716	27335	Ukraine
United Kingdom	125797	114301	120850	111132	85206	34755	33835	27985	C	49400	Royaume-Uni

General Note.
Carriages for disabled persons, whether or not motorised or otherwise mechanically propelled.

Remarque générale.
Fauteuils roulants et autres véhicules pour invalides, même avec moteur ou autre mécanisme de propulsion.

Annex I – A
Index of commodities in alphabetical order

The following table shows all commodities, in alphabetical order, for which data are available in the United Nations Industrial Commodity Statistics Database. The table indicates for each commodity whether it is included in either volume of the print version of the 2011 Commodity Statistics Yearbook.

Commodity name	Code	Vol. I	Vol. II
Abrasives, natural	16320-2	x	
AC/DC motors of an output exceeding 37.5 W; other AC motors; AC generators (alternators)	46112-0	x	x
Account books, note books, diaries, binders, forms and other articles of stationary	32600-0	x	x
Acrylic polymers in primary forms	34790-2	x	x
Acyclic hydrocarbons	34110-1	x	x
Aeroplanes and other aircraft, of an unladen weight not exceeding 2,000 kg	49622-0	x	
Aeroplanes and other aircraft, of an unladen weight exceeding 2,000 kg but not exceeding 15,000 kg	49623-1		
Aeroplanes and other aircraft, of an unladen weight exceeding 15,000 kg	49623-2		
Air conditioning machines	43912-0	x	x
Air or vacuum pumps; air or other gas compressors	43230-0	x	x
Aircraft launching gear, deck-arrestor or similar gear and parts thereof	43134-1		
Alcohols and their halogenated, sulphonated, nitrated or nitrosated derivatives	34130-1	x	x
Alumina (aluminum oxide), except artificial corundum	41432-0	x	x
Aluminium ores and concentrates (Bauxite)	14230-0	x	
Aluminum, unwrought, not alloyed	41431-1	x	x
Amine-function compounds	34150-1	x	x
Amino-resins, phenolic resins and polyurethanes, in primary forms	34790-4	x	x
Amplifiers	47331-1	x	x
Angles, shapes and sections of stainless steel or other alloy steel	41265-0	x	x
Angles, shapes and sections, of iron or non-alloy steel	41251-0	x	x
Antibiotics	35250-3	x	x
Antisera and other blood fractions and modified immunological products	35290-1		x
Apparel of leather or of composition leather	28241-0	x	x
Articles of asbestos-cement, cellulose fibre-cement or the like	37570-0	x	x
Articles of jewellery and goldsmiths' or silversmiths' wares	38240-1		x
Articles of natural cork; agglomerated cork and articles thereof	31922-0		x
Articles of natural or cultured pearls	38240-2		
Articles of plaster or of compositions based on plaster	37530-0	x	x
Artificial filament tow and staple fibers, not carded or combed	35540-0	x	

Commodity name	Code	Vol. I	Vol. II
Artificial filament yarn (except sewing thread and multiple or cabled yarn), n.p.r.s.	35550-0	x	
Artificial joints for orthopedic purposes	48170-1	x	x
Artificial parts of the body (excl. artificial teeth and dental fittings and artificial joints)	48170-2		x
Asbestos	16390-3	x	
Automatic circuit breakers	46210-1	x	x
Aviation gasoline	33310-1	x	
Babies' garments and clothing accessories, knitted or crocheted	28227-0	x	x
Babies' garments and clothing accessories, not knitted or crocheted	28235-0	x	x
Bacon, ham and other dried, salted or smoked pig meat	21131-1	x	x
Ball or roller bearings	43310-0	x	x
Ballasts for discharge lamps or tubes	46122-1	x	x
Balloons and dirigibles; gliders, hang gliders and other non-powered aircraft	49610-0		
Balloons, dirigibles and other non-powered aircraft	49612-0		
Bars and rods of iron or steel, hot-rolled	41240-0	x	x
Bars, rods and profiles, of aluminium	41532-0	x	x
Barytes, whether or not calcined	16190-2	x	x
Bed linen	27120-1	x	x
Beef and veal	21110-1	x	x
Beer	24310-0	x	x
Belts and bandoliers, of leather or composition leather	28242-1	x	x
Bicycles and other cycles, not motorized	49921-0	x	x
Bitumen (asphalt)	33500-3	x	
Black and white, monochrome TV tubes	47140-2		
Blankets and traveling rugs (except electric blankets)	27110-0	x	x
Boards, consoles, etc. equipped with electrical switching apparatus, for voltage >1000 V	46214-0	x	x
Bombs, grenades, torpedoes, mines, missiles and similar munitions of war	44740-1		x
Books, brochures and similar printed matter; children's books, in print	32200-1	x	x
Bottles, jars and other containers of glass	37191-0	x	x
Boxes, cases, crates and similar packing articles, of plastics	36490-1	x	x
Brassieres, girdles, corsets, whether or not knitted or crocheted	28237-1	x	x
Bridges, bridge sections, towers and lattice masts, of iron or steel	42110-0	x	x
Briquettes	11020-0	x	
Builders' joinery and carpentry of wood	31600-0	x	x
Building bricks, made of clay	37350-1	x	x
Bulldozers, self-propelled	44421-0	x	
Butter and other fats and oils derived from milk	22940-0	x	x
Cables	42940-1	x	x
Cadmium and articles thereof	41600-1	x	

Commodity name	Code	Vol. I	Vol. II
Calendars, advertising material and the like, transfers (decalcomanias), designs and photographs, printed	32500-1	x	x
Carbon electrodes	46950-1	x	
Carbonates and peroxocarbonates except ammonium carbonates	34240-1	x	x
Carboxyamide- and amide-function compounds of carbonic acid	35220-1	x	x
Carboys, bottles and similar articles of plastics	36490-2	x	x
Cards incorporating an electronic integrated circuit (smart card)	47600-1	x	
Carpets and other textile floor coverings, knotted	27210-0	x	x
Carpets and other textile floor coverings, tufted	27230-0	x	x
Carpets and other textile floor coverings, woven, not tufted or flocked	27220-0	x	x
Cash registers	45130-2	x	x
Cathode-ray tubes (excl. TV tubes, television camera tubes, image converters or intensifiers, other photo-cathode tubes)	47140-4		
Caustic soda	34230-1	x	x
CD players	47321-1		
CD-ROM drives	45270-2		
Cement, except in the form of clinkers	37440-0	x	x
Central storage units	45270-1		
Ceramic flags and paving, hearth or wall tiles; ceramic mosaic cubes and the like	37370-0	x	x
Ceramic household articles and toilet articles	37221-0	x	x
Cereal flours other than of wheat or meslin	23120-0	x	x
Chalk and dolomite	16330-0	x	x
Chamois leather; patent leather and patent laminated leather; metallised leather	29110-0		
Chandeliers	46531-2	x	x
Chassis fitted with engines, for motor vehicles	49121-0	x	x
Cheese and curd	22950-0	x	x
Chemical and chemical product manufacturing services	88160-0		
Chemical elements and compounds doped for use in electronics	35470-0		
Chemical wood pulp, dissolving grades	32111-0	x	
Chemical wood pulp, soda and sulphate, other than dissolving grades	32112-1	x	x
Chemical wood pulp, sulphite, other than dissolving grades	32112-2	x	
Chocolate and chocolate products	23600-1	x	x
Chromium ores and concentrates	14290-4	x	
Cigarettes containing tobacco	25010-1	x	x
Clays	15400-0	x	x
Clocks	48420-0	x	x
Cocoa butter	23620-0	x	x
Cocoa powder, not sweetened	23630-0	x	x
Coffee extracts, essences and concentrates and their preparations	23912-1	x	x
Coffee, decaffeinated or roasted	23911-0	x	x

Commodity name	Code	Vol. I	Vol. II
Coke	33100-0	x	
Coke, refined petroleum product and nuclear fuel manufacturing services	88150-0		
Coke-oven gas	17200-1	x	
Color TV tubes	47140-1	x	
Combine harvester-threshers	44130-1	x	x
Combined refrigerators-freezers, with separate external doors	44811-1	x	x
Complete and assembled domestic furniture, metal or predominantly metal	38140-3	x	x
Composite paper and paperboard, not surface-coated or impregnated	32141-0	x	x
Composition leather	29130-1		
Computing machinery and parts and accessories thereof (total production)	45200-0		x
Contact lenses	48311-3		x
Containers (other than for compressed or liquefied gas) of iron, steel or aluminum (≤300 litres)	42931-0	x	x
Containers for compressed or liquefied gas; other metal containers (>300 litres)	42200-0	x	x
Conveyor or transmission belts or belting, of vulcanized rubber	36240-0	x	x
Copper ores and concentrates	14210-0	x	x
Copy paper; other paper and paperboard, coated, impregnated, covered or printed	32149-0	x	x
Corrugated paper and paperboard	32151-0	x	x
Cotton sewing thread	26350-0	x	x
Cotton yarn (other than sewing thread)	26300-2	x	x
Crane lorries	49115-0	x	
Cream	22120-0	x	x
Crispbread; rusks, toasted bread and similar toasted products	23410-0	x	x
Crude petroleum	12010-0	x	
Crude potash salts, K2O content	16110-2	x	
Crude steel and steel semi-finished products	41120-0	x	x
Cultured pearls, precious or semi-precious stones, and similar	38220-0		
Curtains (including drapes) and interior blinds; curtain or bed valances	27130-0	x	x
Cyclic hydrocarbons	34110-2	x	x
Derricks, cranes, mobile lifting frames, straddle carriers and works trucks fitted with a crane	43520-0	x	x
Desktop PCs	45230-0	x	x
Diamonds and other precious stones, unworked	16310-0	x	
Diamonds, industrial	16320-1	x	
Diesel and diesel-electric locomotives	49510-2	x	
Diesel engines, other than for motor vehicles and aircraft	43110-2	x	x
Digital data processing machines: presented in the form of systems	45240-0	x	x
Diodes, other than photosensitive or light emitting diodes	47150-3	x	x

Commodity name	Code	Vol. I	Vol. II
Dolls representing human beings; toys representing animals or non-human creatures	38520-0	x	x
Domestic food grinders, mixers and fruit or vegetable juice extractors, with self-contained electric motor	44816-1	x	x
Domestic, non-electric, cooking or heating appliances	44821-1	x	x
Doors, windows and their frames and thresholds for doors, of iron, steel or aluminium	42120-0	x	x
Drawn glass and blown glass, in sheets	37112-1	x	x
Dresses, women's and girls, not knitted or crocheted	28233-3	x	x
Electric accumulators	46420-0	x	x
Electric burglar or fire alarms and similar apparatus	46920-2	x	x
Electric filament or discharge lamps; arc lamps	46510-0	x	x
Electric generating sets and rotary converters	46113-0	x	x
Electric locomotives	49510-1	x	
Electric ovens, cookers, cooking plates, boiling rings, grillers and roasters	44817-2	x	x
Electric smoothing irons	44816-2	x	
Electric space heating apparatus and soil heating apparatus	44817-4	x	x
Electric table, desk, bedside or floor standing lamp	46531-1	x	x
Electric water heaters and immersion heaters	44817-3	x	x
Electrical apparatus for switching, protecting or for making connexions in electrical circuits	46210-0	x	x
Electrical capacitors	47110-0	x	x
Electrical energy	17100-0	x	
Electrical insulating fittings of plastics	36980-0	x	x
Electrical lighting or visual signaling equipment for motor vehicles and cycles	46910-3	x	x
Electrical machinery and apparatus manufacturing services	88232-0		
Electrical resistors (except heating resistors)	47120-0	x	x
Electrical transformers	46121-0	x	x
Electro-mechanical tools for working in the hand, with self-contained electric motor	44232-0	x	x
Electronic calculators	45130-1		
Electronic integrated circuits and microassemblies	47160-0	x	x
Equipment for scaffolding, shuttering, propping or pit propping	42190-1	x	x
Escalators and moving walkways	43540-1	x	x
Ethers and peroxide derivatives	34170-1	x	x
Ethyl alcohol denatured or not and other spirits denatured of any strength	24100-1	x	x
Facsimile machines	47220-2		
Fats of bovine animals, sheep, goats, pigs and poultry; wool grease	21610-0	x	x
Ferro-chromium	41113-0	x	
Ferro-manganese	41112-0	x	
Ferro-silicon	41115-1	x	x
Fiber board of wood or other ligneous materials	31440-0	x	x

Commodity name	Code	Vol. I	Vol. II
Fish, dried, salted or in brine; smoked fish; edible fish meal	21230-0	x	x
Fish, fish fillets, other fish meat and fish livers and roes, frozen	21220-0	x	x
Fish, otherwise prepared or preserved; caviar	21240-0	x	x
Fishing rods and other line fishing tackle; landing nets, butterfly nets and similar	38450-0		x
Flat-rolled products of iron or non-alloy steel, plated or coated with lead	41232-3		
Flat-rolled products of iron or non-alloy steel, plated or coated with tin	41232-1		
Flat-rolled products of iron or non-alloy steel, plated or coated with zinc (galvanized sheets)	41232-2		
Flat-rolled products of iron or steel, not further worked than cold-rolled	41220-0	x	x
Flat-rolled products of iron or steel, not further worked than hot-rolled	41210-0	x	x
Flat-rolled products of silicon-electrical steel	41233-0	x	
Floor coverings of plastics, wall or ceiling coverings of plastics	36910-0	x	x
Floppy disk drives	45270-4		
Fluorspar	16190-1	x	x
Food and beverage manufacturing services	88111-0		
Footwear of rubber or plastics, other than waterproof	29320-0	x	x
Footwear with uppers of leather	29330-0	x	x
Footwear with uppers of textile materials	29340-0	x	x
Fork-lift trucks and similar equipment	43530-0	x	x
Frames and mountings for spectacles, goggles or the like	48313-0	x	x
Fruit and vegetable juices, concentrated, frozen or not	21400-1	x	x
Fruit and vegetable juices, frozen or not	21400-0		x
Fruit and vegetable juices, unconcentrated, frozen or not	21400-2	x	x
Fruits, frozen	21510-0	x	x
Furnace burners; mechanical stokers, mechanical grates and similar appliances	43410-0	x	x
Furniture of plastic	38140-2	x	x
Fuses, electrical	46210-2	x	x
Gas-diesel oil (distillate fuel oil)	33360-0	x	
Gasworks gas	17200-2	x	
Generators for internal combustion engines other than dual purpose starter generators	46910-2		
Gingerbread and the like; sweet biscuits; waffles and wafers	23420-0	x	x
Gliders, hang gliders and other non-powered aircraft	49611-0		
Gloves, mittens and mitts, of leather or composition leather (excl. for sport)	28242-2	x	x
Gold including gold plated with platinum	41320-0		x
Gold ores and concentrates	14240-1	x	x
Golf clubs and other golf equipment	38440-1		
Granite, sandstone and other monumental or building stone	15130-1	x	x

Commodity name	Code	Vol. I	Vol. II
Graphite, natural	16390-2	x	
Gravel and crushed stone	15320-0	x	x
Grinding and sharpening machines	44216-1	x	x
Groats, meal and pellets of wheat and other cereals	23130-0	x	x
Gymnasium or athletics articles and equipment	38430-0		x
Gypsum; anhydrite; limestone and other calcareous stone	15200-0	x	x
Halogenated derivatives of hydrocarbons	34110-3	x	x
Hand tools	42921-0	x	x
Hard Coal	11010-0	x	
Hard disk drives	45270-3		
Hats and other headgear	28260-1	x	x
Headphones	47331-3	x	
Hearing aids (excl. parts and accessories)	48170-3	x	x
Helicopters of an unladen weight not exceeding 2,000 kg	49621-1		
Helicopters of an unladen weight exceeding 2,000 kg	49621-2		
Heterocyclic nitrogen compounds containing an unfused pyridine ring	34160-2	x	x
Homogenised composite food preparations	23991-1	x	x
Hormones, prostaglandins, thromboxanes and leukotrienes, derivatives and structural analogues thereof	35250-2		x
Household and sanitary paper	32193-0	x	x
Household articles and toilet articles, of plastics	36940-0	x	x
Household sewing machines	44814-0		
Household washing and drying machines	44812-1	x	x
Ice cream and other edible ice	22970-0	x	x
Imitation jewelry	38997-0	x	x
Indicator panels incorporating liquid crystal devices (LCD) or light emitting diodes (LED)	46920-1	x	x
Industrial refrigerating and freezing equipment	43913-0	x	x
Input or output units, such as mouses, plotters and scanners	45260-4	x	x
Instruments and apparatus for measuring or checking pressure of liquids or gasses	48252-2	x	x
Instruments and apparatus for measuring or checking the flow or level of liquids	48252-1	x	x
Insulated wire and cable	46300-1	x	x
Interchangeable tools for hand tools, whether or not power-operated or for machine-tools	42922-1	x	x
Internal combustion engines, excluding diesel, other than for motor vehicles and aircraft	43110-1	x	
Iron ores and concentrates	14100-0	x	x
Iron oxides and hydroxides; earth colours	34220-1	x	x
Jams, fruit jellies and fruit or nut puree and pastes	21520-0	x	x
Jerseys, pullovers, cardigans and similar articles, knitted or crocheted	28226-0	x	x
Jet fuels	33300-1	x	

Commodity name	Code	Vol. I	Vol. II
Kerosene	33340-1	x	
Ketones, quinones and their halogenated, sulphonated, nitrated or nitrosated derivatives	34170-2	x	x
Keyboards	45260-2	x	x
Knitted or crocheted fabrics	28100-0	x	x
Knives (except for machines) and scissors; blades therefor	42913-0	x	x
Knives and cutting blades, for machines or for mechanical appliances	42922-2	x	x
Kraftliner, uncoated	32132-0	x	x
Labels of paper or paperboard	32197-0	x	x
Lactams from heterocyclic compounds with nitrogen hetero-atom(s) only	34160-3		
Lactones n.e.c., heterocyclic compounds with nitrogen hetero-atom(s) only	35230-0	x	x
Lamp holders, plugs and sockets	46212-2	x	x
Laptop PCs and palm-top organizers	45220-0	x	x
Lasers, other than laser diodes	48315-1	x	x
Lathes for removing metal	44213-0	x	x
Lead ores and concentrates	14290-2	x	x
Leather product manufacturing services	88123-0		
Lifts and skip hoists	43540-2	x	x
Lighting sets for Christmas trees	46532-0		
Lignite	11030-1	x	
Lignite briquettes	11030-2	x	
Liquefied petroleum gas from petroleum refineries	33400-2	x	
Liquefied petroleum gas, from natural gas plants	33400-1	x	
Loudspeakers	47331-2	x	x
Lubricants	33380-0	x	
Luggage, handbags and similar articles	29220-1	x	x
Machine tools for working metal	44217-0	x	x
Machinery for sorting, mixing or kneading solids; machinery for agglomerating or shaping	44440-0	x	x
Machines for preparing, weaving and knitting textiles	44610-1	x	x
Machine-tools for drilling, boring or milling metal	44214-0	x	x
Machine-tools for working any material by removal of material	44211-0	x	x
Machine-tools for working wood	44222-0	x	x
Magnesite	16390-1	x	
Magnetic media, not recorded, except cards with a magnetic stripe	47510-1	x	x
Magnetic tape storage units	45270-5		
Maize (corn) flour	23120-1	x	x
Malt, whether or not roasted	24320-0	x	x
Manufactures of straw, of esparto or of other plaiting materials; basketware and wickerwork	31923-0		x
Manure spreaders and fertilizer distributors	44110-3	x	x

Commodity name	Code	Vol. I	Vol. II
Marble, travertines, etc.	15120-0	x	x
Margarine and similar preparations	21680-1	x	x
Mattresses	38150-1	x	x
Mechanical shovels, excavators and shovel loaders	44420-1	x	x
Medical electro-diagnostic apparatus, ultra-violet or infra-red ray apparatus	48120-0	x	x
Medical precision and optical instrument, watch and clock manufacturing services	88234-0		
Medicaments containing corticosteroid hormones and other hormones except insulin, p.r.s.	35260-8		x
Medicaments containing hormones but not insulin or antibiotics, n.p.r.s.	35260-6		
Medicaments containing insulin but not antibiotics, n.p.r.s.	35260-5		
Medicaments containing insulin but not antibiotics, p.r.s.	35260-7		
Medicaments containing penicillins or derivatives thereof, n.p.r.s.	35260-1		x
Medicaments containing vitamins, provitamins, p.r.s.	35260-12		x
Medicaments of alkaloids or derivatives thereof, n.p.r.s.	35260-9		
Medicaments of alkaloids or derivatives thereof, p.r.s.	35260-11		x
Medicaments of other antibiotics, n.p.r.s.	35260-2		x
Medicaments of other antibiotics, p.r.s.	35260-4		x
Medicaments of penicillins, streptomycins or deriv. thereof, p.r.s.	35260-3		x
Men's or boys' shirts, not knitted or crocheted	28232-1	x	x
Men's or boys' shirts, underpants, pyjamas and similar articles, knitted or crocheted	28222-0	x	x
Men's or boys' suits, coats, jackets, trousers and the like, knitted or crocheted	28221-0	x	x
Men's or boys' suits, coats, jackets, trousers and the like, not knitted or crocheted	28231-0	x	x
Men's or boys' underwear and similar articles, not knitted or crocheted	28232-2	x	x
Metal advertising signs, name plates and sign plates (non-electric)	42999-1	x	x
Metal finishing machines except grinding and sharpening machines	44216-2	x	x
Metal furniture of a kind used in offices, other than seats	38121-0	x	x
Microwave ovens	44817-1	x	x
Microwave tubes excluding grid-controlled tubes and other valves and tubes	47140-5		
Military weapons, other than revolvers, pistols and swords and the like	44720-0		
Milk and cream in solid forms	22910-0	x	x
Milk and cream, condensed (industrial production)	22920-0	x	x
Milking machines	44180-1		
Mineral waters and aerated waters	24410-0	x	x
Mixtures of odoriferous substances and their preparations	35410-1	x	x
Molybdenum ores and concentrates	14290-5	x	
Monitors (visual display units)	45260-3	x	x
Motor gasoline	33310-2	x	

Commodity name	Code	Vol. I	Vol. II
Motor vehicle compression-ignition internal combustion piston engines	43123-0	x	x
Motor vehicle engines, spark-ignition	43120-1	x	x
Motor vehicle, trailer and semi-trailer manufacturing services	88221-0		
Motorcycles, scooters, etc., other than those of a cylinder capacity not exceeding 50 cc; side-cars	49910-1	x	x
Motors of an output not exceeding 37.5 W; other DC motors and DC generators	46111-0	x	x
Mowers, whether worked by hand or motor driven, animal- or vehicle-operated	44100-2	x	x
Multi-nutrient fertilizers	34619-1	x	x
Mutton and lamb	21110-3	x	x
Nails, tacks, staples, screws, bolts and similar articles	42944-0	x	x
Naphthas	33330-0	x	
Narrow woven fabrics; labels, badges and similar articles of textile materials	27911-0	x	x
Natural gas	12020-1	x	
Natural gasolene	12020-2		
Natural phosphates, P2O5 content	16110-1	x	
Natural sands	15310-0	x	x
Needles, catheters, cannulae and the like	48150-2	x	x
Newspapers, journals and periodicals, printed	32000-1	x	x
Newsprint	32121-0	x	x
Nickel ores and concentrates	14220-0	x	
Nickel, unwrought	41422-0	x	
Nitrogenous fertilizers, mineral or chemical	34613-0	x	x
Non-metallic mineral product manufacturing services	88180-0		
Nonwoven textiles	27922-0	x	x
Nucleic acids and their salts, and other heterocyclic compounds	34160-4	x	x
Objective lenses for cameras, projectors or photographic enlargers or reducers	48321-0		
Office or school supplies of plastics	36990-1	x	x
Office, accounting and computing machinery manufacturing services	88231-0		
Oil, corn, crude or refined	21660-0	x	x
Oil, cotton-seed, crude	21630-2	x	
Oil, cotton-seed, refined	21650-2	x	
Oil, groundnut, crude	21630-4		
Oil, olive, refined	21650-3	x	x
Oil, olive, virgin	21630-3	x	x
Oil, soya-bean, crude	21630-1	x	x
Oil, soya-bean, refined	21650-1	x	x
Oils and other products of the distillation of high temperature coal tar	34540-1	x	x
Optical fiber cables	46360-0	x	x

Commodity name	Code	Vol. I	Vol. II
Optical fibres, optical fibre bundles and cables excluding optical fibre cables, made up of individually sheathed fibres	48311-1		
Organic surface active agents (except soap); detergents and washing preparations	35300-1	x	x
Organo-sulphur compounds and other organo-inorganic compounds	34160-1	x	x
Other animal oils and fats	21620-0	x	x
Other bread and other bakers' wares	23430-0	x	x
Other cereal grain products (including corn flakes)	23150-0	x	x
Other fabricated metal product manufacturing services and metalworking services	88219-0		
Other flat-rolled products of iron or non-alloy steel, clad, plated or coated	41232-4		
Other leather, of bovine or equine animals, without hair on	29120-0	x	x
Other leather, without hair on (including sheep, lamb, goat or kid skin leather)	29130-2	x	x
Other machinery and equipment manufacturing services	88239-0		
Other man-made filament yarn (except single, high tenacity or textured yarn)	26420-0	x	x
Other manufacturing services, except of metal products, machinery and equipment	88190-0		
Other medicaments for therapeutic or prophylactic uses, n.p.r.s.	35260-10		x
Other medicaments of mixed or unmixed products, p.r.s.	35260-13		x
Other refrigerators and freezers of the household type	44811-2	x	x
Other stringed musical instruments	38320-0	x	x
Other structures, plates, shapes and the like, for use in construction	42190-2	x	x
Other transport equipment manufacturing services	88229-0		
Oxygen-function amino-compounds	34150-2	x	x
Pacemakers for stimulating heart muscles (excl. parts and accessories)	48170-4		
Packing cases, boxes, casks, barrels and similar articles of wood	31700-0	x	x
Padlocks, locks and keys of base metal; base metal fittings for furniture, doors, and the like	42992-1	x	x
Paints and varnishes dispersed or dissolved in a non-aqueous medium	35110-1	x	x
Paints and varnishes dispersed or dissolved in an aqueous medium	35110-2	x	x
Panty hose and tights, knitted or crocheted	28210-1	x	x
Paper and paper product manufacturing services	88140-0		
Paper and paperboard coated with kaolin or with other inorganic substances	32143-0	x	x
Particle board and similar board of wood or other ligneous materials	31430-0	x	x
Parts and accessories of motor vehicles, other than chassis fitted with engines	49129-0	x	x
Passenger cars	49113-0	x	x
Pasta, prepared; couscous	23720-0	x	x
Peat	11040-0	x	x
Pencils, crayons, pencil leads, pastels, drawing charcoals and chalks	38911-2	x	x

Commodity name	Code	Vol. I	Vol. II
Pens, stylos, pen-holders, pencil-holders and similar holders	38911-1	x	x
Perfumes and toilet waters	35323-1	x	x
Permanent magnets	46930-1	x	x
Pesticides	34620-0	x	x
Petroleum coke	33500-2	x	
Petroleum wax (paraffin)	33500-1	x	
Phenols, phenol-alcohols and their halogenated, sulphonated, nitrated or nitrosated derivatives	34130-2	x	x
Photographic (other than cinematographic) cameras	48322-1	x	
Photographic plates, film and paper	48341-0	x	x
Photosensitive semiconductor devices; light emitting diodes	47150-2	x	x
Pianos and other keyboard stringed musical instruments	38310-0	x	
Pig iron and spiegeleisen	41111-0	x	x
Pigments and preparations based on titanium dioxide, used as colouring matter	34340-1	x	x
Plastic sanitary ware (baths, wash-basins etc.)	36930-0	x	x
Plates, sticks, tips and the like for tools, unmounted, of cermets	42922-3	x	x
Platinum ores and concentrates	14240-3	x	
Platinum, unwrought or in semi-manufactured forms	41330-0		
Ploughs for agricultural purposes	44110-1	x	x
Plywood	31400-1	x	x
Polyamides in primary forms	34790-3	x	x
Polycarbonates, in primary forms	34740-1	x	x
Polycarboxylic acids, their anhydrides and other derivatives	34140-2	x	x
Polyethylene having a specific gravity of less than 0.94, in primary forms	34710-1	x	x
Polyethylene having a specific gravity of 0.94 or more, in primary forms	34710-2	x	x
Polyethylene terephthalate, in primary forms	34740-2	x	x
Polypropylene, in primary forms	34790-1	x	x
Polystyrene, in primary forms	34720-1	x	x
Polyvinyl chloride, in primary forms	34730-1	x	x
Pork	21110-2	x	x
Potassic fertilizers, mineral or chemical	34610-1		
Potassic fertilizers, mineral or chemical (except crude potash salts)	34615-0	x	x
Poultry, dressed	21120-1	x	x
Prefabricated buildings	38700-0		x
Pre-fabricated structural components for construction, of cement, concrete or artificial stone	37550-0	x	x
Preparations for use on the hair	35323-3		x
Preparations used in animal feeding	23310-0	x	x
Prepared additives for mineral oils (including gasoline)	35430-1	x	x
Prepared explosives, other than propellent powders	35450-1	x	x
Primary cells and primary batteries	46410-0	x	x

Commodity name	Code	Vol. I	Vol. II
Primary metal manufacturing services	88213-0		
Printed circuits	47130-0	x	x
Printed or illustrated postcards and printed cards	32520-0	x	x
Printers	45260-1	x	x
Printing ink	35130-0	x	x
Printing presses	44914-1	x	x
Printing services of books, brochures and similar printed matter	32200-2	x	
Printing services of calendars, advertising material, pictures, designs and photographs and the like	32500-2		
Printing services of newspapers, journals and periodicals	32000-2		
Printing services of printed cards and postcards	32520-2		
Processed liquid milk	22110-0	x	x
Provitamins and vitamins	35250-1	x	x
Public-transport type passenger motor vehicles	49112-0	x	x
Pumps for liquids; liquid elevators	43220-0	x	x
Quartz crystal, natural	16390-4	x	x
Quicklime, slaked lime and hydraulic lime	37420-0	x	x
Radar apparatus, radio navigational aid apparatus and radio remote control apparatus	48220-0	x	x
Radio receivers	47310-1	x	x
Radio, television and communication equipment and apparatus manufacturing services	88233-0		
Railway or tramway coaches, self-propelled	49520-0	x	
Railway or tramway goods vans and wagons, not self-propelled	49533-0	x	x
Railway or tramway passenger coaches, not self-propelled	49532-0	x	
Railway or tramway sleepers (cross-ties) of wood, impregnated	31320-0	x	x
Railway or tramway track construction material of iron or steel	41253-0	x	x
Raw silk (not thrown)	26110-0	x	
Raw sugar	23510-0	x	x
Refined copper; unwrought, not alloyed	41413-1	x	x
Refined lead, unwrought	41441-1	x	x
Refined sugar	23500-1	x	x
Refrigerated vessels (ships), except tankers	49313-0		
Relays	46212-1	x	x
Residual fuel oils	33370-0	x	
Revolvers and pistols	44730-1		
Rice, semi- or wholly milled	23160-0	x	x
Road tractors for semi-trailers	49111-0		
Root or tuber harvesting machines	44130-4		
Rubber and plastic products manufacturing services	88170-0		
Sacks and bags of a kind used for the packing of goods	27150-0	x	x
Sacks and bags of paper and other packing containers of paper or paper-board	32150-1	x	x
Sacks and bags, of plastics	36410-0	x	x

Commodity name	Code	Vol. I	Vol. II
Safety glass	37115-0	x	x
Salt and pure sodium chloride	16200-1	x	x
Sanitary ceramic fittings	37210-0	x	x
Saturated acyclic monocarboxylic acids, their anhydrides and other derivatives	34140-1	x	x
Sausages and similar products of meat	21132-1	x	x
Sawnwood, coniferous	31000-2	x	x
Sawnwood, non-coniferous	31000-1	x	x
Seats	38110-0	x	x
Seeders, planters, transplanters	44110-2	x	x
Self-adhesive plates, sheets and other flat shapes, of plastics	36920-0	x	x
Semi-chemical wood pulp, pulp of fibers other than wood	32113-1	x	x
Sewing machines, except book sewing and household sewing machines	44623-0	x	x
Sewing thread of man-made filaments or staple fibers	26410-0	x	x
Sheet piling, shapes and sections, of iron or steel	41252-0	x	x
Ships, vessels, ferry-boats for the transport of persons	49311-0	x	x
Silicones in primary forms	34790-5	x	x
Silk yarn and yarn spun from silk waste; silk-worm gut	26310-0	x	x
Silver ores and concentrates	14240-2	x	
Silver, including silver plated with gold or platinum	41310-0		x
Ski-boots, snowboard boots and cross-country ski footwear	29410-0		
Skin care preparations, including sunscreen	35323-2		x
Skirts, slacks and shorts, women's and girls, not knitted or crocheted	28233-1	x	x
Slate	15110-0	x	x
Slivers, rovings, yarn and chopped strands, of glass	37121-0	x	x
Snow-skis and other snow-ski equipment, ice-skates and roller-skates	38410-0	x	x
Soap; paper, wadding, and similar, covered with soap or detergent	35321-0	x	x
Socks, stockings and other women's hosiery, knitted or crocheted	28210-2	x	x
Soft drinks, excluding water and fruit juices	24490-0	x	x
Spark-ignition reciprocating or rotary internal combustion piston engines, for aircraft	43131-0		
Sparking plugs	46910-4	x	
Spectacle lenses of glass or other materials	48311-2	x	x
Spirits, liqueurs and other spirituous beverages	24130-0	x	x
Spools, cops and similar supports of plastics; stoppers, lids, caps and other closures of plastics	36490-3	x	x
Spoons, forks, ladles, butter-knives, sugar-tongs and similar kitchen or tableware	42916-0	x	x
Sporting, hunting, target-shooting guns	44730-2		x
Springs and leaves for springs, of iron or steel	42945-1	x	x
Starter motors and dual purpose starter generators	46910-1		x
Static converters	46122-2	x	x

Commodity name	Code	Vol. I	Vol. II
Steam turbines and other vapor turbines	43141-0		
Still image video cameras and other video cameras; digital cameras	47323-2	x	
Straw or fodder balers, including pickup balers	44130-3	x	
Styrene-acrylonitrile (SAN) and acrylonitrile-butadiene-styrene (ABS) copolymers	34720-2	x	x
Sugar confectionery not containing cocoa	23670-1	x	x
Suits, women's and girls, not knitted or crocheted	28233-2	x	x
Sunglasses	48312-1	x	x
Synthetic filament tow and staple fibers, not carded or combed	35510-0	x	x
Synthetic filament yarn (except sewing thread and multiple or cabled yarn), n.p.r.s.	35520-0	x	x
Synthetic organic coloring matter and preparations	34310-0	x	x
Synthetic rubber	34800-0	x	x
Syringes, with or without needles	48150-1	x	x
Table linen, knitted or crocheted	27120-3	x	x
Talc and steatite	16390-5	x	x
Tankers	49312-0	x	
Tanks and other armoured fighting vehicles, motorized, and parts thereof	44710-0		
Taps, cocks, valves and similar appliances for pipes, tanks, vats or the like	43240-1	x	x
Tarpaulins, sails for boats etc., awnings, sunblinds, tents and camping goods	27160-0	x	x
Tea	23913-0	x	x
Telephones, videophones	47220-1	x	x
Telephonic or telegraphic switching apparatus	47220-3	x	x
Television camera tubes, image converters and intensifiers and other photo-cathode tubes	47140-3		
Television cameras	47212-0		
Television receivers	47313-2	x	x
Tennis shoes, basketball shoes, gym shoes, training shoes and the like	29420-0	x	x
Textile manufacturing services	88121-0		
Textile products and articles for technical uses	27998-0	x	x
Thermostats	48265-1	x	x
Threshing machinery except combine harvester-threshers	44130-2	x	
Tiles, flagstones, bricks and similar articles, of cement, concrete or artificial stone	37540-0	x	x
Tiles, roofing, made of clay	37350-2	x	x
Tin ores and concentrates	14290-1	x	
Tobacco manufacturing services	88112-0		
Tobacco, manufactured (smoking tobacco, chewing tobacco, snuff)	25090-0	x	x
Toilet and kitchen linen	27120-2	x	x
Toilet or facial tissue stock, towel and similar paper, cellulose wadding	32131-0	x	x

Commodity name	Code	Vol. I	Vol. II
Tools for working in the hand, pneumatic, hydraulic or with self-contained non-electric motor	44231-0	x	x
Track suits, ski suits, swimwear, knitted or crocheted	28228-1	x	x
Tractors, including pedestrian controlled	44100-1	x	x
Trailers and semi-trailers of the caravan type, for housing or camping	49222-0	x	x
Transistors, other than photosensitive transistors	47150-1	x	
Transmission apparatus incorporating reception apparatus	47211-1	x	x
Transmission shafts, plain shaft bearings, gears, articulated link chain and similar	43320-0	x	x
Trucks	49114-0	x	x
T-shirts, singlets and other vests, knitted or crocheted	28225-0	x	x
Tube or pipe fittings, of iron or steel	41278-0	x	x
Tubes, pipes and hollow profiles, of iron or steel	41270-1	x	x
Tubes, pipes and hoses of vulcanized rubber other than hard rubber	36230-0	x	x
Tubes, pipes and hoses, and fittings therefor, of plastics	36320-0	x	x
Tubes, pipes and tube or pipe fittings, of aluminium	41536-0	x	x
Turbo-jets of a thrust not exceeding 25 kN	43132-1		
Turbo-jets of a thrust exceeding 25 kN	43132-2		
Turbo-propellers of a power not exceeding 1,100 kW	43132-3		
Turbo-propellers of a power exceeding 1,100 kW	43132-4		
Twine, cordage, rope and cables	27310-0	x	x
Tyre cord fabric of high tenacity yarn	27996-0	x	x
Tyres for agricultural and other off-the-road vehicles	36113-2	x	x
Tyres for motor cars	36111-0	x	x
Tyres for motorcycles and bicycles	36112-0	x	x
Tyres, for buses and lorries	36113-1	x	x
Umbrellas, sun-umbrellas, walking-sticks, seat-sticks and the like	38921-0	x	x
Uncooked pasta	23710-0	x	x
Underwear and similar articles, women's or girls', not knitted or crocheted	28234-2	x	x
Unrefined copper; copper anodes for electrolytic refining	41412-0	x	
Unvulcanized rubber and articles thereof	36220-0	x	x
Uranium ores and concentrates	13000-1	x	
Vaccines for human medicine	35290-2		x
Vacuum cleaners	44816-3	x	x
Vegetables, frozen	21310-0	x	x
Veneer sheets and sheets for plywood and other wood sawn lengthwise	31510-0	x	x
Video games of a kind used with a television receiver	38580-0		
Video monitors	47313-1	x	
Video recording or reproducing apparatus	47323-1	x	
Vinegar	23994-0	x	x

Commodity name	Code	Vol. I	Vol. II
Voiles, webs, mats and other articles of glass fibers except woven fabrics	37129-0	x	x
Wadding of textile materials and articles thereof; flock, textile dust and mill neps	27991-0	x	x
Watches	48410-0	x	
Waterproof footwear of rubber or plastics	29310-0	x	x
Wearing apparel manufacturing services	88122-0		
Wheat or meslin flour	23110-0	x	x
Wheelchairs	49922-0	x	x
White spirit/industrial spirit	33350-0	x	
Wine and grape must	24210-0	x	x
Wire of iron or non-alloy steel, stainless steel or other alloy steel	41260-1	x	x
Wire rods	41240-1	x	x
Women's or girls' blouses, shirts and shirts-blouses, not knitted or crocheted	28234-1	x	x
Women's or girls' blouses, shirts, panties, nightdresses and similar articles, knitted or crocheted	28224-0	x	x
Women's or girls' suits, coats, jackets, dresses, skirts, trousers and the like, knitted or crocheted	28223-0	x	x
Wood and cork, except furniture, and straw and plaiting material manufacturing services	88130-0		
Wood in the rough, treated with preservatives	31310-0	x	x
Wooden furniture of a kind used in offices, other than seats	38122-0	x	x
Wooden furniture of a kind used in the bedroom	38140-1	x	x
Wooden furniture of a kind used in the kitchen, other than seats	38130-0	x	x
Wool, carded or combed	26150-0	x	x
Wool, degreased not carbonized, not carded or combed	26130-0	x	x
Woven fabrics (including narrow fabrics) of glass fibers	26890-0	x	x
Woven fabrics of cotton	26600-0	x	x
Woven fabrics of flax	26560-0	x	x
Woven fabrics of man-made filaments and staple fibers	26700-0	x	x
Woven fabrics of silk or of silk waste	26510-0	x	x
Woven pile fabrics and chenille fabrics	26800-1	x	x
Woven woolen fabrics	26500-1	x	x
X-ray apparatus	48110-1	x	x
Yarn (other than sewing thread) of synthetic or artificial staple fibres	26400-1	x	x
Yarn of wool	26300-1	x	x
Yoghurt and other fermented or acidified milk and cream	22930-0	x	x
Zinc ores and concentrates	14290-3	x	x
Zinc, unwrought, not alloyed	41442-1	x	x

Annexe I – B
Indices de produits par ordre alphabétique

Le tableau dessous montre toutes les marchandises pour lesquelles il existe de l'information dans la base de données statistiques sur les marchandises des Nations Unies. Pour chaque marchandise, le tableau indique si elle est incluse dans l'un ou l'autre des deux volumes de la version imprimée de l'Annuaire de statistiques industrielles 2011 par produit.

Nom de produit	Code	Vol. I	Vol. II
Abrasifs naturels	16320-2	x	
Accessoires de tuyauterie en fonte, fer ou acier	41278-0	x	x
Accumulateurs électriques	46420-0	x	x
Acides monocarboxyliques acycliques saturés, leurs anhydrides et autres dérivés	34140-1	x	x
Acides nucléiques et leurs sels, et autres composés hétérocycliques	34160-4	x	x
Acides polycarboxyliques, leurs anhydrides et autres dérivés	34140-2	x	x
Acier brut et demi-produits en acier	41120-0	x	x
Additifs préparés, pour huiles minérales (y compris l'essence)	35430-1	x	x
Agents de surface organiques (autres que les savons); détergents et préparations pour lessives	35300-1	x	x
Aiguilles, cathéters, canules et instruments similaires	48150-2	x	x
Aimants permanents	46930-1	x	x
Alcool éthylique, même dénaturé, et autres eaux-de-vie dénaturées de tous titres	24100-1	x	x
Alcools et leurs dérivés halogénés, sulfonés, nitrés ou nitrosés	34130-1	x	x
Alumine (oxyde d'aluminium), à l'exclusion du corindon artificiel	41432-0	x	x
Aluminium brut non allié	41431-1	x	x
Amiante	16390-3	x	
Amplificateurs	47331-1	x	x
Antibiotiques	35250-3	x	x
Antisérums, autres fractions du sang, produits immunologiques modifiés	35290-1		x
Appareillage pour la coupure, la protection ou le branchement des circuits électriques	46210-0	x	x
Appareils à rayons X	48110-1	x	x
Appareils d'électrodiagnostic et appareils à rayons ultraviolets et infrarouges utilisés en médecine	48120-0	x	x
Appareils de commutation pour la téléphonie ou la télégraphie	47220-3	x	x
Appareils de prise de vues fixes vidéo et autres caméscopes; appareils photographiques numériques	47323-2	x	
Appareils de prothèse auditive (à l'exclusion des parties et accessoires)	48170-3	x	x
Appareils de radiodétection, de radiosondage (radars), de radionavigation et de radiotélécommande	48220-0	x	x
Appareils d'émission incorporant un appareil de réception	47211-1	x	x
Appareils d'enregistrement ou de reproduction vidéophoniques	47323-1	x	

Nom de produit	Code	Vol. I	Vol. II
Appareils électriques d'éclairage ou de signalisation visuelle pour cycles et automobiles	46910-3	x	x
Appareils électriques pour le chauffage des locaux et du sol	44817-4	x	x
Appareils et dispositifs pour le lancement ou l'appontage de véhicules aériens, et appareils et dispositifs similaires, et leurs parties	43134-1		
Appareils non électriques de cuisson et chauffage, à usage domestique	44821-1	x	x
Appareils photographiques (à l'exclusion des caméras cinématographiques)	48322-1	x	
Appareils récepteurs de radiodiffusion	47310-1	x	x
Appareils sanitaires en céramique	37210-0	x	x
Arbres de transmission, coussinets, engrenages, chaînes à maillons articulés et articles semblables	43320-0	x	x
Ardoise	15110-0	x	x
Argent, y compris l'argent doré ou vermeil et l'argent platiné	41310-0		x
Argiles	15400-0	x	x
Armes de guerre, autres que les revolvers, pistolets et armes blanches	44720-0		
Articles d'hygiène ou de toilette en matières plastiques (baignoires, cuvettes, etc.)	36930-0	x	x
Articles de bijouterie et d'orfèvrerie	38240-1		x
Articles de bureau et articles scolaires en matières plastiques	36990-1	x	x
Articles de ménage ou d'économie domestique et articles d'hygiène ou de toilette en céramique	37221-0	x	x
Articles de ménage ou d'économie domestique et articles d'hygiène ou de toilette, en matières plastiques	36940-0	x	x
Articles de robinetterie et organes similaires pour tuyauteries, réservoirs ou contenants similaires	43240-1	x	x
Articles et matériel pour la gymnastique et l'athlétisme	38430-0		x
Ascenseurs et monte charge	43540-2	x	x
Aspirateurs de poussières	44816-3	x	x
Automobiles destinées au transport des voyageurs	49113-0	x	x
Automotrices et autorails	49520-0	x	
Autres constructions, tôles, profilés et articles semblables, utilisés dans le bâtiment	42190-2	x	x
Autres cuirs et peaux épilés (y compris celles d'ovins ou de caprins)	29130-2	x	x
Autres cuirs et peaux épilés de bovins ou d'équidés	29120-0	x	x
Autres fils de filaments synthétiques ou artificiels (excl. les fils simples, à haute ténacité ou texturés)	26420-0	x	x
Autres huiles et graisses animales	21620-0	x	x
Autres instruments de musique à cordes	38320-0	x	x
Autres médicaments à usages thérapeutiques ou prophylactiques, n.c.p.v.d.	35260-10		x
Autres médicaments constitués de produits mélangés ou non mélangés, c.p.v.d.	35260-13		x
Autres préparations et conserves de poissons; caviar	21240-0	x	x

Nom de produit	Code	Vol. I	Vol. II
Autres produits de la boulangerie, de la pâtisserie ou de la biscuiterie	23430-0	x	x
Autres produits laminés plats, en fer ou en aciers non alliés, plaqués ou revêtus	41232-4		
Autres réfrigérateurs et congélateurs de type ménager	44811-2	x	x
Autres services de fabrication, à l'exclusion des produits métalliques, des machines et matériels	88190-0		
Avertisseurs électriques pour la protection contre le vol ou l'incendie et appareils similaires	46920-2	x	x
Avions et autres véhicules aériens, d'un poids à vide n'excédant pas 2 000 kilos	49622-0	x	
Avions et autres véhicules aériens, d'un poids à vide supérieur à 2 000 kg mais n'excédant pas 15 000 kg	49623-1		
Avions et autres véhicules aériens, d'un poids à vide excédant 15 000 kilos	49623-2		
Bâches, voiles pour embarcations, etc., stores d'extérieur, tentes et articles de campement	27160-0	x	x
Bacon, jambon et autres viandes de l'espèce porcine séchées, salées ou fumées	21131-1	x	x
Bagages, sacs à main et articles semblables	29220-1	x	x
Ballasts pour lampes ou tubes à décharge	46122-1	x	x
Ballons, dirigeables et autres véhicules aériens non conçus pour la propulsion à moteur	49612-0		
Ballons, dirigeables, planeurs, ailes delta et autres véhicules aériens non conçus pour la propulsion à moteur	49610-0		
Barres en fer ou en aciers, laminées à chaud	41240-0	x	x
Barres et profilés en aluminium	41532-0	x	x
Barytine, même calcinée	16190-2	x	x
Bateaux citernes	49312-0	x	
Bateaux frigorifiques autres que les bateaux citernes	49313-0		
Bateaux, transbordeurs pour le transport de personnes	49311-0	x	x
Beurre de cacao	23620-0	x	x
Beurre et autres matières grasses du lait	22940-0	x	x
Bicyclettes et autres cycles sans moteur	49921-0	x	x
Bière	24310-0	x	x
Bigues, grues, ponts roulants, portiques de déchargement ou de manutention, chariots-cavaliers/grues	43520-0	x	x
Bijouterie de fantaisie	38997-0	x	x
Bitume (brai)	33500-3	x	
Bobines, busettes, bouchons, couvercles et autres dispositifs de support ou de fermeture en plastique	36490-3	x	x
Bois bruts, traités avec des agents de conservation	31310-0	x	x
Bois contre plaqués	31400-1	x	x
Boissons sans alcool, à l'exclusion de l'eau et des jus de fruit	24490-0	x	x
Boîtes, caisses, casiers et articles similaires d'emballage, en matières plastiques	36490-1	x	x

Nom de produit	Code	Vol. I	Vol. II
Bombes, grenades, torpilles, mines, missiles et munitions et projectiles de guerre similaires	44740-1		x
Bonbonnes, bouteilles et articles similaires en matières plastiques	36490-2	x	x
Bougies d'allumage	46910-4	x	
Bouteilles, bocaux et autres récipients en verre	37191-0	x	x
Bouteurs (bulldozers), autopropulsés	44421-0	x	
Briques de construction en argile	37350-1	x	x
Briquettes	11020-0	x	
Briquettes de lignite	11030-2	x	
Broyeurs et mélangeurs pour aliments et centrifugeuses de type ménager, à moteur électrique incorporé	44816-1	x	x
Brûleurs; foyers automatiques, grilles mécaniques et dispositifs semblables	43410-0	x	x
Câbles	42940-1	x	x
Câbles de fibres optiques	46360-0	x	x
Câbles de filaments artificiels et fibres artificielles discontinues, non cardées ni peignées	35540-0	x	
Câbles de filaments artificiels et fibres synthétiques discontinues, non cardées ni peignées	35510-0	x	x
Cadenas, serrures et clefs; ferrures pour meubles, portes et articles semblables, en métaux communs	42992-1	x	x
Cadmium et ouvrages en cadmium	41600-1	x	
Café, décaféiné ou torréfié	23911-0	x	x
Caisses enregistreuses	45130-2	x	x
Caisses, caissettes, futailles, cuves et articles semblables, en bois	31700-0	x	x
Calculatrices électroniques	45130-1		
Calendriers, imprimés publicitaires et articles semblables, décalcomanies, gravures et photos, imprimés	32500-1	x	x
Caméras de télévision	47212-0		
Camions	49114-0	x	x
Camions grues	49115-0	x	
Cannes à pêche et autres articles pour la pêche à la ligne; épuisettes, freloches et articles similaires	38450-0		x
Caoutchouc non vulcanisé et articles en caoutchouc non vulcanisé	36220-0	x	x
Caoutchouc synthétique	34800-0	x	x
Carbonates et peroxocarbonates à l'exception des carbonates d'ammonium	34240-1	x	x
Carburéacteurs	33300-1	x	
Carreaux et dalles de pavement ou revêtement, cubes et articles similaires pour mosaïques, en céramique	37370-0	x	x
Cartes munies d'un circuit intégré électronique («cartes intelligentes»)	47600-1	x	
Cartes postales imprimées ou illustrées et cartes imprimées	32520-0	x	x
Ceintures, ceinturons et baudriers, en cuir naturel ou reconstitué	28242-1	x	x
Cétones et quinones, et leurs dérivés halogénés, sulfonés, nitrés ou nitrosés	34170-2	x	x

Nom de produit	Code	Vol. I	Vol. II
Chandails, pull-overs, cardigans, et articles similaires, en bonneterie	28226-0	x	x
Chapeaux et autres coiffures	28260-1	x	x
Chariots-gerbeurs et équipements semblables	43530-0	x	x
Charrues pour usages agricoles	44110-1	x	x
Chars et automobiles blindés de combat, et leurs parties	44710-0		
Châssis de véhicules automobiles équipés de leur moteur	49121-0	x	x
Chauffe-eau électriques et thermoplongeurs électriques	44817-3	x	x
Chaussettes, bas, mi bas, et autres articles chaussants féminins, en bonneterie	28210-2	x	x
Chaussures à dessus en cuir naturel	29330-0	x	x
Chaussures à dessus en matières textiles	29340-0	x	x
Chaussures de ski et bottines de snowboard	29410-0		
Chaussures dites de tennis, de basket-ball, de gymnastique, d'entraînement et chaussures similaires	29420-0	x	x
Chaussures en caoutchouc ou en matières plastiques autres que les chaussures étanches	29320-0	x	x
Chaussures étanches en caoutchouc ou en matière plastique	29310-0	x	x
Chaux vive, chaux éteinte et chaux hydraulique	37420-0	x	x
Chemises, autres qu'en bonneterie, pour hommes ou garçonnets	28232-1	x	x
Chemises, caleçons, pyjamas et articles semblables, en bonneterie, pour hommes ou garçonnets	28222-0	x	x
Chemisiers, blouses et blouses chemisiers, autres qu'en bonneterie, pour femmes ou fillettes	28234-1	x	x
Chemisiers, blouses, culottes, chemises de nuit, etc., en bonneterie, pour femmes ou fillettes	28224-0	x	x
Chocolat et produits à base de chocolat	23600-1	x	x
Cigarettes contenant du tabac	25010-1	x	x
Ciments, autres que sous forme de "clinkers"	37440-0	x	x
Circuits imprimés	47130-0	x	x
Circuits intégrés et micro assemblages électroniques	47160-0	x	x
Cires de pétrole (paraffines)	33500-1	x	
Claviers	45260-2	x	x
Clubs de golf et autre matériel pour le golf	38440-1		
Coke	33100-0	x	
Coke de pétrole	33500-2	x	
Collants (bas-culottes), en bonneterie	28210-1	x	x
Combinaisons de réfrigérateurs et de congélateurs-conservateurs munis de portes extérieures séparées	44811-1	x	x
Composés à fonction aminée	34150-1	x	x
Composés à fonction carboxyamide; composés à fonction amide de l'acide carbonique	35220-1	x	x
Composés aminés à fonctions oxygénées	34150-2	x	x
Condensateurs électriques	47110-0	x	x
Confitures, gelées, purées et pâtes de fruits	21520-0	x	x
Constructions préfabriquées	38700-0		x

Nom de produit	Code	Vol. I	Vol. II
Convertisseurs statiques	46122-2	x	x
Copolymères de styrène acrylonitrile (SAN) et d'acrylonitrile butadiène styrène (ABS)	34720-2	x	x
Costumes ou complets, manteaux, vestons, pantalons, etc., en bonneterie, pour hommes ou garçonnets	28221-0	x	x
Costumes tailleurs, autres qu'en bonneterie, pour femmes ou fillettes	28233-2	x	x
Costumes tailleurs, manteaux, vestes, jupes, pantalons, etc., en bonneterie, pour femmes ou fillettes	28223-0	x	x
Costumes, vestons, pantalons etc., autres qu'en bonneterie, pour hommes ou garçonnets	28231-0	x	x
Courroies transporteuses ou de transmission, en caoutchouc vulcanisé	36240-0	x	x
Couteaux (autres que pour machines), ciseaux, et leurs lames	42913-0	x	x
Couteaux et lames tranchantes, pour machines ou pour appareils mécaniques	42922-2	x	x
Couvertures (à l'exclusion des couvertures chauffantes électriques)	27110-0	x	x
Craie et dolomite	16330-0	x	x
Crayons, mines, pastels, fusains et craies	38911-2	x	x
Crème	22120-0	x	x
Cuillères, fourchettes, louches, couteaux à beurre, pinces à sucre et articles similaires	42916-0	x	x
Cuir reconstitué	29130-1		
Cuirs et peaux chamoisés; cuirs et peaux vernis ou plaqués; cuirs et peaux métallisés	29110-0		
Cuivre affiné; sous forme brute, non allié	41413-1	x	x
Cuivre non affiné; anodes en cuivre pour affinage électrolytique	41412-0	x	
Démarreurs, même fonctionnant comme génératrices	46910-1		x
Dérivés halogénés des hydrocarbures	34110-3	x	x
Diamants et autres pierres gemmes (précieuses), bruts	16310-0	x	
Diamants industriels	16320-1	x	
Diodes, autres que les photodiodes et les diodes émettrices de lumière	47150-3	x	x
Disjoncteurs	46210-1	x	x
Dispositifs photosensibles à semi conducteur; diodes émettrices de lumière	47150-2	x	x
Douilles pour lampes, fiches et prises de courant	46212-2	x	x
Eaux minérales et eaux gazeuses	24410-0	x	x
Eaux-de-vie, liqueurs et autres boissons spiritueuses	24130-0	x	x
Ecouteurs	47331-3	x	
Ecrans (consoles de visualisation)	45260-3	x	x
Electrodes en charbon	46950-1	x	
Eléments de voies ferrées, en fonte, fer ou acier	41253-0	x	x
Eléments et composés chimiques dopés en vue de leur utilisation en électronique	35470-0		
Éléments préfabriqués pour le bâtiment, en ciment, en béton ou en pierre artificielle	37550-0	x	x

Nom de produit	Code	Vol. I	Vol. II
Encres d'imprimerie	35130-0	x	x
Énergie électrique	17100-0	x	
Engrais comprenant au moins deux éléments fertilisants	34619-1	x	x
Engrais minéraux ou chimiques azotés	34613-0	x	x
Engrais minéraux ou chimiques potassiques	34610-1		
Engrais minéraux ou chimiques potassiques	34615-0	x	x
Enseignes publicitaires, plaques enseignes et plaques indicatrices en métal (autres qu'électriques)	42999-1	x	x
Epandeurs de fumier et distributeurs d'engrais	44110-3	x	x
Escaliers mécaniques et trottoirs roulants	43540-1	x	x
Essence à aviation	33310-1	x	
Essence auto	33310-2	x	
Essence naturelle	12020-2		
Ethers et derivés peroxydes	34170-1	x	x
Etiquettes en papier ou carton	32197-0	x	x
Etoffes de bonneterie	28100-0	x	x
Explosifs préparés, autres que les poudres propulsives	35450-1	x	x
Extraits, essences et concentrés de café et préparations à base de ces produits	23912-1	x	x
Farine de maïs	23120-1	x	x
Farines de céréales autres que de froment (blé) ou de méteil	23120-0	x	x
Farines de froment (blé) ou de méteil	23110-0	x	x
Fauteuils roulants	49922-0	x	x
Ferrochrome	41113-0	x	
Ferromanganèse	41112-0	x	
Ferrosilicium	41115-1	x	x
Fers à repasser électriques	44816-2	x	
Feuilles de placage et feuilles pour contre-plaqués et autres bois sciés longitudinalement	31510-0	x	x
Fibres optiques, faisceaux de fibres optiques et câbles de fibres optiques à l'exclusion de ceux composés de fibres gainées individuelles	48311-1		
Ficelles, cordes et cordages	27310-0	x	x
Fil machine	41240-1	x	x
Fils à coudre de coton	26350-0	x	x
Fils à coudre de filaments ou de fibres discontinues synthétiques ou artificielles	26410-0	x	x
Fils de coton (autres que les fils à coudre)	26300-2	x	x
Fils de fibres synthétiques ou artificielles discontinues (autres que les fils à coudre)	26400-1	x	x
Fils de filaments synthétiques (autres que les fils à coudre et les fils retors ou câblés), n.c.p.v.d.	35520-0	x	x
Fils de filaments synthétiques (autres que les fils à coudre et les fils retors ou câblés), n.c.p.v.d.	35550-0	x	
Fils de laine	26300-1	x	x

Nom de produit	Code	Vol. I	Vol. II
Fils de soie et de déchets de soie; poil de Messine (crin de Florence)	26310-0	x	x
Fils en fer ou en aciers non alliés, aciers inoxydables ou en autres aciers alliés	41260-1	x	x
Fils et câbles isolés	46300-1	x	x
Fontes brutes et fontes spiegel	41111-0	x	x
Fours à micro ondes	44817-1	x	x
Fours, cuisinières, réchauds, tables de cuisson, grils et rôtissoires électriques	44817-2	x	x
Fromages et caillebotte	22950-0	x	x
Fruits congelés	21510-0	x	x
Fusibles électriques	46210-2	x	x
Fusils et carabines de chasse, de tir sportif	44730-2		x
Gants, mitaines et moufles, de cuir naturel ou reconstitué (autres que pour la pratique de sports)	28242-2	x	x
Gaz de cokerie	17200-1	x	
Gaz de pétrole liquéfié provenant du gaz naturel	33400-1	x	
Gaz de pétrole liquéfiés (GPL) produits dans les raffineries	33400-2	x	
Gaz d'usine à gaz	17200-2	x	
Gaz naturel	12020-1	x	
Gazole/carburant diesel	33360-0	x	
Génératrices pour moteurs à combustion interne autres que les démarreurs fonctionnant comme génératrices	46910-2		
Glaces de consommation	22970-0	x	x
Graisses des animaux des espèces bovine, ovine ou caprine, de porc et de volailles; graisse de suint	21610-0	x	x
Granit, grès et autres pierres de taille ou de construction	15130-1	x	x
Graphite, naturel	16390-2	x	
Graviers et pierres concassées	15320-0	x	x
Groupes électrogènes et convertisseurs rotatifs électriques	46113-0	x	x
Gruaux, semoules et agglomérés sous formes de pellets de froment (blé) et d'autres céréales	23130-0	x	x
Guirlandes électriques des types utilisés pour les arbres de Noël	46532-0		
Gypse; anhydrite; pierres à chaux ou à ciment	15200-0	x	x
Haut parleurs	47331-2	x	x
Hélicoptères d'un poids à vide n'excédant pas 2 000 kilos	49621-1		
Hélicoptères d'un poids à vide excédant 2 000 kilos	49621-2		
Horloges	48420-0	x	x
Hormones, prostaglandines, thromboxanes et leucotriènes, leurs dérivés et analogues structurels	35250-2		x
Houille	11010-0	x	
Huile d'arachide brute	21630-4		
Huile de coton brute	21630-2	x	
Huile de coton raffinée	21650-2	x	
Huile de maïs brute ou raffinée	21660-0	x	x

Nom de produit	Code	Vol. I	Vol. II
Huile de soja brute	21630-1	x	x
Huile de soja raffinée	21650-1	x	x
Huile d'olive raffinée	21650-3	x	x
Huile d'olive vierge	21630-3	x	x
Huiles et autres produits provenant de la distillation des goudrons de houille de haute température	34540-1	x	x
Hydrocarbures acycliques	34110-1	x	x
Hydrocarbures cycliques	34110-2	x	x
Imprimantes	45260-1	x	x
Instruments et appareils pour la mesure ou le contrôle de la pression des liquides ou des gaz	48252-2	x	x
Instruments et appareils pour la mesure ou le contrôle du débit et du niveau des liquides	48252-1	x	x
Jeux vidéo des types utilisables avec un récepteur de télévision	38580-0		
Journaux et publications périodiques imprimés	32000-1	x	x
Jupes, pantalons et shorts, autres qu'en bonneterie, pour femmes ou fillettes	28233-1	x	x
Jus de fruit et jus de légumes, même congelés	21400-0		x
Jus de fruits et jus de légumes, concentrés, même congelés	21400-1	x	x
Jus de fruits et jus de légumes, non concentrés, même congelés	21400-2	x	x
Kérosène	33340-1	x	
Lactames obtenus à partir de composés hétérocycliques à hétéroatome(s) d'azote exclusivement	34160-3		
Lactones n.c.a., composés hétérocycliques à hétéroatome(s) d'azote exclusivement	35230-0	x	x
Laine, cardée ou peignée	26150-0	x	x
Laines, dégraissées non carbonisées, ni cardées ni peignées	26130-0	x	x
Lait et crème de lait, concentrés (production industrielle)	22920-0	x	x
Lait et crème de lait, sous formes solides	22910-0	x	x
Lait liquide traité	22110-0	x	x
Lampes de chevet, lampes de bureau et lampadaires d'intérieur, électriques	46531-1	x	x
Lampes et tubes électriques à incandescence ou à décharge; lampes à arc	46510-0	x	x
Lasers, autres que les diodes laser	48315-1	x	x
Lecteurs de CD	47321-1		
Lecteurs de CD-ROM	45270-2		
Lecteurs de disque dur	45270-3		
Lecteurs de disquettes	45270-4		
Légumes congelés	21310-0	x	x
Lignite	11030-1	x	
Linge de lit	27120-1	x	x
Linge de table en bonneterie	27120-3	x	x
Linge de toilette ou de cuisine	27120-2	x	x

Nom de produit	Code	Vol. I	Vol. II
Livres comptables, carnets de notes, agendas, classeurs, liasses et autres articles de papeterie	32600-0	x	x
Livres; brochures et imprimés similaires; livres imprimés pour enfants	32200-1	x	x
Locomotives diesel et diesel électriques	49510-2	x	
Locomotives électriques	49510-1	x	
Lubrifiants	33380-0	x	
Lunettes solaires	48312-1	x	x
Lustres	46531-2	x	x
Machines à coudre autres que les machines à coudre les feuillets et machines à coudre de type ménager	44623-0	x	x
Machines à coudre de type ménager	44814-0		
Machines à laver et à sécher le linge, de type ménager	44812-1	x	x
Machines à meuler et à affûter	44216-1	x	x
Machines à percer, aléser et fraiser les métaux	44214-0	x	x
Machines à traire	44180-1		
Machines à trier, mélanger ou malaxer les matières solides; machines à agglomérer ou former	44440-0	x	x
Machines comptables et leurs parties et accessoires (production totale)	45200-0		x
Machines de traitement de l'information, numériques, présentées sous la forme de systèmes	45240-0	x	x
Machines et appareils pour le battage à l'exclusion des moissonneuses batteuses	44130-2	x	
Machines et appareils pour le conditionnement de l'air	43912-0	x	x
Machines outils pour le travail des métaux	44217-0	x	x
Machines outils pour le travail du bois	44222-0	x	x
Machines outils travaillant par enlèvement de toute matière	44211-0	x	x
Machines pour la finition du métal à l'exception des machines à meuler et à affûter	44216-2	x	x
Machines pour la préparation, le tissage et le tricotage des textiles	44610-1	x	x
Machines pour la récolte des racines ou tubercules	44130-4		
Magnésite	16390-1	x	
Malt, même torréfié	24320-0	x	x
Marbres, travertins, etc.	15120-0	x	x
Margarine et préparations similaires	21680-1	x	x
Matelas	38150-1	x	x
Matériel d'échafaudage, de coffrage ou d'étayage	42190-1	x	x
Matériel, machines et appareils industriels pour la production du froid	43913-0	x	x
Matières colorantes organiques synthétiques et préparations à base de ces matières	34310-0	x	x
Mazout résiduel	33370-0	x	
Mèches, stratifils (rovings) et fils coupés ou non, en verre	37121-0	x	x
Médicaments contenant d'autres antibiotiques, c.p.v.d.	35260-4		x
Médicaments contenant d'autres antibiotiques, n.c.p.v.d.	35260-2		x

Nom de produit	Code	Vol. I	Vol. II
Médicaments contenant de l'insuline mais pas d'antibiotiques, c.p.v.d.	35260-7		
Médicaments contenant de l'insuline mais pas d'antibiotiques, n.c.p.v.d.	35260-5		
Médicaments contenant des alcaloïdes ou leurs dérivés, c.p.v.d.	35260-11		x
Médicaments contenant des alcaloïdes ou leurs dérivés, n.c.p.v.d.	35260-9		
Médicaments contenant des hormones corticostéroïdes et d'autres hormones (sauf insuline), c.p.v.d.	35260-8		x
Médicaments contenant des hormones mais ne contenant ni insuline ni antibiotique, n.c.p.v.d.	35260-6		
Médicaments contenant des pénicillines ou des dérivés de ces produits, n.c.p.v.d.	35260-1		x
Médicaments contenant des pénicillines, des streptomycines ou des dérivés de ces produits, c.p.v.d.	35260-3		x
Médicaments contenant des vitamines, provitamines, c.p.v.d.	35260-12		x
Mélanges de substances odoriférantes et leurs préparations	35410-1	x	x
Meubles en bois des types utilisés dans les bureaux, autres que les sièges	38122-0	x	x
Meubles en bois des types utilisés dans les chambres à coucher	38140-1	x	x
Meubles en bois des types utilisés dans les cuisines, autres que les sièges	38130-0	x	x
Meubles en matières plastiques	38140-2	x	x
Meubles en métal des types utilisés dans les bureaux, autres que les sièges	38121-0	x	x
Meubles, complets et assemblés, à usage domestique, en métal ou principalement en métal	38140-3	x	x
Minerais d'aluminium et leurs concentrés (Bauxite)	14230-0	x	
Minerais d'argent et leurs concentrés	14240-2	x	
Minerais de chrome et leurs concentrés	14290-4	x	
Minerais de cuivre et leurs concentrés	14210-0	x	x
Minerais de fer et leurs concentrés	14100-0	x	x
Minerais de molybdène et leurs concentrés	14290-5	x	
Minerais de nickel et leurs concentrés	14220-0	x	
Minerais de platine et leurs concentrés	14240-3	x	
Minerais de plomb et leurs concentrés	14290-2	x	x
Minerais de zinc et leurs concentrés	14290-3	x	x
Minerais d'étain et leurs concentrés	14290-1	x	
Minerais d'or et leurs concentrés	14240-1	x	x
Minerais et concentrés d'uranium	13000-1	x	
Moissonneuses batteuses	44130-1	x	x
Moniteurs vidéo	47313-1	x	
Montres	48410-0	x	
Montures de lunettes ou d'articles similaires	48313-0	x	x
Moteurs à allumage par étincelles pour les véhicules automobiles	43120-1	x	x
Moteurs à combustion interne, sauf moteurs diesel, non destinés aux véhicules à moteur et aux aéronefs	43110-1	x	

Nom de produit	Code	Vol. I	Vol. II
Moteurs à piston, à allumage par compression, pour véhicules automobiles	43123-0	x	x
Moteurs à piston, alternatif ou rotatif, à allumage par étincelles (moteurs à explosion) pour l'aviation	43131-0		
Moteurs d'une puissance n'excédant pas 37,5 W; autres moteurs et génératrices à courant continu	46111-0	x	x
Moteurs de plus de 37,5 W; autres moteurs à courant alternatif; génératrices à courant alternatif	46112-0	x	x
Moteurs diesel, autres que pour les véhicules automobiles et l'aviation	43110-2	x	x
Motocycles, trottinettes, etc., autres que d'une cylindrée n'excédant pas 50 cm3; side-cars	49910-1	x	x
Naphtas	33330-0	x	
Nappes tramées pour pneumatiques obtenues à partir de fils de haute ténacité	27996-0	x	x
Nickel brut	41422-0	x	
Objectifs pour appareils de prise de vues, pour projecteurs ou pour appareils photographiques d'agrandissement ou de réduction	48321-0		
Or (y compris l'or platiné)	41320-0		x
Ouates de matières textiles et articles en ces ouates; tontisses, nœuds et noppes de matières textiles	27991-0	x	x
Outils à main	42921-0	x	x
Outils à main, pneumatiques, hydrauliques ou à moteur autonome non électrique	44231-0	x	x
Outils électromécaniques à moteur électrique incorporé, pour emploi à la main	44232-0	x	x
Outils interchangeables pour outillage à main, mécanique ou non, ou pour machines outils	42922-1	x	x
Ouvrages de menuiserie et pièces de charpente en bois	31600-0	x	x
Ouvrages en amiante ciment, cellulose ciment ou similaires	37570-0	x	x
Ouvrages en liège naturel; liège aggloméré et ouvrages en liège aggloméré	31922-0		x
Ouvrages en perles fines ou de culture	38240-2		
Ouvrages en plâtre ou en compositions à base de plâtre	37530-0	x	x
Ouvrages en sparterie et de vannerie	31923-0		x
Oxydes et hydroxydes de fer; terres colorantes	34220-1	x	x
Pain croustillant; biscottes, pain grillé et produits similaires grillés	23410-0	x	x
Pain d'épices; biscuits additionnés d'édulcorants; gaufres et gaufrettes	23420-0	x	x
Palplanches, profilés, en fer ou en aciers	41252-0	x	x
Panneaux de fibres de bois et d'autres matières ligneuses	31440-0	x	x
Panneaux de particules et panneaux similaires, en bois ou en d'autres matières ligneuses	31430-0	x	x
Panneaux indicateurs incorporant des afficheurs à cristaux liquides ou à diodes électroluminescentes	46920-1	x	x
Papier à usage domestique et sanitaire	32193-0	x	x
Papier journal	32121-0	x	x

Nom de produit	Code	Vol. I	Vol. II
Papier pour reproduction; autres papiers et cartons, couchés, imprégnés, enduits ou imprimés	32149-0	x	x
Papiers des types utilisés pour papier de toilette, serviettes ou papiers semblables, ouate de cellulose	32131-0	x	x
Papiers dits "kraftliner", non couchés ni enduits	32132-0	x	x
Papiers et cartons assemblés à plat, par collage, non couchés ni enduits à la surface, ni imprégnés	32141-0	x	x
Papiers et cartons couchés au kaolin ou à d'autres substances inorganiques	32143-0	x	x
Papiers et cartons ondulés	32151-0	x	x
Parapluies, ombrelles et parasols, cannes, cannes sièges et articles similaires	38921-0	x	x
Parfums et eaux de toilette	35323-1	x	x
Parties et accessoires de véhicules automobiles, autres que les châssis équipés de leur moteur	49129-0	x	x
Pâtes alimentaires non cuites	23710-0	x	x
Pâtes alimentaires préparées; couscous	23720-0	x	x
Pâtes chimiques de bois, à dissoudre	32111-0	x	
Pâtes chimiques de bois, à la soude ou au sulfate, autres que les pâtes à dissoudre	32112-1	x	x
Pâtes chimiques de bois, au bisulfite, autres que les pâtes à dissoudre	32112-2	x	
Pâtes mi chimiques de bois, pâtes de fibres autres que de bois	32113-1	x	x
PC de bureau	45230-0	x	x
Peintures et vernis dispersés ou dissous dans un milieu aqueux	35110-2	x	x
Peintures et vernis dispersés ou dissous dans un milieu non aqueux	35110-1	x	x
Pelles mécaniques, excavateurs, chargeuses et chargeuses pelleteuses	44420-1	x	x
Perles de culture, pierres gemmes (précieuses ou fines), et similaires	38220-0		
Pesticides	34620-0	x	x
Pétrole brut	12010-0	x	
Phénols, phénols alcools et leurs dérivés halogénés, sulfonés, nitrés ou nitrosés	34130-2	x	x
Phosphates naturels, teneur en P2O5	16110-1	x	
Pianos et autres instruments à cordes à clavier	38310-0	x	
Pièces isolantes en matières plastiques pour machines, appareils ou installations électriques	36980-0	x	x
Pigments et préparations à base de dioxyde de titane, utilisés comme matière colorante	34340-1	x	x
Piles et batteries de piles électriques	46410-0	x	x
Planeurs, ailes delta et autres véhicules aériens non conçus pour la propulsion à moteur	49611-0		
Plaques, feuilles et autres formes plates auto adhésives, en matières plastiques	36920-0	x	x
Plaques, films et papier photographiques	48341-0	x	x

Nom de produit	Code	Vol. I	Vol. II
Plaquettes, baguettes, pointes et objets similaires pour outils, non montés, constitués par des cermets	42922-3	x	x
Platine, brute ou mi-ouvrée	41330-0		
Plomb affiné, sous forme brute	41441-1	x	x
Pneumatiques pour autobus ou camions	36113-1	x	x
Pneumatiques pour motocycles ou bicyclettes	36112-0	x	x
Pneumatiques pour véhicules agricoles et véhicules de chantier	36113-2	x	x
Pneumatiques pour voitures	36111-0	x	x
Pointes, clous, punaises, agrafes, vis, boulons et autres articles semblables	42944-0	x	x
Poisson, filets de poisson, foie, autres chairs, et oeufs et laitances de poisson, congelés	21220-0	x	x
Poissons séchés, salés ou en saumure; poissons fumés; farines de poisson comestibles	21230-0	x	x
Polyamides sous formes primaires	34790-3	x	x
Polycarbonates, sous formes primaires	34740-1	x	x
Polychlorure de vinyle, sous formes primaires	34730-1	x	x
Polyéthylène d'une densité inférieure à 0,94, sous formes primaires	34710-1	x	x
Polyéthylène d'une densité égale ou supérieure à 0,94, sous formes primaires	34710-2	x	x
Polyéthylène téréphtalate, sous formes primaires	34740-2	x	x
Polymères acryliques, sous formes primaires	34790-2	x	x
Polypropylène, sous formes primaires	34790-1	x	x
Polystyrène, sous formes primaires	34720-1	x	x
Pompes à air ou à vide; compresseurs d'air ou d'autres gaz	43230-0	x	x
Pompes pour liquides; élévateurs à liquides	43220-0	x	x
Ponts, éléments de ponts, tours et pylônes, en fonte, en fer ou en acier	42110-0	x	x
Portables et ordinateurs de poche	45220-0	x	x
Portes, fenêtres et leurs cadres, chambranles et seuils, en fer, en fonte, en acier ou en aluminium	42120-0	x	x
Postes téléphoniques, vidéophones	47220-1	x	x
Poudre de cacao, sans addition d'édulcorants	23630-0	x	x
Poupées représentant l'être humain; jouets représentant des animaux ou des créatures non humaines	38520-0	x	x
Préparations alimentaires composites homogénéisées	23991-1	x	x
Préparations capillaires	35323-3		x
Préparations utilisées pour l'alimentation des animaux	23310-0	x	x
Presses à imprimer	44914-1	x	x
Presses à paille ou à fourrage, y compris les presses ramasseuses	44130-3	x	
Produits à base de grains de céréales autrement travaillés ("corn flakes", par exemple)	23150-0	x	x
Produits et articles textiles pour usages techniques	27998-0	x	x
Produits laminés plats en aciers au silicium dits « magnétiques »	41233-0	x	
Produits laminés plats en fer ou en aciers, simplement laminés à chaud	41210-0	x	x

Nom de produit	Code	Vol. I	Vol. II
Produits laminés plats, en fer ou en aciers non alliés, étamés	41232-1		
Produits laminés plats, en fer ou en aciers non alliés, plombés	41232-3		
Produits laminés plats, en fer ou en aciers non alliés, zingués (tôles galvanisées)	41232-2		
Produits laminés plats, en fer ou en aciers, simplement laminés à froid	41220-0	x	x
Produits pour les soins de la peau, y compris les préparations antisolaires	35323-2		x
Profilés en aciers inoxydables ou autres aciers alliés	41265-0	x	x
Profilés en fer ou en aciers non alliés	41251-0	x	x
Prothèses (autres que les prothèses dentaires et articulaires)	48170-2		x
Prothèses articulaires orthopédiques	48170-1	x	x
Provitamines et vitamines	35250-1	x	x
Pyridine et composés hétérocycliques semblables	34160-2	x	x
Quartz naturel	16390-4	x	x
Récepteurs de télévision	47313-2	x	x
Récipients (autres que pour gaz comprimés ou liquéfiés) en fer, acier ou aluminium (≤300 litres)	42931-0	x	x
Récipients pour gaz comprimés ou liquéfiés; autres récipients en métal (>300 litres)	42200-0	x	x
Relais	46212-1	x	x
Remorques et semi remorques pour l'habitation ou le camping, du type caravane	49222-0	x	x
Résines aminiques, résines phénoliques et polyuréthannes, sous formes primaires	34790-4	x	x
Résistances électriques non chauffantes	47120-0	x	x
Ressorts et lames de ressorts, en fer ou en acier	42945-1	x	x
Revêtements de sols en matières plastiques, revêtements de murs ou de plafonds en matières plastiques	36910-0	x	x
Revolvers et pistolets	44730-1		
Riz semi-blanchi ou blanchi	23160-0	x	x
Robes, autres qu'en bonneterie, pour femmes ou fillettes	28233-3	x	x
Roulements à billes, à galets, à rouleaux ou à aiguilles	43310-0	x	x
Rubanerie; étiquettes, écussons et articles semblables en matières textiles	27911-0	x	x
Sables naturels	15310-0	x	x
Sacs et sachets d'emballage	27150-0	x	x
Sacs et sachets en matières plastiques	36410-0	x	x
Sacs et sachets en papier et autres emballages en papier ou carton	32150-1	x	x
Saucisses, saucissons et produits de viande similaires	21132-1	x	x
Savons; papier, ouates, et produits similaires, recouverts de savon ou de détergents	35321-0	x	x
Sciages résineux	31000-2	x	x
Sciages, autres que résineux	31000-1	x	x
Sel et chlorure de sodium pur	16200-1	x	x
Sels de potassium bruts, teneur en K2O	16110-2	x	

Nom de produit	Code	Vol. I	Vol. II
Semoirs, plantoirs et repiqueurs	44110-2	x	x
Seringues, avec ou sans aiguilles	48150-1	x	x
Service de fabrication de machines et appareils électriques	88232-0		
Services d'impression de calendriers, imprimés publicitaires, images, gravures et photographies	32500-2		
Services d'impression de cartes postales imprimées et cartes imprimées	32520-2		
Services d'impression de journaux et publications périodiques	32000-2		
Services d'impression de livres, brochures et imprimés similaires	32200-2	x	
Services de fabrication d'articles d'habillement	88122-0		
Services de fabrication d'autres machines et matériels	88239-0		
Services de fabrication d'autres matériels de transport	88229-0		
Services de fabrication d'instruments médicaux, de précision et d'optique et d'ouvrages d'horlogerie	88234-0		
Services de fabrication de coke, de produits pétroliers raffinés et de combustibles nucléaires	88150-0		
Services de fabrication de matériel de bureaux ou d'informatique	88231-0		
Services de fabrication de matériels et appareils de radio, de télévision et de communication	88233-0		
Services de fabrication de métaux primaires	88213-0		
Services de fabrication de papier et de produits en papier	88140-0		
Services de fabrication de produits alimentaires et de boissons	88111-0		
Services de fabrication de produits chimiques	88160-0		
Services de fabrication de produits en bois ou liège (à l'exclusion des meubles), en vannerie et sparterie	88130-0		
Services de fabrication de produits en caoutchouc et en matière plastique	88170-0		
Services de fabrication de produits en cuir	88123-0		
Services de fabrication de produits minéraux non métalliques	88180-0		
Services de fabrication de textiles	88121-0		
Services de fabrication de véhicules à moteur, remorques et semi-remorques	88221-0		
Services de manufactures d'autres produits métalliques et de travail des métaux	88219-0		
Services de traitement du tabac	88112-0		
Sièges	38110-0	x	x
Silicones sous formes primaires	34790-5	x	x
Skis de neige et autre matériel pour la pratique du ski de neige, patins à glace et patins à roulettes	38410-0	x	x
Soie grège (non moulinée)	26110-0	x	
Soude caustique	34230-1	x	x
Sous-vêtements et articles semblables, autres qu'en bonneterie, pour femmes ou fillettes	28234-2	x	x
Sous-vêtements et articles semblables, autres qu'en bonneterie, pour hommes ou garçonnets	28232-2	x	x
Soutiens-gorge, gaines, corsets, même en bonneterie	28237-1	x	x

Nom de produit	Code	Vol. I	Vol. II
Spath fluor	16190-1	x	x
Stimulateurs cardiaques (à l'exclusion des parties et accessoires)	48170-4		
Stylos, porte plume, porte crayon et articles similaires	38911-1	x	x
Sucreries sans cacao	23670-1	x	x
Sucres bruts	23510-0	x	x
Sucres raffinés	23500-1	x	x
Supports magnétiques, non enregistrés, à l'exception des cartes munies d'une piste magnétique	47510-1	x	x
Survêtements, combinaisons et ensembles de ski, maillots de bain, en bonneterie	28228-1	x	x
Tabac, fabriqué (tabac à fumer, tabac à mâcher, snuff)	25090-0	x	x
Tableaux, consoles, etc. comportant des appareils pour la coupure électrique, pour une tension >1000 V	46214-0	x	x
Talc et stéatite	16390-5	x	x
Tapis en matières textiles, à points noués ou enroulés	27210-0	x	x
Tapis et autres revêtements de sol en matières textiles, tissés, non touffetés ni floqués	27220-0	x	x
Tapis et autres revêtements de sol en matières textiles, touffetés	27230-0	x	x
Télécopieurs	47220-2		
Textiles non-tissés	27922-0	x	x
Thé	23913-0	x	x
Thermostats	48265-1	x	x
Thiocomposés organiques et autres composés organo-inorganiques	34160-1	x	x
Tissages de laine	26500-1	x	x
Tissus (y compris la rubanerie) de fibres de verre	26890-0	x	x
Tissus de coton	26600-0	x	x
Tissus de filaments ou de fibres discontinues, synthétiques ou artificiels	26700-0	x	x
Tissus de lin	26560-0	x	x
Tissus de soie ou de déchets de soie	26510-0	x	x
Tondeuses, actionnées à la main ou motorisées, tractées par un animal ou un véhicule	44100-2	x	x
Tourbe	11040-0	x	x
Tours travaillant par enlèvement de métal	44213-0	x	x
Tracteurs routiers pour semi remorques	49111-0		
Tracteurs, y compris les motoculteurs	44100-1	x	x
Transformateurs électriques	46121-0	x	x
Transistors, autres que les photo transistors	47150-1	x	
Traverses en bois pour voies ferrées, imprégnées	31320-0	x	x
T-shirts et maillots de corps, en bonneterie	28225-0	x	x
Tubes cathodiques (exceptés les tubes cathodiques pour récepteurs de télévision, tubes pour caméras de télévision, tubes convertisseurs ou intensificateurs d'images, autres tubes à photocathode)	47140-4		
Tubes cathodiques pour récepteurs de télévision en couleur	47140-1	x	

Nom de produit	Code	Vol. I	Vol. II
Tubes cathodiques pour récepteurs de télévision, en noir et blanc, monochromes	47140-2		
Tubes et tuyaux en caoutchouc vulcanisé non durci	36230-0	x	x
Tubes et tuyaux et accessoires de tuyauterie en aluminium	41536-0	x	x
Tubes et tuyaux et leurs accessoires, en matières plastiques	36320-0	x	x
Tubes pour caméras de télévision; tubes convertisseurs ou intensificateurs d'images, et autres tubes à photocathode	47140-3		
Tubes pour hyperfréquences à l'exclusion des tubes commandés par grille et autres lampes, tubes et valves	47140-5		
Tubes, tuyaux et profilés creux, en fer ou en aciers	41270-1	x	x
Tuiles d'argile, pour toitures	37350-2	x	x
Tuiles, carreaux, dalles, briques et articles similaires, en ciment, en béton ou en pierre artificielle	37540-0	x	x
Turbines à vapeur	43141-0		
Turboréacteurs d'une poussée n'excédant pas 25 kN	43132-1		
Turboréacteurs d'une poussée excédant 25 kN	43132-2		
Turbopropulseurs d'une puissance n'excédant pas1.100 kW	43132-3		
Turbopropulseurs d'une puissance excédant 1.100 kW	43132-4		
Unités d'entrée ou de sortie, comme des souris, traceurs et scanners	45260-4	x	x
Unités de mémoire	45270-1		
Unités de mémoire à bandes magnétiques	45270-5		
Vaccins pour la médecine humaine	35290-2		x
Véhicules automobiles pour le transport en commun des personnes	49112-0	x	x
Velours et peluches tissés et tissus de chenille	26800-1	x	x
Verre de sécurité	37115-0	x	x
Verre étiré ou soufflé en feuilles	37112-1	x	x
Verres de contact	48311-3		x
Verres de lunetterie en verre ou autres matières	48311-2	x	x
Vêtements en cuir naturel ou reconstitué	28241-0	x	x
Vêtements et accessoires du vêtement, autres qu'en bonneterie, pour bébés	28235-0	x	x
Vêtements et accessoires du vêtement, en bonneterie, pour bébés	28227-0	x	x
Viandes de bœuf et de veau	21110-1	x	x
Viandes de mouton et d'agneau	21110-3	x	x
Viandes de porc	21110-2	x	x
Vinaigre	23994-0	x	x
Vins et moûts de raisin	24210-0	x	x
Vitrages, rideaux et stores d'intérieur; cantonnières et tours de lits	27130-0	x	x
Voiles, nappes, mats et autres produits de fibres de verre, à l'exclusion des tissus	37129-0	x	x
Voitures à voyageurs	49532-0	x	
Volailles, parées	21120-1	x	x
Wagons pour le transport sur rail de marchandises	49533-0	x	x
White spirit/essences spéciales	33350-0	x	

Nom de produit	Code	Vol. I	Vol. II
Yoghourt et autres laits et crèmes fermentés ou acidifiés	22930-0	x	x
Zinc brut non allié	41442-1	x	x

Annex II – Annexe II

Correspondence tables – Tableaux de correspondance

This annex shows a correspondence table between the CPC-based commodity codes, the Harmonized Commodity Coding and Description System (HS), the Standard International Trade Classification (SITC), the International Standard Industrial Classification of All Economic Activities (ISIC), the List of Products of the European Community (Prodcom) and ISIC-based commodity codes of the 1971 List of industrial products.

More details for the commodity list can be found on the United Nations website:
http://unstats.un.org/unsd/industry/commoditylist2.asp

Cet annexe montre la correspondance entre les codes basés sur CPC et les codes de la Système harmonisé de désignation et de codification des marchandises (SH), la Classification type pour le commerce international (CTCI), Classification internationale type, par industrie, de toutes les branches d'activité économique (CITI), la Liste de Produits de la Communauté Européen (Prodcom) et les codes basés sur CITI de la Liste de produits industriels de 1971.

Plus de détails pour la liste des produits peuvent être trouvés sur le site Web des Nations Unies:
http://unstats.un.org/unsd/industry/commoditylist2.asp?Lg=2

UN List Code (CPC Ver.1.1 – based)	CPC Ver.1.1	CPC Ver.2	HS 2002	HS 2007	ISIC Rev.3.1	ISIC Rev.4	Prodcom 2002	Prodcom 2008	UN List Code (1971 List) (ISIC Rev.2 – based)
11010-0	11010				1010	0510			2100-01
11020-0	11020	11020	2701.20	2701.20	1010	1920	10.10.12.00		3540-01
11030-1	11030*				1020	0520			2100-04
11030-2	11030*	11040	2702.20	2702.20	1020	1920	10.20.10.50		3540-04
11040-0	11040	11050	2703	2703	1030	0892	10.30.10.00		2909-16
12010-0	12010				1110	0610			2200-01A
12020-1	12020*				1110	0620			2200-10B
12020-2	12020*				1110	0620			2200-07A
13000-1	13000*				1200	0721			2302-52M
14100-0	14100	14100	2601.11+ 2601.12	2601.11+ 2601.12	1310	0710	13.10.10.30+ 13.10.10.50	07.10.10.00	2301-01
14210-0	14210	14210	2603	2603	1320	0729	13.20.11.00	07.29.11.00	2302-01
14220-0	14220	14220	2604	2604	1320	0729	13.20.12.00	07.29.12.00	2302-04
14230-0	14230	14230	2606	2606	1320	0729	13.20.13.00	07.29.13.00	2302-07
14240-1	14240*	14240*	2616.90*	2616.90*	1320	0729	13.20.14.00*	07.29.14.00*	2302-55
14240-2	14240*	14240*	2616.10	2616.10	1320	0729	13.20.14.00*	07.29.14.00*	2302-46
14240-3	14240*	14240*	2616.90*	2616.90*	1320	0729	13.20.14.00*	07.29.14.00*	2302-43
14290-1	14290*	14290*	2609	2609	1320	0729	13.20.15.30	07.29.15.00*	2302-16
14290-2	14290*	14290*	2607	2607	1320	0729	13.20.15.50	07.29.15.00*	2302-10
14290-3	14290*	14290*	2608	2608	1320	0729	13.20.15.70	07.29.15.00*	2302-13
14290-4	14290*	14290*	2610	2610	1320	0729	13.20.16.90*	07.29.19.00*	2302-22
14290-5	14290*	14290*	2613	2613	1320	0729	13.20.16.90*	07.29.19.00*	2302-28
15110-0	15110	15110	2514	2514	1410	0810	14.13.10.00	08.11.40.00	2901-01
15120-0	15120	15120	2515	2515	1410	0810	14.11.11.33+ 14.11.11.35+ 14.11.11.37+ 14.11.11.50	08.11.11.33+ 08.11.11.36+ 08.11.11.50	2901-04
15130-1	15130*	15130*	2516	2516	1410	0810	14.11.12.33+ 14.11.12.35+ 14.11.12.37+ 14.11.12.53+ 14.11.12.56+ 14.11.12.90	08.11.12.33+ 08.11.12.36+ 08.11.12.50+ 08.11.12.90*	2901-07
15200-0	15200	15200	2520.10+ 2521	2520.10+ 2521	1410	0810	14.12.10.30+ 14.12.10.50	08.11.20.30+ 08.11.20.50	

UN List Code (CPC Ver.1.1 – based)	CPC Ver.1.1	CPC Ver.2	HS 2002	HS 2007	ISIC Rev.3.1	ISIC Rev.4	Prodcom 2002	Prodcom 2008	UN List Code (1971 List) (ISIC Rev.2 – based)
15310-0	15310	15310	2505	2505	1410	0810	14.21.11.50+ 14.21.11.90	08.12.11.50+ 08.12.11.90	2901-13
15320-0	15320	15320	2517	2517	1410	0810+ 2399	14.21.12.10+ 14.21.12.30+ 14.21.12.50+ 14.21.12.90+ 14.21.13.30	08.12.12.10+ 08.12.12.30+ 08.12.12.50+ 08.12.12.90+ 08.12.13.00+ 23.99.13.20	2901-16
15400-0	15400	15400	2507+ 2508	2507+ 2508	1410	0810	14.22.11.40+ 14.22.11.60+ 14.22.12.10+ 14.22.12.30+ 14.22.12.50+ 14.22.12.70+ 14.22.12.90	08.12.21.40+ 08.12.21.60+ 08.12.22.10+ 08.12.22.30+ 08.12.22.50	2901-19
16110-1	16110*	16110	2510	2510	1421	0891	14.30.11.30	08.91.11.00	2902-04
16110-2	16110*	34639*	3104.10	3104.90*	1421	2012	14.30.11.50	20.15.59.00*	2902-07
16190-1	16190*	16190*	2529.21+ 2529.22	2529.21+ 2529.22	1421	0891	14.30.13.73+ 14.30.13.75	08.91.19.00*	2902-16
16190-2	16190*	16190*	2511	2511	1421	0891	14.30.13.13+ 14.30.13.15	08.91.19.00*	2902-19
16200-1	16200*	16200*	2501.00*	2501.00*	1422	0893+ 1079	14.40.10.00	08.93.10.00+ 10.84.30.00	2903-01
16310-0	16310	16310	7102.10+ 7102.31+ 7103.10	7102.10+ 7102.31+ 7103.10	1429	0899	14.50.21.50+ 14.50.21.90	08.99.21.00	2909-19
16320-1	16320*	16320*	7102.21	7102.21	1429	0899	14.50.22.70	08.99.22.00*	2909-01
16320-2	16320*	16320*	2513	2513	1429	0899	14.50.22.50	08.99.22.00*	2909-04
16330-0	16330	16330	2509+ 2518.10	2509+ 2518.10	1410	0810	14.12.20.10+ 14.12.20.30	08.11.30.10+ 08.11.30.30	2901-25
16390-1	16390*	16390*	2519.10	2519.10	1429	0899	14.50.23.33	08.99.29.00*	2901-22
16390-2	16390*	16390*	2504	2504	1429	0899	14.50.23.13	08.99.29.00*	2909-07
16390-3	16390*	16390*	2524	2524	1429	0899	14.50.23.40	08.99.29.00*	2909-10
16390-4	15130*+ 16390*	15130*+ 16390*	2506	2506	1429	0810+ 0899	14.50.23.15	08.11.12.90*+ 08.99.29.00*	2909-22
16390-5	16390*	16390*	2526	2526	1429	0899	14.50.23.55	08.99.29.00*	2909-14
17100-0	17100				4010	3510			4101-01
17200-1	17200*				4020	3520			3540-13B
17200-2	17200*				4020	3520			4102-02B
21110-1	21111+ 21112	21111+ 21112+ 21131+ 21132	0201+ 0202	0201+ 0202	1511	1010	15.11.11.40+ 15.11.11.90+ 15.11.12.00	10.11.11.40+ 10.11.11.90+ 10.11.31.00	3111-011
21110-2	21113+ 21114	21113+ 21133	0203	0203	1511	1010	15.11.13.30+ 15.11.13.50+ 15.11.13.90+ 15.11.14.30+ 15.11.14.50+ 15.11.14.90	10.11.12.30+ 10.11.12.50+ 10.11.12.90+ 10.11.32.30+ 10.11.32.50+ 10.11.32.90	3111-071
21110-3	21115+ 21116+ 21117	21115+ 21116+ 21135+ 21136	0204	0204	1511	1010	15.11.15.00+ 15.11.16.00+ 15.11.17.00	10.11.13.00+ 10.11.14.00+ 10.11.33.00+ 10.11.34.00	3111-041

UN List Code (CPC Ver.1.1 – based)	CPC Ver.1.1	CPC Ver.2	HS 2002	HS 2007	ISIC Rev.3.1	ISIC Rev.4	Prodcom 2002	Prodcom 2008	UN List Code (1971 List) (ISIC Rev.2 – based)
21120-1	21121+ 21122	21121+ 21122+ 21123+ 21124+ 21125+ 21141+ 21142+ 21143+ 21144+ 21145+ 21160	0207	0207	1511	1010	15.12.11.13+ 15.12.11.15+ 15.12.11.17+ 15.12.11.30+ 15.12.11.53+ 15.12.11.55+ 15.12.11.57+ 15.12.11.70+ 15.12.12.13+ 15.12.12.15+ 15.12.12.17+ 15.12.12.53+ 15.12.12.55+ 15.12.12.57+ 15.12.12.71+ 15.12.12.75	10.12.10.10+ 10.12.10.20+ 10.12.10.30+ 10.12.10.40+ 10.12.10.50+ 10.12.10.60+ 10.12.10.70+ 10.12.20.13+ 10.12.20.15+ 10.12.20.17+ 10.12.20.53+ 10.12.20.55+ 10.12.20.57+ 10.12.20.80+ 10.12.40.20+ 10.12.40.50	3111-101
21131-1	21131*	21171	0210.11+ 0210.12+ 0210.19	0210.11+ 0210.12+ 0210.19	1511	1010	15.13.11.10+ 15.13.11.30+ 15.13.11.50	10.13.11.20+ 10.13.11.50+ 10.13.11.80	3111-16
21132-1	21132*	21174	1601.00	1601.00	1511	1010	15.13.12.13+ 15.13.12.15	10.13.14.30+ 10.13.14.60	3111-22
21220-0	21220	21210+ 21222+ 21223+ 21226	0303+ 0304.20+ 0304.90	0303+ 0304.21+ 0304.22+ 0304.29+ 0304.91+ 0304.92+ 0304.99	1512	1020	15.20.12.10+ 15.20.12.30+ 15.20.12.50+ 15.20.12.70+ 15.20.12.90	10.20.13.30+ 10.20.13.60+ 10.20.14.00+ 10.20.15.00+ 10.20.16.00	3114-01
21230-0	21230	21224+ 21227+ 21231+ 21232+ 21233	0305	0305	1512	1020	15.20.13.10+ 15.20.13.30+ 15.20.13.53+ 15.20.13.55+ 15.20.13.59+ 15.20.13.70	10.20.21.00+ 10.20.22.00+ 10.20.23.00+ 10.20.24.20+ 10.20.24.50+ 10.20.24.80	3114-04
21240-0	21240	21242+ 21243	1604	1604	1512	1020	15.20.14.11+ 15.20.14.12+ 15.20.14.13+ 15.20.14.14+ 15.20.14.15+ 15.20.14.16+ 15.20.14.17+ 15.20.14.19+ 15.20.14.30+ 15.20.14.51+ 15.20.14.59	10.20.25.10+ 10.20.25.20+ 10.20.25.30+ 10.20.25.40+ 10.20.25.50+ 10.20.25.60+ 10.20.25.70+ 10.20.25.80+ 10.20.25.90+ 10.20.26.30+ 10.20.26.60	3114-07
21310-0	21310	21311+ 21312+ 21313+ 21319	0710	0710	1513	1030	15.31.11.00 + 15.33.11.00	10.31.11.10+ 10.39.11.00	3113-19
21400-0		21321+ 21329+ 21431+ 21432+ 21433+ 21434+ 21435+ 21439		2009		1030		10.32.11.00+ 10.32.12.10+ 10.32.12.20+ 10.32.12.30+ 10.32.13.00+ 10.32.14.00+ 10.32.15.00+ 10.32.16.00+ 10.32.17.00+ 10.32.19.10+ 10.32.19.20+ 10.32.19.30	

UN List Code (CPC Ver.1.1 – based)	CPC Ver.1.1	CPC Ver.2	HS 2002	HS 2007	ISIC Rev.3.1	ISIC Rev.4	Prodcom 2002	Prodcom 2008	UN List Code (1971 List) (ISIC Rev.2 – based)
21400-1	21400*	21321*+ 21329*+ 21431*+ 21432*+ 21433*+ 21434*+ 21435*+ 21439*	2009*	2009*	1513	1030	15.32.10.40	10.32.11.00*+ 10.32.12.30+ 10.32.13.00*+ 10.32.14.00*+ 10.32.15.00*+ 10.32.16.00*+ 10.32.17.00*+ 10.32.19.30	3113-07
21400-2	21400*	21321*+ 21329*+ 21431*+ 21432*+ 21433*+ 21434*+ 21435*+ 21439*	2009*	2009*	1513	1030	15.32.10.13+ 15.32.10.15+ 15.32.10.21+ 15.32.10.22+ 15.32.10.23+ 15.32.10.24+ 15.32.10.25+ 15.32.10.26+ 15.32.10.29+ 15.32.10.30	10.32.11.00*+ 10.32.12.10+ 10.32.12.20+ 10.32.13.00*+ 10.32.14.00*+ 10.32.15.00*+ 10.32.16.00*+ 10.32.17.00*+ 10.32.19.10+ 10.32.19.20	3113-10
21510-0	21510	21493	0811	0811	1513	1030	15.33.21.00	10.39.21.00	3113-13
21520-0	21520	21494	2007.91+ 2007.99	2007.91+ 2007.99	1513	1030	15.33.22.30+ 15.33.22.90	10.39.22.30+ 10.39.22.90	3113-04
21610-0	21611 + 21612	21511+ 21512+ 21513+ 21514+ 21515+ 21519*+ 21521+ 21522+ 21523+ 21529*	0209+ 1501+ 1502+ 1505	0209+ 1501+ 1502+ 1505	1511	1010+ 1311	15.11.30.30+ 15.11.30.50+ 15.11.30.70+ 17.10.10.00	10.11.50.40+ 10.11.50.60+ 10.11.50.70+ 10.12.30.00+ 13.10.10.00	3115-07
21620-0	21620	21519*+ 21524+ 21525+ 21526+ 21529*	1503+ 1504+ 1506	1503+ 1504+ 1506	1514	1040	15.41.11.30+ 15.41.11.50+ 15.41.11.90	10.41.11.00+ 10.41.12.00+ 10.41.19.00	3115-04
21630-1	21630*	21531	1507.10	1507.10	1514	1040	15.41.12.10	10.41.21.00	3115-10
21630-2	21630*	21538	1512.21	1512.21	1514	1040	15.41.12.50	10.41.25.00	3115-16
21630-3	21630*	21537*	1509.10	1509.10	1514	1040	15.41.12.30	10.41.23.10	3115-28
21630-4	21630*	21532	1508.10	1508.10	1514	1040	15.41.12.20	10.41.22.00	3115-25
21650-1	21650*	21541	1507.90	1507.90	1514	1040	15.42.11.10	10.41.51.00	3115-13
21650-2	21650*	21548	1512.29	1512.29	1514	1040	15.42.11.50	10.41.55.00	3115-19
21650-3	21650*	21547*	1509.90	1509.90	1514	1040	15.42.11.31	10.41.53.10	
21660-0	21660	21539*+ 21549*	1515.21+ 1515.29	1515.21+ 1515.29	1532	1062	15.62.10.30+ 15.62.10.50	10.62.14.30+ 10.62.14.60	
21680-1	21680*	21550	1517.10	1517.10	1514	1040	15.43.10.30	10.42.10.30	3115-011
22110-0	22110	22110	0401.10+ 0401.20	0401.10+ 0401.20	1520	1050	15.51.11.30+ 15.51.11.40*+ 15.51.11.60*	10.51.11.33+ 10.51.11.37+ 10.51.11.42+ 10.51.11.48	
22120-0	22120	22120	0401.30	0401.30	1520	1050	15.51.12.00	10.51.12.10+ 10.51.12.20+ 10.51.12.30+ 10.51.12.40	
22910-0	22910	22211+ 22212	0402.10+ 0402.21+ 0402.29	0402.10+ 0402.21+ 0402.29	1520	1050	15.51.20.30+ 15.51.20.60	10.51.21.30+ 10.51.21.60+ 10.51.22.30+ 10.51.22.60	3112-041
22920-0	22920	22221+ 22222	0402.91+ 0402.99	0402.91+ 0402.99	1520	1050	15.51.51.04+ 15.51.51.08	10.51.51.04+ 10.51.51.08	3112-011

UN List Code (CPC Ver.1.1 – based)	CPC Ver.1.1	CPC Ver.2	HS 2002	HS 2007	ISIC Rev.3.1	ISIC Rev.4	Prodcom 2002	Prodcom 2008	UN List Code (1971 List) (ISIC Rev.2 – based)
22930-0	22930	22230	0403.10+ 0403.90	0403.10+ 0403.90	1520	1050	15.51.52.45+ 15.51.52.63+ 15.51.52.65+ 15.51.52.Z1	10.51.52.41+ 10.51.52.45+ 10.51.52.63+ 10.51.52.65	
22940-0	22940	22241+ 22242+ 22249	0405	0405	1520	1050	15.51.30.30+ 15.51.30.50+ 15.51.30.70	10.51.30.30+ 10.51.30.50+ 10.51.30.70	3112-071
22950-0	22950	22251+ 22252+ 22253+ 22254+ 22259	0406	0406	1520	1050	15.51.40.30+ 15.51.40.50+ 15.51.40.70	10.51.40.30+ 10.51.40.50+ 10.51.40.70	3112-101
22970-0	22970	22270	2105	2105	1520	1050	15.52.10.00	10.52.10.00	3112-13
23110-0	23110	23110	1101	1101	1531	1061	15.61.21.00	10.61.21.00	3116-01
23120-0	23120	23120	1102	1102	1531	1061	15.61.22.00	10.61.22.00	3116-07
23120-1	23120*	23120*	1102.20	1102.20	1531	1061	15.61.22.00*	10.61.22.00*	
23130-0	23130	23130	1103	1103	1531	1061	15.61.31.33+ 15.61.31.35+ 15.61.31.50+ 15.61.32.30+ 15.61.32.50	10.61.31.33+ 10.61.31.35+ 10.61.32.30+ 10.61.32.40+ 10.61.32.50	3116-04
23150-0	23150	23140	1104+ 1904	1104+ 1904	1531	1061	15.61.33.33+ 15.61.33.35+ 15.61.33.51+ 15.61.33.53+ 15.61.33.55	10.61.33.33+ 10.61.33.35+ 10.61.33.51+ 10.61.33.53+ 10.61.33.55	
23160-0	23160	23161	1006.30+ 1006.40	1006.30+ 1006.40	1531	1061	15.61.40.30+ 15.61.40.50	10.61.12.30+ 10.61.12.50	
23310-0	23310	23311+ 23319	2309	2309	1533	1080	15.71.10.10+ 15.70.10.Z2+ 15.72.10.30	10.90.10.Z0+ 10.92.10.30	3122-01
23410-0	23410	23410	1905.10+ 1905.40	1905.10+ 1905.40	1541	1071	15.82.11.30+ 15.82.11.50	10.72.11.30+ 10.72.11.50	
23420-0	23420	23420	1905.20+ 1905.31+ 1905.32	1905.20+ 1905.31+ 1905.32	1541	1071	15.82.12.30+ 15.82.12.53+ 15.82.12.55+ 15.82.12.59	10.72.12.30+ 10.72.12.53+ 10.72.12.55+ 10.72.12.57+ 10.72.12.59	
23430-0	23430	23430+ 23490	1905.90	1905.90	1541	1071	15.81.11.00+ 15.81.12.00+ 15.82.13.10+ 15.82.13.20+ 15.82.13.30+ 15.82.13.40+ 15.82.13.50+ 15.82.13.90	10.71.11.00+ 10.71.12.00+ 10.72.19.10+ 10.72.19.20+ 10.72.19.40+ 10.72.19.50+ 10.72.19.90	
23500-1	23520+ 23530*	23520+ 23530*	1701.91+ 1701.99	1701.91+ 1701.99	1542	1072	15.83.12.30+ 15.83.12.90+ 15.83.13.30	10.81.12.30+ 10.81.12.90+ 10.81.13.00*	3118-04
23510-0	23510	23511+ 23512	1701.11+ 1701.12	1701.11+ 1701.12	1542	1072	15.83.11.00	10.81.11.00	3118-01

UN List Code (CPC Ver.1.1 – based)	CPC Ver.1.1	CPC Ver.2	HS 2002	HS 2007	ISIC Rev.3.1	ISIC Rev.4	Prodcom 2002	Prodcom 2008	UN List Code (1971 List) (ISIC Rev.2 – based)
23600-1	23640 + 23650 + 23660	23640+ 23650+ 23660	1806	1806	1543	1073	15.84.22.33+ 15.84.22.35+ 15.84.22.39+ 15.84.22.43+ 15.84.22.45+ 15.84.22.53+ 15.84.22.55+ 15.84.22.60+ 15.84.22.70+ 15.84.22.80+ 15.84.22.90+ 15.84.14.00+ 15.84.21.33+ 15.84.21.35+ 15.84.21.37+ 15.84.21.50+ 15.84.21.70+ 15.84.21.90	10.82.14.00+ 10.82.21.30+ 10.82.21.50+ 10.82.21.70+ 10.82.21.90+ 10.82.22.33+ 10.82.22.35+ 10.82.22.39+ 10.82.22.43+ 10.82.22.45+ 10.82.22.53+ 10.82.22.55+ 10.82.22.60+ 10.82.22.70+ 10.82.22.80+ 10.82.22.90	3119-13
23620-0	23620	23620	1804	1804	1543	1073	15.84.12.00	10.82.12.00	3119-10
23630-0	23630	23630	1805	1805	1543	1073	15.84.13.00	10.82.13.00	3119-07
23670-1	23670*	23670*	1704	1704	1543	1073	15.84.23.10+ 15.84.23.20+ 15.84.23.30+ 15.84.23.53+ 15.84.23.55+ 15.84.23.63+ 15.84.23.65+ 15.84.23.73+ 15.84.23.75+ 15.84.23.83+ 15.84.23.90	10.82.23.10+ 10.82.23.20+ 10.82.23.30+ 10.82.23.53+ 10.82.23.55+ 10.82.23.63+ 10.82.23.65+ 10.82.23.73+ 10.82.23.75+ 10.82.23.83+ 10.82.23.90	3119-04
23710-0	23710	23710	1902.11+ 1902.19	1902.11+ 1902.19	1544	1074	15.85.11.30+ 15.85.11.50	10.73.11.30+ 10.73.11.50	3117-01
23720-0	23720	23721	1902.20+ 1902.30+ 1902.40	1902.20+ 1902.30+ 1902.40	1544	1074+ 1075	15.85.12.33+ 15.85.12.35+ 15.85.12.50	10.73.12.00+ 10.85.14.10+ 10.85.14.30	3117-13
23911-0	23911	23911	0901.12+ 0901.21+ 0901.22	0901.12+ 0901.21+ 0901.22	1549	1079	15.86.11.30+ 15.86.11.50+ 15.86.11.70	10.83.11.30+ 10.83.11.50+ 10.83.11.70	
23912-1	23912*	23912*+ 39150*	2101.11+ 2101.12+ 0901.90	2101.11+ 2101.12+ 0901.90	1549	1079	15.86.12.10+ 15.86.12.30+ 15.86.12.50	10.83.12.10+ 10.83.12.40	3121-01
23913-0	23913	23913	0902.10+ 0902.30	0902.10+ 0902.30	1549	1079	15.86.13.00	10.83.13.00	
23991-1	23991*	23991*	2104.20	2104.20	1549	1079	15.88.10.60	10.86.10.60	
23994-0	23994	23994	2209	2209	1549	1079	15.87.11.30+ 15.87.11.90	10.84.11.30+ 10.84.11.90	3121-04
24100-1	24110+ 24120	24110+ 34131	2207	2207	1551	2011	15.92.12.00+ 15.92.11.00	20.14.74.00+ 20.14.75.00	3131-04
24130-0	24130	24131+ 24139	2208	2208	1551	1101	15.91.10.20+ 15.91.10.30+ 15.91.10.40+ 15.91.10.50+ 15.91.10.63+ 15.91.10.65+ 15.91.10.70+ 15.91.10.80	11.01.10.20+ 11.01.10.30+ 11.01.10.40+ 11.01.10.50+ 11.01.10.63+ 11.01.10.65+ 11.01.10.70+ 11.01.10.80	3131-01

UN List Code (CPC Ver.1.1 – based)	CPC Ver.1.1	CPC Ver.2	HS 2002	HS 2007	ISIC Rev.3.1	ISIC Rev.4	Prodcom 2002	Prodcom 2008	UN List Code (1971 List) (ISIC Rev.2 – based)
24210-0	24211+ 24212+ 24213	24211+ 24212+ 24220	2204+ 2205	2204+ 2205	1552	1102	15.93.11.30+ 15.93.11.93+ 15.93.11.95+ 15.93.12.11+ 15.93.12.13+ 15.93.12.15+ 15.93.12.17+ 15.93.12.19+ 15.93.12.30+ 15.93.12.53+ 15.93.12.59+ 15.95.10.00	11.02.11.30+ 11.02.11.93+ 11.02.11.95+ 11.02.12.11+ 11.02.12.13+ 11.02.12.15+ 11.02.12.17+ 11.02.12.19+ 11.02.12.30+ 11.02.12.50+ 11.04.10.00	3132-04
24310-0	24310	24310	2203	2203	1553	1103	15.96.10.00	11.05.10.00	3133-04
24320-0	24320	24320	1107	1107	1553	1103	15.97.10.30+ 15.97.10.50	11.06.10.30+ 11.06.10.50	3133-01
24410-0	24410	24410	2201.10+ 2201.90*	2201.10+ 2201.90*	1554	1104	15.98.11.30+ 15.98.11.50*	11.07.11.30+ 11.07.11.50*	3134-01
24490-0	24490	24490	2202	2202	1554	1104	15.98.12.30+ 15.98.12.50+ 15.98.12.70	11.07.19.30+ 11.07.19.50+ 11.07.19.70	3134-04
25010-1	25010*	25020*	2402.20	2402.20	1600	1200	16.00.11.50	12.00.11.50	3140-07
25090-0	25090	25090	2403	2403	1600	1200	16.00.12.30+ 16.00.12.90*	12.00.19.30+ 12.00.19.90	3140-10
26110-0	26110	26110	5002	5002	1711	1311	17.10.20.11	13.10.21.00	
26130-0	26130	26130	5101.21+ 5101.29+ 5101.30	5101.21+ 5101.29+ 5101.30	1711	1311	17.10.20.21+ 17.10.20.23	13.10.22.00	
26150-0	26150	26150	5105	5105	1711	1311	17.10.20.27	13.10.24.00	
26300-1	26320+ 26330+ 26340	26320+ 26330+ 26340	5106+ 5107+ 5108+ 5109+ 5110	5106+ 5107+ 5108+ 5109+ 5110	1711	1311	17.10.42.Z1+ 17.10.42.Z2+ 17.10.45.30	13.10.50.10+ 13.10.50.30+ 13.10.50.50	
26300-2	26360+ 26370	26360+ 26370	5205+ 5206+ 5207	5205+ 5206+ 5207	1711	1311	17.10.43.32+ 17.10.43.33+ 17.10.43.35+ 17.10.43.52+ 17.10.43.53+ 17.10.43.55+ 17.10.45.57	13.10.61.60+ 13.10.61.Z1+ 13.10.61.Z2	
26310-0	26310	26310	5004+ 5005+ 5006	5004+ 5005+ 5006	1711	1311	17.10.41.50+ 17.10.41.90+ 17.10.45.10	13.10.40.10+ 13.10.40.30+ 13.10.40.50	
26350-0	26350	26350	5204	5204	1711	1311	17.10.45.53+ 17.10.45.55	13.10.62.00	
26400-1	26430+ 26440+ 26450+ 26460	26430+ 26440+ 26450+ 26460	5509+ 5510+ 5511	5509+ 5510+ 5511	1711	1311	17.10.52.Z1+ 17.10.52.Z2+ 17.10.52.Z3+ 17.10.52.Z4+ 17.10.53.Z1+ 17.10.54.Z1+ 17.10.55.70	13.10.82.10+ 13.10.82.50+ 13.10.83.20+ 13.10.83.40+ 13.10.83.80+ 13.10.83.90+ 13.10.83.Z0+ 13.10.84.10+ 13.10.84.30	3211-19
26410-0	26410	26410	5401+ 5508	5401+ 5508	1711	1311	17.10.55.13+ 17.10.55.15+ 17.10.55.53+ 17.10.55.55	13.10.85.10+ 13.10.85.50	

UN List Code (CPC Ver.1.1 – based)	CPC Ver.1.1	CPC Ver.2	HS 2002	HS 2007	ISIC Rev.3.1	ISIC Rev.4	Prodcom 2002	Prodcom 2008	UN List Code (1971 List) (ISIC Rev.2 – based)
26420-0	26420	26420	5402.61+ 5402.62+ 5402.69+ 5403.41+ 5403.42+ 5403.49+ 5406	5402.61+ 5402.62+ 5402.69+ 5403.41+ 5403.42+ 5403.49+ 5406	1711	1311	17.10.51.30+ 17.10.51.50+ 17.10.55.30	13.10.81.10+ 13.10.81.30+ 13.10.81.50	
26500-1	26520+ 26530+ 26540	26520+ 26530+ 26540	5111+ 5112	5111+ 5112	1711	1312	17.20.10.Z1+ 17.20.10.Z2	13.20.12.30+ 13.20.12.60*	3211-34
26510-0	26510	26510	5007	5007	1711	1312	17.20.10.10	13.20.11.00	3211-31
26560-0	26560	26560	5309	5309	1711	1312	17.20.10.Z3+ 17.20.10.Z4	13.20.13.30+ 13.20.13.60	
26600-0	26610+ 26620+ 26630+ 26690	26610+ 26620+ 26630+ 26690	5208+ 5209+ 5210+ 5211+ 5212	5208+ 5209+ 5210+ 5211+ 5212	1711	1312	17.20.20.20+ 17.20.20.60+ 17.20.20.Z1+ 17.20.20.Z3+ 17.20.20.Z5	13.20.20.20+ 13.20.20.60+ 13.20.20.Z1+ 13.20.20.Z2+ 13.20.20.Z3	
26700-0	26710+ 26720+ 26730+ 26740+ 26750+ 26760+ 26770+ 26790	26710+ 26720+ 26730+ 26740+ 26750+ 26760+ 26770+ 26790	5407+ 5408+ 5512+ 5513+ 5514+ 5515+ 5516	5407+ 5408+ 5512+ 5513+ 5514+ 5515+ 5516	1711	1312	17.20.31.30+ 17.20.31.Z1+ 17.20.31.Z2+ 17.20.32.Z1+ 17.20.32.Z2+ 17.20.32.Z3+ 17.20.32.Z4+ 17.20.32.Z5+ 17.20.33.Z1+ 17.20.33.50	13.20.31.30+ 13.20.31.50+ 13.20.31.70+ 13.20.32.10+ 13.20.32.20+ 13.20.32.30+ 13.20.32.40+ 13.20.32.50+ 13.20.32.90+ 13.20.33.30+ 13.20.33.50	
26800-1	26810+ 26820	26810+ 26820	5801.21+ 5801.22+ 5801.23+ 5801.24+ 5801.25+ 5801.26+ 5801.31+ 5801.32+ 5801.33+ 5801.34+ 5801.35+ 5801.36	5801.21+ 5801.22+ 5801.23+ 5801.24+ 5801.25+ 5801.26+ 5801.31+ 5801.32+ 5801.33+ 5801.34+ 5801.35+ 5801.36	1711	1312	17.20.40.10	13.20.41.00*	
26890-0	26890	26890	7019.40+ 7019.51+ 7019.52+ 7019.59	7019.40+ 7019.51+ 7019.52+ 7019.59	1711	1312	17.20.40.90	13.20.46.00	
27110-0	27110	27110	6301.20+ 6301.30+ 6301.40+ 6301.90	6301.20+ 6301.30+ 6301.40+ 6301.90	1721	1392	17.40.11.30+ 17.40.11.50+ 17.40.11.90	13.92.11.30+ 13.92.11.50+ 13.92.11.90	3212-01
27120-1	27120*	27120*	6302.10+ 6302.21+ 6302.22+ 6302.29+ 6302.31+ 6302.32+ 6302.39	6302.10+ 6302.21+ 6302.22+ 6302.29+ 6302.31+ 6302.32+ 6302.39	1721	1392	17.40.12.30+ 17.40.12.53+ 17.40.12.55+ 17.40.12.59+ 17.40.12.70	13.92.12.30+ 13.92.12.53+ 13.92.12.55+ 13.92.12.59+ 13.92.12.70	3212-04
27120-2	27120*	27120*	6302.60	6302.60	1721	1392	17.40.14.30	13.92.14.30	3212-07
27120-3	27120*	27120*	6302.40+ 6302.51+ 6302.52+ 6302.53+ 6302.59	6302.40+ 6302.51+ 6302.53+ 6302.59	1721	1392	17.40.13.30+ 17.40.13.53+ 17.40.13.55+ 17.40.13.59+ 17.40.13.70	13.92.13.30+ 13.92.13.53+ 13.92.13.55+ 13.92.13.59+ 13.92.13.70	

UN List Code (CPC Ver.1.1 – based)	CPC Ver.1.1	CPC Ver.2	HS 2002	HS 2007	ISIC Rev.3.1	ISIC Rev.4	Prodcom 2002	Prodcom 2008	UN List Code (1971 List) (ISIC Rev.2 – based)
27130-0	27130	27130	6303.11+ 6303.12+ 6303.19+ 6303.91+ 6303.92+ 6303.99	6303.12+ 6303.19+ 6303.91+ 6303.92+ 6303.99	1721	1392	17.40.15.30+ 17.40.15.50+ 17.40.15.70	13.92.15.30+ 13.92.15.50+ 13.92.15.70	
27150-0	27150	27150	6305	6305	1721	1392	17.40.21.30+ 17.40.21.50+ 17.40.21.73+ 17.40.21.75+ 17.40.21.90	13.92.21.30+ 13.92.21.50+ 13.92.21.73+ 13.92.21.75+ 13.92.21.90	
27160-0	27160	27160	6306	6306	1721	1392	17.40.22.10+ 17.40.22.30+ 17.40.22.50+ 17.40.22.70	13.92.22.10+ 13.92.22.30+ 13.92.22.50+ 13.92.22.70	
27210-0	27210	27210	5701	5701	1722	1393	17.51.11.00	13.93.11.00	3214-01
27220-0	27220	27220	5702	5702	1722	1393	17.51.12.00	13.93.12.00	
27230-0	27230	27230	5703	5703	1722	1393	17.51.13.00	13.93.13.00	
27310-0	27310	27310	5607	5607	1723	1394	17.52.11.33+ 17.52.11.35+ 17.52.11.53+ 17.52.11.55+ 17.52.11.60+ 17.52.11.70+ 17.52.11.90	13.94.11.33+ 13.94.11.35+ 13.94.11.53+ 13.94.11.55+ 13.94.11.60+ 13.94.11.70+ 13.94.11.90	3215-01
27911-0	27911	27911	5806+ 5807+ 5808	5806+ 5807+ 5808	1729	1399	17.54.11.30+ 17.54.11.50+ 17.54.11.70	13.96.17.30+ 13.96.17.50+ 13.96.17.70	
27922-0	27922	27922	5603	5603	1729	1399	17.53.10.10+ 17.53.10.20+ 17.53.10.30+ 17.53.10.50+ 17.53.10.70	13.95.10.10+ 13.95.10.20+ 13.95.10.30+ 13.95.10.50+ 13.95.10.70	
27991-0	27991	27991	5601	5601	1729	1399+ 1709	17.54.31.30+ 17.54.31.50	13.99.14.00+ 17.22.12.10+ 17.22.12.40	
27996-0	27996	27996	5902	5902	1729	1399	17.54.36.00	13.96.15.00	
27998-0	27998	27998	5908+ 5909+ 5910+ 5911	5908+ 5909+ 5910+ 5911	1729	1399	17.54.38.30+ 17.54.38.50+ 17.54.38.70	13.96.16.20+ 13.96.16.50+ 13.96.16.80	
28100-0	28110+ 28190	28110+ 28190	6001+ 6002+ 6003+ 6004+ 6005+ 6006	6001+ 6002+ 6003+ 6004+ 6005+ 6006	1730	1391	17.60.11.30+ 17.60.11.50+ 17.60.11.70+ 17.60.12.00	13.91.11.00+ 13.91.19.10	3213-01
28210-1	28210*	28210*	6115.11+ 6115.12+ 6115.19	6115.21+ 6115.22+ 6115.29	1730	1430	17.71.10.33+ 17.71.10.35+ 17.71.10.37	14.31.10.33+ 14.31.10.35+ 14.31.10.37	
28210-2	28210*	28210*	6115.20+ 6115.91+ 6115.92+ 6115.93+ 6115.99	6115.10+ 6115.30+ 6115.94+ 6115.95+ 6115.96+ 6115.99	1730	1430	17.71.10.50+ 17.71.10.90	14.31.10.50+ 14.31.10.90	
28221-0	28221	28221	6101+ 6103	6101+ 6103	1810	1410	18.22.11.10+ 18.22.11.20+ 18.22.12.30+ 18.22.12.60+ 18.22.12.70	14.13.11.10+ 14.13.11.20+ 14.13.12.30+ 14.13.12.60+ 14.13.12.70	

UN List Code (CPC Ver.1.1 – based)	CPC Ver.1.1	CPC Ver.2	HS 2002	HS 2007	ISIC Rev.3.1	ISIC Rev.4	Prodcom 2002	Prodcom 2008	UN List Code (1971 List) (ISIC Rev.2 – based)
28222-0	28222	28222	6105+ 6107	6105+ 6107	1810	1410	18.23.11.10+ 18.23.12.20+ 18.23.12.30+ 18.23.12.40	14.14.11.00+ 14.14.12.20+ 14.14.12.30+ 14.14.12.40	
28223-0	28223	28223	6102+ 6104	6102+ 6104	1810	1410	18.22.13.10+ 18.22.13.20+ 18.22.14.30+ 18.22.14.60+ 18.22.14.70+ 18.22.14.80+ 18.22.14.90	14.13.13.10+ 14.13.13.20+ 14.13.14.30+ 14.13.14.60+ 14.13.14.70+ 14.13.14.80+ 14.13.14.90	
28224-0	28224	28224	6106+ 6108	6106+ 6108	1810	1410	18.23.13.10+ 18.23.14.20+ 18.23.14.30+ 18.23.14.40+ 18.23.14.50	14.14.13.10+ 14.14.14.20+ 14.14.14.30+ 14.14.14.40+ 14.14.14.50	
28225-0	28225	28225	6109	6109	1810	1410	18.23.30.30+ 18.23.30.90	14.14.30.00	
28226-0	28226	28226	6110	6110	1730	1430	17.72.10.31+ 17.72.10.32+ 17.72.10.33+ 17.72.10.53+ 17.72.10.55+ 17.72.10.61+ 17.72.10.62+ 17.72.10.71+ 17.72.10.72+ 17.72.10.90	14.39.10.31+ 14.39.10.32+ 14.39.10.33+ 14.39.10.53+ 14.39.10.55+ 14.39.10.61+ 14.39.10.62+ 14.39.10.71+ 14.39.10.72+ 14.39.10.90	3213-16
28227-0	28227	28227	6111	6111	1810	1410	18.24.11.00	14.19.11.00	
28228-1	28228*	28228*	6112	6112	1810	1410	18.24.12.10+ 18.24.12.30+ 18.24.12.40+ 18.24.12.50	14.19.12.10+ 14.19.12.30+ 14.19.12.40+ 14.19.12.50	

UN List Code (CPC Ver.1.1 – based)	CPC Ver.1.1	CPC Ver.2	HS 2002	HS 2007	ISIC Rev.3.1	ISIC Rev.4	Prodcom 2002	Prodcom 2008	UN List Code (1971 List) (ISIC Rev.2 – based)
28231-0	28231	28231	6201+ 6203	6201+ 6203	1810	1410	18.21.11.21+ 18.21.11.25+ 18.21.11.31+ 18.21.11.35+ 18.21.12.41+ 18.21.12.45+ 18.21.12.51+ 18.21.12.55+ 18.22.21.11+ 18.22.21.14+ 18.22.21.15+ 18.22.21.19+ 18.22.21.21+ 18.22.21.25+ 18.22.21.29+ 18.22.22.11+ 18.22.22.14+ 18.22.22.19+ 18.22.22.21+ 18.22.22.24+ 18.22.22.29+ 18.22.23.31+ 18.22.23.34+ 18.22.23.39+ 18.22.24.41+ 18.22.24.42+ 18.22.24.43+ 18.22.24.44+ 18.22.24.45+ 18.22.24.49+ 18.22.24.55+ 18.22.24.61+ 18.22.24.63	14.12.11.20+ 14.12.11.30+ 14.12.12.40+ 14.12.12.50+ 14.13.21.10+ 14.13.21.20+ 14.13.21.30+ 14.13.22.10+ 14.13.22.20+ 14.13.23.00+ 14.13.24.42+ 14.13.24.44+ 14.13.24.45+ 14.13.24.48+ 14.13.24.49+ 14.13.24.55+ 14.13.24.60	
28232-1	28232*	28232*	6205	6205	1810	1410	18.23.21.11+ 18.23.21.15+ 18.23.21.19	14.14.21.00	3220-34
28232-2	28232*	28232*	6207	6207	1810	1410	18.23.22.21+ 18.23.22.29+ 18.23.22.31+ 18.23.22.39+ 18.23.22.41+ 18.23.22.49	14.14.22.20+ 14.14.22.30+ 14.14.22.40	3220-37
28233-1	28233*	28233*	6204.51+ 6204.52+ 6204.53+ 6204.59+ 6204.61+ 6204.62+ 6204.63+ 6204.69	6204.51+ 6204.52+ 6204.53+ 6204.59+ 6204.61+ 6204.62+ 6204.63+ 6204.69	1810	1410	18.21.22.41+ 18.21.22.45+ 18.21.22.51+ 18.21.22.55+ 18.22.34.81+ 18.22.34.84+ 18.22.34.85+ 18.22.34.89+ 18.22.35.41+ 18.22.35.42+ 18.22.35.43+ 18.22.35.44+ 18.22.35.46+ 18.22.35.47+ 18.22.35.51+ 18.22.35.59+ 18.22.35.61+ 18.22.35.64+ 18.22.35.65+ 18.22.35.69	14.12.22.40+ 14.12.22.50+ 14.13.34.80+ 14.13.35.42+ 14.13.35.48+ 14.13.35.49+ 14.13.35.51+ 14.13.35.61+ 14.13.35.63+ 14.13.35.65+ 14.13.35.69	3220-28

UN List Code (CPC Ver.1.1 – based)	CPC Ver.1.1	CPC Ver.2	HS 2002	HS 2007	ISIC Rev.3.1	ISIC Rev.4	Prodcom 2002	Prodcom 2008	UN List Code (1971 List) (ISIC Rev.2 – based)
28233-2	28233*	28233*	6204.11+ 6204.12+ 6204.13+ 6204.19	6204.11+ 6204.12+ 6204.13+ 6204.19	1810	1410	18.22.32.11+ 18.22.32.14+ 18.22.32.19	14.13.32.10	3220-31
28233-3	28233*	28233*	6204.41+ 6204.42+ 6204.43+ 6204.44+ 6204.49	6204.41+ 6204.42+ 6204.43+ 6204.44+ 6204.49	1810	1410	18.22.34.71+ 18.22.34.74+ 18.22.34.75+ 18.22.34.78+ 18.22.34.79	14.13.34.70	3220-22
28234-1	28234*	28234*	6206	6206	1810	1410	18.23.23.11+ 18.23.23.15+ 18.23.23.18+ 18.23.23.19	14.14.23.00	3220-16
28234-2	28234*	28234*	6208	6208	1810	1410	18.23.24.31+ 18.23.24.33+ 18.23.24.51+ 18.23.24.52+ 18.23.24.61+ 18.23.24.71+ 18.23.24.80+ 18.23.24.89	14.14.24.30+ 14.14.24.50+ 14.14.24.60+ 14.14.24.80+ 14.14.24.89	3220-40
28235-0	28235	28235*	6209	6209	1810	1410	18.24.21.00	14.19.21.00	
28237-1	28237*	28237*	6212.10+ 6212.20+ 6212.30	6212.10+ 6212.20+ 6212.30	1810	1410	18.23.25.30+ 18.23.25.50	14.14.25.30+ 14.14.25.50	
28241-0	28241	28241	4203.10	4203.10	1810	1410	18.10.10.00	14.11.10.00	
28242-1	28242*	28242*	4203.30	4203.30	1810	1410	18.24.31.80	14.19.31.80	
28242-2	28242*	28242*	4203.29	4203.29	1810	1410+ 3290	18.24.31.73+ 18.24.31.75	14.19.31.75+ 32.99.11.30	
28260-1	28262+ 28269	28262+ 28269	6503+ 6504+ 6505+ 6506.92+ 6506.99+ 6507	6504+ 6505+ 6506.99+ 6507	1810	1410	18.24.42.30+ 18.24.42.50+ 18.24.42.70+ 18.24.43.33+ 18.24.43.35+ 18.24.43.50	14.19.42.30+ 14.19.42.50+ 14.19.42.70+ 14.19.43.00	
29110-0	29110	29110	4114	4114	1911	1511	19.10.10.30+ 19.10.10.50	15.11.21.00+ 15.11.22.00	
29120-0	29120	29120	4104+ 4107	4104+ 4107	1911	1511	19.10.21.00+ 19.10.22.00+ 19.10.23.00	15.11.31.00+ 15.11.32.00+ 15.11.33.00	
29130-1	29130*	29130*	4115.10	4115.10	1911	1511	19.10.42.00	15.11.52.00	
29130-2	29130*	29130*	4105+ 4106+ 4112+ 4113	4105+ 4106+ 4112+ 4113	1911	1511	19.10.31.30+ 19.10.31.50+ 19.10.32.30+ 19.10.32.50+ 19.10.33.30+ 19.10.33.50+ 19.10.41.30+ 19.10.41.50	15.11.41.30+ 15.11.41.50+ 15.11.42.30+ 15.11.42.50+ 15.11.43.30+ 15.11.43.50+ 15.11.51.00	
29220-1	29220	29220*	4202.11+ 4202.12+ 4202.19+ 4202.21+ 4202.22+ 4202.29+ 9605.00	4202.11+ 4202.12+ 4202.19+ 4202.21+ 4202.22+ 4202.29+ 9605.00	1912	1512	19.20.12.10+ 19.20.12.20+ 19.20.12.70	15.12.12.10+ 15.12.12.20+ 15.12.12.70	
29310-0	29310	29310	6401.91+ 6401.92+ 6401.99	6401.92+ 6401.99	1920	1520	19.30.11.20+ 19.30.11.30	15.20.11.00	
29320-0	29320	29320	6402.20+ 6402.91+ 6402.99	6402.20+ 6402.91*+ 6402.99*	1920	1520	19.30.12.10+ 19.30.12.31+ 19.30.12.37	15.20.12.10+ 15.20.12.31+ 15.20.12.37	

UN List Code (CPC Ver.1.1 – based)	CPC Ver.1.1	CPC Ver.2	HS 2002	HS 2007	ISIC Rev.3.1	ISIC Rev.4	Prodcom 2002	Prodcom 2008	UN List Code (1971 List) (ISIC Rev.2 – based)
29330-0	29330	29330	6403.51+ 6403.59+ 6403.91+ 6403.99+ 6405.10	6403.51+ 6403.59+ 6403.91*+ 6403.99*+ 6405.10	1920	1520	19.30.13.51+ 19.30.13.52+ 19.30.13.53+ 19.30.13.61+ 19.30.13.62+ 19.30.13.63+ 19.30.13.70+ 19.30.13.80	15.20.13.30+ 15.20.13.51+ 15.20.13.52+ 15.20.13.53+ 15.20.13.61+ 15.20.13.62+ 15.20.13.63+ 15.20.13.70+ 15.20.13.80	
29340-0	29340	29340	6404.19+ 6404.20+ 6405.20	6404.19+ 6404.20+ 6405.20	1920	1520	19.30.14.44+ 19.30.14.45+ 19.30.14.48+ 19.30.14.49	15.20.14.44+ 15.20.14.45+ 15.20.14.46	
29410-0	29410	29410	6402.12+ 6403.12	6402.12+ 6403.12	1920	3230	19.30.21.10+ 19.30.21.50	32.30.12.00	
29420-0	29420	29420	6404.11	6404.11	1920	1520	19.30.22.40	15.20.21.00	
31000-1	31100*+ 31210*	31100*+ 31210*	4407.24+ 4407.25+ 4407.26+ 4407.29+ 4407.91+ 4407.92+ 4407.99+ 4409.20	4407.21+ 4407.22+ 4407.25+ 4407.26+ 4407.27+ 4407.28+ 4407.29+ 4407.91+ 4407.92+ 4407.93+ 4407.94+ 4407.95+ 4407.99+ 4409.21+ 4409.29	2010	1610	20.10.10.50+ 20.10.10.71+ 20.10.10.77+ 20.10.21.53+ 20.10.21.55	16.10.10.50+ 16.10.10.71+ 16.10.10.77+ 16.10.21.50	3311-07
31000-2	31100*+ 31210*	31100*+ 31210*	4407.10+ 4409.10	4407.10+ 4409.10	2010	1610	20.10.10.10+ 20.10.10.32+ 20.10.10.34+ 20.10.10.35+ 20.10.10.37+ 20.10.10.39+ 20.10.21.10	16.10.10.32+ 16.10.10.34+ 16.10.10.35+ 16.10.10.37+ 16.10.10.39+ 16.10.21.10	3311-04
31310-0	31310	31310	4403.10	4403.10	2010	1610	20.10.31.16	16.10.31.16	
31320-0	31320	31320	4406.90	4406.90	2010	1610	20.10.32.00	16.10.32.00	
31400-1	31410+ 31420	31410+ 31420+ 31450	4412	4412	2021	1621	20.20.11.03+ 20.20.11.05+ 20.20.11.09+ 20.20.12.33+ 20.20.12.35+ 20.20.12.39+ 20.20.12.53+ 20.20.12.55+ 20.20.12.59	16.21.11.00+ 16.21.12.11+ 16.21.12.14+ 16.21.12.17+ 16.21.12.21+ 16.21.12.24	3311-16
31430-0	31430	31430	4410	4410	2021	1621	20.20.13.33+ 20.20.13.35+ 20.20.13.37+ 20.20.13.39+ 20.20.13.50	16.21.13.13+ 16.21.13.16+ 16.21.13.19+ 16.21.13.50	3311-22
31440-0	31440	31440	4411	4411	2021	1621	20.20.14.13+ 20.20.14.15+ 20.20.14.33+ 20.20.14.35+ 20.20.14.53+ 20.20.14.55+ 20.20.14.73+ 20.20.14.75	16.21.14.23+ 16.21.14.26+ 16.21.14.29+ 16.21.14.43+ 16.21.14.46+ 16.21.14.49	3411-37A
31510-0	31510	31510	4408	4408	2021	1621	20.20.21.13+ 20.20.21.18	16.21.21.13+ 16.21.21.18	3311-10

UN List Code (CPC Ver.1.1 – based)	CPC Ver.1.1	CPC Ver.2	HS 2002	HS 2007	ISIC Rev.3.1	ISIC Rev.4	Prodcom 2002	Prodcom 2008	UN List Code (1971 List) (ISIC Rev.2 – based)
31600-0	31600	31600	4418	4418	2022	1622	20.30.11.10+ 20.30.11.50+ 20.30.12.15+ 20.30.12.19+ 20.30.12.30+ 20.30.12.50+ 20.30.13.00	16.22.10.30+ 16.22.10.60+ 16.23.11.10+ 16.23.11.50+ 16.23.12.00+ 16.23.19.00	
31700-0	31700	31700	4415+ 4416	4415+ 4416	2023	1623	20.40.11.33+ 20.40.11.35+ 20.40.12.13+ 20.40.12.15+ 20.40.12.50	16.24.11.33+ 16.24.11.35+ 16.24.12.00+ 16.24.13.20+ 16.24.13.50	
31922-0	31922	31922	4503+ 4504	4503+ 4504	2029	1629	20.52.12.50+ 20.52.12.90+ 20.52.13.30+ 20.52.13.50+ 20.52.13.70+ 20.52.14.00	16.29.22.50+ 16.29.22.90+ 16.29.23.20+ 16.29.23.50+ 16.29.23.80+ 16.29.24.00	
31923-0	31923	31923	4601+ 4602	4601+ 4602	2029	1629	20.52.15.10+ 20.52.15.30+ 20.52.15.55+ 20.52.15.59+ 20.52.15.70+ 20.52.15.90	16.29.25.00	
32000-1	32300+ 32400	32300+ 32410+ 32420+ 32490	4902	4902	2221, 2212	5813	22.12.10.00*+ 22.13.10.00*+ 22.21.10.00+ 22.22.32.20		
32000-2		89121*				1811		18.11.10.00+ 18.12.13.00	
32111-0	32111	32111	4702	4702	2101	1701	21.11.11.00	17.11.11.00	3411-07
32112-1	32112*	32112*	4703	4703	2101	1701	21.11.12.13+ 21.11.12.15+ 21.11.12.53+ 21.11.12.55	17.11.12.00	3411-10
32112-2	32112*	32112*	4704	4704	2101	1701	21.11.13.13+ 21.11.13.15+ 21.11.13.53+ 21.11.13.55	17.11.13.00	3411-13
32113-1	32113*	32113*	4705+ 4706	4705+ 4706	2101	1701	21.11.14.30+ 21.11.14.50	17.11.14.00*	3411-16
32121-0	32121	32121	4801	4801	2101	1701	21.12.11.00	17.12.11.00	3411-19
32131-0	32131	32131	4803	4803	2101	1701	21.12.21.30+ 21.12.21.55+ 21.12.21.57+ 21.12.21.90	17.12.20.30+ 17.12.20.55+ 17.12.20.57+ 17.12.20.90	3411-24
32132-0	32132	32132	4804.11+ 4804.19	4804.11+ 4804.19	2101	1701	21.12.22.50+ 21.12.22.90	17.12.31.00+ 17.12.32.00	
32141-0	32141	32141	4807	4807	2101	1701	21.12.51.30+ 21.12.51.50	17.12.71.00	
32143-0	32143	32143	4810	4810	2101	1701	21.12.53.35+ 21.12.53.37+ 21.12.53.60+ 21.12.53.75+ 21.12.53.79+ 21.12.54.30+ 21.12.54.53+ 21.12.54.55+ 21.12.54.59+ 21.12.54.70	17.12.73.35+ 17.12.73.37+ 17.12.73.60+ 17.12.73.75+ 17.12.73.79+ 17.12.74.00+ 17.12.75.00+ 17.12.78.20+ 17.12.78.50+ 17.12.79.53+ 17.12.79.55+ 17.12.79.70	

UN List Code (CPC Ver.1.1 – based)	CPC Ver.1.1	CPC Ver.2	HS 2002	HS 2007	ISIC Rev.3.1	ISIC Rev.4	Prodcom 2002	Prodcom 2008	UN List Code (1971 List) (ISIC Rev.2 – based)
32149-0	32149	32149	4809+ 4811	4809+ 4811	2101	1701	21.12.55.30+ 21.12.55.50+ 21.12.55.90+ 21.12.56.10+ 21.12.56.33+ 21.12.56.35+ 21.12.56.55+ 21.12.56.59+ 21.12.56.70+ 21.12.57.30+ 21.12.57.50	17.12.76.00+ 17.12.77.10+ 17.12.77.33+ 17.12.77.35+ 17.12.77.55+ 17.12.77.59+ 17.12.77.70+ 17.12.77.80	
32150-1	32152+ 32153	32152+ 32153	4819	4819	2102	1702	21.21.12.30+ 21.21.12.50+ 21.21.13.00+ 21.21.14.00+ 21.21.15.30+ 21.21.15.50	17.21.12.30+ 17.21.12.50+ 17.21.13.00+ 17.21.14.00+ 17.21.15.30+ 17.21.15.50	3412-01
32151-0	32151	32151	4808.10	4808.10	2102	1702	21.21.11.00	17.21.11.00	
32193-0	32193	32193	4818	4818	2109	1709	21.22.11.10+ 21.22.11.33+ 21.22.11.35+ 21.22.11.50+ 21.22.12.10+ 21.22.12.30+ 21.22.12.50+ 21.22.12.90	17.22.11.20+ 17.22.11.40+ 17.22.11.60+ 17.22.11.80+ 17.22.12.20+ 17.22.12.30+ 17.22.12.50+ 17.22.12.90	
32197-0	32197	32197	4821	4821	2109	1709	21.25.12.35+ 21.25.12.39+ 21.25.12.55+ 21.25.12.59	17.29.11.20+ 17.29.11.40+ 17.29.11.60+ 17.29.11.80	
32200-1	32210+ 32220+ 32230	32210+ 32220+ 32230+ 32291+ 32292+ 32299	4901+ 4903	4901+ 4903	2211	5811	22.11.10.00+ 22.11.31.00+ 22.11.20.Z1+ 22.11.20.80		
32200-2		89121*				1811		18.12.14.07+ 18.12.14.14+ 18.12.14.21+ 18.12.14.28	
32500-1	32530+ 32540+ 32560	32540+ 32620+ 32630	4908+ 4910+ 4911.10+ 4911.91	4908+ 4910+ 4911.10+ 4911.91	2221	5819	22.15.12.00+ 22.15.13.30+ 22.15.13.50+ 22.22.12.30+ 22.22.12.50		
32500-2		89121*				1811		18.12.12.30+ 18.12.12.50+ 18.12.14.63+ 18.12.19.10+ 18.12.19.30	
32520-0	32520	32530	4909	4909	2219	5819	22.15.11.30+ 22.15.11.50		
32520-2		89121*				1811		18.12.14.49+ 18.12.14.56	
32600-0	32600	32700	4820	4820	2109	1709	22.22.20.13+ 22.22.20.15+ 22.22.20.17+ 22.22.20.19+ 22.22.20.30+ 22.22.20.50+ 22.22.20.75+ 22.22.20.79+ 22.22.20.80+ 22.22.20.90	17.23.13.13+ 17.23.13.15+ 17.23.13.17+ 17.23.13.19+ 17.23.13.30+ 17.23.13.50+ 17.23.13.75+ 17.23.13.79+ 17.23.13.80+ 17.23.13.90	

UN List Code (CPC Ver.1.1 – based)	CPC Ver.1.1	CPC Ver.2	HS 2002	HS 2007	ISIC Rev.3.1	ISIC Rev.4	Prodcom 2002	Prodcom 2008	UN List Code (1971 List) (ISIC Rev.2 – based)
33100-0	33100				2310	1910			3540-07
33300-1	33320+ 33340*				2320	1920			3530-04A
33310-1	33310*				2320	1920			3530-01A
33310-2	33310*				2320	1920			3530-07A
33330-0	33330				2320	1920			3530-10A
33340-1	33340*				2320	1920			3530-13A
33350-0	33350				2320	1920			3530-16A
33360-0	33360				2320	1920			3530-19A
33370-0	33370				2320	1920			3530-22A
33380-0	33380				2320	1920			3530-25A
33400-1	33410*+ 33420*				2320	3520			3530-371A
33400-2	33410*+ 33420*				2320	1920			3530-372A
33500-1	33500*				2320	1920			3530-28
33500-2	33500*				2320	1920			3530-31
33500-3	33500*				2320	1920			3530-34A
34110-1	34110*	34110*	2901	2901	2411	2011	24.14.11.20+ 24.14.11.30+ 24.14.11.40+ 24.14.11.50+ 24.14.11.65+ 24.14.11.67+ 24.14.11.90	20.14.11.20+ 20.14.11.30+ 20.14.11.40+ 20.14.11.50+ 20.14.11.65+ 20.14.11.67+ 20.14.11.90	
34110-2	34110*	34110*	2902	2902	2411	2011	24.14.12.13+ 24.14.12.15+ 24.14.12.23+ 24.14.12.25+ 24.14.12.43+ 24.14.12.45+ 24.14.12.47+ 24.14.12.50+ 24.14.12.60+ 24.14.12.70+ 24.14.12.80+ 24.14.12.90	20.14.12.13+ 20.14.12.15+ 20.14.12.23+ 20.14.12.25+ 20.14.12.43+ 20.14.12.45+ 20.14.12.47+ 20.14.12.50+ 20.14.12.60+ 20.14.12.70+ 20.14.12.90	
34110-3	34110*	34110*	2903	2903	2411	2011	24.14.13.13+ 24.14.13.15+ 24.14.13.23+ 24.14.13.25+ 24.14.13.53+ 24.14.13.57+ 24.14.13.71+ 24.14.13.73+ 24.14.13.75+ 24.14.13.79+ 24.14.15.10+ 24.14.15.30+ 24.14.15.53+ 24.14.15.59+ 24.14.15.73+ 24.14.15.75+ 24.14.15.79	20.14.13.13+ 20.14.13.15+ 20.14.13.23+ 20.14.13.25+ 20.14.13.53+ 20.14.13.57+ 20.14.13.71+ 20.14.13.74+ 20.14.13.79+ 20.14.19.10+ 20.14.19.30+ 20.14.19.50+ 20.14.19.70	

UN List Code (CPC Ver.1.1 – based)	CPC Ver.1.1	CPC Ver.2	HS 2002	HS 2007	ISIC Rev.3.1	ISIC Rev.4	Prodcom 2002	Prodcom 2008	UN List Code (1971 List) (ISIC Rev.2 – based)
34130-1	34130*	34139*	2905+ 2906	2905+ 2906	2411	2011	24.14.22.10+ 24.14.22.20+ 24.14.22.30+ 24.14.22.40+ 24.14.22.50+ 24.14.22.63+ 24.14.22.69+ 24.14.22.73+ 24.14.22.75+ 24.14.23.10+ 24.14.23.20+ 24.14.23.33+ 24.14.23.39+ 24.14.23.50+ 24.14.23.73+ 24.14.23.75	20.14.22.10+ 20.14.22.20+ 20.14.22.30+ 20.14.22.40+ 20.14.22.63+ 20.14.22.65+ 20.14.22.70+ 20.14.23.10+ 20.14.23.20+ 20.14.23.33+ 20.14.23.39+ 20.14.23.50+ 20.14.23.60+ 20.14.23.73+ 20.14.23.75	
34130-2	34130*	34139*	2907+ 2908	2907+ 2908	2411	2011	24.14.24.15+ 24.14.24.17+ 24.14.24.19+ 24.14.24.33+ 24.14.24.39+ 24.14.24.53+ 24.14.24.55+ 24.14.24.59	20.14.24.10+ 20.14.24.33+ 20.14.24.39+ 20.14.24.50	
34140-1	34140*	34140*	2915	2915	2411	2011	24.14.32.15+ 24.14.32.17+ 24.14.32.19+ 24.14.32.20+ 24.14.32.35+ 24.14.32.37+ 24.14.32.43+ 24.14.32.45+ 24.14.32.47+ 24.14.32.53+ 24.14.32.55+ 24.14.32.71+ 24.14.32.73+ 24.14.32.75+ 24.14.32.77+ 24.14.32.79+ 24.14.32.80	20.14.32.15+ 20.14.32.19+ 20.14.32.20+ 20.14.32.30+ 20.14.32.40+ 20.14.32.50+ 20.14.32.71+ 20.14.32.77+ 20.14.32.78+ 20.14.32.80	
34140-2	34140*	34140*	2917	2917	2411	2011	24.14.33.83+ 24.14.33.85+ 24.14.33.87+ 24.14.34.13+ 24.14.34.15+ 24.14.34.23+ 24.14.34.25+ 24.14.34.33+ 24.14.34.35+ 24.14.34.43+ 24.14.34.45	20.14.33.83+ 20.14.33.85+ 20.14.33.87+ 20.14.34.10+ 20.14.34.20+ 20.14.34.30+ 20.14.34.40	
34150-1	34150*	34150*	2921	2921	2411	2011	24.14.41.13+ 24.14.41.15+ 24.14.41.17+ 24.14.41.23+ 24.14.41.25+ 24.14.41.27+ 24.14.41.30+ 24.14.41.51+ 24.14.41.53+ 24.14.41.55+ 24.14.41.57+ 24.14.41.70	20.14.41.13+ 20.14.41.19+ 20.14.41.23+ 20.14.41.29+ 20.14.41.30+ 20.14.41.51+ 20.14.41.53+ 20.14.41.59+ 20.14.41.70	

UN List Code (CPC Ver.1.1 – based)	CPC Ver.1.1	CPC Ver.2	HS 2002	HS 2007	ISIC Rev.3.1	ISIC Rev.4	Prodcom 2002	Prodcom 2008	UN List Code (1971 List) (ISIC Rev.2 – based)
34150-2	34150*	34150*	2922.11+ 2922.12+ 2922.13+ 2922.14+ 2922.19+ 2922.21+ 2922.22+ 2922.29+ 2922.31+ 2922.39+ 2922.43+ 2922.49+ 2922.50	2922.11+ 2922.12+ 2922.13+ 2922.14+ 2922.19+ 2922.21+ 2922.29+ 2922.31+ 2922.39+ 2922.43+ 2922.49+ 2922.50	2411	2011	24.14.42.33+ 24.14.42.35+ 24.14.42.37+ 24.14.42.39+ 24.14.42.90*	20.14.42.33+ 20.14.42.35+ 20.14.42.37+ 20.14.42.39+ 20.14.42.90*	
34160-1	34160*	34160*	2930+ 2931	2930+ 2931	2411	2011	24.14.51.35+ 24.14.51.37+ 24.14.51.39+ 24.14.51.50	20.14.51.33+ 20.14.51.39+ 20.14.51.50	
34160-2	34160*	34160*	2933.31+ 2933.32+ 2933.33+ 2933.39	2933.31+ 2933.32+ 2933.33+ 2933.39	2411	2011	24.14.52.50*	20.14.52.80*	
34160-3	34160*	34160*	2933.71+ 2933.72+ 2933.79	2933.71+ 2933.72+ 2933.79	2411	2011	24.14.52.50*+ 24.14.52.70	20.14.52.80*	
34160-4	34160*	34160*	2934.10+ 2934.20+ 2934.91+ 2934.99	2934.10+ 2934.20+ 2934.91+ 2934.99	2411	2011	24.14.52.90	20.14.52.90	
34170-1	34170*	34170*	2909	2909	2411	2011	24.14.63.13+ 24.14.63.19+ 24.14.63.23+ 24.14.63.25+ 24.14.63.33+ 24.14.63.39+ 24.14.63.50+ 24.14.63.60	20.14.63.10+ 20.14.63.23+ 20.14.63.25+ 20.14.63.33+ 20.14.63.39+ 20.14.63.50+ 20.14.63.60	
34170-2	34170*	34170*	2914	2914	2411	2011	24.14.62.11+ 24.14.62.13+ 24.14.62.15+ 24.14.62.19+ 24.14.62.31+ 24.14.62.33+ 24.14.62.35+ 24.14.62.39+ 24.14.62.60+ 24.14.62.70	20.14.62.11+ 20.14.62.13+ 20.14.62.15+ 20.14.62.19+ 20.14.62.31+ 20.14.62.33+ 20.14.62.35+ 20.14.62.39+ 20.14.62.60+ 20.14.62.70	
34220-1	34220*	34220*	2821	2821	2411	2011	24.12.13.13+ 24.12.13.15	20.12.19.10	
34230-1	34230*	34231*	2815.11+ 2815.12	2815.11+ 2815.12	2411	2011	24.13.15.25+ 24.13.15.27	20.13.25.25+ 20.13.25.27	3511-59
34240-1	34240*	34240*	2836.20+ 2836.30+ 2836.40+ 2836.50+ 2836.60+ 2836.70+ 2836.91+ 2836.92+ 2836.99	2836.20+ 2836.30+ 2836.40+ 2836.50+ 2836.60+ 2836.91+ 2836.92+ 2836.99	2411	2011	24.13.33.10+ 24.13.33.20+ 24.13.33.30+ 24.13.33.40+ 24.13.33.50+ 24.13.33.60+ 24.13.33.71+ 24.13.33.73+ 24.13.33.79	20.13.43.10+ 20.13.43.20+ 20.13.43.40+ 20.13.43.90	

UN List Code (CPC Ver.1.1 – based)	CPC Ver.1.1	CPC Ver.2	HS 2002	HS 2007	ISIC Rev.3.1	ISIC Rev.4	Prodcom 2002	Prodcom 2008	UN List Code (1971 List) (ISIC Rev.2 – based)
34310-0	34310	34310	3204+ 3205	3204+ 3205	2411	2011	24.12.21.10+ 24.12.21.20+ 24.12.21.30+ 24.12.21.40+ 24.12.21.50+ 24.12.21.60+ 24.12.21.70	20.12.21.10+ 20.12.21.20+ 20.12.21.30+ 20.12.21.40+ 20.12.21.50+ 20.12.21.60+ 20.12.21.70	3511-74
34340-1	34340*	34340*	3206.11+ 3206.19	3206.11+ 3206.19	2411	2011	24.12.24.15+ 24.12.24.19	20.12.24.15+ 20.12.24.19	
34540-1	34540*	34540*	2707	2707	2411	2011	24.14.73.20+ 24.14.73.30+ 24.14.73.40+ 24.14.73.50+ 24.14.73.65+ 24.14.73.67	20.14.73.20+ 20.14.73.40+ 20.14.73.60+ 20.14.73.90	
34610-1		34631+ 34632+ 34639*	3104	3104	1421, 2412	0891, 2012		20.15.51.00+ 20.15.52.00+ 20.15.59.00	
34613-0	34613	34611+ 34612+ 34613+ 34614+ 34615+ 34619	3102.10+ 3102.21+ 3102.29+ 3102.30+ 3102.40+ 3102.60+ 3102.70+ 3102.80+ 3102.90	3102.10+ 3102.21+ 3102.29+ 3102.30+ 3102.40+ 3102.60+ 3102.80+ 3102.90	2412	2012	24.15.30.13+ 24.15.30.19+ 24.15.30.23+ 24.15.30.29+ 24.15.30.30+ 24.15.30.43+ 24.15.30.45+ 24.15.30.60+ 24.15.30.70+ 24.15.30.80+ 24.15.30.90	20.15.31.30+ 20.15.31.80+ 20.15.32.00+ 20.15.33.00+ 20.15.34.00+ 20.15.35.30+ 20.15.35.80+ 20.15.39.30+ 20.15.39.60+ 20.15.39.90	
34615-0	34615	34631+ 34632	3104.20+ 3104.30+ 3104.90	3104.20+ 3104.30+ 3104.90*	2412	2012	24.15.50.30+ 24.15.50.50+ 24.15.50.70	20.15.51.00+ 20.15.52.00+ 20.15.59.00*	
34619-1	34619*	34641+ 34642+ 34643+ 34644+ 34645	3105.20+ 3105.30+ 3105.40+ 3105.51+ 3105.59+ 3105.60	3105.20+ 3105.30+ 3105.40+ 3105.51+ 3105.59+ 3105.60	2412	2012	24.15.80.23+ 24.15.80.25+ 24.15.80.30+ 24.15.80.40+ 24.15.80.53+ 24.15.80.59+ 24.15.80.63+ 24.15.80.69	20.15.71.30+ 20.15.71.80+ 20.15.72.00+ 20.15.73.00+ 20.15.74.00+ 20.15.75.00	

UN List Code (CPC Ver.1.1 – based)	CPC Ver.1.1	CPC Ver.2	HS 2002	HS 2007	ISIC Rev.3.1	ISIC Rev.4	Prodcom 2002	Prodcom 2008	UN List Code (1971 List) (ISIC Rev.2 – based)
34620-0	34620	34661+ 34662+ 34663+ 34664+ 34666+ 34669	3808	3808	2421	2021	24.20.11.30+ 24.20.11.40+ 24.20.11.50+ 24.20.11.60+ 24.20.11.Z2+ 24.20.15.52+ 24.20.15.53+ 24.20.15.55+ 24.20.15.56+ 24.20.15.57+ 24.20.15.59+ 24.20.12.20+ 24.20.12.30+ 24.20.12.40+ 24.20.12.50+ 24.20.12.60+ 24.20.12.70+ 24.20.12.90+ 24.20.13.50+ 24.20.13.70+ 24.20.14.30+ 24.20.14.50+ 24.20.14.90+ 24.20.15.Z2	20.20.11.30+ 20.20.11.40+ 20.20.11.50+ 20.20.11.60+ 20.20.11.90+ 20.20.12.20+ 20.20.12.30+ 20.20.12.40+ 20.20.12.50+ 20.20.12.60+ 20.20.12.70+ 20.20.12.90+ 20.20.13.50+ 20.20.13.70+ 20.20.14.30+ 20.20.14.50+ 20.20.14.90+ 20.20.15.15+ 20.20.15.30+ 20.20.15.45+ 20.20.15.60+ 20.20.15.75+ 20.20.15.90+ 20.20.19.30+ 20.20.19.80	3512-16
34710-1	34710*	34710*	3901.10	3901.10	2413	2013	24.16.10.35+ 24.16.10.39	20.16.10.35+ 20.16.10.39	
34710-2	34710*	34710*	3901.20	3901.20	2413	2013	24.16.10.50	20.16.10.50	
34720-1	34720*	34720*	3903.11+ 3903.19	3903.11+ 3903.19	2413	2013	24.16.20.35+ 24.16.20.39	20.16.20.35+ 20.16.20.39	
34720-2	34720*	34720*	3903.20+ 3903.30	3903.20+ 3903.30	2413	2013	24.16.20.50+ 24.16.20.70	20.16.20.50+ 20.16.20.70	
34730-1	34730*	34730*	3904.10+ 3904.21+ 3904.22	3904.10+ 3904.21+ 3904.22	2413	2013	24.16.30.10+ 24.16.30.23+ 24.16.30.25	20.16.30.10+ 20.16.30.23+ 20.16.30.25	3513-28
34740-1	34740*	34740*	3907.40	3907.40	2413	2013	24.16.40.40	20.16.40.40	
34740-2	34740*	34740*	3907.60	3907.60	2413	2013	24.16.40.62+ 24.16.40.64	20.16.40.62+ 20.16.40.64	
34790-1	34790*	34790*	3902.10	3902.10	2413	2013	24.16.51.30	20.16.51.30	3513-22
34790-2	34790*	34790*	3906	3906	2413	2013	24.16.53.50+ 24.16.53.90	20.16.53.50+ 20.16.53.90	
34790-3	34790*	34790*	3908	3908	2413	2013	24.16.54.50+ 24.16.54.90	20.16.54.50+ 20.16.54.90	
34790-4	34790*	34790*	3909	3909	2413	2013	24.16.55.50+ 24.16.55.70+ 24.16.56.30+ 24.16.56.50+ 24.16.56.70	20.16.55.50+ 20.16.55.70+ 20.16.56.30+ 20.16.56.50+ 20.16.56.70	
34790-5	34790*	34790*	3910	3910	2413	2013	24.16.57.00	20.16.57.00	
34800-0	34800	34800	4002	4002	2413	2013	24.17.10.50+ 24.17.10.90	20.17.10.50+ 20.17.10.90	3513-01
35110-1	35110*	35110*	3208	3208	2422	2022	24.30.12.25+ 24.30.12.29+ 24.30.12.30+ 24.30.12.50+ 24.30.12.70+ 24.30.12.90	20.30.12.25+ 20.30.12.29+ 20.30.12.30+ 20.30.12.50+ 20.30.12.70+ 20.30.12.90	
35110-2	35110*	35110*	3209	3209	2422	2022	24.30.11.50+ 24.30.11.70	20.30.11.50+ 20.30.11.70	3521-04A
35130-0	35130	35130	3215.11+ 3215.19	3215.11+ 3215.19	2422	2022	24.30.24.50+ 24.30.24.70	20.30.24.50+ 20.30.24.70	3529-04

UN List Code (CPC Ver.1.1 – based)	CPC Ver.1.1	CPC Ver.2	HS 2002	HS 2007	ISIC Rev.3.1	ISIC Rev.4	Prodcom 2002	Prodcom 2008	UN List Code (1971 List) (ISIC Rev.2 – based)
35220-1	35220*	35220*	2924.11+ 2924.19+ 2924.23+ 2924.24+ 2924.29	2924.11+ 2924.12+ 2924.19+ 2924.23+ 2924.24+ 2924.29	2423	2100	24.41.20.60+ 24.41.20.70	21.10.20.60+ 21.10.20.70	
35230-0	35230	35230	2932.29+ 2933.11+ 2933.19+ 2933.21+ 2933.52+ 2933.53+ 2933.54+ 2933.55+ 2933.59+ 2933.69+ 2934.30+ 2935	2932.29+ 2933.11+ 2933.19+ 2933.21+ 2933.52+ 2933.53+ 2933.54+ 2933.55+ 2933.59+ 2933.69+ 2934.30+ 2935	2423	2100	24.41.31.10+ 24.41.31.20+ 24.41.31.30+ 24.41.31.40+ 24.41.31.55+ 24.41.31.59+ 24.41.31.70+ 24.41.31.80+ 24.41.32.00	21.10.31.10+ 21.10.31.30+ 21.10.31.40+ 21.10.31.55+ 21.10.31.59+ 21.10.31.70+ 21.10.31.80+ 21.10.32.00	
35250-1	35250*	35250*	2936	2936	2423	2100	24.41.51.10+ 24.41.51.23+ 24.41.51.25+ 24.41.51.33+ 24.41.51.35+ 24.41.51.43+ 24.41.51.45+ 24.41.51.53+ 24.41.51.55+ 24.41.51.59+ 24.41.51.90	21.10.51.00	
35250-2	35250*	35250*	2937	2937	2423	2100	24.41.52.50+ 24.41.52.61+ 24.41.52.63+ 24.41.52.65+ 24.41.52.70+ 24.41.52.81+ 24.41.52.83	21.10.52.00	
35250-3	35250*	35250*	2941	2941	2423	2100	24.41.54.30+ 24.41.54.40+ 24.41.54.50+ 24.41.54.60+ 24.41.54.70+ 24.41.54.90	21.10.54.00	
35260-1	35260*	35260*	3003.10	3003.10	2423	2100	24.42.11.30	21.20.11.30	
35260-10	35260*	35260*	3003.90	3003.90	2423	2100	24.42.13.20	21.20.13.20	
35260-11	35260*	35260*	3004.40	3004.40	2423	2100	24.42.13.40	21.20.13.40	
35260-12	35260*	35260*	3004.50	3004.50	2423	2100	24.42.13.60	21.20.13.60	
35260-13	35260*	35260*	3004.90	3004.90	2423	2100	24.42.13.80	21.20.13.80	
35260-2	35260*	35260*	3003.20	3003.20	2423	2100	24.42.11.50	21.20.11.50	
35260-3	35260*	35260*	3004.10	3004.10	2423	2100	24.42.11.60	21.20.11.60	
35260-4	35260*	35260*	3004.20	3004.20	2423	2100	24.42.11.80	21.20.11.80	
35260-5	35260*	35260*	3003.31	3003.31	2423	2100	24.42.12.30	21.20.12.30	
35260-6	35260*	35260*	3003.39	3003.39	2423	2100	24.42.12.50	21.20.12.50	
35260-7	35260*	35260*	3004.31	3004.31	2423	2100	24.42.12.60	21.20.12.60	
35260-8	35260*	35260*	3004.32+ 3004.39	3004.32+ 3004.39	2423	2100	24.42.12.65	21.20.12.70	
35260-9	35260*	35260*	3003.40	3003.40	2423	2100	24.42.13.10	21.20.13.10	
35290-1	35290*	35270*	3002.10	3002.10	2423	2100	24.42.21.20	21.20.21.20	
35290-2	35290*	35270*	3002.20	3002.20	2423	2100	24.42.21.40	21.20.21.40	

UN List Code (CPC Ver.1.1 – based)	CPC Ver.1.1	CPC Ver.2	HS 2002	HS 2007	ISIC Rev.3.1	ISIC Rev.4	Prodcom 2002	Prodcom 2008	UN List Code (1971 List) (ISIC Rev.2 – based)
35300-1	35310+ 35322	35310+ 35322	3402	3402	2424	2023	24.51.20.20+ 24.51.20.30+ 24.51.20.50+ 24.51.20.90+ 24.51.32.40+ 24.51.32.50+ 24.51.32.60+ 24.51.32.70	20.41.20.20+ 20.41.20.30+ 20.41.20.50+ 20.41.20.90+ 20.41.32.40+ 20.41.32.50+ 20.41.32.60+ 20.41.32.70	3523-04
35321-0	35321	35321	3401	3401	2424	2023	24.51.31.20+ 24.51.31.50+ 24.51.31.73+ 24.51.31.79+ 24.51.31.83	20.41.31.20+ 20.41.31.50+ 20.41.31.80+ 20.42.19.15+ 20.42.19.30	3523-01
35323-1	35323*	35323*	3303	3303	2424	2023	24.52.11.50+ 24.52.11.70	20.42.11.50+ 20.42.11.70	
35323-2	35323*	35323*	3304	3304	2424	2023	24.52.12.50+ 24.52.12.70+ 24.52.13.00+ 24.52.14.00+ 24.52.15.00	20.42.12.50+ 20.42.12.70+ 20.42.13.00+ 20.42.14.00+ 20.42.15.00	
35323-3	35323*	35323*	3305	3305	2424	2023	24.52.16.30+ 24.52.16.50+ 24.52.16.70+ 24.52.17.00	20.42.16.30+ 20.42.16.50+ 20.42.16.70+ 20.42.17.00	
35410-1	35410*	35410*	3302	3302	2429	2029	24.63.10.75+ 24.63.10.79	20.53.10.75+ 20.53.10.79	
35430-1	35430*	35430*	3811	3811	2429	2029	24.66.32.55+ 24.66.32.59+ 24.66.32.70+ 24.66.32.90	20.59.42.50+ 20.59.42.70+ 20.59.42.90	
35450-1	35450*	35450*	3602	3602	2429	2029	24.61.11.50	20.51.11.50	3529-07
35470-0	35470	35470	3818	3818	2429	2029	24.66.43.50+ 24.66.43.70	20.59.53.00	
35510-0	35510	35510	5501+ 5503	5501+ 5503	2430	2030	24.70.11.95+ 24.70.11.97	20.60.11.10+ 20.60.11.20+ 20.60.11.30+ 20.60.11.40+ 20.60.11.50+ 20.60.11.90	3513-04
35520-0	35520	35520	5402.10+ 5402.20+ 5402.31+ 5402.32+ 5402.33+ 5402.39+ 5402.41+ 5402.42+ 5402.43+ 5402.49+ 5402.51+ 5402.52+ 5402.59	5402.11+ 5402.19+ 5402.20+ 5402.31+ 5402.32+ 5402.33+ 5402.34+ 5402.39+ 5402.44+ 5402.45+ 5402.46+ 5402.47+ 5402.48+ 5402.49+ 5402.51+ 5402.52+ 5402.59	2430	2030	24.70.12.40+ 24.70.13.13+ 24.70.13.15+ 24.70.13.23+ 24.70.13.25+ 24.70.13.30+ 24.70.13.50+ 24.70.13.70+ 24.70.13.90	20.60.12.20+ 20.60.12.40+ 20.60.12.60+ 20.60.13.10+ 20.60.13.20+ 20.60.13.30+ 20.60.13.40+ 20.60.13.50+ 20.60.13.90	3513-37
35540-0	35540	35540	5502+ 5504	5502+ 5504	2430	2030	24.70.21.00	20.60.21.20+ 20.60.21.40+ 20.60.21.90	3513-07

UN List Code (CPC Ver.1.1 – based)	CPC Ver.1.1	CPC Ver.2	HS 2002	HS 2007	ISIC Rev.3.1	ISIC Rev.4	Prodcom 2002	Prodcom 2008	UN List Code (1971 List) (ISIC Rev.2 – based)
35550-0	35550	35550	5403.10+ 5403.20+ 5403.31+ 5403.32+ 5403.33+ 5403.39	5403.10+ 5403.31+ 5403.32+ 5403.39	2430	2030	24.70.22.00+ 24.70.23.30+ 24.70.23.90	20.60.22.00+ 20.60.23.20+ 20.60.23.90	3513-40
36111-0	36111	36111	4011.10	4011.10	2511	2211	25.11.11.00	22.11.11.00	
36112-0	36112	36112	4011.40+ 4011.50	4011.40+ 4011.50	2511	2211	25.11.12.35+ 25.11.12.37+ 25.11.12.60	22.11.12.00	3551-07
36113-1	36113*	36113*	4011.20	4011.20	2511	2211	25.11.13.55+ 25.11.13.57	22.11.13.55+ 22.11.13.57	
36113-2	36113*	36113*	4011.61+ 4011.62+ 4011.63+ 4011.69+ 4011.92+ 4011.93+ 4011.94+ 4011.99	4011.61+ 4011.62+ 4011.63+ 4011.69+ 4011.92+ 4011.93+ 4011.94+ 4011.99	2511	2211	25.11.14.04+ 25.11.14.06+ 25.11.14.08+ 25.11.14.10	22.11.14.00	3551-04
36220-0	36220	36220	4005+ 4006.90+ 4007+ 4008	4005+ 4006.90+ 4007+ 4008	2519	2219	25.13.20.13+ 25.13.20.15+ 25.13.20.19+ 25.13.20.30+ 25.13.20.50+ 25.13.20.70+ 25.13.20.83+ 25.13.20.85+ 25.13.20.87	22.19.20.13+ 22.19.20.19+ 22.19.20.30+ 22.19.20.50+ 22.19.20.70+ 22.19.20.83+ 22.19.20.85+ 22.19.20.87	
36230-0	36230	36230	4009	4009	2519	2219	25.13.30.30+ 25.13.30.55+ 25.13.30.57+ 25.13.30.59+ 25.13.30.70	22.19.30.30+ 22.19.30.55+ 22.19.30.57+ 22.19.30.59+ 22.19.30.70	3559-07
36240-0	36240	36240	4010	4010	2519	2219	25.13.40.30+ 25.13.40.50+ 25.13.40.75+ 25.13.40.79	22.19.40.30+ 22.19.40.50+ 22.19.40.70+ 22.19.40.90	3559-13
36320-0	36320	36320	3917	3917	2520	2220	25.21.21.30+ 25.21.21.53+ 25.21.21.55+ 25.21.21.57+ 25.21.21.70+ 25.21.22.20+ 25.21.22.35+ 25.21.22.37+ 25.21.22.50+ 25.21.22.70	22.21.21.30+ 22.21.21.53+ 22.21.21.55+ 22.21.21.57+ 22.21.21.70+ 22.21.29.20+ 22.21.29.35+ 22.21.29.37+ 22.21.29.50+ 22.21.29.70	
36410-0	36410	36410	3923.21+ 3923.29	3923.21+ 3923.29	2520	2220	25.22.11.00+ 25.22.12.00	22.22.11.00+ 22.22.12.00	
36490-1	36490*	36490*	3923.10	3923.10	2520	2220	25.22.13.00	22.22.13.00	
36490-2	36490*	36490*	3923.30	3923.30	2520	2220	25.22.14.50+ 25.22.14.70	22.22.14.50+ 22.22.14.70	
36490-3	36490*	36490*	3923.40+ 3923.50	3923.40+ 3923.50	2520	2220	25.22.15.21+ 25.22.15.23+ 25.22.15.25+ 25.22.15.27	22.22.19.10+ 22.22.19.20+ 22.22.19.30	
36910-0	36910	36910	3918	3918	2520	2220	25.23.11.55+ 25.23.11.59+ 25.23.11.90	22.23.11.55+ 22.23.11.59+ 22.23.11.90	

UN List Code (CPC Ver.1.1 – based)	CPC Ver.1.1	CPC Ver.2	HS 2002	HS 2007	ISIC Rev.3.1	ISIC Rev.4	Prodcom 2002	Prodcom 2008	UN List Code (1971 List) (ISIC Rev.2 – based)
36920-0	36920	36920	3919	3919	2520	2220	25.24.21.30+ 25.24.21.55+ 25.24.21.59+ 25.24.21.75+ 25.24.21.79+ 25.24.21.90+ 25.24.22.30+ 25.24.22.55+ 25.24.22.59+ 25.24.22.70+ 25.24.22.90	22.29.21.30+ 22.29.21.50+ 22.29.21.70+ 22.29.21.90+ 22.29.22.30+ 22.29.22.50+ 22.29.22.70+ 22.29.22.90	
36930-0	36930	36930	3922	3922	2520	2220	25.23.12.50+ 25.23.12.70+ 25.23.12.90	22.23.12.50+ 22.23.12.70+ 22.23.12.90	
36940-0	36940	36940	3924	3924	2520	2220	25.24.23.20+ 25.24.23.30+ 25.24.23.50+ 25.24.23.70	22.29.23.20+ 22.29.23.50+ 22.29.23.90	
36980-0	36980	36980	8547.20	8547.20	2520	2733	25.24.26.00	27.33.14.30	
36990-1	36990*	36990*	3926.10	3926.10	2520	2220	25.24.27.00	22.29.25.00	
37112-1	37112*	37112*	7004	7004	2610	2310	26.11.11.75+ 26.11.11.79	23.11.11.50	3620-01
37115-0	37115	37115	7007	7007	2610	2310	26.12.12.15+ 26.12.12.19+ 26.12.12.30+ 26.12.12.53+ 26.12.12.55+ 26.12.12.70	23.12.12.10+ 23.12.12.30+ 23.12.12.50+ 23.12.12.70	3620-07
37121-0	37121	37121	7019.11+ 7019.12+ 7019.19	7019.11+ 7019.12+ 7019.19	2610	2310	26.14.11.10+ 26.14.11.30+ 26.14.11.50+ 26.14.11.70	23.14.11.10+ 23.14.11.30+ 23.14.11.50+ 23.14.11.70	
37129-0	37129	37129	7019.31+ 7019.32+ 7019.39+ 7019.90	7019.31+ 7019.32+ 7019.39+ 7019.90	2610	2310	26.14.12.10+ 26.14.12.30+ 26.14.12.50+ 26.14.12.93+ 26.14.12.95+ 26.14.12.99	23.14.12.10+ 23.14.12.30+ 23.14.12.50+ 23.14.12.93+ 23.14.12.95+ 23.14.12.99	
37191-0	37191	37191	7010.20+ 7010.90	7010.20+ 7010.90	2610	2310	26.13.11.10+ 26.13.11.16+ 26.13.11.22+ 26.13.11.28+ 26.13.11.34+ 26.13.11.40+ 26.13.11.46+ 26.13.11.52	23.13.11.10+ 23.13.11.20+ 23.13.11.30+ 23.13.11.40+ 23.13.11.50+ 23.13.11.60+ 23.13.11.70+ 23.13.11.80	3620-10
37210-0	37210	37210	6910	6910	2691	2393	26.22.10.30+ 26.22.10.50	23.42.10.30+ 23.42.10.50	3610-07
37221-0	37221	37221	6911+ 6912	6911+ 6912	2691	2393	26.21.11.30+ 26.21.11.50+ 26.21.12.10+ 26.21.12.30+ 26.21.12.50+ 26.21.12.90	23.41.11.30+ 23.41.11.50+ 23.41.12.10+ 23.41.12.30+ 23.41.12.50+ 23.41.12.90	
37350-1	37350*	37350*	6904.10	6904.10	2693	2392	26.40.11.10	23.32.11.10	3691-01A
37350-2	37350*	37350*	6905.10	6905.10	2693	2392	26.40.12.50	23.32.12.50	3691-04A

UN List Code (CPC Ver.1.1 – based)	CPC Ver.1.1	CPC Ver.2	HS 2002	HS 2007	ISIC Rev.3.1	ISIC Rev.4	Prodcom 2002	Prodcom 2008	UN List Code (1971 List) (ISIC Rev.2 – based)
37370-0	37370	37370	6907+ 6908	6907+ 6908	2693	2392	26.30.10.10+ 26.30.10.20+ 26.30.10.30+ 26.30.10.53+ 26.30.10.55+ 26.30.10.59+ 26.30.10.71+ 26.30.10.73+ 26.30.10.75+ 26.30.10.79	23.31.10.10+ 23.31.10.20+ 23.31.10.30+ 23.31.10.53+ 23.31.10.57+ 23.31.10.71+ 23.31.10.73+ 23.31.10.75+ 23.31.10.79	3691-07
37420-0	37420	37420	2522	2522	2694	2394	26.52.10.33+ 26.52.10.35+ 26.52.10.50	23.52.10.33+ 23.52.10.35+ 23.52.10.50	3692-01
37440-0	37440	37440	2523.21+ 2523.29+ 2523.30+ 2523.90	2523.21+ 2523.29+ 2523.30+ 2523.90	2694	2394	26.51.12.10+ 26.51.12.30+ 26.51.12.50+ 26.51.12.90	23.51.12.10+ 23.51.12.90	3692-04
37530-0	37530	37530	6809	6809	2695	2395	26.62.10.50+ 26.62.10.90+ 26.66.11.00	23.62.10.50+ 23.62.10.90+ 23.69.11.00	
37540-0	37540	37540	6810.11+ 6810.19	6810.11+ 6810.19	2695	2395	26.61.11.30+ 26.61.11.50	23.61.11.30+ 23.61.11.50	3699-10
37550-0	37550	37550	6810.91	6810.91	2695	2395	26.61.12.00	23.61.12.00	
37570-0	37570	37570	6811	6811	2695	2395	26.65.12.30+ 26.65.12.50+ 26.65.12.90	23.65.12.20+ 23.65.12.40+ 23.65.12.60+ 23.65.12.80	3699-01
38110-0	38111+ 38112+ 38119	38111+ 38112+ 38119	9401.10+ 9401.20+ 9401.30+ 9401.40+ 9401.50+ 9401.61+ 9401.69+ 9401.71+ 9401.79+ 9401.80	9401.10+ 9401.20+ 9401.30+ 9401.40+ 9401.51+ 9401.59+ 9401.61+ 9401.69+ 9401.71+ 9401.79+ 9401.80	3610	2930+ 3030+ 3100	36.11.11.10+ 36.11.11.30+ 36.11.11.55+ 36.11.11.59+ 36.11.11.70+ 36.11.11.90+ 36.11.12.10+ 36.11.12.30+ 36.11.12.50+ 36.11.12.90+ 36.11.13.00	29.32.10.00+ 30.30.50.10*+ 31.00.11.55+ 31.00.11.59+ 31.00.11.70+ 31.00.11.90+ 31.00.12.10+ 31.00.12.30+ 31.00.12.50+ 31.00.12.90+ 31.00.13.00	
38121-0	38121	38121	9403.10	9403.10	3610	3100	36.12.11.10+ 36.12.11.30+ 36.12.11.50+ 36.12.11.73+ 36.12.11.75+ 36.12.11.90	31.01.11.10+ 31.01.11.40+ 31.01.11.70	
38122-0	38122	38122	9403.30	9403.30	3610	3100	36.12.12.30+ 36.12.12.50+ 36.12.12.70+ 36.12.12.90	31.01.12.00	
38130-0	38130	38130	9403.40	9403.40	3610	3100	36.13.10.50+ 36.13.10.90	31.02.10.00	
38140-1	38140*	38140*	9403.50	9403.50	3610	3100	36.14.12.30	31.09.12.30	
38140-2	38140*	38140*	9403.70	9403.70	3610	3100	36.14.14.30	31.09.14.30	
38140-3	38140*	38140*	9403.20*	9403.20*	3610	3100	36.14.11.00*	31.09.11.00*	
38150-1	38150*	38150*	9404.21+ 9404.29	9404.21+ 9404.29	3610	3100	36.15.12.30+ 36.15.12.50+ 36.15.12.70+ 36.15.12.90	31.03.12.30+ 31.03.12.50+ 31.03.12.70+ 31.03.12.90	3320-01
38220-0	38220	38220	7101.22+ 7102.39+ 7103.91+ 7103.99+ 7104.90	7101.22+ 7102.39+ 7103.91+ 7103.99+ 7104.90	3691	3211	36.22.11.10+ 36.22.11.30+ 36.22.11.50+ 36.22.11.70	32.12.11.00	

UN List Code (CPC Ver.1.1 – based)	CPC Ver.1.1	CPC Ver.2	HS 2002	HS 2007	ISIC Rev.3.1	ISIC Rev.4	Prodcom 2002	Prodcom 2008	UN List Code (1971 List) (ISIC Rev.2 – based)
38240-1	38240*	38240*	7113+ 7114	7113+ 7114	3691	3211	36.22.13.30+ 36.22.13.51+ 36.22.13.53+ 36.22.13.55	32.12.13.30+ 32.12.13.51+ 32.12.13.53+ 32.12.13.55	
38240-2	38240*	38240*	7116.10	7116.10	3691	3211	36.22.14.50	32.12.14.00*	
38310-0	38310	38310	9201	9201	3692	3220	36.30.11.10+ 36.30.11.30+ 36.30.11.50	32.20.11.10+ 32.20.11.30+ 32.20.11.50	3902-01
38320-0	38320	38320	9202	9202	3692	3220	36.30.12.35+ 36.30.12.39+ 36.30.12.50+ 36.30.12.90	32.20.12.00	3902-04
38410-0	38410	38410	9506.11+ 9506.12+ 9506.19+ 9506.70	9506.11+ 9506.12+ 9506.19+ 9506.70	3693	3230	36.40.11.33+ 36.40.11.35+ 36.40.11.37+ 36.40.11.53+ 36.40.11.55+ 36.40.11.57	32.30.11.31+ 32.30.11.37+ 32.30.11.50	
38430-0	38430	38430	9506.91	9506.91	3693	3230	36.40.13.00	32.30.14.00	
38440-1	38440*	38440*	9506.31+ 9506.32+ 9506.39	9506.31+ 9506.32+ 9506.39	3693	3230	36.40.14.30	32.30.15.30	
38450-0	38450	38450	9507	9507	3693	3230	36.40.15.30+ 36.40.15.50	32.30.16.00	
38520-0	38520	38520	9502.10+ 9503.41+ 9503.49	9503*	3694	3240	36.50.11.00+ 36.50.12.30+ 36.50.12.53+ 36.50.12.55+ 36.50.12.59	32.40.11.00+ 32.40.12.00	3909-01
38580-0	38580	38581+ 38582	9504.10	9504.10	3694	2640	36.50.42.00	26.40.60.00	
38700-0	38700	38701+ 38702+ 38703+ 38704	9406	9406	2022	1622+ 2220+ 2395+ 2511	20.30.20.00+ 25.23.20.00+ 26.61.20.00+ 28.11.10.30+ 28.11.10.50	16.23.20.00+ 25.11.10.30+ 39.99.00.Z0	
38911-1	38911*	38911*	9608	9608	3699	3290	36.63.21.13+ 36.63.21.15+ 36.63.21.17+ 36.63.21.19+ 36.63.21.30+ 36.63.21.50+ 36.63.22.30+ 36.63.22.55+ 36.63.22.59+ 36.63.23.10+ 36.63.23.35+ 36.63.23.39+ 36.63.23.53+ 36.63.23.55	32.99.12.10+ 32.99.12.30+ 32.99.12.50+ 32.99.13.30+ 32.99.13.50+ 32.99.14.10+ 32.99.14.30+ 32.99.14.50	3909-04
38911-2	38911*	38911*	9609	9609	3699	3290	36.63.24.10+ 36.63.24.30+ 36.63.24.50	32.99.15.10+ 32.99.15.30+ 32.99.15.50	3909-07
38921-0	38921	38921	6601+ 6602	6601+ 6602	3699	3290	36.63.31.30+ 36.63.31.50	32.99.21.30+ 32.99.21.50	
38997-0	38997	38997	7117	7117	3699	3212	36.61.10.30+ 36.61.10.50+ 36.61.10.90	32.13.10.00*	
41111-0	41111	41111	7201	7201	2710	2410	27.10.11.33+ 27.10.11.Z1+ 27.10.11.51+ 27.10.11.53+ 27.10.11.57	24.10.11.00	

UN List Code (CPC Ver.1.1 – based)	CPC Ver.1.1	CPC Ver.2	HS 2002	HS 2007	ISIC Rev.3.1	ISIC Rev.4	Prodcom 2002	Prodcom 2008	UN List Code (1971 List) (ISIC Rev.2 – based)
41112-0	41112	41112	7202.11+ 7202.19	7202.11+ 7202.19	2710	2410	27.10.12.00+ 27.35.11.00	24.10.12.15	
41113-0	41113	41113	7202.41+ 7202.49	7202.41+ 7202.49	2710	2410	27.35.12.00	24.10.12.60	3710-131
41115-1	41115*	41115*	7202.21+ 7202.29	7202.21+ 7202.29	2710	2410	27.35.20.13	24.10.12.30	3710-134
41120-0	41121+ 41122	41121+ 41122	7206+ 7207+ 7218+ 7224	7206+ 7207+ 7218+ 7224	2710	2410	27.10.20.Z1+ 27.10.20.Z2+ 27.10.20.Z3+ 27.10.20.Z4+ 27.10.30.Z1+ 27.10.30.Z4+ 27.10.30.Z5+ 27.10.30.Z6+ 27.10.30.Z7+ 27.10.30.Z8+ 27.10.30.Z9+ 27.35.41.00+ 27.35.42.30+ 27.35.42.50	24.10.21.10+ 24.10.21.Z0+ 24.10.22.10+ 24.10.22.Z0+ 24.10.23.10+ 24.10.23.Z0	
41210-0	41211+ 41212+ 41213+ 41214	41211+ 41212+ 41213+ 41214	7208.10+ 7208.25+ 7208.26+ 7208.27+ 7208.36+ 7208.37+ 7208.38+ 7208.39+ 7208.40+ 7208.51+ 7208.52+ 7208.53+ 7208.54+ 7211.13+ 7211.14+ 7211.19+ 7219.11+ 7219.12+ 7219.13+ 7219.14+ 7219.21+ 7219.22+ 7219.23+ 7219.24+ 7220.11+ 7220.12+ 7225.30+ 7225.40+ 7226.91	7208.10+ 7208.25+ 7208.26+ 7208.27+ 7208.36+ 7208.37+ 7208.38+ 7208.39+ 7208.40+ 7208.51+ 7208.52+ 7208.53+ 7208.54+ 7211.13+ 7211.14+ 7211.19+ 7219.11+ 7219.12+ 7219.13+ 7219.14+ 7219.21+ 7219.22+ 7219.23+ 7219.24+ 7220.11+ 7220.12+ 7225.30+ 7225.40+ 7226.91	2710	2410	27.10.40.01+ 27.10.40.02+ 27.10.40.31+ 27.10.41.Z1*+ 27.10.41.Z2*+ 27.10.41.Z8+ 27.10.42.Z1+ 27.10.42.Z2+ 27.10.42.Z3*+ 27.10.42.Z4+ 27.10.42.Z5*	24.10.31.10+ 24.10.31.30+ 24.10.31.50*+ 24.10.32.10+ 24.10.32.30+ 24.10.33.30+ 24.10.33.40+ 24.10.33.Z0+ 24.10.34.Z0+ 24.10.35.10+ 24.10.35.20*+ 24.10.35.30+ 24.10.35.40+ 24.10.36.00	

UN List Code (CPC Ver.1.1 – based)	CPC Ver.1.1	CPC Ver.2	HS 2002	HS 2007	ISIC Rev.3.1	ISIC Rev.4	Prodcom 2002	Prodcom 2008	UN List Code (1971 List) (ISIC Rev.2 – based)
41220-0	41221+ 41222+ 41223+ 41224	41221+ 41222+ 41223+ 41224	7209.15+ 7209.16+ 7209.17+ 7209.18+ 7209.25+ 7209.26+ 7209.27+ 7209.28+ 7211.23+ 7211.29+ 7219.31+ 7219.32+ 7219.33+ 7219.34+ 7219.35+ 7220.20+ 7225.50+ 7226.92	7209.15+ 7209.16+ 7209.17+ 7209.18+ 7209.25+ 7209.26+ 7209.27+ 7209.28+ 7211.23+ 7211.29+ 7219.31+ 7219.32+ 7219.33+ 7219.34+ 7219.35+ 7220.20+ 7225.50+ 7226.92	2710	2410	27.10.40.51+ 27.10.40.63+ 27.10.41.Z3+ 27.32.10.Z1+ 27.32.10.Z2+ 27.32.10.Z3+ 27.32.10.Z4+ 27.10.40.54+ 27.10.40.55+ 27.32.30.Z2+ 27.10.42.Z5*+ 27.32.30.Z1*	24.10.35.20*+ 24.10.41.50+ 24.10.41.Z0*+ 24.10.42.00*+ 24.10.43.00+ 24.32.10.25+ 24.32.10.Z1*+ 24.32.10.Z2*	
41232-1	41232*	41231*	7210.11+ 7210.12+ 7212.10	7210.11+ 7210.12+ 7212.10	2710	2410	27.32.20.Z1*+ 27.10.41.Z4*	24.10.51.10*+ 24.32.20.Z1*	3710-55
41232-2	41232*	41231*	7210.30+ 7210.41+ 7210.49+ 7212.20+ 7212.30	7210.30+ 7210.41+ 7210.49+ 7212.20+ 7212.30	2710	2410	27.10.40.84+ 27.10.40.85+ 27.32.20.Z1*	24.10.51.20+ 24.10.51.30*+ 24.32.20.Z1*	3710-58
41232-3	41232*	41231*	7210.20	7210.20	2710	2410	27.10.41.Z9*	24.10.51.30*	
41232-4	41232*	41231*	7210.50+ 7210.61+ 7210.69+ 7210.70+ 7210.90+ 7212.40+ 7212.50+ 7212.60	7210.50+ 7210.61+ 7210.69+ 7210.70+ 7210.90+ 7212.40+ 7212.50+ 7212.60	2710	2410	27.10.41.Z4*+ 27.10.40.91+ 27.10.41.Z9*+ 27.10.41.Z7+ 27.10.41.Z2*+ 27.32.20.Z2+ 27.32.20.Z1*+ 27.10.41.Z1*+ 27.32.20.40	24.10.51.10*+ 24.10.51.30*+ 24.10.51.40+ 24.10.51.50+ 24.32.20.10+ 24.32.20.Z1*+ 24.32.20.Z2	
41233-0	41233	41233	7225.11+ 7225.19+ 7226.11+ 7226.19	7225.11+ 7225.19+ 7226.11+ 7226.19	2710	2410	27.10.40.65+ 27.10.42.Z3*+ 27.10.42.Z5*+ 27.32.30.13+ 27.32.30.Z1*	24.10.53.10+ 24.10.53.30+ 24.10.54.10+ 24.10.54.30	3710-46
41240-0	41241+ 41242+ 41243+ 41244	41241+ 41242+ 41243+ 41244	7213+ 7214+ 7221+ 7222.11+ 7222.19+ 7227+ 7228.30	7213+ 7214+ 7221+ 7222.11+ 7222.19+ 7227+ 7228.30	2710	2410	27.10.50.10+ 27.10.50.30+ 27.10.50.50+ 27.10.50.70+ 27.10.60.Z1+ 27.10.60.Z2+ 27.35.50.00	24.10.61.10+ 24.10.61.20+ 24.10.61.30+ 24.10.61.40+ 24.10.61.90+ 24.10.62.10+ 24.10.62.30+ 24.10.62.50+ 24.10.63.00+ 24.10.64.10+ 24.10.64.30+ 24.10.65.10+ 24.10.65.30+ 24.10.65.50+ 24.10.65.70+ 24.10.66.30+ 24.10.66.40*+ 24.10.66.50*	

UN List Code (CPC Ver.1.1 – based)	CPC Ver.1.1	CPC Ver.2	HS 2002	HS 2007	ISIC Rev.3.1	ISIC Rev.4	Prodcom 2002	Prodcom 2008	UN List Code (1971 List) (ISIC Rev.2 – based)
41240-1	41241+ 41243	41241+ 41243	7213+ 7221+ 7227	7213+ 7221+ 7227	2710	2410	27.10.50.10+ 27.10.50.30+ 27.10.50.50+ 27.10.50.70	24.10.61.10+ 24.10.61.20+ 24.10.61.30+ 24.10.61.40+ 24.10.61.90+ 24.10.63.00+ 24.10.65.10+ 24.10.65.30+ 24.10.65.50+ 24.10.65.70	3710-28
41251-0	41251	41251	7216.10+ 7216.21+ 7216.22+ 7216.31+ 7216.32+ 7216.33+ 7216.40+ 7216.50	7216.10+ 7216.21+ 7216.22+ 7216.31+ 7216.32+ 7216.33+ 7216.40+ 7216.50	2710	2410	27.10.70.13+ 27.10.70.Z1	24.10.71.10+ 24.10.71.20+ 24.10.71.30+ 24.10.71.40	
41252-0	41252	41252	7301	7301	2710	2410	27.10.81.00+ 27.35.61.00	24.10.74.10+ 24.10.74.20	
41253-0	41253	41253	7302	7302	2710	2410	27.10.82.30+ 27.10.82.50+ 27.35.62.00	24.10.75.00	3710-67
41260-1	41263 + 41266	41263+ 41267	7217+ 7223+ 7229	7217+ 7223+ 7229	2710	2410	27.34.11.30+ 27.34.11.50+ 27.34.11.70+ 27.34.12.30+ 27.34.12.50	24.34.11.30+ 24.34.11.50+ 24.34.11.70+ 24.34.12.00+ 24.34.13.00	3710-70
41265-0	41265	41266	7222.40+ 7228.70	7222.40+ 7228.70	2710	2410	27.10.70.53+ 27.10.70.Z2+ 27.31.30.30*+ 27.31.30.50+ 27.33.12.00	24.10.72.00+ 24.10.73.00+ 24.31.20.50+ 24.33.12.00	
41270-1	41271+ 41272+ 41273+ 41274+ 41275+ 41276+ 41277	41281+ 41282+ 41283+ 41284+ 41285+ 41286+ 41287+ 41288+ 41289+ 41291	7303+ 7304+ 7305+ 7306	7303+ 7304+ 7305+ 7306	2710	2410+ 2431	27.21.10.00+ 27.22.10.10+ 27.22.10.21+ 27.22.10.23+ 27.22.10.41+ 27.22.10.43+ 27.22.10.45+ 27.22.10.61+ 27.22.10.65+ 27.22.10.70+ 27.22.10.81+ 27.22.10.83+ 27.22.10.85+ 27.22.10.91+ 27.22.10.93	24.20.11.10+ 24.20.11.50+ 24.20.12.10+ 24.20.12.50+ 24.20.13.10+ 24.20.13.30+ 24.20.13.50+ 24.20.13.70+ 24.20.14.00+ 24.20.21.10+ 24.20.21.50+ 24.20.22.00+ 24.20.23.00+ 24.20.24.00+ 24.20.31.10+ 24.20.31.50+ 24.20.32.10+ 24.20.32.50+ 24.20.33.10+ 24.20.33.40+ 24.20.33.70+ 24.20.34.10+ 24.20.34.30+ 24.20.34.50+ 24.20.34.70+ 24.20.35.00+ 24.51.20.00	

UN List Code (CPC Ver.1.1 – based)	CPC Ver.1.1	CPC Ver.2	HS 2002	HS 2007	ISIC Rev.3.1	ISIC Rev.4	Prodcom 2002	Prodcom 2008	UN List Code (1971 List) (ISIC Rev.2 – based)
41278-0	41278	41292+ 41293	7307	7307	2710	2410+ 2431	27.21.20.33+ 27.21.20.35+ 27.21.20.50+ 27.21.20.70+ 27.22.20.10+ 27.22.20.30+ 27.22.20.50+ 27.22.20.73+ 27.22.20.75	24.20.40.10+ 24.20.40.30+ 24.20.40.50+ 24.20.40.73+ 24.20.40.75+ 24.51.30.30+ 24.51.30.50+ 24.52.30.00	
41310-0	41310	41310	7106	7106	2720	2420	27.41.10.30+ 27.41.10.50	24.41.10.30+ 24.41.10.50	
41320-0	41320	41320	7108	7108	2720	2420	27.41.20.30+ 27.41.20.50+ 27.41.20.70	24.41.20.30+ 24.41.20.50+ 24.41.20.70	
41330-0	41330	41330	7110+ 7115.10	7110+ 7115.10	2720	2420	27.41.30.30+ 27.41.30.50+ 36.22.14.70	24.41.30.30+ 24.41.30.50+ 24.41.30.70	
41412-0	41412	41412	7402	7402	2720	2420	27.44.12.00	24.44.12.00	3720-01
41413-1	41413*	41413*	7403.11+ 7403.12+ 7403.13+ 7403.19	7403.11+ 7403.12+ 7403.13+ 7403.19	2720	2420	27.44.13.30	24.44.13.30	3720-04
41422-0	41422	41422	7502	7502	2720	2420	27.45.12.30+ 27.45.12.50	24.45.11.00	3720-20
41431-1	41431*	41431*	7601.10	7601.10	2720	2420	27.42.11.30	24.42.11.30	3720-22
41432-0	41432	41432	2818.20	2818.20	2720	2420	27.42.12.00	24.42.12.00	3720-21
41441-1	41441*	41441*	7801.10	7801.10	2720	2420	27.43.11.30	24.43.11.30	3720-37
41442-1	41442*	41442*	7901.11+ 7901.12	7901.11+ 7901.12	2720	2420	27.43.12.30	24.43.12.30	3720-43
41532-0	41532	41532	7604	7604	2720	2420	27.42.22.30+ 27.42.22.50	24.42.22.30+ 24.42.22.50	
41536-0	41536	41536	7608+ 7609	7608+ 7609	2720	2420	27.42.26.30+ 27.42.26.50+ 27.42.26.70	24.42.26.30+ 24.42.26.50+ 24.42.26.70	
41600-1	41601*+ 41602*	39367*+ 41601*+ 41602*	8107	8107	2720	2420	27.45.30.35+ 27.45.30.37	24.45.30.30*	3720-52
42110-0	42110	42110	7308.10+ 7308.20	7308.10+ 7308.20	2811	2511	28.11.21.00+ 28.11.22.00	25.11.21.00+ 25.11.22.00	
42120-0	42120	42120	7308.30+ 7610.10	7308.30+ 7610.10	2811	2511	28.12.10.30+ 28.12.10.50	25.12.10.30+ 25.12.10.50	
42190-1	42190*	42190*	7308.40	7308.40	2811	2511	28.11.23.10	25.11.23.10	
42190-2	42190*	42190*	7308.90+ 7610.90	7308.90+ 7610.90	2811	2410+ 2511	28.11.23.30+ 28.11.23.40+ 28.11.23.50+ 28.11.23.60+ 28.11.23.70	24.33.30.00+ 25.11.23.30+ 25.11.23.50+ 25.11.23.60+ 25.11.23.70	
42200-0	42210+ 42220	42210+ 42220	7309+ 7311+ 7611+ 7613	7309+ 7311+ 7611+ 7613	2812	2512	28.21.11.10+ 28.21.11.20+ 28.21.11.30+ 28.21.11.50+ 28.21.11.70+ 28.21.12.30+ 28.21.12.50	25.29.11.10+ 25.29.11.20+ 25.29.11.30+ 25.29.11.50+ 25.29.11.70+ 25.29.12.00	
42913-0	42913	42913	8211+ 8213	8211+ 8213	2893	2593	28.61.11.13+ 28.61.11.19+ 28.61.11.20+ 28.61.11.30+ 28.61.11.50+ 28.61.11.70	25.71.11.15+ 25.71.11.30+ 25.71.11.45+ 25.71.11.60+ 25.71.11.75+ 25.71.11.90	
42916-0	42916	42916	8215	8215	2893	2593	28.61.14.40+ 28.61.14.70	25.71.14.30+ 25.71.14.80	

UN List Code (CPC Ver.1.1 – based)	CPC Ver.1.1	CPC Ver.2	HS 2002	HS 2007	ISIC Rev.3.1	ISIC Rev.4	Prodcom 2002	Prodcom 2008	UN List Code (1971 List) (ISIC Rev.2 – based)
42921-0	42921	42921	8201+ 8202+ 8203+ 8204+ 8205+ 8206	8201+ 8202+ 8203+ 8204+ 8205+ 8206	2893	2593	28.62.10.10+ 28.62.10.20+ 28.62.10.30+ 28.62.10.40+ 28.62.10.50+ 28.62.10.60+ 28.62.10.70+ 28.62.20.10+ 28.62.20.20+ 28.62.20.30+ 28.62.20.50+ 28.62.20.91+ 28.62.20.93+ 28.62.20.95+ 28.62.20.99+ 28.62.30.13+ 28.62.30.15+ 28.62.30.17+ 28.62.30.23+ 28.62.30.25+ 28.62.30.33+ 28.62.30.35+ 28.62.30.37+ 28.62.30.53+ 28.62.30.55+ 28.62.30.57+ 28.62.30.63+ 28.62.30.65+ 28.62.30.73+ 28.62.30.77+ 28.62.30.83+ 28.62.30.85+ 28.62.30.87+ 28.62.30.89	25.73.10.10+ 25.73.10.20+ 25.73.10.30+ 25.73.10.40+ 25.73.10.50+ 25.73.10.60+ 25.73.10.70+ 25.73.20.10+ 25.73.20.20+ 25.73.20.30+ 25.73.20.50+ 25.73.20.93+ 25.73.20.95+ 25.73.20.99+ 25.73.30.13+ 25.73.30.15+ 25.73.30.17+ 25.73.30.23+ 25.73.30.25+ 25.73.30.33+ 25.73.30.35+ 25.73.30.37+ 25.73.30.53+ 25.73.30.55+ 25.73.30.57+ 25.73.30.63+ 25.73.30.65+ 25.73.30.73+ 25.73.30.77+ 25.73.30.83+ 25.73.30.85+ 25.73.30.87	

UN List Code (CPC Ver.1.1 – based)	CPC Ver.1.1	CPC Ver.2	HS 2002	HS 2007	ISIC Rev.3.1	ISIC Rev.4	Prodcom 2002	Prodcom 2008	UN List Code (1971 List) (ISIC Rev.2 – based)
42922-1	42922*	42922*	8207	8207	2893	2593	28.62.50.13+ 28.62.50.15+ 28.62.50.17+ 28.62.50.23+ 28.62.50.24+ 28.62.50.33+ 28.62.50.39+ 28.62.40.14+ 28.62.40.16+ 28.62.40.19+ 28.62.40.23+ 28.62.40.25+ 28.62.40.27+ 28.62.40.31+ 28.62.40.33+ 28.62.40.35+ 28.62.40.37+ 28.62.40.44+ 28.62.40.45+ 28.62.40.48+ 28.62.40.50+ 28.62.40.61+ 28.62.40.65+ 28.62.40.67+ 28.62.40.69+ 28.62.40.71+ 28.62.40.74+ 28.62.40.79+ 28.62.40.81+ 28.62.40.83+ 28.62.40.85+ 28.62.40.87+ 28.62.40.89	25.73.40.14+ 25.73.40.16+ 25.73.40.19+ 25.73.40.23+ 25.73.40.25+ 25.73.40.27+ 25.73.40.31+ 25.73.40.33+ 25.73.40.35+ 25.73.40.37+ 25.73.40.44+ 25.73.40.45+ 25.73.40.48+ 25.73.40.50+ 25.73.40.61+ 25.73.40.65+ 25.73.40.67+ 25.73.40.69+ 25.73.40.71+ 25.73.40.74+ 25.73.40.79+ 25.73.40.81+ 25.73.40.83+ 25.73.40.85+ 25.73.40.87+ 25.73.40.89+ 25.73.60.13+ 25.73.60.18+ 25.73.60.23+ 25.73.60.24+ 25.73.60.33+ 25.73.60.39	
42922-2	42922*	42922*	8208	8208	2893	2593	28.62.50.43+ 28.62.50.45+ 28.62.50.53+ 28.62.50.55+ 28.62.50.63+ 28.62.50.65	25.73.60.43+ 25.73.60.45+ 25.73.60.53+ 25.73.60.55+ 25.73.60.63+ 25.73.60.65	
42922-3	42922*	42922*	8209	8209	2893	2593	28.62.50.67+ 28.62.50.90	25.73.60.67+ 25.73.60.90	
42931-0	42931	42931	7310+ 7612	7310+ 7612	2899	2599	28.71.11.00+ 28.71.12.00+ 28.72.11.33+ 28.72.11.35+ 28.72.11.50+ 28.72.12.10+ 28.72.12.30+ 28.72.12.50+ 28.72.12.60+ 28.72.12.80	25.91.11.00+ 25.91.12.00+ 25.92.11.33+ 25.92.11.35+ 25.92.11.50+ 25.92.12.10+ 25.92.12.30+ 25.92.12.50+ 25.92.12.60+ 25.92.12.80	
42940-1	42941+ 42942	42941+ 42942	7312+ 7413+ 7614	7312+ 7413+ 7614	2899	2599	28.73.11.30+ 28.73.11.50+ 28.73.12.50+ 28.73.12.70	25.93.11.30+ 25.93.11.50+ 25.93.12.50+ 25.93.12.70	3819-10

UN List Code (CPC Ver.1.1 – based)	CPC Ver.1.1	CPC Ver.2	HS 2002	HS 2007	ISIC Rev.3.1	ISIC Rev.4	Prodcom 2002	Prodcom 2008	UN List Code (1971 List) (ISIC Rev.2 – based)
42944-0	42944	42944	7317+ 7318+ 7415+ 7616.10	7317+ 7318+ 7415+ 7616.10	2899	2599	28.73.14.10+ 28.73.14.20+ 28.73.14.30+ 28.73.14.40+ 28.73.14.50+ 28.73.14.60+ 28.73.14.70+ 28.73.14.80+ 28.74.11.13+ 28.74.11.15+ 28.74.11.17+ 28.74.11.23+ 28.74.11.25+ 28.74.11.27+ 28.74.11.29+ 28.74.11.31+ 28.74.11.33+ 28.74.11.35+ 28.74.11.39+ 28.74.11.53+ 28.74.11.55+ 28.74.11.57+ 28.74.11.73+ 28.74.11.75+ 28.74.11.83+ 28.74.11.85+ 28.74.11.87+ 28.74.11.90+ 28.74.12.10+ 28.74.12.30+ 28.74.12.50+ 28.74.12.70+ 28.74.13.10+ 28.74.13.20+ 28.74.13.40+ 28.74.13.70	25.93.14.10+ 25.93.14.80+ 25.94.11.13+ 25.94.11.15+ 25.94.11.17+ 25.94.11.23+ 25.94.11.25+ 25.94.11.27+ 25.94.11.29+ 25.94.11.31+ 25.94.11.33+ 25.94.11.35+ 25.94.11.39+ 25.94.11.53+ 25.94.11.57+ 25.94.11.73+ 25.94.11.75+ 25.94.11.83+ 25.94.11.85+ 25.94.11.87+ 25.94.11.90+ 25.94.12.10+ 25.94.12.30+ 25.94.12.50+ 25.94.12.70+ 25.94.13.10+ 25.94.13.40+ 25.94.13.70	3819-13
42945-1	42945*	42945	7320	7320	2899	2599	28.74.14.13+ 28.74.14.15+ 28.74.14.17+ 28.74.14.31+ 28.74.14.33+ 28.74.14.35+ 28.74.14.37+ 28.74.14.53+ 28.74.14.55+ 28.74.14.60	25.93.16.13+ 25.93.16.15+ 25.93.16.17+ 25.93.16.31+ 25.93.16.33+ 25.93.16.35+ 25.93.16.37+ 25.93.16.53+ 25.93.16.55+ 25.93.16.60	
42992-1	42992*	42992*	8301.10+ 8301.20+ 8301.30+ 8301.40+ 8301.50+ 8301.70+ 8302	8301.10+ 8301.20+ 8301.30+ 8301.40+ 8301.50+ 8301.70+ 8302	2893	2593	28.63.11.30+ 28.63.11.50+ 28.63.11.70+ 28.63.12.30+ 28.63.12.50+ 28.63.12.70+ 28.63.13.30+ 28.63.13.50+ 28.63.14.10+ 28.63.14.20+ 28.63.14.30+ 28.63.14.40+ 28.63.14.50+ 28.63.14.60+ 28.63.14.70+ 28.75.27.81	25.72.11.30+ 25.72.11.50+ 25.72.11.70+ 25.72.12.30+ 25.72.12.50+ 25.72.12.70+ 25.72.13.30+ 25.72.13.50+ 25.72.14.10+ 25.72.14.20+ 25.72.14.30+ 25.72.14.40+ 25.72.14.50+ 25.72.14.60+ 25.72.14.70+ 25.72.14.80	3811-04
42999-1	42999*	42999*	8310.00	8310.00	2899	2599	28.75.27.87	25.99.29.87	

UN List Code (CPC Ver.1.1 – based)	CPC Ver.1.1	CPC Ver.2	HS 2002	HS 2007	ISIC Rev.3.1	ISIC Rev.4	Prodcom 2002	Prodcom 2008	UN List Code (1971 List) (ISIC Rev.2 – based)
43110-1	43110*	43110*	8407.21+ 8407.29+ 8407.90	8407.21+ 8407.29+ 8407.90	2911	2811	29.11.11.00+ 29.11.12.30+ 29.11.12.50	28.11.11.00+ 28.11.12.00	3821-08
43110-2	43110*	43110*	8408.10+ 8408.90	8408.10+ 8408.90	2911	2811	29.11.13.11+ 29.11.13.13+ 29.11.13.15+ 29.11.13.17+ 29.11.13.19+ 29.11.13.20+ 29.11.13.31+ 29.11.13.33+ 29.11.13.35+ 29.11.13.37+ 29.11.13.53+ 29.11.13.55+ 29.11.13.57+ 29.11.13.73+ 29.11.13.75	28.11.13.11+ 28.11.13.15+ 28.11.13.19+ 28.11.13.20+ 28.11.13.31+ 28.11.13.33+ 28.11.13.35+ 28.11.13.37+ 28.11.13.53+ 28.11.13.55+ 28.11.13.57+ 28.11.13.73+ 28.11.13.75	3821-04
43120-1	43121+ 43122	43121+ 43122	8407.31*+ 8407.32*+ 8407.33*+ 8407.34*	8407.31*+ 8407.32*+ 8407.33*+ 8407.34*	3410	2910	34.10.11.30+ 34.10.11.50+ 34.10.12.00	29.10.11.00+ 29.10.12.00	3843-04
43123-0	43123	43123	8408.20	8408.20	3410	2910	34.10.13.00	29.10.13.00	3843-01
43131-0	43131	43131	8407.10	8407.10	3530	3030	35.30.11.00	30.30.11.00	
43132-1	43132*	43132*	8411.11	8411.11	3530	3030	35.30.12.10	30.30.12.00*	
43132-2	43132*	43132*	8411.12	8411.12	3530	3030	35.30.12.30	30.30.12.00*	
43132-3	43132*	43132*	8411.21	8411.21	3530	3030	35.30.12.50	30.30.12.00*	
43132-4	43132*	43132*	8411.22	8411.22	3530	3030	35.30.12.70	30.30.12.00*	
43134-1	43134*	43134*	8805.10	8805.10	3530	2829	35.30.14.30	28.99.39.65	
43141-0	43141	43141	8406.10+ 8406.81+ 8406.82	8406.10+ 8406.81+ 8406.82	2911	2811	29.11.21.30+ 29.11.21.50	28.11.21.30+ 28.11.21.50	3821-01
43220-0	43220	43220	8413.11+ 8413.19+ 8413.20+ 8413.30+ 8413.40+ 8413.50+ 8413.60+ 8413.70+ 8413.81+ 8413.82	8413.11+ 8413.19+ 8413.20+ 8413.30+ 8413.40+ 8413.50+ 8413.60+ 8413.70+ 8413.81+ 8413.82	2912	2812+ 2813	29.12.21.10+ 29.12.21.30+ 29.12.21.50+ 29.12.21.70+ 29.12.21.90+ 29.12.22.10+ 29.12.22.30+ 29.12.22.50+ 29.12.22.70+ 29.12.22.90+ 29.12.23.10+ 29.12.23.33+ 29.12.23.35+ 29.12.23.53+ 29.12.23.55+ 29.12.23.73+ 29.12.23.75+ 29.12.24.13+ 29.12.24.15+ 29.12.24.17+ 29.12.24.20+ 29.12.24.30+ 29.12.24.51	28.12.13.20+ 28.12.13.50+ 28.12.13.80+ 28.12.15.30+ 28.12.15.80+ 28.13.11.05+ 28.13.11.25+ 28.13.11.45+ 28.13.11.65+ 28.13.11.85+ 28.13.12.20+ 28.13.12.50+ 28.13.12.80+ 28.13.13.20+ 28.13.13.40+ 28.13.13.60+ 28.13.13.80+ 28.13.14.13+ 28.13.14.15+ 28.13.14.17+ 28.13.14.20+ 28.13.14.30+ 28.13.14.51+ 28.13.14.53+ 28.13.14.55+ 28.13.14.60+ 28.13.14.71+ 28.13.14.75+ 28.13.14.80	3829-42

UN List Code (CPC Ver.1.1 – based)	CPC Ver.1.1	CPC Ver.2	HS 2002	HS 2007	ISIC Rev.3.1	ISIC Rev.4	Prodcom 2002	Prodcom 2008	UN List Code (1971 List) (ISIC Rev.2 – based)
43230-0	43230	43230	8414.10+ 8414.20+ 8414.30+ 8414.40+ 8414.80	8414.10+ 8414.20+ 8414.30+ 8414.40+ 8414.80	2912	2813	29.12.31.30+ 29.12.31.50+ 29.12.31.70+ 29.12.32.00+ 29.12.33.33+ 29.12.33.35+ 29.12.33.37+ 29.12.34.30+ 29.12.34.50+ 29.12.35.30+ 29.12.35.50+ 29.12.36.30+ 29.12.36.50+ 29.12.36.70+ 29.12.36.90+ 29.12.37.30+ 29.12.37.53+ 29.12.37.55+ 29.12.38.00	28.13.21.70+ 28.13.21.90+ 28.13.22.00+ 28.13.23.00+ 28.13.24.00+ 28.13.25.30+ 28.13.25.50+ 28.13.26.30+ 28.13.26.50+ 28.13.26.70+ 28.13.26.90+ 28.13.27.30+ 28.13.27.53+ 28.13.27.55+ 28.13.28.00	3829-46
43240-1	43240*	43240	8481.10+ 8481.20+ 8481.30+ 8481.40+ 8481.80	8481.10+ 8481.20+ 8481.30+ 8481.40+ 8481.80	2912	2812+ 2813	29.13.11.34+ 29.13.11.35+ 29.13.11.39+ 29.13.11.53+ 29.13.11.55+ 29.13.11.72+ 29.13.11.76+ 29.13.12.33+ 29.13.12.35+ 29.13.12.53+ 29.13.12.55+ 29.13.13.13+ 29.13.13.15+ 29.13.13.33+ 29.13.13.35+ 29.13.13.37+ 29.13.13.53+ 29.13.13.55+ 29.13.13.57+ 29.13.13.73+ 29.13.13.75+ 29.13.13.77+ 29.13.13.80	28.12.14.20+ 28.12.14.50+ 28.12.14.80+ 28.14.11.20+ 28.14.11.40+ 28.14.11.60+ 28.14.11.70+ 28.14.11.80+ 28.14.12.33+ 28.14.12.35+ 28.14.12.53+ 28.14.12.55+ 28.14.13.13+ 28.14.13.15+ 28.14.13.33+ 28.14.13.35+ 28.14.13.37+ 28.14.13.53+ 28.14.13.55+ 28.14.13.57+ 28.14.13.73+ 28.14.13.75+ 28.14.13.77+ 28.14.13.80	
43310-0	43310	43310	8482.10+ 8482.20+ 8482.30+ 8482.40+ 8482.50+ 8482.80	8482.10+ 8482.20+ 8482.30+ 8482.40+ 8482.50+ 8482.80	2913	2814	29.14.10.30+ 29.14.10.53+ 29.14.10.55+ 29.14.10.57+ 29.14.10.70+ 29.14.10.90	28.15.10.30+ 28.15.10.53+ 28.15.10.55+ 28.15.10.57+ 28.15.10.70+ 28.15.10.90	3829-61

UN List Code (CPC Ver.1.1 – based)	CPC Ver.1.1	CPC Ver.2	HS 2002	HS 2007	ISIC Rev.3.1	ISIC Rev.4	Prodcom 2002	Prodcom 2008	UN List Code (1971 List) (ISIC Rev.2 – based)
43320-0	43320	43320	7315.11+ 7315.12+ 8483.10+ 8483.20+ 8483.30+ 8483.40+ 8483.50+ 8483.60	7315.11+ 7315.12+ 8483.10+ 8483.20+ 8483.30+ 8483.40+ 8483.50+ 8483.60	2913	2814	29.14.21.30+ 29.14.21.53+ 29.14.21.55+ 29.14.22.30+ 29.14.22.53+ 29.14.22.55+ 29.14.23.30+ 29.14.23.50+ 29.14.24.32+ 29.14.24.33+ 29.14.24.34+ 29.14.24.40+ 29.14.24.50+ 29.14.24.73+ 29.14.24.75+ 29.14.25.00+ 29.14.26.30+ 29.14.33.30+ 29.14.33.50+ 25.24.90.10	28.15.21.30+ 28.15.21.50+ 28.15.21.70+ 28.15.22.30+ 28.15.22.50+ 28.15.22.70+ 28.15.23.30+ 28.15.23.50+ 28.15.24.32+ 28.15.24.33+ 28.15.24.34+ 28.15.24.40+ 28.15.24.50+ 28.15.24.73+ 28.15.24.75+ 28.15.25.00+ 28.15.26.00+ 28.15.39.30+ 28.15.39.50	
43410-0	43410	43410	8416.10+ 8416.20+ 8416.30	8416.10+ 8416.20+ 8416.30	2914	2815	29.21.11.30+ 29.21.11.50+ 29.21.11.70	28.21.11.30+ 28.21.11.50+ 28.21.11.70	
43520-0	43520	43520	8426	8426	2915	2816	29.22.14.20+ 29.22.14.33+ 29.22.14.35+ 29.22.14.43+ 29.22.14.45+ 29.22.14.50+ 29.22.14.60+ 29.22.14.70	28.22.14.20+ 28.22.14.33+ 28.22.14.35+ 28.22.14.40+ 28.22.14.50+ 28.22.14.60+ 28.22.14.70	3829-49
43530-0	43530	43530	8427+ 8709.11+ 8709.19	8427+ 8709.11+ 8709.19	2915	2816	29.22.15.13+ 29.22.15.15+ 29.22.15.33+ 29.22.15.35+ 29.22.15.50+ 29.22.15.73+ 29.22.15.75	28.22.15.13+ 28.22.15.15+ 28.22.15.30+ 28.22.15.50+ 28.22.15.70	3829-55
43540-1	43540*	43540*	8428.40	8428.40	2915	2816	29.22.16.70	28.22.16.70	
43540-2	43540*	43540*	8428.10	8428.10	2915	2816	29.22.16.30+ 29.22.16.50	28.22.16.30+ 28.22.16.50	3829-52
43912-0	43912	43912	8415.10+ 8415.20+ 8415.81+ 8415.82+ 8415.83	8415.10+ 8415.20+ 8415.81+ 8415.82+ 8415.83	2919	2819	29.23.12.20+ 29.23.12.40+ 29.23.12.45+ 29.23.12.70	28.25.12.20+ 28.25.12.40+ 28.25.12.50+ 28.25.12.70	3829-25
43913-0	43913	43913	8418.50+ 8418.61+ 8418.69	8418.50+ 8418.61+ 8418.69	2919	2819	29.23.13.33+ 29.23.13.35+ 29.23.13.40+ 29.23.13.50+ 29.23.13.73+ 29.23.13.75+ 29.23.13.90	28.25.13.33+ 28.25.13.35+ 28.25.13.40+ 28.25.13.50+ 28.25.13.80+ 28.25.13.90	3829-28
44100-1	44140+ 44150	44141+ 44149	8701.10+ 8701.90	8701.10+ 8701.90	2921	2821	29.31.10.00+ 29.31.21.30+ 29.31.21.50+ 29.31.22.00+ 29.31.23.30+ 29.31.23.50+ 29.31.23.70+ 29.31.24.00	28.30.10.00+ 28.30.21.00+ 28.30.22.00+ 28.30.23.30+ 28.30.23.50+ 28.30.23.70+ 28.30.23.90	3822-58+ 3822-61

UN List Code (CPC Ver.1.1 – based)	CPC Ver.1.1	CPC Ver.2	HS 2002	HS 2007	ISIC Rev.3.1	ISIC Rev.4	Prodcom 2002	Prodcom 2008	UN List Code (1971 List) (ISIC Rev.2 – based)
44100-2	44120+ 44130*	44121+ 44123	8433.11+ 8433.19+ 8433.20	8433.11+ 8433.19+ 8433.20	2921	2821	29.32.20.10+ 29.32.20.33+ 29.32.20.35+ 29.32.20.37+ 29.32.20.53+ 29.32.20.55+ 29.32.20.57+ 29.32.20.70+ 29.32.31.30+ 29.32.31.53+ 29.32.31.55+ 29.32.31.70	28.30.40.10+ 28.30.40.30+ 28.30.40.50+ 28.30.40.70+ 28.30.51.30+ 28.30.51.53+ 28.30.51.55+ 28.30.51.70	3822-38
44110-1	44110*	44111	8432.10	8432.10	2921	2821	29.32.11.30+ 29.32.11.50	28.30.31.30+ 28.30.31.50	3822-18
44110-2	44110*	44113	8432.30	8432.30	2921	2821	29.32.13.33+ 29.32.13.35+ 29.32.13.50	28.30.33.33+ 28.30.33.35+ 28.30.33.50	3822-26
44110-3	44110*	44114	8432.40	8432.40	2921	2821	29.32.14.30+ 29.32.14.50	28.30.34.30+ 28.30.34.50	3822-63
44130-1	44130*	44122	8433.51	8433.51	2921	2821	29.32.34.10	28.30.59.15	3822-32
44130-2	44130*	44129*	8433.52	8433.52	2921	2821	29.32.34.20	28.30.59.30	3822-49
44130-3	44130*	44125	8433.40	8433.40	2921	2821	29.32.33.30+ 29.32.33.50	28.30.53.30+ 28.30.53.50	
44130-4	44130*	44126	8433.53	8433.53	2921	2821	29.32.34.30+ 29.32.34.50+ 29.32.34.60	28.30.54.20+ 28.30.54.50+ 28.30.54.80	
44180-1	44180*	44131	8434.10	8434.10	2921	2821	29.32.62.00	28.30.82.00	3822-55
44211-0	44211	44211	8456	8456	2922	2822	29.40.11.10+ 29.40.11.30+ 29.40.11.53+ 29.40.11.55+ 29.40.11.70	28.41.11.10+ 28.41.11.30+ 28.41.11.50+ 28.41.11.70	
44213-0	44213	44213	8458	8458	2922	2822	29.40.21.23+ 29.40.21.27+ 29.40.21.29+ 29.40.21.43+ 29.40.21.47+ 29.40.21.49+ 29.40.21.63+ 29.40.21.69+ 29.40.21.90	28.41.21.23+ 28.41.21.27+ 28.41.21.29+ 28.41.21.40+ 28.41.21.60	3823-13
44214-0	44214	44214	8459.10+ 8459.21+ 8459.29+ 8459.31+ 8459.39+ 8459.40+ 8459.51+ 8459.59+ 8459.61+ 8459.69	8459.10+ 8459.21+ 8459.29+ 8459.31+ 8459.39+ 8459.40+ 8459.51+ 8459.59+ 8459.61+ 8459.69	2922	2822	29.40.22.13+ 29.40.22.17+ 29.40.22.23+ 29.40.22.25+ 29.40.22.33+ 29.40.22.35+ 29.40.22.40+ 29.40.22.60+ 29.40.22.77+ 29.40.22.87	28.41.22.13+ 28.41.22.17+ 28.41.22.23+ 28.41.22.25+ 28.41.22.33+ 28.41.22.35+ 28.41.22.40+ 28.41.22.60+ 28.41.22.70	
44216-1	44216*	44216*	8460.11+ 8460.19+ 8460.21+ 8460.29+ 8460.31+ 8460.39	8460.11+ 8460.19+ 8460.21+ 8460.29+ 8460.31+ 8460.39	2922	2822	29.40.31.13+ 29.40.31.15+ 29.40.31.17+ 29.40.31.23+ 29.40.31.25+ 29.40.31.27+ 29.40.31.31+ 29.40.31.33	28.41.23.05+ 28.41.23.15+ 28.41.23.25+ 28.41.23.35+ 28.41.23.45+ 28.41.23.55+ 28.41.23.65+ 28.41.23.75	3823-10

UN List Code (CPC Ver.1.1 – based)	CPC Ver.1.1	CPC Ver.2	HS 2002	HS 2007	ISIC Rev.3.1	ISIC Rev.4	Prodcom 2002	Prodcom 2008	UN List Code (1971 List) (ISIC Rev.2 – based)
44216-2	44216*	44216*	8460.40+ 8460.90+ 8461	8460.40+ 8460.90+ 8461	2922	2822	29.40.31.35+ 29.40.31.37	28.41.23.85+ 28.41.23.95+ 28.41.24.10+ 28.41.24.30+ 28.41.24.70+ 28.41.24.90	
44217-0	44217	44217	8462	8462	2922	2822	29.40.32.33+ 29.40.32.35+ 29.40.32.50+ 29.40.32.70+ 29.40.33.33+ 29.40.33.35+ 29.40.33.50+ 29.40.33.70+ 29.40.34.10+ 29.40.34.20+ 29.40.34.30+ 29.40.34.40+ 29.40.34.Z0	28.41.31.20+ 28.41.31.40+ 28.41.31.60+ 28.41.31.80+ 28.41.32.20+ 28.41.32.40+ 28.41.32.60+ 28.41.32.80+ 28.41.33.10+ 28.41.33.20+ 28.41.33.30+ 28.41.33.40+ 28.41.33.70+ 28.41.33.80	
44222-0	44222	44222	8465+ 8479.30	8465+ 8479.30	2922	2822	29.40.42.10+ 29.40.42.20+ 29.40.42.33+ 29.40.42.35+ 29.40.42.37+ 29.40.42.50+ 29.40.42.63+ 29.40.42.65+ 29.40.42.67+ 29.40.42.70+ 29.40.42.83+ 29.40.42.85+ 29.40.42.87	28.49.12.10+ 28.49.12.20+ 28.49.12.33+ 28.49.12.35+ 28.49.12.37+ 28.49.12.50+ 28.49.12.63+ 28.49.12.65+ 28.49.12.67+ 28.49.12.75+ 28.49.12.79+ 28.49.12.87	3823-40
44231-0	44231	44231	8467.11+ 8467.19+ 8467.81+ 8467.89	8467.11+ 8467.19+ 8467.81+ 8467.89	2922	2818	29.40.51.10+ 29.40.51.30+ 29.40.51.50+ 29.40.51.70	28.24.12.40+ 28.24.12.60+ 28.24.12.80	
44232-0	44232	44232	8467.21+ 8467.22+ 8467.29	8467.21+ 8467.22+ 8467.29	2922	2818	29.40.52.13+ 29.40.52.15+ 29.40.52.17+ 29.40.52.23+ 29.40.52.25+ 29.40.52.27+ 29.40.52.33+ 29.40.52.35+ 29.40.52.51+ 29.40.52.53+ 29.40.52.55+ 29.40.52.57+ 29.40.52.70+ 29.40.52.90	28.24.11.13+ 28.24.11.15+ 28.24.11.17+ 28.24.11.23+ 28.24.11.25+ 28.24.11.27+ 28.24.11.33+ 28.24.11.35+ 28.24.11.50+ 28.24.11.80+ 28.24.11.90	3823-43
44420-1	44425+ 44426+ 44427*	44425+ 44426+ 44427*	8429.51+ 8429.52+ 8429.59	8429.51+ 8429.52+ 8429.59	2924	2824	29.52.25.30+ 29.52.25.50+ 29.52.26.00+ 29.52.27.30	28.92.25.30+ 28.92.25.50+ 28.92.26.00+ 28.92.27.30	3824-25
44421-0	44421	44421	8429.11+ 8429.19	8429.11+ 8429.19	2924	2824	29.52.21.30+ 29.52.21.50	28.92.21.30+ 28.92.21.50	3824-22A
44440-0	44440	44440	8474.10+ 8474.20+ 8474.31+ 8474.32+ 8474.39+ 8474.80	8474.10+ 8474.20+ 8474.31+ 8474.32+ 8474.39+ 8474.80	2924	2824+ 2829	29.52.40.30+ 29.52.40.50+ 29.52.40.70+ 29.52.40.80	28.92.40.30+ 28.92.40.50+ 28.92.40.70+ 28.99.39.53	3824-34

UN List Code (CPC Ver.1.1 – based)	CPC Ver.1.1	CPC Ver.2	HS 2002	HS 2007	ISIC Rev.3.1	ISIC Rev.4	Prodcom 2002	Prodcom 2008	UN List Code (1971 List) (ISIC Rev.2 – based)
44610-1	44611+ 44612+ 44613	44611+ 44612+ 44613	8444+ 8445+ 8446+ 8447	8444+ 8445+ 8446+ 8447	2926	2826	29.54.11.10+ 29.54.11.30+ 29.54.11.50+ 29.54.11.70+ 29.54.12.30+ 29.54.12.50+ 29.54.12.70+ 29.54.12.90+ 29.54.13.30+ 29.54.13.50+ 29.54.14.30+ 29.54.14.50+ 29.54.14.70	28.94.11.00+ 28.94.12.00+ 28.94.13.00+ 28.94.14.30+ 28.94.14.50+ 28.94.14.70	3824-04+ 3824-07+ 3824-10
44623-0	44623	44621	8452.21+ 8452.29	8452.21+ 8452.29	2926	2826	29.54.23.30+ 29.54.23.50	28.94.24.30+ 28.94.24.50	
44710-0	44710	44710	8710.00	8710.00	2927	3040	29.60.11.00		
44720-0	44720	44720	9301	9301	2927	2520	29.60.12.00		
44730-1	44730*	44730*	9302	9302	2927	2520	29.60.13.30	25.40.12.30	
44730-2	44730*	44730*	9303.10+ 9303.20+ 9303.30	9303.10+ 9303.20+ 9303.30	2927	2520	29.60.13.50	25.40.12.50	
44740-1	44740*	44740*	9306*	9306*	2927	2520	29.60.14.30+ 29.60.14.70		
44811-1	44811*	44811*	8418.10	8418.10	2930	2750	29.71.11.10	27.51.11.10	
44811-2	44811*	44811*	8418.21+ 8418.22+ 8418.29+ 8418.30+ 8418.40	8418.21+ 8418.29+ 8418.30+ 8418.40	2930	2750	29.71.11.33+ 29.71.11.35+ 29.71.11.50+ 29.71.11.70	27.51.11.33+ 27.51.11.35+ 27.51.11.50+ 27.51.11.70	3829-58
44812-1	44812*	44812*	8450.11+ 8450.12+ 8450.19+ 8451.21	8450.11+ 8450.12+ 8450.19+ 8451.21	2930	2750	29.71.13.30+ 29.71.13.50+ 29.71.13.70	27.51.13.00	3829-64
44814-0	44814	44814	8452.10	8452.10	2926	2826	29.54.50.00	28.94.40.00	3829-10
44816-1	44816*	44816*	8509.40	8509.40	2930	2750	29.71.21.70	27.51.21.70	
44816-2	44816*	44816*	8516.40	8516.40	2930	2750	29.71.23.73+ 29.71.23.75	27.51.23.70	3833-10
44816-3	44816*	44816*+ 44919*	8509.10	8508.11+ 8508.19*	2930	2750	29.71.21.13+ 29.71.21.15	27.51.21.23+ 27.51.21.25	3833-01
44817-1	44817*	44817*	8516.50	8516.50	2930	2750	29.71.27.00	27.51.27.00	3829-013
44817-2	44817*	44817*	8516.60	8516.60	2930	2750	29.71.28.10+ 29.71.28.33+ 29.71.28.35+ 29.71.28.50+ 29.71.28.70+ 29.71.28.90	27.51.28.10+ 27.51.28.33+ 27.51.28.35+ 27.51.28.50+ 27.51.28.70+ 27.51.28.90	3829-01
44817-3	44817*	44817*	8516.10	8516.10	2930	2750	29.71.25.30+ 29.71.25.50+ 29.71.25.70	27.51.25.30+ 27.51.25.50+ 27.51.25.70	
44817-4	44817*	44817*	8516.21+ 8516.29	8516.21+ 8516.29	2930	2750	29.71.26.30+ 29.71.26.53+ 29.71.26.55+ 29.71.26.57+ 29.71.26.90	27.51.26.30+ 27.51.26.50+ 27.51.26.90	
44821-1	44821*	42912*+ 44821	7321.11+ 7321.12+ 7321.13	7321.11+ 7321.12+ 7321.19+ 7418.19*	2930	2750	29.72.11.13+ 29.72.11.15+ 29.72.11.30+ 29.72.11.50+ 29.72.11.70	27.52.11.13+ 27.52.11.15+ 27.52.11.90	

UN List Code (CPC Ver.1.1 – based)	CPC Ver.1.1	CPC Ver.2	HS 2002	HS 2007	ISIC Rev.3.1	ISIC Rev.4	Prodcom 2002	Prodcom 2008	UN List Code (1971 List) (ISIC Rev.2 – based)
44914-1	44914*	44629*+ 44914*+ 45150	8443.11+ 8443.12+ 8443.19+ 8443.21+ 8443.29+ 8443.30+ 8443.40+ 8443.51+ 8443.59	8443.11+ 8443.12+ 8443.13+ 8443.14+ 8443.15+ 8443.16+ 8443.17+ 8443.19	2929	2817+ 2826+ 2829	29.56.13.30+ 29.56.13.53+ 29.56.13.55+ 29.56.13.57+ 29.56.14.10+ 29.56.14.30+ 29.56.14.50+ 29.56.14.90+ 30.01.22.00	28.23.22.00+ 28.94.15.30+ 28.99.13.30+ 28.99.13.90+ 28.99.14.10+ 28.99.14.30+ 28.99.14.50+ 28.99.14.90*	3824-19
45130-1	45130*	45130	8470.10+ 8470.21+ 8470.29	8470.10+ 8470.21+ 8470.29	3000	2817	30.01.13.20	28.23.12.00	3825-04
45130-2	45130*	45141*+ 45142*	8470.50	8470.50	3000	2817	30.01.13.50	28.23.13.00*	3825-06
45200-0	45210+ 45220+ 45230+ 45240+ 45250+ 45260+ 45270+ 45280+ 45290	45221+ 45222+ 45230+ 45240+ 45250+ 45261+ 45262+ 45263+ 45264+ 45265+ 45266+ 45269+ 45271+ 45272+ 45281+ 45289+ 45290+ 47315	8471+ 8473.30+ 8473.50	8471+ 8443.31+ 8443.32+ 8443.99+ 8473.30+ 8473.50+ 8528.41+ 8528.51+ 8528.61	3000	2620	30.02.11.00+ 30.02.12.00+ 30.02.13.00+ 30.02.14.00+ 30.02.15.00+ 30.02.16.30+ 30.02.16.50+ 30.02.16.70+ 30.02.17.30+ 30.02.17.55+ 30.02.17.57+ 30.02.17.70+ 30.02.17.90+ 30.02.18.00+ 30.02.19.00	26.20.11.00+ 26.20.13.00+ 26.20.14.00+ 26.20.15.00+ 26.20.16.40*+ 26.20.16.50+ 26.20.16.60+ 26.20.17.00+ 26.20.18.00+ 26.20.21.00+ 26.20.30.00+ 26.20.40.00+ 28.23.26.00	
45220-0	45220	45221+ 45222	8471.30	8471.30	3000	2620	30.02.12.00	26.20.11.00	
45230-0	45230	45230	8471.41	8471.41	3000	2620	30.02.13.00	26.20.13.00	
45240-0	45240	45240	8471.49	8471.49	3000	2620	30.02.14.00	26.20.14.00	
45260-1	45260*	45263+ 45264+ 45265	8471.60*	8443.32*	3000	2620	30.02.16.30	26.20.16.40*	
45260-2	45260*	45261*	8471.60*	8471.60*	3000	2620	30.02.16.50	26.20.16.50	
45260-3	45260*	47315*	8471.60*	8528.41+ 8528.51+ 8528.61	3000	2620	30.02.16.70*	26.20.17.00	
45260-4	45260*	45261*+ 45262+ 45269	8471.60*	8471.60*	3000	2620	30.02.16.70*	26.20.16.60	
45270-1	45270*	45271*	8471.70*	8471.70*	3000	2620	30.02.17.30	26.20.21.00*	
45270-2	45270*	45272*	8471.70*	8471.70*	3000	2620	30.02.17.55	26.20.21.00*	
45270-3	45270*	45271*	8471.70*	8471.70*	3000	2620	30.02.17.57*	26.20.21.00*	
45270-4	45270*	45272*	8471.70*	8471.70*	3000	2620	30.02.17.57*	26.20.21.00*	
45270-5	45270*	45272*	8471.70*	8471.70*	3000	2620	30.02.17.70	26.20.21.00*	
46111-0	46111	46111	8501.10+ 8501.31+ 8501.32+ 8501.33+ 8501.34	8501.10+ 8501.31+ 8501.32+ 8501.33+ 8501.34	3110	2710	31.10.10.10+ 31.10.10.30+ 31.10.10.53+ 31.10.10.55+ 31.10.10.70+ 31.10.10.80+ 31.10.10.93+ 31.10.10.95	27.11.10.10+ 27.11.10.30+ 27.11.10.53+ 27.11.10.55+ 27.11.10.70+ 27.11.10.90	3831-07

UN List Code (CPC Ver.1.1 – based)	CPC Ver.1.1	CPC Ver.2	HS 2002	HS 2007	ISIC Rev.3.1	ISIC Rev.4	Prodcom 2002	Prodcom 2008	UN List Code (1971 List) (ISIC Rev.2 – based)
46112-0	46112	46112	8501.20+ 8501.40+ 8501.51+ 8501.52+ 8501.53+ 8501.61+ 8501.62+ 8501.63+ 8501.64	8501.20+ 8501.40+ 8501.51+ 8501.52+ 8501.53+ 8501.61+ 8501.62+ 8501.63+ 8501.64	3110	2710	31.10.21.00+ 31.10.22.30+ 31.10.22.50+ 31.10.23.00+ 31.10.24.03+ 31.10.24.05+ 31.10.24.07+ 31.10.25.30+ 31.10.25.40+ 31.10.25.60+ 31.10.25.90+ 31.10.26.10+ 31.10.26.30+ 31.10.26.50+ 31.10.26.70	27.11.21.00+ 27.11.22.30+ 27.11.22.50+ 27.11.23.00+ 27.11.24.03+ 27.11.24.05+ 27.11.24.07+ 27.11.25.30+ 27.11.25.40+ 27.11.25.60+ 27.11.25.90+ 27.11.26.10+ 27.11.26.30+ 27.11.26.50+ 27.11.26.70	3831-10
46113-0	46113	46113	8502	8502	3110	2710+ 2811	31.10.31.13+ 31.10.31.15+ 31.10.31.30+ 31.10.31.50+ 31.10.31.73+ 31.10.31.75+ 31.10.32.33+ 31.10.32.35+ 31.10.32.50+ 31.10.32.70	27.11.31.10+ 27.11.31.30+ 27.11.31.50+ 27.11.31.70+ 27.11.32.33+ 27.11.32.35+ 27.11.32.50+ 27.11.32.70+ 28.11.24.00	
46121-0	46121	46121	8504.21+ 8504.22+ 8504.23+ 8504.31+ 8504.32+ 8504.33+ 8504.34	8504.21+ 8504.22+ 8504.23+ 8504.31+ 8504.32+ 8504.33+ 8504.34	3110	2710	31.10.41.30+ 31.10.41.53+ 31.10.41.55+ 31.10.41.70+ 31.10.42.33+ 31.10.42.35+ 31.10.42.53+ 31.10.42.55+ 31.10.43.30+ 31.10.43.50	27.11.41.20+ 27.11.41.50+ 27.11.41.80+ 27.11.42.20+ 27.11.42.40+ 27.11.42.60+ 27.11.43.30+ 27.11.43.80	3831-13
46122-1	46122*	46122*	8504.10	8504.10	3110	2710	31.10.50.13+ 31.10.50.15	27.11.50.13+ 27.11.50.15	
46122-2	46122*	46122*	8504.40	8504.40	3110	2710	31.10.50.23+ 31.10.50.33+ 31.10.50.35+ 31.10.50.40+ 31.10.50.53+ 31.10.50.55+ 31.10.50.70	27.11.50.23+ 27.11.50.33+ 27.11.50.35+ 27.11.50.40+ 27.11.50.53+ 27.11.50.55+ 27.11.50.70	

UN List Code (CPC Ver.1.1 – based)	CPC Ver.1.1	CPC Ver.2	HS 2002	HS 2007	ISIC Rev.3.1	ISIC Rev.4	Prodcom 2002	Prodcom 2008	UN List Code (1971 List) (ISIC Rev.2 – based)
46210-0	46211+ 46212	46211+ 46212+ 46215	8535+ 8536	8535+ 8536	3120	2710+ 2733	31.20.10.10+ 31.20.10.30+ 31.20.10.40+ 31.20.10.53+ 31.20.10.55+ 31.20.10.70+ 31.20.10.90+ 31.20.21.30+ 31.20.21.50+ 31.20.21.70+ 31.20.22.30+ 31.20.22.50+ 31.20.23.30+ 31.20.23.50+ 31.20.23.70+ 31.20.24.33+ 31.20.24.35+ 31.20.24.50+ 31.20.25.00+ 31.20.26.00+ 31.20.27.10+ 31.20.27.30+ 31.20.27.50+ 31.20.27.60+ 31.20.27.70+ 31.20.27.80	27.12.10.10+ 27.12.10.20+ 27.12.10.30+ 27.12.10.40+ 27.12.10.90+ 27.12.21.30+ 27.12.21.50+ 27.12.21.70+ 27.12.22.30+ 27.12.22.50+ 27.12.23.30+ 27.12.23.50+ 27.12.23.70+ 27.12.24.33+ 27.12.24.35+ 27.12.24.50+ 27.33.11.00+ 27.33.12.00+ 27.33.13.10+ 27.33.13.30+ 27.33.13.50+ 27.33.13.60+ 27.33.13.70+ 27.33.13.80	
46210-1	46211*+ 46212*	46211*+ 46212*	8535.21+ 8535.29+ 8536.20	8535.21+ 8535.29+ 8536.20	3120	2710	31.20.10.30+ 31.20.10.40+ 31.20.22.30+ 31.20.22.50	27.12.10.20+ 27.12.22.30+ 27.12.22.50	
46210-2	46211*+ 46212*	46211*+ 46212*	8535.10+ 8536.10	8535.10+ 8536.10	3120	2710	31.20.10.10+ 31.20.21.30+ 31.20.21.50+ 31.20.21.70	27.12.10.10+ 27.12.21.30+ 27.12.21.50+ 27.12.21.70	3839-01
46212-1	46212*	46212*	8536.41+ 8536.49	8536.41+ 8536.49	3120	2710	31.20.24.33+ 31.20.24.35+ 31.20.24.50	27.12.24.33+ 27.12.24.35+ 27.12.24.50	
46212-2	46212*	46212*	8536.61+ 8536.69	8536.61+ 8536.69	3120	2733	31.20.26.00+ 31.20.27.10+ 31.20.27.30+ 31.20.27.50	27.33.12.00+ 27.33.13.10+ 27.33.13.30+ 27.33.13.50	
46214-0	46214	46214	8537.20	8537.20	3120	2710	31.20.32.03+ 31.20.32.05	27.12.32.03+ 27.12.32.05	
46300-1	46310+ 46320+ 46330+ 46340+ 46350	46310+ 46320+ 46330+ 46340+ 46350	8544.11+ 8544.19+ 8544.20+ 8544.30+ 8544.41+ 8544.49+ 8544.51+ 8544.59+ 8544.60	8544.11+ 8544.19+ 8544.20+ 8544.30+ 8544.42+ 8544.49+ 8544.60	3130	2732+ 2930	31.30.11.30+ 31.30.11.50+ 31.30.12.00+ 31.30.13.30+ 31.30.13.50+ 31.30.13.70+ 31.30.14.00	27.32.11.30+ 27.32.11.50+ 27.32.12.00+ 27.32.13.40+ 27.32.13.80+ 27.32.14.00+ 29.31.10.00	3839-07
46360-0	46360	46360	8544.70	8544.70	3130	2731	31.30.15.00	27.31.11.00	

UN List Code **(CPC Ver.1.1 – based)**	**CPC Ver.1.1**	**CPC Ver.2**	**HS 2002**	**HS 2007**	**ISIC Rev.3.1**	**ISIC Rev.4**	**Prodcom 2002**	**Prodcom 2008**	**UN List Code (1971 List)** **(ISIC Rev.2 – based)**
46410-0	46410	46410	8506.10+ 8506.30+ 8506.40+ 8506.50+ 8506.60+ 8506.80	8506.10+ 8506.30+ 8506.40+ 8506.50+ 8506.60+ 8506.80	3140	2720	31.40.11.11+ 31.40.11.12+ 31.40.11.13+ 31.40.11.15+ 31.40.11.17+ 31.40.11.19+ 31.40.11.23+ 31.40.11.25+ 31.40.11.27+ 31.40.11.33+ 31.40.11.35+ 31.40.11.37+ 31.40.11.51+ 31.40.11.52+ 31.40.11.53+ 31.40.11.55+ 31.40.11.56+ 31.40.11.58+ 31.40.11.73+ 31.40.11.75+ 31.40.11.79	27.20.11.00	3839-10
46420-0	46420	46420	8507.10+ 8507.20+ 8507.30+ 8507.40+ 8507.80	8507.10+ 8507.20+ 8507.30+ 8507.40+ 8507.80	3140	2720	31.40.21.10+ 31.40.21.30+ 31.40.21.50+ 31.40.21.70+ 31.40.22.10+ 31.40.22.30+ 31.40.22.50+ 31.40.22.70+ 31.40.23.10+ 31.40.23.30+ 31.40.23.50+ 31.40.23.70+ 31.40.23.83+ 31.40.23.85	27.20.21.00+ 27.20.22.10+ 27.20.22.50+ 27.20.23.00	
46510-0	46510	46510	8539.10+ 8539.21+ 8539.22+ 8539.29+ 8539.31+ 8539.32+ 8539.39+ 8539.41+ 8539.49	8539.10+ 8539.21+ 8539.22+ 8539.29+ 8539.31+ 8539.32+ 8539.39+ 8539.41+ 8539.49	3150	2740	31.50.11.00+ 31.50.12.50+ 31.50.12.93+ 31.50.12.95+ 31.50.13.00+ 31.50.14.60+ 31.50.14.93+ 31.50.14.95+ 31.50.15.10+ 31.50.15.30+ 31.50.15.53+ 31.50.15.56+ 31.50.15.59+ 31.50.15.70	27.40.11.00+ 27.40.12.50+ 27.40.12.93+ 27.40.12.95+ 27.40.13.00+ 27.40.14.60+ 27.40.14.90+ 27.40.15.10+ 27.40.15.30+ 27.40.15.50+ 27.40.15.70	3839-19
46531-1	46531*	46531*	9405.20	9405.20	3150	2740	31.50.22.00	27.40.22.00	
46531-2	46531*	46531*	9405.10	9405.10	3150	2740	31.50.25.30	27.40.25.00	
46532-0	46532	46532	9405.30	9405.30	3150	2740	31.50.32.00	27.40.32.00	
46910-1	46910*	46910*	8511.40	8511.40	3190	2930	31.61.22.30	29.31.22.30	
46910-2	46910*	46910*	8511.50	8511.50	3190	2930	31.61.22.50	29.31.22.50	
46910-3	46910*	46910*	8512.10+ 8512.20	8512.10+ 8512.20	3190	2740+ 2930	31.61.23.10+ 31.61.23.30	27.40.39.10+ 29.31.23.10	
46910-4	46910*	46910*	8511.10	8511.10	3190	2930	31.61.21.30	29.31.21.30	3831-311
46920-1	46920*	46929*	8531.20	8531.20	3190	2790	31.62.11.73+ 31.62.11.75	27.90.20.20+ 27.90.20.50	
46920-2	46920*	46921	8531.10	8531.10	3190	2630	31.62.11.53+ 31.62.11.57	26.30.50.20+ 26.30.50.80	
46930-1	46930*	46931+ 46932	8505.11+ 8505.19	8505.11+ 8505.19	3190	2393+ 2599	31.62.12.10+ 31.62.12.30	23.44.12.30+ 25.99.29.95	

UN List Code (CPC Ver.1.1 – based)	CPC Ver.1.1	CPC Ver.2	HS 2002	HS 2007	ISIC Rev.3.1	ISIC Rev.4	Prodcom 2002	Prodcom 2008	UN List Code (1971 List) (ISIC Rev.2 – based)
46950-1	46950*	46950*	8545.11+ 8545.19	8545.11+ 8545.19	3190	2790	31.62.15.30+ 31.62.15.50	27.90.13.30+ 27.90.13.50	
47110-0	47110	47110	8532.10+ 8532.21+ 8532.22+ 8532.23+ 8532.24+ 8532.25+ 8532.29+ 8532.30	8532.10+ 8532.21+ 8532.22+ 8532.23+ 8532.24+ 8532.25+ 8532.29+ 8532.30	3210	2790	32.10.11.00+ 32.10.12.30+ 32.10.12.50+ 32.10.12.73+ 32.10.12.75+ 32.10.12.77+ 32.10.12.79+ 32.10.13.00	27.90.51.00+ 27.90.52.20+ 27.90.52.40+ 27.90.53.00	
47120-0	47120	47120	8533.10+ 8533.21+ 8533.29+ 8533.31+ 8533.39+ 8533.40	8533.10+ 8533.21+ 8533.29+ 8533.31+ 8533.39+ 8533.40	3210	2790	32.10.20.20+ 32.10.20.35+ 32.10.20.37+ 32.10.20.55+ 32.10.20.57+ 32.10.20.70	27.90.60.35+ 27.90.60.37+ 27.90.60.55+ 27.90.60.57+ 27.90.60.80	
47130-0	47130	47130	8534	8534	3210	2610	32.10.30.50+ 32.10.30.70+ 32.10.30.90	26.12.10.20+ 26.12.10.50+ 26.12.10.80	3825-12
47140-1	47140*	47140*	8540.11	8540.11	3210	2610	32.10.41.35	26.11.11.00*	3832-021
47140-2	47140*	47140*	8540.12	8540.12	3210	2610	32.10.41.37	26.11.11.00*	3832-022
47140-3	47140*	47140*	8540.20	8540.20	3210	2610	32.10.41.50	26.11.11.00*	
47140-4	47140*	47140*	8540.40+ 8540.50+ 8540.60	8540.40+ 8540.50+ 8540.60	3210	2610	32.10.41.39	26.11.11.00*	
47140-5	47140*	47140*	8540.71+ 8540.72+ 8540.79+ 8540.81+ 8540.89	8540.71+ 8540.72+ 8540.79+ 8540.81+ 8540.89	3210	2610	32.10.42.00	26.11.12.00	
47150-1	47150*	47150*	8541.21+ 8541.29	8541.21+ 8541.29	3210	2610	32.10.51.55+ 32.10.51.57	26.11.21.50	3832-28
47150-2	47150*	47150*	8541.40	8541.40	3210	2610	32.10.52.35+ 32.10.52.37	26.11.22.20+ 26.11.22.40	
47150-3	47150*	47150*	8541.10	8541.10	3210	2610	32.10.51.25	26.11.21.20	
47160-0	47160	47160	8542.21+ 8542.29+ 8542.60+ 8542.70	8542.31+ 8542.32+ 8542.33+ 8542.39	3210	2610	32.10.60.15+ 32.10.60.17+ 32.10.60.25+ 32.10.60.27+ 32.10.60.34+ 32.10.60.54+ 32.10.60.65+ 32.10.60.69+ 32.10.60.70+ 32.10.60.93+ 32.10.60.95+ 32.10.60.99	26.11.30.03+ 26.11.30.06+ 26.11.30.23+ 26.11.30.27+ 26.11.30.34+ 26.11.30.54+ 26.11.30.65+ 26.11.30.67+ 26.11.30.80+ 26.11.30.91+ 26.11.30.94	
47211-1	47211*	47211+ 47222	8525.20	8517.12+ 8525.60	3220	2630	32.20.11.70	26.30.11.00+ 26.30.22.00	
47212-0	47212	47213	8525.30	8525.80*	3220	2630	32.20.12.90	26.30.13.00	
47220-1	47220*	47221+ 47223	8517.11+ 8517.19	8517.11+ 8517.18	3220	2630	32.20.20.20	26.30.21.00+ 26.30.23.30	3832-10
47220-2	47220*	44917*+ 45266*	8517.21	8443.31*+ 8443.32*	3220	2620	32.20.20.75	26.20.16.40*+ 26.20.18.00*	
47220-3	47220*	47223*	8517.30	8517.62*	3220	2630	32.20.20.40	26.30.23.20	
47310-1	47311+ 47312	47311+ 47312	8527.12+ 8527.13+ 8527.19+ 8527.21+ 8527.29+ 8527.31+ 8527.32+ 8527.39	8527.12+ 8527.13+ 8527.19+ 8527.21+ 8527.29+ 8527.91+ 8527.92+ 8527.99	3230	2640	32.30.11.55+ 32.30.11.59+ 32.30.11.75+ 32.30.11.77+ 32.30.11.79+ 32.30.12.70+ 32.30.12.90	26.40.11.00+ 26.40.12.70+ 26.40.12.90	3832-04

UN List Code (CPC Ver.1.1 – based)	CPC Ver.1.1	CPC Ver.2	HS 2002	HS 2007	ISIC Rev.3.1	ISIC Rev.4	Prodcom 2002	Prodcom 2008	UN List Code (1971 List) (ISIC Rev.2 – based)
47313-1	47313*	47314*	8528.21+ 8528.22	8528.49+ 8528.59	3230	2640	32.30.20.45+ 32.30.20.49+ 32.30.20.83	26.40.34.40+ 26.40.34.60+ 26.40.34.80	
47313-2	47313*	47313	8528.12+ 8528.13	8528.71+ 8528.72+ 8528.73	3230	2640	32.30.20.20*+ 32.30.20.30+ 32.30.20.50+ 32.30.20.60+ 32.30.20.75+ 32.30.20.79+ 32.30.20.85	26.40.20.20+ 26.40.20.40+ 26.40.20.90	
47321-1	47321*	47321*	8519.99*	8519.81*	3230	2640	32.30.31.79	26.40.31.00*	
47323-1	47323*	47323	8521	8521	3230	2640	32.30.33.39+ 32.30.33.50+ 32.30.33.70	26.40.33.00*	3230-28
47323-2	47323*	47214+ 47215	8525.40	8525.80*	3230	2640+ 2670	32.30.33.35	26.40.33.00*+ 26.70.13.00	
47331-1	47331*	47330*	8518.40+ 8518.50	8518.40+ 8518.50	3230	2640	32.30.43.55+ 32.30.43.59+ 32.30.43.70	26.40.43.55+ 26.40.43.59+ 26.40.43.70	
47331-2	47331*	47330*	8518.21+ 8518.22+ 8518.29	8518.21+ 8518.22+ 8518.29	3230	2640	32.30.42.35+ 32.30.42.37+ 32.30.42.39	26.40.42.35+ 26.40.42.37+ 26.40.42.39	
47331-3	47331*	47330*	8518.30	8518.30	3230	2640	32.30.42.70	26.40.42.70	
47510-1	47510*	47530	8523.11+ 8523.12+ 8523.13+ 8523.20	8523.29*	2429	2680	24.65.10.00	26.80.11.00	
47600-1	47600*	47920	8542.10	8523.52	2429	2610	32.10.60.13	26.12.30.00	
48110-1	48110*	48110*	9022.12+ 9022.13+ 9022.14+ 9022.19	9022.12+ 9022.13+ 9022.14+ 9022.19	3311	2660	33.10.11.15+ 33.10.11.19	26.60.11.15+ 26.60.11.19	
48120-0	48120	48121+ 48122	9018.11+ 9018.12+ 9018.13+ 9018.14+ 9018.19+ 9018.20	9018.11+ 9018.12+ 9018.13+ 9018.14+ 9018.19+ 9018.20	3311	2660	33.10.12.10+ 33.10.12.30+ 33.10.12.50	26.60.12.30+ 26.60.12.80+ 26.60.13.00	
48150-1	48150*	48150*	9018.31	9018.31	3311	3250	33.10.15.11	32.50.13.11	
48150-2	48150*	48150*	9018.32+ 9018.39	9018.32+ 9018.39	3311	3250	33.10.15.13+ 33.10.15.15+ 33.10.15.17	32.50.13.13+ 32.50.13.15+ 32.50.13.17	
48170-1	48170*	48171*	9021.31	9021.31	3311	3250	33.10.17.35	32.50.22.35	
48170-2	48170*	48171*	9021.39	9021.39	3311	3250	33.10.17.90	32.50.22.90	
48170-3	48170*	48172*	9021.40	9021.40	3311	2660	33.10.18.33	26.60.14.33	
48170-4	48170*	48172*	9021.50	9021.50	3311	2660	33.10.18.50	26.60.14.50	
48220-0	48220	48220	8526	8526	3312	2651	33.20.20.30+ 33.20.20.50+ 33.20.20.70	26.51.20.20+ 26.51.20.50+ 26.51.20.80	
48252-1	48252*	48252*	9026.10	9026.10	3312	2651	33.20.52.35+ 33.20.52.39+ 33.20.52.55+ 33.20.52.59	26.51.52.35+ 26.51.52.39+ 26.51.52.55+ 26.51.52.59	3851-38
48252-2	48252*	48252*	9026.20	9026.20	3312	2651	33.20.52.71+ 33.20.52.74+ 33.20.52.79	26.51.52.71+ 26.51.52.74+ 26.51.52.79	3851-40
48265-1	48265*	48269*	9032.10	9032.10	3312	2651	33.20.70.15+ 33.20.70.19	26.51.70.15+ 26.51.70.19	3851-57
48311-1	48311*	48311*	9001.10	9001.10	3320	2731	33.40.21.15+ 33.40.21.19	27.31.12.00	

UN List Code (CPC Ver.1.1 – based)	CPC Ver.1.1	CPC Ver.2	HS 2002	HS 2007	ISIC Rev.3.1	ISIC Rev.4	Prodcom 2002	Prodcom 2008	UN List Code (1971 List) (ISIC Rev.2 – based)
48311-2	48311*	48311*	9001.40+ 9001.50	9001.40+ 9001.50	3320	3250	33.40.11.53+ 33.40.11.55+ 33.40.11.59+ 33.40.11.70	32.50.41.53+ 32.50.41.55+ 32.50.41.59+ 32.50.41.70	
48311-3	48311*	48311*	9001.30	9001.30	3320	3250	33.40.11.30	32.50.41.30	
48312-1	48312*	48312*	9004.10	9004.10	3320	3250	33.40.12.50	32.50.42.50	
48313-0	48313	48313	9003.11+ 9003.19	9003.11+ 9003.19	3320	3250	33.40.13.50+ 33.40.13.90	32.50.43.50+ 32.50.43.90	3852-08
48315-1	48315*	48315*	9013.20	9013.20	3320	2670	33.40.23.30	26.70.23.30	
48321-0	48321	48321	9002.11	9002.11	3320	2670	33.40.31.00	26.70.11.00	
48322-1	48322*	48322*	9006.10+ 9006.20+ 9006.30+ 9006.40+ 9006.51+ 9006.52+ 9006.53+ 9006.59	9006.10+ 9006.30+ 9006.40+ 9006.51+ 9006.52+ 9006.53+ 9006.59	3320	2670	33.40.32.30+ 33.40.32.50+ 33.40.32.70+ 33.40.33.10+ 33.40.33.35+ 33.40.33.39+ 33.40.33.50+ 33.40.33.90	26.70.12.50+ 26.70.14.00	3852-07
48341-0	48341	48341	3701+ 3702+ 3703	3701+ 3702+ 3703	2429	2029	24.64.11.30+ 24.64.11.50+ 24.64.11.70	20.59.11.30+ 20.59.11.50+ 20.59.11.70	3529-16+ 3529-19
48410-0	48410	48410	9101+ 9102	9101+ 9102	3330	2652	33.50.11.13+ 33.50.11.15+ 33.50.11.17+ 33.50.11.30+ 33.50.11.50+ 33.50.12.13+ 33.50.12.15+ 33.50.12.17+ 33.50.12.30+ 33.50.12.50	26.52.11.00+ 26.52.12.00	3853-01
48420-0	48420	48420	9103+ 9104+ 9105	9103+ 9104+ 9105	3330	2652	33.50.13.00+ 33.50.14.13+ 33.50.14.19+ 33.50.14.33+ 33.50.14.39+ 33.50.14.43+ 33.50.14.50+ 33.50.14.60+ 33.50.14.75+ 33.50.14.79	26.52.13.00+ 26.52.14.00	3853-04
49111-0	49111	49111	8701.20	8701.20	3410	2910	34.10.44.00	29.10.43.00	
49112-0	49112	49112	8702	8702	3410	2910	34.10.30.33+ 34.10.30.35+ 34.10.30.53+ 34.10.30.55+ 34.10.30.59	29.10.30.00	
49113-0	49113	49113	8703.21+ 8703.22+ 8703.23+ 8703.24+ 8703.31+ 8703.32+ 8703.33+ 8703.90	8703.21+ 8703.22+ 8703.23+ 8703.24+ 8703.31+ 8703.32+ 8703.33+ 8703.90	3410	2910	34.10.21.33+ 34.10.21.36+ 34.10.22.30+ 34.10.22.50+ 34.10.23.10+ 34.10.23.30+ 34.10.23.40+ 34.10.23.53+ 34.10.23.55+ 34.10.24.30+ 34.10.24.90	29.10.21.00+ 29.10.22.30+ 29.10.22.50+ 29.10.23.10+ 29.10.23.30+ 29.10.23.40+ 29.10.23.53+ 29.10.23.55+ 29.10.24.00	

UN List Code (CPC Ver.1.1 – based)	CPC Ver.1.1	CPC Ver.2	HS 2002	HS 2007	ISIC Rev.3.1	ISIC Rev.4	Prodcom 2002	Prodcom 2008	UN List Code (1971 List) (ISIC Rev.2 – based)
49114-0	49114	49114	8704.21+ 8704.22+ 8704.23+ 8704.31+ 8704.32+ 8704.90	8704.21+ 8704.22+ 8704.23+ 8704.31+ 8704.32+ 8704.90	3410	2910	34.10.41.10+ 34.10.41.30+ 34.10.41.40+ 34.10.42.30+ 34.10.42.50+ 34.10.42.90	29.10.41.10+ 29.10.41.30+ 29.10.41.40+ 29.10.42.00	
49115-0	49115	49115	8705.10	8705.10	3410	2910	34.10.52.00	29.10.51.00	
49121-0	49121	49121	8706	8706	3410	2910	34.10.45.00	29.10.44.00	
49129-0	49129	49129	8708.10+ 8708.31+ 8708.39+ 8708.40+ 8708.50+ 8708.60+ 8708.70+ 8708.80+ 8708.91+ 8708.92+ 8708.93+ 8708.94+ 8708.99	8708.10+ 8708.30+ 8708.40+ 8708.50+ 8708.70+ 8708.80+ 8708.91+ 8708.92+ 8708.93+ 8708.94+ 8708.95+ 8708.99	3430	2930	34.30.20.10+ 34.30.20.23+ 34.30.20.25+ 34.30.20.33+ 34.30.20.35+ 34.30.20.37+ 34.30.20.40+ 34.30.20.50+ 34.30.20.61+ 34.30.20.63+ 34.30.20.65+ 34.30.20.67+ 34.30.20.80+ 34.30.20.90	29.32.20.50+ 29.32.30.10+ 29.32.30.20+ 29.32.30.33+ 29.32.30.36+ 29.32.30.40+ 29.32.30.50+ 29.32.30.61+ 29.32.30.63+ 29.32.30.65+ 29.32.30.67+ 29.32.30.90	
49222-0	49222	49222	8716.10	8716.10	3420	2920	34.20.22.30+ 34.20.22.93+ 34.20.22.95+ 34.20.22.97	29.20.22.10+ 29.20.22.30+ 29.20.22.50	3843-22
49311-0	49311	49311	8901.10	8901.10	3511	3011	35.11.21.90+ 35.11.21.Z1	30.11.21.30+ 30.11.21.50	
49312-0	49312	49312	8901.20	8901.20	3511	3011	35.11.22.Z1+ 35.11.22.90	30.11.22.10+ 30.11.22.30+ 30.11.22.50	3841-13
49313-0	49313	49313	8901.30	8901.30	3511	3011	35.11.23.30+ 35.11.23.90	30.11.23.00	
49510-1	49511+ 49519*	49511+ 49519*	8601	8601	3520	3020	35.20.11.00+ 35.20.13.30	30.20.11.00+ 30.20.13.00*	3842-01
49510-2	49512+ 49519*	49512+ 49519*	8602.10+ 8602.90*	8602.10+ 8602.90*	3520	3020	35.20.12.00+ 35.20.13.90*	30.20.12.00+ 30.20.13.00*	3842-04
49520-0	49520	49520	8603	8603	3520	3020	35.20.20.30+ 35.20.20.90	30.20.20.00	3842-07
49532-0	49532	49532	8605	8605	3520	3020	35.20.32.00	30.20.32.00	3842-13
49533-0	49533	49533	8606	8606	3520	3020	35.20.33.30+ 35.20.33.50	30.20.33.00	3842-10
49610-0		49610		8801.00		3530		30.30.20.00	
49611-0	49611	49610*	8801.10	8801.00*	3530	3030	35.30.21.00	30.30.20.00*	
49612-0	49612	49610*	8801.90	8801.00*	3530	3030	35.30.22.00	30.30.20.00*	
49621-1	49621*	49621*	8802.11	8802.11	3530	3030	35.30.31.30	30.30.31.00*	
49621-2	49621*	49621*	8802.12	8802.12	3530	3030	35.30.31.50	30.30.31.00*	
49622-0	49622	49622	8802.20	8802.20	3530	3030	35.30.32.00	30.30.32.00	
49623-1	49623*	49623*	8802.30	8802.30	3530	3030	35.30.33.00	30.30.33.00	
49623-2	49623*	49623*	8802.40	8802.40	3530	3030	35.30.34.00	30.30.34.00	
49910-1	49912+ 49913	49912+ 49913	8711.20+ 8711.30+ 8711.40+ 8711.50+ 8711.90	8711.20+ 8711.30+ 8711.40+ 8711.50+ 8711.90	3591	3091	35.41.12.13+ 35.41.12.15+ 35.41.12.30+ 35.41.12.50+ 35.41.12.70+ 35.41.13.00	30.91.12.00+ 30.91.13.00	3844-01
49921-0	49921	49921	8712	8712	3592	3092	35.42.10.30+ 35.42.10.50	30.92.10.30+ 30.92.10.50	3844-04
49922-0	49922	49922	8713	8713	3592	3092	35.43.11.30+ 35.43.11.90	30.92.20.30+ 30.92.20.90	

UN List Code (CPC Ver.1.1 – based)	CPC Ver.1.1	CPC Ver.2	HS 2002	HS 2007	ISIC Rev.3.1	ISIC Rev.4	Prodcom 2002	Prodcom 2008	UN List Code (1971 List) (ISIC Rev.2 – based)
88111-0	88111	88110+ 88120+ 88130+ 88140+ 88150+ 88161+ 88162+ 88163+ 88164+ 88165+ 88166+ 88167+ 88169+ 88170+ 88181+ 88182+ 88183+ 88184			15	10+ 11			
88112-0	88112	88190			16	12			
88121-0	88121	88211+ 88212+ 88213+ 88214+ 88215+ 88216+ 88217+ 88219			17	13			
88122-0	88122	88221+ 88222+ 88223+ 88231*			18	14			
88123-0	88123	88231*+ 88232+ 88233			19	15			
88130-0	88130	88311+ 88312+ 88313+ 88314+ 88319			20	16			
88140-0	88140	88321+ 88322+ 88329			21	17			
88150-0	88150	88411+ 88412+ 88421*+ 88430*			23	19			
88160-0	88160	88421*+ 88422+ 88423+ 88424+ 88425+ 88426+ 88427+ 88429+ 88430*+ 88749			24	20+ 21+ 268			
88170-0	88170	88511+ 88512+ 88520+ 88755*			25	22			

UN List Code (CPC Ver.1.1 – based)	CPC Ver.1.1	CPC Ver.2	HS 2002	HS 2007	ISIC Rev.3.1	ISIC Rev.4	Prodcom 2002	Prodcom 2008	UN List Code (1971 List) (ISIC Rev.2 – based)
88180-0	88180	88531+ 88532+ 88533+ 88534+ 88535+ 88536+ 88537+ 88539			26	23			
88190-0	88190	88901+ 88902+ 88903+ 88904+ 88905+ 88906+ 88909			36	31+ 32			
88213-0	88213	88601+ 88602			271+ 272	241+ 242			
88219-0	88219	88711+ 88712+ 88713+ 88733+ 88739			28	25			
88221-0	88221	88811+ 88812+ 88813			34	29			
88229-0	88229	88821+ 88822+ 88823+ 88824+ 88826+ 88827+ 88829			35	30			
88231-0	88231	88742+ 88767			30	262			
88232-0	88232	88751+ 88752+ 88753*+ 88754+ 88755*+ 88756+ 88759			31	27			
88233-0	88233	88741+ 88743+ 88744			32	261+ 263+ 264			
88234-0	88234	88745+ 88746+ 88747+ 88748+ 88753*+ 88907			33	265+ 266+ 267			

UN List Code (CPC Ver.1.1 – based)	CPC Ver.1.1	CPC Ver.2	HS 2002	HS 2007	ISIC Rev.3.1	ISIC Rev.4	Prodcom 2002	Prodcom 2008	UN List Code (1971 List) (ISIC Rev.2 – based)
88239-0	88239	88720+ 88757+ 88761+ 88762+ 88763+ 88764+ 88765+ 88766+ 88768+ 88769+ 88771+ 88772+ 88773+ 88774+ 88775+ 88776+ 88779+ 88825			29	28			

Annex III – Annexe III

Information on classifications used in this publication
Information sur les classifications utilisées dans cette publication

A number of different classifications are used in this publication. More information on each of these classifications can be found below. The website links provide detailed descriptions of individual codes in each of the classifications.

Un certain nombre de classifications différentes sont utilisées dans cette publication. Plus d'informations sur chacune d'elles se trouvent ci-dessous. Les liens aux sites Web fournissent des descriptions détaillées des differents codes dans chacune de ces classifications.

Central Product Classification (CPC) and International Standard Industrial Classification of All Economic Activities (ISIC)

CPC and ISIC are maintained by the United Nations Statistics Division:
http://unstats.un.org

Descriptions for all versions of the CPC and ISIC codes can be found at:
http://unstats.un.org/unsd/cr/registry/regct.asp

The UN List of Industrial Products can be found at:
http://unstats.un.org/unsd/industry/commoditylist2.asp

Classification centrale de produits (CPC) et Classification internationale type, par industrie, de toutes les branches d'activité économique (CITI)

La CPC et la CITI sont maintenues par la Division des Statistics des Nations Unies:
http://unstats.un.org

La description de toutes les versions du CPC et du CITI peuvent être consultées à:
http://unstats.un.org/unsd/cr/registry/regct.asp?Lg=2

La liste des produits industriels établie par les Nations unies peuvent être consultées à:
http://unstats.un.org/unsd/industry/commoditylist2.asp?Lg=2

Harmonized System (HS)

The Harmonized System is maintained by the World Customs Organization:
http://www.wcoomd.org/en.aspx

Descriptions for the two versions of HS used in this publication (2002 and 2007) can be found at:
http://www.wcoomd.org/en/topics/nomenclature/instrument-and-tools/hs_nomenclature_older_edition.aspx

Système harmonisé (SH)

Le Système Harmonisé est maintenu par l'Organisation Mondiale des Douanes:
http://www.wcoomd.org/fr.aspx

La description des deux versions du SH utilisées dans cette publication (2002 et 2007) peuvent être consultées à:
http://www.wcoomd.org/fr/topics/nomenclature/instrument-and-tools/hs_nomenclature_older_edition.aspx

Prodcom

Prodcom is maintained by Eurostat:
http://ec.europa.eu/eurostat

Prodcom codes are used in footnotes throughout this publication to indicate deviations from the product definitions used in the UN List of Industrial Products.

From 2003 to 2007, all Prodcom references refer to the 2002 version of Prodcom. Prodcom references for 2008 to 2012 data refer to the 2008 version of Prodcom.

Prodcom

Le Prodcom est maintenu par l'Eurostat:
http://ec.europa.eu/eurostat

Tout au long de cette publication, les codes Prodcom sont décrits dans les notes de bas de pages afin de souligner les déviations faites par rapport aux définitions de produits utilisés dans la liste des produits industriels des Nations Unies.

De 2003 à 2007, toutes les références Prodcom se réfère à la version 2002 du Prodcom. Pour les données de 2008 à 2012 les références Prodcom se réfèrent à la version 2008 de Prodcom.

Descriptions of the two Prodcom versions used in this publication can be found at:

2002 Prodcom:
http://ec.europa.eu/eurostat/ramon/other_documents/index.cfm?TargetUrl=DSP_PRODCOM_2002

2008 Prodcom:
http://ec.europa.eu/eurostat/ramon/nomenclatures/index.cfm?TargetUrl=LST_NOM_DTL&StrNom=PRD_2008&StrLanguageCode=EN&IntPcKey=&StrLayoutCode=HIERARCHIC

La description des deux versions du Prodcom utilisées dans cette publication peuvent être consultées à:

2002 Prodcom:
http://ec.europa.eu/eurostat/ramon/other_documents/index.cfm?TargetUrl=DSP_PRODCOM_2002

2008 Prodcom:
http://ec.europa.eu/eurostat/ramon/nomenclatures/index.cfm?TargetUrl=LST_NOM_DTL&StrNom=PRD_2008&StrLanguageCode=FR&IntPcKey=&StrLayoutCode=HIERARCHIC